今日鞍钢

◉ 本书插页照片由鞍山钢铁集团公司博物馆提供，特此鸣谢。

1918年成立的鞍山制铁所炼铁工厂全景

1919年和1921年先后点火的鞍山制铁所一高炉和二高炉

1944年,美军在轰炸日本本土的同时,也多次出动B-29战略轰炸机轰炸日本经营的鞍山昭和制钢所,这是被炸后的情景

1945年8月15日日本投降后,8月26日苏军抵达鞍山,40天内拆走7万余吨机械设备和其他物资,这是被拆后的昭和制钢所

1946年,国民政府资源委员会派出六大协理接管鞍钢,他们后来都积极投身新中国的钢铁建设。这是20世纪30年代六大协理等人留学德国时的照片(前排左一:李松堂;前排左四:邵象华;中排左三:杨树棠;中排左四:王之玺;中排右一:靳树梁;后排右二:毛鹤年)

1948年春，中共中央南满分局派出柴树藩担任监委、
郝希英担任厂长接管鞍钢，这是接管时在大白楼上的合影
（左起：王群、柴树藩、郝希英、王勋）

1948年7月下旬，国民党军队从辽阳向鞍山进犯时，
时任鞍山钢铁厂厂长郝希英组织工人向解放区抢运器材和物质

1948—1949年,为鞍钢修复高炉做出贡献的全国劳模孟泰

1949年6月2日,破损的一高炉修建砌砖典礼

1950年前后的鞍钢全景
（照片上的俄文意为：中华人民共和国/物质技术支援/鞍山钢铁厂）

1953年12月26日，作为"一五"计划期间
苏联援建156项大中型项目的鞍钢"三大工程"开工典礼

20世纪50年代，全国支援鞍钢基本建设

20世纪50年代初，组织职工家属补习文化，支援鞍钢建设

1956年5月1日，鞍钢第二初轧厂建成投产

投产后的第二初轧厂实行"双七"轧制，这一技术革命成果使1959年钢产量达到278万吨

炼钢厂生产再创新纪录

全国劳动模范、"走在时间前面的人"王崇伦

1960年,穿着鞍钢技校背心、在弓长岭矿山参军不久的雷锋

1958年9月13日，2万余人参加了由鞍钢援建的武钢一高炉建成典礼

1970年7月1日，由鞍钢援建的攀枝花钢铁厂炼出第一炉铁水

1978年9月18日改革开放前夕，邓小平视察鞍钢，
提出要用先进技术和管理方法改造企业

从1995年起，鞍钢连续十年展开大讨论，力求解放思想、
转变观念，适应社会主义市场经济

1998年7月18日，鞍钢实现全转炉炼钢

2008年9月，鞍钢鲅鱼圈一号4038立方米高炉顺利出铁

鞍钢人一直不忘回报社会（鞍钢对外物资援助车队）

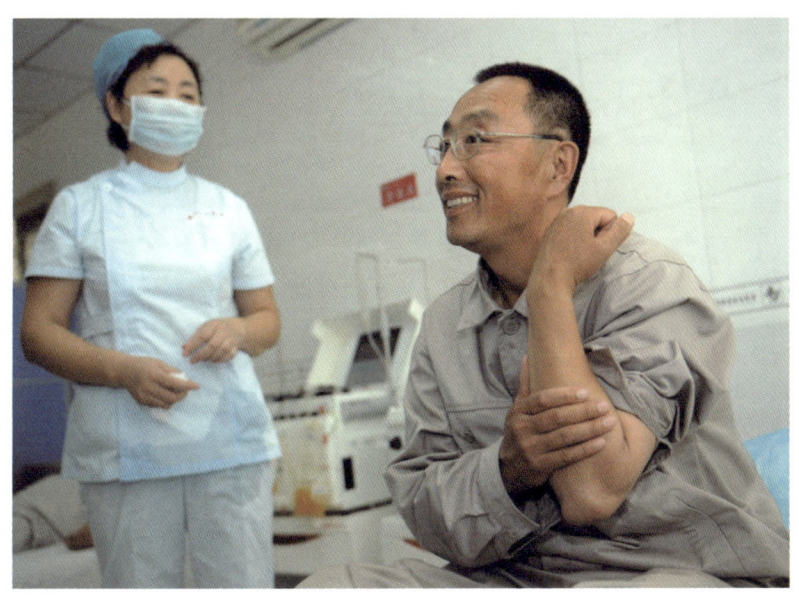

"新时代的雷锋"郭明义再次献血

2010年，纪念"鞍钢宪法"发表50周年暨感动鞍钢创新功勋人物颁奖大会

2020年10月，南京大学-吉林大学口述史联合团队参观鞍钢博物馆

新中国工业建设口述史

丛书主编　周晓虹

周晓虹　田毅鹏　主编

为工业中国而斗争

鞍山钢铁公司口述实录（1948—2020）

上卷

本卷主编　周晓虹　于之伟　田　蓉

本丛书受
南京大学"双一流"建设之卓越研究计划
"社会学理论与中国研究"项目
资助

"新中国工业建设口述史"丛书

编辑委员会委员
（以姓氏拼音为序）

邴 正　陈家建　陈云松　邓燕华　黄 菡
金一虹　李里峰　刘 柳　陆 远　彭华民
孙 江　田毅鹏　王爱丽　王月清　吴晓萍
翟学伟　张 静　张乐天　周海燕　周 怡

编辑委员会主任

周晓虹

"新中国工业建设口述史"丛书

为新中国工业化的宏大画卷补齐一角（总序）

2019年,是中华人民共和国成立70周年的重要历史时刻。70年来,尤其是改革开放40年来,原本一穷二白的古老中国发生了巨大的历史变化,GDP总量从679亿元上升到90万亿元,增长了1324倍;人均GDP从119元上升到6.46万元,增长了542倍;人均可支配收入则增长了59.2倍：中国已成为世界第二大经济体。在新中国经济70年来的高速发展中,历经艰难曲折的工业化建设发挥了巨大的砥柱作用。伴随着新中国工业化进程的步步推进,70年来我们这个原本以农业经济尤其是小农经济为主导的国家,工业经济的比重大幅度提高,城镇人口占总人口比重也大大超过了农村人口。工业化的发展不仅推动了中国经济的腾飞,也为中国社会的现代转型打下了丰厚的物质基础。

一、新中国工业化的基本历程

中华人民共和国成立于1949年10月1日,但新中国的工业化建设实际上略早于此。1948年2月19日,东北人民解放军解放鞍山;4月4日,在原鞍山钢铁公司的基础上成立鞍山钢铁厂,同年底改为鞍山钢铁公司。1949年春,毛泽东发出"鞍山的工人阶级要迅速在鞍钢恢复生产"的电令,经过修复,当年7月9日鞍山钢铁公司举行了盛大的开工典礼,中共中央、中央军委送来"为工业中国而斗争"的贺幛[①],由此开始了最初的工业化尝试。

不过,一直到1953年围绕工业化和经济领域的社会主义改造,党和国家实施第一个五年计划的时候,大规模的工业化才算正式拉开帷幕。同新中

---

① 参见鞍钢史志编纂委员会编：《鞍钢志（1916—1985）》上卷,人民出版社1991年版,第14—15页。

国的成立相比,大规模工业化步骤的滞后,固然与编制和通过计划需要时间有关①,也与1950年爆发的朝鲜战争及随后的抗美援朝运动有关,同样,还与因国共战争而导致的几近崩溃的中国经济的恢复需要时日有关。如果我们从新中国成立之后的70年所实施的13个五年计划/规划②入手,大致可以将新中国的工业发展分为下述几个时期:

1. 起步阶段,即第一个五年计划(1953—1957)的实施阶段。这一阶段的主要特点是:(1)新中国工业及经济的起步主要依靠的是以苏联为首的社会主义国家的外部援助,因此核心是落实苏联援建的156项大中型工业项目,包括新建的长春第一汽车制造厂、洛阳第一拖拉机厂、洛阳矿山机器厂等,以及通过对原有企业改扩建而来的鞍山钢铁厂③等,苏联的援助使新中国工业建设的起步成为可能。④ (2)"一五"计划的实施伴随着工商业的社会主义改造,到1957年,在国民收入中,社会主义所有制工业经济的占比提高到了33%,在农村成立的农业合作社经济的占比提高到了56%,公私合营

---

① 严格说来,"一五"计划由中央人民政府政务院财经委员会始编于1951年春,1954年才成立由陈云担任组长的编制五年计划纲要的小组,至1955年7月才由国务院通过并提请全国人大一届二次会议审议通过。另外,与从计划经济向市场经济的全面转轨有关,从"十一五"起,"五年计划"改为"五年规划"。

② 在过去的70年中,除了中华人民共和国刚刚成立的几年外,1958年由于"大跃进"的冒进错误,以及当时面临的自然灾害等主客观原因,国民经济的正常运行遭到了严重的破坏,整个国家的经济发展遭遇严重的困难。面临这一局面,中共中央和国务院决定实行"调整、巩固、充实、提高"(1961)的八字方针,由此在第二个五年计划(1958—1962)之后,延迟第三个五年计划的实施,进入国民经济调整时期(1963—1965)。因此,在新中国成立至今的70年中,有两段时间共五六年未编制五年计划:前一段(1949—1952)为国民经济恢复时期,后一段(1963—1965)为国民经济调整时期。

③ 鞍山钢铁厂前身为1918年日本修建的鞍山制铁所,位于辽宁省鞍山市铁西区。1950年3月27日,在毛泽东首度出访莫斯科归来不久,中苏两国政府即在莫斯科签订《关于苏联给予中华人民共和国在恢复和改造鞍山钢铁公司方面以技术援助的协定书》。以鞍钢"三大工程"——大型轧钢厂、无缝钢管厂和炼铁七号高炉——为主要标志的新中国第一座大型钢铁基地建设,是"一五"期间苏联援建的156个重点项目中的第一批项目,又是中苏之间确定的第一批50个重点援助项目中的第一个项目,被视为第一个五年计划的重中之重。

④ 根据我的博士生、来自俄罗斯新西伯利亚大学的凯琳(Karina Hasnulina)小姐考证,有关苏联援助的研究近来在俄国学术界也多有述及,其中主要包括玛马耶娃主编:《苏联对中国的援助及在两国工业化156项基础重点工程新建与重建方面的合作》,全球出版社2018年版;阿列克桑德罗娃:《20世纪50年代中国东北的经济与苏联对中国的援助》,载《中国在世界和区域政治中的地位:历史与现代》,俄罗斯科学院远东研究所出版社2013年版;菲拉托夫:《苏联对华科技援助的经济评估(1949—1966)》,科学出版社1980年版;等等。

经济的占比提高到了 8%，而个体经济的占比由原来的 71.8% 降低到 3%，资本主义经济的占比则由原来的 7% 降低到 1% 以下。① （3）"一五"计划实现了开门红，1957 年工业总产值达到 783.9 亿元，比 1952 年增长 128.5%；工农业总产值则达到 1241 亿元，比 1952 年增长 67.8%：这为新中国的工业化奠定了基础。

2. 挫折阶段，这一阶段从 1958 年开始实施第二个五年计划、1963 年进入国民经济调整时期，再到 1966—1970 年和 1971—1975 年的第三个、第四个五年计划，前后长达 18 年（1958—1975）。（1）从总体上说，1958 年开始的"大跃进"和人民公社化运动，使得新中国的工农业建设陷入盲目冒进的泥潭，而 1966 年爆发的"文化大革命"更是使中国的经济几乎到了崩溃的边缘，国民经济发展的秩序被打乱，大规模的工业化建设甚至被迫停止。（2）尽管遭遇到极大的挫折，总体经济发展水平不高，但在这 18 年中，还是建立起了比较完整的工业体系，在国防工业方面也取得了诸如"两弹一星"等成就，但因各种政治运动绵延不断和发展思路有误，与人民生活有关的农业和轻工业发展严重滞后，人民普遍贫穷、生活困难，及至 1978 年改革开放前人均 GDP 不过 385 元。② （3）因为与苏联及整个东欧社会主义阵营在意识形态方面的分裂与冲突，同"一五"计划期间向苏联模式的"一边倒"不同，中国工业的发展开始显露出鲜明的去苏联化甚至抗苏联化倾向。例如，鞍山钢铁厂在 60 年代以"两参一改三结合"的"鞍钢宪法"替代了苏联"一长制"管理的"马钢宪法"③；又如，60 年代大庆油田的石油大会

---

① 参见钱津:《论新中国的工业化建设》,《经济纵横》2019 年第 3 期。
② 韩保江、杨丽:《新中国 70 年工业化历程、成就与基本经验》,《改革》2019 年第 7 期。
③ 在鞍山钢铁厂的改扩建过程中，原先苏联专家执行的管理模式来自苏联马格尼托哥尔斯克冶金联合工厂，其特点是实行"一长制"管理：通过进行物质刺激给予工人激励；企业运作依靠少数专家和一整套烦琐的规章制度；不进行群众性的技术革命。自 20 世纪 50 年代末起，鞍山钢铁厂开始摸索实行与之对立的民主管理制度，包括实行干部参加劳动、工人参加管理（两参），改革不合理的规章制度（一改），工人群众、领导干部和技术人员结合（三结合），简称"两参一改三结合"。1960 年 3 月，毛泽东对鞍山钢铁厂的经验做了批示，并分别称两种管理制度为"马钢宪法"和"鞍钢宪法"。

战①,也是在中苏交恶的背景下加速上马的,以便打破帝国主义和修正主义的封锁;再如,1964年启动的三线建设,虽有在东南沿海防范美国和蒋介石政府"反攻"的考虑,但更主要的备战目标也是交恶之后的苏联。

3. 恢复阶段,这一阶段时间也比较长,从1976年开始直至2000年,历时25年,跨越第五到第九共计五个五年计划。② 其主要特点包括:(1) 1978年12月18日召开的中国共产党十一届三中全会,制定了改革开放和"以经济建设为中心"的伟大方针,新中国的工业化也由此得以迅速恢复和发展。(2) 改革开放后,外资的引进和一日千里的特区建设,不仅为新中国的工业建设带来了富裕的资金,也带来了先进的理念、技术、装备和市场;同时,外资企业、包括乡镇企业在内的民营与个体企业的兴起,更是改变了原先单一的所有制形式,使得中国经济和工业化的发展更富有活力,也极大地推动了90年代后农村劳动力的外流和中国的城镇化。(3) 最为重要的是,在这一阶段一步步实现了社会主义计划经济向市场经济的转变,这一转变为新中国的工业化在下一阶段的腾飞提供了制度基础。③

---

① 大庆油田是我国最大的油田,也是世界上为数不多的特大型陆相砂岩油田之一,位于黑龙江省大庆市。油田于1959年被发现,1960年春即投入开发。时任石油部部长余秋里调遣了包括"铁人"王进喜在内的石油系统37个厂矿的工人和院校科研人员、国务院相关部门以及退伍和转业的解放军官兵,组成规模庞大的石油大军进入东北松嫩平原,展开了石油大会战。仅用三年半的时间就探明了面积达860多平方千米的特大油田,达到了年产原油500万吨的生产能力,生产原油1166.2万吨;甚至在"文革"后期一枝独秀,实现了持续28年(1975—2002)年产原油5000万吨的世界油田开发奇迹。

② 也有人认为,这一时段应至第十个五年计划的中期,即2002年左右。他们通过研究提出:"1995年,中国工业化水平综合指数为18,表明中国还处于工业化初期,但已经进入初期的后半阶段。到2000年,中国的工业化水平综合指数达到了26,这表明1996到2000年的整个'九五'期间,中国处于工业化初期的后半阶段。到2005年,中国的工业化水平综合指数是50,这意味工业化进程进入中期阶段……在2002年,中国的工业化进入中期阶段,工业化综合指数达到了33分,如果认为从工业化初期步入工业化中期,具有一定的转折意义的话,那么,'十五'期间的2002年是我国工业化进程的转折之年。"中国社会科学院经济学部课题组:《我国进入工业化中期后半阶段——1995—2005年中国工业化水平评价与分析》,《中国社会科学院报》2007年9月27日,第2版。

③ 商品经济地位在中国的确立经历了近30年的曲折过程,其中重要的时间节点包括:1982年党的十二大提出有系统地进行经济体制的改革;1984年提出"发展社会主义的商品经济"的设想;1992年邓小平在南方谈话中强调"市场经济不等于资本主义,社会主义也有市场。计划和市场都是经济手段";再到1992年党的十四大将"建立社会主义市场经济"确立为我国经济体制改革的目标;最后到2013年召开的十八届三中全会,认定市场在资源配置中起着"决定性作用"。

4. 腾飞阶段，进入21世纪后，新中国的工业化踏上了腾飞的跳板。从2001年起一直到2020年，整整20年历经第十到第十三共四个五年计划/规划，进入了实现工业化前的冲刺阶段。其主要特点包括：（1）在进入21世纪之后的2001年，中国加入世界贸易组织（WTO），这是中国经济进入腾飞阶段的助力器，也是新中国真正实现工业化的重要保障，它使得中国的工业化跳出了国内市场的狭隘空间，不仅市场规模扩大，而且伴随着技术的引进、效率的提高、成本的下降，中国工业至少在规模上已经成为全球工业化的领头羊。[1]（2）如果说在前一个时期，新中国的工业化还处在劳动（力）密集阶段，主要体现为加工制造业的迅速发展，那么从21世纪开始，中国工业中的高技术和高科技成分快速增长，而正是"整个经济中的高技术汇集决定了工业化建设的腾飞"[2]，也为到2035年全面实现工业化奠定了坚实的基础。

二、国家叙事与个人口述：历史的补白

有关新中国工业化建设的历史叙事即使不是汗牛充栋，也可以称得上应有尽有。但是，除却近年来围绕三线建设出版了一批口述史研究的著述外[3]，总体上说大多有关新中国工业建设的研究依旧停留在自上而下看历史的阶段。这使我们的全部努力有可能无法逃逸这样的危险：因为在宏大的国家叙事之外，每一个体的鲜活历史和深邃感悟并没有得到应有的重视，以致那些本该栩栩如生流传下去的历史无法显示自己内在的纹理。其实，如果历史的记述者能够考虑到底层的或自下而上的视角，就容易体悟到：不但每当宏大的历史车轮在每一个体的生命历程中驶过的时候，都会留下或深

---

[1] 据统计，2014年中国的工业生产总值已达4万亿美元，超过美国成为世界头号工业生产国。
[2] 钱津：《论新中国的工业化建设》，《经济纵横》2019年第3期。
[3] 有关"三线建设"的口述史研究，是一个反映新中国工业建设的十分独特的领域，已经出版了相当多的著述，其中包括《归去来兮：一部亲历者的三线建设史》（唐宁，上海文艺出版社2019年版）、《多维视野中的三线建设亲历者》（张勇主编，上海大学出版社2019年版）、《三线风云：中国三线建设文选》（中国三线建设研究会选编，四川人民出版社2013年版）等，甚至也有口述历史涉及各省市的三线建设，如《口述上海：小三线建设》（徐有威主编，上海教育出版社2015年版）、《乐山三线记忆》（政协乐山市委员会编，天地出版社2018年版）等。

或浅的辙印,并由此埋下他或她未来人生走向的草蛇灰线,而且更重要的是,无论是宏大的国家叙事还是悲壮的民族史迹,虽说不能简单地被还原为个人的欲望和努力,但也缺少不了芸芸众生的生命历程的交相编织。因此,可以毫不夸张地说,在宏大的国家叙事的画卷上,如果缺少了形色各异的个体补白,所有的历史都将是灰色的。

从单纯的国家叙事,转向对个人表述的兼容并蓄,与20世纪50年代以来口述史学的发展密切相关。口述历史在当代的流行,既归因于历史学的转向,也归因于现代技术手段的便捷。就前者而言,如保尔·汤普逊所指出的那样:"口述史意味着历史重心的转移。"[1]所以,虽然几乎有关口述史学的历史追溯都会提及阿兰·内文斯1948年在哥伦比亚大学创建口述历史研究室的壮举,但口述史的真正动力却受益于英国社会史学倡导的自下而上看历史的传统,它使得从50年代起从事口述史研究的前辈们对记录普通劳动者的经验产生了浓厚的兴趣。[2]就后者而言,不仅最初的口述史学的流行有赖于20世纪录音设备和技术的进步——由此使得从中国社会代代相传的说书人到现代社会学的田野访谈者所进行的类似工作有可能获得方便的记录[3],而且当前"新的数字技术(也)正在改变我们记录、解释、分享和呈现口述历史的方式"[4],并因此引发了口述史学领域新的范式革命。两厢相加,以致唐纳德·里奇会说:"口述史就是通过录音访谈来收集口头回忆和重大历

---

[1] 保尔·汤普逊:《过去的声音:口述史》,覃方明、渠东、张旅平译,辽宁教育出版社2000年版,第7页。
[2] 社会学家的工作也是导致这一转向出现的重要力量之一。比如波兰社会学家埃利·兹纳尼茨基在选编《身处欧美的波兰农民》一书时,曾评论说:包括托马斯与兹纳尼茨基在内的改革者们所做的一系列奠基性工作,促成了"社会史学家寻求'自下而上'地书写历史,换言之,就是去理解由普通的男男女女——奴隶、农民、工人——进行的种种斗争在历史上留下的形态",而"社会史学的发展,使上一代人对美国历史的理解发生了革命性的改变"。参见托马斯、兹纳尼茨基:《身处欧美的波兰农民》,张友云译,译林出版社2000年版,第1页。
[3] 就包括录音机在内的现代技术对口述历史的推动而言,汤普逊写道:在电话与磁带录音机的时代,"交流沟通方法的变化终将给历史的面貌带来与过去的手稿、印刷出版和档案同样重要的改变"。保尔·汤普逊:《过去的声音:口述史》,覃方明、渠东、张旅平译,辽宁教育出版社2000年版,第68页。
[4] Alistair Thomson, "Four Paradigm Transformations in Oral History", *The Oral History Review*, Vol. 34, No. 1, 2007, pp. 49–70.

史事件的个人论述。"①

在口述史学中,"口述"(oral)和"历史"(history)这两个概念的并置,既表明了口述者与传统历史记载的隔离性,同时也揭示了当这两个概念组合在一起时可能产生的颠覆性意义。尽管包括《荷马史诗》和《诗经》在内最早的历史是以口述的形态流传下来的,但在历史学或职业历史学家出现之后,普通的口述者或亲历者就被正统的历史排斥在外,后者关注的是帝王将相或国家和民族的宏大叙事,而包括贩夫走卒在内的普通人则成了历史研究中的边缘人或弱势群体,在传统的历史中他们几乎占不到任何有意义的叙事空间。

从这样的角度来说,口述史学对传统史学的颠覆性意义起码表现在两个方面:其一,因为口述史学自出现之时即将普通人的生活及经历作为关注的对象,由此使得国家历史的宏大叙事获得了个体体验的具体补充;其二,口述史学也给了原先被忽视了的下层民众、妇女和少数族裔表达自己的意见、感受、荣耀甚至不满的可能。在口述史学诞生之前,不仅恩格斯在《英国工人阶级的状况》的调查中使用过口述资料,欧洲最早的一批经验社会的研究者也都是口述资料的娴熟使用者:以研究伦敦的贫困而著名的查尔斯·布思广泛使用了来自访谈的口头叙述②,而撰写《欧洲工人》的法国人勒·普莱更是收集了大量的口头资料,他甚至懂得从工人对上层人物的闲言碎语中推论当地社会的疏离程度。③ 在口述史学出现之后,不仅收集口述资料被用来训练学生们的历史感④,而且在劳工等中下层民众的研究方面取得了相当的进展:这类研究不仅使原本默默无闻的普通劳工成为历史叙事的主体,并且通过社会认同的激发,"导致某些大型厂矿和钢铁基地中集体性的传记写作群体的形成"⑤,这也是我们今天同类研究的前导。其实,宽泛一点说,

---

① 唐纳德·里奇:《大家来做口述史》,王芝芝、姚力译,当代中国出版社2006年版,第1页。
② 周晓虹:《西方社会学历史与体系》第1卷,上海人民出版社2002年版,第148页。
③ P. Lazarsfeld, "Notes on the History of Quantification in Sociology: Trends, Sources and Problems", *ISIS*, Vol. 52, No. 2, 1961, p. 330.
④ Marilyn Geary, "Hooked on Oral History", *The Oral History Review*, Vol. 29, No. 2, 2002, pp. 33–36.
⑤ 保尔·汤普逊:《过去的声音:口述史》,覃方明、渠东、张旅平译,辽宁教育出版社2000年版,第18—19页。

即使在较为封闭的 20 世纪 50—70 年代,对革命传统的片面强调或对基层劳动者的斗争实践的过度关注,也激发了相似的历史学尝试在中国以"忆苦思甜"或编撰"新四史"的方式予以呈现。①

我们无意于用个人口述取代国家叙事,但我们相信个人口述起码可以起到为国家叙事补白的作用,它使得我们的历史不仅全面,而且更为生动。我们知道在有关口述史的讨论中,最具争议性的议题常常集中在口述史的真实性或口头资料来源的主观性上,这也常常被人们认为是口述史与传统史学最大的区别。持实证主义立场的批评者坚信,人们的记忆不可避免地会"受到耄耋之年身体的衰弱、怀旧情感、采访者和被访者双方的个人偏见,以及集体的影响和对过去的回顾性叙事等诸种因素的歪曲"②。更为尖锐的批评甚至认为,口述历史正在进入"想象、选择性记忆、后期抛光(overlay)和完全主观性的世界"③。

站在建构主义的立场上,口述史既然是个体的生命过程、社会经历和情感世界的叙事,就一定充满了主观性、不确定性和变动性。一句话,体现了个体对自己的生命历程、生活事件及其意义加以主观建构的能动性。我们可以从这样两个方面讨论口述历史材料的主观性问题:其一,口述资料的主观性并非天生就是缺陷,有时它甚至具有某种独特的历史价值;其二,那些在客观上可能"不真实的"陈述,在主观的心理上或许恰恰是"真实的",它从另一个侧面反映了亲历者在社会表征和个体认同两个方面的交织作用下,是如何对个人生活史中的重要事件加以理解和记忆的。如此,刘亚秋研究

---

① 汤普逊所说的"新四史"(new four histories),指的是村庄、工厂、家庭和人民公社的地方历史,这一编撰运动始于 1960 年,在 1964 年以后趋于停止。参见 Paul Thompson, "Changing Encounters with Chinese Oral History", *Oral History*, Vol. 45, No. 2, 2017, pp. 96 – 105。不过,即使是"文革"期间,类似的工作其实也在继续着。1972—1975 年我高中时学工学农及其后的插队(1975—1978)期间,都为所在的工厂或大队做过类似的工作。比如,当时刊行的《虹南作战史》(上海人民出版社 1972 年版),就是以上海县虹南乡(现属虹桥乡、华漕乡和七宝镇)七一公社号上大队为原型出版的一部反映农村两条路线斗争的小说,它以编年史的手法,从互助组一直写到人民公社后期的"农业学大寨"。能够理解的是,其间的伪作肯定多之又多。

② Alistair Thomson, "Four Paradigm Transformations in Oral History", *The Oral History Review*, Vol. 34, No. 1, 2007, pp. 49 – 70.

③ Patrick O'Farrell, "Oral History: Facts and Fiction", *Oral History Association of Australia Journal*, No. 5, 1982 – 1983, pp. 3 – 9.

的知青①,以及我们现已完成的洛阳第一拖拉机厂、洛阳矿山机器厂和贵州三线建设的亲历者们口述叙事中大体相似的"青春无悔"的记忆,虽然未必是陈述者贯穿一生的全部感受,但却常常能够"比实际准确的描述揭示出更多的东西"②。

当然,承认口述史及集体记忆的主观性和历史价值,并非要否认其历史真实性或客观性。口述史的客观性最浅显的表述,是任何个体的口述史都在一定程度上反映了被访者所亲历的时代进程和社会状况,以及亲历者本人在时代及其变迁下的个人经历、体验与反省。虽然受社会、政治和当下处境的制约,口述者存在掩饰或歪曲个人行为或事件意义的可能,但这几乎是所有社会科学的定性研究资料都可能存在的问题,绝非口述史料一家的独疾:显而易见,就口述史与传统史学所依赖的史籍、档案而言,普通的亲历者有意掩饰或歪曲个人生活史或生活事件的可能不会大于统治者、权贵阶级及其代言人;就口述史与社会学通过各类访谈获得的资料相比,你也不能想象一个人对过往的叙事会比对当下的叙事具有更多的掩饰或歪曲的动机。进一步,有鉴于口述史的采集常常涉及同一群体的不同成员,这也为我们比较、对照和核实历史细节与生活事件的真伪提供了可能。

三、 研究计划,或我们的设想

自 2018 年末南京大学"双一流"建设之卓越研究计划批准当代中国研究中心③设立"社会学理论与中国研究"的重大项目之后,我们就一直在思考如何能够将社会学理论的探索与当代中国社会的研究相衔接。为此,一进入 2019 年,借中华人民共和国成立 70 周年之际,我们就在当代中国研究领

---

① 刘亚秋:《"青春无悔":一个社会记忆的建构过程》,《社会学研究》2003 年第 2 期。
② 保尔·汤普逊:《过去的声音:口述史》,覃方明、渠东、张旅平译,辽宁教育出版社 2000 年版,第 171 页。
③ 南京大学当代中国研究中心成立于 2001 年,为更好地开展南京大学"双一流"建设之卓越研究计划"社会学理论与中国研究"项目,2019 年 5 月 25 日已正式易名为南京大学当代中国研究院。

域推出两项研究计划：其一，新中国工业建设口述史研究；其二，新中国人物群像口述史研究。

就后一个主题而言，有鉴于在中华人民共和国 70 年的风雨历程之中，涌现出了无数可歌可泣的社会群体，他们用自己的青春年华和辛勤汗水缔造了中华民族今日的辉煌，我们立志用 10 年的时间，收集他们的口述历史资料，为他们雕塑值得留存的人物群像。这些群像包括但不限于劳动模范、女兵(战士)、知青、赤脚医生、"铁姑娘"(三八红旗手)、工作队员、工农兵大学生、77 级人、个体户、农民工、企业家、知识分子(学者)、海归、白领(中产)。我们以为，正是他们的个人生活史，建构了我们民族的当代奋斗史。

有鉴于 2019 年正逢中国社会学重建 40 周年，而 20 世纪 50 年代被取消的社会学学科与改革开放同步，在过去的 40 年中取得了有目共睹的成就，我们决意以社会学家为知识分子或学者的缩影，通过他们的口述历史来反映这一学科的重建艰辛与知识精进——自 6 月 22 日首访美国加州大学洛杉矶分校周敏教授、7 月 4 日接访美国杜克大学林南教授始，到 12 月 26 日访问香港中文大学原校长金耀基教授和香港中文大学社会科学院原院长李沛良教授止，我们顺利完成了 40 位社会学家的口述史访谈，《重建中国社会学：40 位社会学家口述实录(1979—2019)》正在整理编撰之中。与此同时，我们还开启了知青和女兵两项口述史研究，包括 60 年代中国知青的旗帜性人物董加耕、1968 年以切·格瓦拉为榜样加入缅共游击队的 10 余位云南知青(其中还有几位巾帼英雄)，都在我们的研究中留下了他们宝贵的口述史料。

就前一个主题即我们现在讨论的新中国工业建设口述史研究而言，几乎是在踏进 2019 年的门槛之际，我们就以古都洛阳两家著名的国有大型企业为研究对象，开启了这项极富意义的口述史研究。2019 年 1 月 3 日，新年假期一过，南京大学口述史研究团队即前往古都洛阳，入住第一拖拉机厂(一拖集团)青年公寓。在接下来的 10 余天时间里，我们分为两个工作小组，分别访问了一拖集团和洛阳矿山机器厂(中信重工集团)两家企业的 130 余位不同历史时期的亲历者。其中最年长的几位是 90 多岁的老人，他们自 20 世纪 50 年代初起，便从上海、长春等老工业基地及河南各地市动身，挈妇将雏、义无反顾地奔赴洛阳涧西,参加在第一个五年计划期间开启的第一拖拉机厂和洛阳矿山机器厂的建设。在那些天里,新中国工业建设的第一代亲历者及他们的后代,向我们讲述并分享了与国家的宏大历史经纬编织在一起的个人的生命历程,或长或短,或波澜壮阔或平淡自得,其中有自豪、欢乐、惊喜、满足,也有泪水、委屈、失望甚至痛楚……我们尊重他们的叙事,体认他们的情感,理解他们的选择,同样更感激他们的付出。尽管我们知道,无论我们如何努力,能够记载下的都不及他们丰富人生体验之万一,但我们依旧执着于做好每一场访谈。我们希望能够用他们每一个人丰富多彩的口述叙事,为新中国工业化的宏大画卷补齐一角。

以第一拖拉机厂和洛阳矿山机器厂作为新中国工业建设口述史研究的开篇,自然与这两家企业都是"一五"期间苏联援建的156项国家重点建设工程有关,也与2010年9月我担任南京大学社会学院院长期间,带领社会学专业的四年级本科生去洛阳毕业实习、做社会调查有关。鉴于学生们的社会调查大多数情况下都是由教师们带着去农村[①],那次我决意带着学生们去企业,尤其是大型的国有企业看看。正巧,学生李雪梦的老家在洛阳,她的母亲、总后勤部刘红敏大校自小在涧西工业区长大,便为我们联系了时任洛阳市委常委、秘书长的尚朝阳先生。尚朝阳秘书长和时任洛阳市委统战部部长胡广坤先生非常热心,为我们联系了第一拖拉机厂和洛阳矿山机器厂。于是,便有了那年9月的洛阳之行。

记得当时一起去的还有时任社会学院党委书记方文晖、南京大学团委书记王靖华,以及陈友华教授等10位教师和45位学生。在洛阳矿山机器厂即现在的中信重工集团的支持下,我们建立了南京大学社会学院的教学实习基地——后来我的学生陈勇、周东洋、方莉琳都以此为依托,完成了他们的博士或硕士学位论文;同时在第一拖拉机厂暨一拖集团宣传部的支持下,

---

[①] 南京大学社会学专业本科学生的毕业实习,去过地处浙闽赣三省交界、素有"枫溪锁钥"之称的文化飞地廿八都;也去过电影《菊豆》《卧虎藏龙》的拍摄地、安徽黟县西南风景如画的南坪古村。当然,因为地利更因为学科的缘故,去的次数最多的是费孝通先生1936年调查的江村暨吴江的开弦弓村,并于2015年在七都镇人民政府的支持下,在那里建成了现已成为长三角社会学论坛(联盟)永久盟址的群学书院。

和关树文、卢福来、高世正、梁铁峰、张成周、张小亮、文海舟等7位老干部、高级工程师、老劳模做了一上午的访谈,算是一个不那么正式的焦点组访谈(focus group interview)。虽然因为时间有限,访谈难以在细节上铺陈,但所有学生都列席参加了,听老人们谈一拖的建设和自己的个人生涯,也因此形成了许多共鸣——现已在美国纽约城市大学攻读博士学位的李雪梦,还据此完成了自己的硕士学位论文;而于我而言,一定要找个机会将这两家企业好好研究一番的想法,也因此就牢牢地生下根来。

感谢南京大学"双一流"建设的实施为我们实现长期以来的研究愿望提供了可能。2018年底,几乎在学校将"社会学理论与中国研究"项目纳入"卓越研究计划"之时,我们即确立了"接续传统,开拓新域,以微明宏,淬炼新知。全面梳理社会学理论的基本脉络,面对全球化的挑战,以本土化的眼光尝试理论创新;深入分析70年来的中国道路,以紧迫的历史责任感和丰富的社会学想象力,锻造中国研究的国际化平台"的学术宗旨。为践行这一宗旨,我们推出了"新中国工业建设口述史"和"新中国人物群像口述史"两项研究,并希望在不远的将来能够有机会推出"新中国农业建设口述史"研究,并由此形成当代中国研究大系。

2019年寒假,我们完成了第一拖拉机厂和洛阳矿山机器厂两项口述史研究;紧接着,2019年暑假,我们完成了包括贵阳、遵义、六盘水、安顺、都匀、凯里6座城市在内的贵州省10余家企业的三线建设口述史研究。按我们现在的想法,我们将在自2019年起的10年时间内,完成10家或10种类型的工(商)企业的口述史研究。从纵向的历时态角度看,如果顺利的话,我们将选择鞍山钢铁厂(集团)、第一拖拉机厂(一拖集团)、洛阳矿山机器厂(中信重工)、大庆油田和三线建设企业(贵州011、061和083三大基地的10余家工厂)这5家(类)著名的企业,作为毛泽东时代新中国工业建设的代表;选择苏宁集团(江苏民营企业)、义乌小商品市场(浙江个体企业)、福耀玻璃集团(福建乡镇企业)、富士康集团公司(广东台资企业)和宝山钢铁公司这5家(类)同样闻名遐迩的企业,作为改革开放后新中国工(商)业建设的代表。

在上述选择中,我们的基本考虑是:(1)同毛泽东时代所有制形式单一的国有企业相比,改革开放后的5家企业不但考虑了地域上的分布(尤其是中国经济最为发达的东南沿海),而且考虑了各种有代表性的所有制形式,这不仅是改革开放后经济制度变革产生的最富象征性的结果,更是中国经济富有活力的表征所在。(2)改革开放后的5家(类)企业很难说都属于严格意义上的第二产业范围内的工业企业,有些企业(比如苏宁集团或义乌小商品市场)还具有鲜明的商业甚至现代"云商"性质。我们选取它们作为口述史研究对象的原因,不仅在于现实的国民经济中产业形式常常混合在一起,第二和第三产业未必泾渭分明(比如义乌小商品市场常常采取"前店后厂"的经营模式,义乌千家万户的"后厂"就是轻工业商品的加工基地),更在于包括苏宁、京东甚至淘宝在内的依靠现代网络技术异军突起的各类企业,不但构成了中国经济的新增长极,而且它们所打开的市场也在相当程度上促进了中国工业的快速发展。(3)如果出于各式各样的原因,我们的研究未能获得相关企业的应允和支持,或者简单说,如果我们的口述史访谈无法"进入"既定的企业并顺利完成的话,我们也可能调整研究的计划,选择同样或类似的企业推进我们的研究。

我们的读者在阅读这些由亲历者口述而成的著作时,可能会发现,在亲历者有关个人的生命历程的口头叙事中,叙事者自身的生命时长及叙事时点不仅影响到其叙事的欲望和动机,还影响到其叙事的风格和饱满度。尽管没有人规定口述史的访谈对象只能是年长者,但显然包括我们在内,从事口述史研究的人都有过这样的体会,即尽管年长的亲历者有时存在语言的障碍、理解的困难、体力甚至认知的缺陷,但他们对待访谈的认真、细节的"较劲"和过程的铺陈程度却常常超过年轻者。在中国这个特定的历史国度,除了有时会因为某些特殊原因而迟疑外,年长者通常是口述史采集最好的对象。

比如,在我们2019年完成的几项口述史研究中,年长的亲历者给出的口头叙事常常比年轻者更具细节和故事性。在"新中国工业建设口述史"的采集中,无论在第一拖拉机厂、洛阳矿山机器厂还是在贵州的十几个三线企业,几百位年长的亲历者们一旦消除了对访谈者的身份疑虑,即会主动开始绵延不绝的口头叙事，有些老人甚至来到我们的住地相约一谈再谈。但与此同时，参与同一主题口述叙事的年轻人即使"回答"（注意这里的用词）认真，也缺乏临场的"既视感"。我以为，产生这种差异的根本原因在于，一个人的晚年不仅因为其生命的跨度较长和经验的饱满性使得叙事更有意义，同样也因为个体的终极思考使得叙事更为紧迫。他们通过讲故事维持记忆、复述过去、激活以往的体验，同时建构与修复终其一生的集体认同。这样的解释不仅在一定程度上说明了为什么老人更有叙事的欲望（用单纯的个体孤独来解释这种欲望，不仅简单肤浅，而且本质上是一种还原主义逻辑），更重要的是它同时表明了普通的民众不自觉地参与历史的复述与建构的浓郁兴趣。从这样的意义上说，在中华人民共和国成立70周年之际，在参与新中国工业建设的第一代亲历者们都已进入耄耋之年的时候，我们的工作比任何时候都更显紧迫和富有意义。由此，帮助他们复述并重构其生活事件的历史意义，就是包括社会学家在内的研究者的基本使命。

是为序。

周晓虹

2020年2月14日

新冠疫情肆虐之时

写于南京溧水卧龙湖畔百合花园

上 卷

目 录

靳国强	追忆我的祖父靳树梁	1
杨鞍生	父亲杨树棠的七十载钢铁深情	17
计红军	计明达:鞍钢"三大工程"的主将	36
林鸿志	父亲与我:两代鞍钢人的故事	51
欧阳代娜	草明:工业中国的讴歌者	69
刘克俭	刘洁泉:坚守酒钢的鞍钢人	105
杨伟平	父子两代鞍钢情	119
曾纪滨	曾扬清:大浪淘沙,弃文炼钢	132
李力嘉 李东东	李力的钢铁人生	151
穆铁健	以父亲为人生榜样	178
李德舫	跨越时代的坚守	200
钟启恩	从鞍钢奔赴水钢	212
宫德庆	我在鞍钢的那些年	228
程裕民	辗转三地,扎根鞍钢	241
滕长宽	我与鞍钢的电气电信事业	263
蒋明金	我为鞍钢献了青春又献终身	283
袁铁军	两易身份,在鞍钢三个单位的那些日子	296
白士良	我与"钢都"共成长	312
范传昌	与高炉相伴的日子	329

王延绵	追寻鞍钢的时代记忆	343
许家强	我首倡了动态条码管理系统	361
郭明义 吴 峥	续写新时代的雷锋故事	372
景奉儒	我的钢铁情缘	393
邵安林	站在鞍钢的肩膀上成长起来	403
刘晓明	此心安处是吾乡	417
李 勇	鞍钢两代人,改革先行者	432

靳国强

追忆我的祖父靳树梁

亲 历 者：靳国强
访 谈 人：刘凤文竹
访谈助理：张　珏
访谈时间：2020年10月21日上午9:00—12:00
访谈地点：鞍钢党校
访谈整理：刘凤文竹

亲历者简介：靳国强，男，鞍钢"六大员"之一靳树梁之孙。1953年2月生于南京，现任栋华科技实业有限公司董事长。祖父靳树梁（1899—1964），字栋华，生于河北徐水西黑山村，著名冶金学家、炼铁专家，中国科学院院士，1958年加入中国共产党。靳树梁1919年毕业于北洋大学采矿冶金工程系，1936年进入国民政府资源委员会钢铁组任专门委员，负责钢厂建设，同年带队赴德国克虏伯公司考察学习。1946年任鞍山钢铁有限公司第一协理、本溪湖煤铁公司总经理。曾任辽宁省政协副主席、全国人大代表等职，1964年逝世。

靳国强（右一）接受访谈

一、爷爷的青少年时代

我们老家是河北徐水西黑山村。我爷爷靳树梁是1899年4月生人,小时候家里很穷。我的太爷是一名乡村塾师,收入很少。爷爷小的时候在老家的一所小学念书,念到初小四年级。清末和民国时候的旧学制就是小学分成初小和高小,一共六年,一年级到四年级算初小,五年级到六年级算高小。

我爷爷在亲兄弟当中排行老三,上面有大哥和二哥;但他们亲叔伯家哥们一共16个,他在这些人中排行老九,所以别人都管他叫"九爷"。他亲叔家兄弟对他的提携很重要。他9岁的时候就跟着谁呢?跟着这16个兄弟当中排行第二的这个堂兄——靳树橙——我这二爷,一起到了河南,得以继续学习。靳树橙在我们徐水县也算是一个名人了,曾经是清代的贡生,擅长诗文和书法,在河南临汝、扶沟、巩县、修武都当过官。当时他拆了庙里的泥像当学堂,乡绅们就反对他。后来他给冯玉祥、宋哲元①当过贴身秘书,再后来就被任命为河北省政府秘书长。他做了这么多年的官,对我爷爷的影响特别深,尤其是什么呢?从他身上爷爷感受到了一股名士习气,从此就不再留心政治,一辈子专心搞技术。那时候我爷爷聪明,也肯学,他到河南以后用了半年时间就读完了高小,升到开封第一中学,13岁就把初中读完了,考进直隶公立工业专门学校②,学习应用化学。爷爷没上过高中,初中上完就直接上大学。他上的这个学校是北洋大学③的预科,读完预科后就考到了北洋大学采矿冶金工程系。北洋大学是晚清的一个著名工业实业家

---

① 宋哲元(1885—1940),山东乐陵人,曾任国民革命军陆军二级上将、平津卫戍司令、冀察绥靖主任和冀察政务委员会委员长兼河北省政府主席等职。
② 直隶公立工业专门学校前身为创办于1903年的北洋工艺学堂,后相继更名为直隶高等工业学堂、直隶高等工业学校、直隶公立工业专门学校等,1951年与北洋大学合并为天津大学,1958年恢复重建,1995年定名为河北工业大学。
③ 北洋大学始建于1895年10月,为原天津北洋西学学堂、北洋学堂前身,1951年定名为天津大学。从专业设置来看,自然科学学科分设律例、工程、矿冶和机械四学科,为中国高等学校初创时期体系的建立起到了示范作用,更重要的意义在于它结束了中国延续长达2000多年封建教育的历史,开启了中国近代教育的航程。

盛宣怀①在天津当官的时候组建的,所以这个大学从一开始就是清朝政府官办的。爷爷1919年夏天从北洋大学毕业,那时候也才20岁。

我爷爷上学的时候就喜欢博览群书,除了功课以外,还从古典书籍、书法、篆刻中接受熏陶。他极其爱国,他上学的时候在天津目睹了被八国联军毁坏的那些遗迹,也经常听说当时政府的恭顺,所以他就痛恨帝国主义和当时军阀的腐败,就想让中国变强。毕业之前正好赶上五四运动,那时候他就上街,参加了游行示威。

爷爷大学毕业后为了找工作,先是短期到河南淅川干了几个月的水利勘察,这就算是兼职,然后又回老家完婚。完婚之后他又几经辗转,很不容易。他先是到了汉口谌家矶扬子机器制造厂六河沟铁厂②当助理工程师,但是当时那个公司的高炉还未竣工,就先把他派到汉阳铁厂③实习,当技术员,汉阳铁厂是当时我们国家最大的钢铁企业,跟他学的专业正好吻合,他学了不少高炉结构和生产技术方面的东西。当了三个月技术员以后,扬子厂100吨高炉就建成了,他也就顺理成章回厂里。但是当时军阀混战啊,购买和运输焦炭都十分困难,所以高炉只能时开时停,亏了很多。部分员工已经失去信心,辞职的人不少,但是爷爷不忍心舍弃这份冶炼的事业,他继续留在厂里维持高炉生产,这个时期他深得厂总工程师陈廷纪④的器重,这个总工程师对爷爷的影响很大,爷爷也是在这个时期逐渐成了炼铁能手。1926年10月,北伐革命军进了武昌,占领了武汉三镇,工厂就停了。我爷爷为了谋生,就在武昌地方法院给武汉国民政府做了近一年的书记官。

---

① 盛宣怀(1844—1916),清末官员,洋务运动代表人物,北洋大学创办人,著名政治家和企业家,被誉为"中国实业之父""中国高等教育之父"等。1895年10月2日,盛宣怀禀奏光绪皇帝设立新式学堂,光绪帝钦准后成立天津北洋西学学堂,盛宣怀出任学堂首任督办。
② 汉口谌家矶扬子机器制造厂由当时的汉口头号华商、近代武汉民族工业的先驱宋炜臣于1907年创办,位于汉口郊区,机器设备均从外国采购,该厂工人最多时超过2000人,规模位于当时全国民营机器大厂之列,一度雄居全国第一。其中,六河沟铁厂1911年建成,1924年工厂易主,更名为六河沟煤矿公司扬子铁厂。
③ 汉阳铁厂成立于1890年,是中国近代最早的官办钢铁企业,由晚清名臣张之洞创办,是当时中国第一家钢铁联合企业,中国钢铁工业自此蹒跚起步,被西方视为中国觉醒的标志。
④ 陈廷纪(1884—1958),浙江杭州人,炼铁专家。1913年毕业于英国伯明翰大学,曾任汉阳铁厂工程师、化铁股股长,六河沟铁厂厂长兼总工程师。新中国成立后历任华东工业部处长、副局长,华东钢铁公司副经理,马鞍山铁厂顾问工程师。

二、在德国的留学考察岁月

到了 1933 年,通过一个同窗的介绍,他到了汉冶萍钢铁厂①,这个在当时是中国最大的钢铁企业,张之洞当董事长,盛宣怀当总经理,我爷爷到那以后当的是三个炼铁厂炼铁工艺的总工程师。当时国民政府也想要发展,所以 1935 年国民政府国防设计委员会改组为资源委员会后,就决定利用《中德易货协议》②的外资,选择在湖南湘潭创办中央钢铁厂,规模要比汉冶萍钢铁厂大。这时候国民政府就把我爷爷从武汉叫到南京,当时汉冶萍钢铁厂的总工程师严恩棫③,也叫严冶之,推荐他到国民政府的资源委员会工作,去当钢铁专门委员。当时蒋介石手下的委员多,他不给你分什么部,资源委员会相当于现在的物资、地矿、国土合在一起的那种部。筹备建这个厂的主任委员是翁文灏④,他是国民政府资源委员会委员长,技术总负责人是严恩棫,我爷爷当时任资源委员会钢铁组副组长、建厂筹备委员会委员,属于建设中央钢铁总厂技术总负责的二把手。因为这个厂当时准备使用德国设备,设计和制造都计划要德式的,承担这个设计的是德国的克虏伯公司⑤,资源委员会跟他们签订了引进全套设备和为中国代培留学生的协议,所以就得选人到德国考察实习。资源委员会从全国选了八个人,1936 年底确定的人选,都送到德国公费留学,派我爷爷当队长,所以 1937 年 1 月份这些人跟着严恩棫和我爷爷就坐邮轮去了德国。

---

① 汉冶萍钢铁厂诞生于 1908 年,位于湖北,是盛宣怀在汉阳铁厂、大冶铁矿、萍乡煤矿的基础上成立的,集勘探、冶炼、销售于一身,是中国历史上第一家用新式机械设备进行大规模生产的、规模最大的钢铁煤联合企业。
② 1934 年 8 月,蒋介石和希特勒正式签订《中德易货协定》,德国负责向中国提供武器,中国负责向德国提供钨、锑、锡等矿产资源。
③ 严恩棫(1886—?),字冶之,中国钢铁冶金先驱之一,曾为国民政府资源委员会钢铁组组长、汉冶萍铁矿公司炼铁部主任。辛亥革命胜利后,参加汉阳铁厂的修建和生产;全面抗日战争初期,负责汉阳铁厂、大冶铁厂、六河沟铁厂拆迁至四川大渡口的技术工作及规划大渡口钢铁厂的建设等,为中国抗日战争前后的钢铁事业做出巨大贡献。1948 年移居台湾。
④ 翁文灏(1889—1971),著名地质学家,曾任国民政府资源委员会委员长、国民政府行政院长,中华人民共和国成立后寓居海外,1951 年回国,定居北京。
⑤ 由阿尔弗雷德·克虏伯建立起的一个庞大工业帝国,第二次工业革命时期从一间铁制作坊一跃成为欧洲当时最大的工业企业。

他们从上海乘船出发到德国柏林，住柏林工业大学。同期王之玺、毛鹤年、邵象华和杨树棠①都已在国外不同地方学习，后来都到柏林跟我爷爷会合。杨树棠，杨鞍生他父亲，是1934年北洋大学毕业的。邵象华在英国的大学读书。一共有20来人吧，这些人都是国民政府拿钱资助学习，他们到齐了之后，学德语，把德语强化了，同时学习冶金工程学。虽说是去德国留学，但不单单是留学，还包括考察、谈判、实习。1937年5月，当时为了审查德国为中央钢铁总厂设计的方案，就开始组织代表团，选了严恩棫为国民政府代表团团长，我爷爷当副团长兼学生队队长，成员还有另外两个，进行了一番审查。

爷爷先后到克虏伯的莱茵豪森钢铁厂、保尔伯克钢铁厂等地实习，主要是跟总工长和值班工程师学习冶炼操作技术和炉体维护等。在莱茵豪森钢铁厂实习期间，爷爷做了一个全面的调查，此厂有九座炼铁高炉，日总产量7000吨生铁，占全德铁产量的十分之一，并写出了详细的考察报告。在调任东北工学院工作前夕，他将这份报告赠送给鞍山钢铁公司经理，迄今一直珍藏在鞍山钢铁公司档案馆。可以说，爷爷在德国留学期间，一个是在柏林工业大学学习，这是学术上的；另一个就是到炼钢厂，这才是真正的实习、培训，整个算是一个教育体系；再有一个就是要谈判，订设备、订货，而我爷爷是负全责的。

在鲁尔区，他们多数人住在工厂附近的居民家里，有的还和房东一起吃饭。这样做一是能锻炼口语，二是能通过交谈拉近与德国人民的感情，还能学到更多东西。周末他们会请厂里技术员、工长来家做客，时间一长，这些德国人也乐意把技术和管理方面的经验传授给中国留学生。

---

① 王之玺（1906—2001），河北行唐人，冶金学家，中国科学院学部委员，毕业于北洋大学矿冶工程系，1934年赴英国雪菲尔德大学钢铁冶金系学习，1947年任鞍山钢铁公司"六大协理"之一。毛鹤年（1911—1988），浙江余姚人，电力工程学家，中国科学院学部委员，1934年就读于美国印第安纳州普渡大学研究生院，获工程硕士学位，1948年任鞍山钢铁动力部总工程师，1947年任鞍钢"六大协理"之一。邵象华（1913—2012），浙江杭州人，钢铁冶金学家，中国科学院学部委员、中国工程院院士，1932年毕业于浙江大学，1937年获英国伦敦大学冶金硕士学位，1955年选聘为中国科学院学部委员，1946年任鞍钢"六大协理"之一。杨树棠（1909—2002），河北宣化人，1934年毕业于北洋大学，1937—1939年赴德国克虏伯炼钢厂实习，曾任鞍钢副经理兼总工程师，1946年任鞍钢"六大协理"之一，1976年后任鞍山市政协副主席、鞍山市人大常委会副主任。

有一次，一位工长就把炼钢厂的年度总结给爷爷与杨树棠看了，并让他们抄下来，这对于筹建钢厂有非常重要的参考价值。如果不是和工长成为好朋友，中国人是根本不可能看到年度总结的。当然，也有少数德国人歧视中国人，他们大多数是纳粹分子。例如，他们明知道对方是中国留学生，却故意问："你们是日本人吗？"类似事情的发生使中国留学生们感受到，中国人在国外会受歧视，而其原因都是中国国力羸弱、国际地位低下。在德国期间，他用马克买书，还办了一个小图书馆。当时听到的只能是国民政府的正面报道，比如说淞沪保卫战、武汉保卫战等；但他们听不到平型关大捷这些事，听不到共产党的声音。可到了1938年，越听越不行了，卢沟桥事变以后，华北没了，东北也没了，人家都打到广州了，也打到桂林了。我爷爷他们一心想回国参加抗战，怎么办？当时他、王之玺等就提出来了，严冶之一看，也同意，就跟资源委员会联系，批准他们回国了，德国这边实习队队长就交给郑葆成①继任，爷爷他们是1938年3月回国的。

三、为抗战出铁

1938年4月，爷爷他们回国之后，先到长沙短暂停留，就马上去了武汉到资源委员会报到了。但是这时候湘潭的中央钢铁厂已经被迫停建，可是国民政府舍不得丢，就成立了一个由兵工署和资源委员会联合构成的迁建委员会，称他们为搬迁专门委员和建厂专门委员，责成他们改设备、拆迁，就是要把汉阳铁厂和大冶铁厂的部分设备拆迁到四川大渡口重建，以应战事需要，就是得把这些设备沿着长江逆水运到湘南，倒到码头，但全搬你搬不了。我爷爷办了件什么事？他通过判断四川的原材料状况，提出不拆汉阳铁厂250吨大高炉，而拆六河沟铁厂100吨高炉和汉阳铁厂的两座

---

① 郑葆成（1895—1983），福建福州人。曾留学美国，抗战时期任重庆资渝钢铁厂厂长，抗战胜利后任四川各钢铁厂保管处主任。

30吨马丁炉①炉体结构及换向阀、ϕ850钢轨轧机、钢板轧机、中小型轧机和全部机修设备及耐火材料,这是比较切合实际的拆迁计划,搬迁总重量在5万吨左右,提出来以后当时就被迁建委员会采纳了。当时日寇已经迫近武汉,狂轰滥炸,所以运输十分艰难,大概在三个月的时间里,爷爷都是冒着枪林弹雨到现场检查工作情况,经常跟工人一起拆卸和包装设备零部件,最后主要设备大部分按计划运到了重庆,但还是有一部分来不及运出来,投长江里了,另外也有一部分被炸沉在江里。庆幸的是,1938年7月当日军逼近的时候,他们已经基本完成了拆迁任务,往大渡口去了,爷爷和严恩棫与全部拆迁人员也迁到了重庆。

到达重庆后,他们俩被指派负责规划大渡口钢铁厂的布置和建设。他们先选厂址,确定高炉、平炉、轧机的位置,再到原料产地綦江等矿考察资源,然后开始设计、安装和重建。当时抗战急需钢铁,而建一个100吨的高炉和30吨的马丁炉工期太长,特别是四川当时煤铁资源比较分散,所以提出高炉容量不宜过大,决定先建一座20吨的高炉和一座10吨的马丁炉。爷爷负责设计20吨的高炉。这两个炉子分别在1940年3月和1942年初投产了。后来曾有人说:"小型炼铁炉是近代技术,是在交通困难、矿层贫薄的情况下,为了供战生铁急需而成的时代产物,而东西典籍资料里没有记载,缺乏引证,所以是一种创举,但咱们国家出了之后,其他国家就开始模仿咱们了,救活了当时的铁荒。"这是我爷爷在抗日战争时期的一个贡献,也是中华民族冶金史上的一个贡献。后来为了解决云南兵工和机械建设的需要,资源委员会又派爷爷到云南钢铁厂任工程师兼炼铁股股长。当时严恩棫、王之玺对建厂资源做了调查,决定把云南钢铁厂建于安宁县郎家庄。随后,爷爷负责完成了50吨高炉的设计。

把这个厂迁好,交付别人当厂长管理生产后,我爷爷又调到哪儿去了呢?在四川内江有个威远县,威远县有个威远钢铁厂,1940年12月,我爷爷被派到这儿了。当时是一个什么情况呢?大部分工人已经离职了,生产处

---

① 马丁炉即平炉,法国冶金家马丁于1865年用德国西门子兄弟所发明的储热器,以生铁和熟铁在反射炉内炼钢首次获得成功,故名马丁炉,有时亦称"西门子-马丁炉"。

威远钢铁厂职工合影

于瘫痪状态。那怎么整？就得先清点仓库，看看还有什么东西在，检查设备，摸清厂内资产，包括厂区布局，职工宿舍、生活区也得改，再就是还得修路，因为这是边远山区，土、铁都得牛驮马载的，不方便，爷爷就主持开厂务会修路，通车以后我爷爷还写了块碑《石牛洞》作为纪念。我爷爷当时还发明了新式炉喉，产量高，大家都高兴。准备工作都做完了，1942年正式开炉。

1944年，冯玉祥到威远和自贡宣传抗日，搞募捐。当时我爷爷号召中层以上干部每人捐一个月工资，工人捐半个月工资，拿着钱上自贡给冯玉祥送去。冯玉祥为了表示感谢，就自己写了字，然后让我爷爷做了50枚铁盾，题的字是"还我河山"和"收复失地"，拿铸造的方式做的，共50块，用来送给捐献者作为留念。

四、出任鞍山钢铁公司"第一协理"

蒋介石认为战争胜利以后天下都会是他的，他就做长远规划，但是东三省经历了九一八事变以后，张家的天下被日本人占领了。东三省你知道让日本人搞到什么地步吗？工矿企业主要的经济命脉都在日本人手里了。他们搞制铁所，搞会社制，当时鞍山制铁所的所长就是日本侵略者中的一个大将。

后来抗日战争胜利,国民政府在沈阳成立了东北区特派员办公处,简称"东特处",我爷爷任东特处接收专门委员,就是接收大员,主要任务是接收日伪钢铁厂,恢复生产,维持经营。那个时候威远钢铁厂封了炉,他们就从四川带着威远的这些人往北走,那么远也不通火车,就一路开车,三辆美国10吨大卡,车后面带着一堆设备和技术资料。当时一般职工都不要了,就带着搞技术的人,威远的那些成家立业的技术人员都带着家属,跟迁徙一样,举家搬迁。威远11月份封的炉,第二年3月份他们才走到东北。威远那个厂子一直到解放后才重新开工,也是我爷爷帮着开起来的,他一直想着那个厂子,当时有很多技术难点,包括炉子扩大,都是我爷爷给做的方案,做完方案寄过去了还不放心,当时我爷爷当了东北工学院①的院长,就让炼钢教研室的老师过去给他们弄。

1946年国民党军队占领本溪之后,我爷爷被定为东特处本溪办事处处长,负责接收本溪的一些煤铁公司。1946年5月爷爷被调到鞍山,负责接收昭和制钢所等工厂和组建鞍山钢铁有限公司,出任鞍山钢铁公司的第一协理。当时有六大协理,俗称鞍钢"六大员"②,这"六大员"不是随我爷爷一起来的,因为我爷爷是先来的,1946年3月份就到这了,他算是鞍钢国民政府时期的实际负责人、一把手,是明确的第一经理,别人都兼二级所所长,也就是兼分厂厂长。比如毛鹤年,他当时是能源动力所所长,相当于现在钢厂的能源动力部、能源动力中心一把手。但我爷爷不兼,我爷爷的炼铁所请了一个人当所长,我爷爷领导他,也统管其他五个人。这"六大员"其实都是留德那帮人,留德的时候我爷爷就是他们的长官,因为我爷爷管着他们。到了1947年底,解放军包围了鞍山,总经理出逃到关内,厂里一片混乱,我爷爷和其他协理多次筹划保厂,领导鞍钢警卫队一起护厂,把设备、图纸、资料保存了下来,算是为解放后迅速恢复生产做了贡献。1949年4月,爷爷被调任本

---

① 东北工学院始建于1923年4月,由张作霖委派时任奉天省省长兼财政厅厅长王永江筹办,1950年8月定名为东北工学院,1993年3月复名为东北大学。

② 鞍钢"六大员",指国民党资源委员会派到鞍山钢铁有限公司进行接收的六位高级技术人员,分别为靳树梁、邵象华、李松堂、杨树棠、王之玺和毛鹤年,其中靳树梁为第一协理。

溪湖煤铁公司总工程师兼计划处副处长,他发动群众,集思广益,完成了本溪一铁厂二号高炉的修复工程,接着他提出了《本溪湖煤铁公司三年计划的意见》,建议将煤铁公司建成钢铁联合企业,这一建议对本钢的发展起了重要作用。

鞍钢所谓的"复工复产",其实只有鞍钢、本钢两个钢厂,后来真正开工复产是1948年2月19日之后的事了。爷爷1946年就到了鞍钢,鞍钢1948年复产,所以这中间两年他主要就维持小范围的生产,能动就动,动不了的就筹备着动,就是因为那时候有战争,一打仗就不好讲了。他最难办的就是,当时国家还是弱,加上日本人发坏,开工很难。日本人撤退的时候,不给中国人留下好的、完整的设备,他们把生铁烧到将近上千摄氏度,但不让铁水从炉子里放出来,他给你冷却在里头,就那样凝固死了,出不来,有80吨,那你怎么弄?他们盼着你把高炉炸坏了,心眼坏,觉得你们一帮"土八路"能懂得炼钢炼铁?你没技术那不得把炉子拆了?把这大铁块子搬走,搬走之后再重新建高炉嘛!但在我爷爷的组织下却不是那么干的,我爷爷的外号是"亚洲钢铁大王",全世界在二战中只有三个人有"钢铁大王"之称,"亚洲钢铁大王"这个名字就是我爷爷的。

我爷爷采取什么办法呢?用这个铁钎子,很简陋的工具打开孔,在凝铁上凿出孔来,一排一排地分段,分段之后凿楔子,就是凿钢筋,楔到里头把凝铁劈成小块,然后清理出来,这是岩石力学上的一个想法,用了两三个月的时间,把生铁就像凿岩石一样,一块一块地凿,拿土办法给提溜出来,搁在旁边又当作炉料,没浪费,他就是那么解决的。拆除以后,发现炉基上有很多裂纹,怎么解决呢?他就在炉基下部,打铁、打钢筋、灌水泥、加水泥箍;有较大裂缝的,就用200号砂浆进行压力灌浆,灌浆后用100—120毫米的石棉耐火混合土垫层,就是灌完浆在上面再布上小砖、耐火砖,用石棉土把它垫上,这样的话就把炉子固定住了。这是新中国第一个炉子,一定不能出事故。他特别谨慎,当时就发现高炉的炉喉中心与炉底中心上下斜桥方向倾斜了,这在钢铁史上都是罕见的现象。歪了之后你要是加炉料、鼓风,就很危险了。大伙儿讨论时,我爷爷就提出一个解决方案,在纠正炉子中心偏心问题上,用机械的方法,两个方向这么弄一下。当时还有一种观点,说是要在斜桥上用铁皮,但是当时物资那么匮乏,钢厂也找不出铁皮,找不到钢板,而且还得是中板,厚一点的板都没有,找不着的,上哪找去?

当时苏联专家也在场,他们权力多大啊,看了半天,跟我爷爷讨论,他们也拿不出办法来,就依着我爷爷那个办法了,他们就在讨论这边借多少,那边借多少,再就是把炉膛加厚,用耐火砖把这地方给撑上,用上劲,然后把这个给填补上了,口的左右两边就对称了,就用这个办法把二号高炉给立好了。但是这当中还有问题,什么问题呢?当风量加到500立方米的时候,空气柱平台风口那地方就会震起来,跟地震一样,把苏联专家吓得都跑了。苏联专家就说:"赶紧停,你赶紧把出铁口堵住,别动。"老爷子有本事,这种高炉在德国实习的时候见过,如果熄火了,这肯定就失败了,因为你把出铁口堵上,那不跟日本鬼子的做法一样,也要形成凝铁了吗?我爷爷不同意,说继续通风,风量不均衡,就会在炉膛里左右晃,你再加大风量,结果风压炉子,整个生产就变得正常了。炉料在下降、均渣、还原、氧化过程中都正常了,也就不震了。我爷爷他就敢壮着这个胆子,也说明苏联专家他们理论水平高,但实践进行的少,但我爷爷那么多年蹲在高炉前,他的经验很丰富。按照我爷爷的方法,高炉没出事,让本钢总经理和厂长到现场一看,这方法行,到1949年7月3号就正式出铁了,当时是为了庆祝新中国成立,也为了党的生日,东北人民政府很重视,过来开庆工典礼。

"三大工程"的项目是他谈回来的,那时候作为技术顾问,他跟着毛主席上苏联,出过很多意见,但工程实施过程他没贡献多少。"鞍钢宪法"是1960年发布的,他赶上了,但那时候他就不大管这些事了,他的主要精力都在搞攀枝花的钒钛磁铁矿研究。这个任务是1960年李富春副总理带着冶金部副部长到保定参加炼铁会议时,在会场跟我爷爷交代的。但从体制上讲,他把国民政府时期鞍钢的体制,也就是科学管

靳树梁进行科学实验

理的体制移到"鞍钢宪法"之前的生产运行上了，协调这种机构，他算是个奠基人，周恩来总理评价他是新中国钢铁冶金的开拓者和奠基者。毛主席在的时候，从政治待遇和1958年介绍我爷爷入党就可以看出来，毛主席懂得用其特长，对科学技术人员很爱护。在鞍钢开工的时候，我爷爷得了一等功。我爷爷这一生到后来，就回过老家一次，到保定开一个炼铁会议时顺道回家，全部精力都放在祖国的钢铁事业上了。

五、冶金教育的带头人

1950年，我爷爷被调到东北工学院当校长，他是东北工学院的首任校长，也可以说是创校校长，还主编了中国第一本《现代炼钢学》教材。东北工学院成立之前，国家搞不清到底谁能领导学校教育方向，问了几个人，也任命了两波领导，但都搞不清这个学校究竟要成个什么样，就想起我爷爷来了。当时领导本来想调我爷爷从鞍钢到重工业部当副部长，可我爷爷说："我不去了，就给你们办学吧。"他就这样到了东北工学院，一干就是十几年，从1949年确定一直到1964年去世。我爷爷办校很坚持教育、教学、研究和生产相结合，因为他是从企业出来当的校长，所以特别强调学生和老师必须想办法给企业解决实际生产的难题，他特别讲究这个。

当时北科大很长时间没有正校长，东北工学院和北科大两个学校都让他任校长。但是我爷爷始终没答应这个事儿，因为什么呢？因为他当时不仅是鞍钢顾问，还是本溪湖煤铁公司副总经理兼总工程师，又在东北工学院当校长，那时候他每天下午4点在国务院设在东北工业基地的调度室处理钢厂的生产，包括呼兰新厂、沈阳冶炼厂、抚顺铝厂、复兴矿务局、抚顺矿务局，这些矿的黑色冶金、有色冶金，我爷爷每天都得问一遍，有什么难题我爷爷一、二、三就得解决。那时候国家就那点资源，特别是抗美援朝又干起来了，我爷爷作为国家首席专家，所以就一直忙。

爷爷当时是一级教授，工资跟四级干部是一样的，380多块钱一个月。

靳树梁（左四）给学生讲授高炉操作课

此外他还是辽宁省政协副主席、全国人大代表，1955年当选为中国科学院技术科学部学部委员，所以除了基本工资380多块以外，政协给100块，人大给100块，中国科学院给100块。那时候我爷爷坐的轿车比沈阳市第一任市长的还要好，但那时候老爷子有这种观念，就是啥呢？不愿意坐。给他配的苏联进口车，他让人在上面加了个红旗，显得比较谦逊。东北工学院初建的时候公共汽车站在学校里有三站地，我爷爷一上班，或者在学校遛弯，或者出去办公，坐公共汽车转的话，只要上了电车看见学生，他就把所有学生的票都给买了。东北工学院现在南湖公园那的题字还是我爷爷写的，能看出是他的笔迹。

六、爷爷留下的精神财富

抗美援朝时我爷爷捐了很多，给这个捐，给那个捐，给鞍钢炼钢总工程师我叔叔他家买肉段吃，让他把身体养好。我父亲是在老家出生的，我有俩叔叔，他们是亲哥仨儿，但是亲哥仨儿是一个父亲、两个母亲生的，不是同一个母亲。爷爷的第一任妻子是我们老家住同一个大村里的，那时三个村连着，她叫周秀英，是个小脚，所以没带出来。那段婚姻是老家长辈做主，不是爷爷自己做主的，后来这段婚姻就名存实亡了。我爷爷的意思是，奶奶愿意动的话，就可以改嫁，他是这个观念。但是我奶奶始终没改嫁，始终守着他。我第二个奶奶姓炎，最后得精神病死了。后来爷爷在汉冶萍钢铁厂当工程师的时候，领导给他配了一个秘书叫李雄，这个李雄奶奶一直没生育，在我们家当教员，类似于私塾教员，教我两个叔叔。我们家的观念还是从小就要学习，这个观念一直很重。

　　我1953年2月在南京出生。如果从我祖父这来说，我生于一个书香门第、科学家庭；若从我父母亲这来论，我生在一个军人家庭。我对爷爷的印象是他挺斯文、挺可亲的，口袋里总装着大白兔奶糖。爷爷这一生并没有给我们留下太多的物质财富，但是精神财富留下很多。首先，作为中国人，他爱国。比如说，他当年可以继续留在德国深造，但是考虑到抗日战争全面爆发，他认为应该回国，便投入抗战中。当时德国那么优越的生活和学习条件他都不为所动，还能带头把20多个人安排好，这点让我很佩服。当时的政策是，不愿意走的，我就给你安顿好；愿意走的，跟着他回来。跟着他回来的这些人为中国钢铁企业做的最大贡献就是，在国难当头、日本鬼子奴役我们的时代，他们仍然把中国的民族钢铁工业延续到大渡口，制造武器，为抗战提供坚实的物资支援。

新中国第一届自然科学工作者代表大会筹备委员会全体代表

　　其次，老爷子能明辨是非，在大是大非面前他有取舍、不糊涂。比如，当时鞍钢有个管理人员想和一个德国专家坐火车回关内去，跟我爷爷说了，让我爷爷一起走，但我爷爷没走，他说："我守摊，反正也停产了，我就看摊，有我这个人在，职工能发工资，这个情况下我不能走，我不走。"他能明辨是非，就跟共产党了，不跟蒋介石走。你们要知道，蒋介石曾三次派飞机到鞍山来接我爷爷，要把他接到台湾，我爷爷都回绝了，理由是解放军已经进来了，你的飞机下不来。他说："这地面上都是解放军，你别下来了。"他坚信共产党是中华民族真正的救星，他能看到这点。1950年，六大协理想陆续离开，他们南方人多，但家属大多都在北京。但我爷爷当时把他们都问住了，他说："不管怎么说，走到哪都得搞钢厂，这里是咱们国家最大的钢厂，中华民族最大的钢铁企业在这，你跑别人那去，你的本领往哪耍？"我爷爷就始终守着白楼，稳定钢厂，稳定鞍、本两个钢厂。后来国民党的军队为抵御解放军的进攻，就把他们从白楼轰出来了。我爷爷一看，怎么办？我爷爷还是很有理智的，带他们先躲避开，等遇到解放军之后再回来。安东（今丹东）那时候有共产党东北区的马列学院，爷爷到那学习之后就开始筹建复工，复工之后上北京参加自然科学工作者代表大会、全国政协会议。

可以说，他的家教、爱国精神特别足。爷爷一生没加入国民党，而且不让国民党给他授衔——他们那个时候官员都是授衔的。他那时候始终坚持自己是无党派人士，国民党让他们干这个干那个，他就始终保持中立的态度。我爷爷也跟他几个助手表示不许加入国民党，宣传的是什么理念？我们就是无党派，我们不是共产党，也不是国民党，我们就是一心搞实业、搞技术，咱们"六大员"都是无党派。后来我爷爷1958年加入中国共产党，举个拳头宣誓。

靳树梁（右二）宣誓加入中国共产党

再有就是，除了懂民族大义以外，他还非常勤奋好学，也许是从小受教育的影响，他非常崇尚中华优秀传统文化，对中国古诗词、古汉语很有兴趣，毛笔字写得好，小楷写得也好，篆刻也会，到现在我还留着我爷爷刻的名戳。

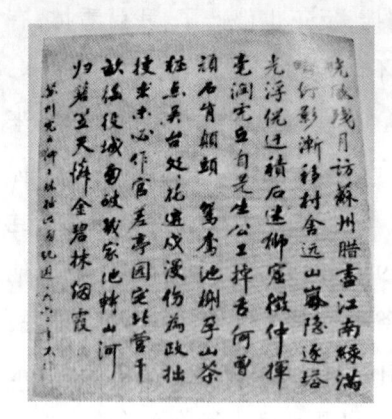

靳树梁手迹

从综合素质上来讲,他有点中国传统文化中大家的风度,而且爷爷还喜欢下围棋,是沈阳围棋冠军。

我现在是东北大学天津校友会会长、天津开发区栋华科技实业有限公司董事长,今年已经67岁了,这两天正在编辑东北大学天津校友会的新版通讯录。这个校友会从20世纪80年代初我在天津警备区应聘队长的时候就弄成了,有38年历史,是正式的社团组织,会员注册的就有6000多人,不注册的在津校友也有1万来人。我是1993年从体制内出来自己搞公司的,先后搞过七八个公司,但是最正规的公司还是这个天津开发区栋华科技实业有限公司,主要就做些产品。"栋华"这两个字是我祖父的字,靳树梁,字栋华,意思是树中华之栋梁,所以我这个公司也是意义深远的,希望能继承爷爷的精神。

杨鞍生
父亲杨树棠的七十载钢铁深情*

亲 历 者：杨鞍生
访 谈 人：田毅鹏
访谈助理：王余意
访谈时间：2020年10月21日上午9:00—12:00
访谈地点：鞍钢党校
访谈整理：王余意

亲历者简介：杨鞍生，男，鞍钢"六大员"之一杨树棠之子。1951年生于辽宁鞍山，1971年进入鞍钢钢铁研究所工作，2011年退休。父杨树棠（1907—2002），河北宣化人。1934年毕业于国立北洋大学采矿冶金工程系，1937—1939年赴德国克虏伯炼钢厂实习，1946年任鞍山钢铁有限公司协理，1948年参加革命，1950年任鞍钢生产处副处长、处长兼任公司总工程师，1958年任鞍钢中央试验室主任，1960年任鞍钢副经理兼总工程师。1976年后任鞍山市政协副主席、鞍山市人大常委会副主任。

杨鞍生（中）接受访谈

---

* 本文在整理过程中参考了杨鞍生整理的杨树棠回忆录《七十载中华钢铁情》，特此致谢。

一、浩浩渡重洋

从名字可以看出来,我是在鞍山出生的。我也一直在鞍山工作,2011年退休。但是我的老家不是鞍山,原籍是河北宣化(今河北张家口宣化区)。

我重点讲一下父亲。很惭愧,我本人没有什么太大的成绩,这一辈子可以说是平平庸庸。不过我父亲,不是我吹牛,在鞍钢应该说还是有一定代表性的。

1907年,父亲出生在河北宣化城北20里的大辛庄(今张家口市大仓盖乡大辛庄村)。杨家祖上原先在山东济南居住,大约在1580年迁到宣化,渐渐成了村里的大户人家。宣化有一座烟筒山,我老家离那儿不远,当时村民并不知道那里有铁矿,只知道在烟筒山和小溪里能拣到一种红褐色的石头。我父亲刚刚懂事的时候,就看见村里许多人家用这种石头做染料,在羊身上做记号,有的涂红脑门,有的染红尾巴,以便区别哪些羊是自家的,哪些羊是别人的。长久以来,当地人除了知道用这种石头做染料外,并不知道它还有别的什么用途。

后来这里的石头被一个叫安特生的瑞典人发现了,说这是铁矿石。1914年第一次世界大战爆发,段祺瑞政府向外借款对烟筒山铁矿(后来的龙烟铁矿)进行开发。随着大战的结束和世界钢铁价格的下跌,政府对烟筒山铁矿的开发停止,烟筒山也逐渐荒废。那时,父亲心里产生了疑问:为什么家门口的铁矿,中国人找不到,偏偏叫一个外国人找到了?既已开发,为何又荒废?他从此立志,将来一定要学习找矿,开发祖国矿藏,为中国人争口气。

父亲念完高小后,考上了直隶省第十六中学(历史上有名的柳川书院,今宣化一中)。1928年他中学毕业,正当为将来的打算苦恼之际,听说宣化县教育局为考入国立北洋大学的人提供助学金的消息,于是便报考了该校的采矿冶金工程系,并被录取。

北洋大学兴办之初(1895)叫作天津中西学堂,是清末新政后由洋务派所办的,也是我国效法西方最早开办的大学。辛亥革命后的1913年改为国立天津北洋大学,隶属于国民政府教育部。因为当初是洋务派所办,所以从教员、教材、教具到管理制度,都是照搬美国的。除了校长和少数几名中国教员外,大部分教员都由外国人担任。父亲入学时,校长是刘振华(刘仙洲)教授。[①] 1929年,北洋大学改为北洋工学院,茅以升任院长。

北洋大学与其他学校有一个不同之处,就是校方实行贷书制,并负责分配学生的工作,因此招生很少,而且淘汰率很高。当时全校只有200余名学生,下设土木工程、采矿冶金、机械、电机四个系。父亲所在的班只有11名同学,但功课却非常繁重。除了要学十几门课程外,还要花很大精力学英文。因为教员全部用英语讲课,学员英语不好,就有留级和被淘汰的风险。父亲在中学时英文学得还可以,因此省些气力。为了多学点知识,也为节省开支,父亲一连几个寒假都没回家,几乎整天泡在图书馆里看书。

北洋大学除了重视理论教学,还十分重视学生的实践活动。父亲在学期间,曾经到六河沟铁厂实习。那时这个厂只有一座100吨的小高炉,在外国钢铁的排挤下,生铁根本卖不出去,只好一堆堆地积压在那儿。奇怪的是,每堆铁块上还挂个"某某银行"的牌子。后来才知道,这个厂的生产全是靠银行贷款来维持的,由于无钱还债,只好将炼出的生铁作为银行的抵押品。所以父亲更加坚定了从事炼钢、工业救国的决心。

完成预科两年、本科四年的学习后,父亲于1934年毕业并取得学士学位。由于国内仅有的几家钢铁厂在外资排挤下纷纷倒闭,他们采矿冶金工程系的学生不得不改行,到英国人霸占的开滦煤矿去实习。以后,父亲又经校方推荐,去淮南煤矿做了几个月的煤师工作。

1936年初,国民政府实业部在湘潭开始筹建中央钢铁厂。筹委会的主任委员是著名地质学家翁文灏,具体负责的是实业部矿业司司长程义法,技术负责人是汉冶萍钢铁厂的炼铁部主任严冶之。当时实业部与德国签订了引进全套设备和为中国代培留学生的协议,为了给中央钢铁厂培养一批技

---

① 刘仙洲(1890—1975),男,原名鹤,又名振华,字仙舟,河北完县(今顺平)唐行店村人。1918年毕业于香港大学机械工程系,1924年任北洋大学校长,1949年后任清华大学副校长,1955年入选中国科学院学部委员。

术人才,实业部在全国进行了技术人员普查,从中选调了一批有实践经验的大学毕业生,准备送往德国官费留学。由于父亲在开滦煤矿实习期间写过几篇比较出色的技术报告,得到了实业部的好评,因此就被选中了。

经过在上海新和兴钢厂(上钢三厂的前身)进行半年的出国前实习,父亲在1937年1月由上海乘船前往德国。与他一同出国的有靳树梁(兼领队)、李松堂、张匡夏、谭振雄、吴之风、史通、王原泰等八人,其他人如王之玺、邵象华、毛鹤年等,已在国外不同的地区学习,可以直接去报到。2月初,经过长途跋涉,他们到了德国的首都柏林,住在柏林工大,受到了该校钢铁冶金系主任杜勒尔教授的接待。以后,又到了钢铁工业比较集中的鲁尔区。

在实习期间,给父亲印象最深的首先是德国人十分讲究工作效率和产品质量。那时,德国人就已经在200吨平炉里炼制装甲钢板用的合金钢,并指定专人专炉来炼以保证质量。每座平炉只配有一名炉长和两名工人,除了上下班时间外,无论在什么地方,绝看不到一个闲人。德国人还讲究文明生产和安全生产,厂内厂外、炉前炉后都很干净,极少发生事故。

其次,德国人十分重视科研工作,克虏伯研究所就是其中很有名的一家研究所。全国设有钢铁协会,主要任务是审查科研项目、安排科研任务、组织专题研究、评定研究成果和进行学术交流,同时与大学教育、科研、生产紧密结合,出版了大量科技书籍、杂志和活页文选,为科技人员的深造和研究创造了很多方便条件。中国留学生在业余时间充分利用这个条件,从中学到并掌握了很多新东西,可见他们的勤奋。除了自学,留学生还定期到领队靳树梁的住处集体学习讨论,交流各种学习资料和心得。他们还办了个小图书馆,购置些新的科技书刊,搜集各种科技资料。以后这些资料都被带回国内,甚至多年之后这些书籍和资料还帮了父亲不少忙。

二、拳拳报国心

1939年,整个德国变成了一台法西斯的战争机器。同时,在国内,日本帝国主义占领武汉、广州后,对大后方许多城市进行狂轰滥炸。这些中国留学生无心在外学习,急于回国用知识报效祖国,为抗战出力。同年4月,父亲和几个同学辗转回到中国,先到昆明,后赴重庆。资源委员会把这批留学生借给了兵工署,父亲也到了该署的第二十四厂。

第二十四厂是当时大后方唯一开工生产的官营炼钢厂。父亲很高兴,因为终于可以在中国自己的钢铁厂工作了。父亲担任该厂的炼钢部主任,又继续研究冶炼其他特殊钢的方法,先后成功炼出第一炉75毫米炮筒钢、汽车弹簧钢和不锈钢等,还在大后方首次成功制造冷铸轧辊,首创钨矿代替钨铁炼制枪筒钢。

1940—1941年这段时间父亲非常忙碌:一方面,他要负责第二十四厂的炼钢工作;另一方面,他又被重庆大学聘为兼职教授,每周要给该校矿冶系和机械系讲授六小时专业课。另外加上毕业设计,同时他还得利用业余时间和周日去小工厂搞试验,忙到自顾不暇。为使这些工作互不干扰,父亲把学校授课时间集中在周六全天和周一上午,周日到大华铸造厂参加试验工作,其余时间都在第二十四厂搞炼钢生产。尽管如此安排,试验时间仍然不够,他常常要在夜里举着火把,徒步奔波于小工厂和第二十四厂之间。

经留德同学齐熨(我的二舅)介绍,父亲与母亲齐缀相识相恋,并于1942年4月11日结婚。与父亲的家世不同,我母亲算得上是大家闺秀。我的外公齐如山是著名戏剧理论家、民俗学家,协助京剧大师梅兰芳创立了梅派艺术,并长期为梅兰芳先生编剧,策划并促成梅先生访问苏联和美国。我母亲1929年毕业于北京孔德中学(今北京市第二十七中学)。在校期间,母亲与我国著名科学家钱三强(钱玄同之子)、中国人民银行原行长李葆华(李大钊之子)是同班同学。1935年,母亲毕业于北平大学女子文理学院音乐系,主修钢

杨树棠与妻子齐缀在重庆结婚时合影(1942)

琴,副科琵琶,毕业后回母校孔德中学任教。七七事变后,母亲于1939年辗

转来到重庆,在位于青木关的国立音乐院任讲师,教授钢琴。自1942年结婚到1945年,父母亲两人都生活在重庆。

　　1941年下半年,资源委员会又在嘉陵江畔筹建了一个转炉钢厂——资渝钢铁厂,并调父亲、李松堂、许邦友去那里工作。可是第二十四厂不放父亲走。最后双方协商,达成协议:父亲既负责第二十四厂的炼钢工作,又参加筹建资渝钢铁厂的设计施工。直到1942年初,我父亲才正式调到资渝钢铁厂任炼钢厂主任兼工程师。我父亲在资渝钢铁厂时候的成绩是什么呢?他设计了一种"资渝炼钢法",有利于充分利用四川含磷量高的生铁,并且适应脱磷比较困难的酸性转炉,他将这项成果命名为"贝氏炉炉外快速去磷法"。资渝钢铁厂的炼钢方法经过不断改进已比较稳定,但在轧钢方面却因轧辊制造问题影响了钢材的生产。父亲又和刚刚大学毕业的助手吴启铮一起,经过反复试验,在国内首创了"局部冷硬轧辊铸造法",该项技术也获得了专利。

杨树棠(三排左二)在北平与妻子家人合影(1946)

　　抗战胜利以后,父亲几宿都没有睡好,他很兴奋,觉得抗战胜利,国共和谈开始,从此他盼望的工业救国的黄金时代来临了,他这种搞钢铁的可以在恢复国家经济中大显身手。1946年春天,父母亲回到北平。父亲被资源委员会调去筹建华北钢铁公司(包括石景山钢厂和唐山钢厂),兼任唐山钢厂厂长;母亲则在国立第一助产学校找到了工作。

回北平后,父亲看望了我的外公、外婆和母亲的其他亲属,齐家人对这个女婿很满意。然后,又带母亲回宣化探亲,看望了我的伯父、伯母和两个姑姑。这是父亲回国后第一次也是最后一次回老家,从此再未回去过。

三、 熊熊炼钢炉

1947年5月,父亲被资源委员会调到鞍山钢铁有限公司任协理兼铸造所所长。从此,他的后半生便和鞍钢联系在了一起。

当时,鞍钢的经理是邵逸周①,除我父亲外,其他五位协理分别是靳树梁(新中国成立后为东北工学院校长)、王之玺(兼任技术处处长,新中国成立后为冶金部副司长)、邵象华(兼任制钢所所长,新中国成立后为钢铁研究院研究室主任)、李松堂(兼任轧钢所所长,新中国成立后为鞍钢设计院副院长)、毛鹤年(兼任动力所所长,新中国成立后为电力部副部长)。除经理邵逸周外,几位协理都是同父亲一起留学德国的同学,也都是我国著名的冶金技术专家(毛鹤年是电力专家)。我国著名科学家师昌绪当时大学毕业不久,担任父亲的业务秘书。

由于国民党仅统治了鞍钢22个月,去掉修复时间,正常生产的时间并不长。1947年秋,解放军发动秋季攻势,对鞍山进行包围,外部运输基本断绝,生产被迫停顿,科研工作也停止了。

当时母亲在北京有工作,同时不太愿意到东北生活,就没有随父亲来鞍山。由于母亲在重庆时曾三次流产,父母一直没有孩子,再加上战局吃紧,父亲便向资源委员会申请调回关内并被批准。1947年11月,父亲、邵象华夫妇、李松堂夫妇及两个孩子,在运输处处长张宝书夫妇的护送下,乘坐一

---

① 邵逸周(1891—1976),安徽休宁人。1909年赴英国留学,1914年学成回国,先后任孙中山先生英文秘书、大冶铁矿工程师、缅甸矿务公司工程师、武汉大学教授兼工学院院长,1946年任鞍山钢铁有限公司总经理。

列货车的首车拟冲出去到沈阳。车行至首山时，因辽阳北面的太子河过不去，他们只好返回鞍山。时任资源委员会委员长孙越崎（新中国成立后为全国政协常委、民革中央副主席）急电鞍钢，告知："这是国内战争，不一定非跑不可。战争紧急时，要躲避到安全的地带，千万不要乱动，以防无谓的伤亡。"这几句话为共和国保住了宝贵的钢铁工业人才。

几位协理商议后，决定按照这个精神执行。当时经理邵逸周不在鞍钢，由靳树梁主持日常工作。1948年2月18日早晨，在台町住宅区居住的人几乎都到了厂区内躲避，当时父亲住在现在的杨克冰家。下午几位协理在办公楼大白楼发放工资时，国民党52军因战事吃紧将司令部从钢铁研究所迁到大白楼，将楼内的鞍钢人员全部赶出。几位协理只得在工资还未发完的情况下，从大白楼撤至厂内。当夜11时许，解放军攻入厂内，将成年男子集中起来居住。2月19日早晨8点左右，解放军将这批人带至鞍山西郊烟狼寨、黄家屯、马家屯等处居住。第六天解放军点名时发现六位协理都在，将他们领回市内，安排在华昌百货商店西侧的吉顺旅馆居住。

鞍山解放后的第九天晚上，市长刘云鹤和公安局副局长林侠等领导看望了六位协理。父亲同几位协理及家属共11人，由一位姓王的军代表陪同，到达了安东，先是熟悉和适应解放区的生活习惯，以及阅读和学习中央的有关文件。6月成立了安东科学院，父亲参加了该院的工作。8月，父亲和王之玺、邵象华、毛鹤年被调到哈尔滨的东北工业部工作。

东北全境解放后，1948年底成立了鞍山钢铁公司，首任经理是李大璋。鞍钢留用了原来的几大协理，没多久公司领导就派我父亲与王之玺、邵象华、李松堂制定复工计划。由王之玺牵头，他们四人用了大约三个星期的时间，讨论研究提出了一个鞍钢全面复工计划，送李大璋经理审查。

由于中国人提的方案比日本人的生产规模大，经党组织和公司领导研究后决定按照父亲他们提出的方案组织复工工作。同时把王之玺调到计划处任副处长，父亲担任制造部（包括后来的机修总厂、中板厂、轧辊厂、铸管厂）总工程师，邵象华担任炼钢部总工程师，李松堂担任轧钢部总工程师，毛鹤年担任动力部总工程师，其他几个部的总工程师也都由国民党时期相对应的所长担任。

当时母亲还没来鞍钢，父亲住在小白楼。因为制造部的办公地点在后来的无缝钢管厂，所以父亲每天都是天刚蒙蒙亮就起来吃饭，接着立即进厂上班。那时没有通勤车，父亲又不会骑自行车，上下班总是徒步。走路这段时间成了他思考问题的最佳时间，许多生产上的难题几乎都是在路上思考出解决办法的。

杨树棠获鞍钢恢复生产"一等功臣"奖状

第一炼钢厂被破坏得比较严重，一时不能恢复生产。可是鞍钢恢复生产急需钢材，前方打仗也需要钢材，工农业生产还是需要钢材。这样，尽快生产出钢材的任务就历史性地落在了制造部。父亲和制造部的工人一起努力，很快修复了两座10吨的固定式小平炉。制造部的小平炉一方面冶炼板材钢，另一方面为大平炉培训炼钢工人。为了帮助工人提高炼钢技术，父亲编了个"看断面，猜炭量"的顺口溜，使工人很快掌握了炼钢过程中各个阶段的含炭量，使板材钢的质量、产量大幅度提高。在诸多困难条件下，父亲反复思考研究，同工人群众密切结合，创造了对应的工艺，解决了修复工作中的许多急难问题。由于父亲在修复工作中做出了许多成绩，因此在修复生产立功竞赛运动中，父亲被评为"一等功臣"。

1950年2月,父亲调到公司生产处任副处长,负责生产和技术管理工作。处长是刘克刚,副处长还有王金栋。不久,刘克刚、王金栋相继调离生产处,父亲升任处长兼任公司总工程师。从这时开始,父亲在工作之余又阅读了许多国外钢铁书籍和科技资料,并对过去的生产实践进行了系统总结,先后撰写了多篇论文,并翻译了一些国外的钢铁资料。

1950年10月,东北工业部向鞍钢下达了为抗美援朝前线生产军镐的任务。公司经理及东北工业部对这项任务非常重视,对生产提出的口号是"军工第一"。接到任务后,在生产处召集技术处、技监处、检验室、重机厂等单位召开紧急会议。由于鞍钢的锻造设备严重不足,父亲根据抗战时生产军镐的经验,建议采用串铸法,"以铸代锻"生产军镐,得到了领导的批准,由重机厂四分厂(后来的机械制造公司铸钢厂)生产。

杨鞍生与父母游览千山(1957)

1951年8月13日,我出生了。生我的时候,母亲38周岁,父亲44周岁,老来得子,去了父母多年的一块心病。在我儿时的记忆中,家里有两部电话,一部是市内电话,一部是调度电话,父亲经常在夜里接电话,有时接完电话立刻就得进厂。当时家里也会来一些苏联专家夫妇。因为50年代鞍钢有许多苏联专家,为了丰富他们的业余生活,鞍钢周末经常举行晚会,但是无人伴奏,有关领导很挠头。后来经过时任鞍钢副经理闫志遵的夫人赵萼(时任鞍山市委统战部副部长,母亲的大学同学)介绍,每次晚会都由母亲进行钢琴伴奏,所以母亲与一些苏联专家夫妇也有交往。苏联专家撤走那会儿我有记忆,父母还带我到火车站去送苏联专家。但是父母也许是出于忌讳,没跟我说中苏关系。送别那天,火车站停的是专列,印象中很多苏联专家还在一块照相,面儿上都是欢欢笑笑的,后来我才知道中苏关系恶化了。

父母老来得子,十分重视我。我小时候家里有保姆,所以在生活方面还是不错的。我家的第一个保姆,我叫她干妈,我母亲没奶,她就像奶妈一样。

后来有一个关系最好的保姆,我叫她干姐,她管我妈叫姨。1958年她出去找工作了,但1962年"精减"①时她又被下放回老家了,那会儿她正要生孩子,没地方去,她月子都是在我们家坐的。60年代初,父亲的工资是344元每月,在鞍山市属于高工资。但母亲身体不好,不能工作。父亲的工资除了维持一家三口生活外,还要负担我伯父、伯母、二姑的生活费用。因此,我们家必须精打细算才能过日子,并不像外人以为的那么有钱。记得60年代初因生活困难,政府鼓励城镇居民养鸡,我母亲就养了几十只鸡。父亲每逢进京开会或出差,都要给我外婆带一篮子鸡蛋。对我来说,欣赏哪只鸡好看、哪只鸡抱窝了,是童年的一种乐趣。

四、孜孜科研路

1956年1月30日至2月7日,父亲在参加全国政协第二届第二次会议期间,与另外七名从事钢铁研究工作的人士,如叶渚沛、李公达等,联名做了"转炉氧气炼钢"的中心发言,由父亲在大会上宣读,建议在中国发展转炉炼钢,受到了周总理和其他一些领导人的重视。会议还在进行期间,冶金部副部长赖际发就根据周总理的指示,对"转炉氧气炼钢"的问题组织了讨论。有许多从事钢铁研究工作的知名人士参加讨论,大多数人表示支持这一建议,但由于驻冶金部的苏联专家反对,这一建议被判了"死刑"。结果,我国应用大型转炉炼钢的时间比国外晚了近20年,技术水平也远远地落在了国外的后面。这个教训是沉痛的,如果我们那时即开始采用转炉炼钢,我国的钢铁生产水平就会高得多。

1958年8月,父亲调到鞍钢中央试验室(后来的钢铁研究所,今鞍钢技术中心)担任主任(所长),重新开始了钢铁研究工作。父亲到中央试验室工作时,正值反"学院派"运动后期。群众中流传着一句顺口溜:"有事无事下

---

① 20世纪60年代初我国遭遇严重的经济困难,中央决定实行"调整、巩固、充实、提高"的国民经济"八字方针",要求大量精简城市人口。1962年6月1日,国务院颁布《关于精减职工安置办法的若干规定》,开始为大规模城市人口精减的实施做政策铺垫。

厂转,中午回室去吃饭。"因在办公室不准看书,喜欢读书的人实在想看,就只好把书放在半拉开的办公桌抽屉里,避免被人发现。父亲认为,企业研究机构的首要任务必须直接面对厂矿,为生产服务,解决技术上的关键问题。但是,如果科技人员不掌握新技术,不善于学习(包括读书),不勇于创新,势必造成观念陈旧、知识老化。于是,在征得党委的同意和支持后,父亲决定在资料室内添置一些图书阅览桌和书架。恰巧当时鞍钢技术图书馆馆长王文婉是他老友靳树梁的亲属,经父亲提议,她同意供给中央试验室一些国外期刊以便陈列在小图书室供大家阅读,或借到办公室阅读,而且可以定期更换。

中央试验室主任杨树棠(左三)与苏联专家合影(1959)

一开始这个小图书室几乎无人问津,父亲便同其他领导带头去阅览室读书,或索性借到办公室阅读。不久,看书的人就逐渐多起来了。之后,父亲又托技术图书馆代中央试验室订一些国外原版期刊,以固定来源;同时还建议技术图书馆每年订购书刊应事先征求科技人员意见,并把它作为一条制度定下来。这样,技术人员中认真学习外国先进技术、阅读国内外技术资料的风气便开始形成并逐步普及起来了。

父亲除了负责中央试验室的全面工作外,还主持了一些科研项目的试验研究工作,如"铁水预处理""红矿浮选剂"等。"铁水预处理"据说在试验室搞的效果非常不错,炼钢时间比较短,节约平炉矿石、石灰石。这样的话,就为连续炼钢奠定了基础。缺点在于炉的寿命短,耐火材料没过关,得进行技术研究,他于是开始试验。但我国随后遇到了严重的自然灾害和苏联不再履行合同并撤走专家,国民经济出现了严重困难,迫使"铁水预处理"实验夭折。这是父亲非常遗憾的事情。而反浮选选矿法的试验在烧结厂进行,由于时任厂长林云侠同志的重视与支持,进行得比较顺利,试验成功的浮选剂直到80年代仍在部分使用。

父亲在中央试验室待了两年,1960年8月调到公司担任副经理兼总工程师。当时是袁振提拔我父亲当副经理的,他是鞍钢总经理、党委第一书记,还兼市委第一书记。我父亲晚年说,他对袁振有知遇之恩,袁振提他当副经理,那么多老干部不提,不知道得得罪多少人呢!当副经理,原定是让父亲主管技术,但由于主管轧钢生产的赵文敏副经理因病休息,他便临时接替主管轧钢生产。在担任了副经理以后,父亲仍然坚持阅读国外钢铁资料,并结合鞍钢生产实际,又写出了几篇论文,供炼钢生产参考,如《国外炼钢方法的新发展》《阿捷克斯平炉及其炼钢法》《卡尔多炼钢法》《鞍钢平炉十年》《鞍钢十年来生产技术的成就》等,还和王国章合译了德文约30万字的《底吹碱性转炉炼钢方法》一书,由中国工业出版社出版。由于主抓生产比较劳累,父亲在1962年一次体检时被发现得了冠心病,从此开始全休,并于当年夏天去北戴河疗养。暑假期间,我和母亲去北京探望外婆,还顺路去北戴河小住了几天,这也是我第一次看见大海。

大约1963年初,父亲病情好转,开始上班,改抓技术。为了使科技人员更好地了解新知识、新技术,由父亲提议,公司决定在每个周六下午举行情报交流会。就是科技人员按专业分组,互相交流新知识、新技术,以及各种信息。

1964年,父亲主抓了双床平炉炼钢[1]试验。他根据加拿大钢铁公司进行双床平炉炼钢的资料,结合鞍钢当时的生产情况,提出了在鞍钢进行双床

---

[1] 双床(膛)平炉炼钢,是20世纪60年代初新兴的一种氧气炼钢方法。1962年,英国人培根曾提出双床平炉炼钢的想法。1963—1964年,美国先后在威尔顿钢厂和加拿大钢铁公司进行了中间工厂和工业化生产的试验。从他们初步取得的技术经济指标来看,双床平炉炼钢具有生产效率高、成本低、质量优、热效率高等优点。

平炉炼钢试验的建议,并写出了《双床平炉——国外研究情况及在鞍钢发展的意见》一文,很受冶金部和鞍钢党委的重视,很快在10吨固定式小平炉上进行了试验。试验取得成功后,改在第三炼钢厂380吨固定式平炉上进行工业试验,一床熔炼时间最短可达90分钟,在当时已经大大超过了加拿大、苏联、法国和捷克斯洛伐克;缺点是炉顶寿命短、化验不及时、打出钢口时间长、钢种合格率低、劳动强度大。这些问题只要通过提高辅助设备的机械化和自动化水平来适应熔炼时间短的特点,就可以解决。试验成功后,被列为鞍钢的"四朵大红花"之一,冶金部给了很高的评价,并在全国重点钢铁企业进行推广。遗憾的是,这项试验由于"文化大革命"的干扰而被迫停止。

当初父亲搞双床平炉,是在大多数人还没有认识到氧气转炉炼钢的优越性,仍习惯于平炉炼钢的情况下,为了提高平炉产量和向氧气转炉炼钢过渡而提出的。这种炼钢方法在当时财力、物力不足的情况下是对平炉进行挖掘潜力、革新改造的一项有力措施,也是逐渐向氧气转炉炼钢过渡的一种好方式。到了粉碎"四人帮"后的1977年,鞍钢又有人提出继续进行双床平炉炼钢试验的建议,父亲却表示反对。因为在这十多年中,世界上的氧气转炉炼钢发展很快,日本在1977年11月就已经淘汰了平炉,绝大多数技术发达国家的钢厂改造或新建,也都大量采用大型氧气转炉,我们的多数同志也已认识到了氧气转炉炼钢是目前发展钢铁生产的方向,再搞双床平炉炼钢试验就是多此一举,既浪费投资又增加消耗,生产效率更不如转炉高,所以父亲投了反对票。

父亲全身心投入钢铁事业中,但屡次遭遇挫折。50年代中期积极推动发展氧气转炉炼钢未果;50年代后期的"铁水预处理"试验因苏联专家撤退、自然灾害、经费困难而夭折;60年代中期双床平炉炼钢在大型平炉上试验成功,但终因炼钢的潮头已逐步为氧气转炉炼钢所引领,尽管双床平炉的文章做到家,但也随着平炉的陆续淘汰无疾而终了。

五、 风雨任平生

"文革"期间,总体来说我父亲还算幸运。运动初期并没有受到冲击,因为父亲主管技术而不是权力部门;后期上半天班,且在技术图书馆办公,与人接触少;为人随和,没有对立面;初期主要是整"走资派",尚未涉及知识分子。由于父亲无事,我虽然不是"红五类",参加不了正统的红卫兵,但连可以参加一些小规模的战斗队,并可以去外地串连。

到1968年下半年(具体时间记不清了),情况有了变化,有些造反派想起了父亲,让他进了学习班,先是在干部招待所(今红楼招待所),后又去了七岭子农场("五七"干校)。整个公司机关的工作人员,除个别人留下外,也都去了七岭子农场。这时已有人说他是"鞍钢头号资产阶级反动技术权威"。不过在当时掌权的人眼里,父亲的问题还是作为人民内部矛盾来对待的。因此,在1968年10月我下乡的时候,学校曾给家长"有问题"的学生开会,我得以幸免。父亲去了七岭子农场后,工资停发,改发生活费,每月100元,这已经是很照顾他了,因为一般"有问题"的人每月只有二三十元的生活费。在七岭子农场期间,父亲的问题因为属于人民内部矛盾,躲过了许多劫难:没有挨过打,没有被关禁闭,每周六都可以回家,并且可以跳"忠字舞",不用请罪,没戴白袖标。

到1969年末1970年初,"清理阶级队伍"告一段落,在各个"干校"以及"学习班"学习的人,有的下乡插队,有的下厂当工人,父亲也在等待分配。就在我们都以为父亲即将"解放"时,他的"问题"突然上升为"敌我矛盾",被送到了盘锦"五七"干校,后来转到汤岗子农场。粉碎"四人帮"后我们才知道,他一个在长春的老朋友,被打得受不了了,被迫承认自己是特务,同时不得不"揭发"其他一些人也是特务,其中就包括父亲,致使父亲的"问题"升级。不过这时除了要劳动外,其他待遇都好多了,也变得文明些了。

1972年九十月间,父亲终于"解放",被分配到钢铁研究所情报研究室工作,仍然每天上半天班,主要工作内容就是翻译外文资料。1976年1月,父亲担任公司顾问,和他一起担任顾问的还有李建东(组长)、徐衢(副组长)。

他仍然每天上半天班，只不过是回到了白楼。但不久"批邓"又开始了，所以父亲并没有什么实质性的工作。

1977年，由父亲牵头，主持制定了《1978年至1985年鞍钢科技发展规划》。同年，父亲又兼任了公司的副总工程师（副经理级）。1978年初，父亲当选为第五届全国人民代表大会代表。在参加了五届人大一次会议后，紧接着又参加了全国科学大会。也是在1978年，鞍钢决定组建科学技术馆（后来的情报研究所），由父亲兼任第一任主任（所长），副主任有马守增（兼任书记）、张志新、王广发。父亲担任了情报所的领导后，首先恢复了"文革"期间中断的情报交流会；除了进行日常的情报工作外，还开展了各类学术活动（当时市金属学会和鞍钢科协挂靠在情报所）；还经常放映科教电影。

父亲还不顾年高体弱，经常外出参加各种学术会议。1979年春天去上海参加一次学术会议时，父亲特地看望了原资渝钢铁厂厂长郑葆成老先生。老友相见，感慨良多。同年夏天，父亲再一次去北戴河疗养。海边温和湿润的气候，对他的心灵是一次平静而安详的洗礼，他对人生道路又平添了新的感悟。就在这年的11月6日，他加入了中国共产党，包括《人民日报》在内的一些报纸都进行了报道。

父亲在1986年获批离休申请。离休后，父亲仍然每天阅读外文杂志，有时也外出参加各种会议，还帮助工厂解决技术难题。1990年，父亲获得了国务院颁发的首批政府特殊津贴，辽宁全省共七人，鞍山有三人，另两位是王国章、李松堂。

晚年的父亲过着非常平静的生活，很少再参加大的活动，他多数的时间是在家中度过的，但书斋不忘天下事，读书学习看报听新闻打太极拳，每天都很简单而规律。他的爱好很少，喜欢钓鱼但很少去，有的时候陪母亲听听京戏，跟小辈们聊聊天。

2002年，父亲走完了自己的一生，享年95岁。他一生清净简朴，没有为儿孙留下什么昂贵的财产，但留给我们的是永远的财富——对待学问一丝不苟、心无杂念和终生不渝的精神。

杨树棠(左一)参加全国人民代表大会五届二次会议(1979)

六、情系两代人

我初中没毕业就下乡了,应该算"老初二"。1965年我从鞍山钢都小学毕业,进入鞍山市五中(现在这个校名没有了,变成华育分校),1968年下乡到海城县岗王公社西岗王大队。我下乡四年,比正常知青多待一年,多数人都是1968年下乡,1971年回城,也就是下乡三年。像智春山,他比正常人早回来,1970年就回城了。1970年回城的这批,我肯定没有份,那时回城得看出身,但我父亲还没"解放"呢,我根本没有资格回来。1971年按理说我应该回来,我在青年点被选上了,但大队想让我们点长回来,就得从我和雷天壮[①]的儿子当中拿下来一个。当时雷天壮的儿子比我占先,最后他回来,我没回来。

多待一年的坏处就不用说了,但是有什么好处呢?第一,我回城的时候,父亲已经"解放"了,我找工作就有点余地了。第二,我在农村入团了。

[①] 雷天壮(1915—1968),湖南浏阳人。曾就读于北京私立宏达中学,北京大学化学系毕业,1945年赴美进修,改学耐火材料专业,1946年8月回国任鞍山钢铁公司耐火材料厂厂长,后任鞍钢总工程师。

那里面出身好的人很多,入团很不容易。因为小时候家庭条件相对优渥,我不擅长干活,我回城时大队给的鉴定是,我这人各方面表现都不错,唯独一个缺点就是干活方面差点儿,被接纳为共青团员,希望今后在劳动方面有所加强。原话不是这么说的,但就这个意思,我不算偷懒,属于笨手笨脚。

我刚回城应该去第三炼钢厂,都报到了。曾扬清派秘书问我父亲意见,父亲说满意,"小孩回来了,还入团了,都挺不错,就是在三炼钢上班远点儿"。秘书回去向曾扬清汇报,曾扬清一看,说"那你就给办一下"。因为过去都是老同事了,而且我们家跟曾扬清有点老关系,曾扬清老伴的姑姑是我母亲的大学同学。就这么的,我被调到钢铁研究所热处理试验室当试验工,一直待到1978年底。

我参加了1978年高考,没考上。正逢鞍钢工学院招生,1977—1978年大学漏补,就是从高考没考上的人中选一批。1979—1980年是鞍钢自己出考题,1981年以后是全省统考。我是1978年底上的工学院,属于第二批大学漏补的。这四年我学的是液压传动,但是毕业以后专业知识都扔了,多数时间搞管理了。因为我毕业以后又回到钢铁研究所,搞设备研究。

待到1985年底,由于种种原因,我被调到正在改制的鞍钢附属企业公司,就是厂办大集体。之后我在计划处待过,在生产处也待过。然后2001年底,回到钢铁研究所,居家。这是什么意思呢?鞍钢要改制,但是一直没改成,鞍钢把有些事想得太简单了,准备工作做得不充分,但是雷声挺大,动静挺大。说符合居家条件的,你从哪儿调到附属企业公司,你就回到哪儿去,也就是回原单位居家。这样一来,我就到了鞍钢钢铁研究所技术中心,找到人事负责人,把调令一交一收,填写居家申请表,签字。

所以我的经历就是一开始在附属企业公司做经营开发,后来搞过计划管理,最后是负责生产管理。我虽然没什么大作为,但是也不错,做了很多默默无闻的工作。我是比较听话、不整事的人,领导怎么说我就怎么做。我虽然能力比较差,但是工作很认真。

我与父亲的交流有倒是有,但不多,基本上是和母亲接触。小时候,母亲尝试过教我钢琴,我学得还算可以。后来怎么断了呢?一个是学习比较紧,再一个刚开始学时有点上瘾,所以有些影响学习了,父亲不想让我走这条道。我遗憾的是什么呢?我应该把它作为业余爱好学一下就好了,但父母亲谁也没想起来,我也没想起来,这比较遗憾。我别的爱好不多,但就有一个爱好——当乒乓球裁判,我是乒乓球国家级裁判员。今天我觉得要照相,就穿了这个服装,这是自己花钱由中国乒协统一制作的裁判服。

父亲留给人最深刻的印象就是严谨和一丝不苟,他阅读、翻译了大量的国内外钢铁资料,又下到生产第一线总结经验,研发新技术,经常连饭都忘了吃。解放后,他为国家和鞍钢做了一些贡献,也取得了一定的名誉和技术成果,但他是那种脑子里只有技术和知识的典型知识分子,对别的事情几乎一窍不通。不过父亲是天生乐观豁达的性格,即使"文革"期间受到了一些不公正的待遇也依然很乐观。离休以后,他在家还是保持了上班一样的钟点,阅读学习写文章的时间雷打不动。父亲只有我这一个儿子,所以对我疼爱有加。他虽不太善于表达,但是我可以感觉到他内心对家人的情感。

我对鞍钢的感情肯定是非常深的,因为我回城后就在鞍钢工作,父亲也在鞍钢工作,那感情没得说。但是这个感情不是一句半句就能说出来的,要形容还不好形容。应该说是,厂兴我兴,厂衰我衰,每时每步都是随着鞍钢走。鞍钢兴咱们就兴奋,各方面都是,不说冠冕堂皇的,收入就比别人多;鞍钢困难的时候,职工收入、生活受影响。不过,鞍钢作为国有企业,不管什么时候都非常关心职工生活。尽管那几年亏损得厉害,但鞍钢给职工的福利还是非常不错的,这就是国企和私企的区别。所以说,我衷心希望鞍钢兴旺发达。

计红军

计明达：鞍钢"三大工程"的主将

亲 历 者：计红军
访 谈 人：周晓虹
访谈助理：常江潇
访谈时间：2020年10月21日上午9：00—下午12：30
访谈地点：鞍钢党校
访谈整理：常江潇

亲历者简介：计红军，男，1950年生，鞍钢"五百罗汉"之一计明达之子，1976年从部队复员后在机械部工作。父计明达(1910—1991)，1910年生于河北遵化，1937年毕业于河北工学院市政水利工程系，后在蓟县中学任教员。1939年开始从事革命活动，在冀东革命根据地芦各寨小学担任校长，曾任蓟县教育科科长、锦州市市长、热河省工业厅厅长。东北恢复建设后，计明达被分配到鞍钢搞基建工作，是"三大工程"建设的主将。1955年计明达前往本溪钢铁厂主持建设工作，1958年完成本钢建设任务后调至北京，先后任国家科委二局局长、司法部委员会副部长。

计红军（中）接受访谈

一、烽火中的革命者

我的父亲计明达1910年出生于河北遵化。那时候没点儿经济能力读不起书,因为我的爷爷有点地,所以我父亲一出生就念私塾,又去县里读小学和中学,后来考到了天津的河北工学院预科,读完预科之后又考上了本校的水利专业,成了正式的大学生。我的姥爷于鹏九是前清秀才,在当地有点社会声望,也很开明,送我母亲文玉去通州女子师范学校读书。我父亲的爱国热情很高,喜欢参加社会活动。九一八事变的时候他在抗议活动中表现得比较积极,学校就让他参加国货运动,担任学校小卖部的主任,卖些国产的学生课本和纸张。"一二·九"运动的时候,我父亲作为工学院的学生会主席带领2000多名学生去北平参加游行,其间结识了我的母亲,他们都是遵化人,父辈同是遵化平安城的乡绅并相交已久,两人又都是爱国青年,就由一名跟我姥爷相熟的共产党员做媒结了婚。

1937年我父亲临近毕业时发生了卢沟桥事变,9月份天津开战,河北工学院遭到轰炸,他平时最喜欢去的水工实验所也被炸毁了。那时候老师没有了,学生也都散了,我父亲就回了老家。当时冀东形势很复杂,日本侵占了东北并成立了伪满洲国,又进一步想把华北满洲化,在华北培植了一些汉奸。我父亲老家那个县尽管很早就被日本人扶植的汉奸占据了,但是共产党在那边也很活跃。当时冀东党组织以李运昌①为首,发展了一些掩蔽"堡垒户",帮助隐藏和安置伤员,还提供点资金和情报。我姥爷就是当地的"两面政权"——他既在伪县政府当镇长,给他们交粮,又帮助共产党政权养护伤员、筹钱,并负责安排他们的孩子。因为

计明达学生时代留影

---

① 李运昌(1908—2008),原名李芳岐,河北乐亭人。早年就读于乐亭中学,参加学生爱国运动。中华人民共和国成立后,历任政务院交通部常务副部长、党组书记,中共中央监察委员会常务委员,国务院司法部第一副部长等职。

我姥爷的这层关系,我父亲回老家后就联系上了冀东的地下党组织,希望能参加抗日工作。冀东地下党安排我父亲到芦各寨小学任校长,一年后我母亲也参加了革命,离开富裕的家庭,任职于芦各寨小学。这个小学收的全是抗日家属和八路军独立团的孩子,在伪政权不太注意的山沟里办学。据我父亲说,他们教两套课本,学督来检查的时候上面摆的是伪政府的课本,等他们一走就教抗日课本。当时冀东党委的机关报叫《救国报》,编辑部也设在芦各寨小学。日本人可能察觉到这个小学不太一样,就派了汉奸进驻学校盯着。这样学校就没法教了,《救国报》也无法出版了。后来我父亲接到组织通知,和另外一名教员在一天夜里进了汉奸的宿舍,把他蒙上头绑起来送给八路军处置。

计红军姥爷(右一)、母亲文玉(右二)家庭合影

这样我父亲就不能干校长了,这算是公开了身份。为了不连累家人,我父亲本来姓戴,叫戴秉公,以后就改姓计,并且将我母亲的姓名由于立娟改为文玉。冀东地委把他调到蓟县抗日政府当教育科科长搞抗日教育、建设小学。百团大战以后,日军在华北地区搞"三光政策","铁壁合围、沟壕堡垒",抗日政府死伤人数特别多,遵化县就连着死了三个抗日县长。我父亲

先后在迁滦丰①、临抚昌联合县当过县长。② 他是外地人,不好隐蔽,遇到日本人大扫荡的时候都不知道找谁。日本人很残忍,村里有时候也不敢收留他,好多八路军都是这么被抓走的,他有好几次都遇到生死关头。有一次遇到日本人扫荡,他和一个冀东办事处的干事要出扫荡圈。正好当时冀东第十二团的部队也被围了,我父亲是地方干部,他没有兵,俩人就跟在部队后面跑。那全靠个人机警,没有人通知你,部队也不会跟你说:"我们要撤了啊,你跟我们一块走,我们掩护你。"当时他们处在日本追兵和前面撤退的八路军之间,子弹在头顶上飞,他们就趴在昌黎一个山坡上的大坑里。我父亲看见山上八路军的两挺机枪掩护着一个骑大马往山道上跑的营长,他就觉得得一块儿冲过去,大白马一过那个山坡,两挺机枪一撤走,他们就没有一点儿保护了。但那个干事说:"不行,子弹这么密集,咱俩出去就得被打死。日本人看到八路军已经翻过山了,就不会追了。"他俩还争论了几句,我父亲坚决要冲过去,这干事就是不走。我父亲只好自己猫着腰冲上山,跟着八路军突围的部队冲出去了。后来日本人真追过来了,一看沟里趴着个人,那就不管你穿着什么衣服,反正是跟着八路军跑的,一阵乱枪就把干事打死了。

抗日战争胜利以后,冀东的部队离东北最近,李运昌他们开始组织出关接收东北。我父亲比较有文化,负责接收城市的工作。锦州是他们接收的第一个比较大的城市,我父亲被选为市长,工作上除了要恢复城市老百姓的正常生活,还要负责过往军队在锦州的补给,准备被服,安置伤员,组织动员当地的青年参军。后来国民党抢占东北的时候,杜聿明带兵从山海关打进来,很快就到了锦州。那时候的政策是"让开大路,占领两厢"③,锦州就是"让开大路"的一个。1947年我父亲和辽西地委到了现在的朝阳地区,他担任朝阳县县长,和县委书记周树芳壮大县支队武装力量,建立县公安队,肃

---

① 迁滦丰抗日联合县,冀东区党委于1939年10月建立的第一个抗日民主政权。
② 此处亲历者表述似乎有误,其时计明达在迁滦丰联合县政府担任教育科科长兼四区区长、县政府秘书。
③ 抗日战争胜利后,在党中央、中央军委的领导指挥下,人民军队迅速进入东北,抓住有利时机发展壮大。在美国支持下,国民党军队大举进至东北,占领中心城市。同时,中苏长春谈判及苏方政策的转变使东北局势出现了复杂局面。对此,中共中央及时调整部署,提出让开主要交通线及大中城市,广占次要交通线及中小城市的新的战略思想。刘少奇把这样的战略思想概括为"让开大路,占领两厢"八个字。

清残敌和匪患,整顿城乡社会秩序。解放军南下时,我父亲离开朝阳县,随冀东党组织到了热河省,担任热河工业厅副厅长,我母亲在承德电业局当副局长。我母亲那时候工作很是努力积极,很快就把承德市的路灯系统和一个发电厂给修复了,修复以后阎明复①还跟我父亲说:"明达,你努力呀,文玉赶上你了。"灯一亮,电一恢复,人们感觉生活就不一样了,看到和平的前景了。

二、中苏共谱鞍钢蓝图

东北经济建设工作开始后,恢复鞍钢生产是最重要的事。当时组织在东北局选干部,热河省归东北局管,我父亲于1950年被分配到鞍钢,任基建工程处副处长。我母亲那时正怀着我,所以我是在鞍山出生的。

我父亲来鞍钢的时候"三大工程"正要拉开序幕,基建工程处管着过去昭和制钢所留下的几支队伍,以前的技术职员和技术工人都是日本人,基本撤走了,被雇佣的中国人只能从事搬运沙石、水泥等笨重的体力劳动,所以这几支队伍只能建造一些简易建筑,但将来要进行大规模的建设是不成的。1950年12月,鞍钢对原有从事修造的七个工程大队进行重新编组,成立了鞍钢土建工程公司,这是鞍钢为即将开始的"三大工程"建设成立的第一个专业的工业建设公司。1951年4月,鞍钢又成立大型轧钢工程工地和无缝钢管工程工地。我父亲任土建公司经理兼大型轧钢工程工地主任,作家舒群②任工地党委副书记。作为我父亲搭档的舒群以文学家特有的视角,通过小说《这一代人》艺术地刻画出了工地主任吉明(计明达)的形象:"他有一副太阳晒黑了的脸,一双熬夜熬红了的眼睛,许许多多的长期斗争和多种折磨的皱纹;刚过四十岁的人,却显得近五十岁的老相。""谁

---

① 阎明复,阎宝航之子,曾任中共中央书记处书记、中央统战部部长、中华慈善总会会长。
② 舒群(1913—1989),黑龙江阿城人,1932年参加第三国际工作,1935年参加上海左联,后历任延安鲁迅艺术学院文学系主任、东北大学副校长、东北电影制片厂厂长、东北文联副主席、中国文联副秘书长、中国作家协会秘书长。1952年,舒群在鞍钢从事党的工作,其间创作了《这一代人》《在厂史以外》等反映冶金战线精神风貌的小说。

都知道工地主任的担子,是不容易担的。谁担它,谁才能知道它多么重,整个现场上万吨钢筋和建筑的基础,都好像直接建筑在工地主任的肩膀上似的。可是不管它有多么大的压力,工地主任必须挺得住,挺直他的背,挺出他的胸膛,挺稳他的脚跟……"

当时昭和制钢所留下的底子有700多人,又招了很多农民,土建施工队伍组建起来后,接受的第一项任务就是代表鞍钢支援抗美援朝。1950年6月朝鲜战争爆发后,美国人的飞机在鸭绿江边轰炸,有几次都过界到了安东。鞍山离鸭绿江也就200多公里,那飞机瞬间就能过来,所以当时土建公司要紧急修安东机场和鞍山西郊机场。机场是苏联人设计的,跑道、停机坪、机库等建筑都是土建公司来修的。当时土建公司派了几个工程队去安东,其中有一个中队长王进忠后来是鞍钢著名劳模,我父亲自己也是坐着吉普车来回跑。1951年,为了迎接即将到来的苏联专家,这支土建队伍又承担了建设东山宾馆的任务,在苏联专家指导下,他们打破了过去冬季停工的习惯,第一次推行冬季施工法。由于缺乏冬季施工经验,混凝土工程施工出现了局部蜂窝麻面等问题,我父亲还为此做了深刻检讨。像台町防空洞、鞍钢技校、鞍钢医院、钢都小学等好多现在鞍钢还保存完好的建筑,都是我父亲他们那时候的土建公司建起来的。

我母亲师范毕业,又当过教师,所以她到了鞍钢后在教育处职工教育科任科长,其中很重要的一个任务就是编教材,把农民培训为工人。当时进鞍钢的人可不光是"五百罗汉"和大学生,大量的是好几万的辽南农民和复转军人。我父亲的大型轧钢工程工地上就有一支由伤残军人组成的荣军队,工作成绩非常突出,当年报纸还登过他们的事迹——大雨的时候跳进混凝土的搅拌池里抢救器材,和后来的王进喜是一个精神。至于来鞍钢的辽南农民,很多都是从农村的积极分子中选进来的,工厂中的劳动技能都不会,进了厂除了师傅带徒弟就是培训,我母亲她们就编了很多课本用来培训这些新招来的工人。东北冬季活儿少,鞍钢成立了一个冬训委员会,由一名鞍钢副经理兼冬训委员会主任,各个公司和工地成立冬训分会。我母亲就在冬训分会里编写教材,普及建筑队的各种基本技能。职工教育分不同的层次，训练班是培养工人的，技校是培养技术人员的。此外，还有工地学习，由苏联专家讲课，比如讲大轴上的轴承怎么装卸。过去的传统都是拿錾子或者锤给砸下来，四边很容易砸坏。有一位苏联专家就教鞍钢的工人用红油法，把机油烧得滚烫之后浇在轴承上，很容易就把轴承退了。这利用的是热胀冷缩原理，不过那时候我们的工人不懂这些。

1950年的鞍钢距离完全解放才一年多，之前被日本人和国民党反复劫掠，又饱受战争摧残。鞍钢自身也从没有过设计单位，仅有的技术力量就是留用的80余名昭和制钢所时期的日本技术人员和寥寥几名中国技术人员。那时的鞍钢连一台水平仪都没有，地面上搞不了测量，厂区地下资料图纸留存得也极不完整，地上地下的情况都不了解，甚至连简单的土壤承压试验都做不了，还要把样品送到长春去做。其他如资源蕴藏、工程地质、历年水文及气候等资料也没有，都要重新调查、收集，这个工程量非常庞大。

日本人在昭和制钢所的经营是一种掠夺式生产，曾任昭和制钢所理事长的小日山直登在1939年就直白过："最好的办法是让满洲的粗制工业承担起作为原料的生铁和半成品钢材的生产。""即在原则上，满洲应尽其生产之可能，最大限度地增产生铁和轧钢原材料。"在矿山开采方面，他们采取杀鸡取卵的政策，大采富矿，破坏了矿山资源；在冶炼和轧钢加工之间，设备能力和产量极不平衡。无论是产能还是产量，生铁远多于钢锭，钢锭远多于钢材。厂区布局十分混乱，生产设备陈旧落后，生产效率很低，劳动条件极其恶劣。日本投降以后，其经营的营造所，也就是所谓的建筑公司全都撤销，人员也都走了。

国民党资源委员会接收鞍钢的时候，旧的营造所没了，就只能组织厂内的一些人，当然还有几十位日本专家，包括国民政府也派了"六大员"，但他们是搞冶金工程的，是生产方面的专家，不是搞工业设计的，所以国民党时期就没怎么开工。故此，到了解放后咱们要大规模建设的时候，就没有建设的队伍。当时鞍山市有一些私营企业，也就只有装修水平，要建厂房就不行了，所以就得让苏联专家来。

1950年3月，中苏两国政府在莫斯科签订了关于恢复和改建鞍钢的技

计明达(左一)与苏联专家、鞍钢总工程师视察大型轧钢厂建设工地

术援助议定书。苏联政府组织了由国立列宁格勒黑色冶金设计院总包,苏联黑色矿山设计院、耐火材料设计院、列宁格勒电力设计院、建筑设计院、钢结构设计院、给排水设计院、哈诺布尔设计院和苏联第五托拉斯参加的设计组,并由列宁格勒黑色冶金设计院院长赫列波尼柯夫担任设计组组长。

同年10月,赫列波尼柯夫设计组派出42名专家来到鞍钢,收集进行设计必需的资料。当时正是抗美援朝最紧张的时期,但收集资料的工作也未停止。在鞍钢积极配合下,第一批收集到的原始资料共计图纸2793张、资料85册4145页。苏联设计组在为鞍钢编制设计书时,不仅考虑了如何用苏联新技术把鞍钢改建成一个高水平的现代化冶金企业和具有研发能力的科研生产综合体,而且研究了如何充分利用鞍钢旧有的基础节省中国政府的投资。为此,苏联专家仔细调查研究了鞍钢旧有的工厂、矿山情形。

1951年10月12日,赫列波尼柯夫设计组编制的鞍钢恢复和改建总体初步设计书交付给中国,其设计的指导原则是:"扩大鞍钢生产规模,使之大大超过以往达到的最高水平;建设强大的新轧钢厂,保证生产多种产品,以满足中华人民共和国之需要;清除由于日本占领中国东北时期,为从中国国民经济中掠夺生铁及钢坯,并将其运往日本加工为成品所造成的炼铁与再加工能力及初轧与精轧能力之间的严重不平衡现象。"根据总体设计,鞍钢的生产规模是年产生铁417.5万吨、钢锭557万吨、钢材431万吨。设计书包括48个主要工程的改建和新建：3座铁矿、8个选矿厂和烧结厂、6座自动化炼铁炉、3个新式炼铁厂、16个轧钢厂、10座炼焦炉、2个耐火材料车间,其中大型轧钢厂年轧钢材、钢轨50万吨（钢轨一年的产量可铺设一条哈尔滨到广州的铁路）,中小型钢材65万吨,包括线材、中厚板、带钢及异型材等。所有这些厂矿的改建和扩建,都尽可能地利用苏联最新的技术成果和产品,如先期建设"三大工程"的全套工艺生产设备和电气传动设备,均是苏联当时的最新产品,具有50年代的先进水平。

1952年2月26日,东北人民政府代表中央人民政府在沈阳批准了赫列波尼柯夫设计组提交的鞍钢初步设计书。与此同时,还与苏联签订了苏方承担的技术设计和施工设计的工程项目交付日期、中苏关于设备制造的划分、1953—1955年苏联供给的设备项目、苏联派往鞍钢的专家人数以及中方派往苏联学习的技术人员和工人人数等议定书。苏联来华进行技术援助的专家,先后共3000多人。毛泽东致电斯大林时,曾专门感谢了其中的设计院院长赫列波尼柯夫。

三、学习苏联,建章立制

维奇托莫夫是1950年就到鞍钢的土建专家。当时土建公司有无缝、高炉等11个工地开工,但还没有形成现代意义上的施工组织设计。水泥、沙子、钢筋等材料在施工现场随意堆放,工人用铁锹搅拌混凝土,手工绑扎钢筋成型,木工使用锯、刨加工模板,都是在现场手工作业完成的,结果到该浇灌水泥的时候道路还没通,现场特别混乱,还要派交通警察来调度车辆,工效特别低。维奇托莫夫一到鞍钢首先解决施工问题,帮助鞍钢设计处搞出了一套施工组织设计,工地就变得有序了。谁先进厂、谁后进厂、材料堆放、运输车辆、道路规划都有了,很快消除了初期混乱和低效率的现象。维奇托莫夫还提出要建一个大型混凝土搅拌厂并自行设计了水泥搅拌站。那时候中国工人都是手工搅拌水泥,一个是质量不好,配比不准,全凭工人经验,再就是量也不够。一开始鞍钢传统的手工业思维并不理解这种机械化、工厂化的施工理念,觉得搅拌站不可靠,机器要是坏了怎么办?还是人工可靠,这个班不行我还能再补人。当时搅拌站刚刚建立起房架,维奇托莫夫就回国了。他离开鞍钢后,建这个搅拌站的事就停了下来,成了半拉子工程。所以维奇托莫夫1952年再次来到中国的时候搅拌站还没建起来,他再次跟鞍钢的领导建议一定得建立搅拌站,不能手工在工地上搅。将来大基础施工的时候沙石水泥数以万吨计,钢筋数千吨,而基础工期仅十数月之短,不仅现场容纳不下建筑材料的堆放,仅从混凝土搅拌量估算占用地面就需要2万多平方米,工地不易施工,工期就完全无法保证。我父亲听了维奇托莫夫的建议后,很快就理解了建立搅拌站的价值,工厂化施工不仅是对传统现场手工操作施工工艺进行的一次重大改革,也是实现快速施工、按期建成工程量浩大的"三大工程"必须实行的施工方式。他决心采纳维奇托莫夫的建议,并向鞍钢基建领导汇报,鞍钢领导向东北人民政府工业部提出了建厂请求并获得批准。这是我国建筑史上第一座集中搅拌混凝土的工厂化施工工厂。

计明达(右三)向苏联专家斯留沙列夫(右四)赠送锦旗

斯留沙列夫是与我父亲相熟的另一位苏联设计院技术专家,参与了大型轧钢的设计,并在大型工地普及技术和指导设备安装。他在勘探设计时期就来到鞍钢,那时候的中国技术人员不会做地质打孔,也不会做地质报告分析,做事全靠经验和目测,不像苏联人那么精确,所以勘探得出的结论是当时的地耐力是150吨,这就需要把原来的很多东西拆了重新加强基础。斯留沙列夫到工地现场后发现原来的取样钻探孔选取不正确,亲自指导钻探孔选址并重新取样,测定出实际的地耐力是190吨,重新设计图纸,节省了费用,缩短了工期。大型轧钢工程工地开工后,斯留沙列夫就一直留在这儿,每次他在中国的工作期限到期时,鞍钢领导都一再向上级申请留住他,前后一共待了三年多。斯留沙列夫在工地被称为"万能专家",他本来是搞设计的,但其他搞土建的专家回苏联休假后他就代替别人搞土建工作,给中国的技术人员和干部上课,讲轧钢机的工作原理。大型轧钢的装备从苏联运到中国的时候零件太多,鞍钢的技术人员和工人不敢拆箱,担心设备对不上。斯留沙列夫指导中国工人拆箱,给设备编号,哪个总承对接哪个,哪个部件是哪部分,他对轧钢机的结构非常了解。他还帮助检查质量,当时检查出几件不合格的设备,他就赶紧告诉鞍钢驻莫斯科代表,让苏联重新发货,非常认真。斯留沙列夫一直到大型轧钢机点火成功才回去,我父亲还送了一面锦旗感谢他,锦旗上绣着这样的文字:"敬爱的斯留沙列夫同志:衷心感谢您在建设中国第一座新型大型轧钢厂工作中对我们的帮助。——中华人民共和国鞍钢炼钢建筑工程公司敬赠。"

还有一位企业管理方面的苏联专家阿列克谢耶娃,于1953年3月来到鞍钢。那时候"三大工程"已正式开工,中国正在搞"三反""五反",鞍钢主要是反浪费。为什么呢?因为当时实行的还是供给制,作为干部的"五百罗汉"很多是从根据地来的,也不知道企业制是什么、核算制是什么,就是需要什么我供给你什么,结算就是实报实销。原来我父亲在土建公司的时候,在财务处就是实报实销,花费多少就报多少,没有成本概念。包括当时建职业学校、东山宾馆、医院等,都没有成本概念,建就行了。当时大型轧钢工程工地1952年积压的物资就有116亿元,无缝钢管厂更是达到200多亿元,大多数都是因为计划人员宽打窄算,先多要了再说,别在生产需要的时候反而没有。所以采购的东西特别多,这就导致仓库积压,资金周转率极低,库存到年末还有百分之九十几没发出去。有的材料下个工期还可以用,但有的下个工期就没用了,这个浪费非常大。当时鞍钢基建各个处对土建公司做财务、账目审查,查了半年多什么结论也得不出来,找不到人负责,查也查不清楚。

阿列克谢耶娃来了以后就负责这件事,她说:"你们在财务会计工作中连原始的单据都不保存,查不出来是理所当然的。"她帮助鞍钢建立企业核算制度,重新改组财务处,推行原始单据法。鞍钢过去是打白条,有字据和收条就行了,阿列克谢耶娃要求所有的采购必须保留原始单据,因为那是做财务管理的源头,这才形成了核算制和成本概念。阿列克谢耶娃把质量检查和财务结算捆绑在一块儿,签收工程的时候要进行质量验收,签了字财务才能结算。当时要赶工期,好多人觉得制度太严格了,陈云在全国政协会议上讲了 1953 年底我们就要有自己的钢轨,那等于是倒计时了,所以鞍钢特别紧张,但还是采纳了她的建议。首先从大型工地开始,然后推广到整个鞍建系统,后来鞍钢和鞍建分家的时候都成立了自己独立的质检处,使工程质量有所保证。

那时候苏联设计处来到鞍钢以后,认为需要 60 万个工日来完成大型工地建设,结果重新核算以后,要 180 万个工日才能完成这项工程。差别为什么这么大?因为当时没有劳动定额。阿列克谢耶娃帮助鞍钢制定劳动定额,通过各种测算确定好一个瓦工一天能干多少,一个钳工一天能干多少,一个木工一天能干多少。后来冶金部把鞍钢这项制度作为工资定额站来推广,一个是材料定额,一个是人工定额,鞍钢从此开始接触到了现代化的企业管理制度。土建公司规模最大的时候,我父亲要领导 26 000 名工人,已经大到不能管了,也是阿列克谢耶娃建议按照专业拆分成十几个公司,这样就有了专业上的分工。

当年咱们什么都是从鞍山起步的,到 1949 年的时候,一大批能打胜仗的将军有,但是一大批能打胜仗的经济管理干部没有,苏联专家就是我们第一个学习的老师,学习他们从各方面建章立制。

四、心系基建事业一生

在全国人民的物质和技术支援下,鞍钢建设者们经过日夜奋战,排难抢险,短短16个月就建成了当年全国闻名的"三大工程"——新中国第一座大型轧钢厂、第一座无缝钢管厂和七号自动化大型高炉。1954年"三大工程"竣工后,苏联专家驻鞍钢专家组组长罗曼可建议把鞍钢一分为三:负责生产的部分成立鞍山钢铁公司;负责建设的部分成立鞍山冶金建设公司,叫黑色冶金建设公司;负责设计的部分独立出来,将鞍建和鞍钢的两个设计部门合并,叫黑色冶金设计公司。我父亲被分到鞍建公司当副总经理。分离出来两三个月后,当时冶金部副部长吕东到鞍钢考察,说鞍钢的建设队伍很好,现在把本钢的任务交给鞍钢、鞍建。同时他点名我的父亲计明达和同任鞍建副经理的王文带3000名鞍钢、鞍建的职工前往本溪支援本钢,成立了鞍建本溪钢铁分公司,王文任经理接管本钢,我父亲仍然任鞍建副经理,兼任本溪钢铁建设公司经理,负责建设,等于说两人变成甲、乙方了。

计明达(前排左二)、王文(前排左一)与苏联专家在本钢水源电厂合影

这是鞍钢"三大工程"建设以后第一次派成建制的队伍去建设别的钢铁基地。这时候的队伍跟"三大工程"刚开工的时候大大不同了,这3000人已

经在鞍钢学会了工厂化施工和机械化操作,水平大大提高,在本钢组建了模具厂、结构厂、混凝土厂等六七个专业工厂,建立了一套专业化的管理制度。所以毛主席说,鞍钢不但要出钢材,还要出人才。所谓"人才"是什么？就是经过鞍钢"三大工程"建设、经过培训学习在技术上已经达到一定程度的这支队伍,包括经济管理人员、企业管理人员、工程技术人员、施工人员以及那些能工巧匠。拿鞍钢的经验扶植本钢,本钢建设速度就很快了。苏联总设计师把鞍钢的轧钢能力设计得特别大,但是鞍钢的生铁能力比钢锭能力还差一块,生铁能力大概是200万吨,轧钢能力却达到300多万吨了。本钢南芬矿是个优质矿,过去日本人就在那炼铁,叫煤铁公司,所以苏联的设计是把本钢生产出来的铁运到鞍钢来,和鞍钢一体化,这样两个厂的矿山和炼铁部分的投资都不用特别大,而且能发挥本钢矿产的优势,因此本溪的工作量其实也很大。

计明达与夫人文玉合影

1957年底,本钢所有的建设项目竣工。由于我父亲和王文两人配合完成得很好,组织就找他们谈话,准备让王文任包钢经理,我父亲任包钢建设公司经理。两人正准备走马上任的时候,恰逢国务院到全国各地选专业干部。因此,1958年我父亲从东北局工业部调到了国务院总理办公室,最开始是当科技组组长,后来成立国务院科学规划委员会①,我父亲担任地方组组长,还多次陪同周总理去长江三峡等水利工程考察。后来我和母亲聊天的时候她跟我说,可能因为我父亲学的是水利专业,在鞍钢从事的又是基本建设,所以调他去。后来我父亲在国家科委二局任局长,兼任中国科学器材进口公司总经理。当时进口不像现在这样开放,大学的科学仪器、教学仪器,包括医院的医疗设备都由国家科委二局管,由财政部直接批给他们外汇额度,他们再根据需要定计划购买。后来我父亲又被调到了司法部,担任计划财务司司长,1982年离休后是司法部咨询委员会委员,享受副部级待遇。

父亲去本溪后,母亲也在本钢继续搞职工教育。后来包钢没去成,她就跟我父亲一起到了北京,在北京化工总厂化工研究所当党委书记。她那时候上班比我父亲远多了,在九龙山那边,那时候那儿是郊区,她顶着星星出门,披着月亮回家,每天早上我都见不着她。后来年纪大了,组织上就给她调到了科学院系统的外文进出口公司。我还有两个哥哥、一个姐姐和一个妹妹,我在鞍山出生后,跟着父母到本溪再到北京,在北京第三十五中学上的中学。那时候我的哥哥、姐姐和妹妹都去上山下乡了,我在学校比较老实,没有参加什么运动,再加上有一个孩子可以留在家的政策,我就留在北京,后来又去参军。唐山大地震那年我复员到机械部下面的一个企业,后来又被机械工业部借调,在部直属企业中国对外经济技术合作总公司任总经理和党委书记,最后在这个岗位上退休。

1991年我父亲去世,享年80岁。当时北京正在搞三项工程建设,就是现在天宁寺那边的立交桥,离我们家很近。他去世的那天白天去了三项工程的工地,整个一上午就在工地上转悠。他喜欢看那些吊车、自卸车,工地上满是钢筋水泥,工人来来往往的场景,回来后晚上在睡觉中安详辞世。后来我想,他可能是又回想起年轻时搞基建的场景了,他喜欢这事儿,这是他革命生涯中不可多得的珍贵回忆。

---

① 为管理国家科技事务,国务院于1956年成立了科学规划委员会和国家技术委员会,1958年两个委员会合并为国家科学技术委员会,1970年与中国科学院合并,1977年9月再度成立国家科学技术委员会,1998年改名为科学技术部。

林鸿志

父亲与我：两代鞍钢人的故事

亲 历 者：林鸿志
访 谈 人：王庆明
访谈助理：张 震 杨泽宇
访谈时间：2020年10月22日上午9：10—11：20
访谈地点：鞍钢花园七号楼三单元
访谈整理：王庆明 张 震

亲历者简介：林鸿志，男，1943年生，鞍钢"五百罗汉"之一林诚之子。1961年参军，1964年复员，1978年考入鞍山钢铁学院，1980年转入鞍钢附企供销公司工作，1991—1994年任东北风钢板公司附属东北风冷轧板厂第一副总经理，直至2004年退休。父林诚（1912—1983），原名闫维哲，1912年生于黑龙江双城。1931参加共产党外围组织，1939年进入延安马列学院学习。1952年调任鞍钢技术监督处处长，1954年任鞍钢副经理，后又任代经理。1960年，林诚代表鞍钢先后参加"七千人大会"与冶金工作会议。

林鸿志（左）接受访谈

一、父亲林诚：从浴血革命到鞍钢建设

我家祖上是满洲镶蓝旗人，属萨克达氏，等到我太爷爷这一辈，已经失去了旗人的优越地位，带着一家子从辽宁复州湾逃荒到黑龙江双城。我奶奶家是大地主，她父亲一看到我爷爷就说"这小伙挺好"，于是就把我奶奶许配给我爷爷了。我爷爷做木匠活非常拿手，靠这门手艺挣钱谋生，还买了不少地，再加上租旁人的地，到1945年自家就有了29垧地，还有7头牲口，成了经营地主。我父亲1912年在双城县偏脸子四屯（今公正街道富余村）出生，后来随家庭迁至镶白旗四屯（今农丰镇双利村）。他本名叫苍玉楼，因少年时代在我舅爷爷资助下求学，故从我奶奶的姓，取名闫维哲。家中兄弟姐妹六人，他排行老四，小时候家里不算太富裕，从小就跟着我爷爷干活儿，什么农活都干过。

林诚、林漪夫妇与长子林鸿志在双城（1946）

父亲从小勤奋好学，先读私塾，后考入双城县第一高级小学（今实验小学），1929年考入省立第三中学（今双城兆麟中学），后来又进入吉林毓文中学和天津南开中学学习。在省立第三中学时，他学习成绩一直是双城县第一名，还被推荐到英国留学。在校读书时他担任学生会主席，从事进步运动，因此拒绝了学校的留学推荐。1931年九一八事变发生时，他正在南开中学学习,是学生会主席,参加了由进步学生创办的社会科学读书会。1931年12月,他参加了中国共产党的外围组织"反帝大同盟"。1932年他召集同学集会,抗议政府的"不抵抗"政策,在集会上他慷慨陈词,一怒之下撕裂了自己的衬衣,后被学校开除。1933年7月他回到东北,考取了哈尔滨工业大学预科。在校期间,他参加了中国社会主义青年团,并在那时结识了在中共满洲省委负责交通和情报工作的李维民①。中共满洲省委被破坏后,他被迫逃亡到北平,并于1935年9月考取了中国大学②哲学系,参加了"一二·九"运动,作为骨干成员负责与新闻界之间的联系。1936年11月,他在校期间加入了"民先队"并任区队长,由当时在东北大学的地下党员、吉林九台人李唯一(曾任志愿军政治部宣传部部长)介绍加入中国共产党。

　　1937年七七事变后,我爸去了山西,以"牺盟会"③特派员身份,在洪洞、赵城、临汾三县组织创建了"洪赵临游击支队"并任支队长。他在晋东南领导了两年游击战后,组织就想派他到陈士渠(开国上将)支队任副政委兼政治部主任,但他推辞了,请求到延安接受系统学习。1939年2月,他奉命进入延安马列主义学院三班学习,同学中有后曾在鞍山工作的孙洪志、王玉清、邹群峰、申东黎、马豫章、何进、李力、刘震(开国上将)、段苏权(开国少将),还有华国锋、汪东兴等人。从马列主义学院毕业后,他到了晋绥根据地担任岚县县长,与岚县县委书记、八路军120师716团团长"独臂将军"贺炳炎和团政委余秋里共同组成了前敌委员会,坚持在敌我拉锯的地区开展游击战。

　　1945年8月日本投降时,他正在监督修建飞机场,被贺龙找去。贺龙对他说:林诚,你是东北人,这次中央派两万干部、十万大军进军东北,建立新根据地,你就回老家吧! 不久,他就随林枫率领的晋绥干部工作团开赴东

---

① 李维民(1909—1976),祖籍河北,1909年生于吉林,原名馥慧,曾用名一民,吉林特别支部、中共吉林市委的主要创立者;也是电视剧和小说《夜幕下的哈尔滨》主角王一民的原型,是我党地下工作战线的重要干部。1949年1月任鞍山市公安局局长,1951年后任鞍山市副市长、市长,"文革"中去世。
② 中国大学是孙中山等人为培养民主革命人才于1912年在北京创办的一所私立大学,1913年4月13日正式开学,1917年更名为中国大学,孙中山曾任校董,宋教仁、黄兴为第一、第二任校长,彭允彝任代校长,1949年停办。
③ 牺盟会,全称为"山西牺牲救国同盟会",是中国共产党实际领导的山西地区抗日民族统一战线组织。1936年9月成立,阎锡山任会长,薄一波任总会常务秘书主持日常工作。

北,到松江省工作。1945年10月下旬,松江省委决定任命他为哈南地委副书记兼双城县委书记。在驻军哈南支队的配合下,1945年11月他领导大家解除了原日伪警宪特组编的"治安维持会保安队"的武装,又解除、遣散了铁路警护队的武装,进而接收了双城县级政权。1946年1月,他们粉碎了国民党45师策反暴乱的图谋;1946年6月,又粉碎了以姜乐田为首的地主反动武装发起的"五四暴动",先后组织了太平庄、唐家烧锅、罗家屯、王官屯等几次战斗。至此,双城境内的匪患已基本肃清。

林诚在双城县干部群众大会上讲话(1946)

与此同时,他还带领县委一班人在家乡开展了史无前例的土地改革运动。1946年2月,县委派三个工作队到西北区和拉林一带开展反奸清算、减租减息斗争。当年7月,他率工作队到双城县永乐村调查土地占有和地主、富农剥削贫雇农情况,发动群众成立农工会。其《大刘家窝棚的群众是怎样发动起来的》,曾登载于《东北日报》头版,轰动一时。运动中,他还曾派警卫员给我们老家所在地的区委书记送信,请工作队发动群众首先斗争我们家,不要有顾虑。我爷爷哥仨,我大爷爷是贫农,二爷爷是中农,只有我爷爷当木匠有点钱,买地成了地主。1945年,我父亲回到双城任县委书记的时候,我爷爷刚去世。不久我们家的29垧地、7间房、7头牲畜都按政策分给了贫雇农。到1948年2月,全县土改工作基本完成。

双城县委书记林诚(前排中)与副书记、宣传部部长等合影(1948)

1949年5月,我父亲调任松江省委常委、秘书长,和饶斌(后任长春一汽首任厂长)都是松江省委常委,两人都是林枫(时任东北局副书记)的老部下。饶斌一度在党内高层受到批评,火药味很浓,但是我父亲不赞成这种无限上纲上线的做法,为饶斌说了几句公道话,结果引火烧身,甚至被上报中央拟以"晋绥宗派集团"为名撤销党内外一切职务,开除党籍。而在这三个月以前,他拟被提拔任松江省委副书记。刘少奇接到对我父亲的处分报告后,认为这决定太不严肃了,后来东北局商量后改为给予"暂定留党察看二年"处分。1951年,我父亲被调到鞍山市总工会当秘书长。1952年,他又被调到鞍钢当技术监督处处长——苏联专家1950年就到了鞍钢,因为苏联有这套体制,鞍钢也要模仿嘛,所以1952年鞍钢也成立了技术监督处,主管安全生产规程。1953年高岗的问题暴露出来了,之前上级处分我父亲的时候,高岗说我父亲的情况比较严重。高岗的问题暴露以后,鞍山市工会主席杨克冰就跟我父亲说:"老林,你还不向上反映,当时给你那么严重的处分!"反映之后,我爸的问题说清楚了,后来就被提拔做鞍钢的副经理,又当了代经理。

我母亲的情况要先从我姥爷讲起。我姥爷1914年去美国留学,是美国俄亥俄州立大学经济学硕士,在美国待了九年到1923年底才回国。回国以后，他成为吉林女师的校长，但是他思想保守，反对女师的学生和男同学接触，结果女师的学生闹学潮把他抬出学校，他就不干了。后来他就成了吉林市道德会会长——一个留洋的学生竟然成了道德会会长，研究国学。那时候他反对我母亲念书，我母亲是最后自己跑到北京念的大学。她原来在中国和苏联合办的中长铁路局工作，1951年底也到了鞍钢，任鞍钢教育处工人教育科的科长——那时候教育处处长是《中国人民解放军进行曲》的作词家公木①先生。

我父亲在技术监督处，我母亲在教育处，虽然他们的工作内容都部分涉及技术培训，但是他们没有给我讲过技术革新，因为那时候他们只管部门的事，公司的事归经理管。我父亲在技术监督处专门管鞍钢的生产技术监督，主要负责安全生产这块。那时候一有工伤事故，医院就通知他们马上去。我只记得那时候晚上家里一来电话，肯定是又出事了，我父亲立马就去医院。有一次他到医院，一看鞍建的技术处处长也在，后来人家说不是鞍建的人，是鞍钢的人。鞍钢分为鞍山钢铁公司（管生产）、鞍山钢铁建设公司（管基建），鞍钢"三大工程"都是由鞍山钢铁建设公司负责建设的。我父亲在技术监督处时间比较短，不到两年。他没怎么给我讲当时苏联专家是怎么把控技术的，那些内容都是燕鸣讲给我的，燕鸣在革命时期是我父亲的警卫员。

1952年9月14号，张明山发明了"反围盘"，随后成为全鞍钢的特等劳模，又成了全国人大代表，之后又当上小型厂的副厂长。当时小型厂厂长是燕鸣，他支持张明山搞这个东西，他对张明山说："咱们弄不成大不了一块枪毙。"当时，金铁群（曾任本溪市委书记）是鞍钢副经理，他过去跟我父亲在双城一块工作过，燕鸣又是我爸的警卫员，他对燕鸣非常熟悉，所以他对技术实验挺支持的。当然实验成功之前，也不能对外宣扬这事，直到实验成功了一次，大伙才乐了，觉得这东西好使。原来钢条从机器出口一出来都是工人

---

① 公木（1910—1998），原名张永年，笔名公木、木农等，河北辛集人，中国著名诗人、学者、教育家，《英雄赞歌》《八路军进行曲》的词作者。《八路军进行曲》1965年改名为《中国人民解放军进行曲》，1988年被中央军委确定为中国人民解放军军歌。

拿着钳子、夹子围着炉子绕过去再送到机器进口,刚出炉的钢条温度很高,工人操作很危险。有了反围盘以后钢条从出口一出来自己就绕到了进口,这就是技术革新。苏联也没有这东西,所以当时苏联专家说:"中国挺厉害,还能发明出来这东西。"后来我到新华书店,无意中看到了《我是怎么当厂长》这本小册子,封面就是一个正脸照,我说:"这不是燕鸣吗?"果然上面就写着"燕鸣",我就把那本书拿过来翻,那本书是于敏写的。除了张明山,还有王崇伦①1953年发明了"万能工具胎",是"一五"计划前(过渡时期)的革新能手,被誉为"走在时间前面的人"。后来他在鞍钢晋升为十三级干部,本应该拿150块钱的工资,但是一直拿着十六级干部的124块钱的工资,他也一直毫无怨言,都没提过这事。临到要去全国总工会做副主席时,他才跟我父亲说起这事,后来我父亲说,确实应该给人家涨到十三级干部应有的150块钱。这是我父亲后来当鞍钢代经理的时候发生的事。

二、从"全国支援鞍钢"到"鞍钢支援全国"

1954年,我父亲背负的"处分"得到了平反,就从技术监督处处长的位置上调任鞍钢副经理。他先主管矿山,后来又主管炼铁。1960年以后,袁振总经理病休,整个鞍钢生产就由我父亲负总责了。1960年中央召开了"七千人大会"②,袁振总经理没去,是我父亲和赵希愚(时任鞍山市委书记兼鞍钢党委书记)代表鞍钢去的,杨士杰③(时任鞍山市第一书记)和杨克冰(主管鞍山市农业)代表鞍山市去的。

1960年的冶金工作会议,也是我父亲代表鞍钢去的。当时在全民大炼钢铁之后,各部委对冶金部的意见很大,因为当时冶金部占用了国家大量资

---

① 参见本书王晋杰口述《父亲王崇伦是"走在时间前面的人"》。
② 会议正式名称为"扩大的中央工作会议",1962年1月11日至2月7日在北京召开,参加会议的有中央各部门、各中央局、各省市自治区党委以及地委、县委、重要工矿企业和部队的负责干部,共7000多人,故称"七千人大会"。这次大会的主要目的,是总结经验,统一认识,加强党内的民主集中制,以便进一步纠正"大跃进"以来工作中的错误,切实贯彻调整国民经济的方针。
③ 杨士杰(1911—1988),河北定县人。1931年参加革命,翌年加入中国共产党。1952年后曾任山西省委第三书记,1955年调任鞍山市委书记,兼任鞍钢党委书记。

金。那时候毛主席说:一个钢铁,一个粮食,有了这两样东西,就什么都好办了。所以全民大炼钢铁,钱都投到钢铁生产中去了,各部委都有意见,冶金部挺不住了。冶金部部长就对我父亲说:"老林,你代表鞍钢,鞍钢的钢铁产量占全国一半,你得讲话,你不讲话,这事挺不住。"我父亲在会上代表鞍钢发言,他说:"很多问题不是部里的问题,毛主席提出了大炼钢铁,当时各部门都没反对,所以说冶金部占用资金不假,但那不是冶金部要的,那是国家给的。现在讨伐冶金部,这就不对了。"这样,冶金部那次就顺利过关了。鞍钢说话顶半个冶金部,因为当时确实全国钢铁产量鞍钢占一半,而且当时建武钢、包钢都是鞍钢去的人。时任武钢党委书记原来是我父亲技术监督处底下的科长,时任包钢经理李超原任鞍钢副经理,首钢三任领导都是从鞍钢去的,连后来的宝钢董事长原来也是袁振总经理的秘书,像攀枝花钢铁、水城钢铁的班子也都是从鞍钢抽调去的。因此,当时是"全国支援鞍钢,鞍钢支援全国"。

林诚(中)去大三线考察(1957)

说"全国支援鞍钢",就是指鞍钢"五百罗汉"。1951年12月,鞍钢经理李大璋给中央写报告说明了鞍钢缺干部的情况,八路军出身的干部或是地方党政领导人在当时都没有企业管理经验。1953年3月,毛主席就批示调全国各地的干部支援鞍钢。从1953年到1954年底,华东局、华北局以及中南局都派来了一些干部,地专级和县团级的来了500人左右。我们最后核实,虽说鞍钢"五百罗汉",但实际没到500人,因为有的人来了很快就走了。那时候干部任用就像抗日战争和解放战争时期一样,一个干部在一个地方待的时间并不长。当时鞍钢有16个厂矿单位,地专级干部才能在这16个厂矿单位中当党政一把手,县团级干部在鞍钢只能当副职、支部书记、科长。燕鸣之所以是非县团级的十四级干部却还能当厂长,那是因为他所在的小型厂不在这16个厂矿单位之内,厂子级别不高。后来,有人问毛主席鞍钢是什么级别,毛主席说那是一个方面军。因为一个军里面正职加副职正军级的八级干部也就六七位,而鞍钢有十七八位,比一个兵团还多。当时鞍钢的干部级别和人数,说明了鞍钢在全国工业生产中的地位举足轻重。鞍钢职工数在1960年达到顶峰,有24万人。那时候鞍钢经理年年得见总理,1965年周恩来总理跟我父亲说鞍钢要减到13万人,但到了1966年鞍钢还有14万职工,离总理提出来的要求还差1万人。

林诚(右一)等人在鞍山台町(1965)

除了精兵简政,还要提高生产率。首先得靠规章制度,比如那时候技术监督处学习苏联的规章制度。我父亲去技术监督处之前,有一个叫王子佑的高级工程师在那里搞技术监督。我父亲去了以后,王子佑就当副处长。他留过学,对国外企业规章制度比较了解,所以那时候就已经开始逐步建立规章制度。1958年"大跃进",到1960年期间,规章制度比较混乱。1960年就要破除那些不合理的规章制度,到1961年中央提出来"调整、巩固、充实、提高"八字方针以后,尤其1964年王鹤寿来到鞍钢以后,又开始重新确立各项规章制度,一个是文明生产,另一个就是环保。企业总得有个规矩,因为无规矩不成方圆。1983年于保刚当鞍钢代经理的时候,就提出了"二十条",其中有"上班时间打扑克、喝酒一律开除",那时候这条挺严厉的。当时有几个鞍钢学校的领导就因为这事被开除了,在鞍钢职工群众中反响很强烈。中央对这事说:"好啊,于保刚,你就到劳动部当副部长吧!"但是于保刚没去劳动部,而是留在了鞍钢。

三、"鞍钢宪法"出台始末

1960年的"鞍钢宪法"是市委写的,这里面其实有一个矛盾,就是鞍山市委和鞍钢之间在历史上就存在一些问题。现在比较明确了,鞍山市委是正地市级单位,鞍钢是副部级单位。但是在当时实行党的一元化领导,市委领导鞍钢。1958年杨士杰要当市委书记兼鞍钢党委书记,后来他们自己把这个方案撤掉了——中央没同意,鞍钢由总经理袁振兼任党委书记。鞍山市和鞍钢的关系从开始就是:鞍钢既得听市委的,又得听省委的,还得听冶金部的。省委和市委意见当然比较一致,鞍钢归冶金部管理,有许多事得听冶金部的,辽宁省就有意见。有时候鞍钢是冶金部直接领导,有时候归省里领导,以致来回折腾,事情不好办。

干部任用也存在同样的问题,鞍钢的总经理、党委书记袁振兼任鞍山市委第二书记,还有两个市委副书记、一个市委常委兼任鞍钢党委副书记。袁振来鞍钢以前是中南财经委员会的副主任,兼华中钢铁公司的副经理,原本毛主席想让王任重到鞍钢当经理,王任重由于身体原因推辞了,主席就点了袁振的名,袁振就来了鞍钢。袁振说过一句话:"企业再大,也归政府领导。"他在鞍钢当经理的时候,第一不整人,第二和副经理们关系都挺好,每个人各司其职,最后他汇总大伙的意见,所以鞍钢经理层没什么矛盾。但是鞍钢和市委的关系就不一样了,袁振来的时候是七级干部,当时的工资是300块;而袁振的前两任华明和马宾①都是八级干部,但两人拿的是一级工程师的工资340块,比七级干部还多40块钱。那么,袁振调任鞍钢经理,是不是也应该拿更高的工资?杨士杰对袁振说:"你和我都是七级干部,咱们七级干部就是300块工资。"1960年以后,袁振由于身体原因难以胜任鞍钢工作,所以选择了病休。1964年,杨士杰也已经不工作了,中央就说:"袁振,你出任冶金部副部长兼鞍山市委第一书记、鞍钢党委书记,经理让林诚干。"他回家和老伴、时任市委宣传部副部长鲁克楠商量,在鲁克楠的建议下,袁振离开了鞍山市,去了山西任省委书记处书记兼太原市委第一书记。袁振离开鞍钢以后,中央就让王鹤寿到鞍钢来了。

"鞍钢宪法"是市里来人在鞍钢调研了三个月后起草的报告,有市委秘书长罗定枫②、副秘书长殷恕(时任鞍钢市委调研室副主任)③、孙中光、高扬、崔华景,鞍钢内部的人并没有参与起草,因为市委写报告和鞍钢没关系。其实之前我们都不太了解他们的调研过程,"鞍钢宪法"出来以后,人们才逐渐知道他们是怎么到鞍钢调研的,因为市委到鞍钢调研是很稀松平常的事,都是正常的工作。实际上,报告的内容都是现实中鞍钢正在推行的制度,只不过市委把它形成文字交给了主席,主席看后觉得这个报告很好。1958年大炼钢铁以后,鞍钢这些厂长和党委书记(处长不算,职能机构的不算)就都不在台町住了,全都带着家人搬到了工人住宅区,像当时一炼钢厂长曾扬清就到一炼钢的工人住宅区太平村住下了。市委秘书们认为,这就是和工人相结合。因为有了鞍钢干部深入基层的实践,所以最后市委才能写出来这份文件。1958—1959年两年间各厂厂长都在工人住宅区住着,1960年以后他们才陆续搬回台町。当时我父亲没有搬过去,因为经理这层不用搬,没有

---

① 马宾(1913—2017),原名张源,安徽滁州人。1932年加入中国共产党。新中国成立后,历任鞍山钢铁公司总经理、总工程师、冶金工业部副部长、国家进出口委员会副主任、国务院经济研究中心副总干事等职。"鞍钢宪法"的重要参与者之一。
② 罗定枫(1915—2015),河北高邑人,曾任中共辽宁省委常委、秘书长。
③ 殷恕,女,1921年生,江苏海安人。1938年投身抗战,1940年加入新四军。1954年调入鞍钢,任金属制品厂厂长。20世纪60年代中期调往贵州水城钢铁公司任水城钢铁厂副厂长,1978年宝钢建设兴起后调往上海,历任宝山区委副书记、区政协主席等职。

地方可去，那时候鞍钢职工都是根据厂矿单位分住宅区的，鞍钢有100多个厂，经理去哪个厂？厂长和党委书记可以到自己所属厂矿单位的工人住宅区，有了鞍钢这些干部天天和工人吃住在一块、上班在一块的经历，"两参一改三结合"才出来。

毛主席管鞍山市委的整篇报告叫"鞍钢宪法"，它不光讲技术革新，它讲的是鞍钢整个的生产经营情况，讲"两参一改三结合"的办法。"工人参加管理，干部参加劳动"，其实这一情形一直持续到"文化大革命"前。我对"干部参加劳动"感受非常深刻。1964年我刚到鞍钢夜大的时候，每周六都要到中型厂当钳工。虽然我父亲当时已经是鞍钢经理了，但他也要到电修厂卷线，每周六鞍钢从上到下这些干部都下厂劳动，这是1964年王鹤寿来了以后的规定。至于"工人参加管理"就是，如果有什么事，工人要参加讨论，经理和厂长都得下去听，车间主任征求工人意见，然后向厂长汇报，有时候厂长也得亲自下去。其实，鞍钢领导干部一直都是这样做的。1956年我父亲正管着矿山，在鞍钢一进门三孔桥那个地方，有鞍钢运输部的司机正在那里停着，我父亲上前去问："你们这一趟车，是往哪去的？"听说是去往大孤山的，他说："我跟你们一块去，我是鞍钢林诚。"底下工人都知道这是副经理，他就上车了，到大孤山装上矿，然后再回来，跟着走了一趟。后来他们都说"林经理连秘书都没带，自己就下来了"，那时候干部其实都那样。他下去走一遭，亲自体验一下，就了解了生产、经营和运输的情况，这就是实践。

他们那一批干部是打仗出身的，是做党务工作和政权工作的，对于搞企业经营没有经验，所以就得学习。1956年左右，有一个非常有学问的徐姓老爷子从单位退休后，每天早上7点钟准时到我家给我父亲讲课，讲高等数学、微积分。我父亲上大学时学的是哲学专业，对理工科原本一窍不通。这一讲就是整整两年，所以像什么炼铁学、炼钢学、轧钢学，我父亲自己都能看懂。作为干部，还是得懂一些技术上的事。我听说这位徐姓老爷子的儿子也是鞍钢的一个高级工程师，但我不知道具体是谁，只知道他家在十四条住，十四条那边住的全都是鞍钢高级工程师。鞍钢像这样有学问的人多了，鞍钢工程技术人员真是多，得有两三万人，什么企业能有两三万工程技人员？

"鞍钢宪法"最核心的内容肯定还是党的一元化领导,这是第一条。那个时段不像后来,企业被赋予自主权以后厂长说了算,厂长通知党委党委就知道,厂长不通知党委党委就不知道。那时候,鞍钢很多重要事项必须经党委研究通过才能成立,要不真的推行不下去。1954年鞍钢成立了党委,当时申东黎任党委书记,那时候袁振已经来当总经理了。半年以后这个党委被撤销了,杨士杰提议重新组织党委,杨士杰当书记,最后这个方案在常委会未获得通过。1959年鞍钢重新成立党委,当时党委第一书记是袁振,鞍山市委副书记邹群峰(八级干部)、赵希愚(八级干部)和鞍山市委常委颜志敏(十级干部)兼任鞍钢党委副书记。

1960年之前,来鞍钢的苏联专家都担任车间主任、工长和技师,鞍钢生产大部分都按苏联专家的意见办,但鞍钢也有人不以为意,他们之间没有大的矛盾,基本都是生产技术上、专业上的分歧。鞍钢干部蔡博非常厉害,他既是老革命家蔡和森的儿子,又在苏联钢铁学院学习了三年炼铁技术,学成归国后回到鞍钢当炼铁厂厂长。那时候蔡博就不理会苏联专家,苏联专家有时候都得听蔡博的。但是总体上来讲,1960年之前,鞍钢规章制度是中国企业领导人参考苏联专家的意见研究制定的,具体细则也都是按照苏联专家意见来操作的。1960年苏联专家走后,鞍钢就得靠自己干了,中央提出"调整、巩固、充实、提高"以后,鞍钢就得摸索适合自己的规章制度和技术规范。到1964年王鹤寿来了,毕竟他是冶金部部长,而且是1949年最早成立的东北工业部部长,所以有关工业企业管理各方面,他有自己的一套。

规章制度很重要,有一些不合理的制度都是从实践中体会出来的,不一定是工人发现的,也可能是工长、车间主任发现的。比如80年代,我的三弟林渝在鞍钢冷轧厂当厂长的时候,发现轧完钢以后需要经过盐酸的酸洗才能够把钢材上面的铁屑等杂质清洗干净,然后才能打包,但是酸洗以后向外排酸水的地下沟经常堵。有一次他跑到地下沟里去看个究竟,这一下去就危险了,盐酸的蒸汽把他气管里的绒毛烧坏了。底下工人就说:"车间主任都没下去过,你厂长竟然敢下到这里面!"这说明他不知道这项制度,下到危险地区不戴防护面具，这不就是违背操作规程吗？他是厂长，平常不接触到这事，但人家酸洗线的工人肯定知道这事。因此，生产中各道工序都得有自己的一些规矩。

四、王鹤寿来鞍钢

王鹤寿是位老革命，他1925年入党，长期从事工人运动，曾六次被国民党逮捕，但一直坚贞不屈，直到西安事变后被救出。1927年，王鹤寿到苏联莫斯科中山大学学习一年后到东北工作，仍然做工人运动。刘少奇对王鹤寿很熟悉。1945年9月14日，中共中央决定建立东北局，任命彭真为书记。1945年12月，王鹤寿任黑龙江省工作委员会书记。1948年9月，王鹤寿任东北局副秘书长，后又出任东北局重工业部部长，东北重工业部搬到北京后就成了中国重工业部。朱镕基同志原来在东北重工业部袁宝华手下工作，所以王鹤寿也是他的老领导。王鹤寿做过冶金工业部部长、国家基本建设委员会主任，但最后离开北京，从冶金部部长下到鞍钢当经理兼任鞍山市委书记。

在1961年"八字方针"以后，鞍钢就进行了各种调整，已经打好了基础，所以1964年王鹤寿到鞍钢以后提出来的很多想法基本都能实现。1965年，鞍钢只差了2斤钢丝绳没完成国家计划指标，其余各项生产都是超额完成的。那一年成为鞍钢历史上最好的年份之一，刨除税收，利润最高，当年上交国家10个亿净利润。当时邮电部上交4个亿，所以邮电部程部长就说："一个鞍钢顶两个半邮电部。"当时王鹤寿来到鞍钢，对鞍钢非常上心。比如说，鞍山市里没有重工业，鞍钢生产这么繁忙，他要求市里对鞍钢职工多给细粮。当时，市里对这件事有意见："你是市委书记，不光是鞍钢党委书记，但你光关心鞍钢了。"王鹤寿讲："我坐在鞍钢，我就得对鞍钢上心。"另外，1960年前后，苏联撤走了在中国的专家，鞍钢压力挺大，但之所以鞍钢能在1965年取得生产上的辉煌成就，就是因为进行了技术改造。原来一炼钢都是平炉炼钢，平炉炼钢一般是八九个小时出一炉钢水，后来逐渐改成转炉，"平改转"以后40分钟就出一炉钢水，生产能力大为提高。"平改转"开始于

1973年曾扬清在市"革委会"一工交组当组长的时候,那时候上马的项目就是150吨的转炉。

1964年王鹤寿来到鞍钢以后,对鞍钢的技术革新提出了自己的想法,即"五朵大红花,三个第一流"。1965年鞍钢成立了"双革"办公室,即技术革命与技术革新办公室,统一抓鞍钢技术改造,于保刚任"双革"办公室主任。那时候钢研所、军工处、科研处都归"双革"办公室管理,它们各司其职。当时具体举措就是成立了一个板材工作队,抽调工程师专门针对半连轧厂、冷轧厂、中板厂、一薄、二薄这么多厂所生产的各型板材进行技术攻关,这对提高板材质量作用很大。

王鹤寿给鞍钢带来的另一个生产观念就是,提倡文明生产、绿化厂区,而过去鞍钢只管生产,根本顾不上这些。于保刚26岁就在一初轧厂工作,当时他只是个技术员,从底层一步一步地干上来,从工长升到车间主任再升到厂长,再到鞍钢生产指挥部副主任兼任"双革"办公室主任。于保刚之所以被提拔重用,就是因为王鹤寿搞文明生产,鞍钢各厂矿单位都要清理垃圾,并且向上汇报清理数量。当时于保刚是一初轧厂长,一初轧上报只清理了两吨垃圾。王鹤寿非常纳闷:"其他厂都清理几十吨几百吨的,一初轧怎么就只清理两吨,这么少?"我父亲在旁边就说:"于保刚平时就清理垃圾,所以就没有。"王鹤寿下去一看,真是好,所以就夸于保刚有能力。鞍钢第二个辉煌时期就是80年代于保刚当代经理的时候,那时候鞍钢各项指标也达到了较高水平。

五、 我在鞍钢的那些日子

我是1943年生人。1961年虽然我高中刚念了两年,但是岁数已满18岁,于是就参军了。本来在辽宁省以外其他地方,只有初中、高中应届毕业生参军,在读学生不用参军,但是当时辽宁省规定合乎年龄的人都得参军。我报名参军以后,军分区给我父母打电话,我父母说听从组织安排,然后我就被分配到了沈阳军区三局。当兵第一年不评五好战士,第二年我就评上了五好战士,第三年我又立了三等功。1964年,我们局里副政委对我说:"部队准备留下你,服役期满后调到局里,可以去做参谋,政治部也看好你,可以到政治部当干事。"副政委和我说得好好的,但到了9月份,我接到局里电话让我去报到,本来以为是提干的事,到了以后才知道政委让我复员。我向他询问原因,他五分钟没说话,后来告诉我,这是军区领导的决定。后来我回家后问我父亲,才知道是他给部队副政委写信要求我复员。我父亲还是看重学问,他觉得我服了兵役尽了公民义务以后,就该回来上学了。

1964年,我从部队复员回家后本来可以直接到鞍山钢铁学院插班,当时鞍山钢院归鞍山钢铁公司管理。但是我父亲认为,我还有一年高三没上,应该按部就班地读高中。于是,我先在鞍钢夜大图书馆当管理员。当时鞍钢教育系统很完备,鞍钢夜大已经有学历教育了。除了鞍钢夜大,还有干部学校,负责培训车间主任、科长、厂长这些干部。鞍钢干部中有很多八路军没上过学,他们亟待提高文化知识水平。还有技工学校,负责对年轻工人进行技术培训。我母亲先在技工学校当副校长,后来又到干部学校当校长,再后来到鞍山钢铁学院的前身鞍山第二钢铁学校当副校长,然后又到鞍钢教育处。

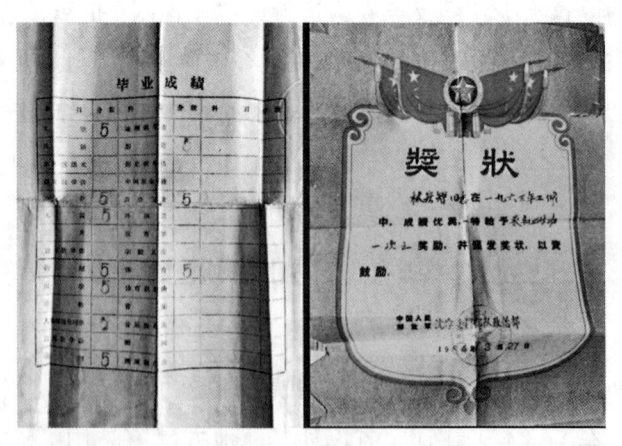

林鸿志的初中修业成绩单(左)与在军区荣立三等功的奖状(右)

鞍钢夜大的老师都很有学问,我在鞍钢夜大一边上班一边自学,没事的时候就找老师学这学那。老师们把我的情况反映到王鹤寿那里,王鹤寿让我回到一中再学一年。于是,我回到鞍山一中念高三,其实很多课程之前都没学过。我参军以前在北京求学,小学毕业保送初中,初中毕业后以所有科目全满分成绩考入北京人大附中。在人大附中学习期间,除了政治课 4 分以外,剩下的科目全是 5 分。后来母亲生病以后,我才回到辽宁实验中学,本来入校必须经过考试,但是我把在人大附中的成绩册拿出来给他们看,他们就让我直接入学了。人大附中高二才开始讲物理,鞍山一中从高一就开始讲,所以没学的物理有一册半都是我自学的。当时中国有 200 个留法名额,辽宁省有 20 个,鞍山市有 2 个,就是我和同班同学古茂绵。我的档案被送到高教部,但是恰好赶上"文化大革命",高教部被砸烂了,我的档案不见了,所以留学计划就泡汤了。

1977 年国家恢复高考,但是规定 30 岁以上的人不能报考,我当年 34 岁超龄了。1978 年高考取消年龄限制,我看了五天书,考上了鞍山钢铁学院。我在钢院学工业电气化专业,但是在入学第二年就因为高血压退学了。1983 年电大招企业管理专业的学生,我就去考,考上后在职学习,直到 1986 年毕业,我都是边工作边学习。我一个学期去三次电大,考试去一次,发卷去一次,发提纲去一次。每次去考试都是 90 分,都是全班第一。班上同学都说:"老林是我们班年龄最大的,从来不来上课,每次还都第一。"

1980 年我从鞍山钢铁学院退学以后,到了鞍钢附属企业供销公司工作。到了 1986 年,又调到鞍钢经营咨询开发公司工作。1991 年,出任东北风钢板公司董事长助理,并且担任附属企业东北风冷轧板厂第一副总经理兼总经济师、事业部部长,时任总经理是于保刚。那时候搞横向联合,李长春找到于保刚说:"你们鞍钢发挥点余力,再弄个冷轧板厂。"当时国内板材市场上冷轧板供不应求,但那时候鞍钢就一个冷轧板厂,产量有限。后来,鞍钢了解到德国新马克有一条生产线退了,是往复式轧机。虽然往复式轧机比不上连轧机,而且这台机器还是二战时期的,但德国机器质量确实好。鞍钢联合了七家入股的国企,以非常便宜的价格买回了这套设备,当时鞍山金属材料公司、丹东金属材料公司、辽河油田争着想入股都入不了。鞍钢出场地、人员，把设备调试好开始生产。于保刚派我去管理这个厂子，我把鞍钢第一个冷轧厂的两个副总工程师都请来当总工、副总工，车间主任都是冷轧厂和一初轧厂退休的老工人，他们都是生产的行家，所以干出来的产品产量多、质量好。那年于保刚很高兴，奖励我1万元。1993年1万元可真不少，我用那笔钱买了一台29寸的画王电视机。

当时东北风冷轧板厂还发行了股票，那是辽宁省发行的第一套企业股票。鞍山许多百姓以1000块钱一股的价格买了这个股票，虽然最后股票截停以后贬值了，但我们还是把老百姓手中的股票原价收回了。1994年，我们正准备建设东北风冷轧板厂的第二条生产线彩钢厂，生产镀锡板。我到韩国考察了镀锡板生产线，已经和他们签了合同，准备引进生产线把冷轧板再加工成镀锡板，但是1994年冶金部有意见，说："辽宁省建东北风钢板集团，并没有报规划，冶金部并不知道这回事。鞍钢建一个10万吨级别的冷轧厂，就应该上报冶金部。"没办法，东北风冷轧板厂就停产了，鞍钢把入股资金退还给了各个国有企业的投资方。

1994年东北风冷轧板厂停产后，市里有好多地方想让我去上班，但这时我的档案突然找不到了，所以此后我一直赋闲在家。2003年我向于保刚夫人打听，找到了东北风冷轧板厂文件的存放仓库，工作人员帮忙在仓库里找了三天，才把我的档案翻出来。我本应该2003年退休，但是直到2004年找回档案之后才正式办理退休手续。后来，鞍钢按照当时东北风冷轧板厂厂长的工资水平给我补发了工资。

欧阳代娜
草明：工业中国的讴歌者*

亲 历 者：欧阳代娜
访 谈 人：周晓虹
访谈助理：常江潇
访谈时间：2020年10月22日下午2:00—5:10
访谈地点：鞍钢台町草明故居
访谈整理：周晓虹
文本表述：欧阳代娜（宋体）　田海蓝（楷体）　田丹妮（仿宋）

亲历者简介：欧阳代娜，作家欧阳山之女。1930年生于南京，后随欧阳山养父母在广东生活。1941年前往父亲与继母草明所在的延安，就读于八路军干部子弟学校，1944年考入延安大学理科预科。1958年毕业于中国人民大学历史档案系并分配到山西教书，1961年毕业于陕西师范大学

欧阳代娜（前排中）、田海蓝（前排左）和田丹妮（前排右）接受访谈

---

* 本文在整理过程中参考了草明：《世纪风云中跋涉》，人民出版社1997年版；田海蓝：《百年欧阳山评传》，中国文史出版社2008年版；田海蓝：《百年草明评传》，中国文史出版社2013年版。

中文系(函授)。1961年,由于草明健康状况不佳,欧阳代娜调往鞍山照顾继母,在鞍山第十五中学担任语文教师,曾多次被评为鞍山市劳动模范、辽宁省劳动模范、优秀教师、先进工作者,1988年与继母草明同获全国五一劳动奖章,1997年离休。田海蓝,欧阳代娜之女,1949年生,1978年考入辽宁大学中文系,曾在钱理群教授指导下担任北京大学中文系访问学者,退休前为鞍山市委党校暨鞍山市行政学院教授。田丹妮,欧阳代娜之女,1953年生,曾上山下乡,1974年入东北工学院机械系,毕业后入冶金工业部黑色冶金矿山设计院工作,高级工程师。

一、 欧阳山与草明:左联两战士

我的父亲欧阳山(1908—2000),1908年出生于湖北荆州一个城市贫民家庭。在他出生前,从1906年起荆州连续三年都遭了水灾,湖北那个地方年年水灾,那三年尤其厉害,所以就很穷。荆州的大街小巷都挤满了乞丐,我的亲奶奶就带着三个月的父亲,抱着他蹲在路边要饭。好多人就说,这个男孩子饿死了太可惜,把他送给人家吧,给他留条活路。这个时候正好碰到我养祖父杨鹤畴也在一旁,他没有孩子,所以他就很想要这个孩子,最后就把父亲抱回家了。

荆州在清朝时好像跟一个军分区一样[1],因为当时八旗子弟在清朝建立以后的两三百年里光顾着吃喝玩乐,都不能打仗了,所以就找汉八旗[2]。我

---

[1] 顺治二年(1645)清军初入中原后,为牢牢控制新占据的中原地区,就往冲要之地派遣八旗兵驻防以稳固地方。湖北荆州因地势险要,是清朝十三个军镇之一,从康熙二十三年(1684)起就驻扎着一支满蒙八旗军,也是湖北唯一的八旗驻防地,一直到辛亥革命之前,人数达7000人之多。武昌起义后,因驻守的荆州将军连魁贪生怕死,不战而降。
[2] 由汉人组成的八旗军,最早始于后金天聪七年(1633)之后。此时,袁崇焕处死平辽总兵毛文龙,导致毛文龙手下叛逃后金。由此,皇太极决定自己建立汉军,下令从所属的满洲八旗汉人壮丁中每十名抽出一名,组成一旗汉军。随着军队的发展,崇德二年(1637)即皇太极称帝改后金为清的第二年,又分汉军旗为两旗。又过五年,崇德七年(1642),把汉军扩为八旗。至此,汉军八旗正式出现,成为清朝三军之一。

的这个养祖父,就被征去参军,挣粮吃饭。好在他会写字,所以被派到荆州在将军府当了文书。在荆州的时候,1911年遇到了辛亥革命。我养祖母跟我讲,一天晚上很多人骑着大马,穿着前面有个"勇"字的衣服,那就是张之洞的新军。新军来了,清政府很快就倒了。

  清王朝倒了,这些汉八旗就没有用了。回家吧,我这个爷爷的老家是广东番禺,于是就被打发回去了。回去以后他没有什么正当职业,每天一早上起来拿一个墨盒、一支毛笔、几张信纸蹲在街边,等谁来请他写点什么,打官司的诉讼状、家书,总而言之需要动笔墨,他就写,就靠这谋生。① 其间也到处流浪,北京、西安、镇江、上海都去过,一直很穷,从来没有富过。我父亲自然也一直随养父流浪,小时候吃了很多苦。后来,他的小说《三家巷》引起轰动,读者都猜三家巷在哪里。我父亲活着的时候我曾经问他到底有没有三家巷,他反问我:"你说呢?"我说不会有。他说为什么?我说我们小的时候住在广州珠海北路的四宅里,是个贫民窟,四家人的小胡同,恐怕就是你说的三家巷,不过你想象着把陈家和何家安排进去了,他们是不会在四宅里住的,只能是周家在那儿住。② 他笑一笑,说:"你记性还好。"

  正因为他穷得厉害,所以上学就只能上中专。③ 那天发榜,他连鞋都没有穿就去看发榜,一看考了第一。读师范期间,他只有16岁,就发表了第一篇小说《那一夜》,在文坛崭露头角。不过,没多久,大概在1926年,他因为参加"择师运动"④被开除,随即牵头成立广州文学会,担任《广州文学周刊》主编,还当过黄埔军校入伍生部上尉宣传员。也是在这一年,郭沫若介绍他去中山大学当旁听生,因此结识了第二年由厦门大学转任中山大学教授并

---

① 按欧阳山幼子欧阳燕星的回忆,欧阳山的养父回到广州后也做过邮递员。
② 《三家巷》是欧阳山最著名的小说(后成为五卷本《一代风流》的第1卷),故事以20世纪30年代广州的沙基惨案、省港大罢工、广州起义三个历史事件为背景,通过周(工人)、陈(买办资本家)、何(官僚地主)三户人家里的亲戚、恋人、朋友、同学、邻居之间尖锐的阶级矛盾,来演绎他们各自的人生道路的选择和走向。
③ 1924年,16岁的欧阳山(本名杨仪,又名杨凤岐)考入广州市立师范学校。这所学校是1921年广州正式建市时,由孙科担任市长的市政府在永汉路(今北京路)双门底选择原粤秀书院旧址(清末两广方言学堂旧址)创办的。
④ 1926年初,在广州学生运动风起云涌的背景下,中山县女子师范学校教师张仕钊上课时宣传国家至上,反对人民革命,对学生运动诸多刁难。学生会在中共党组织的支持下,要求校方解聘张仕钊,组织学生进行罢课斗争,将其驱逐出校,并引发长达一年的罢课运动,史称"择师运动"。

担任中文系主任的鲁迅先生。当时他思想左倾,在鲁迅先生的支持下成立了南中国文学会,鲁迅不但去讲话,还担任了学会指导,给了他们很大鼓励。1927年蒋介石反革命政变以后,学会不能公开搞了,就搞秘密活动,成立了南中国左翼作家同盟广州分盟,还是有"左翼"两个字。

我是1930年在南京鼓楼医院出生的,当时我父亲和张天翼①他们在南京搞一个什么活动,父亲20岁的时候,大概1928年吧,开始和我母亲杨志明同居,先后生下我和妹妹欧阳天娜。我的名字还是张天翼给起的,他们当时都属于比较左倾的文学青年,起名字也要仿照苏联,代娜、天娜什么的。活动结束不久,我父母亲就回了广东。大概在这个时候,继母草明开始与父亲相识。当然,我后来也一直叫她妈妈。

草明原名吴绚文(1913—2002),出生在广东顺德一破落官僚家庭。② 草明在广州读中学时,就受到十月革命的影响,九一八事变后,她与同学一起奔赴农村宣传抗日救国,却被军阀陈济棠③赶回学校。就在这一年,草明开始以S. Y.为笔名发表作品,写出处女作《私奔》,以顺德女子反抗封建买卖婚姻为题材,描述一名缫丝女工对命运的抗争。同时经老师介绍,她认识了已经写了许多小说,正用广东话编撰普通市民看的小报《广州文艺》的欧阳山。他们自编自卖,编了十多期后遭到当局封禁,将刊物换成《新地》后继续发行,并成立了广州普罗作家同盟,草明也在这份小报上发表了一系列反映缫丝女工苦难生活与抗争的作品,其中包括在欧阳山的指导下写成的《缫丝女工失身记》。她把"萌"字拆开,用"草明"二字做笔名,表明她的革命思想已现萌芽。不久,他们就同居了。

1934年,广州的左翼文化活动遭到国民党当局的查禁和镇压。欧阳山

---

① 张天翼(1906—1985),中国现代作家,祖籍湖南湘乡,1926年考入北京大学,1931年加入左联。全面抗战爆发后,一直在长沙等地从事抗日救亡工作和文艺活动。1949年后,历任中央文学讲习所副主任、中国文联委员、中国作协书记处书记、《人民文学》主编等职。代表作有童话《大林和小林》《宝葫芦的秘密》、小说《华威先生》等。

② 草明的父亲曾先后考取秀才、举人,并担任清朝的官吏,辛亥革命后赋闲在家,曾开办工厂。参见草明:《世纪风云中跋涉》,人民出版社1997年版,第2—3页。

③ 陈济棠(1890—1954),字伯南,广东防城人,粤系军阀代表,中国国民党一级上将。曾任中国国民党中央执行委员、中华民国农林部部长。长时间主政广东,有"南天王"之称。1950年4月海南解放后,陈济棠离开大陆赴台。

和草明都受到通缉,陈济棠要抓他们。好在我父亲有个同学在公安局,就悄悄地告诉了他。连夜他们就上了运送生猪、咸菜等乱七八糟东西的货船,躲在舱底逃到了上海。他们逃走的时候,不能带我和天娜,我们就留在广州一直跟着爷爷奶奶过,所以生活很苦。有的时候看爷爷回来手上没有拎着米,就知道他没有给人写成字。奶奶就给我们两个铜板,街口买一个红薯,收摊了最后就连水带汤,还要连头带脑的渣子,给我们蒸一大碗回来,在家吃,所以我笑说我小时候觉得最好吃的东西就是红薯。

插一句话。说来奇妙,当年陈济棠不是下命令抓他们吗?陈济棠公馆所在地,就是现在的梅花村,那里好多房子原来都是陈济棠的,其中有栋很好的房子,是陈济棠的副官住的,解放后成了国家财产,后来就分配给了欧阳山住。① 这让我想起《国际歌》里唱的:"不要说我们一无所有,我们要做天下的主人。"我们家真是一无所有,连姓名都没有。但后来,真是应了那句话——换了人间。

我继续说。他们俩逃到上海之后,在四川北路租了一间亭子间住了下来,不久就结了婚。逃到上海自然会去找鲁迅,参加左翼作家联盟的活动。他们和鲁迅先生的关系可以通过这样几个故事看出来。第一个就是《草鞋脚》那本书。我不晓得你们知不知道,这个故事很感人的。1930 年美国作家伊罗生②到中国来,当时他还挺进步的,就跟鲁迅商量说,要出一本中国作家的小说选集。鲁迅很高兴,说"好啊,我同意",于是就找了茅盾。鲁迅和茅

作家欧阳山

---

① 1983 年,广东省委安排欧阳山入住广州中山一路梅花村 36 号小楼。该两层小楼建于 20 世纪 30 年代,总面积 270 平方米。15 年后的 1998 年,欧阳山迁往梅花村 22 号。2001 年,有关部门决定保留故居原貌,并将楼门前花园命名为"欧阳山广场"。
② 伊罗生(Harold Isaacs,1910—1986),纽约人,作家、记者、政治学家,也是马克思主义史学家。1931 年来中国,1932 年在上海主办《中国论坛报》,兼任哈瓦斯通信社驻沪通讯员,1933 年任中国民权保障同盟执行委员。同年邀鲁迅和茅盾编选中国现代短篇小说集《草鞋脚》,随即赴北平做翻译。1935 年 7 月回国。1943 年起历任美国《新闻周刊》副主编,麻省理工学院国际研究中心副研究员、政治学教授。

盾两个人辛辛苦苦筹划了名单,选好了小说。他们主要想介绍中国左翼作家的短篇小说,所以选上的篇目都是左翼作家的,丁玲等人都榜上有名。几十年后来看,他们两个的眼光还真不错,这些人都是我们各路文学的领军人物,这里面还包括什么沙汀①呀。都弄好以后,第一篇序是鲁迅先生写的,1934年1月27日写的序;茅盾选了几个有名的作家,介绍他们的生平,其中选了我父亲的《水盆里的清道夫》,我母亲被选上的是《倾跌》。鲁迅和茅盾他们当时在书中介绍了八个作家,其中就有欧阳山和草明两人,看来他们还是比较重视这两个青年作家的。一切都搞好了,伊罗生回国之后,可能由于形势变化了,也可能由于他本人思想变化了,这本书始终没有出来。后来30多年都没有出,一直到70年代才出,而且改出了一些他自己喜欢的东西,在美国出了也没有送到中国来。②

1979年,北京师范大学的蔡清富教授知道了,一看就说"不对啊,这个和当时不一样",就把这个情况反映给茅盾。茅盾先生就很不愉快,说:"怎么能改呢?我们当时约定的,你有困难你可以不出,你现在出也可以啊!"所以就和蔡清富商量说:"他不出,我们自己出。"所以,蔡清富把原来的目录和文章都找齐之后,请茅盾又写了一篇序,第二篇序是1980年11月23日写的,这中间已经隔了几十年。等到茅盾写完以后,蔡清富继续张罗出这本书,并在出书前也就是1981年1月17日,又写了一篇序,这样一共三篇序,前前后后48年。③ 本来蔡清富希望茅盾能看到书的出版,没想到书还没有出来,茅盾就去世了。这本书的经历本身就证明了我们中国的两位文学大师对年青

---

① 沙汀(1904—1992),四川安县人。与巴金、张秀熟、马识途、艾芜并称"蜀中五老"。1927年加入中国共产党,1938年与何其芳、卞之琳等人奔赴延安,任鲁迅艺术学院文学系主任,代表作有《随军散记》《在其香居茶馆里》《淘金记》。

② 《草鞋脚》最早拟收录鲁迅、茅盾、丁玲、张天翼、葛琴、东平、丁休人、郁达夫、楼适夷、叶圣陶、魏金枝、艾芜、沙汀、冰心、吴祖缃、王统照、欧阳山、草明、何谷天、夏征农、张瓴等人的26篇短篇小说。不过,在选编过程中,鲁迅、茅盾和伊罗生发生了争议,最后鲁迅和茅盾遴选的23位作家,被伊罗生删去了冰心、巴金、魏金枝、欧阳山、草明等12人;所推荐的30篇小说,则被他删去了三分之二,伊罗生在书中增加了自己喜欢的一些作家和作品,如郭沫若的戏剧《卓文君》的片段和殷夫的诗《血字》,最后实际成了一部作品集。参见 H. Isaacs, ed., *Straw Sandals: Chinese Short Stories, 1918 - 1933*, Cambridge: MIT Press, 1974. 不过,实事求是地说,1974年英文版出版后,伊罗生是寄了样书给茅盾的,但因某种原因被退回了,以致茅盾一直没有收到书。

③ 鲁迅、茅盾选编:《草鞋脚》,蔡清福辑录,湖南人民出版社1982年版。

一代的无私帮助,所以说他们两位对中国文学的道路有不可磨灭的贡献,他们所选的人也个个都是好样的。我觉得这本书、这个故事本身就说明了,一代代人走中国革命文学的道路,很艰苦但也很光荣。欧阳山和草明两人对鲁迅先生是非常崇敬的,鲁迅先生也是非常爱护他们的。

第二个故事也很感人。1935年国民党在上海发现我父亲的踪迹了,他很左倾,国民党的特务就注意到了,借口说要他去领稿费,想逮捕他。鲁迅先生就劝说,"欧阳山目标太大,叫草明去吧",因为那时候草明表面上还是一个家庭妇女。结果草明一去领稿费,特务果然就把她抓起来了。抓了以后她说"我就是个家庭妇女呀",敌人不知道她是草明,以吴秀梅的名义关了她——草明本姓吴嘛! 牢里头有很多同志都被关在一起,对她进行教育,当时她思想比较左倾,但还没有入党。感人的是,鲁迅先生听说她被捕了,立即营救。当时因为没有什么证据说她是共产党员,一般家庭妇女替丈夫来领稿费也合情合理。当局说:"这样吧,给钱就可以放出来。"结果,在苏州反省院关了她一年。最后,鲁迅就借了200块钱——200块大洋当时是很大的数字,鲁迅就向茅盾和其他人借钱——把钱借够了把草明保出来。[①] 由此可见,鲁迅先生对一个青年确实非常关爱。

第三个故事,1936年,这离鲁迅去世已经不久了,没有两三个月了。6月初鲁迅忽然接到一封信,是当时上海的一个托派文人陈仲山[②]写的。在信中,他一是诬蔑、谩骂斯大林,说苏联怎么怎么不好;第二就是骂新的统一战线政策,反对联合起来打日本鬼子。鲁迅就写了一篇《答托洛茨基派的信》作为回应。[③] 文章收录在《鲁迅全集》第6卷《且介亭杂文末编》第587—589

---

① 根据欧阳代娜的女儿田海蓝撰写的《百年欧阳山评传》的记载,她的亲外婆(姥姥)杨志明原系广州电话局的接线员,是一个深明大义的女性。当她看到欧阳山和草明来往后,主动退出了与欧阳山的婚姻,而且在草明坐牢的时候还每半个月带着小女儿天娜来探监,以致草明将这个小名叫作兰姑的女人称作"典型的富于同情心、富于忍耐力的中国女性"。抗战时期,杨志明死于日本人的轰炸。
② 陈仲山(1900—1942),原名陈其昌,河南洛阳人。1925年加入中国共产党,后追随陈独秀转入托洛茨基派立场,被开除出党,是中国托派组织领导者之一。1942年因在上海从事抗战活动被日军杀害。
③ 因为当时鲁迅已经病重,这封信的代笔是冯雪峰,所以文末注明:这信由先生口授,O.V.(冯雪峰)笔写。冯雪峰(1903—1976),浙江义乌人。现代著名诗人、文艺理论家。1927年加入中国共产党,1929年参与筹备中国左翼作家联盟,后任"左联"党团书记、中共上海文化工作委员会书记。1933年底到瑞金任中共中央党校副校长,1934年参加长征。1949年后任人民文学出版社社长兼总编辑,《文艺报》主编、中国作协副主席及党组书记。

页。① 鲁迅的回信,自然很不客气地把陈仲山批了一顿,最后特别令人感动的是,他说:"(我)即使怎样不行,自觉和你们总是相离很远的罢。那切切实实,足踏在地上,为着现在中国人的生存而流血奋斗者,我得引以为同志,是自以为光荣的。"这封信是什么意思?当时红军长征已经到了陕北,但大家都不知道苏区斗争的结果。大家都知道红军撤出苏区了,但到哪去了呢?不知道。鲁迅这封信的意思就是说,向到达陕北的红军致敬,所以这封信国民党是无论如何不想让他发表的。当时上海所有的右派杂志当然不发,就连中间派或者稍微靠左的杂志也都不敢发。那时候冯雪峰在上海,他大声说要发这篇文章,不发不行啊!

最后怎么办呢?当时草明、张天翼和周尔复就商量说,我们左联有一个杂志《现实文学》,刚刚创立。第1期纪念中国共产党成立15周年,已经出来了,现在正好要出第2期,原准备在南昌起义纪念日出第2期。现在想,不如就在第2期发这个文章,但这样做是有很大风险的。为了躲避国民党的检查,他们决定先出一个假的初稿,给国民党特务审查,审查完以后马上把这个真的稿子排好版,把《答托洛茨基派的信》发表出去。发出去以后等国民党当局发现的时候,大家已经抢光了。读者一看很高兴,知道了中央红军原来到了陕北,有根据地了,特别高兴。但是也有不小的代价,这个杂志马上就被封了。

我记得在延安,毛主席有一次去陕北公学讲话,他说中国的革命有两路大军:一路是军事大军,总司令是朱总司令,他带领我们长征;还有一路大军,总司令是鲁司令。当时很奇怪,"鲁司令"是谁?然后就说鲁迅!他指挥我们的文化大军,反抗国民党反革命的文化"围剿",所以称"鲁司令"是很对的。从这里来看,鲁迅对中国革命所起的作用是永远不可磨灭的,我想毛主席的总结很对。两路大军,军事大军、文化大军,没有文化我们是胜利不了的。这两路大军配合得这么好,所以最后毛主席强调说,鲁迅的心和他的心是相通的,从上面这个故事就可以看出。

---

① 由于版本不同,《答托洛茨基派的信》及陈仲山的原信,作为《且介亭杂文末编》中的一篇,经查在人民文学出版社2005年版的《鲁迅全集》中,收录于第6卷第607—610页。

二、 我是延安的"小八路"

我接着讲啊。1937 年以后国共合作了嘛,大家都抗战,陈济棠也抗战了,国民党也不抓人了,上海沦陷后欧阳山和草明他们就回到广州,一起在《救亡日报》做战地记者。那个时候抗战的气氛搞得很热闹,因为当时广州已经成为华南抗战的中心。看形势发展呢,1938 年后日本鬼子打下了武汉,经过长沙,就要占领广州,所以形势已经很危险了。爸爸妈妈他们就要上广东前线,当时前线就在韶关。我们三个人,我是老大,1930 年生的,1938 年我 8 岁,大妹妹 6 岁,父亲和草明妈妈生的小妹妹纳嘉更小,只有 1 岁半。

父母要去抗战,三个孩子交给爷爷奶奶养不活的嘛,怎么办呢?他们就去找八路军驻香港办事处主任廖承志。[①] 廖承志就说:"这个容易,我妈妈(何香凝)和宋庆龄、宋霭龄两姐妹在香港办了一个很好的保育院,专门收难童,你们就送去吧。"后来邓颖超 1983 年在政协会上说过,抗战时期国共两党合办保育院,应该是最有成效的活动。战时儿童保育会的理事长是蒋介石的夫人宋美龄,副理事长是李德全[②],还有邓颖超、王明的夫人孟庆树等,她们都是国共两党名人的夫人。保育会一共办了 36 个保育院,收留了 3 万多儿童,这 3 万多儿童不得了,其中就有李鹏、李铁映,还有施光南。[③]

父亲和草明妈妈一听很高兴,马上就把我们三个孩子送到了香港保育院。当时的香港啊,本岛是英国人占领的,九龙地区是中国政府管理的[④],保

[①] 廖承志(1908—1983),广东惠阳人,廖仲恺、何香凝之子。1928 年 8 月加入中国共产党,1938 年 1 月任八路军驻香港办事处主任,负责领导南方各省的工作及八路军广州办事处,兼任"保卫中国同盟"秘书长。1949 年后任中共中央统战部副部长、中央外联部副部长。1978 年起任国务院侨办主任、港办主任,第五届全国人大常委会副委员长。
[②] 李德全(1896—1972),蒙古族,北京通县人,冯玉祥夫人。1937 年抗日战争全面爆发后,参加全国慰劳总会,投入支援前线、一致抗日的工作。抗战胜利后,组织中国妇女联谊会,积极参加反内战、反独裁、争民主的运动。1949 年后先后任中央人民政府卫生部部长、中国红十字会总会会长、中华全国体育总会副主席,1965 年当选为全国政协副主席。
[③] 李铁映,1936 年生,曾任国家教委主任、第十届全国人大常委会副委员长。施光南(1940—1990),音乐家,曾任中国音协副主席,主要作品有小提琴独奏《祝酒歌》。
[④] 严格地说,并不是九龙地区仍归中国政府管理,而是位于九龙东北部的九龙城寨理论上仍属中国管辖,因当年签订不平等条约时规定,这一块约 40 亩大小、地处香港境内的土地仍然由清政府管理。事实上,这里从清政府到国民政府都怕麻烦或惹是生非而没有管辖,港英政府虽觊觎许久也未能得手,因此相当长的一段时间内成为"三不管"地带。

育院就放在九龙地区,香港政府不让放在本岛,怕得罪日本人。在九龙,保育院一没有房子,二没有经费,完全靠当地的民众捐献。很多有钱的资本家、社会名流也都积极参与,我们保育院的院长是香港太平绅士何东①的女儿何艾玲博士,胡文虎、胡文豹大家都知道,"万金油大王"啊,他们都出了钱②。

当时胡家捐了10万港币,那时是一个了不起的数字,给我们在粉岭盖房子。我们先住在元朗的国际医院,是一个慈善医院。一个保育院不够,又建两个,一共建了三个。最后10万块钱盖了个很像样的保育院,在粉岭,把我们都收进去了。我们那个保育院是全国36个保育院中最好的。结果好景不长,日本帝国主义发动太平洋战争之前,首先要占领香港,占领香港后又要占领九龙。所以从1939年起它就蠢蠢欲动。怎么办呢,我们的老师——只有5位老师——带着我们300个儿童,最大的是我9岁,最小的只有3岁,小于3岁的就带不走了,我那个小妹妹当时才2岁半,没有办法,就把她送到了意大利育婴堂,是一家孤儿院,我们两个大的跟着走。所以,后来我也问自己:为什么愿意当老师? 我说我看我的老师,太感动了。她们跟我们无亲无故的,却豁出命带着我们走,5个老师带着300个小孩,那多困难?!

一路上,头上是日本的飞机轰炸,后面是日本鬼子追着我们,我们就一路走。遇到国民党部队——那时候还是抗战的——都用车给我们送一段路,有时是当地老百姓给我们撑船,反正有什么工具用什么,好不容易走了一年半,从香港走到贵州桐梓。这个地方解放后我都没有看到它,最近它出来了,它脱贫出名了。很穷的地方,真是。到了以后在那里待着,幸亏……我还忘了说,我到了7岁都没有钱读书,还是进的保育院才开始读书。临走时爷爷告诉我:"你爸爸他们就在北边,在重庆,你记着地址,给他们写信。"到了桐梓以后,学校说一人发一个信封,一人贴一张邮票,给你们家写一个信。我呢就写,这有点像契诃夫那个小说,小孩小,不懂得,没有钢笔,拿着

---

① 何东(Robert Ho Tung Bosman,1862—1956),父亲是荷兰裔犹太人,母亲是广东宝安人,何东是香港开埠后的首富,著名的买办、企业家和慈善家。
② 胡文虎(1882—1954),原籍福建龙岩,南洋著名华侨企业家、报业家和慈善家,有"万金油大王""报业巨子""大慈善家"之称。胡文豹为胡文虎之弟。史载,1939年5月,胡文虎兄弟在新界粉岭购地13万余英尺,建立了能够收容五六百人的新儿童保育院。

铅笔就写了。我父亲收到信时字迹已经都模糊了,铅笔写的嘛,但是隐隐约约知道我们在贵州。他就把这个情况反映给了组织,组织一看人来了,在贵州,就派贵州办事处的同事去找我们。

  组织发现我们后,就通知重庆办事处。周总理是重庆办事处的主任,他一看,在贵州,还不远,但是坐汽车的话也得三天。最后就派人到贵州保育院把我和妹妹接出来了,接到重庆办事处。当时国共合作有规定,每个月从重庆可以开一到五部大卡车到延安去。干什么?送八路军的家属去探亲,其实我们是利用这个机会疏散那些已经公开了、被国民党发现的地下组织同志,很多革命干部还有民主人士、共产党员,以及孩子们都是通过这个渠道送到延安的。1941年八路军的军车就把我送到延安了。很有意思的是,每个人都有一个假的护照,你不能说你是谁。我记得我的护照上面,我的身份是李克农的女儿,跟着我的爷爷——李克农的父亲,他的身份是真的——到延安去。他带了三个孙女,三个女孩子,我最小。大姐叫孟启予①,后来是延安的音乐家,延安电视台的第一把手,广播播音员,很漂亮的。二姐叫罗真理,解放后我问别人,怎么罗真理同志就找不到呢?最后有一个朋友告诉我,罗真理就是邓力群的夫人罗立韵②,我这才知道。所以我们三个人化装成三姐妹,跟着李克农的父亲到了延安。

  妹妹先走了一步。因为到了重庆办事处,汽车装不下那么多人,而我是姐姐,所以我得让一步,让妹妹和父亲先走,先去延安。这一路应该说是非常辛苦的,当然到了延安以后就非常幸福了。尤其是我一会要说的上学的故事,讲出来大家听得都感到很有意思,都觉得不可能,好像传奇似的,但我说那就是事实。我一到延安,组织上就通知草明妈妈,说你大女儿来了,你去接吧。

  我受教育从保育院开始。在广州没有钱念书,但是进了保育院就念书

---

① 孟启予,1920年生,原名陈元,福建长乐人。1936年在南京参加中共领导的学联运动,1938年加入中国共产党,1945年任延安新华广播电台播音员,1955—1957年在莫斯科广播电台华语广播部任编辑,1960—1966年任中央电视台台长。
② 罗立韵,原名罗真理,曾任文化部直属机关纪委书记,邓力群之妻。邓力群(1915—2015),湖南桂东人。1936年考入北京大学,同年加入中国共产党。1937年奔赴延安,1938年担任延安马列学院教务长,1982—1985年任中共中央宣传部部长。

了。我都很奇怪,现在的孩子学习为什么这么困难?我们那时候环境那么恶劣,但就是在战乱中也学会了很多东西。到延安后来上学一考试,说我够三年级,我就上三年级,我妹妹上二年级。延安小学是五年制,所以我念的三、四、五三个年级,五年级结束我就毕业了。

1944年我小学毕业。中央就感觉到,我们的干部多数都是打仗的,或者是搞政工的,搞自然科学的太少。当时延安有一所自然科学院,但人很少。所以中央就说:"我们现在要培养学自然科学的人。"一调查,延安甚至陕甘宁一带只有三所中学:延安中学、米脂中学,还有一所陇东中学。陇东在哪里?甘肃。甘肃有一个庆阳,那里有一所陇东中学。此外还有一所绥德师范学院。四所学校加在一起,一年的毕业生还不到100人,人很少。中央说那不行,怎么办呢?当时我们延安大学的校长是周扬①,周扬说:"这样吧,到小学里看学习好的,拔一些上来,没有办法嘛。"那就从小学找吧,就找到我们几个,就问我去不去。那天我父亲给我来了封信,说明天到延安大学去考试,到预科读书。我说我一点准备都没有,我刚刚小学毕业嘛!我们那时是春季毕业,我说:"我没有准备啊。"父亲说:"不要紧,你勇敢一些,我希望你能考上。"他当时受毛主席《在延安文艺座谈会上的讲话》影响,在延安柳林子村南区合作社落户,体验生活。② 我说:"那我怎么办?"我就问同学:"你们谁愿意陪我去?"好几个同学说"我陪你去"。最后,一共有五个同学陪我去考试,结果我们五个都考上了。后来念书啊,我们比那些中学毕业的念得还好,因为我们小啊,学得也比较扎实。这样,我们就在延安大学理科的预科念书。从小代数念到范式大代数,念得非常努力,一年的时间把整个初中的课程都念完了,然后把高中课程念了一半。1945年正准备转入本科的时候,日本投降了,这以后形势就变了。

毛主席当时说,我们只要取得东北,建立根据地,哪怕关内各个根据地

---

① 周扬(1908—1989),1930年在上海投身左翼文艺运动。1937年到达延安,任陕甘宁边区教育厅厅长、鲁迅艺术学院副院长、延安大学校长等职。1949年后,任中共中央宣传部副部长、文化部副部长。粉碎"四人帮"后任中国社会科学院副院长、中国作协副主席等职。
② 欧阳山不仅蹲点体验生活,还担任南区合作社的秘书和助理会计,1946年凭此写出了反映延安农村生活的小说《高干大》。

草明(中)与演员陈波儿(右)、周恩来秘书张颖(左)在延安(1945)

都丢失了,也有希望解放全中国。这个话我们在延安时是亲耳听到的,所以当时动员所有的人,但凡能走的,不管男女老少,愿意去东北就行。当时去东北很简单,你去登记,10—15个人组成一个小分队,找一个人当队长,一路上都有兵站,70里、80里,就一天的路程,走到以后就找到兵站,那里管吃管住。这个小队伍会派两个饲养员,因为走路是靠我们自己的腿,但行李是两头毛驴给驮。这一路就走走停停的,但也有少数人是进关内,或到大别山、山东的,草明妈妈这时候就跟着大队伍去东北了。①

妈妈到了东北以后,我也想去东北,我们同学都去了。当时只要你报名就可以去,谁都可以去。我也要报名,但是组织上通知我说:"你父亲要派到重庆去做统战工作,你们得跟着爸爸到重庆好做工作,要不然他一个人不好,有孩子、有家庭才好。"所以我就没敢走。结果等来等去,到最后内战爆发了。1946年,第一支部书记找我说:"你应该入党了。"我说:"那对,我应该入党了。"那个时候我其实才16岁。我14岁上延安大学,当时规定上了大学就算参军,所以我的工龄就是从1944年算起的,我算是延安的"小八路"。

这样就正式调动了。中央组织部通知说:"明天你带上行李到杨家岭中央纪要局去报到。"第二天,我和另外两个同学一起就去报到了。去了以后说,你

---

① 1943年,欧阳山和草明婚变,此事还惊动了毛泽东,所以1946年草明独自前往东北。

在哪里哪里工作。我说好。做什么呢？其实就是译电员，就在毛主席身边工作，那是最机密的。我们在山顶上住，毛主席在中间的那个窑洞里住，后来我们就跟着毛主席，一直到胡宗南进攻延安。我们跟着毛主席在延安待到最后：胡宗南3月19日进攻延安，毛主席3月18日撤退，我们3月17日撤退的时候，整个延安老百姓都跟着撤了。所以安娜·斯特朗后来写了一本书，《斯大林时代》吧，她说："我在第二次世界大战时走过那么多地方，没有一个国家首都的撤退像延安撤退这样镇定。"后来我说这个很简单，因为我们心里都有数。毛主席跟我们讲：拿我们的延安去换北京，你们愿意不愿意？我说愿意，所以大家都说我们放弃延安，就是把胡宗南吸引进来，把他20多万军队困在延安，不能到各个解放区去打仗，然后我们赶快解放全中国。

最后，1947年我们撤出延安，1949年我们果然就进了北京——就两年多的时间，所以我们觉得毛主席说的话是非常准确的。我们中央机关的女同志、身体不好的老同志，先撤到山西，在河那面等着毛主席，毛主席坚决不离开陕甘宁边区，就是一起跟陕甘宁边区人民打胡宗南。他说他留在延安，胡宗南就留在延安，就把他20万军队拖在这里，果然就是这样。当然也很危险，有好几次毛主席他们在山中间住，山顶上过的就是胡宗南的部队，但是胡宗南不知道，所以陕甘宁边区的老百姓非常好。等到延安收复之后毛主席过河了，我们就跟毛主席到了西柏坡，所以这一路我很清楚，这个过程大概就是这样。

三、领袖风范

前面我讲了鲁迅和父母的关系，再讲一讲毛主席、周总理和他们同样亲密特殊的关系，也可以说这三位伟人对父母进行了教育引导并决定了他们一生。其中有一些小故事，一直都没有发表过，但是我知道。我们虽然是小孩子，但觉得自己还是很成熟的。在延安时我虽然住在学校，但有时候寒暑假回来吃饭时听父母他们聊天，像罗丹、周而复、杨朔、柳青、吴伯箫当初都在延安①，他们谈的话无意中我都听见了。我现在想，我当时似懂非懂，但是我后来就很懂了，所以我就想把这些小故事说一下。

先说周总理。原来我都不知道，后来问我父亲才知道，我父母两人入党是周总理介绍的，1940年在重庆。当时白色恐怖很厉害，周总理有一天通过沙汀告诉我的父亲和母亲，说根据这么多年的考验，你们的表现够共产党员的标准，所以建议你们入党，以后能更好地为党工作。他们原来住在南温泉②，一听这个消息高兴坏了，马上就往城里赶。周总理找我爸爸谈话，凯丰③找草明妈妈谈话，5月份谈话，7月份就入了党，候补期三个月一过就转正了。

我前面说到1938年我父亲和草明妈妈因要参加抗战把我和妹妹送到香港保育院。送走以后，他们去找队伍，因为国民党的军队已经溃败，他们想到武汉去找周恩来。结果坐火车坐到一半，通知前面路不通了，武汉已经失守了。火车停在长沙，没有办法，他们只好在长沙下车，在长沙又认不得人，父亲说找一下长沙有没有八路军办事处。走了半天后才想起来，沙汀在国民党政治部三厅任职，他们就跑到那想问一下。正走到门口，看到吴奚如④，也是他们的老朋友，从里面出来，穿着八路军的服装。吴奚如高兴坏了，说："我们正在找你们，你们俩怎么搞的？"父亲说："我们找部队没有找到，国民党的部队跑了，怎么办？我们想找周恩来。"吴奚如说："正好周恩来就在长沙，明天他有个报告，我带你们去。"

第二天，他们见到了周总理。周恩来跟欧阳山说："我们是同事嘛！"因

---

① 罗丹（1911—1995），广东兴宁人，1938年奔赴延安抗大学习，1941年开始发表作品，著有长篇小说《风雨的黎明》等，1950年后任鞍钢机械三厂厂长。周而复（1914—2004），安徽旌德人，1939年加入中国共产党，著名作家，代表作有《上海的早晨》，曾任文化部副部长。杨朔（1913—1968），山东蓬莱人，现代作家、散文家、小说家，1939年参加八路军，1942年到达延安，代表作有《红石山》《三千里江山》。柳青（1916—1978），陕西吴堡人，小说家，1938年奔赴延安，代表作有《创业史》。吴伯箫（1906—1982），山东莱芜人，散文家和教育家，代表作有《羽书》《难老泉》《吴伯箫散文选》等。
② 南温泉位于重庆市巴南区，温泉景区最早开发于1927年，距重庆市区约18千米。
③ 凯丰（1906—1955），江西萍乡人，曾任中共中央委员，中共中央政治局候补委员、委员，中共中央宣传部副部长、代部长等职。
④ 吴奚如（1906—1985），湖北京山人。1925年入黄埔军校二期学习，同年加入中国共产党，先后参加北伐战争、南昌起义。1942年在延安整风中受康生排挤、打击，被开除党籍。1947年任牡丹江市及松江省总工会主席，1949年后历任鹤岗煤矿工业学校校长、鸡西煤矿学校第二校长、华中师范学院政治教育系副主任、中国作家协会武汉分会理事。

为在黄埔军校的时候,周恩来是政治部主任,我父亲是政训部的一个上尉编册员,就是编杂志的,所以他们都是黄埔军校的战友。周恩来很客气地问:"你多大年纪了?"父亲说:"还有几个月就30岁了。"他1908年出生,这时候是1938年嘛!周恩来说:"你这么年轻,就写了这么多文章!"最后,我父母他们说"我们要参军上前线"。周恩来说:"这样吧,现在需要人到湖南沅陵前线办个《抗战日报》,你们去不去?"他们两个很高兴地说:"去!"一同去的还有谁?廖沫沙①,廖沫沙大家知道,"文化大革命"批判的"三家村"中的一个,还有周立波②,四个都很有名的人到了沅陵③。沅陵是什么地方? 就是张家界,现在是旅游胜地,当时是荒芜得不得了的山区。他们在那里办报,最后那里也沦陷了,他们才来重庆。所以,他们一路上都跟着总理工作,总理了解他们,介绍他们入党。严格说来,草明是由吴奚如介绍入党的,欧阳山是沙汀和周恩来介绍入党的。后来我问过他:"为什么你现在填表不是写周总理?"他说"文化大革命"嘛,我再填总理介绍我不好嘛,人家说:"你看,你周恩来介绍了这么一个人人党!"所以他自己就改了,改成沙汀、吴奚如介绍入党,但是原来的档案上还是那样写的。所以,周总理对他俩确实有很大的知遇之恩。

再说毛主席。我讲几个与延安文艺座谈会有关的小故事,来看他们俩与毛主席的交往。座谈会的情况大家都知道,我只讲一些大家不知道的事情。延安文艺座谈会召开之前,党中央是做了很充分的准备的。你看,毛主席在延安文艺座谈会开会之前,九天之内,给欧阳山、草明两人写了三封信,看得出党中央对开会是有充分准备的。为什么毛主席这么关注欧阳山和草明呢? 不是因为别的,而是因为1941年皖南事变后,他们两人先后到达延安,中央将欧阳山和草明分配到了中央研究院。中央研究院的前身是1938

---

① 廖沫沙(1907—1990),湖南长沙人,中国当代作家、杂文家。1930年加入中国共产党,作品有《鹿马传》《廖沫沙文集》等。
② 周立波(1908—1979),本名周绍仪,湖南益阳人。1935年加入中国共产党,历任八路军前线司令部和晋察冀边区战地记者,北平军调处中共代表团翻译,1946年前往东北参加土改,先后出版小说《暴风骤雨》和《山乡巨变》。
③ 抗战日报社落脚在沅陵当地的一家祠堂,由廖沫沙担任社长,欧阳山负责国内新闻,周立波负责国际新闻,草明负责副刊。

年成立的马列学院,1941年改为中央研究院。中央研究院的院长是张闻天,副院长是李维汉(主持工作)、范文澜。中央研究院下辖12个研究室[1],这12个研究室都是党的工作所需要的最重要的研究部门,担任研究室主任的也都是这方面最重要的人物。比如说哲学研究室主任是艾思奇,那没得说;经济研究室主任是王思华[2],翻译《资本论》的;历史研究室主任是范文澜;文艺研究室主任则是欧阳山,草明是文艺研究室的特别研究员[3]。

这里我还附带说一句,我曾问父亲,我说:"怎么王实味[4]也跑你那去了?他也不懂文艺。"他说:"王实味原来在马列主义编译室工作,就是翻译外国人的文章,结果在杨家岭的这个机关搬走时,不想要他。"他在延安就很讨厌,写一些文章不合路子,大家不喜欢他,所以搬家就没有带他走,留他一个人在那块儿的窑洞里头。那个窑洞后来就给了文艺研究室,李维汉当时是副院长,对欧阳山说:"总得给他吃饭,就放到你那个文艺研究室,算是你的一个成员。"他说:"王实味在那里没有工作,也不参加会。"不过我父亲这个人比较遵守原则,虽然王实味这个人不好,不跟他多结交就是,但批判他的时候,父亲可没有乱说,不像有一些人太过分。现在证明王实味不是坏人,也不是敌人,就是有缺点而已。所以,包括诗人郭小川[5],很多人都是文艺研究室的。文艺研究室都干什么呢?就是为党中央提供所需要的文艺方面的文献材料,需要军政方面的材料找政治研究室,文化方面的就找文化研究室,文艺研究室当然要找欧阳山、草明。

前面说到,文艺座谈会前毛主席调查情况,九天里给欧阳山、草明一共

---

[1] 1941年12月17日,中共中央通过了《关于延安干部学校的决定》,明确规定中央研究院为培养党的理论干部的高级研究机关,直属中共中央宣传部。中央研究院除设立研究指导处、总务处、图书馆和俱乐部外,还有九个研究室:中国政治研究室、中国经济研究室、中国文化思想研究室、中国教育研究室、中国文艺研究室、中国新闻研究室、中国历史研究室、俄语研究室、国际问题研究室。1943年5月4日,中央研究院被归入中共中央党校第三部。这里,有可能欧阳代娜将俱乐部以外的三个部门也归为研究室了。

[2] 王思华(1904—1978),生于河北乐亭王滩十家子村。曾就读于北京大学,通过与李大钊接触逐步接受了共产主义思想。1926年赴法国、英国学习期间,着手翻译马克思的《资本论》,1937年奔赴延安。1961年任国家统计局局长。

[3] 延安中央研究院设特别研究员、研究员和研究生三级,特别研究员一般为有声望的人。

[4] 王实味(1906—1947),河南潢州人。1925年考入北京大学文学院预科,1926年加入中国共产党,1937年抵达延安。

[5] 郭小川(1919—1976),诗人。曾任中国作家协会党组副书记,代表作有《团泊洼的秋天》。

写了三封信。第一封信是1942年4月9日写给欧阳山的。毛主席说的第一句话是:"来信收到。"那就说明在毛主席给欧阳山写信之前,我父亲已经收到了毛主席或中央的指示,让他收集各种材料;他收集材料后,便向毛主席做了汇报。所以说,党中央是有准备的,并不是偶然因为某个人的建议,就开始进行会议准备。所以,第一封给欧阳山的信说:"欧阳山同志,来信收到。拟面谈一次,如同意,请于今日惠临一叙。"说话特别客气,而且最后一句话是:"并盼草明同志偕来。"这句话为什么会引起我的注意?因为我父亲是研究室主任,他写了报告,毛主席约他谈话,本来就可以了,可是毛主席为什么要约草明?这里有两个原因:第一,毛主席对女同志很尊重,他知道草明也跟欧阳山一样在上海在鲁迅的领导下做了很多的工作,所以他特别尊重在艰难的环境当中努力工作的女同志——虽然你欧阳山报告写得很好,但是我也要见见草明。第二,我觉得他对草明这个姓名感觉很奇怪,心想这是一个什么样的人物。

我怎么能证明这个问题呢?这是1942年,我草明妈妈也去了,没有谈到这个问题。但是,全国解放以后,毛主席是第一届政协主席,我妈妈是政协委员。有一次开会休息时,毛主席忽然想起来说:"草明同志,我有个问题十几年了都想问你,但是太忙了。我在延安文艺座谈会时就怀疑,中国人有姓草的吗?我翻了百家姓,没有草姓,你这个草姓怎么来的?"可见主席这个人研究学问是非常认真的,别人谁管它,你爱姓什么姓什么,但他总觉得这是一个问题。我母亲说:"那是我自己编的,百家姓里没有草姓。"主席就很感兴趣地说:"你怎么编的?"草明说:"我觉得共产党思想在我的内心萌发,那个'萌'字不是草头底下一个'明'吗?就这么来的。"主席说:"这个好,你还会发明姓!"

第二封信是4月13日写的,这第二封信他就写给草明和欧阳山两个人了。毛主席写道:"欧阳山、草明二同志,前日我们所谈关于文艺方针诸问题,拟请代我搜集反面的意见,如有所得,祈随时赐示为盼。"毛主席在"反面"两字底下加上两个着重号,希望听到不同的意见。第三封信是4月17日写的,从4月9日到4月17日,前后九天的时间,毛主席三次写信。第三封信是这么说的:"欧阳山、草明同志,4月15号来信周知,我现在尚不能够对于你们提出的问题做出答复,得研究一下再说。"这说明欧阳山、草明大概在收集材料当中,有好多问题要问毛主席,毛主席很谦虚地说,他现在还不能答复,他得研究一下再答复他们:"如果你们在收集材料,还有材料的话,很好,正反两方面都给我收集,最好能给我们搞一个简要的说明。"毛主席再次提正反两方面材料都要收集:"不知文艺室的同志有瑕微词否?"本来主席下命令,大家乐不得干,但他却很客气:我要你们收集材料变成了收集完给我写个详细的介绍,不知道你们文艺研究室有没有时间?就这样客气。所以,通过这三封信可以看出,当时毛主席和延安的作家们的关系,既是领袖和群众的关系,又是领导和被领导的关系,更是师生的关系,亦生亦友,这种关系持续了他们的一生,对我父亲母亲影响很大。

另外,我前面提到,我是1941年到延安的嘛,但第二年才上学,中间耽误了一年。为什么?因为没有地方去上学。我们去的学校人家都满员了,说等一等,一等等了一年,差不多就是在家。正好草明妈妈在重庆又生了一个小弟弟左嘉,弟弟身体不好,我们俩就带着弟弟玩。

开完延安文艺座谈会后,有一天,爸爸写完材料,妈妈去送给毛主席。毛主席就问:"草明同志,你对延安文艺座谈会有什么意见?"妈妈说:"我没有意见,非常好。""那你实践一下,你下去走向工农兵、深入生活怎么样?"我妈妈说:"我有困难。"主席说:"你说来听听。"你看,一个领袖还关心普通女同志的生活。妈妈:"我三个孩子都在家里,老大、老二(就是我和大妹妹)没有上学,一个小弟弟想上托儿所还进不了。"主席说:"为什么不去?"她说:"那两个大孩子来时人家已经开学了,延安保小在安塞①,离延安还有100多里地,这么远我们送不去。"主席说:"送延安八路军干部子弟学校啊!"妈妈说:"我们不是军队干部,不让进。"主席说:"还有这么讲的?那容易。"说着,毛主席拿起笔来写信给叶剑英,因为八路军干部子弟学校属军队管,叶剑英是参谋长,这个条子我看到过。他写:"剑英同志,兹介绍欧阳代娜、欧阳天

---

① 延安保小全称"陕甘宁边区战时儿童保育院小学部",第一任校长是徐特立。1939年2月,为了避免日机轰炸,保小迁移到了安塞县白坪村。

娜两位小朋友到八路军干部子弟学校上学。"妈妈拿着条子,第二天就对我们说:"来吧,上学!"所以那个时候人家听到这个事情好像很神奇,但是真的。妈妈接着说:"还有个男孩子,弟弟没有办法。"他说:"怎么不送托儿所呢?"她说:"保姆不够,进去还得自己雇一个保姆。"你想,当时在延安哪有钱雇人?主席说:"这也好办,马上把叶子龙请来。"叶子龙是他的机要秘书,又写信给傅连暲,当时是卫生部管托儿所的:"傅连暲同志,请你把草明同志小儿子欧阳左嘉收进托儿所。"第二天问题就解决了,我们都很感动。

更感动的是1945年日本投降以后,妈妈身体不好,从疗养院出来准备跟着同志们一起到东北。临走前她想:"此去咱们要打多少年仗呢?"就找邓颖超——通知草明同志你入党了、你转正了的,都是邓颖超,在重庆,她们很熟——我母亲说:"邓大姐,我想见见毛主席,怕一打仗十年二十年都见不着他了。"邓颖超问毛主席,说:"行,欢迎来!"妈妈就去了,你猜毛主席第一句话问什么?别的不问,就问:"你到东北去,孩子怎么办?"很令人感动。1942年我们三个孩子去上学都是毛主席写的介绍信,他还没有忘这个事,还记得曾经介绍我们上学。妈妈说:"孩子不带了,交给组织吧,这个路途很遥远。"毛主席说:"对,把孩子交给组织!"这句话也影响了我一生。我们所有生活都是组织安排的,我们很多同志就把孩子交给延安,有人带,有人管理,有人送着上学、培养成人,有的人就牺牲在前线,所以这个时候感觉到延安时代人和人的关系真是一种共产主义。或者说,我们在延安过的是军事共产主义生活。为什么加"军事"两个字呢?因为当时我们的物质生活很困难,还没有真的达到各尽所能、各取所需的地步,但是我们的精神境界达到了,所以我对这个事情确实感到很安慰。下面一句话毛主席问什么?他第二句话问:"在抢救运动、整风运动当中,草明同志你挨整没有?"问她挨整没有,有很多干部挨整了,我妈妈说"没有"。毛主席接着说:"整人的人和被整的人都会从运动当中吸取教训,要正确对待。"他自己就挨了三次整,妈妈说没有挨整,但还是觉得很受教育。毛主席说的这句话影响了我一生,所以到"文化大革命"我挨整的时候,能泰然自若。爸爸在"文化大革命"期间被打成牛鬼蛇神,下放到英德茶场劳改农场待了八年,却一点都没有影响他,他心胸很开阔。

草明(右四)参加第二届世界保卫和平大会(1950)

最后,我想讲的一点就是,主席跟草明妈妈他们在进北京城的时候,正好是3月25日。毛主席在西郊机场入城,我妈妈也在。她怎么会在北京呢?正好开全国妇代会,全体妇女代表都在那儿,大家欢迎毛主席进城,我们也跟着从西柏坡过来。草明妈妈个子很矮,所以把她排在前头。毛主席一走到队伍中间,马上就认出草明:"哎呀,草明同志你来了。"妈妈也很激动,说:"您也来了。"他们两个别的话没有:毛主席问她,你来了;她也问毛主席,你来了。他们就长时间握着手,没有说话。我说这个"你来了"这句话,比所有语言都丰富,所有的一切都在不言之中。没有想到,1945年我们在延安分手,1949年3月就见面了。这个胜利来得这么快,大家都非常高兴。所以我就能感觉到,在那一代人中间,领袖和群众的关系确实不一样,就是同志般的关系。

四、草明的鞍钢十年

我来接着讲。1945年日本投降以后,尤其是后来的三年解放战争中,许多城市得到解放,大型工矿企业也陆续回到人民手中。我的姥姥草明在去东北的路上，大概在 1946 年 3 月吧，先是顺道在晋察冀边区的张家口宣化龙烟炼铁厂体验生活，写出了散文《龙烟的三月》和短篇小说集《今天》。

姥姥草明于 1946 年 5 月到达哈尔滨后，找到东北局组织部部长林枫，要求下乡参加土改，像周立波、马加①那样去当区委书记或区长，真正深入基层。林枫说："去农村的作家已经很多了，去部队的也不少，唯独没人去工厂。我们应该有作家去熟悉城市，熟悉工人和工厂，今后我们的工作重点是城市领导农村啰！"她听了林枫的建议，到牡丹江镜泊湖发电厂体验生活并任文化教员，写出了中篇小说《原动力》(1948)，这是新中国工业文学史上的一部奠基之作。1948 年 11 月沈阳解放后，草明又以军代表的身份进驻皇姑屯铁路工厂做接收工作，担任工会主席，写出了她第一部描写工业题材的长篇小说《火车头》(1951)。几年以后的 1954 年 8 月，草明带着行李和户口到鞍山钢铁公司落户，在那里体验生活长达 10 年，其中担任鞍钢第一炼钢厂党委副书记的实职长达 3 年。

草明妈妈有一本《采访日记》，现在已经捐献给鞍钢博物馆了，被定为国家二级文物。那是她 1954 年到鞍钢就开始写的，写了 10 年，25 万字，她亲笔写的日记。正因为是她自己写的，有时候就潦草一点，乱简化字，有一些简化到现在都看不清楚。所以我和我们家人下决心要给她整理出一个誊清稿，别人一看就清楚。

是这样的，这个《采访日记》是我第一遍打出文字，然后妈妈来猜其中我不认识的字，她现在精力不够，但这些东西我和孙涛馆长两个人都还蛮有兴趣的。这个日记啊，从鞍钢的矿山厂开始，一直走遍了鞍钢各个企业，最后落脚点是第一炼钢厂，她在这里从工人、干部、技术人员到厂长，一步一步，对每个人都做了很详细的记载。

---

① 马加(1910—2004)，原名白永丰，满族，辽宁新民人。1928 年考入东北大学，1935 年加入左翼作家联盟，1938 年到达延安，1942 年参加延安文艺座谈会，曾任东北作家协会主席、辽宁省文联主席。著有小说《滹沱河流域》《江山村十日》。

（鞍山钢铁公司博物馆馆长孙涛补充）我做一下说明，草明的日记总共有五本，五本日记开本都是一样大的，小十二开。第一篇的写作时间是1954年的8月11日，1954—1959年整整写了六年。最后一本写到1959年11月22日，1959年12月《乘风破浪》就出版了，这个事也就告一段落。以后她就开始研究《乘风破浪》怎么拍电影，重点就转到这了，基本上是这样一个过程。

我感觉草明她作为一个作家，到这里应该是来当领导的，一钢厂的党委副书记嘛！但她从1954年开始就深入了解鞍钢的各个方面，从矿山、选矿、烧结、炼铁、炼钢、轧钢，各个钢厂或工序她都了解，里边记录了大量的数据。我看她那个日记就有点像调度长的工作日志，她有众多数据，各个生产接口之间有什么问题等，她都记录得很清楚。1954年，我们鞍钢人曾经想用水压机来破碎富矿，有这么一个创新的想法，这是其他资料里面都没有记载的，但草明都记了：我们能不能用水压机来破碎富矿呢？

姥姥1954年去鞍钢的时候是东北作协的主席，但她还是响应党的号召，按毛主席的说法，到工人中去，就把户口落到了鞍山，落到了鞍钢。采访走了一圈以后，她说那就到第一线吧，在第一炼钢厂做了党委副书记，她的《采访日记》就是从这个时候开始写的。《采访日记》的第一部分中就有李绍奎——那是一个非常有名的炼钢能手——介绍李绍奎是怎么样进行快速炼钢的，怎么样把三班的工人都团结在一起的。你想，光靠我自己一个人炼得好钢不行。鞍钢是三班倒的，我下面，那两个班的工人如果不配合也做不好。

李绍奎后来做过鞍山市的人大常委会副主任，也是全国劳模，是《乘风破浪》小说里李绍祥的原型。除了李绍奎，《采访日记》里还有老孟泰，其中一段说到老孟泰和抗美援朝。老孟泰讲，1951年一开始要打仗的时候，他把行李卷一卷，买了八斤大米，还带上咸鱼，就搬到高炉去了。还说，只要警报一响，他就冲在两个高炉中间，看谁敢来打！原话就是这样的。但是确确实实有一回好像有个爆炸事件，应该是炉膛烧穿了，那是他及时赶到现场解决的。

最重要的是，草明的日记中讲到，早在1954年8月或11月，鞍钢就开会专门讨论过一长制的问题，以及党的领导和一长制的关系问题。这说明后来"鞍钢宪法"中的一些理念，实际上这时候就已经有雏形了。这是客观事实，鞍钢的那个会很大，日记里是对开会的现场记录。那时候他们就在反思一长制。当时话里是这样记录的，我还有点印象，就说党委和行政两个不应该是矛盾的，都是为了一个目标。不要单独提一长制还是党委制，而应当将两者合起来。这是开会时说的。

草明与劳模孟泰（左）、李绍奎（右）合影（1955）

（鞍山钢铁公司博物馆馆长孙涛补充） 1960年毛主席批示的"鞍钢宪法"，有这样一个过程。《乘风破浪》基本上就是艺术地通过小说的形式，反映了"鞍钢宪法"诞生前的一些情况，这在小说里是艺术再现了，但是在日记里都是实际的记录。从草明的日记看，一长制是一方面，官僚主义和反官僚主义是另一方面。草明日记里头就记载了鞍钢的一位领导，说这位领导不但脱离群众，还脱离干部。

这个如何认证呢？我们去采访过起草"鞍钢宪法"的参与人之一殷恕老人，"鞍钢宪法"主要是针对官僚主义的。草明日记和殷恕的讲述，可以成为一种对照。从草明日记看,对苏联专家,鞍钢的态度还是比较辩证的:一方面,强调对苏联专家一定要尊重,要听苏联专家的指导,这是政治态度问题;另一方面,又强调工人要发挥聪明才智,要自己创造改革、革新。从《草明日记》可以看出,鞍钢党委当时这两方面都在抓。《草明日记》里边鞍钢的先进人物也基本都采访到了,李绍奎、王崇伦、孟泰等,还有张明山。《乘风破浪》是典型化了的,草明的典型里都有这些人的影子。

草明的日记里还记录了一个会议,会议传达刘少奇同志的一个讲话,而刘少奇是传达毛主席的指示。从中感觉到,当时提倡钢铁大干快上,是毛主席迫于第三次世界大战要爆发的这种事态。毛主席说第三次世界大战如果爆发就不好办了,要在现在这个时候加快生产,干部要走到群众的前面,不要泼冷水,要在短时间内把工业搞上去,这是草明记录下来的。

妈妈在鞍钢的事情我一开始并不知道。1958 年,我从人民大学毕业就分配到了晋西北崞县去教书。那是老解放区的农村,靠近当年陈锡联[①]袭击阳明堡飞机场的那个地方。我有四个孩子,我把两个大孩子带到山西去了,两个小的包括田丹妮,就丢给我草明妈妈带着,也就是说姥姥带着她们两个在鞍山。

后来妈妈身体不好,当时杨士杰是鞍山市委书记,也是鞍钢书记,曾经是我们山西省委副书记。所以,杨书记就给山西省委书记打了个电话,说:"你把欧阳代娜放了吧,让她到鞍山来照顾她妈妈。"这样 1961 年我就调过来了。来了以后一看,我们这个家庭还真是挺好的,基本是学文的。在鞍钢,我陪我妈妈谈文艺,她们就跟着听姥姥讲故事。我们这个家庭,她们的爱人、她们爱人的一家,也都是鞍钢的。所以说,我们都是为共和国的工业长子贡献了力量,我非常喜欢鞍钢这个地方。

---

① 陈锡联(1915—1999),湖北红安人。1929 年参加中国工农红军。1955 年被授予上将军衔,曾任沈阳军区司令员、北京军区司令员。1937 年 10 月,时任八路军 129 师 385 旅 769 团团长的陈锡联,曾率队袭击日军阳明堡机场。

草明与外孙、外孙女在北京(1954)

对,我和田丹妮两个人的丈夫都是鞍钢的,也都是鞍钢"五百罗汉"的后代。丹妮他们家族是四代鞍钢人,从最早的"五百罗汉"太爷爷开始,直到后面这个孙子(田丹妮之子),都在鞍钢工作。丹妮的儿子学的就是博物馆专业,现在就在这个博物馆工作,归孙馆长管。

我从山西来鞍钢之后,就一直在第十五中学教语文,一直教到离休。本来我应该56岁,也就是一九八几年离休的,但是那时候我搞语文教学改革,没有搞完。我就给我延安时期的同学李铁映——国家教委主任——打电话说:"我还没搞完呢!"他说:"那你继续搞。"我说:"不怕有人说闲话?"他说:"说什么闲话?你是离休干部,离也是这个钱,不离也是这个钱,你继续干!"结果我一直干到1997年,大概67岁吧,又延长了12年。

最近鞍钢的一个学生写了一部回忆录,写他的家庭生活,但无意中也把我们第十五中学写出来了。所以我说,鞍钢这些老干部不但把共和国工业长子培养出来了,无意中也带出了一所好学校,因为他们的好作风给了我们很大的影响。所以我准备在给他们写序的时候,把这个写出来。因为鞍钢的成功,不但有钢铁,同时也有文化。我想,幸亏我当了语文老师,不然现在我父母的东西我都没法整理。我父亲那么多东西,一个一个地出,出全集,我草明妈妈的东西我也都在给整理,所以后来20世纪80年代落实政策时有人问我回不回北京,我说我不回去。当时他们说:"回北京啊,至少可以当个什么长之类的。"我说:"不回去。"说:"要么在别的地方找个像样的工作?"我说:"不,就在鞍山。"说:"那你在教育界找个官做?"我说:"我不,我就当语文老师。"我在关键时候的选择都放弃了那些没有用的东西,我一直搞语文教学,我觉得搞得好,当时我就想继续搞下去。

五、为工业中国而写作

我是从辽宁大学中文系毕业的,后来也像我妈妈一样一直教中文。我去北京大学做访问学者时,向我的老师钱理群先生学会了一种研究方法,很重要的一点,就是强调论据。哪怕是一张纸条、一条信息,或者一篇日记、一篇文章,都强调要从这样细微的东西中找出研究的新课题或者新问题。这才能让我们的思路扩展得更宽,让我们对问题的研究更深,是吧?在这一点上这些年来我就是遵照钱先生的嘱咐做的。我在跟他学的时候,钱先生因为教现代文学,就要求我主攻解放区文学。

他当时提了一个问题:"由于你的家庭——草明、欧阳山,都是从延安文艺座谈会出来的,在中国现当代文学中较有影响的作家,你能否从这个角度深入研究他们俩?因为你有得天独厚的条件,你本人就是他们的后代。"他说:"我希望你能在这方面比别人有更多的研究。"于是从1995年开始,我作为钱理群先生的学生,到现在为止我一直在研究这两个人,最终写了两本书,一本叫《百年欧阳山评传》,一本叫《百年草明评传》。[①]

今天我们谈的是草明的工业文学,这正是我想说的话题。其实工业文学是枯燥无味的。别说古代,即使在所有中国现当代文学中,提到工业文学的都很少,恐怕在我们的现代文学中,大部分涉及的工业文学只是手工业。真正这种大型集能性的、协作性强的工业文学题材是非常少的,称得上是凤

[①] 田海蓝:《百年欧阳山评传》,中国文史出版社2008年版;田海蓝:《百年草明评传》,中国文史出版社2013年版。

毛麟角。什么原因？这是由我们长时间的社会情况决定的。在中国新民主主义革命的这个过程中，我们的工人阶级出现的时间比较晚，不能和其他资本主义国家那种几百年的历史相比，而且中国本身是一个农业大国，想在工业文学上研究出点东西非常之难。除了近代以来经济比较发达的一些城市，有一点大型的比较进步一点的工业或者说手工业外，其他都以农业为主，所以大部分文学都是关于战争、农村或知识分子等的，包括一些重大的历史事件、革命事件，这类比较多。所以，我觉得工业文学需要有人去研究，而且这个研究任重而道远，非常难。孙馆长是鞍钢博物馆的馆长，你问问他，真正能够收集到的博物馆资料是不是太少了？这些作家、那些作品太少了。现在我们鞍山拿得出手的，就只有草明的一个学生——李云德先生，《沸腾的群山》的作者，这是从草明当年的业余工人学员创作班里头成长出来的。

这一类的作品特别少，写工业你必须在这个环境中深入下去，几年、几十年。草明就是其中一个身体力行的实践者，她响应了毛泽东同志在延安文艺座谈会上讲话的号召，在工业领域真正做到的只有这一个人。我为什么敢这么说？你看写农村的，像柳青、浩然他们，有许多人，都得心应手。周而复先生，《上海的早晨》的作者，曾经是文化部副部长，就说过一段话。他说："在延安文艺座谈会后，我最佩服的能够深入到工农兵群众中的作家只有两个，一个是柳青，一个就是草明。柳青就不用说了，大家都知道；就说草明吧，作为一个女同志，她能够成为新中国工业文学的开拓人或者说奠基人，太让人出乎意料了。"你们看这张照片，草明很丰满，你要见到她本人，实际上又瘦又小，你绝不相信这个人竟然能去搞工业文学。

海蓝讲到这里，我想起来了，在延安文艺座谈会开完的时候，那天吃晚饭，像往常一样，勤务员弄了两个圆铁桶，一桶小米，一桶萝卜、土豆什么的煮在一起，端上来，放在窑洞前面，大家拿碗出来盛，盛完后回家吃——我们在延安吃饭就是这样子。就是在那天晚上吃饭时，我虽然只有12岁，但他们两个的谈话，我听懂了。父亲在饭桌上说："这次延安文艺座谈会，我所有的问题、我的疑惑、我的困难、我的怀疑都解决了。"草明妈妈也说:"对啊,我们过去没有想通的问题也都完全解决了。"父亲接着说:"关键就看我们今后怎么实践了。"这句话说得很普通,但是我看了,我跟他们生活在一起,我觉得他们两个是言行一致的。妈妈确实是一辈子深入工农,在鞍山写完以后到中国作协,回到北京又去一机床①那里体验生活。她最早到张家口龙烟铁矿,后来到东北镜泊湖发电厂,都是深入生活。

北京文联作家合影(前排右二为草明)(1965)

父亲欧阳山也是一样。解放以后他回到广东,政府给他安排了很多行政职务,但他把行政职务都交给二把手,他说:"我就当不管事的。"我说:"那你当一把手你干什么?"他说:"一个月我召集大家谈一谈思想工作,剩下的人、财、物都交给二把手,二把手也很高兴。"那他干什么呢?深入生活。现在我们还有很多他下乡种地、踩水车的照片,他在广东新会当县委书记,所以他后来写的反映农村生活的小说都是以广东为背景的。② 所以,我觉得我父母有一点可取,就是他们言行一致。他们说用实际行动来实践延安文艺座谈会精神,就是这么做的,始终如一没有变。而且这两个人确实从内心拥

---

① 北京第一机床厂。1964 年草明回京调到中国作协后,就去第一机床厂蹲点、体验生活。
② 这些小说集中在 20 世纪 50 年代,如《前途似锦》(1955)和《乡下奇人》(1961)。

护毛主席的路线，那是很真实的。

说到工业文学，现在去现场，很多电气化设备都很干净，厂区也漂亮得像花园一样，当年可不是这样。你到炼钢厂去看看，屋里头弥漫的铁锈、煤气味，脑袋顶上可能轰的就过去一个呼呼响的烧得通红的吊车。吊车里头装的是滚烫的铁水，如果出一个小事故就不得了！当时鞍钢的规定是什么呢？什么情况下每个月工人可以得生产安全奖？一个月内整个鞍钢工伤死伤的人，不能超过35个！超过就不能得奖。35个？不得了，你还能得安全奖？不可思议吧，多么残酷？！当时鞍钢第一线的生产工人有35万人，不算那些机关里的人。所以，一个月工伤事故死的人不超过万分之一，就可以得安全奖。但是一个月死30个人当时是很常见的现象，大部分情况下会超过这个数字，所以得不到奖。所以我说，工业文学有一些人们想不到的特点：一个是作家没法进入这个环境；第二个是太残酷，这个残酷就使得工业文学必然带着那种历史的悲壮。

很多人想不到，一说工业文学很简单，那就是机械生产嘛！不是那么容易的，就比如说鞍钢，刚才说了草明的25万字工作日记，她怎么能够对整个鞍钢四十几道生产环节了如指掌？那里头的过程我知道，因为我们20世纪70年代中学学工学农总是在鞍钢学，我就知道。比如说一炉铁水，出来什么时候运到炼钢厂，从炼铁到炼钢，这个过程温度降低了不行，铁水都凝固在罐里，白费。还有运的这个矿石，得准时到，因为到时候了就像锅似的，你光在那咕咕烧水不往里放料不行，那个料正像他们说的，是水洗还是什么洗的，很不容易，必须有固定的块，不能大的就来，小的也不行。比如说轧钢，我当时就在二钢厂，我就看到轧钢多么可怕呢？就是红彤彤的铁锭、钢锭，在那儿砸成薄板一样的东西，那都是通红通红的，然后这个东西从天上，从生产线上到哪个仓库，这个过程就呼的在上面飞着。我亲眼看见一个工人在下面指挥，吊车在上面，吊车上头那人一定是出了问题，不知道想什么一下又降下来了。眼看着这个人马上就得被撞死了，结果他当时很聪明，往地上一倒，头发烧焦了，衣服烧焦了。爬起来以后，他就用最难听的话、最恶心的话、最下流的话,大骂了开吊车的人一顿。所有的人都说他骂得对!

这样的情况,一般人想象不到,工业生产就是这样。我有一个同学在农村当知青,回城以后到了鞍钢炼铁厂,没上岗就先进行了一个礼拜的安全教育。为什么?当年鞍钢有一项制度叫作"以老换少"①,他老爸原来在鞍钢高炉那儿工作,孩子19岁,能够顶替父母在鞍钢当一个工人多高兴?!为此家里给他买了一件皮夹克,对象给他买了一双黑皮鞋,这在当年对工人家庭来说太不容易了。结果,第一天上班,他把衣服和鞋脱下来放好,换上劳动服、大头鞋,就到了炉前。铁水出炉之前,要把底下那个闸门打开,然后让炉渣先流掉,流掉以后上面才是纯粹的铁水,然后才能灌注。因为他是新人,就让他在最后,别人都在那儿,等到这一炉把炉渣弄完了以后,大家回过头来一看:溢水,大家都没有听到任何一声响,没有听到惨叫声,也没有闻到煳焦味,人就没了。家长最后到厂里,收到的只有那件新夹克和那双新皮鞋,他们一个活蹦乱跳的亲人没了。

我说这个没有别的意思,就是说工业文学有那种残酷性、悲壮性,那种时代赋予工人阶级必然的牺牲精神。在整个工业和工艺比较落后的时代必然如此,而草明就是在这样一个时候,在这样一种条件下,宁可放弃东三省作协主席这样一个好位置不坐:我不干,而且为了证明我真的不干,我把户口、行李一下子,1954年,全部带走。很多人不理解,这个老太太傻呀?现成的那么好的官,而且中央对你这么信任,委任你做这样的事,干吗不干?不干,我就要响应毛主席的号召,深入工农兵的实际生活。

她这一辈子,工业文学的第一本书《原动力》在镜泊湖写的,第二本书《火车头》在皇姑屯的火车修配厂写的,第三本书《乘风破浪》就是1954—1959年在鞍钢写的。1948—1959年,这十多年她写出了中国现当代文学——工业文学——的扛鼎之作。而且《乘风破浪》很有意思,我刚才说了,

---

① 计划经济时代中国厂矿实行的一种工作分配模式,即由子女顶替退休或提前退休的父母,去后者单位工作。这一制度在刚刚改革开放时,因为大批知青或下放家庭从农村回来,国家一时无法安排工作而最为盛行,20世纪90年代后逐渐消失。

她是一个那么瘦小、一身病的老太太,所有人看了都说草明不可能在鞍钢待住,男人都待不住,女人怎么能待住?她居然待了十多年!很多人最后对她很佩服,其实鞍钢有"五百罗汉",有那么多的英雄人物,为什么现在大家一提到草明还是肃然起敬?没想到一个瘦小文弱的中国女性,居然在鞍钢,在一个男人的世界中安营扎寨,不但写出了书,而且为我们中国的现当代文学史留下了耐人寻味的"草明现象"。我得先告诉你,"草明现象"这个词是魏巍[1]说的,他说全国都要好好研究"草明现象"。为什么?就是说我们要好好研究工业文学怎么回事。在这一点上,最早知道草明写工业文学的,一个是郭沫若,一个是茅盾。郭沫若很坦白地说:"对于我们这些搞文学工作的人来说,写工业文学也太难了!枯燥无味,不好写,你写什么玩意?一写全是技术性的,你怎么能写出那种生动的、充满人情味的文学情节?那种题材的作品很难写,但是草明同志你做到了。你把工业的那种生硬、那种枯燥无味和文学的东西糅合在一起,这一点上你开了一个非常好的头。"

草明(前排左一)与蔡畅(前排中)、丁玲(后排左一)等在哈尔滨(1948)

茅盾就更实实在在的啦!茅盾这个人不爱夸人,但他说话很实在。茅

---

[1] 魏巍(1920—2008),河南郑州人。1937年参加八路军,1938年入抗日军政大学。1950—1958年三次去朝鲜,写下《谁是最可爱的人》等作品,长篇小说《东方》获第一届茅盾文学奖。曾任中国人民解放军总政治部文化部部长。

盾是我们中国的文学大家,他在研究当代文学,特别是世界文学和中国文学的比较中,提出了一个非常有趣的口号,他说:"草明的《原动力》是中国的《士敏土》①。"草明写的第一本书《原动力》,你看时间,1948年,新中国还没成立呢!当时因为东北解放了,因此第六次全国劳动代表大会在那儿开,李立三②同志知道草明正在写书,因为草明当时是蔡畅的秘书。李立三同志说:"哎呀,我们马上要开一个劳动代表大会,希望你这本书能够作为大会的献礼。"没说的,这时候离开会就剩两个半月,你看看,从写作到出书,到这本书发到每个代表手中,那上头的油墨都没干。直到大会结束那一天,书才匆匆忙忙赶出,但是所有代表都惊呆了,哎哟,咱工人阶级也成了人物,被作家写在书里,这说明共产党、毛主席看得起咱工人阶级,咱得好好给共产党干,咱不能丢那份人!

工人的话太朴实了。但给了草明一颗定心丸,她明白她的方向是对的,她的路是对的,这条工业文学的路是对的!你看,当时别人都去参加农村土改,没人去研究工业文学。而且她是怎么去的?那时候镜泊湖发电厂才解放了几天,她拿着东北行政署的介绍信,只身一人就敢去那儿。今天我们知道,那什么镜泊湖、威虎山、夹皮沟,都在那一片,很荒凉,但是她敢去,书也写出来了。所以后来她就坚定了信心,一直在写,全是工业文学。所以贺敬之③说,在中国,唯一一个一直在写工业文学的女作家,只有草明。《人民日报》对她的作品是这么说的,《原动力》

草明参观武汉长江大桥工地(1956)

---

① 鲁迅在将苏联作家菲陀尔·革拉特珂夫的长篇小说《水泥》推介给中国读者时译为《士敏土》,"士敏土"(cement)是水泥的音译。
② 李立三(1899—1967),湖南醴陵人。1919年赴法国勤工俭学,1921年回国后加入中国共产党。1922年组织领导安源大罢工,曾一度掌握中共中央的实际权力。1949年后历任中共中央工委书记、中华全国总工会副主席,"文革"中逝世。
③ 贺敬之,1924年生,山东枣庄人。1939年参加抗日救亡运动,1941年加入中国共产党,1942年毕业于延安鲁迅艺术学院文学系。1945年和丁毅执笔创作歌剧《白毛女》,1951年获斯大林文学奖。曾任中宣部副部长、文化部代部长。

《火车头》《乘风破浪》——当时就这三部小说——反映了新中国的工业建设史。最有意思的是,苏联有一个著名作家,《钢与渣》的作者,好像叫波波夫①,1959年正好带着苏联作家代表团到中国来参加新中国成立十周年庆典,他在武汉长江大桥工地遇到了草明。他说:"看着草明,在那儿和工人说话,一看她就是自己人,工人阶级的自己人。她和那些专家、技术人员在那儿讲,一看就是内行,本身就懂。"一般作家访问毕竟有个距离,有很多陌生的东西,但草明凡是她要写什么,她就非常熟,跟人一讲全是内行话。所以,这个苏联作家说,这个中国女作家不简单!

再说一件谁都想不到的事。1954年,草明一到鞍山就赶上了一件事,当时第三国际也就是共产国际已经解散了②,但是世界上九个社会主义国家共同成立了一个刊物,提出每个共产党国家要轮流办一年这个刊物。

我知道,刊物叫作《争取持久和平,争取人民民主!》③。

是的。那时草明刚到鞍山,突然收到周扬同志的一封信,说了这件事,然后说:"草明同志,你能不能写一篇?为什么要写呢?就是因为都是社会主义国家嘛,你要给这刊物写,主要反映我们新中国怎么样了,我们中国共产党怎么样了。"所以这东西必须写好,中央决定让刘少奇同志做主,刘少奇同志马上就找到周扬,说:"我们现在有没有这样的同志?得能写,有国际影响,还得政治上绝对靠谱。"周扬和郭沫若、茅盾同志一起研究,说:"没得说,就这个情况来看只有草明是最合适的人选。"草明一点没客气,你让我写,中央给我任务,我马上做,她马上写了一篇《鞍山的人》,就写鞍钢了,写张明山。鞍钢小型厂有一项技术工程叫作反围盘,反围盘这个工程美国也好,苏

---

① 符·波波夫:《钢与渣》,移模译,时代出版社1953年版。
② 第三国际又称共产国际,由列宁创建于1919年,总部位于莫斯科,成员最多时达70多个国家和地区,召开过七次代表大会。1943年,为适应反法西斯战争时期各国共产党独立处理本国事务的需要而宣告解散。
③ 《争取持久和平,争取人民民主!》是20世纪40年代中后期,欧洲九个社会主义国家的共产党和工人党为了一致行动而创办的情报局机关刊物,该刊物对新中国成立初期我国的经济社会建设及成就进行了大量宣传与报道。

联也好,日本也好,这些工业发达的国家都没做出来。咱们鞍钢的一个工人,还不是技术人员——张明山就把这个实验做成功了。草明调查时把这记在日记中,写好就给中央寄去了,很快就在第1期上发表了,也立刻在国际上引起了很大反响。

这也引起了中央的考虑,因为现在的情况已经变了,不再是那种急风暴雨般的战争环境,党的工作重点已经从农村转移到城市。那么,中国的工人阶级,在这样一个新的时代中,它的政治地位、经济作用、社会主体力量,必须被重视,而过去没时间好好考虑。过去我们一直在农村,才到城市来,马上就遇到这个问题,要搞工业建设,不知道工业文学,没人了解不行,所以考虑到一定要把宣传重点转移到这方面。于是各报刊,包括国外社会主义国家的报刊,很多都来向草明约稿。草明当时是有实质工作的,她是第一炼钢厂的党委副书记,白天得上班,她所有的创作都是晚上自己干的。她的实质工作就是党委副书记,一干三年,那么她这三年做了什么?除了实质工作外,工业文学的东西,写了一部长篇、一部中篇、三部短篇,还有其他31篇各种作品。

我记得,草明这套做法出乎所有人的预料。马烽①同志说:"草明这个人,你看她其貌不扬,一个老太太,见了面,走后你都记不住她什么模样,但是她所做的事是很多大男人都做不到的。"她写的东西与时代同步,与人民同心。后来做过全总主席的尉健行就明确说过:"草明是中国工人阶级的知心朋友。"

草明与欧阳代娜母女
同获全国五一劳动奖章(1988)

而且她也是中国唯一获得过五一劳动奖章的女作家!她本来是可以做官

---

① 马烽(1922—2004),作家、编剧,曾任山西文联主席,代表作有《刘胡兰传》《结婚现场会》《葫芦沟今昔》。

的,但她不愿意。因为她跟着蔡畅,跟着邓颖超,这两个老前辈都非常喜欢她,认为草明很能干。她们希望草明将来在全国妇联工作,但草明说:"我不愿意,我就愿意搞创作。"另外,刚解放时,巧了,正好毛岸青回来,到了黑龙江,但是他不怎么会说中文,而且一群女孩子围着他,保安工作做得也不行,所以中央就决定要单独为他选一个政治可靠、中文还好的人教他,蔡畅和邓颖超一致说:"就得草明。"她们以为作家可能就能教中文,其实那是两码事。但是,草明确实教了他一年多,让他不但认识了汉字,还能够写信给毛主席,毛主席很高兴,让江青写过一封信,向草明表示感谢。好多人说有这回事吗?就是因为江青那封信,证明确实有这回事。

这一下午谈了很多,再说几句。我一生遇到的事情很多:1岁的时候,1931年碰上九一八事变;7岁的时候全面抗战;1941年我到延安那一天正好是6月22日,苏德战争爆发;在延安大学读书时遇到日本投降,我就在延安大学参加了工作,当了小八路;最后,跟着毛主席一直革命,进了北京。简简单单这么一条路。所以说,我们这一代人,要说艰苦也很艰苦,要说光荣也很光荣,就是时代给了我们一个机会,也给了我们一个挑战。如果说一句话总结呢,我们这个家庭很幸运,从草明妈妈开始,我们四代人都和共和国一起前进,应该说我们四代人都为鞍山、为鞍钢贡献了力量。

刘克俭
刘洁泉：坚守酒钢的鞍钢人

亲 历 者：刘克俭
访 谈 人：杨海龙
访谈助理：张超楠
访谈时间：2020 年 10 月 21 日上午 9：00—12：00、下午 2：00—5：00
访谈地点：鞍山党校
访谈整理：张超楠

亲历者简介：刘克俭，男，"五百罗汉"刘洁泉之子。1950 年生于营口，中国人民解放军军事科学院、巴基斯坦国防军事学院双硕士，大校研究员。1958 年随父母支援酒钢，1968 年下乡，1970 年参军前往新疆，八年后进入石家庄高级步兵学校任教官至 1994 年。父亲刘洁泉，1915 年生，山东沂水人。1938 年在沂蒙山参加革命，接管东北时任营口县县长。后奉调鞍钢，先后担任福利处副处长、鞍钢建设公司房产福利处处长。1958 年与乔石等人支援酒钢，担任酒钢副经理。后经历酒钢三上两下，整整坚守 25 年，一直到离职休养。

刘克俭（左）接受访谈

一、抗战老兵刘洁泉

我的父亲刘洁泉1915年生于沂蒙山老区,他是一个1938年参加革命、经历过战争年代的老同志。1945年,全党从延安开始从各大区调派人手前往东北,我父亲那一批人1945年就在山东龙口坐船到营口,接管营口。1949年父亲已经是营口县县长,营口县土地改革的证都是我父亲签发的。1958年他被调到西北酒泉钢铁公司当领导。我父亲应该说是中国最早进入冶金战线的一批人,他在冶金战线干了32年,是最早进入西北酒泉钢铁公司并坚持到最后的人。父亲在酒泉钢铁公司历经三上两下,最后建成一个初步的联合企业,他是唯一一个全程在酒钢任职的公司级领导干部,可以说是中国钢铁战线上的一个"党兵"。

任营口县县长的刘洁泉(1949)

我父亲最开始参加革命并不是受共产党的影响,而是受国民党的影响。国民党有一个将领叫范筑先①,是民族英雄。范筑先在县里当县长,正好当时东北被占领,他就走到哪讲到哪,穿个白大褂讲抗日。我父亲为什么跟他有接触呢?那时候范筑先比较廉政,住小学学校里,而我父亲在小学教书,跟他常有接触,所以他对我父亲影响很大。范筑先当年接到撤出山东的消息时坚决不撤,坚持在聊城组织军民和日本人干,最后全家阵亡,连毛泽东都赞扬他。1978年,我还跟随父亲去了邯郸烈士陵园瞻仰范筑先。

父亲受到范筑先的影响,当时就想抗日,但他不是学生,满腔热血就只能组织武装对抗日本,那会儿组织了一二十条枪护庄子。父亲当时是村里的

---

① 范筑先(1881—1938),男,汉族,原名金标,又名夺魁,曾用名仙竹,山东馆陶(今河北馆陶)人。辛亥革命后曾任第八旅旅长,1931年回山东担任沂水县、临沂县县长。1938年11月率部在聊城抗击日军,两日城陷,700多名将士大部分战死,范筑先自尽殉国,终年57岁。

一个小地主,组织武装不仅仅是为了护家,更是为了抗日。那个时候有枪就是草头王,因此共产党和国民党都在拉拢我父亲,最后父亲跟了共产党。父亲所在的地区是拉锯地区,离日本鬼子的炮楼只有两华里,不到一公里。父亲那时候抗日自恃,当地人都知道,所以日本人三次到我们家想要抄家,还想要抓父亲,但是日本人始终没有成功,就把我奶奶抓走了,抓回去就给吊起来,家里最终变卖田产疏通关系把奶奶给赎了回来,从此一个殷实富裕的小地主家庭就走向了衰败。

父亲铁了心抗日,连累了父母兄妹,也连累了妻子儿女。亲戚们把所有的怨气都撒在了我母亲身上,母亲受尽了委屈和精神折磨。当时母亲在家里带着三个孩子,由于整个家都因为我父亲抗日败光了,因此家里人就要分家,专门把我母亲分出去,她独自抚养三个孩子,经常吃了上顿没下顿,孩子们不得不上街乞讨;而我父亲破家闹革命,参加抗日不在家,不能安抚我母亲的情绪。

刘洁泉夫妇合影

紧接着解放战争来临,我父亲接到命令要光复东北。父亲别妻离子不辞而别,他害怕家里拖后腿,因此走得很急。那时候叫"抢占东北",也没时间做工作，父亲就回家看了看我们三个孩子，给我们一人买了一个烤红薯就走了。这一走就是五年，杳无音信，只剩我的母亲受着家里人排挤的同时还要艰难谋生。那时候家道贫穷，我哥哥就拉着我姐姐出去要饭。父亲当时矢志不移干革命，可贵的是胜利之后就把母亲给接过去了。1949年东北、山东接连解放，我父亲就把我母亲接到身边了，但从1945年开始我母亲就有了精神问题。母亲怨恨父亲，说她在我父亲家受尽了欺凌，所以只要气不顺就和父亲吵架，因此母亲的精神状况越来越差。而我父亲解放后工作特别苦，共产党当时的工作特别累，每天都回来很晚，我妈白天睡觉，晚上就吵，后面很多年都是这样。那时候还有一个不良风气，就是当时有一些进城的干部换老婆，革命成功了就换年轻的。当时辽东省[①]有文件要学习省委书记高阳：高阳的老伴姓王，她是小脚，也没工作，而高阳同志不离不弃。人家的爱人是小脚，我父亲的爱人也是这样。当时到了什么程度？有个县委书记他老婆不同意离婚，他把手榴弹放枕头底下给拉响了，后来都闹到周恩来那里去了。我父亲没有把我妈扔了，母亲到了营口这边1950年又生的我。我妈去世了我爸就说，他最大的错误就是进了城以后没教我妈工作，虽然当时小脚工作的不少，但是当时我父亲爱面子，他觉得小脚老太太带不出去。

　　恰逢1951年西藏需要大批干部，组织上就叫我父亲去中央党校学习，准备输送给西藏。正好这个时候鞍钢恢复建设，需要从全国抽500个地县级以上干部，也就是后来说的"五百罗汉"搞钢铁，组织就把去西藏的计划取消，将我父亲送到鞍钢去了。对这"五百罗汉"的要求，第一就是县以上的领导干部，第二就是经过战争考验或者有地方工作经验。当时这"五百罗汉"确实是人才荟萃，光省级干部就有二十六七个。国家真的很重视，当时搞鞍钢建设，省里的厅局长一般情况下去鞍钢当处长，各省来的县长大部分当了科长、车间主任。中央相当重视鞍钢的发展，那真的是国家工业建设的第一大战役。这也体现了党和国家对我们

[①] 辽东省由东北人民政府1949年4月21日批准设立，由现辽宁大连、丹东、辽阳、营口、桓仁、岫岩，以及吉林通化、白山等地组成，省会安东。

刘洁泉（前排右一）与同事合影（1948）

如何建设新中国的思考：在百业待兴的时候，首先发展什么产业？我们从半封建半殖民地社会过渡过来，要从手工作坊作业向机械化社会发展，工业化社会的发展走什么路，首先做什么？党和国家的判断就是两个：农业以粮为纲，工业以钢为纲。当年什么都没有，缺钢，那时候连洋钉都缺。很多铁、钢都无法生产，都需要进口。搞化工农业、机械工业、汽车工业都不行，必须要先发展钢铁。所有的国家领导人，毛泽东、周恩来、朱德、陈云，全部在"一五"计划期间来过鞍钢。中国工业建设的首位就是发展钢铁企业，抓好钢铁，其他工业才能发展。维持生产的钱、精力和人力首先集中在钢铁工业上，所以派了这么多的人，集中打一个大战役。

在新中国的恢复建设当中，要抓什么是龙头。对农业来说肯定是粮食，毛主席讲了，"手中有粮，心中不慌；脚踏实地，喜气洋洋"。钢铁企业也是一样，钢材就是工业的粮食。我原来不知道这个，还是我在父亲的笔记本中看到的，"工业以钢为纲，农业以粮为纲"。我说："爸你错了，人家讲的是以粮为纲，你怎么能以钢为纲呢？"父亲说："毛主席讲工业是以钢为纲,这是什么时间提出来的我不知道,但是这个主导思想在我们共产党一接管中国时就有了。"①

二、1958年:酒钢首次"上马"

在我的记忆里,我父亲一开始在鞍钢经理办当行政办公处主任,后来在鞍山建设公司当第一任福利处处长。1958年我父亲被调到酒钢筹备组,他是酒钢建设筹备组的五人之一。另外还有一个人叫郑康,原来好像也是鞍钢副经理,也是鞍钢"五百罗汉"之一,当时任吉林省冶金厅厅长,也成了酒钢筹备组组员;第二个是李英魁,他本身就是鞍山钢铁公司的,管物资材料;第三个是乔石②,是酒钢设计院院长;还有一个叫张巨达,这个人是镜铁山铁矿矿长,后来酒钢下马后重返鞍钢,因公殉职了。酒钢筹备组一共就这五个人。

酒泉钢铁公司是由鞍山钢铁公司在50年代初分出来,并由鞍山钢铁建设公司组建的,整建制搬到了西北,在那里成立了酒泉钢铁公司。所有人都是从鞍山钢铁公司过去的,整建制从鞍山钢铁公司调到了酒泉钢铁公司。鞍山是中国的钢都,鞍钢是共和国钢铁工业的摇篮,据说鞍钢一共为国家钢铁事业贡献了将近13万人。其中技术人员有多少我说不清,但是领导干部的数量我大概知道,酒泉钢铁公司的所有公司级领导干部、经理、副经理全部是咱们鞍钢出来的。所有的二级公司,就是处一级的48个厂矿,主心骨全部是鞍山去的,而且基本上都属于"五百罗

---

① "以钢为纲"口号的提出,经历了一个比较长的酝酿和准备过程。新中国成立初期,我国的现代工业极为落后,只占整个国民经济的10%左右,而在这些有限的现代工业中,属于重工业的比例则更少。因此,从20世纪50年代初便开始强调发展重工业,主要是钢铁工业。但是,"以钢为纲"口号的提出则始于1958年6月毛泽东与薄一波的谈话。紧接着,7月1日《人民日报》便发表了《以钢为纲》的文章。
② 乔石(1924—2015),男,原名蒋志彤,浙江定海人。1940年参加工作,同年8月加入中国共产党。1954—1962年,历任鞍山钢铁建设公司工程技术处副处长、处长,酒泉钢铁公司设计院院长兼钢铁研究院院长,酒泉钢铁公司陕西工程管理处党委书记等职。改革开放后先后任中央政治局委员、常委,中央书记处书记,1993年任全国人大常委会委员长。

汉"。所有的工人也是从鞍山去的。1958 年 8 月份开始到当年年底，12 000 工人就过去了。然后 1959 年，过去 42 000 人。到 1961 年的时候是多少？56 000 人，达到顶峰。要说鞍钢对全国工业的影响，我说不出来，但是鞍钢对酒钢可以说有三大影响：第一，输入了一个坚强的经过战争考验的、有实践工作经验的而且特别有战斗力的领导班子；第二，给酒泉钢铁公司带来了一部分管理规范，就是"鞍钢宪法"和其他各工种的操作规程；第三，就是对城市的文化影响，酒泉钢铁公司的文化一定是东北的文化。就从语言上来讲，我们坐落在西北的一个地方，这个小城一直到 50 年后都说鞍山话，连当地的孩子长大了以后，他生的小孩也都说鞍山话。

1958 年，8 岁的我随父亲来到了西北的甘肃嘉峪关。这个地方是一片戈壁滩，自然条件非常差，当时有一句流传的话是："早穿棉，午穿纱，抱着火炉吃西瓜。"夏天白天热浪滚滚，地温能有五六十摄氏度，冬天寒风凛冽，还有沙尘暴，沙尘暴过了以后伸手不见五指，我们都没有体验过这种天气情况。我 8 月第一次去酒泉钢铁公司厂区的时候，那个地方是一望无际的戈壁滩，茫茫戈壁上只有马架，连个可以住人的地方都没有。东北人一开始去也不知道西北有挖坑住地窝子的方法，只能住在马架杆子搭起来的泥糊的"房子"里，应了那句响亮的口号："大干三年，建成酒钢。"

不同于 8 月戈壁滩上散落的马架，等到 9 月我再去的时候，你猜那个建设到什么程度了？那真是赶英超美的速度，9 月所有的厂区和宿舍区就全部建起来了，简易土坯房的家属宿舍就建了 10 万平方米，还有一个可以容纳千人的礼堂，这个礼堂甚至到现在都能用。我的中学——酒钢中学——也就用了一年多的时间建起了两栋楼，在当时这个速度真的很快了。建筑大军全部来自鞍钢，而且都是鞍钢的优秀人才。其中我所知道的，就有两名全国劳动模范：一个叫陈先行，一个叫张志钢，他俩都受到了国家领导人的表彰。像张志钢，由于一个特殊的贡献，在人民大会堂受到了周总理的表彰，从三级工一下给调到了七级工。

酒泉这个地方并不能保障整个酒钢的生活，我去的时候它就是一个小县城,只有一条十字马路,周围连城门都没有。我刚去的时候商店里还能看见罐头之类的产品,等到1958年底12 000人到了以后就什么都没有了。本来酒泉这个县城可能也就一两万人,一下子来了这么多人,县城根本保障不了这么多人的正常生活,那时候还没到三年困难时期,1959年来了42 000人后更是一点吃的都没有了。这么多人来到了酒钢,在戈壁滩上吃、住、行都非常困难。特别是在生活保障上,1958年的时候他们只能一天吃一顿饭,因为酒泉这个县城自我保障能力不足,县城不大,所以这么多人保障不了,工人都吃馒头抹辣椒。但是在这种艰难困苦的情况下,酒钢的建设速度还是很快的,1960年还创造了一个全国纪录,就是1513这个高炉浇灌机创造的,所以鞍钢的施工队伍是非常有战斗力的。在这么艰苦的地方,吃不上穿不上,天当房地当床,这种情况下能够以这么快的速度把酒钢建起来,建出了一定的雏形,基础设施、各个厂区都展开了。到1962年的时候,虽然速度慢了下来,但是也形成了一定的规模。

1962年,中央决定酒钢下马。这是一次敦刻尔克式的大撤退,那次撤退虽然成功撤出了34万部队,但大量的装备留在了法国,造成了极大的损失。酒钢下马造成的撤退也是这样,当时生活条件不好,自然条件很差,没有吃的。在没吃没穿的情况下,人心失守,干部有的都想走。撤退时是什么景象?很多人急着调走,开着的汽车没有熄火人就上了火车,当时的运输力量还有好多马车,那时候赶着车到了嘉峪关车站,把马车扔下人上了火车就跑了。那个热混凝土搅拌机的工人,连水泥都没有倒出来就走了。这造成了什么情况呢?水泥在搅拌机里凝固,设备就报废了。酒钢56 000多名职工,在几百平方公里的地方上,设备扔得到处都是。内地这段时间还可以吃点野菜,但是我们所在的戈壁滩真的是寸草不生,我记得我们只能吃骆驼草,人直接吃都吃不了,只能想办法用它磨面,把树皮、草秆弄到加工厂打成粉,然后掺在面里蒸馒头,蒸出的馒头又黑又硬,吃起来和土一样,吃完以后还会消化不良。解便不好解,整个酒泉钢铁公司的人都营养不良,甚至有15%的人得了浮肿病,当时的条件真的是异常艰苦。

酒钢厂区几百平方千米上的56 000人,在不到几个月时间里就都撤走了，留下了大约1300个人。这个速度是非常快的，所以整个设备都扔在了戈壁滩几百上千个点上。留下的人要把这个设备全部收拢到集中地，还要看管起来。当时老百姓穷，就偷你的仪表、你的钢铁。仪表里面有铜，好几万块钱的仪表，他一下给你砸了，取那点铜，这次下马损失3亿2000万块钱。当时的3亿2000万不得了，国家工作组都来了，问为什么造成这么大损失。但最后还是国家承担责任，冶金部说这次下马是中央的决策，也是中央部署的，所以酒钢能做到这种程度已经很不容易了。

刘洁泉做酒钢总结报告(1963)

撤走的将近56 000人需要自谋出路，中央给的说法是，甘肃省是保障不了酒钢公司了，56 000产业大军的粮食供给肯定保障不了，酒钢需要自谋出路。最终还是酒钢出面和各个方面协调，一部分回了鞍钢，一部分去了湘钢，甚至连齐齐哈尔钢铁厂的经理也都是我们酒钢过去的。还有人去了其他钢铁企业，但是最后还是有一部分人安排不了。1962年，农垦部部长王震同志来到了酒钢，他是为了钢铁方面的问题来求援的，让我父亲帮助他解决一下。酒钢是西北最大的钢铁基地，虽然它没有生产钢铁，但是钢铁毕竟多，钢铁产品也多，因此新疆生产建设兵团就来寻求保障。除了钢材，我父亲还另外给保障了生产建设人员，王震同志跟张中汉政委协商，安排了酒钢将近18 000工人，大约是酒钢三分之一的工人。他们在新疆可可托海修宝石矿，在南疆修纺织厂，在石河子修水库，新疆兵团对我们支持很大。

不仅如此，我父亲希望他们帮助一下我们，帮助一下留守的工人。我父亲跟王震说："新疆生产建设兵团一年丰收十年流油，你们接收了那么多其他省市的人，能不能也给我们点帮助？"最后新疆建设兵团给我们酒钢4万斤油，还有相当多的粮食，甚至还有罕见的方块糖。不仅如此，我们又争取了一块地，新疆生产建设兵团给了我们农八师的万把亩地，帮我们酒钢办了个农场。我父亲点名要了当时最富的农八师,新疆生产建设兵团给了我父亲1万亩农田,酒钢留守的这些人就在新疆干了好几年。所以新疆生产建设兵团对酒钢支援很大,酒钢在新疆建设的农场养活了酒钢工人两年半的时间。两年半后酒钢再次上马,不仅当初去新疆的酒钢工人回来了,新疆生产建设兵团甚至还支援了一个文工团。

实际上到1960年酒钢的情况就不好了,酒泉钢铁公司经理赵北克[①]去找西安市委书记求援,但是书记对他说:"你现在首要的不是当酒钢的厂长,你要当农场的场长,你要自己解决问题,组织上没有办法。"1962年酒钢首次下马,赵北克被调去武汉钢铁总公司当了第一经理,组织上也要调我父亲任中南矿冶学院院长,党委会开会的时候让另外一个人留守,但是这个人不同意,会都没法开下去了。这时赵北克就做我父亲的工作,说我父亲来酒钢最早,最了解情况,就让我父亲帮忙先守一下,并承诺我父亲还是要回来的。我父亲当时就说他是愿意去外地的,但是既然组织上是这个意思,那他也能服从组织安排,让他走就走,让他留就留。结果我父亲就留下来了,我们全家都留在了条件艰苦的戈壁滩上。

三、1964—1966年:酒钢二次"上马"

1964年三四月,三年困难时期已经过去了,中央决定酒钢二次"上马"。当时毛主席有一个指示,说三线工程在钢铁企业里面有两个大项,就是攀枝花钢铁公司和酒泉钢铁公司。当时酒泉钢铁公司叫三九公司,攀枝花钢铁公司叫四零公司。毛主席说三九四零建不好,他睡不好觉。[②] 还有一件事是攀枝花没有铁路,而这都是配套的。这时候就体现

[①] 赵北克(1918—2001),辽宁沈阳人。1938年加入中国共产党,1952年4月从本溪市委常委、本钢副经理任上调到鞍钢,出任鞍建公司经理。1958年3月率领鞍建3万余人奔赴酒泉,任酒钢经理。1962年任武汉钢铁公司党委书记,后任国家建设委员会副主任、中国科学院副秘书长等职。

[②] 有关"××建不好,毛主席睡不好觉"的说法比较多。比较翔实的记载是,在1964年5—6月讨论启动三线建设的中央工作会议上,毛泽东说:"攀枝花不是钢铁厂问题,而是战略问题。""攀枝花建不好,我睡不着觉。"参见李晓东:《三线建设:远去的背影,永恒的精神》,《文摘报》2019年4月6日,第8版。

了以钢为纲的精神,毛主席非常关注酒钢二次"上马",国家各个部委就开始部署。1964年4月国家纪委到酒钢调研,问这次"上马"有什么困难,主要是我父亲汇报了酒钢"上马"有哪些亟待解决的问题。

第一个就是人员问题,当时父亲向建委和冶金部提了一个人员方案,即领导干部原来从这儿出去的,要求全部回来;施工队伍基本要回来,施工队伍不够的,再跟中央协调,增加新的施工队伍,把已经派出去到新疆生产建设兵团的人员全部收回来;还提出了在生活保障上的想法,行政区划在原本的基础上增加一个区,原来的区不能保障56 000名职工的生活,父亲就要求组织上能够在行政区划上有所考虑。在这种情况下,立竿见影,依据我们酒钢的领导名单,冶金部当场就下调令。各个施工队伍很快回来了,而且成立了嘉峪关市,酒钢当时的一把手被任命为嘉峪关市委书记。我父亲提出的要求,组织上全部都给落实了。

第二个就是酒钢设计不配套的问题,当时酒钢的炉子是全国最大的,但是配套工程不够,需要进行补充设计。

第三个就是装备问题,酒钢的装备落后,我们矿山有3 200米,解放汽车上了山,90马力就只剩50马力了,根本干不了。

第四个就是保障问题,因为嘉峪关设了一个嘉峪关区,这里没有农业,只有一个公社。公社这么点人根本不够用的,在行政机构上协调不了地区其他的物资,因此我父亲要求在行政机构上给予支持。领导调研结束之后确实是立竿见影,马上将干部和建设队伍都调过来了,而且还调了全国著名的"马万水工程队"①。

酒钢第二次"上马"时邓小平都出面了,前期调研是国家纪委来打前战,然后邓小平来了。邓小平带着国务院的3个人,带了20多个部长,开了个专列到酒钢现场办公。现场开会就讲有什么问题,当场各部部长就表态,比如说我们水泥标号不够,现在我们使用的甘肃的祁连山牌标号不够,建设部马

---

① 马万水(1923—1961),男,河北深县人,中共党员。马万水生前系河北龙烟铁矿"马万水小组"组长、龙烟钢铁公司井巷工程公司副经理。在平凡的岗位上,马万水跟工友们一起创造了不平凡的业绩,用铁锤、钢钎,带领工友14次创造黑色金属矿山掘进全国纪录,带出了一支以他的名字命名的团队,创造了一个又一个开凿工艺史上的奇迹。

上办起来，我们组织陕西户县全国比较大的水泥厂供高标号水泥；然后又说运输问题，铁道部部长马上站起来说"我们马上保证全线开绿灯"；再说木材问题，林口又起来表态。我们酒钢也不傻，刚表态，当时就形成文件，我们就写会议记录，会议记录马上拿到专列上让各部委签字，然后国务院形成文件，特别快，立竿见影。最后邓小平又表态，是"首都支援你们"。首都支援了八角水泥厂和整建制的北京医院①，当时为了保证把这个医院整建制调到酒钢，涉及医院的每一个人。医院大部分都是女的，不管谁都要去。这造成什么情况呢？结果，他们的家属，搞传播的、搞飞机的专家都去了，连中央乐团的、民族乐团吹唢呐的第三把手都给调来了，还有北京电影制片厂的。北京建设第二工程公司也整建制调来，全部都调来了。这就开始了酒钢的第二次"上马"。

刘洁泉（前排右一）
在嘉峪关市（1965）

这一次"上马"也体现了咱们的工业精神，这么大规模的钢铁战役实际上也是从鞍钢开始的，鞍钢的工业战线、大庆的石油战线都是举大伙之力去办一件大事儿。当然钢铁主线还是鞍钢，二次"上马"时鞍钢依旧为酒钢支援了5万多人，冶金部1966年将这部分人统一划分为第九冶金建筑工程公司，主要管生产，包括出铁、出钢的工作。但是紧接着1966年"文化大革命"就开始了，刚"上马"的酒钢又"下马"了。这次留守的人比原来多，因为市政府已经成立了，统计有几万人，其中第九冶金建筑工程公司的人因为各种原因没办法展开工作，组织上就把他们部队化了，改成了基建工程兵第二支队，因为变成工程兵后更好指挥，不管"文革"有多乱，这支队伍是部队系统

---

① 1965年，北京平安医院支援酒泉钢铁公司建设，约200名医护人员整体搬迁至嘉峪关，组建酒钢医院，开北京医院迁往甘肃之先河。1965年6月后，在毛泽东有关"把医疗卫生的重点放到农村去"的"6·26指示"的指导下，迁往甘肃的北京医院和卫生学校共有34家之多，共计2000多名医务人员落户甘肃，当地人亲切地统称为"北京医院"。

的,不会让它乱,基建工程兵这支队伍最后发展到三四十万人①,鞍钢留守的领导和技术骨干都成了基建工程兵的主心骨。虽然大部分人都离开了酒钢,但是酒钢只是停工了,厂子和工程都还在。

四、1968年:酒钢三次"上马",终于出钢了!

酒钢第三次"上马"的时间是1968年,全国上下都感觉钢铁工业拖后腿了,首先是管辖鞍钢的沈阳军区司令陈锡联向中央表态,要是鞍钢搞不上去他就跳高楼;紧接着武汉军区司令也代表武汉钢铁公司表态,要是武钢再搞不上去他就跳长江;然后兰州军区政委出来表态,说他们两个司令都表态了,那我也表个态,我们没有长江也没有高楼,我这有黄河,酒钢再不出铁,我就跳黄河,我跳黄河也不死心。就这样酒钢开始了第三次"上马"。1968年粟裕带着国务院工作小组到酒钢视察,酒钢向工作组汇报出铁计划、计划产量等情况,当时说1969年元旦出铁,粟裕当时就不高兴了,说:"那能行吗?元旦出铁都过年了,你们就11月出,立刻做计划11月出铁。"接着酒钢汇报了困难,粟裕就让酒钢提需求,需要多少钱、什么队伍。他去兰州军区调查的时候,要求兰州军区全力保障酒钢,这就出现了全国抬酒钢的场面。

1968年酒钢就出铁了。粟裕到酒钢还说了一段话至今让我记忆深刻,他说:"搞钢铁我不懂,但是我知道我们的军队是多么需要钢铁。你们酒钢十几年都没出一两铁,我们的对手日本鬼子,我们是八年打败的,你们十几年都没出铁。日本鬼子现在的钢铁年产量是多少千万吨,我们才是多少?同志们,需要努力。"粟裕回去后还专门给酒钢使了劲儿,冶金部也给了意见,这就有两个作用:第一,促进了甘肃省和兰州军区要在11月出铁;第二,就是他为我们酒钢说话。这体现在冶金部的意见中,酒钢这次上马按一个

---

① 1966年8月,为适应国家经济建设和国防建设的需要,解决地方施工队伍家属拖累较大、跨区调动困难等矛盾,中央直属的部分施工队伍开始整编为基本建设工程兵。到1979年底,基建工程兵共辖有9个指挥部(军级)、3个办公室、32个支队(师级)、5所技术学校(师级)、156个大队或团,总人数近50万人,成为国家基本建设战线上的一支野战军、突击队。1982年8月,为军队精简整编需要,中央决定撤销基建工程兵。

高炉建,但我们酒钢想要上两个高炉。粟裕就说:"我们酒钢是按两个高炉基础建的,现在用一个就造成重大浪费,所有的配套设施都是按两个做的,做一个浪费。"他建议中央考虑上两座高炉,这个建议是非常非常对的,但是不知道国务院当年为什么没批。这造成了什么后果?一个高炉就不能休息,不能维护,所以到了80年代的时候,这个高炉坍塌了,连续作业能不坍塌?如果有两个高炉的话,这个停封修那个,那个停封修这个就好了。粟裕写回忆录的时候,就把给酒钢写的那个国务院报告写在回忆录里了。我爸看了特别激动,说:"咱冶金系统都不知道粟裕替我们说过话。"可以说酒钢的第三次"上马"十分顺利,从保障配套、出铁、出钢到出材一气呵成。

确实,在钢铁企业还是政治挂帅,政治挂帅就是党委的坚强领导,完成党赋予你的任务。在政治挂帅里面手段是多方面的,我们酒钢为了使这些人能够稳定地在戈壁滩上扎根做了很多工作。像活跃文化生活,在那么艰苦的条件下,我们1962年拍了两出大戏,一个叫《青年一代》,还有一个叫《千万不要忘记》。有电影也有话剧,我们酒钢专门拍了两个,在当时造成不小轰动,非常好。《千万不要忘记》讲的是一个青年工人在工作中吊儿郎当,他把一个金属掉到大电动机线槽里了,造成重大事故,组织教育他能够安心稳定工作的故事。酒钢采取各种手段,调动职工的积极性,活跃大家的生活,这是一个非常重要的手段。苏联的经验没有强调群众运动的作用,主要是强调管理、规范,我们共产党是从群众运动中起家的,发动群众,相信群众。

杨伟平
父子两代鞍钢情

亲 历 者：杨伟平
访 谈 人：王庆明
访谈助理：张　震
访谈时间：2020年10月21日上午9:00—12:00
访谈地点：鞍钢党校三号楼
访谈整理：王庆明　张　震

亲历者简介：杨伟平，男，鞍钢"五百罗汉"杨子仪（1918—1985）之子。1952年生于辽宁鞍山，曾任辽宁鞍钢海运公司副总经理。1972年知青返城后在鞍钢第三炼钢厂从事铆工技术工作，恢复高考后报考哈尔滨船舶工程学院失利，在辽宁鞍山钢校（中专）学习冶金机械专业。1989—1992年在大连海运学院半脱产学习水运经济专业，1992年调任鞍钢海运公司从事管理工作。现已正式退休。

杨伟平（中）接受访谈

一、一位"钢二代"的父亲记忆

我祖籍山西运城临猗,从曾祖父到祖父,治家有方、经商有道:在乡下,置有旱地 300 多亩,房产数十间;在城里,还有与亲戚合伙开设在河南南阳的买卖,布匹生意做得也不赖。大伯杨俊皆是 1912 年生人,二伯杨明道是 1914 年生人,父亲杨子仪是 1918 年生人。他们哥仨先后投身革命。1933 年大伯在太原并州学院读书时,秘密参加了"学联",后因叛徒出卖而被通缉,于 1934 年春前往北平避难,后转到开封。1936 年 11 月,他接到太原"牺盟会"成员的来信,便立即辞去西北中学的教职,返回太原参加抗日救亡运动,并于 1937 年初正式加入中国共产党。也就是在这一年,大伯将二伯与父亲都带入了"牺盟会"。那时父亲已是运城清华中学的初三学生,在学校搞战地救亡宣传。同年 12 月,父亲被党组织派往林彪领导的八路军 115 师晋西游击一大队,随后又被调往 115 师教导队当文书。1939 年 2 月,抗大一分校随军迁到太行山革命根据地晋东南地区。① 同年,父亲到抗大一分校特科营学习,9 月毕业后被分配到八路军总部后勤部交通站当主任。

在八路军总部干了一年多之后,1941 年晋冀鲁豫根据地面积扩大,他又被派往刘伯承和邓小平领导的 129 师,在太岳军区四分区政治部做政治指导员。在那里,他经历了很多战斗,如百团大战及反日寇的八路、九路围剿。后来他亲口跟我讲过反围剿时的艰苦生活,那时候士兵们没有粮食吃,只能吃被炮弹炸死的骡马的肉。到

抗日战争期间的杨氏三兄弟

---

① 抗大一分校,全称"中国人民抗日军事政治大学第一分校",是抗日战争时期由中国共产党创办的培养军事和政治干部的学校。1938 年 11 月 25 日成立于陕西延安,1939 年 2 月迁至山西太行山,亦称国民革命军第 18 集团军随营学校。1939 年 11 月,迁至山东解放区首府临沂办学。1941 年,与滨海师范合并改为滨海建国学院。1945 年 10 月,全体教职员工挺进东北归属抗大总校建制,原滨海建国学院先后改名为临沂师范高等专科学校、临沂师范学院,2010 年 11 月更名为临沂大学。

1945年抗战胜利前夕,中央发布了"抢占东北"的指令。1945年10月,他与太岳军区四分区参谋长冯精华①一起率领太岳军区四分区赴东北干部八支队,随延安干部团②共同向东北挺进。那时候苏联红军将东北的接收权交给了国民党,不让共产党进驻东北,部队到达东北后先在承德一带驻防。③ 这时候国民党已经开始进驻东北,占据大城市。按照中共中央"让开大路,占领两厢"的指示,共产党在东北地区开辟农村革命根据地,减租减息、扩军备战。这样做对后来形势朝着有利于共产党的方向转变发挥了积极作用。

父亲一直在辽西军区任职,都是双职挑,既是部队领导,也是地方政府领导,先后担任过双辽县区委书记和昌北县(今属辽宁昌图)县委宣传部部长。我母亲杨秀兰是吉林双辽人,我姥爷是当地木匠,对我母亲是放羊式的管理。由洪学智④和赖传珠⑤率领的东北民主联军第六纵队开进双辽后,部队文工团就住在我母亲所在村庄,母亲那年16岁,整天围着文工团团员转。时间长了,团长发现我母亲天生有副好嗓子,就把她招进了文工团。那时我父亲正在双辽县担任区委书记,遇到了在六纵任师长的老战友,经这位师长从中撮合,父亲才与母亲相识并结为夫妻。

1948年11月,沈阳解放标志着辽沈战役的胜利,也意味着东北基本解放,敌我形势发生重大转变。当时中央意识到,东北地区解放以后要搞工业建设,急需工业建设人员。于是,东北局开始从部队中抽调人员充实工业部门。那时,在昌北县县委宣传部部长任上的父亲本来接到上级调令准备南

---

① 冯精华(1916—1950),原名冯志统,字精华。出身于河南沁阳的农民家庭,1937年加入中国共产党。抗战期间曾任八路军营长、团参谋长、军分区参谋长等职,解放战争时期曾率部参加辽沈战役、平津战役等。1950年初,任第四十三军参谋长。1950年12月因车祸离世。
② 1945年8月抗战胜利之即,中共中央决定派遣大批干部到东北开展工作,并优先选拔东北籍和曾在东北工作过的干部,在解放东北的同时着手建立新的革命根据地。9月,从延安中央党校、中央机关和陕甘宁边区机关抽调的1000余名干部从延安出发,赶赴东北。中共中央为此抽调了陕甘晋绥联防军教导一旅一个团,教导二旅一个团,全程护送干部团,以便他们安全挺进东北。
③ 当时广义的东北包括热河省在内,承德是热河省省会。
④ 洪学智(1913—2006),河南商城汤家汇人(今属安徽金寨)。1929年3月参加革命,同年5月加入中国共产党。1949年后,历任中国人民志愿军副司令员兼后方勤务司令部司令员、总后勤部部长等职。1955年、1988年两次被授予上将军衔。
⑤ 赖传珠(1910—1965),江西赣县人。1927年加入中国共产党,1928年参加工农革命军。1949年后,历任第十三兵团政治委员、中国人民解放军总干部部第一副部长、北京军区政治委员、沈阳军区第二政治委员。1955年被授予上将军衔。

杨子仪夫妇和二哥杨明道(右一)合影(1950)

下,但走到辽西省省会锦州时被东北局"扣留"了,被改派到鞍钢工作。第一,他已经组建家庭,夫妻行动不方便。第二,他那时候关节炎很严重,行军得用担架抬着。当时,父亲并没有提前知道这一消息,按照规定接到上级调令后必须服从分配。于是,我父母便在1949年3月到鞍钢报到了。

母亲被分配到鞍钢电修厂,父亲出任鞍钢修造部铆造厂首任党支部书记,负责党的组织工作。1949年东北解放初期,鞍钢公司有4个机关处室,下设29个厂矿(院校、所)单位,铆造厂是其中之一,属于生产维修单位。鞍钢修复四号高炉的时候,父亲正担任铆造厂领导,负责这项任务。他跟我讲,那时候工人、干部真是了不起,无私奉献,没有礼拜六、礼拜天的概念。我家中还有一张鞍钢四号高炉开工生产修复竣工的集体照。当然,我父母在鞍钢的时间并不长。1953年1月,我父亲在鞍钢运输部党委副书记任上被调入市里,担任东北运输总公司鞍山公司经理。1949—1953年,他在鞍钢工作期间正好赶上七九开工、"三大工程"建设这些标志性事件。

1958年7月,父亲改任鞍山红旗拖拉机厂厂长。我家搬离了鞍钢干部住宅区老台町,我也随父母工作调动到了拖拉机厂子弟学校上学。我从小生活在红拖,对红拖比较熟悉。红拖按照全套的苏联图纸生产了我国第一台拖拉机。我到红拖去的时候,曾经看到拖拉机和坦克的模型,它们的机器原理是一样的,战争时期是坦克,和平年代就是拖拉机。在我印象中,有一次父亲和苏联人解决完了技术问题,带了一瓶果酒回家,我不知道是酒,就喝醉了。那时候中苏关系还处于蜜月期,中苏关系对新中国工业建设影响巨大。1960年后,父亲又先后出任鞍山市成套设备局局长、鞍山市房产局副局长。

二、 鞍钢历史镜像:"五百罗汉"与"鞍钢宪法"

在某种程度上,中国革命成功与新中国经济建设离不开苏联的援助。苏联专家援建中国的156项工程涉及冶金、石化、机械制造、军工生产等各个行业,奠定了新中国的工业基础。20世纪50年代后期,中苏两国逐渐交恶,苏联专家回国对当时中国工业生产建设影响巨大,造成了一定损失。但是换个角度来看,这也是压力和动力,没有苏联的援助,我们还得继续干。目前中国雄厚的工业基础某种程度上就是被逼出来的。

新中国工业发展最早是从钢铁工业开始的,毛主席曾经说过:一个粮食,一个钢铁,有了这两样,什么事情都好办。至于为什么先从鞍钢开始,这是由当时的历史环境决定的。东北是全国最早的解放区,最早的大工业联合企业都在这里。现在,鞍钢职工都为鞍钢作为工业摇篮而自豪、作为工业长子而骄傲。谈到骄傲和自豪、摇篮和长子,就不能不谈人,不能不谈鞍钢"五百罗汉",否则就很空洞、很抽象。中央从全国各地调来那么多地县级以上的干部支援一个企业的建设,是前所未有的。"五百罗汉"中行政八级(正军级)干部有15人,行政十级(副军、正师级)以上干部有40多人,鞍钢附属厂矿单位的领导都是这个级别,和我父亲一样行政十三级以上的干部数不胜数。鞍钢一个企业行政十三级以上的高级干部比西部一个省份的还要多,因为鞍钢的工业基础在这儿摆着,几十万人的企业确实需要这么多干部来领导和管理。

"五百罗汉"是鞍钢从公司一级一直到下属各厂矿单位的管理干部。在那个年代,工人想搞技术创新首先得获得干部的支持,干部得认识到技术创新的重要性,否则可能把工人的想法当场否掉。"五百罗汉"认识到管理现代企业必须支持工人的创造力,这种支持不能停留在口头上。得到领导干部的大力支持,工人的技术革命和技术革新成果才一样一样地冒出来。说实话,"五百罗汉"都是从战争年代走过来的,没有几个人有上级安排的岗位所需的专业技术知识。这些老干部在党的领导下,带领广大工人群众把鞍钢搞起来,靠的就是边干边学。我父亲就曾经参加鞍钢组织的老干部夜校,补习过专业知识。

技术发展是个渐进的过程,随着时间的推移,吸收国内外方方面面的人才和技术,企业的人才力量充实起来、技术积累起来以后,才有资本和资格向外输出。作为新中国第一家大型钢铁企业,鞍钢从1949年开工建设,到五六十年代向外输出人才时,基本上已经有了一套自己成型的管理与技术经验。

1952年3月上旬,陈云到鞍钢视察,讲到"割韭菜,割三茬"[1]。当年"五百罗汉"来鞍钢,国家投入这么大力量,待到鞍钢经验成型以后,首先要输出人才,从鞍钢抽调人员到其他厂去当厂长,到其他公司去当经理,到其他设计院去当院长,"工业摇篮"和"工业长子"的称号就是这么出来的,名副其实。全国各地从部一级政府机关到各省市厅局级单位再到各大冶金院校,从鞍钢出去的领导干部非常多,像第八届全国人大常委会委员长乔石同志就曾在鞍钢建设公司工程技术处担任处长,黄金部队政委齐锐新[2]同志也在鞍钢第二土建工程办公室担任主任。除了人才输出,鞍钢把自身形成的成型管理与技术经验,即"鞍钢宪法",也推广到全国各个工业行业和工业部门。

"鞍钢宪法"不是几个人到下边厂矿一调查就总结出来的,不是拿笔头一杵两杵就写出来的,它是从1949年鞍钢恢复生产到1960年毛主席批示这

---

[1] 1952年3月上旬,陈云第三次到鞍钢视察,在谈到人员不足的问题时,陈云指出:"对生产人员考虑过要'割韭菜',要割三刀,今年是第一刀。"通俗一点说,党中央在鞍钢要"割韭菜",不是为了给鞍钢自用,而是为了给全国用。因而,也就决定了"五百罗汉"最终必将离开鞍钢,走向全国。
[2] 齐锐新(1927—1987),河北高阳人。1952年任鞍山第二土建工程公司办公室主任,1955年赴苏联学习建筑专业,1963年任包钢建设公司矿山工程公司经理,1983年任中国黄金总公司党委书记,1985年任武警部队黄金指挥部党委书记。

十多年间实践出来的,有一个潜移默化的形成过程,只不过最后在理论层面归纳总结现有经验,上升到一个高度,形成文件,报给毛主席批示。"鞍钢宪法"是干出来的,核心是"两参一改三结合",但是"两参一改三结合"最早不是鞍钢提出来的,早先济南和哈尔滨的许多企业就已经有了"两参一改三结合"的实践。50年代末,时任全国总工会主席李立三同志到东北调研后①,有一段话已经涉及"两参一改三结合"②,只不过毛主席在看完鞍钢的报告以后在批示中正式概括了出来,作为一个文件正式推广③。

其中提到改革不合理规章制度。企业管理涵盖人、财、物等方方面面,不适合中国国情的就是不合理规章制度,当时针对的是苏联那套企业管理办法。首先是实行一长制还是实行党委领导下的厂长负责制,这是方向性问题。1956年鞍钢总经理马宾从苏联学成归国,完全按照现代化企业管理方式管理鞍钢。1957年"拔白旗""反右派"就是在党委领导下对管理制度的纠正。党委领导下的厂长负责制是中国特色,这种管理制度延续到了现在。在生产技术层面就涉及矿石怎么选、钢铁怎么炼、钢材怎么轧等具体问题。在我印象中,鞍钢最早的技术创新是反围盘,那时小型厂刚开工,需要轧螺纹钢。以后轧钢系统、炼钢系统、电力系统、运输系统又有很多技术革新。

1954年之前,鞍钢为了恢复生产,搞创造新纪录运动,超过伪满时期的生产标准。我父亲给我讲过他在铆造厂的时候怎么动员工人搞基建。当时他手下的工人都是从农村招来的,很多技术知识都不懂。铆造厂有专门负责技术的副厂长和技术专家,但是技术人才不够。虽然我父亲是枪杆子出

---

① 当时担任中华全国总工会主席的是陈云,李立三时任中华全国总工会副主席。
② 1958年,黑龙江建华机械厂、华安机械厂和庆华工具厂创造了"工人参加管理,干部参加劳动,改革不合理规章制度"的经验,长春第一汽车制造厂在此基础上形成了"技术人员、工人、干部三结合"的做法。在"两参一改三结合"的形成过程中,时任中共中央工业工作部副部长的李立三起到了相当重要的作用。李立三两次深入黑龙江省调查研究,为《人民日报》撰写社论,召开全国工业部长会议,推广"两参一改三结合"经验。
③ "两参一改三结合"并非毛泽东在1960年3月22日的批示中首次提出来的,至少在1958年就有"两参一改三结合"的提法。1958年,中共中央政治局委员、国务院副总理李富春在鞍山号召鞍钢完成450万吨钢的大会讲话中就明确提到了"两参一改三结合"。参见《人民日报》1958年9月26日,第1版。

身的，但是他毕竟有一定文化基础，就给工人讲很简单的数理化知识。每位工人入厂，不管文化层次多高，都有一个渐进学习的过程。领导干部就是组织工人学习，按照技术要求把工作做好。只要有一个正确的思想去引导工人，就不用给工人讲什么大道理，工人都很朴实，有种积极向上的精神，没白天没晚上地搞建设。谈到思想引导，"鞍钢宪法"中的政治挂帅和党的领导很重要，把政治放在第一位也是一种好的管理经验，得让职工知道给谁干活。共产党创造社会环境，提供工作岗位，工人才能参加工作。当然，政治挂帅并不是唯一重要的，一家企业如果物质保障跟不上，就绝对不是好企业。

用一句话可以概括鞍钢跟当时整个中国工业建设的关系，"鞍钢走的是一条具有中国特色、符合中国国情、可复制的工业发展道路"，这是鞍钢对全国工业发展的贡献。鞍钢"五百罗汉"精神和"鞍钢宪法"都是可复制的。虽然现在强调引进西方先进理念，搞现代企业模式，但是那些传统思想和精神放到现在一样有用，和现代观念绝不是对立的，而是可以互相融合的。

三、 我的铆造厂时光：学徒与学生

我1952年生于鞍山，1968年我16岁，上初二，响应"知识青年上山下乡"的号召到农村插队。在当时的政治形势下，国家提倡"扎根农村60年"，我根本没有想过能够返城。1972年鞍钢就近招工，大量招录鞍山市上山下乡的知青，我被从农村抽调到鞍钢第三炼钢厂，成为一名维护铆工。初到鞍钢，我特别高兴，每周单休，吃住在厂里，负责结构维修，保证正常生产。铆工又叫"钢铁裁缝"，是技术工种，下料、对缝、铆钉都是铆工的活儿。我的工作理念是，干好自己本职工作的同时，力所能及地干些其他的事。那时候，我负责写宣传板报，还给工人技术考试出题，虽然那时我刚是二级铆工，但是我可以给七级、八级的铆工出题。我学过这个东西，知道在理论上七级、八级铆工应该掌握什么技术知识以及掌握程度。有些领导干部是行伍出身，受时代所限，不会出题，他们也非常信任我，便将这个工作交给我做。由于入厂表现积极,我在1978年入党,那时候思想很朴实,党叫我做什么我就做什么。

我的铆工技术不错,曾经参加过鞍钢公司的铆工技术大赛,拿过理论第2名、实操第13名的好成绩,还获得过鞍钢"新长征突击手"的荣誉称号。我平时上夜校自学技术知识,如三角几何、平面几何等等。后来,我把这些知识应用到工作中,制作钢结构时不用放大样,用理论就能计算出来。随着形势发展,我发现只有继续深造学习,才能适应工作需要。1978年,我到辽宁鞍山钢铁学校学习冶金机械专业。我技术水平的提升,很大程度上得益于在鞍山钢校的学习。然而,在学校学习技术知识和在厂里当学徒学技术完全不同,在厂里当学徒学习面窄,师傅教的东西也不系统,甚至有时候在理论上根本说不通。我的铆工师傅是伪满洲国时的八级工,他能造出东西,却讲不出道理,难以从理论上予以总结。当然,学校理论学习和实践也有脱节的地方。我先在厂子里实践,然后在学校学习理论,理论和实践结合起来让我受益匪浅。

举个例子,1976年左右,我进厂的第四年,铆造厂只有一台伪满时期的15吨天车,生产发展以后就不够用了,还需要一台天车。我师傅就照猫画虎,按照原有天车各部分长短多少、每部分之间比例多大,自己画图自己造。当时我跟着他学,满脸疑惑地问师傅能行吗,毕竟吊钩起重量、马达和减速机型号、钢板材质型号以及走形结构,按理来说都得有理论计算,按照安全参数选择。他说不用,照猫画虎量下横梁、主梁多长多粗,量下车轮、传动轴、驾驶室多大,看下减速机和马达型号,后来果真造出一台新天车。在十几米高的厂房里,他搭了一个三边搭或两边搭,弄几个轮子一反滑,就把新天车吊上去了。当时这件事在厂子里很震动,厂长都来看了,我也佩服得五体投地。虽然造天车震动了全厂,但对鞍钢来说这不算大事,鞍钢每年都有成百上千的技术创新。此外,鞍钢的生产主体和技术核心是炼钢、炼铁、轧钢这些部分,动力、烧结、铆造都是附属系统。

一个师傅带俩徒弟造出天车,现在一看不可思议,现在一个工科大学毕业生也很难单独制作天车,得结构、机械、电气等许多部门的专业技术人员组合在一起,才能造出来。原来工人搞技术革新和现在职工搞技术创新在思想意识上和眼界上非常不同。原来搞技术革新是就事论事,工人碰到具体技术难题,具体想解决办法。现在搞技术创新不再是个人的事,而是团队的事,得在整个系统范围内考虑创新问题。这是个体与全体之间的关系。

再举个例子。70年代末,铆造厂维修车间有一台日本人留下的三轮辊床,辊床有轧下装置,轧下装置负责钢板成型,把一块钢板辊成规定形状。那台辊床轧下装置的轧下幅度靠人工拧动螺丝杠调节,拧几圈能轧下几毫米,完全凭工人经验。我们单位的工段技术员是从鞍山钢铁学院毕业的,后来我向他提出工人太累了,能不能改成自动装置,一按电钮就可以轧下多少。他说:"老杨,咱俩弄吧。"那时候车间主任也很支持,说:"你就搞吧,伟平,即使搞坏了,别人也不会说你。"于是,我和那位工段技术员带着一位工人,用了不到一个月的时间就把辊床改了,把螺丝杠改为立杠,立杠由电动装置调节,工人把钢板伸进去,每次一按电钮,轧下装置就往下走点,电动调节轧下程度,钢材成型很快。辊床改造之后,工人们很高兴,既省劲又能避免危险,这就是技术解放生产力。

无论是普通工人还是劳模,首要追求的就是技术的精益求精。每个时代、每个企业都有劳模,他们是普通工人的精神标杆。劳模不一定是技术层面的,但是在本行业领域一定是佼佼者。现在提的工匠在某种程度上就是劳模,把工作做到极致就是劳模。新时期大国工匠李超、李晏家和50年代的劳模王崇伦、张明山相比,环境变了,氛围变了,技术革新的基础和起点也不一样了:前者搞发明创造有丰厚的基础,图书馆提供书籍,学校提供理论学习的平台;而国家解放初期一穷二白,王崇伦、张明山搞发明创造就是靠自己很简单、很质朴的感情去琢磨,"琢磨"是人发挥主观能动性的过程,他们从理论上可能也说不清。

我和师傅一起造天车,和工程技术人员合作改造辊床轧下装置,虽然都是小事,但是也应该算技术革新。当时,普通工人就是凭着朴素的感情进行技术革新,不会上升到党的领导、毛泽东思想、"鞍钢宪法"这种高度,他们只是一心想着生产需要但是厂子又没钱解决。回过头来,用理论来总结概括,这种行为就是主人翁精神,工厂像我家,工厂劳作像自己家过日子一样,"爱厂如家"是工人阶级很朴实的本性。当然,技术革新不仅得有工人的主人翁意识,还得有好领导支持工人的创新想法,这样工人才能不怕失败。实际上,工人、干部和创新之间就是这样的关系,不怕干部是门外汉,外行可以领导内行,关键在用好人。只有这样,企业才会发展。

四、 海运公司:有关国企改革的思考

1989年,大连海运学院招生。于是,我放弃了当时正在就读的电大,到大连海运学院半脱产就读水运经济专业。三年毕业后,我一直在鞍钢经营咨询开发公司下属的海运公司工作。鞍钢经营咨询开发公司是改革开放的产物,适应发展外向型经济的需要,除了海运公司,还有空中联合航空公司。我到海运公司先从事船舶运输业务,后来又从事船舶、货运代理业务,一直做到海运公司副经理。在海运公司工作那段时间,我正好赶上90年代末的国企改革。在我的头脑中,国企改革不是单纯改人,而是改革一切不适应生产力发展的旧思想和旧制度。从新中国成立伊始到改革开放之前,鞍钢在技术与管理层面效仿苏联老大哥建立了很多规章制度。随着形势发展,这些制度不再适应现代发展要求。改革开放以后,邓小平同志到欧洲走了一圈,回国以后感慨万千——不光要学苏联,还要学西方。要技术革新,技术革新的前提是改革旧制度和旧思想。只有改革这些东西,企业才能发展。

当然,在改革初期,经济体制从计划向市场转型,国家也在摸索之中,很多时候是摸着石头过河。改革开放的红利应该体现在工人的收入上,国企改革的重要内容是薪酬改革,它随着社会改革、企业改革而定型。改革开放应该使广大人民群众受益,红利分享应该分阶段。在改革初期,广大一线职工付出很多,给他们的工资应该高一点;等到企业深化改革成功以后,领导干部再受益。随着社会发展,整体财富增长,物价水平大幅提升,原来的工资结构和现在难以相比。但是有一点可以肯定,财富是国家的,国家委托干部管理企业,为了实施激励,工资收入需要与干部的管理绩效挂钩,这才是

现代企业制度，同时必须要维持企业内部薪资结构的均衡，上下差距不能过大。

当时中国工程院院士刘玠①接手鞍钢后大刀阔斧地改革，这对不对？绝对正确。技术改革和人员改革都很重要，都是为了企业经济效益的提高。当时提出的政策叫"减员增效，下岗分流"，怎么减员、怎么分流，实际上是要处理好经济利益和职工利益之间的关系。2002年左右，我曾经给刘玠总经理写过一封建议信，有2000来字，写了11条。信件的主要精神是，从历史来分析，国企改革首先要考虑广大职工利益，下岗分流首先要安置好职工。改革初期，鞍钢集团给附属厂矿企业定任务数，大概减员多少、留下多少，附属厂矿企业自主改革，减员名单由厂矿企业领导干部自主决定，主体厂矿和非主体厂矿留岗职工待遇也不一样，上级有专门文件规定，厂矿企业可以根据自身情况确定工资待遇以及是否实行岗薪制、年金制。赋予厂矿企业自主权本意是好的，但是也在一定程度上造成了不平等。主体厂矿企业利润好，可以实行岗薪制、年金制，职工工资相对较高；海运公司等非主体厂矿单位创收不高，不能实行岗薪制、年金制，职工工资相对较低，而且养老金也与工资相挂钩。

当然，写完建议信以后，周边人跟我说："你这个老干部后代咋能写这个？"但是我觉得，这和是不是老干部后代没有关系，职工建言献策是为了鞍钢能够更好。当时规定有30年工龄或者年龄已到50岁的职工都在减员范围之内，居家后发放基本工资的100%、90%或80%，发放标准由各厂矿单位自主决定。后来，鞍钢提高了职工内退居家的待遇，并且允诺居家待遇按照国家规定的退休人员工资涨幅逐年提高。当时通知公告上也附有一条自愿原则，我选择了暂不内退居家，第二年和企业补签了长期劳动合同。

从新中国成立前夕鞍钢恢复生产至今，鞍钢已发展了70余年。我用比较高尚的话来讲，鞍钢人最重要的精神是怀着一颗爱国之心，为了发展中国人自己的钢铁事业无私奉献，这是当时鞍钢"五百罗汉"以及工人阶级普遍

---

① 刘玠，1943年生，上海人，中国工程院院士，教授级高级工程师。1985—1994年任武钢集团副总经理，1994年任鞍钢集团董事长、总经理、党委书记，2007年任中信泰富特钢集团董事长。

抱有的思想,这也是他们最朴实的地方。1966年,大庆精神在国家层面被总结出来,并通过《人民日报》被宣传开来,"一不怕苦,二不怕死,三老四严,四个一样"。鞍钢精神有待挖掘,鞍钢精神是什么,直到现在还没有从国家层面、从权威理论方面给出总结。作为一个鞍钢人,我最自豪的是在共和国工业长子和摇篮里头成长,我和父辈两代人共同生活与工作在鞍山与鞍钢,我的父辈从革命战争年代到经济建设年代奉献了他们的一生,我也在鞍钢工作直到退休。

曾纪滨
曾扬清：大浪淘沙，弃文炼钢

亲 历 者：曾纪滨
访 谈 人：王东美
访谈助理：高玉炜
访谈时间：2020年10月23日上午
访谈地点：鞍钢党校
访谈整理：王东美　高玉炜

亲历者简介：曾纪滨，男，1948年生，鞍钢"五百罗汉"曾扬清之子。曾扬清（1919—2000），笔名浪淘，1919年出生于江西泰和，1936年在学校组织开展"一二·九"运动。1945年抗战结束后从延安赴哈尔滨，任《哈尔滨日报》编辑。后赴武汉，弃文从工，1949年任华中钢铁公司大冶钢厂副总经理，1951年赴苏联学习炼钢经验，在乌克兰捷尔任斯克钢铁厂学习，1954年到鞍钢任炼钢厂厂长。1960年任鞍钢公司分管生产的副经理，后作为鞍钢指挥部主任，主抓鞍钢生产15年之久。1979年退休前任鞍山市委书记兼鞍钢党委书记，2000年逝世。

曾纪滨（中）接受访谈

一、革命文艺青年

我父亲叫曾扬清,出生在1919年,在江西的泰和县,离井冈山有100公里。我母亲叫丁唯坚,原来不姓丁,姓纪,她们是河北献县的老纪家人。我父亲家是一个守法地主,祖父是一个守财的人,他从湖南卖盐,因为路上有绑匪和土匪很危险,所以在那购置地产成为地主,但是1929年就过世了。我父亲被我的祖母送到她在扬州的妹夫家,所以他就在扬州长大。随后我父亲经历了五个中学——扬州中学、南京高中、镇江高中、上海复旦附中、杭州高中——都是比较有名的学校。1936年,他们学校响应"一二·九"运动,他上街游行,是组织者之一。他们有一个最主要的组织者,这个组织者后来到延安的时候我父亲还见过他,但是在抢救运动中被人说历史有问题,就自杀了。我父亲也被国民党逮捕了,被学校开除。开除以后,蒋介石下令把南京省立高中解散,又把这些师资弄到镇江办了一个镇江中学,我父亲他们又跑到镇江重新去报名,他们年级是高一。但是他们几个同学感到镇江这个地方太偏了,所以他们在镇江中学短期停留了一段时间,就到了上海。当时国民政府的首都是南京,后来他又到人口集中一些的上海、杭州,这些地方在政治上活力也好一些。他当时到上海是为了参加左联,但是他们去了没有找到左联,左联那个时候不太发展。

1936年的时候他在上海,就加入了救国会①,这个是有条件的,算参加革命,他长期在那坚持参加。但是他们还是要自己花钱的,学费什么都没了,就回到扬州,就知道杭州高中费用很低,他们就到了杭州。到杭州以后,我父亲跟一些有志青年在一起议论抗战形势,他们的主要观点就是国民党不抗战,没法在这待。我问过他,我说:"你为什么不在南方参加个什么抗日组织?"他说:"南方没有,当时我们就知道延安比较革命。"他跟要好的七八个同学先后到了延安,他们这个团体应当说是倾向于革命的。其中有几个比较出名的同学,一个是辽宁省委书记,后来的政协主席、书记处书记,叫徐

---

① 解放战争时期具有全国性和广泛群众基础的政治团体,前身是1936年5月以上海为中心组织起来并迅速发展到全国的抗日救亡团体全国各界救国联合会。

少甫。① 我父亲跟他的老乡——他的表兄周游②，"文革"前《北京日报》的主编、中国捷克斯洛伐克友好协会的会长，他们两个到西安的时候，周游找到了黄华③。黄华介绍他们到一个青年干校，是一个党的外围组织，经过一个月的学习就到了延安。到了延安进入抗日军政大学，他是第四期，第四期的毕业生后来在鞍钢的有七八个人。他可能四个月就结业了，在抗大期间加入了中国共产党。

当时是1938年3月份，毕业以后，他又被别人推荐报考了延安鲁迅艺术学院文学系第一期，在整个学校是第二期。他们班里有点名气的就是《延安颂》的作词者莫耶④，还有原来鞍山到省委当秘书长的罗定枫⑤，等等。他们去了几个月，3月份先入的抗大，7月份就出来了。等到秋天，贺龙到鲁艺，当时系主任叫沙汀，副主任是何其芳⑥。他跟何其芳说："你们一定要到鲁艺去，应当到前线去。"就有20多个人报名，当时延安用了仅有的三辆卡车，把他们拉到什么地方换了贺龙亲自挑选的马。我父亲他们在这段时间分散了，其中有一个人跟我父亲特别熟，他生前曾经当过新华社江苏分社的社长，叫尤淇⑦，他们一起到120师的师部做政治部干事。我父亲还有一个身份叫"战地记者"，他写了很多文章，在当时的《解放日报》上发了，讲贺龙的部队。

他在鲁迅艺术学院只留下了一张照片，那是1940年他毕业后追随贺龙在前线的时候照的。贺龙从八路军总部到冀中平原后找到了吕正操⑧，就把

---

① 徐少甫（1920—2003），江苏滨海人，1937年参加革命，新中国成立后历任鞍钢党委书记、鞍山市委书记、辽宁省委书记处书记等职。
② 周游，原名夏得齐，笔名夏梦、孟觉。1915年出生于湖南长沙，《北京日报》第一任总编辑兼副社长。
③ 黄华（1913—2010），河北磁县人，外交家，1936年加入中国共产党。曾任外交部长、国务院副总理、第六届全国人民代表大会常务委员会副委员长。
④ 莫耶，原名陈淑媛，笔名白冰、椰子、沙岛，革命女作家，代表作《延安颂》。
⑤ 罗定枫（1915—2345），河北高邑人，曾任中共辽宁省委常委、秘书长。
⑥ 何其芳（1912—1977），原名何永芳，重庆万州人，现代诗人、散文家、文学评论家。1938年到延安鲁迅艺术学院任教，代表作有《画梦录》《生活是多么广阔》。
⑦ 尤淇（1919—2013），江苏无锡人。1940年加入中国共产党，次年毕业于鲁迅艺术学院文学系，曾任延安作协副秘书长，新中国成立后任新华社广东、浙江、安徽、江苏等分社社长。
⑧ 吕正操（1904—2009），原名吕正超，辽宁海城人。1922年参加东北军，1937年加入中国共产党，新中国成立后任铁道部副部长，上将军衔。

吕正操的部队拉到八路军里面,就在 120 师,这就是照片的背景。我父亲在那八九个月,就由沙汀、何其芳两个系主任带队又回到了延安鲁迅艺术学院。他们回来的人跟着第三批继续学习,其中就有贺敬之等。1940 年毕业以后,我父亲留在鲁迅艺术学院教务科当干事,当了几个月,做了副科长,1940 年末就当了教务科科长。我前年去了鲁迅艺术学院旧址,还到他住的房间里头看了看,他们还在那整刷,像窑洞一样,一间连一间都是挨着的,里面连上课再有住的,那时候条件就很不错了。我父亲在抗战中,大部分时间在鲁迅艺术学院工作。

曾扬清(二排右二)与战友在延安鲁迅艺术学院(1940)

在 1944 年底,他就做了延安鲁迅艺术学院的图书馆主任。他非常好学,在当图书馆主任期间跟老翻译家曹靖华①学英语。有一个后来成为空军副司令的常乾坤②中将,他在苏联当飞行员,非常想回来看看,但是共产党没有飞机,所以他只好在鲁迅艺术学院做一些别的工作,我父亲跟他也学了一些俄语。到了 1944 年,他可能就当了三个月的主任,那个时候共产党也没认为能在很短时间内解放全中国,准备要长期跟国民党摩擦、掣肘,中间的调停人是美国的五星上将马歇尔。现在我想可能是党对新招来的大学生还不完全信任,因为我父亲从国统区来,要跟美国人接触,可能会受人影响。后来党在有十年八年的工作经历、经过考验的老干部中间找一些人员,我父亲就经过周扬的批准(周扬是院长,他跟周扬关系很好),到了军委外语学校,实际就是培训队。

在这里,父亲认识了我的母亲丁唯坚,他们两个都是英语系的。我母亲是北京女一中的学生,女一中是"一二·九"运动的发起单位之一。她那时

---

① 曹靖华(1897—1987),河南卢氏人。中国现代文学翻译家、散文家、教育家,代表作有《春城飞花》。
② 常乾坤(1904—1973),山西垣曲人。1925 年入黄埔军校,1926 年考入广州航空学校,同年入苏联红军航空学校。1946 年创办东北民主联军航空学校,1949 年后任中国人民解放军空军副司令,1955 年授中将军衔。

候名字叫纪年,参加革命以后改了名,因为怕当时有人迫害,于是姓了她母亲的姓,叫丁唯坚。在这之前,1939 年她就加入了中国民先队①,民先队只存在了几年,"文革"以后被定为"参加民先就是参加革命"。1940 年过了 5 月 1 日,她离开了北京,到晋察冀边区的平山县参加了华北联大②。1942 年她加入了中国共产党,在那个学校的时候随校长途跋涉,走一段停一停,走了一年多,就到了延安。到延安以后,她在华北联大参加外语学校,遇到了我父亲。

曾扬清与妻子丁唯坚摄于鞍山二一九公园(1956)

二、奔赴东北

我父亲他们学习了几个月,突然抗战就结束了,8 月 15 日全国光复,紧接着就摩擦、国共内战,毛泽东到重庆去谈判。当时中央做了一个决策叫"抢占东北",鞍钢很大一批干部就是从延安或者全国各地去抢占东北的,父亲也在其中。他和我母亲都是这样,据他们讲是从延安集合以后一路走,好像是走到锦州,很幸运弄了一个车皮,他们坐着火车一路就到了哈尔滨,还有很多人都是走到哈尔滨的。他们那批陆陆续续过来的人,有"十万大军,五万干部"。

1945 年到了哈尔滨以后办《哈尔滨日报》,这是共产党的报纸,父亲是编辑。1945 年"8·15"光复,他们九十月份走,隔月或者是年底就到了。到了 1946 年,形势发生了一些变化,国民党政府跟苏联签订了一个条约,蒋介石

---

① 中华民族解放先锋队,简称民先或民先队。1936 年抗日战争时期,由中国共产党领导建立的青年抗日救国团体。1940 年,在抗日民主根据地的民先组织并入青年救国会。
② 1939 年夏,根据抗日战争形势需要,中共中央决定将陕北公学、鲁迅艺术学院、延安工人学校、安吴堡战时青年训练班等四校合并,成立华北联合大学。1950 年 10 月 3 日,以华北联合大学为基础合并组建中国人民大学。

做了一些让步,承认蒙古独立,换取了国民党在东北站住脚。因为他们很慢,部队都在南方,共产党在延安,从距离上来讲相对近一点。条约签订之后,苏联军队的态度就变了,所以就不想让共产党占据东北的主导地位。拿哈尔滨来说,就是共产党的组织要撤出去,但是他们也知道有些人改头换面了,最典型的是当时松江省的副省长李兆麟[1],改头换面就成了"中苏友好协会松江省会长",实际上还是他管事。中国共产党的报纸叫《哈尔滨日报》,撤出去以后就成立《北光日报》,就是协会的报纸。实际上就等于共产党的报纸也改头换面了,变成一个表面是中性的报纸,什么蒋介石委员长到哪儿去了,什么都要报,也报共产党的一些信息。这个报纸选了一个当地民主人士做社长,他很进步,靠近共产党,在当地有威望,我父亲和另外一个老同志在底下做副总编。那个老同志叫庄启东[2],比我父亲大个七八岁。后来这个人撤走了,市委对他有别的任用。我父亲变成党组书记、副总编,他们一共才干了三四个月,出了120多期。后来苏联红军撤退,国共也已经开战了。苏联红军一撤退,国民党就跑了。国民党军队在哈尔滨市内有3000多人,而共产党组织在哈尔滨周围有好几万人。苏联红军前脚走,第二天国民党就跑了,共产党看他跑了,"你上午跑,我下午进来",共产党就进来了。隔了两天,《北光日报》宣布跟党报《哈尔滨日报》合了,我父亲没事干了,就到哈尔滨香坊区搞土改,任副队长。1946年安定以后建政权了,我父亲是区长。东北不像南方解放得晚,随着解放就土改。鞍钢有一个人叫马宾,非常有名,当时在那搞土改,是模范县委书记,陈云树立的典型。马宾是个很传奇的人物,1951年任鞍钢总经理,但是他说"我的技术不行,我要学技术",于是辞去了总经理的职务,到苏联新西伯利亚大学专门学炼钢,学了五年。

到了1948年秋天,我父亲在香坊区工作了三年,被调到哈尔滨市委当办公室主任。1949年四五月份,四野往南打,打下了武汉。当时的哈尔滨市委

---

[1] 李兆麟(1910—1946),辽宁灯塔人,中共北满省委主要领导人之一、东北抗日联军第三军总指挥,抗战胜利后曾任滨江省/松江省副省长。1946年1月后国民党一度接收滨江省,并改为松江省。当年3月9日,李兆麟被国民党特务暗杀。
[2] 庄启东,1910年生,浙江镇海人。1927年参加革命,1945年被派赴东北,先后任《哈尔滨日报》《北光日报》总编辑。

书记叫张平化①,调任武汉当市委书记。因为前面打,后面得有人接收,他们部队不能留几个干部,人家得带兵打仗,所以我父亲他们就跟去了。张平化的随行人员当中有五六个人,其中有一个就是我父亲,他是办公室主任,跟书记比较密切,到那边组建也是这么一套班子,可能还是当办公室主任,或者是政策研究室主任。

三、弃文从钢

一次,我爸请郭小川到我家吃饭,跟他谈起这段我从来没问过的历史:他原来是搞文的,怎么搞起钢铁来了?他说:"我就是看了毛泽东七届二中全会上的讲话,说我们的工作重点要从军事、农村转到城市,管理城市和管理工业。"他觉得应当到这个战线,他就几次申请,张平化起初没答应他,说接收一个大城市现在每天都忙得很。但是后来终于不知道什么原因他同意了,还请回去吃了一顿饭,就在武汉豆皮什么之类的小饭馆吃的。张平化就派我父亲到黄石,湖北只有一个黄石钢厂,当时给了一个衔就是"华中局特委委员、军代表兼副经理",或者叫"华中钢铁公司大冶钢厂副总经理",总经理是当时留用的人员。当时只有一个技术人员,我父亲去了,虽然有投身工业的热情,但是不明白钢铁。一个学生,后来参加了革命,也没接触过什么钢铁,而且当时国内没有几个钢铁厂,看都看不到,媒体也没有现在的图片,什么都不知道。到那了发现钢铁是怎么回事,另外钢厂被国民党破坏得很凋敝,不是很整装,去参观一看连流水线都没有。他就得熟悉,他也看出来经理很轻视他,一个是他年轻,一个是他不懂。所以,我父亲感觉到很大的压力和求学愿望。他做副总经理,就是做生产的准备工作,在这期间他就带人回东北,到沈阳想招募一些能够用得上的技术人才,因为这边的工业基础是很好的。

---

① 张平化(1907—2001),原名张楚材,1927年加入中国共产党。先后担任红二方面军政治部宣传部部长、哈尔滨市委书记等职,后任中央宣传部部长、中共中央党校副校长等职。

可是他一到东北,在沈阳就被东北局截留了。当时毛泽东有一个批示,说要支援全国解放首先要建设东北,特别是鞍钢首先要恢复生产。那时候是六七月份,全国还没有解放。截留后,11月任命他到本溪湖煤铁公司重工业部当生产处处长。鞍钢是1948年接收的,我父亲1949年4月份在大冶转到钢铁领域,从那开始,一直在这个领域干到1979年退休。

他就在本溪搞生产,任生产处处长。这是一家两个捏到一起的大企业,得懂钢铁,还得懂煤炭,所以他就要求去学习。当时东北工业部派了第一批人到苏联学习,我们鞍钢很多干部都去过苏联。他们跟总经理马宾1951年到苏联学习,这些人一部分是老干部,像我父亲那样;还有一部分是1948—1949年参加革命,然后在鞍钢工作了两三年的年轻大学生。

曾扬清在苏联(1951)

1951年春节过后,他们被抽调到沈阳去学俄语,因为沈阳有俄语专科学校,学了半年俄语就到了苏联。他们到了苏联,先在莫斯科学三个月,人家系统搞理论流程,轧钢、炼钢、矿山等分头学习,到各个系去听,再学习了三个月以后就分到乌克兰,去当时苏联的捷尔任斯克钢铁厂①。苏联原来有位领导叫捷尔任斯基②,捷尔任斯克钢铁厂就是根据他的名字改的,旁边还有一个扎波罗什钢铁厂。我父亲等人在那里,半天实习半天上夜大,上大学学的那些课程,他学完以后还获得了大专文凭,苏联大学一般是五年制,他三年就获得了大专文凭。

他回来的时候是1953年11月。回来以后,国内变化很大,成立了冶金部,本溪不是煤铁公司了,就是钢铁公司。但是钢铁公司还瘸腿,它没有钢,只有炼铁,组织叫他到那去当生产副经理,我父亲不去。他说:"国家花了这

---

① 指第聂伯捷尔任斯克钢铁厂(现在乌克兰境内)。
② 费利克斯·捷尔任斯基(1877—1926),俄国革命家,全俄肃反委员会(简称"契卡")的创始人,"契卡"是后来闻名世界的超级情报机构克格勃(KGB)的前身。

曾扬清（后排左一）在扎波罗什与曾在
本钢工作的苏联专家夫妇合影

么多钱送我去学习，我学的也是炼钢，本溪现在没有炼钢厂，我上那去干吗？"从干部平衡来讲，鞍钢经理都配完了，不能到那去当经理。我父亲说："无所谓，搞炼钢就行，我把我学的那些或者一些想法可以付诸实施就行。"所以组织就把他分到鞍钢，当时只有一个炼钢厂，后来过了两年变成第一炼钢厂、第二炼钢厂、第三炼钢厂，第三炼钢厂是1958年以后才有的，他就在炼钢厂当了厂长。

他当了六年炼钢厂厂长，在厂里有一些方面比较突出。大家挺迷信从苏联学习回来的人，他也确实学到了真本事，他亲自管生产、技术，整天在炉子上，这我都知道，晚上很晚回来，所以他工作的成绩也比较突出。特别是1957年新华社有一个电讯《厂长哪里去了》，有这么一个报道专门讲他。说：到炼钢厂找不着厂长——厂长在各个车间里。工人们说他是万能厂长，实际上他就是经验比较多一点，工人们说他看冒烟就知道炼的这炉钢里面是什么品种，他能从烟筒里的颜色来判断钢铁品种。现在大学生或者研究生，在那研究几天也能看出来，但是在当时这是很先进的，因为他要分清楚，不是单冒黑烟或单冒白烟，烟都是混合的，所以他很有名。

在1959年十年大庆的时候，他一个同学就很惊奇："你是个文人，鲁艺毕业的，现在干钢铁？"尤其新华社、人民日报社一宣传，很多他的朋友、熟

曾扬清(右一)任炼钢厂厂长时在平炉的工作照

人,比如说英雄儿女的主演田方——于蓝的丈夫①,他们都很惊讶:"老曾怎么成了钢铁专家?"他笔名"浪淘",有的人就说:"浪淘怎么搞起工业了?"别人为他解释,但不熟悉的还是懵懂,不知道他为什么。1959年,他一个延安鲁艺的同学,后来是光明日报社主编的殷岑,写了《我认识的一个炼钢厂厂长》②,写了一大版,在《人民日报》上刊登了。

我当时上中学,我问我妈:"怎么这么多苏联专家,有必要吗?"她说:"这是解放初期1954年以前的照片,那时候一个室就有一个苏联专家,所谓的苏联专家,就是人家的晒图员,你不懂晒图,人家就来帮你,把中国人培养得都能干活了,他们就走了。"年轻人不太懂,苏联专家在当时被捧得很高,我父亲跟他们大部分人关系都很好。他们1960年走了以后,就是中国人自己干,但也没差哪去,像我父亲这批人叫"五百罗汉"。苏联有一个快速炼钢的功勋——苏联人就爱搞这个——他们进行快速炼钢的表演,我父亲当炉长,他当助手,炼炉钢,好多人在那参观。他那平台我去过,条件不像现在,现在特别干净,都封闭着;以前都是敞开的,光线这么一弄,闪烁

---

① 田方(1911—1974),北京电影演员剧团第一任团长,1939年任延安鲁艺实验剧团艺术指导科长、教员兼演员,主演《英雄儿女》(1964)。于蓝(1921—2020),中国儿童电影制片厂首任厂长,1938年入延安抗日军政大学,主演《烈火中永生》(1965)。

② 殷岑:《我认识的一个炼钢厂厂长》,《人民日报》1959年10月26日,第3版。

的都是那些钢屑、铁屑、煤渣子之类的东西,他们搞快速炼钢,炼钢工还给了我父亲一个大册子——列宁生平纪念册。

到1960年的时候苏联专家撤走了,那个时候父亲被提升为鞍钢生产副经理。马宾1956年学成归来,当时叫副博士(苏联制度),他回来不是总经理了,是第一副经理,主抓生产,但是1958年的时候被打成了右倾机会主义分子。1960年的时候,基本就没有适合的人管生产,我父亲把他提上来,当时提了七个副经理,其中最后一个副经理是留德的老专家。父亲当上副经理以后一开始管生产,后来过了几年落实政策,1962年马宾主管生产了。以前是以我父亲为主,他们俩关系非常好。一直到1966年"文化大革命",后来成立了"革委会",我父亲的那派占了上风,但也不是说他就对,全国各地都是两派,我父亲就变成了鞍钢指挥部的主任。

与苏联功勋炼钢工一起表演快速炼钢后庆贺

四、"文革"期间抓生产

当时成立了"革委会",鞍钢公司这个机构就没了,成立了鞍钢指挥部,实际是管生产的。一把手、二把手、三把手都是军代表①,接着马宾被审查了,我父亲就从后面跑到前面来,军管结束后他就管鞍钢了。当时有权的都是一些造反派,上来啥也不懂。军代表为了适应政治弄了一些口号,"矿山要大干几个月出矿",这些是违反科学规律的事情,我父亲极力地去扭转、去制止。当时的风潮来了,个人力量是改变不了的,但是他拼命尽自己的职责

---

① 1967年后,中央决定鞍钢实行军管,由39军副军长高克(1923—2005)担任鞍钢"抓革命促生产指挥部"主任。

把生产维持下去——整个生产都下降了,别人说他是独撑危局,一直到粉碎"四人帮"。1969—1975年我父亲主抓工作的时候,其中有一项,例如"平炉改转炉",在全国都是首次。全国都是平炉,叫马丁炉,都是苏联的,咱们新中国成立以后按照苏联的模式来。当时欧洲流行的是转炉,我父亲很早就知道这个信息。我们家订了一本叫《钢》的苏联杂志,我记得很清楚,是银色、麻面的皮。我父亲原来订,他在那待过那么长时间,俄语也很好,他就看那些杂志。这些杂志主要讲苏联钢铁工业的技术发展,采用了什么新的技术他都能知道,同时苏联比中国开放一点,它也介绍一些美国、德国、日本的技术应用,世界上领先的技术也做一些介绍,当然可能不够详尽,但是他多少都知道。后来由于政治原因,中国跟苏联的关系从1960年公开化以后,所有专家都撤走了,这个时候他杂志还订,因为我父亲不怕,"我是为了搞技术看人家的杂志",当时很多人都在跟苏联撇清关系。最后到了1964—1965年,国家不进口杂志了——订国外杂志得通过进口这渠道。我父亲原话就说:"我再也摸不到世界钢铁工业技术发展的脉搏了。"中国毕竟还有个钢铁研究院,在国外还订一些杂志,他通过别的渠道还能了解一些。其中有一次是1973年,他随着冶金部的部长陈绍昆①,作为中国冶金代表团成员访问阿尔巴尼亚和罗马尼亚,主要是解决中国援建283钢铁企业的难点。

罗马尼亚当时虽然也是共产党执政,但是他跟苏联很不对付,他的很多设备不跟苏联标准走,而是跟随德国、美国这些资本主义国家走。我父亲到那看了一下轧机,上面写的文字既不是罗马尼亚文,也不是俄文,更不是英文,这是什么?他就问人家,人家说:"这个是北欧丹麦的旧轧机。"他问:"你们为什么用旧轧机?"人家说:"好。"丹麦造出来的轧机比苏联的都好,虽然旧,但便宜。我父亲的思路比较开阔:它过了十年八年就淘汰了,而我们1973年用的还是50年代初苏联的轧机,已经过去了20多年了。这个你要换成过10年,虽然也是被淘汰下来的,但也比苏联的好。后来,他因为这个主张被批判成崇洋媚外。在此期间,我父亲反对王鹤寿,他俩在"文化大革

---

① 陈绍昆(1921—2020),江苏宿迁人。1939年参加八路军,1964年晋升少将军衔,曾任沈阳军区副政委兼政治部主任,1975—1977年任冶金工业部部长。

命"中的观点不一样。但我父亲不太懂政治上的东西,他就是管生产,管了15年的鞍钢生产,从1960年到1975年,在鞍钢没有一个经理管这么长时间的生产,他对底下一些合理的建议也很愿意采纳,比方说我刚才说的引进轧机。1976年以后他病休。

1973年,曾扬清(右三)访问罗马尼亚

1974年有个运动叫"吹氧"。"吹氧"是一个炼钢名词,炼钢的时候往里吹氧气,出钢更加速,"吹氧"用在人身上就是说你活力不够给你吹吹氧,实际上就是搞批判,名起得很好听,我父亲也被当作"吹氧"的重点。大家都攻击他,另一派人对我父亲不好,他又反对拥护王鹤寿的那派,结果两派人都得罪了。掌权的这派人都是造反派,都是军代表,也不懂业务,就说我父亲崇洋媚外,我刚才只是举了个小例子。我父亲管生产有一套他的规律,这些军代表有的时候也不得不承认这一点,他们也管不了。鞍钢像他这种的干部比较少——有点革命经历,又懂得技术,又长期管技术管生产。鞍钢有"五百罗汉",这"五百罗汉"干什么的都有,搞后勤的,搞人事的,来了当经理的,当副经理的,但管过生产的没有几个。我父亲管这么长时间的生产,他就是主管,上面有经理,当然他得在经理领导下,但是他这些都管,比如他提"平炉改转炉",这是在全国首次提。这是大势所趋,但是哪也没动,我父亲就创造条件,亲自上马,穿着大头鞋,在炉子上好几个礼拜,就住那里。"文化大革命"这么混乱,没有老曾头在那顶着,生产可能会受很大的影响。

他写过几篇纪念文章,纪念周总理视察鞍钢的时候他是怎么接待的。周总理来了以后,到出钢槽①,出钢槽下面就是平台,连个栏杆都没有,底下是个轨道,轨道上面有大钢罐接着,然后到那边用钢水,流成一个一个钢锭,钢锭稍微冷却点就铸型,然后就拿去轧,轧成各种材型,有的到大型厂,有的

---

① 出钢槽是钢液从平炉流向盛钢桶的必经之路,其形状与修砌质量的好坏直接影响着钢的质量。

到中板厂,有的到无缝钢管厂。那地方挺危险,父亲说:"别去看。"总理说:"怎么了?"父亲说:"挺危险。"总理说:"工人不也是这样的?小心点就可以了。"周总理看完了九个炉子,走过整个平台下去,到了我父亲的厂长办公室——因为离平炉车间近,我父亲就把原来的车间办公室变成厂长办公室。这是他的办公室,请总理进来坐坐。好,进来看一看,这么大个厂子,这么朴素的办公室,还表扬了他,办公室净是灰,进来还得擦,因为每天都产生很多灰尘。总理问他怎么个情况,在哪工作过,问问生产上各方面的情况,总理例行了解了一些。他就写过这么一些纪念文章,没有别的任何著作。

人家都知道他这人个性比较强,一般人都是领导怎么说就怎么跟着,我父亲不。军代表是第一书记,1975年春天鞍山发生了地震,当时叫"营口海城地震"①,7.3级,比较厉害。中央慰问团来了,在这好多天,地震的时候他们都跟慰问团到处去慰问。我父亲说:"我不陪。""你怎么不去呢,老曾?"我父亲说:"我的职责在鞍钢,得看看这个地震对高炉、平炉、轧钢机,或者其他一些设备有什么破坏没有,有没有断裂,有破坏将来跑钢水那是大事故。"我爸说了:"到时候不都得我负责任?你们谁能负,管农业的能负吗?你现在叫我上农村去,我没那必要,我得抓紧把这些隐患都调查清楚,各厂派人组织一个小组,有领导挂帅来考察,哪些设备有什么隐患、到什么程度一定要报上来,公司集中抢修。"这就是他的长项、他的坚持。

还有一次晚上开会,那个时候都是白天工作、晚上开会,一直开到半夜,回来还得干,每天晚上都开。军代表是第一书记、第二书记,这些人晚上开会,开到很晚回去睡觉,第二天上午还睡觉,下午了起来活动。我父亲8点得到鞍钢公司大白楼开调度会,他就说:"我陪不起他们。"有一次晚上要开会,开会的地方叫迎宾馆,鞍钢领导都在那开会,离我们家就100多米。我父亲去了后很快就回来了,我说:"爸,今天开会这么快?"他说:"没开始呢,他们要唱样板戏。"那时候得唱一个小时的样板戏再开会。他说:"我不会唱,我

---

① 海城地震发生于北京时间1975年2月4日19点36分,震中位于辽宁海城(今营口一带),地震强度达里氏7.3级(矩震级7.0级)。全区人员伤亡共18 308人,占总人口数的0.22%,其中死亡1 328人,占总人口数的0.02%。海城地震一般被认为是人类历史上迄今为止在正确预测地震的基础上,由官方组织撤离民众,明显降低损失的唯一成功案例。

也不唱,我回来休息休息,等着再开会。"有人说:"老曾,你怎么不过来唱?"我爸说不会唱,就回来了。

曾扬清与鞍山市代表团参加第四届全国人民代表大会(1975)

还有一次突然断电。鞍钢的负荷需要非常多的电,主体工厂就五六十个,一个连一个,都需要大量的电。电是从发电站来的,说没电了或者就给你很小的电压,怎么办?这些人都麻爪了。我爸说,上调度室,到那一问:"现在还有几个出钢的,有没有现在停炼炉的,还有没有刚生产完的?"调度室说有什么什么。我爸说:"立刻停掉,这些都停了,不让它再用电了。"炉子里头要出钢了,不能停电,停了电这一坨子都费了,另外它把炉子都给凝固住了,就是大事故,清理得需要很长时间。他有几个原则,告诉底下确保到总调,人家调度长都知道了:"曾书记说了,这个焦炉的电需要多少。"我父亲管生产,所以他知道这个电一天多少千瓦,分配给谁,各运输部怎么样,调集力量支援哪几个必保的,很快就处理完。这里学问不少,他说这么大的联合企业遇着突发事件得有人会处理,不能说每个厂子各分点吧,不是这样的,得有轻重缓急。但是你脑子里必须清楚,电的分配、用电是多少必须全得掌握。他管生产这么多年,他就掌握这个,轧钢也掌握。别的人为什么不掌握?也不怨他们,他们不在这个位置上就不知道,只知道我地里头种土豆一年能结多少土豆,高粱怎么施肥,所以他还是公认的比较内行的领导。

不是因为他是我父亲我就这样说:没有老曾头,在那个危局的条件下,鞍钢生产不一定能维持到那个水平,或许比那还要差。实际上这些人现在也公认,那个时期我父亲管生产是称职的,而且很多人也说了,别人管可能就比他要差。在那个历史条件下,我认为他尽了他的历史责任。他管鞍钢生产15年,甚至有人秘密搞调查,搞调度室,搞调度员,说要调查生产,问:"这个曾扬清有没有破坏生产的例子,你讲一下?"被问到的人说:"什么?他管生产就管我们,他就搞生产,他怎么破坏?他没有法破坏,他怎么能破坏,开玩笑!"这事就这么过去了,后来人家就不说什么了,也确实说不出来这话。因为一个人,他不是一天两天保持这样,他做这工作15年。

五、传承与贡献

我1948年2月在哈尔滨出生,名字叫曾纪滨,"纪"是我母亲原来的姓,哈尔滨的"滨",纪念哈尔滨。1948年实行供给制,我就听说我是在那地方吃羊奶长大的,那地方有白俄,所谓白俄就是一些和苏维埃不对付、从苏联跑过来的人,也不都是富人,穷人也多。他们养的羊,每天我爸妈去弄一杯奶。我父亲走了以后我们家就到了沈阳,后来又搬到本溪。3—6岁在本溪上幼儿园,住干部房子,当时看还挺神气,一幢一幢小楼,都是小日本楼,楼上一间屋子,楼下四间屋子,还包括一个小客厅,有一圈皮沙发,一个大沙发,几个小沙发。我父亲在那上班,他们都在本钢。我父亲是本钢的生产处处长,我母亲是本钢设计处的副处长,后来她长期在鞍山设计院,1956年以后是副院长,一直到离休。她是北京人,离开北京60年后故去,那是2000年春天。

我1954年上小学,1953年底我父亲到鞍钢,等认定书下来就是1954年元旦了,就在那当厂长,但是我们家没有房子,就暂时住在台町。后来有了房子,我父亲跟邵象华院士他们住隔壁。我就在那上的钢都小学,1960年上十五中,1968年下乡到海城。后来我到部队去,部队在辽源,叫陆军47师警卫连,1974年回来以后当工人,在鞍山整流器厂。这厂子是地方企业,现在全都没了。在那工作了四年,然后就恢复高考。我回来的时候已经25岁快

26岁了,但是我是1966年老高三,考上了辽大中文系,1977届。1982年春节以后我被分配到市委宣传部,后来到电视台,在那退休。我后来又参与编辑工作,编辑"五百罗汉"的历史画册,那是我执笔的。

曾扬清与两个儿子(左下为曾纪滨)(1956)

父母对我的影响,第一个就是他们是知识分子出身,在气质上跟一般工人家庭有点区别,但是咱们跟他们都还可以融为一体。另外他们比较注重实事求是,比较注重科学。有一天我说什么笑话,我妈妈说了一个天文现象,我说:"这不是迷信吗?"她说:"怎么是迷信呢?这是科学。"这说明他们还懂得一些科学道理。

我在下乡之前,有一次鞍山广播电视台临时招聘几个记者,在我们高中招了我一个。我当时写了个稿子,编辑他们不敢用,但是我父亲支持我,他说不用就不用,再干别的就是。过了两天,这个势头已经造成很大影响了,突然编辑来找我,他说:"把你那个稿子拿出来。"我说好,就在抽屉里头翻,拿出来给他,马上就播了。这个事说明我父亲讲政策,在这方面对我的支持对我有很大的触动:他明了当时的形势,但又不随波逐流。

我觉得父亲还是比较兢兢业业的,从老干部视角来讲,他半路出家去学习钢铁技术、钢铁工业,是掌握了钢铁工业的大企业领导。另外他钻研技术

曾扬清全家合影(1975)

比较内行,属于专家型的领导干部,这也是被很多人承认的。一个叫苏维民①的老同志,是红军时期的干部,他在文章中回忆一炼钢厂,就回忆到我父亲。我父亲是个很内行的领导,工作很突出,有成就,不然这些厂长也不能选他去当经理,去管整个公司的生产。我对他的评价就是,为人比较正直,一些歪门邪道他不参与,另外比较勤勤恳恳、兢兢业业。第一,作为共产党的干部,他党性比较强,比较兢兢业业。第二,钻研技术。尤其在"文革"期间,他的努力使生产得以维持,一些项目也在他的主持下正常搞起来,我觉得他的贡献主要在这里。

原来给我父亲当过一段时间秘书的于崇文(音),对我父亲有个评价:

今天是你父亲百年诞辰,是我们亲朋铭记于心、永远纪念的日子。他年轻之时,舍得江南胜地,奔向西北延安荒凉之地,11年历经陕、冀、东北,出生入死,艰苦奋斗,抗日救亡,解放战争,历经艰辛迎来了新中国的建立。你父母是这一代人的精英,是争取民族独立、建立新中国的功臣,在人民中享有威望、尊重是理所应当的。新中国成立后,百业待兴,经济建设提到议事日

---

① 苏维民,男,曾用名苏成章,1917年10月生于河北交河。曾任鞍山市科学技术委员会副主任、鞍山钢铁学院党委副书记兼副院长等职。

程，钢铁工业更是重中之重。你父亲眼光独具，投身其中，全力以赴学习实践，从苏联学成回国，前后半个世纪，整个身心投入祖国的钢铁事业，鞠躬尽瘁，直至去世，是新中国钢铁工业奠基者之一、钢铁技术高级专家、钢铁企业的卓越组织领导者，理论与实践经验极其丰富。在新中国的钢铁企业中，这样全能的拥有者，能有几人？鞍钢占据中国钢铁界老大哥的地位几十年，出钢铁，出人才，不用客气讲话，全国大中钢铁企业，没有鞍钢派去的干部、技术人员、工人的，恐怕一个也没有。所有的企业都有鞍钢人，20世纪六七十年代，从鞍钢调出支援外地的干部，哪一个不知道鞍钢曾经理？上至冶金部，下到地方钢铁公司，不知道鞍钢曾扬清经理的人，恐怕不多。你父亲光明磊落，一心为公，技术精湛，喜人才，用人才，善指挥。钢铁大军多多益善，我草民一介，大学毕业后不久，得师你父，两相投缘，成忘年之交。他是我的领导，共事近40年，无话不说，亲密无间。人云一生得一知己足矣，我与你父亲素昧平生，所处地位悬殊，但结为知己，乃吾一生之大幸也，没齿不忘。在你父亲百年诞辰之际，上述其意，表达我思念你父母之情。

李力嘉　李东东

李力的钢铁人生

亲 历 者：李力嘉　李东东
访 谈 人：于之伟
访谈助理：彭圣钦
访谈时间：2020年10月21日上午9:00—下午1:00、晚上19:00—22:00
访谈地点：鞍钢党校、东山宾馆
访谈整理：于之伟

亲历者简介：李力嘉，男，1953年生，山西运城人，"五百罗汉"李力之子。其父李力（1920—1962），先后毕业于铭贤学校、抗大、延安马列学院。1948年11月支援鞍钢建设，出任炼钢部副主任兼首任耐火材料厂厂长。1952年任鞍钢设计处第一副处长兼总工程师，1953年任重工业部黑色冶金设计公司第一副经理兼总工程师，同时担任鞍钢"三大工程"总工程师。1954—1958年，先后任鞍山冶金设计院副院长、院长兼总工程师等职。1958年10月，任冶金部重庆黑色冶金设计院院长兼党委书记。李东东，女，1950年生，山西运城人，"五百罗汉"李力长女，退休前为鞍钢职工教育中心医学教师。

李力嘉（右）接受访谈

一、我的爷爷和父亲

我家祖籍是山西运城万荣。我的爷爷李世俊,字子仪,1900 年出生,1932 年毕业于北京大学农化系。大学毕业后,因为是山西人,被阎锡山安排进行屯垦工作。山西屯垦的办法得到了国民党中央的肯定,陈诚将他调去推广屯垦的办法,并授予他少将军衔。1937 年卢沟桥事变爆发,国民政府派我爷爷到西北考察,为全面抗战做准备。

我爷爷在抗战全面爆发后到了延安,担任陕甘宁边区师正①并兼任陕甘宁边区工业资源委员会主任,其职责就是种粮食和棉花,目的是保障边区生产。我奶奶在延安保育院工作,我家还被陕甘宁边区授予了"模范家庭"的金匾。经过刘少奇的介绍,我爷爷加入了中国共产党,成为特别党员。在延安整风中,我爷爷因为有国民党经历而被康生打成特务,后被王鹤寿救下,公开了他的党员身份。之后,她又被派往南泥湾从事农业生产,担任南泥湾管理处处长、359 旅生产部部长、教导 2 旅生产部部长。抗战胜利后,南泥湾的军政干部大批调往东北和华北。1949 年后,我爷爷任农业部计划司司长,入选中国科学院学部委员,后任西南农业大学校长、党委书记。② 他的委任状还是周恩来总理亲自签署的。

我的父亲叫李力,1920 年 10 月出生在万荣县薛店村,从小就念书,从万荣考到了运城的明日中学。明日中学采用近代教育模式,学习的已不是《三字经》《百家姓》等传统知识,而是现代知识。父亲的学习成绩很好,1935 年从明日中学毕业以后进入铭贤学校③就读。当时的铭贤学校颇有名气,为与清华附中和南开附中竞争,使用英文教材,这就使得学生的英语水平较高。

抗战期间的山西成立了决死队,它是共产党的外围军事组织,由薄一波具体负责。④ 在决死队之外,还成立了民族先锋队(简称"民先"),在铭贤学

---

① 实际上应为"技正",是旧时中国技术人员的官职,即总工程师,现在我国台湾地区仍沿用此称谓。
② 西南农学院 1985 年后改称西南农业大学,因此李世俊 1957 年担任的应是西南农学院院长、党委书记。
③ 铭贤学校由孔祥熙在太谷建立,是山西农业大学的前身。
④ 决死队正式名称为山西青年抗敌决死队,正式成立于 1937 年 8 月 1 日,各级军事干部由阎锡山指派旧军官担任,政治委员和政治工作干部则绝大部分由共产党员担任。

校也有分队。最初的分队长是杜润生①,杜润生被调走时推荐我父亲接任分队长。之所以选择我父亲接任这个职位,主要还是因为当时我爷爷在阎锡山手下且是少将军衔,多少算是比较"安全"的人物。受卢沟桥事变及忻口会战等影响,铭贤学校向南迁移,在走到风陵渡过黄河的时候,我父亲就转向投奔了延安。和他一起去的还有李清,后来成为交通部部长。② 进入延安后,父亲就进入抗大学习,之后又进入马列学院。再后来马列学院大部分并入中央党校,小部分并入中宣部,父亲进入中宣部,由于他知识水平高,又到延安中央研究院做研究员。

抗战胜利后,共产党做出抢占东北的决定。我父亲在张秀山的带领下经张家口到冀东地区,再沿朝阳、阜新、沈阳这一条路线开赴东北,到东北后担任辽吉军区二旅一团政委。尽管担任了几个军事职务,但是我父亲终究不是干军事的材料,只能在后勤部门工作,后来担任吉林省敌产清理委员会主任,副主任是顾明。后来,周总理要找一个钢铁秘书,于是顾明被调到周办,成为周总理的秘书。③ 我父亲在吉林的最后一个职务是省政府工业处处长。随着四野入关南下,吉林省组织南下团,以白栋才为团长抽调干部南下,我父亲也在其中。在南下团到湖南的时候,他被委任为湘潭地委专员,带着华国锋颁发的委任状上任。

二、献交器材与最初的鞍钢

抗战胜利后,日本人垮台了,鞍山出现权力真空,加上国共在东北争战,

---

① 杜润生(1913—2015),原名杜德,陕西太谷人,1932年参加共产党的外围群众组织抗日反帝同盟会和社会科学家联盟,1936年加入中国共产党,1937年抗战全面爆发后,赴太行山地区建设抗日根据地。新中国成立后长期从事农村工作,是党内最资深的农村问题专家之一,农村改革重大决策参与者和亲历者,被誉为"中国农村改革之父"。
② 李清(1920—2014),河北宁河人。在北平大同中学学习期间,受进步思想影响,积极参加"一二·九"学生运动。1937年10月,奔赴延安参加革命。1982—1984年,任交通部部长。
③ 顾明(1919—2008),江苏昆山人,日本东京法政大学肄业。1933年参加反帝大同盟,1937年参加上海文艺界救亡协会,次年加入中国共产党,后在陕北工学院、延安马列学院、八路军军政学院学习。新中国成立后曾任鞍钢秘书长,1952年任周恩来总理秘书,1954年任国务院总理办公室财经组组长、国家经委委员,1979年后任国务院副秘书长等职。

鞍钢也混乱得很。工人们纷纷到鞍钢偷东西，偷出来的东西就在黑市交易，换点小钱。共产党接管鞍钢后，市长刘云鹤、市委书记杨春茂确曾打算保护鞍钢。但是，鞍山是多支部队打下来的，每支部队都将鞍钢的东西作为战利品拉走，鞍山市委约束不住。于是，杨春茂便赶紧向南满分局陈云打电报，让他尽快想办法接管鞍钢。陈云当即派遣时任辽东办事处经建处副处长柴树藩负责接管鞍钢。1948年3月初，柴树藩被任命为监理，取道桓仁、草河口、摩天岭来鞍钢负责接管。陈云指示柴树藩要取得地方党政和军队的支持，团结职工，把鞍钢接管下来，恢复秩序。这时候，陈云等东北局的领导人已明确意识到东北的工作重心应由农村转移到城市，党要掌握工业。柴树藩到鞍山后与杨春茂、刘云鹤商量，并与地方军区、公安局配合，发布接管鞍钢的布告，对进出鞍钢以及搬运物资都做了严格而明确的规定，陆续督促占据鞍钢的各单位撤出。柴树藩还组织武装了一批工人，建立纠察队武装护厂，护厂队涌现出了曹凤岐等护厂英雄。

另外，鞍山市委一方面下令把鞍山周边的路口全部看管起来，寸钉不出，凡是铁的，不管是器材还是铁锅，都不能离开；另一方面，封闭所有的交易市场，不让器材流通。这样做的目的是让工人手中的器材无法变现，为下一步的献交器材打下基础。接管初期的鞍钢，器材奇缺，鞍山市委书记杨春茂决定组织工人献交器材。这样做既能够解决一部分器材问题，又能够节省资金；发动工会、工人往鞍钢献器材，将拿走的器材拿回来。这个运动献交了大量的器材，对于恢复鞍钢生产起了很大作用。工人和老百姓从鞍钢拿走的不仅有各种器材，而且有不少图纸，在一定程度上图纸比这些器材对鞍钢恢复生产更重要。这些人为什么要拿图纸呢？主要是东北天气冷，图纸很厚很结实，可以用来糊窗户保暖。这些图纸都是用蓝笔画的，不但特别厚实，而且尺寸很大，叫蓝图，这个东西糊窗户非常好。工人和老百姓用它糊窗户的事很快就被发现了——原来老百姓手里还有对恢复鞍钢生产特别有价值的宝贵图纸。为此，鞍山市委便动员老百姓献交图纸。不过，这可比献交器材要困难，因为器材不能变现，留在工人手里没有什么用处，而图纸却对老百姓有用，他就是不交，没有交的动力。鞍山市委和鞍钢就决定不能仅仅用动员的办法晓以大义,而是要用东西来和工人们交换,给老百姓实际利益。当时,百姓生活困难,粮食不多。我们就用高粱换图纸,这个办法效果很好,换回来了大量图纸。虽然日本在战败后损坏了一批图纸,但是大多数图纸还在,这样鞍钢恢复生产时很多图纸问题就解决了。我父亲当年就做这个工作,我母亲当年也在设计部门做这些事,鞍钢用高粱换图纸的事就是我母亲告诉我的。1949年我母亲毕业后就进入鞍钢设计室工作,算是鞍钢设计方面的元老了。

1949年召开了七届二中全会,中心就是一句话,我们党要从农村向城市转移,党内工作重心要从农村转到城市。那时,高岗在东北局开了一个落实会,其中一项举措就是成立一个专事工业的工业部,鞍山市委也按照要求成立市委工业部。原先市委是没有工业部的,在市委设工业部就是党管工业。为什么鞍钢能够快速地恢复生产和建设起来？我认为这是共产党绝对领导的结果。高岗在全国率先成立了工业部,加强了工业工作。

中央电视台"国家记忆"栏目称李力是"五百罗汉"第12位

鞍钢接管之初,有六类人为鞍钢建设做出了贡献。第一,数以万计支持、拥护共产党的工人和老百姓。第二,全国各个城市、各个企业对鞍钢的鼎力支援。第三,留用的不少国民党旧职员和技术人员也发挥了作用。第四,中央和东北局从全国调来很多干部支援鞍钢建设,前后有500多人,他们被称为"五百罗汉",我父亲也是"五百罗汉"的一员。可以说,"五百罗汉"也是我们国家建设鞍钢的独特优势之一。从我这个角度看,是谁在建设鞍钢？是共产党的绝对领导，这是前提。第五，共产党培养的历代知识分子，以及1952年以来的大学生。第六，还有日本人、苏联人、德国人、捷克斯洛伐克人、匈牙利人等，这些国家的人都支援了鞍钢。

各方调来鞍钢的这些干部都降级使用。无论是鞍山的市委书记，还是鞍钢的经理和厂矿长，以及处长、科长等，都是如此。这些人原来可能都是一方面的负责人，但是到鞍钢后就是个工程员、技术员、工程师，因为人才太集中了。中央为了尽快恢复鞍钢生产调来了大量人才，故此鞍钢的"三大工程"等才能完成得很顺利。我们共产党的优势就在于能够随着情况的变化而改变我们的策略。

日本人留下的鞍钢主要是一炼钢、一回收、二回收、一粗轧、大型厂，我们党接管后把这些东西几乎都给推了，但是一炼钢没推。一炼钢当时有九个炉子，六个炼钢炉、三个试验炉，就是炉后精炼。共产党接管后恢复了六个炼钢炉，逐渐又把这三个炉后精炼的变成炼钢炉，因为当时中国不需要精炼钢，而需要大量普钢，用来盖楼盖厂房的钢筋条等，需要大量这些东西。当时一粗轧使用德国的设备，德国设备来了以后，日本人用了大量的德国专家和德国设备。共产党接管后，大型厂在1949年被夷为平地了，为什么夷为平地？我也没有弄清楚。据说，西伯利亚的工业基础就与当年的鞍山有关。那里的很多设备是苏联在1945年之后拆除的鞍钢设备，动用了数千苏联人和中国劳工拆鞍钢的设备。不过，这种拆除并非挖地三尺的毁灭性拆除，如果是这样的话，我们鞍钢恢复不了那么快。他只是把最主要的设备全拆了，这个事情我父亲都清楚。不过这个不算一手资料，因为它不是官方一手资料。被苏联拆走的设备我们后来和苏联谈判，又买了回来，资金都是苏联给的贷款。

有人说鞍钢生产是为了基建，可能很多人不理解，但这确实是当年的真实说法。生产怎么能是为了基建呢？这话不是我说的，是王鹤寿说的。基建是为了什么？为了积累。积累是为了什么？为了发展。发展是为了什么？为了满足人们日益增长的物质和文化需要。

我父亲在1949年11月份与我母亲在鞍山结婚。我母亲叫关世品，毕业于吉林工业专科学校机械系，她是那个机械专业学校里唯一的女生。那时候没有结婚证，和党在革命时期一样，俩人的行李卷搬到一起就算结婚了。当然，组织批准的程序也是必需的。以我父亲当时的级别，结婚需要组织批准，需要组织审查我母亲的历史。市委组织部审查通过后，在一张16开的纸上写上"同意李力、关世品同志结婚"的字样，并加盖市委组织部公章。至此，才算正式结婚。至今我还保留着我父母结婚批准的原件。那时结婚要有证婚人，我父母结婚的证婚人有两位，分别是鞍山市委书记杨春茂、市长刘云鹤。

三、耐火厂牛刀小试

1948年2月接管鞍钢后，如何重建鞍钢和恢复鞍钢生产成为重要问题。鞍钢接管初期，既缺少器材，又缺乏人才。因此，中共中央和东北局紧急抽调干部驰援鞍钢。我父亲和顾明被选中，上级要求他们立即到鞍钢报到。于是，我父亲便从南下改为北上，重新回到东北。

到东北局后，1948年11月，组织安排他任鞍钢炼钢部副主任兼耐火厂厂长。当时，鞍钢的高级职务都是东北局委任的，组织部门说你到这儿、你到那儿，就这么分配。我父亲在耐火厂一直工作到1951年11月份。当时，鞍钢的恢复和重建受到党和国家的高度重视。中国加入社会主义阵营后，苏联派遣专家帮助鞍钢恢复生产和改扩建。鞍钢设计的方方面面都是苏联帮助进行的，甚至连门房都由苏联设计。鞍钢的设计图纸在苏联完成后运往中国，图纸出库量就达到160吨。所有的图纸都通过火车武装押运，枪对枪交接，因为这些图纸都是国家机密，保密程度极高。图纸翻译成中文有5300万字，可见当时资料之多！在使用这些资料的时候，都会配翻译。这些翻译分为两种，一种是施工过程中的口译，另一种是文字翻译。例如，口语翻译中地质的有8人、施工结构的有10人等等。这些东西翻译完成后，还会有校译，全部完成后会要求每个人签字确认，以此来保证翻译质量。对于鞍钢这样的重大工程而言，一旦有翻译错误，损失将不可估量。

我父亲在鞍钢耐火厂工作了三年。这三年间工作成绩显著，三次获得东北工业部的嘉奖，按现在的级别来讲应该最少算省级科技奖，并代表鞍钢参加第一届全国耐火材料会议，这次会议的重点就是制定中国的耐火材料标准。作为第一个行业标准的全国耐火材料标准，就是我父亲代表鞍钢拿出来的。用现在的话讲，一流企业出标准，二流企业出技术，三流企业出产品。可见，鞍钢在当时绝对是一流企业，代表了国家最高水平。

全国耐火材料标准的实施，带来的一个结果就是职业病下降。当时，鞍钢职业病最多的就是矽肺（硒肺）。日本人管理鞍钢的时候，从来不在意鞍钢工人的死活。在鞍钢，日本人使用的耐火砖是矽砖。日本人只要工人做矽砖，根本不管矽砖对工人身体的伤害。他们认为中国人有的是，我就要你的矽砖，至于工人有没有病他根本不管。共产党接管鞍钢后关心劳苦大众，要改天换地，要提高人民生活水平。因此，如何改进矽砖就成了一个重要的问题。在我父亲的努力下，制定了新的耐火材料标准，有效地降低了矽肺的发生率。仅凭此一项，我父亲便受到东北局的奖励。

我父亲获得的第二个奖是新产品研制奖。当时，炼钢最怕的就是炉顶烧坏，这在很大程度上取决于炉顶耐火砖的好坏。平炉中炉顶底下是炉槽子，上面是炉顶，炉顶砖一旦脱落，炉槽子再好也无济于事。炉顶塌落，这个炉子就碎了，只能重修。重修不仅需要大量的花费，还耽误生产进度。为此，我父亲便在耐火材料上下功夫，改善了炉顶砖的质量，延长了耐火砖的使用寿命，减少了修炉的次数，增加了冶炼的次数，产量一下就提高了。因此，我父亲获得了新产品研制奖。

第三个就是节约资金奖。当时的中国百业待兴，国家资金有限，这就需要在生产中努力做到节约资金。可以说，节约资金也是变相地提高生产。而且，国家建设也需要资金积累。鞍钢在生产产品、为国家创造资金积累的同时，也要做到降低成本。因为我父亲本身就是搞经济出身的，所以他格外注意这一点。提高耐火材料质量，算是给国家节省了不少资金，同时还努力降低了运转资金，他的经验在全鞍钢得到了推广。另外，还经过全国耐火会议在全国推广。这事让他一下就小有名气，被组织上发现而调离耐火厂，时间是 1951 年 11 月。组织上给予他更重要的任务,就是领导鞍钢的设计部门。

四、 鞍钢的设计师

我们都知道,鞍钢是苏联帮助设计建设的,那么鞍钢还有没有自己的设计部门呢?当然有。鞍钢计划处有一个设计室,这是鞍钢最初的设计部门。一开始,它的成员主要由日本人构成。鞍山解放后,很多日本技术人员留在了鞍钢。当然,设计室有 70 多人,也不全是日本人。

当时鞍钢下面分为九个部,有炼钢部、炼铁部、轧钢部等等。部下面是厂矿,厂矿下面是车间,车间下面是工段,工段下面是班组,班组下面是工人,基本上是这样一个组织架构。炼钢部的总工程师是邵象华,他是从德国留学回国的,解放战争期间国民党接管鞍钢后,邵象华被国民党资源委员会派往鞍钢。

我父亲由鞍钢炼钢部的副主任转为设计室主任,并兼任了鞍钢总设计师。1952 年 2 月,鞍钢成立设计处,表明鞍钢已经开始重视设计工作。设计处处长是王金栋,我父亲便担任第一副处长兼总工程师。在整个"一五"计划期间,父亲组织参与了鞍钢大部分重点工程的规划设计,其中包括"三大工程"配套的项目设计。当年,仅从苏联运来的"三大工程"图纸就有一车皮。因技术标准与文字表述不同,这些图纸转到鞍钢后,首先

苏联总顾问阿尔希波夫(左二)
在鞍钢指导设计工作
(左三为李力)(1951)

要同化标准,再译成中文。图纸转化的过程,要经过描、晒、译、校等多个环节,每个环节都要有人签字认定,每笔签字都要终生负责。那些年里,身兼总工程师的父亲,承担了巨大的工作责任与压力。他精心绘制表格,把重点

项目、主要设备及相关数据写在保密手册里。从中可以看出他花费在其中的功夫、浸透在内中的心血。

鞍钢那时候实行总工程师制,和苏联的体制一样。设计处的干部级别都很高,不光是王金栋、我父亲,包括下面的那几个副处长,都是副部级以上的干部。设计处是副部级以上的设置,比别的处级别都高。设计处党总支书记是慕光山,这时的党总支在组织上归鞍山市委组织部领导。

1952年成立的设计处存在时间不长。1953年5月国家重工业部成立,东北工业部部长王鹤寿担任重工业部部长。这时,还成立了黑色冶金设计公司。鞍钢设计处就归口到重工业部领导。不过,这种领导更多的是业务上的,行政、党组织等仍归鞍钢。之所以实行双重领导,主要还是考虑到鞍钢自己设计、自己建设,建设资金由国家拨给,这样就缺乏监督,会造成很多浪费。因此,鞍钢建设的设计方案虽然由鞍钢设计处提出,但是需要标注得极其详细,并将所需经费等列出,一并上报重工业部批准。通过这个办法,国家来监督鞍钢的建设和资金投入使用情况。

这个情况一直持续到1954年。1954年12月26日,国家做出决定将鞍钢一分为三,即鞍山钢铁公司、鞍山建设公司、鞍山黑色冶金设计院。这个做法在很大程度上是学习苏联的,因为苏联的设计部门是独立出来的,也叫黑色冶金设计院。它实际上是我们党学习先进经验的做法,用今天时髦的话叫顶层设计。这样,鞍钢就专门搞生产,建设和设计独立出来了,业务上做了拆分。为了将鞍钢一分为三,上面也做了相应的部署。如1954年11月,中央将山西省委第三书记袁振调到鞍钢,刚到的时候没有明确任命。他的任命到12月26日才下来,做鞍山钢铁公司的经理,这一天恰好是鞍钢正式一分为三的日子。鞍山黑色冶金设计院的院长是华明,他之

李力在鞍山(1954)

前是鞍钢的代经理;副院长是王勋,他之前是鞍钢的副经理,也是接管鞍钢时就来到鞍钢的,算是鞍钢的元老了;我父亲被任命为副院长兼总工程师;而鞍钢建设公司的经理,东北局安排赵北克担任。这样,三大块就完全在法律轨道上运作了。

当时设计院的任务除了设计外还承担施工监理。就是说,在工程建设过程中,工程质量是否达到设计标准,由设计院鉴定。例如,隐蔽工程在埋在地里之前,必须由设计院的人现场监督,设计院不签字确认是不能埋下去的。再如,整个管道系统打压,必须由设计院的人现场测试,恒定一个小时压力表数字不下降才能视为合格,进行下一步的工程。这样就避免了工程上很多瑕疵和错误的发生,很好地保证了工程质量。

1956年6月13日,第一届全国人大第三次会议在北京召开,会议的一个议题是调整国家机构。在工业方面,撤销了重工业部,成立了冶金工业部,部长仍由王鹤寿担任,副部长为吕东,他也是原重工业部的副部长。鞍钢黑色冶金设计院也改为冶金工业部鞍山黑色冶金设计院。为什么叫黑色?铁、钴、镍三个元素在周期表里习惯称"黑色"。[①] 这个名字也是从苏联过来的,苏联也这么叫——黑色冶金。我父亲李力被提升为院长,还兼着总工程师。

这时候一个很有意思的事情,就是设计院的人都骂我父亲。为什么呢?主要是因为工资的事情。父亲那时候是行政十级、技术三级,技术三级相当于二级教授,工资很高。但是,他不想拿这么高的工资,因为他的工资比鞍山市委书记的还高。另外,设计院书记与他平级,但是书记没有技术职称,只能拿行政级别的工资,也比我父亲的低。因此,他就决定将自己的工资压下来,拿低的行政级别工资。结果是,他拿低的工资导致下面一级一级也都相应地压低了工资,引发大家不满。不过,在这一点上可以看出,父亲并不是一个贪图级别享受的人,他的心思还是放在了工作上。

父亲做设计院院长兼总工程师,一直到1958年9月。之后,他就被国家调

[①] 这里的"黑色"其实指的是黑色金属。黑色金属是工业上铁、锰和铬的统称,主要指钢和其他以铁为主的合金。

到重庆去了,拉着整个设计队伍组建重庆设计院。从此,我家就离开了鞍山。好在我父亲文化水平较高,并有意识地保留了不少资料,也有工作笔记。这样,透过他留下的资料,可以看到当年鞍钢的很多情况。我所讲的情况或是个人亲身经历,或是源自父母的讲述,或是我从父亲留下的资料中看到的。

五、 鞍钢中的苏联专家

鞍钢的苏联专家是新中国成立前夕随着刘少奇来的,之后又有多批专家来到鞍钢。国家对鞍钢十分重视,援助我国的苏联专家总顾问也到鞍钢来指导设计工作。1950年斯大林派阿尔希波夫担任经济总顾问,他对中国十分友好,对工作尽心尽力,我父亲常常与他一起研究鞍钢的设计工作,对即将开工的工厂进行验收。

在鞍钢,苏联专家也分级别。最高级别的是首席专家,相当于顾问。下一级就是组长,组长分为专业组长和项目组长两类,这两类是同一个级别。组长下一级就叫专家。我们平时所说的"苏联专家"是统称、泛指,其实在鞍钢,组长下面的才叫专家,这成了一个级别。专家下面是高级技工。当年我在三炼钢,老工人就讲苏联技工很愣①,在吊车高空作业时抡大锤,在高空晃着膀子抡。其实,高空作业最多只能使用60%的力量,因为要用40%的力量注意安全,你要100%用的话你脚就没根了,这是十分危险的。在高空抡大锤的全是苏联高级技工,说实话中国人不敢,但他们敢。

苏联专家初到鞍钢时,鞍钢没有多少技术人员,工人们也不大接受苏式管理和操作习惯。因为鞍钢毕竟长期在日本人手上,这些工人大多受到日本人管理及操作方法的影响。例如炼钢厂,工人炼钢炼到一定程度就要出钢。苏联专家则不会立即同意,而是用一个三米长的小勺,从炉门伸进去舀一勺钢水,钢水出来后放到一个小罐里送到化验室。化验室拿钻头钻点铁沫下来进行化验,要检测碳、硅、锰、磷、硫的含量和比例。如果符合标准,炉

---

① 愣,东北方言,意为"鲁莽,说话做事不管后果",这里是指苏联技工不顾危险、敢干。

长才能出钢,苏联人是这么操作的。

日本人的操作则不同。在出钢时,日本人会舀一勺钢水,往手掌宽的小铁片上一倒,看进出的火星有几个花,含碳量越低花越多,含碳量越高花越少,花少说明碳的比例没降下

李力(右二)与苏联专家检查验收(1953)

来,不能出钢。日本人凭借这个方法就敢出这炉钢。苏联人就不敢,而得经过化验室。从科学的角度来讲,化验是科学的,凭主观看花确实看似不科学。但日本人的方法是从实践中总结出来的,苏联的办法虽看似科学,但也存在问题。因为钢水送到化验室,化验室钻个眼,再弄几克——用的是百分之几克的天平①,一化验出来时间就过去了,炉内的情况就发生变化了,化验出来的化学成分和现在炉内的化学成分又发生变化了。所以,除了用科学的方法来判断外,经验实在是不能少的。

鞍钢工人一开始不大认可苏联的做法,认为多此一举,习惯按日本的办法来。虽然当时在学习苏联经验,有苏联专家指导,但是当苏联人不在时,工人们还是按日本人的方法看花出钢。不过,苏联专家看到工人这样操作后,会坚决制止。尽管如此,还是不能避免。倒不是因为工人不服从指挥,而是即便看花出钢这种方式出来的钢经过检验不完全符合标准也没关系,因为国家当时太缺钢了,不管什么样质量的钢都需要。所以,即便出来的钢不能达到高质量,也可以冷却成钢锭放在仓库里,一旦国家需要冷锭,就会马上调出来使用,不用现炼。鞍钢工人的操作与苏联人的和日本人的并不完全一致。

---

① 指所用天平的最小测量单位可以精细到百分之几克,表明苏联专家化验钢水的方法相当科学严谨,但同时也因其过于烦琐而无法满足当时的现实需求。

1953年，阿尔希波夫（前排右二）来鞍钢指导工作，李力（前排右一）、华明（前排右三）、计晋仁（前排右四）参加会议

早期的鞍钢，有苏联专家，有日本技术人员，还有德国人、捷克斯洛伐克人、匈牙利人等，但主体还是苏联人。在设计方面，各国技术人员也有争议，尤其是苏联的设计方法和日本的、德国的都相左。在恢复鞍钢问题上，我们自己搞了一个方案，也请留用的日本人搞了一个方案，最后采用了我们自己的方案，因为日本人认为鞍钢不可能在那么短的时间内恢复生产。中苏同属社会主义阵营，苏联在中国的影响占主导地位，在鞍钢也是如此，苏联专家的意见往往被采纳。这样一来，日本的操作和管理方式就逐渐被取代了。

在设计口，设计院有首席专家，相当于副院长一级，他们叫专家组长。我们不给他们官衔，但他们就跟院长一级打交道。各个科有专家，科底下有组，如轧钢组分大型轧钢组、无缝轧钢组，组内再分组，还有专家，仅在设计院就有将近150名专家。设计口的这些专家，就是技术领导，不是行政领导，技术领导、技术核心都以专家为主。如果他们跟中国专家、中国工人发生冲突，无论从行政还是从技术上，我们都一致强调要尊重苏联专家的意见。如果发生了矛盾和冲突，就会说对苏联专家尊重不够。什么意思？技术一边倒。

父亲曾说苏联技术并不是什么都是先进的。当然,这话也不是父亲的首创。1956年周总理来到鞍山,那时候正在掀起学习苏联经验的高潮,周总理就说学习苏联不是要死板地学,苏联不是什么都是先进的。也就是在这个时候吕东副部长给鞍钢设计院下达任务,要在无苏联专家的条件下实现自主设计。这就与下面说的十高炉建设连在一起了。

1956年国际发生了很多大事,先是苏共二十大,后有波匈事件,尤其是波匈事件对中国影响很大。中国扩大了在社会主义阵营的影响,自己的技术力量也成长起来了。苏联开始减少向中国派遣专家,中国在谋划工业布局和工业项目的时候也开始逐渐不再依赖苏联,国际共产主义运动开始出现裂痕。

50年代初期,苏联专家在鞍山的生活实行集中管理。他们有自己的居住区,与鞍山本地人分开。中方会定期组织苏联专家休闲,但保卫部门会事先安排好。苏联专家上班有专车接送,将他们拉到现场。他们走到哪都有保卫部门跟着,口语翻译也跟着。苏联专家吃饭需要自掏腰包,烟酒中国绝不供应。中国聘请苏联专家,支付全部费用,中方付的卢布比苏联专家自己在国内的工资还要高。中国人也愿意跟苏联专家打交道,主要是为了工作方便,也可以向他们学习知识。在有庆典的时候,会允许动啤酒和红酒,不允许动白酒。中国人常常在啤酒里头兑些白酒,跟苏联人干杯。苏联专家开始愿意喝红酒,喝来喝去发现中国的啤酒更好喝。苏联人嗜酒,酒喝好了,我们问点什么就方便了。

苏联专家在鞍钢除了拿工资外,还有奖金。比如某项目的专家,这个项目竣工以后,项目质量好,被评上某种奖,就会获得奖金,这些奖金就交给专家组长。在设计部门,质量好,就是设计图纸到最后没出现任何返工事故,这是要给发奖金的。另外,如果苏联专家参与的设计降低了成本,节约了资金,也会获得奖金。这对苏联专家个人也是有吸引力的,这叫物质刺激。

在鞍钢,首席专家和公司经理一起工作,设计首席专家就和设计院院长配合。专家组长就是项目组长,如轧钢组长就主管轧钢范围内的技术事务。首席专家和专家组长这两个等级的苏联专家是可以带配偶来中国的,不过费用要自己支付。如果有的专家选择不带配偶来华,那么中方会允许一年有一次回国休假。如果专家不回国,其家属、子女可以到中国来探亲。休假探亲的费用,都由中国支付。

苏联专家在中国吃饭、喝酒、抽烟,每天三顿饭,包括早餐,都需要付费。即便喝一碗大米粥,咱们也毫不含糊地跟他算钱。鞍山的东山宾馆,当年叫东山公寓,主要是给苏联专家住的。他们三餐是要花钱的,咱们是拿真金白银雇你来的,你们是要花钱的。苏联人最喜欢中国的呢料,苏联的呢比较厚,中国的料子很薄,尤其是做夏季衣服的料子,颇受苏联人欢迎,苏联专家回国时常常会带上这些东西送给亲戚朋友。不过,中方规定一次只能带两身毛料,不能多带,否则就有倒卖的嫌疑。带啤酒、白酒也是两瓶,不准多带。这也算是国际惯例吧。

有一段时间,设计院里的苏联专家有怨气,估计是与生活方面的事相关。究竟这个怨气是怎么来的我不是很清楚,但是我知道我父亲亲自到冶金部去请示,要求给苏联专家的配偶适当安排工作。之所以去部里请示,主要是因为我父亲根本做不了主,因为安排工作就等于要给她们发工资。一方面,这是一笔不小的开销,况且工资由上级主管,我父亲肯定不能做主;另一方面,涉及苏联专家的事算是外事工作,也需要上报处理。

在鞍钢,专家之间也有意见分歧。如日本技术人员和苏联专家经常互呛。有一次,德国奥托公司的炉子坏掉后,日本技术人员便认为操作不便,成本高,修不好,拆了算了。苏联专家便反唇相讥:"如果这炉子是你的,你能拆吗?"他们批评日本技术人员没有站在鞍钢的立场考虑问题。苏联专家指导写了一个规程,修好后旧炉多用了十年。不管是日本还是德国,不管是公司还是技术人员,有时设备出现问题,他们就会建议拆掉并购置新的设备,这样还能再卖出设备。他们利用我们对国外产品了解不够的弱点,趁机推销并不先进的设备。从这点上说苏联对待中国还是比较亲近的,向苏联专家学习,能够在经济成本上节省不少。

1952年鞍钢开展大规模建设,在建设中,日、德技术人员和苏联专家以及中国的专家有时候意见不一。虽然苏联专家更能够站在中方的角度为鞍

苏联专家给李力寄来的明信片（正反面）(1960)

钢考虑问题，但这在很大程度上与切身利益相关，因为设计好便会有奖金。

　　苏联专家在中国受到格外尊重。不光我父亲所在的设计院重视专家，包括吕东来鞍钢，也找苏联专家谈话以了解情况。大型工业设计在规划的时候，还要请苏联专家集体到北京会商。中国的专家和苏联的专家到会都要拿出意见来，苏联专家起的作用是不容忽视的。从1956年开始，苏联专家的作用逐渐变小，鞍钢基层的技术专家逐渐回国，但是上层的专家还在坚守岗位。这固然有国际形势的影响，但更主要的是中国基本建设已经取得很大进展，培养了一批自己的技术人员，很多基层已不需要再聘请苏联专家了。很多苏联专家回去后和我父亲保持了友谊。

六、 鞍钢十高炉建设

　　鞍钢十高炉建设要从1955年1月份说起，那时吕东副部长来到鞍山，具体落实鞍钢一分为三的工作。分家以后，吕东亲自给设计院下达了三个任务：第一，要求设计院在一两年之内，在没有苏联专家的情况下，完成大型成套设备的设计能力；第二，要组织标准化设计；第三，设计院原先搞过技术设计、施工设计，但没有搞过初步设计，鞍钢设计院要学会初步设计。只有同时拥有初步设计、技术设计和施工设计，才构成一套完整的设计蓝图，一般我们现在看到的图纸都属于施工设计这一部分。

设计院接到任务后深感压力大，决定建设十高炉来完成任务。当时建十高炉上下争议非常大，因为鞍钢缺80万吨铁，这是国内任何一个铁厂都弥补不了的。那么办法只有两个，要么从各地外调来满足鞍钢需要，要么鞍钢自己建设高炉解决。而建设高炉也有两种办法：一是再建设一个七高炉，这样有两个七高炉，每个年产40万吨铁，加起来就能解决鞍钢的问题；二是建设年产80万吨铁的新高炉，按照排序就叫十高炉，但这样规模的高炉，我国还没有建设经验，风险很大。

鞍钢在炼钢、轧钢这方面还不错，但在炼铁上还有欠缺，有80万吨铁的缺口。也就是说炼铁产能不足，这影响了炼钢、轧钢等下游环节。虽然鞍钢建了一个七高炉，但是七高炉年产40万吨，解决不了80万吨的缺口这个问题，这就要求再建个大高炉。在当时的条件下，大高炉没有苏联专家帮助是建不起来的。为了完成冶金部的任务，设计院要靠自己的力量。父亲保存着一张照片，我起名叫"十高炉联盟"。上面鞍钢的经理、书记马宾，以及设计、基建各种人员聚集在一起，是1956年的照片。如果十高炉建设失败，整个三个公司的班子都得撤换；如果十高炉上去了，又是一番天地：十高炉建设的难度可以想象有多大。

我们无法依靠苏联人，因为他们的政治纪律非常严明，没有上级的命令绝不会接手这样的任务。如果鞍钢的技术人员咨询他们这个事，对不起，他们不能说，一个字也不能说。设计院完全靠自己的力量，设计建设一个1513立方米的高炉。这是一个天大的挑战。1513立方米的高炉将是鞍钢最大的，一旦建成正好能满足年产80万吨铁的需要。

对于建设十高炉，当时有很大的反对意见，这些意见有的来自冶金部，有的来自鞍钢本身，因为谁都不愿意担这个风险。像十高炉这样的风险十分大的大项目不是鞍钢想建就建的，也不是冶金部王鹤寿、吕东们想建就建的，十高炉的建设需要国家计委和国家经委批准，甚至要经过中央财经领导小组批准。[①]

鞍山市委第一书记杨士杰和市委副书记兼市委秘书长邹群峰组织开会

---

① 应该是中央财经委员会，简称"中财委"。

研究这一事项。当时有十多个人发言,有人表示同意,认为建设十高炉毕其功于一役,好处就是满足了鞍钢的需要,同时提升自己的能力,在建设中学习提高。杨士杰倾向于建设十高炉,鞍钢经理袁振也主张这样办。也有人表示反对意见。袁振在会上询问基建:"你们能不能干?"基建的回答是:"你们拿来蓝图我就能干。"袁振又问机总加工(鞍钢机械修造总厂):"你们能不能干?"机总说:"你们拿来设计图,我就能生产出来。"这下,所有的人都看着我父亲李力,显然设计院能不能做好设计成为关键。袁振问我父亲:"你们能不能搞出来?"父亲说:"我们只用成熟的工艺,先进的东西我们一样不上,就保证这个东西能顺利产生。"最后会议决定责成邹群峰给中央写报告,两种方案同时上报中央,就说鞍钢有两种意见。邹群峰在报告中,从完全具有自主知识产权和国家黑色冶金设计更上台阶的角度,强调建设十高炉的重大意义。袁振怕我父亲在公开的场合或者在会上那种形势下不好说"不行",便又私下问我父亲究竟能不能行,我父亲便又把会上的话重复了一遍。这样,袁振等人心中算是有了底。最后的结果是中央批准了建设十高炉的方案。

就这样,在父亲的领导和苦干下,设计院拿出图纸,鞍建建成了十高炉,鞍钢驾驭了这个立方米的高炉。十高炉的建成打破了苏联援华修建高炉的纪录,苏联援建中国的最高高炉是包钢1500立方米的高炉,鞍钢自己建设的十高炉达到了1513立方米,就把苏联给比下去了。这下苏联人也较劲了,给包钢建设1500立方米的高炉改成了2000立方米的高炉,还是中国最大的高炉,这样就把苏联最新的技术给逼出来了。国家建设十高炉的投资一开始是4个亿,后来鞍钢力争拿到了5个亿,鞍钢用这5个亿把十高炉完成了。

十高炉的建设具有里程碑的意义,是鞍钢发展的大事。设计院彻底完成吕东部长交派的任务,要在无苏联专家帮助的条件下,自己学会初步设计,要学会设计出成套大型重装冶金设备的任务。从此,中国的冶金设计行业,一步步走上了完全自主生产大型冶金、轧钢、炼钢、炼铁、矿山设备的道路。

七、一长制、"大跃进"和"鞍钢宪法"

鞍钢刚刚成立时,鞍山市委书记兼鞍钢监委书记,杨春茂是首任监委书记,他后来在建筑部①做副部长。鞍钢成立之初,起码一直到1958年的十年时间里,在干部配备上都是厂长配备得重,书记配备得轻,对企业的责任书记小,厂长大,厂长责任重当然就要说话算数。鞍钢配备干部都按级别,厂长比书记的级别要高一级半级。而且,鞍钢成立后长期没有公司党委,只有各厂矿总支,如炼铁总支、炼钢总支、设计公司总支,各总支归口市委组织部领导。1954年袁振调任鞍钢经理后开始建立鞍钢党委,党委书记由袁振担任。

鞍钢当时没有党委,可能与全面学习苏联有关。因为苏联企业实行厂长负责制,厂长一手遮天,弱化党委。一长制,就是厂长一个人说话算,什么事都你说话算。一长制当然有它的好处,比党委领导下的厂长负责制简单有效,减少了推诿扯皮之事。所有的事情都是由厂长或者总设计师说了算,就是最高行政首长拍板。然而,事情都有两面性。一长制下厂长掌权,削弱了党对企业的领导力,使党发动群众变得困难,长期下去就会"红旗落地"。后来为了扭转这个情况就实行了党委领导下的厂长负责制,权力就集中到了书记手中。但问题是书记常常不懂生产和技术,或者说一知半解,结果就是生产出了问题。所以就出现了一肩挑的现象,由厂长兼党委书记。我爷爷和我父亲都是这样,后来这个办法又改变了。

1958年中央提出建设社会主义的总路线,要多快好省地建设社会主义,目的就是快速建成工业国。建成工业国最重要的指标就是钢铁,因此在工业领域就开展大炼钢铁运动,钢铁元帅升帐,"以钢为纲"。在这种情况下,国家就抓鞍钢,给鞍钢很重的任务。同时,还搞小洋群、小土群,土洋结合,既抓大又抓小。先是土群,逐渐壮大了就变成洋群。我父亲曾讲,小土群后

---

① 中央人民政府建筑工程部,成立于1952年,主要负责国家基本建设中的工业建设。1970年与国家建委、建筑材料工业部、中共中央基建政治部合并,组成国家基本建设委员会。1979年,其基本职能被新成立的国家城市建设总局所取代,1988年改为建设部,2008年改为住房和城乡建设部。

来变成了一群小洋群。这些小洋群和小土群炼出来的铁都不合格,被称作"王八铁"。"王八铁"是工人起的术语,不是贬义词。在我进鞍钢的时候,还管这种铁叫"王八铁",三块连在一起,用多大块拿大锤一砸,中间一折,就可以用那一块,这就叫"王八铁",是一种铸造铁。

这时候,鞍钢就发现了自己初轧能力不足。炼钢厂炼出来的钢浇成一个锭,这个锭被送到初轧机轧成一个小的钢锭,之后再送到精轧机再成成品,薄、角、槽、圆、工——工字钢、角钢、槽钢等才能做出来。鞍钢当时有一初轧、二初轧两个初轧机,一初轧是德国的设备,日本人留下的。初轧机辊径是1100的①,二初轧是1150的,是苏联的设备。大炼钢铁开始后,现有的初轧机正常是完不成中央下达的这么多任务的。尤其是十高炉建成后,鞍钢铁和钢的产能上来,初轧就成为短板。可以说,初轧机根本转不过来了。

二初轧有一个老工人他就想了办法,那就是重复初轧次数。例如,一个钢锭在初轧机上一回压下去之后再压第二次、第三次,这样几回下来就可以供大型、无缝等不同场合使用了。同为"大跃进"年代,鞍钢人在总轧钢师兼二初轧厂厂长赵文敏领导下,奇迹般地发明出"双锭轧制"新工艺。所谓双锭轧制法,就是一次过两个钢锭,红钢锭从加热炉出来,一次过两个,这样不仅缩短了等待的时间,而且钢锭的温度也恰恰合适。这个轧制法一直到几十年后还被全世界经典的教科书引用,这是中国的创新和贡献。

但同期的快速轧制法被证明不可行。由于初轧机是部控设备,也就是由冶金部控制的设备,鞍钢只有使用权,不能随便对设备进行改动,设备检修,包括检修计划、检修手段、施工队伍等,都要报冶金部批准。一些工人就把轧机,比如说要过十次才能轧到合适薄度,他轧八次,每次增大压下量,来缩短轧制时间,轧制的产量就上来了,就解决了产量不足的问题。这就可能有质量不达标的现象出现,不过即便轧得不达标,还有精轧的环节,只要精轧机能吃进去,精轧还可以再轧一遍,问题也就不大了。但是二初轧在初轧机按照操作规程需要检修保养时,不进行检修保养而是继续生产,过度使用,即使能在1958年完成初轧产量,但是到1959年你再这么干,设备就塌架

---

① 在工程上如果不说计量单位,往往都是以毫米为单位,1100即轧辊的直径为1100毫米。

了。二初轧要是趴窝了,整个影响咱们国内的钢产量是多少?60%的初轧停摆!这是什么问题?这是枪毙你一百回都不解渴的问题!

因此,这样的轧钢工艺能够完成国家生产任务,但却不被大多数人所接受。二初轧厂厂长兼鞍钢总轧钢师不签字,鞍钢生产副经理马宾、鞍钢经理袁振也不承认这个轧制的工艺是合法合理的。但是工人发挥他的积极性,通过自己想办法就真干出来了。

为了求证这件事究竟可行还是不可行,鞍钢查验了苏联的设计说明书,不过苏联的说明书有些地方也似是而非,不是那么准确。于是,鞍钢组织力量正确翻译和掌握设计说明书。鞍钢"三大工程"的原始图纸都存放在重庆设计院,我父亲当时是院长。他制定了三个翻译路径:一是从俄—英—汉这个路径进行翻译;二是俄—汉直接翻译;三是从俄—德—汉这个路径来译。我父亲精通英语,故此英语翻译组长就由他担任,翻译到最后他发现不可行,于是就否定了这个路径。另外,俄—汉这个路径结果也不行。最终就只能通过俄—德—汉这个路径。当时找不到这么高阶的翻译,也没有可信任的人。这个事情最后汇报到周总理那里去了,总理找到中央马列编译局的德语翻译才把事情解决了。

鞍钢初轧机改造成功以后,老轧机就挪到包钢去了,鞍钢用国产新轧机。

"大跃进"期间,为什么鞍钢炼钢厂能生产那么多钢?我们厂100多工人,出了不少废钢,厂里就把这些钢锭编上号,写明化学成分,然后放到冷锭库存起来。当需要增加产量时,就把这些钢锭出库,实际没炼出那么多钢,就是把现有的拿来全部运往初轧厂,这样就把产量完成了。表面上看来,炼钢厂多出了钢,初轧厂也多轧了钢,鞍钢做到了增产。实际上,这里面有虚的成分。

"大跃进"期间,鞍钢也发起"拔白旗"运动。鞍钢副经理马宾、炼铁厂厂长蔡博等人都被当作"白旗"给拔掉了。蔡博这个人很有名,他是党的早期领导人蔡和森之子,在苏联学习时成绩很好。蔡和森和毛泽东关系非常好,年轻时在北京"隆然高炕,大被同眠"。毛泽东在1946年时曾致信鼓励蔡博等人在苏联好好学技术，将来好为国家服务。蔡博不负众望，在苏联学成后进入鞍钢，发挥了很大的作用。在鞍钢，蔡博算是很权威的技术专家。这些人往往都是各单位的一把手，大多都懂得技术，尤其是马宾和蔡博等人都从苏联学习了一长制的管理方法，算得上是技术权威。"大跃进"期间，蔡博认为群众运动大炼钢铁的做法脱离实际，违背科学。因此，蔡博被视为鞍钢的"白旗"。虽然我父亲在1958年就被调到重庆，但仍旧作为"白旗"被拔掉了。马宾这些人在1962年左右都被"甄别"，重新回到工作岗位上。不过，每个人都给留了尾巴。例如，父亲虽然被甄别平反，但还是留下了"骄傲自满，对'大跃进'有错误言论"的尾巴，以此证明他仍旧犯过错误，被拔"白旗"并非错拔。被拔"白旗"后，这些干部并非被一棍子打倒。马宾被安排去朝阳建钢铁厂，我父亲还作为四川省的代表参加了著名的"七千人大会"。因为这时中央也发现"大跃进"的问题，开始积极纠"左"。之后，父亲又代表冶金部作为冶金工业的特别代表登上天安门，参加国庆观礼。其实，"拔白旗"就是要打倒技术权威，把鞍钢中的行政方面压下去，这样才能加强党的领导。

"鞍钢宪法"提出的大背景就是"大跃进"。为了能够完成国家下达的任务，鞍钢在发动群众日夜苦战的同时，不得不开展技术革新、技术革命运动。庐山会议期间，鞍山市委在上报中央的一份报告中强调鞍钢反"右倾"、大搞群众运动的做法对生产起到了极大的促进作用，得到毛泽东的批示，中央便要求鞍钢注意总结经验。1960年初，鞍钢继续大搞技术革新、技术革命，鞍山市委第一书记杨士杰组织市委研究室等人下去蹲点，准备将运动开展情况上报中央。鞍山市委的那个报告是关于工业战线上技术革新、技术革命开展情况的，起草人是高扬，当时被称为鞍山理论"第一支笔"。父亲和他是老相识，至今我家还保存着父亲和他在1954年鞍山国庆游行观礼台上的合影。对"鞍钢宪法"贡献最大的人一个是他，另外一个是罗定枫——罗定枫是定稿人。时任市委书记处书记杨克冰回忆，当时市委并没有过多的时间和精力去修改文件就匆匆上报了。鞍山的报告时间是3月11日，22日，正在巡视途中的毛泽东看到鞍山市委的报告，十分高兴，认为报告中的做法并不是"马钢宪法"那一套,而是创造了一个"鞍钢宪法"。就这样,"鞍钢宪法"诞生了。"鞍钢宪法"很快传到鞍钢,鞍钢工人们都很兴奋,进行了大张旗鼓的宣传。之后,在冶金系统进行了学习贯彻。

"鞍钢宪法"常常被认为是"坚持政治挂帅,加强党的领导,大搞群众运动,两参一改三结合,技术革新技术革命"这五条。这五条是冶金部副部长高扬文总结出来的。"鞍钢宪法"一个重要的东西就是"两参一改三结合",这个不是鞍钢提出的,版权不是鞍钢的,是山东的一个面粉厂提出的,叫济南成记面粉厂。① 因为这个厂比较小,分量不够,所以就把"两参一改三结合"算在鞍钢头上,因为鞍钢是最大的企业,具有代表性和典型性。

鞍钢当年的一些人认为"鞍钢宪法"是"两参一改三结合",这点与冶金部又不完全一样。在我看来,"两参一改三结合",就"两参"来讲,并没有得到很好的执行,甚至有些时候还成了形式主义。例如,干部参加劳动,戴着个帽,穿上工作服,挖两锹土,然后就走了。一天 8 小时,他们连 20 分钟都干不上,到那儿一坐,找你说说话,拿一个工具比画比画就算完事,这个礼拜的劳动就算干完了。工人对此当然有意见。而工人参加管理也有同样的问题,表面上讲工人参加了企业管理,实际上只是停留在口号上,工人并没有得到什么。作为"一改"的改革不合理的规章制度,实行起来也是没有标准。当时领导说这个是不合理的,或者底下工人说就是不合理,我就要破,谁阻挠谁就是违反"一改",但究竟哪些该破哪些不该破,没有一个标准。谁权势大谁就有理,所以这种情况下"一改"也就无法具体操作。这样还导致一个问题,就是有人会因为个人矛盾公报私仇,出现拉帮结伙、立山头的现象。

1958 年 10 月,我父亲率领鞍山黑色冶金设计院成建制地调往西南重镇重庆,组建重庆黑色

李力摄于北京(1962)

---

① 访谈人的说法不准确,"两参一改三结合"的形成有一个过程,它也并不单是济南成记面粉厂发明的。比如,黑龙江的庆华、建华两个工厂也率先提出了"两参一改"的经验。

冶金设计院,成为首任院长兼党委书记。我在重庆度过了童年,全家其乐融融。不过,在大炼钢铁"超英赶美"的年代里,主张稳健的父亲遭到不公正待遇就难以避免了。之后,中央也意识到"大跃进"的一些做法带来不少问题,开始积极纠"左"。父亲的问题也在不久后即被甄别平反,可是他却因生病不得不到北京疗养。1962年1月,他作为四川省的代表出席了著名的"七千人大会"。10月1日,作为冶金行业的特约代表,他登上了天安门观礼台,参加了国庆活动。两个月后,父亲在北京病逝。冶金部部长王鹤寿,副部长夏耘、吕东、林泽生,以及冶金部的司局长、全国重点冶金企业的领导,在鞍钢工作期间的老战友、老同志华明、阎志遵、林诚等都参加了祭悼。之后,应母亲的要求,组织上又安排我家回到了鞍山。

八、 我的个人经历

我1953年出生,1966年夏天小学毕业。当时小学是六年制,拿了毕业证后,本来第二天和第三天要参加升学考试的,但是因为"文革"的爆发,我上学的事儿也就不可能了,当了"老三届"。在我最需要念书和最愿意念书的时候,无书可念。

1969年12月,我进入鞍钢第三炼钢厂工作。进入鞍钢后,我每天从家骑自行车到三炼钢去上班,路上40分钟,来回80分钟。那时候鞍钢有通勤车,但是我们这样的没有资格买通勤车票,主要是让怀孕的妇女或者抱着小孩的坐,通勤车成了母婴车。这算是鞍钢比较人性化的做法,对妇幼比较照顾。另外,

全家福(1959)

也有很多工人走路上下班,我骑自行车算是好的了。鞍钢的上下班都有统

一的时间管理,形式就是拉笛儿。每天早晨上班时间是8点,7点也就是提前一小时,全市都拉响笛儿,"呜——"的声音在全市响起,这就是提醒你该出发去上班了。日本人管理鞍钢的时候就用这个方法,因为那时候中国人没有表,无法掌握准确的时间。新中国成立后这个方法被留用,一直用到80年代中期。

一般情况下,电笛响的时候我就出发,40分钟到厂里,剩下的时间就用来换衣服。在鞍钢工作都穿统一的工作服,现在也是一样,从里到外所有的衣服都换成工作用装。10分钟的时间就能换完衣服,之后就立即从更衣室到碰头室,一般正式上班前的10分钟要开早班会。班组长会分配今天的工作任务,并提示注意安全等事项。8点钟大家各上各岗,各拿各的工具开始干活。11点半就收工了,可以从工作现场到休息室歇一歇。12点吃午饭,午饭加休息有一个小时的时间。下午1点继续上班,一直到5点下班。如果你中午没有休息,就可以下午4点下班,总的工作时间就是8小时,比较灵活。

干活的时候也有人偷懒耍滑的现象。有一次,下午1点我们到狮子山的大平台去拉一个大电动机。到了以后大家都躺在那儿晒太阳,先睡上一小时再说。尽管也有呜呜的笛声,但是就是没人动。电动机很大很沉,我们四五个人拽上绳喊着"一二三"使劲拉,但是电动机纹丝不动。大家互相看看,都不约而同地笑了,因为没一个人真使劲。这样的事儿经常发生。过去鞍钢修铁路,在抬铁轨的时候因为有人不使劲,就造成另外一个人受伤,压出不少病。

得益于恢复高考,我又有机会继续念书了。我参加了1977年高考,四五门考了250分,虽然分数不算高,但是也是不简单了。而最终的结果是我没被录取,原因是志愿报高了,我填报的北京钢院。[1] 当时,北京钢院的录取分数是260分,我差了10分,就这样没能上大学。这对我来说是个教训,因为自己本身就是鞍山的,心气儿太高了,总想去北京念个好大学,冶金系统最

---

[1] 北京钢院,全称北京钢铁学院,现更名为北京科技大学。

好的就是北京钢院了,所以就没有报本地的鞍山钢院①。不过,我没有气馁,继续参加高考,有了上次的教训,我变得冷静多了。1980年我终于考上了大专,在电大学工业会计专业,成为鞍钢电大的第一批学生。

  现在我也退休了,闲暇时出国帮我的女儿看看孩子,享受天伦之乐。用黄仁宇的大历史观来看,共产党还是很了不起的。今天,我们鞍钢或者说我们国家能够有这样的成就,归根结底还是得益于共产党的领导,现在提出要"不忘初心,牢记使命"是非常对的。

---

① 鞍山钢院,全称鞍山钢铁学院,现更名为辽宁科技大学。

穆铁健
以父亲为人生榜样*

亲 历 者：穆铁健
访 谈 人：田毅鹏
访谈助理：王余意
访谈时间：2020 年 10 月 21 日下午
访谈地点：鞍钢党校
访谈整理：王余意

亲历者简介：穆铁健，男，1961 年生。鞍钢"五百罗汉"穆景升（1925—2019）之子。1979 年后先后考入鞍山师范学院、中国社会科学院研究生院工业经济系。1981 年进入鞍钢工作，历任鞍钢矿渣开发公司党委副书记、鞍钢团委书记、鞍钢党委宣传部（统战部、企业文化部）部长、鞍钢矿业公司党委副书记兼纪委书记、鞍钢设备检修协力中心党委书记兼纪委书记、鞍钢股份市场营销中心党委书记、鞍钢集团监察部部长等职务。现任鞍钢股份党委常委、纪委书记，鞍山钢铁集团党委常委、纪委书记。

穆铁健（中）接受访谈

---

* 本文在整理过程中参考了穆铁健整理的父亲穆景升口述材料，特此致谢。

一、红色传统：参加革命与投身工业

我的父亲穆景升,祖籍山东平度,1925年生在辽阳。我曾祖父叫穆青云,是家中排行最小的。我们家这一支之所以从山东老家来到东北,完全是因为我曾祖父的大哥穆振烈,我应该叫他大太爷爷。他是咸丰年的贡生,到了北京的国子监读书。赴京高就依例可以带陪伴和仆从,他就带着我太爷爷去了。后来大太爷爷被委任到地方做了州的学正,我太爷爷也被派到奉天府辽阳州当了个经承,管财政,是比七品芝麻官还小一级的八品官。尽管品级不高,但毕竟是官宦人家,在辽阳城里也算有点地位。这从嫁娶就能看得出来,我爷爷穆赞清,娶了辽阳大户刚氏的女儿刚淑珍。据父亲回忆,我奶奶的家族有些来头。太姥爷叫刚雍谦,祖先是蒙古的王爷。元朝时蒙古人坐天下,地位显赫不必说了;清朝时"满蒙一家",蒙古人帮助满族夺了汉人的天下,满族做了皇帝,蒙古族也跟着沾了光。刚氏传到我太姥爷这一辈究竟还有什么特权,现在已说不清了,只知道老刚家很气派,高宅大院,家里雇着长工。冬天下大雪,长工就背着我父亲去上学。

我的爷爷奶奶生育了五个儿子,没有女儿。可惜爷爷奶奶都短寿,只活到了三十七八岁。这时除了我大伯已经成年,可以自己谋生外,其他四个孩子还小。于是我的舅爷爷,也就是我爸爸的两个舅舅,把四个孩子分开接到家里去抚养,并且教育他们："一定得学点手艺,我没办法老管你们,这样你们才能生活下去。"当时辽阳有一所医科专门学校,大舅爷爷说:"要是能考上这所学校,将来做了医生,生活就有保障了。"大舅爷爷请了先生给二伯、三伯补习功课,他亲自监督,答错了就打手板。在严厉的管教和个人发愤努力之下,二伯、三伯都考上了这所学校。1932年,我二伯从辽阳医校毕业,在时任东北军铁甲列车大队卫生处少校处长表舅爷宋一明的安排下,在他的手下当军医。

我父亲是五个兄弟中最小的,5岁失去母亲,8岁没了父亲,成了真正的孤儿。对待我父亲,二伯既当父又当母,无微不至地照顾他。二伯从了军,随部队迁徙,我父亲就跟着辗转。1935年二伯所属部队移驻河北保定,1937

年又到了陕西咸阳。每到一地，安顿了住处后，二伯马上去给父亲找学校，办入学手续。尽管四处漂泊，但父亲并没荒废学业。父亲在保定时，在保定铁路子弟学校读书；在咸阳时，念的是咸阳县高级小学。

渭水从西安和咸阳之间穿过，所以陕西人习惯上称渭水之北为"江北"。二伯那时就在咸阳的江北兵站统监部任上尉军医。1939年春天，三伯来了，三伯对二伯说："我找到了一份好差事，这次来就是要把老五接走，给你减轻负担。你也二十五六岁了，也该考虑成个家了。"原来，三伯自1934年从辽阳医校毕业后，不愿在东北当"顺民"，也想进关去。经介绍，他到东北军骑兵第十师二十九团做军医，驻扎山西太原。那时共产党在山西的"牺盟会"特别重视联络东北籍人士，三伯就是这时被"牺盟会"的外围组织"民先"关注上的。他接受了共产党的宣传教育，从心里赞成共产党"动员一切力量争取抗战胜利"的主张，萌生了到延安看一看的念头。于是三伯通过这个途径，1938年去了延安，并且入抗日军政大学系统学习了革命理论。就是在这里，他坚定了跟共产党走的决心。

三伯把父亲从咸阳接到西安，又辗转到了延安。三伯医术很高，组织安排他担任陕甘宁边区医院门诊部主任。当时为了培养人才，发展科学技术，延安自然科学院已经成立，并招收了第一批学员。组织考虑到我父亲是个中学生，年龄正合适，就决定送他到延安自然科学院预科学习，三伯连声表示同意并感谢。

父亲在延安自然科学院念预科时，自然科学院院长是徐特立，副院长是陈康白；预科主任是曹达，总班长是李永和，党支部书记是王玉珍，这三名同志都是老革命。教学方面，虽说是预科，但已开始讲大学的课程了。老师们水平很高，有的在当时就已经是著名的科学家了，他们自愿放弃在国外、在大城市名院校工作、执教的机会，来到延安这偏僻艰苦的地方教育青年，以及给工农干部、贫穷百姓普及文化知识。父亲还回忆到，延安的各单位经常邀请领导同志讲话、做报告。那个时候他就听过很多领导、将军的报告，比如朱德、贺龙、周恩来、邓颖超、林伯渠等。我父亲很快融入集体中，知道了许多同学都有着不平凡的身世和经历。他们有的是革命烈士的后代，有的是领导同志的亲属、后代,更多的是和他一样通过各种方式从各地来到延安的青年。因为自然科学院是我党兴办的第一所自然科学领域的正规化大学,学生入学即视为参加革命工作,并且只有两期学员,所以这些学生大都成长为领导人物,无论是在学术科研上,还是在行政管理上。父亲同班同学里面就有两位高级别干部,一位是李鹏,还有一位是邹家华。

1945年,抗日战争进入了最后的决战期,根据雅尔塔协定,苏联红军占领了东北。当时,东北是中国最发达的重工业地区,工业产值占全国的大半;又是黑土地,粮食产量高。显然,谁抢占了东北,谁就能获得最雄厚的物质基础条件。"8·15"光复后,中央迅速做出了抢占东北的战略决策。占领东北需要大批干部,中央在选调干部的同时,鼓励干部报名自愿去东北工作。这些在延安的东北人终于能实现"打回老家去"的梦想,报名很踊跃。三伯被组织选调,父亲则在学校报了名。对于第一批赴东北的学生,学院很重视,专门开了个欢送会。欢送会过后,包括我父亲在内的七名学生到中央组织部报到,都被编入延安赴东北干部团。整个干部团有1000多人,中央专门成立了三五八旅战士组成的护送团,团长是黄永胜。

经过艰难的行军,干部团终于抵达沈阳。当时苏联为了避免引起政府间的麻烦,不允许共产党番号的部队驻扎沈阳。中央决定,不以共产党、八路军的名义行动,改称"东北人民自治军"。到9月下旬,干部团1000多人被陆续分配到东北各地工作,父亲与三伯一同被分配到自治军卫生部。卫生部对内的隶属关系是东北人民自治军后勤部卫生部,对外则是沈阳保安总队卫生部。父亲到了卫生部机关总务科当指导员,两个月后被调去当警卫连指导员。

但是时间不长,国民党部队开进了沈阳。父亲接到紧急命令,迅速撤离沈阳,将药品和医疗器械转运到抚顺,后向本溪转移,最后撤到了黑龙江。卫生部派父亲到东北卫生技术厂当器械科科长。工厂隶属于后勤部军需部,一直列在军队编制内,实行军事化管理,进工厂工作就是入伍参军。1948年八九月间,厂子接受了军区卫生部的指示,做好准备,待沈阳解放后,接收沈阳的制药厂并将工厂迁往沈阳。为此,厂子里成立了一个筹备接收的组织,父亲在这个组织里认识了母亲傅静茹。那个时候党员恋爱、结婚是要经过组织批准的,父亲的直接领导是副厂长罗叔章①。她听了父亲的报告,很高兴,在父母办理结婚手续的组织证明上签了字。

辽沈战役以后,我军逐渐扭转了颓势。1948年11月,沈阳解放了。沈阳是一个工业体系比较完备的大城市,党制定了一套周密的接管治理方案。父亲被派去接收满洲蹄铁厂。这听名字好像是个打马蹄铁的作坊,其实是一个医疗器械厂,接收后更名为沈阳医疗器械厂,隶属于东北制药总厂,父亲担任第一任厂长。

东北医疗器械厂领导家属合影

不久,朝鲜战争爆发了,局势骤然紧张起来。因为辽宁与朝鲜毗邻,所以沈阳的一些工厂要北迁到黑龙江省,父亲被派往齐齐哈尔筹建东北医疗器械厂。因为大家的努力,东北医疗器械厂的建设工程非常顺利,当时的三名厂领导(李悝、吴启鹏、穆景升)相处得就像亲兄弟,不仅工作不分家,甚至连吃穿都不分家。这里有个很有趣的人事安排:刚建厂时,组织任命李悝为党委书记,父亲为厂长;后来父亲去上学了,组织决定,父亲上学期间,吴启

---

① 罗叔章(1898—1992),女,湖南岳阳人。1931年毕业于暨南大学政治经济系。全面抗日战争时期任战时儿童保育委员会直属第一保育院院长、中国妇女联谊会常务理事。1945年加入中国民主建国会,1949年出席中国人民政治协商会议第一届全体会议。曾任中央人民政府办公厅副主任、全国人大常委会副秘书长、劳动部副部长、轻工业部副部长、全国妇联常委等职。

鹏任厂长,父亲改任副厂长;而更有趣的是,学校放假,父亲回到厂里上班,吴启鹏就自动降为副厂长——这是真正的"能上能下"。

为了实现工业化的目标,党中央决定选拔一批有文化基础的年轻党员干部深造,然后充实到重工业领域。东北人民政府卫生部推荐父亲报考哈尔滨工业大学。父亲说,早在延安时期,他看了一部反映苏联社会主义建设成就的纪录片,搞重工业就成为他的梦想。随后,我父亲就参加了1951年秋季统一招生考试,考上了。

这时,鞍山钢铁公司已经开始恢复建设,急需从事钢铁生产的管理技术人员。于是,父亲被调剂到东北工学院学习压延(轧钢)。父亲所在的压延专业隶属于机械系,由著名工学家刘致信先生担任系主任。这个专业设在东北工学院长春分院,它是1950年东北人民政府将设在鞍山和抚顺的两所工业专门学校合并后,经过师资力量调整后组成的分院。1952年,东北工学院机械系迁回沈阳。

转眼到了1953年下半年,东北人民政府高教工作会议在沈阳召开,大连工学院院长屈伯川①参加了会议。屈老是父亲在延安自然科学院学习时的老师,父亲去看望他。屈老问起父亲的学习情况,并说鞍钢正在大规模建设,鞍钢经理华明多次请他推荐技术人员。因此,他建议父亲到鞍钢参加工作。按屈老的话就是,"参加工作是最好的实习"。父亲表示愿意到鞍钢工作。于是,屈老便领着父亲去见东北工学院院长靳树梁先生。靳先生曾经在鞍钢工作,知道对于一个学轧钢的人而言,

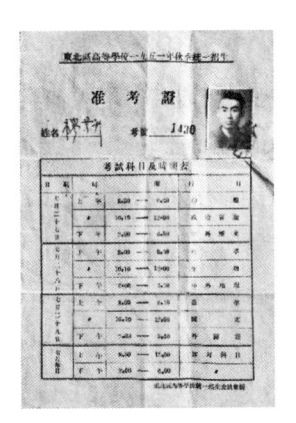

穆景升的准考证(1951)

去鞍钢是一个最好的选择,所以很赞同父亲的想法。但因为父亲还没有毕业,不能由学校分配,就只能由父亲提出退学申请,将父亲退回东北局,再由

---

① 屈伯川(1909—1997),男,四川泸县人。1934年赴德国留学,1937年获化学工程博士学位。1940年任延安新华化工厂厂长,历任延安自然科学院教育处处长、陕甘宁边区政府建设厅工业局副局长、晋察冀军区工业部实验所所长、"关东工业专门学校"校长等职,1950—1981年任大连工学院院长。

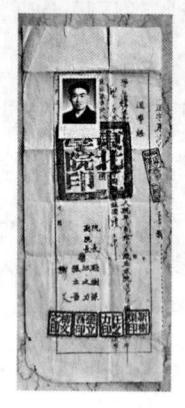

穆景升的退学证（1953）

组织分配到鞍钢工作。1953年底，东北工学院同意了父亲的退学申请，为他开具了退学证。等学年结束，父亲拿着退学证到东北局组织部，组织就把父亲派到了鞍钢。

这样一来，我父亲就属于鞍钢的"五百罗汉"了。界定"五百罗汉"最重要的一条标准是组织选派——我父亲因为没有毕业，不是由学校分配的，而是组织选派来的，所以入选了。鞍钢最早在厘清"五百罗汉"的界限时，请教了当时的一些老同志，查证了一些文件，第一个必要条件就是由组织选派，得是拿着调令，而不是拿着分配证来的。我父亲被列入"五百罗汉"，就是这么算的。

二、父辈榜样：建设鞍钢与优良作风

1954年新春来临之际，父母在鞍山安家落户。从此，父母的一切就和鞍钢紧密相连，再也没有分开。我父亲到鞍钢之后，正赶上苏联援建鞍钢的几个项目陆续上马。其中有一个项目刚开始建设，叫第二薄板厂。第二薄板厂是干什么的？它是当时新中国从战备的角度考虑，用来轧装甲板的。鞍钢就把父亲派到了第二薄板厂，说他刚到车间，做车间主任，后来做这个厂的值班调度长。从组织角度讲，应该算是高职低配，因为我父亲来的时候和他们厂长是一个级别的，但是他只做了车间主任，又做值班调度长。母亲则被安排到鞍钢公司团委。

父亲在这段时间的主要任务，就是研制装甲车、坦克车用的装甲板。后来父亲做了第二薄板厂的副厂长，管生产，主抓这个事情。当时有一位在鞍钢做出很大贡献的技术人员，叫曹荫之[1]，他在西南联大时学习材料专业，毕业之后就留在清华大学给钱三强做助教。后来他主动报名参加鞍钢建设，

---

[1] 曹荫之（1925—2002），湖南长沙人。1947年毕业于清华大学机械系金相专业，毕业后留校任助教。1949年9月调到鞍钢，先后任鞍钢检验室技术员、工程师、研究室主任，鞍钢半连续轧板厂技术科长，鞍钢钢铁研究所副所长、总工程师等职，高级工程师。

穆景升夫妇在鞍钢拍的第一张合影（1954年6月20日）

到鞍钢中央实验室做金相试验主任。因为当时最紧迫的材料研制任务是装甲板,他就到第二薄板厂挂了个技术科的副科长。他和我父亲,包括我们两家,建立了很深厚的友谊。

我父亲在第二薄板厂工作一段时间之后,又调到第二初轧厂做副厂长。没过多久,他就被鞍钢派到省委党校脱产学习两年,学习结束后在鞍钢技工学校当校长。他当了几年校长,又被鞍钢派回第二初轧厂做厂长——走的时候任副厂长,转了一圈回来做厂长。大概在1964年,他就做了鞍钢计划处处长。那个时候是计划经济体制,所以计划处是最大的、最重要的处室之一,我父亲不到40岁就当上了计划处处长。

很快"文化大革命"来了,当时鞍钢有两派：一派拥护鞍钢党委书记王鹤寿,这一派组织的名儿叫"无产阶级革命派大联合",简称"大联合"；另一派叫"捍卫毛泽东思想战斗队",简称"老捍",他们是造反派。后来呢,"老捍"占了上风。"大联合"这伙人连我们家在内,都被打倒了。1969年我们家就下乡到农村去了,我那个时候8岁,也跟着去了。"9·13"事件后,又觉得不对,还得把这帮老的领导干部再找回来,我父亲便回鞍钢了。但我们家还在农村,1974年才回来。

回来之后,父亲又到他原来的单位第二初轧厂,做"革委会"副主任。

"革委会"副主任是行政职务，相当于副厂长。我父亲后来从二初轧厂调到冷轧厂做厂长，再后来做党委书记兼厂长。在这个任上时，"四人帮"被粉碎了，中央开始拨乱反正。当时中央组织部有一个政策是，"文化大革命"中被打倒的这些老领导一律官复原职。第二个，由于"文化大革命"被耽误提拔的这些干部，不能吃亏，该提拔的提拔。我父亲相当于在"文革"以前就已经被列入重点培养、重点提拔的干部队列了，要不然不会调他到计划处去当处长，因为当时计划处是第一号的处。后来我父亲1979年任鞍钢副总经理，1982年任鞍钢副总工程师。我父亲是1985年从鞍钢副总工程师任上离休的，离休以后他被冶金工业部安排到柳州钢铁厂去当顾问，帮柳钢制定改造计划，扩大生产规模，这样又做了三年，真正脱离工作时是63岁。

在鞍钢30余年的工作生涯中，我父亲引以为豪的有三件事。

第一件，在第二薄板厂初期建设的过程中，为了能完成国家交给他的任务，父亲组织施工，并且对苏联专家提出的一些不合理方案进行了改造。当时上级给了他一个处分，说他不讲政治。后来上级发了撤销决定，大意是，那个时候因为反对苏联专家的意见，父亲被打成"白旗"，这是错误的，现予平反。我家现在还保留着这张"平反通知书"，证明父亲的实践是正确的。而且苏联专家还和他成了朋友，苏联专家没说父亲对，但是起码没说他错。

第二件事是1956年周恩来总理到鞍钢来，因为国家计划有缺口，总理亲自到鞍钢来协调追加钢铁计划，其中一个主要品种是硅钢片，而这种钢材的生产厂就是第二薄板厂，也就是我父亲在的那个厂。我父亲跟我讲，那天正好他和厂子的党委书记值班，他在值班室接到电话。电话里问："二薄板厂现在谁值班？"我父亲说："我值班，还有我们的书记。"电话里说："你们不要走，一会儿有首长到你们单位去参观。"他们两人就在外面等着，父亲回忆说："那个时候作风真是不一样，没有任何公司领导陪同，只有鞍钢行政处接待科科长一人陪着周总理，就这样来了。"来了之后父亲陪着总理在现场看，看完之后总理说："我这次来，是请你们帮忙来了，你们能不能增产5000吨硅钢片？"因为困难太大，我父亲说："那这样吧，既然总理说了，我们跟职工群众商量商量，我们发动大家看看能不能多干一点。"总理说："那就好，那就好。"对于这件事,父亲印象也很深。

第三件事发生在"文化大革命"后期,鞍钢让我父亲到冷轧厂,冷轧厂当时是派性斗争的重灾区,两派互不相让,他说出这个我就反对,我说出那个他就反对。命令不能畅通,生产受到很大的影响,就搞不好。当时鞍钢的一位领导跟我父亲谈话说:"冷轧厂已经一两年没完成任务了,把你从二初轧调到冷轧去,就是要你把生产给抓上来。"父亲说:"抓不上来,冷轧厂派性斗争特别严重,我去了之后没法干。"领导说:"那好办,把他们现班子都调出去学习,然后你去放手干。"父亲到了冷轧厂之后,应该讲干得挺好。大概干了一年多,这个厂子的生产任务基本上就追上去了。追上去以后,鞍钢决定,原冷轧厂领导班子重新安排工作,给我父亲留在那儿做厂长。我父亲就一直做冷轧厂的厂长、党委书记,直到提拔到公司做副经理。

我父亲刚开始在鞍钢工作的时候我还小,很多事不太清楚,等我上学了,和父亲见面也比较少,再后来我参加工作,我父亲年龄大了,基本上退休了。我对父亲有这么一些印象。我父亲在他那代人里面应该算是共产党培养的第一代知识分子。因为他是共产党第一所自然科学院的毕业生,学的是工科,解放以后又是共产党第一次派自己的干部去大学学习,所以他真正是我们党培养的技术人员,一辈子从事技术工作,搞轧钢。我认为父亲应该算是党的钢铁工业、轧钢专业的一个实践者。不敢说专家,而是实践者,他少年时颠沛流离,文化基础不算太好,但是学习非常认真。他看报纸时,但凡遇到不认识的字,必须查字典把注音标上,我们家那几本字典都被他翻烂了。我父亲考上延安自然科学院,我三伯非常高兴,领着他上延安的新华书店给他买了一本《国音字典》,等于现在的《新华字典》,现在还留着呢,那本书出版至今都80多年了。英语就没丢下过,90多岁的时候还天天看外语。而且由于他在世界观形成的时候就加入了共产党的队伍,过集体化的生活,在某些地方他的自我要求甚至到了刻板的程度。父亲从来没有像我这种姿势(上半身靠着椅背)坐过,要坐就是正襟危坐。在他的观念里,床是睡觉的,不能坐,要坐就得坐凳子。在家规定7点吃饭,那就是7点吃,差五分钟他都不吃,就到那种程度。所以他的工作是一丝不苟的,做什么工作都绝不糊弄。

父亲他们那代人的理想信念是不成问题的,他对于共产党,包括对于毛主席都是从心往外尊敬。他容不得谁说一句对共产党、毛主席不恭敬的话,而且他真会和你急眼,说:"我是孤儿,没有共产党我就饿死了。"这是实话,是他自己亲身经历的。曾经有一个邻居来家里,说话口没遮拦。我父亲很生气,但他没有当着人的面教训他,而是在之后说,以后不能让他再来了,我不乐意见他。

我父亲的组织观念非常强,只要是组织决定的事情,他就二话没有。组织上交给他的任何任务,他都想各种办法,甚至可以不休息地去完成。我小时候每天早上醒来时,父亲已经上班去了;晚上我睡了,他还没回来呢。我也受父亲这方面的影响,反正只要是组织定了让你上这上那,我就没有任何其他的考虑。我在鞍钢工作快40年了,明年要退休了。这40年里,我经历了鞍钢11位党委书记,我的工作岗位也正好经历了11个。有的岗位,在别人看来很荣耀,说这岗位挺好,将来可能怎么样;有的岗位,人说"你上那破岗位干啥",给你低估了。我从来都没有这想法,因为这岗位是党安排的,安排你到这儿是组织上的事,我个人没有任何意见。

三、共青团力量:联系群众与动员青年

1979年我考上鞍山师范学院,毕业后有机会到鞍山人民广播电台工作,但我父亲认为我应该和他一样到鞍钢来。赶上鞍钢技工学校招教师,我就报名了,当了两年教师。1983年我到鞍钢党委宣传部做理论干事,1985年我到鞍钢的一家基层厂矿矿渣开发公司工作了九年,从党委办公室的副主任做到党委副书记,还代管过一段副经理的工作。

1994年鞍钢要召开团代会,进行团委干部换届。当时鞍钢领导定了几条标准,新任的团委书记得符合这么几条:第一条是政治标准,忠于党,且是党员身份;第二条是年龄不能太大,30岁左右;第三条是层级标准,因为公司团委书记的层级挺高的,比正处级还要高一点,所以这个人选不能低于副厂

处级。最后又附加一条,由于当时领导认为团干部选拔大部分是从团干事到团的某个部门担任负责人,再当副书记、书记,领导说咱们能不能换个思维,不从团里面选,从团以外选,最好这个人选是党务工作和行政工作都干过的,这样的话比较全面。定下这几条标准以后,组织部门进行筛选,好像符合条件的人选不多,也就两三个人吧。组织上认为我还比较合适,1994年在共青团鞍山钢铁公司第七次代表大会上我就当选为团委书记了。

穆铁健当选为鞍钢团委书记(1994)

1994—1998年,我担任了四年的鞍钢团委书记。当时企业里面的组织结构,习惯的说法还叫党政工团,党政工团的团是一个很重要的部门。那个时候团委的工作对象由两部分人组成:一部分是青年团员,"团员"有两个含义,一是有共青团身份的人员,二是从事团的工作,哪怕超过28岁,仍然可以保留团籍;第二部分是35岁以下的青年职工,这也是团委的工作对象。我做团委书记的时候,鞍钢35岁以下的青年职工总数78 000人,就是说我的工作对象是78 000人。

当时在共青团组织里面有三句话,公认是比较经典的。第一句是"党有号召,团有行动",就是共产党发出了号召,共青团必须得紧跟上去,行动起来。第二句是"有为才有位",很多人觉得共青团既没有钱也没有权,说这玩意你干不了什么事。不是的,这个位置不是别人给你的,是你自己干出来的。第三句是，共青团的工作要善于在党政工作无暇投入主要精力的方面，找工作的切入点。

我在鞍钢团委的时候，抓了四项工作，这四项工作好像在团中央各种不同的场合都当经验介绍过。正因为这样，我在1998年被授予改革开放20年"全国优秀共青团干部"荣誉称号。

我这四件事是这样着手的。第一件事，在我们国家，青年在政治上进步的一个标志即成为先进组织的一员，就是加入共产党。共青团是党的助手和后备军，是党和政府联系青年的桥梁和纽带，那么我们必须得做点什么。既然青年在共青团组织里，把青年培养成党的后备军，团组织要有一定的发言权，要是丧失了这个发言权，团组织对青年的政治培养就有缺口了。所以我们当时就开展了推优活动，鞍钢党委和组织部门也非常支持，发展35岁以下的青年职工入党时，必须经过团委的推荐，没有团委的意见是不行的。

穆铁健（左二）向李克强（右二）汇报鞍钢发展党员的做法（1995）

在一线青年职工中发展党员，经由团委推优入党，这是一个很好的结合点。这一实践得到了《中国青年报》的报道，团中央非常重视。团中央和中央组织部共同准备要开一个现场会。现场会选在哪儿开？大家一点异议都没有，选择在鞍钢开。记得这个现场会是1995年1月8日在鞍钢召开的，团中央书记处来了三位书记——李克强、刘鹏和巴音朝鲁，中央组织部来的领导是虞云耀,到会的还有全国各地大型国有企业的党委书记、团委书记、组织部部长。对青年入党的培养、教育,鞍钢较先采取推优的做法,后来就变成一个导向了。

第二项工作的节点是迈入21世纪的重要关口,我们觉得要想保持企业的永续发展,为祖国做出更大的贡献,就需要培养有操作能力、有技术水平、能够担当起新时代重任的青年工人。所以我们在青年当中广泛地开展青年岗位技术能手活动,每年都组织青年职工操作技术技能比赛。我们为此做了很多宣传,也有许多具体的措施。这件事情持续了多年,在全国性的青工技术竞赛中,鞍钢派出的选手不是拿第一就是得第二。人家说宝钢各方面都好,但是他们技术竞赛很少赛过我们。为什么呢?我认为第一个,可能鞍钢人多,选出来的人就要好一点;第二个,宝钢的设备太先进了,工人工作太顺了,没遇到过问题。比如说,到我们这儿考高炉工,设定几个高炉出现异常情况怎么处理的题,他没处理过,宝钢的工人就说"我们从来没遇到过这事"。打个比方,他们是保健医生,我们是抢救室的医生,所以我们职工的"医术"就高了。现在不是强调工匠精神嘛,有很多大工匠基本上都是那个时候培养起来的,确实在工人中有绝活。工人就靠这个东西吃饭,即便有机械、电脑的辅助,有些情况还得靠个人技能。我觉得这项工作的意义还是挺深远的。

自1994年开始,每年组织青年职工操作技术技能比赛

第三，青年的组织应该有一个全面的青年素质培养体系。青年既是企业的人，又是社会的人，也应是在社会上有素质的人。我在当团委书记的时候，青年的文化活动是非常活跃的。那时候组织了很广泛的青年文化团体，搞美术的、搞音乐的、搞电影欣赏的、搞文艺创作的……几乎各厂都有青年的文学社，出了很多青年诗人。我们还举办了一些在当时看来比较高雅的文化活动，请来辽宁交响乐团办了一场交响音乐会，同时做讲解，当时气氛非常活跃！因为那个时候鞍钢没有人搞这个工作，我们党委书记是吴溪淳，冶金部副部长，他看了说："哎呀你们这搞得太好了。"后来冶金部思想政治工作年会在鞍钢召开，他还跟我说："能不能把他们请来，再给演一次？"我说："这样，演一个更有共青团色彩的。"于是我把天津音乐学院的学生交响乐团请来演出，反响也很好。

第四，紧密地结合企业实际。当时我们有个口号，"企业的难点就是共青团工作的重点"。企业的团组织必须紧紧地围绕中心工作来组织青年活动、培养青年。这是我前三任的团委书记金阳在任时发起的，我们传承了这一工作精神。原先鞍钢因为设备比较落后，人也多，安全事故频发。钢铁研究所曾经出现过一次群死群伤事故，技术人员到现场去服务，到地沟里面下去，结果人在里面被煤气熏倒了。他们也没有这个意识，就下去救，谁下去谁死。他们都有大无畏精神，结果一下死了好几个。所以当时鞍钢提出来一个口号，"安全生产，事故为零"。我们觉得共青团在安全问题上应该有所作为，于是在广大青年职工当中开展了青年安全竞赛活动，把安全事故是否能够得到控制、青年职工的负伤率作为对团组织整体工作的评价标准，作为团组织评优资格的一票否决点。后来这个做法被冶金部、冶金系统的团组织采纳了，在全国冶金系统展开了青年安全竞赛活动。在这个系统的先进评比中，安全情况也作为一票否决的最后关键。

一个企业当中，总有一些管理的模糊地带和突发事情。这种情况来临以后，我们共青团要实时补位，在关键时刻展现共青团组织作为先进青年群众组织的作用和能力。比如我们曾经在突发大风雪的时候，在煤车按照正常程序无法装卸的时候，组织几千名青年职工冒雪开始卸煤车；也组织了数千名职工清理厂内不好的环境,建设清洁工厂;还曾经组织各厂的青工,学习孟泰的精神,到厂区的各个角落收集废钢铁来为工厂创效……这类行为确实是急企业之所急,想企业之所想,在急难险重任务出现的时候,我们就往前上。

还有就是当企业遇到困难的时候,我们及时有效地动员青年支持企业建设。在双轨制时期,国家为了国民经济的稳定顺行和可靠顺行,没让鞍钢这样的老企业尽快进入市场,所以90年代初期的鞍钢还在计划经济体制下运行。计划经济有计划,而且我们讲诚信,只要你在我们这儿订了货,我就给你发货。结果没想到,我们发货之后,对方不给钱了,形成了很重的三角债。资金出现缺口,有一段时间鞍钢都没有钱买煤了,面临着停产的风险。当时的总经理李华忠[1]就说:"没问题,要相信鞍钢的工人,只要我们跟工人说一声,管工人借点钱买煤。"在大会上,李华忠把现在的情况一说,说谁谁欠咱们钱,我们现在资金出现缺口了,需要大家支援。他是山东革命老区来的,说那个时候老百姓家有一个菜饼子都得留给子弟兵,我们现在到这个时候了,管工人借钱买煤。讲完了他给工人鞠了一个躬。开完会回去后各级团组织一动员,青年团员就踊跃地借钱给鞍钢买煤渡难关。

四、转型历程:思想转变与技术改造

我父亲当过鞍钢计划处处长,家里那本《苏联社会主义经济问题》[2]父亲看得非常认真。这些理论你们都很清楚,说资本主义是无序生产,资本向盈利自然流动,逐利性非常强,哪儿能赚钱上哪去。去了之后,资本一富集就造成产能过剩,产能过剩之后他又不肯降价,一降价产业就完了,把牛奶往大海里倒,不给穷人,例子很清楚。社会主义经济要避免这个,就得靠计划。

---

[1] 李华忠(1935—2020),山东掖县人,辽宁科技大学(原鞍山钢铁学院)冶金机械专业毕业。1978年任鞍山钢铁公司副经理、代经理,1983年任上海宝钢建设指挥部副指挥、宝山钢铁总厂第一副厂长,1986年任鞍山钢铁集团公司总经理。
[2] 《苏联社会主义经济问题》是斯大林的经济学著作,首次出版于1952年。

如果计划做得非常准确,这个应该是好的;但要是不准,就造成短缺了。

我说个例子。我大姨曾经当过南开大学的政治部主任。唐山大地震波及天津,南开大学的学生宿舍开裂了,被定为危房,急需钢材来加固。大姨就到鞍钢来找我父亲,说鞍钢能不能给他们弄点。没有。因为计划都排好了,给谁多少吨都是按照计划来的,这是突发事件,没有计划给她。后来怎么办呢?鞍山市有个管工业的副市长叫刘锡山,也是延安来的,和我姨、我父亲都认识。我姨说:"我去找刘锡山。"刘锡山和我家住对门,我姨就去找他。我姨找过之后,刘锡山就来问我爸:"有什么办法?"我爸当时在冷轧厂,说:"这样行不行?我组织工人超产,在计划之外多产冷轧板,然后给冶金部打报告,看谁急需冷轧板就给谁窜一下。"因为鞍钢那个时候还不怎么生产螺纹钢,哪个急需冷轧板的单位能组织超产点儿螺纹钢,两家企业互相调剂一下,这样不就窜开了嘛,看这样能不能行。当时调这点儿计划,还得往冶金部报,冶金部计划司得重新下计划,说你鞍钢多生产几吨冷轧板,那个厂子多生产几吨螺纹钢,完了之后怎么交换、调剂,得这样。所以这个计划是很难、很严格的。

我刚参加工作的时候,鞍钢还在执行严格的计划,每年有订货会。全国需要钢材的厂都来参加订货会,提出需求计划,然后冶金部给排产,各生产单位报生产计划,冶金部给调剂,最后如果有缺口,他安排哪个单位多生产,多生产给什么政策。是这样,每年都这么做。鞍钢一直在这个框架下过,而且只要国家上了计划,那就严格按照计划来执行。那个时候的经济秩序非常好,不存在拖欠、不给钱等问题。

1983年我到宣传部理论处做干事之后,学习了"有计划的商品经济"①相关讲话和文件。当时鞍钢党委书记叫谷正荣②,是个老红军,也是从延安来的,是新中国成立后辽阳第一任市长,级别很高。那个时候出现了所谓

---

① 1984年10月20日中国共产党十二届三中全会通过了《中共中央关于经济体制改革的决定》,提出"有计划的商品经济",商品经济第一次写进党的决议,改变了原来"计划经济为主,市场调节为辅"的提法,成为改革开放的纲领性文件之一。

② 谷正荣,1917年生于辽宁鞍山。1937年奔赴延安,1938年4月加入中国共产党。1945年返回东北,首任辽阳市市长。1949年到鞍钢工作,历任鞍钢公司处长、鞍钢公司副经理、鞍钢公司党委副书记、党委书记。

"精神污染"的概念,谷老就到宣传部来找我们部长,说:"有人讲鞍钢的门卫要负起责任来,不准那些留长头发、穿喇叭裤的职工进厂,剪完了才能进来。"部长比较直率,他说:"谷书记啊,多长算长?多长的要剪,多长的不剪?喇叭裤口多大算大?不好把握。然后呢,这容易出问题。"当时有人就是这样的观念。

当时我还遇到一个事,时任辽宁大学校长冯玉忠[①]极力主张搞商品经济,不知是组织指派的,还是怎么联系的,他要到鞍钢来做一次报告,讲商品经济。最开始定的报告地点是鞍钢的职工俱乐部,能装1000多人,想让鞍钢副厂处级以上的干部都参加,后来又决定不让他在那么大的场合讲,怕他讲的内容造成思想混乱,就把会场临时改到了空间小很多的科技馆,参加人数至少缩小了四分之三。这件事证明,鞍钢当时对商品经济理论的认识还不一致。

而且我个人认为,即便实行了所谓的双轨制,比如说,国家给你们工厂下了1000吨的生产计划,你超产的200吨可以进入市场来销售,但是鞍钢始终没有得到这个权限,国家怕鞍钢冲击市场。所以鞍钢到90年代初还一直处在计划经济的框架下。很多企业的承包制都已经很火了,而且辽宁的第一家破产企业都有了,鞍钢还一直在计划经济框架下运行。

从什么时候鞍钢感受到冲击了,觉得有问题了?一个就是发现现在的经营环境和原来大不相同,万万没想到咱们给人家东西,人家不给钱了。后来呢,鞍钢的所有班子成员都出去清欠、要钱。要钱的方式也是打感情牌,人家看鞍钢老总来了,欠你一千,还你三百,就是这样。所以确实是鞍钢人第一次尝到不改不行了,原来那个模式运行不下去了。这是我很切身的一个感受。

第二个感受就是,由于鞍钢在计划体制下不需要自己跑市场,也不需要担心库存和回款问题,这就导致了大锅饭和不关心质量的问题。原来是咱生产什么都有人要,国家计划给你了,你不要就没有了,没有总比拿点坏的更糟——吃好是另外一个问题,首先要吃饱。这样以后鞍钢的产品质量出了问题,加上没有计划了,各单位有了自己选择产品的自由,我买你鞍钢的

[①] 冯玉忠(1933—2021),北京平谷人。1955年毕业于中国人民大学研究生班,相继执教于东北财经学院和辽宁大学,先后任讲师、副教授、教授、博士生导师。1983年7月至1995年9月任辽宁大学校长。

行,我买别的也行,那么谁的产品质量好我就买谁的。结果一汽就不要鞍钢的钢材了,那个时候已经有宝钢了,他们就大量用宝钢的产品,鞍钢原来给的产品他们也不用了,但也退不回来,就堆在那儿不用,这是1994年。

实事求是地讲,1994年那个时候,鞍钢人眼睛向内的少,抱怨的多,觉得给国家做这么大的贡献,而且市场上秩序乱,国家也不出手管。鞍钢人没有想到利用市场这只看不见的手,更多的还是想依赖政府的干预。

1995年鞍钢换领导了,新的领导上任之后,首先就是转变观念,他搞了这么三件事情。第一件事情是学习邓小平的思想、精神。邓小平1978年访问朝鲜,回国途中到鞍钢做了一个讲话,这个讲话经过修订之后编入了《邓小平文选》第2卷,题目叫《用先进的管理方法改造老企业》,强调了质量和效率。当时鞍钢组织我们结合企业实际,写了学习这篇文章的体会,评上了中宣部"五个一"工程奖,那是鞍钢理论成果获得的最高奖。所以要想解放思想,就得先学邓小平理论。

然后又按照"鞍钢宪法"的思想,在全体职工中搞了一个持续十年的大讨论,叫"如何振兴鞍钢大讨论"。每年有一个主题,讨论当前亟待解决的问题。鞍钢还派人到各个用户那儿征求对鞍钢产品的意见,拍成纪录片。那给鞍钢产品说得简直就是……比如一汽有个老师傅说:"你看看人家宝钢的板,你瞅瞅你鞍钢的板,搁在那儿堆着,这就是鞍钢的,钱都给了,咱也不用,就在那儿放着。""你看看,鞍钢的钢板,鸟都不敢往上落,扎脚。"后来这个片子在全公司放,一直到班组工人,全都看过。我觉得这个群众性大讨论,对于鞍钢职工解放思想、转变观念起到了极大的作用。

鞍钢起死回生靠什么?思想解放、观念转变当然都需要,但这还是务虚,最主要的还是得把鞍钢老旧的设备给改造了,把落后的工艺改造了。于是鞍钢就进行了"九五"技术改造①,从1995年开始,到1997年基本完成。

---

① "九五"技术改造指1994—2003年鞍钢组织的大规模技术改革和改造,因大致对应国家"九五"计划时期,故有此称。实际上在"八五"计划时期以前,鞍钢已先后进行了几次大规模的技术改革,但整体水平落后。随着市场经济的发展,市场竞争力弱等问题十分突出。面对严峻现实,鞍钢领导层提出"不改造就没有出路,不改造就不能生存",在极其困难的情况下,鞍钢依靠自我积累,开始了艰难的"九五"技术改造之路。

通过改造，鞍钢有了脱胎换骨的变化，基本上淘汰了过去主生产线的落后工艺，整个就变成崭新的生产线。这场大规模的改造完成以后，应该讲鞍钢起死回生了，具备了走上市场经济轨道的条件和能力。

鞍钢的"九五"技术改造在全国老企业的技术改造中是典范，总结出了几条原则——"高起点，少投入，快产出，高效益"。改造完成以后，全国的钢铁企业都来鞍钢学习，开现场会，这是唯一一次宝钢的班子成员全来了的，他们都感到在控制投资和抓紧工期上有向鞍钢学习的地方。确实，"九五"技术改造让鞍钢人扬眉吐气了。我认为从那个时候开始，鞍钢走上了市场经济的轨道。当前鞍钢面临着新的挑战，又得开展一番脱胎换骨的改造。

五、党风廉政：延续传统与创新实践

我到纪委工作经过这样一段过程。鞍钢集团纪委副书记的人选得由中央纪委批准，中央纪委有"三个为主"的要求。第一条是"提名考察以上级纪委为主"，纪委书记和副书记的人选、提名及考察，以上级纪委为主，或者以上级纪委会同组织部门为主。我就在这一条"为主"里。第二个是"查办案件以上级纪委监委为主"。第三个是"考核考绩以上级纪委监委为主"。到纪委以前，我在哪儿呢？我在鞍钢股份有限公司市场营销中心做党委书记。领导找我谈话，我就到了鞍钢集团任纪委副书记，并且继续兼着营销中心的书记。上边纪委有程序，这个程序一直走了一年半之后，我才正式任集团公司的纪委副书记。

起先领导找我谈话，让我到纪委来，说为什么让我来呢：第一，我有红色基因，我父母都是老革命，对我的教育应该是没有问题的；第二，我在鞍钢工作时间长，经历的岗位多，对各方面了解比较深刻，遇到问题可以科学地、历史地去分析，这样不至于忽左忽右、忽冷忽热；第三，"凡提必审""凡提必核"，就是对于拟提拔或进一步使用人选的干部，中央纪委要对我的廉政情况进行核实，家里的银行账户啊、股票啊、房产啊都得查个遍，最后认为你没有问题，经得起查；第四，中央纪委要我本人前五年的举报信，看看我有什么问题没有,结果我五年内没有举报信。最后领导说:"组织已经决定你干了。"我说:"那我就学着干吧。"我是2015年到鞍钢集团纪委岗位工作的,历经一年半的程序,2017年9月中央纪委来函同意对我的任命决定。到2020年4月份,第二年我就要退休了,为了培养年轻人嘛,组织选了一个年轻同志接替副书记岗位,但是还保留了我在集团公司的纪委常委的职务。

我做鞍钢纪委副书记,是主抓案件的。我们有两个副书记,一个副书记主抓审理,类似于政府的检察院;我主抓审查,类似于政府的反贪局,进行纪律审查。审查完所有的材料,要进行审理,如果证据不够,可以驳回,继续补充调查;如果事实清楚,证据确凿,最终的处理意见由审理提出。这样做是为了互相有个制约,纪委的架构是这么建立的。

我的感觉是,鞍钢的党风廉政建设保持了良好的传统。鞍钢的支部建设,我认为在国有企业里面应该是走在前面的。主体厂、主体生产线严格按照毛主席"支部建在连上"的做法,建立党支部。并且支部书记大都是专职的,现在要求双向介入、交叉任职,他可能兼个车间副主任,但是主要职责还是党建工作。每个支部都要求有党员的活动场所,我们叫党员活动室。党组织的活动开展、党员的管理也都比较规范。这就保证了这几年来鞍钢的班子成员和主体厂的领导,起码目前没有出现大问题。

第二个方面,鞍钢的主体生产线上,也就是在重点的生产环节上没有发生大的案件。在腐败问题多发、高发、易发的采购、销售环节,鞍钢一旦发现问题,处理起来从不手软。销售方面现在都要求线上竞拍,比如说这批钢材明天要在线上拍卖,谁出价高就卖给谁。这里可能存在资源分配的问题,比如这个钢材不好销,那个钢材是紧俏货,有的销售人员跟谁关系好,就可能告诉对方明天有多少吨钢材,什么时候上线,对方知道后就在那儿等着,等一开价就拍,你就成交了,别人就没机会再抢了。因为这个事情,我们有一个销售分公司的经理接受了贿赂,被判了刑。后来我们修改了操作流程,从机制上规避了钻空子的可能性。就是你拍了之后不能马上成交,必须延时10分钟,10分钟之内如果有人加价,那你这个就作废了。

第三个方面,我个人认为鞍钢的监督体系是比较完善的。鞍钢提出一个"三位一体"大监督体系,由几方面的人组成一个监督委员会,事先有把关,事中有跟踪,事后有监督。鞍钢现在有个什么做法呢,叫"廉洁风险地图",就是每个单位把薄弱环节和管理漏洞标出来,加强对各个关键岗位的廉洁风险动态监控。

说到讲纪律,我父亲有件事让我记忆很深。齐齐哈尔的东北医疗器械厂筹备工作,需要买设备。父亲那时候是厂长,就和供销科一名姓王的科长到上海去采购。1950年还没进行社会主义改造,上海没有国营工厂,你要买就得上资本家那儿去买。买完以后,这个资本家领着我爸和王科长就在南京路啊、淮海路啊转一转,临走之前他给王科长两支派克笔,说:"你和穆厂长一人一支。"那个时候派克钢笔很贵,是好东西,买不到的啊。到了抗美援朝时期,这个资本家因为给志愿军供应物资时掺杂使假,就在"三反五反"运动中被抓起来了。审问中,他供出曾经送给东北医疗器械厂穆厂长和王科长两支派克笔。

这个时候我父亲已经在东北工学院读书了。上海的公安机关把线索转给了东北工学院,学院的"三反五反"组织当时挺冒失的,拿到信息后就把我爸找去了,让他承认。我爸说:"没有的事儿。"组织说:"不行,停止所有学习,给个小屋关禁闭,什么时候交代,什么时候放你出来。"后来他们几次找我爸,我爸坚决不承认。有一位同志就说:"他这么强硬,加上他是位老同志了,是不是有什么误会?"于是让上海公安把资本家交代的笔录邮过来,邮过来一看,发现有问题,他没把这支笔交到我爸手里,是交给王科长了。他们又派人到齐齐哈尔,通过当地公安找到王科长。结果王科长承认说:"这笔我没给穆厂长,我全都自己留下了。"

学院向我父亲道歉。我父亲说:"那不行,我名誉受损了,另外我也说不清道不明,因为你已经通知我家属了,得让我家属来,你当她面说,给我洗清。"我妈那个时候还在齐齐哈尔工作,就特意过来,学院当着我爸和我妈的面解释:"经过审查没有这个事,笔是王科长自己留下了。"后来我问父亲:"假如他真给你了,你能不能要?"父亲说:"我肯定不能要,我参加过延安整风,不拿资本家的东西,这个觉悟我还是有的!"

李德舫
跨越时代的坚守

亲 历 者：李德舫
访 谈 人：薛文龙
访谈助理：夏可恒
访谈时间：2020年10月22日上午9:00—11:00
访谈地点：鞍钢党校
访谈整理：夏可恒

亲历者简介：李德舫，男，1929年生，辽宁鞍山人。1949年考入北京大学政治系，1952年毕业后被分配到包头钢铁厂工作。1955年3月正式调入鞍钢第一薄板厂，随后被任命为生产计划科科长。1963年调往鞍钢日报社做夜班总编辑，主要负责夜电消息的编辑审核。1966年插队农村，1972年被调入鞍山市"五七"干校科学社会主义教研室从事思想理论教学研究。1982年在"五七"干校基础上复建鞍钢党校，自愿留在鞍钢党校从事教研工作。1985年调任鞍钢党委宣传部副部长，1990年正式退休。

李德舫（前排）接受访谈

一、 我在北大的四堂课

我 1929 年生,1949 年 8 月 15 日跨进北京大学校门,是新中国北京大学毕业的第一批学生。当时我考上了北京大学和中国人民大学两所学校,都被录取了,我选择了北大,因为北大名头大。跨进校门以后,在北大我还没等到上课就受到了很深刻的教育。第一个教育是什么?我瞻仰了两个伟大的历史人物的办公室,他们的办公桌,一张大桌一张小桌。这两张桌子和办公室是谁的?是共产党和新中国的两位创始人的:一位是李大钊,一位是毛泽东。他们两位当时一位是北京大学图书馆的馆长,一位是图书馆的协理员,毛泽东是协理员。所以第一课看着说明,想想当时为中国共产党和共和国做出特殊贡献的两个人。李大钊是中国第一个系统宣传马克思主义理论的,而且共产党当时成立的时候,有着"南陈北李"之说,所以他们也是创始人。毛主席大家更熟悉了。这是我受到的第一个传统教育、革命教育,这是初步印象,但不深。

第二个教育是什么呢?北大组织我们看了当时北京大学的体育场,就是很普通的一个操场,但是这个操场有重大的历史意义在里头。你们各位都知道,1919 年在法国巴黎开了一个巴黎和会。本来中国是个战胜国,应该受到尊重,结果列强在巴黎和会上决定要把德国在山东青岛的特权转让给日本。这个消息传到学校以后,同学们非常气愤,甚至咬牙切齿,电视剧里有这镜头,写着"还我青岛",当时同学们非常气愤。后来群众当中有几十个同学,就在北京大学的操场上聚会,那天是 1919 年 5 月 4 日,在那出发,到了天安门,再接下去和其他学校的学生一起,火烧了赵家楼,这是当时北洋政府一个高官的住宅[①],给它烧了。当时主事外交的三个头[②],跑了两个,抓到

[①] 赵家楼时为亲日派人物曹汝霖的宅邸。曹汝霖(1877—1966),字润田,祖籍浙江,生于上海。幼年入私塾,后去汉阳铁路学堂读书,早年留学日本法政大学。1916 年段祺瑞执政时曾任外交总长,1919 年任交通总长。
[②] 除曹汝霖外,另两人为陆宗舆和章宗祥。曹汝霖等三人原籍都为浙江,又同去日本留学,1904 年一同归国参加"经济特科",被清廷授主事职衔。陆宗舆(1876—1941)曾任北洋政府财政部次长、驻日公使等职;章宗祥(1879—1962)曾任北洋政府司法总长,1916 年接替陆宗舆任驻日公使。

一个,痛打。被痛打的那个叫章宗祥,同学们一个激动,引起全国学生罢课,声援北京。同学们在全国影响一大,工人罢工,支持学生运动;商人罢市,就不开馆,一律停止营业,这就轰动了全国,声势非常大。

在这个强大压力下,当时北洋政府的外交部部长顾维钧,在巴黎和会转让山东青岛特权的协议上就没有签字。这个事情不是小事,从鸦片战争以来,这么几十年,中国是什么情况?外国提出来的,要什么地方清政府就同意给什么地方,要什么财产就给什么财产。到顾维钧这顶住了,为什么顶住了?强大的"三罢",罢课、罢工、罢市,支持他拒绝签字,这在全世界当时震动是很大的。有一个外国人讲,中国这头睡狮要醒了。这个事情的发起地点就在北京大学的操场上,所以当时一解释,对这个操场我就非常崇拜。这对我影响比较深刻,因为我在北大每天上课下课,来回吃饭,老围着操场附近转,等于是天天感受这种气氛、这种教育,这是我在北大上的第二课。

第三课终生难忘,到现在我还历历在目,我亲历了新中国的开国大典。我入学是新中国成立前的8月份,10月份新中国才成立,所以国庆那一天,我们北大同学就联合其他群众和英雄队伍,站在天安门东边的长安街,我亲耳听着毛主席向全世界宣布"中华人民共和国中央人民政府今天成立了",这是他的原话,我记得很清楚。当时我们同学们听着毛主席的讲话,年轻人热血沸腾,跳、喊,喊口号"毛主席万岁""中国共产党万岁",就喊这两个口号。喊完以后游行开始了,走了一段走不动了,什么原因?天安门前面的地方不动了,都看主席台上的人,都在看哪个是毛主席,哪个是朱总司令,当时就这两人,别人都不认识。这两人,毛主席讲话了,朱总司令检阅了,这两人大家都知道,就猜哪个是毛主席,哪个是朱总司令,谁也说服不了谁,因为谁都没见过他们,也不知道是哪一个,大家就争论,一边争论一边推着走。这是我终生难忘的一天,这是我在北大上的第三课。

在北大上的第四课,是我亲自参加了土改,就是当时广西、湖南这一带的土地改革运动。我和同学们被分配到广西,我们到广西的一个小队,到了柳城县,传说是刘三姐的老家。我们到了一个很穷的雇农家里,贫苦农民刚解放,就是睡草席。上面铺着破席子,雇农就住这。同学们实行"三同":同吃、同住、同劳动。和最穷的人一块住,他们睡席子,我们也睡席子,一个屋里头,他的房子很简陋;他们吃什么,我们也跟着吃什么,人家是吃自己的,我们吃人家的不行,我们拿钱,但是一块吃一样的;一块劳动,学生不会干农活,不会怎么办? 农民来教给我们,比较轻的农活干一点。但是我们干什么? 主要是宣传土地改革政策,把土改怎么个意思、干什么事,讲给大家听。我们来让大家认识我们为什么穷,为什么有的人他不干活还富。村里就两个地主,时常剥削贫苦农民,农民应该怎么办? 推翻地主,把地主阶级打倒,平分他们的土地。我们就发动群众来斗地主,平分土地,帮助农民建立自己的政权,把封建主义的根给挖掉了。北边好多地方都是老区,早就土改了,南方开始土地改革运动迟,我也亲自参加了。这对于一个学生来讲,开始懂得什么叫剥削,什么叫被剥削,地主是怎么回事,农村的贫困是怎么回事,明白这东西了。原来我们这些学生不懂这东西,课本上也没有这东西,所以我们很受教育。简单地说,通过这四件事情,我的人生观开始确立了,我的正确人生观是从这个教育当中慢慢树立起来的,这就为我今后怎样学习、怎样工作、怎样做人打下了非常好的基础。回过头来,咱们讲毕业以后干什么,毕业之后又干成一个事情。

二、从生产一线转战宣传系统

我1952年7月份毕业,正赶上全国有个司法改革运动,让旧社会留下来的还在各地法院中当法官的这些人靠边站。靠边之后怎么办? 就调来四所大学里的学生,到各个地方的法院去,我就去当书记员记录。没有两年,中央又来了个通知,机关干部要向科学进军,要学经济、学科技。我当时就又调动了工作,和一些老同志一起被分配到包头钢铁公司。当时的包头钢铁公司就是一个办公楼,一片土地,什么厂都没有,还没有建设。那一年我们调到那,领导同志给解释怎么回事,说完以后不到一年,派我们到鞍钢参加培训,我女儿是在北京法院时生的,就带着她到了包钢。包钢叫我们到鞍钢代培实习,期限一年,一年以后回包钢。结果实际上来以后,一年实习结束了鞍钢一个也不放，都扣在鞍钢里头，有的都是选了好几次的，也扣下了。我正式调到鞍钢的时候是 1955 年 3 月，打开了鞍钢的大门，我进来了。

先分配到第一薄板厂，就在立山那一带，是个比较老旧的厂子。这个厂子现在看非常落后，但是新中国成立初期就是那么个底子，我就被分到这个厂，当值班工长，后来当值班主任。和工人在一块儿，向他们学技术，学钢板是怎么生产的。第一薄板厂原来生产灰模模型，就像个大门似的，轧薄板，两边一个大框，大框中间有两个磙子，带着板子压。现在鞍钢有些厂也是压钢，两个大钢铁磙子压板子。当时原材料是从第一粗轧厂来的，第一粗轧现在也没有了，都合并了，现在叫什么名字我也不知道，几十年都没到鞍钢里来了。那些钢坯，宽度按照用户的要求、国家计划的要求，必须是 750 毫米，厚度就由自己生产。当时就把这个钢坯加热，温度很高了就开始由工人拿大钳子，把这个烧红的夹子，送到两个磙子中间。一个大钳子旁边有一个操作手，前头工人把铁板送到两个磙子中间，后边工人加速从那边送回来，前头工人再送给你，来回这么转，操作手就在一边压，板子就越来越薄，就这样生产了一批铁板。铁板厚的 4 毫米，最薄的 2.5 毫米，各种规格都有。这个厂子干活很苦，干那么一会儿就浑身的汗，衣服真是和洗的一样。所以工人衣服有什么特点？"洁白的花"，出了汗碱，汗碱的衣服干了以后都是白花。但是工人的情绪非常好，生产任务月月超额完成。因为我之前没在工厂待过，头一次到工厂亲眼看见，而且我还一块儿参加劳动，工人不怕苦、刻苦、乐观，这个经历对我又是一个教育。在一薄，我就跟工人学习，逐渐熟悉点了，从劳动现场到了科室。科室是组织生产、计划、管理的地方。

在一薄正干着，我也熟悉了业务，又接到公司一个调令，调到鞍钢日报社。1955 年到的一薄，1963 年末调到钢报。我在一薄管生产计划，有时候每个月生产好了就写个稿件给报社递去，可能是这个原因，报社在 1963 年来个调令，就把我调到鞍钢日报社去了。调到报社那边我也不熟悉，到报社再学习。学习两天后，把我调到报社里头当夜班总编辑，夜里负责整个报纸，排版印刷、稿件处理，我就调到那个班。当时夜班有这么几摊：一摊夜班编辑两个人，一个是接受新华社发的电稿，新华社每天晚上发电稿，我们编辑有一个人，专门接收新华社的电稿，新华社电稿在纸条上面有蓝的字，我们的夜班编辑根据这个纸条选入，哪条用哪条不用，选出来。选好了以后我再看看，因为当时夜班由我负责，定了之后我们报纸就用这个消息，用这消息以后，就交给捡字的工人。当时捡字非常落后，是人字形两边都是斜坡的板子，板子上一个个小方块，里头装的铅字。一个字一格，工人就从这捡一个字，从那捡一个字。捡字工人很辛苦，这么多字一个一个，整个一张报纸多少字，捡出后他们就给排版的师傅，工人师傅他们排个版，打出样子来，然后交给校对，校对再看有没有错的，和原稿对一对，有没有问题，有错的做个记号，换个什么东西，他们就处理完了。处理完以后，这是一遍校对，再第二遍校对，接着又校对两遍。校对完以后他们就把样式给我看，我再检查一下。最后都弄好了以后，整个报纸就成形了，这时候我要签字。整个版面的所有文字、所有标点符号都得看一遍，看后没问题了我签字，我签字后报社就定版了，工人就拿去印刷，报纸就出来了。

夜班人很辛苦。拿我来讲，每天晚上《新闻联播》前，必须赶到报社，听听中央有什么精神指示，播什么消息，国际有什么内容，国内有什么动向。听完之后脑子里有个印象，今天报纸大概哪些稿子用哪些不用。所以每天晚上夜班人包括我在内，用不好听的话讲，叫昼伏夜出。白天睡觉，到晚上吃完饭了稍微休息一会儿就上班。一直干到什么时候？新华社电稿发消息什么时候完，我们就什么时候停，停了就开始处理事。处理完以后，我最后签字了，工人就印刷去了。所以这个过程，整个儿一晚，有时候早一些，半夜三四点钟就完成了。那时候正是"文化大革命"前夕，稿件非常多，一会儿姚文元发表文章了，评《海瑞罢官》，一会儿这个谁发文章了，都在等这个文章，等完了再忙。不一定都是三四点钟就下班，也有等到五六点钟下班的。一干就是一宿，多数都是这样，所以夜班人很辛苦。我就劝大伙说："有个好处，朝霞是我们看见了，他们都睡觉不知道，咱们第一个看见。东方欲晓，风景这边独好，这个是别人享受不到而我们享受到了的。"这一阵报社的经历，给我留下了两个好习惯：一个是认真，一丝不苟。整张报纸，每个字，每个符号，每个标点，都得看完，一天两天老是这么干，就形成个习惯，一丝不苟、认真。第二个习惯,老看电稿,天天看,对各种国内国际形势,产生了一些兴趣。培养了这么两个习惯,一个认真,一个爱好观察国内国际形势。所以在报社这一段,我干得挺好。

"文化大革命"爆发了,新闻单位、文艺界全都被打倒了,报社没有了。我们就下来了,下来到鞍钢七岭子①的一个葡萄园劳动,跟工人师傅学怎么弄土弄肥。这样也有个好处,认识了这个葡萄叫马奶子,那个葡萄叫玫瑰香。到了1969年,我们这些人一律去接受贫下中农再教育,我就被分到了盖县团山公社胡屯大队第一小队。当时鞍钢工人下去,她(小女儿)没赶上,那几个孩子都赶上了,全家一块儿都带上。我们下乡以后有个名字,叫"五七大军"。毛主席有一个"五七指示",指示是5月7号下来的,后来所有下乡的人都叫"五七大军"。在那学习,接受贫下中农再教育。

(**亲历者女儿补充**)我那时候16岁,我爸是第一批下乡的,叫"五七大军",去农村插队。我在鞍山一中读书,当时就把我们都分到工厂去了。正好我爸下乡的日子和我进厂报到是同一天,我特意跟工宣队请假,我说我得认识认识我爸下乡的地方,要不我家都回不去,我都不认识怎么走。那时候可惨了,坐着大卡车,带着东西一直拉到盖县。现在叫盖州北海什么旅游度假村,那时候叫盖县。但是盖县火车站到那个地方不通车,没有火车,大卡车拉着一家人,我记得我晕车吐得稀里哗啦的。接着,我又跟车回来了,认识了这个地方。我知道下火车往哪走,20里路全靠走。怎么走我认识路了,接着跟车又回到鞍山。回到鞍山我没地方住,因为我爸一搬走,我们家房子就被贴上封条了,我就进不去了,那时候挺惨。那时候也有意思,我妈给我留了床被,我背着个被子,背着行李,今天上这个同学家住几天,一看人家不方便了,我又跑别的同学家住两天,最后打游击住了能有20多天,厂里师傅帮忙给我安排到单身宿舍去了。那时候宿舍里净是我们这样的人,家长下乡了,留下一批没有房子住的孩子,全都在宿舍里。一吃饭的时候,一看唧唧呱呱全是我们这个年龄进厂的一群人。

---

① 七岭子村现位于鞍山市高新区千山街道,附近有鞍钢七岭子牧场。

这一段我就不再详细讲了,在农村就是学习基本生产知识、种地什么的。在农村一直干到 1972 年,具体几月我记不准了,我被从农村抽调回来了。当时《鞍钢日报》没有了,和市里的报纸合在一块儿了。所以我回来以后,当时市里有一个"五七"干校,在现在的汤岗疗养院,对面有一个小山包,在那儿学习劳动。后来"五七"干校搬到市内,恢复为中共鞍山市委党校。现在的鞍山市委党校就是"五七"干校从郊区挪到这儿来的,我就到了市委党校。当时市委党校有这么几个教研室,哲学教研室、政治经济学教研室、科学社会主义教研室、党史党建教研室,我被分到科学社会主义教研室。

李德舫在鞍山市委党校(1980)

市委党校科社教研室当时有四个人,不多。对我个人来讲,在一薄也好,在农村也好,在其他单位也好,有幸的是理论知识到这进一步充实了。我头一次上课很紧张,讲的是毛主席给江青的一封信,是批评江青的。① 党校组织学习,我翻来覆去地学习,有点体会了。当时学员是市内及鞍钢所有工厂里处长以上包括局长、部长那些人,我是老师。我就给他们讲毛主席写信的背景是什么,内容是什么。还真不错,我头一次给别人讲,开始心里很紧张。讲完了一会心里平静了,下面开始鼓掌,我心里就乐开花了。好了,

---

① 1974—1976 年,毛泽东曾多次写信或当面批评江青,包括搞"四人小宗派"、干预组阁、有政治野心等。1976 年粉碎"四人帮"后为"拨乱反正"、维护毛泽东的声誉,曾在党内公布过这些信件及批评意见。

我第一次讲课成功了！自那以后我对讲课就一点也不担心了。

三、归来与走出：重返鞍钢后的光和热

　　我是 1972 年到的鞍山市委党校，干到 1982 年鞍钢党校也恢复了。市里和鞍钢协商后又把我调回鞍钢，到鞍钢党校担任主抓教学的副校长，它的工作性质和市委党校差不多，都是对干部进行轮训。鞍钢党委对干部轮训抓得很紧，都是厂处级领导干部，每个时期中央有什么新的精神，有什么重大国际国内事情，随时会把老干部、厂处长、老同志们集中到一块培训，一批批培训。在理论上，我在这里又有了进一步提高。在鞍钢党校时间不长，我又接到了调令，调到哪去？去鞍钢党委宣传部任副部长。1985 年，我调到鞍钢党委宣传部任副部长，主要工作是职工日常的形势教育、讲课、写材料等。

　　在宣传部这个期间有一件大事让我赶上了。1989 年东欧剧变，1991 年 12 月 25 号苏联总统戈尔巴乔夫宣布下台。这个事情对我们中国来讲震惊是相当大的。因为他们一解体，全世界最大的社会主义国家就剩下我们了。大家担心：是不是社会主义就完了？因为第一个共产党国家、第一个共产党都垮了，今后社会主义能不能行？大家思想波动非常大。邓小平在 1982 年党的十二大上提出了新的口号，大家很熟悉的，建设中国特色的社会主义。虽然说提出来了，我们中国特色的社会主义和别的国家不一样，和苏联不一样，和东欧国家也不一样，但大家还是担心，不管怎么说都是社会主义，社会主义大旗还能不能存在？都很担心。

　　我在宣传部，我有责任研究这个事情。我看了很多很多资料，到图书馆看各种报纸杂志，看有没有这方面的反映。鞍钢党委对我这方面的工作支持很大，不但让我到机要室看一些内部文件，而且给我订了"大参考"——那时候还有个"小参考"，

李德舫做有关国际形势的演讲

"大参考"登的内容很多。① 搜集这些东西,公开的、内部的,怎么解释这个现象,怎么让大伙恢复、坚定信心,我就做这部分工作。当时鞍钢领导比较支持我这个想法,让我在小范围内试讲一次。当时市里有一些老红军也成立了一个报告团——形势报告团。那些老红军资历都很老,有些在延安时期和毛主席在一个党小组,还有一个长征路上背着一口大锅陪同朱德,另有一个是周总理办公室的,他的姐姐也是老红军。他们几个组成了老红军报告团,但年纪都大了,都70多岁,身体不太好,看文件费劲。听说我在鞍钢讲这个讲那个的,他们就希望和我们合在一块宣传。我说合一块呗! 合一块第一场报告就给老同志讲怎么样看待东欧剧变,怎么样看待苏联解体,根据我看的那一部分公开的资料,形成一个报告,这报告还挺受欢迎,这样我就心里有底了。

从那开始,我就不断把国际的、国内的、党内的,一些大家关心的问题随时向鞍钢的这些干部宣讲。当时鞍钢有几个资格很老的干部,像钟建平②、杨石毅、穆景升,我就给他们讲。这样就形成了一个习惯,每个礼拜我要给这些老人讲一次,内容就广泛了。比如,先讲党的十二大,讲完以后,讲十三大、十四大、十五大,一直讲到十八大,十九大为什么没讲上? 我动了个手术住院了,所以只讲到十八大。每次党内有重大活动我都讲,国外国内有什么热点我也会给他们讲,讲了好多年。从鞍钢讲起,讲到鞍钢外边的鞍山市里,市里的四个区我都走遍了。鞍山外头,抚顺去过,大连去过,沈阳去过,各个地方都走。听的对象是谁? 这些地方的离退休老干部、党政领导干部、矿山和企业的职工、大中小学生,甚至劳教的有改恶从善愿望的人我也给他们讲。

讲到十八大以后,我身体不行就不讲了。初步估计,从鞍钢开始讲,讲

---

① 1955年后,因《参考消息》内容越办越多,根据周恩来的指示,将《参考消息》一分为二:第一种仍叫《参考消息》,只出版少量篇幅,精练地报道重要国际新闻,发行范围适当扩大,俗称"小参考";第二种定名为《参考资料》,出版篇幅较多,担负全面详尽地介绍国际动态、提供资料的任务,供中央负责同志和有关部门及研究部门参阅及使用,但缩小发行范围,俗称"大参考"。
② 钟剑平(1915—?),安徽舒城人。1938年参加新四军,同年加入中国共产党。新中国成立后曾任沈阳军区装甲兵政治部主任,1955年被授予大校军衔。1961年任鞍山钢铁公司副经理、副书记。1966年起,先后任本溪钢铁公司总经理、鞍山市委书记,鞍山钢铁公司总经理、书记。

到全市各区、外市各个地方,二三十年里报告的次数共有1000多场。1000多场是怎么算出来的呢?我平均每个礼拜至少讲一场,有时候一个礼拜讲两三场,最紧张的一次一天讲了三场。哪一次呢?就是香港回归那次,都问:香港回归了是怎么回事?香港是怎么个情况啊?好多香港的事情大家都不太熟悉。我就给大家讲香港的历史,回归有什么情况,大家都非常关心香港回归的大事。鞍钢当时有一个钢铁学院,现在叫辽宁科技大学,学生白天没空要上课,要求晚上下课以后我给他们讲。每场人数也不一样,多的时候一场2000人,多数1000多人,最少的是几百人,几十人的有没有?也有。鞍钢的领导、总经理、党委书记,他们就十来个人,我也给他们讲。大概这1000多场,听众总的人数有几十万。

我做这些工作受到了各地党委的鼓励,鞍钢党委、鞍山市委、辽宁省委,一直到中央都给了很多鼓励,都鞭策让我好好干。到了11年前,新中国成立60周年的时候,评全国离退休干部先进个人,全国钢铁企业就两个名额:一个名额是上海的宝山钢铁公司;第二个名额给了鞍钢,鞍钢党委推荐了我。我被评上了全国离退休干部先进个人。同时我给学校讲课,全国关工委评选我为全国关心下一代先进个人。受到表扬后,我觉得责任更大,但可惜身体不行了,最大的问题就是耳聋,实际上现在你说什么我听着就费劲,听不清楚。当然,我脑子还没乱,说话笨笨咔咔的,但还能说。如果现在哪个单位邀请我去讲国际国内形势,我还可以,我觉得还有这个能力(笑)。

比如,当前中美关系这么紧张,中美关系究竟为什么紧张?为什么美国老整中国?背后到底是什么原因?好多老同志不熟悉、不知道。我经常看东西,除了报纸——我订了《参考消息》和《环球时报》——还有电视,除了中央台的新闻,我还看上海、深圳电视台的,这两家播出大量的消息。前两天深圳建特区40周年,深圳台请来好多专家,从各个角度讲40周年的意义,讲得非常好。我听他们的讲课,很受启发,好多事情现在让我讲,我还可以讲。但现在我知道了人家不敢请我,一看我90多岁,算了吧。

我这一生平平淡淡,没有大起大落。老老实实按照党的政策做事做人,就是这种想法。说句不好听的话,"文化大革命"来了我也算受过冲击,站着、弓腰等,除了这些以外没受过大的挫折,没有大起大落。官做到最大就是鞍钢党委宣传部副部长,我这一辈子都是副的,副科长、副处长,后来到了副部长,都是副的,所以不争这些东西。就一个是正的,退休以后我们的报告团,报告团里有很多老红军,我是最年轻的,学问也比他们多一点,是报告团的团长,这个是正的。过去有一句话,"做老实人,说老实话,办老实事",老老实实的也挺好。工作挺好,家也挺好,四世同堂,行了,重孙子都挺好的,行了,没有后顾之忧了。

钟启恩
从鞍钢奔赴水钢

亲 历 者：钟启恩
访 谈 人：吴晓萍
访谈助理：谢景慧
访谈时间：2020年10月23日上午9:00—12:00、24日上午9:00—12:00
访谈地点：受访者住所
访谈整理：谢景慧

亲历者简介：钟启恩，1931年生。1944年到日伪统治的鞍山久保田株式会社当学徒,1946年4月国民党接管鞍钢时已经是钳工能手。1948年和身为技术骨干的父亲一起参加护厂队,1949年正式进入鞍钢做钳工。1949—1968年在鞍钢工作19年,1968—1992年在贵州水钢工作24年。在鞍钢工作期间先后担任安全股副股长、劳资科科长、宣传部部长、发电厂党委副书记、发电厂党委书记。1992年作为贵州省管干部退休,后又担任了10年的炼钢厂顾问,2002年彻底开始退休生活。

钟启恩（右）接受访谈

一、日伪时期的打工家族

我1931年出生于鞍山,家里兄弟三个,我排中间。我爷爷奶奶家本来都在农村,老家叫钟家屯,家里有七个孩子,二男五女。当时住的地方都没有,还租地方住,主要靠爷爷奶奶给有钱人家看坟有点儿吃的,但是要养活这么多孩子还是很困难的。于是,我爸爸和叔叔两个男孩子就出来找活儿了,因为鞍山有工业好找活儿,所以他俩就到鞍山了。他俩稳定以后,从老家陆陆续续又来了一些人,大家普遍感觉到这里生活条件要比农村好得多,至少有房子住,而且房子里有自来水,孩子读书也方便。我爷爷奶奶也被接过来了。我5岁的时候爷爷就去世了,一直是奶奶带着我们兄弟三个。我爸爸是来到鞍山以后才结婚的,我母亲是他一个工友的妹妹。当时厂里盛传一句话叫"钟家大院老刘家一半",我母亲就是老刘家的,两家在厂里人多,而且关系非常好。

1944—1945年,我在鞍山久保田株式会社①干了一年半学徒,学钳工,去的时候我13岁。当时,昭和制钢所和久保田是两个独立的工厂,两个老板,一个产钢,一个用钢做铸管。当时家里生活很困难,我哥哥在辽阳念书,我在鞍山念书。我奶奶、我父亲,还有我一个弟弟,真的顾不了了。我想着我哥念书念到那么高,到辽阳已经念初中了,那时候上初中也挺困难,我就和我爸说我下来,我爸说:"别下来了,无论如何也把这劲儿挺过去。"于是我坚持下来,然后就去学车工。到久保田一看,我那时候个头也够用,身体也好,他们就收了我做学徒。

在久保田期间,厂里有很多日本人,尤其中层管理者都是他们的人,他们挺尊重技术,日本人那时候也要工作,日本大班长、日本工人也和我们一起干活。做学徒很辛苦,吃的是高粱米,用白铁打个小饭缸,完事了在炉子上做饭,也没有什么菜。平时从早做到黑,一天12个小时,但是礼拜天可以

---

① 日本久保田株式会社成立于1890年,是日本一家生产拖拉机和重型设备的制造商,总部位于日本大阪。日伪时期,久保田株式会社在鞍山创建了鞍山久保田株式会社,是一个独立企业,生产上作为昭和制钢所的卫星厂,1948年被并入鞍钢。

休息一天。也有加班,一个礼拜最少两次,加班没有加班费,但是给饭吃,一人两卷煎饼,比在家吃得好,能吃到煎饼。

到最后日本要投降的时候,我钳工还成手儿了,看图纸、平台画线我都会。那时工厂的人基本跑得差不多了,我才15岁,领着那些岁数比我大的人一起干。当时我的父亲和叔叔也在久保田,是铸管厂的铸造工。因为我父亲和我二叔在机械铸造系统上技术非常好,我们家的生活质量还是很好的,至少比当地不在这里工作的人要好一些。技术好就能得到房子,我们在鞍山住的房子是日本当时修鞍钢时建的,当时算挺漂亮的。我二叔他们后来住的是白房,那就更好了。我们住在东边,西边住的是那些所谓的"大票儿",就是技术比较过硬、收入比较高的,比一般工人待遇高一点儿的住西边。虽然日本人那时候重用有技术的人,待遇也高,但是房子只能住,下岗了就不能住了。还是我们社会主义国家好,分房直接就是你的了。

后来,我父亲感觉挣钱少,就到本溪去了,也在一个日本人办的厂里,给的待遇比鞍山要高一点儿。我爸离开了,房子就不能住了,我们就住到了二叔家。等后来我爸稳定下来挣到钱了,就租了个房子,我们才过去。但是在本溪待了不到三年,还是想鞍山,就又回来了。我爸爸就在几个厂之间流动,哪个厂给的工资高就去哪个厂。我那时在家很少能见到我父亲,因为他很早就上班去了,一般6点天还没亮就得走,十多里地,没有车,只能步行过去。我只能晚上才能见到父亲。前前后后我父亲和我二叔在日本人办的工厂里干了20多年,他俩那时候都属于"大票儿"。我父亲还经常带一些新去的工人,像我四哥、二哥都是我父亲带出来的。他们和日本人之间也没有什么来往,就是工作交流。

后来日本投降了,我们是听广播才知道的,有的日本人就哭了,跟大家说不上班了,他们就在那儿守着机器。日本人要撤出,厂子都停了,我们也不挣钱了,就都回家了。不上班了干什么呢?日本人要收拾收拾,家里东西该卖的就卖了,大部分是衣服,我们就收日本人的破烂,收完了以后再到市场上卖。我二叔、我爸、我还有我姑爷子四个人干这个事,后来我哥也参加。破烂收得差不多了也卖了,糊口就开始出现困难了。于是,我们就开始卖菜,日本人走之前我就卖菜,在早市批发过来的菜推着推车卖,主要卖给日本人,那时候有个过渡期,日本人的家属都还在。大概半年后,这些日本人才撤走,搬出了白楼,国民党答应人家有组织地把他们送走。那个时候一到晚上也有中国人去抢他们东西的,然后就打起来了,其实更多的是民族仇恨,中国人有民族情绪,毕竟被侵略了那么长时间,这回得报报仇。后来国民党接管以后,局面就慢慢稳定了。

钟启恩的父亲钟明久(1975)

二、"混乱时期"的工厂与我们

日本投降后,苏联、共产党、国民党都在不同时期来过鞍山,也是一段"混乱时期"。鞍钢那个时候叫昭和制钢所。日本投降以后最先来鞍山的是苏联人,1945年8月来,11月撤走,日本人把昭和制钢所交给了苏联,苏联把制钢所里的设备基本都拉走了。我爸爸在的久保田厂子没有动,因为久保田是小厂,规格小,苏联觉得它不值得动。在苏联看来,最重要的是炼钢炼铁的鞍钢,所以拉走了昭和制钢所的设备,德国进口的鼓风机、发电机都拉走了。那个时候我还在久保田,并不知道这边拉设备的事情,后来听铸管厂那些老工人讲就知道了。三线建设时期,我在的发电厂的书记是当时的老工人,我也听他讲过。苏联人来了以后强行让厂里的工人拆机器,然后装箱拉走。苏联人拆完机器以后就乱了,那时国民党还没来,没人管,一些人就开始去偷抢东西,主要是昭和厂的工人和一些市民。1945年底,我们在的久保田这个厂也被抢了,那时候抢工厂成了一个风潮。看到苏联人拆机器,工人心里都没底了,感觉肯定生产不了了,而且工厂停产,工人没有收入,但要吃饭啊,那就抢你日本人的工厂,抢了拿来卖,再不济也能放在家里用,没用的就在家里放着。

苏联人1945年11月撤走以后,共产党就来了。但是战争时期共产党没有时间管理这些工厂，四五个月以后就走了，要去解放全东北。那个时候共产党人少，但是走的时候跟大家说还会再回来。共产党走了，国民党就来了，当时是新六军进的鞍山。国民党来了以后，军队都带着钢盔和冲锋枪，手枪都是现代的，可以说都是美式装备。国民党工厂接收大员把工厂这些老人都找了遍，久保田也好，昭和制钢所也好，凡是有一点儿技术的都挨个找了，我父亲、我叔叔，还有我们这些亲戚以及老刘家的都找了，就问这个厂子怎么弄，怎么恢复生产。日本管理人员和技术人员也都留着，国民党留了一大批人员，共产党解放鞍山后也留着，这些掌控技术的都当宝贝留着。

久保田的日本工人住的那一大片都是三四层的楼房，当时日本人要走了，铸管厂附近的人和在铸管厂的中国工人都往里跑，随便住。我们也去，搬进去的时候屋子里还有剩饭剩菜呢。一方面，那里没人管；另一方面，那里条件好，宽敞，住着方便。我们占了一个，奶奶年纪大了行动不方便，就住在一楼，我二叔一家住在二楼，我们一家住在三楼。从1946年开始住，到1968年去水城我才搬出去，一共住了22年。国民党接管鞍山没管这事儿，共产党来了才登记。那一片青房子很多，和厂子就隔一道铁墙，平时上班走路五分钟就到了。

昭和制钢所科级以上干部都住台町。当时日本人走了以后，倒是没有人去抢台町的房子，因为那里面住的是国民党大员。后来，鞍钢公司管理层和市委领导也住进了台町。

之前久保田分给我父亲的是白房子，比较小，我们一家人住着非常挤。这些青房子是后来专门给日本工人建的，宽敞很多。从原来特别小的房子搬到宽敞的房子，我们已经很满足了。那个时候我妈妈已经去世了，我奶奶做饭，我哥我嫂子我弟我父亲，还有我的继母，这么多人一起吃住。后来我弟弟就去了沈阳炮校读书，包吃住。我父亲和继母一直跟我住在那里，直到1968年我去水城，就把房子留给弟弟了。

日本人把久保田铸管厂交到国民党手里，接收大员是真的想恢复生产。但是要恢复生产需要检修，检修很复杂，高炉、焦炉、烘炉停产那么久了，焦炉修好了以后，修烘炉时间大概就得半年。而且机器得拆下来清洗，一个一个试验,这些机械的电机,马达部分不仅得电工改造,而且长时间埋在地沟底下都被水淹了。所以国民党接手鞍山的22个月里,工厂基本没有生产。虽然没有生产,但是还发工资,国民政府给发,基本能糊口。这期间的管理模式基本和日伪时期一样,管理人员有原来的中国人,也有一部分新来的国民党的人,还有一些留下的日本技术人员。共产党解放鞍山以后,我还跟着日本人学习过,日本技术人员还经常给我们讲课。这时候我爸爸那一批人都是技术骨干了,他是车间主任。

国民党接管的22个月里,生活糟糕透了。最典型的就是吃饭问题,粮食一天一个样,我亲自背着白券去的。国民党的钱统称"白券",苏联的叫"红券","金币"更早,就这三种。白券贬值得厉害,原来能买一袋粮食的,后来只能买半袋、小半袋,不停地变,一天一个样,简直没招儿,经常是吃了上顿没下顿。刚开始我家还行,我爸还去工厂,开的工资还能活。后来工厂停产,那真是困难,饭都吃不饱,更别说吃菜了。因为我们懂技术,我爸、我叔和我还想着去给人修机器挣点儿钱,铸管厂、鞍钢都需要重新修焦炉、高炉、平炉,但是都没干成。

后来看形势不对了,很多国民党的人就想跑,我父亲在的久保田厂里的一个高管,好像是个厂长,挺时髦的,他当时把摩托车和相机放在了我父亲这儿,说先放这里保管,后面再来取。那个时候摩托车和相机都是比较稀罕的东西,我父亲是车间主任,他看我父亲比较老实,觉得可靠,而且我们也不会用这些东西,就放心放这儿了。他为什么走呢?因为共产党接管后要来新的厂长,他留下只能做技术上的工作,不能当干部,所以他就走了。

三、落定后的鞍钢岁月

1948年共产党来的时候我去现场看了,就在当时菜市场那边,我二姑家正好在二楼,我就趴在窗户上看。解放军打国民党的新六军,国民党跑得狼狈,冲锋枪和子弹都扔在我们吃水的井里头。

共产党刚刚进来的时候,各个方面还没落定,基本还是战斗时期。这时出现了哄抢工厂的苗头,就像之前苏联走了以后一样,护厂队就是这个时候组织的。护厂队应该是在共产党的领导下成立的,感觉很有组织,当时共产党的接收人员都是南方的县长、书记,也有地下组织。当时一共有南部、北部、中部、东部四个护厂队,鞍钢有护厂大队管这些分队。并不是哪个工人都可以参加护厂队的,用不了那么多人,用人就得给人家发苞米面,没有银两,所以从那么多人里挑,选出最出色的,当时报名想参加的有3000多人呢。我爸爸、我二叔、我堂哥、我哥还有我都参加了护厂队。之前我们都是在久保田铸管厂,没有来鞍钢,我们和鞍钢的渊源就是从护厂队开始的。因为我们住的近,方便。符合条件的人太多了,怎么办?一个方法就是抓阄,我就是靠抓阄进去的。后来八路军的管理部门进来鞍钢以后,用不了那么多人,就清理了一些护厂队成员,就让我和我堂哥先回家,说还是护厂队成员,先暂时回家。我和我堂哥就暂时回家卖烟卷,想办法挣几个钱,因为那时候一家人吃饭还是很紧张的。在家做了一个小盘儿,跟电影里的一模一样,开始晃悠卖烟,也能挣点钱。后来越做越好,就在那坐着卖,不用背着跑了。

护厂队刚成立的时候,确实也有偷东西的,不是把电线掐了就是偷焦炭。这些在平常的生活中都用得上,像焦炭就可以烧火做饭。那个时候国共还在交战,有个偷东西的背着焦炭,还被国民党飞机扔下来的炸弹给炸死了。当时如果没有护厂队在,工厂肯定又被老百姓抢一遍,没办法,那个时候大家吃饭都困难。

后来想要恢复生产,设备都不完整了怎么办呢?共产党研究了三种方式。第一种办法是收缴,收缴涉及全市这么多人,所有人都会成为盗窃分子,因此这个办法不行。第二种办法是赎买,你拿着工厂的东西,我现在又花钱买回来,不过这个道理上讲不通,政府更拿不出这么多钱,这个也不行。后来就想出了第三种办法,动员市民献交。市民献交器材为什么有热情?第一,工厂不开工,这些人就没有饭吃,这是一个前提。第二,当时采取了一个办法,就是把献交器材和招工结合在一起,你献交器材我就招你入厂,这积极性一下就上来了。所以,献器材运动只搞了两个月就完成了,轰轰烈烈,大家争先恐后地交。

献交器材的时候,我去白楼那儿看了,那场面真热闹啊,好长一大圈。管理人员有的负责接收捐献,有的负责宣传。不仅厂里面有,而且全市都做宣传。我那时候没事儿干,就跟着看,电线有献的,电机有献的,小工具设备有献的,就这样,大概是在白楼出来,铁东、铁西①主要场地转一圈,白楼门前开始到三拱桥,整个道边一路摆起,一直到钢铁研究所,摆满了零部件。还有敲锣打鼓,推着或拉着小车来送的。我当时看献的基本都是小零件,稍微大一点儿的就是小马达、电线、钳子之类的,真正像样儿的设备家里也装不下,那时候平常人家住的都挤。像苏联拉的鼓风机谁能拿得了?一方面太大了,另一方面不懂技术也卸不了,苏联都是找那些发电厂的老工人来给卸的。真正像样儿的东西都被苏联当战利品拉走了,工人没有几个能把车床抬走的。

然后共产党就组织大家恢复生产,工人都回各厂子,回到自己岗位去,号召赶快恢复生产,就是要让设备都开动起来。制钢所的主要任务是修高炉,高炉是用来炼铁的,炼铁用的零件在外面能买到点儿,但是大电机得靠自己,电修厂的马达专家、电机专家干了几天几夜才给恢复。我记得那个时候回去生产,公司的口号是"向孟泰学习",主要讲"孟泰仓库"是大家学习的榜样。孟泰和我父亲同龄,我不认识他,但听说过。他是中部护厂队的,我爸爸也不认识他,属于不同分队。孟泰那时候是高炉的配管工人,他之所以出名就是因为孟泰仓库。他把所有的弯头、支管这些东西都保存起来,恢复高炉的时候做出了很大贡献。那些东西都是专用的,丢了就很难有替代的,他就做了这个贡献。那时候整这些东西真不容易,高炉风口都是铜的,当时很多人不知道它值钱,要不然肯定得拿去卖钱。再者,他是以厂为家的典型,在抗美援朝的时候,他把行李搬进厂,在厂里住。孟泰的技术级别非常高,待遇比干部都好。

我1949年1月22日正式到鞍钢工作,是机械车间的钳工。我大哥是铸造车间木型班的工人,就是专门给砂翻做木型的。我二叔是铸造车间的班长。我爸爸是铸造车间主任,一直做到退休,退休以后马上就被鞍山钢铁学

---

① 铁东、铁西是鞍山市的两个区,分别在鞍钢的东西两面,是鞍山的老城区。

院请去当铸造技术的老师，又做了几年。

1956年元旦合影（一排右二为钟明久）

我1949年9月9日入党，是共产党在鞍钢工人里发展的第一批党员。1949年7月，鞍山的党组织正式公开，决定在产业工人里迅速发展2000名党员，我和我父亲就是这批党员，孟泰也在这一批里。当时我也不懂，我父亲车间里一个人介绍我入党，一个月就走完了程序。入党程序结束后我就参加了党员学习班，就在白楼门前，是市委组织部组织的，学习一个月就转正了。1949年10月9日转正式党员，1950年四五月的时候就把我提级了，让我做安全股的副股长，那时候还不叫科。这个时候我就和我爸爸平级了，我才20岁。当时年轻党员少，我工作态度也很积极，同时又有久保田的技术基础，所以工作做得不错，班长、车间都信任我，一些难题都交给我，我也能吃苦，能把工作做好。在护厂队的时候，很多工人闲的时候都玩"捉牌九"，但我从来不玩那些，不调皮捣蛋，这些可能是我被提拔的重要原因。干了两年到1952年，"三反五反"把我撤出来了，被调到"打虎队"里，去搞外调，就是去调查厂里面有问题的人。

我们主要是查贪污受贿的，也调查出来不少有其他问题的。"肃反"中我们查的其中一个是铸管厂的办公室主任，他比较有文化。我和另一个科长到哈尔滨富锦去调查他，查出来他曾经给日本人当过警察。取完证回来，党委一审查，说这个办公室主任不能让他当了，他就被调到其他地方去了。他之前写了当过警察，但是有什么罪、有什么举动、欺压老百姓这些事没交代，就被揪出来了。还有供应科管材料的一个人，铸管厂的木材都通过他来采购，一来二去跟商人关系处得挺好，他就受贿了。现在看受这点贿太少了不算个事，但在那个时候就算事了。材料取证他也认了，就属于"老虎"了，后来也是调到其他地方去了。

我在"打虎队"干了两年,回来就升劳资科副科长,后来又提拔为正科长,台阶上得确实快。到1956年8月,组织又把我送到党校去学习半年,回来就给我转到党的工作上了,做宣传部部长。

去水钢之前我是发电厂的党委副书记,原来的党委书记是杜书明,他在"文革"时是"捍卫队"、造反派。组织批斗,他是组长。我负责组织生产,是这么一个分工。"文革"时期我是保护王鹤寿的,他是冶金部部长,被调到鞍钢来当党委书记,五级干部。因为这个,我就被批斗了。当时,市委组织鞍钢站错队的处级干部在学习班学习,顶多上了半个月班,就让我们写材料、扫厕所,不让闲着。让我写材料交代为什么保王鹤寿、对整个"文革"的看法,这些都得写。我在那儿可能有点恼火,因为一下子没经历过这些事。大概不到一个礼拜,我上下班骑自行车,就发现腿不好使了,大腿走不动路。到鞍山市总医院一看,医生都没看出来叫什么病,就说治治看。由于到总医院太远了,我就去铁西医院治,医生看也一样,还是走不动。那时候我老婆和我二儿子给我找了个老医生看,老医生看了就说让我先吃三服药,坚持吃,说吃了三服药就能见效。我一直坚持吃,一直到水城以后,我才没吃药。我一共吃了100多服,腿就好了,能走了,也能跳了。

被批斗、写材料、扫厕所的状态持续了一年多。当时我就想,扫厕所没什么,大不了就不做书记、不做干部,我没有任何悲观的情绪。我想,不行我就当工人,当工人也不差。发电厂修电机、做动平衡这些工作我很擅长,一看鼓风机就知道问题在哪儿,所以我也没怕过。我知道这种状态总有一天会改变,不会天天扫厕所、写材料。

四、支援水钢赴三线

后来支援三线建设,调我去水钢。从内心讲我不想去,条件那么差哪能愿意去?鞍钢有人先去了,做环境侦查、勘察地点、设计直到最后怎么布置这个山区,都已经开展工作了,所以我知道那边的情况苦。但是,调我去生产班子是定死的,那些设计的、建设的都回鞍山了。为什么喊我去呢?我

"文革"站错队了。我是保皇派,动力厂那个书记是革命派。本来早就定好让他去,但是人家是革命派,我是保皇派,就把他换成我了,我就是这么去的。我刚被斗争、批斗、挂牌没多长时间,组织就找我谈话,说我解放了,可以不掏厕所了。没有几天就告诉我,组织决定让我去水城,到那边组织班子。从当时的形势看,我又是愿意去的,"文革"被批斗,去了就能够解放。当时政治高帽挺大,是组织信任,工作能力强、年轻、能成长的人才让去,这些确实得审查,不合格不让去。那时候水钢是保密厂子,靠山隐蔽,水钢当时叫青杠林林场,外边叫青杠林,后来才公开。

1968年10月,我到了贵州六盘水,条件确实艰苦,和鞍钢比差远了。住的都是席棚子,因为没有地方住,所以也没有带家属。第二年我老婆去探亲,也是住席棚子,我上班走了她把门划上,等出门了才发现天真亮,因为棚里除了点灯就没有光,没有窗户,白天和晚上一样黑,后来盖了房子就好了。

刚到水钢时我是动力厂的组长,水钢是发电厂、供电厂、兑水厂、计量厂、电修厂好几个单位合并在一起的,人非常多,比鞍钢任何厂的人都多。我管的人和事非常多,算是处级,和我出来时鞍钢发电厂的书记级别一样。之前鞍钢支持水钢建设的很多是我们的人,鞍钢发电厂的车间主任、供电厂的班组长都来了,所以来到水钢以后大家搭班子特别和谐。

到了水钢动力厂大坝区,工人心不稳。山洞式连栋房只有四个,那算成型的房子,剩下的都在外面住席棚子。烤火烧的是五眼儿煤,这还算相当好的。吃饭都是在食堂,大部分吃的是二米饭,苞米馇子和大米,也没有什么菜,早点是豆腐白菜之类的,肉很少。

刚开始工人思想不稳定,一部分属于好好干的,但有的就老想家,这就得做工作。工作还是可以的,安排工作都干,就是条件艰苦。早晨去,走着到动力厂的工地,都得穿水鞋、戴草帽,没到冬天棉袄就得穿上。一年到头都得预备着棉袄在那挂着,下雨就算过冬了,就得穿棉袄。而且一下雨山坡上就流很多水下来,油毛毡就往外涨水,特别是下边的山坡上还有厂子,那怎么办呢?就得想办法把这水叠叠弄弄,那个时候也没有那么大力量,厂子也没有那么多钱。按要求第二年就要开工,我去的时候正在试测设备,高炉已经开始烘炉了,得烘半年时间。首先组织动力厂试测,先开锅炉,开气机就是动力厂的事,燃气厂负责煤气、管道,供电厂那时候在山洞里靠山隐蔽抠个洞,停了一个大变压器在里面。水电厂当时的水供得也不是那么及时,大锅抽到水池里,抽到8000厘高,再往各个厂子里送,我们厂子就干这几件事。电话都通,那时候首要是要通电话。电炉厂、机电厂都是新的,我们厂负责高炉的运作,高炉的空气压缩机都是动力厂的事,我要到现场走一圈。那个动力厂挺大,和鞍钢的一样,需要骑自行车才能转一圈。我当时主要的工作就是让大家在那样艰苦的条件下安下心来工作,让所有的机器运作起来。没有办法,只能迎难而上。

1975年,我担任了水钢电力厂的经理。原来那个党委书记被调回贵阳,厂长被冶金部借用。这么大的厂子,需要有人主持工作,组织上就把我调去负责生产。组织生产困难很大,缺电,缺煤炭,缺矿石,再加上人心不稳,经常出问题。鞍钢大部分工人愿意回去的都调回去了,有的回鞍钢,有的调到市内。剩下的像我这样的家都在水钢的就跑不掉了,让我组织生产,就得好好干。我每天早晨7点钟开调度会,开到8点做汇报,我定事,定完了以后就坐车下去。那时候连吉普车都没有,坐的是那种解放牌大车,一辆车就把所有的处长和科长拉到现场了。重点了解一下现场情况,中午回来,下午就不下去了,天天如此。到晚上我吃完饭就去调度室,我们住山上,它在山下,下来连了解情况带唠唠嗑,干到10点,最晚10点半到11点。一般都是10点回来,天天如此。每天就是在工作上转来转去,看报、听收音机根本没有时间。

当时还有一点也比较困难,就是铁矿不够。当时勘探的那个铁矿储量不能满足生产,怎么办呢?只好买。原料处从民用矿里收矿石,还从广东的矿上买。太贵的矿石,还舍不得买。成分高的,60%的或者是55%的矿石还不敢用太多,因为用太多就影响成本。亏了几年,都是国

担任水钢电力厂经理时的钟启恩

家兜底,当时中央都挂了号的。后来赫章发现一个铁矿,我们就赶快开会要这个矿,冶金部也同意了,但是赫章不同意给我们,要的话只能入股。这方法当时就被否定了,因为国家投资采矿就是想着自己的矿石可以降低成本,它要入股那就等于我们给它打工了,这事就这样黄了。

钟启恩(右二)到德国柏林交流(1985)

我在水钢工作24年,觉得最有成就感的事情有两个:一个是"文革"期间没有停产,另一个就是二号大型高炉投产。我觉得"文革"期间能维持住生产,对水钢的生产还是很重要的,因为它本来就是新建的,各个方面都刚步入正轨。贵州省后来还让水钢在全省做生产经验分享,得到了省里的表扬,我觉得生产班子也有贡献。另一个,冶金部同意上大型的二号高炉。二号高炉生产配套的几个大项目改造,比如大变电所改建、压力机改建等都是从德国引进的设备,这一段应该说我做得挺好。刚来的时候,工人过不惯,老想回去,人心不稳,矿石资源也不够,电力压力都跟不上,到后来各个方面基本稳定,生产步入正轨,这个过程我觉得我对水钢还是有一定贡献的。

五、家庭、归根与退休生活

我老婆是我到水钢第二年以知青的身份过来的,那是1969年。她是本溪炼铁厂的钳工,以知青的身份被派过来学习,后来就留在了水钢,一直到退休。我有三个孩子,两儿一女。1969年的国庆,老大来水钢上班,老二、老三还有我父母都在鞍山。

钟启恩牵着两个孙子在水钢家属区(1984)

老二很有意思,他那时候在鞍山上初中,觉得家里既没妈又没爸,就告诉爷爷奶奶说也要去水城。于是,他就找办事处办手续,当时办事处的规定是愿意去就给办,因此老二把户口什么都办到水钢了。那个时候通信不好,他就打电话告诉我要过来,我就同意了。那是秋末冬初,老二到了我就把他接上,不管怎么的,他来反正有个小家了。1969年,他初中还没毕业,到了水城也不读书了,就去机修厂做了小钳工。老二过来后,鞍山家里就剩女儿了,我老婆就想让女儿也过来,虽然这儿条件艰苦,但是全家能团聚,我也同意了。她来以后在水钢小学里当老师,后来去乡下当了一段时间知青,回来以后我让她学统计或者学会计,但她都不愿意。她想当工人做话务员,于是就去电修厂做了话务员。

我的父母这个时候跟着我沈阳的三弟生活,不过他们两个退休工资高,比我和我弟的工资都高,生活上很独立,有事情时才需要我三弟照应一下。我父亲1986年在沈阳病逝,因为他在铸管厂有一定威望,铸管厂还给他开了追悼会。

从贵州回鞍山也很有意思。当时楼上一个副书记提出鞍钢要给外调渡口(现攀枝花市)的副处级以上的干部盖房子,听到这个消息以后,我们经理、书记就一起开会,说他们盖我们也盖。统计了优秀干部和副处级以上的干部,最后就定了盖34户,每平方米500块钱,后来又涨到600块钱,经理级别的是97.6平方米,处级的没有这么大。就这样分到了一套房子,这个时候老二、老三都回东北了,就剩老大在水钢。我1992年退休,退休以后水钢还不想让我走,当时的书记就说让我组织离退休干部一起组建一个公司,水钢支持,补贴生活。后来这个厂生产不是太好,书记就让我去炼钢厂当顾问。后来我又和搞建筑的朋友做水泥厂,做了一段时间。退休后前前后后折腾了十年,到2002年我和老伴儿就完全过退休生活了。

退休后我就打网球、参加合唱团、跳舞,我舞跳得不错。1950年团中央号召学跳舞,1952年我就开始跳,那时候我年轻又是科长,到处有人组织,有人喊着就去,都是在大礼堂跳。我网球打得挺好,合唱也挺好。过去我连网球拍都没拿过,后来还代表六盘水、代表贵州省出去打过比赛。但是在这里上坡打网球也挺费劲,再加上2007年有凝冻,我和老伴住在三楼,平时我得上下楼拿蜂窝煤、倒垃圾、买菜,这些活儿都是我的,我说这不行,凝冻那么长时间,太滑出不了门,我和老伴就决定要搬回来,所以2009年就回鞍山了,户口什么都办回去了,也算是归根了,因为我是在这里出生的。由于我是贵州省管干部,虽说退休金是水钢给的,但是在贵州办这边领。

全家合影,二排左一为钟启恩(2007)

我这一生经历了日伪时期的工厂、共产党领导的鞍钢、水钢这三段,要说最值得回忆、最难忘的还是贵州水钢这一段。在贵州一方面时间长,再一个责任大,这么多工人要生产。在鞍钢那段时间觉得挺顺利,没有难事,到发电厂也没有难事。到水钢那真有难事,人心不稳,还要保证生产,材料不足、电力不足,那是真难。但是,尽管难,难中却有回忆,这段经历更像一个创业的过程。

宫德庆
我在鞍钢的那些年

亲 历 者：宫德庆
访 谈 人：杨海龙
访谈助理：张超楠
访谈时间：2020年10月23日上午9:00—11:00、24日上午9:00—11:00
访谈地点：鞍钢党校某教室
访谈整理：张超楠

亲历者简介：宫德庆，男，1935年生。40年代随父母从山东青州闯关东来到东北，后父母早逝，由外祖母抚养长大。1950年在七道沟铁矿当矿工，随后在鞍钢当通讯员，在沈阳重工业部机要干部培训班接受培训近一年，后进入鞍钢机要室实习三个月，随后回到七道沟矿山机要组工作，1954年机要组撤组回到鞍钢机要室。唐山大地震时期跟随王崇伦支援唐山。

宫德庆（左）接受访谈

一、"鞍钢出了钢材，还要出人才"

我是 1950 年参加工作的，算起来至今已经有 70 多年了。我有一个弟弟，在鞍钢做车工，现在也退休了。我老伴姓陈，到鞍钢化工厂以后当化验员参与焦炭化验，后来又到了鞍钢所，龙春满是她的领导，最后在鞍钢房产处作为管理员退休。我们有两女一男，大女儿是鞍钢副企公司财务科科长，二女儿是鞍钢大集体(单位)的会计师，儿子当兵转业，现在鞍钢房产处开车。可以说我们家两代人都在为鞍钢服务。

我的老家在山东临朐，因为父亲是矿工，所以 1940 年左右全家就跟着父亲来到东北，但是后来父亲死于矿难，我是被外祖母抚养长大的。刚来东北的时候，就住在鞍钢的七道沟铁矿上。那个地方离集安很近，集安和朝鲜一江之隔。抗美援朝的时候，我们整天都在防空，所以就流传起"天不怕，地不怕，就怕飞机拉屁屁"这句话。记得参加工作是 1950 年 8 月，我才 15 岁，当时鞍钢刚建设，需要大量员工，无论年岁大小，照单全收。一开始，我在那里当通讯员，给人家送信、送报、打开水，就干这些勤杂工作。后来因为我岁数小，家庭出身好，成分好，就被选去沈阳冶金部干部培训班(也叫重工业机要干部培训班)学习密电码。我在那里学了将近一年，抗美援朝的时候我还在集训班学习，10 月份才毕业。之所以要学习密电码，是因为在新中国成立初期，所有钢产量、所有矿山的产量、事故等都不允许泄露，都打密电码，这个密电码是绝对保密的。我们的电报就发给鞍钢，它有什么事，要生产什么，就往我们矿山机要组发。总的来说，我们基本上都是利用密电码联系的。

学习回来的时候我 16 岁，在鞍钢机要室实习三个月，就被派到七道沟铁矿，派过去之后，矿山成立了一个机要组。但是到了 1954 年初，可能是为防止敌特破坏，机要组撤销了，把我们调回鞍钢来了。我在鞍钢机要处当译电员，接触的领导也开始多了。那时候鞍钢总经理是黄明代，我刚到鞍钢的时候他就在那里。那个时间鞍钢的指挥生产全靠冶金部这个密电来指挥，鞍钢上哪项工程、鞍钢的钢产量等一切事务对外都不公开。为了响应毛主席所说的"鞍钢出了钢材，还要出人才"，鞍钢开始支援全国，并不断锻炼干部、培养干部。厂子里有两种情况：一种是有意识地为建设和支援武钢代培一些干部，选一些年轻的干部培养，培养对口资源；一种是临时抽调的，在实践中锻炼干部，炼铁厂管高炉的，管炼铁的，技术干部也好，管理干部也好，有些人要拿出来去支援首钢，去支援攀钢。那时有个不成文的规矩，调谁去谁就得去，像是军队命令。如果不去，就会受到处分，党员记过，开除党籍；干部就降职。

二、"拔白旗"：从一长制到党委制

最早为了培养鞍钢的专业干部，鞍钢开设俄文培训班，挑选出一些优秀的人才接受一两个月的语言学习，然后把这些人派去苏联，后来担任副总经理的马宾就是这样被派到苏联三年的，其间他翻译了不少文件。到1958年开始"拔白旗"，从反一长制开始，破除苏联的一长制，马宾也被"拔白旗"了。不过，马宾这个人在鞍钢是很有影响力的，至少我个人对马宾比较崇拜。这个人有能力，做事咔碴①，而且是技术专家、学者，写了不少书，生产上确实很有一套。所以，即使被"拔白旗"了，工人还是拥护他、喜欢他。1959年开始纠偏纠风，就往回转了，那时候有些右派也摘帽了，马宾下放凌源也回来了，还当管生产的副经理。其间我还跟他工作了一段时间，这个人确实挺有魄力。还有炼铁厂的蔡博，是蔡和森的儿子，他是炼铁厂厂长，也是"在苏联吃面包长大"的。所以1958年"拔白旗"那段把他拔上来了，把马宾下放到了朝阳的凌源钢厂。

在我看来，"拔白旗"运动应该从两方面评价。一方面，当时我们自己没风格，只能学苏联，强调"一边倒"，所以苏联专家的话就要贯彻，不能改。那时候鞍钢苏联总顾问罗曼克常驻鞍钢，苏联专家的话就是"圣旨"，就这样推行了一长制。当时我们下面这些人就听他的，反正他说了算。从这方面来说，一长制坏的方面是独断专行，有片面性，好像还没有强调党的领导，削弱

---

① 果断、不拖拉。

了党的领导。但是另一方面，它也有好的一面。因为一个厂子里有很多领导，有工会的、党委的，有些事情讨论，耽误时间，耽误事。所以一长制痛快，这个效率高，这是我理解的当时来讲好的方面。

再到后来，建立集体领导，确立党委领导，改为党委领导下的厂长负责制。可以这么说，党委领导下的厂长负责制是咱中国首创的，是在反一长制的基础上衍生出来的。一长制的典型，马格尼托哥尔斯克冶金联合工厂是苏联很有名的钢铁公司，咱们好多干部都到马钢参观学习过。

中年时代的宫德庆

鞍钢的党委也经历了几上几下的过程。第一次党代会，大概是在1959年，选举了中共鞍钢第一届委员会，那时的总经理是袁振，他是党委第一书记，也是鞍山市委第二书记。那个时候还是服从一长制的，当时认行政干部、厂长、市长、县长、经理，不怎么认党委书记，到后面才逐渐改变。

1961年又开了第二次党代会，选出了中共鞍钢第二届委员会。这时候已经反对一长制，开始"拔白旗"了，党委的权威也就树立起来了。提倡党内民主，体现党委领导，党委书记好像厂长一样，排在第一位了。1961年还是袁振兼党委书记。"文化大革命"以后鞍钢就乱了，党委说话不灵了，厂长的权力就大了。王鹤寿来的前两三年，算搞得不错了。那个时候，老百姓刚刚开始脱离三年困难时期，从1962年开始，咱们的经济形势是最好的，他担任鞍山市委第一书记，兼鞍钢党委书记，后来不幸又赶上"文化大革命"。

王鹤寿做党委书记的时候，根据过去的工作经验挑选干部，有搞行政工作专长的就当厂长，搞过政治工作的就做宣传部部长。还从军队要了一批校级干部，像周建平就是沈阳装甲兵的政治部主任。"鞍钢宪法"出来之后党委的地位就提高了，这就是王鹤寿的黄金期，党委书记是摆在第一位的，就像省委书记摆在第一位，鞍钢也如此。

到 80 年代初，从鞍钢看，还是党委更有实权，党委书记变成一把手。鞍钢的党委书记、董事长是同一个人，因此也就不存在其他企业那样的党政分开。我们改革开放以后，有一段时间是党委负责的。后来又接受中央指示，让厂长负责，那时候厂长说了算，再后来又变成党领导一切。

三、"鞍钢宪法"："两参一改三结合"的管理制度

1960 年，鞍山市委做了《关于工业战线上的技术革新和技术革命运动开展情况的报告》，毛泽东做了批示，将其中的政治挂帅、党的领导、群众运动、技术革新和技术革命，还有"两参一改三结合"的原则总结成"鞍钢宪法"，并逐渐在全国推广。为什么要叫"宪法"呢？这个事是毛主席给定的，说宪法是一个大法、一个大章程，所以鞍山的发展、鞍钢的发展就是一个大章程。有了这个"宪法"，鞍山、鞍钢的工作就好办了。

"鞍钢宪法"的原则之一，需要发动群众。那个时候在鞍钢有这么一个风气，就是办"庙会"。"庙会"是群众自发组织的，在烈士山正门的那条大街上，搭个棚子，你这个厂子有什么发明创造，他那个厂子有什么技术改革，先进的产品、先进的技术，都拿去在棚子里摆出来，让大家评比。发动群众就是"鞍钢宪法"的基础，1961 年那时候鞍山就搞这个。在企业里面搞群众运动，就是集中老百姓的思路，群策群力搞生产。鞍钢这样的例子有好多，像王崇伦都是这样起来的。你看我们鞍钢有好多人，虽然不是什么专家、大学生，就是一个土生土长的工人，但是他那些土办法确实好使，这就是群众的智慧。所以我想这个是好事，在企业里依靠群众。

"鞍钢宪法"的原则之二是政治挂帅，就是你办每件事，头脑里都要政治挂帅。你为什么要干这个事，怎么干，需要统领你的问题，要有政治方向。

"鞍钢宪法"其实是"大跃进"时期炼钢经验的总结。那时候在铁矿上建了冲天炉、小转炉。小高炉不大，四吨、八吨的都有。但鞍钢厂区里面没建，厂区里边就是发动群众都起来炼钢。冲天炉是第一道工序，把破铜烂铁放在里面，炼化成铁水，然后倒到小转炉里。小转炉其实是一个大油桶做的，

它底下有一个存氧罐,氧气就是从存氧罐里来的。加上氧气后,就把铁水再给它化一遍,再造出来成了小钢锭,小钢锭之后就炼钢了。照这个方法炼,夜夜炼钢,虽然大家都是自愿的,不论报酬,但出来的钢铁质量并不好,好多是不能用的。我们也在全国各地收集炼出来的废铁。因为我们鞍钢有个废铁厂,转成一个厂子,也是个县团级单位,它就在全国各地收集废钢废铁,炼钢必须得有废钢铁兑进去。不过,工人可以在食堂白吃饭,因为是一线,厂子里的伙食质量是可以保证的。我当过转炉的炉长,那个火花到处喷溅,烧伤、烫伤的事情都有发生。马宾当时就否定建小高炉、小转炉,说这是不务正业。也因为这个,就拔"他白旗",就批斗他。

那时干部也要参加劳动,这是"鞍钢宪法"的第三个原则。我们有一个书记,是一个老太太,叫杨大杰,她就去炼钢厂,在那蹲点。在市里领导干部的带动下,我们鞍钢无论经理还是厂长,一周都必须要劳动几天,星期六也要干。除了定时,还有定点,我们鞍钢党委副书记周建平,他的专门定点项目是技工三加工车间,到那一天周书记必定来劳动。干的效率不一定那么高,但是真干活,这些干部很自觉,打扫卫生,就干部干得最多,都抢着干。这样一来,干部和群众容易打成一片,而且能够了解下情,体贴工人的实际情况,增强干群关系。

当然,"鞍钢宪法"还提出工人也参加管理。尤其是厂子讨论生产与大事的时候,要求工人来当参谋、来开会,或者有些事专门请教有经验的工人,会议定期邀请他们来对我们厂的生产方针提意见。有些厂子,像三炼钢,甚至为此形成一项制度,会定期开生产例会、民主会等。但并不是要求所有人都要参加,先选择代表,选的人物或者是有影响力的,或者是技术专家,听他们的意见。

四、艰难岁月中的两派

1966年"文化大革命"爆发,鞍钢从破"四旧"开始——当初鞍钢组建了好多学校、技校等,这些小年轻带头破"四旧"。进一步发展之后,解放军介入"支左",我们那时候没军管,只是"支左"。当时鞍钢有好几十万职工,成立了两个群众组织,即两个战斗队:一派叫"大联合",保王鹤寿的,简称"保王派",或者"老保";跟"大联合"对立的叫"捍卫队",捍卫毛主席,叫"老捍"。其实,"保王派"的主要人物不仅有王鹤寿,还有赵敏、罗定枫和钟建平,合成"王赵罗钟",这是"保王派"的四大主力。

当时保王的人多,鞍钢百分之八九十的是"保王派",到后来几乎延伸到全鞍山市了。鞍钢"捍卫队"人数少,形成不了气候,就靠市里打倒王鹤寿。从鞍钢多数的职工来讲,我本人也是"保王派"的。那时候很有意思,一个家庭分两派,多数都是"保王派",感觉"文化大革命"就是认为"老干部就不行"——可别忘了,老干部是跟毛主席干革命过来的。王鹤寿也算老大,他是1925年参加革命的,冶金部部长下到鞍山来,而且在鞍山做了好多好事。但是,市里的情况和鞍钢的情况相反,多数人要打倒王鹤寿。从立场来看,鞍钢和市里有矛盾,过去上层的干部,我是鞍钢的,你是市政的,尽管市政的好多干部也是鞍钢去的,但后来他们掉过屁股来了,市政的和鞍钢的属于两种派别,不和谐。还有一个更为直接的原因,就是鞍钢的奖金多,待遇好,市里都有看法,再加上部队支持,所以市里支持打倒王鹤寿的是多数派,和鞍钢的"捍卫队"正相反。鞍钢的"捍卫队"要是没有市里这个支持,早就被"大联合"给吞掉了。那时候武斗可厉害了,把汽车焊上五毫米的钢板,几乎和坦克一样。我们鞍钢把技校出来的队伍叫"飞虎队",他们直接开着土坦克到"老捍"的总部钢研所,好威武的。当时鞍山的"八大局"可厉害了,邮电局、供电局、轻工局、交通局、房产局、市委机关、市政府机关等,称"八大局"。"老捍"这帮人数少,但是战斗力很强,决心很大,会威胁工人,不让工人上班。我们"大联合"的头叫陈树庆,是修建部的加工队长,这个人很能干,王鹤寿很赏识他,经常宣传他。他确实能干,是个先进人物,所以王鹤寿一开始被批斗的时候,他是拼命地保王,直到王鹤寿受难的时候,他也受牵连了,蹲了好几年监狱。

"老捍"的负责人叫赵学具,是个胖胖的工人。从今天的角度来看,造反派应该都是痞子,但实际也不全是这样,马宾能是痞子吗?当时部队"支左"

的倾向是很明显的,来了就公开宣传要打倒王鹤寿。但是王鹤寿上来确实给职工做了好事。我跟你讲个例子,鞍钢周围有条环市路,鞍钢运输部管的一个火车,这个火车可以拉职工通勤,不过由于环市路接到市里一大片地方,好多市民也坐这个车。过去这个车老百姓叫"小蹦蹦车",没有空调,职工通勤冬天很受罪。王鹤寿知道后,立刻想给职工改善一下交通条件,于是就给吕正操亲自写了封信。当时吕正操是部长,马上就从长春客车厂选来一批新火车,还是绿皮火车。还有一个例子就是,王鹤寿说鞍钢工人很苦,劳动量很大,要增加细粮供应。这个事遭到了市里的反对,说王鹤寿向着鞍钢的职工,在当时也引起了一番轰动。所以,鞍钢的领导确实为群众办事。

"保王派"和"捍卫队"双方斗争得非常激烈,最后逼得鞍钢几乎要停产了。要停产一个高炉,铁水就凝固在里面了,或者整个就报废了,需要 20 年才能恢复,这是专家说的。周总理接见双方代表,告诉他们:"鞍钢不能停产!"周总理也批评了"捍卫队"到处占楼的行为,他还亲自上鞍钢做工作。两派发生冲突致死的,除了上述的两个事件以外,还有"车之文事件",我所知道的就死了三个人,受伤的更不计其数了。

矿山也分两派,叫"群众斗群众"。要是两人的观点不一致,即使是夫妻姊妹也会划清界限,即使原来咱们是很好的同志也不说话了,两派就是很敌对的。那时候"互相拉"是常有的事,我有一个现成说法:我在市委有一个同学,他就多次捎信找我到市里去,叫我转到"捍卫队"去。我也真去了,我们平时处得不错,我也抱着把他拉过来的想法,然后两人都不痛快,分成两派,势不两立。家人之间互相举报,互相揭短,甚至因为观点不同而离婚的也有。后来,中央正式表态说支持"捍卫队"。紧接着就成立"革委会",主任是马宾、周则清,马宾代替王鹤寿成了书记。王鹤寿被打倒了,说他是大叛徒。就为这个事我们"大联合"非常不理解,但是有中央文件,我们也无能为力了。

后来"文革"结束,事情就发生了一点转机,"大联合"这边人多,老干部也多,重新起用了好多。包括钟建平这样的,起用到"革委会"之中了。但是真正的转变是在打倒"四人帮"之后。1976 年 10 月以后,"大联合"这块的老干部也逐渐解放了,像王鹤寿这样的都解放了,他最后到中纪委当书记了。而造反派就下沉了,我们叫"清查"。"大联合"的陈树庆后来也平反了,陈树庆这个人确实很能干,工作上是个虎将,之后就到了鞍钢修建部,再后来被提拔当鞍山市的市长助理,担任玉佛院玉石运输和雕琢的现场总指挥——39军用几辆坦克把这玉石给拉了回来,雕成了全世界最大的玉佛。[①]

五、支援唐山

1976年7月28日凌晨3点多,一场突如其来的地震毫无征兆地降临唐山。地震发生以后,咱们这边震感都很强,鞍钢第一时间做出了迅速反应。鞍钢当时的有些领导,像韩玉坤、王崇伦还有"革委会"成员,他们挂帅,组织了一个"鞍钢抗震救灾办公室",地点就设在大白楼。我也被调到那里去了,我在那里的主要工作就是写简报来反映各部分情况。

鞍钢当时做的几件事让我很受感动。第一件事就是立即成立领导办公室,抽调人给唐山做抗震的活动房架子。鞍钢有种异型钢管,是小铁皮子钢管,很轻。我记得我在地震办公室,不到一周的时间就赶出了上千套活动房子。一间房子十几平方米,就一间棚子那么大,可以住人就行。唐山那时最困难的是没有地方住,不能都住在大街上呀。赶制活动房架子,连夜往唐山送,为支援地震做了贡献,显示出鞍钢确实是老大哥。

第二件事是接收伤员。鞍钢各大医院都让轻病号把病房倒出来,给唐山伤员住。据我所知,鞍钢铁东和铁西医院、各大医院都住满了伤员,前后大概有300人。这个我们都写成简报,往市里报。王崇伦他不是挂帅吗?他亲自抓,这个人很深入。因为他是工人出身,他调来大小不等的钢球给医院骨外科,主要用来给骨科做牵引。

[①] 1960年7月22日,岫岩县哈达碑镇玉石矿,一块重达260多吨的巨大玉石问世,人称"玉石王"。1992年岫岩县划归鞍山市管辖后,39军派出范胜利少校担任坦克牵引指挥,配合担任现场总指挥的陈树庆,依靠4辆坦克、6辆大型牵引车及其他各种车辆150多辆,行程172公里,经过8天8夜,将玉石拖至鞍山,"创造了世界运输史上的奇迹"。1994年开始由岫岩县雕刻厂正式雕琢玉石,历经18个月,于1995年底完成。

第三件事就是支援唐钢。过了十多天,鞍钢又组织抢修队支援唐山钢铁公司。我当时也去支援唐钢,和王崇伦还有一个司机住在一个帐篷里。唐山钢铁公司也是个重灾户,当时厂房大部分倒坍,机器被砸,全部停产了。冶金部党组书记陈邵琨部长、马明副部长都在唐山坐镇呢!根据冶金部的统一安排,全国各大钢厂都去人对口支援唐钢。你支援钢厂,我支援铁厂,他支援动力系统……上海那时候还没有宝钢,上钢一厂、三厂也来支援,他们过来支援平炉、转炉,以恢复生产。唐钢的钢厂房架部分倒坍,给鞍钢也分配任务了。那时候给了一股劲,包括我在内,感觉王崇伦经常讲唐山的困难,"唐钢的困难就是我们的困难""人定胜天,克服困难",他老讲那么两句话。所以当时组成抢修队,根据冶金部的统一安排,我们承担对口支援任务。

我们鞍钢就给分配了四项业务,第一项是唐钢的北部变电所。这是一个标志性变电所,相对于唐钢而言,它服务面广,作用重大。它要是不供电了,唐钢的半个天就塌下来了。我记得是唐德绵厂长带队来支援的,他是老工人出身,很有经验。这个人很有意思,"文化大革命"斗他的时候,如果说"我是大草包,不会干活",就不揍你,他偏偏说"我会干,我能接线"。你越说会,越要挨揍。后来我就说:"老唐,你傻!你说不会就算了。"可他就不承认自己是草包,这个人就是这么犟。这个唐厂长领着人,爬上四五米的线杆,即使是夜里八九点钟,也要在底下一个人拿手电照着,一个人接线。原来计划要两个月把这个变电所修复起来,结果提前一个月完成了。

第二项是小型轧钢厂。唐钢的小型轧钢厂轧各种螺纹钢、角钢。唐钢人说这个厂是他们的"摇钱树",毁了不行,需要赶快恢复。这个时候,唐钢几个轧钢机底座全泡在水里。修建部的主任叫王佳义(音),外号王大胡子,是个高个子,也是个干将,先跳到水里,想去蹚蹚,看看水里面啥样,研究怎么把这个水排出来。只有水排干了,才能修轧钢机底座。当时什么排水设备都没有,王崇伦亲自跟鞍钢领导挂电话,说:"唐钢没有水泵,仓库里要什么没什么,一塌糊涂。"鞍钢非常重视,立刻调拨了十台大水泵,送到唐钢的小轧厂。后来他们和市里联系,接了个临时电源,我们十几台水泵一运到,连续抽水,抽了三天三夜。王崇伦这个人做事很深入,他是老工人出身,亲自在前面积极地干,不光是嘴上说说而已。就这样,完成任务的时间短了20多天。

第三项是金工车间。金工车间相当于我们鞍钢的机修总厂,车间很大,还有100多台各式机床。因为地震,机床都被甩出基座了,东倒西歪,破烂不堪。后来是我们鞍钢机修总厂派人过来干的,非常对口,是一些搞机床的专家和老技术工人,也是厂长带队,名字我记不住了。他带队去的这些干将,后来都当了各个钢铁公司的机修厂厂长。例如机修总厂去的两个,一个张国好后来当了副厂长,一个姓白的听说当了厂长。车间里机床有100多台,厂房没倒,顶上棚子还在,钢厂的钢架是不易倒的,但是机床却东倒西歪了。这个时候机修总厂这边就要重新打地基,有的要复正,复正以后机床还需精密校正,支援团队拿校正仪校正。经过大家的抢修,没用一个月就干完了。

第四项是发电厂。唐钢自备的小型发电厂也都倒了。这个发电厂不大,我们派去了一个工会的一把手,叫王盛学,这个人是离休干部,他领队去的。我记得很清楚,到了唐钢第二天晚上,由唐钢的书记,一个小年轻叫邓春南——当然王崇伦和我也去了——去检查发电厂的一个危房。邓书记叫王崇伦不要上去,王崇伦说:"我不上去,我知道怎么抢修?"他一下子就爬上去,王崇伦这点我是佩服得五体投地,说干就干,说话还好使。唐山一听是鞍钢的王崇伦都非常惊讶,感觉那了不得呀!

赴唐山的这些专业对口抢修人员,第一期有300多人,第二期将近200人,一共500来人。我是第一期去的,由王崇伦带队,坐着十几辆卡车,拉着设备,还有锅灶、土豆、茄子等。因为考虑到唐山的困难,不想再给唐山造成麻烦,所以我们鞍钢自己能解决的就自己解决了——我们连抢修用的小吊车等工具设备都自己带着。冶金部的马明副部长在总结会上给他们讲:"鞍钢去的人最多,技术门类最全,抢修的速度最快。"

到唐钢以后确实很困难,第一个困难就是没有电。到处是一片砖石烂块,搭帐篷找个平整的地方都找不到。我记得我们抢修的这个变电所是在一个小丘陵的半山坡那边,变电所全倒了,变压器摔到坡下沟里。那个变压器好大,一个变压器七八吨重。到了现场以后,王崇伦说唐钢的困难就是我们鞍钢的困难,大家干劲都很大。当时唐钢极度困难,也没有大型机械设备,也吊不起来,后来王崇伦用他的老办法,在抢救现场和工人一起研究。我记得研究了一个下午,最后想出个办法,找根很粗的电杆、木杆,大杆子给它支个两门搭子(指似门的木架子),用钢丝绳给它捆起来,两门搭子拴上一个八吨的金葫芦,然后吊六吨的变压器。这样就不使电,靠人拽,就把三个变压器拽起来了。

鞍钢的队伍浩浩荡荡,星夜兼程。到那里以后先支帐篷,要放下行李,然后在野地里做饭。看着唐山这个惨景,一片废墟,也没个道,汽车都不好开。当时唐山的交通局里没有人,都砸坏了,是北京、天津来的交通警察在那指挥。没水没电,一片黢黑,还下着雨。下着雨就预示着有余震,他们说天气不好就危险。大家憋着一股劲,赶快跑到各自的现场,去看看设备怎么个情况,做到心里有数,好做个战斗准备,也没顾着休息。

第二个困难就是吃水的问题。我们得去20多里外拉水吃,照明的话自己带着洋蜡。在路上还发生了一点小事故:本溪钢铁公司的人回来,正赶上我们过去,他与我们两个车在锦州金县这边撞上了。两辆车都走得快,把他那辆车整个水箱撞坏了,把我们吊车的车膀子给撞掉了,两伙人弄得势不两立,我们这个车队就上不来了。后来我和王崇伦坐个小吉普在最前面,王崇伦说:"咱们都是一家人,你是本钢的,我是鞍钢的,都是去支援唐钢。一家人算了,谁也不要争执了。"

我们在唐山一共干了44天,唐钢恢复生产了才离开。我们唐厂长打着手电还要干活,因此鞍钢的速度就快,他一带头,工人把两个月的活一个月就干完了,所以我们原来计划三个月修完,实际才干了44天,节省了一半时间。这是鞍钢精神,所有鞍钢人都有。我们还有一个修建部,其中有一个神人,就是杨科长。这个人能在哪里呢?那个唐钢的烟囱,被地震震得东倒西歪了,需要定向爆破。厂房的烟囱挺高的,它往这边歪,倒了可能会把整个厂房又给砸了,或者机器给砸了。杨科长领着人干,叫它往这边倒它就往这边倒,叫它往那边倒它就往那边倒,非常有技术性。所以唐钢人说鞍钢有神

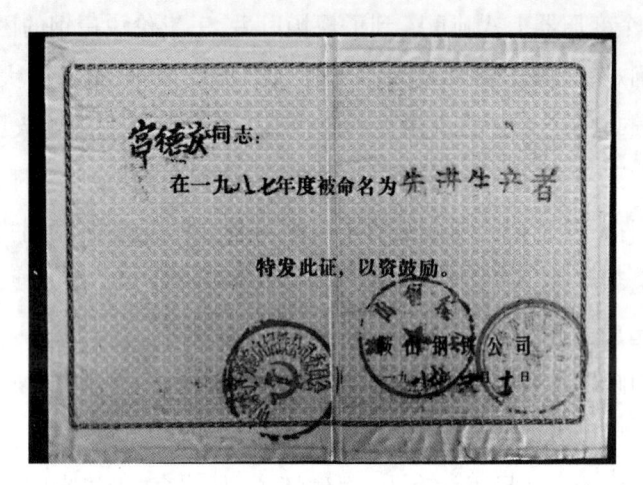

宫德庆1987年被评为先进生产者

人帮着,实际上是老工人经验丰富。给唐钢排完烟囱以后,根据冶金部的要求,鞍钢的定向爆破队、抢修队来到天津,给天津的一个工厂爆破烟囱,那个小分队就去了,我陪着王崇伦坐着吉普车也去了。天津市委书记叫解学恭,在市委大院的地震棚里接见王崇伦的时候,我也在场,他说:"鞍钢有能人,给我们天津做贡献来了。"天津方面要求这个小分队在天津留一段时间,当时我们也是为了救灾,王崇伦说可以,后来小分队又在天津待了20多天。

程裕民

辗转三地,扎根鞍钢

亲 历 者:程裕民
访 谈 人:王庆明
访谈助理:张　震
访谈时间:2020年10月23日上午9:00—11:10
访谈地点:鞍钢党校三号楼
访谈整理:王庆明　张　震

亲历者简介:程裕民,男,1938年生于山东菏泽。自幼随父母逃难到上海、江苏一带,8岁时父亲去世,12岁时进入上海一家纺织厂做学徒。1954年加入共青团,1959年加入中国共产党。1960年,响应上海市委号召,支援建设江西新余钢铁公司。1961年4月,赴冶金工业部干部学校机要班学习,返回新余钢铁公司后成为机要科工作人员。1962年4月,调入鞍钢机要室工作。70年代初曾在鞍山市工作一年,后重新回到工作岗位,先后担任鞍钢党委办公室副主任、档案处副处长、经理办公室副主任等职,1998年正式退休。

程裕民(左)接受访谈

一、颠沛流离的童年

我生于1938年,祖籍山东菏泽,自幼随父母从山东流浪到上海、江苏一带。8岁那年好不容易稍稍安定下来,落脚在江苏青浦(现上海市青浦区)。可天有不测风云,人有旦夕祸福,我父亲在那一年生病去世了。我们孤儿寡母不知何处栖身,母亲就带着我来到上海投奔叔爷爷,叔爷爷在一个小弄堂里开了一家卖山东特色面条、大饼的小店。母亲每天在店里帮佣干活,我们勉强能填饱肚子,终于有了着落。我很幸运,在附近一家纺织子弟小学免费读了三年书。1949年上海解放前夕,由于国民党飞机狂轰滥炸,叔爷爷的小店难以维计,母亲就带我回山东老家躲避了一年。1950年我们重返上海,母亲仍在叔爷爷店里干活,我进入一家纺纱织布厂当学徒工。那时上海刚解放,旧社会的学徒制度还没有被废除。学徒入厂后前二年什么活都得干,比如烧火、担水、倒痰盂、扫地、洗碗等杂活,还没有工钱。当时我个子非常矮,够不着机器,就只能踩着板凳做工,每天天刚蒙蒙亮便开始干活,直到晚上9点才收工歇息。

1951年秋天,上海开展"三反五反"运动,区工会派出工作组到附近几家工厂进行宣传并开展工作。工作组来到我们厂,向十多名工人宣传运动的意义,号召工人们团结起来,与资本家的不法行为进行斗争。当时听他们讲,只有共产党才能救中国,才能让工人当家做主过上好日子。那时我还懵懵懂懂,但渐渐明白了一个粗浅的道理,就是只有跟着共产党走,听工作组的话,工人的生活才能改善。过了一段时间后,工作组又开展对老板是否有违法行为的调查,这关系到老板是否能评上守法户。在一次会上,我大着胆子发言,要求改善三名学徒工的生活待遇,提出逢年过节要发零花钱,每年冬夏两季各发一套衣服。这些要求当即得到工作组的支持,老板无奈只好表示同意。之后,工作组对我很关心,启发我要好好学习、争取进步。厂里的陈元庆同志经常与我谈心,鼓励我,成了我的启蒙老师。1954年我三年学徒期满,终于可以挣到工资了,便将母亲从叔爷爷店里接出来,有了属于我们自己的家。1954年我加入了共青团,1955年任共青团支部书记,公私合营后任共青团总支书记，先后到上海团校学习，还出席了上海市团代会。1959年我加入中国共产党，被调到厂部肃反办公室工作，这项工作结束后又被调到车间任管理员。

二、"没想到"的两次人生转折

1960年，上海市委发了一个号召，动员上海纺织管理局的干部和工人支援江西新余钢铁公司建设。上海有炼钢厂，但是没有铁；新余那个地方有铁矿山，但是没有炼铁的高炉。支援号召发出后，上级分配给我们厂一个名额，要求去一个干部，支部书记考虑到两方面就动员我去：一个是我思想进步，既是党员，又是干部；再一个是我没有什么负担，当时还没成家，家属就只有母亲一人，思想工作比较好做。我母亲知道后很不赞成，那时候她才50多岁，好多人还劝我母亲去找领导反映，说："你去找领导说去，人家独生子还可以不当兵呢，你就这一个儿子，他走了以后谁来养你？"但那时候我就在想：既然我是共产党员，又是团总支书记，尽管不是专职的，但我经常要大家响应党的号召，怎么轮到了我头上以后，我就要打退堂鼓呢？我要是以母亲为理由拒绝了似乎不太合适。当然，这也是个理由，但我就觉得好像辜负了党对我这些年的培养，有点说不过去。经过反复的思想斗争以后，我就给我那些朋友讲："我走以后，请你们多多照顾我的母亲，我得响应上海市委的号召。"就这样，1960年4月我离开上海去了江西。母亲本来不想让我走，我瞒着母亲自己走的，因为火车站敲锣打鼓，我怕我母亲受不了，另外她去了以后肯定会哭哭啼啼，我心里也会感到不好受。

我坐上从上海到江西新余的火车，一天一夜后才到。新余原来是一个很偏僻的县，只有一条街，从东到西大概10分钟就走完了，根本没有像样的商店，也没有一条马路，都是土路，跟上海简直没法比。我们下了火车以后，新余钢铁公司人事处就把我们这些援建干部集中在食堂里，将近有200人，其中我们十多个同志被分配到离新余市有40多里路的分宜县，那里有一个采矿场。我们吃完中午饭以后，就从新余出发了。走了一个多小时，路很颠簸。到那一看，和上海完全是两个世界。四周都是山，宿舍和办公室都是用毛竹盖的棚。当地没有电，老百姓从来没见过电灯，喝的水也是从附近一个小学的沟里打的，算是泉水。水质挺好，我们每天都要去拉水。虽然我们从上海去的十多名干部对到这么艰苦的环境，在嘴上没什么埋怨，也没有人发什么牢骚，但大家都心照不宣，因为变化实在太大了。昨天还在大都市上海，电灯电话什么都有，今天一下子到了既没有电又没有自来水的地方。

当时我的心情其实还可以，我知道这是党对我们的考验。正因为艰苦，所以才要我们到这里来的。我被分配到人事保卫科做干事，还兼矿里的文书。这一年，我和当地老表①、干部、工人相处得都很融洽。虽然环境艰苦，和上海大不一样，但是我觉得工作很顺利，而且这里群山环抱，翠绿翠绿的，这种景观在大城市里是见不到的。因此，在这里工作我感到挺安心。大概又干了一年，有天晚上我处理上级公司下来的文件，看到有一份新余钢铁公司来的文件，拆开以后，我感到很惊讶，上面写的是："调程裕民同志，于1961年4月8号赴北京冶金工业部干部学校机要学习班学习，学完以后分配到新余钢铁公司经理办公室工作。"我唤醒已经入睡的李金冰科长，急匆匆地跟他说："怎么调我走呐，你手下没人了咋办？"李科长说："我也不愿放你走，这是公司人事处考察后决定的，是件好事。"这是我第二次"没想到"，第一次"没想到"是离开上海。公司的调令引发了场部同志们的赞赏，他们都为我感到高兴，人家都说："这个小程真幸运，从山沟里边跑到北京去了。"那些认为要在条件这么艰苦的矿山里不知道待多少年的上海来的同志，尤其这么认为。场部还为我开了欢送会。

我从分宜县城乘火车到新余钢铁公司人事处办理赴京手续。当晚，我先乘由广州开往上海的火车，在家里陪伴了母亲两天，之后便坐上了从上海开往北京的火车。经过两天一夜的旅程，我终于抵达北京火车站，那已是下午4点多了。提着行李和提包走出车站，回头望了望具有民族色彩的宏伟建筑，当时心潮起伏、激动不已，这是我第一次来到祖国首都。我花5元钱打车到管庄冶金部干校，到时天已完全黑了下来。门口有俩人见我下车便问：

---

① "老表"是江西人对同省老乡的称呼，带有一定的亲昵性，也成为外省人对江西人的一种亲切称呼。

"是来报到的吗?"他们帮我拿着行李和提包,直接把我送到寝室最后一个双层床上铺。安顿完毕,我便到报到处交了单位开具的介绍信。先前到达的江西新余的廖信宝、彭广录前来跟我打招呼,他们说:"明天举行开班仪式,你到得真及时呀!"那一期冶金部干部学校的机要班,在全国一共招了58名学员。

在机要培训班开班仪式上,冶金部办公厅主任亲莅现场,做了重要讲话。他指出,部里很重视这个班,在冶金系统建立机要通讯是战略需要。他要求学员们好好学习,完成任务,以便尽快进行密码通讯。接着是机要处处长赵登甫(革命战争时期延安的机要员)做了学习班的具体部署,指导老师范树柏参加开班仪式。学习课程大致分四个项目。第一,政治课程基本免了,主要考虑学员是来自工作岗位的党团员干部,具有一定政治思想基础,但要求十分明确,学员必须做到:对党忠诚,严守秘密,头可断血可流,党的机密不能丢,耐得住清苦,不为名不为利,甘当无名英雄,树立干一辈子的思想理念。学员必须严格遵守纪律,不准请假,不能擅自外出,离校必须两个人以上同行,信件往来要向领导汇报。第二,反复练习抄写阿拉伯数字,从0到9提高速度和质量。第三,熟记并默背密码本。第四,掌握收发报的业务及技术。

冶金部干部学校很大,当时给我们专门集中在一个楼里培训,和外界其他的班根本没有联系。从春天到初秋,五个月的学习很快结束了。在这150天的日子里,我神经紧绷,不敢懈怠,刻苦学习,努力强练。从一早7点钟开始学习,一直到晚上8点钟才结束。我们都听从范老师的教诲,服从组长谢干明、赵庆余的分派(两位组长曾是50年代的老机要员),接受部里派的两名辅导员的指导。其间,正值农村收麦子,在赵处长、范老师的率领下,全体学员到附近农村帮割麦子,吃住在农村一个星期。一天下来腰酸背痛,有的同志手磨出泡,实在是很累的。但睡得也香,吃得也好,白面馒头、白菜炖肉管饱,在三年困难时期能吃好管饱是件不容易的事。9月16日,冶金部办公厅主任赵处长、范老师和两名辅导员到会参加我们的结业典礼,并与学员合影留念,赵处长发表了热情洋溢的讲话。办公厅主任讲话指示我们,回单位后要迅速开展工作。

告别北京,途经上海,我下车回家看望母亲,也回到原工作的厂里看望施兄、杨哥、高大姐等老同志,耽搁两天后返回江西。据彭广录说,已与邮电局沟通,开设密码电报渠道,设立专职的机要报务员。没过几天,我便收到部里由机要通道寄来的密码本及相关材料。第一封密码电报是向冶金部机要处报告,测试完成后便可正式开展工作了。初期,设立机要室由彭广录负责,隶属新余钢铁公司办公室。两个月后便升格为机要科,公司派了一位50多岁抗战时期资格很老的干部廖信宝任科长,隶属关系未变。机要科大门整天关着,非机要人员不得入内,神秘兮兮的难以窥视,引发了大家的好奇。但是自开展工作以来,我们在相当一段时间里处于空闲状态。有时一周内不见一份收发电报,有工作的时候,彭广录同志以负责人身份亲自操作,我与廖信宝从旁辅助。如此消耗时间,如此空闲无事可做,我甚感冷落无聊。机要科与秘书科相邻,秘书科工作人员,从科长到打字员都是从上海来的。他们很忙,我趁空闲便到秘书科帮忙做些力所能及的工作,与各部门文书及工作人员相处得非常不错。

彭广录同志时年20岁,是党员,是从工人中新提拔上来的干部。他是江西人,原籍距新余20里,乘火车只有一站路程。当时他已娶妻成家,逢年过节或星期日的时候便回家看看。而廖信宝同志老家在赣州,路途遥远,所以对彭广录很理解。记得1961年春节,我与廖信宝留守值班。除夕当天,为改善生活,食堂给每人发一点肉馅和白面,回去把饺子包好,再拿到食堂煮熟。我们俩领了东西回宿舍便犯愁了:没有盆咋和面?没有擀面杖咋擀皮?最后找来两个大碗和面,水放多了成不了团,去食堂又要了一把面,用茶杯擀皮,笨笨拙拙地弄成了,在食堂煮熟端回宿舍,大年三十终于吃上了一顿饺子。

三、 再转折:北上钢都

转过年来的1962年3月份,秘书科的人给我透露说:"冶金部来调令了,要调你们三个人中的一个人到鞍钢去。"还说:"东北噶冷,尿尿立马被冻住,阿拉上海人吃勿消。"听到这个消息以后,我挺坦然的。我脑子里对鞍钢有印象,在上小学的时候,课本里边有关于孟泰、王崇伦的课文。再一个,我到公司做机要工作以后,有时候会在文件里边看到鞍钢的内容,所以对鞍钢印象很深,也很好,鞍钢对我很有吸引力。最初领导并没有找我谈话让我到鞍钢,先找了那两位江西的同志,让他们到鞍钢。他们两个人提出:"要去可以,得带家属,得把自己的爱人带着。"可那时候户籍管理制度非常严格,农村户口怎么能进城呢?所以根本行不通。

大概隔了一个月,领导找我谈话,说:"他们两个人面临着这么一个困难,你能不能去东北,到鞍钢去?"我跟领导说:"让我考虑考虑。"领导说:"可以,你考虑考虑。"我思想斗争了一夜,一宿没睡好觉。我就想,第一个,新余钢铁公司的工作量太少了,要想真正成为一名机要人员,在这里就不会发展得那么快;第二个,鞍钢是全国钢铁基地,那地方有孟泰、王崇伦,对我很有吸引力,这是我从积极方面考虑的。从消极方面考虑,我要去东北,离上海就越来越远了,我将来照顾母亲就更困难了。后来一想,我在学习班的时候,处长和老师都跟我讲,要做一个无名英雄,要干一辈子机要工作。既然要干一辈子的机要工作,我就要到有作为的地方去。想好之后第二天我就找领导说:"我服从分配去东北,我去鞍钢。"

这样就定下来了,第三天,大概是1962年4月3号,我就离开新余,回到上海去做我母亲的思想工作。那时候我已经出去两年了,我母亲也已经习惯了,她的工作也比较好做。另外,我母亲是个很慈祥的老太太,一看儿子态度这么坚决,也不提什么意见。于是,我就从上海到北京冶金工业部办公厅机要处向赵登普处长报到。赵处长跟我讲:"鞍钢工作量特别大,那里的两位机要人员也是曾和你一起学习的同学,一个女同志叫郑素芳,一个男同志叫范振清。女同志有孩子,晚上不能值班,得回家照顾孩子,所以范振清的任务很重。他一个人在那里已经待了一年,吃住都在办公室,很辛苦,工作量又大,你去了是加强那边的力量。"碰到我们的老师范树柏,他跟我说:"程裕民,你得有思想准备,东北不像南方,那个地方很艰苦,在江西你可能能吃饱饭，到东北以后大米饭没有，你得准备吃窝窝头、高粱米饭。"我说："行，我不怕。"我跟冶金部表态，去了以后一定会做好工作。当天晚上我就从北京出发，第二天下午2点钟到鞍山。到鞍山以后，我一出火车站，来到异域他乡，面对站前广场南来北往的人群，顿时觉得陌生茫然，也不知道鞍钢在哪里。

正在这时候，我看见火车站斜对面一栋小楼上写着鞍山邮电局，我径直前往，花5分钱给范振清打电话。接电话的正好是范振清，他让我在邮电局等着。约15分钟后范振清骑着自行车来到邮电局，我们互相握手问候后，老范陪同我回到火车站行李领取处，取走行李和箱子，放到自行车后架上。老范推着车，我扶着行李，缓缓朝鞍钢红楼招待所走去。这是一栋红砖砌盖的三层楼建筑，故称红楼。老范把我安置在一楼一间双人房间后，说："早接到部里通知，听说你来了，我很高兴，这下可有伴了。"老范是我同班学友，我们见面后甚是亲密。一个月后，我由招待所搬到鞍钢四宿舍，老范结束了一年独居机要室的局面。从此以后，我们俩按周轮流倒班吃住于机要室。郑素芳同志已婚有小孩，只在星期日白天参加轮流值班。

鞍钢机要室隶属于鞍钢党委办公室，设在四楼最西端一间25平方米的大房间，一进门的过道上摆了一张桌子和椅子，用大屏风与译电室隔开来做阅报处。初来乍到，除了对四周环境生疏之外，我对工作相对还熟悉。但我不得不承认，我的译电技术与老范和郑素芳存在差距。鞍钢译电工作量很大，每天固定《生产日报》必须上报冶金部生产管理司。鞍钢的一份《生产日报》可以抵得上江西一周的工作量。公司经理、副经理签发各部门呈报的文件、电报络绎不绝，的确是锻炼提高译电技术的最佳机会。我暗下决心一定要赶上他们，要适应工作需要。与此同时，我又主动参与办《生产日报》，逐渐熟悉了公司领导和秘书。经过一段时间的实践，我悟出一个道理：为什么在江西密码电报应用率低，而在鞍钢如此之高？除了鞍钢规模大、是老企业之外，重要的是公司首长和各部门领导，他们绝大多数是历经战争脱下军装的老红军，参加过抗日战争、解放战争的指挥员，从鞍山解放便接手恢复鞍钢生产和支援新中国建设。他们对机要工作密码译电的重要性、及时性、机密性深有体会,保持了部队的指挥传统,即密码译电是不可或缺的通信渠道及工具。而江西新余钢铁公司则是新上马的钢铁企业,多数首长和部门领导是从上海等地调入的干部,他们没有这样的经历,习惯于文件和电话请示汇报,缺乏密码电报意识。

经过一段时间的工作,我自我感觉还可以,很快融入了工作环境,增强了自信。但是也显露出年轻人的弱点,工作不够细致踏实。我刚到不久就犯了一个本不该犯的错误,虽然没有受到领导的批评,但自己很内疚。事由是,袁振经理在一份有关接待外宾的来电上批示:"请杨副经理阅办。"我当时没及时问老范,便骑车来到鞍钢技术图书馆,请张秘书将电报送给杨树棠副经理阅签。回到白楼后,老范听说电报送给了杨树棠副经理,连连说:"错啦,杨树棠是党外人士,应送杨世仪副经理。"我很诧异,也很疑惑:"党外人士咋是副经理?"于是我马上再去技术图书馆,见到张秘书做了一顿自我检查,说自己初来鞍钢,不熟悉情况,电报应送杨世仪副经理。张秘书说:"刚才杨副经理还与我商议怎样做好接待嘞!"我连说"对不起",他说"知道了",他会代我向杨树棠副经理解释。对此,教训深刻,至今难忘。

我来鞍钢一个多月后基本适应了节奏,对这份工作很满意,对未来充满了期望。然而未料到,也有些许波折和烦恼。鞍钢人事处一位刘姓副科长对我工资111元提出了质疑,说一个小机要员的工资竟然比科长还高,快接近处长啦,并扬言要给我降工资。闻言我很不理解,一度产生思想波动,随即写信给冶金部赵处长汇报,并说了自己的意见与要求,表示:"鞍钢若因此不愿接纳,我要求调回南方工作。鞍钢要求调人,并没对工资多少做出要求,非本人责任。"没过几天,据说部里给鞍钢党委办公室主任打来电话,认为:"正是鞍钢需要机要员,上级才从新余钢铁调来人,人家服从分配从南方到东北,他从当童工到工人,后被提为干部,工资是国家对公私合营职工政策的规定,与个人没关系,为何拿工资说事?"为解决去留问题,刘副科长又提出要减去地区差额,以上海与鞍山比,要降7元钱。对此,我提出疑问:"本人是从江西调到鞍山的,又不是从上海调来的,若按地区级别新余还低于鞍山呐!"刘副科长说:"我不管新余,反正你的工资是上海定的,就该降地区差额，鞍钢就是这样规定的。"面对如此情况，想到自己是一名党员，不应为 7 元钱影响工作，应尽快克服纠结的心态，我再次向赵处长做了表态和汇报。

虽然工资的事情让我有点不愉快，但是机要室的同事关系处得还挺好。机要室的范振清原籍湖南，他妻子在老家工作，机要室业务由他牵头。郑素芳同志是当地人，已经结婚，也有了孩子。只有我是单身。自来鞍钢后，每逢春节，我便主动让老范休探亲假回家团聚，本人则选其他时间回沪探亲与老母亲相见。平常机关组织义务劳动或活动，我都积极带头参加。例如，有一年秋天，七岭子农场需要人帮忙收割玉米，我作为党委办公室派出劳力，带上铺盖就去参加劳动，一周时间打地铺吃住在那里，这与在北京冶金干校下乡收割麦子的环境氛围有些相同。我对此毫无怨言，深知这是锻炼，也是考验。我来鞍钢时，正值三年困难时期恢复初期，机关工作人员定量每月 28 斤，其中对南方人每月每人发 3 斤细粮票，可在食堂买大米饭或白面馒头。我一般情况下选择窝窝头和大饼子，高粱米加黄花鱼是东北人称赞的美餐，可我的胃口适应不了高粱米。我每到晚上在机要室值班，常常饿了就喝点水，除此之外关键就靠一个字——忍——忍一忍就天亮了。过了夏天、秋天、冬天，我已经基本适应了鞍山与鞍钢的环境，与周围同志相处融洽，他们对我这个从南方来的小伙在感情上也予以接纳和肯定。

四、鞍钢机要科的设立与壮大

1. 王鹤寿开启了鞍钢黄金时代

1963 年，冶金工业部部长王鹤寿确定鞍钢为蹲点单位。4 月 23 日，中共中央做出决定，由王鹤寿出任鞍山市委第一书记兼鞍钢党委书记。由此，鞍钢迎来了历史上的一个黄金时代。王鹤寿一来鞍钢，就号召学习贯彻"鞍钢宪法"，大搞"两参一改三结合"。为转变鞍钢作风，他抓了一个典型，是当时一个厂子供应科的科长，这人态度非常蛮横，好像我的产品你爱要不要，是典型的"老大"作风。处理这个典型的事,一下子震动了整个鞍钢。这个科长在当时受到了大家的关注,成为舆论的中心。不过鞍钢最后并没有处分他,也没有撤他的职,只是通过这么一个事例教育了广大干部职工,改变了鞍钢的形象。作为机要人员,我们发这封电报的时候也感到很震撼,对王鹤寿有一种敬仰的心情。

1965年1月,王鹤寿召开了鞍钢"七千人大会"。他在会上代表鞍钢党委提出:"鞍钢要开四朵大红花,就是红矿浮选实收率赶超世界水平,高炉高压赶超世界水平,双床平炉炼低合金钢到世界水平,轧钢工艺到世界水平。三个一流,品种质量、生产工艺、主要技术经济指标达到世界第一流。"这就是我们机要部门这些同志很尊敬王鹤寿的原因。王鹤寿发的电报特别多,成百上千字,我们发他的电报,感到又累又兴奋。为什么?因为他提的东西太超前了,高瞻远瞩。外界对王鹤寿不了解,但我们通过他的这些电报了解了他,我觉得这个人是高级领导,而且一心一意地在想着怎么把鞍钢搞好。像王鹤寿这样级别的共产党高级干部,我们没有接触过其他人,就接触了王鹤寿。当然,我们连他的面都没见过,都是通过他的秘书和机要秘书来传递这些电报。例如中央回电、冶金部回电以后,我们都先送给他的秘书凌华偆(曾任鞍钢调研室主任)。这些电报内容的精神深深地打动了我们,所以在"文化大革命"的时候有人要打倒王鹤寿,但我们机要科这些同志没有一个人提出打倒他。

除了抓鞍钢生产以外,王鹤寿给我留下最深的印象,就是关心工人的生活。为了了解鞍钢职工上下班通勤的情况,他冬天冒着风雪,穿着寻常百姓的衣服去微服私访,上了摩电以后发现车上人很挤,有的工人根本挤不上去,怕迟到,非常着急。他以后又坐了几次,在体验生活以后,在鞍钢召开了一个会议,建立通勤车制度来解决鞍钢职工上下班困难的问题,这一举措受到了鞍钢工人的欢迎。1966年,王鹤寿向周总理写报告,在保障定量正常发放的情况下,给每位鞍钢职工又增加了2.5公斤细粮,这也得到了鞍钢工人的赞许。

2. 人员大变动与机要室升格

王鹤寿的到来开启了鞍钢的新阶段,冶金部与鞍钢往来通信的密码电报倍增,工作量陡然增大。为适应新形势的需要,冶金部办公厅机要处与鞍钢共同研究决定,鞍钢机要室升格为机要科,并任命我为副科长,主持机要科工作。与此同时,冶金部机要处顺应鞍钢机要工作强度的变化,对鞍钢的机要人员进行了人事调整:1964年6月,把湖南的彭炳炎同志调来鞍钢;不久后,又将范振清同志调往湖南,以解决他们夫妇异地生活的问题。1965年8月,部机要处指派刚从中办一局干部学校毕业,年仅19岁的端木铁军来鞍钢工作。他个头高大,为人憨厚,不善言谈,高中文化,很快博得了科里同志的赏识,也获得了办公室其他科同志的好评。之后,部里又派王自重、刘桂香来到鞍钢。他们年轻有朝气,办公室其他科同志都说:"那个小伙不赖,一口北京方言,爱讲话,很直爽,很谦虚。那个姑娘,瞧着个不高,但给人印象很聪慧精干。"新来的年轻同志很努力很刻苦,通过"传帮带"和实际操作,不长时间便能独立承担译电任务了。机要科最多的时候有六位工作人员,是一支素质过硬的队伍。

1965—1966年译电工作量创历史最高,迎来机要科工作的黄金阶段。由王鹤寿亲自起草的电文长达数百字甚至上千字,林诚经理和各主管副经理签发的电报也络绎不绝。机要科任务的加重要求我们必须加强管理,科学合理调整工作顺序,明确责任,防止出现纰漏。为此,我们采取了以下措施:(1) 由我负责全面工作,郑素芳以办报为主兼任文书。(2) 每周日实行轮流值班(早8时至下午5时)。(3) 实行每日值班制度,即一天一夜24小时值班制度。除郑素芳需要带孩子外,刘桂香表示要和男同志一样值班。值班的主要任务,是负责保密工作和保密检查、接送往来电报、夜间加急电报译电以及卫生值日。值班人员次日早上8时下班,可回宿舍休息。(4) 值班人员负责对5368机的维护和保养。(5) 实施机要员译电代号制度,保持与报务员联系的畅通。

3. 开辟新战场支援三线建设

1966年三四月间，我接到张秘书的电话："陶惕成副经理请你到他办公室，快来。"撂下电话我有点犯愣，因为极少有这样的情况。平时电报都由张秘书传达或办理，陶副经理亲自召见机要室人员的情况实属罕见。陶惕成副经理是位老革命，国家行政九级干部。我非常钦佩他，是他的忠实粉丝。我最爱听他做的形势报告，他一般情况下不用稿，引经用典，说古论今，联系实际，通俗易懂，抑扬顿挫，激情演说，深深打动人心。比听报告更让人感动的，是陶副经理对机要译电的重视和关切，尤其对机要员的爱护至今令我难以忘怀。早晨上班的时候，他的轿车路经鞍钢宿舍，见到我便让司机停下，打开车窗招呼我："喂，小鬼，上车吧！"这样的情况常有，一名小机要员竟能享受副经理的待遇！还比如，每次到他家送电报，他的态度都很和蔼亲切，"小程，你坐沙发等我一会儿"，还叮嘱夫人杨恕给我拿糖吃。我临走时，他还告诫我："路上骑车要小心。"

接到张秘书的电话后，我急忙放下手里的活，赶快下二楼来到陶副经理办公室。只见他脸色凝重，像部队首长给下属下达命令一样："小程，你准备好电台和译电员，随我开赴三线水城。"我也认真地说："听候首长指令。"接着我说："电台从鞍钢可以找到，报务员也可从鞍钢选调，译电员调动须向部里汇报。"他听后稍平静深沉地说："三线建设不好，毛主席睡不好觉，你懂吗？"我立即回答："懂。"他说："好吧，你赶快去准备吧。"我离开陶副经理的办公室，小步快跑回到四楼机要科，马上给部里机要处赵处长汇报。赵处长说："机要译电员由部里调配，你们选派一名熟悉鞍钢情况的机要员前往水城。"科里考虑，决定派端木铁军先行开赴三线。

当时，云南冶金局李振畅从北京来鞍钢商谈开展密码通信业务，一天后便匆匆赶赴贵州水城筹建机要室。随后端木铁军也抵达水城，从钢都来到具有喀斯特地域特色的"天无三日晴，地无三里平，人无三两银"的贵州，在一个荒秃的半山坡安营扎寨，反差之大可想而知。为了保密，指挥部对外称"青杠林林场指挥部"，谁也想不到这里将建起一个钢铁工厂。机要室设在指挥部附近,水城与外界的密码通信就这样开通了。两个月后,马福庆、左泽忠两人也去水城报到。水城指挥部机要室共有四名同志,还有两名从部队转业来的报务员。

鞍钢陶惕成副经理任水城指挥部首长,他所拟发或签发的电文短则几百字,长则上千字,仅靠一台无线电台发报,要花费大量的时间。况且报务员刚从部队转业,手法生疏,动作迟缓,更重要的是保密系数很差。幸好,为适应三线建设,当地及时成立了县委和县政府,设立了邮电局,架设了有线网络通信。我们经过研究,所有往来密码电报的收发都由邮电局有线网络承担,两位报务员负责到邮电局接收和送达译好的密码电报。青杠林林场指挥部和新成立的县委、县政府的办公地点都在帐篷里,一遇到下雨天非常潮湿,道路泥泞,条件非常艰苦。保密起见,机要室的同志们自力更生,自己动手就地到山坡上挖沙担土,硬是盖了一个干打垒的房子,起到了隔音保密的安全效果。虽然环境差,生活条件艰苦,但机要员一直很乐观,为备战备荒、支援三线建设奉献自己的青春和力量。鞍钢机要科再次迎来工作的新局面,形成三条密码通道:鞍钢—北京、鞍钢—水城、水城—北京。水城—北京—鞍钢密码通信网络建立后,鞍钢的译电工作量直线上升,俨然像一个战区司令部的机要部门。

"文化大革命"开始后,时任三线总指挥的彭德怀元帅[①]被打倒,殚精竭虑、一心扑在三线建设上,被誉为"西南钢铁王"的陶惕成也难幸免。陶副经理在鞍钢时就患有严重的心脏病,在"造反派"对他的一次批斗后,他心脏病突发,命殒三线水城,时年仅47岁。他的豪言"铁骑定起飞,策鞭指有谁"将永远留给世人。水城被军管后,密码电报和通信中转机构撤销。按照冶金部和国家对机要人员安排的意见,1968年4月撤销水城机要室,马福庆、左泽忠、端木铁军、李振畅从贵州返回鞍山。至此机要科的人齐全了,虽没有了密码,但空房还在。那段日子过得很逍遥,星期日几个人约定去219公园游泳,水性还都不赖。8月17日,鞍钢正式宣布实施军管,接收鞍钢的指挥权,宣布撤销机要科。大白楼里凡参加"大联合"、"保王派"(支持王鹤寿的

---

① 1965年,彭德怀任三线建设第三副主任,主任李井泉,第一副主任程子华、第二副主任阎秀峰。

一派)的干部,全部进学习班,参加斗批改。1968年冬,我被遣送至盘锦"五七"干校接受劳动改造,从海城金家堡子徒步三天才到。密码译电改变了我的人生轨迹,"文化大革命"又再次变更了我的人生之路。

五、那些磨炼与考验的日子

1. 为什么要坚持自己的观点与立场

1967年夏,鞍山地区传出了"砸鞍钢"的说法。鞍山钢铁学院的学生,还有街道居民,打出了"保卫鞍钢"的横幅,高呼"保卫鞍钢"的口号,从三孔桥直奔鞍山钢铁公司大白楼,队伍有500余人。白楼机关红卫兵组织和部门领导向革命小将和革命群众表示欢迎和感谢,并劝大家回去闹革命。此时学生呼喊的口号声此起彼伏,不但没离去,反而情绪更加高昂。他们的行动、精神深深感染了我,我情不自禁来到麦克风前致词,当起了会场"主持人"。我让大家席地而坐,组织比赛大唱革命歌曲,嘹亮的歌声一直延续到次日凌晨。回到宿舍后,我的头脑中仍然萦绕着白楼前的情景。待冷静下来后,我觉得自己做了这么多年大隐隐于市的无名英雄,今天行为则有悖机要人员的誓言——"甘当一辈子无名英雄",自我感觉这个"主持人"当得不妥。自此,我开始把革命热忱放下,回归机要岗位,坚守阵地,履行职责,保卫密码的安全。

随着运动的深入,鞍钢形成了两大派别,一派称"无产阶级革命联合指挥部"(简称"大联合"),另一派称"捍卫毛泽东革命路线战斗队"(简称"捍卫队")。日益升级的动乱导致了鞍钢指挥不灵、运输不畅,24座平炉停产了18座,12个轧钢厂停产了10个,钢铁产量下降90%。

2. 密码译电的终点

1968年上半年,解放军进驻大白楼,宣传动员并劝诫"大联合"组织的同志,改变立场支持"捍卫队"的革命行动。鞍钢运动最初,十万职工95%

加入了"大联合","捍卫队"仅占5%,机关有些同志见解放军支持"捍卫队",便反戈一击加入"捍卫队"。1968年初,机要科已是有其名无其实的空架子了。当权派被夺权靠边站,谁来指挥生产?机要科既无电报可收,又无电报可发。不久我们接到指令,将密码本和密件用绝密手段通过机要交通邮交北京。同时,我和王自重、王成祥、刘桂香四人护送5368机送交北京。那时列车无硬软卧车厢,经过与列车长商议,我们被安排在餐车车厢,当晚一路唱着语录歌进了北京城。在冶金部大楼里,我们看到墙上贴满大字报。在二楼机要处我们见到了闫克勇,把机器交给他。我忽然看到一个身影,佝偻着背,手里拎着一把扫把朝另一方向走去,他就是我内心崇敬的赵登甫处长。我与王成祥先返鞍山,王自重、刘桂香家居北京,他们回家待了两天。

1968年8月18日,中央对鞍钢宣布了全面实行军事管制的公告,自上而下实行全面军管,凡参加"大联合"的干部,尤其是大白楼的干部,先是在市内用两个月时间离岗集中学习,要求转变思想观念,深挖思想根源,回到毛主席革命路线。我自参加革命还没有这样的经历,也没有想到会站错队,竟然还要提升到"反对革命路线"的高度来认识。原机关党政干部在被教育改造两个月以后,均被迁移到海城镁矿金家铺子村。那里有一个镁矿宿舍的U形大院,近300人集中进行斗批改行动,这是鞍山学习班的继续。解放军战士站岗守着大门,食堂后山岗设岗哨保卫安全,常常能听到批判口号声音此起彼伏、响彻夜空。

3. 从盘锦"五七"干校到马驿屯生产大队

1968年12月中旬的某一天,天空飘着稀稀拉拉的雪花,气温降到了-20℃左右,学习班全体人员身背行囊,打着红旗,双手擎着毛主席像,离开了海城镁矿金家铺子营地,徒步踏上了奔赴盘锦之路。用军代表的话说:"领你们锻炼锻炼,这是一次'小长征',让你们感受长征的考验。"顶着风雪,冒着严寒,白天行军,夜宿贫下中农家中,走了三天方才到达盘锦"五七"干校营地,在老百姓家住了两个晚上。我们第一天晚上住在一个贫农家里,那个农民很好,说:"我这个房子是个厢房,没人住,你们别冻着,多烧点炕。"我们都没烧过炕,也不懂怎么烧炕。大家都很累了,一下子就睡着了。到了下半夜1点多钟就闻到煳味儿,起来一看炕席烧着了,屋柱子都着火了,赶快叫大家都起来。那个农民也起来了,帮我们到外边去弄土,在炕上填上土,才把火给灭了。第二天我们起来后好一顿检查,说"咱们没改造好",到合作社去买了一帘炕席赔给农民。

抵达盘锦"五七"干校后,原党委办公室、政策调研室的同志都住进了由猪圈改造的宿舍,这大概是以照顾和考验政工干部为出发点进行的安排,别的单位住进了原知青点宿舍。我们的第一个任务便是拿着镰刀、绳子,跑到十多里外的海滩湿地上割芦苇。扛着一捆芦苇,顶着凛冽的寒风,浑身感觉拔凉拔凉的——几个人割的苇子只够晚上烧炕安寝的。春节时,没有一人回鞍山与家人团聚,都在盘锦过的春节。就像我在江西过第一个春节那样,以班为单位,自己包饺子,拿到连部食堂煮熟后端回宿舍,大家分着吃。初一、初二食堂炖一大锅肉片白菜汤,主食是馒头。过了春节,恢复大饼子、大菜汤、咸菜,形式上像江西的。在江西过年时尽管艰苦一些,但我们内心有自豪感,充满乐观主义精神;而在盘锦过年却有一种压抑感,仿佛两军对阵,一方吃了败仗被流放一样。

冬去春来,大家动手挖了一口井,终于不用再喝水泡子里的积水。百余人的队伍一部分开荒种菜,另一部分垦荒地、蓄水、育稻种,我被分配至食堂炊事班干活。平时大家都努力干活,坚持学习毛主席语录,一切按部就班地进行。很快到了秋天,突然接到连部通知,命我回鞍山报到参加鞍山农村宣传队。家里人见到我,既高兴又惊讶。次日,我来到市委大礼堂报到,并参加了由市"革委会"组织召开的大会。与会人员是从盘锦"五七"干校抽调的人员、市内学习班人员、从农村抽调的贫下中农骨干,约有300人。给我们安排的主要任务是组织由工人与农民组成的毛泽东思想宣传队,分别进驻各大队开展宣传,恢复建设各大队的党组织。我被分配到东鞍山公社马驿屯生产大队,过去我仅在电影里看到我们党派出工作队深入农村搞土改,镇压反动的恶霸、地主及坏分子,如今亲身亲为，来到农村实践与体验。

20多名工宣队员集中到东鞍山公社开会，这些同志多是来自鞍钢的原科级干部，在听取公社"革委会"主任报告后，便有人引领各自进驻所分配的生产大队。我随即来到距旧堡和公社很近的马驿屯生产大队，同时抵达的农宣队员有谷同志和两位女同志。该大队"革委会"主任和原村党支部于书记，接待并介绍了组织体系。这个大队下辖五个生产小队、一个副业队，主要种植各类蔬菜及麦子、玉米等。马驿屯的人口、耕地面积要大于附近几个大队，宣传队住在村中央一户农民家的西房，两位女同志另派驻贫下中农家，大队派了一位中年妇女为我们做饭。从进驻到撤离的一年多时间里，我们完成了上级交给宣传队的任务，主要工作大致分为三个阶段。

第一个阶段是走访摸底，了解掌握生产大队的基础情况、大队党员分布情况和领导班子及生产小队干部的基本情况。第二个阶段是通过学习提高阶级觉悟，党员开展斗私批修，接受贫下中农批评与教育。第三个阶段是恢复党员的组织生活，建立基层党支部的组织机构。就我而言，第一次到农村工作，尽管时间并不长，但是留下的印象还是比较深刻的。农村广大社员思想朴素，为人诚实，在艰苦条件下热爱党，拥护社会主义；党员同志和生产队干部在抓革命促生产上起带头作用，对宣传队寄予厚望，立场鲜明，对阶级敌人划清界限，对那些靠造反说大话的假大空头头表示不满并向宣传队如实反映情况。在马驿屯的日子里，我认识了一些比较厚道的贫下中农、老党员。大队里自然也有反对的人，比如一些农民思想比较狭隘，看问题站在自己或家族圈子里跳不出来，一旦触犯他们的利益，就会朝相反方向发展。还有一点是自己应该汲取的教训，有一天，我去"革委会"主任家与他沟通工作问题，临近中午，主任夫妇俩一

程裕民（后排中）与家人在鞍山219公园（1974）

再挽留我在他家吃了顿饭。此事传到两位女宣传队员耳中,她俩略带讽刺并警告说:"你要注意立场,吃人家饭嘴短……"她俩说得也有理,我从心里面赞同。总之,长期生活在城市里的人,到农村生活、工作一段日子,受到了锻炼,还是有好处的。

4. 从市"革委会"组织组到第一工交组会战指挥部

1971年初,我进入市"革委会"工作,这是令人羡慕的工作,也是我政治进步的反映,"站错队"人员能被调到组织组工作绝非易事。我从马驿屯撤回,随即被召唤进了市"革委会"组织组工作,这里大小领导都是部队营团级干部,共有20余人。组织组的主要任务,一是对全市(含鞍钢)现单位领导班子进行调查摸底,掌握基本情况进行整顿,消除派系隔阂,增进团结,建设一个革命化的领导班子;二是在调整组建班子的基础上建立基层党委机构及各级党支部组织体系;三是进一步团结、带领广大群众做好抓革命促生产工作,提高企业效益。这里的工作非常忙碌紧张,我经常骑着自行车奔波于厂矿企业和郊区公社。那段日子我身心疲惫,更忧心的是自己理论水平和文化水平低,有点力不从心,还不能活学活用毛选,虽有革命自觉,但理论水平还不够。我深知自己长期从事机要工作,环境辨识能力以及与社会各界人士打交道的能力都不足,在下面跟单位领导人讲话都很拘谨。我性格较内向,本来就不善言谈,要想对理论活学活用,就需要"拔高",但我既不习惯又不适应,显得特别笨拙。

在近一年的时间里,我基本上完成了上级交派的任务。据军代表说,领导要安排我到市电子局政工组工作。听到此消息,我对军代表提出了回鞍钢的请求。一则我对鞍钢有感情,二则我觉得市里人员都能说会道,没有在鞍钢干得实实在在。军代表同意重新安排我回鞍钢。1971年11月,我如愿回到鞍钢,被分配担任鞍山市第一工交组会战指挥部秘书处秘书科副科长。这时,我的临时工作结束了,可以正常上下班,获得星期日或节假日休息的待遇。会战指挥部实际上是鞍钢基建技术改造的职能部门,下辖四个处,设党总支,有100多号人。秘书处人员结构与人事关系错综复杂,且涉及指挥部领导层面，面临的主要问题是指导思想夹杂着派系干扰。面对如此环境，我谨言慎行，身陷其中仍不能独善其身，又不想随波逐流，处境令人极其尴尬，弄得很烦恼。近四年的时间中，我总是不能摆脱环境影响，很揪心，思想和精神压力很大，经常心神不安。

六、 重返大白楼：由机要科到档案处

1975年，中央决定撤销鞍山市"革委会"第一工交组，正式恢复鞍山钢铁公司建制，重组鞍钢党委。我听闻新组建的党政合一办公室要成立了，并考虑重新设立机要科，于是我向处领导请示批准回去搞老本行，处长说他做不了主，需要等待上面调令。考虑到这是离开的最好机会，我不能耽搁，于是急忙找到指挥部分管秘书处的副主任赵前。他听完我的请调理由，沉吟片刻后说："你是在大机关工作的人，回去搞机要工作很重要，你还是回去吧。"次日，我生怕有变故，急忙办理调转手续，并向秘书处交代工作。未曾想到，当年由江西调来鞍钢大白楼一晃近十年光景，终于重新回到起点。在之后20多年里，我未再离开大白楼，直至1998年退休。

新成立的鞍钢党委下辖的党委办公室系党政合一办公室，有30多名工作人员，主要任务是：调查研究当好领导的参谋，处理日常事务性工作。从领导到工作人员政治观念一致，均不受派系干扰，形成了一个团结紧张、专注干事的团队。当时党政合一办公室主任是陈秉权（后任鞍钢党委副书记、全国总工会副主席），副主任是石树林（后任鞍钢党委副书记）、温德令（后任鞍钢接待处处长）。

我调回办公室后，先在总值班室工作了一年。那里工作量很大，从主任到工作人员都很忙，但是再没有派系斗争，没有复杂的烦心事，且轮流值夜班（一周有两次值夜班）。工作不久，我特向老领导赵前汇报，他听后很欣慰、很高兴。1976年恢复机要科，除了我之外，还有三名机要人员马福庆、金阳、张金铎，我由副科长转为科长。恢复后的机要科不再承担译电业务（译电由市机要科承担），而是负责电报办理，还要做值班室工作。因业务量少，

金阳、马福庆、张金铎陆续调离,担任鞍钢党委领导的秘书。1978年,鞍山钢铁公司建制恢复,党政分离,机要科予以撤销。1979年,我被任命为鞍钢党委办公室副主任。1980年,我出任档案处副处长。随着鞍钢体制改革,建立不到两年的档案处被撤销,我被调到鞍钢经理办公室任副主任,分管档案、会务接待、值班室。我在经理办的五年,恪守职责,奋力工作,尽最大努力完成各项任务。我为自己立了个规矩:档案管理工作要像机要工作那样细致认真,弘扬机要工作的精神;会务接待工作要遵循周总理指示,"外事工作无小事",把内部会务接待视为外事工作那样对待;值班工作坚守岗位,慎之又慎,急事急办,不出差错。按这样的规则办事,我的工作获得了好评。

程裕民(左)陪同有关部门领导视察鞍钢(1981)

关于档案管理工作。第一,1983年,鞍钢立项建立了鞍钢档案馆。鞍钢副经理赵前亲自率领我们多处选择馆址。鞍钢经理殷渊批准专款100万元,在深沟寺建一座3600平方米的鞍钢档案馆。竣工后,鞍钢请中纪委常务书记(原鞍钢党委书记)王鹤寿题写了馆名,并于1987年7月3日隆重举行了开馆仪式,国家、省、市领导参加了开馆剪彩仪式。鞍钢档案馆的开馆,充分表明鞍钢领导对档案工作的高度重视,它是档案保管开放的基地。第二,自1980年担任鞍钢档案处负责人以来,组织开展档案整顿工作,加强各项基础建设工作,应用以目标管理为基本形式的档案管理体制,推行标准化、规范化的管理,取得很好的成绩,获得良好的效果。为提高企业档案意识,我们注重档案宣传、档案学术研究和档案国际交流工作。

除分管档案专业管理之外,我还承担了接待工作和会务组织工作。在五年中,鞍钢公司的经理换了四位——殷渊、于保刚(代经理)、孙振国、李华忠——每位新领导都具有自己的思想方略和办事风格。我作为具体执行者,要做到领导满意,实属不易。我这个人比较死板,不善言谈,不善攀附,一直坚持以工作为中心,干自己的活,凭党性和人格待人处事,不管领导为何人,都实事求是,实话实说。几年实践下来,我对会务的接待工作有了进步的认识,逐渐地摸索出一套规律,从中有所感悟和体会。首先,鞍钢公司经理办公室是一个综合办事机构,会务与接待工作是这个部门工作的重要组成部分。接待工作是鞍钢对外的一个窗口,通过窗口可以看到鞍钢精神面貌和管理水平。能否顺利和圆满完成接待任务,直接关系到鞍钢的形象。其次,鞍钢作为钢铁基地、共和国工业的长子,为新中国建设、抗美援朝做出了巨大贡献。党和国家领导人、各国外宾前来参观,地区领导和兄弟企业前来考察参观,可谓络绎不绝,其接待任务和工作量不亚于市里的外事办。因此,接待工作具有很大的政治意义,是一项政治任务,必须认真严肃对待,绝非简单的迎来送往。最后,前来鞍钢视察、参观、考察的不仅有首长和内宾,接待外宾的任务同样很多很重。遵循周总理关于"外事工作无小事"的指导,接待工作要做到缜密周详制定计划,妥善安排日程,保证圆满不出纰漏。任务完成后及时总结,肯定好的经验和做法,从中汲取教训,以便改进工作。每次接受任务时,均视为从头开始新任务,根据外宾和内宾的不同身份,因人制宜地确定不同的接待方案。接待工作人员都以新的姿态全力以赴,倾尽心力地完成任务。

我由童工到成为鞍钢人,其间自然有一些故事,虽不精彩却有人生意义。1998年我退休前夕,几十年的生活惯例被打破,心里总觉得有些不安。幸好有家人陪伴,慢慢适应了这种闲暇的环境。但对退休党支部组织的各项活动,我丝毫不敢马虎,坚持参加和执行。目前,我退休已有23年,"不忘初心,牢记使命",坚持"只有退休干部,没有退休党员"的信念,唯有辛勤耕耘,才有丰硕成果。

滕长宽
我与鞍钢的电气电信事业

亲 历 者：滕长宽
访 谈 人：陈　勇
访谈助理：陈　程
访谈时间：2020年10月23日下午
访谈地点：鞍钢党校
访谈整理：陈　勇　陈　程

亲历者简介：滕长宽，男，1946年生，辽宁鞍山人。1965年考入锦州工学院，1970年8月大学毕业后被分配到鞍钢电信局，1971年3月调至电修厂技术科工作，1985年被提为电修厂副厂长，主管生产，主持了大型电力变压器以及鞍钢第一台3900千瓦直流轧钢电机空心转子的制造工程任务。1988年被任命为鞍钢万门程控电话交换机项目指挥长，率团赴日本富士通公司考察并接受培训，1991年万门程控电话正式开通，结束了鞍钢打电话难的历史。

滕长宽（中）接受访谈

一、初入鞍钢

我今年74岁,原来就是鞍山的,我父母在这儿,祖籍是大连。我的一生最荣幸的事,是来到了鞍钢。我来得比较早,20世纪50年代末60年代初就随着父亲到鞍山,父亲当时是鞍山建工局的工人——当时建工局挺有名,所以我也可以说是鞍山人。我爱人父亲和我父亲是老同事,我爱人在鞍钢医院——当时叫鞍钢铁西医院——做护士,当时鞍钢有铁东医院、立山医院、铁西医院、长甸医院、长大医院。

1965年,我从鞍山一中考入锦州工学院①,专业是机械制造。我是机械制造专业的班干部,"文化大革命"中班级都分两派,鞍山叫什么"大联合",锦州那边叫"保卫什么(派)",斗争很激烈。说起来也挺好笑,在选班干部的时候,这一派反对那一派,那一派反对这一派;系主任就提名我,因为我哪一派都没参加,两派基本都同意了。我当班干部的两年左右时间里,参加社会实践,参加学校活动,参加学校组织,学校有报纸,我也参与了这方面的工作。我还参加了学校的外调工作,就是学生毕业分配之前要政审,我们跑到他的所在地,调查他家庭、父母、亲戚、朋友的一些情况。在外调政审过程中,我就跟着老师做一些杂事,这些经历对我的教育和锻炼还是非常大的。

在锦州工学院仅仅念了一年书,就赶上"文化大革命",基本上两年没上课。当时串连的时候,我得了急性肝炎,在鞍山传染病院住了两三个月,回家又休息。病好了以后到学校去。学校说,我可以回家休息,也可以做一些别的,我就到锦州农机厂去锻炼。当时我做车工,全身是油,非常辛苦,但是我特别高兴。

我的一些亲戚朋友都在鞍钢工作,给我介绍了鞍钢的情况,我挺向往的。听说鞍钢在"文革"前还为越南培养了不少人才。在锦州农机厂大概干了三个月的时间,我又回到鞍山实习,被安排到了现在的鞍钢重机厂。我在那儿遇到了好人,包括班长黄淼(音)、一位姓张的党小组长。在鞍钢实习的

---

① 该校前身是1951年创建的锦州工科高级职业学校,1960年改名为锦州工学院,在此前后校名又几经更替,1996年改为辽宁技术工程大学。

越南实习生在电修厂厂区合影

这一段工作给我很大的帮助,在实践中我学了很多东西,比如说图纸的设计、机械加工的工艺、设备等等。听到鞍钢一些师傅讲"文化大革命"中鞍钢的工人阶级——包括孟泰——为了保卫鞍钢、保卫生产,付出了很大的努力,像什么"鞍钢不停产"运动,我记忆犹新。其中当然也包括孟泰的事迹——早在鞍山一中的时候,孟泰就给我们做过报告。我在锦州农机厂待了三个月,在鞍钢也待了三个月,一共实习了大概六个月。

我们经常中途回工学院去,因为学校要"复课闹革命"。那时候大学生、知识分子属于"臭老九",所以我们要接受"再教育"。两头奔波大概到1968年,我又回工学院了,老师讲课讲了两年多,应该学的课程基本上都讲完了,后来1970年就分配了。

1970年8月5号我到鞍钢报到,被分配到鞍钢电信局。在"文革"前,电信局还是鞍钢电修厂的一个电信车间,涉及鞍钢的生产经营和通信。由于通信有好多要保密的,位置很重要,就被军管了,之后单独成立了一个鞍钢电信局。电信局也有机械,只是通信机械和我学的机床专业的机械不是一样的,但是军代表一看我是机械专业的,就都一起分配过来了。当时分配到电信局的一共有23名大学生,其中北京邮电学院分配得多一些,还有北京航空学院、东北大学以及武汉的大学的。因为政审比较严格,分配到这儿来的一般都是家庭比较好的。军代表可能看过我档案来着,就让我当这23个大学生临时班的班长,领着这些人在电信局接受再教育——就是干活,正好电信局盖车库没有临时工,就让我带这些人和水泥、搬砖头、砌墙。干了一段时间后,又让我们到盘锦挖坑、埋杆、架线,就是电话线需要挖坑,将水泥电杆立起来。我们每天坐着卡车往盘锦方向去,一干就是一天,到下午三四点钟才能回来。那几个月正好赶上冬季,三九天架线,大家都快冻坏了,非常辛苦。

大概到了1970年末,不少学校的学生被分配到电信局,这23个人就重新分配工作岗位。当时电信局有500多不到600人,这里头有好多工种,外线工、电话修理工、动力工①,还有机械室的维护电话机械工,以及问号台、查号台——原来打电话全靠人工,不像现在能自动转接。当时我被分配到机械室的动力班,做电路的维修、维护工作,有白班也有夜班。

在那儿待的时间也不长,大概有两个月,赶上电信局不军管了,又回归到电修厂,成为电修厂的一个电信车间。有一天,电修厂的领导——"革委会"主任王庆栋检查工作的时候,说:"这个小伙子我怎么没看到过?"人家介绍我:"这是新分配来的大学生。"他说:"你在这儿也不合适。"我说:"我能到电修厂那边去吗?"他说:"可以,你到电修厂去当车工。"鞍钢原来的党委副书记石树林,当时是电信车间的支部书记,我就找他和车间主任刘全业,说我要回到电修厂,不在电信车间干了,因为这儿不符合我专业。他说:"小伙子,这个地方是保密单位,人家想进都进不来,你还要走?"

那时候我特别幼稚,只想怎么能做我的专业。1971年3月份,大概过完春节我就回电修厂去了,就这么当了车工。车工当了不长时间,估计也就十几天,有一天领导又找我了,说:"技术组缺人,你去技术组得了,但需要一个人的同意,你明天早上来找我,我带你去见个人。"后来这个姓王的"革委会"主任就领我到技术组去了。他说:"老宋头,我给你找一个小伙子大学生,你看行不行?"我发现老头正靠在暖气包上,当时鞍山挺冷,可能暖气不怎么热乎。这老头站起来瞅瞅我,问我哪儿毕业的、学什么的,就这么简单问我几句,第二天我就特别荣幸地到了技术组。

---

① 受访者解释,动力工主要负责动力给电。

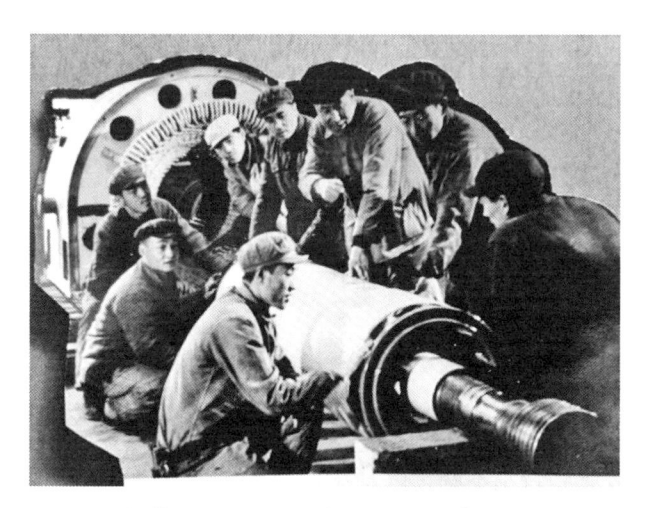

宋学文（右三）指导发电机故障检修

　　这个人就是当时最有名的鞍钢劳模、全国劳模宋学文①，名气基本上不亚于王崇伦。宋学文当时叫"电机华佗"，他通过现象就基本上能判断出电机是什么故障，怎么进行检修、处理，技术水平特别高。他的块头特别大，有我高，1.79米那样。他是很有气节的那么个人，很刚烈，据说在伪满时期，因为日本人压迫中国人，他不服，也瞧不起这些日本人，打过日本人，打了之后就跑了。

　　电修厂的历史跟鞍钢一样长，鞍钢1949年9月7日成立那天起就有电修厂了。在昭和制钢所时期，它的前身叫昭和电气工场；到1949年鞍钢解放，就变为鞍钢公司，整理了一些厂，其中就有电修厂，所以它是比较早的一个厂子。这个电修厂是全国文明单位，全国有什么电机、变压器等大的工程，尤其是大电机坏了，诊断不出毛病来，都请宋学文和有关技术员去处理，手到病除。在全国十大钢厂当中，电修厂是比较出名的。鞍钢被称为"老大哥"，电修厂在冶金、电气行业也被称为"老大哥"，所以历史悠久，技术、能力各方面比较强，厂的规模比较大，我在厂的时候人数是两千五六百，这个厂

---

① 宋学文1928年就到鞍山昭和制铁所电气工场当工人。新中国成立后，宋学文曾在鞍钢半年修复、安装上百台万国牌电机，荣立特等功。30多年来为全国各地修复近百台大型电机，被誉为"电机华佗"。

确实很有发展潜力。

当时电修厂的人有合肥工业大学、上海交大毕业的,还有哈尔滨一些学校毕业的,都在下面劳动,接受再教育;而我能到技术组去,好多人以为我有什么关系,其实那时候的人和领导特别直爽,就是看中你就行了,非常简单。技术组都是搞电机设计、变压器设计、电机修理、变压器修理的,跟他们工作了一段时间后,我对电机、变压器有了一些感性的认识。

后来他们让我搞技改工作,负责全厂技术、电修厂设备改造这方面的工作。我一看,我专业不符合,一些老师傅、老领导就给我出主意,说我最好重新学习,我就到鞍山钢铁学院学习了一年多。当时我已经接近30岁了,每天上课的时候我感到特别不好意思。我个儿也高,坐在后面,老师对我也挺照顾的。后来我又到鞍山钢铁学校电子专业学习,基本上是半脱产的,学习完之后,我还可以回厂工作;晚上5点30分开课,下班不吃饭,骑自行车去学校,一气要饿到8点30分回家,非常辛苦。在钢院学了不到两年,在钢校学习不到一年。这样我逐渐地接触了电机、变压器专业。我在电修厂搞技改工作时间比较长,当年有好多设备都是我设计的,现在依然在使用。

滕长宽(右一)在工程科讨论鞍钢高炉大修方案(1979)

电修厂当时高炉污染特别严重,粉尘好多,都带铁屑的,在阳光下看粉尘是银白色的。晚上下班把窗户关上,第二天上班的时候窗台就积了一层粉末。因为电机和变压器对绝缘要求比较高,铁屑飞到线圈上,电机的绝缘性就会下降,使用寿命就短了,甚至有的就短路了。鞍钢公司特别重视电修厂,公司领导看到这个情况之后,决定为电修厂重新选址,最后选在康宁街50号,算是郊区。原来电修厂整个厂的面积也不过两三万平方米,这个新厂大概有13万平方米,建筑面积大概6万平方米,变化相当大;而且新厂区厂房特别多,各个车间都有;远离鞍钢,环境也特别好,像花园式的。我们大概1978年10月份搬到新厂。中途我又到电修厂的工程科工作了一年多时间,负责全鞍钢的电气检修、维护,主要是维修电机、变压器,包括一些电气设备,以及做预算、做勘测项目、做计划、做网络图。

二、万门程控:鞍钢发展史上的大事

一次偶然的机会我又重新调回技术科,搞电机设计,接受的第一项任务就是3900千瓦大型轧钢齿轮电机的制作。中途被提为技术科的副科长,工作了一段时间之后,大概是1985年5月,我又被提拔为电修厂管生产的副厂长。在管生产的过程当中,大概到了80年代末,鞍钢要上万门程控电话交换机项目。领导考虑到我业务比较熟,在我当上了副厂长之后,就任命我为指挥部指挥长管理这个工程。

我入厂的时候,在册的鞍钢职工有40多万人,全鞍钢的电话都归电修厂电信车间管。这个车间有500多人,负责电话通信的管理、外线工程的施工,包括日常电话机械的维护维修。鞍钢的电话当时有多少门?最开始的时候有3000门。国家特别重视鞍钢的通信工作,1985年左右引进了东德的CE52步进制交换机。

打电话的这个机械是东德的,我入厂之后备品备件特别缺乏,后来人家都不生产了,所以我们的3000门电话利用率非常低,在80%左右。我在的时候,每天从8点半到大概11点左右,电话机械声特别响。过去电话机是拨号的,假设鞍钢电话是四位数,每拨一个号,它那机械就开始"哒哒哒"上升。头两位你拨号,它就发生脉冲,七个脉冲,响七下就上到这个位置,就接通其中一根线；你再拨第二个号它又上去，又接通第二根线。后两位可能是终结器，我现在忘了。终结器是什么意思呢？当你拨后两位号的时候，它就旋转，两次旋转就把电话接通了，接不通那就是忙音。从8点半到11点钟，是用电话的高峰期，噪声非常大。电话虽然是进口的，但是经常发生串号、错号、掉号现象，本来这个数码是6，应该发生六个脉冲，结果它可能上升五个脉冲或七个脉冲，这不就错号了吗？

我在那儿两个多月，也参加过电话机械的维护工作，成天就用120号的航空油擦洗步进式电话机的旋转器。国产的一共是4000门，叫纵横制电话交换机，加上原来德国那个，一起是8000门，自动开通80%，那就不足8000门了。当时鞍钢40万职工，算起来平均每100人大概有两部电话。你可想见，这影不影响鞍钢的生产？影不影响鞍钢的经营？

当时鞍钢只有重要的厂矿，像烧结、炼铁、轧钢、炼钢，车间级的厂矿才有一部电话机，所以打电话非常困难。其他都是厂内的小交换机，可以往鞍钢别的厂打电话，往市里是打不通的，所以通信方面的制约是相当严重的。

80年代末，鞍钢公司副经理李长发专门抓通信设备引进这项工作。当时可选择的有什么呢？美国的ATNT公司，德国的西门子公司，还有日本的NEC公司、富士通公司。通过公司各个职能部门，加上电修厂相关人员多次的考察论证，主要是从经济指标、技术性能、交换机价格这几方面反复比较，最后公司领导拍板定案，确定引进富士通公司12 000门电话交换机，比其他三家大概节省了60万美元。

当时管鞍钢电话的局叫73局，经过规划之后就变成三个局了：72局、74局，还有一个76局。第一个72局建在哪儿？现在鞍钢的大白楼马路西侧就是，叫鞍钢信息中心，或者叫信息楼，四层楼。当时建的时候动迁了，这个地方有什么呢？日本人留下来的游泳池、地道、碉堡，那个水泥多少年以后都特别坚固，施工相当困难。动迁涉及鞍钢五个厂，这五个厂都给予了大力支持，不到一个月就动迁完事了。土建工程大致是在1989年开始的，不到1990年末完工。第一个局安装了8000门，后来开通的时候叫672局。第二个局叫675局，或者叫75局，建在鞍钢的立山桥洞里面，扩建了1000平方米的场地,这个局安装了2000门。第三个局在灵山冶金粉末厂内,在那儿借用它的办公楼,装修了一个1000平方米的办公楼场地,又装了2000门。这样三个局加一起是12 000门了。

我负责两方面的工作:一方面在电修厂当副厂长,管生产;第二方面担任指挥长。土建施工时,第一步是动迁,第二步叫新建或者叫扩建,第三步是培训。

程控电话交换机是计算机控制的现代化通信设备,过去没有人明白,老工程师虽然接触过,但是都不明白。后来鞍钢电修厂新分配来不少大学生,这里头有学通信的,鞍钢公司领导就决定送他们出国接受培训,到日本的富士通公司。当时单位有50多人,去掉20多人,从中选取20多个大学生到富士通公司。怎么选来的呢?先英语考试,然后业务考试,再加上平时表现,选出来的都是各方面都很优秀的人,不管是责任心、业务水平还是技术水平,实践也证明这些人确实很优秀。出国培训为期三个月:1989年8月7号开始,11月末回来,这样就和原来的土建工程基本上同步了。公司安排得特别好,包括鞍钢公司的计划处、计控处,加上鞍钢设计院这些单位,都做了很大贡献,李华忠经理特别支持这个事,所以进展得特别好。

我率团访日的第一印象,环境好先不说,就是人家的通信设备太先进了,全是计算机控制。机房工作环境、人员素质都比我们高,差距非常大,非常直观地就感觉出来了。

这二十几名大学生在那儿特别辛苦,从8月7号到11月份,日本的天气非常炎热。当时我们的住处离富士通公司培训中心特别远,需要倒两三遍车;上机操作是倒班,有时候半夜才回去。大家克服了天气炎热关、语言关,特别辛苦。这些大学生真是不负鞍钢的重托,应该说他们培养了新一代程控电话机的工作人员。

我重点要说的,就是富士通公司有一个社长,叫金子茂和,头衔全称叫日本富士通公司取缔役。"取缔役"是什么概念?相当于中国的公司董事会。听说我们是鞍钢来的,他特别高兴,在培训期间在各方面给我们创造了好多方便条件。

他对鞍钢特别崇拜,临走的时候他招待了我们团。宴会上他有几个讲话我记忆犹新,他说:"今天鞍钢团到日本来学习,不过鞍钢和中国发展也很快,我深信将来有一天,日本会向鞍钢学习,向中国学习!"这都是他的原话。在场大伙儿听到翻译以后,使劲鼓掌。鞍钢在国外的影响很大,这是我没想到的。

在临走之前的半个多月时间里,社长同意我们参观富士通的小山工厂。小山工厂是干什么的?专门生产计算机元件的,是现代化的无人工厂,基本是各国的元首级领导才能去的,所以他们从规格各个方面都高看我们鞍钢一眼。参观那个厂真受教育,全是机器人操作,就像你们在电视里看的机械手,就是这么个场面。

所以这个社长真好,对中国还是有感情的。培训之后他举行了一个毕业典礼,发放毕业证书,证书特别大,比笔记本电脑都大。在会上,培训中心的中心长说:"富士通培训中心接待中国这么多的团,包括世界各国的培训团,你们鞍钢的团可以说是最好的。"他对我们评价非常高,而且点名说我们团里的一些学员特别好,像石岩力、顾洪海,包括鞍钢设计院的王宝东,学习特别优秀。这些访日学员,在鞍钢时他们早都是骨干了:顾洪海是管技术的;石岩力后来是这个厂的厂长,再后来又升到鞍钢公司的设备部什么的。万门程控开通这一段时间里,这些人确实发挥了骨干作用,这个鞍钢通信组可以称上第一代程控交换机的新人!

到了1990年,程控电话交换机的设备从大连港已经到货了——咱们出国的时候没到货,在中途快要回来的时候到货了。当时我最大的担心就是回去不能开通,或者遇到难题解决不了。但最后通过了考验,应该说是非常过硬的,过硬到什么程度?在鞍钢万门程控交换机安装的过程中,发现有一个信令板出问题。后来通过鞍钢的国贸公司多次联系,日本派了一个叫小择嘉宪的交换部部长来鞍钢,算上他共三个人,在东山宾馆,李长发也接见了他们。鞍钢和日方艰苦谈判两天,应该说鞍钢设计院、通信科的技术是过硬的,以合同、质量标准为依据和他们谈判,最后对方认输了:将来无条件向咱们提供这些板子。这为我们大概节省了4万美元。

万门程控电话工程指挥长滕长宽(左四)接待日方人员

市电话局负责全市的电话,叫公用网;鞍钢多年来形成的这么一个通信网,叫鞍钢专用网。鞍钢当时的职工住宅,鞍钢在市内的一些厂矿,用的都是都是鞍钢专用网,是自己架线、埋杆通到市里各个厂的。万门程控电话开通之后,就不能再限于鞍钢厂内了,必须得和市里头、国内各厂、各市、各省打电话,也必须和国际交往。

电修厂负责鞍钢整个专用网的维护、维修、管理,在一些标准上是不符合国家标准的。市里也有点私心,要求市里的厂矿必须安市里的电话,专用线路必须都改为市里的,标准要对接。市里他们来检查,说我们这也不符合规定,那也不合格,要求整改,多次交往,相当艰苦。

当时市里也在上程控交换机,也引进技术,两家就进行交涉。我们多次和他们总工打交道,鞍钢电信局局长李玉久也多次做工作,鞍钢公司领导、一些经理也反复苦口婆心地跟他们讲这个事情。第一,说我们应该尊重历史,尊重我们鞍钢,说不好听的,还没有鞍山市的时候就有鞍钢了。第二,"三钢一铁"调度指挥指令下去之后,那是不允许耽误的。高炉正在出铁水,如果发生故障了,电话是不能停的。电话一旦有问题,得半夜抢修,半个小时之内必须完成抢修,就像打仗一样。这关系到全局,停了的话铁水就凝在高炉里了,相当了不得的,所以这个环节需要军事化管理。第三,要走市里电话的话,鞍钢每个月需要拿出多少万元,我们困难就困难在这个地方。市里开始不理解我们,只想着把我们吃掉。最后我们说服了他们,达成了协议。应该说虽然双方看法不一样,最后市里对我们还算支持的。

万门程控电话交换机工程开通现场

大概是 1990 年 1—3 月,程控电话机整个安装完事,随后调试,日本专家一共 15 人次到这儿来指导安装。因为咱们和市话局协议没达成,耽误了一段时间,为这件事情我们都跑到了省电信局,省电信局肯定得听鞍山市的,说:"等你们改造完事,才能开通。"我们说:"那怎么行? 这什么都安装好了,不开通不是最大的浪费吗? 而且鞍钢正紧张用电话。"后来没有办法,鞍钢公司领导和咱们厂一把手派我和鞍钢计控处副处长赵吉库找到邮电部,邮电部找了市长,当年 5 月 18 日允许我们开通。

得到批准以后我们就进行开通准备工作,割接到新网络一次送电成功。经过三个月的运行,1991 年 8 月 7 日公司召开了鞍钢万门(12 000 门)程控电话交换机开通剪彩大会,邮电部还来了贺信。在大会上,鞍钢总经理李华忠、鞍钢党委书记张宇、鞍山市市长参加了;还有省电话局、市电话局的领导也参加了;日本富士通公司派的是副社长——我刚才说的那个社长因为年纪大没来——还有日本其他涉及程控电话的一些厂商也参加了。

这是鞍钢发展史上的一件大事,过去电话老串号、错号、掉号,噪声大,现在通信比原来畅通了,打电话难的历史结束了,提高了效率,降低了生产成本。而且电话不仅仅是通话,现在 IP 是多媒体,不但能传送语音,还能通过文字、图像多方下达生产指令。调度电话公司领导在公司大白楼开调度电话会议，面对面地看到影像讲话交流，指挥更顺畅、更精准了。当时担心计算机哪个程序没操作对，产生这样那样的问题。实践过程确实经得起考验，我感到特别自豪。

滕长宽在鞍钢万门程控电话开通剪彩仪式上讲话(1991)

在这个领域我应该说是个门外汉，基础不牢。领导之所以用我，除了有点技术之外，主要是我有点责任心。但是毕竟专业不符合，所以1991年8月份开通以后，到9月份中途指挥部还有一些收尾工作，完后我逐渐就退出来了。我推荐了人作为电信间的领导，后来证明他们确实挺优秀的。我后来所从事的专业就是电机，搞电机设计、修理和制造。我退出以后就回到电修厂，电修厂1990年改名为鞍钢集团电气制造工程公司，1995年又改名为鞍钢集团电气有限责任公司，变化是比较大的。

三、"九五"改造：不改造就死路一条

我退休之前，参加过鞍钢的"九五"改造。当时钢材卖不出去，钢铁是我们鞍钢的生命，如果销量不好，那就是生死存亡问题。人家不买鞍钢的钢材、钢板，其中有过剩问题，也有质量问题，挺复杂的，形势相当严峻。例如

汽车板,要求很严格的,汽车制造厂不买你的钢板了,你不改造就死路一条。从1991年、1992年开始,一直到90年代末,一直持续改造。鞍钢人,特别是鞍钢的领导看得很远,应该说刘杰、王明仁等负责改造的经理起了很大作用。当时刘杰是总经理,改造魄力是相当大的,用他的讲法就是不改造就等死。"九五"改造的思路是什么? 能国产化就国产化,能自己做就不引进,能够就地改造就就地改造。

其实在这之前就已经有改造了,但不是这么大规模、这么集中。这是刘杰来了以后集中进行改造的:从矿山一气到轧钢再到整个冶炼这条线,整个钢铁这条线都进行改造,从矿山到烧结,从烧结到炼铁,从炼铁到炼钢,从炼钢到轧钢,这是全流程改造,包括设备、管理、技术改造,甚至附属的发电设备都进行了大规模改造。

就我在"九五"改造工程中的角色来说,像烧结、炼铁、建3900立方米的高炉,一炼钢、二炼钢"平改转",二炼钢的超低头工程,一些大型厂、厚板厂的改造,还有电修厂电气部分、冷轧厂的项目、热轧厂的项目——包括"1780工程",热轧厂的改造被称为鞍钢的摇钱树——这些改造工程我基本上都参加了。我参与的电修厂"新三烧"改造,在原来的技术上改造新建,原来烧结机小,上的新烧结机是420平方米的。

当时市场竞争那么激烈,在那么困难的前提下,资金短缺,如果没有"九五"改造,鞍钢就不会发展到今天。鞍钢的改造是成功的,应该说是脱胎换骨的改造,为今后的发展打下了良好的基础。

当然,改造过程中也带来一些问题,就是实行减员,末位淘汰,开不出来工资。减员增效那一段,应该说是比较艰难的,而且持续时间比较长。国家这么定了,一声令下人都到社会上去,不过也确实减少了企业的负担,你也不能说不对。当时鞍钢也面临工厂办社会的问题,社会有什么鞍钢就有什么。鞍钢规模最大时有40多万人。工厂办社会,提高职工的福利待遇,解决职工的后顾之忧,对改善职工生活、促进职工身心健康确实起到了积极作用。比如说当时我们厂子有卫生所,两千五六百人看病都得上大医院吗?有些小病小灾、头疼脑热,上卫生所开点药就行了,也不耽误工作,那多好!

现在看病一请假就得半天。所以不要撇开历史讨论问题,应该正确地对待。

鞍钢为什么"九五"改造也好,"大中修"也好,都这么成功?我总结起来非常简单,鞍钢有一些口号,我认为是鞍钢的诀窍,特别简单:"七分准备,三分施工。""打有准备之仗。""大军未到,粮草先行。""准备工作做在前头。"

要求人、财、物都得准备,落实比较细,准备不好不能开工。让你表态:八天工期你能拿下来吗?机械部分或者电气部分你都能拿下来不?每次鞍钢电气检修大修的时候,我是副总指挥,负责电气方面,我每次都参加鞍钢"大中修",动员就像作战一样。

滕长宽指挥热连轧厂9000千瓦电机大修(2015)

另外科学管理网络图也确实发挥了作用,图排好,挂在墙上,你看你哪天完成——轧机检修、加热炉检修什么时候完成,电气什么时候完成,机械什么时候完成,总的节点哪天完成。排计划,工期标示得很清楚,像拿真枪打仗。但也会急眼,比如说我在鞍钢技术公司抢吊车,就这么一台吊车,规定用几个小时,他施工我也施工,工人到时候轮到他了,就问修建公司:"为什么不给我吊车?"工人把这工头拉住不放,因为深知没有吊车任务就完不成,所以说真的是争分夺秒的。有那么一点军事化色彩,尤其在"大中修"抢修时期。假设说一炼钢车间抢修了,鞍钢总调度室电话一到你厂子调度室,你调度室马上安排抢修车接人到达现场。白天必须半个小时内到达现场,晚上必须一个小时内到达现场,这都有规定的。到现场以后马上确定方案,确定哪些人员进行抢修。这些事，我干了一辈子。

四、遗产与传承：从"鞍钢宪法"到鞍钢精神

"鞍钢宪法"是在困难时期毛主席批示发布的，影响极其深远，是指导工业的一个大法，应该持续发扬。尤其是坚持党的领导，实行党委领导下的厂长负责制，这是第一条；第二条是政治挂帅，涉及办企业走什么道路的问题，这是"鞍钢宪法"的核心内容；第三条是大搞技术革新、技术革命，结合本厂现实情况进行工艺、技术各方面的改造；第四条是走群众路线；第五条就是搞"两参一改三结合"。

群众路线是非常重要的。技术员设计的这玩意再好，也有有问题的时候。比如我设计电机，我也得征询老工人的意见，因为他在实践中有体会，能使我少走弯路。有许多老师傅和工人有丰富的经验，刚才讲的宋学文就是个典型的工人，王崇伦原来也是工人，孟泰就是管水的管工，他们都是从工人当中出来的。老工人对国家的感情是非常深的，因为国家解放了，人民当家做主了，能发挥作用了，所以热情是发自内心的。群众路线一切都是为了人民，我们是离不开群众的，不管是战争年代还是建设年代，群众的发明创造对鞍钢的发展，尤其是对鞍钢恢复再生产起了很大的作用。

"两参一改三结合"也在制度和工作中体现出来了，比如说班长可以当一日制的厂长，推荐班长到厂里当一天厂长；你对厂子有什么要求、合理化建议，你可以提。另外，指导会上每年都提提案，这个厂子怎么改，明年怎么打算；还有职工的意见，比如说生产上存在什么问题，技术上、管理上存在什么问题。有的提议是真好，都是多少年的老工人，提出的意见很切合实际。

干部、技术人员每个礼拜六必须得参加劳动，一般都是半天，有时候是一天。我在技术科的时候，每周六必须参加劳动，因为我当时算年轻的，有什么活都叫我这年轻人去干——当然不止我一个人，机关所有人都参加劳动，除非有特殊事件。去什么地方劳动就不一定了，可能到车间干些力气活，收拾收拾卫生、装卸装卸什么的。对技术人员来说，对口下到专业的车

滕长宽（左）在鞍钢一发电厂 25 000 千瓦发电机现场（1973）

间参加劳动对技术也有帮助，比如了解下面存在什么问题，技术上怎么改造，听一些老工人反映，互相沟通。这个东西能促使自己进步，一个人自己再有能耐也不行。

除了制度之外，这玩意儿也分人。有的人勤快，就自己自动下到车间。我设计这东西有什么问题？心里没有底，就去主动征求意见，避免走弯路，也避免自己丢脸——设计的东西出问题了，那不丢脸吗？所以明白的人会这么做，不明白的人认为这是负担，认为没有必要，高高在上地坐着。

估计到一九八几年以后，这套做法就逐步淡化了，但现在也不是一点没有，有时候干部也参加劳动，收拾卫生、打扫、装卸、绿化什么的。日方交换机交换部部长小泽嘉宪到鞍钢来，我陪他坐车到化工厂的时候，他说："你们鞍钢是'鞍钢宪法'的诞生地。"这些东西是多年总结出来的，不应该扔掉，不应该忘记。

我也去过别的钢厂，比如我到过本钢，解决它电机方面的一些技术问题，也去过首钢。所以我的经验是通过实践总结出来的，年轻人不要怕去下面历练，可惜现在年轻人不这样认为。实际上，到政府机关去当公务员，要想将来有发展，你得从下面基础工作干起；你没通过基层锻炼，不了解底下情况，一个小的问题你都不敢决策。很多军官为什么打仗时心里特别明白？

因为他当过战士,怎么回事他全清楚。所以现在一些年轻人不要一开始就想当官,不要一开始就进大机关,真得好好到基层多实践。基层锻炼是非常重要的,咱们都是从基层上来的。

理论必须和实践相结合,这是毛主席说的,实践实践再实践。我有个体会:比如我当车工,车床的结构你不可能看见,内部结构你再实践也看不到,我是通过看书知道的;但有时候你知道了,在实践当中又不认识这个东西。通过实践,我认识到这是电机上的一个零件,这是变压器中的一个零件,知道了,很快就进步了。当然,实践多的人不要忘记理论,忘记理论也不能进步,没有理论你高度提不高,所以实践和理论不可脱节。我不是名牌大学毕业的,也不是这个专业毕业的,我是自己通过学习、通过实践、通过理论,反复探索掌握的。咱不说我怎么有能耐,起码我在这个单位算一个人才,我能判断出电机存在什么问题,要不人家本钢电气公司返聘我当总工干啥呀?

从恢复生产时期、抗美援朝时期,包括三年困难时期,到改革开放时期,鞍钢精神一直在传承、发扬光大。为什么这么讲呢?第一,鞍钢精神是从根上传承下来的,只要是领导安排的任务,鞍钢的职工几天几宿不回家,连轴转,工期以小时计算,只能提前不能拖后,必须完成任务。为什么鞍钢精神过硬?是因为鞍钢队伍过硬,所以技术好,是传承下来的。第二,我也当过领导,虽然不太大,但是我跟鞍钢的领导经常接触,他们大部分都是从一线出来的。比如李华忠,当年他是钳工,上钢铁学院念书后才逐渐当上技术员,最后走到领导岗位;李长发,他是管设备的经理,当时是氧气厂的一个技术员。老一辈鞍钢的领导都是从基层上来的,当了领导以后,他的决策能力、组织能力,底下职工认同。

五、感恩鞍钢:"给我家,教我成长"

我 1970 年入厂,1979 年 8 月 31 日在鞍钢电修厂时入党。在学校读书时入党难度大,当时我们班里可能就一个入党的。我入厂最开始是当工人,做过外线工、动力电工、车工、钳工,然后做过技术员、助理工程师、工程师、高级工程师。1980年以前我是技术员,1980年左右是助理工程师,1985年以后是工程师。然后是副高,现在是教授级(高级)工程师,是一层层上来的。大概2000年之前获得了高级工程师职称,鞍钢下文件,我还到沈阳去答辩过。这是技术职称。行政职务上,我做过副经理。我在这个厂做行政做了21年,当时我是技术科副科长,我又干作业,又干技术科领导工作,后来成立总工程师办公室,我又做总工办的副主任,又干了一段。

我2006年60岁退休,之后返聘到鞍钢实业公司干了6年,在其他的厂又干了6年,这样又多工作了12年。我大概工作到72岁才真正退下来,回家休息。

我曾经在电修厂当过多年的劳模,1975年到80年代初有七八回,奖状现在能不能找到不好说,搬家时找不到了。也被评为过先进科技人员,出席过公司的科技人员大会,但次数不多。

劳模是每年评比的,第一要领导提名,由基层单位推荐;第二它有标准,得够什么条件;第三主要得有业绩,你解决了哪些问题,这非常重要。另外,也看你的人缘好不好,群众得推荐你。评比标准要求是比较高的,从小组工会到车间工会,从车间工会再到厂工会,层层提拔。那时候开劳模大会,都发荣誉奖、奖状,不像现在发奖金。宣传包括开会宣传,在厂子橱窗里有劳模、先进人物的照片。劳模挺有代表性的,有技术人员,也有管理人员,但是一线工人占的比例比较大。那时候评劳模,质量上还是比较高的。

老劳模我也接触过,像王崇伦。有一次鞍钢电机投产时出问题了,王崇伦请宋学文去处理,宋学文就带着我去了。那天晚上吃饭的时候,在餐桌上老宋头介绍了我,王崇伦说:"小伙子,你这么年轻?"谈话特别投机,他说:"小伙子,你就在这儿多吃点。"我就这么认识了王崇伦。以后也和他接触了一两回,但是我估计他不认识我,因为他接触的人太多了,而我当时是个小小的技术员。

我和宋学文接触的时间最长。他虽然文化程度不高,但记忆力超人。他跟我说过的话、交代的任务,我都忘记了,他还知道我什么时间对他说过什么话。印象最深刻的是他的技术,他对电机修理、制造特别擅长。大电机的加工,没有那么大的床怎么办?他指导我改造了一些专用设备,亲自画草图指导我。他带着你看电机有什么毛病,他问你:"你看这个电机有什么毛病?"他眼看、手摸、耳听基本就能判断出来,我们还得经过仪器测试。

他们为什么能成为劳模?他们这代人是历练出来的。听老人说,当时有几个能人,除了宋学文之外,还有一个李万彩,在电机卷线、线圈上比较厉害。现在呢,咱们国家自己培养的一些大学生接替了他们,各个名牌大学的大学生都有。

10月1日之前鞍钢发东西了,在大食堂发油、面、米。市政那些人说:"鞍钢又发东西了,我们市政就没有发,还是鞍钢好,没忘你们。"这影响就挺大的,我切身经历的,咱们坐公交车,人家问:"你是鞍钢的?鞍钢又发东西了?"我说:"是。"不是说鞍钢困难吗?鞍钢困难也发东西!困难时期到过年过节,食堂中午发肉票,还有一些食品。现在社会物质生活这么丰富,网上购物又这么方便,你说企业还有必要去发放这些东西吗?但是咱们老一代还是比较留恋的,一个企业逢年过节都给职工发一些福利,不管东西多少,他对这个企业能不热爱吗?

我有幸被分配到电修厂,在一次座谈会上我讲:"感谢鞍钢、感谢电修厂的领导,给我家、给我创造环境,教我成长。"我对鞍钢的感情是非常深的,感谢鞍钢,这不是说大话,真是发自内心的。

蒋明金

我为鞍钢献了青春又献终身

亲 历 者：蒋明金
访 谈 人：田毅鹏
访谈助理：王余意
访谈时间：2020年10月23日下午2:30—5:00
访谈地点：鞍钢党校
访谈整理：胡文博

亲历者简介：蒋明金，男，1950年生于四川南充。1969年12月入伍，服役于中国人民解放军基本建设工程兵第一支队。1972年随部队移防鞍山支援鞍钢建设，1983年5月部队集体转业到鞍钢后，历任鞍钢建设第三工程公司机关党总支书记、办公室主任、纪委书记、工会主席等职务。2002年7月至2010年10月退居二线，2010年10月退休。参与了鞍钢众多大中型项目，为鞍钢建设做出了重要贡献。

蒋明金（左二）接受访谈

一、从小立志当一名军人

我1950年出生在四川南充的一个小山村里,父亲和爷爷那一辈都经商,民国的时候在农村小镇上开个大酒店。我们自己还租了地主的一些田地,又经商又务农。我兄弟姐妹十人,五个姐姐一个哥哥,一个妹妹两个弟弟,我排行老七。我大哥和两个弟弟都在农村,现在最小的弟弟都60岁了。我一直在南充上学,在村里上的小学,县里上的初中。当年我们班与本年级另一个班,共70多名同学参加小学升初中的考试,结果只有7人考入初中,我就是其中之一。我是1965年进的初中,1966年5月"文化大革命"运动开始,所以我中学实际上就上了一年。因为"文化大革命",我们的学业中断了,所以我们是没有学历的初中生。后来回家干了一年多活,1969年12月份应征入伍,当时我快20岁了。

我从小就有个志向要当一名军人。我认为当中国人民解放军,一是很光荣,再一个也能保家卫国,所以我从小就说长大了要去当兵。我1969年3月份报过一次征兵,当时是山东济南的部队征兵。结果一体检血压高,实际上并不是血压高,可能是我紧张,就没去成。1969年12月份这次征兵我就如愿了。我们是中国人民解放军基建工程兵,是1966年8月1日中央军委、国务院决定新组建的部队。到1983年撤销的时候,这支部队一共有50万人左右。它主要从事冶金建设、水电建设,就是修水库、水电站,还有就是采煤、挖黄金这些。我们这个兵种有12字方针:"劳武结合,能工能战,以工为主。"

我服役在中国人民解放军基本建设工程兵第一支队。支队是正师级,还有第二支队、第三支队。第一、二、三支队全是从事冶金建设的,冶金系统将近10万人,我们部队最鼎盛的时候有2万多人。这支部队还有个特殊情况,它是工改兵,为什么是工改兵呢?我们一支队的前

蒋明金在39军参训队(1973)

身是冶金系统的第四冶金建设公司①,地点在湖南长沙,后来他们1965年从湖南长沙调到四川江油,建设长城钢铁厂②。1966年8月1号改兵,就让他们这些老工人,凡是符合改兵的全穿上军装,全当兵了。60年代的时候讲政治条件,有的政治条件比较好,就改成随军职工,所以我们每个连都配了一到两名随军职工。他们当时的工资是37块3毛9分,都讲成3739。因为他们原来就是工人,原来就拿工资,所以他们就拿原来的工资。我们义务兵的工资只有6块一个人,第一年6块,第二年7块,第三年8块,第四年10块,第五年15块。所以"义务兵"和"工改兵"两个说法,是这么来的。这支部队成立之后主要是为国家建设,其艰苦程度那是三天三夜也谈不完的。那时候我们自己的总结叫什么?"蹲山沟",就是蹲在山沟里面;"住草棚",我们的房子全是油毛毡和草席棚盖的。"蹲山沟,住草棚",生活设施特别简陋。

二、移防鞍山支持鞍钢建设

1971年5月,国务院、中央军委认为鞍钢是共和国长子,需要加强建设,必须把基建工程兵调到鞍钢来,所以就把一支队分批调过来了。后来二支队调到了唐山钢铁公司,三支队调到了本溪钢铁公司。基建工程兵刚来鞍山的时候,鞍山市安排得相当好,专门召开干部大会研究让子弟兵住进房屋的问题。市政府领导决定让我们到鞍山后全住市郊百姓家,提出哪怕让老百姓自己住小房窝棚,也要将好房让给部队住。我们全支队2万人左右,全住在郊区农村几千户老百姓家里,一个家里住六七个人。我们一个班住两处老乡家里,住了半年,到11月份入冬的时候,搬进了自己修的营房。一支队1971年来鞍山的时候,东北这地方冬天那是零下一二十摄氏度啊!我们部队的民房全是铁皮房做的活动临时房,两层铁皮,里面夹的珍珠岩或者草

---

① 1966年2月,冶金工业部党组决定将冶金工业部第四冶金建设公司改编为基建工程兵部队。1966年8月1日,中国人民解放军基本建设工程兵第一支队正式组建并授予军旗。
② 四川江油长城特殊钢厂于1965年1月动工兴建,属"三五"计划时期重点建设项目之一,冶金工业部直属企业。该厂的建成对发展我国特种钢材生产、加强国防建设具有十分重要的意义。

垫,我们2万多人全是住的这种民房。冬天都是戴上棉帽,盖上被子、大衣睡觉,一直住到1983年转业。

我是1972年来鞍山的,第二年入党——我入伍不久就向连党支部递交了入党申请书。那时入党前必须由团政治处发外调函到原籍调查父母有无政治问题,然后再由党支部讨论是否准许入党。我当兵之前,父亲在我们当地参加了一个群众组织,四川叫什么袍哥组织①,是一般成员。当兵的时候政审,档案里面有记载,谁填的都不知道。哎呀!就因为这个,调查了我两年!1972年10月,我战友回家探亲,找我哥和我姐夫写了材料。我姐夫是大队的党支部书记,我哥是大队长。写父亲参加什么袍哥组织,是一般成员,没有任何政治问题,"文化大革命"期间也没什么政治问题。我那个战友把材料带回来,不到十天,我就入党了。所以我比我们同年入伍的晚了两年入党,要不我起码1970年、1971年就入党了。我们一起当兵的,上清华,上同济,上长春冶金技术学校,我们一个连就去了十来个。因为我不是党员,不让我去,要不我当时就上学去,出来就搞技术了。入完党,不到一个月提干。所以那次呢,我也感到很欣慰,入党入得晚,提干提得早!

蒋明金(前排右一)与工作人员合影(1981)

1973年1月份,我被师政治部正式批准提升为五团七连二排排长,过去

---

① 袍哥会发源于清朝初期,盛行于民国时期,与青帮、洪门为当时的三大民间帮会组织,是哥老会在四川、云南、贵州等西南地区的俗称。

叫军官,二十三级。一般的得四五年、五六年才能提上,有的六七年都没提上。我们1969年是第三批兵,基建工程兵一共就存在17年。我在这部队干了14年,等于是这个部队中比较前的,所以我干了三年兵就提干了。提干之前拿8块钱,提干之后就拿52块钱。提完干以后,我就到39军,学了半年参谋业务,回来就调到司令部团里面当军务参谋。在司令部里面干了几年,1978年下连队当连指导员,正连级;1980年8月份提副政治教导员,副营级;1983年3月份提政治教导员,正营级。都是从事政治工作。一直干到1983年转业,基本上两年一个台阶。反正我们那年一起当兵的是5200人左右,到1983年转业的时候,提干部的有好几百人,但提正营级的就我一个!我们几个老乡开我的玩笑,说:"当时那么多兵,老蒋你是最高的!"

二、 转业到鞍钢

1983年5月5号,我们集体成建制地转业到鞍钢。1982年8月19号,中央军委、国务院发布23号文件,宣布撤销中国人民解放军基本建设工程兵,全军百万大裁军。① 为使国家少受或不受损失,上级决定让我们成建制集体转业到地方的央企工作,这样对部队和地方都有好处。原正师级的一支队到鞍钢后为正地级的鞍钢集团建设公司,原支队下属各团分别为建设公司下设的县团级公司。我们五团定名为建设公司第三工程公司,我所在的一营定名为三公司第一工程队,二营为二队,三营为三队。当时百万大裁军,对我们基建工程兵的干部、战士来说,属实是一个很大的打击。为什么呢?作为我来讲,兵没当够。很多干部、战士都认为兵没当够,被裁了,当时我们的心情属实是很不平静的。我作为连里面的副教导员,也得做下面战士的工作,还得积极地宣传,教育每一个战士都要服从大局,服从党中央、国务院的安排,理解国家和中央军委的政策。

---

① 亲历者所述的实际上是1982年9月启动的新中国成立后的第七次大裁军,加上1980年的第六次大裁军,军队人数从1975年的610万人减至400万人。现在统称的"百万大裁军"单指1984年邓小平亲自推动的大裁军,按序是第八次大裁军,军队人数从400万人减至300万人。

我们一支队是最先撤销的，我们将近2万人的部队，就留下5889人转到鞍钢。当时军委有个精神，要留好骨干。什么骨干呢？一般都是在部队期间技术比较好、思想政治觉悟比较高的留下来；把技术不大好的、家里有困难的、入伍不久的，基本退回农村了。所以义务兵战士能留在鞍钢都感到很幸运，为什么呢？农村来的，留在这儿是工人呢！他们就感到很高兴。说内心话，我们部队南方的干部有很多，80%以上是四川、云南、贵州这一带的干部。我们作为南方干部，留在这个地方，生活上根本不习惯。红小豆、苞米楂子、高粱米，全是这玩意！所以凡是家属不在这的，基本都走了。当时有个文件，部队从1975年开始，凡是转业回到原籍的干部都给安排工作。只要是排级以上的干部都给安排工作，排级以下都不叫干部，都叫战士。1975年以前回原籍的干部也不给安排工作，农村来的就回农村。我当时也考虑过回四川，但我已经在这个地方结婚了，孩子都挺大了。

5月5日转业到鞍钢后，5月10日左右上级就任命我为鞍钢建设公司第三工程公司第一工程队党支部书记。1984年工程队干生物脱酚工程，天天加班加点，昼夜施工，结果我得了急性肝炎，住了一个月院。还不错，治得很及时，一个月就好了，到现在也没事。从那以后，公司为了照顾我，1985年3月就把我调到公司机关当纪委副书记。我是这么调过去的，要不我在工程队还能干几年。1987年8月，我调出纪委到机关党总支，任总支书记职务。后来由于企业机构改革，压缩编制，1988年4月至1990年2月，我被安排到公司经理办公室任副主任兼任机关党总支书记职务。1990年2月至1996年3月，我被任命为三公司党委办公室主任，1994年被正式任命为公司党委组织部部长，兼任三公司武装部部长，后又兼任三公司机关党总支书记、人事副科长、机关工会主席，一人身兼六职。后来三公司经理办公室、党委办公室合并为办公室，我1996年3月到1997年8月任两办主任，兼任公司机关党总支书记和机关工会主席。1997年8月我任三公司的纪委副书记，主持公司纪委工作，自此走上了公司的领导层。后来又任命我为三公司党委副书记、纪委书记、工会主席。2002年5月离岗居家休息。

我在部队是正营级干部，到地方就是科级干部。从1980年营职算起，

1997年提处级干部,我在科级岗位一直干了18年。因为当时我没有文凭,1985年入建设公司时组织部就说提我为副处级,材料一送去,初中文化,不好使。1985年左右,必须要有学历,没有学历谁也不好使。后来,我1987—1989年上了两年辽宁省委在鞍钢党校开设的业余中专函授班,1989—1991年又上了两年辽宁省委党校函授的经济管理专业大专班,最后是大专毕业。但是我也创造了个奇迹,47岁提副处,当时35岁就不让提了,我47岁还提了个副处。那纯粹就是干出来的,任意哪个岗位,我都是站排头。干部和普通职工就是要不一样,为什么呢？他必须处处干在前、走在前,他不能落后于群众,他必须是群众的领头羊。所以干部有特殊的意义,说白了,就是要多吃苦、多干事,多为人民谋利益、谋事情,这才行,否则他不配当干部。

"鞍钢宪法"提到干部参加劳动,干部起模范表率作用,鞍钢集团包括我们建设公司这么多年在这个方面做得也是很到位的。鞍钢大集团我倒不太清楚,但就我们建设公司来讲,我有切身的体会。我们建设公司的机关干部,每个月到工地劳动不少于两次。因为我曾在机关担任党总支书记,我组织机关的劳动,一年起码有二三十天,全是义务的,而且大部分时间是礼拜六、礼拜天去。我记得干线材厂的时候,有一年春节正月初二,建设公司各个机关的干部全在工地劳动,中午吃的饺子全在一锅煮的。

我们建筑行业,它的特点是危险性高。比如说,几十米高的厂房,安装完屋架以后,我们的架工、吊车司机,包括屋面上作业的工人,冬天都是顶着呼啸的北风在上面,但是稍不注意就会被风刮下来,或者掉下来……所以我们对安全抓得特别紧,两米以上必须戴安全带,不戴安全带肯定不让你施工,施工违规要受处理的。还要戴安全帽,这是天天必须检查的。建筑行业的工人第一是怕高空坠落,第二是怕高空物品掉下来砸到下面的人,这是安全员每天必须坚持检查的,也是工程队队长、书记要重点关注的地方。这个技术含量相当高。我们过去每个连队都有两到三个技术员、一个工程师。转到鞍钢以后,每个工程队有工程师、技术员、助理技术员,这个比例都是很大的。我们部队长冶技校①的中专生特别多,全是当兵的时候送去培训回来

---

① 全称长春冶金地质专科学校,现为长春工学院。

的,有的两年,有的三年,有的四年。后来转到地方以后,这些人有的当工程师了,有的当技术员了,有的当高工了。

建筑工人比较辛苦,尤其是回想过去六七十年代,当时的基建设备很少,不像现在机械化程度这么高,很多工作都要人工来干。鞍钢很多厂房周围的砌筑工程,都要三四十米高。每一个厂房几千万块砖,上千立方米混凝土、砂浆,全是我们职工用手拉葫芦拽上去,让瓦工砌筑而成的。像现在打混凝土,都用混凝土泵自己送上去了,我们当时全是人工干的。施工难度属实很大,尤其是基础土方开挖的工程,现在当然是挖掘机、挖土机一挖就完成了,我们当时全是人工开挖。我们的战士和我们的职工,每人每天可以挖六七立方米的土,这个劳动强度一般人是承受不了的,但是我们的职工能够承受这些,因为是在部队锻炼出来的。部队的辛苦程度更不用说了,我们连队每天吃完晚饭,战士要去运砖瓦砂石,基本每天晚上都是。最不好干的是什么呢?卸水泥,那一个火车皮三五十吨,一般是去一个班或两个班,去了要先拉到专运铁路线上,然后把它卸出来。我们建筑行业的职工,在建设的时候有些辛苦,建完以后你再一看,就感到很了不得,这个工程有我的功劳!

四、传承红色基因,保持军人本色

一支队自 1971 年 6 月份调到鞍山来以后,先后为鞍钢干了很多大中型项目。1971—2012 年,我们承担鞍钢的建设项目 124 项,都是大项目。总产值 530.26 亿元,利润是 7.96 亿元,有 61 项工程被国家和省部级评为全优。这几个活当中,最值得一提的是什么呢? 1984 年春天,当时我是工程队党支部书记,我们干了一个鞍钢化工总厂的生物脱酚工程,这是个水处理工程。当时鞍钢化工总厂流出去的水是有毒的,这个工程是四个几十米直径的大水池,所有的废水重新循环,用生物来把毒素吃掉,再经过净化,最后流出去二次使用,为鞍钢实现"一池清水"。这个工程我们一共干了八个月,是第一个环保工程。第二个环保工程是 1985 年干的鞍钢第一炼钢厂二号、七号电除尘工程。过去你一到鞍钢,烟囱林立,红烟黑烟,天都雾蒙蒙的。这个工程是用电除尘的方式,把所有炼钢的废东西除掉,冒出来的烟是白色的,就像蒸汽一样,当时叫作为鞍钢实现"一片蓝天",这也是我们建设公司干的。所以我要说,我们鞍钢的老领导很有先见之明,80年代初就在践行习总书记现在说的"绿水青山就是金山银山"理念。

鞍钢大型厂的三次改造,我们全参加了。第一次改造是1995年,25米的轨道改成50米,后来又改成100米,再后来改成重轨,一共三次改造。现在全国各地的高铁,50%以上用的都是大型厂生产的重轨。三次改造,我们的职工那是加班加点地干。后来大型厂的马厂长,在好多场合、好多大会上,公开表扬我们建设公司,说:"你们建设公司的职工真不愧是军人出身,真不愧是国家部队培养出来的好职工、好干部、好党员!"他是厂长,我们按期给他完成了,厂里面比较满意。还有一、二、三炼钢的板坯连铸改造,也是我们承担的。过去轧钢,高炉的铁水出来,浇铸成钢坯以后再轧钢。板坯连铸,高炉炼的钢水倒出来以后,马上就把它拉坯,进入轧钢环节,为国家节省能源。

蒋明金参与施工的鞍钢化二次沉淀池工程(1984)

我跟你说三个典型的工程,你们听了肯定感到是个奇迹。第一个工程,1987年的鞍钢50万吨线材厂工程,计划工期是33个月,我们只用了13个月就完成了!还有个工程,是1992年的100万吨宽厚板工程,这个工程计划工期是54个月,我们只用了10个月就完成了!第三个就是刚才我说的生物脱酚工程,计划工期是18个月,我们用了8个月就完成了!毫不夸张地讲,我们从来没休过礼拜天、节假日,有礼拜天、节假日我们也不休,休不了,你休了就根本干不了。像54个月的工程10个月干完,一个工人一天要干五天半的活,你不加班加点肯定干不出来。为什么非要加班加点呢?不加班加点,你根本就完不成,你实现不了这个工期,所以我们建设公司凡是接手的工程全要加班加点地干。为什么要实现工期提前呢?我们建设公司有这个理念,就是在工程拿到手以后,必须尽快干完,使鞍钢早受益,国家也早受益。早投产早受益,主要是这个目的。没办法,任务在这,拿到手就得前进。但是我们的职工无怨无悔,没有任何人有怨言。为什么大家无怨无悔呢?因为我们转到鞍钢的6000人当中,其中党员骨干就有3160多。我们秉承一个理念:"每个党员就是一面旗帜,每个干部都是一个榜样,每个战士就像一个勇士。"过去部队就是干部、党员冲锋在前,我们的战士,从军人变为工人了,也要始终发扬部队的优良传统和作风。我们部队转下来的职工,秉承一个理念,就是要把部队的好思想、好作风、好品德、好技能传承到鞍钢。现在叫作"传承红色基因,保持军人本色"。

过去我们基建工程兵干活,全是列队上下班——基建工程兵说白了就是穿军装的工人。我们转到鞍钢以后,每天上下班还是统一着装,列队进列队出,作息全按部队作息走,坚持了一两年。鞍钢很多老职工看到我们都夸奖,他们叫我们"联合部队"。他们说:"联合部队转下来的兵真不愧是军人出身,作风就是好,干劲就是大!"我们在施工当中,尤其是在大中型工程当中,提出个口号:"凡是鞍钢的大中型工程,工期分秒不拖,质量分毫不差,保质保量地尽量提前完成大中型项目。"我们提出了这个口号,我们也是这么干的。我们始终秉承着一个理念,就是"施工不讲条件,工作不计时间,劳动不计较报酬"。像我刚才说的二号、七号改造工程,那个旧厂房几十年了,灰尘得有一二十公分厚。我们战士早上去,到下午下班,除了牙齿是白的以外,全身都是黑的,比挖煤炭的工人还黑,但是没有一个有怨言的。冬天干,加班加点干,从来没有怨言,也没有说奖金有多少。到1984—1985年,才开始有奖金了,干部每个月有五六十块钱,战士一般是二三十块钱,那就了不得了。

我来鞍钢41年,几乎是献了青春又献终身,哈哈!20多岁当兵为鞍钢干,后来转到地方,还是为鞍钢干!

五、 提前下岗是我最大的遗憾

我1977年结婚,爱人在鞍钢双山医院工作,是护士。她家六个孩子,两儿四女,她排行老三。我爱人也是1969年当的兵,但她不在我们部队,在61支队,水利部队。她在水利部队当了四年兵,没提干就转回来了。她当兵在四川,按规定她应该回到山东。但那时候规定,吃商品粮的转业就回到城市,农村的不行。因为她当兵之前是吃商品粮的,她父母在鞍山,最后就退到鞍山,通过部队组织联系安排到地方医院。

我老岳父是我们部队司令部的参谋长,我到司令部去当参谋,他就是我的顶头上司。他是山东人,新中国成立前参加革命。1975年2月4号海城发生7.3级地震,头一天晚上地震,我们部队第二天一早就拉去了一个营参加抢险救灾。当时我是司令部军务参谋,我去了,我老丈人也去了。我们的任务地点是海城八里公社八里水库坝堤。当天去的1000多名战士,只带抢险工具,没带被褥、帐篷等生活用品,结果晚上又不能回来。冬天晚上-20℃,那些战士围着打转转,坐一会儿就起来,原地跑步。第二、三天,后勤处才搭一些帐篷,整个住了45天。我们住在坝上,那个水库容积有几千万立方米,下面是好几个公社,那个坝一旦垮了,下面的人就全完了。我们那个坝全裂口了,到处渗水,我们就负责处理那个坝。我们的战士那才是辛苦,全都到冰水里面捞石子,还要把它挖开,冻土还挖不动,最后还得把它填上,处理好,我们整个处理了45天。

有一天晚上,我老丈人说:"蒋参谋,你回去拉一车煤来,顺便把这封信给我带回去。"他家就在机关旁边,我就把那封信带回去了。到他家,我的小姨子说:"你怎么白天不来?我姐都上夜班走了你才来。"我说:"你姐上不上

蒋明金与妻子刘秀莲结婚合影（1977）

班跟我有啥关系？你爸叫我捎封信来。"背地里他们可能早就说好了，但我不知道，我就知道带封信去。第一次到她家，是连长介绍着带进去的。我们那个年代挺封建，谈对象结婚，没有花前月下，更没有逛街、逛公园什么的，只是礼拜六、礼拜天去吃顿饭，然后就回来。我们团职机关那个时候就这么介绍。那阵像傻子一样，什么都没拿，空手去，吃了就走。

但是当时规定所有干部不允许在当地找对象，这是死规定，硬性规定！39军其他兵就没这条规定，唯独我们基建工程兵搞这条规定。说实在的，大家对这个很不满意。亏了很多部队的技术骨干，很多有学历的，包括上清华的，上各个学校的，家属只能在原籍找，转业以后他们千方百计要回原籍，就走了很多技术骨干。

在地方找首长的子女结婚，我是整个师里面第三个特批的！原来师里面政委的一个女儿，跟她医院的一个大夫结婚了。后来后勤处副处长的一个女儿，跟一个指导员结婚了。我是第三个，费老大劲了，按说团里面组织部就可以批干部结婚的事，我的却是报到师里面才给批的，后来批下来就结婚了。我1979年才生的儿子，独生子女，一个孩子。我们那个年代，生育之前必须办独生子女证，办完了才能给你生育指标。现在我儿子又是生一个儿子，我孙子。孙子太小了，不到10岁，才上小学四年级，我们都70多岁了。

我要总结我这一生，遗憾的事情就这三个：提前下岗、入党、学历问题。要说最遗憾的事情，就是工作没到头，提前八年就下岗了。十五大后不是有个减员增效、下岗分流吗？2000年4月，鞍钢就提出让凡是年满50周岁且30年工龄的员工办理居家休息，当时叫"3050"政策。2002年，我52岁就退下领导岗位。我当时被减的时候，是鞍钢建设总公司第三工程公司党委副书记。虽然说能发挥余热,但余热和正式工作差远了,是不是? 这个事情呢,我们当时也不知道问题出在哪个地方,因为我们属于转业干部,后来听说国务院有文件,转业干部不让下岗,具体怎么回事我们也搞不清楚,反正我们那一批都一起下岗了。2002年,建设公司下了好几千人,厂处级干部就有50多人。我们公司经理、书记、副书记三个一起下岗,书记是1971年的兵,经理是1971年的兵,我是1970年的兵,我们三个一起下的。提前八年回家,这是我这一生最遗憾的事情。再一个就是我入党的问题,弄了很长时间。还有一个,我的文凭。因为当时我1965年上学,1966年"文化大革命"爆发,没有拿到正式文凭,耽误提干十多年。所以之前有人开玩笑说我:"这一生吧,上学,因为'文化大革命'上了一年;当兵,没当多久裁军了;当工人,提前八年退休了。"

我的一生最深的体会就是,永不气馁,永不后退,积极向上,永当排头,一心一意往前奔,我始终秉承这种观念。我就是追求完美,我干什么事情肯定都要干到最好,不完美肯定不行,而且还要不气馁、不泄气。我要是入党入不了、提干提不了,我就气馁了,或者不求上进了,那就全完了。我47岁提处级干部,一般人是达不到的。当时我们那个纪委书记退休,正好缺个岗位,那就是个机遇。那个机遇错过了,我就再也提不了了。所以说,别泄气,自己看好的事坚决把它干好。在一个单位,不怕吃苦,不怕挨累,反正我基本上就是按这个办法坚持下来的,要不根本实现不了。所以我也是这么要求我的战士、我的职工的。当时我在部队,当了几年排长,当了好几年指导员,后来到企业当基层党支部书记、公司党委副书记,我都是这么要求的。要做,我们就要做好,不说做到最好,至少要做好,不能马虎、敷衍。或者工作干得不彻底,只求过得去,不求过得硬,标准比较低,这都不行。我一直秉承高标准、高质量地去完成任何一项事情的理念,所以说我的工作得到了上级,包括同志们的认可。

袁铁军
两易身份,在鞍钢三个单位的那些日子

亲 历 者:袁铁军
访 谈 人:王庆明
访谈助理:张　震
访谈时间:2020年10月23日下午2:30—4:20
访谈地点:鞍钢党校三号楼
访谈整理:张　震　王庆明

亲历者简介:袁铁军,男,1951年生于辽宁鞍山。1968年10月赴海城上山下乡,1970年11月返城后进入鞍钢。1974年9月入鞍山钢铁学院,1977年9月入鞍钢钢铁研究所,1983年任钢研所党委组织部副部长,1984年11月任钢研所党委副书记。1990年9月调任鞍钢工学院党委副书记、纪委书记,1994年6月任鞍钢教育培训中心组织人事部部长,1997年8月任鞍钢党校(干部管理学院)党委书记、纪委书记、副校长,2000年8月任鞍钢党校第一副校长、党委书记、纪委书记;2006年5月任鞍钢职工大学党委书记,2010年12月任教育培训中心(党校)党委书记,2011年正式退休。

袁铁军(中)接受访谈

一、奋战"火焰山":平炉炼钢

1968年10月,我上山下乡到海城县甘泉公社双庙大队。1970年11月,鞍钢抽调工人,我和我同批被抽调回来的100人左右进入第一炼钢厂。说实话那阵能当工人,我们非常高兴。这100来人在接受教育培训、干零活的过程中陆陆续续地被安排了岗位,有的被分到机关,有的被分到工会,有的被分到维修车间。最后剩下15人,我也在其中,都被分配到平炉车间当炼钢工。我被分到九号平炉,那是全国红旗炉。平炉炼钢工是一线工人,又苦又累又危险,但是厂领导说了,"这是最光荣的岗位",所以我们都高高兴兴地上岗了。后来看,炼钢确实最苦最累最危险,但那也最能锻炼人成就人。到现在回看,跟我一起到这个岗位上的人,至少一半后来都成为处级以上干部,而被分到车钳铆电焊等技术岗位的好多人直到退休还是工人。所以说,真正锻炼人的地方还是一线。

袁铁军(前排左一)到海城插队(1968)

1973年我在平炉车间入党了,入党日期我记得清清楚楚,那天是7月18日,我的入党介绍人是我们第九高炉总炉长袁鸿发和甲班炉长吴宝金。我之所以能入党,是因为那时候在车间宣传工作搞得好。有时候下班以后,我不立马回家,就写宣传板报。平炉是三班倒,一个班八个钟点,晚上8点下夜班，我晚走一会，把整个车间的板报都换了。有时候上中班，本应该下午4点到，我提前2点到车间，把板报都换了。在平炉待的这些年，我没迟到过一次，没请过一次假，连续三年三十晚上都是在平炉车间过的。赶上礼拜天，是大连班，从早晨8点一直干到晚上12点。

当时，一炼钢车间从西到东依次是一至九号高炉，从东边楼梯上来是九号炉，从西边楼梯上来是一号炉。平炉悬在半空中，底下有渣罐；平炉前面是装料机，负责往平炉里面装料；后面是摆动机，用来倾动平炉倒出钢水。那时候只有车钳铆电焊这些技术工种才有徒工，炼钢工又叫"大熟练"，是力工。补炉①是炼钢过程中非常重要的工作，平炉里有钢水，五个炉门滋滋往外冒火。有时候我们在炉子后面眼瞅着有疑似漏点，就得赶快停炉，但得保证不能让钢水凝固，否则炉子就废了。这时就得把风和油都减下来，倾动炉子，把疑似漏点露出来。有时候离炉门口很近，拿锹往那扔几锹镁砂就完事了。有时候在我们对侧，距离我们四五米远，中间隔着钢水池子，如果钢水出完了，自动往漏点喷补一下，正常炼炉就可以了；但是如果炉子里还有钢水，这时候补炉最难，只能靠铁锹扔镁砂，那可是30斤镁砂。那时候护炉技师都贼邪乎，我们小力工都站在炉子边上扔镁砂，有时候扔得不准，扔到钢水里面，就给钢水加渣子了，师傅上去就给一脚，我们就站在旁边看着，要不说真是严师出高徒。没把握就不敢扔，但炉子不等人，又必须得扔，我们就练着拿着小锹唰地往漏点那一甩。

那时候利用吹氧强化冶炼，输氧钢管和胶管的接头用螺丝拧紧连接，但是往往并不严密，经常漏氧。只要我们拿着氧气管离炉子稍近一点，氧气助燃，火苗窜到身上，眼看着身上一块地方就没有皮肉了，我的胳膊和胸口都有烧伤后留下的伤疤。那时候炼钢就是这么艰苦，但是也得干。当然，危险不止于此，炉后也非常危险。我当高炉调度员的时候，负责在炉后一边摆手指挥倾动平炉倒出钢水，一边摆旗指挥百吨容量的火车轧罐调头。那时整个厂区都是铁路运输，铁道两边经常堆一些渣子。有时铁轨被埋在渣子里，人在上面走，走不好，脚就陷在渣子里，火车来了躲避不及就会伤人。此外，

---

① 指对高炉突发性局部破坏或易损坏、易侵蚀部位进行的停炉或不停炉修理作业。

袁铁军（左一）经袁鸿发和吴宝金介绍入党（1973）

重轨钢等特殊的钢材品种在冶炼过程中需要投入锰铁、锡铁等合金材料，炉长会事先拿计算尺计算好投放量，冶炼前会向平炉里加入一些合金材料，另一部分合金材料则依靠工人在倾动平炉往轧罐倒出钢水的时候往钢水里扔，钢水一冲一搅拌，合金材料熔于钢水。这活看似轻松，实则很危险，钢水出炉的时候1600℃以上，稍不注意就掉下去，后果可想而知。

炼钢这么危险，按理说工人必须严格执行安全操作规程，但是危险无处不在，有时意想不到。炼钢不能现准备原料，得事先把原料堆放在炉前大平台上。在冶炼过程中，这边装镁砂，那边装锰铁，还得兼顾吹氧。炉前装料机不归我们平炉管，它离地面一米多，像坦克似的悬在顶梁上走。有一次，我正在全神贯注地吹氧，站的地方旁边就是一堆镁砂，装料机突然运转，一下子就把我推倒在炉前大平台的镁砂堆上，一直推着我，直到把我推到平台边上掉下去，在镁砂堆上推出一道沟。事后回想幸亏旁边是颗粒状的镁砂，要是锰铁块我就完了！面对这些危险，安全操作就得靠自己，除此之外别无他法。

工作中，我们在上岗前也会学习安全操作规程，比如炉前平台必须清理干净，否则人们在上面走容易被绊倒。但是有时候是飞来横祸，比如说炉子是在二层平台上，一层有为炉子运送原料的铁路，高炉所用原料都先在一层存放，只有在炼钢时才通过铁路再运到二层平台上面。我所在的九号高炉在平炉车间最东边，食堂在西边，所以每次吃完饭回来都要顺着铁道往东走，通过东边梯子上到九号炉。有一次和我同一高炉的一位同志吃完饭沿着铁道往回走，正好过来一辆装废钢的车，废钢是散装的，其中有一段伸出来的钢管。这个伸出来的钢管啪就把他打倒了。

包头钢铁学院学生在鞍钢实习（1974）

这样的事情还有很多。平炉炼钢会产生废渣，出钢水前得把废渣放到鞍钢运输部的专用渣罐里，拉出车间。按照规程，摇旗指挥的渣罐调度员应该把渣罐挂钩打开，车头撞上去勾住渣罐，然后拉走，就这样一个渣罐连一个渣罐。有一次，运输部的人站在车头上，眼瞅着两个渣罐要挂上了，他把脚伸过去挑挂钩。当然，这是经验主义，他以前经常这么干，结果这次没干好，脚伸过去的时候直接被车头撞上，造成整只脚粉碎性骨折。再有一次，装料机悬停在平炉车间最东边，正好把东边楼梯口挡上一部分，留了个缝，人也可以从装料机边上绕过去。我一看装料机歇在那里，就从底下钻过去，刚钻过去，装料机就掉下来了。回想一下，这要砸人身上，人就被砸扁了。但是工作操作规程并没有"装料机停的时候不能在底下走"这条，所以有很多安全事件意想不到。除了学习安全规程，大家还要参加安全碰头会，因为一些突发的特殊安全问题都需要在安全碰头会上讲。工人自己也必须有安全意识,提高安全素质,随时预测危险因素,有时候个人觉得意外好像不会发生——"好像"不行,一定要避免,不要给意外的发生创造条件与机会。

二、 进修学习:"转战"钢研所

到了1974年9月,我在鞍钢第一炼钢厂已经待了将近四年。那时候,国内高校已经招收工农兵大学生了,不用考试,是推荐制。当时谁都想上大学,报名的人很多。一炼钢党委在全厂公开了两条选拔标准,第一条必须是一线岗位的共产党员,第二条必须是从农村锻炼回来的人。那时候其实还有"九年生",就是中学毕业没下过乡,直接进厂当工人的那批人。推算时间,他们实际是1969届中学毕业生,虽然我们1970年返城的那批知青比他们晚一年入厂,但是我们从1968年就开始计算工龄。根据两条选拔标准,"九年生"没在农村锻炼过,直接被排除在推荐范围之外。于是,选拔范围越缩越小,我既是一线党员,又是从农村回来的,符合条件,厂党委就把我报上去了。那年上级给一炼钢两个名额,一个是鞍山钢铁学院的冶金专业,和我干的活正好相符,一个是清华大学热物理专业。当然,我没有权利选择去哪所学校。厂子最终定下来,指派我到鞍山钢铁学院冶金专业学习。

1977年8月,在我毕业之前,系里领导让我代表学校参加1977届新生的招生工作。那时候我除了毕业设计也没有太忙的事情,还是个班干部,心想着能多承担点学校事务就多承担点吧,于是我就去招生了——当时我并不知道他们让我参加招生的目的是留下我。我在海城、熊岳、盖县招生回来后,系里领导正式找我谈话说,招生其实是对我的一次考核,现在学校缺人,年轻党员少,我又是班里的党支部书记,他们希望我留校。当时,我坚决拒绝说:"我是从鞍钢来的,要回到鞍钢参加生产,我离不开那里。"其实,那时候我只是在职念书,人事关系仍然还在鞍钢。

1977年9月我回到鞍钢以后,到鞍钢人事部门报到,要求将我分配回炼钢厂。当时,人事部门对我说:"鞍钢缺少技术力量,你虽然是工农兵大学生,但毕竟学了知识。就不要再去一炼钢了,一炼钢也不缺你这个人,到钢研所去搞技术研究吧。"所以人事部门就把当时和我同批去学习的几十个人都分配到鞍钢钢铁研究所，搞技术研究工作。到了钢研所以后，我被分配到钢材试验室。当时，鞍钢在国家冶金企业中是排头兵，所以钢研所在国内很有名气。我在那里搞课题，研究耐受-70℃的低温钢，这个钢材是化工塔设备制造的原材料。一般到了-70℃，很多品种的钢材性能冷脆，就像玻璃一样，没有韧性。而低温钢甚至在温度再低一些的环境中，依然保有韧性，主要是由于在冶炼过程中加入了一些合金材料，我们所要做的就是确定加入合金材料的种类以及比例。

袁铁军（后排左二）参加鞍山钢铁学院冶金系炼钢专业毕业合影

在钢研所没搞几天课题研究，我就赶上平反冤假错案、"右派"改正。由于我是新进大学生，又是党员，于是钢研所党委决定派我去负责这项工作，一干就干到了1978年底。那时候，"双革"办公室有36个有名的大"右派"。改正工作持续干了一年多时间，最后得琢磨怎么结案，写出结论向党委汇报。党委的意思是，把他们原来的那些错误言论剔除，简单写个结论，"他被错划成了'右派'，现在给予纠正"。我心想："这不还是留有痕迹吗？"公司党委"右派"改正组来开会了解情况，我作为工作人员，当时就提出了不同意见，中央精神要求不留痕迹，这些人当"右派"是被冤枉的，所以就不要在档案里留一点痕迹，剔除档案中与"右派"有关的所有文字。公司党委很重视这一意见,经过向市里、省里请示,答复说:"小袁是对的,一律清除,不要再写任何东西。"

1978年,鞍钢新成立了一所干部学校专门教外语,我就向组长申请1979年去干部学校进修外语。一直学到1979年11月,我刚返回单位,就听说1980年10月政府组织全市工农兵大学生统一考试,因为那时候人们都说有人是混的大学生文凭。于是我自己开始补习,有的单位甚至还办起了学习班。最后我考上了助理工程师,当时助理工程师名额占全体考生的比例不到20%。当年跟我一起毕业的七八十位工农兵学员没有几人考上助理工程师,落榜的还有几人。1980年10月,我考完试继续回到钢材试验室研究低温钢,研究成果"06锰钒钛钢"最后成功应用在大连石化七厂的冷凝塔建设上。那时候我不是负责人,课题负责人也姓袁,我配合他。经过鉴定,这种新型钢品种确实达到了先进水平,能够耐受-70℃的低温环境。

1983年3月,钢研所党委研究决定把我调到干部科。我心想:"我搞技术搞得挺好,为什么给我调过来?"实际上,他们在审干过程中参照了之前的平反冤假错案、"右派"改正工作和工农兵大学生考试成绩,已经对我有了一个全面的了解。那时候只有我一个人被调到机关干部科,其他人继续搞课题研究。三个月之后,机关干部科和组织科合并成立党委组织部,我任副部长。等到1984年11月,公司配备钢研所班子,把我提到了党委副书记的岗位。当年我才33岁,就这样从技术岗走上了管理岗,之后我就再也没有接触技术研究工作了,但是我对钢研所的项目运作还是很了解的。

一般来讲,那时候我们就是干活的,手头项目都是上面委派的。鞍钢有个科技部,每年负责分配课题,给我们什么课题我们就干什么,然后按课题拨付经费。那时候是计划经济,到哪搞试验都得花钱,没有经费就搞不了实验。当然,课题研究有可能需要和大学等外部单位合作,但是合作关系并不是由自己去联系,而是鞍钢科技部去商量。

钢研所搞课题研究、试验产品,需要找一个能够提供试验场地以及试验器械的联合单位,如果涉及炼钢和轧钢等工序,就得把轧钢厂和炼钢厂的生产技术人员请进课题组。鞍钢每个厂矿单位都有一些技术问题,都有生产技术科和生产技术人员。他们正常生产原有产品，我们与他们进行合作的课题一般是研发新产品。这些技术人员除了是自己厂职工、挣自己厂工资之外，也是钢研所课题组成员。等研究成功了，研究成果在公司获奖，几千块钱奖励就要分给其他厂的技术人员一些，因为"如果你不在人家那里干，你能干出来吗"。给炼钢厂分点，给轧钢厂分点，分完之后，我们自己留下的奖金可能就很少了。而且各个合作单位有可能要求成果排名时，把他们的名字写在前面，钢研所研究人员的名字就得写在后面。我们宁可自己没有奖金，把自己的名字写在后面，也不能得罪他们，否则下次再去试验，他们就有可能不积极配合，我们就什么试验都搞不了了。当时的科研体制就是这样的，我搞了三年技术研究，这是我最深刻的体会。

十一届三中全会以后，科研体制稍稍放松了一些，我们单位有的技术人员和外部单位联合搞课题研究，比如跟私人企业合作研发，技术人员可能会得到一点钱，上级单位包括检察院、法院就会来查。那时候，我正好在钢研所任党委副书记，法院接到举报说钢研所一位工程师得了咨询费，要把这位工程师带走调查。当时，我向法院说明，我代表钢研所党委不同意把人带走，因为他正承担着国家重点课题，所内会自行处理这件事，就这样法院才走人。其实，那位工程师就是在外面搞技术咨询，合作单位给了他一点咨询费。这件事放到现在很正常，但那时候人们就很不理解。后来，那位工程师又搞了一项重大课题，在鞍钢钢研所专门召开了发布会，市科委主任都来了，上级专门奖励他1万元。

三、亲历改革：换岗教育系统

1990年9月，鞍钢把我调到鞍钢工学院任党委副书记兼纪委书记。这一下子就把我与学校又联系在了一起，唤起了我对学校的感情。虽然当年在鞍山钢铁学院毕业后我没答应校领导留校任教，但是现在鞍钢组织又把我派到学校里面工作，我必须得去。1994年，我又被调到鞍钢教育培训中心当组织人事部部长。鞍钢教育培训中心的前身是1986年成立的鞍钢教育处,负责公司的教育培训工作、实习代培工作和职工教育理论研究工作,下设学校教育科、工人培训科、职工教育调研室和办公室。1994年4月,鞍钢决定撤销鞍钢教育处,同时组建鞍钢教育培训中心,下设九个部门,即组织人事部、宣传部、纪委、工会、团委、办公室、学校管理处、职工培训处、计划财务处,定员75人。

这个阶段,鞍钢的各级各类学校共有68所,教职工5010人(其中教师2731人),在校生36 080人,教育管理部门156个,管理人员510人。当时鞍钢公司直管的院校有10所,其中有4所大专院校,包括职工工学院、广播电视大学、冶金管理干部学院、职工医学专科学校;有4所中专、技校,包括冶金运输学校、钢铁学校、技工学校、文化技术学校;还有鞍钢党校、鞍钢高级中学等。教育培训中心对这10所院校单位的党政工和人财物实行统一管理和领导。这10所院校单位的具体情况如下:

1. 鞍钢党校(属公司党委系统管理,校长由公司党委副书记兼任)。创建于1962年3月8日,"文革"期间停办。1978年5月8日,鞍钢党委决定撤销鞍钢干部学习班,正式恢复鞍钢党校。1996年末职工总数149人,其中管理干部45人,教师46人,工人58人。

2. 鞍山冶金管理干部学院。该院在鞍钢干部学校基础上,经冶金部批准,于1986年2月6日正式成立,隶属冶金部和鞍钢双重领导。1996年末职工总数265人,完成教学任务2567.65人/年。其中培训、继续教育完成1149.92人/年,学历教育完成803人/年,自考助学完成581人/年,其他4273人/年,全年完成教学47 995学时。

3. 职工工学院。1996年末职工总数325人,设15个科室,教学学部6个,所属教研室26个,实验室34个。开设电气、机械、计算机、金属热处理、计算机会计、工民建、液压、机电一体化、轧钢、钢铁冶金、给排水、汽车运用与维护、焊接等13个专业。37个班,共计1228人,其中本科生276人,专科生952人,完成教学任务18 285学时。

4. 广播电视大学。1985年2月成立,1996年末职工总数111人。设16个科室,2个教学学部,开设营销、财务计算机、电子、行政管理等专业。本科生667人,毕业生184人,函授教育学生308人,岗位短期培训2831人。

5. 职工医学专科学校。1996年末职工总数234人,开设7个专业,在校生739人,其中专升本科生40人,专科生522人(脱产班206人,业余班316人),中专生177人,全年完成教学任务7596学时。

6. 鞍山钢铁学校。从1986年1月起,由冶金部领导改由鞍钢领导、管理。1996年末职工总数285人,设25个科室,设工企电气化、计算机应用、冶金机械、轧钢、钢铁冶炼、物资管理和工业与民用建筑7个专业。在校生1996人,毕业生571人。

7. 鞍山冶金运输学校。1996年末职工总数259人,设科室15个,在校生1441人,8个专业。

8. 技工学校。1952年建校。1996年末职工总数330人,设5个教学科室、10个管理科室、1个实习工厂,设有电气、钳工、车工、热电、给排水、轧钢、炼钢、炼铁、焦化、耐火等专业。全年完成39个班级38 700学时的教学任务。

9. 文化技术学校。1985年10月16日建校。1996年末职工总数198人,设有鞍钢职业中等专业技术学校、鞍钢职业技术培训中学、鞍钢职工分校等3个教学实体,17个科级单位,职工教育335人,业余高中、初中毕业592人。

10. 鞍钢高级中学。1991年3月成立,1992年成立省级重点高中。1997年末职工总数192人,干部131人(其中高级职称62人,中级职称25人,初级职称65人),工人61人。设8个教研室,11个教研组。在籍学生916人,3个年级,25个班。

除了上述10所院校单位之外,剩下50多所学校不归教培中心管理。几乎所有二级公司都有自己的培训中心、技工学校,比如鞍钢附属企业公司培训中心、鞍钢机械制造公司技工学校、鞍钢铁运公司技工学校等。鞍钢矿山系统,如弓矿公司、鞍矿公司在鞍山市区以外的矿山(黏土矿、石灰石矿、锰矿等)都自办有子弟中小学。鞍山市周边有铁矿,先炼铁后炼钢,需要大量合金材料,这些材料在鞍山市之外的大连甘井子、复州湾、土城子、辽阳这些地方也有,因此鞍钢有很多外地矿山。当地政府并不负担鞍钢工人子弟的教育,鞍钢必须自办子弟中小学。以上68所鞍钢附属院校每年仅教师工资一项就得支出1.3亿—1.4亿元,在这种情况下,鞍钢公司必须进行教育改革以减轻负担。从1990年一直到2011年退休这段时间内,我在鞍钢教育系统中几次换岗,亲身经历了直属鞍钢教培中心的10所学校成为一所学校的改革历程,甚至有些改革是我亲自操作的。

第一次改革从1997年3月开始,具体内容如下:

1. 鞍钢党校(冶金管理干部学院)1997年8月由鞍钢公司批准成立,由原鞍钢党校和鞍山冶金管理干部学院合并而来。组织机构在党委下设纪委、工会、团委、组织人事部、宣传部;管理机构设办公室、教务处、培训处、学生处、总务处、财务处、科研处、保卫处;教学和教辅机构设哲学教研部、政经教研部、科社教研部、党史教研部、党建教研部、基础部、管理工程学、经济管理学、会计学、政治管理学、外语学和图书馆。1997年末职工总数366人,其中教师117人。

2. 职工大学1997年8月由鞍钢公司批准成立,由原鞍钢职工工学院、医学专科学校、广播电视大学合并而成一所综合类职工大学。1997年末职工总数633人,其中干部506人(含教师268人),高级职称96人,中级职称247人,初级职称124人,具有硕士学位的教师24人,工人128人,离退休人员350人。设19个处室,党委下属19个支部,党员368人。学历教育方面,在校生62个班,共计2196人。职工大学集教学、科研、开发于一体,是一所以工科为主,兼有医学广播电视教育的综合性学校。设有自控学、计算机学、机械工程学、钢铁冶金学、建筑工程学、文(经)学、医学和基础等8个教学学部,下设33个教研室和39个实验室,配有仪器设备3900台,可进行75门课程的590个不同实验。有44个教室,可容纳2200人同时上课,藏书30余万册,中外文期刊1349种,工具书5000余册,年订图书资料500余种。

3. 工业学校1997年8月由鞍钢公司批准成立。由原鞍山钢铁学校、鞍山冶金运输学校、鞍钢技工学校、鞍钢文化技术学校以及鞍钢铁运公司技工学校、鞍钢附企公司教培中心(技校)等学校合并而成。1997年末职工总数

1014人,其中干部703人(教师407人,具有高级职称59人,中级职称209人,初级职称105人),工人311人,离退休职工781人。设11部、处、室,党委下属25个支部,党员415人。1997年招生1100人,毕业1958人,转岗培训335人,高技工培训462人,在校生4884人。

4. 鞍钢教育委员会办公室1997年8月由鞍钢公司批准成立。

5. 鞍钢高级中学1999年9月划归鞍山市管理。

第二次改革从2000年3月开始,具体内容如下:

1. 2000年3月鞍钢公司决定撤销鞍钢教育委员会办公室。

2. 2000年8月鞍钢公司决定重新组建鞍钢党校。将原来党校对党员领导干部的政治理论教育业务与原冶金管理干部学院对管理干部进行的管理理论教育业务合并,承担全公司党员、干部的政治理论和管理知识培训任务,编制定员105人。设党委、纪委、工会、团委;管理机构设党委工作部、综合管理部、组教处、总务处;教学机构设马列教研部、党建教研部、经济教研部、管理教研部。将原冶金管理干部学院的其他部分划归职工大学。

3. 将工业学校划归职工大学(主要是培训部分)。

4. 组建鞍钢高等职业技术学院,2000年7月由公司批准成立,由职工医专(全部)、钢铁学校、冶金运输学校、技工学校、附企教培中心的学历教育等有关部门合并而成。职工总数375人,其中教师192人(高级职称48人,中级职称113人,初级职称31人),管理干部45人,工人62人。校办产业76个,设6个管理处室。在校生2627人,共67个班,19个专业。2002年6月公司决定撤销高等职业技术学院,人员并入职工大学(其中医务人员划归医院)。2003—2010年,鞍钢公司直管学校只有2所。鞍钢党校,2010年末职工总数115人,其中在岗81人,居家职工28人,其他6人。在岗职工高级职称43人,中级职称19人,初级职称1人,32名教师,离退休职工498人。鞍钢职工大学,2010年末职工总数496人(含专职教师228人),其中干部413人(高级职称196人,中级职称170人,初级职称47人),工人83人,居家职工221人,离退休职工1546人,设6个部处室,6个教学学部,2个教学辅助部门。

第三次改革从 2010 年 12 月开始,具体内容如下:

2010 年 12 月,鞍钢公司决定将鞍钢党校同鞍钢职工大学合并,实行一个机构两块牌子,简称鞍钢教育培训中心(党校),2011 年末职工总数 498 人,其中管理和技术人员 422 人(高级职称 220 人,中级职称 165 人,初级职称 37 人),服务岗位职工 76 人,居家职工 216 人,离退休职工 1836 人。中心下设 7 个管理部门,7 个培训部,3 个教学辅助部门。校舍是原技工学校、冶金管理干部学院和冶金运输学校的校舍。

鞍钢规定,干部在一个单位任职不能超过六年。2006 年 5 月,我从鞍钢党校调到职工大学。直到 2010 年 12 月,我一直任职工大学党委书记。因此,我负责了上述改革的具体操作。

总的来看,鞍钢教育系统改革历时 14 年,从 1997 年开始到 2010 年结束,将 10 所直管院校合并成最后一所,即鞍钢教育培训中心(党校),整个改革一直平稳进行。

下面远矿系统的子弟中小学在最近几年间也都陆续交给了地方政府,实际上这减轻了鞍钢公司办社会的负担。鞍钢医疗系统的改革路径同教育系统相类似,原来鞍山市几所大医院全是鞍钢办的,现在立山医院、铁西医院、曙光医院、长大医院,包括传染病医院、防疫站都交到市里了,鞍钢自办的只剩下铁东医院。计划经济年代,企业办社会现象特别普遍。但是改革开放以后,办社会负担太重,拖了企业发展的后腿,于是就得给企业松绑,不然市场竞争力不行。经过这些年的改革,企业把包袱都甩掉了。当然,由于政府财力不济,政府说不能你鞍钢给我政府就要,也会和鞍钢谈条件。鞍钢把学校和医院交给政府,在职的老师和医生政府全要,退休职工都给鞍钢留下。名义上医院、中小学都划归地方政府了,但是鞍钢又扶持这些单位三年时间,给这些单位职工开三年工资。从长远来看,这还是合适的。

虽然鞍钢教育系统改革一直很平稳,但是实际过程也很不容易,我对此深有感触。首先,公司得支持你,每次改革,鞍钢公司都会提供一些其他单位或部门的岗位,保证人员顺利分流,保持职工队伍稳定。学校把钢研所等单位的岗位需求公布出去,学校老师都是技术人员,他们都可以报名,倘若被对方单位看中,来学校转移组织关系即可,这是双向选择的过程。其次,内部合并以后,学校根据新的定员编制实行竞争上岗,这好在基本上一个岗位一个人,很少产生竞争。所以我们积极稳妥地完成了公司直管院校的改革任务,基本实现了平稳过渡。我原来所在的教培中心退休职工有1800多人,其中有很多人做了居家处理,公司按岗位差别给他们发放一定数额的工资。

当然,也有极个别人有意见。原来没改革的时候,他们不正经上班,甚至在外头开饭店。改革以后,单位里没有他们的位置了,他们就闹意见。2010年鞍钢党校和职工大学合并的时候,我一开始是党委书记兼纪委书记。有位第一副校长是1943年生人,比我年岁大,他原来是鞍钢教育处处长,后来到鞍钢教育培训中心当主任,一直是我的领导。他向我诉苦:"实在受不了。"我对他说:"如果你家里有事,你可以在家里待着,我24小时住在学校,有什么事我来迎着。"当时,他精神压力太大,很快向公司提出辞职。鞍钢公司没再安排别人,马上任命我为第一副校长。我上任后,对那些闹意见的职工说:"鞍钢党校培训中心都有床,我24小时住在学校,不离学校,所有教职工有什么想法和意见都可以找我本人谈,我随时接待。"

同时,我给每位主动申请下岗、居家休息的职工发放改革支持金1000块钱。2000年时1000块钱还是很有诱惑力的。即使不给这1000块钱,职工该下岗还得下岗。那时候企业减员增效的政策是朱镕基总理定的。当时,鞍钢党校办函授也挣一些钱,我宁可在岗的人少发点奖金,因为他们毕竟在岗有工作,也要把这些钱用来关照下岗职工——换位思考,他们也真不容易。因此,在这1000块支持金的鼓励下,大多数职工很快都自动申请居家休息。个别几个人意见比较大,老联络一些人组织向上级反映意见。我知道以后,直接找到他们本人,对他们开诚布公地讲:"我干这个事并不违反政策,这是国家的需要、党的事业需要。"谈完以后,他们也就不再相互组织了,加上这边再有主动申请居家休息的,因此鞍钢教育改革很平稳。

我见证并具体实施了鞍钢教育改革,一直干到2011年8月份退休。我退休的时候公司开干部大会,鞍钢公司党委书记到会表扬了我的工作。我在会上发表了一番感想:"我工作44年了,前22年在农村、工厂、科研单位,后22年在学校,一直干到退休,我都想不到自己能在学校度过半生。如果我早先留在中国冶金部主管的鞍山钢铁学院(现辽宁科技大学),要比鞍钢企业附属学校更有名气,但是当时我就是不想待在学校,一心想回鞍钢。结果我还是跟教育系统有缘,最后进了鞍钢的教育系统,一干就是22年。"

白士良
我与"钢都"共成长

亲 历 者：白士良
访 谈 人：杨海龙
访谈助理：张超楠
访谈时间：2020年10月20日上午9:00—12:00、下午2:00—5:00
访谈地点：鞍钢党校三号楼
访谈整理：张超楠

亲历者简介：白士良，男，1952年生于辽宁鞍山。1968年10月下乡当知青，1972年回城到鞍钢第三炼钢厂当工人。在炼钢厂一线工作15年后，从厂宣传部调到鞍钢公司机关工作，脱产在大学学习法律和中文专业。当过段长、车间党总支书记、科长、处长、纪委常委等职务，高级政工师职称。参加了鞍钢集团博物馆筹建的资料收集和文字撰写等工作，鞍钢文学创作学会理事、鞍山散文学会副会长、鞍山作家协会会员、《辽海散文》杂志编辑，出版散文集《金银花飘香》，撰写了一些文学稿件在报刊上发表。

白士良（右二）接受访谈

一、鞍钢离不开共产党的领导

我是土生土长的鞍山人,生在一个工人住宅区孟家沟。1968 年下乡插队,1972 年入厂,以后一直在基层炼钢厂工作,我在一线待了 15 年。我认为鞍钢对新中国的奉献真是太大了,后来它的职工分布在全国各大钢厂。筹建鞍钢博物馆的时候,我有幸走访了解到武钢、包钢、宝钢、攀钢、水钢等炼钢厂的老鞍钢人或他们的子女。有几个老鞍钢人的事迹令我久久难忘,如陶惕成、刘京俊、李凤恩、周传典、唐嗣孝、张国忠、张顺臻、黎明等,他们身上有创新、求实、拼搏、奉献的鞍钢精神。

白士良(右二)在农村插队劳动(1969)

鞍钢对新中国的贡献是无私的。1945 年,苏联人将鞍钢的机械设备和物资拆走了三分之二,日本人投降走的时候又破坏了很多,很多炉子都死了,根本就不能生产,整个鞍钢一片荒草,最高的蒿草比人还高。当时的鞍钢是一个破烂摊子,一穷二白。东北光复之后,国民党当权鞍钢的那几年,拿过去日本人剩的废次材,或者没加工的"王八铁"、半成品恢复了生产,产量非常少,几乎是停停打打、打打停停。国民党上将陈诚曾来视察过,看钢铁生产得怎么样,厂子装模作样地也炼了几炉铁水、钢水。但是据我所知,那时生产的都是半成品,没有真正的钢水。轧钢也没有,没有轧过工字钢、槽钢、角钢,这些东西都没有。

鞍山解放时鞍钢早就停产了,破败凋敝,一片荒凉。当时留用的日籍人员赖尾喜代三说:"这种情况下只能种高粱了,恢复生产得 20 年。"在东北局和鞍山市委领导下,鞍钢提出发动工人群众献交器材,自力更生,1949 年 4 月和 6 月分别炼出了第一炉钢水和第一炉铁水。7 月 9 日就正式开工了,举行了隆重的开工典礼,毛泽东主席派李富春来鞍钢表示祝贺,送来了"为工业中国而斗争"的贺幛。没有党的领导,不发动工人群众,鞍钢不可能这么快就恢复生产,这一切应当归功于共产党的领导。

鞍钢的建设和党的领导是相辅相成的,党的领导不能丢。党的领导不是具体领导哪个车床或炼钢炉,而是靠党的集体领导,由厂长来负责,厂长向党委汇报。厂长不能搞单打独斗,得在行政方面发挥先锋作用。工厂里就是这样,如果脱离了共产党领导,企业就没法继续前行。总经理是一个人,党委书记和董事长是一个人,国有企业基本都是这么安排的,董事长(党委书记)和经理共同把企业办好,而不是说企业是经理个人的,个人说了算。

1948年前,鞍山很多人都饿死了,因为战乱加灾荒,整个鞍山没有粮食了。战乱围困的时候,部队在辽南这个地方来回拉锯,国民党走了共产党军队来。你一来,国民党就派重兵来进攻,共产党的军队就又撤了。共产党来了以后,工人和农民的干劲从心里头不可阻挡地迸发了出来。共产党保障了老百姓的生活,保障了老百姓的家庭安全,然后还安排人们干活。当年毛主席讲,鞍钢很重要,鞍钢要尽快炼出钢铁,但是不准饿死一个人。不管市委、省委,还是东北局,一句话就是不准饿死一个人,从黑龙江、南方调来了大批的玉米、高粱等粮食支援鞍钢。孟泰原先在日本人的工厂是干配管、修高炉,炉子哪块儿坏了修哪块儿。孟泰最开始的时候家里吃不上饭,家人都饿得受不了,解放军来了之后,给他家送了热腾腾的高粱米饭,还有猪肉炖菜,这把他感动坏了。解放军拿饭菜来了以后,孟泰一开始没吃,就到一边流泪,因为从来没吃过饱饭。鞍钢的大白楼之前是日本人的机关,也是生产指挥部,日本人从来不让中国人进,孟泰之前天天从那走,见到大白楼从来没有进去过。共产党的一位寇主任让孟泰去二楼见他,孟泰心里非常不安,叫孟泰进去以后,问寒问暖。寇主任说:"现在都没有饭吃,你家里头怎么样?"孟泰眼窝浅,一听就流泪,主任马上就安排,对办事人员说:"不管有没有,给孟泰弄两袋子玉米。"孟泰特别高兴,一说给粮食吃,马上又感动得流泪了,心里特别暖。

二、鞍钢怎么出人才，要"割韭菜"

1948年12月26日鞍山钢铁公司正式成立，1949年7月9日正式开工生产。毛主席大概是1950年3月从苏联回来的，在沈阳的大和宾馆开过一个会①，重工业部王鹤寿等人参加了，鞍钢有些干部也参加了。在一楼大厅毛主席讲话，他听说鞍钢生产的钢材已经运往全国各地了，很高兴。他高瞻远瞩，说鞍钢不能光出钢材，还得出人才。以毛主席为首的党中央注重培养人才，要求鞍钢出钢材还得出人才。后来陈云同志就讲：鞍钢怎么出人才，要"割韭菜"。要割三茬，要一变成三，一个人培养两个人，一分为三，一个车间主任变成三个车间主任，不仅要负责包钢的干部，还得负责武钢的干部。关于培养人才，党的号召力量很大，上级一呼下面就响应。上级要求，鞍钢的各个厂从车间、工段到厂一级，一个厂长要分成三个厂长，要出三个人。

出人才就要招工，周边的农村，像辽阳、海城、台安，鞍钢都去招人了。招原来干过的工友，有人干过几年后因为兵荒马乱回家种地的。招工也有广告，号召大家到工厂来干活。开工以后，有些工友互相传达信息，有的工友就去找工作，后来都培养出来了。招农民或城市贫民，来了先当学徒，学完徒很快就能上手了。一般来说半年或者两三个月，工人就可以干"大熟练活"。所谓"大熟练活"不是技术活，没有多少含金量，所以大家到工厂后干这些"大熟练活"没问题。绝大多数人是为了吃一口饭才报了名，干完活，一天能发三斤高粱米、三斤苞米，先按天给算，干一天活发一天粮。

师傅带徒弟最开始不那么制度化，但是肯定都得学习，现在学跟沦陷时学不一样。钢铁厂沦陷时属于日本，在中国属于重要的输出。中国人想学钢铁的技术，日本人不让沾边，炼铁厂高炉连风口、铁口、渣口都不让中国人靠近。钢铁拿回日本可以去做枪、做炮、做坦克，回过头来对付我们中国人。日本人不愿意让我们掌握技术，想永远把我们当奴隶。我们掌握了技术，将来自己会造了对付他怎么办？所以封锁得非常厉害。像李凤恩、孟泰、王崇

---

① 1950年3月1日，毛泽东主席访问苏联归来下榻沈阳大和宾馆。

伦都是偷学的手艺,他们都曾在日本人厂里干过活。

刚刚解放的时候,一开始还不讲什么师徒,来几个人就开始学,像炼铁、炼钢中的熟练活儿,不可能一对一地学,所以不那么规范。整个炉子熔炼时间短,炼的品种多,只在关键岗位需要有技术的人。熟练工就是抬东西的人,那时候也没有什么师傅,大家一哄而起就去干。比如这个煤堆下午5点以前得装到车上,大家就都给装。加矿石的时候加多少,加完矿石加多少合金,温度调到多少摄氏度能把它化开,这些得技术人员和老工人说了算。技术活得找老师傅,像李凤恩这样的老师傅教了十几二十个人,一座高炉过去都是四五十人,大家都看,跟着老师傅学。

大概50年代中期才开始真正的拜师收徒,开始规范化了。像平炉,一个班有十二三个人,一般来讲有炉长、一助手、二助手。这三个人算师傅,剩下的就是炼钢工人,都跟这三个人学。分工时一助手在炉后,二助手在炉前,炉长全面布局。哪个人学得好了,工段长和技术人员就来评估车间,干得好就来当二助手。如果干得不错,二助手再升到一助手,一助手干得好了,就可以当炉长,人就是这样逐渐提起来的。不同工种的学习年限不同,复杂点的工种学习年限是三年,一般的工种一年就满徒。

炼铁厂的周传典是1949年毕业的,在过去的大学学习钢铁冶炼,1950年到鞍钢就在高炉跟老工人李凤恩学炼铁,鞍钢的第一炉铁是李凤恩组织开的炉,武钢的第一炉铁是他和周传典组织开的炉。周传典在鞍钢、武钢都当过炼铁厂厂长,后来是冶金部总工程师、副部长。小日本占据的时候,李凤恩是炉前工人。他干不着那些技术活,就只能看,待的年头多了就有经验了。周传典给他灌输文字上、理论上的知识,李凤恩教周传典怎么实践,怎么出铁,怎么挖沟子,怎么看高炉风力,渣口、铁口和风口这三口应该怎么把握好。周传典很快就是工长了,当然李凤恩也是工长。这里面还有好多鞍钢的故事,像周传典、张国忠、张顺臻都是比较有文化的,都是天津北洋大学等高等学校毕业的,他们有知识,教工人理论,工人教他们实践,互相学习,知识水平和实践能力越来越高,也就够资格到别的工厂去承担任务了。"三大工程"以后,全国各地几乎所有钢铁企业都有鞍钢的人。

那时候也有业余工人学校,是由共产党成立的,从各个厂子里抽出一些学得比较好的人当老师。在鞍钢夜大进行业余学习时,也不是很正规。一开始鞍钢夜大重点培养老干部,是由当时东北工业部部长王鹤寿组织学习的。当时我们的市委书记、鞍钢的经理和厂长,大多都是老革命,都是曾经端枪打仗的,没有知识怎么当干部领导生产?不懂钢铁知识,就找原来留在鞍钢的"六大员",靳树梁、杨树棠、李松堂、毛鹤年、王之玺、邵象华,分别给老干部讲课。有的老干部讲:"王鹤寿组织我们学习,大家学得可来劲了。"鞍钢主要从技术、业务方面培养,先让干部学懂炼钢、炼铁的流程和基本原理,知道整个过程。

1950年,为了落实毛主席对鞍钢"要出人才"的号召,时任东北工业部部长王鹤寿让东北大学改名为东北工学院。王鹤寿的政治远见是:"干部既然要管工业,就要懂工业,要管钢铁,就要懂钢铁。"他带领东北工业部的干部到鞍钢来深入生产第一线,到鞍钢来实习。矿山、烧结、炼铁、炼钢、轧钢各个厂都得去,一个人实习一两个月,陆续来了有几十人,实习了一两年的时间。东北工业部、重工业部的机关干部基本轮流到鞍钢来学习、实习、了解情况。王鹤寿让鞍钢的冶金专家靳树梁当东北工学院第一任院长,紧接着就把杨树棠、李松堂、王之玺、毛鹤年这些专家分别叫到东北工学院等院校讲课,他们讲的课受到了广泛的欢迎,很多人愿意听,因为他们是从鞍钢出去的,有理论基础也有实践经验。他们的名声能传出去,一个是因为知识渊博,一个是因为课讲得好,培养了一大批钢铁人才。

1949—1959年这十年,经过这么长时间的矿山、烧结、炼铁、炼钢和轧钢,鞍钢已经培养了一大批人才,好多人都已经成为专业技术干部,包钢、武钢厂一级别的领导干部。这些厂的领导干部,1958—1959年的时候基本上都是鞍钢调去的。包钢车间以上的干部最开始都是鞍钢派去的,一共接近3000人,有技术人员、工程师、厂级干部、科级干部,包括车间和工段的人员,还有一些骨干工人、大学毕业生等,算上基建队伍的话得有1万多人,鞍钢去武钢的也有1万多人。鞍钢的基建公司把包钢、武钢整个建设都包下来了,最早叫鞍钢基本建设公司、鞍钢钢铁基本建设公司,后来又演变成第三冶金建设公司、第八冶金建设公司等。

三、王鹤寿：顶天立地的共产党人

王鹤寿对鞍钢的影响很大，从鞍钢成立前后，到成为中国最大的钢铁厂、中国钢铁工业的摇篮，王鹤寿都倾注了满腔心血。1963年2月份，王鹤寿开始陆续带一些人到鞍钢蹲点。1964年4月中央正式发文，决定中央候补委员、冶金部部长王鹤寿到鞍山任中共鞍山市委第一书记兼鞍钢党委书记。同年5月1号，王鹤寿正式到鞍山上任。

我见过王鹤寿两次。一次是"文化大革命"初期，打倒王鹤寿的风潮在鞍山逐渐兴起。当时鞍钢大多数干部、工人都非常拥护王鹤寿，市里有些干部反对王鹤寿，这样就形成了两派。王鹤寿是鞍山市委第一书记兼鞍钢党委书记，当时中央要求，鞍山市的所有干部，要把屁股坐在鞍钢。鞍山市的第一书记也好，还是其他什么领导，都必须把工作重点放在鞍钢。1966年冬天，一群人簇拥着他，拿着纸卷、糨糊桶还有把扫帚贴大字报，就贴在了我家房子下面的红墙上。我那时候14岁，"保王派"的工人围着他，帮他蘸着糨糊。一张纸一个字，褐黄色的，字迹饱满、苍劲，"彻底批判资产阶级反动路线"，落款是"王鹤寿"三个字。我看他，个头不高，戴个眼镜，就一个又瘦又弱的小老头。细细观察，个头儿也就比我当年高一点，一米五五、一米五六的样子。他一直没有说话，贴完大字标语，由这群人簇拥着向东，向夜大方向走去。第二次是1973年的一天，"文化大革命"正是高潮的时候，鞍山已经形成了一边倒打倒王鹤寿的风潮。有一天早晨我下夜班，去二炼钢俱乐部参加批斗王鹤寿的大会，我看到王鹤寿从容不迫地回答造反派的审问：

"王鹤寿，你是不是大叛徒？"

"不是，我是顶天立地的共产党员！"

"铁证如山！"

"你们那座山是雪山，太阳一出来，雪山就化了。那些证据就是一筐烂西红柿，值不了几分钱！"

王鹤寿理直气壮、义正词严,赢得了多少人心底里的敬佩。我对此感触很深——这是一位无私无畏、真正的共产党员!

王鹤寿到鞍山工作,人们的第一个感觉就是他非常亲民。鞍山市老百姓都传闻,王鹤寿经常到各个商店、服务行业走访、视察、微服私访;还常常到鞍钢医院去看看医生和护士怎么给工人看病的,夜里情况怎么样,工人在单身宿舍能不能睡好觉,能不能坚守岗位。有一年劳动模范王崇伦跟王鹤寿反映,说工人上下班坐通勤车太困难、太挤了。王鹤寿就跟王崇伦冒着冰天雪地、北风烟雪,到汽车站去看看到底怎么回事儿。他们到钢研所附近的汽车站等了半天不来车,车很少。他马上就同有关部门商量,调来20台捷克大客车解决了问题,非常亲民。有一回他去圈楼商场,当时也叫鱼菜市场,正巧我爸爸看到了。说王鹤寿那时候穿着个黑色半呢子大衣,就像小老头似的,根本不起眼。有人认出了他。买东西的时候服务员态度不好,没怎么瞧得起他,他当时就问了几个为什么。女服务员非常不耐烦,态度不好。他在当时的青年商店也遇到了同样的情况。王鹤寿回去之后马上找有关人员谈话,主持发文件,在报纸上开展批评和大讨论,各行各业怎么为市民服务,端正了服务态度,狠刹了不良风气。王鹤寿来鞍山的时候,曾要求各行各业都要为鞍钢的钢铁生产服务,鞍山市的存在就是要为鞍钢服务,那时候都是为钢铁生产服务的。

人们的第二个感觉就是王鹤寿做事非常深入,他经常到各个厂子去。我曾经写了他到一线帮助解决问题的文章。有一次夜里他到无缝厂去,见到了厂长殷渊。他向殷渊了解生产情况,提出一些问题,殷渊给出回答并帮他梳理问题。他要求厂里按照毛主席的要求,认真开展学大庆、学解放军活动,推动生产发展,并具体提出了建议和方法。这一年,无缝厂被评为鞍钢唯一一个学大庆、学解放军的先进单位。

人们的第三个感觉就是他决策英明。我们国家在1955—1956年的时候有一个决策失误,就是厂子建了大平炉。1958年举办了一个群英会,毛主席曾经问苏联专家平炉好还是转炉好,苏联专家全认为平炉好。于是在我们三炼钢厂建四号和五号平炉时,建了两座各500吨的大平炉,号称全国的

"平炉王"；一、二、三号炉建了375吨的大平炉。当时世界上转炉技术已经很成熟了，欧美国家基本全是转炉，所以建平炉是个失误。王鹤寿到任后，决策要建双床平炉，鞍钢的领导马宾、郭英忱等人和靳汉、李大公这些炼钢专家很拥护。他们一起讨论、琢磨。我们钢研所、设计院得搞一个双床平炉，先搞一个试验看看。当时靳树梁的儿子靳汉也是鞍钢的技术专家，在鞍钢的科技处当过一段处长，还有李大公、刘子明都是苏联留学回来的专家，他们带领几个专家和学钢铁冶炼的大学生，在我们三炼钢厂建了第一个双床平炉。

王鹤寿提出，鞍钢要成为世界上第一流的钢铁企业。当时是三个"第一流"、四个"大红花"，所谓"第一流"就是全世界的一流；四个"大红花"，包括我们厂子的双床平炉、矿山红矿选矿、炼铁高炉的系数、轧钢要工艺革命。我们厂的双床平炉为建设鞍钢第一个大转炉，也是全国的第一个大转炉做了准备。平炉六七个小时才出钢，双床平炉两三个小时就出钢，效率非常高。双床平炉就两个炉床，一个炉子炼的时候另一个炉子加料，这个炉子炼好了之后再换另一个炉子炼，钢产量肯定高，是平炉的2.5—3倍。

"文化大革命"的时候，造反派要把双床平炉扒掉。他们说把双床平炉扒了，就相当于扒了王鹤寿的皮，这是形而上学猖獗。我们第三炼钢厂有个老工人叫韩振玉，还有一个党支部书记是大学生，叫郑兰敏，都流泪说："这是用我们工人的血汗修的双床平炉，怎么能说是王鹤寿的皮呢？这是我们工人的血汗，你们扒的是我们工人的皮！"他们写"大字报"，批判扒双床平炉的行为。建双床平炉是建转炉的第一步，可以积累经验，特别是积累工艺、材质、结构诸方面的经验，为建大转炉铺平道路。全世界都建转炉为什么中国不能建？1970年3月22号纪念"鞍钢宪法"十周年的时候，鞍山、鞍钢宣布要建一个中国最大的150吨容积的大转炉。靳汉、李大功、刘子明等人是我们鞍钢的炼钢专家，他们设计了双床平炉，掌握了一些经验，这一次又组织了大转炉的设计制作。1970年10月，中国第一个150吨容积的大转炉诞生，鞍钢第三炼钢厂是第一个建转炉的厂子，也是我们国家建成第一座大型转炉的炼钢厂。后来搞平改转，三炼钢的五个大平炉改成了三个大转炉，容积是两个150吨、一个180吨,就在我们厂房的最北面,在五号平炉的斜对面。到1985年4月,三炼钢厂变成转炉厂了,是全国第一个平改转的大型转炉炼钢厂。

第四就是王鹤寿有共产党员钢筋铁骨的特点。"文革"审查的时候,他被关进牛棚批斗了八年,批斗了568场之多,但是他的革命意志没有丧失,他还在研究马克思的《资本论》。没有笔他就用火柴头来记录,在旁边写马克思的话,字写得也挺好,我一看就觉得他很了不起。战争年代王鹤寿的腿被子弹打透了,他在东山宾馆二楼住的时候,有人去看他,问怎么了,他说是战争造成的。你看,王鹤寿他一个国家五级干部,多低调!"文革"中遭了那么多的罪,他从来没有对别人提过。"文革"时鞍山军管会的负责人,当时39军的政治委员陈绍昆,后来当了冶金部部长,是具体迫害王鹤寿的主要人物。粉碎"四人帮"后,陈绍昆主动找到王鹤寿道歉,说部队在"支左"中犯了方向性和路线性错误,又一再赔礼道歉。王鹤寿就此事对有关同志说:"我们不要去计较个人恩怨……而要具体分析,哪些人死心塌地跟着反党集团走,哪些人与反党集团有组织关系,或者仅仅是一般的工作关系,仅仅是犯了一般性的错误。我们要把他们严格地区分开来,孤立少数,团结多数,把绝大多数人解放出来。陈绍昆同志的检讨态度是诚恳的,对'支左'的错误也是有认识的。"你看王鹤寿,大局意识多么强,这是一个无产阶级革命家伟大、宽广的胸怀啊!

四、50年代的鞍钢:一段轰轰烈烈的发展时期

1958年鞍钢的钢产量是391万吨,1959年是510万吨。1960年是561.26万吨,几乎都占全国钢产量的一半。鞍钢的产量是上升的,那时候《鞍山日报》几乎每天都有鞍钢的消息。1958—1959年,周恩来、朱德、董必武、邓小平、李富春、薄一波、彭真等中央领导,都一拨一拨地来鞍钢指导工作。这使鞍钢工人热情高、干劲大,鞍钢工人阶级那种伟大的力量一直在体现,鞍钢是朝气蓬勃、非常兴旺的。

那时候鞍钢的工人确实累，但是待遇也高，工人本身不挨饿，还可以拿好多肉段给家人吃。特别是王鹤寿来了之后，不怕苦，一个字就是干，搞技术革新、技术革命。在"鞍钢宪法"发布前，技术革新、技术革命就已经遍布鞍山、鞍钢了，1958年11月份三炼钢五座大平炉全部建成，随之正式投产，然后就开始大张旗鼓地抓炼钢生产。冯志太当时是炼钢能手，后来是厂党委书记、厂长。那时候出钢口不好打，他就研究了一种打出钢口的方法，就是快炼、多装。快炼，炼的都是大路货，像现在的高级耐压钢、不锈钢、合金钢都比较少。那时候只要能炼出来就行，拖拉机、汽车、家具什么的都用不到好钢。炼出来的东西用100年、200年也没问题，也不坏，所以那时候都是大路货，只要能炼出来就相当不错了。冯志太在快炼中最快大概18分钟就打开了出钢口。之后他在厂子里介绍了经验，厂子里开始在出钢口上搞竞赛。除此以外在炼钢时间方面也搞起了竞赛，本来是八个小时一炉钢，现在抢时间，四个小时、五个小时就能炼一炉钢，为国家多炼钢、炼好钢。

当时我们厂的党委书记刘国华抓住了竞赛的苗头，在全厂轰轰烈烈地搞各个工种的竞赛。假如一号炉炼钢时长是6小时，二号炉就得是5小时30分钟，再加上三号炉的话，产量直往上涨。产量涨了后有甲级保健，给肉段、鸡蛋，炉前工人的待遇相当不错。肉段一个班一份，在那个年头就很不容易了。保健分层次，甲字保健一般是干得好的炉前工人，干得更好的话再给加一个肉段；乙字保健稍差一点，肉少，没有多少肉；丙字保健就几块肉。干得好不仅给奖金，还给鼓励，主要靠政治力量。比如这个炉子炼得好，炉长和厂子里就组织人员敲锣打鼓地到他家里送喜报，坐着宣传车去广播，到人家时喊着口号，用大喇叭去宣传，整个房区都知道他家老爷们炼好钢了。

我们厂在这个基础上形成了一个广泛的技术表演赛，从出钢口扩展到炼钢的时间、装料的时间、熔炼的时间、兑铁水的时间，都在往前赶着缩短时间，看谁时间最短、谁出的钢水量最多。在群众运动中遇到了一些技术难题，有的问题非常稀奇古怪，再加上有一部分技术人员不出屋，想不到也解决不了技术、生产问题。这种情况下工人就发挥作用了，克服困难，解决生产难题，不能光靠工程师。有一件事，曾经对全鞍钢影响很大。鞍钢矿山缺少凿岩机卡动器,机修工人王崇伦创造出"万能工具胎",一年能干出四年的活儿,这是50年代的一个典型事例。

1958年五六月份,中央正好开会。薄一波表示:钢铁生产要翻番,既然1957年全国钢产量完成了535万吨,那么1958年就应该增加一倍,完成1070万吨。毛主席就问:能行吗?薄一波就问三大钢厂负责人,问鞍钢能完成多少,看全国完成1070万吨行不行。鞍钢、武钢、包钢等大钢铁厂的党委书记全都拍胸脯,说:"主席放心,我们肯定干完。"后来听说中央办公厅跟鞍钢有一个红色的电话机,主席办公室几乎每天都和鞍钢通电话。毛主席得知道今天鞍钢出多少钢铁,第二天又出多少,每天都必须打报告,所以毛主席对鞍钢的事了如指掌。那时候的钢铁对国家、对民族真是太重要了,没有钢铁什么都免谈。1959年庐山会议之前,毛主席要看鞍钢生产情况的报告,派彭真到鞍钢来检查。大概7月初,鞍山市委就给省委和中央打了一个报告。7月31日,毛主席看了报告就说好,他批复的大意是:"印发各同志。必须抓紧八九两月,鼓足干劲,坚决反对右倾情绪,厉行增产,节约……机不可失,时不再来。"我看见过相关的资料和照片,当时鞍钢干部、市委干部压力很大。我们厂的党委书记刘国华,市委第一书记杨士杰,市委第二书记兼鞍钢党委第一书记、经理袁振,经常跟工人在炼钢炉前研究这炉钢需要多长时间出,能不能搞快点;这炉钢有没有什么问题,怎么能够让它多出钢、快出钢。市委书记赵敏,也有跟工人在三炼钢炉前研究钢产量的照片。干部到一线参加生产劳动,同时指挥生产,及时解决炼钢生产当中出现的问题,钢产量提高了,同时激发了各式各样的技术竞赛。

当时的各种技术竞赛、表演赛轰动全国。1959年,黄鸥东、喻平等领导组织全省的工业企业在我们三炼钢厂开座谈会、现场会。我们厂刘国华书记介绍经验,看我们厂的炼钢技术表演赛,看怎么能够把钢铁生产搞上去,怎么能够多装快炼,怎么能够为社会主义多做贡献。《鞍山日报》《鞍钢报》有大篇幅的内容记录这些搞技术表演赛的企业,我翻看了一下当时的报纸,《鞍山日报》几乎每天都登载鞍钢的消息。社论一篇接着一篇,内容相当多,包括对生产节约的社论、对快速炼钢表演的社论、对技术表演赛

白士良(左二)作为钢厂"小老虎"在厂光荣榜前合影

的社论。刘国华书记曾经在北京参加国家工业企业生产技术经验交流会并介绍经验。有一篇鞍山市委书记赵敏的文章，关于"我们是如何开展技术表演赛的"，登在经毛主席提议、中共中央刚刚创刊的《红旗》杂志上，向全国推广。在"大炼钢铁"运动中，通过技术表演赛的经验，多炼钢、快炼钢、炼好钢，为祖国的社会主义建设和工农业生产服务，声势很大。我们厂整个生产形势是蓬蓬勃勃、轰轰烈烈的，三炼钢的技术表演赛当时很轰动，也推动了鞍山市的工业发展、全鞍钢的生产发展，以及全国钢铁工业的发展。

鞍钢也很争脸，1959年生产了519万吨钢，全国1070万吨虽然没完成，但是鞍钢的产量占了全国的一半。1959年反冒进的人传信给毛主席，说钢铁生产太快了，毛主席就痛斥那些人，非常严厉地批示，说他们看不到人民的干劲。到了1960年鞍钢钢产量递增，达到561.26万吨，又占了全国钢产量的一半。

五、"鞍钢宪法"的诞生

1960年前后,毛主席看了很多关于鞍钢的消息,那时《鞍山日报》天天登鞍钢的事情,省报、中央报刊也常登鞍钢的消息、评论,《红旗》杂志也把鞍钢的事情登上去了。关于"鞍钢宪法",原鞍山市委常委、秘书长罗定枫的回忆文章是这样写的。1960年初,毛主席让彭真管鞍钢要报告,说:"你再给我问问鞍钢,还有没有什么新的报告给我,我要看。"后来又问彭真:"怎么回事儿?没有报告。"彭真那时候兼政治局办公厅的秘书长,赶紧打电话给鞍山市委,说:"毛主席要看你们鞍钢的消息。市委要写报告……抓紧写,毛主席要看。"

市委第一书记杨士杰立即指派秘书长罗定枫组织人下去调查,负责起草一个关于技术革新、技术革命运动开展情况的报告。罗定枫组织相关人员到鞍钢以及一些地方厂矿了解技术革新、技术革命运动开展的情况,听取下面同志的汇报。在掌握大量情况的基础上,商量了一个提纲,由崔华景、高扬同志起草,最后罗定枫修改、定稿,经市委常委会讨论后于3月11日上报省委和中央。

3月22日,毛主席看到了中共鞍山市委《关于在工业战线上的技术革新和技术革命运动开展情况的报告》,十分高兴,立即写了长达600字的批示,给予了高度评价。他激情地欢呼:"鞍钢宪法"在远东,在中国出现了!这在全中国引起了强烈的震动和反响。

20世纪50年代初,毛主席到苏联访问,与苏联领导人斯大林签署了《中苏友好同盟互助条约》,其中包括苏联帮助中国建设156个工程项目,鞍钢被列为榜首,并签订了《关于恢复和改建鞍钢技术援助议定书》。不久,鞍钢先后派出600多名干部、工程技术人员和工人到苏联工矿企业学习。从管理角度看,学习的都是苏联马格尼托哥尔斯克冶金联合工厂的企业管理制度。主要内容是一长制、物质奖励、依靠专家办厂等等。当时苏联所有的工业企业都执行这个工厂的企业管理制度,这就是毛主席后来称为"马钢宪法"的管理制度。很多人学习结束回国后,质疑这个制度,即一长制不相信群众,不要党的领导,这是不可理解的。我们党的事业,历来是在信任群众、依靠群众、相信群众中进行的。在苏联学习过的许多同志亲眼看到,在那里,不论大小问题都由厂长个人决定,工人只有听从,不讲民主集中,唯有行政命令。甚至开大会厂长坐在台上,党委书记坐在台下,厂长可以摇铃制止党委书记发表意见。从苏联学习后回国的一些同志,在一段时间里感到马钢的管理制度,很多不适合中国的钢铁企业。特别是一长制,疏远了干部和工人群众的关系,甚至使两者产生了对立。在"一切向苏联老大哥学习"的大气候下,尽管对照我们党一贯的方针政策,人们有很多想法,但质疑的声音却很微弱。

其实,中国的企业领导体制、管理方式究竟如何搞?新中国诞生以后,毛主席一直在不停地思考、探索。他在批示中彻底否定了"马钢宪法"那一套企业管理方法,为鞍钢人创造了"鞍钢宪法"鼓掌欢呼。从1960年开始,中苏两国关系彻底破裂,苏联撤走专家,撕毁合同,拿走图纸和各种资料。毛主席更感到建立中国自己的工业企业管理制度的必要性和迫切性。所以,他气宇轩昂地做出了关于"鞍钢宪法"的批示。这个批示传达以后,冶金部部长王鹤寿立即组织冶金部党组成员及各司局长认真学习,组织贯彻落实,并于当年5月23—26日在鞍钢召开学习、推广"鞍钢宪法"现场会。由鞍钢做中心发言,包钢、唐钢、大冶钢厂、青岛钢厂等15个单位做大会发言,其余参加会议的单位做书面发言。会议全面交流了大搞技术革新和技术革命的经验,同时归纳了"鞍钢宪法"的五项基本原则,即坚持政治挂帅,加强党的领导,大搞群众运动,实行"两参一改三结合",大搞技术革新和技术革命。通过学习和总结经验,有力地推动了全国学习"鞍钢宪法"活动的深入开展。

当时我们普通人的思想跟毛主席的根本不一样,毛主席是想探索出一套适合中国工业企业特点的管理体制和领导制度,而我们很多人的思想都很含糊,只知道上级领导对钢铁的要求太强烈了,屁股都得坐在鞍钢,谁干不好就别干了。干部都得到一线了解情况,参加劳动去。市委第一书记杨士杰和第二书记兼鞍钢党委第一书记、经理袁振,包括市委领导赵敏、杨克冰等人天天在炼钢、炼铁炉前。市委领导大都认为干部到生产第一线参加劳动、指挥生产、发现问题并直接问题解决非常好,推动了钢铁生产的不断跃进。特别是开展快速炼钢表演赛,这个很厉害。当时三炼钢厂的一个老炼钢工叫马玉发,这个老工人日伪时期在炼钢厂干过,偷学炼钢技术,炼钢水平高,很厉害。好多年轻工人都想向他学习,他在炼钢表演赛中时间是最快的,有一张照片就是他在炉前跟厂长王文化研究炼钢的时间怎么能缩短再缩短。后来马玉发成了三炼钢的副厂长。

为了能更多地了解生产现场炉前炉后的实际情况,好多技术干部都在现场指导工作,这样可以把钢铁的生产搞得更好。大家认真学习了革命导师列宁一篇关于星期六参加义务劳动的文章,不久就实行周六参加劳动制度了。我到三炼钢厂机关以后,机关干部每周六都要参加劳动,我们参加星期六义务劳动时还有一张照片。大概是1977年的时候,科长、副科长都是穿着炼钢服干活儿。当时干活儿主要是清理旧设备、废钢铁,倒班到炉前帮着忙碌。有一次,厂里业余摄影员马立飞拍了张干部参加劳动的照片,我给命名为《炼钢厂的干部劳动日》。后来又因为"鞍钢宪法"的影响,我一直坚持干部参加劳动、工人参与管理。每周六,炼钢厂的机关干部都参加劳动,不管什么活都干。有的是去挖地基,或到农场去种菜、养猪、养鸡,整个机关每到周六都去干活儿。

白士良(前排左一)与炼钢厂宣传部同志合影(1975)

很多参加劳动的同志养成了劳动的习惯,都很有出息。有的同志当了鞍山市委书记,有的当了鞍钢党校党委书记,还有的当了炼钢厂的党委书记。这些成就都跟他们参加基层劳动、紧密联系工人群众是有关系的。1977年"文化大革命"都结束了,人们还在继续劳动,每个周六都在传承这个传统。后来,干部不参加劳动了,也不提倡了,但是炼钢厂、炼铁厂这些重要厂子的一把手、二把手,担心生产出事故、有问题,还是经常去现场。他们经常到第一线跟工人一起干活,可以听到工人反映实际情况,工人在清理钢锭时要去刨、去挖、去砸残铁,干部也要知道为什么要利用旧钢锭,怎么能利用好;工人在下砖的时候,知道怎么才能不漏钢,还可以一起研究琢磨这些事儿。我认为,干部参加劳动是新中国、共产党的光荣传统,是党联系群众的一大特色、一大特点,不同于其他国家、其他党派,我们应当坚持。

工人也不闲着,像技术表演赛都是工人干起来的,工人从实践中规定炼钢的时间,慢慢就变成了制度。凡是参加劳动的人都可以提建议,甚至建立制度,而建立制度的前提是工人参加管理,提建议也相当于参加管理……上面说的一些做法,总结一下,形成了"两参一改三结合"。

范传昌
与高炉相伴的日子

亲 历 者：范传昌
访 谈 人：薛文龙
访谈助理：夏可恒
访谈时间：2020年10月22日下午2:30—5:00
访谈地点：鞍钢党校
访谈整理：夏可恒

亲历者简介：范传昌，男，1953年生。1969年初中毕业后被分配到鞍钢炼铁厂做配管工，1969—1977年一直负责配管工作。因为勤奋肯干、热心钻研，先后三次获得厂内"学习孟泰先进个人"奖。1977年8月，经过自身勤奋学习，通过了高炉技术人员资格考试，从此成为一名正式的炼铁技术员工。之后一直在十一高炉工作，先后担任工长、副炉长、炉长、工作区副指挥长，2009年退休。用其话概括："炼铁与我命中有缘，十一高炉于我是有灵性的。"

范传昌（左）接受访谈

一、孩童时的梦想就是成为一名钢铁工人

我 1953 年 3 月 10 日出生,属蛇,今年 68 岁。出生的时候,赶上 1953 年鞍钢"三大工程"——大型轧钢厂、无缝钢管厂、炼铁七高炉——建设。咱们家住铁西区繁荣街道,那一片现在还有鞍山铁西商店,在道南还有一条小食品街,往里走还有 1000 米的老市场。那一带非常繁华,小吃街全是最好的饭馆。1966 年烧起了"文化大革命"的熊熊烈火,学校停课。我 1966 年小学毕业,当时停课后,一直待到 1968 年 5 月份,才到铁西的鞍山十六中学上学。停课这两年我干什么呢?到望台老家种地,那时候我 13 岁,小学毕业。种了两年地,收了 200 多斤玉米、300 多斤地瓜,当时我爸妈很满意。后来接到学校通知,就回去上学去了。我是 1969 年初中毕业后入厂的,实际初中入校时间一年半。我想全国学生的境遇都和我一样,都在休学,所以就是七年文化。

咱们家庭是姊妹七个,共九口人,生活非常艰辛,就靠我爸一个月的工资养活。我爸在鞍山市民政局工作,但是工资偏低,月工资 47.5 元,养九口人,其艰难程度可想而知。三年困难时期,家里一贫如洗,怎么办?我就经常去采橡子、采野菜、搂榆钱。我爸年轻的时候有几件貂皮、狐皮大衣,为了家庭渡过难关全部卖掉了,那么好的衣服也顶多能换二斤玉米面。所以从小受这种家境熏陶,我不怕吃苦,13 岁就能种地了。我爸原来是东北讲武堂[①]宪兵教练处第六期毕业的,毕业后当南满纪律大队小队长,一个月工资 12 块现大洋。12 块现大洋能干多大事?我爸给我讲,能盖三间草房。当时住瓦房的都是地主、有钱的,农民都住草房。我妈会抽烟,那个时候烟票是定量的,一个月六盒烟,不够她吸的。早上天蒙蒙亮,我就拿个小袋捡残余的烟头回家包上,25 天包了一斤,就捡人家遗弃的烟末子,换了四盒烟,8 分钱的飞鹏、万里、白条都有。

我儿童时代,开头学习在班里能排前十名。老师给我的评语是:"上课

[①] 东北讲武堂 1907 年由东三省总督徐世昌在奉天(今沈阳)创办,原名东三省讲武堂,辛亥革命期间和民国初年一度停办。

认真听讲,热爱劳动,关心集体,缺点是一贯不完成作业。"老师讲的我能懂,我能消化,我一看下礼拜要考试,不用吱声我就自己从头到尾捋一遍,考试就考个十来名,我觉得挺好。学了五六年时间,我妈说:"孩子你老是这样不行呀,到时候人家瞧不起你。"我这一努力还行,差不多考了全班第一。语文98分,那时候语文没有100分的,98分是最高的,数学100分。特别是有两篇作文进入鞍山市小学中文作文选,现在我一个字都不带差地记得:"天空蓝得透明,就像一大块刚用水洗过的蓝波,白色的鸽子成群地在空中飞,飞过广袤的田野,飞过新建的大楼,传来一阵阵嗡嗡的歌哨声。"我妈是女子国立高中毕业的,我小时候她教导我说:"孩子,你一定要掌握真才实学,把这知识扎在脑袋里,用的时候要干就干大事,别人做不了的你能做到,别人佩服;别人能做的事你做得不好,这不行。"我父母亲都有文化,鞍钢炼铁厂这波60年代的老师傅对我的印象都挺好,我对他们都非常尊重。

　　我小学三年级学到了一首歌曲,印在我脑子里终生不忘。"我最可爱的鞍钢,祖国重工业的心脏,那平排着的高炉像云梯一样,那一列列的火车在铁路上飞奔,40万钢铁大军在日夜奔忙。"我孩童时的梦想就是成为一名钢铁工人进入鞍钢。当时听说咱们十六中学一般被分配到鞍钢四个单位,炼铁厂、二炼钢、烧铁厂、运输部,最后我被分到炼铁厂。我首先希望被分配到炼铁厂,其次是二炼钢,就炼铁炼钢,如果分配到烧铁、运输部那我就失望了。为什么呢?因为我的儿童梦想就是成为鞍钢钢铁工人,所以我感觉到我很幸运。鞍山虹桥当时是鞍山最有名的地标,国庆时描写放礼花的场景:"当晚站在虹桥上,正望着皎洁的月光初升,几条火龙腾空而起,划破了夜空,接着数声巨响,五彩缤纷的礼花溅满了天空,像万朵红花怒放,像千只孔雀开屏,像千万颗宝石在闪闪发光。""随着开沟机的退出,奔腾的铁水从铁口喷射而出,火光中看到炼铁工人。""从天空喷射而出,染红了出铁厂,染红了半边天,火光中看到炼铁工人、钢铁工人火热的心情、红热的脸庞、高大的身影。"最后结语是这么几句话:"烟火的美丽只是昙花一现,我们对建设祖国的向往、对幸福生活的追求却是永恒的。"人这个命有时候很自然,但是又不自然,上天注定。我说话不过分,人这一生的命运,很大程度上取决于自然条件等一些因素，并不复杂，就是实现我孩童时期的梦想。

二、初入鞍钢难忘的教育与学习

　　1969年12月毕业后，我被分配到鞍钢炼铁厂。刚工作的时候是配管工，就是维护高炉的。高炉有三大介质——风、水、气。风压缩空气，水供热水，气是蒸汽，高炉离不开这三大介质。1969年12月18日，我进入鞍钢炼铁厂，在厂部二楼俱乐部经过一个月的培训，然后才真正分配到炼铁厂设备车间配管工段。到1970年1月18日，正好培训一个月，主要培训了炼铁的常识、鞍钢的历史，1948—1969年炼钢厂的历史这一段都给讲。

　　这一段主要突出的人应该说是李凤恩，他是给高炉矿石车运料的。那时候是解放前，小日本鬼子当工长，当时就两座500立方米的小高炉。李凤恩为了学点东西，给小日本鬼子工长沏茶，把水烧开了给鬼子递过去。小日本鬼子来了以后，跟战场上还是有区别的，他得靠工人干活，他不能再拿刺刀拿枪——那能好使吗？你把人都杀死了谁给你干活？高炉讲究出铁，小日本鬼子到中国来干什么？东北矿产资源丰富，他那岛国资源贫乏，他必须要把资源化为战争的可持续供给，把战争延续下去。所以说鬼子工长对工人和战场士兵是不一样的，要不李凤恩递茶水？他根本也不能让冲呀！人家来一句八嘎——小日本吃饭叫密西，骂人叫八嘎（大笑）。李凤恩挺勤快，最后小日本鬼子默许了，时间长了就让他给高炉上料。高炉是讲程序的，工厂设定程序以后必须按这个办。他老泡茶，慢慢有不懂的就向鬼子工长请教，所以说这些东西李凤恩掌握了一些。

　　日本鬼子坏呀，我就不爱提日本鬼子。在我的印象当中，日本鬼子在中国罪行累累。日本鬼子坏到什么程度？高炉停炉现在讲究空料卸炉轧铁法，料要一直降到从铁口排出去，炉是空的没有料，停炉以后可以检修。日本鬼子知道高炉守不住了以后，马上休炉，一炉料再加上残铁全放在炉子里。不是有一句话吗？"中国人想炼铁？中国人只能把高炉筑高了。"要清理这一炉炉料再加上残铁几乎是不可能的，他把这全都凝死了，给中国人找麻烦。但是咱们还得接手,还得干。李凤恩懂得这点东西,就发挥了很大作用。之后李凤恩在鞍钢干了几年我就说不清了,也没有准确资料。武钢建设的时候他支援武钢去了,在武钢当过副总经理,也是很厉害的。

到 1970 年 1 月份,我被分配到炼铁厂设备车间配管工段二班,二班的任务就是维护二排高炉,这就叫白班配管,二排五个高炉——三、五、六、七、八高炉。1969 年 4 月份,八高炉西铁口烧穿,这是恶性事故。铁口烧穿,高炉休封。休封就是停炉,铁口烧穿了以后,铁水就把炉底稀释了,风冷管全都灌铁了。白班配管就是没有事的情况下,或者业余时间必须得干这活。配管得扛管,现在也是这样。那个焊接管,一寸到一寸二厚度的管,6—8 米长,就我这小体重,扛三四个那老沉了,这是第一个事。

第二个事是七、八高炉煤粉罐爆炸。从七、八高炉煤粉罐,经过六高炉、五高炉到三高炉,这个距离有 1500—1800 米。当时没有混合喷水,这几座高炉都是 14 个喷口,混合喷水各占 50%,每一座高炉要 7 根管,从 1500—1800 米处扯回来,而且还得绕高炉越过煤管一圈,这得多大量?一天扛管下来,肩膀磨得一道道血痕。晚上 9 点钟下班洗澡时,热水一浇再整点肥皂沫。那时哪有香皂,能用肥皂洗澡就不错了。但是一考虑我儿童时期的梦想实现了,我就已经非常高兴了。培训完了以后,参加高炉工作。我就说了,到炼铁厂来,不会炼铁等于白来。干几年以后,我学得也比较努力。

入厂以后我的第一位恩师是沙玉民(音),鞍钢夜大毕业,出身富农,技术水平非常高。配管这个工种从鞍钢夜大毕业的很少,因为配管讲究维护高炉,所以 90 度弯度用的比较多。像现在我学会了觉得很简单,6 块管不同角度一拼接正好 90 度。俩管要拼接各留 15 度,中间加 4 块管 60 度,当时是不知道这么拼接的。什么叫厉害?比如说这个水杯不漏吧?用纸盒做成弯度 90 度形状,完了用纸盒贴在管道上用粉笔一划,是不是就出来了?完了把纸盒一拿,你就照着粉笔这样画,画完以后对着电焊一焊,完事,相当厉害。说白了要用点心一两天就会了,关键功夫在哪儿,在电气焊。白班必须得会电气焊,高炉各个部位不同,各种角度不同,对不对?那你得知道哪个管在哪漏的,漏的你就得处理啊,有的很小的漏孔了,那你能换吗?把它焊上就完了,需要电焊还是气焊,具体根据什么?高炉根据压力、介质不同,对安全要求不同,来决定用电焊还是气焊。管细的用气焊没事,管粗了必须用电焊。最后我学了一年多,按要求我过关了,气焊打四个压就可以,最后实际打压就通过师傅的鉴定,打完一看不漏就是合格的。这一般需要三年时间去学,我一年零三个月便全部学会了。

三、十一高炉最年轻的首任配管工

十一高炉是我国自行设计、自行建造的高炉,有2025立方米,1971年10月1日下午流出第一炉铁水。为什么是10月1日?这天是国庆节,1949年这天下午3点毛主席在天安门宣告中央人民政府成立了,1971年这天下午3点流出第一炉铁水,全厂欢声雷动。十一高炉当时是全国最大的高炉,咱们厂有个传统,高炉越大现代化程度越高,精英都往那去。我举个例子,在十一高炉之前,1958年建立的十高炉1513立方米,全厂精英都在那。这回建十一高炉也是全厂精英都在那,各岗位的都有。师傅对我比较信任,叫我参与十一高炉的配管。当时高炉有10—12段冷却壁,一段冷却壁大约有40块,都要打压。不打压你安上以后炉水不漏了吗?这时候就需要提前去人,因为你现安装来不及。我作为年龄最小的职工,在十一高炉参与提前打压,开炉后正式顶班顶岗位。那时我18周岁,独立顶岗位,而且是鞍钢最大的高炉。从那以后,我就是十一高炉第一任配管工。前一段时间来的报纸采访我,十一高炉的事我如数家珍,我对十一高炉有深厚的感情,为什么呢?因为我18岁时参与了十一高炉开炉前的整个冷却设备管道调试、打压、安装、检测。

在十一高炉我又干了一件别人想干却做不成的事,得到了老师傅的赞许。一般高炉冷却壁里面有蛇形管,外面是壁体。十一高炉正好相反,它是垂直管,那叫四进四出。开炉三个月,垂直管漏水严重,从炉辅五段开始一直到十段,六段冷却壁上下串连在一起了,谁也整不了,把高炉炉长都吓坏了。那阵配管有两个岗位,除了我还有个老师傅叫苑庆喜(音)。当时段长刘国忠(音)来了,说:"老苑啊,明天修复漏水怎么处理?你计划修复八个小时,那高炉怎么开,那铁不都凝了吗?"我一小孩,人家不能问我,于是我把我的想法和苑师傅说了。段长走以后,我跟苑师傅说:"真没有什么,我想个办法不知道行不行?"他说:"行。"我现在还记得那阵子的情景,原则上是串连,一段42块冷却壁,一块冷却壁4根管,共168根管,有8个联箱,一个联箱21根管。有人怀疑,认为它基本全坏了,就应该一律关掉。但为什么漏水,根本是因为这边关了那边没关,这边关错了,这没坏他就关上了,它上下根本没对称。他说:"范,你想怎么做?"我说:"我就想这么做,保证万无一失。"他说:"你敢保证吗?"我怎么不敢保证?我俩一人拿一个铁板,正好有粉笔,我说:"拿一根粉笔,怕水浇了,多拿几根,你看不清了,拿薄铁板。一联箱对18根管,二联箱对12根管,三联箱对50根管,就照着这个意思,关了26根管。"

我就想这么个办法,段长走了,我怕我俩不会关,我说:"苑师傅,咱俩就在现场对信号,在休息室演习一遍。比如说就这个黑板这么大,我在上面,我先关以后,二联箱第12根管都完事。"我俩就在配管的房间演习完了,第二天修的时候就把这些环节都考虑进去了。第二天修,关了26根管。段长高兴,厂长、炉长都高兴,问怎么做到的,苑师傅说:"段长你走以后,我跟小范商量,小范提的建议,8个联箱,一个联箱21根管,在每个联箱第一根管做上记号,以便于数好数。最后拿铁板,我们俩一人拿三根粉笔,他在上面写上'五联箱第七根管',不可能错,我俩上下误差不大于2秒。"修复完以后一点水没漏。

这个事传出去以后,很多人就不相信咱:"那老师傅有的是,你这个小孩十七八岁,怎么能有这么大能耐?"炉长李忠新(音)知道是我出的办法,他说:"你是怎么做到的?"我说:"李师傅,我分析,这168根钢管太稠密了,弄不好就容易搞错,谁也不是有意的,这个坏了关那个去,那个坏了反而没关,而且它是串连的,整个密闭,大部分都是关错了。""那你是怎么做对的?"我说:"这每个联箱,第一根管给它弄个记号,就照这个数,那21根谁能数错?"整个配管工段肯定都知道这个事,因为我干活儿好、快,还能解决实际问题,人们对我印象都挺好。1971年我在十一高炉工作了一年多,到1972年8月份被调到九高炉。为什么给我调到九高炉？因为当时九高炉师徒不合，学徒老瞧不起师傅，师傅老喝酒，上班老睡觉。这个徒弟是高中生，他老有自傲感——这是我个人的判断，不一定准确。师傅和徒弟不合，你说这活儿还能干？班长和我说："小范，十一高炉这么大炉，这些人还指着你呢，高炉都不愿意让你走，没办法，那谁不合，你上九高炉。"

四、从配管工到"瓦子工"的磨砺与成长

1972年8月份，我调到九高炉。两个月以后，1972年10月份，厂里就举办"七二一大学"①。为什么要办这个？1968年大学本科毕业分配到鞍钢炼铁厂的，没有。有句名言"高炉三年一茬人"。我举个例子，毕业以后分配到现场，半年时间炉前劳动。炉前你得熟，炉前外行的你指挥不了。完事进炉内，这就是技术岗位了。炉内技术操作员半年，这就一年过去了。完事以后他能顶岗位，当"瓦子工"②一年，再当高炉值班工长。高炉三年得换一茬人，你后续部队没有了那不就完了吗？咱厂分配最多的是1963年毕业的，从全国十多所大专院校分配过来的。九高炉要办"七二一大学"，参加考试的有100名，要录取50名左右炉前工。当时人家都知道，参与考试的人都是初二、初三的学历，其他大部分不合格。人家厂子讲理：你没有初三的基本水平，小学生人家找你做什么？我是配管，人家不招配管。

在配管的一年多时间里，电焊、气焊我都学会了，但配管又接管，天天弄这个，我觉得没什么意义。我不是好高骛远，我不是不爱惜工作。上炼铁厂，这是我小时候的憧憬。我自己的原话，我说上炼铁厂不会炼铁那就等于白来。检查风闸口，这些东西说白了，我过几遍就差不多会了。我回家就把这情况和我爸说了，我说："爸，现在厂里由于'文化大革命'断招，不扩人了，再有四年说白了，那根本就完了，这个技术讲究层次衔接。"我爸还问："你那

---

① 1968年7月21日，毛泽东鼓励理工科大学从有实践经验的工人、农民中间选拔学生，相关指示后来被称为"七二一指示"。
② 根据范传昌的叙述，"瓦子工"应是根据俄语音译的一个苏联工种，相当于高炉副工长。

文采哪儿去了？"我当时非常有压力。"你自己去找，毛遂自荐，上夜校犯什么毛病？谁家有这法律？你怕什么？他不招你，看你自己有没有那能耐。你考试合格不就招你了吗？你不告诉我需要考试吗？"我爸一说，我就鼓起勇气去了，毕竟当时年纪十七八岁有这胆量。人家说他们不招配管，我把我爸告诉我的话就说出来了。我说我是本厂职工，是维护九高炉的配管，我业余学习，本职工作也不耽误。那老师傅一看，觉得我岁数小但是胆子不小。60年代的领导都讲究，我一直感激他，人家瞅瞅我，脸上就笑了，问我叫什么名，我就告诉他了。

当时要学习初一到初三的课程，学习一个月，考数理化。我的课本都是新的，之前在学校待了七年，课本根本没怎么学。虽然上学时老师挺重视我，但我主要能写一写文字的东西，数学没怎么学，说白了七年学历六年级文化，我觉得这不行。我师傅是1958年毕业的，叫王晋生（音）。我说："王叔，我上夜校，厂里也同意了。学到初三课程，厂里发的那些书根本就不好使，我得跟你借老书。"他答应了，我就上他家去，当天晚上就开始，一直干到12点。我就发挥小时候的能力，临阵磨枪，不快也光，突击一个月。小伙儿勤快点、积极能干、爱动脑，人家喜欢你这样的。人家老师也讲究，只要你虚心肯干、努力好学、团结同志，人家就愿意教你。我借来了书，遇到不懂的就折叠做成记号，到班里看师傅不忙的时候问问，人家三五分钟就给你讲完了。最后我考得挺好。我就复习这一个月，不过那不是我个人的功力，我复习到凌晨4点都不行，还得请教本科、大中专毕业的学生或者老师现场给你讲，你才能明白。所以那个时候，我就在心里记了恩师名录，凡是帮助我的，我都视为恩师。因为小时候老妈就教导我，要知恩图报。

我考试合格了，100多人合格的有40多人，进入三年业余学习。学习非常艰苦，那个时候十七八岁正长身体。夜班12点吃饭，这一宿不闲着，高炉还有活，我连一点空闲都没

范传昌观察高炉炉况

有。一周三次课,一个课时两个小时,有夜班,7点45分交的班,洗完澡再换好衣服,到教育科四楼上课,8点半上课,10点半下课,骑车到家11点,吃完饭11点半。咱家有棵小树,我在那棵小树下还得温习一个来小时,真正睡觉得下午1点以后,但是我不灰心。我妈在我小时候给我起了个外号,叫"三犟",因为我在家排行老三,而且我认定要坚持的事,谁说什么都不好使,特别犟。坚持整个三年的学习,完事以后结业考试我都合格了,而且成绩比较好,都是85分以上。所以厂子承认我是高中学历,最后发了一个高中毕业证书。

来九高炉我还干了些好事。本来不是我的活我老帮着干,炉长就问:"你是不是想当瓦子工?"我说:"是,我上夜校就这意思。""那好,我和厂子说一说。"咱那时候是工人,没有大学本科文凭进不了专业技术岗位。他和组织干部科科长高健说了,高健就来了,以工代干考察我,考察我一个礼拜,一瞅我不闲脚,说:"这小子是好样的,厂子同意了。"万万没承想,咱段长不同意,不放人。不是报怨,我说话对着天,对着阳光。段长纪连勇就不放我这人,本意是想好好培养我,人说话得凭良心。1975年9月26号,在一排天然气煤气管道那,他从高处掉地上,正好有个水泥潭,他脑袋磕那上,后边这么大窟窿(比画)。我在九高炉,到一、二高炉三分钟就能到现场。到了以后,我一看,就把手上的毛巾给他系上,先止血等救护车来。记得临死时,他指着我,说:"范,我没放你,对不起你。"他就专门点我,给我感动得……我就说:"师傅别说了,别说了,救护车来了。"最后他不行了,我和工程师一起给他送到太平房。多年以后有人见到我,说:"范儿,没承想你这小子心挺善,当年老纪这多年没放你,你不但不记仇,而且他死前你还亲自参与抢救。"这就是老妈对我的教育,以德报怨。

还有一件事,也是露脸的事。有一天厂长莫助理来电话,说:"小范,你上二号炉来一趟,二号炉漏水,南闸口放排渣,弄不好要局部冻结,听说你冷却壁干得好,你帮着查找一下。"我说:"这正是我的活。"完了他问需要多长时间,我说:"现场情况我也没看,这时间确实不好预测,但是我感觉要按半小时查,40分钟肯定给你找出来。"下来以后我和配管两人一起,一、二、三层平台,四段冷却壁,半圆,全查找完了。发现四个坏的,两个坏大的,两个坏小的。坏小的圈点水,坏大的两人直接掐掉,下边准备施堵。完了莫助理说:"你上夜校想当'瓦子工'?"我说:"我也不好意思说,莫助理,这点事怎么都知道了?""我都知道,你挺专,挺用心,干活挺快,我今天考你。"莫助理原话说:"根据你的经验,你进入高炉炉内操作,学学专业知识,你看南闸口什么时候能放出渣?"它漏出有凝结层,我就根据掌握的高炉冶炼的皮毛,说:"估计四五个小时,看表现在 9 点半,那应该就是下午 2 点半到 3 点。"莫助理说:"那你下午过来,我也过来。"那回还真叫我蒙对了。为什么炼铁和我有缘?说白了就是有很多事我都能蒙对。这事以后,莫助理对我印象挺好,说这小子确实厉害。这不赶上这句话——其实我与炼铁高炉有缘。1977 年 8 月份,我被一纸调令调到十一高炉,正式当"瓦子工",专业技术岗位。我得到这个消息以后,就赶快回家告诉爸妈。确实,从小挨着鞍钢,看平白高炉像云梯一样,我这一生都不带忘的,就想成为钢铁工人,到炼铁厂不会炼铁的都是白来。多亏了上天的眷顾和老妈的教导,我实现了梦想,确实非常高兴。

五、十一高炉于我是有灵性的

厂子下了调令,高炉里不放也不行,我就上去报到了。当年我当配管时的炉长说:"范儿,你又回来了,小伙子好好干,在这大炉,你现在和配管可不一样了,有机会当工长。"但我不敢想,十一高炉是全国最大的高炉,想当工长不可能。工长叫什么?那叫正式操作高炉,副工长那叫辅助操作高炉,两个概念。副工长只是工长助手,现在咱厂子早就改了,叫副工长,也就是我说的"瓦子工"。1977 年 8 月份当"瓦子工",我还是在不断地虚心好学。我学习有五步法:第一是我自己学东西,不怕不懂;老师讲的这个问题,我不懂在什么地方,这是第二个;第三个我要请教谁;第四个我怎么消化吸收;第五个我怎么应用。这五步法是哪个高人说的,我不知道了。这么多年搬家,我失去了很多珍贵的东西,我的数理化,每一科都有整理本,我会了之后就把它整理出来,否则我脑袋记不住。我在整理本上,就写哪位伟人说的:"在科学上没有平坦的大道,只有不畏劳苦沿着陡峭山路攀登的人,才有希望达到希望的顶点。"① 你要我干平平常常的,行吗?你没有学历,以工代干你算啥?我还是这句话,我与炼铁厂高炉有缘分。1968 年没有本科毕业的被分配过来,所以高炉面临人断条,后续部队跟不上了。1985 年已经断条了,工厂接不上了。从学校毕业的没有了,从工人里招瓦子工。那下一个工长怎么办?是不是得从工人里头选拔?当时炼铁厂 30 多人没有学历,占高炉瓦子工的百分之七八十,你再不考试,工长都接不上了。这真是那么回事,这就是当时的社会背景。

全厂 30 多人参加考试,取 4 个工长。理论考试全是专业经典,一点不含糊,就 4 个人,离得都挺远,其实就是这 4 个方向,全是凭自己真正能力发挥。我不吹,我实际考试第一,综合第二。十一高炉在炼铁厂的西北方向,比较偏,根本不知道这边的信息。有个师傅非常好,我打电话过去说:"我考完了,我也不知道怎么样,心里老没有底。"人家说:"经考核,从工人当中提拔 4 名工长,真有你在里头。"那是我非常高兴的一天,从此我才能真正操作高炉,真正炼铁,真正调节炉况。无论当配管还是当"瓦子工",都是过渡,真正实现我儿时梦想的,还是从当工长开始,我亲手炼铁。高炉调节炉况、鼓风参数、炉况处理,就我说的算。炉长李忠兴(音)通知我:"范儿,明天就值班直接当工长,厂子公示你顺利通过考试,成绩优异。"我问李叔:"我行吗?我觉得还得跟王叔学一学。"王叔是 1966 年毕业的。"学什么玩意学?你这两下我还不知道?拿起来就可以干。操作以你为主,你早就够这个材料了。"

在鞍钢最大的高炉,没有学历当工长根本不可能,在我之前没有先例。而且在十一高炉当工长后很快就能当炉长,当完炉长以后可以进入厂子公司那级。在十一高炉炉长历史上,后来进入厂公司的很多,不胜枚举。我 1977 年当"瓦子工",专业技术岗位,1985 年当工长,1992 年当副炉长,1994—1998 年当炉长,1998 年当三工区副指挥长,主抓鞍钢三座最大的高炉,即七、十、十一高炉,重点处理高炉突发事故。有的时候我都弄不明白,

---

① 此处应是引用马克思的名言,出自马克思《资本论》第 1 卷法文版序言和跋。

我就是和十一高炉有特殊感情,我觉得十一高炉有灵性,几位厂长都讲:"十一高炉有事就把老范找来。"人家就说:"十一高炉这小子摆弄,就像有灵性似的,就听他的,别人的都不听,谁去都整不了,炝蹶子。"

我当副炉长、炉长以后,24小时跟踪炉况,高炉有事打电话随叫随到。我住在鞍山市总工委的后面,骑车速度快,十一二分钟就能到厂子。有时候穿干净衣服直接拿风口小镜,我天天拿个小镜直接看风口,完了以后心里就有底了。有一次我8点到家以后,12点来电话,问:"老范大哥,觉睡得怎么样了?"我说:"迷糊,你不来电话我能睡着,这一来电话给我整醒了,你就直说吧,高炉肯定有事,要不你这时给我来什么电话?"他说:"真不好意思……"8点到家,现在12点,刚到家不到四个小时。我说:"我去,你别为难,我15分钟到。"从当工长以来一直到当炉长,260个节假日,400多个日日夜夜在厂里度过,我干这活,分文不取,当炉长不干点事能行?

范传昌(右)在高炉旁指导工作

公司开展灌高炉竞赛三年,有30多个竞争单位,十一高炉年底总被评为总冠军炉,这个都载入鞍钢历史了。老妈对我的期望是:"孩子,你要干就干别人不敢干、不敢想的事。"我这一辈子和十一高炉有深厚的关系,这个高炉非常有灵性,现在也是,我退休在家没事就去给它打个招呼,到十一高炉看看,不知道怎么回事,有时候早上做梦都合计。我在十一高炉当炉长的时候,公司组织部来人调查,但我不知道,还是后来别人告诉我的。组织部问了厂长王晨、副厂长杜本成,说:"你这炼铁厂知识分子落实不好,十一高炉这么大个高炉,听说是个工人出身的当炉长。"那意思是,这么大的现代化高炉,你们能放心吗?王晨说:"目前炼铁厂只有他能胜任这个岗位。"我还是这句话,十一高炉于我有灵性,我做对的也好,蒙准的也好,也不知道怎么回事,这高炉到我手以后,就听我的,我能把它驾驭得了。

我得到了同期职工和领导——特别是恩师——的认可。从 1987 年开始,连续三年工长评比我都是第一,厂里给了我奖励房。别人说,我在炼铁厂创造了多个第一:第一位工人出身最大高炉的炉长;1987 年鞍钢第一批工人技师;鞍钢炼铁厂第一批转干的工人;1987 年获得辽宁省五一劳动奖章、辽宁省先进班组长——这在工厂里头没有第二例。我 2009 年退休,工资待遇属于中等偏下,但是我很满足。鞍钢历史上十一高炉从来没有我这出身当工长的,炉长更谈不到,前无古人,后无来者。在我以后再也没有像我一样的人,别说当炉长,当工长都不可能。组织上给我这么高定位,我还有什么不满足呢?今年是新中国成立 71 周年,我写了首诗:

光辉七一日月新,伟大祖国万万岁。
导师创业垂千古,继往开来新时代。
光明中国城市兴,中华复兴世界最。

下面还有四句是我一生在高炉的体会:

党的抚育恩师教,驾驭高炉重担挑。
日月奋战创佳绩,孟泰传人不知道?

王延绵
追寻鞍钢的时代记忆

亲 历 者：王延绵
访 谈 人：周晓虹
访谈助理：常江潇
访谈时间：2020年10月20日下午2：00—5：00
访谈地点：鞍钢党校
访谈整理：高玉炜

亲历者简介：王延绵，男，1953年生，辽宁鞍山人。1969年通过招工进厂，在鞍钢第一初轧厂当车工。由于爱读书，脱产在市委党校学习一年后分到宣传科，1978年在机关宣传科担任副科长，1985年到冷轧厂任党委副书记，两年后又调回鞍钢集团党委宣传部任副部长。1994年初调到党办任主任，1995年任鞍钢实业公司党委书记兼副经理，2001年任鞍钢总经理助理，后任鞍钢集团党委副书记。2014年退休后任总指挥，筹建鞍钢博物馆。

王延绵（中）接受访谈

一、轧钢厂的一名普通工人

我 1953 年 11 月出生于辽宁海城新台子,那是个镇子,离鞍山有 20 多公里。原先我父亲在家乡做一点小生意,解放以后的 1953 年到鞍钢当工人,在一个厂里做炊事员。父亲 1921 年出生,到鞍钢的时候 30 岁刚出头。1956 年,我们家就都到鞍山来了。家里总共五个孩子,那时候生活还是挺艰苦的。从 1960 年开始,我在鞍山南长甸小学读了六年书,1966 年"文化大革命"开始,我就闲了一段时间。一直到 1968 年夏季,学校恢复上课,我进入中学。上中学的时间很短,大概有一年半。1969 年底鞍钢大批量招工,因为那时候鞍钢很长一段时间没有招工,有一点青黄不接。我们那一届没上山下乡,但在我前面的中学生都下乡去了。工厂需要人,招工以男的为主,毕竟女的力气小。所以,男孩子大部分到工厂了,女孩子大部分到农村了,小部分到工厂。1969 年 11 月我刚满 16 周岁,赶上 12 月招工,就到鞍钢当工人了。

到鞍钢的时候,每个人都要进行体检,也有类似政审的环节。那时候武斗刚结束不久,学校风气还没完全变过来,有一些在学校比较淘气的,打打闹闹比较严重的,就没让进工厂,下乡去了。我们从小学毕业到 1969 年,理论上讲应该是初中毕业了,但实际上我是全日制小学六年级的水平。

进厂以后我被分到第一初轧厂,那个时候鞍钢工艺跟现在不一样,当时有初轧,现在淘汰了。炼钢是把钢水注到一个模子里面,叫钢锭模,当它凝固了以后,把那个模子脱下来,叫钢锭。钢锭接下来到初轧,进热炉里加热,加热到它还没有熔化但是能够轧制了,这个时候用轧机继续轧,轧成各种形状的钢坯。有了钢坯以后才能进一步轧成钢材,比如有的轧成线材,有的轧成板材,等等。初轧就是把钢锭变成钢坯,提供给各个厂子去轧制钢材。现在整个工艺进步了,钢水出来以后,不再做成钢锭,直接变成钢坯,再根据需要做成不同的形状。建宝钢的时候还有初轧机,在宝钢以后就没有了。我们鞍钢后来逐步平炉改成转炉,模铸改成连铸,连铸就是直接做成坯子了,钢水不断地出来,不断地变成坯子,就取消了初轧厂。

我来了以后当工人,开天车,就是厂房里的大吊车。这个工种不像厂内的技术工种,如车钳铆焊电这些,需要有三年学徒期,这个工种没有。开天车是熟练工种,跟着师傅,师傅带着你,他干活,你看着,差不多了你上去操作,他指导你,一般半年就可以独立地在一个岗位上工作了。这个岗位的优点是收入高,因为学徒在鞍钢的月工资应该是 19 块钱,三年学徒期工资很少的。我们由于不需要那么长的学徒期,一开始是 29 块钱,然后是 34 块钱,最多两年变成了二级工,工资就是 40 块 7 毛 4 分了,那是很高的了。而且我这是三倒班,又是高温,拿最高的保健费和夜班津贴,加在一起每个月我能拿 50 多块钱,很神气。

我在那儿做了三年半,突然有一天早上 8 点下了夜班,领导找我说:"组织上要送你到市委党校学习,脱产学习一年。"这个为期一年的培训班,叫作马克思主义理论干部培训班。他们知道我比较爱读书,且读了些马列的书。那个时候太小了,又没有家庭负担,我就想读点书。实际上我读书的时间不是很长,但我比较喜欢文史类的东西,我就读文学,读诗,读古典的散文。读了一段时间,我觉得好像没啥用。一个偶然的机会,我到一个大姐姐家里去,她书架上摆了一堆书。1971 年以后,中央号召干部读马列主义六本书①,她那有一摞子原著和白皮的注释以及辅导材料,我反正也没啥读的,下班了也没有事,我说"这个挺好",她说"你要就全给你",我拿箱子装了一大堆,全拿家去了。拿回家去读,挺好,有些东西能读懂,有些东西确实读不懂。主要是因为自己文化程度比较浅,社会科学类的还可以理解,涉及自然科学、数学的这些就不懂了。恩格斯《反杜林论》里讲根号负一,讲它的矛盾性,我都不认识它是个啥,因为我没学过。好在我那个班组里有大学生,当时大家都在干活,我就请教他。那个同志叫吕贤良,后来做了鞍钢股份的副总,当时跟我一样,在开天车,虽然学问比我大,但是活干得赶不上我。他眼睛不行,但是他有学问,毕竟是大学毕业的,遇到不懂的我就问他,慢慢地就有兴趣了,总还是有很多能读懂的。特别是像《共产党宣言》,基本上都能读

---

① 20 世纪 70 年代初期,中央号召全国人民学习马列主义六本书,包括《共产党宣言》《反杜林论》《唯物主义和经验批判主义》《哥达纲领批判》《法兰西内战》《国家与革命》。

懂。《反杜林论》有一些东西有障碍，但是它的特点就是幽默，恩格斯的语言特别幽默，读起来很吸引人。马克思的文章特别经典，他像个文学家，文字极其精练、准确，像《共产党宣言》一开头就很精彩，太漂亮了；《法兰西内战》那段"刽子手们已经被历史永远钉在耻辱柱上，不论他们的教士们怎样祷告也不能把他们解脱"①，太吸引人了。我们那个时代读物是比较少的，看到这些东西，就很有意思，而且每回学习我还记了一些笔记。这些书虽说是要求干部读的，但干部真正读的也没有多少。

到1973年六七月份，市委党校就办这样的培训班，那时候思想比较左，要求学员必须是工人，必须家庭出身要好，这些我都具备。我爸爸算雇农，没有土地，没有房产，所以厂子里就选送我去参加。后来听说有一个比我还优秀的，是鞍山市的先进生产者，我只是鞍钢厂里的先进生产者。所以有的同志认为得送市先进生产者去学习，我们单位"革委会"副主任是老大学毕业生，学历史的，先在鞍钢的档案处，后到我们厂子当副手。他有文化，懂学习，他说："学这个东西，你不要看他能不能干活，你要看他能不能学进去。"他就力排众议坚持让我去，就这样我就去了，学了一年。在这个班里头，我年龄不是最小的，但是也差不多了。

当时这个班的培训挺科学的，不是先读原著，而是先学世界近代史。不学世界近代史，有些东西根本就理解不了。学校的校长李德芳、孟广义是当时市委党校最好的老师，后来都到鞍钢来分别任校长、副校长。学了一年我又回到原单位，身份没变，还是工人。领导认为培养一回再当工人就浪费了，因此先把我调宣传科工作，然后再研究其他任命。工作了两周，鞍山市委宣传部和鞍钢党委宣传处同一天去调我，两家都想要我。这个班是市委办的，鞍钢派人去学习，他们考察了一些学员，对我有些印象。当时鞍钢先来找我们科长，我们科长说这个他不能决定，让他们去找厂领导谈。他们找厂领导正谈时，市委宣传部的领导也来了，一听说鞍钢党委在讨论调我，就没提出他们的要求，就这样，我就调往鞍钢机关了。虽然我人在宣传处理论教育科当干事，但是身份还是工人，以工代干，这是1974年的事。

---

① 《马克思恩格斯全集》第17卷，人民出版社1963年版，第384页。

二、从工人到干部：在鞍钢的培养下逐渐成长

我一开始在机关工作不是很适应。鞍钢机关虽然是个挺大的部门，但是鞍钢风气特别好，特别有利于年轻人。我原先在的是厂里的先进班组，16个工人中有5个党员，这在那个时候比例是相当高的。当时最老的同志于1953年到鞍钢工作，同年我出生，在我们车间任科长。他对我很严厉，我的字写得不太好，他说："你连字都写不好，当干事抄材料都不行，你还能干什么？"说得很直截了当。后来我就去找字帖练，练了一段时间，写字达标了，抄材料就成了骨干。原来我不会写文章，比如说开个会，要求写一篇会议消息，第二天发。消息是什么我不知道，于是我找张报纸，研究会议消息，标题是什么，眉表是什么，里面是几个层次，什么逻辑关系，我把它套进去，第二天也见报了。就这样，我在领导的帮助下逐渐成长起来。在理论科做了四年干事，然后就升任副科长了。又干了三年，28岁的时候我就当了宣传处理论科科长。

我1974年去理论科的时候，思想领域还是比较混乱的，赶上"评法批儒"，到三炼钢厂抓点，教工人宣讲柳宗元的《封建论》。我们副科长领我去厂里，工作交代完把我一个人留下负责三炼钢。转炉车间支部和工会集中在一起，找个工人骨干领大家一起研究《封建论》。幸好我对古典文学比较喜欢，否则也看不懂。大家讨论怎么理论联系实际，我写出一篇文章，然后选一个讲得比较好的工人去念。

鞍钢在"文革"前配的干部级别都是很高的：王鹤寿是冶金部部长，在鞍钢任党委书记，兼任鞍山市委书记，都是按省一级配备的干部；沈越①在"文革"前是辽宁省委副书记，在鞍钢也是党委书记，七级干部。鞍钢的干部级别基本上是省级或者副省级的，因为解放初期鞍山市本身就是直辖市，所以干部配备比较高。

后来机构改革，科变为处，处变为部，我就任副处长，那时不到30岁。工

---

① 沈越（1917—1992），原名冯仁轩，吉林省吉林市人。新中国成立后曾任吉林市委书记、鞍山市委兼鞍钢党委第一书记，"文革"后任辽宁省委书记。

作了两年,组织上觉得我缺少基层领导经验。这样,我就在 1985 年到冷轧厂任党委副书记,这是一个挺重要的厂,在今天更重要,主要生产冷轧板、镀锌板和彩涂板,我去的时候能达到 40 万吨的生产水平,是中国唯一的冷轧薄板厂。这个冷轧厂 1960 年投产了一个 1.7 米的轧机,1962 年投产了一个 1.2 米的轧机。最早的时候配有解放军站岗,外人不准随便进入,"文革"前主要领导干部就按地专级配备。我在那工作了两年零三个月,做党委副书记,那时候副书记只有一个,书记"管全面",副书记"全面管",他管大事,我负责操盘。

在冷轧厂做了两年多,组织又把我调回鞍钢集团党委宣传部做副部长,我没做过正处级干部,都是副职,从副处长到下面去当副书记,然后再做副部长,那时候我 34 岁。我当副部长这段时间比较长,工作了六年半。一直到 1994 年初,我找领导说:"在机关工作这么久了,还是让我下到基层吧!"领导不同意,我的部长那时候任鞍钢集团党委常委,他说:"副部长工作要调动,党办主任也要调动,你不能走,不能没有管文件的人。"听领导这么说,我就不能走了。后来倒是让我离开了宣传部,结果是到党办当主任去了。

我做党办主任时间比较短,不到两年,真正做工作只有一年半。1995 年 6 月,鞍钢准备把钢铁以外的产业归拢到一起,成立一个实业公司,由鞍钢总经理助理兼任实业公司经理,要配一名党委书记,领导说让我去做。就这样我离开了机关,算是满足了我个人的要求。能有这个变动,主要是因为领导换了,冶金部副部长吴溪淳[1]来做鞍钢党委书记,刘玠从武钢调过来当鞍钢总经理。党委办公室和经理办公室要合并,本来领导跟我讲得很明确,两个办公室合并后我去做主任。结果正好成立实业公司,就改变了原来的任用计划。鞍钢新领导班子很重视这个公司,实业公司经理提出希望我能去给他当党委书记,鞍钢领导同意了。

鞍钢那一段改革处在尝试阶段,这个公司有将近 1 万人,成立了一个三产公司,下面有许多小公司,各个厂搞三产都归拢到这个三产公司里。鞍钢

---

[1] 吴溪淳,1935 年生,辽宁辽中人,中共党员,教授级高级工程师。1993—1996 年任冶金工业部副部长、党组成员,1994 年兼任鞍山钢铁公司党委书记。

还有一个老年事业公司，下面也有很多子公司；还有一些直属公司、海运公司、经济技术开发公司、承包公司，大大小小的法人单位和报账单位总计有360多个。但是下面管理很混乱，因此需要强力整治。我们公司经理能力很强，是部队转业过来的，原来做过耐火公司、鞍钢建设公司的经理，鞍钢建设公司是正师级单位。他很强势，整顿公司时我积极配合，给他搭班子做助手。他负责主导，我负责推动整顿、整合，虽然跟鞍钢厂内相比管理水平差很多，但是总体来说做得不错。

这个岗位我一直干到2001年。突然有一天下午，刘玠的秘书小黄给我打电话，说刘总找我，要我过去一趟。我说："领导要听什么汇报，我得准备准备，你给我透露点信息。"他说："不用准备，你来就知道了。"等我到了才知道要我做总经理助理，我感到莫名其妙，和刘玠总经理说："我还是当基层的党委书记吧。"刘总说："组织已经定了。劳动工资、综合管理、人事，都归你管。"总经理提醒我不能当挂名的经理，得具体管事儿，得真正了解企业的生产经营。

后来我才明白，刘玠总经理做这个决定缘于我的一次工作汇报。有一次，总经理要来我们单位听汇报。经理说："你当书记要负责任，这次你汇报。"我说："那不行，得经理汇报。"经理说他岁数比我大，我将来或许还有发展，因此还是让我汇报，他给我敲边鼓。就这样，我给刘总汇报。刘总听完汇报问我："延绵，你是做啥的？"我们有个副经理不明就里，说："延绵是党委书记。"刘总说："我当然知道他是党委书记，我的意思是怎么生产经营这套他也能说得明白？"正是这个原因，他觉得我对生产经营很熟悉，就决定让我当总经理助理。

为什么要配这样一个职务呢？因为鞍钢当时的清欠任务很繁重。刘玠来的时候，鞍钢外欠款138个亿，这个跟体制变动有关。过去叫托收承付，你只要把东西发出去，对方就把钱给你；后来越来越市场化，你发出去，对方不给你钱了，最后导致欠款不断累积。这130多个亿是在20世纪80年代后期到90年代中期慢慢积累下来的，需要有一个总经理助理专门负责这个事。这是大事，钱要不回来的话企业就无法运转。原来的助理退休了，所以领导就让我负责管清欠。

另外,领导还给我加个活儿。鞍钢当时有一个商贸集团,在地方上叫作银座商场,是鞍山市最辉煌的商场,鞍钢控股70%。这个企业管理有些混乱,我被派去兼任董事长、党委书记。我不懂商业,但没办法,只能去。清欠工作做得还可以,做了一段时间,最后还有80多个亿欠款。在此之前也收回来一些,越是前期越好清,越到后期越不好清。有一些欠款是用物资代替结算的,再后来全送到法院走司法途径解决了。因为这个事儿,我们除了台湾、西藏、香港、澳门没打过官司以外,其他地区全打过。刘总知道这是对的,因为如果欠款要不回来,一个是国有资产流失的问题,再一个是明确责任的问题,企业是有责任的。好在成绩还不错,刘总也挺满意。银座商场后来经我手交给市里了。

抓清欠的时候,中国第二大水泥集团冀东水泥公司成立,本部在唐山。它和鞍钢合作,在附近建了一个水泥厂,成立股份公司。2012年,我兼任冀东水泥公司董事长。过了不久,组织再次调整,把我从实业公司总经理助理调到公司机关,同时兼实业公司经理。这些单位都不太好处理,有一些历史遗留问题,这些企业发展很火热的时候成立的几个公司,经我手都做了善后处理。

那个时候我挂了好几个头衔:处理清算小组组长、法人代表,鞍钢海南公司董事长、法人代表。好处是什么呢?就是可以学习很多东西,在实战中学习,对法人治理结构、对公司运行规律、对公司财务管理都掌握了。不懂是不可以的,因为要操盘做事,不能只从书本上学。2015年上半年实业公司改制,变成职工控股,我就撤出来了。现在看改革比较成功,这几年运行一直不错,而且个人还有股份,很好的。

我兼任的几个职务后来逐渐摘掉了:2014年摘掉了银座商场,交给市里;2015年摘掉了实业公司,它改制了;冀东水泥我做的时间比较长,后来也摘掉了。我就负责做清欠,领导也不愿意让我闲着。后来鞍钢组建了资产经营中心,主要负责鞍钢废旧资产、闲置资产的处置工作,还包括处理清欠和债权问题。我在这里工作了两年多,作为资产经营中心的主任,选拔出了几个比较强的干部。资产经营中心,说得难听点就是卖破烂的,而且不好做,有风险,有容易犯错误的地方。为此,我首先把制度建设好。各部门都建立制度,凡事有程序、有标准,杜绝人为操作空间,即便我这个一把手也不能违反制度。虽然挺麻烦,但是到现在为止这个单位没有人犯过错误。应该说单位运行还是可以的,做了很多事情。从2006年开始,到2008年我就离开了。

其次,我在机构设计上进行改革,在常规机构之上设立资产处置领导小组,鞍钢一位行政领导、一位党委领导任副组长;总经理任组长,他可以不参加会,但是重要问题得告诉他;我担任主持工作的常务副组长。有些事情不能一个人决策,为了适应市场,有些事情也需要随机或者灵活处理。因此,通过高层次的领导机构来决定这些复杂问题。比如说清欠,一开始说折让12%,再多了不行。然而实际上这个企业已经死掉了,最后只有50%你也得要。这种情况下如果我个人批折让50%双方了账,这个责任我承担不起,如果有集体决策就会比较好。

后来,鞍钢在鲅鱼圈新建了一个基地,2008年正式投入运营,这就是股份公司下属的鲅鱼圈分公司,拥有五六百万吨的生产能力,精品材,质量很好。这个公司需要各种配套服务,比如说搞建设,有鞍钢建设公司、机械制造公司,鞍钢一共有15个单位为它服务。但是它指挥不了这些单位,它们之间没有行政隶属关系。虽然生产不会受影响,但是一旦出现问题,鞍钢职工缺少统一指挥,就很麻烦。比如我们在那里盖了一些宿舍,由于分配问题,职工对价格有些意见,闹得比较凶,各种矛盾频发,出现了比较严重的不稳定问题。营口当地,包括鲅鱼圈政府,都挺支持鞍钢。双方领导研究认为,这个地方要统一管理,决定设立一个党工委,统管稳定思想,公司决定让我当党工委书记。党工委书记这个职位以前没有过,是新鲜事物。我在鲅鱼圈做了很多工作,公司领导也特别关注,副书记、工会主席经常过来一起处理问题,后来逐渐稳定下来。

2013年,公司进行了大的结构调整,鞍钢上面成立了集团。鞍山钢铁主体叫鞍山钢铁集团公司,老名鞍钢,后来叫鞍钢集团。组建鞍钢集团的时候,我还有 11 个月就要退休了,本来可以挂个虚衔,开个工资等着退休,结果组织上说不行,让我在集团担任职务。由于整合上下关系事情比较多,党委副书记、纪委书记、工会主席我一个人全干了,那是挺忙的一年,干到 11 月份我便光荣退休了。

三、老骥伏枥:筹建鞍钢博物馆

我退休后又干了一年。当时张广宁[①]同志是鞍钢党委书记,他是从广东省委常委、广州市委书记任上调任鞍钢的。我退休的时候他找我谈话,并没有谈干部退休的事,而是谈鞍钢要建个博物馆,那时已经立项,但一直没有行动。张书记就和我商量让我负责筹建,去做博物馆建设的总指挥。我一开始觉得事情不多就答应了,结果越做越撤不出来。

最初想做博物馆这件事情,是张广宁同志做的决策。张广宁是从广东来的,非常有眼界、有思想,工作抓得也很扎实。他来了以后就想给鞍钢建设一个博物馆,因为鞍钢的历史非常厚重,建设博物馆不仅对鞍钢有意义,对新中国成立以后钢铁冶金工业的历史、对中国的经济发展都有非常重要的意义。那个时候鞍钢还很

建成后的鞍钢集团博物馆

困难,2013 年从全集团角度讲还是亏损的,要建设博物馆是要下决心的。张广宁同志提出了这样的动议,鞍钢领导班子大都很赞成、很支持,因为鞍钢人都有鞍钢人的情怀。我记得是 2013 年 7 月 1 号进行了奠基,奠基以后没有动,只是决定在这个地方做。首先是改造厂房,要修旧如旧,要有原来工业厂房的味道。为什么没马上做?因为这里还有很多前期工作没做,谁来

[①] 张广宁,1953 年生,山东惠民人。1973 年加入中国共产党,1971 年参加工作,曾任广东省委常委、广州市委书记,鞍钢集团董事长、党委书记。

设计、怎么做、做成什么样的东西,都还没有定论。另外,史料和实物的搜集也没有展开。

2014年初开始加快进度,由深圳的一家公司来做设计,这家公司上级的上级是中建集团。按原来的设想,能保留的尽量保留。但是因为原始的厂房除了钢结构以外都是用红砖砌起来的,结果发现经过几十年工业的生产、震动,墙已经不行了,只好拆掉再砌。里面的钢梁、钢柱,我们原以为可以直接利用,结果一看也不行了,需要换下来。工作量无形中加大了,进度更是紧锣密鼓地往前赶,边做文案边进行设计,整个方案经过了反复论证。前期抽调了几个退休和即将退休的老同志,一起努力攻克它。我参与工作以后,发现最重要的问题是展览的内容都还没有。故此,我们一面做文案,一面拆扒,一面开始搜集东西。好在鞍钢的图片有比较好的积累,都存放在档案馆里。很多照片都是20世纪50年代初期新华社拍摄的,因为党和国家对鞍钢非常重视。鞍钢50年代的资料很丰富,60年代也有一些,"文革"期间的也有。反倒是近些年的特别少,八九十年代以后的东西没有那么丰富了。那时候网络还没有现在这么发达,我们动员了一些专业和业余的摄影师提供了很多照片,问题不是太大。同时,我们发动方方面面的单位和个人提供实物,给馆里捐赠。现在博物馆的东西大部分都是捐赠来的,也有其他渠道搜集来的,也有我们原来旧有的。另外有些老照片,比如第一部分"沧桑岁月",就是从日伪时期开始一直到解放前这段时间,有些是搜集的,有些是翻印的。日本人曾经搞过一个集子,印刷还是很好的,我们在上面翻印了一些,都可以使用。图片、实物就这样逐渐积累了起来。

2014年12月26日正式开馆。在这之前筹建工作紧锣密鼓,一个是施工很紧张,承包队伍基本是夜以继日地在做。另外我们也得紧跟着,特别要考虑我们的资料、实物跟展厅、建筑如何衔接。我们还要继续找东西,比如说"沧桑岁月"板块一进去,地上放一个井盖子,井盖子中间是南满铁道株式会社的标志。因为鞍钢的前身昭和制钢所是日本人建的,再前面叫作鞍山制铁所、振兴公司,投资方就是南满铁道株式会社,所以有这个标记。这个井盖是我偶然在台町的路上发现的,经过这么多年井盖还在,经过核实后确定是南满株式会社的，我们有关部门就把它放到了馆里。

在筹建时，当年苏联援建鞍钢"三大工程"之一的无缝钢管厂正好在改造，其中一条生产线要拆除，有些东西很有价值，于是我们选了一些东西拿过来，现在都放在展览馆外面的钢铁公园，全是国家文物。还有鞍钢耐火厂，在日伪时期不属于昭和制钢所，而是日本黑崎窑业修建的配套产能。窑是1925年建的，后来一直在用，正好在2014年被拆除，我们就选了一组品相较好的机械，上面全是一排排用铆钉铆的，特别漂亮，现在放在鞍钢文化公园里。鞍钢展览馆一进门有辆坦克，是我们鞍钢的同事辗转与沈阳军区联系，经过总装备部批准而运到鞍钢的，把战斗部分都拆解了以后拿回来放在这里。那个年代生产坦克用的都是鞍钢的钢材，我们把鞍钢非常有历史价值的装备摆在那里，这个展览就很有意义。展览馆建成以后，每年的参观量非常大，后来就改成鞍钢博物馆。

鞍钢文化公园里陈列的坦克

现在看来博物馆当时建得有点赶工，如果时间从容一点还能更好，当时时间太紧张了。因为要赶在那年12月26号开馆，主要是考虑那天既是毛主席诞辰又是鞍钢成立66周年。剪彩的前一天晚上11点活还没干完，我在那坐到10点多，坐在地上一看也心潮澎湃，觉得一生有机会来建这个东西很荣幸。

四、鞍钢对新中国的意义

我们通常说鞍钢是共和国钢铁工业的长子，是钢铁摇篮，意义确实非常重大，因为旧中国的钢铁产量非常少。鞍钢以前叫昭和制钢所，鞍钢这个名字是从国民党接管开始的。1943年达到解放前的年产量最高，84.3万吨，占全中国钢产量百分之八九十的水平,因为那时候中国没有太像样的钢铁企业。那时鞍钢是日本人在本土以外最大的企业,解放以后国家非常重视这个企业,我们要搞建设必须有钢铁,因此要首先恢复鞍钢,动员全国力量支援,迅速地把它恢复起来了,为整个中国的经济建设提供了重要支撑,这就决定了鞍钢在共和国历史上的重要地位和作用。

苏联援建我们的 156 项工程,首先就是扩建鞍钢。因为它对整个中国,从恢复时期到 50 年代的建设时期,再到以后的发展时期,都具有重要的意义。除了从经济的角度讲外,它还培养了很多人才,是共和国钢铁工业人才的摇篮。全国支援鞍钢的时候,大批干部来到鞍钢,通常讲的"五百罗汉"就是这个时期的典型。500 多名地县级以上的领导干部,加上很多专家、知识分子及全国各地的工人,都来支援鞍钢建设。经过一段时间,我们国家从整体上布局钢铁工业的发展,需要大量人才。人才从哪里来?只能从鞍钢来。用陈云同志的话叫作"割韭菜",成熟一批割下来撒到别的地方去,再成熟再割。鞍钢从 50 年代开始支援武钢、包钢等钢铁企业,后来又支援酒钢、攀钢和水钢。在中国,但凡像样的钢铁企业,从它的领导干部到技术人员再到工人骨干,都是鞍钢派过去的,可以骄傲地说鞍钢就是新中国钢铁工业的摇篮。我记得在 80 年代,冶金报有一篇文章讲"钢铁语言"。什么叫"钢铁语言"?就是鞍山话、东北话,你到那些大的钢铁企业都能听到我们的乡音。

五、 再谈"鞍钢宪法"

鞍钢对"鞍钢宪法"很重视,这算是我们的传家宝。1960 年 3 月 22 号毛泽东在鞍山市委的报告上有一个 600 多字的批示。究竟为什么会产生"鞍钢宪法"?它是在什么样的背景下出现的?主要有这么几个方面:首先,中国社会主义建设经过一段时间以后,需要总结经验、摸索规律。因为 1956 年基本完成了社会主义改造的任务,从 1957 年全面转向大规模的经济建设。这个经济建设究竟怎么搞?它有什么内在的规律?我们党没有经验,需要有一个摸索的过程,所以包括毛泽东的《论十大关系》,以及中共八大都对这些问题进行了探索。除了像《论十大关系》这种宏观的分析判断以外，在企业管理层面也需要深入探索。我想"鞍钢宪法"就是在这样的背景下，在探索的过程中产生的。

其次，我们过去的管理模式基本是照搬苏联的，鞍钢是其中的典型。从恢复时期到"三大工程"都是苏联帮助我们建设的，同时它的管理模式也带到我们企业里来了。一开始我们共产党不懂得如何管理企业，只能依靠一些国民党留下的专家、少数的日本人，还有一些熟悉企业的工人搞管理。党最重要的办法还是依靠群众，走群众路线，靠这个把企业搞起来了。要学谁？主要还是学苏联，毛主席说"一边倒"就是这个意思。我们搞156项工程的时候，鞍钢作为重点项目，苏联派了340多名专家到鞍钢，鞍钢派了600多人到苏联去学习。不光学技术，也把它的管理经验学来了。学苏联这一套经验，我们逐渐感觉不太适应，因为跟党的群众路线传统有碰撞、有抵触，但是它对我们制度的建立、生产的管理，发挥过重要的积极作用，不能否定这个历史。

苏联搞三级一长制，就是一个人说了算，车间主任、厂长都是一个人决策。苏联一长制不是赫鲁晓夫搞的，而是列宁搞的。王鹤寿同志讲过一段话，他说苏联革命是中心城市夺取政权，没有足够的群众基础，怎么办呢，就派一个人带着枪去，就要一个人说了算，"你们必须听我的"，这就是一长制的由来，之后逐渐沿袭过来；中国与苏联不同，中国共产党的传统就是发动群众，而且是历史上形成的传统，跟苏联完全不一样。列宁时代实行一长制，列宁去世以后也没有人做研究调整。中国本来就没有这样的传统，硬拿来让干部接受，不符合实际，需要根据中国的国情、党的历史和我们的经验来做调整。

中国有自己的特点，完全照搬苏联经验不行，我们就需要研究治理的办法，这也是产生"鞍钢宪法"的一个因素。在那个时候，中央对科技进步已经给予了高度的重视，鞍钢的经验为指导全局的工作提供了重要的依据。鞍山市的报告是关于技术革新和技术革命情况的，最后毛主席批示的落脚点也是技术革新、技术革命，要求一环接一环、一浪推一浪地，执行这个伟大的技术革命。所以中央重视"鞍钢宪法",因为鞍钢报告里面有大量内容讲的是群众性的技术革新、技术革命。

其实当时有两个报告,第一个报告是1959年鞍山市委写给辽宁省委第一书记黄火青①的,并报中央,此时正赶上中央在庐山开会。报告里讲的解放思想鼓足干劲,跟毛主席的"反右倾"思想是合拍的,中央就把这个报告作为一个会议文件来学习,但没有产生多大影响。1960年初,中央要召开生产会议,这个时候彭真打电话来说:"要系统总结鞍钢的经验,组织群众性的技术革新、技术革命,解放思想,把生产搞上去。"在中央的要求下,由市委组织力量写了第二个报告,也就是毛主席提出"鞍钢宪法"的那个报告。当时的执笔人有一位殷恕,几年前还健在,居住在北京。后来就形成了市委的报告,报告主题是关于鞍山市的,并不是直接说鞍钢,不过内容大量是鞍钢的,最后毛主席批示命名为"鞍钢宪法"。

"鞍钢宪法"实际就涉及毛泽东讲的加强党的领导问题,党的领导无论是那个时代还是现在,甚至是未来,都是没有问题的,肯定是正确的,但不同的时期有不同的表现形式。毛泽东当时提倡的是党委领导下的厂长负责制,不同于一长制——一长制在中共八大的时候就有人提出批评了。党委领导下的厂长负责制实际上变成了一个集体决策的方式,原来是厂长一个人说了算,后来是党委大家来决策。这个制度延续时间是最长的,从50年代一直到80年代中期。党委一元化领导,一切必须党委来决定,厂长经理只是这里的一员。后来我们发现这种制度也有问题——以集体的名义决策会导致最后责任不明确。经营管理企业跟打仗差不多,决策有时候需要当机立断。到80年代中期,我们觉得这种方式不合适,就开始试行厂长经理负责制了。1988年,中央正式批准鞍钢执行经理负责制。后面又发生变化,我们现在的企业管理制度跟厂长负责制不一样,跟早期党委领导下的厂长负责制也不一样。这种决策机制体现在,董事会是决策机构,总经理是执行机构,

---

① 黄火青(1901—1999),湖北枣阳人。1926年入党,1958年任辽宁省委第一书记,组织推广群众性的技术协作活动,解决生产技术上的难题,为辽宁省经济发展创造了良好条件。曾任最高人民检察院检察长、党组书记。

党委在董事会要发挥核心作用。现在一般来说，变为党委书记兼董事长这种制度。因此，加强党对企业的领导是正确的，但是在不同的时期，根据不同的情况，采取不同的组织方式，我觉得也是必要的。这是随着我们实践、认识的发展，也随着经济建设的发展，根据企业、社会管理复杂程度的变化，以及国内国际的经验，一步一步调整的。

1960年左右开始技术革新、技术革命——其实不是从这个时候开始的，最早从解放初期张明山研发反围盘开始就在搞技术革新、技术革命，只是不那么自觉。其实现在看张明山的技术革新也不复杂，那时候轧直条钢，是并列的轧机，用这个轧一次，再轧一次使它更细，就达到了标准。原来是人拿着大铁钳夹过来，轧机是横列的，人工操作时直条钢很容易把腿缠上，一旦缠上腿就没有了。从日伪时期就一直沿用这套工艺，当时包括日本国内都这么操作。张明山针对这个问题搞技术革新成功了，苏联专家知道以后非常兴奋，说像这样的技术革新如果在苏联，三天之内报告就能够放到斯大林同志的桌子上。那个时候，鞍钢就开始大规模推动技术革新、技术革命，到1953年的时候，我们的技术革新、技术革命成果已经在全国进行展览了。

关于"两参一改三结合"中的干部参加劳动，在50年代的具体要求是什么我就说不清了。但是1974年我到鞍钢机关工作的时候，每个周六下午还是要劳动的。列宁倡导星期六义务劳动，但我们不是学习列宁。星期六的下午，我们不是去轧钢、炼钢这些关键岗位上去做，而是做一些我们机关干部力所能及的事，比如矿渣山，鞍钢排的钢砂都放到那里，里面有很多铁，我们可以到那里用半天时间回收钢砂装车运回去炼钢，主要做这一类大家都能适应的工作。或者冬天列车冻住了需要人去卸车皮，这些我们都干过。而

鞍钢博物馆中的"鞍钢大事记"

对于工人参加管理，企业里最基本的制度是职工代表大会制度。我们鞍钢建设得非常好，重大事项经过职工代表讨论决定。现在我们每年初召开职

代会,公司的重要问题,哪些在会上需要职工讨论决定,哪些需要大家知晓,这些都有具体规定。这是一个途径,还有其他,比如说厂长要经常听取职工的意见,要制度化,有的厂还有接待日,集中听取大家的意见。还有任用干部,必须走群众路线。例如提拔干部,要在多大范围内选30人,规定要有多少人投票,要看他的群众拥护力有多少。在日常考核方面,每个年度对干部都有评议,到年底组织口和工会口组织对干部的民主评议,票数低到某种程度是要免职的。

对于改革不合理的规章制度,实际就是在实践中发现这个制度不完善、不科学,就可以随时去改变。我们对这个精神的理解是,改革不合理的规章制度应该更加宏观,我们现在的制度创新、机制创新、体制创新,都是在这种思想指导下进行的。我参加工作的时候,没学过什么规章制度。"文革"期间尽管规章制度都被破坏掉了,但是鞍钢仍然正常生产。制度表面上没了,实际上都在职工脑子里。例如我当时开天车轧钢,下面都是一片红色的政治口号,"为革命轧钢不举不飘,为革命开车稳、准、快",这些都不是制度,但是师傅会告诉我,这地方该怎么做,那地方该怎么做,那块是什么情况,其实制度都在他的脑子里,制度没有文本化,却已经成了工人的惯性。

小平同志1975年主持工作以后,就开始调整这些东西了。粉碎"四人帮"以后把不良的东西除掉了,恢复了规章制度。"两参一改三结合"这条是国内外一提到"鞍钢宪法"首先关注的,认为是最重要的原则。

最初讲的"三结合"是什么呢?讲的是技术创新过程的"三结合"。你要想搞一个东西,要把领导、技术人员和工人结合到一起,肯定是没有问题的。最终到管理层面,我们也应该这样来看待问题。要想把企业管理好,工人要有领导的觉悟,要有工程技术人员充分听取专家的意见,要有群众的智慧和支持,这些东西理论上讲都是没有问题的。"文化大革命"结束以后,在拨乱反正的过程中,"鞍钢宪法"有一段时期比较沉寂。但是最早被充分肯定的是"两参一改三结合"。1981年十一届六中全会通过《关于建国以来党的若干历史问题的决议》,当时我就注意到邓小平在概括毛泽东开创性地继承发展马克思列宁主义的时候,讲到了干部参加劳动、工人参加管理,原话就是这么讲,这是最权威的表述。

毛泽东在给鞍钢做批示,并且总结"鞍钢宪法"的时候,其实一开始在"五项原则"里批示了前三项,当时后面两项没有被考虑进去。概括前三项而没提后面两项,我觉得还是政治原因,后来很快冶金部就调过来了。现在有一些同志说:"我们这样概括'五项原则'是否符合毛泽东的本意?毛泽东没讲过'五项原则'。"我认为这"五项原则"的概括是符合毛泽东本意的,为什么?概括的时候毛泽东健在。宣传"鞍钢宪法",他是认可的,这个没有问题。

六、 难以割舍的鞍钢情结

我的一生挺好,自己挺满意。为什么?我的起点大家都知道,全日制小学六年级文化程度。改革开放以后,业余又读了一个辽大的历史学专业,经济管理专业是在辽宁省委党校读的,主要时间还是在工作,学习时间很不够。我自己觉得还是挺满意的。因为我从参加工作开始就没有任何学习的时间了,那个时候每天加工上班,咱们干啥得把它干好,涨工资咱不能落下,很实在。后来读书也不是为了将来如何,主要是因为年轻没有事干,也没有负担,还不愿意浪费光阴,就读一点书,组织上知道了,让我去学习,最后让我到机关工作,我觉得组织太对得起我了。后来这些年,不管社会风气如何,有这个或那个毛病,我始终坚信在鞍钢这块土地上,只要老老实实干工作就有人能看到。我就相信这一条,因为我有切身经历,我没有为我自己工作进步找任何关系。只要认真做事情,在这个地方就有人能看到你、培养你。

我这一生,从16岁一直到60岁基本都是在鞍钢生活的,有两三次离开的机会我都没走。1967—1975年,鞍钢被彻底砸烂了,机关没有了,合到市里去,叫鞍山市"革命委员会"第一工交组。恢复之后鞍钢机关又回来了,组织上让我留在市里,去当市委常委的学习秘书。但我不愿意留下,因为我有鞍钢情结,不愿意离开鞍钢。在那以后又有两次机会我都没动,我对鞍钢总是难以割舍,适应这个环境了,觉得在这工作很好。

许家强
我首倡了动态条码管理系统

亲 历 者：许家强
访 谈 人：刘凤文竹
访谈助理：张　珏
访谈时间：2020 年 10 月 21 日下午 2:00—4:30
访谈地点：鞍钢教培三号楼 3245 教室
访谈整理：张　珏

亲历者简介：许家强，男，1954 年生，辽宁大连人。1971—2014 年在鞍钢工作，先后任鞍钢实业集团有限公司监事会主席、党委副书记、工会主席，鞍钢党校兼职教授。参与 1987 年 4 月 15 日鞍钢轧出第一卷高速线材的生产过程。在其组织领导下，鞍钢线材公司在 1994 年对每一卷线材实现了条码管理，这套动态生成条码的管理系统被鞍钢线材公司沿用至今。

许家强（左）接受访谈

一、初入鞍钢

我3岁时随着父亲从辽宁瓦房店谢屯村来到鞍山,当时父亲是鞍钢的工人。到鞍山后我一点点成长,在鞍山读小学、中学。中学毕业之后,1971年12月份入厂,分到鞍钢大孤山铁矿,在选矿车间破碎工段做了两年半的工人。之后,我被调到鞍钢矿山公司宣传部做理论干事。后来又调往矿产公司宣传处,十年间从副科长、科长升到副部长。1984年提为处级干部,1985年到齐大山铁矿任党委副书记。1986年12月6日,鞍钢成立线材股份有限公司,我就从齐大山铁矿党委副书记调到线材股份有限公司做经理助理。工作期间,在辽宁大学、中央党校读函授课程,在东北大学获得工学硕士学位。

我们那个时候中学毕业就参加工作。班里一共70个同学,留了十几个人到鞍钢工作,像我这样没有什么家庭背景却能进鞍钢算十分幸运的了。我们分配到鞍钢后,有的到矿山,有的到冶金工厂,到矿山后再进一步分工种。当时,我那个工种是选矿破碎,属于第二差的工种。第一差的工种是"二炮"。简单说一下鞍钢的工艺,首先在矿床钻深14米的孔,这么大的孔(比画),一开始是磕头机打孔,然后往里放炸药,放完炸药之后崩开。崩开之后有一些石头块大于1立方米,"二炮工"就需要拿风镐突突给它打成小孔,然后再放上炸药去把它炸碎,这就叫"二炮"。我这个选矿破碎工种,就是1立方米以下的铁矿石,进到粗破机、中破机、细破机,经过一三分、二三分,然后变成1公分以下的矿石粒。之后,再把它放入球磨机里头反复地磨,最后磨得比苞米面还要细。这时候,铁矿石和岩石要有一个分离。分离之后变成了铁精矿,之后就要把铁精矿变成烧结矿,再送到高炉里头去炼,炼完之后变成铁水,不是铁的那些东西变成水渣,就是这么一个过程。

当时的工作环境非常艰苦,即便在休息室休息的时候也需要戴口罩,因为粉尘太大。尽管有一些除尘设施什么的,但是也不行。有一次,我记得我的工作是交接班之前必须把现场清理干净,就是事前破碎好的矿石需要把它再倒腾出来,然后去筛分。这个时候灰尘特别大,有这屋一半大这么个地方,当时的灰没了膝盖,我用大板锹整整干了1小时40分钟。各种防尘口罩,包括"猪拱嘴"那种防尘口罩我都戴过。上来之后整个就是个灰人,那么一种环境,非常艰苦。入厂时自己也偷偷流过眼泪,因为当时个子小,一米六五,体重只有102斤,还是个小孩子,一下一条大皮带300多米长,一个人在那守着,一干就是12小时!当时那矿上还有些野兽,猫头鹰什么的都有,叫的时候可瘆人了。

后来因为工作比较努力,第一年我就被选为车间先进生产工作者。一年多后,让我做大门修工种。那个工种最少是有五年工作经验的才行,当时我算是比较幸运的,我发的工作服比别人多两套。我念书的时候是学生干部,有时候写点材料,或者写点宣传广告,这些事情当时工段里也需要有人帮着做一做,所以在那里工作了两年半时间。

二、工人提干与执掌"特区"

工人提干比较困难。当时有一个契机,其实现在想起来也是一种机缘。参加工作之后,我一直没放松学习,有求知的欲望,也比较愿意学。那时家里没有书,也不像现在买书这么方便。当时我就到鞍山市图书馆,拿着职工证办个证就可以借书。我也读了一个硕士学位,尽管不完整,但是起码还算接受了一些教育。在国家级的刊物上也发表了好多论文,直到今天也没有停止自学。

到30岁,在辽宁大学函授毕业之后,公司提拔我当了副处长。后来在齐大山铁矿做党委副书记的时候,那年12月初,鞍钢、鞍山市表彰100名优秀思想政治工作者,其中有我和李成印(音),他是二初轧厂的党委书记。开会时他跟我讲,市里搞了一个全面改革的试点叫"特区"——线材厂,问我想不想去,说想推荐我。

1986年11月3日,鞍钢党委决定把在建的线材厂变成线材股份有限公司,作为鞍钢全面配套改革的试点,1987年1月1日正式挂牌。当时选人的时候可以讲是万里挑一。鞍钢中级领导干部几千人,成立一个线材股份有限公司作为"特区"来试点,一个经理、两个助理的人选那都是万众瞩目的事情。在我到线材公司之前,鞍钢曾经办过一个高级干部研讨班,二十几个人在鞍钢党校脱产学习一个半月。考核的时候每次发言,都是鞍钢领导全部到场,每个人发言就像论文答辩似的。鞍钢党委领导对我的整体评价很好,后来组织部在提供人选的时候,领导意见还是比较一致的。

现在回过头来看有两个渠道:一个渠道是鞍钢组织部,向鞍钢领导班子提名人选,因为之前鞍钢高级干部研讨班提名的人选当中就有我;李成印推荐我也是一个因素。实际上两个因素凑在一起了,尤其是高级干部研讨班上我表现得好,领导对我印象不错,就选我了。

其实,来之前的时候我就知道这个地方非常累。我当时比较担心自己身体能不能撑得住,因为我从小身体就比较弱。所以当时担心,怕辜负了组织的期望。当时我负责的事情涉及管理上的许多事情,包括财务、党务、工会等等。好在到线材公司之前我读完了东北大学的工学硕士,对经济管理这些事情不生疏。到岗后,工作快节奏、高效率。

三、齐心协力,争分夺秒抢生产

鞍钢当时想证明一件事情,就是外国人能够做的,鞍钢人不但能做到,而且能做得更优秀。当时鞍钢对线材寄予厚望,鞍钢总经理李华忠和党委书记张羽都和我直接谈过话。张书记跟我谈的时候问我:"小许,你看一看还有什么要求?"我说:"张书记,鞍钢搞这个试点对咱们非常信任,用现在时髦的话来讲,允许改革犯错误,但是不允许不改革。如果出现失误,是我个人的问题,组织上怎么处分我都认,如果是工作上、方法上出现一些问题,那么请组织上能够担待一下。"张羽书记当时就表态支持。李华忠总经理更直接,要求企管到线材公司来办事,一律是开绿灯,拿黄灯的批评,拿红灯的警告,以至于开除,意思就是全岗都要全力以赴把这个特区办好。鞍钢组织上下这种支持,还有正确领导,全岗的支持、全社会的支持,这些都是必不可少的条件。但是更重要的在于什么?实质上还是线材公司299名职工的这种拼命精神。

当时全国引进高线的钢铁企业共有两家,另一家是马钢。我们这边鞍钢人当时憋了一口劲。什么劲呢?就是第一卷高速线材一定要在鞍钢产生,因为鞍钢是共和国钢铁的长子。鞍钢的领导班子当时定的就是1987年4月15号,要轧出线材。我们去的时候建设还在进行,但是为了抓紧生产,一边建设我们这边就一边抓紧培训了,既培训工人又培训领导干部。当时为了抢工期,把第一卷线材抢下来,基本上都是拼命了。那段时间常常在厂子里一待就是半个多月,什么都能接受。

为了搞成,许多人现在回想起来都在落泪。我们有一个电气高级工程师叫吴继文,他是搞自动化、自动控制的专家。非常遗憾,这个老先生在我们试生产期间就病了,诊断是患了直肠癌。后来,我们把他送到沈阳的医科大学,去的时候拎了两提包东西,我们派去两个护理人员,其中一人回来后告诉我,说吴工拎着两包东西,一包是日常生活的东西,另一包是资料。他把他带的电气高级工程师葛言叫到沈阳好多次,跟他交代线材、整个控制系统,以及基础要点、基础关键,把自己的经验都无私地告诉了他,相当于要他接班。这对线材的调制起到了重要的作用。后来老先生看到了热试轧成功,但那时候他已经不行了。

我们奋斗的时候,成宿在现场滚。到下半夜两三点钟,在现场实在挺不住了,有些人就回到办公室。我们从鞍钢的东山宾馆要了一些旧的被褥铺在办公室的地板上。因为是防静电的地板,铺上之后休息的条件好一些。先下来的同志都不到那里去休息,都给后面的人留着。大家都在办公桌上铺点破报纸,然后把安全帽摘下来垫着或者干脆戴着安全帽当枕头,在那稍微休息休息。

就是靠着这么一种拼命精神,1987年4月15日,我们成功实现了热试轧。头一天晚上气氛非常紧张,送油的时候,油送不过来。拿对讲机的现场副总指挥当时已经50多岁了,嗓子喊哑了油都送不过来。这个时候经理李成印把建设大队的人找过来分析原因,在现场搞安装的是鞍钢建设公司的人,感到压力特别大,说话手都抖。安装过程当中看图纸,回过头发现油送不过来，肯定是管路上出问题了。后来我去检查一下，发现管路接错了，迅速修，很快抢修过来了，过来就开始点炉子。轧的过程在整个鞍钢是第一次，刚开始初轧轧不过去，现场有个叫吴志斌的工人，他有经验，判断是新槽子不粗糙，后来扔点沙子在里面增加摩擦力，就轧过去了。当天就轧了Φ9.0的低碳钢，轧了13圈半，也就是51米，即使轧过去一米也算成功，何况51米！

这一段线材后来我安排人做了800多段，一段5公分长，给它都刷上了油，在北京做成几个盒，做一个线材成功的小盒。我自己也没保留，挺遗憾，那是鞍钢发展史上轧出的第一卷高速线材。

四、治厂有道，引入计算机管理

从整个鞍钢来看，它是一个联合企业，不是企业联合，上下必须得合作好。对于一个厂矿而言，也必须得合作好，尤其是像我们线材公司这个地方。我们当时为了使部门和每个员工自觉高效地工作，制定了严格的治厂方针。

线材厂有264个工人、35个干部，共计299人。要使他们自觉地工作，得有企业文化建设。当时我们也说，政治上的统帅作用得有。当时李成印经理提出了治厂方针，要求："定了的事情必须办，不办采取强制措施办，办好的表扬奖励，办不好的批评处罚。"为了能让岁数大的同事记住，我概括为"定了就办，办就办好"八个字。结果不到四天，《人民日报》发文肯定："定了就办，办就办好。"

在企业当中最怕的是什么？就怕定的事不办，然后互相推诿。另外一个就是，说到底，作为管理层人员，实际上他的职责是要实现一种资源的优化配置。除了部门协调，还有人际协调，也就是怎么样心往一处想，劲往一处使，这非常关键。当时我们有个重要的手段是计算机管理。美国王安公司生产的计算机拥有中文界面，很先进，王安机就是我签字买的，当年花了295万人民币，这是经过鞍钢公司批准的。当时我们线材有一个特许，就是代表着鞍钢的未来,线材一定要实现计算机管理。有了计算机之后,在哪个环节出问题了,一下子就能看到。所以现在回想起来线材这个地方的项目是值得鞍钢骄傲的,现在咱们全都感到挺亢奋的,当时确实是把企业的"特区"建设得很好。

计算机管理上,在全国引进工厂当中,第一张计算机生成的发货票出自鞍钢线材,第一张材质单出自鞍钢线材,第一张生产日报出自鞍钢线材,这是王安机干的活。1994年,我们对每一卷线材实现了条码管理。当时13码是通用的国际码,每一卷线台上有两个码。比如说材质单,以往是手开的,当时我们线台管材质单的倒班一共八个人,再加上白班的一个人,手写经常出错。因为它需要解决线材的一些物理指标,如延伸率、起伏等这些东西。用户根据你提供的材质单认定它可以干什么,是否符合我的工具要求。手写经常出错,很多企业慢慢就以材质单上哪个字错了拒付款项。这样,企业的资金周转就受到影响。后来我们上材质单就用计算机了,把这些数据采集完了之后正常打出材质单就行。工人的工作性质就是眼力劳动者,每天看一个小时,看它有没有明显的错误就行了。这东西出来的时候,对鞍钢是一个大解放。不仅节省了人力,而且出错的概率几乎就没有了。

五、 再接再厉,首创动态条码管理系统

整个生产线控制系统计算机化早就实现了。在生产环节成品上,当生产线顺行了之后,成品外运又是一个卡脖子的东西。卡脖子在哪?就是线材一卷一卷生产出来之后,按照鞍钢的规定叫作按炉号送钢。简单讲,我这一炉钢200来吨,轧出来的线材有100来件,有的时候甚至还没有那么多,你这100多件必须放在一个小库堆里,往外运的时候我才能出材质单。因为当时在鞍钢的体制里,检查归质量技术监督处管,它对我们是失衡的,这就是卡脖子了。还有就是计重的问题,当时线台一吨价值1000多块钱,盈利很高,后来货谁拿进来都可以挣钱。大致上一卷一吨多,咱们也往高算一点,人也能拿这挣钱,也不在乎这事高算了。用当时的经济术语叫什么?叫卖

方市场。结果，后来变成买方市场，人家就开始找咱们账的茬了，找咱们算什么呢？就是重量。重量不足呀，确实存在问题。那时我处理了一笔，是个什么情况？发给沈阳金属材料公司7800吨的货，它卖掉了一半，剩下的一半卖不动了。卖不动就放在露天迅速地锈蚀，整个价格迅速下跌。最后因为亏重104吨，我处理的时候还有一半没处理掉，跟它来了个一次了结，按照原价格算赔了330万元。

后来下决心得搞一个管理的集成系统。一开始的时候有人建议像以往搞轨道衡，就是一车咱一般装48件，然后搞轨道衡一过，算每件多少，是这个方案。我那时候还是助理，经理说："你去开个会，计量厂给咱们研究一个轨道衡，他们的方案论证你去听一听。"我去听，他们讲了近两个小时。最后说："家强你看看还有没有什么意见？"因为比较熟，都叫我名。我说："好，我充分肯定你们的工作。"但是，我说："这方案有一个致命的问题。"他们都是些高级工程师，人家很认真。听我说有一个致命的问题，大伙感到挺惊讶的，说："什么问题？"我说："国家标准对线材要求是什么，不知道各位专家是否知道？"专家们还真不知道。我说："国家标准线材要求单卷计重，公差千分之三，一吨允许正负差3公斤，这是国家的要求。你整车抛重48件，你可以说60吨除以48件，一件多少吨，但是不是也单卷计重？而且每一卷线材来的批重加上杂质工程，当中切头切尾之后，它的重量也不一样。"所以，我说："这个方案我认为不行。"他们说："那你的意见是什么？"我说："采用计算机技术。"因为毕竟我领着他们开发过计算机。其实，虽然到现在为止你让我编程我一条也编不出来，但是我组织过他们做编程。

采用计算机技术，一台公共机，一台管理机，它俩联网。我说要实现四大功能：第一工程高精度计重，国家规定公差千分之三，我们控制在千分之一；第二动态质量识别，在条码上都有体现；第三动态生成条码；第四动态库存管理。当时公司领导听到之后觉得很超前，再加上我们线材公司是"特区"，原来的生产日报表、计算机的发货票、材质单都出来了，所以说完全支持。回去跟经理汇报，我用你的方案。行，我说"好"。我说："经理，那咱马上干。"后来组织干了，整个设计方案加上领着他们做，其实都是我来领着做的,包括中间遇到一些问题怎么协调、怎么处理,最后这套系统搞成了。

搞成了之后,当年生产了48万件线材,一件也不差。中间有一个小插曲,我们叉车司机中有个小伙子,岁数小,淘气起了点歪歪心。上中班的时候,晚上11点40分到12点这个期间交班,他就开始叉车了,叉车就前装车,他可以把线团、线圈叉起来运到任何一个地方。这套系统建成之后,主任有一天早上告诉我:"助理,我盘点了一下库存,少了两件。"我说:"怎么少两件?"他说:"我按照号查的,咱这码上不都有号吗,少两件。"听完了我到计算机上一查,我说:"我知道了,上中班的时候你把小付找过来,我跟他谈一下。"第二天上中班小付来了,我把他叫到办公室,我说:"你昨天晚上是不是淘气了?"他说:"我没淘气。"我说:"你好好说,你淘气没?"一开始他嘴还硬,我说:"因为你是第一代线材员,我现在用'淘气'这个提法实际上是给你下台阶,两卷线材,一卷线材接近3700块钱,两卷线材7400块钱,5000块钱就构成盗窃,你认为这件事情应该怎么办?"他脸唰一下红了:"助理,我错了。"我说:"你错了,你知道应该怎么办。"他后来开个叉车把那两圈线材从距离生产厂房200多米远的草棵子里头叉了回来,对我说:"助理,我把线材叉回来了。但是,你是怎么知道的?"我说:"你来我告诉你。"我领他到计算机旁说:"13码当中,其中一个码知道这圈线材是什么时候下线的,走到了卸卷站,这个时候卸卷站用叉车叉这线材的很少,更多的是吊车。当这线材不在库房里的时候,肯定是叉车叉出去的。我同时查了一下你的交接班日记,两个人,这个时候是你驾驶着叉车,所以说就是你了。"我说:"以后你淘气不了了。"他说:"以后再也不敢了。"

上了那套系统后,整个企业管理,尤其是销售这块,实现了高度的集成。后来有的客户来说重量方面有问题,碰到我接待时我就乐。我说:"我们的线材你开包没有?"他说:"那没有。"我说:"这么办,我缺1吨就赔你100吨。但我对你的要求是什么? 就是我去人搞重量异议的复查,他来回的差旅费用、食宿费用你承担,可不可以?"合计合计,他说:"那我得想一想,我得问一问领导。"完事我说:"你就不用问你领导了,你说一说你是哪个单位的,我在计算机里给你查一查,我让你看一看给你发货的那些存根。"当时一车48

件,给谁家发的货,每一车里边最后都生成了备用条码。备用条码放到一个像胶卷一样的小盒里去了,现场是有那个小盒的。哪个库、哪个货位存放的是什么,拿这胶卷一下都能看到。给他发上之后,这个卷转到另一个里头去了,就是给谁家发货了,当时管理真是很严格的。我说:"你看给你家发货这么多,我告诉你,你跟我打这个官司你肯定败,咱那个传感器是美国进口的,一个就是4万块钱,精度控制在千分之一里头,你到现场去看一看,我每两个小时还校正一下重量,有个标准砣来校正的!"这一说,客户脸都红了。

我离开鞍钢线材公司时,用这套系统称重了48万卷线材产品,按国家计量标准实现了零差错。更让我高兴的是,直到今天这套系统鞍钢线材还在用,只是局部有些调整。以往计重用吊钩式电子秤,生产线上的每卷线材运行到称重位置时,不用停下来,动态精准计重。现在计重用托盘式电子秤,每卷线材运行到称重位置时,需要停下来,静态精准计重。每卷线材成品标牌上的条码也有变化,以往条码的设计理念是,在满足功能的前提下,结构越简单越好。在一张长6厘米、宽3.5厘米的标签上,为每卷线材产品动态生成一张独有的"身份证",除了醒目的鞍钢标识外,用国际条形码原理打印上重量、钢种、规格、质量等信息。后来的条码面积比原来的大五倍,信息更丰富了……不过,整个系统的理念仍是最初的构想。

六、 作为里程碑的线材奇迹

线材公司在全国的冶金工厂中最早实现了五天工作制,比宝钢早了一年时间。当时倪志福①到我们线材公司去参观,让咱们经理跟他汇报,其中提到了五天工作制的事情。因为当时线材本身是个试点,五天工作制就是一个奋斗目标,代表着鞍钢的未来。

以前不是五天,那时候最少工作六天。搞五天工作制的方案说来都是

---

① 倪志福(1933—2013),江苏川沙(今属上海浦东新区)人。1958年10月加入中国共产党。曾任第十一届、十二届中央政治局委员,第七届、八届全国人民代表大会常务委员会副委员长,中华全国总工会主席。

很有趣的,当时我领着人到无锡压感打印纸厂去定计算机、生产日报表、材质单这些用纸,路过上海。路过上海时咱们也是艰苦创业,住宿四个人一个房间,一宿大概用了不到10块钱,那时候很便宜,街道办的旅馆,为了省几个钱。结果半夜睡不着了,被蚊子咬。我告诉办公室主任——后来也是线材厂的一个领导干部——我说:"反正睡不着觉,咱们搞五天工作制方案吧。"然后在那起草了五天工作制方案。回来之后跟经理汇报,得开职工代表大会,讨论通过这个方案然后上报备案。正好倪志福到线材厂来考察,华东经理跟他谈到我们准备推行五天工作制。倪志福说:"好啊!"经理马上告诉咱们,全国总工会主席都同意了、支持了,你们可以马上就实行。后来就在全国最先实行了五天工作制。

当年的线材公司这么说吧,在全国讲还是创造了奇迹的。包括上海的杨浦大桥,第一座斜拉的钢缆桥,用的国产S82钢绞线,就是我们最先生产的。鞍钢人就是有这个本事,就像龙春满总工程师讲的,鞍钢人不是说引进二手设备有瘾,而是因为我们没有那么多的资金,所以我们要让二手设备在鞍钢焕发出青春来,为鞍钢、为中国工业而斗争,让它出力。因此到1990年的时候产量达到了37万吨,1991年的时候达到了50万吨。我们的人均实物劳动生产率,跟全国同行业比较和世界同行业比较,达到人年均1400吨,进入了世界先进行列。

最后说整个投资的收回。1987年投产,试营到1989年的时候实现了盈润,就已经达到了2.7亿了,远远高于它投资的1.8亿,这还没包括税。如果包括税的话,那么投资回收金可能就更多了。所以整个线材公司无论如何讲,都是鞍钢第三个发展时期的一个里程碑,也是整个发展历程中的一个里程碑。

郭明义 吴峥
续写新时代的雷锋故事

亲 历 者：郭明义 吴峥
访 谈 人：周晓虹 陶宇
访谈助理：常江潇 刘奎麟
访谈时间：2020年10月23日下午1:30—3:10、24日上午9:00—12:00
访谈地点：郭明义爱心工作室、鞍钢党校
访谈整理：陶宇 常江潇 刘奎麟
文本表述：郭明义（宋体） 吴峥（楷体）

亲历者简介：郭明义，男，1958年生，辽宁鞍山人，中央党校大学学历。1977年入伍，1982年复员到鞍钢矿业公司齐大山铁矿工作至今，任生产技术室采石场公路管理业务主管。曾荣获多种荣誉称号，中共第十八、十九届中央委员会候补委员，第十七届中华全国总工会兼职副主席。吴峥，男，1974年生，辽宁鞍山人，本科学历。初为钢铁工人，后转职到鞍钢党委宣传部，现为鞍钢文明办主任、郭明义工作室主任。将"郭明义"这个精神符号传播到全国各地，引领五湖四海的人做好事，续写新时代的雷锋故事，诠释新时期的鞍钢精神与长子担当。

郭明义（右一）接受访谈

一、争做学雷锋标兵：郭明义的军旅生活

我的父亲是鞍钢的矿工，我出生在这里，小时候我家就住在矿山脚下，房子现在已经沉降了。我在矿山子弟学校读到中学的时候面临两种选择，不当兵就要下乡，当时上山下乡还没结束，虽然也就一两年就收尾了，但还是必须得走。那个时候一听当兵可以不下乡，我就当兵去了。我父亲当时在矿山的"革委会"当副主任，跟鞍山警备区的余政委熟悉。好到什么程度呢？余政委爱人姐妹的子女到这儿来没地方住，就到咱家来住。所以我就这么去当兵了。

郭明义是被一个叫作余新元①的老政委送到部队的，就是这个老政委当年把雷锋送到了部队。老爷子13岁参加红军，还参加过狼牙山战斗，受过两次伤，都是白求恩给他保住了生命。他后来到了辽阳的弓长岭去当武装部政委，负责征兵工作。余老政委因为发现雷锋立了功，后来到鞍山当军分区副政委。这个时候老郭父亲是个劳模，他跟余政委认识，就说："我儿子也想当兵，看能不能帮一帮？"这老政委说："你儿当兵是好事，这我得帮你啊！"然后就把老郭送到了部队。四五年前，我专门陪老郭去老政委家，现在还健在呢，今年97岁。老政委说了一句话："你爸爸是坐着矿里的大板车来找我的，我问他为什么不坐小车，他说坐小车容易翻车，坐大车不翻车。"什么意思呢？就是艰苦朴素，他不享受，才能够走得稳，植根在人民群众心中。

到部队之后，老郭跟当年雷锋一样作为新兵代表在会上发言。有的战友不会缝被，他就帮助战友，也跟雷锋一样捐款。当年云南地震的时候，老郭自己攒下来的100元津贴都捐给灾区了。老郭在部队先干了炊事兵，又干了养猪兵，最后才开上车。炊事也好，养猪也好，他都干得非常优秀。他们全师大概有14个基层单位，直属汽车连只有他一个获得了优秀共青团员的称号，又获评全师的学雷锋标兵。在汽车大比武的时候，他又获得理论考试

---

① 余新元（1923—2022），男，甘肃静宁人。1936年参加红军，1938年入党，先后参加抗日战争和解放战争。辽宁省军区鞍山军分区原副政委，鞍山军分区干休所正师级离休干部。

和实际操作的双料冠军，所以表现非常优秀，一直在做好事。

我1976年底走的，1977年入伍，在部队过的年，我所在的23军67师201团在黑龙江尚志一面坡驻岗。新兵训练完了分到一连一排一班当战士，在一连待了没有多长时间就调到一营炮连，炮连没待几天又调到汽车训练队学汽车理论和驾驶。调进去以后先不让我开车，让我去做饭，因为都是从全师各部队调来的比较优秀的人，之前是没有人做饭的。做了几个月饭后，学完车又调到牡丹江海林县67师的汽车连开车，开始是开跟雷锋一样的汽车，后来当了副班长以后就开最早的解放牌汽车。这期间还有一次机会，空军要从部队选拔政治和身体素质都比较好的，得经过严格的全面检查，我就去了，结果县里和市里的检查发现我两条胳膊神经反应不对称，领导觉得很可惜：这样的同志得让他当空军，还让他继续检查。所以又到哈尔滨去检查，最后一关了，专家研究来研究去还是不行，说这个到空中作战的时候操作不了，就没去成。

这期间还经历了对越自卫反击战，打仗这个东西不是说你到中越边境去就算打仗，从战略全局上是这样的：越南那边要打，但要防止苏联动手。当时铁路线上昼夜不停地有军车，不是大炮、坦克，就是大闷罐子。我们部队某个晚上宣布要调动，坐专列赶到某地。我们在夜深人静的时候到了车站，坐上大罐子就走了，到了龙镇这个地方，我们连队的主要业务是把在龙镇车站卸下的大量作战物资，比如炮弹、子弹运输到作战区域。我们住在知青刚走的一个没有窗户的地方，自己用塑料布糊上，当时是在最冷的时间，所以去之前发了一壶酒，晚上吃点饭，喝点酒，怕冻死了。喝完我们就睡，起来就开始干，不停地运送弹药，目的只有一个，一旦战争打起来能运送到应该储备的地方和能拿到的地点。因为我们走的时候中央军委发布命令，任何人不允许跟外界沟通，部队的行动绝对保密，所以一来二去很长时间没跟家里联系。家里人只是听说部队打仗去了，我活着还是死了他们都不知道。社会上就有言论传到我家，说"你儿子死了"。战争年代，他信啊，家里就上武装部问："儿子死了，骨灰在哪？"人家说："战争结束后才能处理家里的一切事务。"等了半年多接近一年,才跟家里人说:"你儿子还活着。"我们野战军有自己的农场,要种麦子、大豆。后来我们连队就从龙镇调到嫩江收麦子去了,收来收去干满五年就复员回到了地方,我这五年在部队就探过一次假,回过一次家。

二、 耕耘一线:我的日常工作

复员后我就分到了矿山的汽运车间,开 20 吨的运矿车。因为我 1979 年在部队就入了党,还年轻,干了一段时间就调下来在车间当团总支书记。两三年后各级党校开始招生,我考上后带工资在市委党校上了三年大专,学的经济管理专业,回来以后分到矿党委宣传部做理论教育干事,给干部讲课,讲哲学、管理。讲来讲去把自己给讲没了,怎么讲没了?那时候党委办公室、宣传部、组织部、纪委合并到一个政工部,剩下的部门取消,人员通通到劳务市场,由我负责组织考勤和学习,干了一周后底下一个动力车间有人去当矿办调解员,留下来一个岗位,问我去不去那个车间,我说什么这车间那车间,有活干就行。我就在车间做统计工作,还在汽运车间做团总支书记。

我愿意学习,回来就没停过学习,天天晚上去夜校。半夜 4 点半蹬车子去,矿里还派两台大客车把我们这些人送去,有很多人去上。"文革"后国家第一次录用干部考试,矿里就把我推荐去了,考数学、语文、政治,最后我考上了——当时我写的作文题目叫《世上无难事,只怕有心人》。考上了以后我在动力车间又上党校,念了函授本科。我在部队的时候遇到一个战友,他父亲是一个师的领导,他知道回去以后肯定要考大学了,在部队就复习英语单词,学上海台广播的一个小册子,上面有英语单词,格尺是 ruler,苹果是 apple,梨是 pear,丁字尺是 T-square。我在学校的时候一至九年级学的是俄语,我跟他挺好,就一起学英语,管它用不用得上,回来在动力站继续学。后来矿里进口国外大型矿运汽车,就找我了:"你能翻译翻译电铲资料吗?"我说:"我也不懂英语,你拿来我试试。"我认识的那两个单词也不是技术要用的,就用字典一个字一个字地翻译,给他资料翻译完拿走了。翻译完以后矿里说我老说要学英语,就送我去鞍山的冶金干部学院英语系学习了一年。当时还送了些刚毕业的本科生,我是土包子,人家是北京钢铁学院的,这些人后来全都走了,上国外的一个,考博士的一个,考研究生的一个,完事干别的去了,辟如调到外企的,就我一个老根还干到今天。

设备进来后老外也来了,有美国、澳大利亚、瑞士、瑞典、菲律宾的,我就在宣传部一直陪着老外。因为鞍钢外事办的翻译是负责外事交往、接待的,他不懂汽车,没有概念,那时候汽车还没有普及,现学也来不及,所以老外一说,他翻译也费劲。但是老外一张嘴我就知道他想干什么,因为我也是开车的,学过控制系统的理论,也是实际的驾驶员,他想做什么,想怎么做,什么标准尺度,我心里有数。所以大轮上面的驾驶员就把我抓到身边:"你不能离开我啊,你要离开我这活怎么干?我说半天外国人也不理解。"我就这么在扩建办干了三年,扩建完给我调到运输科干统计,统计干来干去,这男的怎么干统计?一般女的干统计和会计嘛,就给我整去管公路。后来运输科管道路的移到生产科,我就在生产部门一直干到今天。

郭明义在工作现场

我的岗位一直没变,管矿山道路的设计、施工和维护,十八大以后也没变,但是领导要求变过,说:"你不能再干这活了,你现在是中央委员会候补委员,怎么还在现场干活?"意思是我最起码得整个副处级或者处级,让我升官发财。确实是升官发财,因为挣的钱非常多,我的工友说:"你傻乎乎的还不去?你钱挣得很多,可以拿着钱帮助人。"我说:"那个时候我就变了,不一定帮助人了,我自己还嫌钱少呢。"在那个年代,也没有人告诉我说郭明义你应该这么做,这是我自己判断出来的。我都到今天了,别想好处了,就想为党,因为这种责任更大,而这种大要想不被压垮,就得在基层干。我现在入厂应该达到40年了,我想一直就是这么干。

郭老师他平常也跟大家一样上班打卡,他现在基本上每天的轨迹是这样的:4点多钟起床,4点半到办公室,看两个小时理论、政策的书,包括中央要求的一些书。然后他会穿上劳保鞋,戴上劳动安全帽,去一线工作半天,中午回来。在咱们齐大山铁矿,他的职务是生产技术室采石场公路管理业务主管,过去叫采石场公路管理员,管采石场里公路的规划设计、监督和修建。

这个公路是干什么的?给采石场里的大小车辆运转提供保障。因为采矿主要是生产铁矿石,齐大山铁矿采石场有一种大车高七米,宽也在五六米,自重100吨,载重154—190吨,三个档。什么概念呢?这个车装满一车皮,比方说190吨,就能装满三节火车皮,就是这么大一个车。这个车很贵,一台车在3000万元左右,我不搞生产,但听说这个车一个外皮轮胎就要10万块钱,整个轮胎大概是30万块钱,包括配件什么的。这种车特别金贵,你这个路要是不好,车巅了就容易坏,一修成本就高,而且还影响生产,所以要为这样的车修建行走的道路。当时基于"修路胜于修车"这样一种理念,就把主要精力放在修路上了,专门设了一个老郭这样的岗位。

1996年齐矿完成扩建工程之后,引入了大量这种设备,他就开始在这岗位,一直到今年是24周年,就是为了使路面更好,减少对车的磨损。还有一些什么呢?路本身就是矿,矿本身就是路,因为它根据采集计划,最近时间按这方向前进,就弄一条路,你们没到采石场看可能不太清楚这感觉,一圈一圈一直到底。因为矿不是整个全是的,而是按条算的,把这条先采完。边上也有矿,这时候路就要顺着修,所以说路就是矿,矿就是路。这边采完之后,回头再采另一边,一层一层,是这样一个过程。

这个公路管理员实际上是干部岗位,而且老郭也在1986年左右就通过了全国统一的干部考试。到这个岗位之后他可以这么工作:周一去看看上周什么样了,周中再去一趟,基本上就算一个好的岗位人了。但他是每天都去,而且每天都是6点多钟到现场。他这么做出于什么原因?我们矿山生产有一个"躲峰节电"的要求,下午和晚上的时候电是便宜的,我们就躲峰节电不在这个时候生产,因为我们矿山生产用电量是巨大的,所以要躲避这个时间。白天生产用电比较多,这个时候电价也比较高,他就把检修和修路的时间放在了上午用电高峰的这段时间。刚才我也铺垫了,每天生产完之后,采石场情况变化很大,需要大量的修路作业。老郭为什么要6点去,他去了之后就用双脚在采石场里面走,看每段路什么样,走一个多小时,大概到机器生产的地方,心里就有数了。这个时候他就开始制定修路计划,今天上午修3号台、8号台,3号台需要几个车、几个推土机。因为我们矿场还倒班,他去得早,可以先指挥夜班没下班的人,把一些最关键的地方抢修一下,等到8点交接班之后,白班的人也不用再探路了,他心里都有数了,直接派活,到哪儿去,这样就给生产抢出来了时间,这是他的主要目的。

他6点钟到岗的状态坚持到现在,24年里面天天这样,只要不出差,就提前两小时到班,这是一方面。第二个,周六、周日从来不休,照常6点钟到现场,因为我们的生产是不停的,所以周六、周日他也依然如此。包括过年的时候,初一他肯定是给现场的职工送他和老婆包的饺子。因为采石场都是大循环作业,职工也不是很多,一个班能有50多人,所以他初一送饺子,这成为惯例了。有些时候他是年三十临晚上的下午来送饺子。就说在加班这一块,他就得加1万多个小时班,每天提前两小时,你算下来有效工作日,乘以这么多年,我们当时也估算他应该多干了六七年的工作量。

三、续写奉献精神

当时雷锋为什么去弓长岭了呢?因为雷锋到了工厂之后,一心要报效国家,什么脏活累活他都干,什么地方艰苦他抢先去。当时鞍钢在弓长岭要扩建一个焦化厂,他就第一个报名。那是个大山沟子,没遮没挡,啥啥都没有,去了都得新建设。雷锋到了鞍钢之后经受了这种工业大生产环境的锤炼,有了自己的升华。他最开始想要当一名炼钢工人,但是组织上把他派到了化工农场去当一名推土机手推煤,他就不理解。后来车间主任说:"这就好比一个大机器,我们每个人都是一个螺丝钉,你推好煤也是为了炼钢生产。"所以雷锋后来欣然接受了,他的思想领域出现了"担当螺丝钉",这都是有缘故的。他在鞍钢又加班又奉献，获得18次先进奉献者称号。在这里，雷锋实现了思想蜕变，从一名农民变成了一个产业工人，这也为他后来成为伟大的共产主义战士奠定了坚实的思想基础，也是雷锋精神真正形成的重要阶段，他有这样一种全心全意为人民服务的精神。

雷锋说，他到鞍钢来就要找最艰苦的岗位，什么地方艰苦他到什么地方去，而且要带头把它做好，所以就到了弓长岭。到弓长岭时间不长就开始征兵，他说他要保卫祖国，就报名去参军。结果他身高、体重不够，部队也不要他。他就天天去人家家里住，一连住了50多天，余新元也被他磨得没办法。雷锋身上体现出来的那种信念和思想品质，深深打动了余新元老政委。他当时就说了一句话："像这样思想坚定、把毛主席当作信仰的好青年，不送到部队去是一种损失。"所以他为雷锋的事情和地方、部队协调了几十次，后来终于把雷锋送到了部队，而且雷锋走的时候还不是正式兵，是候补兵，什么概念呢？这批招了很多，数量都够了，如果人家正式招的人都没毛病，那你就没机会了，如果前面有的在身体复查的时候出问题或者怎么怎么的，这时候你可以去补缺。雷锋是以这样的身份去的。

雷锋很早就来鞍钢了，鞍钢去湖南望城招工的时候雷锋报名，响应党和国家的号召。"没有钢铁什么也干不成，要保家卫国，解放台湾"，别人以为那不过就是喊个口号，但是他不是。所以他那个人非常好，祖国和人民需要他干什么，他就干什么。我在小学的时候学雷锋就是打扫打扫卫生，到中学从课本上认识的越来越多，就早点去生炉子、擦擦玻璃，收拾收拾卫生，帮忙挑挑水，完了到车站整一个小喇叭去宣传宣传，后来再大一点了，就整一个气管子帮忙打打气。学校那个时候要自己种菜、种豆子什么的，我还帮学校养过兔子。

在部队的时候我还干出这样的傻事，你难以想象，就为了入党，我在刚到新兵训练营的时候，一天写一份入党申请书。写了太多，连队指导员就找我谈："入党申请书你写再多也用不上。"我就知道了，入党体现在战争年代是要去牺牲的，在平时有活的时候多干一点。所以我除了帮助战友还帮助别人，帮伙房挑挑水。当时部队的营房就是小平房，厕所就是旱厕，容易结冰，部队人也不少，二三百人……我就早早起来，拿镐头把它整好。连队指导员得组织训练，也起得早，看到我说："小伙干得不错！"

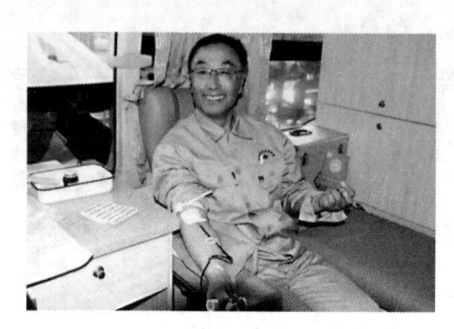

那个年代实行计划经济，献血都分配名额，企业、学校今年分配多少名额，一下来是不是得动员车间和各科室？我都第一个报名，我是党员呐，所以每次我都抢：要是一个名额，别人没有机会；两个名额，也是得有我一个，我就这样坚持下来。我没有任何动机，我是党员就得带头，因为党员一直接受学习教育，还没让你去上战场牺牲，那平时你如果身体健康就献献血。没想别的什么，就是想要起带头作用去做。后来再发展发展，不是计划经济了，是市场献血了，但我还是坚持献，不是单位组织的，是自己去。一年应该献全血两次，后来血小板一年可以献12次，一个月献一次，估计献出去6万多毫升。我现在有60来本献血证，最早的献血证上面是献一次登记一次，后来是献一次给一个。去年我们爱心团队参加韶关红蚂蚁团队组织的活动，我还献了200毫升，抽血的说我这个岁数太大了，不能给我一下子抽过去那么多。献血不可以献太频，血小板一个月献一次，那个针眼比较多，因为它有个恢复期，夏天的时候胳膊露出来有好多的印子。

除了献血以外，就是参加希望工程帮助学生。这是从部队回来开始的，通过邮局汇款，钱不多，也就是300块钱左右，但是汇款单是真多，很多很多，是一点点积累起来的，也不知道有今天。到现在捐的钱应该也能达到100万，因为前年给企业买设备还拿了二三十万。我们这个矿山是皮带约束，要有轨这个皮带才能转动，这个轨用起来太费了，质量不行一周就得换。有的职工提议如果有设备我们可以自己做，质量会比这个好，说矿场买，一说买也不买，二说买也不买，不知道怎么回事。我说多少钱，我自己买，我自己拿了30万，剩下的大伙凑钱，一共凑了六七十万，把设备买了下来。原

郭明义在献血现场

来老换，干活的人受不了，现在人工都减了，职工反映特别好。我们在做的过程中，密封件压了往里挤，完了好焊铁，结果发现轴承碎了，外面的圆筒壁特别薄，没转两圈就磨没了。我一看这哪能保证质量，这不是又回到原来路上了？我把鞍钢纪委叫来了，我说："你看看谁在这里搞名堂，有没有什么问题？"结果一查都给他们处分了——轴承有问题。我最近要求去那个厂调研，给我们进最好的设备，这个企业现在一听说我们干什么都愿意支持，完事把以前我们拿钱买的设备都给我，我说我不要了，但别的工人必须得给他。

　　为什么说他难能可贵呢？一个是他做的时间长。他从70年代末改革开放初期，一直到今天社会主义新时代，经历了多少考验？尤其是在改革开放这段时间里，社会上一切向钱看，但是他为别人多做好事这种信念始终没变，而且他是确确实实这么做下来了。我给你举个最简单的例子，90年代他开始帮助困难学生的时候，一个孩子大概300块钱，他当时工资多少呢？500块钱。有一次他女儿的封盖文具盒坏了，中间穿的那玩意可能是掉套了还是怎么的。小孩子喜欢新鲜东西，文具盒破了就想换个新的。老郭当时怎么说？他说："闺女，没事，爸爸给你拿单位修修还能用。"拿过去哐哐给砸几下，回家给他闺女了。这边该捐几百块钱给困难孩子，他还捐几百块钱。

　　你说咱们怎么理解他？他不够讲人情、人性吗？如果站在他女儿的角度肯定会讲这不是讲人情、人性，但是从精神境界的角度讲呢？他闺女现在是研究生毕业，已经就业而且有孩子了。当时结婚的时候，两家父母包括这俩孩子，六人在一起吃了一顿饭就算结婚了，一个喜事也没办。所以有些时候这些事情，你得细细琢磨，他到底是个什么样子的人。他老婆是医院的，他是鞍钢的，所以他的收入在鞍山应该能过上富裕生活。但是他降低了自己的生活标准，把他认为额外的这些，不只是钱，包括奖品、慰问金、奖金全捐了。

　　其实核心就是他对雷锋精神的高度认可，以及对党的根本宗旨坚定不移地践行，所以他会说出"帮助别人，快乐自己"这样的话。他讲过一个例子,那时候他没有什么名气,工人之间知道他,当时大家都不认可他,说他傻,谁能有钱自己不揣兜里给别人捐出去?完了有时候让自己生活更不好。他说:"你说你的,我做我的,你说傻子左右不了我。"你可以想象那个时候他会有多难。全社会都这么去评价他,说"你就是个傻子"。哪有不为自己的,又不是家里条件特别好,愿意帮别人。他就是一个普通人,保证温饱之后把所有东西都舍了。就是在改革开放那个时期,而且这个时间还不短。后来怎么改变的呢?因为老郭始终如一这么做,他只要看到谁有困难,只要看到谁遇到事了他都去干。他有个工友不认可他这样式的,有时候甚至争吵,但是老郭说:"你就算说我是傻子,你有困难我还帮你。"一来二去大家就去看,这个人真不是我们认为的那种傻子,他真是把帮助别人当作自己最快乐的事情。所以他慢慢地征服了这些职工,当年我们在挖掘他事迹的时候,很多他身边的工友说:"郭明义这样的人,宣传部要不把他树为雷锋那样的典型,我们都不答应。"工人说得多朴实啊,为什么?因为他们确确实实看到老郭实实在在为老百姓做这些事情。

四、郭明义爱心工作室的初心与实践

最开始是 2009 年的 7 月 9 号,在咱们鞍钢成立了郭明义爱心团队。我这个部门是隶属于鞍山钢铁党委宣传部的,我的上一任领导就是我们党委宣传部部长,再往上就是集团的宣传部部长,这么一条线下来的。我们工作室的身份和职能属于集团层面,所以叫鞍钢集团郭明义爱心工作室,但是我的具体工作还涉及子公司,鞍山钢铁文明办的工作,所以我们斜杠叫"鞍山钢铁集团有限公司文明办",所以两个领域、两种层级、两种职能。因为老郭的影响力越来越大,他一个人做起来比较吃力,鞍钢党委就根据这种情况成立工作室,现在工作室有五个专职人员专门做咱们这个公益项目。目的一个是服务郭明义,让他始终健康,在不走偏的情况下发展成长。第二个是协助他管理团队,包括组织策划一些活动、审核团队等。所以我们这个工作室主要的责任和任务就是辅助郭明义,其次也兼任鞍山钢铁的文明办。

现在这个团队规模越来越大，全国已经发展到了1400多支分队，240多万志愿者，我们除了港澳台之外，在所有的省都有分队。全国以辽宁为基地，辽宁以鞍钢为基地，就这么个发展态势。我们工作室是个新生的机构，全国只有这一个为先进典型设的专门工作室。我们还有一些职工的创新工作室，但不是专门机构，也不配备专门人员，只有我们这个工作室设立了专门机构，配备了专门人员，给专门经费和办公场所。

我们有个会员部，专门管团队加入的审核批准这个过程。我们根据自己的情况，草拟了一个类似于团队章程的东西，但这是我们自己把握的，不是按照国家规定的模板来的，否则又要开大会又要选举什么的，我们没有这个条件，不做这样的东西。你说面向全国去做这件事情，几百万人这么一个队伍规模，我们既没场地也没精力，更没有人员去筹办这样的事情，所以我们把这个团队的发展思想降到了最低的标准，就是让大家都知道学雷锋是什么，能够身体力行做一些学雷锋的具体事。

郭明义在访谈现场接到群众求助电话

按照咱们国家宪法的规定，社团必须要注册，但是我们团队有这么几方面的原因，所以就没有注册。第一个，我们团队成立早于国家对社团的规定。第二个，当我们想回头做这件事情的时候，发现这事情做不了，因为它需要的那些要件我们一掰扯之后都实现不了。我们团队大部分是以单位的形式加入的，像我跟你说南师大的研究生，包括重庆的，全国各地都是以单位形式出现的。我们现在也在积极争取，跟民政部门沟通我们这种特殊情况应该怎么处理才合适。这中间存在一些这样那样的困难，我们推不下去，因为我们不对社会发起募捐活动，都是比方说某个企业发现我们在帮一个孩子或者是开展一个项目，他就会主动提，说"我也参加这个行不行"。这个时候我们就会把这个项目中间需要做的事情给他讲清楚,比方说我们现在搞扶贫,需要你投入多少资金。我们把贫困户筛分出来,交到表达捐献意愿的企业也好,团队也好,他们直接搭上桥,把这个钱就汇过去了,然后由当地的扶贫部门落实这个项目,大概就是这样。

我们不亲自经手,比方说向社会发行,现在需要大家捐点款,没有这样的。因为很多人有这种学雷锋的愿望,但是没有学雷锋的资源;或者想要表达爱心,不知道表达给谁。这个时候我们就可以根据他的愿望,比方说想资助100个困难学生,一个孩子300块钱,一共3万块钱,我们通过市贫困办选择一些值得帮助的困难学生,把这些孩子的资料推给他,由他确定是不是捐,他要认为这孩子挺困难,还挺上进,他可能就捐。

有几个方面要说清楚,第一个是主动到我们这来求助的,主要是个人。老郭现在有微博、微信,我们工作室还有电话,很多人还知道老郭在这地方上班,有写信的,有通过微博、微信求助的,还有上门和打电话求助的,另有一些是老郭外出参加活动,或者是解决老百姓求助的时候,有老百姓反映"还有这样的困难,你也帮我解决一下"。这个时候老郭就会安排我们的同志去做调研。不能他说了我们就认为他说的是完全正确和准确的,我们去实地查看相关的证据,根据我们调研的结果确定他这个事情是否真实,这是第一步骤。

第二个步骤是看他的问题是否能在国家或者政府政策规定之内得到解决。我们是政府或者党委在社会治理方面的一种补充,不是主体。因为有些老百姓文化知识受限、社会经验欠缺,他不知道有问题去找谁反映,怎么解决,这个时候如果我们知道这类事情要交给政府来解决,我们就会帮助他向政府相关部门反映,说有这么一个人,这么一个情况,然后相关部门根据规定给一个处理的方案,或者解决的最终结果。比方说有符合政策的,就会研究怎么推进帮他解决;不符合政策的,就会给我们一个反馈,说这个事情为什么不能解决,我们再反馈给求助的老百姓。能解决的我们尽量就给解决,解决不了的我们做一个合适的解释,把矛盾化解在我们可以做的范围之内。还有一些人说:"郭明义同志,我被你这个事迹所震撼、所敬佩了,我现在想表达爱心,我还没有什么具体的想法要帮谁,那我就给你捐点钱,将来你帮我找一个合适的人捐给他。"这叫委托捐赠——像前面说的就要捐赠学生的,叫指定捐赠。这个过程里面,工作室也好,老郭也好,我们并不亲手参与钱的流转。说白了,你委托我捐也行,我给你个账户,你给我存在这里面,当我发现有人需要救助的时候,我把他的情况跟捐款这个人去反映和沟通,如果这人同意了,我们就把账户里的这部分钱拿出去给需要帮助的人,然后我们会给这人开具一个爱心捐赠的回执卡,在卡的正面写上捐赠的金额,背面写上捐给谁了、捐的人什么情况、联系电话,你可以自己去调查核实与沟通。因为有些人不愿意跟这些求助人见面,我们实际上也规避了一些志愿者做好事的风险,你做好事,可以匿名也可以实名,可以见面也可以不见面。

我是主任,我们还有一个副主任、一个外宣部部长。外宣部主要负责对我们团队一些好人好事的宣传。赈济部主要处理群众求助的问题,还有一个会员部,负责申请加入者审核或者团队成员的入党管理这些事情。我们副主任还兼一个综合部,就是事务性的工作要协助我来处理,这几个部忙的时候他也会去帮助和支持一

吴峥接受采访

下。事实上现在我们每天接到10—20个求助电话,各种形式的,来访和电话居多,到工作室门口,说"我现在要见郭明义同志",我们就先做初审,把他的情况了解一下,不能什么人都围着他转,这样老郭就没法工作了。他就先反映,说为什么事来,比方说"我是农村的,最近政府征地动迁,我认为他给我的补偿不到位"。这个时候我们就会让他拿出证据,证明为什么不到位。我们再向区、镇、村反映,核实哪个方面说得更有政策依据,更符合实际情况,再最后决定去帮他。包括下水道堵了,暖气不热了,水管不流水了,有些人也来找我们。我们鞍山有些地方还是没有小区的老房子,有一些年久失修的楼也不知道归哪管,所以就有一些这样的事,因为政府职能部门对这项事

情也不能完全处理得很清楚,经过几年的动迁,包括行政区划的改变,有些东西它就分不了那么清。这个时候也不能说政府部门不给你办,而是说他确实不太清楚。但是老百姓等不了,没有水他生活受限,这时候就会找老郭,我们就会想办法去帮助解决,这样的事情做了很多。有些是确实哪也管不了,因为涉及产权、管理的权限规划,有些可能是农民或者城镇边缘职工的自建房,我们就想办法向我们的捐款人求助。比方说有人向我们团队捐了1万块钱还没动,我们评估这个问题解决需要3000块钱,就会把情况和那人沟通,说:"现在我们准备要帮他一下,行不行?"同意了我们就把钱捐给他,后续也可能帮他做具体施工建设,这样一种流程,就是老百姓合情合理的求助,我们都给他解决。

我们策划开展活动不是面向所有团队的,主要面向我们周边的鞍山以及辽宁其他地市,省外大部分都是自发地开展活动。我们是以团队的形式加入的,比方说2010年的时候南京师范大学成立了郭明义爱心团队,因为地域关系,有些时候不能有效管理,而且学校的学雷锋活动和成立爱心团队是一个相辅相成的东西。他把成立这个团队作为推动学雷锋的一种方式,以这样的一种载体来更有效地开展学校的学雷锋活动。因为都是以团队和单位这样的形式加入的,我们对省外的管理就不是那么严格,只要正常开展学雷锋活动就行,而且我们在这十年的运行过程中,没有发现有分支机构打着这个名号干别的事。我们对他们没有要求,比方说要求你一个月或者半个月必须开展一次。我们的目的主要还是让全社会的人都来学雷锋,老郭作为学雷锋的典范是一面大旗,大家都向着他那样去学雷锋。学雷锋是长期地做,有个分队差不多每天都在做,每周搞一次活动,还有一些团队可能就一年搞那么三两次,我们都认为他是在学雷锋。我们不把次数、参与人数作为学雷锋的评判标准,只是说把雷锋精神这个种子种在每个人身上,让他随时随地想着雷锋,想着像雷锋那样去做,这是我们团队的初衷。去年的8月4日,《人民日报》在头版刊发了报道,叫《续写新时代的雷锋故事》,主要内容就是郭明义团队怎么贯彻落实总书记回信。

我们的工资都是鞍钢集团开的,这既是对郭明义老师的一个支持和推动,是对全国的一种奉献,也是落实中央对郭明义发扬雷锋精神的要求。我们经费在20万—30万之间,因为有一些事情不能去花人家捐助的,那是一分钱不碰的。我们每年3月5日前后会组织"跟着郭明义学雷锋"这样的服务活动。当时提出一个宏观的要求,面向厂区,走向社会,两个维度学雷锋。再细分就是岗位和社会奉献这么两块,岗位就分几个情况,选择义务劳动还是环境治理等,自己选。面向社会呢,也根据他长期从事的志愿者项目,在那个阶段里继续做。

像我们面向工厂的爱心团队是帮一位小女孩,她妈妈患了脑结核,手好像能动一点,剩下都不行,常年瘫在床上,吃喝拉撒都在床上解决。她妈妈是农村户口,爸爸是城里户口,还没落在一起,有政策的限制就办不了低保。她爸爸每天早早就要出去打工挣钱,开大货车,有可能一跑就是几天,家里就剩这个孩子和她妈妈。小孩从5岁开始照顾她妈,每天早上到市场买菜给她妈做饭。我们炼焦总厂的爱心团队在帮这个孩子的过程中,鞍山市公安局也成立了爱心团队,帮助这一家顺利完成了户口的迁移,所以这里面挺复杂的。没有公安系统的资源,可能我们在解决低保的事上还要费点劲。她爸爸后来得脑血栓也不能劳动了,这些事情堆在一起,后来她全家享受低保,在某种程度上可以保证他们的基本生活,让孩子还有书可以念。我们炼焦总厂的爱心团队一直资助这个孩子,一个是捐学费,一个是做课业辅导。这个孩子现在已经读大二了,这么多年过去了,现在也有接触,当然上大学之后就是学费、生活费上的帮助。像这样的事情可以彻底改变他们的状态,如果这个孩子大学毕业了找个工作,家里的困难就都解决了。炼焦总厂当年是雷锋工作过的化工总厂的后身,学雷锋的精神一直传承到今天,所以他们厂是中宣部授予的全国的学雷锋示范岗。

五、 扶贫路上的难忘故事

老郭现在是全总兼职副主席,是咱们第十八、十九届的中央委员会候补委员,他的理想信念非常坚定,对咱们党和国家大的方针理解得非常透彻,落实得非常坚决到位。从2015年开始,他在自己做精准扶贫志愿服务活动的同时,开始发动我们爱心团队参加精准扶贫志愿服务。

2015年的时候我们第一次服务活动是到四川的大凉山,当时有一个凉山州贫困群众的战友,找到郭明义同志反映了他战友的生活困难情况。如果我没记错,他战友是一个叫阿西拉泼的彝族青年,当时我们工作室的白洪山同志,就被郭明义同志派到阿西拉泼家去做实地调研。小白回来之后跟我讲他的调研经过,我觉得很难忘,因为这也是工作室第一次真正走入了精准扶贫公益去干志愿服务。小白去的路程比较艰辛,坐飞机到昆明,由昆明坐火车到喜德县,到喜德县之后又来了车接他到乡里。当时下了一场雨,那个地方偏远到什么程度呢?只要下雨、下雪,路就走不了了,所以他第二天天放晴才进了山,到阿西拉泼家时已经到了傍晚。当时我们帮他建了新房,又捐了十几只羊。

2017年的时候我们面向凉山州又开展了一次大规模精准扶贫志愿服务,小白领着我去了阿西拉泼的家,因为我们的帮助,他的生活已经改善了。我去看的时候,新房子已经落成了,确实很漂亮,在山坡上,窗门洁净,设置也都很全,他的羊也养到了40多只的规模。阿西拉泼的老房子还在,放羊、种地的时候用。小白领我到他家老房子的时候跟我讲:"这就是我当年住的地方。"阿西拉泼家的老房子是一个彝族的堂屋,整个房子里就一个5瓦左右的小灯泡,没有窗户,只有一扇门。梁很高,里面漆黑一片,屋的正中间有一个土坑,上面支了一个铁圈子,底下放的是木头,上面放着锅。这个地方既取暖又做饭,所以彝族很多人得白内障的原因就是经常烤火,经常看火。这是阿西拉泼住的主屋。小白住在主卧的对面,这个屋是什么结构呢?是一分为三的房子,一侧是羊圈,一侧是牛圈,中间是客房。在三个房子中间还不是砌满墙的,是半高的墙,牛如果高兴了一伸头——你想想,那里边一个是牲畜的叫声,一个是粪便的味道,小白就住在那个地方。屋子里面一共两张床,给他临时改的客房,门很窄很低,进到那个客房里要低着头。

像这样的扶贫,我们已经走了全国20个省、直辖市、自治区,所有山区的贫困地区,我们都开展了这样一种爱心团队的结队志愿主题活动。到现在完成了 6100 户左右，捐款超过了 3000 万元。整个参加扶贫志愿的团队大概超过了 1400 支的规模，但是这 1400 支里面有重复的，有些团队可能参加过两次、三次甚至五次、八次。我们这个项目在 2018 年的时候也获得了全国学雷锋志愿服务 100 个最佳志愿扶贫项目，是国家层面学雷锋的最高评奖。

在这个过程中我们真切感受到了扶贫工作的一种变化，变化在哪呢？我上周刚去了河北，最开始看到这些贫困户的时候，你感觉他没有精气神，看不到希望。随着我们志愿服务活动的推进，包括国家在精准扶贫领域的大规模投入，首先绝对贫困户已经没了，都是相对贫困户。我们在和这些贫困户交流的时候，他们首先都讲党的政策太好了，对他们各方面的照顾、生活的保障都太到位了。我们调研过程中会问他现在还有什么困难需要我们帮助解决，因为我们也是个人行为，都是团队志愿者来做。首先我会告诉他："我来是想当面了解你有什么意愿，有什么实际困难需要我们来帮助。这里面体现两点，一个是你真正有实际困难，第二你这困难我还能帮你。你不能提一个过分的要求，我们做不到，这也是可能出现的。"但是让我意外的是，绝大部分人都说："我现在生活挺好，没什么需要帮的。"还有一些说把这机会让给更困难的人。我首先感觉到的是，通过咱们党和政府这么多年持续不断的工作，贫困群众的生活确实发生了翻天覆地的变化。

第二是让他的精神面貌也发生了一个巨大的变化，由过去那种茫然变为现在的充满希望，这极大激发了我们做扶贫志愿的信心。我上个月去岫岩开展了一次活动，当地扶贫办的同志让我一定要去看一位老爷子。三年前我们爱心团队在这个地方搞过一次精准扶贫，当时捐了他十只羊。现在他已经养到了 60 只，完全是他一个人养的。我去看了之后拍了一段抖音，觉得很开心。他是真正因为我们的帮助，通过他自己的努力，实现了生活的变化。这也是我们乐意看到和希望看到的东西。当然在这过程中我们起到的只是催化剂或者推动力的作用，只有党和国家的政策好，我们才能做一个政策之外的补充和推动。国家是大范围的，我们是精准面向某些特定的群众，然后帮助他实现变化。在这过程里面，老郭是第一个按照党中央和国家的要求去做事情的。

再一个，切切实实把学雷锋志愿服务引向国家这样一种重大战略领域或者重点工作里面，而且取得了实在的长效，这也是老郭这一段时间里不断学习思考的内容，包括认真去践行党和国家的要求，越在这个过程里面他体会越深。我们在志愿扶贫过程中实际上也实现了一种对咱们的制度自信、文化自信、道路自信、理论自信，确确实实，没有说没人会去管他吃饱穿暖、看病上学，这只有在我们社会主义国家才有可能实现。

六、从雷锋到郭明义：鞍钢精神的新诠释

我太太在医院做护士，这些事情家里也同意，最早希望工程的时候她也邮。我们俩的收入还可以，每个月生活还是没问题的。但是毕竟还是捐的少，自己留的多，另外一个这么说比较合适，人家才能信服。我不认为要把一切都捐出去，这样不合适，这玩意得留下历史认知，你不能说没了整体。我们的团队最早是由团市委组建的，因为我老去为上学孩子捐款，团市委说："你这样一个人干力量太单薄了。"当初的授旗启动仪式有12个人自愿参加，我们拿钱帮助了很多学生，从这开始干来干去，老百姓也来找我们爱心团队，鞍钢看我忙不过来，十年前成立了郭明义爱心工作室，我们能帮就帮，比如说有特殊需要的，我们可能要动员一下。农村的困难户没房子的，我们去当地的村里组织这个事，建档立卡，拿钱给他盖房子；城市里实在太困难没有房子，政府还解决不了的，我拿钱给你租房。不只是我们团队，鞍钢投入的人力和物力也很大，支撑团队去反馈社会需要。我们去调研贫困户的时候，不吃当地政府一顿饭，不花他们一分钱，费用全是鞍钢报销，鞍钢是最大的支持者，一般人是做不了这样的。

我是最早从事郭明义事迹挖掘的。原来我在矿业宣传部，参与郭明义事迹挖掘、推介，包括后续的宣传，一直到今天。我们另外一个同事刁莹，最开始跟郭明义做志愿服务活动，原来是一线的工人，跟老郭在一个单位。我们这个负责人林宇，是最早和老郭张罗志愿服务活动的。我们现在认为，他

是郭明义爱心团队最早的副大队长,队长就是老郭,就是这么一个身份。还有两个同志都是咱们齐大山铁矿宣传部的,他们也参与了老郭事迹挖掘,对老郭比较了解。老郭这个事迹,需要了解他的来龙去脉,处理起来才会更加准确、保险,我们五个人大体就是这么一个构成。

雷锋在鞍钢形成雷锋精神,是因为在这样一种大工业环境里面。首先我们鞍钢是讲报国传统的。我们鞍钢叫"共和国钢铁工业长子",进而称为摇篮。长子是什么意思?就是你要担起国家责任,大儿子在东北讲必须得当家,你得撑起这个家的门面,整个鞍钢为国家做贡献。在这个过程里面,鞍钢形成了一种对国家的高度忠诚,老郭必然受到这种信念的影响。我举个例子,当年他当了翻译,翻译之后有外方企业聘请他,说:"老郭你这么有能力,到我们这来工作,我给你工资比现在高七倍,来不来?"说这话时是1994年,如果换作我们会不会同意?老郭就没动摇,他说:"是鞍钢培养了我,我这一切都是鞍钢给的,我不能走。"当时他们矿里改造,要引进一些大设备,矿里成立了一个英语强化班,学了一年。当时和他同班的同学有七八个,现在剩在企业里的就他一个,都走了,所以我说这种忠诚融合在血脉里,爱国落实在具体情况中就是爱企,忠诚于企业。企业让我干什么我就干什么,包括他的岗位变化,你看他干过司机、车间团支部书记,然后是矿党委的宣传部理论教育干事。

后来下岗分流,他最年轻,就派他下去到了车间当统计员、人事员,之后他被矿里扩建办选为英文翻译,当完翻译当财政工作管理员。这么一脉脉下来,从基层到集团,又从集团到基层这么一个过程,他始终没有怨言。按道理他在扩建办的时候立功了,发现一些隐患给矿里索赔了10万美元。那个年代10万美元可不少,扩建办接受之后,矿里决定要收购,要把他派到财政工作管理员岗,这个岗位可想而知很辛苦的,但是他没有怨言,一直干到今天。所以我说一般人理解不了他的想法。当年矿石比较贵的时候,有一些外界的犯罪分子偷矿石,他参加了后防队,白天正常工作,晚上到采矿场巡逻。有一天一伙人开着车偷柴油,被他发现了下车制止。偷油的说:"干什么,滚开,我轧死你。"他说:"来!今天除非把我轧死,要不然这些你别想拿。"后来人跑了，没敢动。他就这么正气凛然不怕死，现在这种人都少了。

我为什么说他要在鞍钢这样一个环境里搞爱心活动，他发动工友去捐造血干细胞、献血，单位是不是给这些工友假？有一些工友还在岗，不一定完全生产，正常你在岗位上工作的，这时候血站缺血了，老郭张罗献血，你说他是去还是不去？按道理企业规定他是不应该去的，但是从支持社会工作的角度上来讲，企业还有社会责任需要履行，还要支持他去。所以这个时候只有在国企，鞍钢这样的单位才会支持职工发起参与这样的活动，这也是让老郭把行为坚持下去很重要的一种支撑。没有单位支持，他一个人做不下去。也是因为我们鞍钢有这样一种大企业大情怀，我们才能够在老郭这种看似很简单的事情里面看到本质。当时胡锦涛总书记讲为构建社会主义和谐社会贡献力量，实际上老郭所做的每一件事都是为和谐社会做贡献，包括他献血救人命，帮助人家孩子上学，包括响应老百姓的求助，都是在为和谐社会做贡献。只有企业一级党委，包括企业有这样的传统，才会认可这样的人做这样的事。像我们鞍钢早期的典型孟泰、王崇伦、雷锋，一直传承到今天的郭明义、李超，他们一脉相承，都是这样一种对国家、对人民的高度热爱、热情。

景奉儒
我的钢铁情缘

亲 历 者：景奉儒
访 谈 人：田毅鹏
访谈助理：王余意
访谈时间：2020年10月23日上午9:45—11:00
访谈地点：鞍钢党校
访谈整理：胡文博

亲历者简介：景奉儒，男，1961年生，辽宁本溪人，共产党员。出身于铁匠世家，父亲曾在铁匠铺当学徒，因对革命有认识，于1945年参加武工队，开展革命工作。后南下至辽宁，在本溪钢铁厂（现北台钢铁集团）当工人。景奉儒1979—1983年就读于东北重型机械学院，毕业后进入鞍山钢铁集团公司工作。先后担任鞍山钢铁集团公司第三炼钢厂副厂长、厂长，设备部部长、新钢铁有限责任公司副经理、设备检修协力中心主任、项目管理部部长等职。2017年4月起，任鞍钢集团公司副总经理、党委常委。

景奉儒(左二)接受访谈

一、 出身于钢铁世家

我爷爷是山东章丘的,那边盛产两样东西,一个是人,一个是葱。人呢,是铁匠,制铁,所以我跟钢铁是有缘分的。全国的铁匠都知道章丘,全国的锻工都是以山东章丘为主的。章丘应该是有上千年冶铁的历史传统了。我爷爷当年是开铁匠铺的,民国年间在吉林镇赉开过,后来到黑龙江齐齐哈尔的泰来开,那边农业比较发达,需要打农具,就是犁铧、镐头、镰刀、斧头这些。

我父亲和我叔叔当年都在黑龙江,学徒打铁。由于我们家做了些买卖,家境还可以。我父亲有手艺,还有文化,对革命有认识,所以1945年左右就参加了武工队①。后来到地方开展革命工作,20多岁就当了区长。再后来南下,从黑龙江到了辽宁,就到工厂工作了。最开始工厂叫本溪钢铁厂,是地方企业,不是本溪钢铁集团,后者是另一个工厂,是央企。本溪钢铁厂现在归了本钢,一开始叫北台钢铁集团。当时那儿正好招工,好多人是农民转过来的,需要有工匠带领这伙人。招工的问我父亲:"你参加革命工作,是准备做管理,还是做工匠?"父亲说:"哪边效益好?"人家回答:"工匠要看你什么水平。"他说:"那咱就考一下。"结果考上了七级工,所以我父亲后来是八级工。

我兄弟五个,我排行老四。我其中一个哥哥在本钢,他现在干的跟钢铁有关系。大哥在山东老家,曾经也是锻工。所以我这行业是家传的,我们家里头都会打铁,哈哈哈!因为我打铁出身,所以我1979年考大学的那时候首先报的就是锻压专业。以前老百姓叫打铁,现在上升到学科呢,就是锻压。我报了锻压专业,但是把我分到了冶金机械系,那时候冶金机械系报的人很少。

我以前就住在工厂附近,对工厂、对锻造都相当熟悉。我上大学的时候到锻工车间去实习,那个锻工师傅说:"你们谁来比愣比愣锻造锻锤?"我就

---

① 抗日战争时期,中国共产党领导的在日伪占领区开展军事、政治、经济、文化斗争的一种精干、灵活的武装小分队,简称武工队。

上去操作了一下,那师傅说:"你至少有三级工水平。"因为我从小看的多了,耳闻目睹,所以钢铁情缘比较深。

大学毕业以后,学校领导就说:"你对毕业分配有什么想法吗?"我说:"我最大的想法就是给我找个大企业,不分地点。"后来领导说:"鞍钢,这个企业大,几十万人。"这个领导是我的系主任,后来他到学生处管分配,我是副班长。他说:"你去看看吧,不行你就报到证先别交,你就回来,我再重新给你分。"我说:"好。"所以我才来的鞍钢,就这么大的缘分。

我们学校归机械部直属,我们主要是分到国家部委,当时机械部去了一个,北京首钢去了一个,北京机床厂去了一个。还有这些重型机械厂、一重、二重、大重、沈重这些企业,剩下的人就留校。鞍钢一共去了俩,那个同学他家就是鞍山的,但他只待了一年,他考上北京以后就走了。

我毕业以后就直接从学校把行李全都发到鞍山来了,先回家看了看,然后就来鞍钢报到。首先是到鞍钢的机关大白楼,去领了一个有这个录音机一半那么大的一个小纸条,是分配到哪个工厂的一个小单,那写着到301报到。我拿着纸条就继续往里走,走了一个多小时到我们企业。我被分到第三炼钢厂。之前没来过鞍钢,但去过本钢,对本钢还是比较熟悉的,一看鞍钢比本钢还大,那么这个企业应该不错。感觉这个企业是我理想中的企业,人多,厂子大,规模也大,应该是能施展才华的地方。

报到之后,就开始在企业里实习,实习一年。实习对我影响比较大,它是各个工序都去实习,我一个学机械的,所有这些设备都修了一遍。我有四个师傅,每个岗位都有一个师傅,我们都有师徒关系。我毕业去了鞍钢以后,心里也是想找最好的师傅。我首先跟车间主任打招呼,就问:"哪个师傅好?"他说:"那个师傅好。"我说:"那你就给我派那个师傅。"他说:"看来你还想学点东西,行,我跟段长说一声,叫那个师傅带你。"

那个师傅当时应该有三十五六岁,对转炉炼钢很熟悉,他确实很有工作经验。但是很有意思,他的工资是38块钱,我的工资是46块钱。因为我是大学毕业嘛,所以我的工资高。我很容易跟师傅打成一块,因为他们都是拖家带口的,要用这些钱,我没有家,相对比较富裕,经常跟大家吃吃饭,喝喝酒,所以跟师傅的关系非常好。我第一个师傅,现在每年春节我都必到他家去看一看,师傅定的规矩,最多只能带两瓶酒,不允许拿别的任何东西。

我还是比较热手的,还没实习完,我们副厂长就对我说:"你别实习了,机动科管设备的需要人,你直接去管设备吧,你的水平够了。"我说:"领导,你再让我干一段,还有几个地方我没转到。""那行,你再干一段。"等到我实习完的时候,那个厂长跟机动科长来找我了:"你赶忙上我那儿报到。"我说:"我得等组织部通知。"等到组织部通知的时候,就说:"你应该到技术改造办公室去报到。"我就去跟那个副厂长说:"你看,不好意思,你邀请我这么长时间,我还得到另一个部门去报到。"他说:"哎呀,我知道了,我是副厂长,我没干过那个厂长,厂长把你调过去了,说那边技术改造更需要年轻人。"所以我就进入了鞍钢的技术改造办公室。

二、 在鞍钢最大的困难是住房

我来到鞍钢以后最大的困难就是住房了,我亲身经历了整个过程。我来的时候骑着自行车围着鞍山市转,心想:"这么多房子,却没有我住的一间!"我在单身宿舍住了三年。我们一起来的伙伴,各个学校来的,都住在宿舍里头,后来人家都结婚走了,最后就剩我一个了。我一看没人跟我玩了,我说赶忙找个对象吧!就找了一个非常好的,同学朋友给介绍的,在工商银行工作。她家就是本地的,跟鞍钢也很有缘,她爷爷当年就是来接收鞍钢的,中国人民解放军辽东大队,挎着枪来接收鞍钢。我们1986年末结婚,结婚以后就住在她家,住了八年。我岳父岳母说我是他们最成功的投资,哈哈哈!她家两个孩子,后来她弟弟又结婚了,她家80多平方米,你看,我们三家住在一起!

来到鞍钢以后,这住房太难了!后来我们厂里头评房,还是评不上,我小孩都挺大的了,评房还是评不到。评房排序就是按照工龄,还有计划生育,这些都算,我上学还算工龄,也排不上。最后,1993年,厂里头因为我有特殊贡献,通过职工代表大会举手表决,给我一套新房,一室一厅,独门独户的。当时我是机动科工程师,但是我是比较特殊的,我在厂里面的工作表现比较不错,实际工作做得比较好,大家是比较认可的。只要是有特殊的故障啦问题啦,找到我,我伸手一定能解决,所以大家都知道我有贡献,职工代表大会就全票通过给我分配住房。当时讨论的总共有三位,这三位先后都到了主要的岗位。

我 1993 年开始当副科长,到 1994 年我就是厂长助理兼机动科科长了。职务上升了,但我没有换房子,因为我和我爱人都感觉很满意了,分了一个独立的房子,还是新的。等到我 1995 年当了三炼钢副厂长的时候,就换房子了。本来应该给我一个三室的房子,正好我们一个总工程师,一个老同志说:"你让我一下吧,你这时间赶趟,你岁数小,30 多岁,我快退休了,这房子很漂亮,地点又好,三室,100 多平方米,你让我一下吧。"我说:"让你让你,你去住那个好的,我上你们家。"他家两室,我说我住到他家,从一室变成两室,进步一下。又是一年以后,这时候集团公司分房子,直接又给我分了一个三室的。

三、 翻天覆地的改造

1984 年,我进入技术改造办公室,在那里学到了很多东西。当年邓小平到鞍钢以后,号召我们进行技术升级。[①] 应该说那个年代正好是鞍钢从老技术、老设备向新技术、新设备迈进的年代。1984 年,我正好赶上我们新建一座 180 吨的炼钢转炉,当时那是比较先进的,也开启了鞍钢技术改造的新起点。

我们的技术一部分是日本人留下的,一部分平炉,一、二、三炼钢是由苏联援建的,当时那也是世界上最大的平炉,500 吨。但是这技术在世界上已经比较落后了,宝钢已经完全是转炉连铸了,我们还是平炉模铸。我们感觉

[①] 十一届三中全会召开前夕,1978 年 9 月 18 日邓小平来到鞍钢视察。他在视察后专门针对鞍钢发展问题发表的讲话,被收入到《邓小平文选》第 2 卷中,题目是《用先进技术和管理方法改造企业》。在这段讲话中,他对鞍钢的改革、改造、管理都提出了非常具体的要求。

到自己很落后，所以就开始奋起直追，根据从宝钢引进的经验，积极推动我们自身的改造，后来我们就在"九五"期间进行技术改造。当时冶金部发挥了很大的作用，把宝钢的这些引进资料都给我们，后来我们又去宝钢去看去实习，使我们大开眼界。

在鞍钢这些技术改造中，真正应该感谢的是我们的前辈们，他们真的高瞻远瞩，对鞍钢未来的发展奠定了很好的基础。特别像刘玠，我们原来的总经理；还有总管技术改造的王明仁，副总经理，这是清华大学毕业的，非常有水平；还有我们管过规划的秦广富，副总经理；还有主导平改转的李长发，副总经理；到我们后边，唐复平、姚林都做过我们的董事长。这些人当年做了非常多的技术改造工作。所以江总书记来视察时，说我们鞍钢是"旧貌换新颜"。

当时全体鞍钢人都知道，"改造，找死；不改造，等死"，为什么？资金紧张！最难的是没有钱，为什么？计划经济，我们所有的资金都要向冶金部申请，改造要用大笔的钱，会把生产的钱向改造移动，生产的钱就出去了。我们最缺钱的时候，买煤的钱都没有了，买煤我们才能炼焦，有焦炭才能炼铁。后来我们还跟职工借过钱，就是动员职工，停发工资，并且再从家里拿钱。停发工资的时间应该是两个月，鞍钢职工有觉悟，就是你自愿，你说你家庭有困难，那你领走工资；你说你还可以，那你就放到企业里面让它运转。那时候工人阶级还是有觉悟的，那真是感受到了政治工作的动员能力。

后来我们从"九五"技术改造开始，首先做了平炉改造。我亲身经历的鞍钢技术改造做得最好的就是平炉改转炉，这个在咱们国家开了很好的先河，率先把平炉全部扒掉。总共用了十个月，把12座平炉全部扒掉，建了6座转炉。这还是很有气势的，因为你要扒平炉建转炉的话，产量要减少啊。那时候我就是三炼钢的副厂长了，我们原来设计产能是280万吨，当年就上到了320万吨，就动员开足马力，把其他地方减的产补上了，当年国家真是需要鞍钢。

鞍钢从平炉改转炉以后，开始引进大型的连铸机，就把模铸改成全连铸。然后从日本三菱重工引进1780轧机。这个1780轧机的引进是我认为最成功的，不仅仅是对鞍钢算成功，对全中国钢铁事业的发展都是很好的。当时我们是第一个，1997年、1998年左右建成的①，现在好多单位都有了。宝钢当时没有这个型号，它有1580、2150，但没有1780。所以我们就买了一套，这个水平很高了，那个年代就算是智能化了。这个技术现在还不落后，它有个黑匣子，有一套计算机运行的程序在里面，它会自动学习，因此所有干过的这些产品，是越干越好。这个机器上来以后，就是我们的"印钞机"，我们当时就这么想。一吨钢就可以赚1000多块钱，那市场上还买不到啊，用户都在那排着买。我们就在1780这个设备投产以后，开始回笼资金，经济状况就有了很好的扭转。

这套设备我们只买软件，但是机械设备呢，我们是买图纸，我们买了这套设备的所有制造图纸，放到一重制造，我们这些设备主要由一重生产。一是成本降低了，二是对中国冶金工业的发展也激活了。我们把每张图纸都送给了一重，所以这套设备一重是有成套的，它向全国、向世界总共卖了六十几套。我们跟一重关系非常好，我好多同学都在那，他们领导班子都是我的好朋友，甚至是同学，大家在这方面的协作非常好。当年他们也很困难，为我们加工设备买高级的镗铣床，没有钱，怎么办呢？第一，我们给他预支未来的设备费用，未来的设备还没跟他订呢，先给他预支1500万块钱，叫他买机床。第二，我们又给他做担保，我们鞍钢为外部担保只有一次，就是为一重做专项担保买机床。所以我们的设备在一重，员工们都非常上心，鞍钢的件儿一定用最好的设备，因为他们最好的设备是我们帮他买的。

另外，就是2000年国家的债转股，我们也享受了很多国家政策。还有就是上市，我们首先在香港和上海两地上市，上市募集的资金就作为改造的资金，对我们这些年的发展起到了很好的作用，这是很关键的。平改转、1780热轧机的投产，然后就是债转股、上市这两个国家支撑的政策起了很好的作用。企业的发展，一个是靠自身，另外还得跟上国家的政策，与国家共同发展，这是很重要的。所以既要承担企业责任、社会责任，另外还要确实给国家做出相应的贡献。这是我们鞍钢人一直说的，在过程中做出这些贡献，又

---

① 此处回忆有误。鞍钢1780毫米热轧生产线1997年从日本三菱集团引进，1999年10月份建成投产。

享受这些过程。

整个三炼钢的改造翻天覆地,从地下到天上完全不一样的改造,整个过程我都参与了。所以我能够练成好的技术,主要是因为我参与了这些事,知道了很多,而我又比较上心。我的"储存"能力还是挺强的,所以这些什么天上地下的都装脑袋里面了。你可以随时问,我会告诉你哪个地方有什么东西,地下有什么管道,在哪个位置有个阀门,我都可以跟你说。我最自豪的还是我的技术。

因为我在这干的年头多,经历的也多,所以我对鞍钢还是比较熟悉的,对鞍钢的每一寸土地,我都是很有感情的。技术是给了我一层一层平台,我受到了这些锻炼,而且也是企业给我交的学费。在这个过程中我不断地学习总结,并且受到前辈的影响、教导,我才有了管理的经验,它们也是相辅相成的,互相有个推动作用。

四、有本事就埋没不了

鞍钢这个企业和鞍山这个城市都很特殊。这个城市是为这个企业而建的,这个企业真正是共和国的长子,它汇聚了千百英才在这里头,又汇集了这么一群人在这个城市里住。这些人都是从四面八方来的,这个企业到现在还是,一到春节、国庆节,值班就有问题,大家一半都是外地的,都要回家。这个是移民文化,这个城市是个移民城市。

这个城市很特殊,它不管你是南来的、北往的,凭本事,你有本事就埋没不了。这没有更多的什么,因为我老给年轻人做表率,你看我一个人来了,没有任何复杂的社会关系,我岳父岳母都是工人。主要还是看你对事业的热爱、你工作的干劲,还有你对这些设备、生产工艺和职工群众的真正了解。你要是真正带着感情,确实有本事,这个企业是完全接纳你的。在这个企业你不用去走关系,如果你要是想到那么多的事儿,那就是你欠本事。

比如说我们厂子里面有一次着了一把火,烧坏了好多进口设备,仪表、计算机什么的都烧坏了。这没有配件呀,等这些配件来的话,要六个月,你不能等,不能生产了。所以公司几位经理全到了,在那儿组织工人。怎么办呢?大家总得有办法啊。我们当时的老厂长就非常着急,看看这个看看那个:"谁能说说怎么办呢?"老厂长看向我,说:"你来说。"我说具体的恢复方案,一说完了,老厂长问:"大家有没有其他的意见?大家伙没有异议,那就按他的方案做。"只用四天就恢复生产了!这就是凭本事了,我这些特殊的方案能用到这个地方,就是对这个东西很熟,另外我们还有一个团队。

当时我是厂里的工程师,30岁左右,所以我的名气就扬出来了。那时候公司有个规定,年轻人必须到培训班接受培训才能提拔。厂长说:"这必须得去培训呐!"就派我到鞍钢党校青年干部培训班去接受培训。去了一周就把我调来了,为什么?正好厂里面出了个故障,因为对公司非常重要,公司两个经理去了,两个经理都说:"景奉儒哪去了?什么?去上党校学习了?"厂长说:"不是你们要求的嘛?提拔必须学习嘛!"他们说:"那你把他调回来吧,叫他回来!"因为我比别人更熟,所以我很快就被公司级领导认识了。我就从那回来,回来说公司同意不用学了,那就提吧。1994年就把我提拔成厂长助理、机动科科长了。1995年就当了副厂长,1998年就开始当厂长了。我1998年主持工作,主持三个月工作就转成厂长了,这也是非常少见的。

我是我们公司第一个学机械的做炼钢厂厂长的。原来我们设计院有个副院长,他是东北大学学炼钢的,我们是同一年来的。他有一回就开玩笑,他跟我们董事长说:"鞍钢不公平!"董事长说:"那你说啥不公平?"他说:"我学炼钢的,不让我当炼钢厂厂长。他学机械的能当炼钢厂厂长?"完事儿董事长说:"你会炼钢吗?你炼过钢没?"他说:"唉,我还真没炼过钢。"我说:"我会炼钢!"哈哈哈!这就是开玩笑。2000年我就被调到了集团,做设备部部长。到2005年,又到设备检修协力中心任主任。

我们跟其他企业还有个不一样的地方,鞍钢生产国家急需的产品,什么卡脖子产品,什么军工产品,我们不讲利益,都是讲奉献。我们为国家军工保留着老的生产线,只为军工生产,一年就生产几天,很少一点,但生产线还在那保留着。每年指定赔几千万元进去,但是我们还是坚持保留着。因为我们是党的企业、国家企业,这个国家利益你不承担,你的政治站位就不行。

这只有我们鞍钢才能做得到！其他国企当年也有这么一条生产线，因为没有效益，他们就关闭了。

我们最重要的体现就是党员多，我们的党员比例哪怕不到一半，也差不太多了，有40%，你想想有多大？很少有企业像我们这样。所以这是我们真正的政治能力、动员能力，一声令下，基本可以做到半军事化，这是它的传承。

我对"鞍钢宪法"是深有体会的，确确实实在我们的整个管理上起了很好的作用。干部参加劳动，其实毛主席讲的是调查研究，干部不深入基层，那你在办公室调查研究啥呀？你一定要走出你那个方寸土地，到工人中去，跟工人一起。跟工人一起劳动的过程中，一些问题就会体现出来，你就会感受到，工人们会跟你交心呐。同时呢，这民主管理，工人要提合理化建议，他在那个地方操作，他是最熟悉的。另外这也是集思广益，我们确实把职工群众的这些思想汇集上来，由工程技术人员再加工，那这不就有更多的提高吗？

其实这个"鞍钢宪法"，拿到现在也是完全好用的。但是我们要赋予它一些新的含义，比如说我们当时提的是"坚持政治挂帅，坚持党的领导"这两条，现在虽然提法不一样了，但还是这样。我们央企是党领导的企业，坚持党的领导是没有问题的，是吧？政治挂帅嘛，首先得讲政治站位，我们围绕在党中央、习总书记周围，这指定是一致的。还有"大搞群众运动"，"运动"这个词是不是和"文化大革命"有点关系？没有！这就是当年用的词和现在用的词不一样，像以前经常用"革命"，我们现在用"改革"，词不一样。"大搞群众运动"是发动群众的意思，现在也是。我们有时候是在发动群众，包括抗击疫情也是要发动群众，只是没用"大搞群众运动"这个词，而是换了一个说法。其实我们到现在还是完全依靠群众、相信群众，全心全意地为职工群众谋利、为企业谋利，只是我们赋予了这个新意一个更高的境界。

邵安林
站在鞍钢的肩膀上成长起来

亲 历 者：邵安林
访 谈 人：周晓虹
访谈助理：常江潇
访谈时间：2020 年 10 月 22 日上午 9:00—12:00
访谈地点：鞍钢党校
访谈整理：常江潇

亲历者简介：邵安林，男，1963 年生，黑龙江人。1981 年考入鞍山钢铁学院采矿工程专业，1985 年毕业后分配到鞍钢，先后担任东鞍山矿总工程师兼副矿长、眼前山矿矿长、鞍钢辽阳矿业公司总工程师。2006 年担任鞍钢矿业集团总经理，2012 年担任鞍钢集团公司总经理助理，2015 年入选中国工程院院士，2017 年担任鞍钢集团副总经理，兼任矿业集团公司董事长、党委书记。在技术领域获得四项国家科技进步二等奖、两项国家管理创新成果一等奖以及近 20 项省部级奖。

邵安林（中）接受访谈

一、稳扎稳打的职场新人

我祖籍是山东，爷爷那辈闯关东到了黑龙江，所以我出生在黑龙江肇东南面的一个村子。我们整个村都是山东人，全说山东话，相隔的其他几个村都是黑龙江本地人，说黑龙江话。我们叫他们"此地人"，一说这人是"此地人"，就知道不是我们山东的了，现在想起来也蛮有意思的。

我母亲生我的时候家里非常困难，连鸡蛋都吃不着，基本上都是吃苞米面。所以我小的时候身体特别弱，缺钙，腿也不直。我父母没有文化，但智商应该是很高的。父亲在大队当会计时学打算盘，这边喊六个数，粮食一袋一袋的多少斤，他一个都不会漏掉，继续打。后来他就没怎么干农活了，在公社当公安员，因为工作出色，又调到公安局。等我快上高中的时候，我们家就搬到县城里了。我从小学到初中，一路考第一，没考过第二，但要是不搬到县城里，我考大学这事也不好说，因为我读的高中是省重点。我初中考高中的时候成绩是全县第四，按道理以后应该能考上清华北大，因为我们学校每年都有五六个考上清华北大的。但1981年考大学的时候，我考得不好，只考了全县第40名。

我在高一的时候得了阑尾炎穿孔，家里也不懂，当时我肚子疼了三天，靠吃止痛片硬挺。挺到最后那天晚上阑尾炎穿孔破了，整个腹腔全是脓。下半夜疼得整个人蜷着，碰哪儿哪儿疼。四个人拿个被子，一人拎一个角给我抬到医院，到医院马上就做了手术。结果手术完了过了七天线一拆，刀口开了，因为脓没洗净。刀口两个月没长上，肚子就老是疼，长上之后又经常肠绞痛，可能肠壁有个别地方化脓黏住了，估计到现在也没开，要慢慢一点点恢复。后来，我上大学的时候还是很痛苦，经常吃着饭突然就感到剧痛，就不敢动了。这个对我打击特别大，折磨了我好多年，精神上有点一蹶不振，后来就只考了第40名。当时第一志愿报了哈尔滨科技大学，第二志愿是鞍山钢铁学院，现在叫辽宁科技大学，但我压根就没想考这个学校，所以第二志愿就随便填了个采矿工程专业。当时我也不懂，看见有"工程"两个字就报了，结果就被第二志愿录取了。一开始纠结，想复读，那个时候也没有现在什么一本、二本的概念,我父亲就跟我说:"你是我们县整个公安局第一个大学生,是我们整个家族第一个大学生,你就先去念。"这样我就到了鞍山。来了以后才知道,我们班40个同学中我是唯一一个报采矿工程专业的,其他人都是服从分配调剂来的。

有个事情说出来可能不一定有人信,我在大学四年,就头半年认真学习了,剩下的时间几乎就没学。小时候什么体育运动我都没接触过,到了学校一下子碰到了,对各种球类运动非常感兴趣,所以我每天就两件事:踢足球、打乒乓球。尤其是乒乓球从零起步,练了两年一直打进校队,拿全校第一,同学们都震惊了。校队有教练,每天要训练半天,搞得特别疲惫,上午一上课几乎就是睡觉,临近考试前一个礼拜就突击一下。我第一学期考高等数学没过,补考考了97分,也没学,一重视就过去了,后来就玩了四年。

我实际的潜能被激发出来是在工作以后。毕业后我分配到了鞍钢,还算挺理想,在一个基层的厂矿——东鞍山矿,也是个老矿山了。就一个城市来说,鞍山拥有全国最多的铁矿资源。我到了东鞍山矿后,头一年就是实习,在各个车间转。厂里当年就我一个大学生,还有两个中专生、一个电大生。干到半年的时候,矿长找我们谈心,问我们有什么想法。矿长那时候对我来说是相当大的官了,见到都非常惊讶,所以我记得特别清楚,我说想快点熟悉情况,进入工作状态,非常标准的官话。矿长听了很高兴,可能觉得这小子还有点理想,比较积极上进,就表态让我下去实习。那时候矿上有八九个车间,有穿孔的、爆破的,按照工序分,有电铲装车车间、采矿车间、运输车间,还有一些动力车间等辅助车间。我因为学的是采矿工程,所以在几个主体车间一个车间轮两个月,带个饭盒跟着工人倒班,上夜班。我在离矿山很近的宿舍住了三年,一个房间四张床,大学生就我一个,大部分都是工人。工人的生活节奏是要倒班的,有的倒小班半夜才回来,宿舍里就特别嘈杂,当时那个环境还是很苦的。

实习到半年的时候,我们计划科一看这小子不错,借过来搞计划吧!计划科在矿山是第一重要的科室,负责做采集计划,在哪儿挖矿,怎么生产,每年都得计划。有基础计划、十年规划,滚动着做,计划科是指挥生产的一个很重要的部门,也是专业性最强的部门。我调过来配合一个老工程师,跟着他做学徒。这老工程师是一个中专毕业的海南人,个子挺高,带着我去做这个计划。当时工作量还挺大,要画图、做表,还要写说明。科里看我做得不错,没等实习完就给我调过来了。我当了六年计划员,到1991年的时候提了第一个小职务——科长助理。一年多后,转成了副科长。科长调走后我主持工作,一年半后担任科长。过了两年上级看我不错,技术强,就给我升做矿长助理。矿长助理做了一年半,我们总工程师退休了,我就正式提拔为总工程师。干了一段后,当时的生产矿长提拔了,我又兼抓生产的副矿长。先后又担任了眼前山矿矿长、弓长岭矿山总工程师、辽阳矿业公司总工程师。2006年鞍山和辽阳的两个矿业公司合并,我被选拔为矿业公司经理,2014年担任矿业集团总经理。2012年,集团公司提拔我为鞍钢集团总经理助理,2017年再由助理转为鞍钢集团副总,兼鞍钢矿业公司的董事长、党委书记。

邵安林(左一)签署安全生产责任状(1999)

我的经历特别丰富,一般人可能都没经历过。每一级我都担任过助理,每一级也都任过副职主持过工作,而不是直接提拔。我在科级、厂处级、二级公司和集团公司当过四个级别的助理,还当过四个级别的副职,所以每一级我都是四个台阶。别人一般是两步,甚至有的人跳格走,我比较稳。后来我就体会到,什么都经历过,吃老本能吃若干年,能厚积薄发。

二、整顿"恶人谷"

2000年的时候,我从东鞍山矿调到了眼前山矿主持工作。这个矿山当时濒临倒闭,经营得非常不好,内部生产难以继续,产量越来越低,各种欠账也很多,管理就更谈不上了,一塌糊涂。一个矿山相当于一个小社会,各种社会现象在一个矿区都会存在,尤其眼前山矿特别明显。我们矿山的内部职工就有20多人吸毒,社会上黑恶势力一伙一伙的也有很多,还有各种帮派互斗,他们共同对整个矿山的生产经营和发展造成了巨大的伤害。这个问题如果不解决,这个矿就是死路一条。当时可能很多人不愿意去这个单位工作,我在原单位东鞍山铁矿工作的时候,组织上可能考虑到我在技术、管理上还有些基础,所以最后派我到这个矿来做负责人。当时我37岁,算是很年轻了,又是异地提拔,不是在这个地方土生土长的,不熟悉情况。我从另外一个管理很规范的单位调到这么一个单位,又没有直接提拔,来当代理矿长,好多人捏着一把汗,说:"这个地方你能弄得了吗?你像一个书生似的,怎么面对这么大挑战?"当时很多人胆战心惊地给我打电话说:"那是个'恶人谷'啊!你怎么敢去?"

去了以后,一开始真的觉得挺难,比想象的要难得多。第一,一看矿山开采的状态,已经几乎要无矿可挖了。第二,外围的这些干扰简直是铺天盖地,吸毒的、黑社会的天天来干扰,要这个,要那个,要怎样怎样,后来才知道原来矿里好多事情已经被他们左右了。我去的时候,那个矿的矿长已经被黑社会控制了,矿里所有的事都是人家那几个说了算,没有任何秩序,确确实实没法弄。因此,面对这么个局面你说怎么办?要么就是妥协,维持一段时间,矿山关了就完事儿。要么就杀出来一条血路,把这些全部压下去。好在那个时候我觉得自己还是有技术、管理的基础,自信内部的问题应该能管好。外部管理就是靠一种定力和魄力,当然也得到了上级组织的支持,所以我很大胆地去突破这些事。面对这些吸毒人员,我就联系送他们去强制戒毒。他们来管我要钱,说自己吸毒刚放出来,吃不上饭,离婚了,孩子又要交学费,说我不能不管他。借的钱不多,一百两百的,他确实也需要。这个时候要怎么处理？如果你心一软借给他了，宣传出去了都来找你要，会有副作用和连锁反应，那就更乱了。有特别困难的好办，我把他下个月的工资先借给他，孩子学费先交了，但借钱不可能。有的还想动动手、打打架，我就义正词严，我也不怕你，就打呗，就一条命。他一看我真敢拼命，也就服软了。

另一个就是我们矿山的资源流失问题要看住。那时候，周边很多小企业用我们的电都不给钱，这是净流失。被盗用的这些电一定得掐掉，我们全年成本一共才不到一个亿，他们每年欠三四百万的电费。后来我强制下令，让下边的设备部门必须断电。一断电，马上有一群人打电话到我办公室，说某某领导要跟我说两句话。我说："对不起，谁我也不管，不接电话。"第二天某某领导就来了，说："你这个怎么……以前都不断电，你现在断什么电？"我说："那不行，这个事关系到矿山厂的生存问题。将来矿山死掉了他们一样没有电，你现在先让我活下来再讲别的。"当然，不是所有人都能说通的，这不免得罪了一大堆人。各种明的暗的威胁我，说："你还想不想好了？想不想干了？"甚至有的人找到上面领导，但我知道这些必须得挺住。后来不断停电，这些小厂、小作坊受不了这种反复折腾，没法生产，慢慢就把这些敲打掉了。这中间有很多困难时期，比如停了电为了不让人找到，我还得躲起来，跑到一个没有信号的地方去钓钓鱼。后来这些人一看，这小子确实没法弄。反正我一张白纸，谁也不怕。我跟谁也不来往，跟谁也不接触，一碗水端平，谁也挑不出来毛病。我不是给你供而不给他供，我是统统掐掉。

这段经历还是非常触目惊心的，实际上我当时可以说是"脑袋别在裤腰带上工作"，随时有可能被捅刀子、被制造车祸，这完全有可能。因为之前出现过，撞你的车、制造交通事故，或者是到你家往门口一站威胁你。但你越软弱可能越完，你越腰板挺得溜直越不怕。他反而慢慢就没有了。后来有几个当地很有名的黑社会小混混，都主动投降来示好，说有什么事需要，他们配合。那我当然也得示好，因为有的还是我们内部职工。有人开个高级轿车成天晃，我说："以后你的车不准开到矿区，你是我们的一个干部，哪能这么干？"他们也听了，慢慢按照矿里的管理体系做事，嚣张气焰就没了。后面他们还转成正能量了，反过来帮助我们做工作，把社会上的这些人全部给压下去了,以后所有人就都不来捣蛋了。有的人还跟我变成了朋友,一直到现在还保持联系呢!这些人后来都做正事了,在企业内部不做了,自己出去做事。对我说"有什么困难我们帮着你解决",倒是也没什么事,但是感觉彼此还是比较亲近的。

另一方面,通过调整整个的生产计划,从技术层面去全面改造这个矿山,那是我的强项了。我积累了这么多年,很快就定出来一个调整计划。特别是那些大学生,原来没有关系的都被贬到边缘岗位了,我让组织部门考察有多少大学生,全部提助理,每个车间用两个,干一年,行就继续当助理,不行就下去。不认识矿长都能提拔,大家心里就亮堂了,不用找关系。他们其实都有潜力,关键在于挖掘。

我用两年时间给它全部调整过来,指标改善了,风气变正了,黑社会压下去了。原来乌烟瘴气、黑白不分的地区,慢慢风气也就正起来了。有些东西它是双向发力的,原来是负面影响特别大,恰恰也是潜力,我什么都给它规范了,调整好了,第一年初见成效,风气转回来,第二年就把经营指标改善了。经营指标一改善,这个跨度特别大,成绩就很显眼。所以上面公司一评比,我们件件工作都冲在最前面,即使不是第一、第二、第三,也能进前五。

鞍钢的矿山原来有两个大区域,一部分在鞍山,另一部分在辽阳,是并列的两大矿业公司。后来矿业公司有两个副经理退休,公开选拔总工程师和副经理。第一步选的不叫总工程师,叫经理助理,一个抓技术,一个抓生产。我竞选经理助理的时候,报的岗位考试成绩排第二,按道理不是我,结果组织部门一考核很震惊,说我到眼前山矿工作短短两年时间,眼前山矿就发生了天翻地覆的变化。组织部门跟总公司一汇报,我就稀里糊涂地给调到辽阳矿业公司当总工去了。

这段经历,是当时那个特殊历史时期的一种社会现象,如果要不去把它弄好了,企业没法搞,就真的垮了。后来我到弓长岭矿业公司主持工作一年,发现问题更严重。它是一个有100多年历史的老矿区,越老的矿区这种帮帮伙伙的问题越严重。有些人没有生存能力,家里穷得几乎什么都没有,就靠着矿上这点东西他拿回去过活。我们大矿山内部藏了300个小矿,采矿证里还有小证,他们每天往外运矿石,到底是你的还是我的根本分不清,我也是硬把它全部清理掉了。这的困难程度比眼前山矿还大,因为眼前山矿只是把各方面问题处理好,范围小。弓长岭矿偷矿的、抢矿的、偷废钢铁的,甚至偷我们设备的,大量存在,矿上损失非常大。因为有了在眼前山矿积累的经验,我胆也大了,又搞了一次大的运动。在 2005 年前后一年多的时间里,取缔了很多盗矿团伙。那个时候我们的保卫部门在我上下班的时候,都要暗中保护我。

邵安林(中)在生产现场听取工作汇报

三、企业积累与个人成长

2015 年的时候,我入选中国工程院院士。说实话,我在很多年里没想过这个事情,不敢想,觉得离我太远了。可能有两个因素吧,一个是经历。我学了采矿工程这么一个专业,从毕业就相当于一直在干本行,做产业计划,做设计,一直在技术领域做事。从东鞍山矿的计划科到抓技术的总工程师,后来再到弓长岭矿业公司去竞聘,做了四年辽阳矿业公司的总工程师,总体来说我整个工作经历当中,一直没离开过技术,这是我的主要背景。第二个背景呢,是我在整个过程当中,确确实实基于几代人的积累,加上团队各个方面的因素,解决了一些问题。我们鞍钢的资源开发难度比较大,所以面临的难题很多,刚好我又在技术一线,在几个关键时间节点从技术创新上解决了一些难题,积累了很多成果。当然,这个都是无意识的,并不是说我有什么规划,将来要怎么样,就是工作之余有点技术情怀,做管理的时候技术也没扔掉。

邵安林(左)当选中国工程院院士(2015)

我在技术上最突出的一个贡献就是在矿物加工上,把矿的质量大幅度地提高了。当然这不是我个人的贡献,首先是集体智慧,其次是一代代人的积累。鞍钢的矿山从建厂开始,国家层面就一直在组织攻关。我之前说的东鞍山矿,周恩来总理就亲自来过。20世纪60年代的时候攻关陷入困境,矿怎么也提取不出来,矿物加工这个技术一直不过关。大家都心灰意冷,说"不行就算了吧"。但基于鞍钢的重要地位,周总理来了就说,鞍钢这个选矿,绝对不能下马。后来冶金部持续组织联合攻关,但实际上很长时间没有重大突破,虽有进步,但突破不明显。我当时在东鞍山矿当总工程师时,面临的问题是这个矿要关掉。因为矿石采出来了,那边处理不了,品位不达标。我说的品位就是指含铁量,矿挖出来的时候,大概的品位是30%,最后要进入高炉炼的时候,原则上要达到65%以上才有可能高效率地炼出铁来,或者说能够经济地炼出铁来,要不然成本太高了。如何从30%达到65%,这个流程就比较长了。

为什么这个技术长期攻关不行?就是因为这个过程很复杂。再一个就是矿石的性质,它至少是6亿年前形成的,矿石的成分除了铁以外,剩下没用的是杂质,主要还是二氧化硅。理论上,我们只需要把这个矿物中的铁和其他的分开就行了。分开需要什么程序呢?首先矿石要破碎,破得很碎,磨得很细。你要磨到它的力度上,我们想要的成分才能分离,通过磁力、重力或浮力的方法组合分开,把铁捞出来。把铁都捞出来,品位就高了。所以这个技术攻关在很长一段时间主要就是围绕如何把品位从30%提到65%以上,这是我在工作经历中长期主要攻关的一件事。当时我建议不要彻底关掉矿山,搞分区开采,关掉一半留一半,挑好的矿石先采。这个建议被采纳了,东鞍山矿就没有被彻底关掉。实践证明这是一个非常好的选择,过了两年,矿石价格上来了,技术也突破了,又恢复了生产。如果矿山关了就完全废掉了,要恢复起来很难,会浪费很大的资金。采矿这块儿没关,选矿慢慢地一直在积累,我们对工艺流程、装备、药剂全面系统地搞创新,后来刚好我到弓长岭当总工程师的时候,各种技术积累到了一定火候,终于实现了一个比较大的突破。我们对铁矿产品的品位,从原来的62%、64%,一下子提高到了68%,这是一个历史性的突破。①

邵安林的科研成果获国家科学技术进步二等奖

第二个是在工程管理上的重大突破。我特别倡导的一个工程思想,就是用系统工程的方法解决长流程和整个系统优化的问题。因为炼铁需要一定的品位,开采是一个品位,中间有若干个品位,不断升级,用什么样的方法、怎么组合才能最经济,这需要系统工程的方法来指导。所以,我把系统工程的理论运用到了冶金矿山这个采矿、选矿的过程当中,搞了一个矿冶系统工程的理论。这不算原创,是钱学森先生回国之后搞航天工程的方法,用系统工程成立总体部,然后各个子系统去优化实现整体

① 邵安林研发的"贫杂铁矿石资源化利用关键技术集成与工业示范"科技项目破解了极贫赤铁矿石资源化利用的世界性技术难题,形成了一批具有世界领先水平的核心技术,对于引领我国铁矿行业技术进步、保障我国资源安全具有重要意义。

效益最大化。我借鉴了这个思想,在我的领域去把它发扬光大,相当于搞出一个类似于在这个领域的方法论。

后来一个很偶然的机会,我接触到了我们行业内的几个院士。其中有一个问我有没有考虑申报院士,我说:"我还能申报院士?"另外一个老院士也说:"你这不得了三个奖了吗?你没考虑报吗?"当时真的没有那种意识,也没觉得我能行。一直到2013年1月份,上面来了个文件启动院士申报工作。文件到鞍钢集团后,鞍钢老总当时是一个技术型干部,说"把这个文件转给邵安林",他脑海里觉得我可以尝试,我就这么申报了。2013年第一次报就直接进了第二轮。第一轮很顺利,第二轮也参加答辩了,最后差了两票,差点一次就当选,这下我有信心了。我有四项国家科技进步二等奖、两项国家管理创新一等奖和将近20项省部级一等奖,在奖项里边我这个硬件条件算非常强的了。另外跨度也长,从2000年以后我就开始获得各种奖项。再加上我的经历,老院士们一看,我确实是个技术型的管理人员。所以,2015年再报就非常顺利,几乎是全票通过,入选了工程管理学部院士。

四、文化是企业成功的关键

我觉得一个国家、社会的进步,最终还是要靠文化、靠精神,因为我们发展到这个阶段,不是前面那40年还在解放生产力的阶段。自然科学虽然很重要,但是最后要靠生产关系的调整,把我们这个民族缺的东西尽快补上来。我认为现在这方面做得最好的是日本,日本企业员工的主人翁意识是极强的。后来宝钢全套引进日本的设备和管理方式——其实最值钱的不是设备。从管理层面来看,精神层面、管理层面、技术层面,我认为技术应该排在底层。设备上现在大家都同质化了,能够让这个设备最高效率地创造价值的,靠的是人,靠管理模式,靠人心,看人心能不能统起来。我认为这也是"鞍钢宪法"的核心,我将"鞍钢宪法"定义为一种文化。鞍钢宪法的"两参一改三结合",它体现的是全体、全系统、全员的概念,无缝衔接。那么到最后是什么?人人都有一种主人翁意识,让每个员工依赖这个企业,对企业有感情。现在我觉得我们缺少了这个，缺少了精神层面的东西。我们是"鞍钢宪法"的原创单位，但并没有把它很好地、不断地发扬光大成一种普遍性的价值导向。

当然鞍钢有它特定的历史原因，长期的计划经济带来人们的思想观念固化。尽管主人翁意识挺强，但是由于管理上的创新不够，加上我们的市场意识不够，在计划经济转入市场经济之后，整个思想上的引导、管理模式上的创新没有与时俱进。其实，我们在技术层面不差。我们大的技术创新，我们的产品，像什么航母、潜艇、家电都不错，和别人比没有明显的技术差异，都在世界第一梯队，但为什么人家那个产品质量就好？同样的设备出的东西，为什么人家就是给奔驰轿车提供板子，而我们给捷达提供板子？其实设备都一样，靠的是管理。你这管理体系是松动的，那出质量问题的概率肯定就高了。管理最核心的就是我们说的文化，华为它是股权激励，但是它最后形成的是什么？一套文化，每个人都有巨大的压力，但是同时也有强烈的责任感、归属感，最后生成的是内心的认同。

实际上，现在我们国有企业改革无非就两个方向，第一个是从股权的角度多元化，多元化之后可能各种管理要素、各种资本属性会带来不同的思想文化，主动地去冲击、去破坏原来固化的东西。第二个最核心的其实是建立机制，所谓"机制"就是我们一直在说的三项制度改革，"干部能上能下，工人能进能出，收入能多能少"。其实，这些话说了几十年，只是我们一直没做好。像我们这样的企业，在这方面基本上没有任何进展，都是以很小很小的步伐在改。现在大环境在变，好多先进的企业使用各种先进手段都在突飞猛进地往前走，像有些企业混合所有制改革做得非常好，它带来的活力，创造的一种模式，已经很有成效了。还有相当多的企业内部机制非常灵活，工资多与少、人的进与出，评价体系非常健全，自然就给每个人带来了压力。你说要直接达到有归属感那很难，但是你要有一套约束机制，好了坏了、多了少了，得分得很清楚。我们自己存在的问题如果解决不了，就会影响我们将来的发展。

现在回过头来看"鞍钢宪法"，其实很多年前我就在讲，我们要赋予"鞍钢宪法"以新的内涵。这个东西其实没过时,现在你看中央也在倡导"两参一改三结合"和党建。细琢磨琢磨,它还是没离开这些东西,包括群众路线,它还是有一定道理的。但硬套是不行的,必须基于现实去赋予它新的或者颠覆性的一些创造。当然,也不一定叫"鞍钢宪法",叫什么我们可以再思考。

邵安林参加国家科学技术奖励大会(2019)

总之,我们现在所处的历史时期,特别是国有企业,既有政治上的责任,又有经济上的责任,还有社会上的责任,怎么去统筹好这些责任?首先,企业属性是没变的,企业就按企业的规律,把钱的作用发挥好,把人的潜能挖掘好,那就得靠这种机制,这是个永恒课题。但是,现在这个问题可能体现得更迫切。如果你做得不好,就可能被淘汰。和一些核心先进企业比,鞍钢有天然的区位劣势,处于不发达地区,首先是观念没有其他地区先进。广东的观念、上海的观念让辽宁接受,可能还很困难。文化差异我认为不可能解决,这是天然的。然后是人才,你让上海人来鞍山,你给提两级人家也不见得来,吃的也不顺口,交流也粗放,人家上海精细化。区位上本来就有巨大的劣势,没有更有效的机制去引导的话更完了。现在有很多大学找我,有几个校长只要见面就动员我调到他们那里去,说:"抓紧来吧,别干了。"我其实现在在行政上真的没有积极性了，但是还有这种情怀，我一直感恩：我不在这个平台上，怎么能当院士呢？我所在的这个企业它有历史，它有积淀，我是在它的肩膀上站起来的，我不能说走就走，而且现在又给我这么好的位置，这份责任感和情怀让我不能有想法。

我们这代人所经历的时代跨度是非常大的，从那么贫穷落后的时候再到今天，对比度非常大，所以我的幸福感是非常强的，像年轻一代跨度就不会这么大。我最近这几年很注意用年轻干部，破例开了几次座谈会，专门找80后、90后这批人谈谈，办一些论坛坐那儿听，能非常真切地感受到我当年的那个状态不如他们：信息量不如他们，表达能力不如他们，自信心也不如他们。我们那时候每天工作怯生生的，太规矩了，思想还是没打开。我现在也特别注重跟大家交流，不愿意谈技术，就愿意谈思维逻辑，愿意谈一些方法论。我认为我跳出来和他们探讨，能够上升到更高层面，引导人的思维方式我觉得更有意义。有时候我讲人家也不一定爱听，首先要平等地让他们能接受，吸取点有用的东西，这个很有意义。

我女儿现在在上海工作，不愿意结婚。我说："你不结婚就没有社会责任感，你这么优秀的人不传宗接代？"她说："生个孩子也不随我姓，完了搞那么多麻烦事，我不结婚。"好，我说"不结就不结吧"，从此也不给她介绍对象了，介绍了她也不看，我妥协啊，不停地妥协。我现在反而倒觉得要尊重她，平等地、平视地站在她的角度，接受吧，我改造她的过程也是被她所改造的过程。

刘晓明
此心安处是吾乡

亲 历 者：刘晓明
访 谈 人：陶　宇
访谈助理：刘奎麟
访谈时间：2020年10月22日下午2:00—5:00
访谈地点：鞍钢党校
访谈整理：刘奎麟

亲历者简介：刘晓明，1964年生于山西临汾。1984年从北京钢铁学院毕业后分配至鞍钢，供职于鞍钢矿山设计院。1990年起担任项目负责人、总设计师，2000年任矿业设计院副院长，负责技术改造工作。现任鞍钢矿业设计院党委书记、院长、教授级高级工程师，2007年获国务院特殊津贴。

刘晓明(左)接受访谈

一、我家在山西洪洞大槐树下

我叫刘晓明,今年56周岁,1964年生人。现任鞍钢集团矿业设计研究院党委书记、院长,职称是教授级高工,曾经获得过国务院特殊津贴。我的专业是选矿工程,现在叫矿物加工工程,其实都是一个意思。我们老家是山西的,我从山西考到北京钢铁学院(今北京科技大学),1984年毕业后就直接分到鞍钢这个研究院。我至今整整工作了36年,经历非常简单,还有不到4年的时间就要退休了。

我的生活也比较简单,我老家在临汾洪洞,这个县在全国2000多个县里面是很有名的一个。在明朝初年的时候,洪洞县有象征移民的一个旧址——大槐树。"要问我家在何处,山西洪洞大槐树",我就是那地方的。我们山西老家那一块是盆地,现在可能是全国甚至全世界污染最严重的地方。那个地方一方面是环境保护做得不好,还有一点是自然环境也不好,四处都是山,中间是一个盆地。但那个地方有文化底蕴,像写清代小说的二月河就是山西的,但后来二月河投奔他姐姐,到河南去了,在河南南阳出的名。山西老一辈作家很不错,像赵树理、马烽、西戎等。最近这30年,山西没有什么太像样的作家。现在出了一个写科幻小说的刘慈欣,他是阳泉的。我们那个地方20多年前修高速公路,沿途跨越村庄耕地,往下做基础,挖得比较深。一挖出来以后,砖都是2000年前战国时期的砖。

我父母结婚后都在银行系统工作,他们两个原来是同事。母亲出身不好,也正是因为出身,她才读了几年书就不读了。当时上学的人很少,尤其是女孩子上学的就更少了。她大概上了六年学。过去那个年代,从家庭的角度来说,她对我的影响是比较深刻的。父亲在"文革"以后,跟着"五七大军"下乡了。从我记事起,他就几乎没在我身边过。我们家在县城,他就没在县城工作过。父亲大概在1978年下乡结束以后才回到县城,1979年就去世了。所以那些年对我的影响、对我的教育,还是母亲付出的要多一点。

我的学习也不用抓,现在回想起来,我们的童年比你们(访谈人)的童年快乐多了。我们小学一年级到五年级,半天课。因为没有老师,我们基本上上午上课,下午就没事了,随便玩。那时候也没有什么课后班,也没有学艺术,什么都没有,上半天课,玩半天。小时候家里养了七八只鸡,母亲给我分配的任务就是养鸡。下午没有事,学校不上课,我就拎个菜篮子到地里去摘点野菜,喂过鸡,还喂过兔子。我在家里是最小的,但是母亲从来没把我当小孩,不娇惯我。我10来岁的时候,也就是1976年吧,上初中,初中过了大半的时候,国家就开始抓教育了。我们初中等于多上了半年,因为原来的冬季招生变成春季招生了,学时就延长半年了。这半年,学校突击了初中课程,包括小学课程全部都给我们补上了。1977年开始恢复高考,我们1978年上高中。高中就不是随便上了,得考试,选拔性的考试,我考到了我们县最好的一中。从小在我的学习上,母亲没太操过心。

我们家那边的学制短,是九年一贯制,也就是小学五年、初中两年、高中两年,加起来九年。"文革"期间,毛泽东主席提出,教育要革命,学制要缩短。我1971年上学,1980年就参加高考了。我大学学的是选矿专业,其实我报志愿时,可以说对这个专业一无所知,只是报了这个学校。估计你们考大学都要填报志愿,如果你所报的专业不能去,调到别的专业你是会同意的,你同意就给你放到这个专业了。当时从考大学的分数来看,我进北京钢铁学院的分数是比较低的,但那时候我报考的专业分数是很高的。我其实也是年少不懂事,没有经验,那时候刚刚恢复高考,家长们不懂,老师也不懂。

我为什么要报考北京钢铁学院?我母亲给我做了几个负面清单,然后再做了正面清单。负面清单就是什么不可以报,根据她的经验和她的喜好列出来,比如说学农不让报、学师范不让报、学医不让报,这是负面清单。当时,因为分科的时候我分到理工科了,如果这些不能报,那就只能学一些真正的工科。还有一个正面清单就是,只能以我们家为圆心报考学校。母亲画一个圆,半径在500—800公里,只能这么报。因为我们家在山西的南部,这一画圈,其实也就只能是北京、天津、太原、西安、郑州、石家庄这么几个周边城市,在这么几个城市里当然首选就是北京。当时,自己根据估分就报了北京的学校,当时叫北京钢铁学院,现在叫北京科技大学。报的两个专业,第一个是自动化,那个年代自动化非常火,我觉得这个名也挺好听;第二个是物理化学。到学校才发现,这两个专业的录取分数是学校最高的,我的分偏低,就被调剂到采矿系选矿专业。录取通知下来以后,家里人还讨论说:"选矿是怎么回事?"我也不知道。当时可能把选矿理解为搞地质的,拿个地质锤,背个地质包,漫山遍野地跑去找矿。家里人把找矿和选矿弄一起了,其实后来一看还不是那么一回事。

二、本愿归太行,偶缘赴关东

我在家里兄弟姊妹五个中是最小的,是老儿子。加上在我上大学的头一年父亲就去世了,所以母亲非常希望我能回去。大学毕业的时候,实施完全计划经济,计划经济包分配,不允许个人有什么想法。母亲非常希望我回去,在山西老家那边的太原也找了一些单位,有的还不错。但是我到学校去办手续时,学校说:"不行,只能去我们分配给你的这个单位。"

后来没办法,当时有当时的背景,现在看起来也是因为鞍钢的因素在里边起了作用。因为鞍钢在辽宁,地处东北,周边类似的钢铁学院还有很多,像东北大学、阜新矿院(今辽宁工程技术大学)、鞍山钢铁学院(今辽宁科技大学)、鞍山钢校,现在鞍钢党校旁边还有一所已经黄了的鞍山艺术学校。鞍山不用出省,省内就有很多院校可以提供人才。当时不知道鞍钢的哪个领导说了句话:"我们长期以来在辽宁省内招生,会引起近亲繁殖,企业可能会得一些遗传病,希望能够在全国各地的矿铁学院要一些人才。"像我们这个专业,招生的时候没在鞍山招,没在辽宁招,但是要往辽宁分,据说鞍钢当时还拿钱了,可能是一人拿了2万块钱,那时候2万块钱就不是小钱了。我毕业以后一个月工资46块5毛,一年就500来块钱。我服从分配到东北来了,来了后被分到鞍钢人事处,由鞍钢人事处分到矿山人事处,完全在组织安排和引导下走到这个单位。

起初我母亲不认同这件事,就跟我说到了鞍钢后不许处对象、不许谈恋爱,过两年有机会就调回来。甚至那时候还在老家那边积极地给我找对象,每次春节探亲回家,她都给我找三个五个女孩,今天看一个,明天看一个。母亲对我工作的事情尽管没有死心,但是在当时的背景和条件下,调动工作是非常困难的事情,我也调动不了。虽然调动不了,但是来了之后觉得还不错。一是,鞍山在东北的南边,不像齐齐哈尔、大庆那边那么冷。所以,它虽然比我们老家要冷,但是这种冷我还是能接受的。二是,当时鞍山的生活水平是比较高的,收入也比较高,整个经济发展水平比较高。我记得来鞍钢的当年,辽宁省的国民生产总值在全国排第二,上海第一,辽宁第二。在整个80年代,辽宁是经济发展水平比较高的地区,就相当于现在的广东和江浙一带,当时在国内处于这样一个位置。同时,这边的生活习惯还好,东北这边大米好吃,有米也有面,我们山西人爱吃面食,东北也不缺面食。再有一个因素就是——其实这个应该是很重要的——鞍山这种地方严格意义上来讲是一个移民城市,没有很多的土著,不排外,不像北京、上海这样的城市那样排外。我身边几乎没有一个是纯粹的鞍山本地人,老家离鞍山最近的也是海城人,海城现在是鞍山下辖的一个县级市。所以说,当年在我所处的环境里边,80%—90%都是外地人。这不仅在我们院,在鞍钢,在整个鞍山市都是这样,大家都是一样的。

这个地方的人也非常热情,有东北地区的豪爽、热情、大气,这使得你觉得背井离乡来到这个地方没有受排挤,也没有比较孤独的感觉。从鞍山地域文化这个角度,我觉得这是非常幸运的。并且还有一点,这个地方在我们毕业那个年代,也就是80年代中期,这些女孩子和她们的家长,都把大学毕业生作为女儿丈夫的首选。那时候正是重视知识、重视人才的年代,所以说找对象也不愁。我们单位的效益那时候也好,福利分房,有工资,有奖金,各项福利都不错。所以我1984年毕业,1986年处对象,1988年结婚,结婚、成家、生子都很顺。

入职之后,单位先给安排的职工宿舍。我们当时有大学生宿舍,或者知识分子和工程技术人员宿舍,我没分进4宿舍,被分到11宿舍。11宿舍、12宿舍是一个混杂区域,里边有老工人,也有新毕业的学生。我们分到的这个宿舍,大概有这么两个房间大,里边摆了六七张床,就是靠着墙根,一张一张地摆，就这么摆了这些床。当时我们房间住六个人，有两个是老同志。一个是参加过抗美援朝的老战士，复员分配到的鞍钢，他家在瓦房店一带的农村，他自己一个人在鞍山。还有一个老同志是50年代全国支援鞍钢建设的时候从江苏过来的，和从湖南过来的雷锋是同一批的。这位老同志家也是农村的，他也住独身宿舍。他们从50年代住到80年代中期，差不多到我住独身宿舍的时候，他们已经住了30年了。

在那个年代，住独身宿舍的职工是不具备分房条件的，因为你虽然成家了，但是家在外地，老婆孩子全在老家，而且因为家属是农村的，没办法转成城市户口，也不可能到这边来工作，所以也安排不了住房。在那个特定的时代，这样的人很多，我们住的独身宿舍里边这种情况也非常多。实际上刚才说到他们退休，后来这两位老同志大概在1989年春节回家探亲就没回来。那位抗美援朝的战士姓乔，老乔1989年春节回家以后得了心脑血管疾病突然就去世了，当时应该五十八九岁，马上要退休了，结果没等到退休，他住了一辈子独身宿舍。江苏来的那个同事姓桑，1988年左右调回老家去了，岁数有点大，那时候政策有点开放了，他就调回去了。

我1988年结婚，1989年就离开这个宿舍了，单位给分了房。尽管地点不好，但是毕竟有一个独立的空间，有个栖身之地，我就很满足了。我爱人是社会系统的公务员，去年已经退休了。

我刚到研究院的时候20岁，1984年20周岁大学毕业，然后干到27岁。1990年我27岁的时候，走向总设计师岗位，算是比较早的。当年研究人员老龄化，公司和院里就想培养一批新人，尽快去开展工作，完成新老交替。跟我同时推到这个岗位的人有四个，选矿专业的就我一个，采矿专业的三个，平均年龄比我大10岁。他们三十六七岁坐到这个岗位，我二十六七岁坐到这个岗位，所以从年龄上来讲我是最小的。

刚到院里的时候，单位福利很好。入院之前，院里给每人发一套西服。我们刚去的时候没赶上，一开会觉得好羡慕，后来跟领导反映这事儿。领导说："当时发的时候你们还没来，这下来了十多个大学生，我给你们补上。"单位又给我们单独做西服，都是量身定做的，又将前一年发的大衣也给我们全配齐了。还发鸡蛋、啤酒、鱼、南果梨,一筐一筐地发。我们那时候为什么发啤酒?因为那时候给沈阳啤酒厂做设计,沈阳啤酒厂没有钱给我们,于是拉了两大挂车啤酒来抵债,然后一人两箱。那时候好多人不喝酒,后来就是谁愿意喝谁拿走。

我们提倡以人为本,那么企业真正的目的是什么?其实我

刘晓明在审查设计方案(2010)

觉得还是为了企业的员工,首先得为股东创造效益,后续要为员工的成长、员工的生活做考虑。企业的根本还是要以人为目的,我们要是能够为大家——尤其是为新入职的年轻人——提供很好的工作环境,提供很好的生活条件,给他们创造更多的福利,让他们安心快乐地在这生活,我觉得就是一件非常幸福的事情,对他们本人来说是幸福的,对企业来说也是幸福的。之前,我们院每年都搞一个年会,每年的12月31日或者是春节的前一天全院活动,大家提前做一些排练,有一些文艺演出,上午文艺演出,中午吃饭聚餐,大家开怀畅饮,下午各个部所自由活动,上歌厅唱歌,我觉得这种活动很有凝聚力。

三、 内化鞍钢精神

1984年我刚刚参加工作的时候,已经改革开放了,在推进国有企业改革,当时定的是厂长负责制。可能是当时的政治体制改革比较冒进,党建工作甚至包括"鞍钢宪法"的传承工作,其实做得都不是太好。什么时候发生了一些变化呢?是大家觉得不能像苏联、东欧那样弱化党的领导,党组织在企业中的核心地位要重新确立,党组织的核心地位需要真正巩固加强,那是在十八大之后。十八大之后,崔经理要求加强党在各方面的领导,尤其是党

在国企中的领导地位不能动摇，这一点是重新明确的。所以说，党的领导在国企中的作用需要重新凸显出来，重新发挥出来。也是差不多在十八大之后，重提"鞍钢宪法"，重提弘扬"孟泰精神"，这些东西逐渐做起来了。

当然，不能否定过去。不能说从20世纪80年代中期到十八大之前，这段时间就没做什么。尽管那时候提的少，但"两参一改三结合"在实际工作中还是有传承的。在我们的生活中，可能不见得很多人叫这个口号，但是实际上都是这么做的。我们作为一个科研单位，比如说你要去做设计，你不能闭门造车吧？你得去现场调研，你得去跟现场的工程技术人员、管理人员包括现场的工人们沟通、了解，这就是在践行"两参一改三结合"。关于这一点，我最有体会，1984—1990年这七年间，我在设计室一线画图做设计。1990年以后，我做项目负责人，抓项目管理。在这个过程中，不管是做设计，还是做项目负责人，肯定都需要到一线去调研，有的时候遇到一些难题，我们从中琢磨出来的专业知识，肯定要比我们的一线工人高，理论知识要高，可是一些具体的内容，可能就没有工人们有经验。所以我们在实践过程中，也从工人师傅那里学到了很多经验。有一些东西貌似很简单，但它非常实用，这说明我们的"鞍钢宪法""两参一改三结合"特别有用，我确实有这个亲身的体会。

我们不光是从工人身上学，还通过传帮带学。在学校里面，专业知识倒是学了，但是实际上你到了工作单位，不管是搞研究还是搞设计，其实都是一个重新学习的过程。例如，毕业以后，研究院让我去做设计，我发现无从下笔，不知道怎么画，不知道怎么去做这个设计，整个程序也不懂，整个锯齿的工作方法也不懂。这个时候，就需要老人儿带徒弟。单位给我配一个师傅，这个师傅告诉我这么画、那么画，让我逐渐地学习。现在这些新毕业的硕士生，把他们分到一个单位去画图，他们跟我们当年是一样的，还是无从

在马鞍山钢铁厂所属矿山考察

下手,必须得有一个传帮带的人。我基本上不带徒弟,主要原因一是受时间限制,二是作为负责人我带徒弟恐怕失之偏颇,毕竟在现在这个岗位上要考虑影响。后来我跟每年新毕业的学生说:"只要你们遇到难题了,愿意跟我商量,只要我有时间,我就愿意跟你们一块探讨、一块研究。"

四、入党过程中的波折

我是 1996 年入的党,比较晚。主要是我毕业来鞍钢的时候正赶上 80 年代这个思想最活跃的时期。到工作单位以后,大概在 1986 年或 1987 年,我们支部书记问我:"晓明,为什么你们最近这几年毕业的学生,都不写入党申请书,都不向党组织靠拢,你们怎么想的?"我就和支部书记说:"我看了一下科里有几个党员,其实我觉得他们不够先进,有些党员的觉悟还赶不上普通群众呢!举个例子,支部刚刚发展的党员,过去两年我能看到他天天给大家打水。我们在四楼办公,需要从四楼拿暖瓶到一楼锅炉房去打水,我们科有 40 多个人,得有六间办公室,每天早上每间办公室的水他都打,这个手拎两个暖瓶,那个手拎两个暖瓶,下去打水,打完一次不够,再打第二轮。还有拖地,楼道、办公室的地,他全包。突然有一天他入党了,就什么都不干了,这样的人入党有什么意义?我觉得我不愿意与他们为伍。"书记说:"你只看到我们个别党员不好的一面,希望你看到他们好的一面,从正面去看我们这个党,正面理解我们这个组织。"他跟我说完以后,我思想上确实有些触动,也是思考了一段时间以后,1988 年的时候,我写了入党申请书。写完入党申请书以后,组织没来得及发展我,我就到别的部门去了。

到了新部门之后,当时的科长兼支部书记比较狭隘,他觉得我作为年轻人,可能在某个方面对他形成了威胁。我从那个科调到这个科,从那个支部调到这个支部,人家把我的申请书都给转过来了,但他就当没这回事。一直到 1994 年、1995 年,我应该说在这个地方干得也不错,院党委书记就过问:"为什么不把刘晓明发展成为党员?"支部书记说:"刘晓明根本不写入党申请书,入党是自愿的,不是强迫的,他不写申请书怎么发展他?"党委书记找我说:"晓明你还得要进步,要向组织靠拢,因为要有更大的作为,还得加入我们这个组织。我问了科长,科长说你没写入党申请书,这怎么能行呢?"我赶紧说:"我写了,我 1988 年就写了,是不是到新的支部还要重新写?"他说"那倒不用",然后他又调查,支部书记就说我没写。

这也是一个戏剧性事件,非常有戏剧性。1995 年,支部书记办公室的桌子比较旧了,他就把那个桌子淘汰下来,换了一个新的桌子,这个旧桌子就被送到我们院办公室一个党委秘书那里。这位秘书把桌子接过来以后,在收拾办公桌抽屉时看到里面垫了一张报纸,报纸下面有一张发黄的纸,打开一看竟然是我写的入党申请书!当时这个事情在院里已经传开了,说刘晓明要入党,支部书记就不让入。后来这个党办秘书就拿着入党申请书来到会议室,正好我在那开会,全科 20 号人都在。他说:"在科长的老办公桌里发现一张发黄的纸,打开一看是刘晓明同志写的入党申请书。"

这时候科长坐不住了,因为他撒谎了,这个申请书他是得到了的,只是把它扔到一边了,他这个脸就青一阵红一阵。当时我们有几个老同志就拍案而起,义愤填膺地说:"×科长,你知道你这意味着什么吗?这意味着你可能会把一个人的政治生命断送了,你这是对党的极端不负责任!我们一直要求你发展他入党,你说他没写入党申请书,现在人证物证俱在!事实证明,你手里有他的入党申请书,你有什么想法?你的思想深处、你的灵魂深处有什么龌龊的东西?"这些经历过"文革"的老同志天不怕地不怕,所以后来这个事,×科长没有办法,他必须得报。因为院党委书记找过他,而且不止一任的院党委书记找过他,至少三届党委找过他,他就说不行;下边的普通党员,我们科的支部成员都找过他,他就说我没有写过申请书,最后申请书自己出来了。

五、精工博见筑卓越

我记得我们当时在做齐大山实验的时候,选择什么样的药剂、流程结构、设备,大家都集思广益、反复讨论,有时候争得面红耳赤,甚至打架。大概 1992 年、1993 年在进行齐大山扩建设计审察的时候，当时矿业公司领导用完全民主的方式去决定我们到底选用什么流程。实验有两种流程：一种流程比较稳妥可靠，但是指标不是很先进；另一种指标先进，但是之前没有任何试点经验，属于全新的技术和工艺。当时矿业公司在弓长岭汤河招待所封闭了三天，52 个工作人员在一起讨论。讨论的过程当中，争论非常激烈。对于连续磨矿、机动磨矿两种流程，52 个人差不多一半赞成前者，一半赞成后者。一方刚发言一二三说完，另一方突然又跳起来提出反对的观点。我们辩论了三天，每晚开会开到晚上十一二点钟。最后我说："你们工人技术员投票，我不参与，你们52个人投票如果是平局，我最后投一票；如果不出现平局，你们决出胜负就好了。"这就类似奥运会主办地表决时萨马兰奇那一票。

尽管这个过程非常漫长，也非常痛苦，但是我觉得这样一种民主的、公开的讨论，尤其是技术的决策过程，其实是对鞍钢文化很好的传承和体现。我们院现在也是这样，不管是搞研究还是做设计，我经常在讨论会上让大家讨论，所有人不论职务职称如何、学历高低、岁数大小，都是公平的，谁说的有理就听谁的。我认为技术决策的民主性非常重要。这么多年来从前辈身上学到的这些有益的做法，在我们这一代身上也算是承上启下了。我们也希望后来者能够继续发扬鞍钢的这种精神，把我们新时代的各项工作做好。我们首先要把技术工作做好，这是我们的本分。我始终认为像鞍钢这样的企业，最终还是要靠技术进步，技术进步永远是一个基础，是一个保障。不管是矿业还是钢铁，没有技术支撑都不会有大的突破。

我在整个 90 年代做总工程师，做工程管理、项目管理、技术管理工作。在这个过程中，我承担了从弓长岭到齐大山选场，包括调井采选场建设的设计工作。其中，调井采选场当年是我们国内装备水平最高、投资最大、规模最大的一个选场。在选厂的设计中，我们采用了一种全新的工艺流程，这个流程是由我们这几年在南山、鞍钢进行的。赤铁矿比较难选，我们俗话叫"红矿"和"磁铁矿"。鞍钢从 50 年代开始一直到 80 年代，几代人攻关研究怎么能把它的品位、回收率提上来，但一直都没有找到很好的办法。我们院

在西澳铁矿实地考察(2006)

始终在做这个研究,最后找到了一种好的办法,使矿石品位能够从原来的62%、63%提高到67.5%甚至更高。提高五六个百分点,从绝对值来说可能提得不高,但是这个难度是相当大的,同时这个突破也给后续的炼铁带来了巨大的效益。因为品位越高质量越好,到炼铁时成本就会越低。再后来,选矿厂在1997年建成以后就提高到68%的含铁量了。

到2000年,国家东部沿海、南方城市都放开了,但东三省没放开。东三省的改革开放至少比南方省份晚了15年。这不是我们反应迟钝,而是国家在做这种大的改革的时候,不敢全盘放开,得保证基本盘稳定。那边改好一看没问题了,大概在90年代中期,东北才放开。从计划经济走向市场经济,可以说辽宁、鞍山、鞍钢晚了15年,这可不是用15年就能够撑回来的,也可能永远撑不回来了。这15年从计划经济到市场经济,是一个很大的变化。所以在90年代中后期,国企改革就是减员增效,几千几万的工人下岗。我们2000年左右不叫下岗,叫"提前居家",有买断工龄的,有提前给你从岗位撵下来的,按年算钱。那时国家钢铁工业不景气,钢材价格很低。1994年以后,全国钢材价格一路走低,鞍钢资本金已经非常不好了。还有一个鞍钢本身的原因,就是鞍钢是一个老企业。鞍钢从日本侵占时期开始建设,一直到90年代中期都没什么大的技术改革,这样看来问题就又回到技术层面了。

像80年代开始新建的宝钢,一期、二期、三期上来全盘兴旺,全都是采用最先进的日本设备、日本技术,所以它的劳动产品质量、成本控制都比鞍钢要强得多。鞍钢技术落后,设备陈旧,人员负担很重,号称40万鞍钢员工,所以它的能力很低,企业效益不好,因此就逼着你必须改革,朱镕基总理痛下决心要求国企改革减员增效。

2000年我当副院长以后,就在公司的统一部署下负责整个矿山的技术改造、工业流程改造及设备改造。我们几乎用了十年左右的时间把这个老选厂全翻新了,这使得铁金矿的质量大大提高,成本显著降低,满足了鞍钢对铁料的需求。现在鞍钢的铁料自给率提高了,超过50%的铁料能够自给,鞍钢本部更高,大都在80%。我毫不隐晦地讲,鞍山是个比较特殊的地方,其实100多年前,鞍山还是一个小村子。鞍山因矿兴钢,因钢兴市,所以这个地方、这个城市形成了和别的地方不一样的特点。鞍钢现在的竞争力在哪里?我觉得从历史看现在,包括看未来,鞍钢最大的竞争力始终是资源。鞍山有这么多资源,我们也有这么好的技术能够为鞍钢提供优质的原料,并且是低成本的,像今年我们的矿业公司为鞍钢创造的效益就达到48.6亿。

从更高的层面来讲,现在国际局势变化巨大,按习近平总书记的话讲,这是百年未有之大变局。对于这个大变局,我们可能有很多预测不到的事情,比如一旦最极端的事情出现了,像台海或者南海爆发了战事,西方国家例如澳大利亚停止供矿,我们很多钢厂就无米下锅了。现在澳大利亚跟美国跟得很紧,有可能有一天断供,而中国85%的铁料靠进口,这85%里边又有80%来自"四大",就是力拓、BHP、淡水河谷、FMG①这四家公司,它们占全球贸易量的70%,中国又占了它们全球贸易量的70%,就是它们产业的一半。我们打仗靠什么?靠航母,靠军舰,靠坦克,靠飞机,但这些都离不开钢铁。一旦发生断供,我们自己又没有资源做资产,那这个仗是打不下去的。所以说,我觉得鞍钢在国家钢铁工业中有特殊的地位,它的特殊性就在于有资源优势。我们现在掌控的资源量在80亿吨以上,潜在的资源量还有200

---

① 巴西淡水河谷(VALE),澳大利亚力拓(RIO)、必和必拓(BHP)和福蒂斯丘(FMG)是全球铁矿石领域四大巨头,占据了全球铁矿石70%左右的市场份额。

亿吨左右，共有 280 亿吨资源量。我们现在一年开采多少？6500 万吨。咱就不说 200 多亿吨，6500 多万吨我开 100 年才开 65 亿吨，那也就是说这 80 亿吨的资源量，我可以开 120 年。当然，我个人的观点是规模要做大，除了保障鞍钢的需求外还可以在产业下游供应国内的其他钢厂。

刘晓明（中）参加国际矿物加工学术交流会（2008）

回到我们这个细分行业，铁矿石的价格在国际框架内是 150 块钱一吨，而我们当时的成本是 200 多块钱甚至 300 块钱一吨。我们自产的矿因为技术落后、装备落后，导致产品质量不高，生产成本很高，所以没有竞争力。在 20 世纪 90 年代末期，鞍钢曾经一度要把我们所属的几个矿关掉，因为如果生产一年，可能亏 5 个亿；如果关停，给这些员工发工资 3 个亿，倒还省 2 个亿。当时已经开始采取措施了，没办法，鞍钢钢铁不怎么挣钱，矿山亏损也大，怎么办？当时领导只能采取关停运转的方式。

后来我们就开始力求通过技术进步的方式来解决问题，其实我们那时候已经做了长期的、大量的实验研究和技术工作。到了 90 年代中后期，新建的齐大山铁矿就采用了全新的工艺流程。这种流程把鞍钢铁矿资源利用一下推到了新高度，上了一个大的台阶，使得我们的产品质量一下就提升了五六个百分点，成本也降低了。21 世纪以后，随着中国加入 WTO，GDP 高速增长，国家对钢铁的需求快速增长。1997 年中国钢产量第一次达到 1 亿吨，2012 年便达到 10 亿—15 亿吨，增长速度很快。因为钢产量快速增长，对铁矿石原料的需求也多,矿的质量就上来了。我们自产矿成本降低了,质量提高了,都是技术进步带来的。

刘晓明(左三)出席活动

从我毕业到鞍钢以后,我觉得鞍钢作为共和国钢铁工业的长子,过去多少年里沉淀了很多好东西,比如说我们的"鞍钢宪法",比如说孟泰、王崇伦这些劳模所代表的鞍钢精神,还有一大批知识分子、工程技术人员。多少年几代人不懈的努力、孜孜不倦的追求,使得鞍钢矿山的改造工作有了很好的基础。这一路走来,我们得益于鞍钢这块沃土,也得益于前辈对我们的细心培养和关照,尽管有坎坷,但正是这些坎坷才锻炼人。我刚才说的只是这一个事,这件事情也使我去思考一些问题,去调整自己。反正人这一辈子都会遇到一些大大小小的事情,这是正常的。人要有逆境教育,没遇到逆境是不正常的,太顺利了反而不是好事。

李 勇
鞍钢两代人，改革先行者

亲历者：李 勇
访 谈 人：王庆明
访谈助理：张 震
访谈时间：2020年10月21日下午2:30—5:00
访谈地点：鞍钢党校三号楼
访谈整理：王庆明 张 震

亲历者简介：李勇，男，1970年生于辽宁鞍山，现任鞍钢汽车运输有限责任公司董事会秘书长、高级经济师。1993年从鞍山钢铁学院冶金机械专业毕业后，成为鞍钢直属机关科员。2000年被分配到鞍钢汽车运输公司当队长，后出任鞍钢汽车运输有限责任公司董事会秘书长，长期从事企业管理工作。

李勇(中)接受访谈

一、钢二代的厂矿记忆

我是鞍钢子弟,目前在我母亲退休前供职的单位鞍钢汽车运输公司工作,所以说,我与鞍钢汽运公司非常有缘分,对它的发展历史也熟悉。我父亲是山东人,曾在郅顺义①的部队当兵,母亲独自带着我和姐姐在鞍山生活。1972年左右,父亲从部队复员回到地方,因为他在部队当过营级指导员,到了地方本应落实干部岗位和待遇,但是当时他们那批转业军人复员时上级没给政策,到地方后不分干部、工人全都直接进单位工作了。父亲先是进了雷锋同志曾经待过的鞍钢化工厂,在工人岗干了一段时间,上级落实复员政策,就回到了科级干部管理岗。之后他又被调到鞍钢供销公司,主要从事原燃料采购、钢材销售等业务。

像我们这代人在鞍山市,父母"双钢"家庭那是很牛的——即使在鞍钢是普通工人,都好找对象。当然,这和鞍钢当年的历史地位有关。新中国成立初期,国内90%的钢材是鞍钢生产的,后来国家才陆续在其他地区建设生产基地。在那段时间,鞍钢恢复得很快,鞍钢精神不就是恢复鞍钢建设,打造"孟泰精神"嘛!虽然鞍钢是全国钢铁行业中的排头兵,但是在计划经济年代,鞍钢仅仅是鞍山市的一个支柱产业,那时鞍山市的制造业相当发达,产业非常丰富,除了鞍钢,还有红拖厂、铁塔厂、钟表厂等,国家副总理孙春兰同志、辽宁省原副省长郭廷标同志都是从鞍山化纤毛纺织总厂走出来的。在解放初期,鞍山市还成为过直辖市,在国内的地位比现在要高。现在,鞍山市整个产业结构基本全是鞍钢的下游产业。

在计划经济年代,鞍钢在国内钢铁企业中多年排名第一,地位比较高。鞍钢职工有这种荣誉感,有极强的精神动力投入工作。在物质上,鞍钢企业办社会,各单位可以发展三产副业,建设福利厂,自己养猪养鸡,职工福利待遇特别好。我1993年开始上班,那时鞍钢每月还发五斤鸡蛋。我父母这些鞍钢老职工的福利待遇更好,春节时家里需要的肉蛋、水果这些年货,单位

---

① 郅顺义(1918—2005),河北丰宁人。1947年参军,次年加入中国共产党,先后荣获毛泽东奖章、勇敢奖章、艰苦奋斗奖章、模范奖章等。1950年出席全国英模代表会议,被授予全国特等战斗英雄称号。

都发。在那个年代,职工能拿到这些东西,都觉得挺安逸的,生活满足感很强。职工在精神上满足,在物质上生活有保障,所以工作就有动力。

随着市场经济年代的到来,鞍钢这么大的体量,什么都办,不可能什么都挣钱。办社会成为企业的负担,三产副业也成为企业发展的包袱,后来的改革就把它们都甩掉了。后期鞍钢把辅业独立运营,也是出于这种考量,这点我们后面细讲。计划经济时期属于卖方市场,企业并不独立销售,全是计划生产,生产的所有东西都卖得出去。市场化以后,企业发展主要看产品有没有竞争力,只有产品有竞争力,社会才选你,如果产品没竞争力,社会上没人买,企业生存能力就弱。在市场化改革初期,由于鞍钢没有进行技术改造,产品的市场竞争力弱,企业没有利润,就没有研发费用,进而也就难以提升产品质量及其市场竞争力,陷入恶性循环。大概是在1997—1998年间,我们鞍钢经历过一段困难时期,最困难的时候,买煤的钱都不够。那时候鞍钢职工为企业生存贡献力量,自己拿钱借给企业去买煤渡难关,当时我拿出了至少1000块钱。那段时间,鞍钢之所以如此,就是因为当时技术改造尚未完成,产品技术与销售状况差,企业现金流面临压力。

除了甩掉企业办社会的包袱与进行技术改造,管理先进性对鞍钢发展也非常重要,市场经济倒逼企业管理水平的提升。在计划经济年代,我们父母那代人,甚至他们的上代人,都靠爱国精神支撑着去做事,为了党和国家奉献自己,服从命令听指挥。现在我们宣传"鞍钢宪法",也是宣传爱国奉献的精神。"鞍钢宪法"中的"两参一改三结合"管理方式在当时比较先进。群众参与其中,一些工作方案卓有成效。改革不合理规章制度实际上就是针对苏联一长制,苏联经验也不一定全对,咱们老百姓在实践当中能总结出一些好的经验。"鞍钢宪法"恰恰是职工群众参与其中,才发挥了它的力量。建国初期的孟泰,现在的李晏家[①],将这一点体现得淋漓尽致,他们立足自己岗位搞创新、搞改革,融入更大的生产作业系统,经年累月地积累,力量逐渐增强。现在我们也将这种传统延续下来,要求职工多提合理化建议。

[①] 李晏家,1954年生,高级工人技师,现任鞍钢集团新钢铁公司化工总厂二炼焦车间点检班班长,先后被授予全国劳动模范、全国优秀共产党员、新时代的好工人、工人革新家等荣誉称号。

评价企业制度合理不合理,一是从企业利润来看,另一个就是从工人收益来看,两者是关联的。职工工资分配与绩效考核挂钩,过去鞍钢以工段和班组任务为单位进行考核,现在有些产线已经独立考核,如果整条产线不去控制成本,没有效率的话,最后到工人腰包里的收益也会变少。无论从管理层面,还是从工艺层面,搞产线独立考核都是先进的。以前整项工艺被放在不同厂,炼铁有炼焦、烧结等工厂,炼钢又分为一炼钢、二炼钢、三炼钢,每个厂子内部又分为多个车间工段,它们之间还得对接。这一点我们汽运公司的职工深有感触,汽运公司搞运输服务,在结算时需要对接好多厂子。现在进行工艺区域化管理,整个炼铁工区和炼钢工区统一考核,这就要求从工区角度来控制成本。目前,鞍钢轧线还分得挺细,有大型厂、冷轧厂、热轧厂,它们也正在朝着集约的方向发展。实际上,制造业最根本的就是要考虑控制成本、提高效率,提高成品率,降低劣品率,来更迎合客户需求。

当然,像鞍钢这种大型工厂在进行区域化管理以后,工区之间必须协同衔接,如果炼铁厂铁水短缺,那么下道工序的炼钢厂就会受到影响。现在,鞍钢每周都有大调度会,来协同上道工序和下道工序。此外,鞍钢设备保障部有技改处,技术专家统筹考虑鞍钢工艺产线的总体技术。鞍钢的产品制造部则更多负责协调上道工序和下道工序之间的原料供应,其中也包括运输及时性问题。鞍钢钢研所专家除了研发新产品之外,还负责轧制出来的钢材产品的技术指标的实验和检测。

二、 鞍钢技术改造与减员增效

鞍钢技术改造的功劳应该记在刘玠总经理身上,没有他的英明决策就没有鞍钢的技术改造。虽然我毕业于鞍山钢铁学院冶金机械专业,但是我后来从事的工作并非本专业。刘玠总经理抓技术改造的时候,我还是鞍钢直属机关科员,现在我到了企业管理岗,所以我能理解刘玠总经理当时所面临的困难。他是工程院院士,是搞技术出身的专家。他到鞍钢的时候,在市场化环境中,鞍钢已经到了非改不可的境地,宁可借钱也得进行技术改造。

他把旧的生产工艺全部推倒重建,技术改造项目有平炉改转炉、连轧连铸以及引进一些高附加值产品的轧线,这些才是企业发展的核心竞争力。

"平改转"成为鞍钢技术改造的里程碑,拉开了鞍钢淘汰落后产能、进行大规模技术改造的序幕。相比平炉,转炉生产污染小、成本低,钢水质量好。当然,我印象比较深刻的是鞍钢高附加值轧线的建设,其中最为典型的是从日本引进1780轧线。刘玠总经理在武汉钢铁集团任职时参与过1700轧线的设计,他明白先进轧线的重要性,热轧卷质量会严重影响下游产品质量。1780轧线很有技术含量,当时在国内处于领先地位,成为鞍钢技术改造的代表性杰作。因为1780宽度的热轧卷用途很广,下一步工序就可以制造出一些高附加值的板材产品,所以它的投产使得鞍钢整体产品质量水平和市场竞争力有了很大提升,成为鞍钢轧钢系统的重要利润来源。

2004年鞍钢西区建成,又建设了比1780轧线更为先进的2150轧线,后来2150宽度的热轧卷逐渐供到老区的轧线上。2150轧线建成后,整条产线就衔接上了。总体来看,鞍钢西区整套工艺比较先进,产线不长,上道工序和下道工序衔接特别紧密,生产集约,可以节省很多成本。以后,鞍钢又引进一条硅钢生产线,当时国内每吨硅钢价格七八千元,属于高附加值产品。除此之外,鞍钢还引进了彩板线。那时鞍钢就已经可以生产百米通轨了,对中国高铁建设贡献巨大。鞍钢的中厚板也独具特色,这些年国防军舰建造全用鞍钢板材。鞍钢通过技术改造夯实了生产基础,否则哪会有现在的竞争力?

当然,在工艺技术改造之后,人们才逐渐意识到技术改造的重要性。在工艺技术改造过程中,鞍钢也有人反对说:"原来那样挺好的,改啥呀?"身为冶金专家的刘玠总经理了解钢铁行业的发展趋势和发展方向是什么,了解怎样才能在钢铁市场立足。他不仅提倡技术改造对鞍钢多有贡献,还积极推行减员增效。除了通过技术改造提升企业技术能力、市场竞争力,还要提高管理能力,这体现在优化体制机制上,实际上就是减员增效。改革到最后触及深层,有可能会触动某些人的利益,加上改革初期摸着石头过河,减员增效、下岗分流必然不能被所有职工都理解,必然要被指责,甚至背着骂名去做。

但从长远来看,这对鞍钢发展是有利的。鞍钢在计划经济年代招进来太多职工,"百万大军"呐,这么臃肿的企业机构,怎么能够轻装上阵参与到市场竞争之中?现在回头来看,没有那段时间大力推进这些改革举措,谁也不得罪人,鞍钢怎么能有今天的发展?没有那时的短痛,鞍钢怎么可能有今天的辉煌?当市场状况不好时,企业就有可能会死掉。所以说,鞍钢那段时间的改革举措对后来的发展起到了质的推进作用。

三、汽运公司发展新起点:50辆奔驰进厂

汽运公司也从鞍钢工艺技术改造中觅得了发展良机。以前计划经济时期,由于汽运公司是钢铁主业中的辅业,加之内部机构臃肿,工人工资少,没有工作动力,有些工人一天只出一趟车,仅仅完成保产任务就不再干活了。那时候,汽运公司每年下的都是亏损计划。1996年,鞍钢开始实施主辅分离改革,作为辅业的汽运公司从鞍钢主业中被剥离出来。后来鞍钢实行分利,让汽运公司引入市场概念。于是,汽运公司注册成为一家独立法人企业,但是仍然是鞍钢集团的全资子公司。身份变化以后,公司开始作为经营实体独立核算,筹划自己的发展道路,合计三四千职工怎么能填饱肚子,那还得从汽运公司的主业即运输上做文章。于是,公司领导思考汽运公司如何介入那时正在进行的鞍钢工艺技术改造之中。

上面我讲到了工艺技术改造的一系列内容,它具有环保、成本控制与工艺先进性等多重内涵。以前鞍钢厂区内部运输全靠铁路,既得编组,又得专线,不仅装车耗时多,而且工序复杂,不便生产。现在鞍钢厂区中铁路线减少,只有炼铁到炼钢之间的路段有点鱼雷罐运输,输入原料、编组输出钢材用铁路运输,其他部分现在都用汽车运输。与铁路运输不同,公路运输机动灵活。汽运公司介入工艺技术改造以后,大大提高了上下道工序之间衔接的效率。汽车运输从上道工序到下道工序,钢板都还没凉,下道工序在轧制钢板前的预热时间就大大缩短了,或者根本不用预热,省下了很多轧制成

本，这也叫"工业热装热送运输"，就是"装车的时候是红底子，送到轧钢厂以后还是红底子"。那时候，我正好当运输队队长，领着手下司机参与到工业运输中，一步步越做越大。原来汽运公司跑运输的汽车都是小型车，有五吨的解放牌货车，最大的车型是十吨的黄河牌货车，运输效率比较低。在参与到工业运输之后，汽运公司提出了"大吨位、低成本、高效率"的经营策略，那段时间购置的全是20吨以上的大型车，拉货多，作业效率、人工效率都高。同时汽运公司随主业一同作业，24小时三班倒，大大提高了车辆的使用效率。

鞍钢汽运公司引进50辆奔驰运输车进厂（2002）

刘玠总经理知道这些以后，对汽运公司的工作特别满意，大力支持我们参与到工业运输当中，这对我们企业发展非常重要。以前汽运工作在鞍钢企业里没有地位，我们一看鞍钢厂内工业运输作业搞得挺好，就有意向参与到鞍钢急速港的运输作业当中。鞍钢的原料输入和产品输出主要靠鲅鱼圈港，然而当时急速港运输受限于"铁老大"，经济由计划向市场转型以后，"铁老大"非常牛，鞍钢的物流大多受制于铁路，如果铁路局不能及时给鞍钢供应铁路资源，鞍钢的原料输入与产品输出都慢，就会造成堵塞。

当时刘玠总经理看到了这一点，也看到我们公司在鞍钢厂内做得挺好，相信我们一定能完成急速港运输的任务。于是，公司开始打报告购置运输车辆,刘总那时候批示:"买就买好车,买德国奔驰。"这样我们公司在 2000 年和 2002 年分两批购置了 50 辆德国奔驰,当时德国奔驰公司都说,"全世界没有一下子定这么多奔驰车的企业",但我们鞍钢定了。奔驰车配备的挂车是在辽宁营口定制的,一辆车最后的成本合计为 80 多万。50 辆奔驰车到厂以后,鞍钢从此摆脱了对沈阳铁路的过度依赖,整个急速港运输效率大大提高,从鞍钢到鲅鱼圈港往返不到 300 公里,恰好适合汽车运输,汽运效率高,及时性强。50 辆奔驰去时拉成品钢材,来时拉原料,往返活,利润高,效益好。刚买奔驰的时候,一辆车能装 90 多吨。我不是吹,那时候奔驰车队月度最高利润曾经达到 1000 万元。50 辆奔驰车既保障了鞍钢的原料供应和产品输出,又推动了汽运公司实现扭亏为盈,从那以后,汽运公司再也没有亏损过。

四、 汽运公司发展新格局:主辅分离、辅业改制

转型以后的汽运公司运行得挺好,2005 年汽运公司又迎来了一个发展契机,就是国资委提出的,国有大中型企业要推进主辅分离、辅业改制。鞍钢第一批改制企业总共七家,汽运公司是第一家挂牌的。2005 年 4 月 11 日,汽运公司正式召开第一次股东会。当时,改制设计要求非法人控股,直白地说,就是让汽运公司职工去控股改制后的汽运公司,持股职工所占的股权比例是 52%,鞍钢集团占 48%。职工所持股份都是公司资本量化以后用职工工龄转化的。企业让职工入股,职工成为企业的主人,企业参与到市场竞争中,经营状况变好,持股职工也可以受益,这一过程实际上也叫"混改"。自此以后,汽运公司真正成为一个市场实体。整个公司业务如何优化,管理成本如何控制,那都得实打实地干。当时改制的时候,国家为了给企业减负,给了公司很多优惠政策,不仅承担了退休人员的福利待遇,还帮助处理掉了很多企业坏账。此外,国资委还规定,企业改制初期前三年免征所得税,而这三年恰恰是我们公司利润最高的时候,公司因此积累了雄厚的资本。

当时,公司除了用部分利润给持股职工在工资之外分红,让工人尝下改革的甜头,用多数的利润去谋发展。为了完善布局,公司在没有鞍钢集团支持的情况下,利用积累的利润在鲅鱼圈、达道湾购置土地,为下一步发展奠定了良好的基础。同时,汽运公司研究如何转型发展,主业当然是运输,以前是包产运输,后来变为工业运输,再后来又加上急速港运输,运输产业的整体基础就夯实了。改制以后,我们考虑企业未来发展不能光搞运输,得走出鞍钢,不能老抱着鞍钢的大腿发展。运输是传统产业,而物流是现代概念。公司领导层一合计,就想转向物流,但是必须与港口和海运合作,包括鞍钢在内的国内大型钢厂的很多物料输入和输出都得利用港口和海运。于是,汽运公司以股权为纽带,引进了营口港务集团和中远海集团这两家战略投资者。战略投资者的顺利引进也变相地意味着改制以后我们公司已经有了市场竞争力,否则其他公司不可能给我们投资。此外,我们也将引进外部战略投资作为转型根本,形成了投资主体多元化的局面。

引进战略投资以后,我们公司向物流转型走得很快。海运和港口有先进的行业理念,补齐了我们的短板。虽然以前改制强调职工持股,我自己也是股权代表,但是个体职工毕竟市场竞争意识薄弱,看不清企业发展方向,最后还得依靠鞍钢集团去引导。如果公司不引进战略投资,我们就没有发展的概念,都不清楚现代物流是什么样子。此外,引进战略投资者使企业治理结构更加完善,中远海集团和营口港务集团两家持股35%,对重大事项都有否决权,这就是市场化的重要体现。同时他们也参与到我们公司日常在港业务的管理之中,目前公司在园区建设集装箱站,参与到集装箱运输,这也是战略投资者给我们带来的业务。2020年,我带队在南方注册了两家分公司,一个莆田分公司,一个广州分公司,两家公司专门负责经营集团给我们公司介绍的港澳业务。汽运公司引进中远海集团和营口港务集团这两家战略投资,真正实现了互利共赢。目前,物流的短板是没有铁运,公司还想继续引进有利于企业发展的战略投资者。今后再优化一下产业布局,应该还有发展空间。

除了引进战略投资者之外,我们公司也推动经营多元化,一是公司跟中石油集团合作成立了一个合资公司,由汽运公司控股从事油品经销业务。这一业务既降低了鞍钢的油品采购成本,又实现了高额收入回报,油品经销业务一年零售额达到6亿元。此外,对炉园区在市区,地理位置好,那里曾经是用于维修运输车辆的老旧闲置厂房,打造面向社会的汽车服务业,有加油站、检车线、汽车修理厂,还有城市展厅。同时在那里发展体育产业,有各种球类运动场馆,很受市民欢迎。把鞍钢工会以及鞍山市的体育爱好者吸引到这里,他们开车来,就有可能在园区消费汽车服务项目。虽然鞍山是三、四线城市,但位置在市中心的检车线很少见。此外,我们是鞍钢附企,有国企背景,值得信赖。最近,我们公司还与中国人保、交警队协商,把车辆事故理赔和交警事故处理引进园区,事故车辆到那里定损后直接维修。同时,我们预想城市展厅和4S店合作从事汽车贸易,把二手车交易引进园区,这样整个园区的产业链就完整了,能够实现围绕汽车的一站式服务。我们公司既能营利,也能服务社会,这就是我们公司转型以后的发展历程。倘若没有改制身份,我们绝对做不成这些业务。

以上业务都是我们公司以壮大产业、适应市场、增效创收为目标所做的一些经营举措。原来集团财务总监给四家改制企业的财务状况做了测算,测算依据是改制后各家企业累积利润,汽运公司是改制比较成功、唯一一家收回改制成本的企业。当然,改制时国资委、鞍钢集团帮我们公司负担了很多成本,为改制成功提供了有利条件。我们公司自从购进奔驰车那天起就没有亏损过,改制以后更是没有亏损过。有一年,我在梳理企业管理成果的时候做了统计,改制时企业注册资本是5939万元,截至目前财务报表上所有者权益是3.83亿元,大约是当年注册资本的七倍。如果再加上这些年企业给股东的分红,企业所有者权益实际上增加了将近十倍,这就是改制以后汽运公司根据不同的时代需求来调整并创新发展举措的结果。

目前来看,鞍钢十几个辅业公司改制,有的企业效益不错,但也有企业负债率过高。我觉得最大的问题在于观念,有些还想抱着鞍钢集团的大腿发展,没有摆脱鞍钢指令化的管理,也没有想从根本上破除这种依赖,难以真正走向市场,在市场中思考面向行业发展壮大的问题。汽运公司在行业内引进战略投资者的目的,就是想面向社会在行业立足并发展,不能想着依赖鞍钢集团。汽运公司改制成功的关键在于,它有了真正能够参与市场竞争的实体地位,坚定破除一些体制、机制的障碍,坚定走自己的发展道路。当然,部分改制企业效益不好,并非企业领导层管理能力不强,其中也有产业衰败的因素。它们在钢铁行业内部发展,但是国家现在为了消化过剩产能不让大量建设钢厂,那么附属企业的活儿自然而然地就减少了,在市场中又没有占据有利位置,于是就开始走下坡路,而汽运公司正好赶上国家重视物流这个朝阳行业的好机遇。总而言之,鞍钢集团推动辅企改制的方向是正确的,而且目前国家让国企继续推进混改,可能不仅局限在辅业层面,主业可能也要适时混改,混改的根本目的是让企业治理结构更加尊重市场原则。

五、 鞍钢的老工人与新工人

当然,虽然汽运公司改制了,但是它毕竟是鞍钢的附企,在方方面面也必须服从鞍钢集团的管理,如招工以及工资福利待遇等。汽运公司改制后,集团仍然限制我们企业招工,但是我们企业转型发展得实在太快,企业经营产业愈加多元,营收几百倍地翻,因此需要大量的管理人员和工人。我们企业只得利用社会用工弥补劳动力缺口,用劳务派遣的方式招聘一些大学生,在其中挑选一些优秀职工签订正式劳动合同。像大家所熟知的,我们企业也有很多鞍钢子弟,有时候并不是我们刻意招录,而是招完工才发现有好多鞍钢子弟。实际上,子弟招录有好处,也有坏处。招工有学历门槛,必须是本科。现在我们企业招大学生实在太难了,因为鞍钢集团设定的学历门槛太高,要求211、985毕业生,而这类高学历人才根本不到我们这些附企来应聘,即使招录了,工资水平也难以达到他们的预期,留不住他们。

刚入职的新员工必须按鞍钢集团的规范要求参加入职培训,有最低时限。鞍钢集团现在严抓职工培训,集团公司要求职工根据工程师或工人技师等不同职称每年必须到职工大学学习若干课时。各级领导每年也都参加培训,并且有严格的学时要求,像我们这些具有高级职称的企业管理人员每年要求达到160学时。鞍钢集团公司每年年底给我们发送职工大学专业课课表,让我们根据工作领域选择对自己有用的课目。到职工大学学习属于鞍钢集团的统一培训,由于各单位专业性质不同,自己也搞一些二级、三级培训。

我们作为附属企业也自己评选劳模,大多是技术能手。汽运公司的工作并不像鞍钢主体厂矿单位生产技术含量那么高,但是也并不是完全没有技术含量,企业新开发的一些业务需要有一些专门车型,比如为了拉球团给高炉上料,我们企业自己设计了底漏车,它和拉粮食的罐挺像的。装料的时候,将车辆直接开去球团厂,把球团直接漏进罐里。卸料时不用装卸工,在驾驶室里按动漏料控制钮,气动门一顶,漏斗开后,矿料就直接放到塑料盘里,漏料完毕后关上漏斗即可。我们企业有位劳模专门设计专用车型,他的贡献度挺大,企业给了他2万元奖金,现在看来也不算多,最主要的是,他自己通过这一过程也成长了,目前担任我们企业设备技术部部长。因为他的技术别人无法替代,所以他的年薪有十四五万,虽然我是科级干部,但我没有他的工资高。

在薪酬待遇上,我们企业一般都设计得尽量公平,主要看岗位贡献度、岗位重要性以及工作技术含量,职工所在岗位做的事越高级,工资越高。对炉园区的汽车服务产业中的车辆维修岗位技术要求就挺高,车辆维修工绕着故障车辆瞅一圈,开动车辆,电脑一测,故障诊断就出来了,这是一种能力。企业如果不开高工资,就留不住技术能手,他们的工资是底薪加检车提成,得保证每季度修多少辆车,只要能够达到这一要求,他们每月工资就能达到七八千元。有的人在难度不大的后勤服务或者管理岗位,他们每年拿不到10万元。

此外,汽运公司职工工资发放仍然受到国资委的限制,采用EVA考核机制。也就是说,只有鞍钢集团所有下属企业单位全有利润的时候,我们企业职工工资才能往上涨,但因为这些年钢铁行业的行情波动比较大,鞍钢集团的工资水平一直难以提升。尽管汽运公司转型改制较为成功,职工工资略有上涨,但是相比主业,我们企业职工工资在鞍钢集团各厂矿单位中仍然相对较低。可是,我们企业的人气挺旺的,这主要看职工在心里怎么比较。拿我自己来说,虽然附企可能跟主体厂矿单位在对主业贡献度上没法比,但是我从事这一行业,跟随企业一同成长,能给企业发展助力,并且见证了企业的发展。所以我感到特别欣慰,特别有成就感,我愿意为这个企业效力,累点都无所谓。实际上,我们企业大多数职工都是这样想的。

现在,单位职工有时候参与企业利润分红,大家觉得挺幸福的。计划经济和市场经济发福利的形式有所不同,我赶上了单位制时期企业发福利的尾巴。计划经济时期,国家统筹调配资源,单位的重要任务就是调动职工积极性。那时候人们无论购买什么东西计划经济成分都比较强,凭票购物,到市场上不是说你想要什么东西都能买到。企业考虑到这点,在内部搞一些副业,给职工变相发福利。兴办副业也是为了安排企业的一些闲职人员,让他们有事做,给他们发点工资,所以有"安置岗位"这个观念。说实话,那时候谁家都困难,谁下岗都养活不起一大家子。

现在,我们企业内部也搞一些劳动竞赛,只不过主要针对企业经营层面,企业内部哪部分业务任务重或者存在技术短板,就多少给点奖励。这和老鞍钢时期的劳动竞赛不同,那时候创造纪录等群众运动带有政治性,中国的国际地位和发展水平相对落后,工人参与到劳动以及劳动竞赛之中,更多肩负着推动国家发展的使命,更多是为了国家能够摆脱贫困落后的局面。前面我讲到,鞍钢职工捐款为企业渡难关,既是为了鞍钢,也是为了国家,因为在经济转型初期国家也有困难,整个国有企业都有困难,所以大伙儿那种一心向企的意愿比较强。那时候实际自己本身也不怎么富裕,但自己掏腰包为企业渡难关、过长江,那种精神力量真值得敬仰。

新中国工业建设口述史

丛书主编　周晓虹

周晓虹　田毅鹏　主编

为工业中国而斗争

鞍山钢铁公司口述实录（1948—2020）

下卷

本卷主编　田毅鹏　王庆明　陶宇

商务印书馆
The Commercial Press

下 卷

目 录

孟庆珍	追忆我的父亲孟泰	445
王晋杰	父亲王崇伦是"走在时间前面的人"	464
由秀华	矿山上的"铁姑娘"	476
胡英杰 胡广海	祖孙三代矿山情	494
王广军	在不断钻研中感受人生价值	515
张福多	我与鞍钢同呼吸共命运	535
刘　铁	钢"铁"是这样炼成的	550
徐福绵	从医报国：从朝鲜战场到铁西医院	564
房洪瑾	在鞍钢工作了一生的"中国好人"	585
胡嘉第	为鞍钢锻造"核"力量	597
孙士杰	红色工程师的"三结合"之路	609
刘翰君	矿山复垦绿化的"守门人"	620
刘宝信	动乱难撼攻关之志，清贫不改报国之心	634
邢凤茹	团结就是力量：鞍钢拔河队的建设者	649
陈丽秀	鞍钢医院见证我的多彩人生	663
于淑娟	朴实刻苦、变废为宝的女科研工作者	677
刘加纯	铁石有脾性，未雨可绸缪	693
张允东	做攻坚克难的技术型干部	710
董　军	蒋总和我的鞍钢信息化建设之路	723

姜　静　在鞍钢质检岗位上"从一而终"　737
李新玲　从大学生到首席工程师　751
钟翔飞　一家三代的故事就是一部鞍钢史　767
孙　涛　栉风沐雨书鞍钢血脉　781
赵金海　初代鞍钢报人　795
易秀珍　我和雷锋在鞍钢的日子　807
李万鹏　时代洪流中三代人的传承与变迁　826
田　力　书写鞍钢脉动的工人诗人　841
郭代义　平凡岗位中的豁达人生　861

其他参访亲历者简介　873
后　记　884

孟庆珍
追忆我的父亲孟泰

亲 历 者：孟庆珍
访 谈 人：田毅鹏
访谈助理：王余意
访谈时间：2020 年 10 月 20 日上午 9:00—12:00
访谈地点：鞍山市孟庆珍寓所
访谈整理：田毅鹏

亲历者简介：孟庆珍，女，1935 年生于辽宁鞍山，祖籍河北丰润，共产党员，鞍钢英雄孟泰的长女。1952 年进入鞍钢机械总厂，后曾在不同岗位工作。其父孟泰解放前曾在抚顺煤矿做工，进入鞍钢后先被派至后方协助生产建设，直到 1948 年末回到炼铁厂，在维护、保卫高炉的过程中体现了无私奉献、兢兢业业的劳模精神。

孟庆珍（右一）接受访谈

一、19 岁只身闯东北

我们老家不是东北的,是河北丰润的。老家里人口多,我有七个姑姑、一个叔叔,再加我父亲,还有爷爷、奶奶,所以这个大家庭一直过得很苦。河北那个地方人多地少,我们家就一点儿地,一年的产出都不够吃的。那用什么办法维持生活呢?家里我姑姑也好,奶奶也好,她们都靠苇子织席过生活。过去炕上铺的不是被呀、床单呀,都是苇席,我们那时也都铺那个。姑姑们从早晨就开始织席,到晚间吃完饭了依然织席,有时都织到三更了,甚至到下半夜才织完。那几个姑姑睡觉时衣服都不脱,就围在炕上睡一小觉,第二天起来还照样干。要是饿了,家里面有口大锅,就弄那么一小盆苞米楂子、小楂子,添一锅水倒里面当饭吃。那时我爸家里连做饭的柴火都没有,全都得上外头去捡,大冬天上外头搂草、搂树叶。当时七天一个集,他就跟着我爷爷背着席去卖。冬天我们穿的棉袄、棉裤,里面都没有衬裤,说句不好听的话,连个裤衩都没有,浑身上下就那么一个空心棉袄、一个棉裤。卖席太不容易了,这个集特别远,得走 40 里路才能到,没有围巾呀,农村那时候哪有,就用家织布围上,抄着手,要是背风的话,就倒退着走 40 里路。父亲那时候上外面给人家干零活,一天没有干的东西吃,全是稀粥,那种生活他感觉太苦了,他就想上外面,那年父亲 19 岁,他就离家出走了。

他孤身一人上外面闯的第一站是抚顺,当时那里有个私人开的小煤矿。他在那干活,吃的高粱米里都是沙子,一吃饭就硌牙,就得慢慢嚼,有时候吃苞米面做的窝窝头,不知道从哪买的粮,有的都发霉了。工房里面大伙儿住一铺炕,就一个挨一个那么住,他们都躺在那,翻身都费劲。那蚊子、苍蝇和跳蚤呀到晚间满腿都是,就得连打带拍的。睡觉时他们都得把被子蒙在脑袋顶上,要不然脸上都得被叮,臭虫也在墙上直爬,那种环境太苦了。他去矿上做工,那个洞口很小、很矮,不像大的煤矿那样高,也不可以坐车来回上下。他就是人走走,把煤用大绳子捆上,弄个麻袋背着往外走,等走到洞口那边,那个洞口特别矮,人就得爬着走,所以一天特别辛苦。后来听说日本人在鞍山要建一个铁厂,叫昭和制钢所,老父亲就去了,他是最早去的,属于第一批工人。填表时,人家问他叫什么名字,他说:"我也不会写那个'泰'字,就这个'太'字吧,'大'字加一个点。"因为他没念过书,他连自己的名字都写不上来,就把原来的名字扔了,就写一个"大"字加一个点。给日本人干活很苦,他们没拿中国人当人来看待。后来工人也有经验了,就开始磨洋工,磨洋工那你得有眼力见儿,有眼力见儿才能不挨打,没有眼力见儿就得挨打。我举个例子,有一次这些工友们在一起吃饭,那是冬天,碗放在暖气上,里面弄点咸菜,用暖气烫一烫,这时候来了一个大耗子。老父亲平常要是有个铲子,肯定一下子就把这个耗子弄死了,但是当时他旁边只能用个大锉子,把这个耗子打死了以后,这个锉子也打折了。监工的日本人就到他前面来打了他好几个耳光,意思是你把锉子弄坏了,就像我父亲犯错误了一样。日本人打完以后,就看工友们的饭盒,又到我父亲面前,把那个饭盒拿来擤了一通大鼻涕。我跟我老爸讲,我说:"爸,这饭你还能吃?"他说:"不吃怎么办呀?"他把那饭里的鼻涕弄出去,照样吃,所以说日本人没拿咱们当人看。

小日本答应无条件投降以后,工厂就停了,工厂一停父亲就没有工资了,我们家就没饭吃了。父亲就开始卖破烂,把他们日本人要处理的东西买来再上郊区去卖,挣两个钱再买粮吃。但是老这样也不好使,有时候连烧的柴火都没有,我是老大,我看烧锅炉的有那个煤,就到那煤渣子里捡煤糊回来做饭。吃的那个青菜呀,我们吃得腿一按都出水,浮肿了,脸肿得都不像样。当时我姥姥、姥爷都不在了,只有舅舅在,他们都是贫雇农,虽然有一定粮食,但有时候粮食没下来也不够吃。我父亲带着我们,推一个小车就上海城,在舅舅那租了一间房,后来没有钱就借用一个仓库住。咱们全家去那,把人家的粮食吃得也差不多了。那个时候我父亲还挖点菜,卖菜,但农村有几个买菜的?人家都有园子和田地,我父亲不但没挣钱,菜还都烂了,搭了钱,本都没回来。后来听说国民党光复,工厂要开工了,咱们就要回鞍山。那真不容易,这一路就靠走,我和老二用小车拉纤,就用个绳那么拽着。我妈身体不好,只能在车上坐着,我还有两个妹妹,就干走,从海城一直走到鞍山,走了一天。我那二妹妹说:"爸,怎么还不到?什么时候能到家?"父亲老说:"快了快了,马上就到家了。"其实老爸在骗她,实际上才走了一半。妹妹太小走不动,100多里路啊,当时我也才十多岁。临走的时候舅舅给我们贴的大饼子,他们家粮食也没多少了,给咱们带了那么三个饼子,后来饿得实在走不动了,我说:"怎么办呢?"我爸说:"咱们去讨点饭吃吧!"就这样去要了饭,我和妹妹,连同我父亲,就在人家大门口站着,刚喊几声,四五条狗就出来往身上扑,后来人家把剩饭还有饼给了咱们一些,咱们就可感谢人家了,一直给人家行礼,吃完了就慢慢到家了。

到家以后,我们就吃野菜、吃糠,最后用仅剩的那么一点钱把棉花籽买回来磨成面,做成饼子,搓成一团一团的吃,就像在吃中药。父亲告诉我妹妹和我妈:"不好吃,咱们就当药吃,吃完咱们就不会死,不管怎么样咱们都要活下去。"现在我一回想,老父亲他真能吃苦。我那个二妹,说啥也不吃,宁可饿着也不吃,当时我们家住二楼,她躺在家里床上都起不来了。所以,现在我觉得,没有饭吃最痛苦。后来日本人都回国了,房子都空了,看哪个房子好,你就可以搬过来,上房产所办一个票,就是自己的了。老父亲换破烂的时候,家里只有两件东西——一副日本人的大棉手套,还有唯一的一个新饭盒,铝的——他就拿着上外面卖,你说这能卖几个钱?卖回来那点钱,老父亲就告诉我和妹妹上粮市买粮,先把这两三天渡过了。我俩就去了,穿的也少,冬天也挺冷,我说:"庆兰呐,这钱怕丢,咱俩分着拿,你拿一小半,我拿一多半,要是谁的丢了,我们也还有一份。"我就把钱揣兜里头,走到粮市买粮的时候,钱就被小偷给夹走了,那卖粮的看得清清楚楚,他说:"孩子啊,你带多少钱呀?"我说:"我就带这些钱,你不告诉我能买几斤粮吗?"他说:"不行了,你钱没了,叫人偷走了!"我说:"那你怎么不告诉我?""傻孩子,我敢告诉你吗?告诉你,我还能有好?"我就告诉他这俩钱是怎么来的,我说:"没有这些钱我们家就得饿死,你行行好,大叔。"他不肯,我就拽他,他就要往回走,我和妹妹一起跪着,我连哭带什么的,这时候就招来了好多人围观。买粮的那些人也都是工人,他们虽然也没什么钱,但就你凑点、他凑点给了我们,而且妹妹那还有一小半钱。在我一生当中,这个事我记忆犹新,不会忘掉。

光复的时候可好了，高兴死了，不受日本欺了，咱们不当亡国奴了，有的买鞭，有的买炮，大伙儿晚上都跪在地上喊："哎呀，感谢老天爷！"可是，那阵大家都没有工作了，小日本走的时候还说呢："我们就回国睡个觉，过一段时间我们还来，你们厂炼不出来铁，只能种高粱。"

二、支援后方建设

父亲他为什么这么热爱这个国家，这么热爱这个党，这么热爱这个高炉？因为他获得解放了，解放后的生活和旧社会那是不能比的，一个是天堂，一个是地狱，所以说他才这么爱这个国家。之前那阵是怎么样的？今天共产党来了，明天共产党走了，之后国民党又来了，他们就来回拉锯，所以有时候开工，有时候不行又关闭。当时每个月都得有几天接不上溜，因为物资都不稳，物价也不稳，上粮市买粮，比如说5毛钱一斤，有时候那就6毛，再过一会儿就七八毛，那你买也得买，不买你就吃不上饭，所以说就有那么三四天接不上溜了，旧社会就是那么苦。打仗那时候我们就猫在日本房底下的地洞里，我耳朵堵得都出血了，等不打了，我们再出来。之前还存着点工资，还有点粮，我们就熬点糊喝。等到外头又是大炮，枪又响得厉害的时候，我们又猫起来，最后就没有粮了，那饿劲是真难受，就靠喝水，用水来充饥。

鞍山打了一个月才解放，半夜我们就听见外面有动静，一看是部队在鼓掌，因为咱们门都关着，人家也不好意思敲门，打开门人家说："老大爷，你好，我们是解放军，鞍山解放了，我们到这来了。"他们对老父亲态度特别客气。父亲让他们进屋后，他们就都躺地上，告诉母亲早上早点起来："大娘，做饭的时候给我们也带份儿。"我们也不吱声，就光笑，不好意思说没有粮。"没有粮了吧，大娘？"战士们背着这么粗（比画）的粮袋，全拿下来了，把粮袋都放盆里面说，"大娘做饭"。早上做完饭才俩小时，没到中午，"大娘，还做饭"。"做这么早饭？""你不知道啊，我们随时可以拼了命地出发上外面打仗，不吃饭可不行。"住了一周，咱们就都在一起吃，就吃人家的粮，后来他们走了，把那粮袋里的粮全给留下了。

这时候八路军里头有一个像首长似的人,到我们家通知老父亲上白楼去,说有事跟他商量,给咱们家吓坏了,还寻思他是国民党呢。老父亲就上白楼去了,进门有一个大桌子,一个人坐转椅上,就说:"老师傅,你姓孟吧?"我父亲寻思自己犯什么错误了,心想他也没做什么呀。首长就站起来说:"老师傅,你坐。"我爸说:"老总,我站着就行,站着就行。""不行不行,我跟你谈点事。"其实人家是想请有经验的鞍钢老工人到后方支援建设,因为沈阳那阵还没解放,我父亲是老工人了,是炼铁、炼钢、轧钢所有部门当中最有经验的老师傅。人家问他:"你愿意自己去还是家里都去?"他说:"不瞒首长,我家没有别人,除了老伴就几个孩子,咱们死也死在一起,活也活在一起,我要去的话就把家属带上。"就这样,咱们上了后方。咱们先去海城,然后从海城上车,坐的火车和货车,车底下拉的是焦炭,一路那就是供给制。后来到普兰店,我们就住在招待所,完事儿从瓦房店到丹东、皮口,最后到通化,在通化也是住招待所,那一路都是给安排吃啊、住啊,一路全是解放军押的车,不管是火车、马车,走到哪八路军都互相照顾,非常好,非常热情。走这一路啊,我们就觉得真是太幸福了,共产党真是好,毛主席真是大救星,所以老父亲心里头就是不知道应该怎么感谢党。

通化山沟里有个小高炉,我们就到那去炼铁、炼钢。当时一块从鞍钢到通化的有几十人,全是带着家属去的,个人去的很少。他那厂子离我们住的地方很近,就隔着一个火车道,早晨天没亮他就去上班。厂子开工时,开了庆功大会,一看很小的高炉就要开始生产了,那我们特别高兴啊。当时我妈妈还得了个二等奖,因为什么得的呢?我妈妈有些活就拿回家里用手工干。特别是那个管子、接头,就像暖气的管子,那接头不得有垫吗?当时没有胶皮的,是钢纸垫,那钢纸很硬,就只能一点点做。我们做得手都是大泡,就那样弄完了。很快高炉就生产出铁了,我们在那干了一年多才回来的。

孟泰查看零件

三、以厂为家：守炉餐，伴炉眠

后来全国都解放了，那时全国最大的钢厂就是咱们鞍钢，这些有经验的老师傅又回来恢复生产了。我老爸他这一辈子把工厂当自己家，工作兢兢业业，从来没有想到个人，想的都是工作，想的是艰苦奋斗，就是无私奉献，就是感谢党。我记得1953年二号高炉大修，有一次，领导告诉我："小妹，赶紧通知，叫炉上的工人赶紧往下走，赶紧疏散，不能操作了！现在炉里头有瓦斯，容易爆炸，很危险，赶紧叫他们下来！"我就广播："工人们，你们赶紧从炉上往下走，现在高炉很危险，容易爆炸，有瓦斯！"刚通知完，这个炉子就爆炸了，砰一下子，先是一股红烟，又冒黑烟，这时炉上的工人就像流水似的哗地都往下跑。就在这个时候，我听到上面有工人喊"救命"，我看得清清楚楚，我老父亲就往炉子上跑，其他工人都往下走，我当时特别害怕，特别紧张。上面那个瓦斯可不像煤气，闻一口就完了，可当时我又不敢说，心里头特别难受。那上面是怎么回事呢？爆炸以后有个工人在那弄气焊，这个安全带系在高炉旁边的铁框上，就给他挂那了，但是没掉，他就喊，那气呲得他脸都通红。后来老父亲就去了，也有领导去了，把他的安全带解下来了，大伙又把他抬下来。我思考：老父亲他为什么不怕死？人家都往下跑，他就上去而且把那工人救下来，我自个儿挺惭愧，我怎么就做不到？

后来他当厂长了，每天都有一个票，坐车上下班都用那个票，但是他只是偶尔才坐，比如今天着急了，有什么事了，他才坐这个车，不然就不坐。有时候我上班跟他一起走，他上炼铁厂，距离比我那远，都不坐车。东北那几年可冷了，雪也大，特别是晚间，吐唾沫都能冻上，如果晚上他一醒来看到变天了，天气冷，两下穿上衣服就走了，拄个棍子去厂里看情况。那几年雪大，打开门都费劲，我说："爸啊，你别去了，你这么大年纪了，摔了怎么办？""那不行，高炉管道要是冻坏了，这一炉铁就完了，那国家就损失大了。"我说："天那么冷，你要个车呗，我给你打电话。"这车库就在东山宾馆，那就是给鞍钢服务的，夜里头有五六个值班的司机。他说："孩子，你懂什么！别别别！现在是半夜，你知道吗？正是值班的司机睡得正香的时候，你给他叫醒了穿衣服、穿裤子,再来送你,那麻烦不?我自己走就挺好,不要打扰人家。"他想的是人家司机晚上睡觉能不打扰就不打扰,他就没想他自己这么大岁数上厂里,又不是说私人的事,而是去关心高炉,怕高炉的管道冻坏了,你说有什么不可以的?每次他从炉下到炉上,那几个炉子就那么一个一个看,等到天亮了才回家,有时候都不回家,接着就上班。他当厂长了还是那样,照样那么干,当时我很不理解,老母亲也什么话都不说。他就是要求自己这么做,从来没想到过个人,全都是为别人着想,他走了以后,我在他的遗物里找到这么厚一摞的小票,都是没有用过的汽车小票。

朝鲜战争爆发以后,美国的飞机有时候会上咱们鞍钢来骚扰,B-25型飞机今天来飞一圈,明天扔个炸弹,一到警报的时候,那个铃一响,哎呀心里头那个恐怖劲儿呀。咱们鞍钢有四个大门,一到那时候就号召大家马上把人员疏散,这几个门的人就像海水般往外涌,上郊区的高粱地呀、苞米地呀,就在那隐蔽起来。可是老父亲他不管是白天还是晚上,是在家还是在厂子,马上就组织护厂队,就是组织这些老工人从炉下到炉上给炉把上,谁也不许上炉,因为那

孟泰在工厂研究设备

时候还有国民党遗留下来的特务,他怕这时候他们搞破坏。只要上炉子的话,只能是三个人,就是厂长、工会主席还有党委书记,只能这三个人上炉。老父亲特别生气:"美国人真坏,你们飞机也是厉害,你来炸我,我有十座高炉,你总不能把这十座高炉都给我毁了,你炸坏一个,我修一个,我一点也不能影响生产,有我孟泰在,就有高炉在!"他特别气愤,就那样保护着高炉,当时这事一般人是做不到的。他组织炼铁厂里他的那些师兄弟们把炉子整个保护起来,因为要是炸坏了那个管道,铁水就会报废,他对高炉简直都当命一样看待,保护高炉就像保护自己的眼睛一样。后来组织上就开始疏散家属,有亲戚的投靠亲戚,我们那阵被疏散到高家沟弓长岭附近,我妹妹还有我妈都去那,那里头都安排得挺好的,吃的、用的、上学的都有。我们每周六

回来,有班车,礼拜一早上再拉走。因为我们都被疏散走了,父亲把行李一卷就上了高炉,吃在高炉,睡在高炉。当时他身体不怎么好,年龄也很大了,肺部有一叶是好的,剩下的都干了,坏死了。当时市委书记杨大姐,这位老太太是老干部,对我老父亲可关心了,"老孟泰,你有病你就住院,不能不住院,身体好你才能工作"。她几次让他住院,他都没住,后来没办法就叫他白天工作,晚上上工人疗养所,这样吃饭也能好一些,休息也能好一些,那阵他已经是带病工作了。我们在高家沟待了一年多,老父亲就回过两次家吧,最多两次。我记得最深刻的是,他头一次回家那可高兴了,后来也没什么事,他真的就从来不回家。

父亲第一次被毛泽东接见是在全国工农兵劳动模范大会上,他是特等劳动模范,得了奖章。开会的时候让他介绍经验,他从开始恢复生产一直到高炉建成来介绍事迹。他没有文化,就后学了几个字,但会上是有时间限制的,比如你20分钟、我10分钟,他讲得延时了,那个灯就亮了,老父亲就不想讲了,但毛主席和周总理让他继续讲。他们白天开会,有时候还搞活动,上这参观、上那参观的。他们吃饭不是像咱们坐桌子旁边,他们吃的是西餐,这么走着吃。老父亲从来没吃过西餐,吃完炸的肉得吐骨头,我老父亲说真香,吃完骨头就拿手攥着,不知道放哪儿,可高兴了。开完会到晚间老有活动,当时负责这个会的人就告诉他们:"你们这些模范啊,今天不要外出,今天晚上特别重要,有国家领导人接见你们。"哎呀,大伙说这谁能接见呢,就猜,可乐呵了。等到晚上就上中南海怀仁堂,怀仁堂那地方特别大,最重要的几个模范人物去,都在那坐着,谁也不说话,都静静地等领导,安静得连掉一根针都能知道。后来北面门开了,毛主席一个箭步就出来,第一个就接见老父亲,老父亲当时泪流满面,都不知道和主席说点什么话好了。他脑子一反应:我一个工人,过去被人家瞧不起的工人,我能和主席握手,那都不知道怎么好了!老父亲一激动说:"主席万岁!毛主席万岁!毛主席你身体好吗?"他就握手,毛主席就笑。他一宿也没睡觉,怎么合计怎么高兴。开会回来,工友们给我爸围上了,一个一个地握手,还说道:"你跟主席握手,咱跟你握握手,就等于和主席握手了。"就那样。

周恩来总理接见孟泰

后期咱们建三线、备战备荒的时候,我们钢厂不但出铁还出人才。那时候咱鞍钢有的人岁数稍微大一点,就不让去了,会画个线,这线以外的都不得去建设钢厂,老父亲他最好、最得力的两个徒弟,一个上了渡口,一个上了包钢。我叔叔跟我父亲就差几岁,按道理都过线了,根本不应该让他去,但他也去了。我父亲把他亲弟弟给送到了武汉的武钢,我那叔叔就说:"咱们都是东北人,武汉气候那么热,这个气候咱们不一定能适应。"老父亲说:"比那打仗上战场好,主席自己的儿子都牺牲在战场了,咱们上那就建设,热一点、苦一点,还有什么?你也是共产党员呀,弟弟!"我叔叔说:"哥,我不是说不去,我就是这么想一下,我肯定去,我哪能不去?你在那当厂长,我哪能不去?我岁数大也去!"所以老父亲一点私心都没有。后来丰润家里就剩几个姑姑了,她们岁数也大了,我爷爷也走了,我老父亲就很想回家,离家那么多年在东北,解放以后就老想要回家看一看,但是这个梦一直没圆上。这边一下子解放,他工作那么忙,就没有时间回家看了,他一天就是捣鼓捣鼓,我们家里人都很少跟他见面,他早上早早地走,晚上挺晚才回来。

四、父亲对我们的教育

我们姊妹五个,我是老大,1935年在鞍山出生的。我父亲30多岁才成家,因为当时没有条件呐,成家就晚。后来年头多了,当工人也有一定的贡献了,就给叫"大票",如果你是"大票"了就可以分房子,在铁西有了那么个小红房,厕所都在外面。父亲和母亲是通过同事介绍认识的,那时候有房子了,也就结婚了。我母亲是海城农村的,她原来有个丈夫死了,所以上外面给人打工、做保姆,介绍人说我母亲特别忠厚,也能干、能吃苦,为人特别正派,所以就想给我爸介绍,两人就这么结婚了。父亲和母亲结婚以后就在那个小房住,邻居都特别团结,谁家有什么事都互相帮忙。当时我们吃的就是豆饼、高粱米,有时候还有苞米面,也是定量的,每个月卖一次粮;穿的是更生布①,特别便宜,但也特别粗糙。我们家里姊妹在一起就盖一床被,我母亲和我父亲盖一床被,一共就三床被子,特别苦。当时我爷爷到东北来看我们,他这儿子多年没见过了,就过来看,还有我叔叔陆续都来了。咱们当时吃的粮食是定量的,就是一个人给多少斤粮食是固定的,可增加了人,粮就不够了,就更困难了。夏天天气热,家里没有人做饭,小房子夏天做饭更热,我妈就上外面在房底下弄一个炉灶,生完孩子才三天就去做饭。别人生孩子不都得吃小米粥、鸡蛋?可是她吃不到,家里条件很困难。我那个老妈真是不容易,我们几个都是女孩,她就给我们都做衣服,买点什么布都给女孩穿。她自己没有衣服,那一件衣服都从黑的变成灰的了,胳膊肘的地方都补上了,没有办法。我记得当时有一个买粮的面袋,我妈就把这个面袋裁了,做了一个带拉襟的短袖衣服。等我们都睡觉了,这时候她就自己洗洗脚,再把这衣服洗了,洗完搭上。要是夏天,它就容易返潮,面袋子也挺厚的,等早晨起来我妈就早早穿上,用肉身来给它烘干,她连一件换洗的衣服都没有。我们穿的棉袄也是空心的,里面没有什么衬衣衬裤,都是棉袄棉裤,大的截

---

① 所谓"更生布"是用破棉絮、废旧棉花、破衣服等纤维经过水洗,重新纺织成粗线,再织成的粗布,也有的用植物秸秆的纤维制成,布料粗糙,吸水性强,美其名曰"更生布"。"更生"本意为重新得到生命,这里特指对废品进行加工,使其被重新使用。

小的,小的不行再用,很困难。

老父亲虽然工作忙,但对我们的学习非常关心,每年到暑假、寒假,他都让我们拿成绩单来。要是考好了,他就说:"那对,你的任务就是学习,应该好,一定要好好考,好好学习,你才能完成任务,要不你就等于没完成任务。"有一次,我算术考得不好,加减乘除那道题我算错了,他就说:"你不觉得脸红吗?珍儿啊,脸红不?发烧不?你是老大,你是榜样,你还有好几个妹妹,你的工作也是任务,学习也是任务,你为什么没考好?"他总是对我们要求特别严,教育我们见人啊,不管老的、年轻的、干部、领导,要一视同仁,要热情,要先笑后说话。有时候亲戚朋友这事那事,冤假错案啦,还有夫妻之间吵架啦,要离婚啦,也都来找老父亲,他什么都管。他总说:"我们对人要热情,他进你这门找你就很不容易了,他是下了很大的决心才能来找你的。我们不热情、不给他解决,那就不对了,你就伤了他的心了,对不起人家。"

孟泰(中)全家福

我还记得父亲教育我们吃红薯皮。他以前在河北老家卖了席子,爷爷能给他买块红薯吃,他说吃红薯比过年吃饺子都香。一九六几年那阵,我们那按照每个人定量发粮,等农村要下地瓜的时候就到粮站,你有32斤粮给你去1斤粮,算31斤,这1斤粮给你几斤地瓜,一个人一份。有时候好多个粮站买回来的地瓜,拿回来这一搓,不就掉皮了?有时候地瓜不去皮吃起来就苦,我和妹妹俩就把那皮剥了吃,这时父亲就说:"你们挨饿的时候,忘没忘?粮食多重要!那是农民一滴汗、一滴水给种的菜和粮食,你们就这么浪费了?"他就讲他那段时间怎么去卖席,最后怎么吃上地瓜的故事:"那时候多不容易,我吃块地瓜,那简直乐得不知道怎么好了。你们吃上了地瓜还要剥皮?棉花籽都吃了,这地瓜皮还扔了?可耻!以后别这样,不能忘记过去!"他就把这地瓜皮都吃了。还有一件事我也印象深刻,我记得每年鞍钢各个团,比如京剧团、评剧团,还有豫剧团,上这来演出,每次演出都给老父亲票。因为是慰问演出嘛,他要是有活动比如说有接见活动,他就去参加;要没有那活动,他就很少参加。余下的票呢,我老伴就说:"咱跟爸说说,把票要来,咱去看看,豫剧团演得可好了。"老父亲说:"那不行,我不去这个票就作废,你们没有资格,你们享受不着这个待遇。你们要去,你们上外头,有人卖票,自己拿钱买。"他的票宁可扔了、作废了,也不能叫儿女去。

咱们这会条件好了,和过去不一样了,一九五几年那阵,一提高炉工、炼钢工,找对象人家姑娘都不同意,都不愿意跟你搞对象。连周总理都告诉他:"老孟泰呀,你生产管得好,你生活也得关心呐!听说炉前工找对象难呐,你还得给牵线啊、当红娘呐。"就那样,老父亲给不少人介绍了对象。有一次,1960年吧,我姑姑从关里下来,那阵可困难了,她就说:"现在这副食困难,三两油、半斤肉,你就买两个小猪崽,咱们给它养大。"我们就开始上山采野菜,找菜帮子,再买点糠,养猪养了一年多,那猪就200多斤了。等把这个猪杀了以后,我们全家不仅吃了一顿,还把靠得近的炼铁厂的一些人也都请来了。我记得那年是给人介绍对象,成了,这女的大高个,白白净净的,但是没办酒席,就来咱们家吃了顿饭,搞了这么个仪式似的。我们剩下的那个猪,家里一点都没留,都被他拿到厂子里了。那个厂长就在炼铁厂给大伙开会说:"同志们,我们今天也不是什么节,也不是什么年,咱们为什么要改善伙食呢?因为咱们老英雄——孟泰孟厂长拿自己家养的猪给大家伙改善伙食。"说实话,我们都特别惧怕我爸,有时候说的不对了他就批评我们。我妹妹不管啥事都不敢说,当时我是最调皮的,敢说话,我就说:"爸,咱们喂这两个大猪多不容易,你就留点肉,怎么都给拿走了?"你猜我老爸怎么说?他说:"孩子啊,现在这生活多好啊!虽然现在我们国家有困难,但你想想那个高炉工,1000多摄氏度高炉烤着!"确实,凡是炉前工眼圈都是黑的。他又说:"他们多不容易啊!把这个难关过了,我们将来的生活会越来越好,你们在后头,那吃的有的是,你们不用愁。现在是困难,是灾年,咱们工人为国家炼铁不容易,给他们吃是应该的。过去都吃不上饭,现在有了粮食,能吃饱饭,咱们怎么能计较这个事呢,孩子?"父亲问得我一句话都说不上来。

孟泰在农场喂猪

困难的时候，咱们各个厂子都成立了农场，在农村拨了一部分地弄农场。当时大家一致同意孟厂长去当农场场长，叫他去搞农场的生产管理，就相信老父亲做什么工作都会认真，能搞好。当时种了很多高粱啊、苞米啊和大白菜，那大白菜种了十几个窖，白菜一棵也不能烂，烂了不行，黄叶不行，老得倒窖。他每天都去检查，有一次踩空了，掉到了窖里头，就撅着脖子在窖口那，出也出不来，下也下不去，卡了有两小时，再过一小时，老头就容易憋死了，后来别人发现了。当时范厂长在胜利路住，和我们是邻居，他老伴姓丁，老太太就跟父亲开玩笑："孟厂长啊，全公司的农场你们炼铁厂搞得最好，那白菜窖都十多个，大白菜都给工人吃了。你给咱们拿两棵，包点饺子吃啊，老厂长，行不？"实际上，她不是真想要，他们夫妇都是老干部，就是跟他开玩笑。我父亲说："哎呀，老丁啊，要是那么拿起来，不就乱套了吗？你拿两棵，他拿两棵，咱们职工吃什么？""哎呀，跟你开个玩笑呗，你还当真了！"

朝鲜停战以后，咱们志愿军还没回国，当时就从全国各地找领导、干部、先进人物，组织了一个包括我老爸在内的慰问团，去朝鲜慰问。他们去了一看才知道，志愿军战士吃饭、喝水都非常困难，那么老些部队的人都在那，一看到政府、亲人来了，那多亲啊。刚开始，他们都可严肃了，又是立正，又是"首长好"，最后就随便了，连抱带握手啊，那个亲切啊。他们白天到各个地方去看、去慰问，到晚上就看演出。这里有一个特别项目，就是组织他们去看牺牲的战士,那一个一个的牌,老父亲看着掉了眼泪,最后看的是毛岸英的墓,当时父亲脸上的泪水啊止不住地流。那阵咱们国家4亿多人口,毛主席把自己亲生儿子都送到朝鲜战场,还牺牲了,和所有战士都是一样待遇,全都在那。老父亲的一言一行都给我们带来了影响,老父亲的境界对我们来说真是让我们受教育。老父亲是个英雄人物,全国的一面旗帜,大家都向他学习。我们作为子女,得做个榜样,向老父亲学习,所以咱们在各方面都多加小心、做榜样,不能给老人脸上抹黑,因为英雄的儿女就得有个样子,要对自己严格要求。

有一次老父亲正好参加人代会,和那些老战友、劳模集中在一起。那次他特别激动,我妹妹那阵参军了,也请假去看爸。我爸血压高,那天正高兴地要换房间,他正准备拿出代表证,这一拿,手就不好使了,人就不行了,马上拄着拐就倒了,被送到北大医院住院。等好了以后,他上楼就费劲了,后来组织照顾他,给他一个楼上楼下是一家的房子,老父亲说:"你给我一楼就行,我上班来回走路能方便。我要是病好了,我再出去。"他不想上老台町住,不想搞特殊化。接着就"文化大革命"了,"老捍"和"大联合"这两个组织打得不亦乐乎。周总理当时说:"几次开会也没解决,你叫上老孟泰来参加这个会,他代表工人的声音,听听他有什么意见。"就这样,我父亲去北京

后排:孟泰(右三)与孟庆珍(右二)及孟庆珍的母亲(右一)、丈夫(右四)、四妹(左二)、五妹(左一);前排:大女儿(右)、小女儿(左)合影

了,那是李富春接见的,这就没回来呀,马上就二次血栓了,为什么?因为他听说鞍钢停产了,那些"老捍"少数派都"上楼"了,厂子也不生产了,当时他脑子就嗡一下,被打击得厉害,那十座高炉要停产,咱中国不就完了吗?最后抢救了三个月,他9月30日下午2点30分走的,后期我们家里人都去陪护了。

五、我的鞍钢生涯

我是1952年2月4日进入鞍钢的,那时候我17岁。老父亲在厂里面工作,厂长的工资一般才每个月140块钱,他就160元了。虽然工资多,但每天新闻记者呀,还有一些领导啊,一些老工人,咱说白了,来了都抽根烟,那时候叫"大生产"的烟得多少钱?一个月买一条烟都不够。人家知道家里老父亲有名气了,今天他家房子漏了,明天那个病了就都来了,你说这样的话能有钱吗?我说:"爸呀,你挣这么多钱,咱们都还不够,我念书太费钱。"所以我小学就念了四年书,我就想不干了。我那时候大个子,和老师一般高,岁数也大,不好意思,我想我就工作得了,好好地边工作边学习。就这样,老父亲跟炼钢厂说:"我这个子女也想上班,什么时候考工?我叫我女儿来。""不用,现在正是缺人的时候。"就写个介绍信我就报到上班了。我被分配到机械总厂,总厂很大,有南部、北部、西部,我在南部。车、钳、铆、电、焊,我是钳工,属于精密钳工,做样板的,就是用小锉做那个样板,要是他们测量的话,没法量尺,就用我做的样板去量。我也很能吃苦。

我做样板满徒以后,就被调到了机械总厂的工会,在那搞宣传,做工会工作。我中午广播节目,有些社论什么的都给他们念,帮助工人们学习。只要我广播了,西部、北部、南部的工人都能通过总厂广播站听到。我爱人他当时在机总厂下面一个厂子的铸钢车间,他家也是海城的,农村的,他是搞画图、搞设计的。后来机总厂有一个设计科,他就当了组长,那个组有100多人,后期他又上党校学习深造,回来又上白楼机关。那时候是一九五几年,我俩接触认识了。我那阵很活跃,在那个军乐队,厂子一到"十一""五一"游行活动,我是打小鼓的,他在大队吹号,都在一起。等到过年过节了,我们都去俱乐部搞活动,就这样结合了。原来家里人不知道,后来我就跟家里人说了,家里人就都知道了,我老父亲说:"那我看看吧,看看这个人怎么样。"我就给他领家去了,看完老父亲也没说啥:"你们处吧。"很快,我们就结婚了,我18岁结婚,现在看还算小孩呢,但是那阵18岁的女孩就是大姑娘了。

在工会干了一段时间我又去描图了,也是在设计科,机总厂成立的设计科。受父亲的影响,我很认真,那图纸要求写仿宋体字,我只有四年级的文化程度,你说我哪会写!而且我还有了第一个孩子,就是我的大女儿。所以当时晚上8点多钟,给孩子洗完了,喂完奶了,她睡觉了,我就拿那个纸拓,就按照那个描,一写写到半夜,我就是写。组织给我的任务,我一定干好,能吃苦,能认真干。我们科原来有40个描图员,分两组,我很快当了其中一个组的组长。后来我就不描图了,有个做审核的工

年轻时的孟庆珍

作,就是校对,就像这个数字,上头描的啥样,我就得去校对。我校对那么长时间,没出过一个事故,要是底下是40,上头你写个41,那就麻烦了,车床又得重卸、重整。所以说,我很慎重,我眼睛那阵也好使。后来我有第二个孩子了,生了以后就把孩子送到托儿所。孩子闹眼睛,怕传染别人,但我休息不了,因为我还搞估工,我这组长连估工带校对都得干。估工这个工作,图纸得估得准,复杂的图纸得五个小时,简单的图纸得四个小时,眼睛必须得好使,你估得不准那就不好了。有人说:"妹,你那眼睛怎么那么准?多一点你都不给,你咋那么准,会掐会算?"其实我就是工作很负责任。

描完图我就上了机动处管设备,管全鞍钢的设备,总的账都在我手里。鞍钢所有的设备进来出去,得有我那个章。组织安排负责这种工作的人得是可靠一些的,那要是设备拉出去,你把章一盖,这设备不就运走了?所以公章很重要,账一定要整齐,每个厂子拉了多少设备,得给弄得立立整整的。有时候运动一来,就把我那章封了,一问,什么问题都没有,我哪能干那个

事？老父亲那么兢兢业业一辈子，我哪能那么去干？"文化大革命"那阵，我被调到机关党委了，我给他们开信，后来到了工会做女工委员、组织委员。那年咱们机关党委改革换班子，我就到了劳资处，做人事调配，全鞍钢40万职工，工人有调转工作的，我就管这个。我也做了好多工作，都是鞍钢最有权的地方。我这个人和老父亲有点相似，我做什么都认真，我不聪明，但我就有那个韧劲，我没有文化，就念了几年书，后期上过几年夜校，但是你给我什么工作，不行我就学，我一定要把这工作干好。

当时有一个鞍钢退休的老工人，他身体不好，他的女儿"以老换少"，换到鞍钢了。她的工作得倒班，这一倒班到半夜，就有一伙坏小子们老跟着她，要跟她搞对象，给那孩子吓得都不敢上班，病了一个多月。她妈就天天晚上去接她，这老头老太太就这么一个女儿，老两口岁数又这么大，就上咱劳资处说："谁是管事的？"我说："大娘啊，你有啥困难？"她就说："我有困难，我女儿要是不上班了，没有工作，那就完了，能不能给解决，倒白班？"厂子里面哪有不倒班的？你说连个段长、工长都得倒班，包括厂长办公室文书，才几个干部，能不倒班？大机关她也进不来。我说："大娘，你跟咱们领导谈谈，我们也有一定困难，要是给你解决了，那都不倒班了。"这就没解决，她就回去了。第二回她又来了，拿了两个瓶说："你要是不给我解决，我就喝耗子药……"我说："你可千万不能那样，你先回去。"后来开科务会，我就把这事说了："科长，这个事属实，应该按照特殊情况给她处理，领导要是查到咱们，咱们既无亲也无故，咱也不图人家啥。她是真有困难，纪委要是找咱谈，咱也不害怕。"我那阵岁数大，科长管我叫孟姐："孟姐说得对，咱考虑，这事下次来就给她办了。"后来就让她女儿做了一个不倒班的工作，就给她解决了。这老太太就来感谢我："丫头，我给你磕头。"老太太从兜里掏出来能有半斤糖块，我说："哎呀，你把我们的心思都

孟庆珍手托颁发给孟泰的新中国成立70周年"最美奋斗者"奖牌

瞎了,咱们组织给你解决困难,咱还能吃你糖？那可影响不好,你那糖你自己吃,拿走。"不管谁要说共产党不好,或者是有点怨气,我都生气,我觉着我生在这个新社会太不容易了,多幸福呀,多好呀!

王晋杰
父亲王崇伦是"走在时间前面的人"

亲 历 者：王晋杰
访 谈 人：田毅鹏
访谈助理：王余意
访谈时间：2020年10月20日下午
访谈地点：鞍钢党校
访谈整理：王余意

亲历者简介：王晋杰，男，1950年生，祖籍辽宁辽阳。1970年进入鞍钢第一薄板厂，后到矿业公司辅料厂担任工会文体委员，2000年病退。父王崇伦（1927—2002），辽宁辽阳人。1948年后在鞍钢机修总厂当刨工，历任鞍钢党委常委、鞍山市总工会副主席、鞍山市委副书记、哈尔滨市委副书记、全国总工会副主席等职。被誉为"走在时间前面的人"，进行技术革新和发明创造100多项，被授予"全国先进生产者"称号。

王晋杰（中）接受访谈

一、童年记忆：咱家是技术协作的据点

我的祖辈生活在辽宁省辽阳县沙河乡，按老话讲它属于辽阳，现在叫辽宁省鞍山市千山区。这是从我爷爷辈知道的这些，我没见过爷爷，他在我父亲 10 岁时就去世了。我父亲有两个妹妹，为了养家，他 14 岁就入鞍山制铁所当学徒了。当时招工也没有什么条件，招童工实际上是让他们卖苦力、打杂的，学不着东西。日本人有规定，中国人不能学技术。父亲偷着学，就挨日本人打了。

我爸成名太早，因为 1951—1953 年连续的发明创造，他 20 来岁就已经全国闻名了。不过当时我是小孩，我爸成名那几年的事情，我还不知道。我是家里的老大，1950 年出生，下面有两个弟弟、两个妹妹，还有奶奶。1954 年之前我们家在城边，靠两亩薄田生活。1954 年，由于父亲的成绩，我们家搬到市里的模范楼来了，跟孟泰是前后楼的邻居。那几栋楼是抓紧盖的，分给鞍钢的先进工作者、劳动模范住。

搬来市里以后，我四五岁的时候上幼儿园。等够了上小学的年龄，我就去念鞍山的实验小学。我念到三年级，1960 年，国家有规定，领导干部和工人不能有区别，要在一个房区里，于是模范楼的劳模、先进工作者还有厂矿长，都被分到各个工人住宅区去了。我父亲那时是技术副厂长，我们家立刻从市中心很好的房子搬到城边，和工人住在一起，那里没有地板，也没有暖气，得烧炉筒子。既然是组织上安排的，我们就毫无怨言，搬来和工人住在一起。

我爸在 50 年代发明创造、改进工具、提高生产效率，他开始考虑一个问题：国家给了他这么多的荣誉，毛

1959 年全国群英会上，毛泽东主席接见抗美援朝英雄黄继光母亲邓芳芝（左）和劳动模范王崇伦（中）

主席又接见他，可单凭一个人三头六臂又能干多少工作呢？他就想着要推广、展开技术革新，把他的技术和精神状态传递给周围的同志，培养青年工人、技术工人。那会儿他已经是技术所长和技术副厂长了，于是他和孟泰（他们俩是忘年交，分别是鞍钢建设时期和发展时期的典型人物）向中央打报告，联合倡议建立技术协助队伍，说不能只有本单位的合作，还要走出去，其他单位、钢厂、企业有技术难关的，咱们应该联合帮助克服。

这时候我爸得以身作则啊，得把这些有绝活的能工巧匠、技术骨干、劳动模范、先进工作者组织起来。我们家就是技术协作的据点，大伙儿晚上聚到一块儿，集体讨论攻关，解决白天生产中的难题。咱家也就40平方米的屋子，除了工具、道具，还有一些资料、图纸，其实地方不大，但是能装多少人就装多少人，有坐着的，有站着的，大部分人都是站着听、站着说。

王崇伦（前排左三）与青年工人讨论图纸方案

我们家这些人起什么作用？我奶奶那个时候是70多岁的老人了，我们这几个孩子能跑能动的，就是帮着接人引路，上我们这儿来。冬天下雪或是夏天下雨了，咱们跑出去拿着布单把工人们的自行车座儿盖上，不让它水淋淋的。我奶和我妈就做做准备，给他们烧水。

按道理60年代的时候人吃不饱，晚上吃完饭马上就睡觉了，怕挨饿啊，再折腾就更饿了。早点睡觉，能省着饿。可是搞攻关就不得不夜战。有一次到后半夜3点了，他们饿得受不了。我妈把攒的两个苞米面掺野菜的面饼拿出来，原先藏起来省着吃的，拿出来给他们了。你说这么多人给谁吃？谁也不能吃，都不忍呐！后来老孟泰出主意说，给它掰碎了，搞点水，搅成糊，一人盛一点，大伙喝这个粥糊，也能挺一阵。这是一个好的办法，还真就熬过去了。当时咱也小,但是知道他们很不容易,挨饿来做这项工作。这样持续了两三年吧,那时正是60年代经济最困难、中苏关系正紧张的时期。

王崇伦(右)在车间与工友讨论技术革新难点

二、青年磨砺:过劳动关,过生活关

1968年,我父亲遭到造反派的揪斗,被扣上了很多莫须有的罪名:"走资派""大工贼",窃取别人的名誉;"大土匪",说他劫过道;"大叛徒",上过苏联;"大破鞋",一九六几年工农兵结合搞活动,和演员白杨合过影。那简直了,人格侮辱、体罚非常残忍。造反派把父亲关在办公大楼里,不让回家。实际上形势特别紧张,我奶、我母亲天天望向我父亲被关的钢研所四楼,怕灯灭了,灭了就意味着人没了。机关大门有个铸铁的邮筒,在三孔桥旁,十万职工天天上班都从这邮筒门口走。父亲得站在这个邮筒旁,挂个大牌子,戴着红袖标,穿着像袈裟一样的袍子,打堂锣,自己说"我是走资派,我是大工贼"。很惨,他被批斗了100多场。

由于经常被揪斗、连踢带打,父亲的肠子梗堵了,人就不行了。造反派用小车给他推去铁东医院,说:"那块有太平房,你上那去吧。"到了医院,因为铁路医院的大夫知道他是谁,大夫还是治病救人的,就给他做手术,把这梗堵的玩意都给打开,拿出来了。这才好了,人活了,没有出意外。

后来中央讲"掺沙子"的政策,因为军管之后,军代表不懂生产,结果很多东西生产上不去,国家要抓革命促生产,于是又启用老干部,包括我父亲。但是内部有规定,只能使用不能重用,就让父亲去抓鞍钢企业里面的大修,哪儿坏了、不能运转了、停产了,他带头去解决这些问题。

我1966年初中毕业,因为"文化大革命",两年后就下乡到盖县卧龙泉公社,待了25个月。盖县挺大,都是平原、平地,我是去到盖县的山沟里面,180里地,还得翻山越岭15里。当地穷山恶水,农民家里窗户没有玻璃,全是用报纸糊的。

下乡一开始,我不敢面对现实。"文化大革命"刚闹起来的时候,城里学校的教室、体育室、图书馆没人管,人家把排球、篮球、运动服、冰鞋都拿走了,我不拿这些,我把图书馆的大部头拿走。咱也不懂别的,只知道这些个精装大部头好,马恩列全集、《资本论》、古希腊史、古罗马史……其中有两本书,救命的,一本是《鲁滨孙漂流记》,还有一本是《杰克·伦敦传》。杰克·伦敦是谁?他虽然身在美国,但却是无产阶级小说家,他本身干了很多行,体会过最底层的穷人是什么生活状态。他的书我看得非常感动。《鲁滨孙漂流记》讲一个人被抛弃到荒岛上,没吃没喝,他怎么活下来的。主人公孤独,他要不遇到星期五这个人,他也没有了。人那痛苦啊,因为我当时也孤独到那个程度,没有人接触我呀,没有人接近我呀。我有多少次一瞬间闪过自杀的念头,咱家都破败到这种情况了:一个,房子被强占,咱家在台町是四个屋,造反派是三口人,两个大人、一个小孩,占我们家两个大单间房,咱家是八口人待在一个小套间里面,房子一大部分都被他们强占了,很惨,我回不了家。另一个,我爸被揪斗的时候,不给开工资,我妈是手工劳动者,印刷厂的装订工人,她的工资只能开一半。咱家八口人,五个孩子,这日子怎么过?我妈不容易啊,上千斤的纸经过她手,传来一摞,她得把这摞纸码齐了,给到下道工序去剪裁,她就干这活儿。五个孩子不容易拉扯,我妈还得不定时地照顾我爸,上面还有我奶奶。我妈这一辈子,和我爸一样累。这种情况下,我只能钻到书里头,才活下来。《鲁滨孙漂流记》把我救了,哎呀,他能够生存下来,我也得咬牙挺过去啊。

像咱们小时候,懂事,但是不拿事,对社会的认识也不深刻。念小学、中学的时候,父亲没跟咱们对过话,顺便说过两句话,咱听两下就跑出去玩了,没有深刻理解。"好孩子永远不能说谎"——这是我念小学的时候,他曾经说过的一句话,我就坚持不说假话。在什么时候破例的?就是下乡选调的时候。不得已,因为那时候有人熊我。咱家被揪斗、被打倒的状态下,有三次选调都不让我走,不让我回城。什么上油田当工人,上部队当兵,我都没有份。我以为永远与城市隔绝了,就在农村待着了,就是这么个心态。选调的时候,咱屋里那个同学说我说过一句话,"这次再不让我走,我跟书记拼命"。我确实说过这话,但这时我就不认那个账:"我没说,我什么时候说的呢?和谁说的?什么时间?"我不承认了。我想起《林海雪原》里杨子荣智斗小炉匠那段,不认那个账,不是八路。因为我在群众当中有威信。

  下乡之前,我爸讲过,"你得过劳动关,过生活关"。什么叫过劳动关、过生活关?我不明白,他也没给我讲更多。后来我就明白了,生活关,你穿什么、戴什么、吃什么,都得接受;劳动关,眼睛里有活,你看农民每时每刻他不闲着,都有活,要是不做活,他就生存不下去,我得什么活都能干,能干动,能干明白。当时我农活干得非常好,干到什么程度?我一个城市里来的人,不会干农活。那会儿提倡学大寨,修梯田,可盖县是山区啊!农民会干活,人家一边走,一边能换肩。我不会换肩,只有一口气从山底下走到山顶上,如果歇气儿了坐下来,就再也起不来,干不了活了。我老是第一个到山顶上,衣服上都是汗水蒸发后的盐渍。在农民当中,我是这个(竖起大拇指),能干活。我是怄着气呢,咱不像当地农民可以换肩可以休息,我必须一口气下来。这样的话,我在农民当中评价非常好。但是我也累出病来了,打干呛,说话就丧力了。

  我想回城,大队干部几次不让我走。但是我在基层农民当中的威信非常高,再给你举个例子。咱们下乡一开始不是要访贫问苦吗,看农民、农村社会是什么样,我就作为革命青年带着任务来,上到沟里的第一家,窗户都没个玻璃。进去一看,哟,他家没有电,一盏煤油灯,放一个捻,带一部分老长的棉花。屋里没有褥子,什么当被褥呢?就是拿当地产的纸,搓成个绳,用绳织成口袋。老百姓干活的时候这个口袋一攥就走,睡觉的时候拿着这个当被褥，底下烧炕，上面就是这么一层麻袋片。我一看这受不了啊，赶紧回青年点，把我从城里带来的毛毯送给这家了。就这义举，我这满腔热血的义举感动他了，沟里这些人家都是他亲戚，他们知道我这个人，作为正面人物的评价就在村里传开了。

我头一年去的时候这么做了，没承想两年半以后，在选调的时候起作用了，老百姓一致同意让我走。前提是他们看到大队对我和别人有区别对待，不公平。那几个同学和大队干部关系搞得非常好，好到什么程度？我城里的同学会来事儿，每回一趟家就把鞍山好吃好喝的带给他们，晚上给他们送去，他们都懂。这些同学有的去当兵，有的上油田，什么都有，我却走不了。那我最后怎么走的？群众呼声高，再加上我找了一个渠道，"五七大军"当中有一个营口文化馆姓孔的人，他对我父亲非常了解，他说："只要群众把你选上来了，大队这边我来负责，我可以做主，谁也不能阻拦。"选调的时候，我所在的小队选了我，大队里三四十人竞争，我排第一号。难透了！要不是老百姓给我做主，还不好使。

1970年回城以后，我到了鞍钢第一薄板厂，三倒班，就是白班、中班、夜班那种。我是热轧车间的剪断工，轧钢车间热得受不了了，你光膀子穿一个帆布的劳作服，下来之后全是水。剪断工是什么呢？轧机轧辊间出来的卷板是个不规则图形的板子，要把它剪成规则的形状。这儿有一把剪子，跟铡刀一样，卷板来了，咱俩扶着，咔咔对齐一剪，再掉过头来，剪那一面，把这一个归方。咱们六个人，我负责打替班，谁来不了了，我顶替上。这工种很多人剪同一个动作的，剪不好的话，胳膊、手或者指头就没了。打替班的难度更大，我的操作动作还不一样，加上三班倒，受不了啊，很多老师傅都出过事。那会儿我爸还没"解放"，我只有不怕危险，埋头苦干，这么样干了两年。

三、中年不惑：党的要求不走样

父亲被"解放"已经到1977年了，1978年他被提任为全国总工会副主席，属于正部级。全家人搬到北京，把弟弟、妹妹都带去了，不带我。为什么？父亲坚持按规定办,说我已经结婚了、有工作了,就不能带走了。我1973年和我爱人认识,1975年结的婚。实际上哪个干部进北京,不把家属带全呢？他只要多说一句话,咱也能去了。

父亲到了北京工作,说来责任更重、事情更多呐。鞍钢老同事上北京,都去看望他,说"你上北京,进京了,你行了,好过了"。人家来看望你,你得打点,得照顾一下。我爸有很多好朋友和老同志,他们的子女旅游结婚到北京,那会儿还不像现在,花钱就能住宾馆,那会儿没地住,都得借宿在亲戚朋友家。我爸老同志的孩子旅游结婚来家里,晚上打着灯,白天哗哗用水,那都是费用啊。人家前脚不用了,我妈后脚赶紧把灯闭了、把水闭了,得节俭呐。这是旅行结婚,还有求医找药的,我爸也得给安排找医院、找大夫。

我那上北京的弟弟后来是普通工人,单位黄了,他就下岗回家了,没借父亲的光,父亲不允许,门儿都没有。在父亲那个传统观念和传统思想里,这种原则刀枪不入。我跟你讲这么一个事。"文革"结束后,我爸被平反了,做了鞍钢副经理。上面说,"原来你家的房子被造反派的人抢占了,可以给重新安排,别回原来那屋",你回忆起那个历史那个过程,多辛酸啊。我爸说一定要回那屋,就是住厕所,也得在那,不离开那屋。我爸就这个脾性,宁折不弯。后来就回来住这地方。他被调往北京之后,家里人都走了,留下我家三口人。实际上鞍钢如果不来要这个房子,我还可以住下去。但是我爸人都到北京了,还三令五申告诉鞍钢房产部门,这住房待遇是给他的,王晋杰不能在那住。因为那会儿新台町、老台町是领导干部住的地方,有地板、带暖气,房间还多。我家三口人住在那儿,影响不好。他说:"老工人三辈人,上下铺,铁床。你看人家那,你跟人比？你给我造成多坏的影响,你赶紧出去。"房产部门还不好意思找我,我爸还追,赶紧让我走,说在新、老台町之外,随便给我安排地方。倒老霉了,我爱人那都气翻白了。那给我弄哪儿去了呢？给我弄到"五七大军"从农村回来后住的六楼上去了。这个六楼啊,定时间给水,我得准备两个大缸。而且那会儿孩子小,上下楼我得背着,六层楼！你说,他上北京了,没让我去,那会儿都向往去北京。我住他的房子,没等住半年呢,撵我走,说那是给他的待遇,不是给我的。咋整？受不了。

现在我的理解比以前深刻了,为啥?他那都是正面的东西、正能量的东西。和现在一些腐败分子比,我觉得那是正宗,得继承,按照这个东西,踏实,踏实!我认这个。你看,我中小学的时候,我爸就说"好孩子永远不能说谎"。我再大一点到了农村,他说"要过劳动关,过生活关",你不能像在城里,这不知那不知,这个干不来那个干不来。"文化大革命"这个阶段讲,"不能上街啊,尤其不能上汽车,上汽车你就是打砸抢的"。我入工厂了,他告诉我,"那和战场没啥区别,都是钢铁,注意安全是第一"。他从来没有像你跟我这样坐着讲十几二十分钟,没有,就是一走一过说了某句话。你怎么理解和怎么认识?咱都当玩儿了,也没当回事儿,现在看来,这些话都是对的,都是有意义的。像他做的那些事咱也不理解,不管是我上学还是工作,咱倒老霉了,那紧箍咒满脑子都是,大气儿不敢出。比如我这个单位的领导认识我爸,要是我爸说句话,就解决了我的很多问题。我爸告诉我:"我永远不能给你说这句话,你也不能手心向上,向组织要什么。"

说到这哈,我爸二十几岁就已经成名了,条件非常优越,但他对咱们和对周围的亲属那是一点照顾都没有,都是"按规定办"。我也反思:父亲怎么能做到两袖清风、一身正气?他受党的教育,党是怎么要求的,那是一点不走样。对我、我姑姑,包括我母亲那头的亲戚,他永远不存在特殊照顾,他说:"你们永远不能向组织上要求什么,我永远不给你们说这句话。"咱这金箍戴了几十年,大气不敢出,就得什么呢,控制自己,自我管理。不管在什么地方,我一点优越感没有,因为戴的金箍不允许啊。

四、古稀回首:报恩与忘我

1980年,父亲担任哈尔滨市委副书记,主抓农业、财贸工作。一年后临别时,哈尔滨的老百姓在火车站送别,不让他走,让他再多待两年。这一年,说来那太精彩了。你说他一个抓钢铁的,叫他抓什么农业、财贸呢?结果他抓农业、财贸也很精彩,说来就话长了。

父亲看到哈尔滨作为大豆之乡,夏天蔬菜堆成山、流成河,一到冬季没有菜吃,得吃咸菜、喝咸菜水。他想到,大豆可以粗粮细作,精加工之后做出豆腐汁、豆腐皮、豆腐泡、干豆腐。但当时豆腐坊的技术落后,不能有那么高的产量。于是他跑遍了全市二十几家豆腐坊,然后画图把豆腐生产变成一个自动化的流水线,提高生产效率。他还解决了冬季鲜菜和鸡蛋供应的问题。为了搭建蔬菜大棚,他把鞍钢原来所在单位的技术骨干拉去做大棚的龙骨架。

离开哈尔滨那天,他请市委领导吃饭。大伙儿合计,哎,王崇伦请大伙儿吃饭,这得老好了,都饿着肚子等着吃这顿好饭。结果一看,桌上的菜都是从他给当地农民做的蔬菜大棚里来的,那黄瓜比以前的黄瓜大多少倍,茄子、辣椒也很大。父亲事先告诉厨师:"你把我这工资拿去买肉,其他都用大棚里的蔬菜,我要请客。"

王崇伦(右一)在哈尔滨视察豆腐坊

大伙儿以为市委书记会怎样请客,结果吃的全是新品种,给大伙儿感动坏了。

要不怎么胡耀邦评价他:既能抓生产,又能抓生活;既能抓黑的,又能抓白的;既能抓硬的,又能抓软的。黑的、硬的是指钢铁,白的、软的是指豆腐。邓小平说他抓豆腐抓得好,就应该抓好群众生活。80年代初还不怎么敢提倡抓生活,还没有太开拓物质生活方面。父亲看到大豆之乡的老百姓冬天净喝咸菜水了,他就紧抓这方面,哈尔滨的老百姓挺感动。

父亲的罪都是在后面遭的,他60岁卧床,75岁就去世了。当初"文化大革命"中被揪斗,浑身是病,慢性病,后来都体现出来了,他晚年机体器官全面衰竭。他这一辈子,没住过疗养院,什么汤岗子、北戴河都没去过。没办法,"走在时间前面的人",这标准太高了。他自从到北京之后,经常工作到后半夜两三点。以前在鞍钢上班他拿一般的皮包就行,到北京工作时就得拿大皮包上班。那里面有中央文件,他不是中共第十二届中央委员吗,净看纸片子了,他对这个挺挠头,时间都用在这上了。父亲当全国总工会的副主席,把鞍钢基层的工作作风带到北京去了,凡事都得自己到基层做个调查研究,不是光听宣传部门、组织部门、人事部门汇报上来的材料,他要先到基层了解一下,他就这么抓工作。

你问我是什么促成了父亲这个工作干劲和出色成绩,原先我也没意识到这个问题,尽管之前很多人都采访过我。后来我就反复想,第一个,为了新中国。我看咱们家整个过程,我爷爷早年有病治不起就去世了,我爸才10岁。我的大爷,就是我爸的哥哥,在日本鬼子的印刷厂做工,得了肺结核看不起病,日本人还让他干重活,累吐血死了,早亡啊。实际上就是说,解放了,父亲有这种阶级感情,感谢共产党、感谢毛主席把咱们从火坑里救出来了;新中国成立了,这种满腔热情,要报恩、报效国家,就是无私奉献,就是忘我工作,就是要满腔热情地建设好这个新国家。

第二个原因是专注。父亲他没有生活乐趣,没有家庭乐趣,只有工作乐趣。他对工作太热爱了、太投入了!他满脑子全是一件事,就是怎么把工作做好。鞍钢100多个县团级单位,他对设备完好率、大修率和生产进度了如指掌。咱家这几个孩子,他连名儿都叫不准,至于你多大、上几年级,一概不知道。我长这么大,没有和他有过正式的十几二十分钟的对话。我都没看见过他正常吃饭和正常睡觉的场面,咱们早上起来时,他已经到工厂车间了,等咱们晚上睡着了,他还没回来呢。更别提和咱们亲近,我还有俩弟弟妹妹,什么时候父亲摸你一下、抱你一下?一生当中都没有过这个镜头。他不抽烟、不喝酒,但会篮球、游泳、滑冰、跑步,200米低栏预赛全国冠军,那简直神奇!他会很多东西,他这么忙,你不知道这些他是什么时候会的。那时候讲计件,他的一个发明创造折算成多少经济价值,算下来他一年完成四年多的工作量!"四清"那一段查账,查账的人傻了:"王崇伦每月工资500块钱?"毛主席一个月才600块钱,鞍钢工资最高的八级工也才100来块钱。但我爸这钱,咱从小没见着,我妈都没见着。他带头向国家交了,或者分给有困难的工友了。那事迹咱比不了,那简直是(让人钦佩)。

我一开始认为他有天资天分,因为他走过的一生、干过的工作都是创造

王崇伦晚年伏案工作

性的,这个聪明才智一般人比不了。不光是发明创造、技术革新、技术协作,就是走上领导岗位之后,他的工作也都是创造性的。后来我想,不存在天才论,马克思、恩格斯说没有天才。那因为啥?他全神贯注于这一件事,为党工作,为国家做贡献,就是忘我、执着于一件事。我认为他全身心地投入工作中去,就能成事。你像咱们什么都喜好,心都散了,那就啥也干不成。

由秀华

矿山上的"铁姑娘"

亲 历 者：由秀华
访 谈 人：田毅鹏
访谈助理：王余意
访谈时间：2020年10月24日上午9:30—11:30
访谈地点：鞍钢党校某教室
访谈整理：田毅鹏

亲历者简介：由秀华，女，1951年生于辽宁辽阳，中共党员。1971年抽调至鞍钢矿建公司工作，相继参加过眼前山铁矿和齐大山铁矿共三次大爆破，被称为"铁姑娘"。1974—1975年任鞍钢矿山公司团委书记、党委常委、"革委会"副主任，1976—1982年任鞍钢团委副书记。1982—2005年在鞍钢异型钢管厂、型材厂、小型型材厂先后任厂女工委员、厂工会主席、厂党委副书记。2006年退休。

由秀华（左）接受访谈

一、艰苦的年少岁月

我的父亲和母亲是河北人,他们是闯关东过来的,当时就到了辽阳。我是辽阳人,1951年1月1日出生的。我的母亲是个小脚女人,没有工作。我的父亲是一个石匠,在旧社会铲磨,给人家扛活。一盘磨有时候用大磨、大碾子,铲的时候他得用后背把大磨背起来,结果就累吐血了,不能动了。后来父亲被日本鬼子抓去做劳工,母亲一股火就得了哮喘和肺心病。我是老小,我们家中间还死了两个孩子,他们在我父亲做劳工的时候饿死了。后来没有办法,家里也养活不了我们姊妹三个,就把我给人了,那家条件倒挺好,但我到那家挺不适应的,就是作,不吃东西,那家觉得我也挺可怜的,就又送回来了。后来我父亲好了一点,就租人家一个草房的一间半,在小道轧打了一个铺,就那样生活。每到大风天气,房子上的草一片一片往下掉,那房脊都刮下来了。我母亲就骑在那房子上,压住房脊不让风刮,母亲本来就是小脚,还有病,不知道她自己怎么爬上去的,我那时候虽然才几岁,但记得非常真切。小学的时候我就给我妈上医院、卫生所取药水,跟姐姐抬水,这都习惯了,从小就在这个环境当中长大的。记得我考上中学的时候,母亲用更生布给我做了件衣服。我自己用粉笔头碾了个粉色,把被巾坏的部分撕下来,用水一泡,用它扎俩小辫子,那个时候就这样过来了,但也非常珍惜那样的生活。父母老教育我说:"你自己要做个诚实的孩子,要有志气,不管干什么活,不要藏奸,新社会哪有累死的?"

我上中学的时候,是第一批加入共青团的,后来赶上"文化大革命",我又是第一批知青。当时是中学二年级,我下乡到了辽阳的隆昌公社得胜大队,在山区里,那时候才十五六岁,走的时候也没有什么衬衣、衬裤、裤衩。我属于1968届,到了农村以后,我第一个整年下来,干了309天,在全公社500个青年当中得了最高分。虽然我出工最高,但是工分不多,最后都没有买粮的钱。我一天最低才能拿回来5分钱,我自己都急哭了,因为感觉父母那么困难,我们家哥哥、嫂子和孩子加一块儿七口人,我出来不但没有给他们挣到钱,干了309天反而得从家要钱买口粮。因为我下乡的地方是山区呀,全是大山,没有什么收入,都是吃返乡粮的地方,就非常难。我那时还小,就跟农民一起挑粪,穿着黄胶鞋,跟着男社员一起走,挑一担粪得走10里路。我自己还瘦,从这个山梁走到那个山梁,还得蹚河,当时身上的衣服全湿透了,棉鞋也全都是湿的。但是冬天工分少,才给你7个工分。

上山砍柴我们女的也都干,有长虫撵你都是常事。长虫就是蛇,农民说长虫不上山,我们就往山上猛跑,有时候睡觉半夜惊醒,非常可怕。那时候冷啊,屋里头全是霜,墙都是青石板,同学都走了,我自己在那屋里睡,就听见这个窗户咕咚咕咚的,也不知道是什么东西,一看窗户纸破了,露出一个大窟窿。刚开始我以为谁来了呢,起来一看,是那山区散放的牛闻着糨糊味儿把窗户纸舔破了。第二天我们只得再糊上,那个时候也是挺怕的。有一年,谁割到七捆柴火就可以下地拔草,我们就都上山了,洋辣子蜇得人都受不了,有人脑袋稍微开点窍的,就一捆捆5斤左右的背,那七捆看着就不大点儿,我这七捆从山上都背不下来,其中一捆最重的有28斤。后来队长说:"你这傻丫头,你这一天够干多少的。"但那时候没有别的想法,因为我家生活比较困难,另外我也是积极上进的人。在学校时,我就是团干部,我那时觉得自食其力、踏入社会了,就要为家庭献一分力量,为社会做一点贡献。所以,既然来了我就能坚持,人家不出工咱都出工,下雨、阴天的时候,有的同学就不去了,或者是冬闲季节了跟谁去玩,我就坚持到底。在那工作不到三年,我就被第一批抽调回来了,当时在这500个青年当中,公社只要1个女的。

二、调到鞍钢,积极参与爆破会战

我是1968年9月份去下乡的,1971年3月份回来的,下乡三年,公社当时抽调青年,我就到了鞍钢,当时全公社走了一个女的、五个男的。从农村走之前,领导让我们先回青年点收拾东西,社员都出来送我们了,我们几个人是坐一个大马车被送走的,我就直接到了弓长岭。最初家里都不知道,我也没给家里写封信,我都干了挺长时间,都比较有名了,家里才知道我当工人了。到了弓长岭以后,我一看一个连队有100多人,我们这批到了57名或者53名青年,一到连队组织就分配我们,然后矿上就开始办新工人学习班、听典型汇报。那时候正好遇上美帝卡咱们脖子,澳大利亚的矿石进不来,鞍钢面临着停产,他们就开会动员,就把高奎福作为典型推出来了。他是鞍钢的矿山铁人,那个时候40多岁,让他给我们讲怎么苦干、实干、巧干。讲完了以后,领导就动员我们,所以那时候我们非常振奋,就说这回青年可有大显身手的地方了,而且是真正的考验。那个时候,军代表都没撤,也都在这动员,所以我心里非常向往,另外也感觉肩上有一份担子。一方面,我是公社抽调上来的女的,是这么多人选出来的,就感觉我是代表那个地方的,我不能辜负了那个地方的老乡;另一方面,我不能辜负我父母的培养。所以我拼命地要求下井,人家就不批,我挺不甘心。那时候我们宿舍离工地很远,得翻山越岭,每天都是坐大敞篷车,坐解放车,要是感到生产紧了,就得自己翻山越岭过去。

那个时候单位领导也都在底下倒班,摸爬滚打的。连长、书记要求贴动员令,"共产党员、共青团员们,党考验你们的时候到了,我们要为鞍钢打翻身仗,为国家开发矿业!",这些就贴出来了,要大干,"地球转一圈,我上三个班",那个年代就是那样的。我那时候21岁,一看到这动员令,那就觉得,干!白天看完空压,晚上就跟着他们下井,打眼、放炮、除渣、打灰、建隧道,连班大干,不回宿舍,连洗衣服的时间都没有。我们那工作是什么呢?就是为弓长岭铁矿打洞子,只有把这个山打通了,通上小火车了,这个矿才能运出来,才能上另一个矿上去。这个时候就觉得浑身有着使不完的劲,为啥呢?在农村我们一天都看不着这个山、那个山,平原都望不到头,这到工业了,而且政治气氛这么浓,那就觉得人家革命烈士命都没有了才换来的今天,我们就干这点活,算个啥?而且当时高炉供应不上,国家需要钢铁,怎么办?就"夺矿保钢",号召你"大干大献",这个时候我们上完本班都去献工,就是"革命加拼命,要不活着也没用",这口号都出来了,真的!现在看着,有的时候觉得可笑,但是那个时候、那个氛围,包括领导也都去,天天一个会接一个会地就动员呐,他们也带着干粮、带着米袋,在底下打眼、放炮、除渣。

献工的时候,人到后半夜是最难挺的,因为白天已经干了 8 个小时,晚上下到井下又得 8 个小时,甚至 12 个小时,困得啊,有的时候甚至都起不来啊,刚要坐到地下,师傅两下就给你拽起来,就说:"你不要命了?你要搁底下眯一会,你就容易半身麻木。"因为受风啊,它那里有鼓风机,巷道里老得吹,不吹就没有空气了。我们在井下干活,头顶就是顶板,旁边就是巷道,井下呀,上头水嗒嗒的,底下哗哗流水,得穿靴子、雨衣、雨裤、秋衣、秋裤,冬夏春秋都是这样。

由秀华(左一)与同事在矿山工作

那个时候就叫"四块石头夹块肉",因为这个巷道经常冒顶塌方,它是风化岩石,就像千层饼似的,有时候一打中间夹的土,这土就哗地都落下来。老师傅都用撬棍来敲这个帮,就是"敲帮问顶",听声音不那么脆,他就知道哪块石头活动了,就可以撬下来。有一天,咱们在里头正除渣呢,就听这边啪啪啪地冒,有渣往下掉,底下有耗子,这耗子都嗖嗖嗖往外跑,师傅说:"不好不好!冒顶了,赶紧跑!"咱们就开跑,等跑完了,那顶哗就冒下来了,里面一片漆黑,没有风,没有电,给我们隔里面了。那怎么办呢?上头马上就知道了,连队领导都来了,弄了个桶,把饭菜系下来给我们吃。我们吃了饭有点劲了,看那顶上不冒了,有空隙,慢慢再爬到那边洞的出口。我入厂一年多,到井下献工了 150 多天。献工不是加班,加班是算钱的,我们刚入厂每个月挣 29 块钱,是按照 8 小时给的。但是剩下的都是咱们奉献的,一个月给你二斤肉、半斤油,还有细粮和二斤酒:酒看不着,都叫师傅拿走了;油,谁结婚谁就用了;细粮呢,那时候父母都有病,我们自己舍不得吃,都拿回家给父母了。

我那时候要入党啊,有时候得征求老师傅意见,接受工人阶级再教育,让他们看看我哪点做得不好,看看工作哪儿不到位。工人师傅都非常认真,像带孩子一样带你,教你技术,还教你做人,告诉我们:"咱现在矿山的劳保条件好了,以前有多少打眼、放炮得矽肺病的,而且有端着簸箕得肺痨的,现在都没有了。所以这条件你们赶上了,现在国家这么困难,作为工人,咱们就有这点能耐,那咱就要发挥最大的作用。"第一次跟着师傅下井除渣,人家师傅一锹,水泥和渣子一甩,4米多上去了,甩到那地方。我这一戳,一甩,好家伙,都散了。后来师傅说:"不行,你得前头用这个劲摁着,后面这抬着,往上,有一个回劲,一甩,这才能抱团,才能甩到上面去。"我这胳膊都练肿了,没有这个腕力根本甩不上去。

我那时候想学打眼、放炮,心想师傅能打咱也能打,结果衣服几天就都磨破了。打眼倒还行,放炮得从捻子头开始点,刚开始看师傅点,吓得人都得跑,不敢看,但还想学。后来我拿着炮捻子,手都哆嗦,得削出来这个头,才能点得好。我就用那烟头开点,一个捻子接一个捻子,点完了就赶紧跑,就三五分钟时间,跑上道和下道,有的时候还得爬一条绳子或铁链子,爬个十几米到20米,爬不上去就麻烦了。这个练了很长时间,小女孩不会啊,手都磨出泡了,就只能往上爬,爬上去才能躲在安全地带。等炮响了以后,乐得直拍巴掌,这手疼得,一看,一条那么大的血泡,就是把落下的那一点全攥在手里了。当时我们住宿舍,一个屋里8—10个人吧,上下铺,但是刚入厂这一年零四个月,我很少回宿舍,基本上都是在连队,因为都"大干大献"了。我觉得,虽然那个年代那么干,但是在心灵和思想上对自己的历练太重要了。

我是1972年9月份入党的,大概10月份来了一次大爆破、大会战。每年霜降以后,都在矿山搞大爆破,用的炸药刺激性特别大,有铵油炸药[①]、岩石炸药,这个炸药你不仅要运上山,还得运到洞里头,非常艰难。要是热天炸药扛在身上、拿在手里,这手全都得磨破,就像血葫芦一样,一攥钻心疼,所以必须得选冷天,而且什么铁器都不准拿上去。这一路全是看守,第一道岗是解放军,第二道岗是民兵。一般在参加会战之前,各个连队就都动员好了,大家都跃跃欲试。我们离那100多里路,得过辽阳才是弓长岭,再过弓长

---

① 铵油炸药指由硝酸铵和燃料组成的一种粉状或粒状爆炸性混合物,主要适用于露天及无沼气和矿尘爆炸危险的爆破工程。

岭就是本溪，我们得到眼前山，就在千山附近。我在1972年的10月末和1973年的10月末，相继参加了鞍钢的两次眼前山铁矿的关门山大爆破。我记得眼前山第一次大爆破的时候，我在指挥部开完会后上山，那已经是黑夜了，我就顺着山门岗往上爬，爬到解放军的岗，我说啥解放军都不让上，人家都保密呀，怕一旦有破坏的那就全完了，我就又退回来了，身上都扎破了。回到指挥部，我就第二次爬，连雨带雪，扛那个炸药，要是80斤的就扛一袋，50斤的就扛两袋，扛着走。那时候矿山都知道有个"铁姑娘"来参加会战了，整个矿山上万人参加大爆破，休息时他们就都想看看这个"铁姑娘"到底是什么样的，所以我的工作量要比别人大多了，扛着炸药再走山坡路，有的师傅就在那查，走了一趟、两趟……也不知道他们是哪个矿的，他们就在那查数。那个时候风雪交加，30年前的气温比现在低多了，男同志还行，他们穿着雨衣雨裤、秋衣秋裤，累了出汗了，把衣服脱下来，秋衣这么一拧就出水，全是汗水。我是小女孩，没法脱，就只能穿着、捂着，外头套个雨衣。吃的穿的都不讲究了，当时发的肉包子都冻得杠杠的，就那样吃。大爆破开到一定时候，这山高了，你再往下整就危险了，怎么办？就间断大爆破，分层，就是得把这个山头削平了，就得靠我们矿建。那么大小的轱辘车，1米乘1米、2米，往里头打洞，人在里头直不起来，只能弯着腰推着这轱辘车一点点往前进，打这个小洞，里边要打上分岔，里头要装炸药，最大的都能装上七八十吨。这石头全靠人工打眼，完事儿拿小轱辘车，像推小孩一样往外一点点地运。只要炸药和回填石上山，就要靠上千人往各个小洞里头一袋一袋地、一块一块地传。人不能随意下来，都得是成批地下来，一次换一次的证，怕出现危险。弓长岭的矿石从井下采出来之后用火车运到鞍钢，但是它必须搁井、搁罐笼①上来装车，因为它属于井下矿。

那时候正赶上我父亲生病，父亲吐血犯了，到了后期，我下完班急忙回家，到家一看，他就要不行了。但是大爆破这头我都写了请战书，已经被批准了，而且我还是我们连青年突击队的队长，必须得来。我就跟父母说了，当时我母亲想不通，我父亲把我手拽过去，他说："去吧，小华，工作离不开

---

① 罐笼，矿井里的升降机，用于运送人员、矿石、材料等，一般可以载重几吨，用途与电梯类似。

你,人家看不着你,那会叫人家心里不托底,你爸你妈都能理解你,我不怨你。"大爆破几天几夜以后,等我到家,我父亲已经不在了。在那个时候,我没有多想,就是憋着一股劲儿带领工人干。它是宽和高1米乘1米的洞,有七八十米深,最里边连氧气都没有,不通啊,一个人发一板含片,像金子一般揣在劳动服里头,憋得满头大汗,叫炸药辣得眼睛通红、实在上不来气的时候,含两片能上来点气。等到一定时候,人就得撤出来,不撤出来就容易出危险。等到炸弹都运完了,手、腿也全磨破了。大爆破以后,回填那个石头需要密封,它像炮仗似的,不跑气才能爆炸。回填石头怎么办?我们都在这半蹲半坐着,让这个石头从身上滚过去……

我后期在连队做团支部书记,碰上鞍钢十年不遇的大爆破,而且在矿建中还是主要劳动力。我们三连是全鞍钢树立的矿山典型、优秀连队,是学大庆的样板,高奎福师傅就在这儿,所以整个队伍素养特别好。这里都是连的建制,指导员和连长经常吃住在现场,跟工人一样倒班,我们的政治氛围非常浓。那个时候一听说这样的会战,我们青年突击队马上就成立起来。板报,我们青年团就包了去了,得下到矿底下采访各位师傅,要不然不知道谁干得好、谁会干。我们几人利用业余时间就把板报写完了。一有这样的任务,大家都请战,那团队生活特别好,业余时间我们把剩下的炸药皮逮着,就在山上开荒,种蓖麻,一个班一个班地来,然后卖了支援国家。突击队成立完了,无论是战略宣传、思想动员,还是组织突击任务,我们全都上指挥部请战。所以到那之后,我们标语早都写完了,冒着雨和雪早就都贴在山上了。那个时候的标语,我印象很深的就是"大打矿山之仗,让毛主席他老人家放心,让党中央放心",再一个就是"誓夺矿,确保鞍钢打翻身仗",另外一个就是"绝不能叫帝国主义卡我们的脖子"。因为钢铁它属于重中之重,毛主席说了,"一个粮食、一个钢铁"①,这标语全上去了,有"苦干、实干、巧干",再一个"学大庆,做铁人",还有"为祖国开发矿业,贡献自己的青春",这些全是战地宣传,还有战地小报,随时随地播报。如果你打胜了,你的任务提前完

---

① 1958年毛泽东在天津视察时,中共天津地委第一书记赵克汇报了非山区组织群众到山区去开矿大搞钢铁的情况,毛泽东十分称赞,他说:"一个粮食、一个钢铁,有了这两个东西就什么都好办了。"

成了，矿建党委那头就组织战地宣传送喜报队，两下就到你这个洞口了，就开始给你广播，说唱三句半，真是战地宣传。

矿山党委办公室宣传队庆贺大爆破

当时我们这个洞竣工了、填满了，他们党委办公室宣传部就来庆贺，拿着旗送喜报，我们就在这山上扛。他们机关的都穿着棉袄呢，我们不能穿，我们就穿秋衣秋裤、雨衣雨裤、戴柳条帽。每次这样的大会战，都是三到五天。这个洞是常年打的，形成了以后才能进行这么大的爆破，那是最关键的几天。抬那个大筐，有石子还有沙子，得和水泥，他们管我叫老由，因为我胖，长得也不像人家那秀气的，我担任队长，在前头，他们搁后头这么压着抬，一天折两个扁担，肩膀肿得跟小碗一样，那也得干。我从矿里第一次回家，家里人都说："这样干就对了，新社会干活没有累死的。作为小孩你就得有眼力见，向师傅学，咱没有别的本事，就是实干，向人家学。"

后来，我就做了鞍钢矿山公司团委书记、党委常委、革委会副主任，兼齐大山铁矿的"革委会"主任了，下去锻炼嘛。我在齐大山待了一年多，没回过宿舍，全是在现场办公，因为我得管生产呐，我虽然没有那个学历，但这个角儿给我了，"革委会"主任、党委副书记，我就得干。我天天半夜搁调度室回来，上山，什么问题都得处理，自己这副担子压得很沉，而且正赶上那时候开党的十大，那不就讲吗，要团结，不要分裂，要取得最后的胜利，所以都在做足这个政策。后期"工业二十条"①下来了,"备战备荒为人民",那就在齐大山上现场,拼命地干、拼命地抓。齐大山的间断大爆破是我和书记俩指挥的,那是在1975年的10月份,是一次千吨的大爆破,也是东北最大的一次爆破,由我们几个人组织。当时我是二把手,一把手是齐大山铁矿的党委书记王魁仲,他后来担任了鞍山市总工会的副主席,我跟这位老同志学到了很多。当时矿山公司管矿山建设的副经理来视察,我们正在回填,给炸药封里头。封闭以后呢,炸药的导火索引出来就是统一大爆破。领导就要各个洞检查,我们得挨个洞先爬进去,山洞最长处距洞口有近100米,宽和高都只有1米,手电筒都是塑料的,不能有铁,爬进去以后先看看各个洞里炸药都装得怎么样了,出来以后合格了,马上命令用石头给它夯实,把洞口全封闭住,不能漏空气。堵完了以后再拉电闸、大爆破,这样才能松动山头。那次大爆破组织完以后,我的身体就不行了,透支太大,就被调到鞍钢团委做常务副书记。在齐大山那一段也是挺历练人的,所以到了鞍钢团委以后,我们就组织全鞍钢的青年突击队,礼拜六学习列宁的星期六义务劳动,在矿山就是干。小青年都把行李卷搬到现场,就是为了夺这个矿石。我是在毛主席逝世那个月怀的孕,1977年6月生的孩子,怀孕那年的年三十,也就是1977年的春节,我还在鞍钢的青年先锋炉干活,那时候怀孕也照样干活。

由秀华(左二)参加齐大山铁矿大爆破

---

① 1975年8月18日,国务院公布"工业二十条"。"工业二十条"是治理"文化大革命"经济战线之乱的重要文件,同时提出了发展工业等一系列重大方针政策问题。

三、树为典型,开展"讲用"

我记得我下到弓长岭的主体井下 220 米矿的头两天,当时虽然都是用簸箕装矿,但是大块的得搬,这一搬,沉,一下就掉下去了。我的指头肚被挤开了,手指盖掉了,师傅给我包扎好了,不让我干活,让我坐地上,但我还是想干,就还在坚持。因为矿井罐笼一下去就是一个班,你下去就得在井下待一天。等我们上来,穿的雨衣、雨裤全是湿的。大汗淋漓的时候,不管是冬天还是夏天,上来一看到阳光,即使是晚上,都觉得暖洋洋的。我们空压班 7 个人,就是用空气压缩机给底下送风。两个多月以后我就被树为典型了,当时就有"铁姑娘"这个名号了。那个时候遇到大会战,我和咱们空压班这几个人都下班后赶到了矿主井,连班献工。后来我风湿犯了,就瘸了,一瘸一拐脚都肿了,脚上都是疙瘩,领导发现了就不让我下井,让空压班的另一个同志看着我。但我还挺不甘心的,一看人家都热火朝天地干,咱不能去,我就把那个同志说服了,后来一同下井。井底下特阴冷,你在里面待的头一天两天,觉得很困很乏;到后期你干的时间长了,腿就发软了,人就感觉飘起来了。当时机关宣传部还有党委办公室的人也都跟着干,他们总能看到有一个人连班地那么干,都一个巷道里头。慢慢地,他们就知道了,他们就采访工人,工人们说:"她老来。"我就这么一点点干,就这么出名了。鞍山市劳动模范当时一共有 39 名,年轻人只有 2 个,我是 1972 年 7 月份被评上的,才 20 多岁。

由秀华(前排女)在弓长岭戴红花接受表彰

"讲用"就是让典型讲,完了你们用,叫"讲用",是专有词。第一次讲是在我们连,大会战以后每个月连队都有一个大会,就是"学大庆,做铁人,大打矿山之仗"总结大会。干得好的,领导就组织你上去讲,在连队的一个小会议室讲,讲完以后工人师傅也都挺赞许的,都挺认可你的工作。后来就在全鞍钢报告,可能讲了有二三十场吧。我那时候和王崇伦是一个组的,他带着我去"讲用",我俩隔辈,但我学到不少东西,那时候他们对我都非常好。出场一般都是老师傅先讲,我后讲,底下工人都鸦雀无声的,因为都不是理论上的东西,都是实际的东西,所以大家给的掌声也是相当大的。那个时候讲完,根本就不回宾馆,马上还得坐车回去连夜干活,因为脱离现场时间长了,工厂对你有想法,青年更是不服气。作为我来讲,我自己就得洁身自爱,就得叫工人每天能看到我。

青年节的时候,鞍山团市委召开先进青年大会,他不得要典型吗?鞍钢就逐级把我推上去,在鞍山市共青团和鞍钢开始"讲用"。我的稿子就是怎么干就怎么写的,写了起码得有 20 来页稿纸。稿子拿到市里,领导给我提一点修改建议,确保在顺序上、逻辑上,起码得符合要求。写完了以后,他们看这材料都是实实在在的,所以感觉到很真实,因为老看我在那会战,就知道我是矿上的"铁姑娘"。再后来还下去考核我、搞调查,一调查发现,有时候甚至半个月我都在现场干活。再就是跟班跟着你,看你是

由秀华在矿山工作现场扛凿岩机(新华社供图)

怎么干的,因为他有时候也不知道啊,像井下、巷道,他也不知道是啥,这些术语他也不明白,他得下去跟着看。那个新华社记者他都下去,不过那是我出名以后了,当时我正扛着凿岩机在山上,那个新华社记者非要上山,就给我叫到山上了。这凿岩机一个五六十来斤,他来,也穿着雨衣、雨裤下去,吓得够呛。如果真评上先进了,组织给发一套马恩列选集和一个奖状。我的马恩列选集和《毛泽东选集》老多了,精装的也有,散装的也有,市里发,鞍钢

发,矿山发,就给大伙分,自己读,反复学。那时候不讲物质刺激,不发毛巾、茶杯。

四、作为中朝友好代表团成员出访朝鲜

我是1971年3月份入厂的,1974年4月份到鞍钢矿山公司任团委书记,团委书记属于处级。我原来在连队当过一段党支部副书记,是副科级的,后来进了中青干部培训班,那时候是老中青"三结合",鼓励选拔青年人。我到矿山公司以后,正好赶上大打矿山之仗,那是1974年1月份,我和魏巍,也就是《谁是最可爱的人》的作者,我们这一行十几个人代表中国上朝鲜访问,代表团里有外交部、中联部的,一起组成中朝友好代表团。当时,辽宁就去了两个人,一个是副省长,一个是我,带队的是杨春甫[①],他是当时辽宁省的副省长。李先念副总理接见了咱们。我们先学习了半个月,就是从北京走之前先培训一下,外交文件啥的我们也都看了,学学都有些什么要求。虽然出国服装可以做,但那时候咱们都为国家和鞍钢着想,我都是在那领的旧的,因为别人出个国回来可以交衣服,交了我们就可以试,可以挑着穿,他们也没穿几天,我就带了两套。当时其实允许你全做,我就尽量少做,做一套,剩下的在那里挑了一套,回来一交就完事了。我当典型那么多年,一直上到机关以后,开会从来没领过补助费,没报销过,都是自己这点工资,一个是没有那个想法,再一个咱也不知道。等到我成家了,发现自己这点钱维持不了生活,才知道出差还能报销。每年的取暖费我也从来没领过,咱也不知道有,咱也没享受过,那个年代都整天工作,没人想那么细。

我们中朝友好代表团是坐飞机去的,从北京出发,到了平壤之后就住在总理曾住的宾馆。到那以后,我们一个人一个房间,规格挺高。他们的国家

[①] 杨春甫(1913—2011),河北任丘人,原名杨雨祥。1930年参加革命,曾任八路军挺进军军部秘书长、军分区政治部主任、野战军纵队副政委兼政治部主任、军政委、空军干部部长、空军常委等职。1952年被评为准兵团级。1954年转业后曾任第二机械工业部副部长和辽宁省委书记。中共八大代表,中共九大、十大中央委员。

主席金日成亲自接见我们,而且亲自召开宴会,演《卖花姑娘》的节目,他都陪着。那次给我感触最深的是什么？就觉得这两片国土上的人啊,朝鲜人民对中国人民的感情太深了。特别是魏巍在我们那组,朝鲜人一听《谁是最可爱的人》的作者来了,他们哭得落泪啊,我们下了飞机、下了火车以后,他们就跺脚喊解放军,就那么哭,他们对中国人的感情非常非常深。在朝鲜,我们访问了平壤、开城、板门店,还有金日成的家乡。每到一处,一听说有魏巍,那就一片欢呼声！魏巍在朝鲜人里的知名度非常高,因为他是战地记者,所以他们一看《谁是最可爱的人》的作者来了,马上就给我们接见到那去了。朝鲜人就说,"没有中国就没有我们朝鲜,我们的亲人来了",激动得热泪盈眶。魏巍后期又写了一本书叫《东方》①,这大概是 80 年代写的,那时候他 80 多岁了。我跟魏巍待了一个月,从他身上学到了不少东西。

这次出访让我特别感叹国际的友谊,尤其是中国在朝鲜战场上那种惨烈的战斗。那个时候不光看到了英雄儿女,更听到了很多实际的东西,到了朝鲜看到这些在战争当中留下来的东西,我很有感触。我们在朝鲜待了半个月,还在那过了新年。

五、 从女工委员到工会主席

我是 1982 年从鞍钢团委下来的,由女工委员干起。因为鞍山是老中青"三结合"的,那个时候突击提拔上来的青年干部陆续都得重新学习、重新任命。当时干部处找我谈话,我们团委都面临着或者是上大学或者是回基层的选择问题,他们让我挑。上大学就是在电大脱产学习,重新培养,那时候我的学历不够嘛。当时因为我爱人住院,孩子有病,我身体还不好,我就不能去上这个学。我如果就为了这个官儿去上学,我能那样做吗？我说我就选一个工厂。当时是计量厂、房产公司和配件厂,让我选。因为我想,我身

---

① 《东方》是当代作家魏巍所创作的一部长篇小说,1978 年 9 月由人民文学出版社出版。《东方》以中国人民志愿军的一个英雄团为中心,把前线和后方交错起来进行描绘,通过对朝鲜战场和中国农村阶级斗争的描写,展现了中朝两国人民进行的这场伟大的反侵略战争。

体不好，要是需要抢救，上铁东医院能方便些。我在生孩子时大出血，脑垂体没有了，累积的免疫力低下，内分泌失调，心脏不好，有时候犯病，瞅人时大着眼睛，都动弹不了。当时计量厂包括房产公司都是干部多，我一合计，我这样的人上那儿去不行，这个配件厂，后期改称异型钢管厂①，是一个老弱病残大队，全是鞍钢收下来的有病的工人。因为这些病残工人在一线有拖累、有影响，组织就把他们整成一个生产学习总队，我就到那了。当时我到他们厂子以后，人家说："那么大的干部、那么红的典型到这来，是犯什么错误了？"这一天他们就在窗户旁趴着看，像看动物似的，哎呀，趴满了人。我还正常出去，我合计丑媳妇也得见公婆呀，我想，以后咱们工作在一起了，大家会对我有了解的。后来，我们见面都打招呼，到后期工会选举，我的票数最高。

到那以后干女工委员，我一看，这个厂子老弱病残太多了，退休工人那么多，怎么办呢？作为工会应该尽点责任，工会是职工之家呀，不能让他们这些工伤户、这些鳏寡孤独的，生活一辈子没人管，我就成立了敬老尽责服务队。我先从女工开始做，后期做大了，各单位的工会主席、党支部书记、主任都参加了，就有吸引力了。因为这是做功德的事，我就说谁都有老那一天，作为企业的一员，他们奉献了一辈子，所以我就组织了敬老尽责服务小分队。异型钢管厂组织了十支分队，到星期六、星期天、过年过节，这些人都去服务，各个车间都去。其中有个退休老工人70多岁，没有老伴，奖状挂了一墙。他养活了一个养子，养子参军回来以后不认他了，他屋里没有暖气，被窝里把着尿罐子，那炉灰和炕沿一般高。后来我说："不行，机关得把他养老的事情都承担下来。"就这样，咱为他服务，一直伺候他到去世。后来这个老师傅能走了，感动得为大伙磨剪子、戗菜刀，干了好几天，最后工会主席团给他分了一间带"三气"②的房子，让他享受晚年。那时候我虽然生活困难，但是过年我跟我爱人从医院回来，拿点肉，剁完馅，包完饺子都给他拿过去，

---

① 异型钢管厂前身是鞍钢1964年10月成立的生产学习总队。1968年11月鞍钢技工学校机械备件加工车间并于该厂，更名为配件厂。随着生产规模扩大，1979年4月更名为金属制品厂，1985年2月改称异型钢管厂。
② "三气"指的是暖气、煤气、电器。

棉袄、棉裤也都组织女工给他做了。厂子要是发点劳保品、大衣、鞋子或者劳动服了,咱都舍不得穿,都随时给工人,都拿走,咱能穿咱就对付穿,所以那些东西也都没留。工人们都非常高兴,有个山上的老太太70多岁,采完樱桃用胳膊挎着,非得给工会的人吃不可,就是那样。在这个过程中,他们觉得工会是个家,特别是有一些鳏寡孤独的人。火葬场我总去,因为这个厂子死亡率非常高,鳏寡孤独的人他们退休了,谁能给他们送葬呀?只有工会,所以我是每天不落。你们知道,要是处理这样的事,后半夜没法睡觉,怕晚呐,天天起早,我常年就是去处理丧事,在那盯着。我合计只有我到那才能代表厂子,工人他觉得脸上有光,家属在厂子干活才有劲。你看我父辈死了,人家厂子里来人了,工人一辈子感谢,感谢的是厂子。

劳动竞赛、达产达标,这在我们那是轰轰烈烈的。因为我们政工干部都下去倒班,为了了解工人的积极性,为了了解他为什么达到不了产值,这时候我觉得主人翁的意识是主要的,工人只有热爱这个岗位,热爱这个企业,才能全身心地奉献。所以当时咱就是学大庆,成立小组,搞技术竞赛,老的带新的。在这个过程当中,我们将每个月的生产成本倒推,如果不亏损,就按照这个来生产,班组来工作,别干完了之后一算账再成了亏的。我按照先头的成本往下推,班产完成不了。工会下去摸完底以后,我就觉得工人的积极性提高了,比如有一个门,工人都去擦一把,这个门永远是漂亮的;工人如果不高兴,都去踹一脚,这个门两天就完了。所以我就说,只有发挥主人翁的精神才行,这是最简单的道理。后来我们又开始到班组工会,下去动员,工会都必须跟班组走,班组核算,谁要是完成了班产,当场就给竞赛奖励,这是工会提出的。你要是当月达产50%—60%,超一吨钢奖励5块;如果你再超产了,给你10块。类似于这样。工人一看,他这劲就特别足,把修复的这些东西全都用上,业余时间他就搞革新、搞检修了,等到生产一开展,全都上。当时生产科科长说:"咱现在班产都不到30%,达到不了班产率,你还能达到60%、70%?主席,你要是整到那程度,我就大头冲下走。"我说:"那行。"没用上三个月,班产率达到80%以上。后来我做了工会主席。

"孟泰仓库"一直是走到哪建到哪。在鞍钢最困难的时候,"孟泰仓库"

发挥了不可替代的作用。就举个简单的例子，我们厂前身是型材厂，我到这个厂子的时候，它是亏损的，班产率都达到不了30%，科级干部、一般干部全下去倒班。我一看长期这样下去不行，正好工会那时候搞"鞍钢宪法"，学孟泰，做主人。咱们就开始大讨论：亏损企业，我们应该承担什么？是坐着让国家养活，还是我们自己做出贡献，为国家献出力量？当时我们就发动工人把轧钢的轧辊、废旧的电机都修复了，甚至一个螺丝钉都要入库，一骨碌电线哪怕一寸咱都利用起来。这样每年都节约上千万元，所以对当时鞍钢的生产起了不可替代的作用。我们建起了十个"孟泰仓库"，那时候型材厂每个车间的库房里头，全是修复的这东西，满满当当的，都有家底，这就不是"零"了，这样成本也降下来了，连续几年的亏损也没有了。在这个事上，工会取得了成绩，鞍钢包括省里也给奖励，那时候我觉得心里挺甜，因为这是靠自己劳动做出来的。最重要的是，我觉得还是孟泰这一代人对我们的影响非常深远，这是说实在的。我不认识孟泰，但是知道孟泰在高炉上怎样"冒着敌人的炮火"，怎么能够在种高粱这样的地上炼出铁来，这是我们入厂时学的第一课。在鞍钢的"三大工程"那时候，像王崇伦他们成长起来的这一代年轻人，是非常钻研的。所以鞍钢那时候的革新小组、"三结合"小组，遍地都是。"鞍钢宪法"在我们那一代人身上那是根深蒂固的，"两参一改三结合"，没有"鞍钢宪法"，就没有鞍钢的今天。毛主席把"鞍钢宪法"作为全国工业战线的一个"法"来发表，这对中国工业的发展来说是一个创举。中国之所以能够从一穷二白走到现在这个状态，我觉得"鞍钢宪法"功不可没。鞍钢人能走到今天，经历了风风雨雨，在日本鬼子都说只能种高粱的地方，能够建立起来这么一个全国最大的钢厂，向全国不但输送钢材、人才，而且是整个地输送，我觉得这都是因为"鞍钢宪法"在这里发挥作用。

后来我在这个厂子重新工作，重新由副科级、科级和副处一点点地干起来了。我的思想就是，党教育我这么多年，尽职的东西凭什么扔了？我就是要爬起来，我就是这么想的，这也是鞍钢的作风。我们基层领导班子，礼拜六、礼拜天仍然出勤。我以前每天早上骑车上班，后来单位给个面包车，早上6点多钟出发，到90年代了，大伙才有班车。冬天，天不亮我就走了，7点就到办公室,换上劳动服,马上去轧钢现场,不了解现场的生产,不了解工人的心思,就没有资格当这个工会主席。

  我是2006年1月份退休的,干到55周岁。我已经当奶奶了,孙子明年上高中。我儿子是1977年出生的,后来他读师范,物理专业,也挺肯干,但是身体有点弱,我很担心。我爱人是我同事,我俩同岁,他是鞍钢青年标兵、建设社会主义积极分子。在我们俩的生活中呢,不论是当工人还是干部,我们从来没有吵过架。我家里指望不上我这个人,一直到退休,几乎年节我都是在现场度过的。我刚一出名,报纸、部队,还有各地的来信特别多。有的是要学习材料,有的想互相交流,也有在这方面要做朋友的,但这些信最后都不到我手里,我怕影响工作,就都交给组织了。我的个人问题一直也没处理,就是干活了。我觉得,一个人再怎么出名,职位再高,还是应该找一个志同道合的,能够了解你、支持你工作的人。另外,咱是工人出身,还是应该找一个普普通通的工人。我父母老说:"咱要找,别攀高,找一个门当户对、扎扎实实、老实巴交的,能跟你过一辈子的。"他是我们团支部的成员,也是在学高奎福、学我的过程当中成长起来的典型,所以那时候他也在。他父亲在他11岁的时候就去世了,他姊妹七个,他是老大,他母亲没有工作,是他的继父养活他们长大的。我是到他家家访的过程中才看到的,认识他以后才知道他家生活那么困难,家里七口人就一两床被子,没有褥子。当时他就是不太敢追求我,那时候我已经是连队的党支部副书记、十大党代表了。后来到鞍钢团委,反正机关工作的强度比起矿山还差一些吧,我们就结婚了。结婚的时候,我们住的是鞍钢给分的房子。当时我要的是一室的房子,但鞍钢给了一个两室的小套间,23平方米,那是1976年,我就要退回去。我说:"工人有的都还没分到房子,给我个双室我能要?我要个单室就行。"鞍钢公司领导说:"不行,由秀华,同志上你家谈个话,你爱人倒班,他还得跟着你啊?你将来生活受影响。不行,这个套间必须要。"所以我就住了一个套间,独门独户。

  我一个人兼党委副书记、工会主席、管理干部,干过好几样工作,一直到退休那年都没歇过节假日,年三十晚上几乎都是在班上,但是也感到很充实。鞍钢毕竟是老国企,对我来讲,我一辈子深爱着这个地方。

胡英杰　胡广海
祖孙三代矿山情

亲 历 者：胡英杰　胡广海
访 谈 人：吴愈晓
访谈助理：刘凤文竹
访谈时间：2020年10月24日上午9:00—11:30
访谈地点：鞍钢党校
访谈整理：刘凤文竹
文本表述：胡英杰（宋体）　胡广海（楷体）

亲历者简介：胡英杰，1945年生于辽宁辽阳，1967年毕业于鞍钢矿校，后被分到大孤山铁矿采矿车间，1973年被提拔为电铲班班长，2000年退休。在其带领下，其班组多次被评为先进班组，本人也多次被评为先进工作者。胡广海，胡英杰之子，1972年生于辽宁鞍山，1991年毕业后被分配至大孤山铁矿采运车间工作，后从采运车间调到大矿山生产调度科工作，2009年调汽运车间任副主任，后重回调度科任副科长。

胡英杰（左一）、胡广海（左二）接受访谈

一、"我是大山矿的第二代矿工"：
在童年岁月里回忆父辈的开拓

我今年 76 岁了，1945 年生人，辽宁辽阳人，可以说是大山矿的第二代矿工。我的老父亲胡东汉现在已经 105 岁了，是解放前入党的老党员。他 1950 年 2 月上的鞍钢，当时是响应建设鞍钢的号召到鞍钢来的，是第一代大孤山铁矿的矿工。那时候在矿上，他干的活主要就是背矿，他的劳作服就是挂在胸前的那么一块围裙，就是一个小麻袋片。当时他得捧矿石，把矿石往车上装，用锹和簸箕，戴一副很破的缝制手套，穿一双胶皮鞋，围裙破得是补了又补，手套缝了又缝，到了不能补的时候，就用手装，用手拿筐往上端。当时工人条件和我那时候比，都艰苦得多，哪像现在说一年给发两套劳作服，那时候一个围裙得用半年，不存在什么劳动保障，就发那个东西(如劳作服类)。我父亲由于工作出色，被安排到大车班、装运班当班长，当时大孤山铁矿没有电厂，也没有电机车，吃的是苞米面、窝窝头和高粱谷。我父亲入厂的时候，住的是什么房子呢？住的是筒子房，伪满时期留下的筒子房，那一张南北大炕，能住 20 多人，屋里既是休息室又是睡觉的地方，也是伙房。那时候讲艰苦奋斗，不讲吃，不讲住，不讲条件。1953 年由于组织需要，领导派我父亲到东北工人政治大学学习了两年，一九五几年回来就成为干部了，当科长啥的，1979 年退休。父亲现在 105 岁，是相当高龄的，在鞍山肯定不是第一，但是在咱们这矿区肯定是第一，鞍钢市包括辽阳、海城、岫岩一共 170 多个百岁以上的老人，全国就更多了，现在近百万了。

二、"别玩虚的"：从普通工人到生产科科长

我是 1967 年在鞍钢矿校毕业的，属于提前毕业，正常应该 1968 年毕业，那时候都不愿意学习了，就要求毕业参加工作。鞍钢矿校原先叫技校，半工半读，当时是刘少奇提出的专业学校，就是中专，后来简称就叫鞍钢矿校。

创办这个学校的目的是啥呢？一边读书一边到厂劳动，学生不仅能学习，还能把学费挣出来，既学习了又有收获，这个半工半读学校出来之后，它的毕业生是干部。那时候初中毕业才能进矿校，我初中毕业以后又念了两年高中，但是我父亲当时有病，做了大手术，在医院住院，所以我耽误了半个多月的时间，再学英语、数学就有点吃力，后来正好赶上这招生，我就考这个学校去了。那个时候我们鞍钢子弟入学就是正常考试进的，但也受到照顾。

我爸爸那边一共是姊妹五个，他们这代人，四个人都在矿山，二叔也在大矿，老叔在大选厂，老五在钻具厂，然后大姑上南方上麻山，支援麻钢。那时候，应该也是农村户口不让考，包括我们那时候考技校，如果你要是农村户口，那都不让考，必须得是城市户口。你要是鞍钢子弟随父母就都是工业户，那时候还分工业户、农业户。我爸那会可能所有的都能考，我们那时候就不好使了，我也是上的我爸那个学校，后来也考的那个学校。

那时候很乱，到处搞"文革"，也不学习，就搞运动，但是咱这学校比较稳定，不上外头去打，串连倒是串连了，像我参加毛主席第九次接见，到北京去天安门广场。刚开始定的是毛主席在天安门接见，我是到天安门的代表，在天安门下边，那不是有看台嘛，到那去。但是第二天就改了，毛主席坐敞篷车接见，就没到天安门。我毕业以后，1967年7月进的厂，进来之后就在矿山当电铲车司机。其实我学的是矿山机械，但咱们改行，就当电铲车司机了。咱们刚进来时工资就一个月34块钱，刚开始下来就是一级工，那个时候30多块钱就不错了，还有保健费、夜班费，上一天班是1毛5分的保健费、3毛5分的夜班费。那时候在矿里头，先进生产者和优秀共产党员，我都评上过，咱们那时候也是工作认真、任劳任怨的，年年都是矿里先进。"文革"那段时间，矿上几乎停产了，一天拉几趟车、几趟矿石，只是象征性的就完事了，工作都不好好干，都是脱产搞革命。有时候还得上鞍钢，到市里头参加游行，老得学习毛主席语录，上学习班，支部活动就是上党课、讲党课。那段时间整个社会经营都停滞不前。从全国来讲，不光咱们鞍钢的矿山，全国很多厂矿都是半停产状态,但工资照发。

当工人也好,当班长也好,我都任劳任怨。有一次处理拒爆,那是1975年,拒爆就是整个爆破,这个孔眼起爆弹没响,没响就叫拒爆,你随时随地碰上它都有再爆炸的可能,所以不处理的话随时都有生命危险。我当时申请处理这个拒爆,一个电铲车专门去到那个位置,来车就装,不来车就在那抠一抠、这抠一抠,争取把这拒爆处理了。当时想到了这个事情的危险,但是这个玩意必须得处理,谁去处理?不怕死的去处理。按照党的标准,党的领导总是吃苦在前,享受在后。我父亲教导咱们,"你入厂以后一定要靠近组织,听党的话",因为我父亲是党员,也是老科长。我是1977年当的班长,上班头十年当班长,我入厂后就写了入党申请书。因为我父亲管得严,"你得好好工作,你得要求进步,靠近组织,争取早点入党",所以我一入厂就写了申请书。我在农村出生,知道农村生活的艰苦,自己能进城读高中、中专,那心里非常高兴。1976年12月31日,我才如愿以偿加入中国共产党,因为我岳父那时候是"反革命",他是伪满时期的铁路警察,我这政治上就受影响,有污点,谁能让我入党?我一直等了十年,粉碎"四人帮"以后才入的党。我老伴考师范那时候,基本就不要她,但是她学习挺好,就考上了。

那时候我妈成分不好,入党费劲,而且如果你成分不好的话,考学都不让,那阵考学都差点没让上。我妈考上师范是因为当时就俩人岁数够,一个是她,另一个是我滕姨。那时候我姥爷接受改造,什么脏活、累活都得干。我小时候跟他推过大粪车,把那大粪车往回弄。还好,我妈她考学没有太受到这个成分的影响。

那时候是经过别人一介绍,说"咱俩还是同学呢",就认识了。当时我是那么合计的,有成分论,但咱不唯成分论,重在表现,我是无产阶级的子弟,我可以改造她,让她早点接受工农再教育,让她思想能够进步,我抱着这个思想。结果受到了点牵连,一直不让我入党,等"文化大革命"结束以后,她入党了,也当校长了,我也入党了。她虽然历史有问题,但人家也可以要求进步，也可以入党。大概"文革"结束之后，在新的政策下，咱才能入党，要不然的话入党还是困难。从此，我就更加严格要求自己了，1986年8月，我升为采矿车间生产主任调度长、科长。老伴儿师范毕业以后，就在大孤山农村当老师。

我们那个矿山，都在鞍钢的周边，属于农村地区。整个鞍钢是一个中心，周边有八个矿，大矿是最老的，大矿、眼矿、洞矿、齐矿，中间是圆心。现在这个大孤山矿已经有百年历史了，原来是这么一个山，旁边都没有山，就它自己，所以叫孤山。现在往小孤山扩，旁边还有一个，沿着矿脉走，叫扩钢，小孤山扩钢，是开岩，把岩山砍掉。当时日本人为什么发现鞍山周边有大矿山？它指南针偏指，不指南、不指北了，他们说这地方肯定有矿。他们就发现老百姓拿这个矿石，刚开始他说他买，做贸易，实际上，他要拿回去炼铁。日本人就说这铁矿资源也太丰富了，日本啥也没有，后来就开抢，开始掠夺性开采，让军队进驻了。弓长岭后边有一个万人坑，矿工天天在那扒矿，人工挖，有的都死在里边了。日本人拿个背篓，像背煤一样，下去就把劳役往回背，拿出来就扔坑里，弄了一万多人。那阵很苦、很累，解放后矿工当家做主了，真的就是挺感动。

我刚进去时是一级工，那时候升到四级，前十年都没涨工资，从1967年到1977年，一直都是一个月30多块钱，没办法，"文革"时期嘛。后来就不论八级还是几级了，就论岗位工资，1977年以后才涨工资，这回涨到42块零5分，涨6块钱，那就不错了。像我后来被提生产主任、科长什么的，就是行政工资了，我那时候最多是600多块钱一个月。

很多工作都是本职工作，在我看来都是应该做的，所以说要工作，我就是抱着这么个观点：干活上山了，就要勤勤恳恳，任劳任怨地干，把自己的工作做好。那时候我当司机长，48号电铲司机长，那个苏联电铲非常脏，我寻思：为什么把我调过来了？这个电铲里到处漏油，不好维护。等我去了以后，带领三个班把电铲死角都抠出去了，原先积攒的那个东西你要是抠出去了,以后淌点油,用抹布擦一擦,这不就好了吗？后来48号电铲就由落后变成先进。这不是靠我一个人,而是我带领咱们这个机组八个人在那边,就是靠实干精神,别玩虚的。靠实干精神,领导会看到你,因为实干,就给你工作机会,你要是不实干,你调皮捣蛋,人家一看,这家伙华而不实,那样即使提你当干部,上来以后你工作也做不好,所以想让领导欣赏你还是得实干。

胡英杰在矿山现场工作

再一个就是"280","280"是美国进口的大件,高23米。当时,作为班长来讲得带头上,到23米平台上往下一看,这大架子就像要晃、要倒一样。但是作为班长就得冲在前,所以,我就到上面去往下顺绳,换大绳。艰苦的地方就要冲在前,你不身先士卒,一个班的人跟你干活,让谁上？就得自己带头上。所以,就靠自己实干,领导看到了,最后把我提到了生产主任。那时候工人干好就可以当干部,不讲文凭。

那时候还是因为你干到这个位置了,你从工人干到班长,班长干到大班长,往上一步一步的,工人可以当干部,不像现在。当时提到,工人参加管理,干部参加劳动,改革不合理的规章制度。工人有什么事真往上提,有什么不合理的事真找你。找你,如果你解决不了,真还往上找。确实是这样,一直也是这样,你是我的顶头上司,你是我的主任,我就找你,工人遇到不合理的事就找你,如果不好使,那我找矿里,矿长不好使,那我找公司、经理。

每年还有职代会,职代会就是组织各个车间开会以后,把大家对矿工的要求和不合理的地方说出来。

咱们干群关系还挺融洽的。

干群关系一直都非常非常融洽,包括咱们现在都是,咱们要是不带头干这些事,工人能不能干？能干,但是咱们把这个利益摆清楚之后,工人更能干了,因为咱也得参与进去。我就举这个例子,一个活你要是不参与进去的话,工人也能干,但你管理到位的情况下,也就是你利益分配到位的情况下,工人肯定干。从管理这方面来讲,管理是管理什么？就是利益分配,你多干活就多拿钱,你这个要是弄好了,工人肯定使劲干,指定这样。现在干活咱也去干,像我爸那代人也是那样,咱这代人也是这样,现场有点什么活了,咱只要能伸手能干的,只要需要咱去干的,咱全干,而且咱还得在他们前面干。工人一看你都这么干了,他也真干。

但是首先一个条件是什么呢？比如说,你在这个集体当中,把这个利益分配到位了,干得好就多拿钱,干得稍微差点就少拿钱。工人提干在那个年代真不少,不像现在都得是大学本科的,那时候干部就是学校毕业的大学生,比例差不多占一半吧。但是具体讲,这个比例要比工人被提干的多一点,工人被提干能占到30%—40%吧。工人虽然被提干了,可是他这个管理方面的知识和能力没有那么高,对生产没有那么熟悉,没什么太大的影响。

一个国家、一个活动或者一个运动什么的,需要那些经验丰富的人。你看这些老革命,包括毛泽东、刘少奇这些人,那都是学门出来的,都是上过这个大学、那个大学的,所以知识还是重要。

但又一个问题是,从基层上来的工人,组织让你领导这个地方,你都是驾轻就熟的,因为你自己干过这活,所以说你安排生产、安排什么都能够按部就班。要是从学门下来的,你要想让他做这工作,有些人真的缺乏实际工作方面的经验。咱是搞采矿的,要是真正从一线提上来的,他对现场比较熟悉,出现这种情况你怎么处理,出现那种情况你怎么处理,咱们心里就有数。要是从学门下来的,让他当主任、抓生产,一个是他有时候跟工人不那么融洽,另外一个是他对有些具体工作真不了解,容易出现一些瞎指挥的现象。得有一些实践经验,他才会自然而然地熟悉起来。至于这个文化知识,那个时候还是很重要的。应该说,有文化还是有好处的,有文化你再积累一些实践经验,那就更好了。但是矿上有些"大熟练",没有文化也能干,咱们有的地方那就是没有文化也能干的,像现在开机车、开发动机,那个就叫"大熟练"。

现在这个设备跟以前不一样,现在要求你不光要干,还得自己会修,这样能提高你的效率。就比如说,我的车坏了,或者父亲说哪个电闸坏了,我自己要能修就修。你怎么能修？你得判断这个故障,但如果你不明白这个东西,就根本修不了,所以你还得学东西。包括我爸爸那边,也有电铲专业知识那些书,他也得看,他也得收拾那个设备。

没上过学的人在矿上干活的也多,当工人没有文化的太多了,像咱们1956年、1958年来鞍钢的,尤其是1956年的,那就是从农村招上来的,招上来以后有的就会装车,有的时候哪坏了就撂下找电气、找机械来修。你看咱们从学校毕业以后,已经有点这方面的知识了,不行再学一学,说哪有故障,再找一找,要擅长摸索,到时候出现这个问题到哪去找,还是有点知识好。你刚才讲到从工人中提干,那么那些没有学历、没有文凭、没有什么文化知识的人当然很难了,还有组织能力,也要有文化知识做基础对吧,这是很重要的。

咱这代人也是,咱上班了,就没考大学,虽然大学梦没圆,但有一种情结,所以上班的时候考了夜大,咱也得学,不学不好使。像今天这个时候正在进行成人高考,我媳妇监考去了。那时候,咱参加高考之后上了鞍钢钢铁学院,每天晚上6点下班,咱们到那个学校学到8点再回家,学两小时,一周学习四天。那也是成人高考,当时考学的时候说机械系好,那咱学机械,我学的专业叫冶金机械。不学不好使,虽然你不学也不可能给你往后安排,但最起码有这个学历了,才能给你变岗机会。企业无时无刻不贯彻这种理念,你得学习,不能不学习,就算你到了一定程度了你也得学,就是说即使你能应付这些事了,但是你也得往上学。

三、"现在环境改多了":三代矿山工人发展的切身对比

我算"矿三代",也是名矿工。我1972年出生,1991年矿山技校毕业,被分配到大矿采运车间工作,后来被调到大矿山生产调度科,2009年又被调到汽运车间,当生产副主任,现在又回到调度科主要是到矿上做一些组织生产的工作。现在的工作联系都用手机,采矿用GPS定位系统,跟以前比,现在是精准化、数字化工作。

我有过这么一个事,当时需要外线爬杆处理断线,那时候我当班长,有什么事怕影响工人生产,就到那帮着他们干。他在那顶上戴着脚扣子,爬支线杆都用铁脚扣子,但铁脚扣子掉下来了,落在我耳朵边上,给我吓一跳,这要打脑袋上那就危险了,起码得重伤,也有可能牺牲。正常电厂装车那是12米长,上面有大块,有时候不注意大块会下来,轱辘下来就能给司机室砸了,大块倒在司机室这边。那时候都是生火炉子,就烧死了一个人,一个司机被烧死了。还有我记得我有一回也是,前面也下了石头,滚下来以后,把休息室这底打掉了,从司机那落下去了,就在大块边上,大块再滚个个儿,就给司机砸死了。后来,我又遇到过两回,那都是我当班长的时候,底下司机出现这种情况,大块落石轱辘下来了,把司机室砸了,砸变形了,司机的腿被挤到里面了,当时我借的锯,拉断木头板子,才把他的腿拽出来,都吓得够呛。去

报告时,我爬到运转室打电话,吓得都不会走了,挺危险的。还有一次是1974年地震,我上班顺着铁道往出走,原先就在铁道上走,那次是下坡,刚一下坡往上走,一个车头嗖一下在我边上过去。他也没看到我,我也没看到车头,等我下来了,车在我后面过去了,头发吓得都立起来了。咱在山上干活,都经过九死一生的这种场面,很多人都遇到这样的工伤,甚至也有牺牲的。这个矿,包括鞍钢,对他们得补偿,还有他们的家属,得受到照顾,包括我父亲那个时代,更苦啊。

现在环境改多了,危险程度没那么高了。

现在都用对讲机,上下山都车接车送。咱那个时候是啥样啊?咱那时候得爬,12米一阶一阶的,这么高像上楼梯这样的,能有15道岗子,600多张梯,就这么个玩意儿,两边需要斜着,人往上上,咱那时候真艰苦。我那时候当调度长,干活就靠大喇叭喊,"你那边怎么回事""你那车赶快走"。现在人家是GPS定位,你这个车在哪、走还是没走,一目了然了,科技进步了,矿山发达了。我们这个家的家风,可以说是传承下来了,儿子没有辜负我们的希望,读的鞍山钢院机械专业,也入党了,1999年正式加入的。

我们这个大孤山铁矿汽运车间负责啥呢?矿山开采首先得爆破,爆破完是采矿,采矿完事是汽车运输,拉到厢运车间皮带上,皮带运输到破碎机那破碎,破碎后再粗破、细破、筛分、球模,选出金矿粉卖给鞍钢。咱这是汽运车间、运输车间,能运的车一般自重是75吨,载重一车矿石78吨,必须规模生产,拉一车矿石到井口,破碎机破,一年400多万吨矿石。因为鞍钢有自己的矿山,所以说鞍钢这几年的效益很大程度上是矿山给创造的,矿产那边营利。你看钢铁价钱虽然不高,但是矿石价钱挺高。咱从去年开始,矿物质对外有那个经销,这样就创造一些效益,所以说这几年效益还挺好。鞍钢现在也是在不断改革,响应国家环保这方面的改革,往环保这方面使劲,往智能这方面使劲。去年,鞍钢把宝钢那个经理给调过来了,他带来一些新鲜的思维，我还挺服你们南方人，南方人的思维比咱超前，现在东北很多私营企业、国企的做法，都是跟你们那边学来的，我感觉是。

我大姑就在马钢，后来他的子女到深圳，他们就都搬深圳去住了，马钢也有房子，深圳也有房子，但是马钢的房子基本不回去了，就住深圳那边。那地方消费比咱们大，这边1万块钱一平方米可以买别墅了，深圳那边都得10多万块钱一平方米，房地产永远是看位置。其实我刚上班的时候也有情结，就是不想在鞍钢待着，想去其他更好的地方。每个年轻人都有这种情结，但是一旦成家立业，这个就放掉了，必须把这块维护好，把本职工作干好，有收入，回来养家。成家立业了你必须这样，所以有的时候没成家不知道这个事。

那时候刚改革开放，也有想出来闯一闯这种感觉，因为年轻，总有一种自己想干一番事业的那种情结，但是成家立业之后就不行了。

这个企业当中得有一个掌舵的人，把这个方向领对了，国家也是。你像原来习近平讲了，中国梦，对不对？他把这个东西弄出来了，大伙奔这方面使劲，企业也是，企业有10年规划、15年规划、20年规划，以及往后干什么，有这个规划。你以为没有这样的企业、没有这样的人替你想，你把你本职工作干好了，你就能从中获益、就能生存？所以说有的时候，咱东北人想得不够多，但是咱的上层有时候想得挺多，包括有一些公司经理讲的，有的时候压力都大到什么程度？就靠运动来释放压力，完事才能休息，要不然休息不了。我听说咱们矿山公司那个丛经理，压力就挺大。以前矿山公司上国外买矿山，买完卡拉铁矿不盈利，矿石价格不高的时候不盈利，而且国外那个时候人工成本比较高，他压力就很大。现在还可以，矿石价格上来了，关键人家能维持平衡，或者能有收获。另外，国内钢铁企业，咱矿山矿石价格不掉，这个资源必定有限。所以说，他们的压力比咱大。国家为什么把宝钢的经理调到咱们这来，也是想把一些新鲜东西带到鞍钢来，把鞍钢扭转一下，咱们老国企这个思维，怎么能创新？怎么能经营得更有效率？怎么能让企业发展？咱们企业压力也挺大，比如这个矿山，大矿或者中矿，或者那个厂子，如果不盈利就得关闭，这就涉及生存，所以企业压力也挺大。咱们作为企业的员工，就得合计，咱们真得像以前的工人，发扬以前那种精神，还得苦干，还得巧干，还得节约，全都考虑。

现在跟我一起玩的都是矿上那些同事，好相处。

我父亲他们这辈，他们退休之后，一个礼拜比咱们聚得都多，得聚两回。人要是没有这种关系，没有沟通、没有交流就傻了，就脱离社会了。上班的时候，咱跟工人接触，跟在一起工作的同事接触，比跟媳妇接触得可能都要多，交流都要多。

我们这些老同事处出来感情了，谁家有什么事都是给个信儿就到，孩子结婚了、办满月了，都到场。你看咱们退休这么长时间，我那老同志有什么事告诉我，我都去，有时候没告诉我，我就自己找到，老同志之间都有这个感情。

这种情结咱们现在也是，同事之间的关系，这种友谊比隔阂要大。有的同龄人有可能有竞争，比如你想干这个，我可能也想干这个，但是实际上都是在互相帮助。

大孤山铁矿养了我们三代矿工，我们一家三代也见证了大矿的变化。大孤山铁矿是我们祖孙三代共同生活和工作的地方，它对于我们来说，有很多很美的回忆。我在大矿工作了30多年，对大矿的一草一木都有着难以割舍的情感。有时候进厂，到各车间去看一看，印象最深的就是矿区厂的变化，花园式的车间、花园式的矿山，跟我们老一代矿山的环境相比，真有天壤之别。当时我们不吃食堂，假如上班了，咱就自己带饭，也就是高粱米饭、白菜汤、萝卜汤，不像现在，上班了一天吃几个菜。食堂现在不免费，鞍钢给补助一部分，然后自己拿一部分。

职工吃饭基本不用掏钱，鞍钢每人每个月给补助，原来是126元，现在经过职代会提案，说餐价太高了，每人每天补助10块钱，就是每个月补助220块钱。大家早饭、晚饭在那吃，基本上就差不了多少了，有时候要吃好点，可能得补点。菜色每天不一样，这几个食堂鱼、肉、应季蔬菜、蛋什么的都有。

现在市场经济基本上就是搞活了，原先是计划经济，就是说什么事都得上边统一安排计划。现在搞活了以后，你有多大能力就发挥多大能力，你可以自己创造产品，你可以出售，那不就更好了？能够增加效益、增加咱们的工资，各方面就都能好一点。咱们刚开始那时候，入厂挣那些是有限的。但搞市场经济以后，发的奖金也多了，说不上什么时候给你点钱，计划经济那时候不发，后来改革，所以开始发奖金，就多劳多得。我父亲是科长，我也是科长，我儿子现在也是科长级别。

我是副科。如果面临着像刚才我父亲讲的那个事情，咱这代人可能也这样选择，因为什么？咱这可能科学地选择，比如说起爆弹怎么引爆，怎么能自然引爆。当然可能那时候跟现在还不一样，最后完成任务了，也是九死一生。这里面要是出现爆破再爆炸了，那就可能失去生命，因为它正冲着你来，工人前面就是玻璃，玻璃外面是焊接上的钢筋，咱们工人趴在窗户里面，从前面看那钢筋就像窗户栏杆似的焊在上面。所以你就抱着什么信念？这个工作必须得做，要求党员去做，即使我不是党员，我是积极分子，我也报名参加，就这么个事。

咱单位原来的厕所特别埋汰，以前大伙儿都不去那上厕所，就几个人去。有的时候，垃圾扔到厕所门口都没人去捡，老是这几个人去捡。后来大伙儿就抢着干这活，这个活我是第一个去做的，但发起人不是我，而是我的一把手。不过我第一个做这事，我顺手给你收拾得立整的，要是谁去造埋汰了,我就找你。我说:"怎么的,我得给你扫厕所,对不对?"这样大伙儿就都去做了,最后结果就是大伙儿都培养了不乱扔垃圾的习惯,正能量的人还是受尊重的。

包括咱们上班那时候,工人可以当干部,后期才改,现在都得是大学本科的。现在鞍钢这个待遇,职工差别拉得也不是太大,因为工人的定岗定级也行,特别还有绩效这一块。各级劳动生产力跟干活的多少有关,给你绩效加减,可能补充你一些,但是你要说全靠绩效工资,那肯定是干部比工人多,那肯定的。像咱们每个月六七千块钱,工人就四五千块钱,就这水平,就差一两千块钱,一级比一级多,正科比副科多四五百块钱,副科比工人多四五百块钱,这不就差出1000多块钱,就这样。年终奖金绩效这块,没有太多差距,绩效工资都统一考虑,比如说矿产效益好的话,哪个单位效益好,每个工人平均都给嘉奖。

现在到节假日,过年、中秋那种节日,公司都发东西、发钱,发东西的情况基本比较少。但是比如说,我这个单位今年盈利10万块钱,我在年底之前把这10万块钱必须每个工人都分匀,现在是这种性质。不是说我每个干部多分,咱们这几个小集体就把这都分了,那不可能。岗位工资就已经给拉开差距了:你是一线的工人,岗位工资定得就高;你是在家看澡堂的工人,挣的钱就少。这一定,就把档次拉开了。

爷爷胡东汉(中)、爸爸胡英杰(左)、儿子胡广海(右)三代矿工合影

四、"不解的情缘":矿山儿女的幸福生活

现在家里在咱们鞍山能聚起来的,一共有 20 多号人。我父亲和我二弟在一起,我父亲姊妹几个也都在,老叔在大院厂。我老叔有一个专利技术,咱工厂里头有一个皮带运输,就是矿石、矿滚皮带运输。他的专利是什么?就是托辊。这个原来是铁托辊,老坏,一个是坏得厉害,一个是撑不住,他就在托辊铁上挂了一层胶,胶辊,这样摩擦力大。我老叔是国家劳模,他也是从工人干上去的,转干了,那时候就是只要干得好,实干,就能提上去。

我认为他选择得挺好,我们祖孙三代矿山情,都对矿山有一个眷恋,我父亲是矿产老工人,属于第一代矿工,我是第二代矿工,我儿子是第三代矿工。从小我父亲教育我,我再教育我儿子,每次他们都像我父亲那样,就会问矿石现在生产业务完没完成,都关心这事。我是 2000 年退的休,退休以后就发挥余热,当上了退休职工片长,退休前是科级。

当时我爸他是 55 岁退休,按重劳退休。

我们这有重劳,开电铲车有重劳,但我不是按科级退休的,按科级就得 60 岁退休了。2000 年那时候国企改革、减员增效,到 55 岁也有重劳的,要求退休,我一看还有年轻的,咱就退了,给年轻人倒位置。我们矿山里那叫居家,就是人员多了,居家的可能就比正常上班工资少一点,那不叫下岗,叫居家,趁还有个两三年退休,居家养老,尤其岁数大的公休干部都那样。我退休工资是一个月 983 元,矿产公司咱们组织部部长说:"副科长,你现在在矿山公司挣的退休工资是最高的了,983 元。"我现在能拿到 3000 元,连取暖费什么都算上,3750 元。那年代退休,干部和职工都一个工资。现在像我这个级别退休的,一个月都六七千元。我弟弟他也是矿山的,他退休工资是 7000 多元,7500 元,他退得晚,还有一个全国劳模称号。

退休以后,我出去到阜新二矿,在二矿干了不到一年,九个多月。阜新二矿是国企,倒闭以后就卖给一个私人老板了。我到他们那干了九个多月,后来一看效益不怎么好,就觉得不好意思,就好像吃闲饭似的,卖不出去东西,还得拿着钱,我说我不干了,就回来了。我现在还打乒乓球,自己做饭。

我都打不过他。

我打乒乓球,实力是鞍钢第六。学这玩意你就得研究它,刚开始我打球老持球,你用长角度持球,我改长角,改长角的那时候少。所以来鞍钢比赛时,谁一看到我打球,就不打了,弃权了。我打败过鞍钢那个第一名的,他是原先的冠军,跟我打,让我给淘汰了,然后进第六,他就说杀出了一匹黑马。咱们对面就是老年宫,是咱们鞍钢的,我一天在那两三个小时。这第一个老年宫,就是咱大二矿老年宫,一些老的模范退休以后就到这个老年宫里活动,继续发挥余热,建立这么几个小场子,那里有乒乓球室、象棋室、麻将室、台球室,建这么一个地方挺好。很多人中午吃饭就在那,十多块钱就吃顿饭,但我在家里吃,我这离家近,自己做。咱们朋友,有时候一个礼拜打几回麻将,打麻将之后就在那吃了。我平时也喝酒,在家也喝,早上也喝,但是不喝多,一顿一两多酒,这孩子老供我酒,他就怕我买假酒,他就一个月送几桶酒。

我买的酒都是大家伙一起出钱做的,就是几个人在一起做一个酒,有十多块钱一斤的,出多了就九块多钱,出少了就十多块钱,就这样。我自己不怎么喝,像我爷和我父亲还喝点酒,我爷现在105岁还喝呢,他可能是鞍山大矿山那片年龄最大的人,属于年纪最大的老矿工了,他就是每天三顿,一天三两。

我们退休生活过得有滋有味的,那旅游啥的,我从退休之后出去四五回了,张家界、港澳台,还有一个什么地方,就北边有一个河北避暑山庄——承德,都去过。

周边咱也老去。

我们是自己组团的,鞍钢退休职工给七天假,七天的活动、洗澡,大伙娱乐。退休的一年组织一批,今年你去,明年他去。

以前是大伙一起去,吃一顿饭、喝一个大酒完事儿,现在是怎么的?我给你发一个200块钱的票,你愿意什么时候洗澡什么时候洗澡,愿意什么时候吃饭什么时候吃饭,自己就可以那样。就不是召集大家一起活动,那样你就是突然吃一回,饭菜质量也不好,玩也不一定能玩好。现在这样就随便了,鞍钢是这样安排的。

我家老人帮着我们带孩子,其实都是我爸我妈一手带,我跟我姐的孩子都是这么给带大的。那个时候他们退休了,就帮忙带孩子,送上学、上补习班。我26岁结婚,27岁要孩子,女儿今年23岁了,她今年大学毕业,学的是城市测量技术,然而她自己不爱干这行,女孩嘛,她就干瑜伽教练呢。现在鞍钢很多大学生什么的也来,因为鞍钢的门槛很高,现在没有照顾子弟这个说法了。我父亲那一代人有,叫"以老换少",就是子女接班。

我老弟就是"以老换少"进来的,1975年我父亲退休换的我老弟,父亲是最后一批了,以后就不让"以老换少"了。我老弟1976年上班,1976年以后就没有"以老换少"了,极少数是农村的给"换少"。我父亲那时候正在出差呢,这边问他"你换不换,换的话马上回来",我父亲就换了我老弟回来。印象中,"以老换少"这个政策可能是1950年建厂前就有,这个我叫不准,主要这个刺激延续了挺长时间。

退休以后还干的人很少,大部分人就是养老。南方人那是讲究发展,还在外边干点什么玩意。咱们鞍山这个地区,就南方人在这挣钱,甚至收破烂的大部分都是南方人,人家能吃苦,像掌鞋的什么的,家里有钱自己还出来再挣钱。

住在这边的人,家里都有钱,自己也再做点买卖。比如说这个楼盘,整个装修人家就敢包,一上去就有十来个人,有机会人家就干,南方人真是能吃苦。而且,他们做得规模挺大,他能把你这几个人的资源聚集在一起。打个比方,咱们这月平均工资5000块钱,可能他们一个人能拿出10万20万元的,然后他们出来做这个生意。咱们东北这边差,咱们这边很多人不愿意吃苦,就觉得有份工作,日子过得安稳就好,这是一方面。

自己弄一个私矿做矿主?哪有那个实力,退休就在家享受,你还有几个70岁呢,对不对?还有个一二十年土就没过脖了,上外头劳累奔波干什么玩意?光有经验不行,还得有技术,咱们技术不行,主要就是有实际工作经验。

这种经验你必须得有,这就需要你有学问,采矿你必须得把采矿工艺,包括现场环境怎么循环弄明白。矿山这个地方,你开得好开十年,不好开五年,那你说你没有技术好使吗?鞍钢的干部或者职工,就是他自己出来开私矿的也有,那谁不就是,在南边,自己在外面开一个,人家自己有人脉,有可能有资源。

我退休就是在家打乒乓球玩,还有几个同事一起走一走,再就是娱乐娱乐,打个小麻将。我常去儿子那吃饭,他老找我吃饭,过年、过节、过生日都吃饭。平常也是有时候没有什么事了,俩人领我上哪走一圈,回来吃点饭。反正我是省心,儿女都孝顺,前几天他们一起陪我父亲过的生日。我女儿在鞍山市中心医院工作。

她那时候比我学习好,人家初中就考的卫校。鞍钢有医院,原来矿山都有医院,东矿有东矿的医院,大矿有大矿的医院。现在改制之后,都归市里了,他们那些人全归市里,就被分到各个医院了。澡堂这边是工人澡堂,咱这个单位都有澡堂,就是各单位大矿,一共是十个车间有一个澡堂,现在有两个澡堂,这片有一个,那片有一个,洗澡不花钱。幼儿园之前叫什么托幼。以前这些东西全有,现在都没有了,现在都归市里了,鞍钢大概李华中主持工作那阵改革,把医院、学校全给推向市场了。他们原来全是本科的学生,都出去了。你问刚才的那个黄院长,他能给你聊,能说得更多。整个那时候的院校,有很多都是东北大学毕业的到这当老师。我毕业之后,在改制以后回鞍钢。但是有的工作岗位要是你没有学历,像有人被分去报社,都被推出去了,不管了。但是可能多多少少还有点联系,不过也是自负盈亏。

2016年,胡东汉百岁生日时全家福

我那个时候是单位分房子,交几个钱的房费住。但是我刚开始住房也困难,我结婚前租房,后来要的小公房。进厂之后,我家就在矿区,我就住家里,家里的房子就是单位给我父亲分的,两个屋,1956年搬来的,在苏联设计的红楼那住,那个时候有暖气嘛,不是自己烧炉子,那就是最好的楼房了,那是市里面应该还不错的地方。一般来讲,咱们还是红房子多,红房、白房一块砖,墙也薄,两家用一个厨房,冬天墙往外淌水,结冰。那刚开始就交几千块钱,两三千块钱,这房就归你了,有产权了。现在那个房子动迁了。

那时候东北冷,我小时候住那房子没有产权,就叫土地房。现在大部分都买断了,这房子都是你自己买,跟你更名,跟你自己。这房子我结婚的时候还住,现在搬新楼了。去年,国家给大部分的棚户区改造,把很多房拆了,把那个老楼也拆了。我父亲他们那时候,咱小时候住的小红房,就是在这一趟房,这一趟房两家一个厨房,都得生火做饭。我记得是一九八几年那时候,我上初中了才住上,也就是一九八几年盖楼房,盖楼房之后上楼了。那时候我父亲、我母亲、我姐我们四个人,一个小套式,50多平方米,能有两个屋、一个厨房,那就不错了。那房子就有一个走廊,不像客厅那样,那时候没有客厅。

我住的那个是小公房,叫"北简易",那工程师就说,这是很简单的房盖,为了解决当时职工住房困难,盖得简易,这样大伙儿能多分一点。这房子就是冬天靠墙结冰的那种。1982年扒了这房子以后盖了楼,这楼盖了两年,1984年楼起来以后咱就上楼了。

其实就是一个小屋,我记得,那个炕从这边跑到那边,就这么大个小地方。我现在还住在那楼,今年才分新楼。今年才有一个棚户区改造的,其他地方盖一些新楼,有赔偿,24平方米,一平方米可能2000多块钱。我爱人她也是老师,我俩同龄,48岁了。她们家不是鞍钢的,她是考进来的,山窝里飞出来的,就考的鞍山师专。师专那时候管分配,她被分配到鞍山市里当老师,现在在小学也属于高级老师了。

当时多少钱买的这个房子?加上公积金,可能4000多块钱,就是说花了4000多块钱,这个房子就是自己的了。我还在那住,因为棚户区改造,我楼下有个20平方米的小房,现在给了我一个楼,小套52平方米。我的一生和鞍钢是息息相关的,现在鞍钢发展了,如果鞍钢不发展,倒闭了,咱们生活质量也会跟着下降,工作也没有了,确实是那么回事,就像咱们大楼那贴着大标语,"厂兴我荣,厂衰我死"。咱也盼鞍钢发展得更好,明天更辉煌,咱们也跟着高兴,因为咱们是鞍钢的工人、矿山的工人。鞍钢跟我们共和国也是紧密连在一起的,同呼吸共命运,息息相关。

矿山养育我们三代人,其实相当于养育四代人,包括我女儿用的,不都是鞍钢的床?咱们鞍钢跟矿山有不解的情缘。我爱鞍山,更爱矿山,希望大矿和鞍钢更好。

王广军
在不断钻研中感受人生价值

亲 历 者：王广军
访 谈 人：王东美
访谈助理：高玉炜
访谈时间：2020年10月22日上午9:00—12:00
访谈地点：鞍钢党校
访谈整理：高玉炜

亲历者简介：王广军，男，1971年生，辽宁鞍山人。父子两代鞍钢人。1987年考入鞍钢技工学校，1990年毕业后进入鞍钢，先在线材厂负责主控台操作，后到轧钢厂负责轧钢调整。在工作中热爱钻研，擅长动手发明，改进轧钢工艺，拥有多项创新专利，任厂内创新工作室负责人，曾获"鞍钢工匠"称号。

王广军（中）接受访谈

一、我在鞍钢长大

我是鞍山人，1971年出生的，我的爷爷奶奶是从山东还有辽阳来到鞍山的，我的父母都是在鞍山出生的，父亲在鞍钢，母亲在鞍山市服务公司。我父亲在鞍钢是一名车工，开吊车的，他的工作单位我去了几次，但都是小时候，当时感觉这个企业挺有意思。父亲开吊车也没让我上去，因为那很危险，他只是领我去厂内转了一圈看了看。我小时候对鞍钢的感觉还是比较新奇的，我去过几个城市，跟其他省市相比，钢铁工业环境比较不好，劳动强度比较高，但小时候不知道，感觉还是很好、挺有意思的。我挺喜欢到父亲单位去走一走、看一看，这应该就是小孩有的一种好奇心。我父亲当时在一初轧，后来由于我们轧钢生产技术的改进，初轧厂已经没有了，我父亲就是在初轧厂退休的。

我们住在铁东，离鞍钢很近的，周围都是鞍钢职工。我们那时候不像现在条件这么好，家里没有洗澡的地方，父亲就有时候领着我们，偷偷摸摸上厂子找个认识的人去洗澡。比如说，和管澡堂的谁比较熟，就带孩子洗个澡，完事看一看厂子。我记着上厂内洗澡这事儿，一直进行到小学都快结束了。其实那时候我们有集中洗浴的地方，但一般父母工资比较少，不舍得花那些钱，不如上鞍钢去洗个澡。那时候不像现在天天洗澡，可能一两礼拜去一次，洗完澡就上厂子里面看一看，当时偷偷摸摸去看了就挺好，因为工厂里不允许随便进。当时管得松，其实从安全角度是不允许的，因为带小孩去是很危险的，一旦出事厂子负责不了。上小学那时候小，也没有意识说好好念书，中学的时候想念书，但也贪玩。家长也在想，如果孩子学习好就好好学习，学习不好就考个鞍钢技工学校，最后直接上班就可以了。因为父母觉得，就在鞍钢上班这一辈子也挺好，就是这样的。

我父亲应该是比较实在的一个人，他只跟我们说厂子一些简单的情况，宏观的他也看不到，但是他也介绍鞍钢的整个发展，包括鞍钢发生的一些事。我现在也记不太清晰父亲说的那些事情了，但是就知道自己可能最后得在鞍钢上班。我们那时候小学上完考初中，初中上完考高中，考上高中之后呢,鞍山市有一中、三中、八中这三个重点高中,考上这三个当中的一个就有考大学的机会,如果考不上一中、三中、八中,就上鞍钢技工学校,也是鞍钢的,毕业后肯定到鞍钢上班。所以其他也没有什么,基本上就是,在普通高中念完以后,那就是去鞍山市的其他企业了,一中、三中、八中可能一年一个学校招四五百人,当初具体的情况我也不知道,但是很难考的。我如果考上的话,现在也不这样了,就不是走这条路了。当时我比较偏科,文科不好,现在我还比较能唠,原来不爱说话。当时,我就是数学好、语文不好,我的数学在班级里那就真是出类拔萃,别人算不出来的东西我都能算出来。老师说,这个问题如果解完了再放学,基本到最后都是我解出来以后老师让我们放学走。我就数学这方面特别厉害,但是其他科就不行,语文这方面背的啥的就不爱背,就贪玩,但是上班以后发现得看书了,真得学习了,不学习不行。

在学习过程中,我感觉数学题在课堂上学完了就会做了,不用再看,你再出题我肯定会做,就不需要去复习。有时候,这道题不会做了,老师在课堂上讲完以后,我自己就挺爱琢磨的,我就琢磨完以后再找两本习题册,把这方面的题再做两道,就不用复习了。我这么说可能有点吹牛,一直到现在,包括我们考试,计算题我从来都不看,我背就背简答、论述题什么的,填空、判断、计算题我从来都不看。简答题我背一下,就怕漏条目;再一个就是背一下专有公式,反正这方面我感觉自己也挺厉害。其实主要就是把题分析清楚了,计算题我都能做下来,计算题一般都是20分左右,基本上这个分我都能拿到,就是感觉对这方面好像是通了。包括看什么书籍,我不是捋着从头看,比如遇到问题了,我就去新华书店翻这本书,这本书的题目有这方面内容我就打开看,看完再借回来,不是整本书都看,那样的话内容太多了,学习不了这些。我看完一段,有时间再翻翻其他相关的,在找的过程中,感受和印象就会非常深。有时候一旦再遇到这个问题,脑袋就像过电影似的,那一页书就在脑子里头,包括那个字是怎么写的,在哪行,这些我都能知道,我只能记那一部分内容,多了记不了,我就是这样的。

二、鞍钢是个"大课堂"：虽然辛苦，但很快乐

在我们从小到大的认知里，除了考学，就是进厂里技校。就是说，如果考上大学以后我们会获得更高的学历；一般没考上大学的，就会考我们鞍钢的技工学校。技工学校是什么样呢？两年的理论培训，然后还有一年或半年到鞍钢厂内实习。我是1987年考的技校，在学校学习了将近两年半，学习结束半年以后到鞍钢线材厂实习。那是1990年8月，8月末的时候就到单位去了。刚开始我们是六个月实习期，实习阶段主要是对各岗位进行熟悉。当时，我们鞍钢线材厂是最早的股份制企业，也是鞍钢的一个试点。那个企业不是很大，就一个高线车间，但是我们感觉股份制企业工作节奏比较快，包括领导的管理和各方面的要求，就是领导只要有一个要求、有一个指示，大伙就会积极做。1987年新建厂的时候，我们厂全是年轻人，我们那届毕业生，两个班级都去了那个单位，应该是300多人。

单位实行股份制以后，我们学习日本式的管理方式，分成大班，作业长管大班，后来领导跟我们说股份制企业有特点，不能超过300人，我们企业最多299人，所以有一部分工作就需要换到其他单位去了，我们这就留了299人。我们轧钢班当时总共去了八个人，当时建厂也需要轧钢工，我们八个就去了。去了以后呢，领导也挺重视我们，综合室主任亲自来车接我们，领我们到现场转了一圈。那时需要经过安全培训，我们就到班组去学习。那时候，我们对这东西也不了解，从学校课本上学的那些知识都是理论，比如说我学的砸击底角，我们机械制图、机械原理什么的都讲了，但是一到现场看好像不一样，跟我们画的图不一样，所以感觉很奇怪。后来我就边干边学边问，慢慢地，理论和实际这一块就联系起来了。实际上，画的图是最简单的，但是实际工作中设备上是复杂的，所以感觉挺有意思。当时也有师带徒，我们也跟师傅学一些知识，最开始我们主要在生产过程中学，学他的操作经验。师傅跟我们一样都是技校毕业的，年龄还差不太多，在一块工作，包括一起出去玩、一块吃饭，感情处得非常好。当时在我们班组，年龄最大的可能是30岁左右，剩下都是二十一二岁的。

初入工厂的王广军

在我们班长领导下,我们一起学习,一起工作,一起吃饭,一起出去玩。那时候主要是没有牵挂,父母都上班,自己也是单身一个人没有什么拖累,就是上班、回家、吃饭、玩,心情也特别好,那时工作还比较愉快。我们刚建厂的时候,引进的是美国70年代的二手设备。我们在中国建的应该是第一条高线,但是马钢的高线比我们先投产了。当时我们的轧制速度是每秒50米,在世界上是最快的速度了,但是美国已经淘汰了,咱就从美国把它整个原装的厂房扒过来,把设备都拉过来安上了。这个是1987年开始投产,我是1990年去的,所以我不是开工元勋。开工的那一批人应该是在1987年进来的,到2023年他们基本就到55岁了,该退休了,因为咱们这个工种属于高温重体,退休年龄是55岁。我是1990年去的,那时设备刚运行,一天的生产量也不是很多。因为当时设备安的时候还缺好多配件,美国人来指导了我们几回,但是指导完就走了,他们不会把所有的精华告诉我们,就需要靠我们自己去摸索。

我们去的时候,我记得一个班产量应该是90方的钢坯,90方乘以10米左右,大概就是不到1吨。当时一天一个班轧一二百根,按现在来说那就太少了。但是当时也很累,因为这个设备有好多东西需要人工去处理,它不是现在智能化的这种操作,整个轧钢的自动控制也没有现在这么先进,都还是靠人来调整，靠人来掌握这些数据以后一步一步地操作。技术室的工程师也跟我们现场一样，每回我们出现问题以后都需要取样，他们进行测量，之后他们回去进行计算，然后修改参数，那些年属实很累。记得那时夏天，大茶缸沏的水，我们一天都喝好几大缸子，冬天我们也是很累的。那时候废钢也比较多，因为生产不顺，对设备还不是很了解。我去的时候跟师傅一样，每天正常生产运行的同时也处理这些废钢，有时候废钢太多了，我们就停下来，先处理废钢、保证安全，把废钢处理净了，我们再生产。

我们把废钢拉成一段一段的、类似长条的东西，要有一个卷曲机，轧件小一点的我们卷上，轧件大的就得割，割完用人抬，抬到一块捆起来，火车和汽车就拉走了，拉到废钢处什么的。当时累到什么程度？蹲在轧机边上不走，就在那等着堆钢。这个处理完，我们就在那块旁边蹲着等下一个什么时候堆，什么时候处理。当时去的时候可能对这东西不是很了解，跟老师傅学的时候也都是这么干的，等过两年以后经过实习，我们就有正式的岗位了。

我主要负责主控台主操作带底下的精轧机，所以我有两个岗位，一个主控台操作工，还有一个精轧岗位。当时主控台操作工需要八小时一直在台上，身边是玻璃，我得盯着底下的轧制线，一旦发现异常了就用对讲机喊，主要是调整轧制参数，也就是张力和轧制的关系。另外一个，就是转递信息，从原料、加热、轧制到我们后面生产的一些信息。比如说，我们需要对钢种批号和一些轧制根数做好记录，现在都有电脑做记录，但当时我们都是手动做记录，还包括调整轧机速度和参数。底下我们会做精轧的调整，因为当时我师傅是干精轧的，所以我跟他一起学精轧。当时拿回来的精轧机也不是很先进，但那时候也还可以，因为是二手设备，人家已经用了，所以有的件磨损得比较多。轧制的时候经常堆钢，也很危险，它的速度每秒能达到50米，有时候那个钢都蹿房顶上去了。

遇到堆钢，我们一般都是停机处理。最开始美国设计的时候是"一托四"，就是一个轧机带四条线；后来由于到我们国家以后没有这个配件供应了，我们经过工程师测算，变成三条线了，"一托三"，也就是一个轧机三个孔型进行轧制。但是我们中轧的时候有一些扭转，我们轧制过程中需要像擀面条一样,轧完再倒过来轧。咱们感觉很容易,但是在轧出来以后,需要把它扭起来,竖直90度再轧,轧扁了再扭起来,这个扭的角度如果掌握不好的话,就会出问题。我们在精轧的时候不需要这样,精轧的时候我们轧件比较小,但如果对导板对不中的话,就会出现折叠或堆钢的现象。我最开始在精轧干,学会了轧辊安装,那时候有陶瓷轧辊,还有碳化物轧辊。我们那时为了降成本,用一种耐磨陶瓷轧辊,但耐磨陶瓷轧辊每四个小时必须要换一回。碳化物轧辊我们一般能用一天,我们正常每班都在换,换轧辊、对导位,还有一些轧机内部的调整,干一段时间我就到主控台主操作,还有到精轧。过了一段时间根据工作需要,领导就说学习中轧,又学习了初中轧,要开始研究调整角度了。当时调不好就堆钢,因为当时也不会调,这么拧一下,那么拧一下,老师傅说这是瞎掰。通过学习,经过两年以后,我就感觉这个东西挺好玩的,直到现在为止,我每天在生产线上鼓捣那些东西,感觉心态特别好,也很舒服,身体也行,有时候在家休息还赶不上干调整、干零活。这个可能就是一种爱好,应该说走到今天,我对轧钢调整这一块还是非常爱好的。当时主控台主操作,加上底下的调整,这两种东西融合在一块了。我渐渐感觉到,当时的学习对我作用非常大,如果最开始没干到这个岗位,可能这一辈子也没有这种想法。当时有这种岗位了,加上这种锻炼吧,我就感觉挺喜欢这个工作,如果要是干其他岗位,没接触到这东西,也不知道这东西好与坏。我感觉这东西非常好,可能你们不一定认同,这东西怎么会好呢?这么累,这么脏,还这么辛苦,但是我感觉干这个挺好的,所以工作成绩数一数二,也算是我比较认真吧。其实我这个人工作比较认真、负责任,所以各个班都喜欢让我到他们班去看主控台。因为我打小就在台上坐着,眼睛也不累,就紧紧地瞅着轧机,一旦发现问题就提前提醒工人。通过这样的方式,我减少了很多事故,四个班的班长都喜欢要我,都挑我,后来分班的时候都让我上他们班,也挺香饽饽的。

慢慢地,我对生产也有自信了,包括对精轧机、中轧机以及其他岗位的研究。其实,当时得有五六年的时间,我才对这套设备有一个初步的认识,那时候想,对这个设备要了解到那种精通的程度,就应该好好再研究,也有跟别的班比的心理，看谁生产的多、谁生产的好。我在台下操作的时候就有点那种较劲的心理了，我一定要比四班生产的还多还好，所以在操作的时候非常认真。当时应该说很累吧，但是年轻，累也不太当回事；要不说傻也行，一天就是干活，研究这些东西，大伙在一块也高高兴兴的。当时我们在屋里头休息室，还没有这么好的空调，那时候啥也没有，四个立柱加一个挡板那种，我们就在那里头一起研究堆钢，怎么堆，怎么可能会出问题，之后怎么调。应该说，我们班组在四个班里头也是数一数二的，大伙都精心干好，整个指标也越来越好。后来在29岁、30岁的时候，工作也干得比较好，领导说："你下来当个轧班班长吧。"我是1991年去的，那个班都是1987年去的，当然我对自己的技术还是很认同、很自信，我心里合计当班长那就试试吧。

干上一年以后，自己感觉还是不行，因为我技术虽然好一点，但是人家也没差很多。在这各方面工作太累了，当时也打退堂鼓，因为当班长从前面到后面，哪都需要管。那时候确实也是年轻，他们都比我大个两三岁，有时候还有一两个能比咱大四五岁的。咱那时候也不会说什么，也不会管什么，就是干活，像以前老师傅那样。现在不好使了，需要干活的同时，还得把这几个人团结到一起去。当时就没有这个能力了，后来也找领导，说干不了了，领导说也可以。我这个人比较要强，如果说我这个班一直干得比较好，也可能就干下去了，但是现在指标完成得不是第三就是第四，干不干就没什么意思，赶不上我自己干的岗位，因为我自己干的岗位是最优秀的。于是，我就跟领导说，领导就说还回到主控台看底下轧机、运行轧机什么的，后来我就又回到主控台。

班长如果不干了，别人干了你就得听别人指挥，当时我干的时候没有参考，也没有比较。这时候在主控台就看得清晰一点，看班长是怎么对班组进行工作安排，还有一些操作的，因为我坐在台上。我看着他们的作业过程，心里想：我要学他们干得好的，就是他们这些干得好的，我记在脑子里面；干得不对的，我也记下来，我以后不能犯这些事。慢慢地，我学习这些东西，看看他们整个的工作过程，应该总结他们工作的优点，还有哪些东西感觉有一定毛病的。后来等我工作的时候跟他们说这个有毛病、那个不好,但后来感觉不对劲,人家不喜欢听。后来他干得好的我学下来,不好的我也不说,就往前走,往前干。

三、 戴着安全帽的"大学生":在学习中攻克技术难题

到我 30 岁左右,当班长一年下来,应该也就是 2003—2004 年了,那时候就考高级工、技师什么的。我们最开始那时候不是随便考,得够十年的高级工才能考。我是 1995 年考的高级工,属于五年的高级工,还得再过五年够十年才能考技师,不像现在似的可以随便考。那时候都说考技师,我也研究研究怎么考技师,然后就开始上师大,参加业余培训。在培训阶段,当时我们没有这种高新的学习资料,就是轧钢原理、轧钢设备这些东西,都是学一些基础的、和我们生产实际结合的,结合一部分以后,感觉自己提高很多。原来我记不住的东西,通过理论一学习就印象比较深了,学的东西和我实际能结合起来。应该在 2003—2004 年的时候,我们考的技师,2006 年我们考的是高级技师。考过技师后,我们鞍钢正好有一次和鞍山科技大学合作,进行关于杂质材料、技术加工的学习。那时候都愿意考什么中专、大专,咱们技校毕业一般就是考大专、本科,我就合计考个专科吧,就在鞍山科技大学学的技术压工,就是我们对口的那个专业。

但是我们这个大专比较特殊,我们属于鞍钢和鞍山科技大学联合办的,是白天上课,不是业余上课,我下夜班也得去。白班去不了,中班也得去,上完中班上班去。反正辛苦肯定是辛苦,有时候学得也迷迷糊糊,因为上夜班本身就困。但是这些书籍我带回家以后,平常没有事就打开看,可能一天看一部分,不是从前到后看。今天遇到这个事了,我就开始翻这本书,看看书里这个地方是怎么解释的,有时候解释不清楚再上新华书店看看,找一些相关的资料、书籍,去看一看、找一找跟那个地方是怎么联系的。包括监控系统我也去看,因为有时候监控系统出事了,咱们这边不了解,三番五次出事,你也找不出毛病,当时他们那边也找不到。这样就很麻烦,主要是受累,一

旦出事了都得处理。

那时候就是边工作边学习，感觉自己2004—2006年的时候，进步是最大的，一个是在学校学习，钻研那些技术，当时就合计，以前为什么在学校时不好好学习考个大学，鞍山科技大学那氛围也好，环境也好。后来通过这一阶段的学习，技术上有没有提高我不知道，但技术室有一回安排我参加公司的技术竞赛，当时感觉答得也挺好，卷子答得也挺多，但是好像没取得名次。回来之后，我就寻思答得挺好为什么没有名次，当时这些题答的过程中我有印象，后来就是找一些资料，看看这些题是怎么答的。我这一看，自己答的虽然字挺多，但是关键点没答上几个，所以可能成绩不高。最后，我就知道了，人家每一道大题都需要一个核心的东西，需要关键点，人家要求答的问题我都没答到，啰啰唆唆写了一大堆。我写的是什么呢？就是我根据自己看书的内容和生产实际内容写出的东西，写了不少字，但是只有一两个字写到地方，就这样，卷子写得挺满，但是效果不好。从那以后，心里也挺多感慨。后来一合计，还得去看书，我就上公司开了一个介绍信，办了一个图书馆图书证。那时候负担也不是很重，没什么事就上图书馆借两本书回来看，有时在那翻一翻，挺好的。逐渐地，我可能一两个月借一本书到两本书那样，最开始借是从前到后慢慢翻，一般我借的时候，选的书都是针对某个问题借的，回来以后我把这段看完了，再看看别的地方。因为有的书很厚，有些东西你没弄明白，看也看不懂，就看这一部分。我通过这一部分的学习对这个问题了解了，再参加基础考试的时候就心里有数了。比如，出了这道题，这道题怎么解答的，先记下来，答完以后回去再看看书，三番五次经过几回，应该说这些问题就能答到点子上了，基本就可以了。应该说在技能考试这方面，就有一些表现了，就能考得比较好、取得名次了。然后在工作中，大伙认为我有技术，实际操作也可以，领导就逐渐认可我了，又开始让我当班长。班长干了几年，由于老师傅身体各方面出现问题了，我又当了大班长。

到2009年，线材厂进行一次改造，从意大利引进一套设备，当时由于我是大班长，理论方面可以，在技术上也有一定成绩，领导认为让我出去培养一下还是有前途的，所以就安排我2009年到意大利参加了一个新线设备的培训。最开始的时候培训我们的是英文老师,咱英文水平也不行,听不懂说什么,咱对它整个专业术语也不懂,我们虽然有个翻译,但图片都是英文的,看得也是迷迷糊糊的。后来培训我们的还不让录像,我那时候特意买个手机录像,但那老师还不让,还给我批评了。我一合计这东西不让录怎么弄,那时候手机一录像就有个灯老亮,后来我就拿个东西把灯粘上,偷摸到桌子底下录。不让录不行啊,本来就听不懂,根本就弄不明白,他做那个专门培训教材也不给咱们拷贝,我就偷摸趴桌子底下录,实际也没听什么,就在那录,老师一说我就拿起来,然后就接着录。录完回家就看,因为它老晃荡,因为偷摸地录就不像正常的那种,回家看见手机都迷糊。图是乱晃的,图像也没弄明白,但后来安装的过程中,录像还是发挥了一定作用。正好 2009 年回来以后,当时是先学习后安装,安装过程中想起来这个我看到过,我手机上录了,我就拿过来对比,一看这是这个程序,那是那个程序,心里就有数了。

在工作中不断学习的王广军

四、"犟脾气"眼里容不下"小毛病"

后来经过这个培训,就给我安排到二号线,从开始的初装一直到后来的安装过程,领导就说:"你跟踪一下。"我就在生产口,剩下的员工都是做设备安装的，生产口就我一个。当时安装的过程我也没学过，以前学的那些基础知识根本不够，设备安装咱也不懂，我就在那蹲着学，看人怎么弄。我们那个工程老师傅也挺好，每次安装的过程中愿意给我讲一讲，因为他也知道，安装过程中一旦有问题了，要返工的话也很辛苦，所以他会给我讲一讲，当时我不明白，只能听着。后来合计合计，老听着也不行，我看他们都拿个图纸，我也得有图纸，没有图纸我听不明白。然后我就买图纸，图纸拿过来以后也很费劲，他们说有电子版的图纸，得了，我就买个笔记本电脑。我天天也像个大学生似的，谁来都说我背个电脑天天上现场，我那时候也不是现场生产工人，也是天天背个包，装个笔记本电脑，到那地方把笔记本电脑打开。那时候什么都没有，我就在地上找个东西垫上把电脑打开，把图纸找出来，一个一个进行核对，后来真发现了好多问题。我及时汇报给我们领导，这些问题就改了不少，建设公司包括党委书记对我这一块比较肯定。因为我拿图纸一个一个核对，发现了好多在安装过程中的技术问题，安装的是一条直线，但人家设计图纸是扁的，他把底下埋水泥里面那个部分全做成非常正的一条直线，我发现这不对，经过和领导一核对，就说这个赶紧改。因为一旦设备安装上肯定不行，如果再返工，后来的工期就很长了，他们就决定赶紧把这个刨下来重新安装。

这个应该是当时比较轰动的一件事了。因为基础安装水泥已经凝固好长时间了，再安其他的导位底座，我当时就上心了，他们好几回让我验收好浇筑水泥，我都没敢验收，因为我害怕了。当时我说一旦埋错了，验收完灌浆以后，再想刨开那工程量就大了，重新下导位设备的工程量也很大。所以我后来根据多年轧钢学的东西，我就先紧固上，我先不安。等我把其他导位件设备安装以后，再对比一下，如果没有问题你再灌浆，我再安装也是一样可以的，只不过慢一点。他说"影响工期"，我说"应该不影响，因为底下你安完以后我们也不下去了，干燥的时间应该足够"。当时我也比较犟，没给他签那个字，没同意他们那么做。

到后来我发现了，这个决定是非常正确的。如果你前后安装差了，两个东西干涉上了，安装就失败了，因为这两个东西是有距离的，如果这个东西安这了,在安装的过程中安不上了,就是干涉了。如果往里一安还有设备,就证明安装失败了,所以我在安这个过程中一直没动,后来也没发现太大毛病,因为当时应该很认真。现在我对这些东西更了解了,比如说一旦有偏差,可以往前移点,不能往后移,可以往左移点,不能往右移。现在的设备都有了,因为当时都是一片平地,安的过程中是一个一个往上安,从最基础的底下往上安,像落积木似的。如果有一个东西你安偏了,你上面东西是安不上的。所以当时这块也认真,用图纸一个一个对,当时早上7点多钟我就去了,晚上一般九十点钟回家,回家再研究研究,当时也不困也不累。

我原来一直干轧钢调整,没经历过设备安装,也没接触过,但我比较喜欢这个方向,到现在为止也是一样,感觉干什么也没有干这个有意思。这个设备安装我会安,我还会轧,当时安装的时候也觉得挺新奇的,因为没干过那个事。第一个,是工作需要,需要我去监装这个东西;当时还有一个想法,就是我轧钢的水平也可以,也算高手,如果安错了多丢人,真要是出点什么错误,影响二号线生产开工,感觉对不起企业,咱自己也丢人。

我当时是很认真的,也发现了很多毛病。当时也很犟,发现毛病了就跟领导说,领导说这个不是问题。我就觉得为什么不是问题呢,后来发现领导说得对,这个东西不是什么大问题,有的时候就是自己太较真了,当时因为自己了解的区域小,眼光也比

王广军(左)在"鞍钢工匠"表彰聘任大会上

较窄,人家了解的比较多一点。当时每周我会打一个表,汇报哪些问题,领导就把重要的问题改了,不重要的问题就说这个没什么问题,正常去做就行了,后来发现领导说得对,我就按他说的一步一步去做。

五、捅破生产操作的窗户纸

应该来说2004—2007年的时候学习理论那块,包括和生产实际操作结合这块应该有进步。在2009年这一年的安装工作中,我感觉像捅破了一层窗户纸似的,轧钢技术又有一个大的进步。当时不知道什么原因,这个设备参数都能记在脑子里面,这个多少尺寸,那个多少尺寸,这个需要搞多少,那个需要搞多少,包括精确到零点几毫米心里都非常有数。到现在为止这个需要多少尺寸,我张嘴就能来。这个能力应该就是在那一年里面锻炼出来的,通过看图纸、查设备需求,还有听取人家的一些要求,上心了。我老说上学的时候不好好学,如果那时候这么上心不就学得更好一点,咱也考大学了。这就是因为个人的爱好,加上自己工作也要成绩、要脸面,不想把工作做坏。既然领导这么信任你,安排你一个人来负责整个二号线的轧钢线矫正、设备安装,那就千万不能出错。

一般情况下,厂领导不来,因为设备安装都是设备口和我们工艺口的事,我主要是向工艺口主管工程师和我们首席工程师汇报。有时候安装过程中还看看别人的设备有没有问题,一旦有问题我还得跟设备口的交流。设备研究员跟我也非常合拍,他们也帮我,告诉我这个东西安的时候需要怎么打紧、怎么装,顺序是怎么回事。他们告诉我,得先把这个打紧以后焊接,完了再紧,过两天再紧一遍,这样才紧固得好,这我就学会了。施工队他们希望什么?紧完一遍干完就完事。但是我说:"不行,你必须得第二天再来。"后来我们检查高速段,二号线最开始进场的时候是每秒50米,现在每秒120米了,保证速度是每秒115米。所以这个要求我们整条线非常直,我最开始发现底角安偏了,他们在改进过程中,没有像最开始那么一个个打尺找,就有点偏了。我又跟他们那个建设工程队队员说:"你必须得找一个好师傅,因为你现在本身基础已经出现问题了,所以你得找个好师傅,把上面找回来,我要实用性的,你这个底下水泥已经灌死了,你改完以后我一定需要从上面找过来。这个要求不能差0.3毫米,正负是0.15毫米,偏差是0.3毫米。所以这个要求难度非常高,希望你找个好师傅。"他们给我派一个姓孙的师傅,那师傅挺厉害,他又教了我好多矫正的方法。最开始他是一个一个往上安,头一天安完以后,我矫正了一遍,挺准,我说:"这方法挺好。"我说:"师傅,第二个、第三个都矫正了,能不能把第一个再帮我矫正一下?我看看第一个有什么变化没有。"这一矫正我发现又差了 2 毫米,因为在焊接的过程中,这一焊接会遇热变形,就差 2 毫米了,跟我原来 0.3 毫米偏差很大。我说:"师傅,这不行,还得找。"他说:"不能啊,都焊死了。"我说:"不对,你这偏差太大,我还轧不过去,这对生产有影响。"他说:"那么,我还给你重整,重新打开重新找。这回找完以后,咱就往后安,都安完再重新矫正一遍以后,应该就没问题了。"比如说,今天矫正完以后我焊一点点,明天再矫正一遍我还焊一点,后天再矫正一遍找偏差,再点焊一点,就是这么一步一步,这个时间应该很长,我们整个安了将近半个月。但是到现在为止,这条线的矫正,我感觉非常好。这条线的矫正对整个后期的使用、生产的状态和备件的使用损耗大幅度降低了,基本偏差非常小,备件磨损非常小,原来我们可能两三个月就换一回,现在有时候一年都不用换。没有特别突出的和特别凹化的地方,我们一年的备件都不需要换,到现在为止十年了,这个区域除了换一些损耗的设备,底下基本都没动过,就非常好,我现在也对那时候的安装有成就感。

在以前的生产中,比如说我们从轧机出来到下一家轧机,经过恢复段的时候,一旦轧机线偏了的话,经常出事故,在老线的时候,还不好找,因为老线是很长的一条线。我们这有五六十米、六七十米,你想找这个位置很难找,可能就是连续堆钢,所以我对这块非常重视。既然已经发现基础错误了,所以在上面一定要把这东西找得非常好,符合我们实际生产要求。你底下可能偏了,但上面不能偏,包括我们的参考点,也就是标准点,大家最开始按那个点,我说不要,我就从轧机出口那个点和轧机入口那个点来找。因为这个是实际的,你按参考点,一旦把它按标准点找完了以后,它俩要对不上很麻烦。当时我说:"你按我这个找,你不用研究其他的。"我这个应该是符合实际需求还符合图纸的,后来就按这个做了。

我们也有考核。每个班组、每个月都有生产指标,包括产量、质量,还有一些废品、停机时间,停机就影响产量。这些东西都有一定的指标,包括安全各方面还有其他的一些成本。原来是没有的,原来我们就是轧出来产量,保证质量,减少废品,减少停机时间,多轧钢,这就是我们最基本的指标。

六、从生产到管理:兴趣是最好的老师

我们一个人都干好几个岗位,倡导一专多能。遇到什么事情,处罚的话只能是从工资上处罚,也没有其他处罚。那时候我们还实行末位淘汰,我感觉对于一个职工来说,他要是不适合这个地方就可以淘汰他,要适合这个地方实际来说也没有淘汰他的必要。这可能跟竞争有关,但实际来说,在咱们企业有啥竞争啊?竞争就是好与坏的竞争,你比如咱要是私企的话,干得不好给你淘汰掉了。国企的话,淘汰下去一个人,这个人就得去培训班,这就相当于一个人力资源的岗位给浪费了。所以,我感觉人的技术只要不起到坏的作用就行。干得好一方面是在于自己用心学;另一个就是说,有的人悟性好,有的人这方面可能悟性差一点。我当班长那时候,对人也有一些评价,比如说这个人就是认真的人,但是他有时候真犯错,你就说他干得不好给他末位淘汰了,那我感觉也很可惜。你得针对他这种能力、性格和技术特点去安排工作,不能说一律打压。例如,他这人比较灵活,可以去安排一些他能自己做决定的任务,要相信他,他会做得很好,因为他比较机灵,他能干这个活。如果他是比较实诚的,那就让他每天干这个活,他只要把这个工作做到了,还比较稳当,你就会非常放心。你要安排一个机灵人去干这活,他可能干一半就不干了,所以你要针对不同的人去安排不同的工作。你说这个东西,你怎么区分一个员工的好与坏?没法区分。他如果是认认真真的人,那就得一步一步地去要求他。

班组,包括大班长、生产组织各个方面,就得根据不同的人去安排。比如说,我们后来又来一些大专生,他们就像我一样,把各个岗位都学一学,通过了解他对这个岗位的爱好,加上个人需求去让他干某个岗位,他就会很喜欢干。如果他不需要这个东西,他不爱好这个岗位,你让他干,他肯定干不

好。咱们企业来了新人以后就分配岗位让他去干,他干得好干得坏就给他一个评价,我感觉这就是没有真正把人用好。如果他不喜欢的岗位让他去干,就很麻烦,他也不会把工作干好。他要是喜欢这个岗位,你不想让他干好,他也会干得很好,因为他喜欢他就愿意做。他要是不喜欢这个岗位,你给他说什么也没有用,给他讲什么大道理也不好使,你不如让他去各个岗位都学习学习,看看这些需求,他有个总体的评价。比如说,他感觉这个岗位自己挺适合,这岗位既适合他的身体,又适合他的家庭,还适合他的工作需要,适合他的收入,他权衡了发现这岗位挺好,就干这个岗位,他认为这个工作他会干得很认真,很负责任。要是各方面都事先给安排的话,他进行一阶段工作之后,如果他习惯还行;如果不习惯了,还需要把他调整到合适的岗位上去,这样他干工作才会干出更好的成绩,我感觉是这样的。因为我们知道,在国企,你是淘汰不掉人员的,来了就来了,招一个人都很难呢。

我们不像其他企业,要是有一个人辞职,对我们来说生产压力很大,我们定员总共就这些人,一个人一个岗位,可能一个人好几个岗位。缺一个人的话,这个岗位没有人,别人就得顶上,顶上以后就会很辛苦。本来工作就很辛苦了,你再缺人的话就更麻烦。我们原来没有什么减员增效,因为咱们单位有个什么特点呢?咱们单位当时定员299人,人员就按日本那个车间管理模式,定得少。你现在如果再按照10%往下淘汰人的话,受不了。这个岗位安排这些人就已经很紧凑了,一个人要一专多能,干完这个岗位就马上干那个岗位,负责的岗位都是非常多的。八小时当中,我们可能除了吃饭没有其他时间,如果再减掉职工以后那就完活了。我们这个人根本就分配不开,基本都是一个人买饭,全拿回来在现场吃,就在岗位上边吃边干活。包括现在有时候也是,岗位人员不够,人员都在减,都是一个人准备个大盒子,十个人的饭都买回来,拎到台上。现在条件好点弄个微波炉,这个岗位干完马上扒拉一口,有的时候在台上操作就把饭盒拿过来,边操作边吃。实际来说,我感觉咱们鞍钢员工,尤其我们现在厂的,对这个企业真是比较敬业的。他们工作有时候有毛病也不能说啥,因为他们这么辛苦,你再说他们没有意义。他们可能出错了,出点事故,我说没有事,安全第一,注意安全,人别出事了。这个事出了，我们注意看哪弄错了，下回改。有时候工人经常犯错，但这种小事由于是人来操作才出错的，所以我们就想一些办法，通过自动的手段、智能的手段，就不需要让工人去干这件事了，他就不出错了。

现在我们有这种技术了，像我最开始来的时候在老线操作，那就得靠人，不靠人不好使。现在通过电脑的程序修改就能完成操作，这种设备很先进。对于大学生，我也把一些想法告诉他们，让他们去研究。他们一旦研究成功了，把这东西写出来给我，我看哪里不好给改一改，他们再按这个去做，他们感觉这个东西一旦做成就有了一种成就感。他们一见到我就说："王哥，我的东西老好了，你看看这个怎么回事。"他们愿意跟我说。这个时候我感觉应该就是书本上讲的激发他们的自我成就感了，他们从原来的被动地做这件事，变为主动去做了。所以我们今年的技能培训，整个二号线在工作的基础上，有三个人闯进前十名，就咱线材厂来说很厉害，在鞍钢也挺厉害的。所以说，一个好的环境，加上领导对技术培训的重视，再加上咱们这些骨干的带动，年轻人成长得就快，他们脑袋就会研究事，他们研究事以后，对这些东西就会喜欢，喜欢了他们就会越做越好。

王广军在鞍钢党代会上

作为老领导，我对大伙的技术各方面都比较熟悉，领导也认同我对人员怎么去调配，现在领导也走这条路。员工在这个岗位，如果刚来，感觉不行，需要调换岗位，提出需求，我们就举行竞聘考试。因为你不能直接把人踢走，而是需要竞聘，谁好使谁就上这个岗位。这个岗位一旦没人了，你想上这个岗位，你需要经过考试，经过实际操作才能顺利上岗。我主要管实际操作，理论考试归他们工程师技术员管。如果在实际方面，他具备一手操作的能力，就可以当上大班长、管控等，都是这么来的，我感觉这个是非常好的。他有这个需求，相当于主动来的；如果你硬安排，那就很麻烦，他可能不喜欢这个岗位，认为他原来那个岗位比较好，就不好弄。我感觉这样的话，对一个员工来说比较人性化，对这个企业来说也有积极的作用。

七、回顾我的前半生：幸福是奋斗出来的

其实我感觉，现在的年轻人，包括咱家的孩子也一样，能否成功就是要看能不能跟对一个好领导。这也没法去选择，因为在社会上，你首先要生存，生存是第一位的，没有生存肯定不行，你得有收入。但是你要是赶上一个好领导，他会带你走得很远，赶不着就没办法了。所以就是说，你赶上一个好老师指导，完事你再继续努力，最后就会走得很远。如果你要老是按照他的套路，你永远超越不了他，那只会退步。因为现在社会在进步，你只有超越他才能进步，所以，一定要发挥个人的潜能。我在这个岗位也是这样，针对不同人应该有不同教法。我们现场现在应该是30多个小孩，总共得是60多人。对于不爱学的，那我就按标准严格要求他，要是不按标准干，我该考核就考核：对不起，你为啥不执行标准？他本身不爱动，那我就考核他，就按标准走。但是那种比较灵光的，他干完这个活儿，平常再干点别的那种，出点小事我也装看不着，不出大事就行，因为控制住就不能出大事。他研究事呢，你不让他研究？研究是好事。就是针对不同人，采取不同对待方式，那你说我错了吗？有些人你需要严格要求他、严格管理他，有些人你不需要，你让他自己发挥，他还会更好，如果你给这种自己发挥的人管死了，那完了，那最后没准你一个都得不到。我不知道我说得对不对，就是现在从实际来说，包括培养这些小孩，我都是这样认为的。平常不怎么管事的，有事还矫情的，我就按标准严格要求，执行标准我啥也不讲，不执行标准出事就扣你工资，出事就考核你。你要是那种灵光的人，怎么都行，动脑子咱就喜欢，不动脑子咱就不喜欢，应该这样评价。我觉得整个鞍钢对创新是认同的，但是也分领导。

第一个就是环境，你有领导支持就有环境，你必须得有领导认同。我创新，如果领导要助把力，那就很容易；如果领导不给助力，那就很困难。这样你就会想放弃了，那时候能挺住的不多。做创新，最后领导不认同，你想，这

能挺住吗？我要是现在的年轻人，比如我年龄倒退20年，可能我也挺不住。现在由于我们已经做出一些成绩了，就感觉好像是没什么太大问题，就往前走，心里有底了。

我自己总结，走到这个岁数，实际上挫折、遗憾太多了，但是自己得到满足，有时候这叫傻，但其实傻子更高兴。有的人说咱脑袋不好使，实际来说，脑袋肯定是不好使，好使的话咱们就当博士、当大领导了。人的一生平平淡淡也挺好，在平凡的工作岗位上，咱们有这么多的业绩，领导还这么认同，就挺自豪了，还有啥不幸福的？幸福不幸福自己知道，我做出成绩我就高兴。

那天朋友说："你挺厉害，又是鞍钢劳模，又是'鞍钢工匠'，又是创新人物。"我说人生得失是平衡的，其实我这话就是对我的辛酸苦累的一种总结，你得到了一些，就会失去一些。我这么辛苦，现在腰、腿方面有一定疾病。现在每年还给我们进行一个体检，看看有啥大毛病没。这毛病啥的肯定有，我知道自己疼，腰也疼，腿也疼，但是不干活哪来的那些毛病？肯定就是辛苦干活累的。但是有成绩了，至少我心里高兴。就是这种平衡，别人可能不理解，所以我老说幸福靠自己。

张福多
我与鞍钢同呼吸共命运

亲 历 者：张福多
访 谈 人：刘凤文竹
访谈助理：张　珏
访谈时间：2020年10月22日上午9:00—12:00
访谈地点：鞍钢党校
访谈整理：刘凤文竹

亲历者简介：张福多，1973年生于辽宁鞍山，1994年考入鞍山钢铁学校轧钢专业，1996年毕业后被分配至鞍钢热轧带钢厂，2000年被提升为轧钢班组班长，2007年被提升为作业长。由于爱好学习和钻研，张福多于2010年左右成立张福多成长学习小组，2013年成立张福多创新工作室，同年被评为张福多国家技能大师工作室，是全国钢铁行业冶金系统第一家国家技能大师工作室。

张福多（左）接受访谈

一、为适应"1780"生产线而培训

我 1973 年出生,鞍山本地人,父亲是中学老师,母亲没有工作。我是家族中唯一一个鞍钢人,但是我妻子这边亲人都是鞍钢人,我岳父、岳母和我妻子都是鞍钢人。我是 1994 年考的鞍山钢铁学校,学的是轧钢专业,当时也是由于考试成绩不太理想,不想去念普通大学,就直接选择了念钢校。钢校的就业一直比较好,而且鞍钢也是鞍山非常有名的一个企业,是鞍山的核心,所以就考了钢校。钢校现在不存在了,当时有个体制改革,减掉企业的包袱,就把教育推向市场,鞍钢就不对钢校进行管理了。后来,鞍钢成立了一个鞍钢教学中心,负责企业内部的培训或者提升这些工作,原来的鞍山钢铁学校是面向全国招生的。

我们入校的时候是没有包分配这种概念的,鞍钢也不是全要钢校的学生。但是我们恰巧赶上个好时机,1995 年鞍钢开始技术改造、技术升级,我们 1996 年毕业,就正好赶上了这个契机。所以当年我们毕业之后,只要是正常毕业、没有挂科的,基本全部进入鞍钢了。但是进入鞍钢要分几级考试,企业里有不同的厂子,起码得是这一届的前十名,才能被分配到现在的鞍钢热轧带钢厂。

我 1996 年入厂从事轧钢工作,但我入厂之后并没有马上参加生产线工作。当时鞍钢有个口号,叫"鞍钢的腾飞从'1780'开始"[1],这是鞍钢的一个希望工程。这条生产线,确实为鞍钢创造了不朽的功绩,它当时就被称为鞍钢的"印钞机",它创造价值的速度,远远要比中国人民银行印人民币创造价值的速度要快,在不到两年的时间,就盈利 500 多亿元!为了适应这条生产线,从 1996 年 7 月到 1999 年 10 月左右投产之前,鞍钢下了很大力度给我们进行培训。1996 年九十月份到 1998 年中,我们在辽宁青年干部管理学院封闭学习了一年半时间,学习专业英语和计算机,就为了能适应这条生产线。因为这条生产线是从日本引进的,画面没有汉字,全是英文,所以我们毕业

---

[1] 指 1780 毫米热轧生产线,1997 年从日本三菱集团引进,1999 年 10 月份建成投产。

之后必须得胜任。

我们1996年毕业的这一届学生学的是英语,下一届学生学的就是日语。下一届学生跟我们同步,但是他们比我们晚一年,总共是一年半的时间,所以他们就学半年,这半年重点专攻日语。也就是说,不管你给我们的是日语的程序还是英语的程序我们都要会,所以我们这两批中专生,就完全是为了适应这条生产线定制去学习的。我们很多后来成功的程序,都是靠我们自己的力量去翻译的。

当时刘玠是什么意思呢?可能是因为他走过很多国家,或者说去过像宝钢那样的先进企业,他就感觉员工一定要全方位地提升,而不是说一点一点地提升,能力素质要全部到位。我们是新型员工,不要依赖进入现场跟老师傅接触这种方式,当时的老师傅是什么状态?他们会干,但是不会总结、不会说,甚至还有一些不好的习惯。所以,他希望我们这一批人进来之后,要以崭新的面貌去对待这条生产线。当时我们就像军事化管理一样,非常受约束,但是后来证明这种管理带来的收益是非常大的。

学习了一年半之后,1998年底,我们又上宝钢现场实地学习去了,去了100天,都是为了适应这条生产线。我们是厂子派去的,总共派了两批,每批十个人。选拔的标准之一是考试,包括英语达到什么程度,计算机达到什么程度,专业知识达到什么程度,也包括现场沟通达到什么程度。到那你得会学习,别到那你不会跟保管员沟通,那就白派你去了。鞍钢不希望把这种资源浪费掉,宝钢也不会让你无限制地去人。企业本来希望派一些老员工去,觉得他们会操作,但是刘总说不行,一定要派年轻人去,因为年轻人能注入新鲜的血液,他们的学习方法肯定跟老人不一样。事实也确实验证了这一点,老师傅虽然有经验,可以去操作,但是知识这一块完全靠我们年轻人。

当时我们有个老线,老线生产的产品比较低端,可以生产火车皮,但是汽车面板生产不了。当时宝钢能生产汽车面板,宝钢引进的是日本三菱集团的生产线,所以技术比较高端。我们去那里不光是看,还要知道回来之后如何操作。当时我们去了之后,每个人都跟着一个师傅走。我跟我师傅最狠的时候,我一天能跟他24小时,跟他到寝室睡觉。为什么这么做?你只有拿真心去结交人，人家才能把你当成朋友，先成为朋友，然后再谈师徒，这样你学东西也快点。我们也希望跟师傅多学点知识，要不然，当时宝钢是封闭的，对外是不会教你的。

我们应该是1999年初回的鞍钢，回来就过年了。过完年之后，就准备"1780"生产线的投产，包括工艺制度的制定、一些程序的编排等。当时我们还跟日本人进行一对一的跟踪学习，日本人每天收费非常高，1999年，我们的收入是每个月三四百块钱，但是日本人在这一天的工资是1600元，加班费是800元，比我们半年挣的钱都多！鞍钢付不起这个钱，所以希望我们快速学会，之后日本人可以快速撤走，这样可以缩短培训投入。所以我们回来之后，6月份搞技术现场，10月份就投产了，12月份就达产了，节奏非常快。

二、"鞍钢宪法"的继承和发展真正进入了快车道

我当时是普通的精轧压下操作员，2000年6月，我被提升为班长，是那个时候在线上工作时间最短的班长。当时，我们轧钢一个班组十三四个人，我手下有很多老师傅不服我，人家觉得老师傅当班长是必然的，我属于突然杀出来的一匹黑马。我赶上的年代比较好，我们领导是新上任的，他是副主任，当时还有一把手主任。一把手主任就想任命年长的老师傅，他对老师傅比较信任；副主任就想用年轻人。我们一把手主任不了解我："班组交给他你们怎么放心？带出事怎么办？质量出问题了谁能受得了？"后来他又说："我不管了，我就给他一个月试用期，干好就干，干不好就拿下！"这事情我是后来才知道的。

我当时虽然年龄不小，但是经验很少，那是因为我读书了，所以上班时间并不长。但是，我当时就很肯学，大伙儿也看到了，领导肯定也看到了，否则他也不会用我，他也会觉得有风险。我当时压力很大，不光自己要学习，还要带好队伍、管好班组，有时候下班回家都睡不着觉。我们是四班三运转，我不就是倒班嘛，凌晨12点下中班回家，洗完澡之后，大约凌晨12点40分，睡不着觉，坐那静思20分钟左右，回想一下当天的8小时做什么了，哪点

业务完成了，哪点业务没完成，给自己一个总结，再想想第二天怎么去做。所以，一来二去时间长了，就给自己锻炼出来了。

到2007年7月，我就当作业长了，作业长不光要管轧钢班组，还要管整条生产线。作业长相当于车间副主任级别，但是职能不一样，主任、书记是白班管理，中班、夜班没有人在现场，就靠我们这些作业长指挥，所以我们就被叫作"八小时厂长"。三班的时间段是8点到16点、16点到0点、0点到第二天8点这三个时间段。白天8点到16点的时候，领导都在，生产有人辅助；从16点开始到0点、从0点到第二天8点，这两个时间段领导下班了。领导下午5点下班，这条生产线就要听我们指挥了，所以，产品合格率、作业效率、质量控制都在作业长手里头。当时鞍钢放权放得比较好，因为我们有传承，鞍钢不是"两参一改三结合"嘛，工人可以参与管理，这就是最好的体现。

张福多在工作现场

当时确实不怎么太理解"两参一改三结合"，现在反过来回想这个问题，我觉得这是给一线工人的空间和平台。鞍钢在基层发展"鞍钢宪法"，而且是真正落到实处了，就像我们工人的等级序列评选，这都是对"鞍钢宪法"的继承。现在，我们基层工人可以进行四级技师、三级技师、二级技师、一级技师、特级技师、首席技师这六个等级的评选，这就给了工人很多评选的空间，这在原来是没有的。包括国务院政府津贴，我是第一批可以参评的工人，现在这些政策都打通了，不像以前，以前的政府津贴评选当中没有工人，全是干部，而且必须是科技人员。现在的政策是给了工人很多评选的空间，所以说，你是金子早晚会发光，你是这方面的人才企业总有机会能够给你立起来。

今年鞍钢又跨出了一步，可能原来也有，但是今年迈的步伐要更大。现在，我们工人真正有主动权参与管理了，以前的管理是在工人层面，现在完全从技术层面去管理了。现在干部岗位工人干是合规合法的了，我觉得这时候才是真正迈出了实质性的一步，"鞍钢宪法"继承和发展的快车道终于真正打通了。就像我，我是工人身份，但现在已经在管理岗位了，我现在是"1780"生产作业区主管工程师，真正上管理岗位了，这个岗位原来是本科生干的。原来我带领一个班组，现在我可以带领一个作业区，我就可以把我的优秀传统、好的做法在整个作业区推广，在我们厂推广，甚至未来可能在公司推广，推广面会越来越宽。这种变化会更加激发我的工作热情。有一些特别专业或者新的工艺流程、关键技术，都要我们懂行的人去管，我们执行得就非常好。我们跟工人交流是对等的，他不会把我当成干部，他觉得很多事跟我说没问题，我们上传下达的效率更高，效果更好。所以说，"鞍钢宪法"的继承和发展真正进入了快车道。

其实鞍钢现在又变化了，工人参与管理，一定要有一个真正的高级工程师带我们，这高级工程师一定得是干部，在管理方面指导我们。我现在跟高级工程师签协议，我有两个选择，一个是生产部部长，一个是我们生产副厂长于斌博士，他们其中之一和我签协议。就今年，2020年10月1日刚刚开始的，我们原来没有这样的培训。在此之前假如有人感兴趣，有抱负，有思想，也想去学，可以靠近某个人去学，但没有官方认可，现在是官方认可去做。

这对我个人的成长有很大帮助，使我成长得比较快。原来我们在管人这方面没啥大问题，但是在技术管理方面我们肯定是欠缺的，因为技术管理成体系，我们不在体系里，我们只是执行者。现在制定文件时我们能制定明白，在底下宣传贯彻时能贯彻到底，让每名员工都懂。但是，原来我们存在这个问题，培训的东西在基层执行时经常出现偏离，也不知道是文件错了还是执行错了，后来一论证，原来是因为每个人对这个文件的理解都不同。现在我们工人上来管理,就不存在这个问题了。我们制定的文件一定是接地气的,把官话翻译成大白话,翻译之前我还跟他沟通:"你看我这么说是你要表达的意思不?"所以说,沟通非常重要,就是说如何把底下的情况反映上去,同时如何把上层的情况传达下去,这都很关键。这些工作的推进也给了我们很大的自信心,对我自己来说等于是又给了我一个重新工作的机会,意味着另外一个春天要来了。

三、创新工作室是一线工人展示自己的舞台

2004年我当班长的时候,我们当时有个工程,生产的产品是石油管道,管线应该是S60左右,但是我们的生产性能始终满足不了这个要求。如何把这个产品轧制成功?当时就有一个生产部部长激励我,他说:"福多,这个活现在别的班干得都挺好,就你们班,一干就不合格!"这一句话就给我震住了,我想:是我能力有问题,还是怎么回事呢?我当时还小,我的想法是什么呢,你告诉我怎么做,我执行就可以了。但领导这句话说明我没有执行好,什么原因?我不知道。其实,这是他的一个谎言,他想逼我一下,看我能不能把这个事情搞成,但当时确实给我震撼住了。年轻人,尤其是年轻班长,那都是要脸的,如果班长都不行,还能带出什么好队伍?那意思肯定就是要免去你了。当时这设备我已经读得挺懂了,但是我没有参与创新,也没有想去创新,还没有尝到创新的甜头。

既然这个东西有问题了,我就研究,当时我下中班,凌晨回家,把资料全拿出来翻:到底是什么原因?是控制原因,还是操作问题?我想了四个小时,凌晨4点,我脑子灵光乍现。我为啥非要执行它的自动程序?我手动控制不就完事了吗?当时我特别兴奋,睡不着觉。我父亲是老师,教数学的,我就跟我父亲说:"爸,儿子给你讲点事,你看这合不合理?"我爸特别支持我的工作,我一喊他起来,我爸马上就坐起来了,说明他也没怎么睡实在。我给我爸讲一遍,他说:"儿子,这事儿你做到了!"第二天还是中班,我给领导打电话,我说:"我差不多了,你早来厂子一会儿看看,这个日本的程序不好,

很难完全自动控制,其实不用自动,我手动。"手动操作轧了10块,有7块成功了。因为手动做,就不能像自动那么快。后来领导说:"这不行,太慢了,影响节奏。"我又想:这东西我手动能做到,能不能附属到自动程序里头去?实践了这个想法,后来就变成自动控制,就成功了。当时领导还没吱声,我轧了几天,领导来了,说:"福多你真厉害,终于轧成功了!"我说:"不对,别人不是都会吗?不是就咱班不会吗?"领导说:"不瞒你说,别的班都不会!"

领导从来没有这么开过玩笑,其实领导也是看中了我的学习能力和专业能力,才给我这种机会,否则逼也是逼不出来的。这件事让我尝到了创新的甜头,对自己的影响也挺大,我刚来都不知道什么叫创新,现在我觉得提升产品质量、改变一些东西都叫一种创新。班组带好之后,荣誉陆陆续续地就都来了,鞍钢的先进共产党员、先进个人、操作能手,包括鞍钢的三届轧钢状元,等等。我2006年参加了全国大赛,获得了第二名。这些都让我感觉到了学习的魅力。做一个好工人,就得不断工作、不断学习,并从工作中积累经验。当时我有一段话:"如果理论来源于实践,你20%的理论与实践相结合,就变成一个合格的工人了;如果能达到30%,你就是这方面的精英;要是能达到35%—40%,你绝对是这行业的专家!"后来我也做到了。这就造就了我会从书上找答案,后来大伙儿都说:"福多特别好钻研!"有问题解决不了的时候,他们就让我去研究,一来二去,我就加入创新团队了,所以在2010年左右就成立了张福多成长学习小组,这就是我们创新工作室的前身,2013年公司就成立了张福多创新工作室。

张福多国家技能大师工作室是2012年开始申报,2013年批的,是全国钢铁行业冶金系统的第一家国家技能大师工作室。张福多创新工作室被公司推到了省里,又被评为省里的劳模创新工作室。2010年之后,国家开始大力提倡高技能人才发展,建设国家技能大师工作室。上海的王军国家技能大师工作室[1]是搞设备的。我们鞍钢的林学斌[2],在2016年还是2018年申

---

[1] 王军,现为陕钢集团龙钢公司炼铁厂电气工程师,2018年其工作室被授予国家技能大师工作室。
[2] 林学斌,现为鞍钢炼钢总厂三分厂连检三作业区电气专业点检员,林学斌劳模创新工作室被评为国家技能大师工作室的时间应为2015年。

报的国家技能大师工作室,他是搞电气的。全国钢铁行业冶金系统我是第一家国家技能大师工作室。我们大师工作室大概有 137 人,核心成员 30 人左右。其中,工人、干部都有,各占一半,实现了联合,我们好就好在这,如果全是工人或干部,我们的发展空间就会受限制。为啥我们大师工作室发展得非常好?因为我们是副厂长牵头,我们组长、各作业区的副主任都在里面。这有什么好处呢?我们有什么事就可以沟通,攻关的时候可以达成一种协作,合作能力非常强,我们很多工作就开展得非常顺利。

原来,我们的工人是不可以参与科技评奖或者撰写论文的,想创新的话只有跟厂子的技术人员联系,然后挂人家名去写,自己只能当第二作者,没有别的途径。后来,国家和鞍钢都认识到这个问题了,就成立了创新工作室。原来工人可能写个合理化建议,厂子奖励 100 块钱,现在起码给一线员工提供了一个平台。要想把我们这些技术员工提升基层生产效率、控制产品质量的一些好的做法收集起来,就要靠我们技能大师工作室和创新工作室。像这些民间技能人才,包括一线工人都有了展示自己的舞台,原来我们的基层员工是没有这方面机会的。

张福多(右二)与工友们

我们厂子现在不光有我一个张福多创新工作室,从我的创新工作室中还孕育出了三个创新工作室。这几个工作室的负责人原来都是我的成员,经过几年的发展,每个人都具有独当一面的能力了,也获得了很多荣誉,什么鞍山市劳模、全国技术能手,公司就让他们去重新开辟另外一个大的空间。但是,我们还有联合,一旦我有问题我就可以召集他们在一起开会,这样我们各有专攻,还有协作。所以,我们这项工作又得到了公司的认可,公司要把整个公司的创新工作室进行横向联合,这就真正把我们基层员工的水平和科技联合了,所以创新工作室的联合非常关键。

现在鞍钢创新工作这块做得非常好,横向联合、纵向联合都有。横向联合是指企业之间,纵向联合是指工序之间,就是在一条产业链,炼铁、炼钢、热轧、冷轧之间联合。比如说,我们当时出现一个质量问题,板坯上表面老有轻微的划痕,不知道是设备造成的,还是板坯造成的,排查不了。正好我们创新工作室联合了,他们跟我提这个事,我说这事交给我,这很简单,把坯子上下表面翻一下再轧,如果还有划痕就是轧线的事,如果换表面了就是炼钢的事。我创新工作室的人员执行力比较强,俩小时就翻过来了,他们翻过来轧,一看是炼钢的问题,不是轧线的问题。我就说"这是很简单的事,你又论证这又论证那的都不如实践操作检验一下"。我们后来参与了很多鞍钢大型课题的技术攻关,也做出了不少成就。

我们工作室的重点是什么呢?我们的主题是"技艺传承,技能创新"。举个例子,辽宁省当时成立技能大师工作室,我是最年轻的领创人,很多师傅年龄都比较大,都在60岁以上。他们担心的是:等我退休了怎么办?谁能承接我的东西?他们提了很多问题,这些问题辽宁人社部都很难答复。当时,我介绍完自己以后就说:"我来谈谈我的想法吧。第一个,老师傅的传承真的是我们国家的宝贵财富,也是我们企业的宝贵财富。我希望各位师傅能带好一至两个徒弟,或者选一到两个苗。你的名字不会改变,比如说李万君国家技能大师工作室,当你退休了,李万君不会消失,但是可以是'李万君国家技能大师工作室之张福多大师站'。把你的名字放在最前头,你永远是领头羊,但是后边可以有传承的人。否则的话,退休之后,你还不教人,底下就没有人了。假如你在这个地方消失了,这个地方还不发展了吗?"后来这些老师傅说:"你的思维方式可以啊!"当时也是因为这事,辽宁省评了100个"辽宁工匠",鞍钢给了5个名额,我就是这5个工匠之一。

三、我从来不相信教会徒弟饿死师傅

我刚来鞍钢的时候也签了师徒协议,协议有固定的版本,然后签上师傅的名字和徒弟的名字。单位会选一些比较有经验、操作比较好的老师傅,一般不是台长就是副班长,因为班长比较忙。我亲师傅,就是签字的那个师傅,没带我多长时间,但是我很尊重他。我1996年7月份入厂,到10月份去培训还有几个月的时间,头一周我师傅一句话都没跟我说经验和技术,第一点,他怕教会徒弟饿死师傅。因为他那个年龄段在50岁左右,教会你,你就会马上顶岗,他就要下了,这个是很可怕的。第二点,如果师傅教你两天你走了,师傅就白付出辛苦了,道理是一样的。但是我做得非常好,天天给他倒茶,天天给他打饭,天天给他刷饭盒。后来一周之后,我师傅感动了,他说:"你这小伙要干啥?你不就学点习嘛,你用不着这样啊,我也不是你父亲。"他其实想把我逼走,我说:"你是我入厂之后第一个师傅,你就相当于我父亲一样。"我就还是那样做。有付出肯定有回报,后来师傅就教我了,但是教的时间并不长,师傅就生病了,休息了,所以我亲师傅没教我多少东西。后来,我又有了一个师傅,他叫潘忠良,他不是我的协议师傅,但是我知道他是轧钢操作高手,轧钢状元,我就暗暗下决心,就要跟他靠近,跟他学。

那是2002—2003年的时候,我和潘忠良师傅被分到一条生产线。他是我们这个线的班长,很幸运,我是组员。我一直没开这个口,但他承认我是他徒弟。他自己有徒弟,他徒弟也过来了,我们俩还是一个班组。其实我2005年就可以被提到作业长,为啥我2007年才提呢?就是因为他徒弟要当班长了,就一个名额,我师傅说:"福多,你的机会很多,因为你现在成长得比他快,我希望你这个时候让一下。"我说:"行,师傅。"可能就这一件事把我师傅感动了,他就什么事都教得非常认真。我也是认真学的人,技术方面往往就是一层窗户纸,师傅点你一句,你就通了;如果师傅不说这句,你就得研究半天,就这道理。当时我有什么思想呢?见着高人必须好好学习,不能错过这次机会,所以好多东西都是从他身上学到手的。我当作业长之前,作业长的活我全会了,我师傅全教给我了,我当作业长的时候,就不用去学习了。

2006年建鲅鱼圈的时候，大批新毕业生来，我也开始带徒弟了，我现在的徒弟都是研究生。我现在身边还有两个徒弟，但是我带的已经有三四十个了。徒弟都得签师徒协议才算，我还有些"记名"徒弟，就是已经跟某个人签了师徒协议，但是想跟我学，虽然我不能把他签过来，但我也教。现在师徒制很普遍，每一个新来的都有师傅带。带徒弟的话，单位是给钱的，带一个徒弟一个月给150块钱。一般的话，我们一年签两三个徒弟，一个徒弟带一年，一年之后考核合格就出徒到岗位上去了。我们有个行话："一年有影，两年成型，三年才能成为合格的操作员。"什么意思呢？就是说，学一年，你就有这方面的思维方式了；第二年成型，你基本上可以胜任这个岗位，但是还得有人监护你、照顾你、帮助你，给你提醒；三年之后你就能独立操作了，如果三年还不能独立操作，那就说明你不是一名合格的操作员。出徒之后，师徒关系就不存在了，但情感上还存在，一般都喊一辈子师傅，但那种责任没有了。当时，当师傅没有标准，但是现在我给领导建议要有标准。标准是什么呢？第一个，师傅一定要热爱企业；第二个，要懂得沟通，然后才是技术方面的专家。如果前两点做不到，你就是技术专家也不能当师傅。

现在很多人都觉得师徒情谊变淡了，不像以前那么浓，但是作为我来说，我觉得并没有变淡，为什么？比如说，我带这个徒弟，一段时间后，他高升了，他可能不一定尊重师傅了。但我觉得，这个东西没有必要去强调。我带出过鲅鱼圈厂长、公司副总，你还非要人家尊重你吗？这个事情不是情谊淡了，是思想变了。像我带徒弟，在工作上我们都认真对待，但是在生活中我们就是朋友，要徒弟无限尊重师傅怎么可能？即使是你自己的子女，他也需要这种情感的付出，所以我觉得这东西并不是变了，而是说我们有些人的心态变了。

我带徒弟毫不保留，我从来不相信教会徒弟饿死师傅。我觉得，如果徒弟超过你了，说明你的学习能力在下降，徒弟的学习能力在提升。所以，不管去鲅鱼圈讲课，还是去攀钢、朝钢讲课，他们都希望我去，为什么呢？因为我毫无保留，我会的东西我会让别人也会，否则这东西我带着也觉得没有意义，我也不想把这东西全部留在自己身上。其实你教徒弟的过程也是一个

张福多(左一)与工友协作完成生产任务

反复学习的过程,这样自己的知识也就得到巩固了。现在有潜质的、聪明的徒弟谁都爱带,为什么爱带?带过两天,他马上就发展起来了,他能接你的班,或者在这方面能做出成绩。我们不希望带的徒弟教半天都不会,但其实也很正常。其实,笨不可怕,最主要的是要有学习的态度和劲头,人不能不聪明还不认真,那是坚决不允许的。在带徒弟的过程中,要无限放大他们的闪光点,让他们建立自信心。教徒弟要切记不能打压徒弟的自信心,因为孩子很年轻,这种打压不可取。我最有效的方法是什么呢?就是要干什么我不直接告诉他,我不说去把那事做了,比如说,我想喝水,我不会说你给我沏茶水还是拿矿泉水。我都是让他们自己去想,想不明白可以问我。如果说,我告诉他去把那矿泉水拿来,他就直接拿来,他就不会去想茶壶里面还有没有热水。教知识也是一样,你什么都告诉他了,他记忆不深刻;要让他有失败的过程,让他自己总结一番,再告诉他真相。

四、学习给我创造了非常大的乐趣

我来到鞍钢之后,没有什么依靠,就是靠自己,所以我觉得自己必须得强大才能走得更好,走得更稳。关键就是认真、执着、学习,学习给我创造了非常大的乐趣，也给我带来了很大的成就。举个例子，我1998年参加英语四级考试，我进去答35分钟，就轻松过关了。我当时是真想去学，也感觉到自己在这方面的不足。因为我没念过大学，钢校是中专不是大学。虽然我是中专生，但是到现在我接触电脑21年多，这是纯整年学习的时间，不算一两个月的零碎时间培训。我自学计算机四年，自学本科两年半。我是鞍钢三届轧钢状元，全国竞赛第二名，比第一名只差了0.02分。我们当时生产1.2毫米的钢，在我手中生产的量是所有其他轧钢工的总和，为什么？我并不比别人优秀到哪去，但是我就是钻，学什么东西我都去钻。

我当年参加全国竞赛，在这封闭学习半年，公司领导怕我们学习不认真，就过来看我们。他看了我半个小时，我一眼也没看别的地方，一眼都没离开过书。他后来跟我说这事，我说："领导这事你用不着做，为啥？我想学习我就来了；如果我不想学习，我不会在这坐着，我可以到现场去工作。我觉得我需要知识水平的提升，所以我才来这地方，根本不用去监督。"当时按照规定是早上8点上课，晚上7点休息，但是我每天晚上至少得学到10点。考完试之后，我答完的卷子都可以当范本，一是规整，二是思路非常清晰。刚开始他们怀疑：是不是漏题了？是不是他看到标准答案了？要不然怎么能答这么全？其实我的答案跟标准答案是不一样的，标准答案有的点我全有，我只能比它多，不能比它少。因为我当时已经在现场工作几年了，有一定的经验，我把现场的经验与答题都给总结在一起了。我现在工作已经有25个年头了，我还是觉得学习很重要，这可能就是自己的兴趣，我跟我儿子也这么说："喜欢是最好的老师。不喜欢的东西永远学不好；你要是喜欢，想干不好都难。"

这种学习过程也给我带来了非常大的成就，因为我现在是鞍钢的首席技师，享受副部级待遇，鞍钢也就几个享受这种待遇的，你们可能知道的有李超、林学斌。虽然今天回想起来也挺不容易，但是企业给我的回报是非常巨大的。我很幸运，生活在这个年代。我走的路就是李晏家的路，但是李大哥一点都没得到实惠，在那个年代无论做出多大成绩，奖励也就是一辆自行车、一个电饭锅而已。但是到我这，国家对高级人才的重视程度与之前不一样,待遇也不一样。所以李晏家说:"福多,你太幸福了！福多,你真有福气！"所以说,这个东西也是可遇不可求的。

我不能说我的一生都怎么样,但至少在1996年之后,我见证了鞍钢的改造和发展,包括它痛苦的时候和幸福的时候,我都伴随着这个产业。我现在希望鞍钢能涌现出无数个张福多,这样鞍钢才能真正地创造辉煌,才能高质量发展。因为鞍钢的发展和我个人的成长息息相关,有企业的发展才有我的发展,我希望企业快速发展,我也希望为企业做更大的贡献,所以我希望能够与鞍钢同付出共命运地发展下去。

刘 铁

钢"铁"是这样炼成的

亲历者：刘 铁
访谈人：陶 宇
访谈助理：刘奎麟
访谈时间：2020年10月23日上午9:00—12:00
访谈地点：鞍钢党校
访谈整理：刘奎麟

亲历者简介：刘铁，1984年生，男，辽宁鞍山人。大学毕业后加入鞍钢，现为炼钢总厂连检作业区班长，也是职工创新工作室主要参与人，兼任辽宁省职工创新工作室、鞍山市级劳模创新工作室领创人、鞍钢青年高技能人才协会会长等，并获得国际发明展览会金奖、全国发明展览会金奖、全国青年岗位能手、鞍山市五一劳动奖章等众多荣誉。

刘铁（中）接受访谈

一、"钢铁后代"的钢铁情结

我是土生土长的鞍山人，在鞍山农村长大；而且，我也是"土生土长"的鞍钢人，我的父亲、我的爷爷，还有我的二爷，都是在鞍钢上班的。我从生下来就没见过我爷爷，但是我二爷一直跟我们一起住，他在厂内是开火车头的，他每天回来都会给我们讲火车的事。我的父亲在鞍钢是搞钳工的，相当于钳工班班长。可以说，我从小就是在这种浓厚的鞍钢氛围里长大的。

鞍山市作为钢铁行业的长子，也叫钢都、玉都。我还记得小时候，鞍山市有个电视节目叫《鞍钢大舞台》，还有一个节目叫《钢都新闻》，鞍山市的新闻都是以《钢都新闻》为主，主要内容还是围绕着鞍钢。我家里的一些亲戚、身边的一些朋友，很多都直接、间接与鞍钢有关系。那时候大家都挺羡慕鞍钢职工，不知道你们听没听过，那时候说谁家是"双钢"的话，那就是非常牛的一个事情，因为，鞍钢职工的各种待遇、福利是非常好的，这在别的企业是没有的。而且在以前那个年代，鞍钢职工有过节发东西、安排旅游这些福利，这是别的单位都没有的。我丈母娘也是本地人，他们这个年代的老人对鞍钢的感情特别深，一提起谁是鞍钢的都特别羡慕。和我丈母娘一个村的人家要找对象，找了个中国三冶的，他们家以为三冶归鞍钢管理，结完婚以后说三冶不归鞍钢管理，就特别失落，这就说明农村人对鞍钢的那种向往。走在路上，你穿什么报喜鸟牌子的衣服没人羡慕你，但如果你穿个鞍钢工作服，别人就会高看你一眼。

可能是受家庭的耳濡目染，我从小对机械就特别感兴趣，所以高考的时候我就报考了沈阳工业大学机械类的专业。在学校期间呢，我就入了党，系里总共160人，我总成绩排第九名，还拿过全国机械设计二等奖，算是比较上进的人吧。后来到大学毕业，我有很多的去向可以选择，像沈飞、北京南车等，那时候都要我去。后来我跟我对象，也就是我现在的爱人，我们俩就商量说，咱就回鞍山吧，离父母也近。因为我们那时候基本都是一家一个孩子，虽然她家俩，但我家就我这一个孩子，再加上极深的钢铁情结，所以我们就选择了来到鞍钢。

二、入职鞍钢，探寻职业正路

不瞒你说，当初我就是想着本科毕业坐机关、搞科研，但是来了以后，像我们搞技术的需要干现场、管设备。我进厂的时候也有个师傅带着，跟师傅签了师徒协议。应该说，我从小到大耳濡目染的，一直受到鞍钢的影响，但是从来没真正进入厂里过，不知道什么概念，只知道在电视上看挺好看，钢花四溅的。但是，你一旦站在它旁边，你就感觉特别失落，被烫到怎么办？而且现场多多少少有灰尘。你想，你家生炉子都冒烟，更别说那种东西了。所以，当时干现场的时候，你就会看到钢花四溅、到处粉尘，尤其是那时候钢转工。还有，工人检修的时候，那衣服造得特别埋汰。你看到这些的时候，心情是挺失落的，所以我有时候给新来的大学生讲话也会说到，每个人都有这种经历，我那时候也是刚毕业，是个毛头小子，都有那种感受。

刘铁在工作现场

当时面临这些问题也会有一个巨大的落差感，签了别的单位的同学可能是在办公室工作，咱干现场，比较埋汰，所以心里肯定是不适应的。后来又想想，你既然选择这行，你既然想留在鞍山，而且这种企业就是这种性质，你就得这样干。就像消防战士他也不愿意往火里冲，但是干那东西就得往里冲，人家师兄师弟全往里冲，那他能不往里冲吗？能不去救火吗？所以，这就叫一种岗位职责。包括现在拍的电视剧《在一起》，你看那疫情期间，保安都想走，但没办法，这就是岗位职责。如果每个人都没把岗位职责放在内心重要的位置，那怎么能干好工作？你看现在疫情，中国人凝聚力多强，美国人为什么那个样？不听话啊，让你戴口罩，不戴；让你在家待着，你不——太自我。这时候就体现了共产党领导的好处，所以，咱们之前是没遇到事，人遇到事的时候才会感觉到什么是好的。像意大利，全员靠自己，免疫力行的就活着，不行的就拉倒。咱们中国 90 岁的人国家还给治呢，不管你多大岁数，就不想让你死亡,就得救你,国家也花不少钱,这就是一个岗位职责。

比如说毕业,你跟人家说"我英语非常好",但是你四、六级没过,这就没有用。你跟人家说"我学习非常好",但成绩单上面挂科一堆,这也没有用。评价学生看什么?就看成绩单,说别的没有用,这是公平的。你是学生,任务就是学习,你跟人家说别的没有用,讲一些社会的乱七八糟的东西没有用。这个成绩单是个敲门砖,将来进企业以后,这东西有没有用是另一说,但这是敲门砖,你就先别管将来有没有用。英语将来能不能用我不管,但这就相当于你需要把学习当成一种任务,你毕业的时候要过四级,这叫任务。你不要管它将来有没有用,那怎么人家能过,你不能过?在同等学习条件下,人家过了,人家把任务完成了。你也要把它当成一种任务,将来有没有用不是你能衡量的。

刘铁在德国考察学习

所以,后来我就欣然接受这个工作了,不接受也没办法。你既然接受这个工作,那你就要干好,怎么都是一天;包括你们也是,而且相对于私企来说,在国企好干一些。像习主席讲的"只争朝夕,不负韶华",我总感觉自己刚来没几天,现在一转眼都14年了,一看后面来的小孩这么多,我还总以为我是新来的。时间过得很快,咱们感触很深,所以一晃咱们都三十七八岁,快40岁了。

我自认为,我尽我所能,一直在努力,没有荒废一天,也没有荒废我自己。我这个人爱总结，每年都总结，今年对自己有个小期盼，自己做了什么，有没有什么成绩，等等。老人说，人活一辈子，不一定活多大岁数，但总得活出来个质量。人一生得有个追求，最终跟谁比，一辈子干了什么活，别一辈子合计合计什么都没干。我刚入厂的时候，进和平桥，看到那些大照片，那都是我们鞍钢的楷模，我就特别羡慕他们，我说鞍钢几十万人中竟然能出来这几个人，这多牛啊！他们给子孙后代带来的不是多少金钱，而是说，这种精神财富是祖祖辈辈都能受益的。

所以说，学生就研究学习的事，不用研究别的，别的都不是你考虑的。同理，我上班就研究自己的设备怎么能不坏。RH 炉①设备刚入厂，是引进德国的，现在包括宝钢、武钢，国内的这些知名钢厂都引进了 RH 炉。它是干什么的呢？我们所说的汽车板，或者一些军用钢、超低碳钢，都出自 RH 炉，属于必经之路，只要超低碳钢肯定是从 RH 炉出去的。但这项技术是从德国引进来的，国内没有，我们整个系统相当于在真空状态下冶炼钢水。一个大气压不是 101 千帕吗？人家是 0.2 千帕，我们在这种负压的条件下生产钢水，而且这一台设备都上亿元，我们鞍钢有 8 台 RH 炉，都是引进德国的。我记得 1996 年，我们引进第一台 RH 炉，这么多年随着使用，设备也陆陆续续老化，再加上技术不像手机的更换成本那么低，手机一般都是一年就换代，但是设备实现不了，太贵了。所以，对于企业来讲，不可能说现在有好的设备就直接上，而是还在一直使用着旧设备。虽然设备没变，但是我们的生产跟以前肯定不一样了，钢种、质量的要求、产量的要求等跟以前不一样，包括现在每个人的工作强度、用脑程度跟以前肯定也都不一样。实际上，我们鞍钢这几年也逐渐在换生产设备，但是实现不了全换，因为这个费用是非常大的。说白点，我要炒这个菜，马勺还是原来的马勺，我还得用这些东西，调料也还是那些东西，工具没有改进，那咱们就得想招，这时候我们创新工作室的作用就体现出来了。

---

① RH 炉全称为 RH 真空循环脱气精炼炉，其主要用途是利用真空条件脱除氢气，一般在对钢质量要求高的时候使用。

三、我把鞍钢创新工作室打造成品牌！

我的师傅是四年前退休的,之后我就接了他的创新工作室。这是个省级劳模创新工作室,主要围绕我们厂的营销、生产、质量、工人、劳动强度等一些东西进行改进、攻关。比如说存在什么问题,工人有什么反映,比如人家说喝这瓶水拧这个盖费劲,原来需要三个人拧,现在企业改革增效,需要一个人拧,但是一个人拧不动,咱们就要给他想招,通过整个什么东西让他一个人可以拧,咱就是干这活的。我们还要应对一些工人反映的问题,比如加的料收缩率低,东西扔了一吨,最终进钢水里的三分之一都没有,都燃烧了,这怎么办呢？咱们就想招。人家有什么需求,咱们就运用咱自己的经历、智力来研究怎么满足它,工作室主要围绕这些东西开展工作。现在我感觉创新工作室也很有用,因为企业不能说遇到什么问题都去买新的设备。就像洗衣服似的,洗衣服就搓费劲,洗不干净,现在农村有的人就拿棒子打,这不都是招吗？你如果没想到招就搓去,有的地方可能搓烂了都没洗干净。

我们工作室这里有高级工程师,还有厂级领导挂帅,技术的、行政的领导都有,一些解决不了的问题,领导就要协调。因为搞创新,就要涉及全厂,涉及方方面面,比如涉及技术,就需要技术方面的领导去给你做支撑。我们一个总厂下面有几个分厂,假如想在上面干点什么东西,你要没有人做支撑,就会困难重重。所以,就是既需要技术的领导支撑,又需要行政的领导支撑。像我们设备的厂长支撑我们,我们生产的副厂长,包括总厂的书记,下面一些技术人员,还有工人都在给我们做支撑,这就是体现我们"鞍钢宪法"的一个最好典型。我们会定期开展创新课题的搜集,或者疑难问题的现场研讨会,也给生产设备方面定期开会。在会上,大伙儿把工人的诉求,还有职能部门的诉求提上来,我们进行研讨、筛选,主要就是围绕我们能解决哪些问题、不能解决哪些问题。因为不是说什么都解决,而是要去看看这些问题我们能不能解决,或者我们能解决什么,但是这些都需要厂子给予支撑。

举个例子,之前我们炼钢厂是一条产线——连铸产线。那时候有一种加轧机，连铸机是把钢铁液态变成固态，包括炼铁炼钢连铸，连铸就是我们跟轧线的交界点，我们把液态的钢水变成固态的形状，到时候热轧、冷轧再轧成板，轧成各种形状。现在我们的人也有在那个岗的，环境不好，粉尘还大。工人往钢水表面加保护，可以隔绝热量，防止散热，防止钢水氧化，还能起到润滑的作用。一震动，液态的钢水变成固态的板坯。现在干这个东西，我们厂就有一个引进的自动加轧机，一台130万元，我们这修不了，每年还给人维保费用25万元。前几年钢铁形势低谷的时候，没有钱买这个东西，工人摆脱不了这种苦力劳动，而且还有危险。在距钢水一米多远的距离，经常出现喷冒、烫伤的状况，可能你也听说过钢厂是很危险的。当时咱们的厂长叫王军，他提出来说："这东西太贵了，咱们能不能自己做？"可能当时这就是一个想法，也可能你从来都没想过，但领导一提，大家伙就想想怎么做，就从这么个出发点自己做。那时候我们就开始研究，经过了一年终于研究出来了。我们自己做的跟进口加轧机相比，可能外形上人家高大上，我们这个土点儿，但我们才需要3万块钱。

工作室这块在鞍钢是相当有历史了，最早的工作室是鞍钢李晏家师傅的。那时候李晏家、李新林是最早一批，现在鞍钢的创新工作室大大小小得有上百个了。我们要干什么，集团会有各种政策，相比于其他单位，鞍钢在这块还是有一些非常好的条件的。员工有地方，工人享受补助，你想干什么，企业给平台、给支撑，那就看你自己怎么干。其他企业不具备这些条件，工人就是工人，你还有什么可蹦跶的？工人就没有太多的想法，就是个工人，就是再过30年也还是工人，也就这样了。在鞍钢不一样，你可能还有更高的发展，即使你是工人也可以享受副处待遇。

我们鞍钢这种大企业，人文关怀比较好，我觉得这也是我们鞍钢的一个特色。在鞍钢，员工有什么想法，企业给你投资，拿钱让你去做，支撑你去搞技术研究、技术开发，也允许你失败，这就是我们鞍钢对员工的信任。像我们田勇厂长总讲，"我允许你失败，你就去干"，所以在领导的这种大力支持下，员工的创新热情也是非常高的。可能在其他企业你不敢想象，如果你是个工人，想干啥你根本干不了。但是在我们鞍钢这种平台，就会有很大发展空间，我觉得鞍钢这个特色也好，信任也好，你的想法在这是可以实现的。鞍钢会给你提供展示才华的平台，也提供给你这些机会、资金、保障等各种支持，那剩下的就是员工如何发挥自己的能力了。

我们这些创新工作室经常会搞创新工作室联盟，就相当于我们鞍钢这块各个工序之间的联合，尤其是上下道工序之间的工作室进行联盟，这是最接地气的。就我们上道工序的工作室跟下道工序的工作室进行联盟来看，我们之前是沟通不了的，在工作室联盟这部分你就可以去很好地进行交流。比如，前段时间我们在热轧进行联盟，人家就提到一个问题：在进输出管道的时候，由于发生倾斜影响吊运，那怎么办？我们就把这项目承接下来，我们两个工作室进行合作，就这个问题进行攻关。现在通过我们研究的一套最终装置，就把这个问题解决了。这是我们自己研究的，这就是上下道工序之间通过我们创新工作室的联盟，解决了现场实际存在的一些问题。

刘铁（左二）参与技术讨论

我们鞍钢博物馆、展览馆里有一个鞍钢创新工作室沙龙，鞍钢集团工会会邀请我们这些工作室成员进行定期交流。那里面有个专门的开会地点，工会就把大伙儿召集过去，针对制约自己的瓶颈问题，大家头脑风暴法也好，集思广益也好，就在一起研究。在研究过程中，你存在的问题可能要研究到晚上10点，但可能我一个小小的建议就帮你解决了，所以这个平台是非常好的。你看，厂领导的支持加上公司政策好，员工创新也好，或者做其他什么也好，这个幸福感还是很强的，这就是鞍钢的一个特色，就是对工人的信任。咱说那"五百罗汉"，他们来之前是干什么的？老农民、打仗的，没有文化，来了之后怎么把一个企业带起来？没有任何管理经验，依靠啥？依靠工人，工人有经验。就像咱们老同志，我爸是老红军，卷上裤子就能种地这么一个人，来了企业之后对工业什么的根本不了解。鞍钢是一个特大型企业，共产党进鞍钢没有任何管理企业的经验怎么办？依靠工人、依靠群众，必须得毫无保留地相信工人、相信群众，这也是一直保留到现在的传统。

鞍钢从 1948 年建立以来，这一直都是个传统，只不过不同时期叫法不同，那时候可能没有什么创新工作室那种叫法，但是工人就是善于管理，工人都竭力帮助工厂发展，鞍钢就一直有这个传统。到哪年我有点记不清，可能二〇〇几年之后才有这种叫法。别的企业我也去参观了不少，每一个企业工作室都有自己的特色，但是咱们经过走访，也不是说自卖自夸，我觉得最接地气的还是鞍钢这块，不信你可以去看一看。你看大部分企业包括外面的企业很多工作室都存在，但你要看工作室它是一个架子还是一个实体。像我们鞍钢工作室有检修间、具体作业地点，很多东西鞍钢这块还是比较务实的，不是说为了应付检查去弄那些摆设，而是真真正正让它起到作用，包括我跟你说的各种支撑政策。有的企业可能是自己干自己的，到时候一来检查，集体作业弄一弄，或者个人、厂长的比赛弄几个证书往那一摆就完事儿了，实质上企业没有自始至终去支撑，包括支撑工作室发展的一整套规章制度，包括项目的开展，都没有一个成套的体系。很多企业可能都没有这些东西，我认为那就是一个架子，没用。

我们鞍钢员工可以通过创新工作室这个平台参加各种发明展，我也是受益者。我 2019 年参加第五届全国职工展获得全国第六的成绩，你看第一那是谁？第一是中国航天的，第二是盾构机的，第三是"天眼"的，我是第六。全国各行各业去比较，相对人家来说，钢铁肯定是夕阳产业。我当时心情挺复杂的，感觉人家一提，什么"长征"几号、"天眼"，咱能提啥？钢厂遍地都是，他们那都是全国独一无二的。我感觉，我出去比赛不光是代表我自己这个项目，不仅代表鞍钢，我感觉我代表着钢铁企业。我应该怎么代表钢铁企业? 怎么在全国这些评委还有这些选手面前展示我们钢铁行业工人的那种创新精神? 你看人家一说全是航天、盾构机这些,他们做中国的那些大国重器,我们做的是钢铁,我就尽可能把我这个东西表述清晰,包括怎么创新的,带来什么样的经济效益和社会效益,解决什么问题,等等。我尽量跟评委讲述清楚,当时也比较幸运,获得了全国第六。

在全国钢厂中,我们鞍钢这块的工作室一定要叫得响,最起码钢铁工作室这块,通过我们职工的创新、务实,咱得争取名列前茅。有些行业咱们可能比不了,因为有些东西有先天的优势。我就讲同样是电焊,人家焊火箭,你焊锅炉,你怎么弄也弄不过人家。这种区别是现实存在的,那怎么办? 就像我说的,通过自己的努力形成我们鞍钢创新工作室的特色。像我们现在就有自己的特色,我们以前职工创新这块围绕的还是小改小革,针对原来存在的一些问题做一些小工具、小发明,改一些东西。现在我就想,鞍钢领导也说,我们职工能干什么,那我们现在就研发什么产品,我们相当于一个小型设计院,是属于职工组的。像我们刚才说的,机电一体的,包括我们现在叫智能控制的,因为我们又升级了,能实现智能化,不同的钢孔自己跟着动、自己能识别需要加多少料,这是我们研究的。

四、工作的艺术

我有个梦想,就是通过这几个创新工作室的联合,最终打造一个我们鞍钢工作室自己的品牌。这个创新品牌可以让人来参观,让人眼前一亮,说:"这是工人干的吗?"包括现在工人见到我说,我们的一些模型都是我们自己做,电控的、自己操控的这些东西、这些机器人都是我们自己来做。当我告诉你这些机器人都是我们自己人工打造的时,这多牛啊!

我的师傅林学斌,全国劳动模范。我从入厂到现在就跟林学斌师傅是"一副架"①,我们都是负责二炉的,他负责电气部分,我负责机械部分。我现

---

① 指在生产环节中,两个人在同一个环节存在不同分工,因此需要进行两人协作的一种合作关系。

在走的这条路，包括走到今天，我想与我师傅的关系是非常大的。我们从"一副架"变成现在的师徒，原先我叫他林师傅，现在叫他师傅，师徒间的关系没有差等。弟子当然得听师傅的，但那种听不是说是因为上下级关系。我的专业是机械设计制造及其自动化，所以我相当于机电一体。但我师傅他就是负责电气的，所以咱俩"一副架"还是非常合拍的。如果我要学纯机械，可能电气的不一定会，所以跟我师傅还能学到很多东西，包括电气的东西。而且就因为我们俩存在着这种合作关系，咱俩也挺合拍，所以在我们这个炉子上创新才会这么多，因为很多问题都是咱俩去研究的。创新肯定是靠团队而不是靠个人，一个成果的成功肯定是靠大伙儿的一起努力，所以我说取得的成绩肯定属于大伙儿。

我们当时还要签师徒协议，一年一签。像我们鞍钢出的政策是，如果带一个徒弟的话，一个月给师傅200块钱，或者一个季度给师傅几百块钱，这是公司给师傅的补贴。师徒之间会签一个协议，那里会有一个明确的条文规定，在师徒协议期间你要教会徒弟什么内容，到时候会考核的。不能说签完师徒协议，钱到手了，到时候却一点反馈也没有；也不能说这一年过去了，徒弟来时候啥样，今年还啥样，那不行，白花那钱了。鞍钢会在年底考核，评选优秀的师傅、优秀的徒弟，包括现在鞍钢集团要评师徒项目。就是说你师徒俩得有个联合项目，到时候评比，这些都是人力资源部门搞的。所以说，鞍钢的做法非常接地气，不是自卖自夸，而是因为亲身感触，觉得事实如此，很多企业可能走形式的情况确实多，这不可避免。但鞍钢在职工创新这块，我认为还是非常接地气的，他们真的想去激励工人干点事，有一个完整的体系，而且这个制度是非常完善的。

我还带领着一个33人的小团队。领导像一门艺术，也有领导学这门学问，各种书里也都在讲。领导会认为，咱们自己可能没研究过飞机、没研究过航空，但是让你研究你能研究出来，那是因为你是干那玩意的，只是我们隔行如隔山，没干过那东西。你瞅别人那东西都挺难，你就觉得自己天天没整啥玩意。你看搞网络的，你问游戏咋研究出来的，他就会说这玩意啥也没有。你不信你问任何一个人，他会告诉你他啥也没有，因为他熟能生巧，他老整那玩意。他瞅咱炼钢还纳闷：这玩意能炼钢吗？咱瞅这玩意也没啥,人家可能就觉得挺复杂。咱瞅他们也是一样,一个道理。就像我参加全国比赛,虽然我自己怀疑咱这炼钢能不能行,但是人家也有叹为观止的感觉,我觉得管理也是一样的。

刘铁(中)指导班组工作

我想,管理就是从人上、从事上因人而异、因地制宜地去做。就像我说的,因为我干的一直是这么一件事,跟大伙儿相处的时间特别长。而且我感到,你得让员工喜欢这个工作,这样他才能干好。他要是整日带个情绪,那肯定干不好这个工作。那么,你怎么让他干好呢？提供平台也好,提供支持也好,再就是勤帮助,因为有些人需要。有的人可能独立性强一些,有的人就弱一些,有的人不敢找不敢问,有点问题自己解决不了,憋得直够呛,憋得直闹心,挺抑郁的。工作中什么人都有,所以你就得针对不同的人,用不同的方法去解决。例如,工作上遇到问题,设备坏了处理不了,你就得帮他去处理,引导他怎么能从这个故障中、从这个事故中解决出来,以及分析日后遇到这种问题怎么办,而不是直接帮他干。还有就是说,考虑到职业素养,工人也分三六九等,所以说我觉得要以身作则,你自己得先做到。你整天贼懒,在那坐着,告诉人家工人干去吧,那谁能干？搁我我也不舒服,我就一直领着大家,帮着干。

我们正常休年假的时间应该是14天,但是上班这么多年,我每年休假都没歇过，我从来没休过那种假，我每天几乎也是走得比较晚的，倒数第一、二名回家。回到家之后，假如说白天的工作没有形成文字性的材料，可能在家里还要再整一整。所以说，我的工作时长是远远超过8小时的，经常熬夜，头发都熬掉了。因为像我们这种工作属于什么呢，我就说我们属于"设备医生"，我们跟医生没什么区别，唯一的区别是他们给病人看病，咱给机器"看病"。而且一样的地方是，医院是24小时运转，有看病的，医生就得去。我们也是，我们的设备是24小时运转，有问题就得去，属于理论上的"干八保二十四"。这种工作性质就会带来特别大的精神压力，总感觉电话在响。我们最不爱干的事就是接电话，一个是现场声音大，电话就得调成振动的，我就总感觉电话在振动，现在我就随时拿着手机，因为随时随地都可能有事。警察的话，还可能轮个班，今天晚上你值夜班，明天晚上你有事了我就值夜班。但是我们就是常年的，一年365天，每天24小时，心里都悬着，都得盯着，因为一旦出现问题，而你接不到电话，设备就停了，干这个不容易。

五、希望我的儿子可以挑战别的行业

我爱人属于鞍钢附企，她是文职，从事工会工作。俺俩回家也老交流，因为这不是整天围绕鞍钢这一块嘛。对于工会工作这块，我就总说工会要多为职工搞点福利，工人不容易，因为我一直当工人。我天天呼吁，她一说工会要搞什么活动，发多少东西，我就说："你们跟领导说，买点好的，工人都不容易，多给工人搞点福利，因为工会主要还是要围绕工人内部转。"我就总给她出招，我说工人应该需要啥，我说不行买点能加热的水杯，实用的，别老发不实用的东西。以前，工会可能发个加湿器，我说："还加湿啥啊，活着就不错了，还弄加湿器，那都是给养生的人发的，对不对？你冬天发点防冷的手套，包括发点帽子，这都贴合实际，大伙儿能用着的。"我们就老交流这个，挺有意思的。她就总说："你老向着工人。"我说不是向着，我们工人真的不容易。我说："你们干机关的，可能不知道工人一天有多辛苦，有什么诉求。职能部门要想做好，就得尽量把工人的诉求反映上来，然后去满足，这样才能让工人有更大的认同感、归属感、幸福感,他们才能更好地工作。比如说,冬天给发点暖宝,工人会说'你看这工会真温暖啊'。要是大冬天的一人一箱冰果领家去,你说谁不烦?"我就是这个意思,你说冬天一人发一箱冰果,这福利给了也没用啊!就是说以工人的需求为出发点去做工作会更好,包括国家也是。扶贫政策等各种政策,也是需要看需求的,老百姓没有需求就没用。

再说到孩子,像我父母那辈人没念过啥书,都希望孩子留在身边。但是咱现在感觉就是不对孩子有太多的约束。说白了,每个人的想法不一样。对于孩子,我主要尊重他的意见,要看他想干啥。我觉得一个人想干啥,他就能把这工作干好,他得热爱这东西才能干好。但是咱也把把关,你热爱的东西不着边不行,你说你要当网红你能不能当得了,你看人家好几千万元地挣,你能不能挣?所以,我们家长得把把关,当然咱尽量也听听孩子的想法靠谱不。我还是希望孩子涉及一下其他的行业,闯荡闯荡。我们家祖祖辈辈都围绕这个钢铁,咱们能不能挑战一下,换一个东西,整点别的,也可能是制造业。但我还是不希望他从政,我感觉从政也挺辛苦的。我儿子属于那种不善于言谈的,从政的话最起码思维要敏锐一些、灵活一些,能应对各种场合。搞科研的话,你就鼓捣你那点玩意就挺好。从政就太累,脑子里需要掌握大量的信息。咱有时候出去开会,领导一讲话,咱都讲不出来那些内容,人家了解那个东西,咱都不了解,他们得不断增长各种知识,包括当前的形势什么的都要了解。比如做个决策,你要是做对了还行,你要是做错了呢?所以我还是希望我的孩子能搞研究,男孩,研究点别的,比他爸研究的高大上点的,挑战一下!

徐福绵
从医报国：从朝鲜战场到铁西医院

亲 历 者：徐福绵
访 谈 人：陈　勇
访谈助理：陈　程
访谈时间：2020年10月21日下午
访谈地点：祥颐园老年公寓
访谈整理：陈　勇　陈　程

亲历者简介：徐福绵，男，1929年生，黑龙江哈尔滨人。1948年就读于中国医科大学，毕业后不久随军奔赴抗美援朝前线。回国后入职鞍钢铁西医院，1978年受聘为大外科主任，主持场所扩容、专科设立、人才培养、设备更新、制度改革等工作。一生精研手术技艺，为众多患者解除病患，保持从业生涯零医疗事故的纪录。

徐福绵（左）接受访谈

一、烽火时代：从亡国奴到人民军医

我叫徐福绵，1929 年农历五月二十一日生，今年 6 月份已经满 91 周岁了。我是哈尔滨人，我爷爷那辈原来是山东的。1945 年 8 月 15 日日本投降，叫"8·15"光复，他们降时我 17 岁，那时候在上"国民高等"①一年级。"国民高等"是什么意思呢？小学四年，完了就考大学②，大学里面就包括初中和高中，四年毕业。后来共产党来了，就慢慢正常了，开始的时候中学还没恢复。

我 17 岁以前都是在"满洲国"时代度过的。当时日本鬼子来了，那时候"满洲国"的"首都"在长春，叫新京。当时我在学校读书，读的是日本人的学校。少数人他要是读书，可能连书都找不到。那个时候日本鬼子在学校，你要有一点反抗日本的意思，他们抓起你来就枪毙。你还敢干什么？读书的时候我甚至不知道自己是中国人，咱们那时候什么也不明白，我就知道是"满洲国"。"满洲国"人就是在自己家地里干活、挣钱、吃饭，谁也不管"国家"大事；"国家"也不管你老百姓的事，到时候就收税，你交税，别的什么也不管你，什么让你提高生活质量，给你搞什么福利，没有那回事！你有病你自己能治就治，不能治就死。没饭吃就饿着，那个时候大街上经常能看见"死倒儿"③，就是人在大街上就死了，我都亲眼看见过。那个时候专有一个花子头，就把他放炕席一卷，给他埋了。他图什么？图能把尸体上的衣服扒下来，用来纳鞋底子。

我父亲是一个中医，开一个诊所，看病养家，那个时候哪有人讲政治？什么无线电也没有，就最后快要光复前，才开始进口无线电，就像电匣子那样，买一个那玩意，能听听歌、听听戏就得了，这就是娱乐。再就是有电影院，别的什么也没有。

---

① 指伪满州国"国民高等学校"，是日伪政权在吉林省设立的中学学校，始于 1938 年推行的所谓"新学制"，将通常的初中、高中两级改成男女"国民高等学校"，一般是四年制。
② 指伪满洲国"国民高等学校"，其实大致对应两级中学。
③ 指路边倒着的死尸，旧时常指华北地区及东北地区闯关东时路边饿死的流民。

一直到1945年"8·15"光复,国民党忙着接收关内大城市,没有工夫到东北来。这个时候,共产党在延安召开会议,毛泽东就有远见地说,谁先占领东北,谁就可以有政治经济基础,可以解放全中国。因为东北有重工业基地,像鞍钢就是重工业,咱们鞍钢前身就是日本的钢铁制造所。再一个,东北还有日本人留下的武器。再加上东北三省农业资源在全国也是最丰富的,有粮食,有饭吃。当时中国共产党就决定抢占东北,接收沈阳,也接受日本投降。在沈阳被接收了以后,中国医科大学随着解放军到东北。中国医大是咱们中国第一所医科大学,它前身是在瑞金的红军卫校,经过两万五千里长征,到了延安以后,毛主席把红军卫校改成中国医大。

到东北以后,中国医大不能在沈阳驻下,必须得安排到大后方才安全,大后方就是黑龙江鹤岗,因为那个地方靠近苏联,是最北边了吧?国民党一时半会儿也打不到那儿。那个地方平稳,大学才能招收学医的军队学员,好给抢救伤员。那个时候国共内战,急需有知识的青年,你还能在那儿慢条斯理地学?等你学好了,国民党都打过来了!我那个时候正值当年,17岁,国家光复了,因为辽宁没有学校,等着共产党稳定了一段时间,开始恢复中学,我就到中学学政治、文化,那个时候我就对共产党有了一定的认识。毕业的时候因为全国解放军里都需要知识青年,大部分毕业生上军政大学,出来以后做军政干部;剩下的就被分配,有去学医的,有去当老师的。学校决定派六名学生到中国医大学习,我也算是幸运,这里就有我一个。我不知道是什么选拔标准,也不知道怎么把我整上了,那个时候听组织分配。到中国医科大学那就相当于参军了,因为那是军队的医院。我是中国医科大学第36期学员,当时中国医科大学叫东北医科大学,那时候不分本科不本科,我就在那毕业。

医大设备很先进,那时候接收东北沈阳这些大医院,再加上人家医大也是中国第一所医院,是共产党唯一的一所医科大学,设备能不丰富吗?像学习微生物、学习细菌、学习病例、学习细胞什么的,一人一台显微镜,其他哪个学校能达到这样?全国很多教授都上延安去支援,再加上咱们延安医科大学毕业的学生在那儿当教授讲课,还有被俘虏过来的日本教授讲课。

那阵儿和现在的大学不一样,那可真是解决问题。毛主席过去给我们讲,必须要理论和实际相结合,不能讲空头理论。像现在大学,你念了五六年出来不能做手术,什么也不能干,还得继续在临床上实习。我们那个时候出来就能干活,那个时候提出"形象教学法",老师不准许只讲空头理论,你要讲东西就得拿实际。比如说我们学解剖,你必须得知道人体的构造,哪个地方长什么,得知道后才能开刀。对于手术开刀,解剖是第一位,这是基础。我们那个时候有条件,正值战争时期,尸体有的是,我们三个人配一个尸体。怕不怕尸体?哪想什么害怕不害怕,根本没那个想法!就想快点儿把它学会,学会了好干活。学解剖的时候,老师就从草坪里把尸体提上来,在解剖室讲课,我们三个人就看着,要讲肌肉,老师就拿着那个肌肉教我们:这个肌肉叫什么?三角肌。起始点在哪儿?停止点在哪儿,它的作用功能是什么?……学骨头的时候,我们一个人拿着一根骨头,老师给我们讲血管在哪儿、神经在哪儿。

等我们到后期学实际临床,那时候正是战争时期,有伤员开刀的时候我们就到手术台跟老师一起做。另外,我们做动物实验,把狗肠子拉断再给它接上,这不就实际锻炼了吗?所以你说那时候其他的哪个大学能行!我们每天从早上5点一直到晚上10点,没有星期天,天天学。我们整天就是上课,上课完不得讨论吗?假如这是一个小组,我是组长,每个人把老师当天讲的课说一遍,别人给指出来这个不对,完事儿下一个人也说一遍。我们有不明白的马上问老师,晚上老师给我们辅导,带我们讨论。那时候长春医大的学生上这儿参观,他们都赞成我们学生水平绝对不一样。我们那是理论和实际相结合的,基础是这样打下的。我在那儿学习成绩很好,确实是打下了基础,现在我90多岁,闭着眼睛都能摸着人体哪个地方有伤。

那时候我就想参加共产党,我看共产党做的事对,做的东西合情合理,在为穷人服务,要人民得到解放,尤其我看到过"满洲国"痛苦的穷人没人管,自己能挣来就吃,挣不来就饿死,没人管你。但是那时候共产党员的身份是保密的,不知道谁是党员。下半年党的活动就公开了,我那个小组的组员就是一个是党员,他是从部队来的,这个人真挺好。我说:"我要入党怎么办?"他说:"你要入党就得好好干,党得考验你。"我说:"那行,我好好表现。"我在校期间表现非常积极,那时候是文艺委员,歌谱拿过来我就会唱,还教唱歌。那时候都是集体行动,早上起来得出操,出完操,吃完饭,一边走还一边唱歌。开大会的时候,我就指挥唱歌。我还排剧,到年节的时候排歌剧,我是主演,还是导演。

我是 1948 年去的中国医大,1949 年毕业,当时东北有七个陆军医院,我被分配到东北军区第七陆军医院,医院在吉林柳河。那也是日本留下的一个医院的厂址,咱利用那个厂址再盖一盖,就建立成了第七陆军医院。那个时候有什么任务呢?沈阳解放了,咱们要解放四平,打四平战役。国民党要夺取东北,国共就来回互相干,这不就有伤员了?我 1949 年 1 月到陆军医院,给参与解放战争的伤员做手术。能做手术的就是我们毕业的这几个同学,但是当时就我俩能做手术,还有一位姓王的,所以说我到那儿也做了贡献。

1949 年徐福绵身着中国人民解放军军装

二、奔赴三八线:炮火纷飞中的地下医院

1950 年 6 月 25 日,朝鲜战争爆发,当时美国在联合国利用他们的权力,纠集以美国为首的由 15 个国家组成的"联合国军",包括英国、法国、意大利、土耳其等很多国家。美国的武器先进,飞机、大炮什么都有,朝鲜能扛住它吗?美国用三个月就打到咱们鸭绿江边。当时朝鲜的人民军都退到我们吉林集安,金日成就申请中国出兵,1950 年的 10 月 19 号,志愿军出兵到朝鲜。1951 年 1 月,东北军区命令我们第七陆军医院全部过江,到三八线抢救伤员。我们一个院大概 1000 人,大陆军医院有 500 多张床位呢。

我们是 1 月份出国的,从鸭绿江大桥坐火车过江,到朝鲜边境新义州。当时,整个一列火车都给了我们,坐人的一列火车是客车,后面跟着的是货

车,整个一列火车装备,拉着医疗设备。白天的话敌人飞机轰炸非常厉害,天上几乎是被美国控制的,他们的飞机在天上轮换着飞,昼夜24小时不停地控制我们的交通运输线,我入朝没有一分钟听不到飞机声的。你想想这飞机多密集,你想想志愿军处境多艰难。你的火车还敢走?当时大家对防空也不明白,火车在整个山洞隧道里面躲着,准备夜间走。可是火车头一冒烟不得从洞口喷出去吗?在这个时候,火车就被敌人侦察机发现了,敌军马上用四五架飞机狂轰滥炸,把洞口都炸飞了,铁道也炸飞了。当时我们人没有伤亡,因为火车在里面炸不到。

这个时候上级命令我们轻装行军,该拿的拿,该扔的扔。最后我就剩下什么呢?把棉被的棉花掏出去,然后塞进一个毯子,把这个东西一卷,像套包子这么一套,连铺带盖,这就轻快了吧?就一个喝水的铁缸子,吃饭也是它,刷牙也是它,反正就这一个东西。有一些重症用的设备就不能拉了,交给后勤去了,做手术的医疗器械还得拉着。那时候我们有几辆马车,我们把车轱辘拆开装到火车上,抬到洞口,再把车轱辘安上,马也给整上,重要的一些医疗物资用车装上,在后面跟着,这样我们就开始行军了。夜间行军还想要汽车?我告诉你,整个公路被飞机封锁,汽车要是在马路上走,一个炸弹就给炸飞了。

我们是能走小道尽量走小道,没有小道就得走公路,怎么样都得走,因为啥?汽车要往前面运弹药、运粮食,如果连弹药、粮食都运不上去,不得饿死人啊?那前面用啥打仗?行军怎么走法?咱们共产党在抗日战争中学了很多经验:五里地一个防空哨,听到飞机声就灭灯,在山根下慢慢地挪;等飞机走了,一放枪,司机一听飞机声没了,就开着大灯使劲跑。汽车还得运,人也得走啊,我们这些部队听到飞机声就赶快躲,没有飞机声就赶快往前走。途中我们经过几次风险,我们晚间走道,休息的时候就在公路旁壕沟里头蹲着,敌人飞机来了,夜间扔照明弹,这块儿扔一个,那块儿扔一个,把地面照通亮,飞机就发现我们部队影子了,就冲着我们部队用子弹扫射。那机枪突突突突突响,子弹就从我眼前蹿过去,打到地面上冒烟。我说:这家伙,打脑袋上这得废了,厉害不厉害?我们整个部队就在地沟里,飞机扫射完了以后转过去还回来,我们就赶快往山上跑。我们都跑到山顶上去的时候,他们回来在原来的地方扔四五个炸弹,是大炸弹。炸出的坑挺老大,看到以后,我说:哎呀,我的妈呀!咱要是不跑,在这地方还能活啊?

行军再往前走 100 多里地,我们就找他们联系,我们安营,白天睡一宿觉,晚间好走道。就在这个时候,天刚开始亮,有一个护士班,里面有十个女护士、一个男护士,在房间里头休息,听见飞机来了,他们没有经验,就从老百姓的房子里往防空洞里跑。结果,飞机照着防空洞就一个炸弹,整个给炸塌了。我当时负责抢救,飞机走了,我就赶快背着急救包往那儿跑,到那儿一看,十个女护士从胸以上,肺、心脏、脑袋全挂树上去了;那个男护士在地下躺着,没死,因为他躺着,但被防空洞盖砸成重伤——胸部外伤。我给他在现场做了手术,连输液看护他一天,生命安全了就给他转回国去。

我们部队再往前走,遇到的村民有传染病,是美国扔细菌弹所致的。有的老百姓得伤寒,我们有一个女护士被传染上了,因为没法治疗死了。还有一个姓钱的男护士,被美国扔的汽油弹炸中,那东西沾到身上就像铺柏油马路的沥青似的,在地上滚也滚不掉,硬被烧死,美国人真缺德透了!

我们往三八线走的时候,领导一看原来的做法不安全,就先派两个人白天走,安排好宿营,部队晚间再走。我就报名了,我们白天走 100 多里地,走到那儿就黑天了,我找好了宿营,睡一宿觉,到天亮部队进去安排好了,他们就开始睡觉,我又开始走了。我跟着一个朝鲜护士,我们俩白天行军,这么一步一步、一站一站地往前走。我们部队一天走 100 多里地,就这样不停地走,走了两个多月到了三八线,1 月份入朝,3 月份到三八线。还有一个事,那时候我们汽车不是拉着医疗器械吗?我们在壕沟休息,飞机扔炸弹了,马车的马被惊了,它就往反方向跑,把医疗器械带跑了,那能行吗?领导就派我去追,还有一个朝鲜护士,她会翻译,我们俩就往回追,追了 10 里地,还挺好,给它撑上了。我们俩牵着马车往回走的时候,就风险大了,幸运的是没把我炸死。

我们到了三八线准备迎接伤员,又遇到风险了。我们在那儿建医院,叫 29 兵站医院,接收第四次、第五次战役伤员。我们到那儿正好天亮,我们拉的这些医疗器械,再加上志愿军后勤又用汽车给我们送了一些医疗器械,都得卸下来往山洞里送。这个时候敌军飞机来了,这家伙把我们要做医院的这个村庄全炸塌了,炸成灰烬,火光冲天,烧了两天,幸亏我们人没有伤亡。

医院房子没了,啥都没了,我们还要接受紧急救治任务,那时候剩的唯一一所房子就给我们做手术室,交给我了。我怎么办?朝鲜农村的房子都是一进门就上炕,没有地,我就把那房间都打开,四周都挂上白布,白布没有灰尘,手术室不得干净无菌吗?手术床用啥?用门板,门板放平就是手术台。消毒怎么办?我们的消毒锅都拿不了,幸亏朝鲜有那大锅,他们平时用来蒸饭吃;还有那大盆,底下带窟窿眼的。我就把它们利用起来蒸服料、手术衣这些东西,打成包放里面蒸,医疗器械放水煮,然后挂上汽油灯,这就算是手术室。那时候,前线的伤员用汽车给运下来以后,当时咱们中国去的还是民夫①,专门抬担架。来的伤员都得放地沟里,在地沟铺上草,由军医根据病情轻重排号,重的先上,送到手术室做手术。我们白天休息,不敢做手术,被发现就给炸飞了。天一黑,我就开始洗手准备,把那屋子挡严实,灯光不能暴露出去。伤员抬上来以后,看他什么伤,做麻醉,就开始做手术。一般小的手术能快一些,一晚上能做四五个。要是有腹部伤、胸部伤、四肢严重的损伤,时间就得长一些。伤员从前线用汽车转下来,一台汽车一般拉四五个人,因为都在后面躺着,所以拉四五个就不错了,轻伤的能半坐着,四五台汽车就能拉二三十个伤员。经过我抢救好了,就再把他们转到火车站,再转回国。

我脑袋能创造,第一个,创造了什么东西?有的病人出血过多,需要输血,以前像在中国陆军医院,我让医生开个单配血,就可以在血库拿血浆,有那个条件。但朝鲜战场上没有血库,怎么整?我第一个带头献血,伤员血型也得验,战士们都知道自己的血型,根据这个病人的血型找到战士,化验员进行交叉实验,就是两个人的血不凝才能输。第二个,我还创造了一个什么东西?采血、输血这些仪器没法消毒,怎么整?我们就利用输液的瓶子,因为那个是消毒的,把液体倒出来,装上肌氨酸钠,抗凝的。根据抽血量放多

---

① 指当时征召到部队做工的农民,主要负责后勤、运输、建设之类的事务,此处的民夫主要负责的任务是用担架将伤员送到手术室。

少肌氨酸钠,再用输液的管子,谁来献血就扎进去把血往出放,需要放300毫升,放到瓶子里头,把瓶子扣上盖,再扎上输液的这套东西,倒过来吊上就可以输了。这样抢救伤员,这也是我自己创造的。一般人不会在战场想出这些妙招,但我能想到还把它们利用上,那时候我才22岁。第三个,地下医院也是我的创举,怎么是创举了?考虑到不能总依靠老百姓的房子,我们部队就选择一个宽阔的地方,建立一个地下医院。那样就得挖防空洞,上级派工兵部队,部队来了让我设计,包括每一个防空洞面积多大、什么样子。每个防空洞周围,我们都用树木排起来,两边都用土给它挡上,放上床位,建立成地下防空洞的医院。第四个,在地下医院里我还建立一个地下手术室,十字形这样的,四个房间,加上中间一个房间,一共五个房间。手术室也是周围放木头都排好,里头有放器械的地方,有做手术的地方,洗手、消毒的地方都分开了。在朝鲜战场,你得放自来水洗手才干净,但没有自来水。我让他们焊一个水箱,水箱挂高,利用水箱高度的压力,下面放水管子,这样用自来水洗手,这也是我的创造。当时国内政协还有医疗专家上那儿慰问,参观我们这个地方都赞扬,说在朝鲜还能建这样的手术室。

那时候战场一直小打小闹,下来一些伤员,做一些手术。一直到1953年7月份停战,就没有什么伤员了。我自己也曾因急性阑尾炎做了手术,我的阑尾就扔在朝鲜了,住了七天院,出院了继续干活。我跟你讲这些东西,就是为了说明朝鲜战争多么危险、残酷,是不是?美国那么强大,中国才刚解放,又贫穷,武器、弹药都不如美国。在这样的情况下,我就说志愿军多么了不起,我们硬把美帝国主义从鸭绿江边撵到三八线以南,到占领汉城,厉害不厉害?大概1955年我们志愿军就回国了。①

1952年徐福绵在朝鲜开城

我在朝鲜的时候被任命为手术组组长,后来被提升为教课的主治军医,

---

① 此处是亲历者相对简单化的叙述,实际情况更为复杂。

主治医生再晋升就是主任医生。我不能夸我水平高，但前线下来的伤员到我那地方能够活着下来，反正我都把他们整活了，没有因为我抢救不当而死的，这就算成绩。

三、 披荆斩棘：大外科的改革之路

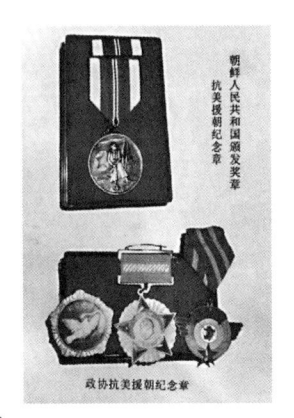

徐福绵所获得的抗美援朝纪念章

咱们鞍山有三个区——铁东、铁西、立山——三个区设三个大医院，主要的是这三大医院，剩下的医院有传染病医院还有结核病医院，不过不是主要的。因为鞍山是钢都，各个区住的绝大部分人都是鞍钢职工，各区设立医院，都是为鞍钢职工服务的。医院也面向市民开放，因为三个区里头，既有鞍钢职工也有市民。我是鞍钢的一分子，直接为鞍钢职工服务。我在鞍钢铁西医院工作，开始做副主任，副主任完了做主任，一直到退休。医院聘用我当大外科主任，实际上我不愿意干，没办法，院长非聘任我不可，他知道我有组织领导能力，技术比较全面，人品正直。

1978年改革开放了，医院开始建设。那时候还没有经济能力盖楼，只能在现有基础上发展。铁西医院的楼原来是日本人的医院，我们在那基础上把楼往高了接，两层楼要接成三层，病房要扩大。我就向医院党委提出来，将来外科要发展，接的三楼要给外科，现在三个病房100多张床位不够用，也没分专科。后来医院党委讨论把接的三楼两个病房给我们了，变成五个病房。在这五个病房中，我就划分专科，分出来脑外、胸外、泌尿、骨外等科室。这都是我那时候发展的，整个是五个病房，200多张床位，工作人员也达到了200多人，我全管。

鞍钢医院的基本使命之一就是为了生产一线，确保生产发生意外事故时能进行急救治疗。每一次鞍钢公司发生意外事故，领导一开会就强调，老喊医疗事故要为零。因为那种大型的工业企业经常出事故，尤其在改革开放以前。有时候是锅炉烧伤，有时候是机械掉下来砸伤。那时候厂房作业

20世纪80年代徐福绵(二排中)与鞍钢铁西医院同事合影

都吊在上面,吊着那些钢铁什么的来回走,那玩意儿一旦砸下来,下面被砸的工人你说伤得多重!伤员一送来就一二十个的,我们就必须得抢救。如果鞍钢一年超过五个人死亡,可能国务院就要对鞍钢公司处罚了。李华忠经理要求医院、全厂职工事故为零,老是为这个奋斗。

我们医院平时有战备训练,医院总院长办公室那边有一个电铃,各个病房走廊有电铃,要求电铃一响,不管你是哪个科室的人,放下你的工作,到急诊室去。我是急诊室总指挥,负责分配抢救任务:重的我得把关做手术,先抢救病重的、危险的,颅脑损伤的、肺损伤的、胸部损伤的、腹部损伤的,这些都涉及骨头、脊椎,都放在这里做手术。每一次来伤员,安全处、副经理室、公安处、卫生处都来人,戴着生产线的大帽,加上院长,人家在这儿看着我怎么指挥、怎么抢救。我要是在指挥、抢救中犯错误,公司经理能饶了我?责任在肩,我的任务就相当重了。我成天就是抢救病人,发展技术,搞医院发展。所有的专科都在我领导下,所以说,这对水平要求也全面。现在的大夫专科化,哪像我似的?我这个时候做的工作主要是什么呢?分两项:一个是技术方面,一个是行政管理方面。

改革开放以前,我们外科有三个病房,一共120多人,不分专科,每一个病房都是什么都治,技术没有精益求精。分了专科以后,技术你得上去。怎么提高?我采取"走出去,请进来"的办法。什么叫"走出去"?每一个专科要培养一个带头人,就是专科的主任。我就每一个专科选出来一个医生,我认为他有基础,比较有发展潜力,就送到全国最高的学府去学,哪个专科好我就送哪儿去。比如说送到北京的协和医院,北京一个什么县有一个结核医院,送那儿学胸外科,送天津骨科医院,送南京、马鞍山医院,往全国各地送。我送一个年轻的医生到马鞍山医院,那个医院手指头断了能接上,手指头血管多细、神经多细,得在显微镜下操作,马鞍山那家医院是全国第一个把手指头接活了的医院。他上马鞍山医院学习回来,两个月后正好来一个断指的病人,他就给接活了,《鞍山日报》一报道,他就出名了。

另外,我们医院和中国医科大学建立关系,我们医院是他们的教学基地,他们大学生临床实习到我们医院,我们可以利用沈阳医大①进修学习。我就分批往外派人,都出去进修一年,他们回来以后就是骨干了。这样,我就把专科建立起来了,技术水平就上去了。另外,我对下边小大夫也培养,我让他们快发展,怎么快发展?我们送他们去中国医科大学进修不用花钱,大学的学生上我们这儿来也不要钱。我就利用这个条件,把每个病房的医生排上号,先毕业的先去,谁也不许给我走后门。我这人就是大公无私,你走后门送礼我就培养你?没那门!我得负责他们技术提高,把他们送出去学习进修回来,他们有疑难问题还得我去解决。哪个科开展新技术,都得我上台去帮助他们干,第一次搞这个东西都有难度,我还得给他们把关,这要求我什么都得会,责任就更重大了。至于"请进来",有疑难的还可以请医大的教授帮助,这不就是"请进来"吗?这样既"走出去",又"请进来",全面开发。

市场经济给搞活了,技术方面培养了,设备上怎么整?改革开放以前还没有 ICU 抢救,现在的急诊监护病房那里有各种先进的设备,什么心电图机、呼吸机、观察的和抢救的设备,这些得俱全,还专门有抢救的科室。那时医院没有这个条件,当时我就是"ICU",我自己准备一套急救箱,接到报告有

---

① 中国医科大学校址在辽宁沈阳,这里的"沈阳医大"实际即指中国医科大学。

重患，背着跑步到现场。有的病人都已经停止呼吸、瞳孔散大，我立即插管、给氧，把他抢救活。那时候跟国外进行贸易了，都是鞍钢投资给各个医院买设备，我们提出计划，鞍钢卫生处安排。医院就开始进CT，成立CT室和核磁共振室，这些设备在检查诊断上都是先进的。改革开放之前没有这些，原来就是一个普通的X光机。我们根据各科的需要，又买了内窥镜、胃镜、十二指肠镜、胰胆管镜等各种镜子，都是进口的。比方说骨外科需要胃镜；搞肺癌、食道癌切除，用器官镜、食管镜；泌尿科需要膀胱镜、肾镜；用气管镜检查诊断，早期发现肺癌、食管癌，然后做手术……这些我都干了。我首先把这些镜子用起来，学一学我就会用。

我们那时候最先在鞍山开展了肾移植。有的人已经肾功能衰竭了，靠人工肾透析活着不是常理办法，怎么办呢？这需要换肾。有的人生命已经不行了，他把肾献出来，我就利用这个，把它吻合上。这是比较先进的手术，在国内没有几家医院能做的。你看看这拔高拔得多快！我又进口显微镜，进口显微镜我怎么办呢？我把外科会议室腾出来，变成实验室，让各科病房的大夫在那屋做兔子耳朵实验，把兔子耳朵割断，然后再接上，让他们练功，培养他们。这些都是我的设计。不管对市民也好，对谁也好，技术上去是关键，这样你才能更好地为鞍钢职工服务。别的我不求你，我讲实用主义，我把技术提上去，我能解决实际问题是关键。我们铁西医院烧伤科实力是最强的，那时候我们外科床位不够，连走廊都加床，每个病房都买临时折叠床。

最早那时候叫计划经济，都是吃大锅饭，改革开放以前十多年都没涨工资。我在鞍钢那时候，正好搞改革开放，实行奖金制，开始涨工资了。涨工资就难了，奖金不允许平均主义，怎样能够打破吃大锅饭，刺激、调动职工的积极性？怎么涨法？我说我得搞好百分制，通过考核把工作水平提高，让他们无形中去竞争，这样的话，提高了效率，还不是平均分配。

再来说管理方面，我碰到两个问题：第一个是鞍钢要涨工资。改革开放之前十多年都没涨工资，从改革开放以后开始涨工资，年年涨。那时候都是公司一般标准，工资都不涨，员工没啥积极性。搞市场经济都涨工资，不吃大锅饭，不能说挨个都涨，不管好坏一起都涨，那不又成了吃大锅饭了吗？

20世纪80年代徐福绵(中)到鞍山社区义诊

我们医院的指标是200多人当中一年涨60%,60%里面拿一部分出来涨一级,其他涨半级,40%不涨。你说这工作(叹气)……我这一生,看病治病我都没为难过,但为这事为难,这涉及整个外科200多人的福利,我要是整错了,不是有罪？60%给谁？哪个应该涨？哪个不应该涨？什么条件？你看我这脑瓜,我就想办法。我把每个人的工作职责划分出来,比如医生,你得管出院率、死亡率、治愈率、床位收支率,还有陪伴率,出没出过医疗差错,参加工作年限。根据这些工作表现等,排列起来,排好谁是最占优势的60%。有特殊表现的、有创造性的,这样的人涨一级。名单写在纸上,贴在办公室。之后我召开全科干部的会议,支部书记、科室负责人都来,我介绍为什么要这么涨,他们认为哪儿还有不合理,再提意见、修改,上报院长批准。有一些个别的人应该涨,由于名额限制没涨成,就记录下来,下一次涨工资他就优先。我把这些东西都做好,年年这么涨,我们外科没有一个上我办公室闹的。其他科室的总找主任闹,"你凭啥不给我涨工资",结果员工的积极性就下去了。

第二个就是发奖金,这个更难,不准平均分配,要有多有少。我也实行百分制,把每个病房干的工作用百分制来比,个人也都有百分制标准。卫生检查环节,大小便器都检查,每个礼拜护士长领着人,突然上你病房去检查大小便器,不干净就扣分。把管理办法印成表,用百分制考核,一项项都写着。通过这个办法考核,每个人得的奖金不一样,调动了职工的积极性。总之,按照完成医院所给任务的好与坏来分得奖金。所以我就必须把外科领导好,把工作都做好,给我的奖金就多,我下面的职工得到的就多。作为外科主任,我是大公无私的,我本应该拿最高的分,但我不要,我办公室的人一律拿二等奖,把一等奖全交下边。你看公不公平?全科没有一个不赞扬我的,别人没法对我戳脊梁骨。我这个事被上级发现了,鞍山市总工会就在咱们鞍钢市人民大会堂召开全市工会主席会议,让我做报告介绍经验,下面工会干部鸦雀无声地听我讲。我讲完以后,市总工会录音,汇报给省总工会。省总工会认为我的想法非常好,就在锦州召开全省工会主席大会,又让我去做报告。

我平时管理这些医生,到下面走一圈,眼睛一看,不用谁汇报,我就能发现问题。我还会再看这个问题是局部的、个人的,还是涉及更多层面的。涉及个人我就找你个人谈话,让你改正;如果大家普遍都有,我就定制度来改变现状。所以,干这个东西就要求我必须全面。最忙的地方是什么呢?外科主任都得常年带班,你每天夜间值班,都得有来看急诊的吧?值班医生要管急诊。星期天、假日也得有值班医生,这时候值班医生接到了急诊,能解决的他就不用找别人了。有的问题他解决不了,这样他也有责任,他就得找总值班、行政值班。如果还解决不了找谁去?我是大主任,他们自然得找我。那时候我没有手机,也没有电话,因为安装不起。总值班就派汽车上我们家,一按汽笛,嘀嘀一响,我就知道来急诊了,穿上衣服就得走。我要是领孩子上电影院或者上公园了,我得上医院告诉他们,我几点钟在电影院,几点钟在公园,我得报告。如果找不到我,医院来急诊那不就完了吗?你看我忙到什么程度!每个礼拜我在家里能睡两宿觉那算不错了。我一年365天,几乎没在家过过年三十,过年了,我上医院值班,让同志们回家过年。因为我的责任在那儿呢,病人交给我,死活就交给我了:决定对了就活,决定错了就死!你看,那家伙厉不厉害?我到医院,仅仅几分钟的时间我就得定下来这个病人是怎么回事。我的荣誉没多少,我是鞍钢先进工作者,我管的外科是先进科室。外面来参观、检查,上级领导都领到我们外科去。

四、精研医术：从业生涯的零事故纪录

在朝鲜战场上，我没有因为失误造成病人死亡；鞍钢的事故，没有因为我而出错的。可以说，这一辈子我没有一例失误，现在就可以"盖棺定论"。人家诊断不明白的，我还能给解决。特别是那时候肚子病比较普遍，这肚子里头脏器可就多了，像胸部病，照个 X 光能看着。但是出现急腹症的时候，肠梗阻、穿孔、胆囊的炎症、胆管的炎症，各式各样的病变，都得鉴别开，真的不容易弄明白。就比如说一个普通的阑尾炎，也不是用 X 光能诊断的，就全靠手摸确诊。我就凭着俩手的经验，靠听诊器，再问病史，我就确定你是啥病，多不容易！而且时间那么短，允许我在那儿整一天吗？病人能等一天就不叫急诊了。所以我需要在短时间确定下来这个病是什么，急性腹膜炎什么的，马上开刀。大夫就写上，几点钟接主任，什么病开刀。这个病人如果送到手术室，一看不是我说的那病，开刀错了是谁的责任？如果这个病需要开刀，我判定不开刀，虽然我没事，但病人死了是谁的责任？我这责任多大，那你看我的脑子好用，当时能担任这工作。

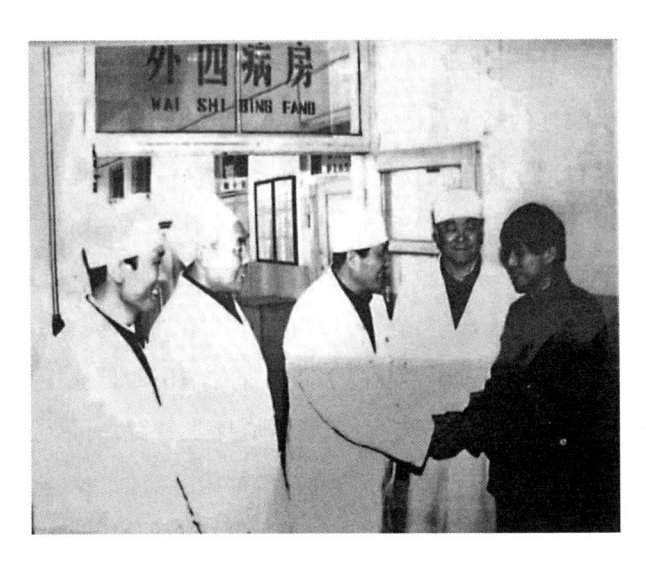

手术成功后徐福绵（中）接受患者的致谢

我可以补充说，其中有一例，我现在想起来都后怕。离休后，我到空军医院工作，帮助他们开展手术。有个军官家属的小女孩，6岁，得急性阑尾炎，让我检查。我一摸，我说："你这是急性阑尾炎穿孔，需要做手术。"她已经有泛发性腹膜炎，满肚子都是脓。我的意见就是别在这儿做手术，这儿条件不如大医院。我说："你在大医院要发生问题了，你没事；你在这儿发生啥事，人家说这医院条件不够好的话，我有责任，最好别在这做。"那些医生、护士求我，说："上其他医院能找到你这主任做手术吗？你在这给做了得了。"手术容易发生黏膜性肠膜症，有并发症。因为肠子已经化脓了，那肠子都是互相挨着的，你化脓清理干净以后，肠子打个褶都能黏上，全长一起了，对不对？所以说你出了这并发症，你上大医院出了是正常，可在我这儿出了就不好交代。人家求我，非得让我做手术，后来我寻思做了吧。她肠子化脓，我都给清理干净，手术之后我们就要观察病人：胃肠道手术24小时以后，病人一般就得放屁，放了就说明上下通气了；要是不放屁，肚子就有气，肚子老是绞疼。所以说，如果放屁时间晚，你得注意了，24小时没放屁，那还得等着观察。她就继续等，她疼得加重了，因为她肚子上面东西往下推，肠子亢进蠕动，肚子就绞疼。我就知道这不好！我就不敢回家，在医院看着她。到半夜前，我一看不行，马上报告所长，快上市医院请麻醉科医生来！赶快开刀！就按照我说的，黏连的肠子得把它给扒拉开。但是她腹腔有腹水，因为一发炎就渗水，我又再把它清理得干干净净的。手术后，我去脱衣服的时候，护士喊我："大夫，不好了，病人不喘气了！"一量，血压没了，我的妈！我就知道这是因为输的液体不够。我就赶紧把这个地方的经脉暴露出来，几秒钟插进粗的针头，用胶皮管子往里输液——当时还没有加压器。幸亏我有经验，很快把液体输上去以后，血压才慢慢上来。那种情况叫低血压休克，被我抢活了。我现在问问你：假如人死了，我是不是身败名裂，一辈子全都在那儿完了？这就是我的速度、我的经验，判断什么都快。

我再告诉你一个病例。那时候正是冬天，我领着全科同志在院外扫雪，病房护士跑到院外向我报告，有一个脑外伤小女孩，现在呼吸停止了。我跑回我办公室，又拎着急救箱跑到病房。一个18岁的女孩，被汽车撞脑袋上了,昏迷,来医院抢救。她瞳孔已经快放大了,我立即插管,捏皮球给氧,整了两个来小时,慢慢她才有了呼吸。之后,我立即让脑外科把她送到手术室,开颅,把血抽出来。后来这孩子住院观察,好了,能在走廊走道,没留下残疾。怎么样?就看我这反应时间,你说人要是慢慢腾腾地走,那行吗?

还有一例手术,一个老男人患肝癌,做肝切除。肝切除手术后,你得看住肺,因为他要咳痰。这人有刀口疼,再加上体弱,不敢咳嗽,痰在里面堆着,气管堵死,呼吸困难,容易窒息。一般的吸痰都在口腔里吸吸,不解决问题。我就会诀窍,我用导尿管从鼻子快速地插到气管那去,直接插到有痰的那个地方,用电动吸引器往外抽痰,边抽边给氧,很快把痰直接抽出来了,而不是他咳出来的。那个病人抽痰以前脸都青紫了,抽完后睁开眼睛了。这方法不是我独创的,是在进修时学来的,但是一般大夫都不会,也不敢插导尿管。

我做大外科主任要全面掌握技术,上手术台的大夫,如果没那个精准技术就做不了手术。你说这对我要求多高!夜间急诊都找我,我得会多少技术?切除肾、肝脏、脾脏、肠子、胃,我都得会做。原来在朝鲜我也有技术,各方面的都得整。现在没有像我这样的大夫了,人家都是专业的,搞肠子手术就只会做肠子,搞乳腺手术就只会做乳腺。外国大夫更专一,乳腺科就整这一样,第二样都不会。我在国外待过,我用眼睛一看就明白是什么病,他们就得靠仪器。国外临床水平不如我们,我老伴让他们整死了,医疗事故,我将他们告上法庭。我爱人肺上有一个东西,他们做穿刺,做病理诊断,手术穿刺以后气管内出血窒息。她抢救如果及时,像我插管那么快,可能死吗?还有,2006年3月23日,我女婿得了肛瘘,患处有一个小眼。外国医生又做肠镜又做什么镜,这个那个的,还做不明白。我说:"你们那么笨!"后来我回去,女婿在床上这么一撅,我就戴一个手套,拿电筒这么一看。我说:"你这个是肛瘘,靠肛门0.5毫米处有个小眼,我用手一按它就出水。后来我上医院去找大夫,我说"肛瘘你怎么看不着",他说"没看着"。我说:"靠肛门0.5毫米处有个小眼,你看不着?你碰碰它,看看出水不?"他又回去看,终于看着了,这才给我女婿做手术。

我在这个养老院,所有的工作人员有什么疑难病症都上我那儿咨询,我还给他们讲课。我给病人讲病情,都用生活上的一些问题来举例子,谁都能懂。什么病我都看,有个老太太脚突然间红肿发烧,她家属找我给看看,我眼睛一看就判断出来了,我说:"你这是丹毒链球菌感染,赶快上医院打青霉素点滴。"结果她打点滴一个礼拜,病就好了。还有一个老人,住在我对面房子,总是咳嗽、喘气,我一听一看,我说这不是一般咳嗽,他现在气管内可能有异物,赶快让家属送他去医院。家属刚开始不相信,后来医院的大夫看了说:"你怎么现在才来?你得亏现在来了,你不来就窒息憋死了。"

我真是救了很多人,尤其在鞍山地震、海城地震,还有1976年唐山地震的时候,我抢救的那些地震伤员没有一个不夸奖我的。就凭借我速度快、方法正确,争分夺秒就把病人抢救活了。我老伴就是因为差那一分一秒,死了。我说,要是由我来抢救老伴,她不会死,但是她不让我动手。她出现问题我就喊她,我说:"你得快点抢救!快点抢救!"她把我撵出去。我就等他们,他们五分钟出来以后告诉我老伴死了……

五、赤子情怀:"这一辈子我挺知足了"

我父亲是中医,在当地开中医诊所;母亲就是一般家庭妇女。我夫人是鞍山市第二医院烧伤科主任,我俩通过工作接触认识的,一见钟情。我们就生了一个女儿,那时候我老伴也忙,白天黑夜地抢救。女儿已经在英国居留,一般每年回来一次,今年不能回来了,现在英国疫情挺严重,回来还得隔离检查啥的,我们俩一个礼拜来一次视频通话。女婿原来也是鞍山的,钢铁专业,大学的博士生导师。我外孙女在剑桥大学毕业,现在也是医生,搞肿瘤研究。

我退休了以后不想靠养儿防老,我前段时间也到英国去了,还办了绿卡,在那生活了一段时间。我也是最近才从英国回来的。我看不上那外国玩意儿:一个是语言不通,文化也不一样。外国人没有亲情,父子关系也是这样,只要把你培养成人,到了18岁你就得出去,没人给你安排,你自己做决定,自谋职业去,老人无责,你干什么都不管。在她那个国家,你也没有赡养老人的义务,一点亲情也没有。像我女婿在那里的大学当博导,过生日或干什么,大家给送点礼,他倒挺实惠,给你开个单,就送这些东西,送别的他用不上,相当于白送。另外一个,吃饭你自己带饭去。所以,国外那套模式,你看他们是什么文化!最主要的是从政治上来说,他们采取两党竞争,美国是最典型的。竞选一回打半年仗,我骂你,你骂我,可大街骂。另外他们那机制,就算选上了哪个头,也是为那些富人服务的,代表资本家,不知道什么叫祖国。只有中国共产党是代表人民的,尤其在这次抗疫中,更凸显出社会主义无比优越,外国没法比。

徐福绵一家三口合影

我现在工资一个月 12 000 元,享受离休地专级待遇,涨工资涨得比从普通企业退休的要高。主要就是我在新中国成立前参加工作,现在享受离休待遇。

我本来应该在 1989 年退休,60 岁就要退休,但是医院留我,院长不让我走,我是 1990 年 12 月份办的离休手续,1991 年让我走了,如果我不要求走,医院还留我呢。那时候,我都走了,上别的医院干活。铁西医院院长还上那儿找我,他知道我能抢救病人,让我给他建 ICU,我说:"你可饶了我吧。"

说到我现在的身体状态,我可以告诉你全世界找不到第二个像我这么好的。我现在眼睛、耳朵都特别好,地下小蚂蚁爬我都能看见,我都不踩,我两个耳朵都能听见蚊子声。有的人问我:"你怎么长寿的?"我可以说,你们谁也办不到。我每天什么搞法?我每天脑袋里都有问号,你得提出来问题才能学习。举个例子,现在的医疗进步到什么程度了?电脑就是我的第二个脑袋,我上网看:你又有什么新的知识了?你比我又先进了多少?我掌握到什么程度了?我外孙女现在是博士,又是主治医生,马上要晋升主任医师了,她在临床上遇到问题都得来电话让我辅导。我的知识面什么的都不错,我的知识不落后,因为啥?我天天学。我自己在电脑上打字,想起来一件事我就打字,找答案。可以说,这一辈子我挺知足了,我发挥最大的作用了。

房洪瑾

在鞍钢工作了一生的"中国好人"

亲 历 者：房洪瑾
访 谈 人：吴晓萍
访谈助理：谢景慧
访谈时间：2020年10月22日上午9:00—12:00
访谈地点：房洪瑾住所
访谈整理：谢景慧

亲历者简介：房洪瑾，1930年生于山东潍坊，中共党员。1948—1952年就读于南开大学化工系，毕业后被分配到鞍钢化工总厂工作，1990年退休，后被继续留任至1993年。工作贡献主要集中在炼焦技术革新上，担任三个车间改造的技术总指挥，是《鞍钢炼焦技术》的第一执笔人。1997年开始参加希望工程，资助贫困儿童。

房洪瑾（右）接受访谈

一、"在学业上我一直受到别人的帮助"

我 1930 年出生于山东省潍坊市木村镇上房村,家里当时有点田地,但不多,所以就被评为了中农。我妈妈生了六个孩子,因为家里穷,而且当时各方面条件都比较差,所以养活了四个,夭折了两个。我排老二,上面一个哥哥,下面两个妹妹。大哥在我读高中的时候,在我舅舅的织布厂当工人。我舅舅属于在社会上比较能折腾的人,先是开了一个织布厂,四个人的小作坊。解放以后公私合营,舅舅就到青岛发展了,还让大哥也到青岛,培养他继续当工人,在一个肉类加工厂工作,干到班长,也算干部,直到退休。我的大妹妹 29 岁因为生病就去世了。小妹妹初中毕业就不读书了,当时济南市一个大学生到我们那里来,他俩就谈恋爱结婚了,后来大学生回济南,我小妹妹也跟着他到济南生活,她在我们兄妹中属于比较有福气的一个。

我父亲最早的时候是乡中学的副校长,还是我们乡的副乡长。后来国民党的部队来了,他当副校长、副乡长也没有什么意义,当时打仗打得凶,就放弃原来的工作参加了国民党在当地的一个游击队,是那个部队的副连长。后来这个部队就集体起义了,起义就是投靠共产党了,我父亲也是在解放过程中起义投靠了共产党,当时就参加了解放战争,做了三年军人,后来因为大炮把耳朵震聋了,就回家了。后来地方对国家关于起义人员政策的理解有误,解放以后,我父亲活了 20 多年,其中有 10 年是在监狱里面。他在起义部队是连级干部,但是刚开始没有享受相关政策待遇,还给判刑了。这实际上是一个错误的决定。我们兄弟几个就在外面帮我父亲申请,联名写信到我父亲所在的部队,我妹妹住济南也多次到部队机关去办这个事情,部队领导挺重视这个事情,因为当时有明确的政策依据,就给我父亲发了一个起义证明,这才把错误处分给撤销了,我父亲才从牢里出来,那一年是 1960 年。他出来以后虽然平反了,但是还是没有任何待遇,起义人员的身份很容易带来误会,出狱后一直就是一个小老百姓的身份。但是他一直不甘心,出狱后也一直给相关部门写信,反映自己是真实的起义人员身份,希望能够按照相关待遇来对待,一直到去世前他都对这个事情不甘心。我也能理解我父亲的那种心情,尤其在解放战争中自己还受伤了,打了三年仗,耳朵被震聋了,为解放战争奉献了很多,然后自己还得不到认可和肯定,所以他心有不甘是可以理解的。其实,"文化大革命"结束以后国家有政策,对起义人员要从宽处理。

抗日战争期间我读小学,抗战胜利了开始读中学,读高中的时候济南市解放,都是重大节点,所以记得特别清楚。这里有一个有意思的事情,我在中学时,读的是当时全县唯一的一所中学,考试我考的第一名,几十年后都快90岁了竟然还有同学记得这事。我的哥哥叫房洪吉,他在潍县的农村住院,就有人问他:"有个叫房洪瑾的你认识不?"我哥说房洪瑾是他亲弟弟,那个同学就说我当年考试第一名。就是这么奇怪,考一个第一名以后,同学都快90岁了还能记得这事。

高中毕业后,我就在南开大学读书,那时候不分专业,我在化工系学习。那时候大学录取的分数线也是比较高的,我语文和英语两样各100分,其他的都90多分。还有一个奇怪的事,我说了别人都不相信,公布分数的时候,房洪瑾语文0分,英语0分,数学、化学都是90多分。我也很奇怪,为什么会得0分?我觉得我英语基础还不错,语文也不可能得0分的。我就去问,结果就改了,英语100分,语文100分。从小学读到大学,我语文也没得过100分,谁能英语100分,语文也100分?公布的时候却是0分,你说怪不怪,到现在我都奇怪,可能是个疏忽。那个时候读大学都是免费的,还管吃,我的是85斤小米,其实60斤就够吃了。因为我学习成绩还不错,还能拿奖学金,所以整个学习期间,完全是靠人民助学金和同学们的帮助完成学业的。我舅舅在这期间也给了我很大支持和帮助,他看我学习成绩好,但我们家穷,供不起,他就资助我。上大学时很多穿的衣服是同学们送给我的,穿的鞋是学校实验室为鞋厂送检的样品做检验后送给我的,所以常常是大小号合穿、鸳鸯拐混穿。我还清楚地记得,当时有同学借给我一件棉大衣,我穿了三个冬天。大学阶段算是受到了学校、老师和同学的很大帮助,这也是我退休后做慈善的重要原因。

那个年代一般人是很难上大学的,能从小学一路读到大学的都是家庭背景比较好的。我的家里当时因为有点田地,就被评为了中农,不是上中农,也不是下中农,上中农是要被批评的,下中农是要受救助的,我们家是中农,也没被批判,也没被奖励,所以我就能去读书。可能跟我比较爱学习也有关系,家里兄妹几个只有我一直在读书,我也很努力,这一点应该比较重要,如果我学习成绩不好,我的舅舅也不会资助我。相对于爸爸、妈妈,感觉舅舅看事情的长远性更强些,他更开化些,这和他一直在社会上摸索应该是有关系的,又开厂又当干部,比较能够看到上学和知识的重要性,所以他对我的影响比较大,他在我读书期间一直在精神上和经济上支持我。

二、"我在鞍钢工作了一生"

大学毕业的时候,没有个人选择的自由,都是国家分配,国家需要分配你到哪儿你就到哪儿。我们毕业走的时候,有的学生都不知道自己被分配到哪里,就有专人领了一批学生,带着我们上东北去。我从南开大学毕业以后就知道要去东北鞍钢,东北知道个大概,鞍钢就不清楚了。一个车一起到鞍钢的有几百人,我去的是鞍钢的化工总厂,一共来了 12 个。一个系的同学有 2 个,剩下的都是其他系的,也不认识。跟我一个系我认识的那个,现在已经走了,他 92 岁走的,是我们学校的学生会主席。

我的老伴儿比我晚一年来,原来也不认识,1953 年进厂以后才认识。她原来进校的时候在燕京大学,在这个学校读了一年,1952 年院系调整,燕京大学合并到天津大学了,她就从天津大学化工系毕业。我俩都是学化工的,1952 年到鞍钢以后,我在化工总厂工作了 38 年,到 1990 年应该就退休了。由于我工作有点成绩,厂里边就想留我,于是就写报告打申请到省里,结果省里批准了,1991—1993 年连续留三年,第四年厂子还想留,省里说不行了,只允许留三年,所以 1993 年底我就彻底退休了。

1952 年到鞍钢化工总厂后,在工作上我很努力,也有些成绩。第一,我增加了焦炭品种。原来粉焦的粉末都是 0—15 毫米的焦炭,我倡导的一种新焦炭,烧完以后粉末是粉碎的。我就增加了这个焦炭品种,厂里因为这个还给了我点儿奖励,而且是把这个项目报到中央,然后推广到了全国的单位,这是一件事。第二,三个车间的改造,我是技术总监。化工总厂第三、四、五车间的改造,那时候是几亿元的工程,1亿元以上,三个车间的改造我都是技术上的总指挥。第三,我降低了粉尘含量,原来炼焦排出的粉尘含量比较大。我提了一个技术上的建议,就是煤气和空气出口喷射的夹角起重要作用,调整了煤气和空气出口夹角的分配比例,就降低了粉尘含量。第四,退休的时候我和其他技术同志联合写了《鞍钢炼焦技术》,这本书的作者有六七个,我排在首位。主要记录鞍钢化工总厂的发展过程,一些关键人物与重要事件都记录在上面,我降低粉尘含量这件事也记录在上面。

当时还有一个事,就是我对排焦提了一个建议。炼焦以后,排焦车把焦炭拉到晾焦台上,等温度降低到红焦没有了,一般是50℃以下,就放到斜坡上一个晾焦台上。以前放焦炭都是没有顺序的,我提了一个建议就是有序排放,这就可以多放很多焦炭。我还提出把焦炭放在晾焦台以后,还可以从底下放一个高压的喷水管往上喷水。简单说就是我提了一个有序排放焦炭、晾焦台继续喷水的建议,这一个方法当时没有被重视,没被当回事,日本的技术代表团来访问以后,这个代表就把这个方法介绍到日本去,在日本受到了重视,还得了一个国家技术奖。这个事情本来是我提出来的,但是当时没有引起重视,日本人听了以后就接受了并把它推广开了。

我父亲开始坐牢那会儿,我已经读大学了,但是我父亲的事情没有影响我考大学和毕业后的工作分配,主要在提拔上有些影响。依我的工作成绩,怎么也能当个小干部,像科长、车间主任什么的,但是我任何的领导职位都没有,最高的是在科里当过一个小组的副组长,这是我一生最高的职务。我父亲坐牢期间,我母亲和嫂子在农村种地生活,大哥在济南当工人,父亲坐牢对他们的生活也没有什么影响。

但是在1958年,我自己出了点儿问题。读大学时我参加了"三青团",还是个分队长。由于它属于国民党社团,所以解放以后一般来说还是把它当作国民党的一个比较重要的小头目,算是有反动经历。虽然当时没有明确的政策依据,在反动的条件里面没有特别规定分队长这一条,分队长以上的区队长，包括副职和委员都在反动条例里面，但没有明确说分队长算反动。虽然后来都平反了，但是我还是受到了影响，就把我送到海城一个农村改造了八年，从28岁到36岁，算是最好的年龄，这八年都在农村待着。当时我们厂里有两个典型，一个是我，还有一个日本留学生，他在长春参加过"三青团"。我是下农村改造，他是到厂里当工人，他比我苦累，还干得多。我是农村长大的，什么农活都能干，比当地的那些农民干得都好。当地政府知道我是劳动改造的，党的政策有一条，长期劳动改造以后有成绩就给你平反，就把我作为一个典型，总结我干得好，当时当地政府直接给我平反了。然后我被调回原单位，就回鞍钢了。我被下放的时候鞍钢没有除我名，保留厂籍，所以就能回来继续工作了。

改造期间内心还是有希望的，因为我老伴还在鞍钢工作，有工资发，能够维持家里生活。我下乡之前有点存款，3000多块钱，是我在鞍钢工作积攒下来的工资，当时工资算是不错的，已经实行岗位工资，来了以后就105元，我老伴99元。那时候3000多块钱就相当于现在的五六十万元，在这八年当中我全花了，所以是能够维持下来的，我老伴对我的支持也有很大作用。我去农村改造的时候还没有孩子，在农村的八年期间，有一段时间得了重病，就回来治病。治病期间我在家待了七八个月，这期间我们的一个儿子出生。后来我走了，老伴就一个人带孩子工作。所以我老伴对我的支持很大，没有她的支持我活不下来，也干不长时间。但是我受处分这个事情对我老伴也产生了一点影响，当时让她去幼儿园照顾小孩子，当小孩子的保姆，我平反回鞍钢以后就让她当幼儿园副园长了。我和老伴的感情很好，这么多年一直相濡以沫、相互支持，我很感谢她。我父亲从牢里出来的时候，我正在农村改造，他没有地方去，也没有劳动能力，就和我母亲一起跟我待在农村生活。

增加焦炭品种是下农村之前的事情，从农村回到鞍钢以后就开始做车间改造的工作。当时成立了一个车间改造大型指挥部，因为在厂内我的技术是公认的，还是有点威望，就让我当副总指挥、技术总指挥，虽然都是临时的，但是各个部门的领导都比较认可，很配合，我在技术上在厂里确实是没得说的,我的名字在化工总厂还是比较显赫的,大家都服。因为工作比较出色,1985年我就入党了。在技术职称上,下乡之前就是建设工程师、技术员建设工程师,回来以后慢慢晋升到副高,2006年变成正高级工程师。

我到鞍钢的时候苏联专家好像已经撤走了,没有接触到。但是工作期间我和苏联专家接触过,感觉也没什么特别的。中间厂里派我去苏联学习,后来也去苏联引进设备,但是苏联的设备太落后,学的技术回来也没有用上。让我到苏联学习,说点不好听的话,领导是带点风险的,有那段历史的人带着他出国出点事怎么整?从农村回来以后,是当时领导对我放心,让我到苏联去学习,我心里非常感激。那时候有点问题的人出国是不可能的事,我们厂的领导对我放心,去了一个月,我觉得非常感激,事实证明我立功了。什么事立功呢?就是盯着苏联合同,一条一条看。我们代表团十几个成员,我们厂子有好几个,设计院的几个,总公司的几个,那些代表团成员一人一本合同,没几个人详细看的,我是认真看的。当时我们的任务就是引进苏联的设备,开会的时候苏联提出,让苏联最大、最先进的一个企业来供应这套设备。七天之后他们代表提出来,说想改一下供应厂家,原来那个厂子好像是因为什么理由,提出要改到另外一个厂。现场谁也没说话,设计院的、总公司的好几个都没讲话,这时候我就提出来,这份合同里边第几条里面规定的,苏联要改换设备的话,我们有权降低合同总额的20%,我们就把这条记下来了。苏联那些人当时都傻眼了,没有一个人说话,最后就降低了合同总额的20%。当时那个会议结束后,代表团第一副团长,也是我们的副经理就说:"你今天立功了。"如果不提,国家就亏了;我那样一提,给国家省了很多钱。所有人都说:"老房,你立大功了。"苏联改了以后就不是最先进的设备了,日本的设备比它先进,我们去苏联之前是经过论证了的,本来定的那套设备是比较先进的,但是改了以后就不是了,所以拉回来用的设备好像不是很充分,有些浪费。当时西南一些厂子过来想买这套设备,我们厂没有卖,其实应该卖给他们的。后来从宝钢那里看到他们从日本引进的设备更先进一些,没过几年鞍钢就又引进了一套日本的设备。

三、退休后的"中国好人"

我"成名"是退休以后的事，退休以后参加了希望工程，鞍山市有个希望工程办公室，因为我还有点剩余的时间，经济上不算很困难，就从 1997 年开始资助贫困儿童。1997 年鞍山市妇联组织了一个资助贫困儿童的慈善活动，帮助有特殊困难的或者有病的孩子，我就去了，看到一个残疾孩子，挺可怜的，我说就救济她吧。然后就在妇联的组织下和这个儿童签了合同，意思就是说和贫困残疾女孩就结上对了，我作为她的代理家长，但不是真正的家长。她那年 13 岁，再过 5 年她就成年了，成年人没有代理家长，所以我们的资助关系就结束了。这是我资助的第一个孩子，资助关系结束以后，我又想关注她，又不敢关注她，因为她每次见到我总是让我给她介绍对象，介绍对象以后才能给她分房子。她天生有残疾，下半身不能动，只能坐在轮椅上，我没法给她介绍对象啊。所以我后来主要是拿钱资助，没有追踪过这些孩子后续的发展情况。我资助她的时候她父母还都在，都是烧焦总厂的工人，算是鞍钢的子弟，后来都去世了，没有亲人了，她就跟着爷爷、奶奶生活。因为我资助这个孩子，对她也有些帮助，所以在这一件事情上就得到了一些来自厂里和社会的赞誉。

为什么我要做慈善资助别人？有一次看到《人民日报》的一篇报道，说有几十万儿童上不起学，我就回忆起我自己的经历了，以前自己念不起书的时候，没有舅舅供我，没有那些帮助我的人的支持，就没有我的今天。我也是因为有人帮忙才能读书，才能有今天，所以就想着在自己的能力范围内，我也要帮助别人。我父亲那个事情以及我被下放农村八年的事情，别人会说："你经历了这些委屈会不会心怀不满？还有心做慈善？"有些人可能这样想，钱想花都能花掉，尤其受了委屈了就更是要自己花掉了。我不这样想，如果当年不是别人帮助我，我就没有今天。而且那个年代过来的人，多多少少都受过各种各样的苦，我经历那些也不算什么。另外，我和老伴这收入算是同龄人里比较高的，我们那一批赶上岗位工资的也不少，要比以前那些工人的工资高一些，他们很多没有活到现在，我俩 90 岁的人，国家一直给我们发待遇，对我们够好了。所以我们要做点好事，把助人的美德传承下去，我帮助他们，他们以后就有可能帮助其他困难的人。同时，这跟长辈的言传身教也有关系，小的时候我父母在家旁边一片地里种菜，豆角、黄瓜什么的，我们吃不完，就号召周围邻居来摘。我爸爸、妈妈、爷爷、奶奶都是比较善良的人，他们都信佛。这个习惯我就学下来、传承下来了，把阿弥陀佛记在心里，从小就比较善良。当时还有一家开酒坊，烧锅烧柴火的地方失火了，大家救火。我那时候还小，帮不了忙，就喊，号召大家赶紧救火去，所以从小就有一种感觉，别人有困难，我就想着救。

于是我就和老伴去希望工程办公室问，开始说。赞助一个孩子一年大概300块钱，300块钱对于我那个时候不是一个大事，就赞助一个孩子。后来赞助时一个孩子升到400块钱，我就赞助400块钱。原来我们想一年捐600块钱，现在一个400块，就加一点，就可以多赞助几个孩子。以后一年一个孩子或两个孩子，到最多一年八个孩子，22年我一共赞助了100个孩子。赞助到100个孩子的时候，我的钱还剩一些，就继续赞助，又赞助了3个孩子，到现在为止一共赞助了110个孩子。说实在的，这个钱对我和老伴不算大事，我们两个人一个月1万多元，拿那些去赞助孩子不算个事。现在我赞助110个孩子，一共捐出去了8万元左右，就想着到明年结束。

我赞助这些孩子，钱交给希望工程，我的个人信息希望工程对受赠者是公开的，开始的时候没注意，后来有一个孩子，她母亲领着他，拎着一兜苹果到我家来看望我。我想：这怎么能行？我现在赞助的有100多个孩子，100多人都拎着一兜苹果来我家看我，那叫什么事？我赞助他们的目的就完全消失了。从第六个孩子开始，我就告诉希望工程不用告诉受赠者我的名字，也不用对外公开我的家庭住址，从此就没有再出现类似的事情了。这些孩子后面的发展情况我也没有追踪，其中有一个孩子写信说"谢谢房洪瑾解放军叔叔"，他不知道我是干啥的，认为做好事的都是解放军，就那样称呼。

我做这个事情，我的孩子都不知道，后来我上新闻了，小女儿看到了，就打电话来说，"爸，报纸上表扬你了，我向你报喜"。我做了慈善以后，得了一些荣誉，有的人就说："评这个评那个有啥用，也不涨工资，也不给你当个官，没用。"我都退休了还能涨什么工资、当什么官?但是听到有人这样评论,我也没有理会,就是想着在我困难的时候有人帮了我一把,我才能学技术,才能好好工作,现在那些上不起学的孩子也跟我当时的处境是一样的,这个时候有人帮他们一把,读书后有知识、有能力了,他们以后才能在社会上发光发热,做更多的事情。

做这个事情也算是对雷锋精神的一种继承与弘扬。我和雷锋虽然同一个时间在厂里,有五个月的时间是同时在鞍钢的,但是那时候不认识。有一次我到雷锋工作的地方去,我需要大吊车来装煤,就过去要车。地上有个塑料袋,袋子里装了点泥,这个人就洗塑料袋上的泥,洗完了还不干净,就又装一些泥进去以后翻过来再洗。当时有这个印象,后来我想大概这是雷锋在洗塑料袋,塑料袋里边装的油,油不好洗掉,现在可以用化学用品洗,那个时候没有,就用泥洗,洗完了以后不干净再装上泥,再搓一搓,我估计那是雷锋。那个时间我看到这个事,用泥反复洗塑料袋,我想雷锋就是那种精神。后来雷锋出名了以后,我才知道他就是雷锋。他一直是我们鞍钢人的骄傲,能够和雷锋有一点时空交集也是我的荣幸,现在也算是一直在学雷锋,学习他那种帮助别人、助人为乐的精神。

因为我退休后一直资助那些有困难的儿童,2015年我就获得了"全国关心下一代工作先进工作者"这个荣誉,那次真是轰动了整个鞍山市和整个辽宁省,这个算是国家级的荣誉,就不断地到省里面开各种各样的庆祝会,前前后后差不多20天,厂里派了两辆小轿车给我用,来回好多次。各种报社的记者,大概七八个报社的记者来了20多个采访我。我2016年获评"辽宁好人·最美人物"。2018年11月我获得"中国好人榜"荣誉证书,这次是最高级的荣誉。2019年我获评"全国离退休干部先进个人",这个也是中央级的荣誉,但是第二天就开始新冠疫情了,全省就不动了。总之,我前前后后获得的各种鞍钢级以上的荣誉有50多项吧。

我对这些荣誉看得比较淡,算是对我做慈善的一个肯定与认可,单位和社会上都因此知道了我的事迹,宣传做好事也算是对社会的一种精神贡献,但是我做好事纯粹就是为了帮助那些孩子,当时没有想那么远,好在它是好

房洪瑾 2018年获得"中国好人榜"荣誉证书

事情,也就没什么排斥的了。后来政府组织的各种各样的庆功会、宣传会、采访等我也就欣然接受了。对于别人的各种评论我也置之不理,有些人就不理解:"有点钱自己花不好吗?你挣那么多的荣誉能做什么?"我听到过,但是都没有理会,因为这些荣誉都在我的预期之外,从来也没想过要去得什么荣誉,所以别人怎么说我也无所谓。

四、我和老伴的晚年生活

退休以后,我一直和老伴单独住,没有和子女住一起,两代人的观念不一样,简单住几天的有过,各自都有各自的家。我的子女们各自发展得都还不错:老大现在南京一家企业做高管;二儿子和小女儿是双胞胎,都在鞍钢工作,二儿子后来辞职了,现在也没啥事,平时炒炒股票,算是一个自由职业者,看他收入也不错;小女儿是三个孩子里面比较稳当的,现在在铁东医院当副科长,她的两个哥哥都属于比较能折腾的类型,她就稳妥多了。我老伴的身体之前一直都很好,半年前才不好的;我今年90岁,身体一直还不错。我们的住房这一辈子经历了三次变动:刚开始结婚的时候是单位给的一个小房子;2002年的时候买了一个二手房,70平方米,在三楼,上上下下不方便,住了18年;几个月前老伴身体不好了，就换了现在住的这个100平方米的，刚搬进来两个月，大了一些，可以请保姆，一楼也方便，周边环境、配套也好一些。整体上，我们因为赶上岗位工资，又都是技术口的，工作做得还不错，所以这辈子在生活上、在物质上没有怎么受过苦，算是比较幸运的一批，我们内心也一直抱着感恩的态度来生活、来做事情，我做慈善也是出于这样的想法。

我退休后的生活也挺丰富的。平时没有事情我就在鞍钢的老干办打打麻将，天天锻炼脑子。我们值得骄傲的一点，就是打了22年麻将一分钱没动，我们打麻将不打钱，整个鞍山市唯一就我们单位，其他的单位没有听说过。大家打麻将不图赢钱，就是图个娱乐。还有一个就是，四个人打麻将，有五个人或者六个人，甚至有的时候七个人在那站着，没有单位能做到这一点。另外，我还参加合唱团，因为我喜欢唱歌。而且我是管家的，平时事情还挺多，买买柴米油盐、买买菜，还挺充实。我们还带过四年的孙女，那时候身体好帮儿子带孩子，大儿子和儿媳在北京，就把孩子放这里了。后来大儿子离婚，就从北京去了南京，在一个企业做高管。

现在回头看，鞍钢对我的影响很大，我们的一生就完全寄托在鞍钢，没有鞍钢就没有我们的一生，没有鞍钢也没有我的这些积累。年轻的时候我们是学院派，被分到哪就去哪，有的跑到新疆，有的在东北，还有的在山东，你被分到哪就在哪工作一生。不像现在的年轻人，哪里好就去哪里。我这一辈子，如果让自己选，我还选鞍钢，因为它是当时最大的钢铁企业，各个方面都比较先进。而且我们的专业总算是都学有所用了，我和老伴都是学化工的，都在鞍钢发挥了我们的作用，我们俩在鞍钢也算是有点儿名气。我现在的退休金有6000多元，和老伴的加起来也1万多元了，聘了个保姆照顾我们的生活，经济上也能自立，不需要子女接济，90岁了身体还不错。国家一直给我们发退休金，孩子们活得也都不错，我们工作上也算有些成绩，对鞍钢的技术贡献还是有的，也吃了点苦，但是那个年代过来的人哪个不吃苦？多少都经历了各种各样的苦。所以整体上，不管是工作还是家庭、生活，我这辈子算是圆满了，无怨无悔，很知足了，做点慈善也是应该的，既传承美德，也算是回馈社会了。

胡嘉第

为鞍钢锻造"核"力量

亲 历 者：胡嘉第
访 谈 人：陈　勇
访谈助理：陈　程
访谈时间：2020年10月22日上午9:00—12:00
访谈地点：鞍钢党校
访谈整理：陈　程

亲历者简介：胡嘉第，男，1941年生，山东潍坊人。1963年山东冶金学院毕业后分配至鞍钢，1964年分配至"四二六"研究室进行放射性同位素研究，在艰苦条件下积极探索，曾解剖15吨钢钉进行分析研究，专精于提升钢纯度、排除杂质，1973年调整岗位至钢铁研究所炼钢实验工厂，1979年下乡到知青点带队，1984年担任钢铁研究所副所长，2001年正式退休。

胡嘉第（中）接受访谈

一、离家远赴鞍钢"四二六"研究室

1963年,我从山东冶金学院炼钢专业毕业,从山东老家被分配到了鞍钢,那年我22岁。入职后的第一年,我按照规定到第三炼钢厂实习。在一年时间里,我先后在二十号平炉、铸锭以及脱模等三个岗位锻炼。那一年的时间里,我与一线的工人师傅一样上下班,跟着师傅们请教炼钢的现场操作知识,这一年的时间在工作一线,我认识到我们的炼钢技术还有待升级优化。过去鞍钢比较落后,我们主要还是平炉炼钢,浪费能源,冶炼水平和效率也比较低。那时我们是完全按照苏联模式炼钢的,因为苏联一直是平炉炼钢,所以咱们延续了这种方式。但是美国这些国家早转型成转炉炼钢了,我心中一直就有着一个念头:怎么把炼钢的技术提升上去?一年后,我被组织谈话,一个更好的机会出现在我面前,正式加入"四二六"研究室。

"四二六"研究室是什么单位呢?它是苏联50年代援助中国的156个项目之一,当时我也不太了解,以后慢慢才知道"四二六"研究室是放射性同位素研究室,是将放射性同位素应用在冶金钢铁领域的机构。"四二六"研究室整个区域由解放军持枪警卫,工作人员出入都需要证件。区域内没有悬挂牌匾,所以绝大多数人并不知道那里的真正职能是什么。之所以有这样严密的设计,是因为它属于保密军工单位。因为担心放射性同位素的危害,整个厂区很封闭,是非常空旷的一个地方,我初步估计占地五六千平方米,就在鞍山的一个郊区,离鞍钢本部有差不多十公里,当时走路上下班,得走十公里。我当时住在多人宿舍,多人宿舍离这地方还有一点距离,从宿舍走到那个地方,要1小时20分钟。除了生活上不方便,更困难的是我刚去的时候一窍不通,对原子能这些东西根本就没接触过,首先我得学习放射性同位素这方面的知识,同时一块做实验,这对我而言也是一个

1963年胡嘉第在第三炼钢厂实习留影

新的挑战。

随着学习,我也慢慢了解了"四二六"研究室的创建历程。最开始是苏联人搞这方面的研究,大体思路就是利用放射性同位素,把它加到钢水里面去,使得钢水里面的元素积极活动,用轨迹把它显示出来,主要目的是提高钢水的质量。我接触的工作就是当浇铸钢锭的时候,把放射性同位素加到钢水里面去。原本钢水里面产生杂质,但杂质不会直接排出,会附到一定的地方去,也就是杂质的分布和析出实际没有直接观察效果。为了验证和探讨钢液的凝固机理和各种措施的实际效果,放射性同位素派上了大用场,我们"四二六"研究室的科研人员,利用放射性同位素硫、磷对相关钢锭做跟踪试验,获得了直观的试验数据,这些都是当时在文献中查不到的数据,十分宝贵。这些数据对改进工艺技术、提高钢锭及钢材质量,提供了可靠的依据。这种技术归根到底是为了提高钢水质量,具体来讲是去除里面的杂质,提高钢的纯度。它最主要的贡献是对钢锭。鞍钢炼钢采用的工艺是钢锭模浇铸,钢材的质量是由钢锭内部的质量决定的。近1600 ℃的钢液经钢水罐浇铸到钢锭模内成型,浇铸完成后,钢液在钢锭模内逐渐凝固,凝固的过程会受到许多因素的影响,比如说钢液中杂质的分布和析出就会影响钢材的纯净度,而硫、磷等夹杂物则会直接影响钢材的性能。加入放射性同位素,通过对温度的控制,起到分离杂质的功能,集中的一部分杂质在冷轧过程中去掉。这对于优化钢铁生产工艺、提高质量、提高各种加热装置的效能等都起到了重要的辅助作用。

那个时候的研究很单一,我一天就是炼钢铸锭,提高炼钢铸锭的质量,单一地从事这种研究。按照工序,炼钢铸锭之后,要进行手工打磨,然后进行拍摄,把照片洗出来进行观察分析。这一个周期从前期准备冶金同位素的分装,到分装后在炉子进行冶炼,冶炼以后拿到大炉(包括到大成山)去进行实验,再对钢锭进行解剖,解剖之后再照相,差不多得一年的时间才能完成。为什么这么长时间?这里面主要牵扯一个大生产,炼钢生产不好弄,因为这些工序不仅是我们研究室研究,也涉及和其他厂的协作。整个鞍钢的冶炼、加工、铸锭,产业链比较多,需要总调度组协调安排。

三年多的时间我一共接触了两个大钢锭，一个是13吨的大钢锭，还有一个是15吨的大钢锭，当时国际上最大的钢锭也就是15吨，那么大的两个钢锭，需要把它们切开，我们当时的条件不能整个进行实验，既没能力，也没启动设备。所以需要人工把它们搬到实验室，从中间取出一片，还必须得把它们送到大车床刨，当时的设备条件还行，但是加工非常费劲，因为它们本身有放射性同位素，再加上太大了，那么大的两个钢锭，很少有大型的车床进行加工，鞍钢当时生产普通钢锭压力都比较大，很少接触这么大的钢锭，一加工就一个多礼拜才能完成，真的不容易。之后还需要人工用砂纸一点一点把它们打磨光亮，我们也需要手工作业，把这两个大钢锭拿砂纸打磨得非常光亮。手工操作相当费劲，一米多、三米多的大钢锭，要把它们打磨得非常光亮，根本是件快不了的工作，只能慢慢打磨，一打磨就要几天。一个钢锭从中间抽出那么一片来，高度大概两米六七，宽度不到一米，这么大个钢锭要人工用砂纸打磨，先用粗砂纸，再用中间粗细的砂纸，再用细砂纸。我们要全程戴手套、口罩，因为毕竟是在放射性环境中作业。实实在在地讲，现在不能干这活了。说的是防护服，其实就是劳作服，咱们这样的劳作服根本防不住电子流，防护服里有一层铁板就能防护住？那是不可能的事，你就在这上面操作。

二、放射环境下开展二期工程

　　我毕业进厂的时候，苏联专家因为一期工程结束就已经撤了，还有一个二期工程中间的核心工程就没给我们建。一期工程都有哪些呢？主要就是厂房，不是搞仪器设备什么的，主要是实验厂房，还有一个办公室、一个锅炉房、一个所、一期工程废物库，再就是保卫室、传达室那一类的。所以说我们的设备和苏联已经没有关系了，虽然苏联提供给我们一期工程设备，但一期工程的核心工程是一个机械手，人在外面操作，能看到里面，准确通过机械手分装放射性同位素，把放射性同位素取出来，在里面进行分装。放射性同位素取出来就依靠它，这是放射性同位素实验室的一个核心装置。原设计中两个最大的房间,大房间500平方米左右,还有一个房间200平方米,作为放射性同位素的分装间,有机械手和电控运输车的分装箱,这个房间要靠吊车装配分装,吊车都有了,可以用吊车装,但是核心东西都没有。当时苏联给我们设计图的时候,这两个分装间只有简单的装配图,没有具体的安装图,所以在设计时并没有实施,这样分装工作就只能依靠在放射源库的机械手进行,这给我们的工作造成了一定的麻烦,直接影响研究工作的开展,而且没有了机械手就只能通过我们人工处理。

分装间是什么时候建起来的呢?大概是60年代我们自己设计的,我参加那个设计了。设计完以后到上海去进行审查,当时,我背着图纸到上海原子核研究所①待了一个多月,请那里的专家对我们的设计进行审查修改,以便形成施工设计图纸。工程准备要建设投资,但正好经历特殊时期停住了。80年代末必须得搞了,我们只搞了两个手套用,在手套分装间里有两个分装箱。轨道是用不上的,本来那个分装间是两套分装设备,里面都是用轨道运输,都是为了避免辐射。这两个手套分装箱暂时用上了,但那个基本上比较粗浅,围绕非常底层的东西,两个放射箱子有两个窟窿,需要人工伸进去戴着手套手工操作。那个时候的机械手虽然相对安全,但是有时候也不够精确,其实这个机械手里面操作的地方有一米见方的空间,而且那里面比较大,那个机械手就在那个位置,它能够进到里面去把东西拿出来,操作也比较笨拙,你说50年代的机械手能好到哪去?机械手的视线也非常不行,有的时候容易失误,操作分装放射性同位素的时候,有个铅罐要取出来,也就是十多厘米直径的口,从那里面要取放射性同位素就容易失误,放射性同位素也就能有一个花生米那么大,把它取出来要放在另外一个容器里,到大铅罐里然后进行处理。

曾经有个什么事呢?我师傅在操作机械手的时候,把东西从里面这边夹出来的时候一下掉到外面了,机械手就够不到了。在外面那怎么办?我跑里面去,用手给他捡起来了。我曾经干过这事,其实冒一定风险,而且是

---

① 中国科学院上海原子核研究所成立于1959年8月,时称中国科学院上海理化研究所,1963年2月改称中国科学院原子核研究所,1973年4月改称上海原子核研究所。

不允许的、不符合操作规范的。但是没办法,机械手够不着,同位素不能放在那,也影响后续操作,人还得进去贴到那地方去,打开机械手才能操作。后来我身上表现的就是红痣子,开始有红点,我身上满是放射病,那些红点在身上的就是放射病。

当时我们处于探索阶段,所以一些防护措施还不是特别完备,因为我是搞冶金的,对于这事最开始不怎么了解,是后来学习到的。我搞的实验主要是 β 射线电子流,我们还接触 γ 射线,在我们自制的一个探伤①工程中。这个探头里面有孔,放在这个罐里,这个罐是个铅罐,铅能防护,就像现在 X 射线透视似的,在铅罐里面,用孔把射线对准设定等级。但是探伤你人工怎么接触?探伤结果得有照片,射线流射到地板上显示出来有孔,如果焊缝有孔,照片上就显示有孔洞,就像现在照相一样。但是现在照相人站在那地方,时间不会太长,这个道理大夫也了解。干探伤工作就不行,锅炉的焊工最主要得钻到锅炉里面,把照片贴到焊缝的地方,这个危险性比较大,γ 射线直接就射身上了。虽然当时我有防护的衣服,但是不好使,那个布东西防护不了。你像 β 射线就是很难阻挡的。那时候有一个金属片,能阻挡住电子流,衣服不好使。电子流要是射到你身上就杀白细胞,所以这个操作比较危险。由于这种防护措施不到位,如果身体受影响,最主要的就是白细胞降低,大量杀白细胞,时间长了容易得白血病。我了解的两位同志,还没退休,40 多岁就去世了,就是搞探伤的。我还好,主要就是身体上、皮肤上有点毛病,但是要把这个放射仪表放到冶炼,包括中国钢铁企业当中,就是我说的炼铁、炼钢、轧钢,放射仪表本身有比较强的 γ 射线,它要透过钢铁或者炉壁射穿它,测出它的数据来。接触这东西也比较危险,搞探伤的我知道去世了两个,还有一个搞放射性仪表的,他当了主任,还没退休,60 岁没到就走了。

---

① 指探测金属材料或部件内部的裂纹或者缺陷。常用的探伤方法有 X 光射线探伤、超声波探伤、磁粉探伤、渗透探伤、涡流探伤、γ 射线探伤等。

三、科研管理与技术中心的成立

大概在1973年、1974年,按照组织要求,我离开了"四二六"研究室,回到所里去继续搞炼钢。当时鞍钢要修电炉,我就到高频检验电炉工作,属于实验工厂。干了几年以后到1979年下乡,作为知识青年带队干部。当时我属于青年点第三期带队干部,我们到盘锦大队,两个小队、两个青年点的青年将近60个。当时厂里职工多,1600人,职工子女知识青年有六七十人在那里。带了一年队,1979年后开始改行了,改成管理了,管理炼钢,一直管到2001年60岁退休。当时是在技术科,1979年带队带了一年,算是镀金。1979年回来后就入了党,转到技术科去工作了,大概在技术科干到1984年到钢铁研究所里去,就当上副所长了。我们鞍钢比较重视创新,炼钢实验工厂还是很重视小改小革和创新的。我到实验工厂,服务对象是各个研究室搞新品种的。搞一个新品种需要到实验工程区,先到一个小型的炼钢,到我在的高频冶炼,炼出一个20公斤左右的钢锭,然后对小钢锭进行检测,要对它的成分取样,把它解剖了以后进行机备检测。解剖虽然简单,但是解剖出来起的作用大,把它再弄成小样做拉力等这些方面的检验,包括化学成分检验、机械性能检验等等。我在的地方干这个班,有很多个研究所,大概有11个,现在被整合成技术中心。

原来这些实验室是在各个部门各个工厂,鞍钢在这种机构变迁中,其实也经历了制度的变迁,技术中心是整个单位地变,钢铁研究所变成技术中心。在90年代初,全国钢铁企业都建立技术中心。最早成立的是武钢技术中心,各个钢厂都要开始建立技术中心。鞍钢是什么时候建立技术中心的?80年代末90年代初申请建立技术中心,实际就是把钢铁研究所变成技术中心。建立技术中心就必须具备一些条件,其中一个条件就是必须有一个像样的中间实验工厂,做出一定的规模。你是钢铁企业,从炼铁一直到轧钢,这个工艺,包括小型的工艺——炼钢实验室、小转炉、炼铁高炉、轧钢的轧机——都要具备。钢厂建立中间实验工厂,要求条件非常多,经过筹建,国家技术批准成为技术中心。鞍钢的技术中心,是从钢铁研究所变成技术中心的。这个我还真记得很清楚，因为我是设备组组长、副所长兼中间实验工厂的厂长。当时武钢首先建立的技术中心，我到武钢去考察过。回来之后技术中心和钢研所升格了，中心主任变成部长。那时候我年龄已经到了，所以只是中间实验工厂的厂长，下面开始有这些处之后，我就成设备能源处的处长了。在这中间，1990年在设备能源处从副处长转的正处。1995年开始盖技术中心22层大楼，当时鞍钢就一个那么大的楼，因为我是设备能源处的，我就成了总指挥负责盖大楼。这就有了那个大楼还有中间实验工厂，中间实验工厂是11万平方米的地方，过去运输部的停车厂被建成了现在的中间实验工厂。升格技术中心之后，被归到公司的二级单位，申请科研经费、对接机构，都更加方便一些。2001年我退休，正好是60岁。鞍钢的规定是58周岁退二线，58周岁的时候，领导找我谈，整个鞍钢只有两个处级干部58周岁没退二线，有我一个，还有一个是蒋慎言，他既是自动化研究所的所长，也是劳模，我59岁退二线，差了一岁。

在担任处长期间，我一直管科研。从80年代被晋升为第一副所长就做科研，所谓科研管理就是搞冶炼的，又管研究室，都归我管，整个科研的计划、整个科研的项目我都管着。重点科研管理有两个副所长，两个人管科研，我管冶炼工艺，他管轧钢工艺。我们每个项目都得管，但是不能管细，重点公司用钢的整个生产，这个重点项目得主抓，管理专注改造的项目像炼钢连铸、钢铁的实验这些东西。以后公司成立开发团队，很快就把我纳进去了。队长一般都是公司副总监、副队长，我曾经见了六个开发队的副队长，轧钢的、炼钢的、炼铁的、烧结的我都见到过，参加公司规划、公司开发的时候也得去，一天的活也就多了，成了这么一个人。

我现在还是以科研为主，因为我们是一个技术中心，也涉及一些立项选题，都需要服务于我们鞍钢发展的大局，也参与了公司的转型布局。像转炉吹炼，往里面吹氧气造热源。最早建转炉的时候，是用一个氧枪往里面吹氧，后来吸取外国外地的经验，为了促进它的效率，低吹增加了一个氧枪，钢研所参与了它的技术改造的整个过程。从开始建这个项目到最后鉴定成果，我们一直参与，我是专利队的副队长，我们老工人去世了，实验组六七个

20世纪90年代初胡嘉第(右三)与同事到韩国浦项钢铁公司考察

人专门一直盯着,甚至倒班跟着,搞这个实验,都一直干着,那个炉子我都跟着上了几次。还有一个是连铸。搞连铸之前,先在二炼钢搞了个小方坯连铸机进行小范围连铸生产。从开始搞这个工程,一直到生产实验,我们钢研所一直参与。我是连铸队副队长,我们的科研人员从开始小范围连铸生产的第一天就在那里,他的办公室都被设在二炼钢,三班倒跟着现场干,我曾经在小方坯连铸一直倒班,也在那个地方跟了一段时间。浇铸工艺、浇铸质量,一直到炼钢的生产质量如何提高等研究,咱们都参与了。还有基本上比较大的工程,三炼钢大连铸也是我们提供的,我是大连铸的连铸队副队长,负责具体指导并参与这些东西。

四、"鞍钢宪法"精神延续

鞍钢是"鞍钢宪法"的发源地,我们历来都比较重视技术革新,影响也是比较大的。我刚进鞍钢那一个阶段,60年代,"鞍钢宪法"是必须学的,现在学的人可能少了,我们人手一本册子。我退休以后直到现在还在学"鞍钢宪法","鞍钢宪法"其中最重要的一点,你是工程技术人员,到现场就要和工人结合,和现场实际结合,这是"鞍钢宪法"当中讲到的。在生产实践当中活学活用，我第一年那是实际体会到了，所有毕业的大学生，第一年一律到现场去。1963 年 9 月份我到第三炼钢厂，一直到 1964 年离开炼钢厂，我参与了平炉炼钢、铸锭，就整个工艺我全参加了，就在那倒班。跟那伙工人一同劳动，干同样的活，咱们科研人员和他们一块倒班，否则的话人家工人不搭理你、不认识你。我一年以后才回到研究室工作，当时不是我自己到炼钢厂的，我十几个同学都在炼钢厂，炼钢厂的这一年净是下到班组去，和工人一块三班倒。那真是和工人同吃同住同劳动，没有任何差别。早上你必须得参加早班，接着班会，你 8 点上班，7 点半必须得参加会，7 点半老老实实坐在那儿。所以那个时候大家其实也非常坦然，当时就知道自己是工人阶级，我不觉得我读过书就了不起，我和那些一线的工人没什么不一样。到吃饭的时候，我主动让工人先吃饭。你想，炼钢在平炉上，必须得有人值班，那就离不开人，到吃饭时间，他叫你先吃饭，那真是挺好。在这个工作中，当然也包括和工人同吃同住同劳动，我们说以前阶级感情还真是存在的。像我那一年炼钢，实际上在学校学的知识很少，炼钢的一些实际知识是在厂里学的。所以炼钢过程中我知道了工人炼钢是这么回事，它是怎么个体化，怎么提高效率，怎么才能炼出合格的钢来，怎么浇铸成合格的钢锭来。知道这些东西，我以后的工作就比较方便了。我们科研项目最早的阶段，几乎每年都有十几项是冶金部里亲自派下来的，所以理论和实践结合不是一句空话，你要不练，两眼一摸黑不好使。我就举一个例子，但是不点人，点人就不太好了。咱们一个研究室的主任，他到现场去的机会比较少，他就对仪器仪表不了解。后来我退休以后，到公司去，公司领导说他指挥失误，因为他接触现场太少了，对整个鞍钢的工艺他知道，但是具体怎么回事不懂，那些详细的才是关键。

我们的技术革命也很注重发动群众，让普通工人也参与进来，因为一个技术的革新，不单单侧重于技术人员掌握分内知识，也要发动普通工人来参与技术改造、技术创新。咱们的技术人员，就是搞工艺的，这些技术实验和现场操作是两码事。到现场去的时候基本都需要征求工人对现场工艺的意见，到轧机上，需要让现场的工人参与，甚至有些得现场的工人亲自操作。

炼铁、轧钢都是接触一些热东西,接触危险的东西,要是你自个儿去干不好使,人家也不让我们做,而且你在科研项目当中,也需要现场操作这些东西,不然给你操作你都干不了。有一些经验,只有一线的工人才能给你反馈意见,你自己是没办法获得的,真正到现场去,会碰到很多技术问题,那得发挥工人的聪明才智。包括工人他自己也有做出一些革新、小创作、小发明。比如喷水实验冷却,这东西咱们在实验室里得出了一个数据,真正用的时候得按照工人的要求,要是按照你科研人员的实验数据,到那个地方不好使,往往不是水量大了就是水量小了。一线的工人根据他的实际经验,你说的想法才可能具体操作起来。这个就是我们说炼钢、炼铁大工业中,不能够忽视工人的作用。只有这样,跟工人一起研究出科研成果来,才能在现场用得上。

据我了解,在我退休之前,每一年鞍山钢铁公司科研经费投到钢研所的,都得超过100万元,即使在他们科研经费比较少的时候,我在那管理的时候,也能占到公司科研经费的一半。部里和省里下来科研经费,基本上就是设立科研所的项目都给到钢研所了,所以科研经费有100多万元,为了提高钢研所的能力和水平,买点科研设备。在国内的一些小型设备,一个压缩机或者一个什么东西也要100多万元。包括实验费、科研费,90年代加起来,公司给我的费用是2000多万元,这里面包括科研费用、大学的费用、人员工资,还包括

20世纪90年代胡嘉第在工作中

电费、煤气费。科研费用就是弄到科研材料,到现场去做实验,需要支付点什么运输费用或者交通费用,包括出差也算到科研费用中,就这么一种。但是还有一部分是什么呢?上国外购大型仪器,影像仪、大型实验机等大型设备,二三百万元,这个不在这里边,是公司单独的投入。咱们这些东西基本上都是用到现场、用到鞍钢的,不是为外边服务的。到现场几年的成果,那就不好说了,因为这些项目都是连续的,几年十几年都有,这些成果都是需

要几年才能出来的。但是那一阵也搞过效益承包,效益从现场提成一些。刚开始对公司也进行效益承包,一年2000多万元,实验费,包括科研费用,全都从这效益里面提成出来,就算是自个儿创造的。那会公司一级单位不在科研项目里边,在生产项目里边了,工厂在外边去生产技术等这些东西,一年也弄个二三百万元,都归到钢研所内部。这是那几年承包的时候,曾经有一个收益阶段,现在我退休以后可就不是这样了。

我身边也有一些劳模能手,像科研单位五一劳动奖章获得者我那也有,我主管的有两个。他们的科研项目真用在生产上了,将生产效率提高了不少,获得了不少效益,还有就是到现场应用的保护轧。他专门搞这个东西,引进的是英国装置,引进以后进行改造到生产部工厂用。还有机械化,是钢铁工人在那个上面做的实验,取得了国家科技进步二等奖。像这种技术革新、技术革命,就是融入自己本职工作中了。给他立科研项目,在这个科研项目上,就产生了改造或者改革,牵扯到这个项目以后,就搞出成绩来了,实实在在讲,这就是为了创造效益。那一阶段,出了科研成果以后,请专家鉴定。鉴定之后成果什么水平,报到公司、市里、省里、部里,取得部里的奖、国际奖。真是不容易,得到这个奖励以后必须应用;咱们企业有这个特点,纯成果得的奖很少,必须应用到生产当中去,使它真正创造效益。

孙士杰
红色工程师的"三结合"之路*

亲 历 者：孙士杰
访 谈 人：周晓虹
访谈助理：常江潇
访谈时间：2020年10月24日上午9:00—11:30
访谈地点：孙士杰家中
访谈整理：常江潇

亲历者简介：孙士杰，男，1937年生，辽宁辽阳人。1956年考入东北人民大学化学系，一年后退学考入东北工学院材料工程系，毕业后被分配到鞍钢总机械师生产工程师室做技术员。先后担任鞍钢西部机械厂铸钢车间技术主任、技术科科长、高级工程师、总工程师，1996年退休。

孙士杰（左）接受访谈

---

* 本文在整理过程中以现场口述实录为主，同时参考了鞍钢日报社记者王颖《我骄傲，我是鞍钢人》一文，并经由王颖同意，特此致谢。

一、培养"又红又专"的工程师

1937年,我出生在山西阳泉,但我并不是山西人,我的祖辈从山东迁居辽宁辽阳,父亲从沈阳铁路专科学校毕业后在北京丰台的铁路部门工作。1937年卢沟桥事变后,为了躲避日本人打到北京,我们全家迁到山西阳泉,我就在这个当口出生了。结果我还没满月呢,日本人又打到了阳泉,我们全家又迁回了丰台。1944年,我们从丰台搬到了吉林海隆的姥姥家,父亲在海隆铁路站工作。1950年的时候,全国支援鞍钢,我父亲从沈阳铁路局被调到鞍山来支援建设,鞍钢内部有一条铁路,我父亲就在运输部工作。

我在海隆念到初一时转学到鞍山二中,读到初二的时候赶上鞍山市教育口调整,把二中的一部分初中生并到了一中,当时一中是鞍山最好的中学,在整个辽宁省也能排前十位,所以1956年我是从一中毕业参加的高考。我在高中的时候化学老师对我挺好,挺照顾我,让我考大学的时候要学化学。我父亲呢就希望我学工,干铁路也好,为鞍钢也好。结果我听了老师的,考取了东北人民大学化学系,也就是吉林大学的前身,东北人民大学的高考录取分数还挺高,学校也说得过去,这系也挺好,再加上还有唐敖庆[①]老师,他在全国是物理化学一把手,我就是奔他去的,考到他门下。按照我个人的志愿,这应该说是如愿以偿了,但我这人……我检讨啊,不到一年我就从化学系退学了。为什么呢?我当时非常不成熟,考上化学系以后发觉物理系的高考录取分数比化学系还要高,而且我的分数也够。那时候有一个和我非常要好的高中同学,姓霍,他在物理系,我心里很不平衡:我分数不比你低啊,你怎么到物理系,我在化学系?我就要求转到物理系,结果学校老师说啥也不给转,说没有这个先例,后来我一气之下就退学了。我是1956年考上的东北人民大学,1957年6月11号退学,7月15号又考上了东北工学院(现东北大学,以下简称"东工")。这件事上我父母也没有反对,非常理

[①] 唐敖庆(1915—2008),江苏宜兴人,物理化学家,中国现代理论化学的开拓者和奠基人,被誉为"中国量子化学之父"。1952年由北京大学调至东北人民大学(现吉林大学)任教授,与蔡镏生等创建化学系,1978—1986年任吉林大学校长。

解,说:"只要你念书就行。"

孙士杰(三排左四)与东工管弦乐队赴鞍钢慰问演出留影

那时候毛主席定的培养目标,是要培养"又红又专"的工程师,学校到处写着这个培养目标,那我就按着这个目标走呗。我从初中到大学一直是学习委员,还喜欢拉小提琴,是东工管弦乐队的队长,学习和社会活动都没耽误。

1962年,我从东工毕业后被分配到鞍钢,不是吹牛啊,给我分到了鞍钢大白楼,一下就进公司机关了。那时候我们学习苏联的编制,鞍钢最高层是经理,紧接着就是"四大师":总机械师、总会计师、总经济师、总动力师。总机械师既是这个单位的领导名称,又是这个单位的名称,下面分很多科室,有搞生产的,有搞成套设备的,有搞零件的,还有管成本的,我在总机械师生产工程师室做技术员,类似于现在机械动力的一个部门,鞍钢矿山系统、冶炼系统、轧钢系统、机械动力系统这四大系统所有设备的备件都是我们供应的,所以我的工作基础面比较广。

"文化大革命"开始后,鞍钢大白楼整个机关被砸烂了,鞍山市成立了一个"五七"干校,我就随着大白楼机关上"五七"干校了。那阵儿成立了一个毛泽东思想宣传队,我不是会拉小提琴吗,就在这个队里拉琴。真正斗这些走资派和反动权威时我没说过话,反正我拉小提琴也很重要嘛。那时候毛主席语录每发表一篇,我们就得上街庆祝,所以1969—1971年,我在海城和盘锦的"五七"干校学习,实际就是在宣传队里头宣传毛泽东思想。

两年后,鞍钢逐渐恢复生产了,就让我们干校当中的一部分人回去。我才30多岁,是少壮派,既不是走资派也不是反动技术权威,组织就问我是回机关部门还是到基层工作,我说:"你别让我上白楼了。"我学工的我知道,学工不能离开一线,你想离开一线,你得先到一线把自己充实起来,完了你再上管理机关。于是1971年我就回到了鞍钢,在机修总厂当技术员,之后又在全面质量管理办公室和党办工作过。1979年,鞍钢准备搞经济出口,成立了一个外语学习班,学英语、日语、法语的都有,好几百人呢,我从党办被送到外语学习班脱产学习一年。粉碎"四人帮"后就开始落实知识分子政策了,学完外语之后我到了西部机械厂的一个铸钢车间,在那里当技术主任;技术主任干了两年,被提到技术科担任科长,这就由副科变正科了;技术科长干了三年,1985年又被晋升成高级工程师,兼西部机械厂的总工程师,一直到我1996年退休。

二、参与"中西交战",见证"中西合作"

1975年7月的一天,我被领导叫到了办公室:"鞍钢公司要借你去工作几天,你回去交代一下手头的工作,马上去报到。"那个时候我不知道自己要去干啥,也不知道我将面对的是一个怎样棘手的工作,更不敢想象我要代表鞍钢、代表中国与美国企业谈判。当时鞍钢通过中国机械进出口公司与美国B-E公司签署了购买该公司矿山设备的合同。将这些设备运到鞍钢大孤山铁矿进行开箱检查时,发现195B电铲、45R和60R牙轮钻等设备存在多处质量缺陷,尤其是195B电铲回转台裂纹缺陷十分严重。中国机械进出口公司立即将这个情况通报给B-E公司,B-E公司同意来中国商谈,随即派出由首席谈判代表总工程师克拉斯纽思基、冶金工程师帕瑟博、现场安装技师李特瑞,以及中间商美籍华人王教仁四人组成的谈判组。为了确保利益不受到损失,鞍钢也立即成立了谈判小组,我就是其中一员。组长由当时矿山公司机动处处长董祥光同志担任,成员还有大孤山铁矿的技术员刘廷安同志,以及翻译小杨同志。当时的分工是这样的,董祥光组长做统筹,刘廷安负责设备安装使用部分的技术问题,我负责设备制造的技术问题。

在谈判之前,我们先到了位于北京的中国机械进出口公司,跟外贸部和冶金部的领导见了面,我还记得他们对我们说:"这次谈判根据《上海公报》精神,是中国冶金企业第一次与美国企业的贸易往来,关系到今后中美贸易的前景和美国商界对中国的态度。要获得政治、技术、经济三方面的胜利才算全胜,只准打赢,不准打输。"听了这些话,我们工作组的成员心理压力都非常大啊,知道这件事不仅关系到鞍钢,更关系到中美之间的贸易往来,这么重要的事,一定得办好,不能有闪失。同年 7 月 19—23 日,第一阶段的谈判是在北京机械进出口公司 124 室进行的,当时双方最大的分歧在于 195B 电铲回转台裂纹缺陷,我们觉得缺陷十分严重,要求更换新品;但是美方却认为那些裂纹是可以焊修的,没有必要更换新品。双方争论不下,最终也没有达成统一意见。24 日,双方转移至鞍山继续谈判。当时美方到鞍山后马上就到了大孤山铁矿对设备进行现场检测,经过两天连续检测,26 日进行再一次谈判。美方认为回转台共有 24 条热裂纹,其中 3 条已焊好,余下 21 条中有 13 条需要焊修,另外 8 条不需要焊修,属无害裂纹。我们马上指出美方检测结果有误,一是裂纹最大长度、最大深度比我们实测的小;二是所谓已焊好的 3 条裂纹经我们探测显示未焊好,仍存在裂纹;三是要害部位——回转台中心轴处的 15 号裂纹是最大隐患,美方没有予以足够的重视。最后我们表示,缺陷搞清楚前,争论焊与不焊毫无意义,必须先搞清楚缺陷再谈。听完后,美方提出临时休会,再去现场检测。复会后,美方首先承认工作做得不细,检测有误,并且向我们道歉。美方的傲气受挫了,我们初战告捷,谈判算是开了个好头。但美方并没有更换新品的意思,而是想说服我们同意焊修,并宣称 26 吨重、结构复杂的回转台铸钢件出现热裂纹难以避免,裂纹焊修也是一道正常的工序,设计时就考虑到了这点,已经加大了安全系数,不会出现影响生产的问题,还拿出美国 ASTM - A27 标准作为证明。面对美方对技术问题的狡辩,那我们必须得用正确的技术理论和实践进行澄清啊。于是由我阐述:热裂是钢水在凝固区间所受热应力、相变应力、型腔阻力、钢水纯净度、铸造工艺等多种因素造成的,采取适当的技术工艺措施完全可以生产出没有热裂纹的转台,目前鞍钢就可以做。碳钢铸件当然可以焊修,但不能一概而论。接着刘廷安又详细阐述了 15 号裂纹在负荷大、受交变应力作用下必须考虑应力集中、周期应力、静不定等问题,不然会给转台工作埋下很大的安全隐患,并减少机器的使用寿命。最后,刘廷安表示我们坚决不同意焊修。听了我们有理有力的论述,美方的语气也委婉了,表示:"来中国前公司向我们交代,我们来中国不是躲避责任的,而是寻找一个更好的解决办法。我们已经拟好了几条建议,报告给了公司,现在正等待答复,希望双方都能有一个满意的结果。"当晚,董祥光组长找中间商王教仁先生进行了单独约谈,表示,"如果美方坚持焊修,而不给予更换新品,那么谈判就到此结束。我们将把转台送到进出口商品展览会上公开展览,注明这是由美国B-E公司卖给我们中国的'优质品'",并请王教仁把这个意见转达给美方。

27日早上8点谈判恢复,事情也出现了转机。一开始美方组长就说:"国内传来了好消息,B-E公司总经理贝尔格先生为了表示诚意,将尽快送一台新转台过来。B-E公司要重新取得中国对我们的信心,要做中国的好朋友。"美方组长还表示:"今后没有我和帕瑟博先生的亲自检查,不准向中国发货。"同时,王教仁先生也表示,回去之后会亲自告诉B-E公司领导,中国人是不可欺骗的,对中国的态度十分重要,和中国做生意要十分重视。中美建交前鞍钢第一次关于贸易质量问题的谈判,最终经过十天鏖战,以我们取得全面胜利而结束。

我学过外语后出了好几趟国,去美国、德国、法国、卢森堡、日本等国家学习先进技术。你比如说炼铁,炼铁要用高炉,我们的高炉上料是在外面,用皮带卷进去,到了炉子最高的地方吊下去,这样产量能耗大、设备损失大、检修问题多、污染严重。1989年,我去卢森堡PW公司①学习了两个月。为什么派我们去卢森堡呢?它的高炉上料时上面有一个盖儿,把盖儿打开,料进里头,把盖又封上。这个倒简单,难在它的减速机,这炉子里头又是高温、废气,又有腐蚀,但是人家的减速机在里头又烧又烤的却可以用好多年,中国的减速机根本做不到,我们就去学这一招。他们告诉我们几个诀窍:一个要防水降温;一个要吹氮气,它不氧化,温度低。但是有一条,图纸不给咱

---

① Paul Wurth 的简称,该公司成立于1870年,总部设在卢森堡,是一家全球知名的工程公司,业务主要集中在钢铁以及有色金属领域,能提供全套高炉设备和技术。

们,人家保密,给钱也不给咱们。但我后来跟他们的主管工程师处得可好了(笑),他说:"今天下班时我给你带两张图纸,你拿回去,但是你别翻拍,你看看在脑子里记住,第二天这两张图纸你还给我,我再给你带两张新的图纸。"后来他就这么偷着往外拿全了。他不像咱们,工程师他有权,不用告诉领导。后来这人还来过鞍钢,我告诉咱们领导,我说:"你要见一见,这个人对鞍钢有功。"他还点名要见我,我在东山宾馆请他吃饭、唠唠嗑,送给他点纪念品。我们1989年回来以后,用了两年工夫做成了样板炉,原来的叫上料高炉,我们改了以后叫无料钟高炉:就像做饭似的,什么米、面全装好以后,搁底下一个罐,质量、数量都装好了,然后吊到上面把那个盖打开,直接扔在炉子里头,把盖一封。现在鞍钢的高炉已经按照这个技术全都改过来了,把老的高炉都扒了。鞍钢过去有11座高炉,改了以后淘汰了好几个,现在可能只剩四五个了。

孙士杰在卢森堡考察学习时留影

另外还有冷轧厂退火炉的技术,是我们上德国学的。冷轧厂得轧板,板轧完了卷起来,要放在一个退火炉里面退火,退火了温度挺高的嘛,这些件过去做不了,要耐氧化、耐高温、耐磨损,还不要裂纹、断裂,要求挺高。我们在卢森堡的时候也去西德的鲁尔工业区参观学习了,看到人家有这个技术,就和德国单独谈了一次,隔一两年又去的。人家也给你讲,但是不给资料,不过讲就不错了!学了两个礼拜以后,我们用了一年多的时间做成了,从原来的普通退火改成了氢化退火，咱们的冷轧板卷儿就用上了。

三、依靠"大老师儿"

关于"鞍钢宪法"的"三结合"，就我这个小单位来说，我认为搞得挺好。我搞了很多新产品、新技术，得了好几十项立功证、荣誉证，这些我都靠工人。我们厂的工作围绕鞍钢的四大系统，这四大系统中不管哪个厂需要的备件坏了、什么磨损了，都由我负责。我虽然是总工程师，但我就一个脑袋，只学一个专业都还不是很通，我那个厂是五个车间，工种好几十个，机械、冶炼、铸造、风机、电动、链条这些都有，我不可能都懂都会，这个时候我怎么干呢？每一个工种我找一个拔尖的工人，让他帮着我一起干。比如我要生产一个水杯，这个水杯过去我没有干过，想把它突击出来，我就考虑这东西用什么材质，完了用什么工艺、什么设备，最后怎么检验、合不合格，这一套东西我都得考虑，拿出一个很具体的方案后，就给工人们看，工人一看，行："我能干，老孙来咱们一起干，没问题，你放心吧！"我再报给厂长、经理，他们一点头，我就开始执行。很多人对我说："老孙，我瞅你干活怎么不费劲，特别是搞点新技术、新产品，一搞就成，你什么都懂。"我说："你完全说错了，不是我懂，而是我靠大家。"我靠专业工程师，我那儿哪个专业的工程师都有，再就是靠现场的"大老师儿"，现场的大师傅们，我们不分彼此的时候就喊他们"大老师儿"，这伙人了不得。鞍钢这些老工人按我说，还是过去毛主席教育出来的，真是舍生忘死，白天黑夜地给你干，那时候没有钱，真是全靠工人的觉悟。

1987年，鞍钢从日本神户制钢株式会社引进了当时具有先进水平的大型板坯连铸新技术，用来对第三炼钢厂进行改造，模铸改连铸是鞍钢炼钢改造史上的一件大事。其中有一个关键备件——结晶器铜板电镀镍铁合金技术。它是连铸设备上的咽喉，可以说没有结晶器就无法实现连铸。结晶器铜板电镀厚镀层1.9毫米镍铁合金技术是制造结晶器技术难点中的重中之重，这个在国内没有解决先例，国外也属于先进技术。当时为了节省费用，鞍钢没有引进这项技术,而是委托长春第一汽车制造厂和无锡电镀设备厂联合进行研发,并且在我们西部机械厂新建了一个电镀车间。大约过了一年,一汽研究出两种添加剂,镀成了150毫米×200毫米的小试样,一汽和无锡电镀设备厂的双方人马联合转移到我们厂车间镍铁线进行铜板实物的试镀。当时我们心里都十分紧张,希望试验能成功,但是经过多次试验却没有一块镀成功的。这个时候第三炼钢厂的连铸试生产已经接近成功,即将要投入正式生产了,而从神户带来的结晶器也已经所剩不多了。为了保证生产,鞍钢与日方商量,看能不能再提供给我们一些结晶器,日方虽然答应得很痛快,但是价格却要翻倍。在这种情况下,鞍钢要求我们厂全力开展攻关,确保半年之内镀出成品。

孙士杰(左三)接待日本神户制钢株式会社人员

当时我已经是西部机械厂的总工程师,这个重要的任务便由我来接手了。时任鞍钢公司副经理蔡德善和机械制造公司经理陈树安对这件事十分重视,蔡德善副经理跟我说:"老孙,你有什么困难都告诉我,只要能研发成功,我们不惜代价。"对于电镀技术我是门外汉,于是我跟领导表示要一些懂技术的专业人才,很快公司就给我调来了学习表面处理、防腐的工程师和做过电镀的老技工,并先后派往一汽参与试验。我当时决定兵分两路,一路去宝钢学习,虽然宝钢镀铬属于第一代技术,不如我们镀镍铁这种第二代技术先进，但是都属于电镀专业，有可以参考的地方。第二路人马由我和两名工程师带着一汽研制的两种添加剂去北京，求助于解放军防化研究院，这个研究院在此领域处于国内领先水平。我们与研究院的肖研究员取得联系后，他反复分析了一汽提供的两种添加剂，第三天就交给我们两桶新添加剂，让我们回鞍钢试用。我们用防化院研制的两种添加剂进行试验，并采用自己设计的工艺装置以改变电镀工艺参数。试验新添加剂后，从第一块宽边铜板试镀开始，就再也没有出现镀层结合不牢、裂纹、剥落等问题。我们从1992年供货给第三炼钢厂160块成品试用到1993年底，评价都很好，宽边铜板拉钢吨数是窄边铜板拉钢吨数的两倍，超过了当时日方产品的使用寿命，镀层理化性能也超出日方产品，我们非常激动。当时镍铁结晶器处于国际先进、国内空白的水平，铜板电镀技术不仅为鞍钢节约了600万美元的技术引进费用，还通过国产顶替进口使第三炼钢厂每年节省相关费用89万美元。这项技术1994年被评为冶金部优质产品，1996年被授予发明专利，这也是对我们工作的认可。

到我快退休的时候，奖励这个事开始抬头了，奖金下来由我分配，工程师给多少、现场技术工人给多少。比如说一个专利一共奖我3000块钱，和这些技术人员与工人分一分，不多，但是大伙还挺高兴的，大家都参与嘛。一个是得钱高兴；再一个是工人也能晋级。工人由一级工晋升到八级工，八级工到顶了，以后要晋升技师，晋升技师还分好几档，高级技师享受高级工程师一样的待遇，所以干这个事他们兴趣也大。一个是觉悟，再一个是他也考虑自己能多点钱，他也要往上熬。就像咱们技术员、工程师往上熬，工人一样要往上熬。

我体会啊，要想真正干事，干成事，既要有技术职称，还要有行政职称。光是工程师，你没有什么权力的，你像我为什么有好几十个荣誉证、立功证，因为我有总工程师的板凳。这个板凳是行政职称，在单位我有一定的决策权，这个不就好多了吗！你光是工程师，我用你时，你是工程师；我不用你时，你是老百姓，你一边儿站着去。企业要进步，炼钢也好，轧钢也好，技术总得进步，你进步需要一些设备吧，谁管呢？倒是有经理、书记，但他们也不是专业人员,你让他们管不是给他们出难题吗?他们也管不了。所以,现在鞍钢规定只要这个单位是县团级的,都配总会计师、总工程师,这就有人干活了,经济效益也就上来了。降本增效谁管?总会计师管。搞技术开发、新产品开发、名牌产品维护,和国外合作制造,谁管?总工程师管。所以一个企业要这么干,哪有老落后的局面?

我能有今天,我挺满意。行政上我是总工程师,副处级,有点待遇;技术上我是教授级、研究员级工程师,这个职称在企业中算是到顶了。我对我的三个孩子也挺满意,两个女儿现在在澳大利亚工作,小女儿还找了个洋人当女婿。儿子以前在鞍钢,现在在上海做金融。但我对我个人不满意,我锻炼得不好,讲话太直了,嘴不好。后来的经理想提拔我当一把手,但我不干,我全身心都放在技术上,在领导人上、处理人的关系上能力不够。我也没想过改善,这是我对自己的不满意,我没锻炼出来。

刘翰君

矿山复垦绿化的"守门人"

亲 历 者：刘翰君
访 谈 人：吴愈晓
访谈助理：刘凤文竹
访谈时间：2020年10月23日下午2:30—5:00
访谈地点：鞍钢党校
访谈整理：刘凤文竹

亲历者简介：刘翰君，男，1939年生于辽宁鞍山。1966年毕业于长春地质学院，后分配至辽宁省地质局工作。1976年进入鞍钢矿山研究所，主要从事露天矿的边坡工作，直到1999年退休。退休后发挥余热，为私营企业勘测矿山。坚持几十年在同一个地点拍摄矿山自然环境照片，用相机将矿山的变化记录下来，为环保事业做出巨大贡献。

刘翰君（中）接受访谈

一、勤奋上进的学生时代

我1939年9月13日出生在鞍山,原来我家在农村,父母都是农民,我父亲只上了四年学,母亲是文盲。我家三个孩子,我是最小的,还有两个姐姐,她们都是家庭妇女。在农村的孩子,一般都得干一些农活,但我小时候很少干,我读书比较好,小学和中学阶段家里很重视对我的教育,不让我干活,当时有活都由哥哥、嫂子干,我就念书,所以我念书起码能像个样子。我小学念书比较优秀,都是前几名,到初中松点了,但也当过班干部、当过班长,当班长得有一定的组织能力,学习也得比较好一点。虽然我干活少,但动手能力不差,小时候我就自己做二胡,拿着我的二胡去参加活动,比方说给村政府、学校乐队伴奏,到了初中还参加乐队。现在回忆起来,我还是很要求上进的。

我初中二年级的时候,有一回参加了当时鞍山市团支委举办的夏令营,到旅顺、大连玩。那时候我只在班级里是干部,也没跟团委打过什么交道,就是普通学生,但很荣幸参加了。对于一个农村孩子来说,能到外面旅游,见见世面,对我影响是很大的。所以从那次以后,我就更要求上进了,这件事在我成长过程中是很重要的。回来以后我就开始写日记,当时农村没有电灯,1957年了还没有电灯,就点煤油灯写日记。每天早上就起来跑步,我记得当时我还弄了个沙袋绑腿上练习跑步,这对我后来有很大帮助。我参加工作以后,矿山研究所每年都举行运动会,我都能得奖,我得的那些奖品我孙子辈都用不完,有毛巾什么的。当时有同志跟我开玩笑说:"你都能开个商店了!"因为我得了不少奖品,有些能一直使用。

我初中考高中那年,鞍山市的高中非常难考,录取率是8%,100个人录取8个人,当时初中升高中还是考的,不是说有条件就可以读,跟现在中考是一样的。我当时在班级里学习成绩是中等,如果按照当时这个比例根本考不上,事实上考完以后也认为自己没考好,就垂头丧气地回家,中午睡大觉。临考时有同学押题,他说:"作文考'我的快乐的一天'怎么样?"我当时就押"我的故乡"这个作文题,结果我押对了,正好当时出的作文题就是"我的故乡"。我一看到这个题目出来心里就有底了,因为我押题的时候就打了个腹稿,到考场就开始正式写。结果考高中8%的录取率,让我撞上了。如果按照当时那个学习成绩,排榜我是排不上去的,我们那个年代教育还跟不上,经济也不发达,但在那种情况下,家庭还是很支持我读书的。

高中考大学那时候有政审,当时非常严格,非常重视家庭出身,有地主的、富农的,得看你家庭是什么成分。当时到我家去调查,被生产队队长和书记说成是上中农,其实咱们家不是,我家是中农,不算太富裕,也不是太穷。一开始土改的时候给我们划的是上中农,但后来给我们澄清了,是当时划错了,又改成了中农。这个评价的标准是啥?主要就是看你家地有多少亩,另外有没有剥削,雇没雇散工。按照当时的历史条件和政策,你雇人就说你剥削,我家就雇了一个放牛的,雇了很短的时间,一年还是两年,但他说我隐瞒成分,他也没看我户口本,那时候也不懂得法律,其实你可以拿户口本去给他看,身份证上也是中农。我记得他当时跟我说:"你是班里头面人物还隐瞒成分?"这句话给我很大的打击,我高中当了三年团支部书记,头面人物还隐瞒成分,那感觉是很内疚的,所以高考就没复习好,一直不明白:为什么我们是中农,生产队队长和书记硬说我是上中农?后来我想可能是因为他们嫉妒我,我上学,他们嫉妒我。所以当时我没有复习好,考上长春地质学院,一般吧,是第二志愿,第一志愿好像是吉林师范大学,吉林师范大学当时是名校,还有一个志愿可能是北京工业学院,也就是现在的北京理工大学。

我1960年考上长春地质学院,大学一共读了五年,一开始我们是四年,后来才改为五年。上大学的时候,工农兵子弟学员是五保,就是有五样,书费、伙食费、学费、洗澡费、看电影费,反正五样不用交钱。后来就改成了助学金,助学金需要生产队给开证明,但我们那个生产队队长不给我开,开个证明其实很简单,就是说明一下我的家庭经济情况和实际情况就行。当时我们家三个孩子,我父亲由老大扶养,我母亲由老二扶养,我在外面念书,就让他证明这么个情况,他都不给我证明。但是我的实际情况领导很了解,给了我三张5块钱。当时的伙食费一个月8块钱,剩下的家里再给拿点。我

1966年从长春地质学院毕业，开始从事矿山地质工作。为啥我1960年入学，1966年才毕业？因为中间我偏头疼，休息了一年。1966年毕业，也是"文革"开始的时候。我当时在学校里是逍遥派，那时候分派，有造反派和保皇派两大派，我是哪派也不参加，当时我就看着，造反派都是几个调皮捣蛋的人物组成的。我当时属于思想上比较保守、学习上要求上进的人。我看着他们互相斗，在学校待了两年，1966年五六月份"文革"就开始了，1967年就一直"文革"，1968年才给分配。那两年我有时候回家休息，有时候在宿舍待着。我有时候看《红楼梦》，以前没看过《红楼梦》，"文化大革命"期间看了两遍《红楼梦》。当时形势不给你分配，后来北京的学生造反了，有的参加社会斗，有的把楼都烧了，我们在旁看热闹。现在回头看，考长春地质学院，其实当时报上去就后悔了，因为艰苦啊，到野外实习很艰苦，后来被分配到地质队，跟妻子又两地生活，1968年等于安排的工作，当时如果有文件就可以分配工作了，一开始到的是辽宁地质局，待了八年。

二、任职对调，初到矿山

当时来鞍钢的契机是什么呢？1966年我从长春地质学院毕业，被分配到辽宁省地质局，在野外队待了八年，一直从事矿山地质工作，因为我和爱人是两地生活，也痛苦，心没在地质队，就想调回来。那时候我爱人带孩子，在研究院上班，通勤很困难，所以我心在家这边放不下，就调回来了，用任职进行兑换，就是鞍钢这边出个人，那个同志原来是鞍钢地质公司的，用他跟我对调，把我调到鞍钢矿山研究所，所以我1976年被调回了矿山。回来以后我就开始往上努力，原来对地质工作不感兴趣，但现在在矿山，因为工作更稳定了，就要钻研了。我们矿山地质工作，跟地质队比能轻巧点，因为地质队一天天地爬山，起码山一天得爬五六座。到矿山工作对家庭照顾比较好，之前不是跟爱人两地分居过日子吗，我俩1968年结的婚，因为当时在辽宁省地质局，在辽南锦州，一干就八年，我经常开玩笑说是"全面抗战八年"。现在照顾家庭各方面的，我就开始甩开膀子干了。在辽南地区那时候，我就没出过辽宁省,但是被调回矿山研究所半年以后,去各地矿山考察,半个中国都走遍了。

所以鞍山这几个露天矿的边坡,一些设计都是我们矿山研究所边坡组提供的。这是露天矿边坡,还有排土场边坡,排土场的废石,叫剥岩,拿到外面,拿到矿山附近的一个场,就往上面堆,这个角度占多大地方,这个角度多大比较合适,得设计。鞍钢这几年的露天矿边坡我都搞,一共能有五六个矿山,开采铁矿,鞍钢周围分布七八组露天铁矿。鞍山就是铁矿,工人炼钢、炼铁。鞍山都是平矿,它储量大,矿的品位都在30左右,像凤凰那都得50多。排土场边坡、尾矿坝边坡知不知道什么意思?尾矿坝就是排土场的厕所,选厂选出来铁以后,选出的铁粉剩下的渣子就叫铁渣,也都往这倒,进行沉淀,这块有个坝,留一截。这个尾矿坝边坡多陡,占地面积很大,如果尾矿坝滑了,就是如果坝开了的话,就是说要决口了,水或者浆就会往下面流,就会形成泥浆,连泥带浆就全下去了,底下都有住户,这个危害程度大,而且下去有很多自然村,整个村子都容易给没了,人没法往下跑。现在附近不允许住人,很多户都动迁了。我看过一个资料,这在灾害类型中排第18位,第一位可能是原子弹或者炸药,然后往下排。海城曾经有一年尾矿坝蓄洪,下雨以后,那是个坑,开了就把住户全淹了,相当于泥石流,下游都冲散了。但是尾矿必须得往里排,你必须得在附近找合适的地方,还得是山沟、洼地,要不然渣没有地方放,就是选矿选出来的废水,选矿的厕所,排泄物。我现在搞尾矿回收,那里面也含铁,多少年积累都在这底下。

1966—1976年这十年期间,也正好是"文革"期间,但我们主要是生产单位,基本影响不大,都在野外工作。但是像一些工厂,搞"文化大革命",他们受影响。我们因为有生产任务,每年得要完成多少业务,所以这个影响不大。我们在野外,叫野外地质找矿与填图,就是把野外的山脉什么变化,像人一样有多大岁数、哪个是爷爷、哪个是儿子都排好,按地质年代都排好,什么地方有矿,有什么矿,得预测出来,最后出来一张图,我们叫二十万分之一地质填图。填图也有分工,我们属于地质填图,有的是地质、矿产分工。

1976年唐山地震让我赶上了,我好悬没进去。当时我参加一个调查组,考察矿边坡，离唐山不远。我记得那天是傍晚，吃完饭打壶水放在办公桌上，有露天电影，下半夜3点多钟就地震。因为我1975年的海城地震也经历过，有经验，所以我当时就指挥抗震，这一个屋四个人，就像这样①，我就指挥，我说："赶紧藏床底下！"这几个人就藏床底下，我就藏办公桌底下，结果暖壶倒了，开水四溅，从我的后背流下来，但是没有烫坏。不震了以后我赶紧指挥，我们就赶紧冲出去，这是头一次，到外面避震。第二天，解放军给搭露天的席棚，下午四五点钟又开始余震，对余震我很好奇，看着大山墙乱晃，我就看那楼是怎么倒的，我一边后退一边看，当时就理解"地动山摇"这个词了，理解得非常深刻。可惜当时我没照相机，要有照相机完全能拍到，晃悠的大山墙就先从侧面倒下来。

三、用照片记录矿山的"前天、昨天和今天"

我是1976年到的矿山研究所，之后一直就从事露天矿边坡工作。我是地质工程师，技术职称是教授级地质工程师。我那个岗位在矿山研究所，也叫技术员。铁矿，想把它拿出来，必须岩石都得拿走，这是围岩，这是矿，要拿走岩石必须开个大坑，这个角度叫边坡（比画），这个坡度陡，岩石就拿得少，剥岩量大，成本就高，那么角度多大比较合适？坡度太陡了容易滑坡。我就是从事这个工作。一般是给矿山公司下任务，下什么任务呢？这个矿，角度多大比较合适，我得给人提供测量，到野外矿山地质调查，什么岩性，什么结构，影响边坡环境的因素有哪些，根据这个情况提出角度多大比较合适，给矿山设计院提供依据，但这个依据一定要合理，要精准，要剥岩量小，给国家创造经济效益。

当时在矿山研究所，有一次叫我当科室主任，我当了半年就不干了，因为非常闹心，当官闹心，吃喝拉撒睡的事与我性格不符。当时有一个很重要的项目，如果我拒绝当主任，这个项目就完成不了。后来我不当主任，专门

---

① 指访谈室的桌椅布局。

搞这个项目,可能是因为我喜欢走技术路线,不喜欢走仕途路线,仕途路线会考虑一些人脉关系,我不太喜欢。后来我就专门搞三大矿,我一直当负责人,露天矿边坡、排土场边坡、尾矿坝边坡,基本上都是我来主持的。我现在回忆起来,没有碌碌无为,起码在我的工作上,多少做了点微薄的贡献。当时我搞的科研成果,除了这几个露天矿的成功,最主要有两个成功,我非常有成就感——全域废气尾矿库、高阶段排岩场。尾矿库就是选场,选场的铁有渣子叫尾矿,把尾矿排到山沟里堆上,叫尾矿库,通俗地说就是选场的厕所,排放没用的东西。但这个尾矿库怎么建?建不好容易发生地质灾害。尾矿库是做废弃处理用,解决矿山排岩不知道往哪排的问题。如果不往这个地方排,往附近排就得整理,整理就需要很多钱,这样公司就决定在废弃地建。但是在这建,人家有村庄、有工业设置,一建就容易滑坡,发生地质灾害,所以公司就立项研究。

那个时候的环境污染很严重,采矿必然破坏生态,放尾矿的红水,煤矿用药剂以后变成红色的,排了以后对附近的村庄、河流造成污染。每年鞍钢矿山公司都交污染费,坝垮了不用了,就像沙子、刮风那样的环境污染。一开始污染是红色,我们以前有个沙河,里面就这个颜色,里面连鱼都没有。那个地方没人去,什么都不长,它的含铁量太高了。矿石处理最后选矿的时候,经过药剂反复选,选完以后药剂都往这里排。在矿山公司,从80年代开始做环保,这是环保起步比较早的,出现了绘图基地。现在习总书记说绿水青山就是金山银山,现在看鞍钢环保起步比较早。这几个矿山我都走过,什么样我都知道。我退休以后,以前工作期间的老照片都还保留着,它有新的对比,像我这个资料,起了一个档案的作用。而且因为有一些项目是我搞的,我得验证验证。我有一张照片可以反映矿山前后几十年的变化,几十年坚持在同一个地方照相,拍这种变化,从矿山复垦绿化的角度,在我眼中、镜头里面,照片反映了年代的变迁。

1986年5月到2013年的地貌对比,同一个地方,这两张照片拍的角度是一样的,由东向西拍摄,就是从左到右,用长的这样拍过去的。一张是1986年,当时没有树,是很荒凉的地方;这张更晚一点,红水还没弄干净,现在弄的蓝色的,到2013年的时候全都变成绿色的了,这是绿色矿山,现在国家提倡矿山要绿色的。这么宽的镜头,肯定不是一下拍到的,转、拼接,三张照片接在一起,凡是数码照片都得处理。胶片暗室也得处理。这张照片获得一等奖,主题叫《矿山的"前天、昨天和今天"》,摄影都有主题,照片也有主题,主题叫什么名称,有一个文书名,不然看不懂,我这些照片时间跨度也很大。现在他们都说"成就感",我从到矿山研究所到退休这阶段,鞍钢露天矿排土场的研究,每个项目在公司里头评价都挺好。经过研究,我们当时给国家省了1亿多元。1992年,我这有鉴定证书。这个项目当时在国内比较先进,国际上也在探索,最后鉴定成果是我写的,达到国际水平。我认为,在我的科技研究当中,这个项目是比较重大的,得了冶金部二等奖,又进行成果推广,我们有齐大山矿,尾矿坝推广到那,就用的这套方法。我这摄影还得了鞍山市环保局一等奖、"美丽的鞍山"摄影大奖赛三等奖,自己感觉有一些小小的成就感。还有民营企业,冶金矿业要尾矿坝加高,到期了怎么办?要加高,加到尾矿坝,加工措施利用这个成果。

尾矿坝除了设计之外,工人也得帮着,每次带队的时候不只得带技术人员,还得带工人。工地一直在露天采矿,所以有公路管理员。为什么叫公路管理员呢?矿山这条路今天有,明天就没了,明天被炸药炸掉了,一直露天采矿埋炸药,一炸就是一片,安排推土机再弄条路,这叫公路管理员。但这活,每天都铺路,每天的路都得被炸掉,一点点往里探,有的鞍钢老矿山都挖100多年了,从小日本侵占时期开始挖,像大孤山矿、齐大山矿。人类创造历史,改变地球、修理地球,坐飞机都能看到大矿坑。我们属于大孤山矿,这是小日本叫的,就这一个山,孤山,就这么叫了。现在那个矿已经变成锅底形了,山已经没有了。我天天跟地质打交道,刚开始去那地方都没有人,现在石油勘探都是在沙漠里面,杳无人烟的地方,现在发现的资源都是没有被利用的资源。原来大孤山是250多米,正负差是500米,什么意思呢?刚开始的大孤山别的都是平地,就它一座山,高大概300米,把这山挖没了,地底下又挖300米,锥形的,正负差是500多米。井下采矿谁能看着啊?就得靠磁场遥感测绘,井下矿就得顺着矿外探测以后,顺着脉路走,形象一点,就像从肥肉里面挑瘦肉丝，肥肉是白的，瘦肉是红的，那就是顺着矿外走，得把它分离出来。当初像岩浆迸出以后，熔化在岩石里面，含铁量特别高，咱们叫"从肥肉里面挑瘦肉丝"。

那时候我已经52岁了，那阵是高级工程师、专题组组长，现在是教授级高级工程师。1996年、1997年被评上教授级高级工程师，退休前几年被评的，60岁退休。孟泰、王崇伦在我那个年代我都知道，孟泰是模范，王崇伦是革新，王崇伦后来被调到全国总工会去了，现在有孟泰公园在鞍山。

刘翰君摄影作品《矿山的"前天、昨天和今天"》

四、发挥余热：退休后给私人老板看矿

我在鞍钢边坡工作一直到退休，从1976年一直干到1999年，退休都21年了，今年82岁。退休以后我在外面给私人老板干活，又干了20年，当顾问，还是从事咱们矿相关的工作。因为我是搞地质找矿的，退休以后正是矿业市场比较兴盛的时候，我曾经统计了一下，大概有70家私人老板找我看矿，我曾经给他们看里面有没有矿、能不能买，他们得听我的意见，再决定投不投资。比如来一个患者，当医生的必然要先问一问病情，或者出个化验单叫你做什么化验，这是正常的，并不是什么技术水平高。那时候刚好国企改革，正好是下岗工人特别多的时候，减员，我就提前退休。那时候也不论什

么，因为尽量一刀切，不管什么职称，都是一刀切，都减员。下岗就是单位的领导管理，跟单位领导的思路有关，看你工作性质，有一些特殊的技能离开你不行，那就留下你；离开你别人也能干，像我们不是什么特殊人才，一般人贡献完了就拉倒了，不像中国科学院搞航天，缺了他不行，这缺了你别人也能干。我退休之前民营企业就找我了，我就提前一年给他干活，退休后继续在那干，就在鞍山附近。

这个期间，我认为我也给他做了不少贡献，有很多地方值得骄傲的。一开始我兼职三家，当时给了我点报酬，但重要的是还有个成就感的问题。给私人老板看矿，我记得有一回他花了370万元买的矿，他开了两年，挣了多少钱不知道，他卖就卖了3700万元。我对他的矿多少是比较了解的，他卖了3700万元以后，奖励我到国外旅游，又给我奖金。这个事不在于奖励多少，而是我提出来的结论比较客观、准确，做出了贡献。还有一次，因为我爱搞摄影，是业余爱好，另外一个是我的工作性质决定的，因为搞矿山地质，地质现象除了用语言表达，还得用图片来证实，我到那以后，把原来的地貌给照下来。过20年以后，国家地质局去人了，说我们老板建的选厂占用了农田，这是不允许的。老板知道我手里有这个资料，就让我把这个资料拿出来，一九五几年的地貌资料，以及最近几年的地貌资料，我拿出来就摆平了，也减少了罚款，正常的话罚你几十万元、百八十万元，是轻而易举的事，后来就没罚款。老板因为这个事给我买了台相机，23 000多块钱，他给我报销，年末又给我奖金，给了1万块钱。这个事就说明，并不是我得了奖金，也不是说我的工作性质，虽然工作性质里得有，但是你得把原始的形状是什么样做好。

在国企里工作跟在私企里工作，感受不一样。给私营老板干活，必须给他创造效益，这样他才会喜欢你，他就会强调效益。不给他创造效益，像在国企吃大锅饭，他肯定不得意你。退休之后单位有时候过年、过节发一桶油，从来没找我座谈，现在这年轻领导的思维不像老同志。

五、耄耋之年感悟人生"三乐"

我和我爱人是当时我一个鞍山的老乡给介绍的,她在矿山公司工作,她父母那边当时也属于矿区,一般家庭,也不是农村的,也不是工人,她有城市户口,我是农村户口。他们家不会给啥帮助,我爱人工作挣39块钱,交20块钱给家里,因为她姊妹四个,没有儿子,就她在外面工作。后来她家有个闺女上班了,我们也有孩子了,她就不给家里交钱了。当时因为她在矿山公司,我一见面,这个人外貌上比较合格,最主要是看中她这个工作的岗位,她在矿山公司劳资处,管工人、劳资这方面,跟干部处接触比较方便。我俩1968年结婚,那个时候调过去一个人进鞍钢很容易,但是我们那边不放,因为我那时候岁数好,30多岁,正是干活的时候,所以是拿个任职对调回来的。以我爱人的工作条件、工作性质,我认为她能把我调回来,她搞统计,是统计师。一开始我没被调回来,我俩就得两地生活,当时有两个孩子,她在研究院上班;我回来以后又有一个孩子,是个男孩,一共三个孩子。

那时候住房,我们也挺困难,住这套房子之前也是公房,那是双室的,就俩屋,三代人在那公房住不方便。一个单元两个屋,我住这屋,她住那屋,那时候住房困难,那是1976年之前。虽然我们有铁饭碗,但住的困难。吃的定量,买一个月的定量,拿粮本。那阵像买菜、买粮,都发票,像秋天买白菜都发票。跟那个时代比,当然是现在好,现在市场上要什么都有。那个时候大家都比较平均,社会体制就那样,多少年不涨工资。那阵没有什么快乐,不像退休这么快乐。那时候职称多少年都不评,我参加工作到进矿山研究所,十来年才评职称。大学转正以后是技术员,技术员到工程师间隔十多年,进鞍钢到现在必须有20年。当时叫我当科室主任,后来我自己不干了,当官闹心,工作环境与之前不一样,那些杂碎事,以我的性格不乐意管,我喜欢在技术上追求、努力。那时候,包括分房之类的,我没有去送礼,不愿意做这个事,看到有的人走关系送礼,拿到好房子,心里也不平衡。

技术干部吃香还是行政干部吃香?那肯定是行政干部。我们尊重技术,尊重人才,那也得会来事,人才跟领导也得搞好关系,这社会现象避免不了。这正常,你不得意他的人,能用他吗?技术干部跟行政干部,最大的区别在于,行政干部中有一部分人凭着关系、凭着走后门升起来。现在也是,哪个领导得意你就会重用你,道理也是正常。很多行政干部也是从基层的技术员做起的,技术过硬,因为你技术比较好,领导想让你做一个小领导。但是你会发现,整个获益方面反正差别很大,纯粹技术干部那条线,跟行政干部这条线可能回报差别大,背后有一个条文,科长、处长都有。东北这个发展跟南方开始慢慢有了差距,按道理东北对国家是贡献很大的,但是为什么有一些青年上不来?我个人感觉还是与管理体制有关。

分房的时候有些人找领导送礼。怎么说呢?我说的是基于我们单位,我们那时候分房,得找领导送礼,我一分钱没送,但给我的房"顶天立地"。因为我家当时三代人,有个老岳母,所以楼上给个单间,是七楼,楼下双室,分了两户,是一楼,所以我叫"顶天立地",在一个楼里。现在我感觉一楼非常好,还住着,那个房子是1992年盖的。

我的成功与我老伴有关。那时候我在野外地质队,被调过来以后,我搞尾矿库,甩开膀子干,一心一意做研究,家里吃喝拉撒睡我都不管,所以我取得微小的成绩与老伴有关。另外孩子都是她照顾,三个孩子,现在一个在德国,一个在美国,一个在中国。当时还有个老岳母。第一个、第二个孩子念书的年代基本是公费,念大学每年交学费一两百块钱。第三个孩子是男孩,他念书赶上收费,念大学一年交学费3000多块钱,大概是一九八几年。儿子是在大连医科大学学医的,又念了一年半,在德国海德堡大学学医,现在在德国当医生,在那安家了。我老伴去过他家,我没去过,那时候我儿媳妇生孩子,我老伴去了,我在家得干活。

我大女儿是教师,学数学的,因为没有经验,当时给她填报一个志愿到师范。后来我看一个人物杂志专访吴阶平。"你是如何走上医学这条道路的?"他说:"我这条道路是我父亲给我选的。"他父亲是怎么说的?不要从政,政治上勾心斗角;不要经商,商人见利忘义,他要有效益,必然见利忘义。要凭本事吃饭,就是学医。所以吴阶平他姊妹几个都是北京有名的医生。我是从吴阶平身上学到的办法。我二女儿考大学的时候我就让她学医。她说:"我不敢。"我说:"你当去吧。"我就给她报北京医科大学,高考模拟考试前50名必须找校长报志愿,他一看志愿太高不行,当时就改了,报中国医科大学,七年制,有英语班,给她报那个。那年正好有一个北大和复旦提前招生,不影响下个。我当时为了不空档,就给她报了北大无线电电子学,没承想她撞大运,考了鞍山市第九名,当时无线电电子学专业的都是毕业被分配往大西北去,1992年考的,没承想她去了北大,不想去,叫校长好顿给咱们批判:"还有像你这样的家长?"后来咱们问孩子:"你乐意去了吗?"孩子说:"乐意去。"她就学了五年无线电电子学,后来考中科院研究生,毕业被分配到上海,跟她爱人结婚,就上美国了。当时反正我对孩子教育有点注重,因为毕竟自己多多少少也算个知识分子,现在起码孩子有个工作。现在二女儿在美国,在那定居了,搞设计。我上了一趟美国,我二女儿生孩子,我跟我老伴去的。现在我就跟我老伴住在一起,子女都已经各有家庭。

我在野外地质队的工资是43块5角,到鞍钢可能58块,但是野外地质队有野外津贴,每个月18块钱,这58元钱到鞍钢之后,维持了得十五六年才涨,一直没涨工资。当时这工资的构成就是工资,没有其他别的奖励。过年、过节的时候也不发什么东西,那时候没有,纯靠工资。退休的时候也就几百块钱,经过几年涨工资,有一阵是八九百块钱,我属于技术干部。现在工资一直涨,涨完5000多块钱,还有一个国务院政府津贴,加在一起将近6000块钱。当时在矿老板那,刚开始一个月3000块钱。经济上我不管,钱在我女儿那。我们企业退休早的工资比较低,在事业单位,像我这个级别得八九千块钱。现在我跟老伴两个人退休金加起来8000来块钱,老伴少一点,3000多块钱。孩子不用负担,我们有退休金,过得还可以。

我现在是无党派人士,那时候入党还没像现在这么普遍,据我所知,那个时候入

刘翰君旅游照

党,交个十几年入党申请才行。我自找乐趣,我现在给自己起个笔名,叫"三乐",知足常乐这是一乐,还有助人为乐和自得其乐。年轻那阵我没有这"三乐",自己可能不擅长做那些领导的工作,现在我有"三乐"。我这个人这一生总结来看,没有碌碌无为,我感觉到很满意了。

刘宝信
动乱难撼攻关之志,清贫不改报国之心

亲 历 者:刘宝信
访 谈 人:吴晓萍
访谈助理:谢景慧
访谈时间:2020年10月22日下午2:00—4:30
访谈地点:鞍山党校
访谈整理:谢景慧

亲历者简介:刘宝信,男,1939年生于长春。1962年鞍山钢铁学院毕业后被分配到鞍钢工作,1964年调到承德钢铁厂,参加冶金部组织的高炉冶炼钒钛矿实验工作组,参与五次大型实验。1972年调到攀钢做工长,1977年升为生产科副科长、工程师,1981年调回鞍钢钢铁研究所,1982年担任炼铁室党支部书记,1985年担任钢铁所副所长、党委书记,1996年担任技术中心工会主席,1999年退休。

刘宝信(左)接受访谈

我1939年出生于长春,我父亲伪满时期在吉林的技师学校当技师,母亲就是家庭妇女,兄弟姐妹一共四个。当年我母亲带着我们从长春回到锦州老家,她就靠当时分到的田带着我们兄弟姐妹生活。虽然我母亲就是一个农村家庭妇女,但是当时我母亲就一条,怎么穷也要供孩子念书,我父亲去世得早,我母亲最困难的时候,曾给人做过保姆,一定要供孩子念书。当时主要靠我姐姐供我们念大学,但是我不是和他们在一起,我一直在锦州,从初中、高中都是拿国家助学金,然后上大学,大学毕业以后回到鞍钢工作。

我1962年从鞍山钢铁学院炼铁专业毕业,到鞍钢第一年在鞍钢炼铁厂八号炉当见习技术员,当时困难时期刚过,鞍钢也特别困难。那时候是真困难,苞米面做成蒸糕,像发糕似的,搁碗儿里蒸了,蒸了发起来挺大,一扣就是碗糕。基本上主食就是那个蒸糕,完全是粗粮,没什么细粮。我们住的宿舍是炼铁厂的宿舍,一个房间双人铺住8个人,上面4个,下面4个。当时我们一共80名大学生,有北京钢铁学院的,东北大学的,鞍山钢铁学院的,广东工学院的,武汉工学院的,一下子被分到炼铁厂里面去了。开始我们是不怎么受欢迎的,因为他们当地工人都是定岗位,咱们虽然实习,但是总是给人师傅添些麻烦,问这问那的,人家上午安检,还得给我们讲课。工人他们三班倒,吃饭的时候都有专人送到高炉里去,我们这80人没人管,集体到吃饭时间下食堂,一去穿大白衣服、戴炼铁的尖帽,人家管我们叫"白吃饱",说"来了80个白吃饱"。

一、一百单八将炼成攀钢第一炉铁水

1964年,正是毛主席提出备战备荒为人民的时候,那个时候,毛主席最关心的地方就是攀枝花。毛主席曾说过他要骑着毛驴去攀枝花,把攀枝花的建设摆得位置非常重要,因为它是我们国家大三线的一个钢铁基地。但是攀枝花能不能够生产,困难非常大,大到什么程度?这种矿是矾、钛和铁共生的一个矿石,这个共生矿石在四川攀西地区存量达到80亿吨左右,非常丰富,但是用不起来。包括苏联,包括中国,世界各国的专家们,试图冶炼钒钛铁矿都没有成功,他们得出一条结论,在炉渣中二氧化碳的比例如果超过16%,就是不可逾越的鸿沟;而我国西南地区炉渣中二氧化碳的比例都能达到30%,远远超过16%的标准,所以没人敢触碰这个技术难关。当时冶金部就提出两个方案,一个方案是用电炉冶炼钛矿,蔡博带队,他在吉林铁合金厂组织电炉冶炼。电炉冶炼有缺点,一个是耗电量特别大,第二个是产量比较低。第二个方案就是高炉冶炼钒钛矿,高炉冶炼组长周传典,是冶金部的副部长,他是我们的组长,地点就设定在承德钢铁厂。这两个方案,最后还是高炉冶炼钒钛矿过关了,解决了大难题。

毛主席提出要建大钢线,不能在鞍钢里面设大钢线,就把我们挪到西昌去了,叫西南钢铁研究院。1964年初,在与我同期毕业到炼钢厂的80名大学生里面,经过考核,我成绩比较好,所以1964年初就破格顶了岗位,做了高炉的副工长。我报到没有几天,1964年12月份中旬,接到通知被调到西南钢铁研究院,不到一个礼拜的时间,就把我调过去了,有三个鞍钢大工长加我一个,四个人一起被调到承德钢铁厂,参加冶金部组织的高炉冶炼钒钛矿实验工作组,一搞就搞了五六年实验,这个工程组整个解决了攀钢的现实问题。

1965年的新年伊始,由冶金部副部长徐时主持,把我们组织在一起开了个会,工程组就成立了。当时我们啥也不懂,我们刚到攀钢的时候,就给我们发了一本书,叫《国内外钒钛矿论文集》,世界各国炼过的,不管高低,反正都是这些资料,叫我们学习学习。然后工程组党支部又给我们发了两本书,一本是《实践论》,一本是《矛盾论》,我们周三下午学习《实践论》《矛盾论》,平时学习《国内外钒钛矿论文集》。而且我们都不在工作时间里学,工作时间就做两件事,白天在现场工作,晚间全体在一起开学术研讨会。我们那里头去的人员层次都相当高,东北工学院去了五个教授,重庆大学去了一个教授,西南钢铁学院的炼铁室去了两个主任、副主任,那都是国内知名的炼铁专家、烧炉专家。还有高炉组处长是包头钢铁厂炼铁厂的厂长,工人什么的都是鞍钢和宝钢调集的八级炉炭工,不到八级都不能去,配管工、仪表工都是非常有经验的。其他的当时东北工学院1964届毕业的大学生还没毕业整个就去了,后来实验完了绝大部分留校做教职了;再一部分有重庆大学、西南钢建学院以及其他各个院校毕业的学生,被分配到西南钢铁研究院,一般都是这些当年毕业的大学生来做。

一共分了五次大型实验。第一次实验在承德钢铁厂,搞的是模拟实验。承德钢铁厂是在1958年大炼钢铁的时候上马的,后来1960年困难时期又下马了,整个厂子下马,100个高炉最后就剩个铁壳了。我们当时去了以后满地都是草,但是还必须得选择这个地方,为什么选它呢?因为承德有两种矿,一种叫钛金矿,一种叫矾金矿,矾、钛金矿搭配起来,才能配起来矾钛石铁矿来做西南模拟实验;只有承德有这个条件,所以当时我们去了以后,就从全国各地把高炉所有的设备,什么送风的、送煤气的、仪表、装料的,源源不断运到承德,我们就用一个月的时间成天从早到晚进行安装、调试、设置,很快使一个炉壳旧貌换新颜,新高炉出来了!这是首次实验,而且是突破性的实验。为什么说承德是最关键的?因为我们第一次接触这块领域,我们都是鞍钢人,都是普通技术高度的操作者,对这种特殊矿没有一点认识,所以一开始出现很多困难。比如说2月初开炉,中旬就开始实验了,实验的时候开炉挺顺利,等进了矿,下来以后就出现问题了,渣子流不出来,铁也不出来,就在那炉里憋着,怎么也弄不出来。八级工人氧气瓶一人一瓶,氧气管一人一个往里烧,当时这些专家和周部长在会议室里头急得像热锅上的蚂蚁,周部长说:"不惜一切力量一定把铁锅烧开!"我们当时就给炉前技师递两节管,他们就带领我们在前边烧,我们就给开氧气管、捏氧气管,最后经过了两个多小时,终于烧开了。结果又出现异常情况了,那个渣铁像洪水猛兽一样,哗一下整个平台全是渣铁。一周过去以后,来回反复,一会能出来,一会不能出来,把大家累得精疲力尽,这20%还没过关,还要达到30%,怎么办?后来我们天天晚间开学术研讨会,摆现象,谈看法,集思广益,献计献策。在讨论过程中,一般这边讨论,那边该干啥干啥。还得找问题,到底出现在什么地方。我们就从炉里排出的黏渣还有稀渣中取样,把这样本从承德一直送到沈阳东北工学院的化学实验室进行化学分析。从渣样中分析得出一种新的东西,叫碳化氮和氮化碳,这种东西是过去从来没有的,在稀渣里面根本没这玩意,而在黏渣里这种东西特别多。大家研究它是怎么来的,它在炉渣里起什么坏作用,我们技术组东北工学院李勇振(音)教授带一个新技术组,在高炉各风口钻研取样,上炉一点没这种东西,就是炉温高温区有它,查资料发现这种东西是色淀,这个东西熔点在3000℃,在高炉里面它根本就不熔化,是微小颗粒状态。就像咱们做糊糊似的,加上小颗粒总是黏起来。这种东西是怎么产生的呢?大家分析,这种东西可能是在高温区二氧化碳过还原成碳了,碳跟高炉鼓风里含有的氮气,反应成氮化碳,所以这种东西才成为矾碳矿冶炼的一个大问题,也就是说它是罪魁祸首。找到这个问题以后,周部长就说了:"咱们得学习《矛盾论》,咱们得学习毛主席说的话,抓住主要矛盾,一切问题就迎刃而解了。什么是主要矛盾?这种东西就是主要矛盾,使这种东西少生成,或者是一生成就把它消灭掉,矾碳矿冶炼就能过关。"他就告诉我们该怎么干:第一,在高炉里面采取低一点的炉温,不要温度过高,这样还原的东西少,产生的这种东西少。第二,产生了这种东西,我们再通过氧化的办法,把它氧化成高价二氧化碳。我们采用了很多新技术,向炉钢里喷氰化苯要它氧化,往里加氧化铁,还有最后发展到向炉钢里喷加溶剂。高炉冶炼实验就这样成功了,没有再出现那种现象,然后从20%到25%、30%都成功了。这个算是五次实验当中最关键的一次。这次实验完以后,周部长在向国务院和冶金部递交的报告里就说,"承德冶炼钒钛矿,取得了阶段性的成果,可以做到炉矿顺畅,渣铁上流,生铁合格,攀钢的建设可以起步了"。

  第二次实验是在西昌进行的,就用攀枝花本地泰和矿和白马矿的原矿进行真刀实枪的实验。那次实验得出的最终结论是我们这几次实验中最完美的一次。可以说它的成果是空前绝后的,实验一完,我们把这些数据原原本本都送给攀钢,攀钢根据我们的实验搞设计,搞设备安装和冶炼操作。西昌这次实验是第二次实验,是在西昌41林场的一个28立方米的小高炉进行的。现场实验的时候,我们进行的不只是高炉烧,从选矿、烧结、炼铁整个流程这次实验都搞了。给我印象最深的一件事是,我是当时的"四大工长"之一,正好有一个周日我在白班值班,我当时也不认识他,他也不认识我,一个

冶金部承建攀钢工作组 1965 年合影

穿得非常朴实，穿着布鞋、布衣的人，后面跟两个随从还没有穿军装，看一看完了只说一句话"年轻人好好干啊"就走了。他走了以后，才听有人说彭德怀彭大将军礼拜一来了，我说："太遗憾了，身经百战的彭德怀来了咱都没有热情接待。"

  1965—1966 年，"文化大革命"开始了。"文化大革命"一开始，我们周部长被斗，被关牛棚里去了，东北工学院五个教授都被"拔白旗""靠边站"，重庆大学裴教授也不许进行实验了，宝钢的厂长也被隔离了；最后我们那两个组长，一个是炼铁专家，一个是烧炉专家，咱们单位的经管会不让他们离开，不让他们参加。最后实验怎么办？国家要求最后就落在我们"铁二代"身上。老专家都不在了。当时组织工作的是钢铁生产技术司司长，叫吴言玉（音），她是蔡和森的侄媳妇，她亲自组织了后面的实验，就在首钢二号炉，624 立方米的高炉进行。这次实验也挺刺激，得出个什么结论呢？钒钛矿技术不仅可以在小高炉上用，在大、中高炉上也照样可以使用。后来她又组织了中国科学院化学研究所在他们那一个 17.5 立方米的高炉上，进行了钒钛矿实验。为什么要高炉焦实验？因为西南地区的焦炭里面含硫量太大，硫在生铁里面是一个有害元素,减少它并达到冶炼标准是实验的最终目的。

整个实验工作组一共 108 个人,后来我们在承德实验完了以后,这 108 个人在天安门前照了个相,这个照片就是"一百单八将",我一直保留着,但是攀钢非得把这个照片原件收去展览。

冶金部1983年技术鉴定会合影

二、17 年的攀钢岁月

攀钢在 1970 年 7 月 1 号正式投产开炉了。攀钢开炉请的都是鞍钢技术人员,体力活都靠四川本地人,本来当时以为支援攀钢大三线应该挺顺利,结果开炉以后就出了事故,渣铁出不来,炉钢被认为是冻结了。这怎么办呢?他们就求助西南院,西南院当年就决定由吴一淳同志带着我们发起攻关。吴一淳是西南钢铁院科技室科研处的一个副主任,被调到鞍钢当党委书记,后来当了冶金部副部长。我们到攀钢以后,一看这个情况,我们提出不一致的意见,我说:"你们这不是冻结了,而是热结了,是因为你们按照普通方法操作,把炉温弄高了,所以渣铁出不来。"攀钢领导就决定说:"就你们四个工长,直接操作,我们从鞍钢来的技工给你们当助手,你们直接干试试。"我们只用了三天时间,就把炉恢复正常了。攀钢就想把人留下来,可是院里不同意,我们要抓革命促生产,回去搞"文化大革命",然后我们就回去了。

1970年我回去以后,攀钢生产时好时坏,各项指标都不算太好,当然也有新投产的问题,但更主要的是技术都没过关。到1972年,我们"四大工长"里面人数被砍了一半,把我和另一个年轻的同志给调到了炼铁厂去。当时还有几个同志一起被调到攀钢去了,做工长、班长,又干老本行。我一看,这边的问题,一个是厂里的管理问题,还有一个是大家技术操作不统一的问题。炉长是我同班同学,在大学班级里我是团支部书记,他是校参文秘,但人家出身好,人家是党员,所以是炉长。一有问题他就让我给出主意、想办法,我就说,"得了,你别叫我出主意,也别叫我想办法了,我干脆给你写个高炉冶炼技术操作规程"。我说,这个钒钛矿最怕小风吹,要坚持大风操作。最后大家技术操作差不多比较统一了,所以我们上高炉生产是蒸蒸日上。

我在攀钢工作几年后,就从高炉这个工长做到了生产科副科长,1977年邓小平刚主持工作的时候,攀钢破格把我提拔成工程师。一共提拔了四个人,各厂一个,我就是被提拔的其中之一。厂里就让我担任生产科副科长,也当厂里的工程师,全厂的冶炼技术操作由我一个人负责。

在攀钢生产的过程中,我印象很深的有三件大事。第一件大事发生在1978年7月份左右,当时攀钢也是学大庆搞先生产后生活。没有建房,职工全住的大席棚子,席棚在这地方叫荷花池,在一个铁沟边,往下一大片全部是席棚;结果那一天突然就发大火了,那火借风势飞烧一片,我同学也住在那,他们俩是新婚夫妇,有一个缝纫机,还有一个收音机,把那收音机放在缝纫机上,等抬出去我就喘个气,刚喘气工长就过来了,他说:"不行了,你快上高炉吧,炉子上都没人了,你得赶快顶班去,这事是小事,你上那去吧。"结果我到高炉上一看，14个人一个班，只剩下2个人，算我3个人。火烧成这样，都有家，谁不抢东西？谁不看老婆、照顾孩子？哪有人了？那怎么办，这咱也得干，所以我既当工长又当副工长，工长是负责操作的，副工长是负责记录、打电话联系的。2个工人还都是挺老的，是鞍钢调去的老工人，老工人家属没去，两地生活，他就没住那席棚里面。我说："得了，一个看轧口，一个看铁口负责技术操作，然后我再帮忙。"我就打电话，生产部部长说："你先坚持一下，一会我再往矿山调人。"调了一个十八九岁的四川矿山来的小矿工，还戴的榴弹帽，什么也不会。我寻思下班该换人了，但下班没人接，又接着干，到第二次下班时生产部部长又说，"宝信，实在没人了，你还得坚持"。我的天，一下坚持了多少个小时？在高炉上一个人顶好几个岗位，干了五六个小时。等接我的时候，也不知道因为过度兴奋还是紧张，回去就怎么睡也睡不着，后来那个生产厂副厂长就把医务室的大夫弄来，给我弄了安眠药，我一下吃了三片安眠药，睡了几个小时。

第二件大事发生在一个周日，我在厂里值班，突然间公司总调来电话了，要开电话会议。我这个公司的生产负责人叫李以明（音），他说金沙江上游岸边有1万立方米的原木，现在正在下雨，很可能把原木冲得顺流而下，顺流而下的后果就是攀钢富川积水，攀钢将出现断水，那炼钢、炼铁都得停产。突发事故的时候，你没有准备，炼铁出事故要紧急休风，休风的时候，炉顶必须通蒸汽。炉顶不通蒸汽，把炉顶那个盖子一打开，高炉煤气碰上外面的空气，就很可能发生爆炸，一爆炸整个炉体设备就被毁了，没水以后，整个炉体都得通过水冷却，那炉体就要损坏了。所以李以明就点名说："你要处理好，你要是出了事故，我拿你是问。"我那时候也年轻气盛，我说："李经理你放心，如果出了事故你给我送弯腰树。"他就笑了，别人听见就问什么叫弯腰树，渡口市的监狱就在弯腰树，我的意思是：出了事故你就给我送到监狱去吧。回去以后我也很紧张，马上就召集厂里管煤气的人员、配管的人员还有检修的人员，我把他们都从家里面提溜出来，用车都接上。接上以后我把事一说，从运输部调三辆火车头，每个火车头就在一个高炉下面待着，叫他们把蒸汽烧得足足的，然后从高炉里面接管子，到火车的排气管待命，一有事一插上蒸汽就通上去了,这样就可以休风。你只要把风休上就什么事没有了,所以我就根据这个情况,叫各个高炉的组长在调度室听电话,然后告诉他们开始上高炉值班。我有时候在调度室里面,一言不说就瞪眼睛待一宿,怕真出事,中间还来一次演练,演练得挺顺利我这才放心。第二天早上6点钟,公司总调来电话了,说这个警报解除了,我这心放下了。等第二天工作室总调所长到现场去,见到我就说:"你胆子太大了,你敢这样玩。"后来这个事全公司就传开了,说我胆大心细,很难得。

第三件大事发生在我40岁生日那天。我有个特点是:我在厂里面值班,每到半夜12点之前,我都要去各高炉走一圈,看看高炉生产情况。40岁生日那天,我就到一高炉前转去了,我去的时候正好是交接班,夜班和中班交接,工长在交接,炉线工也在交接。我的特点是首先绕高炉看一圈,看看风口,看看里面的冶炼情况。我一看,哎呀,有一个风口漏水了,而且往外冒气。我就走到值班室那地方,我说:"你们干什么去?别交班,赶快休风!"没等话说完,我就跑到外面去把风闸封上,本来是工长的事,我到那就给人拿,到半道还没完成,那个风口就爆炸了。浓烟、一团火还有料全都喷出来了,后来我就紧急把档一下卡到底。正好有个肚子挡着,要没肚子挡着就把我烧那了。那声太大了,负责的工长也来了。我把人员工长找着,我说:"你干什么去?你怎么操纵的,这漏水了怎么不知道啊?"那个人就跟我说:"我真没注意这件事。"我说,赶快组织吧,把全厂的设置人员、管煤气的人员全组织了,半夜提溜出来抢修。我也没跟厂长打招呼,经过六个小时就正常恢复生产了。第二天我起来,书记查岗,他也听说了昨天晚上怎么回事,就问怎么那么大动静,我说没什么事。那个主任说:"书记、厂长,昨天晚上可出了个大事,差点出人身事故。"然后他们把情况说了,说以后书记、厂长挺逗乐,说这么大事,得奖励我,到那屋拿茅台酒和两条烟给我。我说:"你就知道奖励茅台酒和两条烟。"书记就说:"那没问题,今后评先进什么的肯定都是你的事。"我当时根本没想会有什么后果,就想着马上要出大事了,再不动手就不定出多大事。所以我就跟这喊了一声"你们快联系休风",他还没反应过来,我就开始干了。我也是从一线来的,很熟悉这些事,这些都是常干的事。我要是没冲上去，后果就是风口大爆炸，然后风没休，高炉本来是密封的，里面有很大压力，而且上面是固体的料，就会像子弹似的喷出来。这也不是立功，那时候就觉得小事一桩，因为攀钢开始的时候生产事故特别多，闸口爆炸、风口爆炸、炉钢冻结什么的都是很正常的。我在攀钢这么长时间还有一个任务，就是每周给钳厂的技术人员讲课，可以说培养出了许多技术骨干，其中有两个人在我被调回来以后都担任过炼铁厂的厂长，也算是对攀钢有一点贡献吧。那时候好几年，我连续被评为攀钢的先进生产者，也是渡口市人大代表。

攀枝花钢铁公司 1981 年全貌

三、鞍钢度余生

从 1972 年开始一直到 1981 年，我在攀钢一共待了 19 年，1981 年组织解决两地生活时我就被调回来了。那时候得感谢邓小平给解决两地生活，像我待 19 年这样的很少。国家解决两地生活的政策出台后，我最后一批被调，调的时候很困难，我的档案已经到鞍山了，鞍钢把调令给我发过去了，结果攀钢这些领导不放，攀钢的书记还有副经理专门找我谈话："你能不能别回去？我们都讨论了叫你做炼铁厂厂长。"我说："你现在叫我厂长、副经理我也不能待了，因为什么呢？我爱人还带两个孩子，19年，好不容易党和国家有政策，调令都下来了，你再一纸调令给我调回来，是不是有点太不近人情了？"后来书记就笑了："舍不得你呀，行了，下回咱们到鞍钢见吧。"我的爱人是鞍山矿山黑色冶金的，冶金部直属的黑色冶金矿山设计院铁烧科的一个高级工程师，她从事的工作就是烧铁厂的设计，她整天和画图、设计图、描图打交道，成天都在座位上。她自己主张设计了八一钢铁厂的烧铁厂，被评为优质工程。她参加过酒泉钢铁厂、马鞍山钢铁厂、新泰钢铁厂这些烧铁厂的设计，以及鞍钢山上设计她都参与了。我们相识也算是一种缘分，她是比我低两年级的同一专业的校友。大学毕业以后，我每天下班以后就到食堂拿两个窝窝头，吃完了以后喝了一碗疙瘩汤，然后倒头就睡，就这样生活。我的同班同学的爱人是1963年毕业的，上海人，他爱人跟我爱人在同一宿舍住，他就牵线说把我爱人介绍给我，就跟我打招呼。我问她情况怎么样，他说她家里条件挺好，父亲是一个高干，钱多不说，人也美，文质彬彬。我说那就见一面吧，后来我去图书馆看书，她就去了，去了以后我们也没说几句话，就是交换一下电话号码。从心里说这事肯定是不能成，我是一个穷光蛋，当时挣56块钱，一多半还要供我弟弟妹妹上大学。她一个高干子弟，生活条件好，167厘米的个，不可能看上我，我就没把这事放在心上。所以我这一个月也没理这事，后来又一个礼拜六我正在高炉值班呢，她打电话找我说："今天星期六，我买了两张电影票，我们上新华电影院看场电影行不行？"我说："那行。"我就去了。去了以后我也感觉到奇怪：她怎么还主动邀请我看电影呢？过去都是男的追女的，这女的主动追我？后来那个介绍人就跟我说了，她搞毕业设计，我的毕业论文和我画高炉的图纸，在他们班被挂在黑板上作为一个模子叫大家来学。她刚被介绍不久就知道我的名，一看到这图纸是我画的，心里面就感觉这个人不错，所以从那以后我们就有些来往了，但是时间非常短促：1964年8月份她毕业，我们认识不久，12月份我就被调走了，相处就三个月，但这三个月确实给我留下了终生难忘的印象。但我要被调走了，婚姻还延续不延续？她就主动提出："调的时间太长了，咱们先登记后结婚这样行不行？"我说："这可以呀。"我们就登记了，还没来得及结婚，后来我到马鞍山，承德实验搞完了，其他实验还没开始的时候，她在马鞍山搞设计，10月1日在马鞍山设计棚结的婚。当时最大的乐趣就是给两天假，我们去南京溜达了一下，这就算结婚了。我结婚啥也没有，什么订婚礼物一点没有，她可挺大方，买一块120块钱的上海手表，那在当时上海特别时髦，给我做纪念。后来我在承德搞实验的时候，她到马鞍山去搞实验，特意去承德看一眼我。后面长达19年的两地生活，每年只有12天的探亲假，而且这个探亲假非常困难，对我来说是一种负担，我得攒点钱，回趟家得要路费不说，总得买点东西吧。特别是后来两个孩子相继出生，我都没照顾到，因为我的假每年多选择在"五一"前后，可是生孩子都是在春节。那时候我还离不开岗位，每天都是她一个人带孩子，从生到带那个苦就不好说了。有一次她上班抱着孩子，那时候鞍山人上班都是坐摩电，她在等车的时候有个小伙子车骑得飞快，到那咔地把她撞倒了。被撞倒以后，她的膝盖摔坏了，但是手里抱的孩子很好，还在抱着，送到幼儿园后，又上医务室包扎。后来她就把这事跟她妈说了，结果她妈跟我说，她在家里是娇生惯养的，在念书的时候她把衣服攒着，到放假拿回家让她妈洗去，晚上睡觉跟她妈一个被窝，宠她到这个程度。但是跟我结婚以后她不会干的事都会干了，我才发现她什么织毛衣、带小孩都会。她累得后来有点神经性的症状，长期睡不着觉，一个女的，设计任务重，带孩子，再参加社保活动，最后她167厘米的个，瘦得体重不到100斤，很辛苦。

我是1981年被调回来鞍钢的，之后我就到了鞍山钢铁研究所炼铁室从事技术工作。我想提高我的专业水平和能力，1982年我就到鞍钢干部学院学了一年的英语，基本可以达到笔译外文资料的水平。我当时确实一心想待在研究所从事技术工作，当时我专门写过一篇关于高炉冶炼锰矿石的文章，后来在学术交流会上很受欢迎，并且得到了很多冶炼锰矿的人的认可，把它作为一个重要的资料。但是咱们钢铁所的副所长找我谈话就说："经党委研究，任命你为冶金室的党支部书记兼任副主任。"我一听脑袋都嗡一下，我说:这中间我一直从事的是业务工作,而且我1978年入党,还是个新党员,入党三年怎么就能当党支部书记呢?所以我说不行。但是我们副所长却让我服从党委决定,必须服从,做党员先锋。这不是赶鸭子上架吗?后来我就去找我们钢铁所的党委书记,侯书记和我说:"这是党委研究的,我推荐的你,你干也得干,不干也得干。你在攀钢的时候,我对你最清楚了,你'文化大革命'没有问题,你是个逍遥派。"我心里却想:我不逍遥不行呀,我家庭条件不好能造反吗?我就说,行吧,我试试。然后开任职大会,我刚被调回来,那时候人际关系非常复杂,当时分了两大派,北京钢铁研究院一派,东北工业院一派,这两个派互不相让,碰到不大点事就干仗,就围绕第一次涨工资指标到底是给东工还是给北京研究院这件事,从晚上5点一直争论到第二天早上7点。我当时就一句话:"一碗水要端平。"从那以后我怎么办呢?我家本来离钢铁厂近,中午我也不回去,就拿着饭盒跟他们在食堂吃饭。吃完饭之后咱们正常是休息一个小时,有的下棋,有的打扑克,看完我就参加,我也和他们打扑克,打着打着那里面就不分你我了,也不分什么干部不干部的了,大家都很随和。后来又赶上第二次涨工资,我就想怎样把这次工资涨好,要涨不好我可能就彻底栽在这了。我就采取一个投票办法,按票数多少确定人选。大家说行,我说,一共给咱们六个纸条,你们每个人推荐六个人,就在你自己的纸条上写,还不用留名,你就推荐六个人,然后我就统计,票多的排前面。整完了以后,我一统计排前面的就是六个骨干,众人的眼睛都是亮的,平时再吵吵,真正推出来的还是骨干。后来我把结果一公布,有几个老工人有意见了,也是在鞍钢干了很多很多年的人,我这一了解情况,就给党委写信,信里说:"我是从攀钢被调过来的,我现在的工资比我同级的人高半级,我请组织不用考虑给我涨工资。如果组织考虑了想给我涨工资,我有一个请求:把这半级工资给我们冶金室,以解决职工之

刘宝信1965年结婚照

间由于差半个指标造成的分歧和矛盾。"党委一看到这事,涨工资还有让的,人家争都争不过来,就说把这个材料交给公司党委去了。公司党委的王书记说:"这个人水平很高,我们应该对这种现象进行鼓励。"他就把办公室的人叫来说:"你们替我办几件事,第一件事,转给劳资委给该院所半个指标,不用该院所自己占指标。第二件事,责令钢铁厂党委必须给这位同志涨工资。"1985年初,我当上了钢铁所的副所长。在钢铁所,我从实验组组长一直干到了钢铁所副所长。按照中央干部年轻化的要求,1985年8月份,我担任了钢铁所的党委书记。那时候实行党委领导下的所长负责制,后来很快就改革所长负责制,我就一下子变成钢铁所一把手了。那时候我眼界太大,本来几年人生地不熟,后来一路就那么闯过来。我这事说来很奇怪,鞍钢有个规定,一个人在一个单位工作,不能够超过3年,到3年就换岗,结果我在钢铁所一待待了13年。我后来也想了,谁都知道钢铁所这地方是知识分子待的,知识分子是最难替的,好不容易抓公差,就在那待着吧,这一待就一直到1999年退休。

  我在攀钢工作了19年,在鞍钢工作了19年。要说哪段人生更精彩,我认为还是在攀钢的时期,因为我毕生极大的心血都花在攀钢的建设和生产上了。我在鞍钢和在攀钢起的作用是绝对不一样的,在攀钢我当时是"四大工长"之一,是攀钢矿铁主力军。但是我在鞍钢只是担任一个小小的党委书记,它的影响面不像在攀钢那么大。后来我写文章就总结了几个关键词:动乱难撼攻关之志。下一句话就是:清贫不改报国之心。我们那一代人全体,就像毛主席说的"打起背包就出发,四海为家"。

邢凤茹

团结就是力量：鞍钢拔河队的建设者

亲 历 者：邢凤茹
访 谈 人：田　蓉
访谈助理：胡文博
访谈时间：2020 年 12 月 23 日上午 9:00—11:30
访谈地点：鞍钢党校
访谈整理：胡文博

亲历者简介：邢凤茹，男，1953 年生于辽宁营口。1974 年就读于沈阳机电学院工企自动化专业，1977 年毕业后入鞍钢自动化研究所工作，1982 年任鞍钢自动化研究所工会副主席，1992 年起先后任鞍钢工会体育协会副主任、主任，2000 年任鞍钢宣教文体部部长，2013 年退休。

邢凤茹(中)接受访谈

一、入职鞍钢自动化研究所

我今年67周岁,1953年出生,退休7年了。我家是营口的,1969年下乡到海城,1972年被抽调到海城能源电力局,就在县篮球队打篮球,按现在来说是特殊人才。那个单位需要找打球的,搞篮球队,就抽到我了。

1974年,我从海城走了,作为工农兵学员被保送到沈阳机电学院上学。一般来说,得很优秀的单位才能保送,保送也得是那个学校要打球的。1977年我大学毕业就被分到鞍钢自动化研究所的研究室,跟着熊师傅,他学习老好了,教咱们,后来他考研究生走了。我在研究室工作了五年多,之后被调到鞍钢自动化研究所的工会当副主席。

我大学毕业以后直接就被分到研究室,熊师傅就是那个研究室的。他负责研究轧钢自动化,我学的是工业自动化,就被分到他那组。我们的团队就五个人,师傅把任务给你,然后你去设计。轧钢分成几个部分,比如说我们是前沿部分,搞测试;电机的控制部分又是一个人。就一步一步,分头去做。不是全干一样的,都是分开的,一块一块的,一人一部分,最后把这些部分连在一起,就成型了。它属于科研,将所有的项目事先立项报到公司,公司把经费批给你,是公司投资。一个项目也就是二三十万元,当时算可以的了。

我在研究室干了五年多,平时也到车间,就在车间倒班。我们把设备做完以后,把设备放到车间开始运行、检测,然后就跟班倒。自动轧钢是自动控制的,不用人工,有轨道的,全都是自动的。做完以后就移交给厂子的操作工,我们也给培训。

我们控制小型厂的轧钢机,是轧螺纹钢的,围盘式的,现在都是直线式的了。厂房非常短,钢进来以后,经过围盘这么转过来,再这么转回去,再这么转过来。这个围盘是我们鞍钢人发明的,是小型厂叫张什么三发明的。[1]这个人得活了90多岁,鞍钢成立60年时评了20个为鞍钢做出贡献的先进

---

[1] 实际为张明山,鞍钢小型轧钢厂压延车间备品班班长,发明创造了"反围盘"。

人物,虽然他已经去世了,但是仍然给他评为先进个人。

我们最起码得跟两年,就相当于在工厂上班,五个人倒班。你是白班,他是中班,他是夜班,也是跟工人上班一样来回倒。我们还要教工人,操作岗位三班的都得教。工人和研究人员之间的氛围非常融洽,互相之间交流,我们也都叫他们师傅,人家现场的实际经验多嘛。

我们家是清末的时候从天津来到营口的。我爷爷是打鱼的,从天津顺着渤海湾就到营口,落户了。我太爷领着我爷爷哥四个,在营口发展。我们家八口人,姊妹六个,我还有个奶奶。当年我父亲收入是108元,我母亲没有工作,奶奶没有工作,就靠我父亲一个人。我父亲在营口,是八级工,当年是营口市的劳动模范。过去他是给资本家工作的,后来在营口仪器厂,车工、铣工、刨工他都干过。

我有两个姐姐、两个妹妹和一个弟弟,他们都在营口搞机械行业,就我一个人在这。我弟弟念的是"七二一"大学,就是他们厂子办的。后来他当设备处处长,完了当车间主任。他也是搞机械的,跟我爸他们都一个厂子——营口仪器厂,生产碳浆机的。我们一家子,我叔叔大爷、叔伯兄弟,都在那厂子。

我爱人是海城牛庄的,我们俩处对象就在海城处的。我下乡的时候认识的她。她念的是冶金运输学校,也是保送的。我那老岳父是缝纫厂的裁缝,过去也是个体户,后来公私合营成集体所有了。我爱人上运校,念了两年。那时候我在牛庄打球,老上她家,她姐夫跟我都是打球的,就这么认识的她。然后她下乡,我俩一起。她下乡到牛庄附近,我俩同一天离家走的。她上的中专,后来又上吉林工大进修了两年。

我儿子1979年出生,毕业以后就考的体院,念的排球专业,跟我一样学排球。他愿意打球,我说:"那你就考体院吧。"体院毕业以后他被分配到部队,沈阳军区39军,在部队待了八年。他转业时是正连职,到鞍山市体育局,现在是在体育局竞赛处当副处长。

二、从鞍钢自动化研究所研究员到工会主席

我在自动化研究所做工会副主席做了十年,1982—1992年一直在这个位置上。我们主要是按工会的四项职能、工会的工作方针和自动化研究所的人员结构开展各项工作,抓生产、宣传,搞职工福利,然后我还抓一个球队。后来我从自动化研究所工会被调到鞍钢工会体育协会当副主任,是副处级。我在自动化研究所当副主席是正科级,被调到鞍钢工会体育协会来就相当于升职了。1998年老主任退休,我就被提为主任了,变成鞍钢工会体育协会的办公室主任。

哎呀,当年社会那制度太好了,我非常怀念那个时候。那时候都讲什么呢?你是"单钢"的还是"双钢"的,双钢的福利待遇高,所以不少人都愿意到鞍钢来。一到过年过节,家里副食什么都不用买,春节、五月节、八月节全发。那时候的福利现在根本享受不到了,没有了。现在有的单位也发福利,但都是工会发,行政不发。过去是行政发,我们那些福利都是行政发的,行政本身有一些福利费。现在这福利费都不发了。现在好多企业把福利费算为利润了,实际来说本身就是不合理的。福利只能用于什么?建个澡堂子把这钱用了,建个食堂把这钱用了,没有把这钱发给老百姓买福利。现在可能鞍钢职工那个免费午餐是从这钱里出的,给你打卡里头,一个月120元,拿卡自己买午餐。

当时工会就四个人,一个主席,一个副主席,两个干事。副主席兼业务,主席不兼业务,像我当副主席就兼宣传,生产有个人负责,劳保有个人负责,就四个人。当时集团公司的工会人多,都一百五六十人呢。后来2000年改革,我们宣教文体部就剩4个人了。当时我们是体协和宣传部合在一起,两个部门原本有18个人,合并以后减员剩4个人。18个人走了14个,那时候闻书记在这,就把我留下了,让我当宣教文体部部长。2000年成立宣教文体部,我就升为副部级。工会就四个人升为副部级的,办公室主任、生活部还有民管部,剩下的岗位都是正处、副处。同事之间也没有啥矛盾,留谁不留谁是领导定的事,留就干,不留就走,反正都在鞍钢里头。但是有的人想不

开,就和领导吵架呗。

我感觉我非常幸运,净遇到好领导。闻书记跟我是球友,他也打排球,和我关系处得非常好。咱不是体协吗,和副书记、工会主席老在一起合作,关系也处得好。我在鞍钢遇到的这些老领导,非常顺,领导非常支持我。我说搞点什么,就给领导写个报告,跟领导谈完,领导说,"搞,需要多少钱你吱声",工作就好开展。

三、 工会福利与职工互助

工会当时确实发挥了职能作用,把职工调动起来了。职工哪个有困难了,工会得帮助解决呀,那怎么解决?职工家庭生活有困难,孩子有病,那工会得管啊。定期救济补助,这些都常年开放,每季度都评一次。单位有多少特困的,评出来然后报上来。这个钱不用车间出,钱是上面给的。根据困难程度定标准,最高也就是200元钱,但那时候挣得少啊。200元钱那是特困户才有的,一般都是50元或100元。

有一个姓王的,他孩子有病,已经变为残疾了。然后他又生,政策不允许生第二胎嘛,得上报街道,单位得同意嘛。最后他俩孩都有病,非常困难,负担很重。他是研究室的一个工程师,家里人住自己盖的小房子,单位根据他的困难情况,分房子给他,对他特殊照顾。

分房子本来是论资排辈的。分房子当时也是工会管,行政的事工会得做工作啊,别有矛盾啊。工会给行政提出来说他家庭困难,孩子有病。分房子要按绝对工龄,他工龄也不够,就照顾他,分给他一套房子。我记得几乎每季度都救济他。他孩子得的是血液上的病,还挺困难。所以说工会在困难职工救济方面,帮助职工解决困难,做了不少工作。工会过去确实发挥很重要的作用。

工会还有一个融资、借资的互助会,大伙集资。比如说,咱们互助会一个月一个人交1块钱,那个钱最后还是你的,给你记账。你在里头存了100块钱,他存了200块钱,他存了10块钱,都有记账的。你生活上有困难可以跟互助会借，借完100块钱，下个月开工资，再把这100块钱还进去。

工会委员会有五个人，这五个人在一起开会讨论。如果这回是张三、李四、王二麻子都要申请借资，但现在资金没那么多，那就排排序。先借你100元，借我50元，借他30元，都分摊点，不能光借他不借你呀。那时候非常公平、和谐，因为基本都是一样的工资，都差不多嘛。我觉得那时候的车间、研究室人与人之间的关系非常融洽！

比如说我特困了，我既可以申请特困补助，也可以申请互助会借资。互助会是借完得还的，一个月以后还，没有利息。互助会从我一入厂就有，从鞍钢建立就有。现在没有了，80年代、90年代就没有了，应该是因为80年代改革以后，老百姓手里有钱了，自然而然就消失了。

工会的活，你不干也没人说你，你就是天天坐着喝茶水也没人说你。如果你干了，那有的是事，涉及行政和职工利益之间的东西多，矛盾比较大。工会和行政终究是一对矛盾，因为行政决策有一些不符合职工利益。肯定有，那工会要提出反对意见，就和行政发生矛盾。那怎么解决？就互相交流，拿到职工代表大会上讨论。比如说我们要干一件事，职工反映意见，行政提出意见，怎么决策？大伙来讨论，讨论完了表决。既要把行政命令执行好，还要把职工利益搞好，找个平衡点。

比如职工工作负伤了，有的行政不给申报。往公司申报影响到安全指数考核，奖金就会被下调；不报，职工就不干呗。咱们工会就得把情况了解清楚了，跟行政谈。他如果报上级，工伤看病不用花一分钱。有的伤不是太重的，就劝职工别报了："报了影响咱们全所的奖金呐，公司给你扣啊，你别报了。"有的伤轻的就别报了，一次性给点补偿就完了。有的伤严重的，胳膊折了，你不报他住院又不行；致残这样的不报不行。这得报，要跟行政谈，行政同意了就报上去，工伤批下来看病就全部免费了。这个工伤得医疗鉴定，鉴定完以后定伤残几级，比如说定的是九级，一次性给补贴就是几千块钱。

分房子矛盾太大了！那个矛盾是什么呢？分房子完全按照工龄，专门有个评分办法。但也有不少加分政策，比如说台属、台胞加分，独生子女、婚龄可以加分等。不少项我都记不住了，好多项可以加分，但有弄虚作假的——为了利益,想要得到房子。另外有的人有房子,虽然没有他的房票,但他就说自己没有房子,这种情况的就暂缓解决。

房源有单位自建的,有公司下拨的。把房源都拿过来以后,比如这会有十户房子,那么我就把这十户房子分下去排号。全公司、全单位要房的人报上来排号,排完号了就开始调查。专门有调查组,上你家走访,上别人家问,那可细了!最后公布方案,1号房子是谁的,2号房子是谁的,也公示,看有没有提意见的。

有的人给你报表的时候就弄虚作假。本来他有房子,是他爸给他要的房子,他却说他没有房子。我们就上他家走访,问:"你住哪呀?你这房子是谁的?"另外上他爸那厂子调查。大部分人父一辈、子一辈都在鞍钢,你一查档案就查出来了。有的人自己家有房子住,但是为了多要一套房子,他肯定要找领导,做领导工作,让领导给做主。房子定给谁,专门有评房委员会讨论。最后把这方案拿上去,让领导讨论。因为中国传统文化就是人情社会嘛,对不对?避免不了,办什么事都得找人。

那时候都是公租房,每月交租金。后来房子改革,就卖给职工了嘛,非常便宜了。你看我那房子,80平方米,处级干部给分的房子,才交了2万多块钱。单位最早分给我的是一个单室,1980年我才得到房子。我和我爱人结婚以后一直住宿舍,就像筒子楼嘛,都在走廊用煤油炉做饭。

台町地带的房子都是公司副经理、党委副书记、工会主席这个级别的领导住的。那个地区的房子是日本人建的,当时为他那些高管建的房子,都是公房,房改以后变为个人的了,是老领导住的。老领导没了,老伴还在那住,老伴没了就把这房子交出来。孩子不可以住,给几个孩子分几套房子,从别的地方给孩子房子。孩子要搬出来台町,把这些房子重新分配给被提拔的公司领导。

四、"学孟泰、爱鞍钢、做主人、创一流"

鞍钢工会开展"学孟泰、爱鞍钢、做主人、创一流"活动,其目的就是要提高职工素质,要当家做主。学孟泰、爱鞍钢、做主人、创一流,这里就包含了"鞍钢宪法"的内容。学习"鞍钢宪法",80年代中期就开始搞了,得到了公司党委的重视。

"鞍钢宪法","两参一改三结合"嘛,在鞍钢人心目当中是印象非常深刻的,因为是鞍钢发明出来的。每年4月23日,"鞍钢宪法"发表××周年,都会刊登一些有关"鞍钢宪法"的内容,所以老百姓对"鞍钢宪法"非常了解。鞍钢有自己的日报,就每年都在报,"鞍钢宪法"就始终贯穿在鞍钢职工的脑海里头。

"鞍钢宪法"的意义非常深远,是毛主席亲自批示的:我们始终要坚持用"鞍钢宪法"去办。它到现在仍然是不过时的。那个"两参一改三结合",干部到工人当中,是不是有必要?干部和工人相结合,和工人在一起工作,就是不脱离工人。换句话说,就是深入基层,别脱离群众,我对它的印象是最深的。

孟泰无私奉献,当年恢复鞍钢生产,他捐献各种物资来恢复高炉。在他的修复下,鞍钢1949年7月9日如期开工。再就是爱厂如家,他有一个"孟泰仓库",所有配件都在里面。那配件修一修都能用上。有了这个仓库,鞍钢得省节省多少资金?这是一种奉献。所以孟泰精神是永放光芒的,这是当年总书记胡耀邦提出的。还有,孟泰也是"两参一改"的实践者、践行者、技术核心呐!如果我们每一个职工都把这个厂子当成自己的家,这个厂子一定会好。孟泰精神得广泛宣传,让它深入人心,让老百姓能体会到。现在鞍钢各单位仍然还有"孟泰仓库",因为企业发展得降低成本呐,有效益是从降低成本开始的。

"孟泰精神"一直都在学,咱们系统地学是80年代,全公司都开展了这项活动。怎样让职工更深入地去学习、提高思想意识呢?就要再选择一个载体,工会就让我们部门选择载体,得拿出来个顶层设计。啥载体呢?按现在的说法,就是德智体美,通过这些载体促进活动的开展。不能光说教啊,现在要搞一些活动来支撑,搭建各种平台。比如说我们鞍钢工会成立各种协会,文化方面的书法、美术、摄影、合唱、音乐、朗诵、演讲协会,体育方面的足球、篮球、排球都有协会。因为机关里头本身人就少啊，你一个一个抓，这项目抓不过来，那就抓住这个协会的会长。他在这个协会当中非常有威望，他组织这些人来开展各项活动。比如说开展书法比赛，我们发通知，协会去组织，把作品收上来。协会负责找地方展览，我们组织职工来观看，提高职工的文化水平。像我在自动化研究所，别看那所小，也开展什么书法、集邮等各种展览。比如说命个题——"学孟泰"书法大赛，大家争第一。有的是围绕主题来写的，有的不是，写一段唐诗也行啊，主要是看他的字写得怎么样。职工都愿意参加，积极性高。

2007年鞍钢合唱团参加北京国际合唱节获得银奖

另外组织各种体育比赛，例如排球比赛，哪个研究室都有队，基层还有工会呢。一个研究室是一个科级单位，四五十人呢。不管你是干部还是工人，都是职工，都参加活动。

我们那时候以"学孟泰、爱鞍钢、做主人、创一流"为主题嘛，各种活动都围绕这个主题来开展。劳模来讲，党校专家也来讲。孟泰精神，我认为永远不过时。爱厂如家，本身就是一种美德。就个人来说，爱家是一个小家，大的是爱国家，爱家本身就是一种美德，是一种德育教育。鞍钢这些年就秉承这种理念，鞍钢的文化底蕴是比较深厚的。

同时还搞"孟泰传人"。鞍钢这些职工都是孟泰传人,孟泰传人当中还有些优秀的,过去是郭明义,现在是李超。这些材料都是我们整理的,全国总工会找宣传部看材料,后来就组织了一个采访团了解情况,然后写文章。他们专门从我们鞍钢找讲故事的人,上北京,到全总。先搁全总机关讲,讲完以后又到辽宁来讲。辽宁省委一看这太好了,又组织一伙人,重新写,然后又组织,最后推向全国。鞍山有这些先进人物做支撑,一个城市得有名人支撑。孟泰、王崇伦、新时代的标兵郭明义,他们都为鞍钢做出了贡献,也代表了企业形象,是企业的一个广告嘛。

郭明义在齐大山铁矿,主要事迹还是学习雷锋。他是雷锋传人,也是孟泰传人。他的主要事迹就是无偿献血,为特困职工捐款。他的事迹被报道以后,在职工中有很大的反响。我记得他献了54次血,得了54本证书嘛。我第一次看到他的事迹是《鞍钢日报》报道的,然后工会抓住这个典型。这对鞍钢生产非常有利,就开始宣传报道。然后得到辽宁省委和中央的重视,胡锦涛批示全国学习郭明义。他是鞍钢人,也是孟泰传人,也是爱厂如家嘛,成天在厂子里、工地里与工人打交道嘛,非常负责任。郭明义还有爱心,帮助群众解决困难,无私奉献,做了很多好事,确实非常非常优秀。

再一个是孟泰传人李晏家,他通过技术革新创造了很多价值。他改造了烧结的正宗塞,减少工艺,让鞍钢受益非常大,最后被评为全国优秀共产党员、全国劳动模范。李超更年轻,是这几年鞍钢推出的劳动模范,主要事迹也是技术革新。所以孟泰精神呢,确实充分体现了鞍钢在开展各项活动中取得的一些成果。

"学孟泰、爱鞍钢、做主人、创一流"这个活动,得到了集团公司党委的重视,是在全公司普遍开展的活动。把这个活动引向深入,需要一种载体,就是通过文化、体育这些方面的工作来开展,培养鞍钢的"孟泰传人"。我们鞍钢有一个《流火》杂志,是季刊,是我们宣教文体部办的杂志。有个专栏就是"孟泰传人",每期就上一篇有关"孟泰传人"的专题报道,讲他在单位如何工作,如何搞好生产、提高效益。作为鞍钢来说,工会把职工思想教育放在首位,怎么提高职工的思想认识,提高职工的各项技术能力,这是从整体上设计的。

总体来讲，鞍钢在这方面确实做了很多工作。职工思想教育是一种德育教育，爱厂如家是一种美德。学习孟泰，争创一流，在科技生产各方面都要争一流。所以"学孟泰、爱鞍钢、做主人、创一流"，在鞍钢这么多年已经形成了氛围，深入人心了，人们处处以老英雄孟泰为榜样，为鞍钢做出贡献。根据时代的要求，在不同时期注入不同的内涵，把新的内涵发挥出来，就是体现孟泰精神。

五、团队的力量：筹建鞍钢拔河队

在自动化研究所那时候，我有个球队。这个球队是排球全国乙级队，参加过全国乙级联赛、甲级联赛，都是从专业队下来的。自动化研究所从1980年开始养球队，球员来了，要结婚都给分房子。他们也不脱产，不是全年训练，有比赛就提前三个月出来训练，平常就在研究室搞研究。自动化研究所有这条件啊，他们没念过书，就给他们找个学校。自动化研究所拿钱，一年12 000元，20世纪80年代也不少啊，让他们去念三年专科，完了再回来，有比赛就回来打。

1985年参加辽宁省运动会时鞍钢球队全体球员，邢凤茹（后排左一）时任教练

我在鞍钢工会，如果要搞活动，职工都非常愿意参加，各单位都非常重视。不用动员，我发一个文，各单位都以单位名义报名。一开运动会，整个鞍钢所有单位全参加。那入场式是一个展示机会呀，公司领导都在那看着呢，看谁走得好。鞍钢体育有这氛围，你不用去动员。比赛全用业余时间，晚上下班以后到鞍钢体育馆打，比赛能打一俩月，时间战线挺长。职工也愿意，"咱得报名，咱得参加，那参加都有好处"。

领导也参加活动。我们鞍钢集团的比赛单独设处级干部组，就是有种机制在调动他们。有多少人是陪领导打球时被提拔的？有太多了！打羽毛球时没有人陪领导打，怎么打啊？专门有人陪他的，有不少。企业体育文化，关键得看领导的爱好。这个单位领导爱打羽毛球，专门要找打羽毛球的，把打得好的调来。他爱打乒乓球，把全公司打得好的都弄来。像我在自动化研究所那时候，领导就爱打排球，大学生都爱打排球，我就把全鞍钢的、外地的排球打得好的调来。我们这个排球队建了20年了。

像拔河队，也20年了。鞍钢拔河队的人员也是各单位汇来的。现在就有一个专业的拔河队，过去有好多个。鞍钢拔河队拿过世界冠军，1980年成立的。拔河绝对是由于领导爱好才组建的，我们闻书记就爱好拔河，他提出来要搞的。因为他觉得，拔河是个体现团队精神的活动，鞍钢要体现团队精神，就要搞个拔河。过去鞍钢拔河，都是不分体重的。2000年，闻书记就找我，搞个拔河项目，开运动会。在前期，我就开始搞预赛呀，得选拔出两个好的队上去。在运动会上，炼钢的坨小的把炼铁的坨大的赢了。8个人平均200多斤，没拔过人家一百六七十斤的，因为人家会练、会拔。

有趣的是女队。这个女队原来是搞田径的，教练不愿意干拔河，觉得拔河没啥意思。我们这个队伍，都是分散在各单位挑最好的人，这样各单位你有这个队，我有那个队，有竞争嘛。光一个队就没有竞争了，没有劲头了，和谁比呀，你不得有对手吗？在齐大山铁矿，女队是搞田径的，教练不愿意转拔河。后来我就做她工作，开导她。最后工作做成了，就转型了，转拔河了。这个女队五年以后才出的成绩，陆续地换人呐，练了五年，才在全国拿了第一。

谁拿第一，谁就代表国家去参加世界锦标赛。拿不了第一，你就没有那资格。那时候钱还得鞍钢自己出,所有经费都是我亲手办的,出去一趟要花50多万元呢。这钱全鞍钢出,两年去一回。炼钢总厂的队,他们也打过世界锦标赛,也是两年去一回,但是成绩也就第五六名那样,始终上不去,最多拿过一回前三名。原来男队、女队都有,但女队赶不上男队的成绩,只能打国内比赛,但也能拿第一名。

后来齐大山铁矿这边,女队先改型了,男队接着也改型了,但是男队还是打不过炼钢厂的队。然后女队开始练,五年以后,开始在全国拿第一名了。在世界比赛开始没拿到第一名,十年磨一剑嘛,都快到十年了,这才拿世界锦标赛冠军,就拿过一回冠军。

训练指标都是我做的。我给做完指标以后,队员都傻了,说:"你做的指标我们达不到。"我说:"你们练吧,你们练一个月以后,肯定能达到这指标。"所有指标都是人体体重的 2 倍,比如说拉力,我是 100 公斤体重,那我就拉200 公斤,都是 2 倍以上,平均达到 1.9 倍,保持世界水平。

2016 年鞍钢女子拔河队获得荷兰世界拔河锦标赛 520 公斤级冠军

闻书记当时还在做书记,每回都是他领队员去参赛。体育项目他都爱好,羽毛球、篮球都打。他挑拔河,主要考虑拔河在鞍钢有传统。人家小时候是在鞍山长大的,念书时就知道鞍钢有拔河队。我到鞍山来的时候,看过几回拔河,也看过拔河队训练。过去都不分体重,把大绳子绑在大树上拉;现在都专门配重,拉那配重器。鞍钢体育馆有个训练基地,是我当时找鞍钢设计院的人设计的。

世界锦标赛的拔河冠军,那是最高水平了。老百姓一看,你都代表世界了,我在工作岗位、在本职工作当中更要做出贡献了。这是一种激励啊,为国争光,为厂争光,为企业争光。闻书记说咱们"学孟泰、爱鞍钢",得找一个能象征团队精神的载体,体现团队精神,大家齐心协力,为鞍钢共同出力。他就决定选拔河,说拔河项目特别好,团队谁不使劲都不行,都得心往一处想啊,劲往一处使啊。从 2000 年开始到现在,拔河队坚持 20 年了,体育馆西侧那有个拔河器,现在还在那训练。

鞍钢每年参加这种比赛钱花得不少,对拔河队投入也不少。工资、奖金、训练、比赛,投资不少,一年投资 400 万元呐!一般领导会说:"投资这 400 万元有啥用啊?你去拔那玩意有啥用啊?"但是我们领导认为这是为国家争荣誉,为鞍钢争荣誉。按照现在的话说,这也为鞍钢做广告了——广告效应。一提拔河队,全国都知道鞍钢有拔河队,还是世界冠军,这不也是起到了广告作用吗?这本身也是无形资产。

2016 年荷兰世界拔河锦标赛颁奖典礼

现在就剩这一个队了,就是齐大山铁矿的田径队改的,现在他们被归到城市服务中心了。鞍钢下面的城市服务中心,是管体育馆、人才公寓、职工宿舍的,也就是后勤。食堂、澡堂子、自行车厂,都归他们管,叫城市服务中心。过去大部分是工会管的,现在市场化了。

陈丽秀
鞍钢医院见证我的多彩人生

亲 历 者：陈丽秀
访 谈 人：陈　勇
访谈助理：陈　程
访谈时间：2020年10月22日下午2:00—5:00
访谈地点：鞍钢党校
访谈整理：陈　程

亲历者简介：陈丽秀，女，1963年生，辽宁鞍山人。1983年毕业后进入鞍钢铁东医院儿科，后分别供职于鞍钢铁东医院党委、办公室、工会、内科党支部及市场拓展公共关系部、宣传部。熟悉鞍钢铁东医院历史沿革，后进修心理学技能，为上万人提供心理咨询，并为医院挂职成立心理咨询门诊，救治应激创伤患者。2017年正式退休。

陈丽秀（中）接受访谈

一、28岁当了科长的行政能手

我1983年从学校毕业,之后就到了鞍钢铁东医院。到铁东医院之后,我去了儿科,在临床做了一年多。我喜欢文学,在我们那个年代,谁要是有文学情怀,那是很受人尊敬和喜欢的。那时候就是喜欢文学,所以我阅读的书就多,从小就养成了阅读的习惯。名著、历史书籍我都阅读,读着读着就喜欢写作了,写着写着可能大家就知道我了。我到医院之后,特别受重视,我也不知道为什么,我也觉得很奇怪。我一上医院,书记就说:"你要把我们这的年轻人都带好。"组织上就让我当团支部书记,我至今都觉得这是一个谜:我还没进病房,我还没表现呢,怎么就让我当团支部书记了?当时总院的儿科是很有名气的,那个时候三个病房,新生儿室、一病房、二病房,还有一个研究室。当时,儿科的青年也很多,医护人员70多人,年轻人占了四分之三,所以我这个团支部书记的任务就挺重。除了临床工作之外,我对做团支部书记工作这件事也挺上心。大约用了一年的时间,我所在的团支部在院里的知名度就提升了,成了咱们鞍钢铁东医院的先进团支部。公司有很多演讲比赛、读书竞赛,80年代这方面的活动层出不穷,而且在院里算是很重要的工作内容。一旦院里有活动,书记就把我安排出去,因为我会写,有文笔,这算是一个特长,写演讲稿都不用领导操心。我跟党委书记、宣传部部长参加全国读书竞赛,因为从小读书多,获得了二等奖,这一下子更出名了。没多长时间,1985年4月份有一天,医院组织部部长到咱们病房找到我说:"陈丽秀,昨天医院开党委会了,决定调你到医院宣传部工作。"

并且,在这一年多一点的时间里,我竟然在儿科入党了。入党的时候,我激动得热泪盈眶。那个时候的信仰真是非常虔诚,而且这么快组织就发展我入党了。我们老同志、老医生、老专家、老护士追求一辈子都没入上党,怎么一上来就发展我入党了?入党之后,院里要调我到医院宣传部。院里组织部部长特别会做工作,就说:"你回家之后征求一下父母意见。"我当时很有主意,我说:"不用征求意见了,组织有安排我就去。"第二天,我就到党委宣传部报到了,就这样开始做医院的宣传工作。在医院做宣传工作时,领导安排我做通讯报道、理论教育，我就马上进入角色了。我的目标是，每天都要在鞍山新闻媒体上有我们医院的报道。当时有"两报两台"，也就是有电视台还有报社，报社包括鞍山日报社和鞍钢日报社。那个时候新闻媒体了不得，我做了这项工作之后，马上就做得非常有声有色，每天拿个小本到处去采访，变成了总院业余记者了。从此我对医院的情况就开始有所了解了，不仅限于儿科，而是对医院有了全方位的了解，包括科研、人

1983年陈丽秀在鞍钢总医院儿科任职

才培养、管理，还对这些老专家的历史进行收集、学习。闲暇的时候，我就到医院图书馆去查资料，这样对医院真的就有了一个全面的了解。

深入了解医院的情况之后，我就觉得进步特别快，做了干事三年时间，组织就把我调到医院党委办公室做秘书了。那个时候发展得特别快，我也不知道具体怎么回事，我脑子比较简单，就是工作，别的什么也没想，什么人际关系这些，我都不想那些事。当秘书之后，我就开始给领导写讲话稿、报告材料，这又是我擅长的。当然这个文章就属于公文了，跟文学作品不一样。我要调整一下思路，但是很快就进入角色了，毕竟有一些基础。所以，我这个秘书工作做得让领导也很满意。但是那个时候，我确确实实熬了很多夜。没有电脑，就是格子纸，那种红格的稿纸，我每回写稿都得20页，领导讲话、报告都得十几二十篇。现在年轻人听起这事来，好像是天方夜谭。那怎么写？我写完稿了，有时候一两个字错了，甚至标点符号不对了，都得重写这一篇。我就是这样奋斗过来的，常常写到下半夜4点。我还有小孩，把孩子都弄好了，他们都睡了，我就爬起来"爬格子"。拿笔写字叫"爬格子"，不像现在电脑一敲多省事，复制、粘贴，稿子特别好写。稿子写完了，我就交给领导，白天还得照常工作——白天还有那么多工作。一眨眼又过去两年，组织就提拔我当主任了。

20世纪80年代陈丽秀在鞍钢总医院党委办公室担任秘书

大概是在1990年,我加入了党委办公室。那个时候院办和党办是分开的。当了党办主任之后,我就开始跟进党委会开展工作,因为领导主要是开开党委会和党政联席会,所以医院的大政方针的出台过程我就参与了。尽管没有话语权,但是过程当中哪个领导怎么说的,以及这些东西怎么形成的,我就清楚了。所以说,年轻人一定要跟领导在一起,提升得太快了。领导的站位很高,我就默默地跟人家学这种思维,一眨眼到了1996年。1996年之后,鞍钢改革,两办合并,就形成了一个大的综合办公室。这个时候,院里就把我调到工会当副主席了,我这就开始抓群团工作。群团工作又是我的长项,我28岁就当了科级干部,就做办公室主任了。我的发展就是这样快,什么都没想到就开始被任命了,就是跟着领导的安排,什么也没多想,每回被提拔、变动工作,都是领导突然找我谈话。

二、以院庆为契机记录并传播院史

2001年,咱们医院50年院庆,院里成立了几个组。我主抓了三个组,就是领导抓组长,具体工作由我来操作。其中有一项工作就是做医院的文集,这里面就包括医院50年发展变化的历史。50年发展变化由谁来执笔?领导就开始研究论文,还得寻找对医院发展变化有了解、有一定说服力的人,这就选中了当时已经被调到鞍钢卫生处当处长的老领导、老院长田保安来执笔。老院长写了一篇文章,这篇文章从建院初期,从日本昭和制钢所卫生所开始写,把我们医院50年发展变化的历史写得挺详细,而且充满了感情。看得出来,老院长是带着情怀写的,字里行间也流露出他对医院的爱和情怀。他父亲就医院的老专家,他从小就在医院长大,后来他上了医学院,毕业之后又回到我们医院。回到医院后,他是骨科大夫,后来当了院长,正好当时有变动,把他调到卫生处当处长了。虽然他已经是处长了,但是对医院的情怀也是很深的。看了这篇文章之后,我对我们医院的历史才更有了解,就觉得这50年,我们医院发展得很不容易。

2001年鞍钢总医院50年院庆庆典上几代院长参会

1937年,日本人在总院这个地方选址,盖了咱们病房大楼,当时叫作昭和制钢所卫生所,医生、医护人员都是从日本调过来的。建院初期有300张床位,完全是给日本人看病的,中国人不给看。中国人看病在哪？中国人看病在铁西医院。铁东医院治病的技术更高一些,都是日本博士在这。后来咱们解放了,医院又归到鞍钢了。我们就从大连医科大学、哈尔滨医科大学招过来一些年轻的医生,也从上海等南方地区调过来一大批国家名牌大学毕业的专家支援鞍钢。当时医院的日本医生大部分都走了,但是也留下一些。我印象最深刻的是,我参加工作的时候,有一个老专家叫星凡,他是日本人,当时他没走,就在我们医院了，一直到退休之后才回日本。现在这个老专家已经不在了，但是他一直都属于我们医院退休职工。我参加工作之后，医院就剩这位日本老专家，别的都没有了。他是内科大夫，后来年龄大了就到院医室了，专门给咱们医护人员看病。我们医护人员谁有不舒服就先到他那去，如果需要住院或者进一步治疗，再由他那转到医院。我就觉得那个时候，我们特别有归属感，特别好。医院还给我们设立了这样一个院医室，真是很温暖的。

日本那些专家留下之后，他们的编制、待遇和我们是一样的，没有特殊化，其实就是成为我们队伍当中的一员了。像这样一些留下来的日本专家，他们对医院的归属感很强，大家就像一家人，如果不是我知道他是日本人，根本看不出来。这还涉及外事关系，他是日本人，所以也算是我们的统战对象，当时我们医院的统战对象是最多的。除了这些日本专家，还有华侨、台胞，以及家里有海外关系的。因为我们建院的时候从南方调拨过来一大批专家，这些专家都是知识分子，都是从全国重点的医学院校毕业的。这些专家对鞍钢的支持力度相当大，我们医院之所以有这样好的底子，与这些专家有直接的关系。因为他们的学风、医疗技术还有医德都很优秀，所以这些专家给我们医院奠定了一个人才基础。那个时候真的是全国一盘棋，全国支援鞍钢，方方面面都聚集到鞍钢来了，也包括医疗人才。那个时候都说鞍钢是"共和国钢铁工业的长子"，我对此体会很深。鞍钢受到全国瞩目，而且我们医院是实行计划经济的，我们缺什么鞍钢都给。建院初期没有什么设备，鞍钢就拨巨资、拨黄金给我们医院买设备。当时的钱，南方跟北方不通用，要想买设备就要拨黄金，黄金是通用的，没有界限。国家就拨了巨资，给我们进了第一批设备——X光机，给医院武装了一下。当时这个设备在我们东北地区都是先进的，所以人才、设备都备齐了。建院以后的十年，"文化大革命"之前的那十年，医院的发展是最快的，因为技术水平也好，人才引进也充足，当时很快就有了1300位职工。

那时候，我们铁东医院在老百姓口中叫鞍钢大病院。咱们鞍钢总院在鞍山地区老百姓心目当中的地位很高，都觉得能上鞍钢大病院看病了不得。铁西医院相当于是给工人看病的，干部、工人都在那看病；有了总院了之后，有了先进的设备,鞍钢处级以上的领导就都上大病院看病了。1951年我们医院建立初期,在铁东医院挂牌之前,叫鞍山职工医院。被划归到鞍钢管理之后,医院就正式挂牌了,叫鞍钢铁东医院。为什么这么叫?是为了有别于铁西医院。鞍山是这样,当时分几个区,铁东区、铁西区、立山区,现在就多了,它们吸引不同的层级,其实也是跟地理有关系的。鞍山的铁东这一片是领导干部,包括市里的人都在这一片住;工人可能住得偏,立山和铁西、长甸等都属于工人住宅区。这两个医院基础不一样,公司投入也不一样。咱们铁东医院,一直都备受瞩目,那都是"亲儿子",而且还是"大儿子",所以我们总院职工的地位可高了。像这种体验我也是体验了一辈子,可有幸福感了。我到哪去办事,别人一问"你在哪",我回答"铁东医院",就不用排队了,谁都不用介绍,不用找熟人。身家一报,铁东医院的,什么事都特别好办,就像通行证似的。"文化大革命"之前,那是最好的时期,我们医院参加全国的医疗大会,在全国知名度和地位都非常高。

"文化大革命"给我们医院造成了巨大的损失,但就在这个艰难的时期,我们医院仍然有很多老专家暗地里偷着搞科研,所以说,他们因为对事业的执着而可亲可敬。最值得一提的就是有一位妇产科老专家,叫韩安国,他那个时候偷着搞科研。搞一个什么科研呢?染色体性别鉴定。当时国外妇产科的学术会议是照样开的,他参加了一个不是在美国就是在意大利召开的科研成果大会,并且在大会上做交流。整个行业的专家聚集一堂,他代表中国去做演讲,当他讲完之后,全场是雷鸣般的掌声。这个韩安国,我是采访过他的,因为那时候我在宣传部,所以我曾经写过关于他的报告文学。我对这段历史了解得很详细,主要是通过阅读文献档案资料,也包括经历过那个时代的人给我讲述。我一直对医院都很关心,很爱医院,所以我对医院的一草一木都是非常有感情的。

三、 市场化背景下医院与个人的变迁

1998年是世纪之末,我们接到通知,鞍钢不再给医院拨款了,体制发生

了根本性的转变,由计划经济转到市场经济。我们接到这个通知之后,全院职工都夜不能寐,不知道这个体制改革会给职工带来什么样的变化。因为过去我们医院设备、工资等所有的支出都是鞍钢集团供给的,如果"断奶"了,医院怎么生存?所以那天通知大会开完之后,可以说我们全院职工都在思考这么一个很严肃的问题。我也是一样的,晚上在家也想,尤其是院里在大会之后说机关也要减员增效,要减下去一半的人,当时我们有 100 多人,要减到 56 人,所以这个幅度是很大的;病房也一样,要自主核算了,我们的工资都要靠我们自己来争取了。

我们的老专家、科室主任算是科室的一家之长,不仅要做临床的医疗工作、科研工作,同时还要去核算成本。每天都要看账,看有没有挣到钱,有没有亏损,当时我们所有的这些科室主任压力真的很大。有经济头脑的科室主任把科室经营得没有亏损,这样科室的医护人员心就能稳一些。但是也有一些科室由于没有计划好,或者是患者量不够,他们的经济效益就受到了一些影响,职工工资也在减少,压力很大。当时,医院也多次召开会议,选这方面工作做得先进的科室进行交流。交流会开了几场之后,各科室主任就好像是明白了怎么把效益搞上去,所以这个确实是一个根本性的改变。机关由 100 多人减到 56 人,有很多部门就不存在了,这个对机关的人也是一个考验。幸好我没有被减下去,但是经历了这样的一个体制改革之后,对医院未来的发展,我们每个人都有了一种主人翁式的责任感,工作也更起劲了。因为医院跟经济利益挂钩了,不像过去那样了。过去我们是"皇家医院",管吃管添的,设备也由鞍钢来给我们进,可以说什么设备都是鞍钢给,没有什么压力。当时从 100 多人减到 56 人,这对于我们那些相关的干部来说内心是很煎熬的,因为手心手背都是肉。虽然这是一个很痛苦的决策过程,但是我们根据一些标准来确定哪部分留下、哪部分淘汰,我们是进行了考核的,所以也确确实实淘汰了一批不干活的人,使那个队伍更精干了。后来医院就出台了政策,能者上,庸者下。我们的收入也跟贡献大小挂钩了,所以体制改革也激发了职工的积极性。

这个变化是历史性的,是一直在发展的过程当中的。我们医院改革开放做得很好,时任国家副总理的李岚清先生,他来鞍钢考察的时候听到我们医院的改革很成功,就在鞍钢的东山宾馆请我们医院的院长过去做汇报。我们医院当时的院长张家齐教授汇报完之后,李岚清副总理非常赞赏,就说鞍钢铁东医院改革的做法非常好,是全国的一面旗帜,要让全国都来学习。改革开放是全国性的,我们提供了很好的经验。我们医院精简机构、划小核算单位这样的一个成功经验,被推广向鞍钢卫生系统还有冶金卫生系统。

当时对外宣传,说要占领市场。因为医院过去属于"皇帝的女儿不愁嫁",患者有就看,没有也不用着急,都没问题的,因此那时候被说成是"老大",什么都有人管。这个政策出台之后,我们就没有这个优越感了,医院就提出要放下"老大"的架子,要"走出去,请进来",要广泛宣传我们的先进技术,我们有什么都要让外界知道。那个时候实行了医疗保险制度,我们也放开了医疗保险制度。过去我们医院是只给鞍钢职工看病的,医疗保险制度放开之后,无论是鞍钢的人,还是鞍山地区的人,就都可以来看病了。所以这个时期,宣传是非常重要的。因为老百姓还不知道咱们总院还给市里人看病,有病了都不敢上总院看,都以为总院只给鞍钢职工看病。后来我们就宣传说,我们现在放开了医疗保险制度,真正地、完全地走向市场了。我当时在医院党委办公室当主任,正好赶上"两办"合并。过去机构比较庞大,党委办公室、纪委、宣传部、组织部都是单独设立的,机构精简的时候就开始变了,"两办"合一,由各部门组成一个党委工作部。我就觉得不知道何去何从,而且开大会的时候也都说了,有的人确实得下岗,所以又成立了一个学习待岗的机构。其实,当时我是有信心留下的,但是毕竟会有变化,这种体制改革对我们的内心都有冲击,所以我也失眠过。

后来我专心搞科研学术,就到内科当支部书记,结果又赶上医院大发展。那个时候张广宁①来了,他对医院的发展非常重视。他的站位很高,他说总院要发展,要盖新大楼,要走向国际市场,设想得非常好。他就问:"医院有没有市场部?"当时耿院长说:"什么叫市场部?没有。"我们都是老传统,没有市场化运营。针对医院怎么发展、怎么对外合作,他就指挥选人成

---

① 张广宁,男,汉族,1953年8月生,2012—2016年担任鞍钢集团公司董事长、党委书记。

立一个市场部,选一个人带头发展。院长一下子就把我挑出来了,说我不能这么早就养老,得上一个更重要的岗位去,就把我调出来,把我安排在市场拓展与公共关系部(宣传部)①工作。我相当于抓了两个部分的工作,所以医院两个部的部长都是我。

后期,我到市场部,这是我人生当中的新挑战,因为这个岗位是董事长亲自定的,我得弄出样儿来,而且这个岗位完全是过去没有的,需要我来搭架子。医院就是一个体制内的附企,却又要做这种大变革。我们医院其他部门的人说,院长开口市场部,闭口市场部,心里只有市场部。那个时候,我的工作节奏非常快,走路都是一路小跑。本来我都要回家了,心理已经调整到养老状态了,一下子又给我弄得快节奏,而且晚上也常常和院长打电话,每天早上5点就得出门。那个时候我们负责对外合作,所以,医院后期的发展与我们这部门有直接的关系。真的,所以我就是把我一辈子的能量全释放出去了,都释放在这个岗位上。我说:"院长你真不浪费人才。"我给他搞对外合作,现在有七个分院,都是我谈出来的合作,包括泌尿外科医院、肿瘤医院、脑科医院,还有刚成立的口腔医院。这些专业医院的价值是巨大的,比如过去我们没有肿瘤医院,没有肿瘤科,患肿瘤的病人都要被转到鞍山市的肿瘤专科曙光医院。跟纽约大学合作了之后,我们建设了肿瘤医院。现在的肿瘤医院是鞍山市最厉害的,设备是国际一流的,上了直线加速器、派克CT,建了基因检测工作站,而且我们还是全国性的硕士研究生培养基地。我谈合作谈得特别顺手,谁和我谈合作最终他都会同意,而且都建立了非常友好的关系。那年,我跟义联集团②医大医院谈合作,那是院长给我引荐的。他们的董事长到烟台开会,院长说:"他们的董事长到烟台开会,我们赶紧去对接一下。"对接完之后我就跟他联系,加了他的微信,以后就由我来跟他联络,感情就建立起来了。后来我们到台湾去了一次,把口腔医院这件事给敲定了,也谈了合作。再后来我们就派人到他们那实习,他们的减重手术很厉

---

① 据陈丽秀介绍,在体制改革那段时期,医院的市场拓展与公共关系部(宣传部),其实是一个部门两个职能,既有市场拓展与公共关系部的行政职能,又有宣传部的职能。
② 由林义守于2003年3月成立的集团,分为生产、教育、医疗、商业地产事业四大事业体。

害,有的人严重肥胖是因为胃大,所以他们就采取把胃切下去一部分的措施;还有一个就是他们的微循环接骨很厉害。所以,我们就跟他们合作这样两个项目。我们还跟吉大白求恩医院合作。当时我们谈了很多项目,做了很多事,还要对外宣传我们医院的先进技术。我给医院设计了很多对外宣传的方式,包括请电视台做专题,我们还跟北辰合作办医术报纸等,用这样的方式宣传。

从2010年开始,医院进入了发展的最好时期,由处级单位变成部级单位,开始变成一个医疗集团。医院开始做大做强,包括市场部,也是为这个做大做强应运而生的。我们成立了七个分院,对重点科技的发展有非常大的推动作用。做大了之后,医院真的是给各科室的专家提供了太多机会。但是,恰恰是我们医院发展到最好的这个时期,2018年中央下了一个深化改革的文件,就是企业不办医院了,两个方向自己选,一个是归到市里,一个是联合变成股份制。这意味着,在市场经济这么一个发展过程,我们医院一下就跨越到股份制了,那就是又一个时期了,这就开启了通用鞍钢的新纪元。鞍钢给我们提供了几个集团,其中有个环球医疗是国资委旗下的,这样就没有我们医院就没被踢出国企行列。当时这个选择是经过职代会反复论证的,主要看条件,看哪个集团对职工、对医院有利。我们经过多少轮的论证,慢慢地,像招标一样,最后选择了环球医疗这个集团。

四、成立心理门诊志愿治疗创伤

关于我进入心理学领域,说起来话可能就长了。我做了那么多年的行政工作,觉得自己太空了。我就感悟到,我这么些年学历史,写报告文学,给领导写讲话稿,领导在台上讲完之后,我就空了;给专家写报告,给他们推成劳模,他们在表彰会上得了大红花之后,我又空了。我反复这样被掏空,我就反思:那我自己有什么呢?我给这些专家写了这么多报告,他们执着地去做科研,被后人记住,我什么也没有,这不行,这对我触动特别大。2007年,我还在医院工会副主席那个岗位上时,就找院长谈话了。我说:"院长,求你个事，我从来没求过你，都是你们来安排我，这次我想自己选择一下。"他说："什么事？"当时，领导还想要提我当工会主席呢！我说："我有一个思考，我觉得自己特别空，我认认真真干了这么多年，自己真正干的什么都没有，我想要干点实实在在的、让我能有成就感的事。"他说："你想做什么？"我说："我不想在机关了，想上临床，就想要开个门诊。"中国2002年开设心理咨询师国家资格考试，那个时候我就开始进行心理咨询的研究了。我后来又上中国医大去进修，学的也是心理学。我好几年没休双休日，就在医院和中国医大之间来回跑。我行政工作很忙，周五下班就往沈阳跑，坐火车上沈阳学，学完之后周日晚上再回来，第二天再上班。那几年我就那么跑，跑完之后我拿到毕业证，就跟院长提了这个申请。我说："我给你做贡献，都是公益的。"我给鞍钢职工做心理学讲座，又出了三本心理学专著。当时鞍钢有"鲅鱼圈四连跳"，职工闹事，职工压力很大，我就给他们做心理疏导，做了1000多场讲座，全是公益的。后来，我跟工会那边已经形成共识，我这个课就成了必备的课了。

2012年，鞍钢机总工厂（现在叫重机公司），发生了一起喷爆事故，是高炉爆炸，有13名职工当场遇难，这13名职工被烧得就剩骨架了，那是一场大的生产事故。当时，有150多名职工是目击者，他们参加救援，拿着门板从高炉把这些人抬到安全的地方。他们也受到了心理创伤，这叫创伤性的心理应激障碍。还有一大批重度烧伤的人，马上就被送到铁西医院。铁西医院是烧伤专科医院，鞍钢的烧伤病人都被送到那去。还有目击者也产生了创伤性的心理应激障碍，他们完全失眠了，每天都非常悲痛，情绪控制不住。还有，他们不敢上岗了，一上车间就受不了。怎么办？鞍钢领导知道这个事之后，马上就决定给我们院长打电话，把任务指派给我们。组织让鞍钢卫生处给我们医院下令，说重机公司受到心理创伤的这些职工，完全由鞍钢总医院陈丽秀来负责心理疏导。当时我还没成立这个心理科呢，但因为我之前给鞍钢做讲座，所以整个鞍钢都知道我在这方面有特长，可以胜任。那天，我正在鲅鱼圈厂区给鞍钢鲅鱼圈分公司的领导、干部做讲座。院长就给我打电话说："你马上回来，讲座结束就回到医院，筹备明天的任务，有100多名重机公司职工有心理创伤,他们明天到我们医院来,由你来对他们进行心理疏导。"我讲完后马上就回来了,他问我需要什么设备。我说:"什么也不需要,来不及,他们明天就来了,我还要什么设备?你就给我弄两张床、一台电脑、两把椅子、一张桌子就够了。"第二天,鞍钢卫生处处长带着这些职工就都来了。我就一批一批地看,一批一批地给他们进行疏导。我用了两个半月的时间,把这150名职工的心理病全给治好了。鞍钢就说,重机公司全员都要听我做一场讲座。重机公司有一个职工技校,我就在那给他们做了11场讲座,还进行了轮训。

当时有一个小伙子,姓于,25岁,也在那个厂子里,大家都说他是阳光大男孩。但是这个事发生时,他就在场当班,他的师傅被烧死了,他当时找门板跟别的同志把师傅给运走,之后就再也不说话了。这个创伤最严重的后果就是闭口不说话。第二天他来了,他的伤情是最重的,其他人自己都可以表达,这就没问题,但是他不说话。我就用我的心理咨询技术给他做治疗,让他开口,后来他慢慢地就缓解很多了。我的妙招就是绘画疗法,让他通过绘画来释放情绪。绘画投射法是一个非常好的心理咨询技术,这个技术运用的是心理投射原理,对这些不说话的人是最奏效的。绘画者通过绘画把他内心的情感表达出来,他通过绘画把他的潜意识表达出来了,我懂了,这样我就可以跟他交流。所以说,心理咨询技术是很神奇的。

2012年陈丽秀创建鞍钢集团总医院心理咨询门诊为来访者咨询

还有一个人,他特别想念他的同事,他的年龄比这个小伙子要大一点,来了之后就是哭。我说:"你是怎么回事?"他说:"想念。"他这就是创伤挥之不去,而且据他所说,他一睡觉那些事就在脑子里冒出来。怎么办呢?我就给他用了一招——焚烧技术。我说:"你想念就用纸写出来,写出来之后就烧掉。"我就当着他的面把纸烧掉,这就是焚烧技术。还有很多人,脑海里的那个场景挥之不去,我就用搬运技术,让他在脑海里不断呈现那个场景,再把它装进一个保险箱里,把它搬走。汶川大地震的时候,我们中国最厉害的心理专家李子勋、杨凤池他们都是用这种技术来处理的。后来,这件事在鞍钢引起了轰动,在这批病人都结束治疗之后,我们院长就在医院专家门诊给我挂个牌,心理咨询门诊从此成立,那是 2012 年的事。但现在,咱们心理咨询门诊至今还是我一个人。心理科是真的不好选人,你得保证进来的人能提供治疗。患者来了就问:"是你给做治疗吗?"我说:"是。"他说:"我可不要换人,就认你了。"而且医院心理科也不好选人,因为它必须要有医疗资质,仅仅是大学心理学专业毕业的进不来,所以人很难选。目前,我一人就是一个班子,什么都得自己来。

于淑娟
朴实刻苦、变废为宝的女科研工作者

亲 历 者：于淑娟
访 谈 人：王东美
访谈助理：高玉炜
访谈时间：2020年10月21日下午
访谈地点：鞍钢党校
访谈整理：王东美　高玉炜

亲历者简介：于淑娟，女，1965年生，辽宁锦州人。1988年大学毕业后分配到鞍钢钢铁研究所，在科研工作中改进烧结工艺，负责起草的行业标准《炼钢用尘泥团块》由工业和信息化部发布。主持了含铁沉泥高效再资源化新工艺开发与应用项目，获辽宁省科技进步奖一等奖。曾获全国和省市五一劳动奖章，享受国务院政府特殊津贴，获"当代发明家""首届鞍钢楷模"称号。

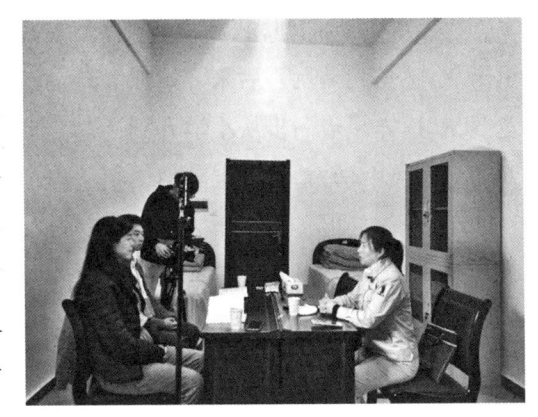

于淑娟（右）接受访谈

一、刻苦求学自我奋斗

我出生在辽宁省北镇县（今北宁市）高山子乡马家村一个普通的农民家庭，从爷爷辈开始都是地地道道的农民。我爸出生在解放前，家里很困难，吃不饱穿不暖，我爷爷奶奶很早就去世了，我没见过他们。我父亲没读过什么书，就给人家放猪，解放后十多岁了才上小学，但是我父亲比较能吃苦，做什么事都特别认真，很勤劳。我母亲应该出身于书香门第，她父亲、爷爷全都是知识分子，我姥爷是大学毕业的，然后当老师，我母亲的爷爷曾是海城高中的校长。父母的结合是因为父亲家里特别穷，吃不上饭，母亲家庭成分不好，一个找不到媳妇，一个不好嫁。我出生之后就知道家里面的情况，我爷爷家里穷，我姥姥姥爷家里也没有什么陪嫁，因为他们从城市被下放到农村且多次被抄家，啥也没有，我记忆当中家里什么都靠自己奋斗，比较困难。1977年恢复高考以后我们觉得有希望了，后来我姥爷也被平反了，我父母的思想就是供我们上学。家里面总共有四个孩子，我是老大，我下面有两个妹妹一个弟弟，我妈妈的思想就是再困难也要供孩子上学，知识能够改变家庭贫穷落后的局面。

"文化大革命"期间，我赶上个尾，上学的时候老师不怎么讲课，我们上队里干活，感觉就是玩。后来开始抓教育，我也经常代表地区参加乡里的数学竞赛，就这样一步一步从小学升到中学。后来我舅舅考上了大学，我考上了北镇县高级中学，是省重点高中。报志愿的问题我也不懂，因为父母都是农村的，我就自己报。当时也不懂什么专业，我念的叫包头钢铁学院，我有个大爷当兵转业到那块，我就想也上那去吧。上了大学以后我逐渐知道学的专业是什么了，当时学的是钢铁冶金，其实钢铁冶金这个专业女孩很少学，全都是男孩，比较苦、脏、累，但是我对那些挺感兴趣的。我上高中挺有压力的，怕考不上，父母供我很不容易。等到上大学之后，我的学习成绩每次都是冶金系冶金专业两个班的第一。学校刚开始实行助学金制，后来就是奖学金，我每次都拿最高等的奖学金，这样就减轻了家里的负担。毕业的时候我被评为优秀毕业生。

当时还有冶金部，我们大学是冶金部所属的学校。钢铁是国家的命脉，咱们国家不管是军事上还是民生上，鞍钢的贡献应当都不小，鞍钢的地位还挺高的。那时毕业都给分配工作，不像现在自己找。那时候分配工作是什么形势呢？冶金部所属的各个钢铁企业将用人计划报给冶金部，冶金部就把用人计划给它所属的冶金院校——现在的北京科技大学以前叫北京钢铁学院，鞍山科技大学以前叫鞍山钢铁学院，我们是包头钢铁学院。当时首钢和宝钢全从我们学校要名额，我们学校也按成绩分配。我的成绩排第一，鞍钢有一个名额，我就毫不犹豫地选择回家乡。因为当时在内蒙古，回辽宁就是回到家乡了，我挺热爱自己的家乡，就来到鞍钢了。

二、单位培养了我

我1988年毕业来鞍钢，那时候鞍钢的职工人数很多，我那年来的应届毕业生是1400多个，我估计现在可能都没有400个了。鞍钢当时不叫集团公司，底下有40多个单位，都是子企业。各个地方提用人计划，按成绩由新职工自己选，我的成绩又排到第一，又有一次选择的机会。我选择了钢铁研究所，现在我所在的单位叫鞍钢技术中心，也叫钢铁研究院，它的前身就是鞍山钢铁研究所。还有一件事让我记到现在，当时按成绩供需双方见面，所以迎新大会的时候，我代表应届毕业生上去发言，我就觉得有一种回家的感觉。鞍钢非常重视我，我那阵立下誓言，要把我的所学毫无保留地贡献出来，好好工作，为鞍钢做一份自己应该做的贡献。

虽然到鞍钢，从内蒙古到辽宁相当于到家了，但是我的家在农村，离鞍山还很远，还不在一个城市，那个地方归锦州市管。我被分到炼铁研究室，大家对我像对自己家孩子一样，特别好，我现在想到还感觉非常温暖。被分到炼铁研究室以后，他们又单独给我制定了一个适合我自己的培养计划，送我到高炉上实习。另外，他们在生活上对我无微不至地照顾。当时住宿舍，我来的时候第一件事是取行李。我从学校毕业的时候有两大箱子书，一本都没扔，虽然邮费对我来说很贵，但是我全都邮回来了。两大箱子书我怎么

1988年于淑娟在鞍钢迎接毕业生入厂大会上发言

拿回来呢？搬行李到宿舍的时候，当时我们的主任叫李仁，他特意派了四个年轻小伙帮我搬行李到宿舍。我学习完上现场去实习，那时候自行车是主要交通工具，我没有自行车，得买辆自行车。但是自行车我买不起，室里头主动拿钱借我，帮我买一辆自行车，等着以后挣工资了再还，这样我就上现场去实习了。很多的细节让我感觉到我来鞍钢来对了，特别温暖，这更激发我努力工作，努力学习。

具体就是让我熟悉现场，单位单独给我配了小组的师傅，然后送我到现场。现在我们公司会统一安排毕业生上各个车间走，那阵都是靠我们自己联系，我们室主任就自己跟炼铁厂、跟高炉上联系，给我送过去实习。我在那待了半年，又到烧结厂待了半年多，都是主任联系的，给了我现场实习的学习机会。当时为工作需要，要学习分析人造矿物里面的矿物结构，领导给我安排这项工作，然后又给我送到鞍山钢铁学院，这个不是读学位，跟着上课就行了。因为我要天天进厂，所以到这门课结业，我一共学了一年。我有课的时候去上课，没课的时候就在单位。在单位我主要跟着师傅参加项目，做一些实验什么的，因为刚毕业，主要还是学习炼铁过程。当时研究院20多个人被分到各个研究室，我这个室是单独给我设立的，其他人我不太清楚。现在20多个人已经没剩几个了，能剩三分之一吧。

整个炼铁研究室49个人,被分成几个小组,我们叫原料组,这一个小组7个人。我们这有一个返聘的老专家叫庄镇恶①,他的办公室就在我办公室的里面。没有他不会的,我有什么困难了,这老专家都毫无保留地帮助我,即使当时没答上来,他回家去找资料,第二天回来肯定也能给解答,我从中受益挺大的。我还有个师傅许彦斌,我跟他签的导师带培协议,相当于他是我的导师。他上日本当过访问学者,我们劳模榜上有他的名字。现在没有师傅了,那个时候他们都是我的师傅。我们组长人也是非常好的,也像是我师傅,只是没签协议,叫张俊方,也是劳模,鞍钢支援水城的时候,他在水城干了好多年,后来从水城回来了,既有理论基础又有实践经验。还有一个叫王友满,也是我这个组的,他也是劳动模范,我们当时公司有个口号叫"学彦斌,赶友满"。我们主任当时应该是公司学习的榜样,工作努力,兢兢业业,还有成果。我们那时候加班加点是常事,都很愿意加班。遇到要搞什么实验了,大伙儿都没有说到点下班了得着急走的,都上现场做实验去。我们当时上通辽通港做实验,还上营口做实验,我觉得大伙儿都是高高兴兴地就去了,也没人叫累叫苦。

1989年于淑娟(右一)与九高炉操作室师傅合影

　　我们所有一个固废组,现在叫环境与资源研究所。我们这个所有33人,

---

① 庄镇恶(1923—2019),知名冶金专家,福建福州人。1945年毕业于国立交通大学贵州分校(唐山交通大学,今西南交通大学)矿冶工程系,其研究成果"攀枝花钒钛磁铁矿高炉冶炼试验"曾于1979年获国家发明一等奖。

里面有做固体废弃物研究、水研究、热能研究、余热余能研究、燃气研究的。固废研究这块有 7 个人，我相当于固废组技术方面的负责人。工资构成应该分工龄工资、固定工资、绩效工资（科研奖励）。我们有业务额，现在是模拟市场，就是看负责的课题有多少合同额、专利、专有技术，各种硬指标下到所里头，所里头看每个人应该承担多少，再分别完成任务。我在我们所在级别上是最高的，我退休之前是特级研究员，下面分一级、二级、三级、四级研究员，四级研究员下面再分副一级、副二级、副三级、副四级研究员，副四级研究员下面是助理研究员。特级研究员上面还有专家，公司的专家分一级、二级、首席专家。我们有综合评分的办法，获一个奖项给多少分，负责一项课题给多少分，发表一篇论文给多少分，按分算，然后再评分，都有详细的标准。

  公司很重视科研这块，所以我们科研单位的工资比现场的平均工资高一大截。我 1988 年毕业那时候的工资，刚开始是 50 块钱，室里还要借我钱买自行车，然后涨到 65 块钱，接着涨到 80 块钱，1990 年左右就涨到 114 块钱，就这么往上涨。

  1997 年左右，有几年工资是靠自己上外边挣合同额——不是对整个鞍钢而言，是对我们技术中心的政策——就是说找到项目，签了多少合同额开你多少工资。有可能我挣得很多，可能比工资收入要高；挣不到的每个月开 190 块钱，有一部分人找不到项目就辞职不干了，有的出国，有的上学校。当时是市场化，我没想过出去，因为我觉得一个是鞍钢培养了我，来的时候就对我这么好，再一个就是任务我努努力能完成。而且我只要想干的话，我的活就很多，我都干不过来，因为你干好了这个活，这个单位找你，你把问题给解决了，他下回还来找你。后来到 2000 年之后，就没有这个政策了。工资很稳的，没涉及这些问题，所以我觉得应该是一分耕耘一分收获，只要有付出肯定就有收获。

  后来就评级了，咱们公司专门做的工资序列，分工程序列和科研序列，我们科研序列的叫美式工资。刚开始我被评到 C 级，一点一点评到 B 级，后来评到 A 级。我们叫技术中心二级专家，后来就改成现在的序列了，我就从二级研究员变成一级研究员,再变成特级研究员。2000年那个时候,我就是所里的专家,研究院那时候叫技术中心,技术中心有冶金工艺所,我那时候在冶金工艺所。那阵国家越来越重视环境,2010年的时候成立现在的所,叫环境与资源研究所。原来在冶金工艺研究所,我们所100来人,女生好像25个左右;1999年我就被评为鞍钢青年科技标兵,集团公司当时就评了10个。

我把负责的那些课题做好,做不好就老上火。我们有个评分,每个季度评一回,整个技术中心对负责的课题打分,排在后三名的要涂上黄背底,贴到我们一进门的大楼,那很明显的,在后面就能看见。排在后面的人工资要减,百分之几十地下浮工资,在中间的不上浮也不下浮工资,在前面的上浮工资。压力很大,最后压力也就变成动力了,承受不了压力的就走了。我实际上承受压力挺大的,因为参加的人还少,活我全都得自己去干,也有很多体力活,就觉得时间不够用,成天加班加点,公公婆婆支持我。1998年的时候,一台台式电脑很贵,婆婆给我拿了1万块钱买了一台金长城牌子的电脑,我可以回家用电脑写报告、处理数据。

1991年于淑娟(右一)与原料组同事合影

三、废寝忘食做实验

我刚开始是做矿物分析,后来过两年开始做项目了,第一个项目是"齐混金矿用于烧结的实验研究"。正常铁矿分为磁铁矿、赤铁矿,而鞍钢新开采出来的这种矿是混合矿,既有磁铁矿又有赤铁矿,就叫混合金矿,然后就做烧结的实验研究。这个研究完以后就做球团研究。我们高炉的原料有两大块,一个是烧结矿一般占75%左右,然后球团矿占20%—25%,有的还有天然块矿。我们鞍钢高炉主要用烧结矿、球团矿,天然块矿很少,因为天然块矿咱们国家很少,得靠进口。所以球团矿研究这方面存在的问题,需要我们技术攻关。当时鞍钢公司非常支持做项目,会拨相关的经费。我们那时候还有国家项目,有一个高炉富氧大喷吹的国家项目,那就是鞍钢负责的。

做工艺实验就是上现场。当时我的师傅许彦斌提出了一个双球烧结,这是个新工艺。我们先在实验室做实验,成功了,然后都上现场生产线上去做。我们现在生产的是高碱度烧结矿,原料有铁金矿,有溶剂,溶剂就是石灰石、生石灰这些东西加一起,碱度是氧化钙除以二氧化硅得出来的数。当时我们要做的新工艺就是生产两种碱度(一个是酸性的,一个是碱性的)烧结矿,在一定范围内碱度越高冶金性能就越好,强度越高还原性越好,高炉使用这种矿高产但会结胶。现在技术进步了,生产高碱度烧结矿;当时生产的是酸性烧结矿,而且还是热烧结矿。现在我们生产高碱度烧结矿,而且要冷却以后才方便整力,高炉使用这个筛除粉末,这样高炉透气性好;那时候因为热烧结矿,也没有筛除粉末什么的,高炉透气性不好,包括其他的高炉经常生产不顺,所以我师傅就提出双球烧结工艺。双球就是生产一种高碱度的,然后加上两种。为啥要说两种碱度呢?就是生产高碱度烧结矿性能好,但是高炉里头炉渣要脱硫,这种碱度就是1.0左右,相当于不那么高了,所以我们现在的高炉要配高碱度烧结矿加球团矿,球团矿是酸性的,烧结矿是高碱度的,它俩加一起综合就是1.0—1.1这种碱度,这是高炉生产的需要。但是那时候球团矿少,主要是烧结矿,都是1.0—1.2这种碱度低的。这种烧结矿性能不太好,焚化也高,烧结的产量也低,我师傅就提出这个生产新工艺。但是生产工艺现场就一个配料系统,上料系统和配料系统都是一个,要想整成两种碱度的,就得另外再整一套配料系统,师傅就说需要技术人员在现场生产配合,所以大家做实验可能一个月都不回来,都在现场。因为我刚来不久,没让我上现场去,那阵我在家里,后来我们要做球团黏结剂的实验。我们为了选出来铁,破碎铁矿物和脉石,脉石就是不含铁的,它俩要达到单体分离的程度,才能把铁选出来,把不含铁的东西剔除。这样一破碎以后,矿石粒度就很细了,这么细的粒度不能进高炉。所以我们要造块,就有一部分做球团,做球团需要一种黏结剂,这个黏结剂对球团的强度起很大作用。做这实验的时候,我就开始独立负责了。

我做这个实验的时候,在实验室做完,然后上现场去做工艺实验。我每天把实验方案写好,然后给操作岗位的操作工人开会,讲怎么操作。为了取得第一手数据,我们还得做一些测试,平时正常生产不测的数据我们也要测,比如工艺上要测返量率能有多少,正常不成球的返量率下来之后,又直接返出去重新造球,我测这些数据。比方说配料比准不准,正常生产上都是用圆盘给料机,假如我的开口度多少,然后下料量不用调了。我这边要整一个直径半米的盘子,从皮带这头放进去,让它接这个料,从皮套端出来以后要称重,看下料量准不准,计算一下配料比,类似这种。我们做实验期间,所有的这些数据都要测。白天我跟着去测数据,晚上回去要把这些数据整理、计算出来,然后看看存在什么问题,第二天还要怎么做实验,怎么调下料量。像这种在现场做的实验,最忙的时候我们24小时倒班。

现在自动化程度高了,智能化程度高了,那阵很多都需要人工去监测,要拿到数据回来再整理,现在都是电脑数据输出,中央控制室什么数据都有。举个例子,我做的实验一直跟踪到高炉炼钢用的铁水怎么样。我从头至尾跟着,把铁水罐给到高炉下面出铁,我就怕这个料投到里面,数据采集不到,所以早上6点多钟就去了,跟着这罐一直走。当时实验是这一组数据,我一直跟到晚上9点半还没吃饭,这一天不吃不喝,因为现场卫生间很少。我还要顺着铁路线,因为每个罐有罐号,如果跟不住,下个周期回来,就不知道配到哪个高炉了。为了集齐这些数据,我们经常不吃饭不喝水,因为好不

1990年于淑娟（左四）与炼铁研究所工作组同事"五一"游园留影

容易才安排的实验。做实验肯定要影响生产，需要生产配合去做实验，实验一回不容易，不能把数据弄丢了，一定要去收集，这种情况是常有的。我们做实验的时候，有时候我也是着急，经常早晨早早去，晚上9点多钟才回家，很长一段时间都是这样的，直到这个项目出来结果了，这颗心才放下。

  科研不像生产一线可以间断，炉子升温用很长时间，升温速度有限制，每分钟几摄氏度，温度好不容易升到一千三四百摄氏度了，就要多做几个不同条件的实验，这一系列实验都做下来，省得下回还得重新升温。做实验的时候，那阵也年轻，也不知道饿，跟我做实验的人可能早就饿了，我倒是不觉得饿，我胃口特别好，吃什么都香，有菜没菜都能吃进去。原来我做烧结实验的时候，为了中间连续上，多做两倍，我把料放到炉子里面，剩下的不需要那么多人，我去看着实验，完事了就记录数据。我就说："你们去吃饭吧，我在这看着。"有的时候他们看我老吃不上饭，吃完就给我带回来点饭，我一锅接一锅做实验，等到晚上了，中午给我买的饭还没吃呢，也不饿，就忘记吃饭了。

四、家庭支持了我

刚来单位不管是在工作还是生活上，领导都对我无微不至地照顾，包括个人终身大事也帮我想。领导就想，谁有合适的男孩就给我介绍对象，我现在的爱人是我上烧结厂实习的师傅给我介绍的。我师傅也是一位高级工程师，他是用显微镜看矿物组织的，我也跟他学习这个知识。我爱人父母是烧结厂的高工，他们和我师傅很熟悉，就这样给我介绍，介绍完我们俩认识。当时我住宿舍，不像在家里面吃得比较好，所以我的公公婆婆对我也特别好。现在也是，他们包饺子了就拿饭盒给我送过去，包包子给我送过去，肘子肉什么的，整好吃的就给我拿饭盒带。

见第一面好像是在他们家里，因为我这边是宿舍。我爱人长得笑呵呵的那种，但是我俩都不会处对象，都很单纯。我上大学那四年，都没跟班级男生说过几句话，他见到女孩也不爱说话。我俩按当时的年龄结婚都不算早，他27岁，我25岁，我俩也不会处对象。进他家见第一面的时候，他父母说给我拿水果，结果他拿橘子，直接就捧过来了，也没用盘什么的，当时我对他的印象不是特别好，也不像现在有手机微信、短信聊天什么的，没有太多的语言。处对象的时候俩人看电影，都是我公公婆婆把电影票买好了让我俩去，把吃的给我俩带着，相当于公公婆婆帮我俩处成的，也老往我宿舍送吃的。我们俩相当于先结婚后恋爱。他也是烧结厂的职工，现在公公婆婆可支持我工作了。我有今天的成绩，离不开同事、老师、师傅的培养，离不开鞍钢的培养，也离不开公公婆婆及家里其他人的支持。我回家晚，饭都是我爱人做，我回家多晚他都没有怨言。我一干起工作就忘时间，这些他都没有怨言，可支持我了。公公婆婆年龄大了，身体有病，住院什么的都不用我来，我大姑姐说："你忙，不用来，就晚上下班了过去看，早点回去吧，明天还得上班呢。"他们可理解我了，一直是这样。

我们1990年结婚，他的性格是不爱讲，但要是讲起他喜欢的东西，还挺善讲的。我觉得他人好，人品、性格好。这可以从很多方面看出来，他人特别实在，嘴不会说，但是从对待老人、干家务活这些事情上都能看出来。他没有啥生活阅历,受父母照顾惯了,马克思、恩格斯的书他全都看了,他喜欢这些。舰船知识、兵器知识、下围棋和象棋这方面的,他想钻研啥学啥,他能钻研进去,但不善于表达。他要是看完这本书,跟我讲下来滔滔不绝的。我那时候家里比较困难,父母还在农村,弟弟妹妹都在上大学。所以结婚以后我就贴补家里头,我爱人从来没说过我给家里面多少钱,给多少都没有怨言,俩人生气的时候都不带提这些,从这些也能觉得他人很好。

结婚后,1991年我马上就生了小孩。生完小孩我没怎么管,孩子出生以后,出了很多事,丢了好几回。有一次小孩丢了一天,第二天才找回来。那是个周日,那时候周六上班,周日休息。我爱人送她去少年宫学舞蹈,我家住铁东,送孩子去铁西少年宫学习。当时我去加班,我爱人送她去学舞蹈,应该是我去接,然后我爱人上他妈那,他妈在铁东这边住,我这边做实验,我说做完实验去接,就不用他接了,省得他从那边跑,我从单位过去要比他近一点。但是那次实验不顺,出了点问题,烧结矿冶金性能实验要把温度升到900 ℃,做三个小时,同时还要通一氧化碳和氮气。一氧化碳是我们自己用煤气发生炉来制造的,当时气路堵了,煤气报警器一直叫。这样的话,实验中间就得停,得查找哪块煤气泄漏了。查找完原因,修好之后再做实验就晚了,我把接孩子这个事给忘了,等都收拾完了,实验完事了,要回家了才想起来这孩子没接。这时候上少年宫去的时候,已经一个人都没有了,给我急得够呛。不像现在有手机,那时候什么也没有,连传呼机都没有。孩子到处找不着,问也问不到,也没有人,有个打更的老大爷,老大爷说少年宫早就没人了。你说,这上哪去找去?我就上派出所了,人家派出所说不够24小时不受理,后来我爱人家里面都出来找,也没找到。我当时很着急,叫孩子名声音都已经沙哑了。等到下半夜,我家没有电话,孩子奶奶接到电话,说孩子被一个家长给带走了,当时他等我两个小时,带俩孩子打秋千玩,也不见我来接她,后来就给带回家了。孩子小,那阵还没上学,五六岁那样,她想不起来怎么联系父母,睡醒一觉之后想起来了奶奶家的电话号码,人家特意给我婆婆家打电话。从这之后婆婆就拿钱给我装了一部固定电话,当时装一部电话好像要4000多块钱,我自己也买了一部传呼机。现在我讲这个好像没什么事了,很平静了,但当时过了很长一段时间后,我还总做梦,睡眠不好,梦见要不就是工作,要不就是孩子,梦见孩子丢了,我到处找,腿也迈不动,喊也喊不出,只要喊出声我就醒了,经常这样。我睡眠不好,工作上遇见问题我老想那事,直到我把那事想出来怎么做了才能入睡,要不做梦也是想那事。孩子出这事之后,我梦见孩子就是喊,喊出声就惊醒了。2016年之后,我得个"当代发明家"的荣誉回来,鞍钢采访我,谈到这事的时候我女儿才知道。我女儿后来在医科大学上学,也学一些心理学,就开导我,从那之后我就释然了,不做噩梦了。提到孩子,我觉得亏欠她特别多。

我对父母还有公婆感到很歉疚,公公婆婆一如既往地像对待自己孩子一样,有一口好吃的都不落下我,我对他们还是有亏欠的。因为人的精力有限,用到工作当中多了,用到家庭方面的肯定就少了。我公公婆婆住院都是大姑姐她们去陪,只有要出院了才告诉我去看一看。他们知道我忙,做这些手术的时候都没告诉我,公公做了两次心脏支架手术,婆婆也做过手术。我父亲这边更是离得远,他在锦州那边由我弟弟照顾,我也就是"十一"、春节回家,其他时间都没有回。

五、变废为宝发明专利

中国发明协会每两年颁发一次发明创业人物奖,把排在前十的人评为特等奖,授予"当代发明家"称号。我得那个发明奖,是因为我们解决了生产工艺上的一些问题,具体的不是一项专利,而是一个专利群,然后得到应用。我这个专利,是钢铁行业冶金废料再次氧化利用方面的。钢铁企业生产1吨钢能出600公斤的废料,对环境的影响很大,以前不重视环境,这些废料基本上就排掉了。我们现在叫"固废零出厂",要超低净排放,废水也要零排放。这些新的改进工艺,我只是做了其中一部分。当时我有个项目叫"含铁沉泥高效再资源化新工艺开发与应用",这个项目获得了辽宁省科技进步一等奖,冶金行业的是冶金技术二等奖。

我做那个项目,为之后"混合金矿在烧结中的实验研究"项目也打下了基础，这是我负责的第一个项目。当时给东安烧结厂的风机腐蚀查找原因，我测各个风箱里的粉尘铁含量和烟气成分，发现烟气里的二氧化硫很多，除尘器里的粉尘铁含量很多，了解到这些灰实际上都不用了，我觉得铁含量有50%多，扔掉太可惜了。当时铁金矿应该是1000多块钱1吨，那时候炼钢的平炉尘，是红色的粉尘，主要成分是三氧化二铁。这些粉尘还有污泥铁含量都是很高的，都要废弃掉，我觉得扔掉这些东西太可惜了，所以我就想上鞍钢各个工序去调查还有哪些含铁的废弃物。我调查完以后得到了第一手的资料，每种都产生多少量，含铁多少，含有哪些其他成分。得到这些数据以后，我就写了项目的可行性论证书，递交上去的时候应该是2000年。到2004年，这个项目立下来了，我就开始做实验研究。按我的项目实验方案，当时我的项目被评为C级课题，只有一个参加人，这个参加人还在读博士，也不是学这个专业的，所以我自己时间有限，害怕加班加点也完不成，毕竟好不容易申请到这个项目。那阵经常上火，晚上睡觉也睡不好，一睡觉就想着课题的技术难点怎么解决，怎么完成实验。当时我嘴上经常起大泡，眼睛上也起麦粒肿，最大的一回都把眼睛糊得看不见了，医生要求我必须得做手术，把里面的脓放出来，做完手术要求我得休息几天，我也没休息就上班了。我那段时间做实验，每天都到晚上9点多钟，到家10点多钟了，有几名实验工配合我。那一年之内我完成了11份报告，最后交的那份报告有200多页。验收的时候，集团公司科技部的领导就把这份报告交给公司的主管经理了，经理层层批，让他们研究我的方案，最后进行工业化实验。唐总亲自抓项目，有的时候可能三天一次汇报，有的时候一周一次汇报。他把相关的人员都召集过来，包括现场的人，我们一块进行研究、整合，进行工业实验。

　　工业实验这段，我最担心的一个是怕工业实验不成功，因为在实验室实验我可以精细地操作，整个配料比我都会用电子秤去称量，每个岗位都是手工操作，等到现场工业生产时我就很担心。另外一个就是安全问题。第一次实验的时候不巧，下了一场最大的雪，我们所的领导安排我做实验。那时候我们专门有一辆皮卡车上现场去，因为二炼钢北区离我们这很远，我们也要去，要有实验工具什么的。但是当时下大雪，车根本开不出去，我担心实验不能做成，我就早上6点多钟顶着大雪走到厂去，走到那也快8点了。我顶着大雪走，再加天冷，戴着围巾，外面全是白霜，一进转炉操作室，里面是热的，热得脸通红的，红得像苹果似的，觉得脸辣辣的。

1991年于淑娟在研究所实验室观察烧结矿的矿物组成

第一次做实验的时候我还有点考虑不太周到，我有个加料方式，加完以后，兑铁的时候大火苗起得很高，我正在炉前兑铁，不在操作室里面，那火苗比正常兑铁时的要高很多，这是第一次实验，也是给我印象很深刻的，当时很后怕。后来我们就调配料比，再调怎么加入，把这个安全问题解决了。

项目成功了以后，它能够代替废钢，能回收这些废物中的铁，1吨还能够产生500块钱左右的经济效益。我们申请了几项专利也都被授权了，得了纽伦堡绿色环保贡献奖，还得了两项中国专利的优秀奖、中国专利发明奖的金奖。为了更好地在全国范围内推广，我起草了一项行业标准，名称叫《炼钢用尘泥团块》，我用这些尘泥制成的产品往转炉里放，这项行业标准是2012年发布实施的。在我们的项目之后，鞍钢这些含铁废物都百分之百利用了，不往外出了，我们所有的含铁废物实际上都是吃干榨净，节省了资源，变废为宝，又改善了环境，对于鞍钢的绿色制造、节能减排、建设鞍钢与鞍山共生的美丽鞍钢做出了一定的贡献。现在全国都在用这项工艺，可能有些施工细节上不同。现在我们每一届领导都重视废物处理、绿色制造这块，每年的职代会、党代会报告里头都有这方面的内容。

一个女的在钢铁企业,上工厂做实验怕影响产量,不容易得到信任,我从不被信任到被信任也是一个过程。1998年我得了一个辽宁省科技进步三等奖,那是从头至尾全是我一个人负责的项目。那阵所里有什么项目需要研究验证,我就是专家组的成员了。我觉得一个是要有韧劲,不能轻易放弃,失败肯定是难免的,但要找出失败的原因,把它解决了你就成功了,其实失败离成功也就不远了;再一个,搞科研得有钻研的精神,能够耐得住寂寞,不能说坐不住,好长时间也不出成果我就放弃了,要有个持之以恒的精神,耐得住寂寞;还有一个,就是我们所学到的知识都是书本上的,搞科研要理论联系实际,一定要上现场去了解生产工艺,这样才能够发现并解决现场的问题。

我把压力变成动力,所以很刻苦。时间不够用我就加班加点,哪方面的知识欠缺我就自己去学习。鞍钢的学习环境非常好,咱的职工大学,各种各样的学习全免费,要想学就自己报门课,我那时候还报夜校。当时读夜校上英语、计算机方面的课,Word、Excel、CAD制图相关的课,专业英语、炼铁和炼钢这些专业课,这些我全学过。现在有时候我也学,一直在不断学习。这就是国企,我觉得文化氛围、学习环境得好。我们鞍钢还有劳模精神,应该是"爱岗敬业,不计名利"。其实这个精神不是喊在口号上的,应该在自己的言行举止中体现出来,上班不迟到不早退、爱岗如家。我走得晚,假如卫生间灯没人关,走廊灯走一圈我给它关上,这也是节能。而且被评一次劳模,就应该终身做劳模,终身是榜样,大伙都看着你。我觉得鞍钢培养了我,造就了我,给了我很多荣誉称号,我也应努力工作,无愧于这些称号。现在我被返聘,虽然说返聘不考核迟到早退,但我依然早来晚走。鞍钢用我到多长时间我就会工作多长时间,需要我加班的时候我还是要加班。

刘加纯

铁石有脾性，未雨可绸缪

亲 历 者：刘加纯
访 谈 人：陈　勇
访谈助理：陈　程
访谈时间：2020年10月24日上午
访谈地点：鞍钢党校
访谈整理：陈　勇　陈　程

亲历者简介：刘加纯，男，1966年生，辽宁鞍山人。1989年入职鞍钢第一发电厂，为钻研检修技术，在鞍钢夜校坚持学习六年。2013年牵头创立刘加纯职工创新工作室，为鞍钢多个分厂提供业务协作和人才培养平台，由于表现突出，工作室获得全国性荣誉。因长期的卓越贡献，2018年获全国五一劳动奖章。

刘加纯（中）接受访谈

一、角色转型：才卸戎装，又入车间

我叫刘加纯，辽宁鞍山人，祖籍吉林，父母也在鞍山，不过他们不是鞍钢的。高中毕业后，我当了三年半兵。一开始在新兵连训了四个月，然后去连队待了一个月，后来团里到基层选后勤和警卫，我被选到团后勤保障招待所。那里自给自足，种菜有个大棚子，我负责管理大棚和做饭。一年之后，我去特务连警卫排待了两年，1989年3月复员回家。部队那几年对我的影响很大，部分氛围紧张活泼，我从一个啥也不懂的小屁孩变成了一个比较独立的人。

部队这个地方要咋说呢？我这个人觉得啊，无论你在哪儿待着，只要你能在那个群体里给大家做点事儿，那就挺不错的，就是一种幸福。在部队也是一样，新兵、老兵都是，我们炊事班里大家都挺帮忙的，有时候还替战友站个岗。部队要求院子必须得干干净净的，不能有树叶啥的，这活儿是不是得有人干？我觉得年轻人多做点事儿没坏处。

刘加纯（前排右）与战友在海城部队合影

在部队里我潜移默化地养成了一身好习惯，现在走到哪儿都有人问我是不是从部队出来的。就拿走路来说，我随便走几步就能落下别人一大截；

看到什么问题在眼前,我就觉得过意不去,不把它解决了我心里就难受;到了吃饭时间别人都走了,我得把手头的工作弄完才吃。

从部队退役后,我1989年6月17日来鞍钢,当时这个分厂叫鞍钢第一发电厂。我们厂子历史比较悠久,鞍钢在日伪时期叫昭和制铁所,那时候日本人建有高炉。现在这个厂房是1917年日本人在这儿建的,我们前年给翻新了,包括房盖也是,因为上面原来全是木头板结构。解放以后我们单位叫一发电厂,后来归到新钢铁,那时候还叫能源动力总厂。但是归新钢铁的时间特别短,也就三四年,一晃就过去了,好像不怎么理想,之后变成了股份制。现在我们叫能源管控中心发电分厂,我的作业区叫气机作业区。我在现在这个岗位上30多年了,一直没变过。

从部队出来的人跟社会上的普通人比,工作起来还是要扎实一点。刚到鞍钢发电厂的时候,一进厂我就傻眼了,这么多设备啊,从来没见过。这个地方是发电机高炉鼓风的工作场地,工作环境很不好,操作间就是用小铁板支起来的一个小房子,只能在里面坐着,噪声特别大,有70多分贝,现场特别热,很艰苦。早先我们一起来了好几十个人,这个岗位分了十几个人,现在只剩我一个人了,其他人因为环境问题都走了。这地方的空气中有硫,我有点哮喘,一吸入硫就喘不上气。我妈说"不行就换个地方",我说:"换个地方我能干什么?"我觉得我在这个地方才能干点事儿。

我也不是没别的选择,当时开车挺吃香的,我在部队学过开车,建设公司招司机,我也去看了。但我看司机这工作没什么技术含量,不能干;虽然发电厂环境艰苦了点,但我还是得干这个工作。

我们倒班,要上两个白班、两个中班、两个夜班,顺序是白班、白班,再中班、中班,再夜班、夜班。例如,夜班是昨天夜里12点上班,今天早上8点下班,那么今天白天就休息一天,第二天再休息一天,相当于有两天没上班,然后再返白班。这就是"四班三运转"。

我们的工作是给高炉提供冷风,是它的上游工序。高炉最下面是铁,铁上面是渣,渣上面就是风,再上面依次是石灰石、球团、焦炭,把风吹到炉子里,它就往上顶。高炉的热风炉里有一些耐火球之类的,先用煤气烧,把里面烧到1000多摄氏度,把风放进去,瞬间把风提到1000多摄氏度,和高炉铁一起还原。炉子里焦炭、球团、石灰石这些放一起就开始炼铁,渣和铁一起烧化,烧化以后就分层了,先把上面的渣处理干净;铁烧化之后就变成液体,流到底部,再把铁处理出来。炼完铁之后气体被吹到上面,就变成了煤气。因为煤气有压力和温度,我们就把煤气直接送到用户那里去了。现在我们又加了个TRT①,这个装置在发电的同时能把压力降下来,把低压煤气送到煤气柜,再送到各个用户那里。

发电主要供给哪些地方呢？风气水电、压缩大气是给高楼提供服务的,整个鞍钢的暖气、生产用气都是我们提供的。我们还负责鞍钢大型生产厂的水处理,给炼钢、轧钢喷的那些水不能有杂质,我们有化学车间,把硬水变成软水。自从鞍钢建厂以来,整个电力都是我们发电厂输出的,得保证所有轧钢、轧机、高炉都能用上最安全的电。

以前啊,我们发电就只是发电,现在好了,供电、供水、供气、供热变成一个单位了,上下游一起协调、优化,整合成大块儿,相互配合着干,相对来说就顺畅多了。这个改革相当于把整个鞍钢涉及能源的厂子都合并到一起了,从生产的角度讲,厂子的整合对公司的确是好事儿,但对业务上没什么太大的直接影响。

二、预判式检修：除隐患于未病

进厂这二十几年来,我一直都没闲着,一直在学习整个系统的东西。那时候鞍钢职大有个夜校,我从入厂第二年开始就去上夜校了。我们是倒班,我晚上就来补中班的课,学的有液压、机械、电气,还有现场设备检修之类的。上课断断续续的,这门课只开几个月,下个月又换另一门课,断断续续地学习。只要我听到有哪个地方我不会检修,我肯定得过来看看,我就一直这么学习,学了有六年多。

---

① 高炉煤气余压透平发电装置(blast furnace top gas recovery turbine unit, TRT),利用高炉冶炼所产生的高炉炉顶煤气的压力能和热能,通过透平膨胀机对煤气做功,转换成机械能,再转换成电能。

我之所以好学,是因为那时候我们厂里用的都是进口设备,不是苏联的就是瑞士的,我工作的设备是瑞士产的,在国内特别先进,大家都没接触过这种东西。比如1976年从瑞士引进的轴流风机,国内还做不了那么大流量的风机,必须得买。那时候全国实行计划经济,国家对鞍钢还是比较重视的:国家引进了六套风机,本钢分了两套,水城那边有一套,鞍钢分了三套。当时这就已经属于半自动化设备了,相当厉害,所有电气设备都实现模块化,所有调节全靠液压实现,一级导一级,特别复杂。每次这些进口设备出事故时,厂里都把各专业的人召集到现场,人特别多,花很长时间处理事故,过程也特别烦琐。我想,这样不行啊,处理事故不用这么多人,我要自己能搞定这些事故——确实有挑战性。

我刚进厂的时候主要负责运行,检修跟我没啥关系。但我为啥还要去研究检修、技术改造、设备功能提升、设备保护优化呢?为什么我花了这么多精力,付出这么多辛苦?有时候我老婆都不理解,说我整天瞎折腾。这是因为我亲身感受到了设备出事故给企业带来的损失。我觉得,我如果能通过自己的能力做出一些东西,让谁来干这个设备都不会出大问题,能达到这种效果,那将是我给企业留下的最好的东西。

早年东北沦陷的时候,厂里有很多设备是德国的。我们刚一光复,德国设备就被苏联人全部抬走了,之后又把苏联那些设备放到鞍钢来。我1989年入厂的时候,除了1976年引进的三台设备之外,其他所有的风机全是苏联设备。我们从1976年开始才进行替换,真正替换国产设备是从2003年开始,和"九五改造"是有延续性的,第一次改造时期我这个区域把苏联设备替换成国产设备:把苏联离心机换成我们现在用的三股的轴流机。那时候一排高炉全停了,之后建四号、五号高炉,2004年上一号高炉,2005年上二号、三号高炉,2018年我们又上了两套三炉设备。风机也是那时候整体替换的,陆续上二号、三号电动风机。

没风炼不了铁,风是托不住铁的,但是风能托住其他料,利用风把它分离,风一停,上面的料就马上掉下来了,我们叫它灌渣。灌渣就是上面的料跟铁水什么的都混一起了,处理这东西特别麻烦,黏黏糊糊的,出渣口全给堵死了。高炉最怕灌渣了，铁堵住出口倒没什么，温度再烧上来就化了；但是如果铁水都进风口里了，那整个风口就全得往外抠，得把风口给烧开，让风进去。

事故追责分得还是很细的，得看是什么原因：一个是外部原因，一个是设备原因，一个是电气原因，还有一个就是操作原因。这个"考核"（罚款）很重，尤其是操作原因引起的，性质更严重一些。这几年没有这种事故发生了，以前最严重的时候，要是主要责任的话，得扣1万多块钱，那还是每月挣3000多块钱的时候呢。

我刚进厂的时候，都用以前的设备，事故率特别高，基本上每个月都在处理灌渣。随着设备优化、管理提升，现在基本上不会出现灌渣事故了，除非是大的综合事故，比如大停电。

为啥我们现在事故率降下来了？第一，在原有厂家设计程序上，我们结合鞍钢生产的特点做了很多优化。第二，针对设备的性能，哪个地方爱出事故，我们就给它优化掉。第三，有些设备虽说是进口的，但是不见得适应现场介质的要求，我们进行了一些改进。第四，对运行点检的方式和设备周期都进行了精细化。2019年初，在领导的要求下，我们搞了一个设备厂周期管理，把所有设备都定了一个合理的生命周期，综合管理，取得了很大效果。好比判断你这台笔记本电脑的屏幕、CPU、内存条、风扇、光驱使用多长时间能坏，我们相当于对风机所有8000多个部件都进行了分析、排查，判断每个东西到底在什么时候可能坏。说白了，得清楚设备材质在里头发挥什么作用，什么时候发挥作用，什么时候在哪个地方爱坏。我们鞍钢管设备的人感慨说："厂子一直想做的事没做成，居然叫一个工人给做成了。"

有一次我的下一班出了故障，这帮人忙活了两天，相当于48小时没回家，所有线路都检查了，但没找到问题。等我再上白班，才知道这个机组没转起来。机组特别关键，不转起来高炉就要停产了。我检查之后说问题出在速度节点上，我们有两个速度节点，一个是73%，一个是44%，当时问题出在73%的速度节点上。那个电气师傅特别自负，说："你就瞎说，我这仪表是昨天新换的，不可能出问题！你要说对了，我就收你当徒弟。"我说："这个肯定有问题!"一检查,还真是那个节点出问题了,这之后他就收我当徒弟了。

还有一次是春节期间,我那年回家过年了。年初三小组给我打电话,说:"你赶紧回来看一看吧!"机组出了什么毛病呢?停机再起来之后,机器就不敢让它继续转了,它一直往外冒油。我回来到现场一看,他们那个机组和我们的机组不一样,我们的是轴下静压进气,他们的是轴压进气,当时给调错了。调完之后果然就好了。他们说:"这个春节大家在这儿忙活,谁也没过好。"

原来我们用的 4.2 万的西门子电机漏油,一旦漏到电机里面,就会加速绝缘层老化,电机就容易出问题。单位找了很多西门子的专家来看,都说很难弄,单位自己也没什么太好的解决办法。但我们经过几年摸索,现在已经找到解决这个问题的方法了,主要是优化一些相关参数,给它减轻点压力:首先是优化密封效果,再就是优化油箱的负压,再加上优化运行压力。

我就说老外不一定比我聪明。那台 4.2 万的电机带一个轴头泵,这个泵老是出问题。当时买设备的时候,我说:"这里头就这么一个装置、一个结构,推过来推过去的。"老外看了我一眼,说:"你看图纸了?"我说:"我没看,我一看外表就能判断出你就得这么弄,要不就成不了。"那老外特别惊讶。还有主轴泵,四号泵经常坏,那主轴是固定的,因为里头有十道八道的间隙,泵轴头是靠俩齿轮传动的,它压实了之后,就这么大间隙,所以齿轮间隙捏合要求比较精确。新车肯定特别好,用时间长了就会发生变化,间隙就不够了。我说这块设计有问题,那老外搞了好几年也没整好,我说:"拉倒吧,别指望老外了,我们自己弄吧!"

那 4.2 万的电机一共四台,其中四号用的时间最短,不到一年就坏了。后来我们买了新的泵和配件,但不到一个月又坏了,还导致了一次停机事故。我就说:"得改!"改完之后,领导问:"谁的主意?"我说:"你要不改的话还能有什么好办法!谁也没办法,那就听我的。"改完之后,工作全部恢复正常,从 2019 年上线到现在,所有设备都运行得特别好。其实全靠细节,我说哪个东西要检修,该换什么我就直接说。因为这个东西到寿命周期了,我就特别关注它,你要不关注,可能没到下个周期它就出问题了。

那个泵,首先得保证别让它漏油,别破坏了平衡。其次,电机不能积灰,散热一定要好。还有一个就是保证轴承的关注度,定期该注油就注油,听到声音不对了,该更换就更换。只要把握住这些细节,知道在一段时间内应该留意哪些方面,那你的设备在一定周期内就会运转得非常平稳。

这么多年来,企业坚持给我一个月大概 1 万块钱①,我非常满足了。当初三号电机投产的时候,领导给了我七天时间来处理,我就光买这些东西,几天我就花了 8000 多块钱——你不买东西就难以按时投产,如果等到招标之后再来买,就啥都晚了。

只要设备一出问题,后续的操作就会特别烦琐,而换个轴承其实就几百块钱。我说根本不用在意,买了之后能稳定生产,把所有问题有计划地解决掉,这叫防患于未然。我确实是花了点钱,但是不出事故就不"考核"啊!"考核"一次就是几千块钱,这里花点钱让你不用"考核",是不是我们都赚了?

我和我们组里的人说:"在工厂里,重要的不是你说多少话,而是你能做多少事,工作能不能做扎实,能不能做到位。"我们每天都在设备旁边转,这些设备就像自己的孩子一样,你怎样对它,它就怎样回报你。如果有小问题不管,到最后就会变成大问题。不管是家庭还是国家,道理都是一样的。

对待设备,你首先得摸清它的脾气,了解它的习性,然后针对症状去想方法,问题就能迎刃而解了。我们现在能做到你按照这几步做,基本上就不会出大问题。每次检修时你的数据必须做好,不然将来设备周期运营就保障不了。我们现在能做到主导预期检修:我能知道这个部件下一次什么时候坏,在它坏之前我能把它修好,把设备故障避免掉,保证整个生产运行。我也是一步一步被逼出来的,一切工作都是为了设备能够平稳运行。

我也没必要夸大自己,说我刘加纯多厉害。咱们看鞍钢这边,包括攀钢、朝阳、八泉这些地方,有很多专业技术人员,他们无论从单一专业角度还是其他角度看,其实都比我更厉害。但问题来了,他们很长时间都解决不了,还得喊我去支援。我一看,就知道问题出在哪里,他们就会说:"我怎么

---

① 此处的 1 万块不是指工资,而是企业配发的设备采购费用。

没想到?"我就跟他们说:"不是你们不行,可能是你们都从自己的专业角度来看待问题,而忽略了另一个相关问题导致了问题的产生。"事故发生的时候,大家聚在一起干着急,你说这里没问题,他说那里也正常。我就跟他们说:"你们处理问题的时候,一定要拨开表面的云雾,抓住问题的本质,把每一个参数、每一个细节都串在一起,才能找到问题的根源。"所以现在才要提倡现场机电一体化嘛,这个确实很重要,不然到现场解决不了实际问题。

就这样,从这些接连不断的事故处理中,我一路走过来,每一步都得到了领导的认可。影响扩大之后,我们就搞电话问诊,领导把我的电话给其他分厂甚至其他公司的技术负责人都分享了,整天都有人打电话来问我。我觉得啊,能帮一把的话,对国家还是有点好处的,咱们不能太自私,不能从自己的利益角度来看待问题。

三、 创新工作室:跨界协作与精炼技艺

刘家纯职工创新工作室是 2013 年搞的,我是工作室主任。它就是职工自己搞的一个组织,当时成立的时候成员全是工人。我们管辖区的设备很多,出现的问题也多,后来身边一些很不错的工友有意加入进来,跟领导说了之后,领导特别支持,我们就成立了一个创新团队。员工有了这个平台,就可以大家一起干,有想法的、想做事的,大家都可以互相帮助,把事情做成。把那些有激情、有创新意愿的人吸引到团队里来,不求大求好,只要能让生产顺畅、稳定运行、解决问题就行,这就是我们成立这个创新工作室的出发点。

这种协作一开始是在同一个车间搞的,后来扩展到五个厂子——发电厂、燃气厂、给水厂、供电厂,还有氧气厂。为什么要扩展呢? 因为跨专业的问题解决起来特别费劲,总是要去请教别人、麻烦别人。当时我们就想,把相关专业的人都纳入创新工作室,这样就可以大家一起解决问题。后来随着创新工作室不断壮大发展,我们在集团工会的帮助下,还创办了一个创新工作室沙龙,可以解决一些跨专业和跨行业的问题。

我们每个月都会定期开个会，大家坐在一起，讨论讨论你的区域有啥问题，我的区域有啥问题。我们还有个微信群，方便大家随时在群里分享项目进展，互通有无问题。大家集思广益，解决问题就轻松了，能解决的问题也更多了。

这个平台的功能，第一就是能够现场解决问题，第二就是把职工的工作能力培养出来，所以传帮带真的很重要。现在有些岗位，年轻人没有掌握到学习方法和现场设备的操作，有点茫然，我们得给他们灌输一些东西。这也是领导给我的任务，说我要带新人，要不我退休之后就没人能接替我了。我现在也带了几个徒弟，这两年一直在做这项工作，努力把自己这么多年积累的经验、操作方法和学习体会传授给新人，留给鞍钢。我觉得，每一次解决问题的过程，就是给大家传授技艺的最好时机——光说话，他们可能听不懂；但是你在现场结合设备告诉他们实际怎么做，那样就很直观，他们可以更好地学习，效果也更好，对技术提升也更快。

创新工作室就是一个平台，大家在这里可以搞专利、技术攻关，还有科技项目。项目的立项范围不局限在我这个作业区，可能是我们五个厂的共同项目，像中心级项目，我们每年最少得完成30个；国际发明展项目，我们现在有两项金奖，还有一项银奖、一项铜奖。

资金保障现在是由我们集团工会负责的，刚开始是我们自己厂子在支持，后来集团工会有个员工支持项目，只要项目立项了，需要资金的话，他们就会从设备招标这个层面大力支持我们。资助金额要根据项目情况来定，多的话一年能给我们六七十万元，少的话也有四五十万元。现在我们每个厂子都有创新工作室，都有资金，参与的人也更多了。

我们这个创新工作室在整个公司里可是出成果最多的地方。现在公司行政在搞一个技师等级系列，搞一些创新项目加分，你获奖了有成绩还可以加分。在这个激励机制的推动下，我们创新工作室的效果越来越好了。我看了看财务统计，2013—2017年创新工作室创造利润达到了2200多万元，2018—2019年每年效益应该也有个500万元左右，这个成绩相当不错。我这个创新工作室还被评为冶金行业的优秀创新工作室，那可是全国性的荣誉。

刘加纯（前排左二）与工友交流技术

我们工作室刚成立的时候招人，但除了自己区的人，其他区的人都不太了解。工作一段时间后，发现有些人不太适合在团队工作，会打击团队的士气。于是我们采取了积分制，看你对团队做了多少贡献，就给你多少积分，要是你一段时间没有做出贡献，那就不能占着团队的名额了，得换愿意付出的人。如果你对企业有热情，想提升自己的能力，那就欢迎你加入；如果你说只想干点活拿点钱，那就不行了，我不是那种机构。就这样，我们不断换血，保持团队的活力。

积分和工资、奖金什么的没有直接关系，不挂钩。但如果你干了一段时间，发现自己能胜任自己区域里更高岗位的工作需求，那你是不是就无形中多挣钱了？可以这么理解，能力提升了，相对来讲就多挣钱了。我的副手就是个鲜活的例子，他就是我们平台打造出来的，他现在在燃气厂发展得特别不错。包括王易崇、龚荣旭等年轻人，都慢慢成长为了能够统筹大局的人。原来你在比较单一的岗位，现在所有岗位的东西都通了，设备有问题你就知道在哪里解决了。

我们这些人员没一个人在这里拿报酬，整个组织都没有半点利益拿，就是单纯的一个平台。我们这些愿意为企业做点事的人汇聚在这个平台上，表面看好像没给啥实际好处，但其实呢，给每个人都搭建了一个很不错的成长舞台。在这里,只要你有成长,领导都能看得到,你表现好了之后,就会给你一个适合的位置。

工人的成长领导都会看在眼里,一旦表现突出,马上就有机会提拔你,收入也随之水涨船高。这可比干一个项目拿三五百的奖励来得更实在。而且这种奖励还有很多,每个单位都在搞,我每年都看到不少。别的单位的政策我就不清楚了,但我们单位是看你的积分总和,上不封顶。积分加总之后还有专家面试环节,会问你些现场的问题,专家综合打分,分数最高的就拿最高奖项,这可都是实打实的。这些专家打分我就不管了,全都是技术人员在操作,因为现在都是集团公司在评,我就不参加厂里的评比了。

项目分的等级和赋分是有文件规定的,专利加10分,国家级项目加15分,发明展项目获得金奖、银奖、铜奖分别加多少分;还有集团科技部的项目,员工科技立项、员工知识项目、公司创新项目分别加多少分;行政方面的项目评上某个级别也有规定的分数。这些分数划分得很详细,评比起来比较公平合理,大家都没有意见。工作室的员工在评比中表现得很积极,因为拿不到项目就没有分数,也就无法晋升,奖金也会少很多。

我们鞍钢搞的那个技师等级序列,有一级技师、二级技师、三级技师、四级技师,一级技师一个月能拿到3000多块钱——这是工资之外额外加的,二级技师具体给多少我一下子叫不上,三级技师可能也就1000多块钱,四级技师最少每个月能拿500块钱。每两年评一次等级,只要工作干得多,成绩好,就能评上更高的等级,也就相当于收入更多了。现在我们评聘一级、二级、三级技师的很多,整个技师序列里我们创新工作室的人基本上占了百分之六七十。

我目前是工人里头的首席技师,技师等级就两档,技师和高级技师,待遇上没啥差别,就是图个荣誉感。我现在是技师,还不是高级技师,因为我怕考试,还得看书,觉得为了考试费那么大劲儿不值得。我现在在行政上呢,是电动鼓风机班长。我们班组是刘玠到鞍钢之后的2003年成立的,是半机动化的管理模式,这还是我们第一个发起的;有时候我们还得军训,这也是我们第一个发起的。

四、喜忧皆赤诚：拥抱新趋势，勿忘老传统

怎么理解鞍钢在制度改革和传统之间的关系呢？我从进厂到现在，已经看到制度发生了很大的改变。人变了，制度变了，管理当然也要跟着改变，这样才能不断优化和完善，让制度和生产相适应，我们一直都在做这样的努力。

设备引进这事我以前也不太懂，现在刚明白一点点。鞍钢有战略规划部，他们根据集团的大方针来有序地提升设备。这主要取决于鞍钢大的战略规划，看我们往哪个方向发展，设备就得跟着这个规划同步进行，否则就容易造成投资失败。就像这个设备，你跟进了两年，结果你的工艺都变了，那这个设备就没啥用了。有些职工可能不理解，为什么这设备不引进好的？但按照公司的战略规划，你这个工艺和产品慢慢就要退出市场了，你再引进是不是就浪费了？

智能化这个事我们也在搞，今年停了一段时间，现在又重新开始了。我对这事关注挺早的，最近鲅鱼圈那边已经搞了个集中控制。现在岗位都在减人，就拿我们这个区来说，我进厂的时候一个作业区有二百五六十人，现在才63个，连过去人数的零头都不够。我们作业区也在搞自动化试点，计划明年9月份试点结束——原来有63个人，这个月又优化掉了10个人。优化掉人靠啥？靠设备管理的提升啊，这一年我们一直在完善，可能明年这个步子会更大一些，将来现场都不需要人了。

以前那个水站，设备里头的气门机需要循环水冷却，排气需要冷却，所有的润滑需要冷却，电机的空气也需要冷却，都得要人来操作。现在国家发展到这种程度了，就搞集控啊！一个程序就能全部搞定，你让它自己转就行了。连锁程序写好之后，它有问题的话自己就会修正。所以现在水站根本不需要什么人，2014年人都已经撤出了。

现在不是讲人数多少，我觉得第一个是得有人才，对人才的要求越来越高了。你问鞍钢现在人多不多，我觉得人很多；但是缺不缺人，我觉得是真的缺，缺有能力的人。你把自控、自动化建好了之后，我们设计用一个人来

管理四套的高炉鼓风机。以前我们高炉鼓风机需要多少人？48个人！现在所有的工作要几个人去干？只要4个人！

这个工作该怎么干呢？你得把整个设备的所有性能、所有控制、所有逻辑都搞懂了，才能驾驭得了，否则出了事你都不知道怎么处理，下一步会带来啥问题也不知道。我们现在做培训也是想往这方面努力，把所有的专业知识都传授给大家，你不能只做单一的工种，现在得适应自动化才行。

对于自己的工人身份，有段时间我曾感到自卑，感觉好像谁都看不起我。但最近七八年，情况开始往好的方向发展：不管是被称为蓝领还是从事最低岗位，作为一个产业工人的自豪感在逐渐回升。

就拿我师傅来说，他也是个工人，在我们整个发电厂，一遇到风机、发电机这种电器系统出故障，大家就问："那老头到哪儿去了？"厂长一有事，就说："赶紧把王长红请来。"工人能做到这份上，咱不说你得到了多少，起码受到了尊重。当工人在这圈子里，你得做到这点，我要努力做到像我师傅一样好。

我老家在吉林抚松，我到鞍钢一个人都不认识，我自己奋斗起来之后，比我们作业区很多领导的关系户干得更好。这是为什么？我有了这个能力，所有的问题我去了就能解决，不管什么问题我处理起来都很快，可能半个小时、一个小时就把所有问题解决了——我不去的话你可能得处理好几天。领导能看见我的实力。为什么我2003年就出来了？2003年我就开始组装四号705风机，这是我主抓的第一台设备。我装了多少个设备？装好了五号、六号、七号、八号、九号、十号风机，加上三号、四号发电机，这些年一共干了10套。

我现在还是一个普通工人，没有什么职位，现在相当于在干副主任的活：生产、设备、协调，这些活都是我在管。鞍钢就是这样，只要有能耐就有舞台。领导对我特别信任，我当然没有理由不把工作干好。我现在担任安装调试总指挥，安装归我管，电器方面需要协调，机械方面也要管。我们这个指挥部里头就二三十个人，还有现场安装队伍。这么大的设备，一套设备价值上亿，交给我去管，一个工人管整个工程，整个流程都由我来负责，领导这么信任我,在我们发电厂历史上是没有的,我觉得这是对我莫大的鞭策。

调试、安装这么多设备,领导对我的工作特别满意。当时对瑞士设备的改造,有两个大学做了两套方案,我对这个设备最了解,我说我也跟着做一套,干了这么多年,我也体验体验设计者的感觉。拿到公司一看,领导说我这个方案是最好的,所以用了我的方案来改造。我们整个电器自动化改造,当时是北京一个公司来承担的,他到鞍钢来现场解决,当时电器自控、自动化液压、机械方面所有的联系人都是我,他到所有其他现场都没有碰到这样的,我说这是因为领导信任我。这么多设备,所有的改造和安装都是一次成功,我们只用了一个月,从来没有拖期,这创造了一个先例,公司领导特别满意。当总指挥,那以前是大领导干的事,现在我一个普通工人都能干了。现在不论出身,只要有能力就能上,不像以前还得考虑与领导关系好才提拔。现在晋升渠道比以前畅通多了,工人可以干部长,可以干技术管理,这在以前是不可想象的,但最近两三年我们都亲眼看到了。

我现在拿到了鞍钢的"首席技师"称号,每个月多赚一点。现在叫绩效工资,给你生产指标,指标完成得好可能拿到五千四五,指标完成不好就不到 4000 元。工资是浮动的,干得好就多赚,干得不好就少赚。

2018 年刘加纯荣获全国五一劳动奖章

当然了,虽然人事制度好像没有什么变化,但我现在干的相当于副主任岗位,待遇上也和副主任差不多——其实我还是工人,我还是班长。相对来说,现在还是干部有优势一些,毕竟人家是管理者;感觉工人比以前好了,但还是被管理者管。鞍钢跟别的企业还是有点儿不一样,工人序列没有什么年终奖,都是平时干多少拿多少;管理人员序列也没有,大多数人也没有;领导才会有年终奖,够级别,到副处级以上才有,有年终奖、安全奖等。南方很多企业有年终奖,可能对大家有个刺激,我们东北企业是没有的,到年底可能给我们发400块钱,我们都可高兴了。

跟"两参一改三结合"那时候比,现在肯定没有那种气氛了,那时候可能不需要创新工作室,因为虽然没有类似的形式,但大家都确实做相同的事情。现在搞创新工作室,证明需要有这么一帮人来带动一下。鞍钢曾走出那么多人,典型人物层出不穷,有历史积淀。很多老师傅身上都有很多优点,不用说人家怎么教你,是你潜移默化看到的,人家怎么做,那你就怎么做。为啥鞍钢出去的人能有很好的发展?我觉得跟这个基础有关系,长期在这个环境下接受熏陶,不论走到哪儿,他工作的方式跟思维方式都不会变。我们作业区就有人出去,都发展得很好。

"鞍钢宪法"每一步都是很精髓的东西,它的灵魂还在,只是现在可能说法不一样了。对于鞍钢精神的创新性发扬,我觉得鞍钢一直在做。我的出发点就是"鞍钢宪法"的出发点,因为我们工人是最小的生产细胞:你是最基层的,你能把基层的所有工作都干好,那你说鞍钢怎么能发展不好?我觉得"两参一改三结合"跟我们现在这个创新工作室的思路也好,跟鞍钢的管理也好,一点也没有冲突,反而是一个延续。

关于如何传承好的传统,鞍钢这边学美式管理、学宝钢管理,老是这样今年学这个,明年学那个。这些反复,跟领导肯定有关系,但我觉得还是大环境占主要因素,领导在管理思想上也受大环境影响。学那些东西我觉得对鞍钢不见得适用,你把每个人的优点都加在自己身上,就能发展得更好?那不现实。我今年在鞍钢是第32个年头了,我觉得鞍钢不论学谁,自己的东西都始终没有挖掘出来。其实只要能把我们鞍钢自己的传统管理创新、发展出来,延续下去,就比任何其他管理法都有用。以前一些具体的观念、政策、做法,比较切合实际,特别有效。最简单的例子,企业安全是第一位,我刚上班那时候叫"安全项目不过夜",就是有安全隐患的项目不能拖过夜,发现就必须处理;不像现在要走程序,有时候流程一走走一天,太注重程序化了,放弃了时效化。

从作业区管理来说,我觉得以前鞍钢的管理方法比现在这些管理方法好多了。1989—1990年那时候有过一段时间的实践,跟"九五改造"那个时间有点儿重合,我们叫"三标三效":"三个标准""三个效率"。那么一个管理,管安全的有什么职责,作业长有什么职责,你的岗位有啥职责,那个表格给你定得特别细,把每个细节都管到位了,而且每个人各尽所能,分配得比较公平公正。我觉得这很实用,但不知道为什么给丢掉了,学别人最后学得都不会走路了。

我1978年在部队入的党,我觉得在部队入党更正规一些。咱们国家现在老有所养,小孩有那么好的发展环境,社会又这么安定,要到哪儿去都可以。我觉得这个大环境只有我们中国共产党能创造出来,这两天演抗美援朝的电影,我真的特别感动,国家真的值得我们所有人去钟爱。

我今年都54岁了,也不能算年轻了,算是踏入老年了吧。我的爱人是由我们部队一个首长介绍的,之前在鞍山市政府工作,现在她已经退休了。孩子今年29岁,研究生毕业后去了北京工作,没有回鞍山,我们也管不了太多。我特别向往大学里的生活和工作,在中国的发展中,真正能承担起责任的还是那些有知识、有文化的人。现在年轻人的想法和世界跟我们是不同的,在这个国家的大舞台上,他们可以做自己喜欢的事。只要全心全意去做,都是不错的。

张允东
做攻坚克难的技术型干部

亲 历 者：张允东
访 谈 人：薛文龙
访谈助理：夏可恒
访谈时间：2020年10月21日上午9:00—11:00
访谈地点：鞍钢党校
访谈整理：薛文龙

亲历者简介：张允东，男，1967年生于辽宁鞍山。1989年毕业后来到鞍钢，1994年任车间调度员，2003—2004年任二炼焦车间主任，后领导并完成高炉三期改造工程。2008年调入五炼焦厂工作，2010年担任高炉四期改造工程技术指挥，后在此基础上成立创新工作室，有效推动了技术的传递与创新。

张允东（中）接受访谈

一、小时候我就想成为工程师

我1967年出生,老家是鞍山那边的海城。那时候生活条件都不好,我上高中的时候穿的衣服都是打着补丁的。

小时候我挺贪玩的,尤其记得小学三年级的时候,老师让我们说一说自己的理想,我当时就说:"以后我要成为一名工程师。"那时候这个想法可能有点超前吧。为什么农村孩子会想到这个呢? 老师就问:"你怎么想成为工程师呢?"那时候生活条件没现在好,娱乐活动也没那么多,能听听广播就已经很满足了,电视就更不用说了。那时候没什么可看的,小人书就是一种很好的选择了。我同学家条件比较好,他们家孩子少,只有两个,而且他父亲还在鞍钢上班,所以家里有很多小人书,我经常去他家看。就这样,我当时就立志要成为工程师。我长大后跟他们开玩笑说:"我的人生目标早就实现了。"

我1987年参加高考,成绩够上大专,后来却选择了中专。因为我是老大,下面还有两个弟弟,家里条件也不怎么好。虽然那时候大家都差不多,但相对来说,我们家的情况还不算太好。我自己琢磨着,上中专早点毕业就能早点挣钱,给家里减轻点负担。所以说考上了大专没去,高中老师还很不愿意,说:"你这辈子会后悔的,放着大专不念,念中专。"比照其他项的录取成绩,有很多人劝我说:"你再补习一年。"老师也说:"你再补习一年,考个本科没问题。"我报的是大庆石油学院,因为都知道石油系统挣钱多,那个时候主要是想将来收入高一点,给家庭减轻点负担,所以说别人说石油系统挣钱多,我就报了,很遗憾,差了几分,后来就上了中专。

我上的中专学校在石家庄,叫河北冶金工业学校。这学校当时是直接归河北冶金厅管的,不归教育部管。不过这学校主要注重的是实际操作方面的培养,后来改名叫职业技术学院了。我1989年毕业,那时候的中专基本上都是分配工作的,你只要愿意去,单位就会要你。毕业之后,我也有很多选择,可以去银行系统,但是我家在农村,没有人来指点我。那时候中国银行海城分行正在组建,我觉得可以去,但后来我觉得鞍钢也不错,跟我同学一说，就一起去了鞍钢工作。

二、从鞍钢的调度员到车间主任

我1989年毕业后去了鞍钢，去了之后要实习，我说我要去炼焦。因为鞍钢有炼焦，有回收，还有精制，也就是副产系统。副产系统就是对煤气或者是从煤气里提纯出来的产品进行深加工的一些车间，我没有选择这些，我选择了炼焦，于是就在炼焦实习。实习了一段时间之后，我又在煤气净化车间干过一段时间。后来厂里机关需要人，我们四个同学一起又去了总厂生产科。总厂生产科下面有总调度室，我就在调度室倒班。

刚开始一般是干部会被派到调度室当调度员，负责倒班。在调度室工作的过程中，我确实可以学到很多东西，尤其是专业方面的知识，因为需要接触和了解全厂的工艺流程以及各个车间的实际情况。无论是主体车间还是辅助车间，所有工作过程中的关键点和要点都需要了解，这样才能进行指挥。现在通信很发达了，但那个时代通信和交通都不发达。当生产过程中出现问题，特别是中夜班和节假日出现问题时，都是调度室的人第一时间去处理的。比如哪里着火了，就需要组织扑灭，或者协调消防队处理。哪个地方出了事故，我们都是第一时间赶到现场组织处理的。这些都属于应急处理的范畴，在这个过程中我可以学到很多东西。

到了1993年，二炼焦的八号焦炉得整个大修，意思就是要拆了重新砌，这对我们专业人员来说是一次难得的机会。因为焦炉砌起来之后，它的炉龄就是25年，就是焦炉从砌下来开始生产之后，设计上定的寿命就是25年。这过程中焦炉不会停下来，我们的生产特点是周而复始，24小时连续生产，出焦是每10分钟出一炉。所以，焦炉连续生产的时候，就要停炉、拆挖，重新砌筑一下。这个过程中，二炼焦车间觉得人手不够，主任和生产主任觉得我还可以，就向厂里推荐我过去当技术员。所以，我就到二炼焦当技术员了。在这个过程中，我以技术员的身份看着焦炉停炉、拆挖，再到最后的砌筑、生产、投产，我就在里面直接干活和学习。就这么着，一切都走上正轨了。

当了一年多的技术员,因为焦炉施工需要一年左右时间,烘炉也要60—90天。一年多以后,炉子投产了,一切顺利,运行平稳,所以我又在那待了一年半多点。那时候,我们厂和公司都在进行人力资源整合、减员增效。1993—1994年那段时期,正好赶上改革大潮,企业人员精减了一些。这时调度室有些老同志退休了,人手不够,厂里就跟我说:"允东你回来吧,再找个新人还得培养。"因为调度室那个工作不是谁来都能干的,尤其是新人,没有几年成长不起来,至少头一个月只能在那观望,啥也不会。我之前干过那个工作,人家让我回去,我跟那些个老师傅关系都不错,回去就回去吧,我又回到调度室的岗位上了。这么一干就干了挺长时间,从1994年一直到2000年,我从调度员升到了值班调度长,就是带班了。

然后从2000年开始,厂里又进行人力资源整合。整个公司的大环境都是这样,有的是企业内退,很多老同志就居家休息、离岗。这时候每个人都要填报自己的岗位,我说我在这个岗位觉得挺好的,因为挺轻松。说白了,所有的东西都掌握了之后,我就不用费什么劲,每天唯一辛苦点的就是倒班,把值班中遇到的一些事处理好,别有大的纰漏就可以了。领导就说:"你小年轻不能总在这,你得想到自己的发展。"我说:"我感觉这个挺好的。"领导说:"不行,你下去锻炼锻炼。"2000年,领导让我去到南煤车间的一个备煤车间,备煤车间就是给炼焦准备煤的。

我又在这儿工作了一年多,时间也不算很长。因为当时厂里领导派我过去的时候,就跟备煤车间的主任和书记说:"主任啊,如果允东干得不好,你走人;如果干得好,他走人。"意思是我要是干得好,我就被调走了;我要是干不好,就留在这当主任。实际上这就是个玩笑,但也是领导对我的一种关爱,意思是让备煤车间的两位领导好好带我一下。在那儿干了一年多,我最开始去二炼焦作业区,他们那边生产出了事故,厂里就把他们的主任撤掉了,之后职位一直空缺,就把我调去了。毕竟我在那当过技术员,从车间领导到底下工人都认识我,领导也比较认可我,就说:"你去吧,煤这块你比较熟悉。"我就这么去了二炼焦当生产主任。干了两年生产主任之后,到了2003年我又当上了车间主任。

三、当炼焦车间主任敢抓严管

2003年当上车间主任之后，2003—2004年我们厂就开始整个焦炉的升级改造。因为当时焦化的装配水平很低，炼焦炉就按照装煤的碳化石容积的高度来定焦炉型号，现在我这个车间的原身是五米炉。当时那个车间是亚洲最大的车间，产量也是最大的。随着升级改造，我们二炼焦车间就面临着淘汰和升级。

我这儿属于三期工程，第一期是四炼焦，四炼焦建成之后，在四炼焦北侧就建了一个一炼焦，原来我们厂一炼焦没有这个作业区，它是后成立的。最早的一炼焦是沥青焦，就是把焦油里的沥青装到炉子里去炼焦。我说的4.3米的炉是我们厂子的三期工程，也就是焦化改造的三期工程。三期工程从老焦炉停炉、拆挖到新炉子的建设，再到最后的达标，都是我负责的，算是负责人。

2008年，我从二炼焦调到现在的新老五炼焦。老五炼焦就一座7米的炉子加四座5米的炉子，再加一个4.3米的65孔炉子。当时领导找到我说："允东，你这块怎么样？"二炼焦这一块2008年都挺顺的，我说："我挺平稳，没什么大事了。"领导说："衡量来衡量去，在这些主任中你还得辛苦点，上五炼焦吧。"五炼焦是全厂最不好、管理难度最大的车间。

这个车间的条件、基础什么都比较差，但最主要的是人员管理难度大。因为我们厂原来是炼焦总厂，是鞍钢的四个"破大家"之一，就是最不好的厂子有四个，我们是其中一个。这个厂最早叫化工总厂，是2012年才分成两个厂的，后来才叫炼焦总厂。我去这个车间的时候，管理难度大。这个车间当时有512个人，厂里那些所有不好的人都在这儿，包括那些吃喝嫖赌抽的、有精神病的、服过刑的、住过监狱出来的人都在这，人员是最乱的。以前不像现在，现在实行合同制，你被判刑了就解除合同，以前不是。那个时代，这个企业里有的人因为偷盗、抢劫等违法犯罪行为让法院判刑了，服刑满了他还得回到原单位，国有企业承担社会责任，因为这个包袱不能都推给社会。

我是抱着这种心态去的：不管是组织信任还是领导信任，我只能尽我所能去干好它。但是如果干不好,领导你别埋怨我,因为这个车间就是这个状态。这是公认的,谁都理解,领导说没事。对他们的管理,各种手段都得用上,有的讲理,你跟他谈一谈,有的不讲理,最后都上我办公室动手了。不动手的话那也没办法,那你怎么办?你要想在这个地方站住脚,或者说你在这管住他们,讲理讲不通,你就得来硬的,你不能对他屈服。所以我各种手段都得有,这样陆陆续续把这个车间弄得挺平稳了。我在那待了两年多,我们厂子西区四期的项目就开始建设了。

四、 勇挑技改重担的建设者

西区四期的项目是2010年启动的。因为到2008年9月份,整个项目工程都已经平稳了,我们厂要进行四期改造,这个项目从组建作业区、参与施工建设,一直到达标达产,整个过程比较困难。为什么?这个四期的焦炉和我们原来建的6米的焦炉不一样,它当时是焦化院自主设计的,是国家"863项目"的一个示范工程,在这之前谁也没见过这么大的焦炉。很多突破性的标准和我们以前的都不一样了,包括自动化程度也不一样了。

领导又找我了,说:"考虑来考虑去,还得你去。"就这么,把我讲成打头阵的了,一到关键时刻就得我去。就这么到那边,四期改造首先是人员组建比较困难,当时他们谁都不愿意去。四期改造在异地,不在我们现在的厂区范围内,是我们整个公司的最西边,离这头走过去至少得45分钟,将近7公里,太远了。不像现在,以前交通不便,房区离工作单位越近越好。那边条件艰苦,什么生活辅助设施都没有,浴室没有,食堂没有。

我们组建一个作业区得要150人左右。以前都是人们通过各种关系找到你头上,比如说他想到哪个好岗位,或者是他想当个小班长,他就直接私下来找你。到四期的时候也是通过关系找到你头上,却是说:"张主任,你可别让小范上你那去。"这是第一种情况。第二种情况是,跟你又哭又闹、胡搅蛮缠,女同志找你天天哭:"我就不去,你凭啥让我去?"有的没通过我这关,就直接去厂里闹了,有的还找到人力资源部门。

后来我们经过多方努力,把人员凑齐了。凑齐之后,培训也是个难题,这些人手指头比脚指头还粗,你让他去玩电脑,他真的不会。原来的车都有操作控制器、脚闸,现在车辆升级之后,全是电脑触摸屏。这些老同志一来就慌了:"我眼睛花了,点错了怎么办?"所以说我们在培训这块确实难度挺大,没办法,我们就组织作业区这一层级的人员,副主任、技术员以及个别干部,先去外面学习,回来再去培训。

四期的焦炉是国家"863项目"的一个示范工程,跟以前有很多不一样的地方,我们得跟设计院、焦化院打交道,这个工程是焦化院的一个新项目。它是总包项目,焦化院负责设计和施工,我们主要协助查找问题。在这个过程中,我们跟他们发生了很多冲突,主要是技术上的冲突。比如根据我们的生产经验,或者考虑到检修等,我们认为他们的设计是不合理的,设计缺陷可多了。按项目来说都得几千项,按条的话就更多了。当时他们院长来的时候,有人就说:"我们这种设计难道这么失败吗?这么多缺陷!"我说:"那是你碰到我们这样的业主了。"焦化院在国内同行内基本上是领先水平,他们给其他任何一家设计都没有什么困难。但是到我们这里,因为我们厂毕竟是焦化上的老企业,我们的各种技术和人员积累得比较多,就跟他们提出了很多问题,后来他们也基本上按照我们的意见改了。这个项目最终经过国内各种专家评审,获得了国家科技进步一等奖。他们获奖之后,央视专访过我们双方。私下交流的时候,对方说多亏有这样的好业主。

四期建设真的不容易,我们付出了巨大的努力。那时候建设环境特别差,是在我们鞍钢的一个尾矿坝上搞的。尾矿坝就是很多灰尘聚集的一个山包子,晴天一身土,雨天一身泥。特别是下雨天,表面看起来挺干净,但一踩就全是泥巴。那里不是土,而是灰,就像电厂粉煤灰那种。粉煤灰得排放到大气中,还要用水洗,洗下来的灰和水一起沉淀,几个池子连灰带水都沉淀到一起,等水自然滤掉,或者靠蒸发蒸干之后,再放到另一个池子里,这样循环。我们在那里奋斗了好长时间,才把整个作业区组建起来,后期绿化也做得很好。

四期建设的时候正好赶上我女儿上高中。女儿考试不怎么好,后来也不怎么好找工作,所以就搞起了幼教、学前教育这一块。差不多就是自己创业,自己给别人打工。我最对不起的就是女儿,觉得没有把她培养好。

五期是2013年开始建设的,我又被调过来了。说实话,当时我真的不太想过来,因为我已经参与了三期、四期建设,年龄也大了,而且我知道这个工程有多辛苦。从工人到领导,大家都付出了很多。

一开始领导也挺为难的,不太好意思找我,说:"这五期,允东你看,谁去比较合适?"后来又说:"想来想去还是得你去。"五期建设时我们化工总厂要一分为二,我们这叫炼焦总厂,另一个现在叫化学科技公司。我们主要负责炼焦,他们主要负责煤气净化,包括炼焦副产品的深加工。原来的化工总厂厂长到炼焦总厂这边当厂长了,就说:"想来想去,毕竟这个是我们炼焦总厂成立之后的第一个重大项目,也可能是最近一二十年里的最后一个重大项目。让别人去我们还不怎么放心,你再辛苦辛苦,怎么样?"我说:"既然领导都这么说,那我就去。"

五期建设和四期是同类型的炉子,不过在四期的基础上做出了一些优化和提升。五期建设花了17个月的时间,创下了国内整个焦炉从建设到达标投产时间最短、速度最快的纪录,估计现在所有的焦化项目都没能打破这个纪录,这得感谢天时地利人和。当时公司老总挺高兴的,说:"我们原来计划是在2014年12月底开工,结果我们10月28号就开工了,提前了整整两个月。"当时我们公司老总唐复平也说,只要提前一天完成建设就奖励我们10万块钱。因为我们公司的焦炭全靠外购,成本特别高,能提前一天完成建设,我们就能多生产4000多吨焦炭,一吨焦炭里外里有500块钱的差价。

后来我也没有去要奖金,说实话我知道公司肯定特别急,但是说来说去也就这样了,咱们尽力做好自己的工作就行了,大家都特别高兴。开工的时候,董事长张广宁、总经理唐复平都到现场来了。在我们焦炉以前几期的开工过程中,从来没有公司董事长亲自来的。现在我就在五期,一直在这。从2014年到现在六年了,到这个月底我们正好开工六年。

五、从生产出发进行技术创新

现在在厂里我有一个以我名字命名的创新工作室,是 2016 年成立的,最开始只是我们厂里的,然后陆续变成公司的、集团的、鞍山市的,昨天还被评为辽宁省的创新工作室。虽然说是我个人的工作室,但实际上创新优化是我们整个团队一起做的,比如在生产过程、改造过程之中,我们提出了很多需要改进的地方。我们有些人还发表了论文,申报了专利,也有些人组织了一些攻关项目。

我们厂最早有一个叫李晏家的人组织的创新工作室——他是全国劳模——但李晏家年龄大了之后,就退下来了。领导找我谈话,我当时还不太愿意做这些工作,觉得事情太多了。但领导说:"你这么多成果,包括改造经验这么丰富,你应该继续做下去。"所以我就把这个工作室建成了,这是领导让我弄这个工作室的一个原因。第二个原因是我也感觉到了工作过程中有一个平台很重要,大家工作、交流都更方便。工作室里还有一个活动室,平时给大伙儿组织一些培训、交流。

一开始大家也不太理解,觉得:"我们能搞什么创新?"后来我陆续跟大家说,这个工作其实也不是那么难的事。我就跟大家举例,我说我刚进厂的时候,焦油车间有一套硬质沥青成型的设备,是从澳大利亚引进的。液体沥青温度特别高,有 100 多摄氏度,就像下面条一样倒到水池里冷却,底下有刮板把它变成条状的,那一头再去装车,最后出口创汇。但问题是卸车卸不下来,为什么?沥青应该是松散的,结果它黏在一起了,变成一坨了。技术人员想了很多办法,很疑惑:咱这温度也不高,老外那边都没问题啊?但就是解决不了问题,就得雇人去刨。那时候雇一个人一天得 300 块钱,成本特别高,那是一九九几年。后来就雇不到人了,因为沥青有辐射,会刺激皮肤,他们身体包括裆部全都溃烂了。

这个问题你得解决,不解决的话可怎么办啊?我们去了国外,找几个技术人员去学,看人家老外是怎么做的。当时老外说:"我们这有装备,有挤压头。你们要想用,得拿钱。"技术人员去了一合计:大老远跑这来学,到最后什么都没学会，回去跟领导也交不了差，不如找找人家老外，给点小钱，交流交流。最后终于知道挤压头是什么了，其实就那么回事，沥青从管道到水池这一排管，每个管道上都有个小四方管，一个小头在那儿放着，老外把管拍扁了，我们的则是圆管——就这点事。搞技术的都知道，很多技术创新其实就是一层窗户纸。我告诉你的话可能就是一句话，但是要能把这个技能琢磨出来，可能前期要付出很多精力。

以前美国老说我们中国的知识产权问题。确实，有些开发者可能研究一辈子，几十年都搞不出来，但实际上就是那么一句话的事儿。随着技术的发展，搞技术的人研究到一定程度，就差那一层窗户纸，你突破了就是一个大飞跃，突不破就什么都不是。所以我们跟员工讲："我们搞创新其实也不是很难，但我们的创新层面绝对不是什么高精尖的突破，我们主要是为了解决制约生产的一些问题，或者是解决一些安全隐患，再就是操作舒适性的问题。"

后来员工也逐渐接受了这种想法，开始提意见说这个地方应该怎么改，那个地方应该怎么样。这样一来，我们就把创新这项工作给做了，也解决了一些实际问题。另外，从公司到厂里还有一些制度，比如有些激励政策，你如果搞创新就可以得到一些实际奖励。你完成立项之后，如果你的工作取得了成效，通过验证后可以给你一定的奖励。这是一件对大家都有好处的事情，所以创新工作就陆陆续续开展了，而且取得了不少成果，把生产中的一些问题也解决掉了。

我们基本上每个月都会聚在一起开个简单的会，或者是一些骨干成员一起讨论一些事情。很多生产上的问题，尤其是生产安全方面的问题，如果不在意真的可能出事，而且一出事故损失就很大。同时，我也在考虑一些长远的事情。

六、管理工作的体会和印象深刻的事

管理这一块儿，我觉得首先得有制度。我一直强调，从国家到企业，都要用制度来管人，不能靠人管人。国家用法律来约束人，企业或者小团队里肯定也得有个制度。制度管人能减少很多不必要的麻烦，而且制度对每个人都一样。其次，执行力一定要好。有制度但没有好的执行力，那制度就白搭了。比如，制度规定张三做错事要扣50块钱，但到李四那就变成扣30块钱了，这不行。最后，还得有点人情味。你可以触犯条例、被"考核"，但你做好了之后我们可以给你适当的奖励。就是说，制度、执行、人情味，必须都得有。另外，还要做好思想政治工作，把人的思想工作做通了，就什么事都好办了。尤其是我们一线的产业工人，他们是最单纯、最纯朴的，思想很单一，没有想太多复杂的东西。所以遇到问题怎么去解决？就要把思想工作做好，有的放矢地做工作，像哥们儿一样。要从自己做起，让他做到的事自己得先做到，这样的话他就佩服你、信服你。甚至有的人家里有什么困难都可能找到你，我们也会尽力去做，但并不是所有事都能做到，做不到的他们也理解。我们有时候帮谁做一件事，我们认为可能是小事，但对工人来说可能就是一件大事。

还有一点就是，我总是觉得，如果一个员工去找主任，那他一定是经过一番思想斗争的。如果那件事不难，他也不会找你了。所以我是这么换位思考的：工人告诉我的每一件小事，我都要把它当成大事来对待，这样我们才能努力去做，至于成不成那是以后的事，至少我们去做了，工人也能看到，这样他才会信服你这个团队、这个领导。

现在我的记性不如以前了，但年轻时所有岗位的安全规程我都能背下来。我要把全车间的每个人都考一遍，考你这个岗位的安全规程，你给我说一遍。我先听你说，你说得不对的地方我就告诉你。你说要注意车辆伤害，但你还得注意物体打击，别掉东西砸到人。经过这么一交流，最终管理的这个团队觉得我这个主任还挺厉害的。

在四期建设过程中，因为都是些新东西，所以出了一些问题。我印象最深刻的是出了事故后，大半夜组织抢修。那是个设备问题，干浇的装露装置开了个盖。参加抢修的有20个人左右，包括很多年轻的同志，两宿一天不停地忙，确实让我特别感动。有时候我说："不行你们就回去休息休息。"他们都不回去，最后所有人都累得没力气了。

我也一直在那,他们还跟我说:"你回去吧,没事。"为什么我要跟大家一块儿干活呢?原因是在干活的过程中,有些地方如果没注意到,就可能会出安全事故。一旦出事,我们之前干得再辛苦都等于白干了。所以说,他们没注意到的地方我就得看一眼,得提醒他们注意,比如"你这个地方安全带必须得系紧"等,就是类似这样的事。

我在老五炼焦的时候,还遇到过一个大的生产事故,整个焦炉都停电了。停电之后,我在后半夜2点10分接到电话,让我赶紧去处理。我家离厂子很近,但是晚上门岗那边进不去车,开车、打车都得绕远路进去,更何况打车也打不了。我跑到厂内离焦炉还有200多米的铁路道口的时候,实在跑不动了。我一看那个情况,就想:"完了!"因为焦炉上一片火海,那个事故就比较大了。正常情况下,焦炉上有煤气冷却。因为煤气从炭化室里出来时有八九百摄氏度,得用氨水喷洒来冷却一下,冷却到八九十摄氏度再送去净化。如果氨水没有了,我们还有事故水、消防水,焦炉上必须得有水来保护它。

但那次是大停电,一点水都没有了,现场全黑了,只有火在烧。那次还把一台设备给烧坏了,就是装煤的车。我去的时候,工人真的让人感动,工值班长披着棉袄就要往车上冲,我说:"赶紧下来!"现场的火很大,所有炉子上都是火。五炼钢的炉子是四层65孔的,一个孔1.5米。我跑到那一看,就说:"完了。"炉顶正常的话还有放射管,是放煤气的,但是那次整个都着了。我得先看看有没有人受伤,还要问明白有没有装备还在炉子里。装备要是在炉子里就废了,没有电的话装备就出不来了,那就得组织人把它弄回来。那套车,我说:"车就不管了,烧就烧吧。"我知道那是辆比较老的车,其他的也就烧点电线、接触器、配电盘,那都无所谓。人上去之后很容易就下不来了,就烧死在里头了,司机是从车另一面的栏杆上跳下来的。上车的梯子已经有火了,根本下不了人。火远看着无所谓,到近了烤得你都不敢靠前。那次事故到第二天早上就处理完了,领导还挺满意的,有些领导还问我:"允东,放射管的火是怎么灭的?"这么危险的事故我给处理得挺好,领导还给大家发了点奖金。

我毕业时选择了鞍钢,选择了焦化,我从学生时代起就跟老师说我要从事这个专业。还有一个原因就是,我的家庭也是靠这个企业来生活的,所以企业发展得好,我们个人和家庭也能从中受益。此外,企业发展得好,在这个行业里走到哪里都会被别人羡慕;反之,如果企业是亏损的,走到哪里都会被人看不起。从口碑和虚荣心上来说,我们都希望企业能够发展良好。当我和同学们聚会时,他们问我:"你现在在哪里工作?"我回答说:"还在鞍钢,鞍钢很好。"从大的角度来看,鞍钢发展得好,也能提升我们城市的地位。就像董事长之前来这里说的:"作为鞍钢人,我们必须为自己的荣誉和地位而战。"即使在最艰难的时候,我们也不能因为企业遇到困难就选择离开。

董 军
蒋总和我的鞍钢信息化建设之路

亲 历 者：董　军
访 谈 人：薛文龙
访谈助理：夏可恒
访谈时间：2020年10月23日上午9:00—11:00
访谈地点：鞍钢党校
访谈整理：夏可恒

亲历者简介：女,1970年生。1988年进入哈尔滨工业大学就读,毕业后回到鞍钢工作。1992年在重机计算机室工作,1997年进入鞍钢自动化公司从事自动化系统研究至今,现任公司总经理。与蒋东明共事多年,蒋东明去世后,董军开始担任起团队的领导职务。

董军(中)接受访谈

一、 回到鞍钢好像理所当然的事

我1970年出生，今年50岁，1988年进入哈尔滨工业大学计算机专业。当时有一个"双钢"的说法，即夫妻双方都是鞍钢的员工，这是一件非常令人自豪的事情。因为薪水高，待遇好，而且它是国有企业，非常光荣。因此，我们上大学时的主要目标就是能够进入鞍钢，并且我在四年的大学学习后成功地实现了这个愿望。事实上，到我1992年毕业时，鞍钢的经济效益已经不是特别好了，因此我们学校的许多学生都选择去深圳。由于我是委培生，因此我一定要回到鞍钢。同时，在毕业时，父母坚决要我回鞍钢，加上我又在学校搞了个对象，恰好那时有一位同学即将离开鞍钢，他顶替了那个同学的位置，与我一同成为委培生进入鞍钢。对我来说，回到鞍钢好像是理所当然的事情。

我们家族三代人都是典型的老鞍钢人。尽管我爷爷不是劳模，但在那个时候他是八级工，薪水比厂长的还高。那个时候的工人可以挣比领导还多的钱，而且还能得到干部的尊重，所以他为自己是鞍钢人感到非常骄傲。那个时候我们上班，有时候会晚点，甚至到了7点半还没离家，爷爷就会说："这都几点了还不上班，你们现在轻松了，我们那个时候每天早出晚归。"自小我就受到爷爷这样的教育，要对企业非常认真。除了用来吃饭和睡觉的时间，我们应该把所有的时间都贡献给单位。爷爷是这么要求我们的，平常在家里就这么说。

我妈妈是鞍钢立山医院妇产科的护士，蒋东明的妈妈是那的妇产科大夫，她们是同事。以前我们企业拥有学校和医院，现在这些都已经剥离给社会，立山医院已经归属于鞍山市了。我妈妈在我一个月大的时候就开始上班了，她一只手抱着我，挤公交车去上班。我觉得自己具备产业工人的基因，从出生开始，周围的人都在为鞍钢工作，也都忠诚于鞍钢。当时我毕业后也想去深圳，但我妈妈就说我必须回鞍钢，别想其他的了，我也没有太坚持，最终回到了鞍钢。

我爸爸是鞍钢钢研所的主任，也就是钢铁技术研究所计算机室的主任。

他学的是无线电专业,后来设立了计算机室,他就调到了计算机室,计算机室的领导大多是原来从事自动化和无线电工作的人。在我印象中,计算机专业好像是90年代初才开始设立的。我爸爸是1941年出生的,是西安军事电子技术学院1962届的保送生。毕业后他被分到了402研究所,那是一所属于北京的军事研究所,平时我们也不知道他在做什么。后来他被调到了沈阳航空学院当老师。因为我爷爷身边没有孩子照顾,所以他后来写了一份申请,希望把我爸爸调回来,调到鞍钢,调到我爷爷身边,最终才让我爸爸调回钢研所。我爸爸也是非常勤奋认真地工作,所以我们家有这种踏实干活的基因。自小我就觉得,无论是对于鞍钢还是其他企业,我都可能会如此认真地工作,但是现在我不能对孩子有这样的要求。我觉得挺遗憾的,让下一代回到鞍钢的可能性不太大,孩子可能要在外面闯几年,然后再看看能否回来。我们的钢铁传承可能到我这一代就会断裂,没有第四代了,不知道未来能否传承下去。希望东北能够复兴,一旦复兴,可能会吸引人才回来,希望那一天能够早日到来。

毕业后的最初几年,我在鞍钢过得一般,鞍钢的效益不如以前那么好了,但也不错。大约在1997年的时候,我从原来的单位调到了自动化公司。我原来在一个叫重机公司的单位工作,负责鞍钢的重型机械。由于我所学的专业在这个单位不是主要领域,所以我总是在辅助科室工作,后来我想转到其他单位,于是转到了自动化公司。自动化公司的所有人都从事计算机相关工作,他们都学过计算机、数学和自动化等专业,我来之后相继参与了许多大型项目。从2003年开始,我们鞍钢的信息化建设进入了一个辉煌的时期。现在面临困难时,我就会回想起2003—2013年这十年,那是鞍钢信息化的黄金时代。那个时候不仅有当时集团的领导人刘玠的支持,还有我们鞍钢的林经理的支持。他本身是学自动化的,还在热轧和冷轧领域有经验,为人正直、聪明,计算机、自动化和钢铁等方面他都很了解。还有一位名叫蒋东明的神人。当时在林经理和蒋总的共同支持下,我们把鞍钢的ERP系统推广起来了。我们的ERP系统从2004年开始上线,至今已经运行了十五六年。2004—2005年间,全国的钢铁行业都在推行ERP系统,但到了2019

年左右，所有的钢铁行业都在进行升级改造，因此他们基本上只使用了十多年。

ERP 就是企业的资源管理信息系统。一般来说，厂级的管理信息系统称为 MES，直接指导生产；而 ERP 则在更高的层级上，用于管理整个鞍钢的人力资源、财务和设备，一般用于机关部门。现在回想起来，我们那个时候的生活虽然很辛苦，几乎五六年没见过太阳，基本上每天都要工作到晚上 9 点才能回家，早晨 7 点就得去，每天都如此，但是现在整个鞍钢仍在使用我们当时建立的系统，我们对此感到非常自豪。像蒋总这样的人，将来是再也不会有的，是独一无二的。现在我们有时候会觉得又在面临很多困难，经常会想起他。那天我接到这个项目时，有几个地方记不太清楚，我本想问问嫂子，但手机刚打出两个字，就再也写不下去了。现在基本上不能再谈论这个了，因为我们遇到了太多的困难（流泪）。

社会变得越来越复杂了，也许我一直都在向前发展，因此我遇到的事情越来越多，遇到的困难和无法解决的问题也不断增加。现在我更加怀念那个非常单纯的年代，在工作中有领导的支持，下面的业务部门又有很多既懂技术又有道德的人，这真是太珍贵了。

二、我与蒋总参与的鞍钢信息化建设

下面我来讲讲蒋总，说说为什么我们对他怀有深深的敬意。我与他之间的关系很深厚，我母亲和她母亲在同一家医院工作，他父亲是学校的老师，我周围的一些亲戚上过他的课。蒋总今天所取得的成就，我认为很大程度上归功于他父母的家教。他父母来自江苏，背井离乡来到鞍山，成了异乡人。他们之所以来到这里，也是为了支援鞍钢的建设。他父母由于没有依靠，就只能依靠自己的能力。我很尊敬这些外地人，他们的生活并不容易。他的父母都是非常聪明的人，这种聪明并不是指他们在工作上的表现，而是指他们的智商很高。他们没有那些不正当的想法，他们一心一意地教育孩子，并努力工作。蒋总出生后不久，就不幸生病了。如果没有他母亲四处奔波为他求医问药,他的生活轨迹可能会完全不同。由于他从小就身患疾病,母亲便将他送回老家,由外公照顾,他外公是当地一所著名学校的校长。在他大约9岁的时候,人们发现他几乎啥都会,就说这个孩子不读书实在太可惜了。于是,在9岁时,他被送回父母身边继续读书,与比他小2岁的弟弟一起,一直读到19岁参加高考。他在中考和高考中都获得了鞍山市第一,他的弟弟虽然没有超过他,但是也具备了上清华的资格,于是他弟弟去了清华,而他却未能获得任何学校的录取。随后第二年他开始工作,找到了一家专门接收残疾人的工厂。在上班的前两个月,他听说考试政策有所变化,可能是对残疾人的优惠政策加强了,他母亲立刻联系教育局,而他也开始积极备战高考,此时距离高考只有两个月的时间。在第二次高考中,他又获得了全省第一。辽宁大学表示如果他们兄弟俩都来报名,就会接纳他们。但是他的弟弟不同意,坚持要上清华。于是他又要参加高考,这时一个老红军可能给予了他帮助,辽宁大学才勉强接纳了他。他大学主修数学专业,毕业时因为鞍钢是国有企业且有良好发展前景,于是自动化公司表示欢迎他加入。他似乎总是遇到生命中的贵人:他在初中时,外公便认定他是好苗子;母亲也竭尽全力地四处寻求帮助;父亲是一个非常朴实的老知识分子,我们很多人都听过他的课,虽然我们常常听不懂。因为他父亲虽然已经来鞍山很多年了,但还是一直讲江苏话。大家虽然都听不懂,但他仍然认真讲解。他妈妈是家里的顶梁柱,可能因为她是医生,认识很多人,就一直在为他的事情奔波努力。从那时起,他就格外珍惜所有难得的机会。

到了工作岗位后,他家离工厂有十多公里,其实骑车也不算太远,但他每天都选择步行,拄着拐杖。他个子不高,但上半身非常壮实。他每天锻炼身体,为了确保在8点前到达单位,他得在5点就离开家。到了冬天,整条大马路上就只有他一个人每天走。尽管他有残疾,但他通过走路锻炼身体,所以他的心肺功能都很好。那时候我们办公楼没有电梯,他在四楼工作,每天都要走楼梯上下。他非常坚强,他在九个月大的时候就开始生病了,但他并不认为这值得别人同情,因为别人的帮助只是暂时的,不能长久,所以他完全依靠自己。后来不到两年,他参加了世界残奥会,连续两次获得第一名,他无论做什么都能名列前茅。他从小因为身体原因，思考的时间比别人长，因此逻辑思维非常强。在工作时，有时候多方激烈讨论问题，每个人都持不同观点，他有时候插话，但同事直接说："你懂什么？你又没亲身经历过。"他基本上待在办公室，很少去现场，但后来在辩论过程中，人们实际到现场调研后，发现他说得确实对。经过几次这样的来回，大家就都非常尊敬他，称赞他简直太厉害了。

亲历者与蒋东明共事场景

在单位里，他的主要工作包括编程和系统维护。当时好像是联合国支援中国，提供了 3090 型号的小型机和大型机，对于一般人来说这些不太容易理解，所以他负责维护。他可能是中国最早接触到大型机和小型机的一批人，一直到后来出现 X86 架构。我们开始进行 ERP 系统的开发时，宝钢、武钢和其他大企业都在使用大型机，而他之前就曾经处理过大型机，所以在 2004 年他就认为大型机应该算是走向没落了，因为小型机既便宜又性能良好。我们开始与 IBM 合作进行多轮实验，认为可以使用小型机来构建一个替代大型机的架构。后来我们去北京进行测试，每次测试他都带领我们前往，每次测试基本上都需要一个星期的时间，每天都持续一整天，所以有时候我们到深夜 2 点甚至 4 点才回去，回到饭店休息四五个小时后再返回继续测试，其间他一直陪伴在我们身边。其实在我们真正工作的时候，我从未觉得他是一个残疾人，他也从未抱怨过累。后来我们成功搭建了这个架构，使用小型机替代大型机来构建了 ERP 系统。在当时,工信部评选所有央企的架构,我们排名第一,这为鞍钢省下了大约 5100 万元。这个成就非常大,连 IBM 都不得不佩服。

这个系统在 2005 年开始上线,2008 年生产领域也陆陆续续上线了。但在 2009 年,他被诊断出肠癌并已转移到肝脏,后来病情恶化,未能参与后续上线工作。他住院时以为是阑尾炎,但最终未能从医院出来。他在接受七个疗程的化疗后,我给他打电话。我觉得他这个人非常放不下工作,同时化疗过程实在太痛苦。有时我会劝他说:"如果不行就回单位吧。"当然,单位领导希望他能回家多休息,但我认为我可能更了解他的状况。我见过他的背心,上面全是血点,因为他全身溃烂,头皮也是,一碰就会流脓水,非常痒。他妻子每隔 15 分钟就要轻轻给他挠两下,这样才能让他入睡。他只能坐着睡觉,因为全身都是伤口,躺不下来,他妻子也整晚整晚睡不着觉。后来我说:"你白天来单位吧,让嫂子休息一下,也能缓解一下工作压力。"第二年 5 月他就回到单位上班了,他的工作时间完全由他自行安排。然而,他的自律性非常强,仍然每天早上 8 点准时到单位,基本上没有在下午 5 点之前离开过,这让人不禁对他肃然起敬。可能因为我们当时还年轻,缺乏经验,没有充分理解他的病情,没有给予他足够的尊重。我们仍然会向他问问题,有时还会向他发牢骚,而没有充分考虑到他的心情和身体状况。他对于生活并没有太多的要求,没有什么需要花费的地方,对于吃穿方面也并不讲究。他中午通常在单位吃饭,有时候他妻子会给他送来午餐,有时候他会自己做一些简单的食物在微波炉里加热来吃,我们每天都能闻到他做食物的香味。他这个人非常善良,而且他作为一个唯物主义者认为癌症是不可逆转的,所以他认为应该把钱留给媳妇和孩子。他中午在单位吃饭,有时候他媳妇会送饭来。有时候他只是烤两个土豆吃,把它们放在保鲜袋里,然后放进微波炉里加热,一剥开皮就能吃,我们每天都能闻到土豆的香味。有时候他媳妇会给他做一两个菜,但我从没见他吃过海参、鲍鱼、燕窝这些能提高免疫力的东西,他的饮食完全是普通人标准的。他一直坚持上班,直到 2012 年 3 月去世。2010 年,"鞍钢宪法"发表 50 周年,他被评为"感动鞍钢创新功勋人物"之一。那时他刚做完手术,身体状况还不错,还没有恶化到后来的程度。他的脸虽然是黑紫色的,但还是亲自上台领奖。我觉得他是想在这个场合表达一下自己,因为他知道以后可能再也没有这样的机会了。他原来一直很低调,但这一次,因为时间不多了,他希望能参与进来。他说他一定要在台上向那些对他有帮助的人表达感谢,他这一生遇到了太多的贵人,所以他一直觉得很满足。

实际上,蒋总这一生既出名又能干。对于一个人的评价,我认为他必须善良、正直、聪明、能干,而他具备了这四点。但是我仍然觉得,世上有伯乐,才会出现千里马,他真的碰到了伯乐。他从小就遇到了他的外公和妈妈,后来又有老红军,他们都是那种听到他的事情就能立即决定并支持的人。当鞍钢决定要上线信息化系统时,刘玠是关键人物,他非常重视这一领域。因此,他说无论如何都要将鞍钢的信息化推上去。他找对了林经理来负责这个项目,因为林经理的个性非常果断。在我们进行前期业务调研时,需要进行业务流程再造,这个流程涉及各方的利益,也涉及许多人手中的权力。那时的会议总是吵吵闹闹的,销售部门和生产部门吵,生产部门和质量部门吵,质量部门和发货部门吵,每天都在吵架,总得有人做出决策。现在我们就少了这样的情况,有时一个事情讨论两三个月,开了多少次会也搞不清楚,这个时候就需要领导敢于做出决策、承担责任。林经理有这样的能力,刘玠也敢于做出决策。此外,蒋总在推进这个系统时给出了理由,他聪明且有智慧。所以,这几点决定了当初实施的系统能够运行这么多年。经常有一些信息系统上线后,一两年就被废弃了,可能是最初的设计不太合理。而在一个不太合理的情况下,如果有领导的支持,也可以上线,并在过程中进行迭代修改。但一旦领导不再推进,底下的人反对,领导就会放弃。一般来说,一个单位不会同时得到上级和下级的全力支持进行信息系统的实施。要么是领导非常希望有信息系统,想通过信息系统监控员工,但员工却不愿意;要么是员工希望上线,方便减少工作量,而领导又不愿意。那时我们有一栋楼,加在一起有100多人,整天都在吵,各种会议室都是嘈杂的。现在回想起来,那时候还真是不错,非常有趣。

三、在技术研发与行政管理之间

其实我现在有的时候会觉得心情有点儿郁闷，倒不是因为现在干活有多累，就是觉得要跟各色人等打交道，还得费劲跟甲方沟通。那时候咱们可是信息化的黄金时代，技术人员特别强势，跟甲方拍桌子那是常有的事儿，咱们理直气壮，就说这方案你就得听我的。可是现在今非昔比了，现在感觉咱们就是求着人家找你干活。再不是以前那样，我们信息化部门，别看只是部门，鞍钢拨款给咱们发工资，干活就行了。现在可不行了，现在要完成这个任务指标，要拿到合同，一年100多人就得完成2700万元的利润，咱们的压力主要来自这里。在技术岗和管理工作的切换中，工作内容上最大的区别就是要考虑很多财务上的问题，技术上只是一小部分。过去做工程、做技术，都是不太跟人打交道的。做工程只要搞好进度、保证质量就行了。现在干管理呢，一个是员工的心理建设，100多个人的心理状态你要了解；还有一个就是每个月发工资的大事儿，财务状况得掌握。每个月上面都有考核，考核收入、尾款这些。收入得跟甲方沟通协商，让人给你钱。如果甲方这边拿不来钱，我们就不能按时付出钱，所以这些都需要沟通。还有一部分呢，比如贷款要跟银行打交道，财务上要花费很多心思。员工建设上，我这人性格比较直，不太了解人家高不高兴。但是现在我发现，如果人的状态不好，也是很影响工作效率的，所以现在有时候我就在这方面花费很多心思。原来我特别不愿意跟别人谈心，给活就完了，中间不会做心理建设，现在有时候我会花一些时间在心理建设上。这是我觉得需要学习的地方，也是最难的地方。跟人打交道真的很难，这也是管理上要学的东西。

蒋总他从小经历过很多困难，所以他就很能理解别人，对人也很宽容，从来不会去跟别人斤斤计较。他这个人性格非常细腻，也很敏感。那个时候他是我的直接领导，我是系统组的组长，办公室就在他隔壁，我们天天见面，一天能见很多次。我如果跟谁生气，中午生气不吃饭，把门关上，他就会非常小心地给我打电话，我不接的话，他就会找别人把门撬开。有一次就是这样子，我给他打电话，问他："你要干什么？"他说他担心我想不开，我说我不会的。他这个人很细腻，但是我觉得他有时候太操心了。他对谁都是这样，特别不愿意麻烦别人，我们这里很多员工都可以直接找他聊天，他也会给大伙儿指指方向。我现在因为经常工作到中午12点多，买不上饭，开始是叫同事帮我买，后来习惯了同事就天天帮我买了。但是他就不，除非来不及了，谁替他买了，他就千恩万谢的。要不平常就得挂个拐走去食堂，我们那时候去食堂还得走五六分钟，他天天自己买。后来鞍钢奖励了他一辆车，他就马上让他媳妇去开车。他媳妇真的非常好，各方面都好。他之所以能走到现在这一步，从某种程度上来说，他媳妇起到了很大的作用。他媳妇不仅人好，长得好看，心眼还特别好，什么都会做。他媳妇能给他打针，又会开车，天天送他，什么时候都笑呵呵的，人可好了，还很聪明。那个时候有很多女司机学开车，其实蒋总也很喜欢开车，他的右脚没问题，是能开车的，但是没能考到驾照。有时候他媳妇带他上郊区过过瘾，开两下，他给他媳妇讲开车的原理，他媳妇立马就会了，很厉害。我觉得蒋总本身很善良，这是因为他碰到的好人多。他很正直，基因是一方面，另一方面他碰到的全是敢于担当的人。所有给他拍板的人、帮他的人全是对他的事可帮可不帮的人。所以他也很愿意去帮助别人，在某些模棱两可的时候，他愿意做出正直的选择来帮助别人。其实技术上我们用大型机就行了，他干吗非得要花这么大力气去为鞍钢省这些钱？我觉得从正直角度上，从公司利益角度上，以及从他的技术能力上，他都对自己有这种要求。

蒋东明（右一）与研究室成员讨论技术问题

他们都说我不像个领导，但实际上我并没有把自己当领导。一开始当总经理的时候，有人提醒我别整天开着办公室门，让别人进我屋得敲门。不过，我岁数大了，也不在乎这些了，就随性吧。

我是总经理，我们单位还有个董事长，两个人的工作互补。我们班子有五个人，董事长年轻时就是一把手，所以在一些对我来说很难的领域，比如人力资源和财务方面特别擅长。但因为他长期担任领导职务，对基层了解不够，而我这方面比较强，经常去跑项目组和现场。还有一个搞施工的副总，我们都是做 IT 行业的。虽然我不擅长网络施工和现场自动化施工这方面，但他可以亲自上阵。另外还有一个人负责纪委和党建，最后一个负责处理对外关系，包括政府和合作伙伴等关系的维系。每个班子都有自己的特点和分工。我手下有人很擅长市场对外工作，而我自己则更愿意做项目和跑现场。所以我们整个班子是互补的，大家各自做好分内之事。我发现很多单位的总经理只关注财务报表，副总则负责人力资源。而我们单位则不同，我的班子分工明确。虽然我不擅长处理员工的情绪和凝聚团队向心力，但我的班子成员们都能各展所长。每月月底，董事长会询问收入和回款情况。他听了汇报后，整个公司运营框架就一清二楚了，哪个环节还有问题他会及时提醒并指导我们改进，大家照他的指示去做就可以了。

以前我们这儿也出现过员工不满来上访的情况。正常总经理得出面去处理这些事，我们副总以前做过工会工作，有这方面的经验，所以他就第一个站出来处理。很多事我甚至都不知道，也不是说所有事都得我来做。在这方面他们对我挺宽容的，没那严格要求，整个班子很和谐。所以一个单位要搞好，我觉得班子和谐是最关键的，班子之间要是互相较劲就啥也干不成了。至于是不是总经理，哪些管理职能是总经理该做的，在这些方面我还欠缺很多管理经验，我大部分时间都花在技术上了。

我现在感觉越来越需要企业多招一些文科人才，比如社会学、历史学、法律和财务这些专业的，他们的思维方式跟学 IT 和自动化专业的人真的挺不一样的，能够为我们打开更多的思路。现在很多人都认为学 IT 和自动化专业的人比较固执，不够开放，心胸狭窄，实际上就是说我们应该引进一些其他专业的人才进来。我们平时聊天也经常聊到这个话题,但想要招文科生却很难。昨天跟朋友聊天,他说他们最近招了三个模特,原来是航空公司的空姐,让她们来开拓市场,效果非常好,实际上这些人才真正重要的是懂得如何与人打交道,技术反而是次要的。

四、新形势下鞍钢未来信息化建设的进路

鞍钢的信息建设部门与外部的 IT 企业存在明显的区别。如今,对于国企互联网公司来说,招聘人才是一项具有挑战性的任务。这不仅是鞍钢所面临的问题,也是中国许多国企所面临的共同问题。通常情况下,国企很难吸引到优秀的毕业生。虽然以前我们鞍钢只招收来自"985"学校的学生,但现在即便鞍山科大的本地毕业生都不愿意来我们单位,而是选择前往北上广等一线城市,他们的起薪就高达 1 万多。

IT 行业如今对人才的需求非常旺盛,尤其是对于互联网公司而言,竞争十分激烈。在这种情况下,许多人才往往会被压榨得精疲力尽,但他们获得的收入确实相当可观。有些从我们系统组离开的人在这里收入为 12 万元,但去了华为后却能得到 60 万元的报酬,外部的诱惑确实很大。一部分人认为,自己年轻时多挣点钱,至于未来的打算,以后再说。另一部分人则是因年龄在 30 多岁时,考虑到父母年迈以及其他生活压力,选择回到家乡。对于这类回归的人才,我们鞍钢也会接纳他们,但他们此时没有正式的工作身份,而是以劳务外包的形式进入鞍钢。

可以看到,在私营企业中能够获得更高的收入,但同时也伴随着极大的不确定性。这些员工往往每过一年或两年就需要换一个单位。私企对员工的要求十分严格,员工经常需要更换工作内容和承担巨大的压力。与此相反,在国企中,员工一旦进入某个特定领域,他们的工作内容往往在 5—10 年内都不会有太大变化,相对更为轻松。然而,国企对员工的个人价值则需要更长的时间才能体现出来。

我们的开发人员具备深厚的行业背景知识,如钢铁行业和流程行业等。

虽然这些行业背景知识面相对较窄,但在面对类似流程行业或制造行业的软件开发需求时,我们的团队更具优势。例如用友这样的互联网企业,由于缺乏对我们所在行业的了解,他们无法独立承接我们的软件项目,因此必须与我们进行合作。这些私企的管理通常都非常严格,对员工的要求也很高,因此员工成长的速度很快。尽管在私企中能够获得更高的收入和更快的成长速度,但同时也伴随着更大的压力。相比之下,在国企中虽然收入相对较低,但压力也相对较小。尽管国企中的IT部门工作强度较大,但与外部的IT企业相比仍然存在很大差距。我们通常加班到晚上9点或10点钟,而外部企业则经常加班到午夜一两点钟。这种工作状态与收入是成正比的。

这些互联网企业也很愿意招聘从国企出去的人,国企出去的人确实厉害。国企出去的人一般来说很忠诚,但毕竟也要追求高工资。其实从国企出去的人不多,而决定回到国企的人都是为了追求安稳,所以对国企的忠诚度很高。我们可以明显感觉到,如果东北的国企出现问题,员工会非常受影响,因为他们把国企当作自己的家了。我们与攀枝花合并之后,发现南方企业的员工对企业的忠诚度比北方差太多,有的企业每个月都有30%的离职率。南方的员工觉得这只是众多职业中的一个,今天高兴就来了打份工。比如今天在钢厂工作,下个月就可能去养鸡,再下个月就去卖鱼。但是我们这边的产业工人,可能一辈子就靠这份职业。我们鞍钢效益不好的时候下岗的那批员工闹事,是因为他们不知道除了干这个还能干什么。鞍山市整个以鞍钢为核心发展起来,员工除了做钢铁,不知道能做什么其他的职业,就业范围很窄。一方面对鞍钢很依赖,忠诚度很高;另一方面就是离不开鞍钢了,真把人踹出去,人不行还是得找鞍钢,不能把人甩了。所以老说鞍钢闹事的多,其实是员工没办法。南方没有闹事的,改革的时候,说企业黄了,买断一人给10万、20万、30万,员工可高兴了,拿钱就走,我们这边不行,这就是南北方的差异。我儿子在上海学建筑学,我觉得是我们对他要求不严格。要是像当时我妈那样,要求必须回来,我估计我儿子也能听。我只是觉得,现在东北和南方发展确实有点不一样了,有些东西南方要更规范一些。我前一段时间去湖南,从市长到各部门领导全出来跟我们谈,跟东北完全不一样——东北一个部长可能都见不着面,更别说见市长、副市长。所以南方现在发展的理念确实要比东北强,如果东北官本位思想不改变的话,可能还是不行。

我们也有了一些变化。现在,对于技术人员,我们有了培训。一个是教培中心每年会给各个单位下发培训内容,员工可以自主选择。领导干部有一些课程必须得上,而基层员工则可以随意选择,选完后单位基本上都会批准,然后就可以来单位学习,学什么都可以。全国有很多各种各样的会议,比如数博会、全球工作互联网大会、移动会、开发者大会等,每年都有类似的重大会议,还有一些单位会提供相关的培训,比如某一个厂家的某一项技术要点需要培训,年初报上来,我们列出20项,希望大家参与这20个会议或者20项培训,各个事业部再补充需要的,就可以开始报名了。事业部助理以上人员必须每年出去一次,要见见世面。比如乌镇今年去了六个人,参加互联网大会;沈阳开的全球工业互联网大会,去了大概七个人。这样的会每年都会有人参加,这方面的差旅费用要达到一定指标,必须得花一些钱。我们越来越重视员工培训了,这样可以让他们见见世面。

一方面,我们注重培养员工出去交流;另一方面,针对劳动技能,我们IT领域也有很多工人或程序员,他们也经常参加各种技术竞赛,例如每年都会举办JAVA等程序开发大赛。此外,通讯人员、通讯电缆工等也有比赛。这些比赛有的是鞍钢举办的,也有我们鞍信自己举办的。在工作态度上,我们非常注重调动员工的积极性并培养他们对工作的自豪感。一旦项目做得好,到上线的时候我们就会大力宣传报道,还会配上图片和员工的名字。无论是谁做的,谁起到了主要作用,在实施项目的过程中,我们都会拍照留念。员工从开始做项目就知道,这些项目在成型、上线的时候会有报道,这对他们来说是一种激励。项目都有进度要求,延误是要受罚的,而提前完工则有奖励。因此,员工就会努力把项目做好。与外部施工不同,我们鞍钢内部的项目在完成后还会进行维护。因此员工不会不想好好做,因为这不仅是为了鞍钢自己,也是为了同事和朋友。所以从态度上讲,员工们会尽力想把项目做好。

姜 静
在鞍钢质检岗位上"从一而终"

亲 历 者：姜　静
访 谈 人：薛文龙
访谈助理：夏可恒
访谈时间：2020 年 10 月 21 日下午 2:30—5:00
访谈地点：鞍钢党校
访谈整理：薛文龙

亲历者简介：姜静,女,1971 年生,辽宁鞍山人。1990 年高中毕业后进入鞍钢技术检验室工作至今,2021 年退休。在家庭生活中,她悉心照顾瘫痪的婆婆、重病的公公、经过两次开颅手术后生活无法自理的丈夫共 20 余载,成为鞍钢孝老爱亲的代表,入选 2017 年 7 月"中国好人榜"。

姜静(中)接受访谈

一、童年在鞍山是"黑户"

我 1971 年 1 月 14 日出生,老家在大连瓦房店,那里产苹果、地瓜,离鞍钢不太远。我也属于随军家属,因为我爸是退伍兵,属于海军。母亲是一般的农村妇女,但是想当年也很厉害,妇女队长,也很要强。我家里有姐弟两个,我是姐姐,下面还有一个弟弟。我们都是红二代,爸爸是共产党员,我和弟弟也是共产党员,后来都在鞍钢上班,这就是我的家庭情况。

可能也就是 1960 年,那一年鞍钢招的是退伍兵,我也有幸随父亲成了随军家属一员。我对有些历史不算特别了解,我听我爸说那时候局势比较紧张,就招了那一次。我也有幸从农村人变成了城市人。我父亲有城里户口,因为他是鞍山招的,招完之后给落的是鞍山户口。我妈妈、我,还有我的弟弟都是农村户口,不属于鞍山市人,所以我们那时就属于街坊邻里流传的一种说法——"黑户",就是没有合法的居住权。正常来讲,有这个户口才是市里的人。

刚开始我们家的生活很拮据,因为那时是按人头和户籍去发口粮,不是说有钱就能买的。因为家里只有我爸一个人有城里户口,所以就给我家发一个人份的粮食,也就是说,我爸一个人份的口粮得养活我们这一家四口人,所以生活很拮据,没法形容。我以前没觉得,后来就觉得很辛苦,大了就懂了,那时候生活就是那种状态,也由不得你选择。跟你们讲一个例子,就是当时生活拮据到什么状态。现在来说,1 毛钱是最低的面值,没有分了,以前我们有分,1 分钱。那前儿的冰棍儿是白色的、很多冰的那种,不是现在的奶油巧克力。那时候的冰棒 2 分钱一根,夏天很热,我想买一根,就跟我母亲说:"妈,天很热,我想买一根冰棍。"我妈说:"别买了。"我说:"为啥?人家小朋友都吃,俺们为什么不能吃?""没有那么多钱,这 2 分钱还可以分成两个 1 分钱。"我说:"怎的,为什么这么分开?""分开的话 1 分钱可以买一堆的白菜。"其实就是扒堆的那种菜。在农村的都能知道那种菜,就这个季节,你结完了那个菜,夏天前儿要种秋天的大白菜。这时候把春播的白菜叶拣起来,因为垄上面不可能一下撒那么多苗,一般所有的杂余都得给拣出去。拣的那个菜能有那么长(比画),扒堆的话,1分钱一堆,我妈说可以买两堆,我们可以吃好几顿。现在我对冰棍这个事,还是有种特别的情结,长大了以后,就是特别喜欢吃冰棍,因为那前儿真买不起。

我小学上的应该是永昌小学。我上初中是在鞍山市第四十中学,四十中后来也跟三十九中合并了,因为生源好像也少了。我的高中是鞍山市第五中学。这些学校都在我家附近。其实那时候鞍山市很小,市里这个圈很小,鞍山市也有郊区,也有农村,再往周边扩就是郊区和农村,我们在市里那一块住。后来高考,不是说我没考好,没考上,而是说有点心高,考了400多分,报的志愿有点跑偏了。其实,我现在一合计,那时候我有点心高,要是不心高的话,我想当初最次也能上个二本。现在这些事情我也不纠结了,这都是命数使然,到了一定年龄你就觉得有一些定数在里头。

二、 以五分之一的录取率进入鞍钢

我是1990年8月份高中毕业的。9月份,鞍钢招了一批高中毕业的。鞍钢那时招高中毕业生,学历稍微高一点的,因为那前儿好像初中比较普及。我现在都50岁了,我说的是二三十年前,高中还算是比较高一点的学历。我在鞍钢参加了一年培训,培训的地方以前叫钢研所,现在叫自动化中心还是叫什么。

我属于鞍钢代培,就是说鞍钢特意招了一批人,50个女生,化验和检验都一同学习,主要是学习对口的,对接鞍钢将来的一些专业需求。后来我也真就是从事检验这一块,这批人当中还有做化验的,鞍钢就是专门招了这一届。但具体为什么招,我不太懂。当时培训了我们一年,我们原来高中的老师来教我们数学、语文,给我们都乐坏了。我就说鞍钢市也小,之后在原来老的钢研所,也派那些专业老师来教我们化学和物理这些检验知识。我们学习了一年,包括基础文化课还有一些专业的知识,这50个女生到最后才招了10个,是5∶1,录取了20%。最后必须经过考试,看分数,从前往后排。因为我有一道大题没答上来,我自己知道就差不多可以了。就像我刚才说的，自己真的会有感应，我要是被招上，我就是最后一名，因为那道题没答；我要是没被招上，我指定是在剩下那些人里面排第一名。结果，我真就是最后一个被招上的，第十名，真就最后一名。从那开始又是人生的一个节点，1991年12月份，我成为一名光荣的鞍钢工人，生活又开始了另一个阶段，以前是学生，之后就开始成为工人了。

三、从鞍钢物理检验工干到了现在

我原来被分配的地方叫鞍钢质量处，主要从事质量检验这块，我从物理检验工一直干到了现在，从一而终。现在这个地方叫鞍钢质量计量检测中心，反正挺复杂的，刚合并，整个鞍钢也都是一个大的规整。刚开始工作的时候，我是不适应的，那时候是1991年12月份，我20周岁。我的妈妈老说我不成熟，主观意识特别强，什么事情都以我的看法为依据，不管社会上怎么样，这都不好。因为人生在这个时代的洪流当中，人毕竟还是这个时代的一分子，有些事情就得去适应它，我刚开始就很不适应。

当时那个跨度和调工作还不一样，调工作是从一个岗位到另一个岗位。我这是从学子一下子变到独立的工人，人家会把你当一个独立的人去看待，而不是家里的孩子什么的。你在学校，这是在象牙塔；上班以后，除了象牙塔之外的事情，不管好与坏，你都得学会自己去面对，这就是一个转变。但是当时因为自己心思比较细腻一点，女同志心思比较细腻一些，所以可能有些不适应。我不太爱跟老同志唠嗑，因为他们说的都是孩子，不像我，我十年以后才说这些事情。我们那时候工作间很多，也不是说一直在做工作，肯定有空闲的时候，空闲时我就去旁边的工作间里待着，不怎么太喜欢听他们唠嗑，他们唠他们的，但有活我一定会去干。那时候可能也是刚毕业，所以接受能力也好，希望干得更好一些，什么活我都会抢着干，这是一个肯定的状态。其实你要说有什么，跟老师傅也有冲突，那是因为什么呢？用你们现在的话说，我那时候就是"职场菜鸟"。每个人都得经历这个阶段，就像我那个时候很主观，很以自我为中心。但是后来，到工作以后慢慢就知道了，工作的时候和大家其实是一个合作关系,而不是说你一个人就能完成所有工作。比如你先干了这一个部分,接下来会有人干第二个部分,还有人干第三个部分,这是一个合作。在这个合作当中,大家互相磨合性格,大家知道我是新来的,也都会迁就我一些。因为她们都是妈妈,或者老的同志。

我们的工作属于检验,或者是化验这一块。我们紧跟生产厂的状态,因为机器转炉,或者是这些生产,随时在出产品,就不可能积压着等到我白班去检查。有的时候需要得很急,人家装上车就要走了,恨不得火车皮都已经装好了,就等着报告。如果合格就OK,就启程,拉向祖国各地,甚至恨不得是世界各地,所以不能说等待你白班去检查,一定要跟随生产厂的状态。具体来说,就是检测抗拉拽,还有物理检验、化学检验,送到我们各个驻扎单位。也就是说,检查站随着各个单位,被分派在各个生产厂。他们那个检查站属于初级检验阶段,属于生产厂,我们属于中级检验阶段,被安排在一个地方。我们有中、西、北部,还有一个中心化验室,现在也是。我在西部厂区这一块,叫西部检验室。像你说的,他们需要把钢材再切成小的块,给我们送来,按照点送,我们再检测它的抗拉伸、抗弯曲、抗冲击能力。

我一直工作在这个地方,中间是因为我们厂房变化了才换的地方,但是别的基本上都没动,工作的性质、工作的单位、工作的状态一直那样。前两年可能还调班,要不一直就这个班,我就坐稳了没动。我是倒班的,今天晚上是夜班,我上班的话就是倒班,这个班倒了接近三四年。我们刚开始还没有这样的倒班方法,刚开始的倒班方法是什么呢?假设今天晚上6点我上夜班,到明天早晨8点我下夜班,明天一天我就在家。反过来,后天我直接就上白班,白班到晚上一天。后天的晚上就像我今天的晚上了,等于三天一个轮回。现在是四天一个轮回,我明天下夜班,后天可以再休息一天,大后天才上白班,就是他们说的干24小时休48小时这种,能多休息一天,能缓一缓。我刚开始上班都缓不过来,因为你一宿干活,不是去玩,回家第二天都懵,睡完第二天,白班又上班了。刚开始大家也建议要倒小班,但是可能因为我们女同志太多了,半夜有点不太方便,所以一直倒大班,半夜不用回家,上一宿那种。但后来也不知道什么原因,倒了能有两年的小班,太遭罪了,半夜

12 点回家，没敢回家，再回家吓得就不行了，喘了 1 小时，说不害怕其实是假的。

现在人少了，我们是物理检验中的材料检验，这一块儿一个班加班长才 10 个人，因为现在机器都机械化、自动化了。我们从德国斯 ZVICK 进的机器特别好，倒不是说崇洋媚外，咱们国产机器现在也跟上来了，前几年进了全国第一台和第二台这两台检测试验机。现在人少，是因为这块都要精简。以前一个班的人都得十一二个，现在减少了三分之一、四分之一。楼上还要进行少量的化验，稍微检测一下。真正的化验应该是中部化验室。我们物理检验包括加工、材料检验和少量的化验，加在一起可能得 20 多个人，四个班轮 80 个人，再加上楼上的领导接近 100 个人，那时候这个数量就是很庞大的了。后来随着机器先进了，一些职工也退休了，主要就是因为科技发展、现代化建设这种，机器省了很多人工，招的人也是越来越精。现在基本上招的都是大学毕业生，我听说今年可能还必须是"985 工程""211 工程"高校的，人才越来越精，素质越来越高。

我们现在整个还是分四个大班，这四个大班互相轮，因为我今天上白班，晚上是不是得跟他交班？一个班的编制是什么呢？有班长，还得有一个副班长。因为班长是国家给他休假，正常的带薪休假必须得有，他要是休假的话，群龙不能无首，咱也不能说咱是龙，但孩子们还得有个首，所以还得有一个副班长的编制。副班长下面是组员，组员还得分配，我们班也有别的岗位，我负责物理检验。还有一个就是，拿来的样坯子其实是很大的，我们有一个加工的体系，整个拿来一个坯子最后磨成一个形，就是瓶子外身的状态，完事我再去进行下一步的检验和化验。这得加工到一定状态，成为我需要的，不能拿一块铁去弄吧，那不可能。在检验的时候，也得有一定需要，所以需要加工车间，这是加工。我们属于物理材检车间，加工完了就送到我们屋里，我们属于物理检验这一块，有一些样是检测拉力的，还有检测冲击、有板材、弯曲的，什么样的都有。楼上再做一些小的样去化验，不能拿一个大钢材，你们看到那化验，显微镜都是很精密的，一个大贴片放在那不可能，拿去检测的样都很小，都加工成很小的块。有的样需要四边都加工得特别整齐,基本上都反光的那种,你再去看化学成分什么的,去检测一下。还有一个叫镀锌板,你们可能没涉及,外边镀一层锌的铁板,这个就需要有一个锌含量的测验,看看是不是属于有毒有害物品。因为我们要带一个小标进去才能测,整个的空间就像做X光那个检验室似的,一般情况下轻易不要进那里头去,门都需要关上。我们把样整齐地放在那,人出来,机器就动。你看加工、材料检验这些工种,我属于材料检验,是物理检验中的材料检验这一块。就是说,我们这边是加工、材料检验、楼上化验这三大块,是班长、副班长,再加上组员这个分工状态。

2020年姜静在鞍钢质检中心的工作照

四、培训、待遇福利和竞赛

在岗位的级别方面,我们工作的级别应该叫初级工,或者是中级工、高级工,我现在是技师,下一步准备考高技,但是因为中间出了一点人生的小事故,所以就差过去了,截止在技师这一块。

我考到技师这一块,经过至少四轮专业培训。因为初级也得培训一下,之后就像我说的,先培训,把专业知识讲给你,讲完之后再考试,考试之后你达标了,属于理论考试和实践考试结合。达到初级工了,这一个级别OK了,下一步是什么呢?如果想报中级工,就像我刚才说的,需要再经过培训。我们鞍钢这还出师资力量,都在职大这个地方培训,尽量不耽误工作时间,倒班你就得串开。

我1991年12月份上班,其实从9月份开始到1995年左右,工资也就是一个月400块钱。为什么记得是1995年那么清楚呢?一个是因为生孩子,再一个是因为那时候是鞍钢最困难的时期,欠了我们工人两个月的工资,11月份、12月份的。那时候是鞍钢经济最不好的、比较困难的时期,但是后来又都给我们补了工资。1995年是400块钱一个月，之后在25年期间一个月能开到800块、1000块，节节攀升，这25年期间能翻多少倍？接近10倍。如果要是不刨除五险一金，我现在每个月工资基本都在4000块以上，接近5000块。但是刨去这些所有的，我们班和班之间还有竞争，这是一种竞争机制，有绩效考核什么的，这样就会有一个工资差距感，让你有一个积极性。所以实话实说，一般来讲，一个月工资也就是3000块多一些，接近4000块。

我在2021年退休，一个月能拿2700块退休金。今年我们有一个同志退休，他28年工龄，因为我们都是高中毕业，都比十七八岁初中毕业就上班的少了3年工龄。要不然，基本上男孩最后能到30年工龄，因为都是60岁退休。我们女同志无形之中就少了10年工龄①，就是28年工龄。按照去年的百分比算，28年工龄一个月开了2700块，我明年退休，还多一年工龄，不知道一个月能不能开2700块，一个月能开2700块我就很高兴了。

我们工会会定期发放一些劳动保护品，或者是到了节假日，比如国庆节或者劳动节，工会会额外发一些劳动福利。再一个还有一个收入，你可以参加技术竞赛取得额外的钱。我最高的一次是领2000元，就是在技术竞赛中，我拿了第一。我们举办本专业的技术竞赛，那年我拿了一个第一，一下子给我2000元现金，很美。那时候我参加技术竞赛，大大小小也拿过很多奖金，小的400元。后来咱同志都有一个乐："那时候姜静只要一参加比赛，我脑子都发怵。"我说："怎的？""你指定第一，完事我们都没有份。"我说："别那么说，都有份，咱好好看书、好好学习都OK了。"

我大大小小的奖拿了不少，有的记不住了，但是那一年还有个别的竞赛也是拿了第一。还有一次是评鞍钢的模范，给了一个金质奖章，里面含80克纯银、20克纯金，加一起是100克，那是2016年9月份。我有时间就参加技术竞赛，因为那时候孩子也在读书，我跟孩子说："我们俩比赛看谁能拿第一！"孩子就说："妈妈你太厉害了！"这也是给孩子做一个榜样。

---

① 女职工50岁退休，男职工60岁退休。

2016年首届"鞍钢楷模"发布表彰
大会合影(三排左七为姜静)

2019年姜静参加鞍山市二一九
公园举行的学雷锋活动

五、 对家庭也有责任和义务

我先生也是鞍钢的工人。我们这有个地方叫铁东,有个山叫立山,那有个立山薄板厂,他就在那上班,也是鞍钢职工。我们俩1994年结婚,我到现在一直是无房户。我一直跟我们家公公和婆婆住在一块,就是两个屋,老公公和老婆婆一个屋,我们自己家一个屋,我们住在一起,一个厨房,一共就是70平方米,我一直住到现在。

那些年当中,这个房子什么的,不是我考虑的主要问题。因为1995年孩子生下来,大概1周岁的时候,我们家老婆婆就脑出血瘫痪在床①,所以我就说,生活的重心不在于考虑这些事情,而是在于照顾人。当时孩子还很小,我们都在一起住,所以这些事情不是一句话能说得了的,我就一直在照顾人。等老婆婆去世了,我们家先生也生病了,也是脑出血。说不好是遗传,还是什么原因,所以我照顾了他12年。② 当时他基本上是命悬一线,被抢救

---

① 姜静的婆婆1996年患脑出血瘫痪在床,2001年去世。
② 姜静的先生2005年患病,长期行动不便,2017年去世。

过来也是右侧肢体、右侧胳膊，加上说话什么的都不太好使。所以，在东北这个状态，这些常见病也跟水啊、居住环境还有我们吃的等这些东西有很大关系。因为家里有这种情况，所以可能我对这样的人也会多注意一些。我多看一眼就会发现很多这种情况，可能是跟我们的生活环境有关系。

但是心里还是有一个底线，既然这样，就接受这样的现实，想一想：如果还有好的方面，我们为什么不往那个方面去发展？我不会说那些冠冕堂皇的。当时他是整个人卧床，说不出来话，右手基本上就是动不了……好了以后，他的身体状态也是很差劲。到最后是什么地步？我就给你们说一个最阳光的状态——我先生自己能出去溜达，自己坐公交。后来因为陪他时间太长了，我就有点腰脱。我要是坐时间长就不行，你看我一直晃，我不会像别人那样老老实实坐着，因为我的腰不行。我连抱他再举他，一言难尽，说不完那个心酸。你说一米八一个男的，我根本弄不动他，人一有病，那身体就死沉的，我不希望别人去经历，那是真弄不动，死沉死沉的。我那时候还瘦，现在胖了一点点了，我自己说一声很辛苦，但是一切还是向着阳光那个状态去努力。当时还有孩子，其实那时候，如果我真要是走了，我也可以不要孩子。我们家孩子后来才跟我说可以选择离婚，那是他高中毕业的时候。现在我可以说"离婚"这个词，以前我不会想到这个词。那时候人的思想单纯，我不好说那个词。我儿子说："妈，我们班很多家庭都是离婚的。"我说："我不知道，你怎么知道的？"他说："因为开家长会，都是说有爸爸来不了、妈妈来不了的。"我说："真的有那么多吗？"学生之间会有这种交流，他们觉得自己长大了，有一些话会背着我们家长说，但是我儿子有些时候回家会跟我说，我就知道了。他说："妈，班里能有一半的家庭都是父母分开的那种。"那时候我也很纠结，但我是这么想的，就是现在这样的话毕竟还是一个家庭，孩子叫爸爸，还有人答应。不管那一步是怎么一个状态，但是对你来说，还是有一个完整的家庭。所以说有些事情，你还是得往前看，因为孩子还很小。可能当时也是为了孩子，有些事情还得好好的。坚持下来其实也不容易，我中间也经历了做手术，甚至接近抑郁那个状态，我自己后来分析就是有点抑郁，受不了。

说实话,当时我一直会想为什么会这样。因为谁也不可能生下来就什么道理都明白,什么事都经历了,就像圣人一样。你得经历过一些事情,然后你去思考,你去多问一些为什么。但是你经历过这些事情,你就会去想,既然是这样,你往下该怎么走。因为事情已经发生了,而不是说像我刚才问的:如果那天我那样做以后会怎样?没有那些事情,你只能往前去看,而且我的孩子还很小。我先生有病那年,孩子才10岁,现在我儿子25岁了,我先生走了3年。我也听过很多夫妻分开的例子,我也可以带孩子走,没毛病,但是不能那么办。说得大一点,有的时候就是觉得做人不能那样,不是说你有钱、你好的时候我跟你过,你不好了我就跟你分开,做人还是要有自己的底线。我觉得我有我的底线,我带他出去旅游什么的,也看过很多离婚的或者不在一起的,或者周遭跟我们不一样的。他们都在说我先生,说"你很幸福"。他出去走道很费劲,一拐一拐的,左侧腿基本上膝盖伸不直,手是拐着的,一看就是明显的那种残疾,脑出血后遗症。2014年我带我先生出去旅游,那时候是因为孩子刚考上大学,我说要带孩子出去走一走,因为男孩可能都不爱出去走。那时候老爷子在家,我带我先生走,推他去上海,领他去溜达。我们俩1994年结婚,那时候正好是20周年纪念日,纪念一下。

我自己照顾他12年,什么好的、坏的都有。其实我要是想走也可以走,但是真的要走,我也没法说出口,因为那时候的人很单纯,或者说觉得不应该那么办。我儿子那个同学跟我儿子说:"你还相信爱情吗?"我儿子说:"我有什么不相信爱情的?"他同学就问他:"那你看见过爱情是啥样吗?"他说:"我看见过。"他说:"谁?"我儿子说:"我爸、我妈。"他们就没吱声。我说:"将来你们结婚了就会知道,对家庭也有责任和义务。有的时候婚姻就是得付出,你没发现,更多时候你不自觉,或者自动或者被动,你都得去付出。"我先生是2017年走的,也是因为再一次脑出血,那天我正好加夜班。他有病12年,36岁本命年得病,48岁本命年走的。凭我这些年跟他在一起的经验,他应该是在我上夜班的时候,大约后半夜3点的时候,犯病了没起来。那天下班就发生了这件事情,等我中午12点到家的时候,门是从里面锁的,我拿着锯,找别人给锯开,门都锁死了,我打不开。这个事情发生以后,我们把他送医院进行一系列的抢救,我觉得情况很不好,所以就给孩子打了电话。我就告诉他回来,我说:"你看看你爸爸,我感觉他生病了。"我们家孩子其实也敏感,像他父亲,就回来了。其实我那时候在医院,也想忍住泪水。因为我儿子毕竟是孩子,不管多大他也是孩子。但是我看见儿子下车自己推着行李,远远向我走来,他走到我身边,我就跟他说:"儿子我本来想忍着……"我一看见我儿子,当时那眼泪就忍不住。现在一提起来那种感觉,我心里都会很难过。

今年4月份是我先生去世3周年,没过几天我们家老公公也去世了。其实也不是说漂亮话,遇到这种事,你指定会感到很伤心、很难受,这个是肯定的。因为你觉得生活都是无限美好的,不会想到突然之间会有这些状况产生。现在我特别爱参加婚礼,感觉特别灿烂,什么都是刚开始,那种状态特别好。但是有一些生活状况不在你的计划之内,其实后来一想,人生就是这样无常。也不是说你坚不坚持得下来,这时候你得讲一些责任和义务。我跟我儿子也说,现在人讲权利讲得太多了,都讲自己的权利是什么,自己要得到什么,但同时他其实没有想到应该付出这个问题。其实,你光想得到是不行的,你应该也有相应的付出,因为得到和付出应该是对等的。可能我为这个家庭付出了一些努力,有时候很难受,到最后都有点顶不住了,但还是

1994年姜静与王文胜的结婚照　2001年夏天姜静一家三口在鞍山市市府广场的合照

挺过去了。像李宗盛唱的《山丘》,越过去了,很不容易,我自己心里也会说很不容易。

六、 鞍钢陪伴了我

从年轻到退休的这一段时光,是鞍钢陪伴了我。用一句比较俗套的话,那就是互相成就,我以我是鞍钢工人骄傲。不管是从生活、工作,还是从个人、公家这种角度,你得吃饭,你得工作,这是一个必需的、最基本的要求。鞍钢成全了我,给了我一个就业机会,在这接近30年的工作,也让我成为一个更好的人。整个鞍钢有一种良好的氛围,从这出来了很多有名的人物。比如雷锋,我们同事的妈妈还认识雷锋,我那时候觉得可骄傲了。还有现在的郭明义,我们也见过,有的时候我们参加一些活动,或者做一些交流就能见到他。我说我和鞍钢互相成就,但是我觉得其实鞍钢对我成长的意义更大。因为从青年一直到50岁这个阶段,我一直跟鞍钢在一起,见证它从很繁华的、很灿烂的状态,再到老工业焕发生机这个状态。所以,我就是什么状况都能行,你看我在很困难的时期都能挺过来。到现在鞍钢属于共和国钢铁工业的长子、东北老工业基地,我也深深知道鞍钢这种企业在中国举足轻重的作用。

虽然我说的这些不一定那么确切,但是我能感受到,老工业基地虽然现在可能稍微有那么一点点落后,但是因为有年轻的大学生注入新鲜的血液,还有鞍钢这种要求上进、想要改变的状态,所以我觉得鞍钢做得不错。你看《厉害了,我的国》这些电影,我们鞍钢有一些钢板、钢索,还有辽宁舰上用的也是我们的钢板,人们一问是哪里产的,是鞍钢的钢铁,当时一提老骄傲了。虽然可能老的状态也有,但是现在我们整个鞍钢也在一个改变的状态当中。我们也算是老的员工,也能体会到鞍钢求新求变的状态,所以我跟孩子说:"儿子,毕业了哪也别去了,回鞍钢继续建设吧。"我儿子说不想回来。我说:"别,回来吧。"我跟我儿子说的可能是大一点的话,我说:"儿子,是金子在哪都闪光。因为只要你脚踏实地去干,你干好了,到什么地方金子都会闪光,人家都会看到。你只要好好干,别人总会看到你的优点;当然,你糊弄人家,人也能看出来。所以,你认真干,谁的眼睛都会看清一切的;你好好干,指定会有出息。你工作这才两年,你一定要立足自己的本职工作,别管将来怎么样,工厂师傅或者领导分配你干什么活你就好好去干,年纪轻轻的,别一坐一堆。因为你年轻,多跑跑无所谓,一定要好好干,你年轻,你为鞍钢注入新的血液,咱们还期待你好好建设鞍钢。"有的时候,即使在现在这种状态下,我感觉稳定的工作也不容易,我说:"儿子,你要珍惜自己这个机会,在哪儿工作其实都一样,你要好好干,是金子指定会闪光。"我说:"妈这话跟你撂下,你看妈那前儿,知道吗,老参加比赛,还得钱了。"小孩子也有一个状态,也知道你是为了工作,为了自身素质的提高,这也是言传身教的影响。

"鞍钢精神"其实就是一种责任,身为鞍钢人一定要以它为荣,但同时我还是那句话,你一定要把自己的责任承担起来。因为,你是鞍钢的一名工人,这种责任感要有,同时你就会以鞍钢为骄傲,我觉得是这样的。因为你在承担责任的同时也在付出,等你骄傲的时候你就得到了你想要的那些东西,我是这么想的,不知道对不对。

我入党时好像是2000年,我就是党组织里面的一名普通党员,但是我在积极发挥我的作用,尽我的所能把自己应该做的一切事情做到最好,去起到一个带动的作用,就像我儿子说:"妈,你尽到了一个母亲的责任、媳妇的责任、儿媳妇的责任。"他告诉我:"妈,等你退休了,就可以背上你的小包去旅游了。"我喜欢走,想走一走、看一看,看一看外面的世界什么样。

李新玲
从大学生到首席工程师

亲 历 者：李新玲
访 谈 人：陶　宇
访谈助理：刘奎麟
访谈时间：2020年10月22日上午9:00—12:00
访谈地点：鞍钢党校
访谈整理：陶　宇　刘奎麟

亲历者简介：李新玲，女，中共党员，1978年生。2001年大学毕业后进入鞍钢工作，现已成为厂首席工程师、技术创新专家。主持、参加了多项国家与省部级项目，带领团队解决了一系列生产技术问题，取得诸多专利，并荣获中国钢结构协会科学技术奖、中国金属学会冶金先进青年工作者、中国钢铁工业协会中国金属学会冶金科学技术奖等重要奖项。

李新玲（左）接受访谈

一、家庭教诲与从业之路

我爸是一个工人，我妈是街道办事处的职员。我爸分内的工作做得很好，没有太多时间来陪伴我。我们家老人特别多，爷爷奶奶，还有姥姥姥爷。实际上，我有四个舅舅，但是最后我姥爷他们就让我妈我爸赡养，主要就是因为我爸这个人特别善良，也特别耿直，而且我爸对我姥爷和姥姥都是很好的。我姥爷90多岁去世的时候，就拉着我爸的手说："我们俩一辈子没处够。"我觉得我爸就是一个挺正能量的人。我爸是1948年出生的，正好在新中国将要成立的时候，他经历了从旧社会到新社会的转变，对新社会是很感恩的，他一直都有这种感恩的态度。他工作都是比较认真、比较较真的；他为人处事也不计较，对同事、对亲人、对家人都很大方。虽然我们家不是特别富裕，但是如果别人有困难，我爸也会倾尽所有去帮助。我爸不会主动找事，但是我爸遇事的时候不怕事，都是很正能量地解决。我爸是煤矿行业的，也是党员，他能当劳模也是被一级一级评上来的，首先单位的，然后区里的，再然后市里的。可能我成长的环境就是这样，我觉得这对我思维和性格的养成都还是有一些影响的。那天我就说，我跟我爸很相似，因为我从小的时候就会有这种感觉，做事情不能稀里糊涂、不能糊弄。我觉得糊弄或者如果做得不好，我晚上都会睡不着觉，我会觉得亏心。就是说，如果这件事我觉得我做得没有达到百分之百的努力或者做得不好，我会觉得愧疚、自责。我就是这样的人，我像一个有强迫症的人，我女儿老说我现在有强迫症。我就总感觉有事没做完，心里就不舒服，就想把它做完，做得不好我心里还不舒服。后来因为有了荣誉，你会感觉到自己很充实，你觉得你做的事情是对的，你希望自己能够影响别人、带领别人。我觉得社会就应该是这样的，不管经济怎么发展，不管社会怎么发展，都需要大家互相影响、正能量地影响。

我是1978年4月出生的，在佳木斯大学，1997年入学，2001年毕业。上班之后，单位都会组织我们定期出去交流，所以后期我到北京科技大学和东北大学都去进修过。高中的时候，我化学学得特别好，我比较喜欢学这个科目。当时有一次挺有意思的经历，老师讲错了，我就跟老师在课堂上掰扯，后来老师说我的思路对。因为我父母也不太懂高考报志愿这些,所以,我报考的时候,就问了这个化学老师,请老师帮我做了一些参考。当时选了几个领域,一个是师范,一个是材料类。后来师范我没去,就学了金属材料。大学毕业的时候,鞍钢正好有这么一个机缘。我当时签了好几个单位,那时候一个人最多可以签五个单位,但是要做一个最后选择。这些选择里面有船厂、攀钢,还有一个江南造船厂。因为我是黑龙江鸡西的,我也有机会到哈尔滨的两个军工企业,也就是哈尔滨的车辆厂,还有一个是哈飞,就是这么几个企业。但是到最后,我选择了鞍钢。在这个选择的过程中,也是有人帮我参谋了,大家觉得毕竟鞍钢在国家的地位是很重要的。因为当时国内的钢铁没有现在这种状态,还是以几大钢厂为核心。鞍钢的历史地位大家都知道,它是共和国钢铁工业的长子,而且拥有那么丰富的历史、那么多的资源,品种也非常丰富。所以当时有一个人告诉我说,在鞍钢的这个大池子里头,你可以去发挥你的才干,在未来会实现你的一些想法。就这样,2001年毕业的时候,我就到鞍钢了。

二、从大学生到首席工程师

到了鞍钢之后,我以我们这个专业成绩第一名来选择鞍钢下面的单位。我当时就想,新轧钢给我的感觉是很有激情的,所以,在填志愿的时候,我就选择了新轧钢。因为新轧钢是一个上市公司,它对于我们刚从学校毕业的人来说很有希望,在这里面不会有一些陈旧的问题,比如说国企效率、发展速度都相对比较缓慢这类问题。这个公司好像是1997年组建的,当时我就感觉,在这样的一个新上市公司,工作起来会很有激情。最后,我被分配到了灵山的厚板厂。我先是在厚板厂经过了现场实习,一年左右就到作业区了。因为当时也是考虑到有一个问题,就是我是一个女同志,可能在很多人眼里,都觉得在工厂里女同志是不被重用的。因为我们当时一起进来的这几个人当中,有四个男孩都被分到了技术室主管工艺的一些工作,我只分配到了一个作业区。当时我在想,我要给自己两年的时间。虽然我当时是被分配到了作业区，但是在学校学的东西和现场的东西完全是不一样的，即使是有千丝万缕的联系，但是方向和内容还是不太一样，所以我就想给自己两年的时间，把工厂那些业务都了解和掌握。两年之后，我就有机会到技术室了，去管产品。

在20多岁的时候，我不会感觉到疲惫。我们当时有一个控冷的高温水塔，当时设备条件不好，那大水塔老大了、老长了，而且里面黑咕隆咚的，全是设备。我就自己一个人拿着对讲机在现场，台上操作人员配合我调整，就是那种状态。我就是一个20多岁的小女孩，自己大半夜跑塔上。每次生产、每次调整，我都不觉得累，我也不觉得害怕，我当时也不恐高，就是那种天不怕地不怕的状态。当时为啥领导认可我，他说从来没有看到一个女同志这样。我离开那个单位很多年之后，那些领导还在给下一代新人讲我当年那些故事。要半夜跟钢的话，是不是基本上头半夜就睡不着？那都一轧轧到第二天，基本上一宿一宿熬夜，也睡不上觉。第二天你还得继续正常工作，到晚上再走，都是这种连续的。当时我们一起来的人说，他想追求一种快乐的工作方式。我就想：什么叫快乐的工作方式？我觉得我现在挺快乐，我觉得我充实就是快乐。可能我当时的经验少、认知能力差，我的工作效率也没有那么特别高，但是我认为，我付出，我很充实，我就很快乐。现在，我也加班，我也跟钢，有时候也是跟晚上，但是体力肯定不如当年。前几年，我也是一晚上一晚上地跟钢，但是第二天我要是不回家，我在单位的状态就特别不好，就觉得浑身无力。所以我现在给自己的定位是什么？更多的是做引领和指导的工作，我需要把我知道的东西告诉大家，让那些年轻的、精力充沛的人去做，让他们去做我的"手"，我去做他们的"脑"。等到再过十年之后，可能我的认知也没那么多了，我连"脑"也不做了，我就可能只做一种精神支撑。我就是这么想的。因为十年之后，我身体状态肯定大不如前，你想想，那时候我就是50多岁的女同志了。所以说，未来我就只能做一种精神支撑，让他们看看当时的我，他们就能理解我当时是这么付出的，自己也要这么付出，要比我做得更好。我觉得现在还行，我觉得还能带领大家做事情，还是挺满足的，我觉得有价值、有意义。其实每个人对快乐的理解都不一样，我觉得这样工作的话我自己能有收获,也能带领大家收获,我为这个企业做了一些我应该竭尽全力去做的事,这就是我的快乐。

在我们这样的单位,女同志本身就少,你如果不突出的话,是不可能被选择的,所以我觉得女同志不要因为性别而束缚自己,要给自己一个定位。我常跟我们的女同事说,在工厂里头你不要有性别顾虑,要忽视你的性别。如果要是在其他行业里,可能要看重这个性别。但是我觉得在工厂里,你就应当忽视你的性别,就不要总想着你是个女同志这个问题,你该付出就得付出,该做什么就得做什么,你想那么多能做什么啊?就什么都不能做了,尤其是在一线。你如果考虑自己是女同志,怕黑,不能上大卡车上面,不能去跟钢,那就什么也了解不到。我现在能做这些事情,就是因为前面有积累,后面才会有快速的反应和判断。如果我前面什么积累都没有,大脑一片空白,我都想不出来遇到问题应该怎么去处理,那根本就不会出现我现在的这种状态。所以,就是要忽视自己的性别,女同志就要这样,有优点也有缺点。

我们后期招的都是小孩,这些新人必须是大学毕业的,目前后期招的人也都逐步被提升到合适的岗位上了,包括主任级的。当他们遇到问题可能想要推诿的时候,我觉得不管我是不是应该说这个话,既然我曾经带领过他们,我就要跟他们表明我的态度,那就是不要有这种现象,绝对不允许。如果有这种现象,我会很不客气地跟你说,而且我也不是那么柔弱,说你想怎么样就怎么样。我觉得怎么说呢,带领新人总得刚柔并济。如果说女孩老觉得自己是女的,拉不开脸,柔柔弱弱的,那在现场什么人都有,你就把握不了局面。我带过工人,遇到过各种情况,工人的想法千差万别,有好的,有一般的,也有思想落后的,什么样的都有。你想带领他们往前走,就会发现有很多人的想法都不一样,有在我面前装心脏病的,来闹事的,最后都得整平,要不然的话都会来找我。他们会效仿,好的会效仿,坏的也会效仿。物以类聚,人以群分,有的人会效仿不好的典型,有的人会效仿好的典型。好的典型我当然要树立,很多情况下都是,我就会树立好的典型、评先进,让大家去服从你,选你当班长,因为班长一定得有威信。如果你做得不好,我也会去帮助你,问题要聚集了就要解决。我觉得这可能就是一个理念,解决问题要靠疏导。还有一个就是，带过队伍和没带过队伍的人也不一样，工作经历上是不一样的。

我是去年被评上的首席工程师，从大学毕业到现在，也十来年了。我们的工作性质就是这样，我就觉得刚开始工作的时候，那些产品技术跟现在比完全不是一个等级的。原来可能站在第一个台阶上，现在已经迈到了第十几个台阶，可能过十年再回过头来看，现在的问题又不是问题了。国企就是这种氛围，员工要有担当，你要无条件支持国家建设，这是无从选择的，因为你的出身就是这样。国企不是私企，不是商人，不是以营利为目的的，我们的出身就是国家的企业，我们的出身就决定了我们的想法和命运。其实，我当时毕业的时候还有一个选择，就是去长春的飞行学院当老师。因为当时家里面有这样的一个渠道，我也不知道为什么就放弃了，其实现在回过头想想可能就是缘分，包括我去现场也是的。其实，我当时可以选择技术中心和新轧钢技术研究设计院，因为我是专业成绩第一名，但是我觉得去技术中心和设计院都没有现场有挑战，可能当时我的认知比较狭隘，人家也不是没有那么多的工作，也有很多新的工作。可能我跟别人的想法不一样，那时候我就想去现场，我因为前面有这些想法，才会有后面的这些经历。

李新玲与自己的工作团队在现场

后来在公司那边，我也有机会去分公司当管理人员，我考虑了一下，觉得还是需要在现场。我每天走到现场的时候，就觉得很热爱这个产线。因为这个产线就是我从筹建开始一点点设计出来的,每一个地方我都亲身经历过,所有的产品、工艺我都很清楚,我觉得我的价值就在这儿。我觉得以我的身体状态还能干十年,这十年我不希望到管理部门,去管理部门我就浪费了,就脱离原来专业的东西了。我有这么长时间的积累,我希望用最后的能力带团队,让大家都成长起来,当有一天我退休的时候,有人能传承。每一天走到现场的时候都会觉得有一种激情在里面,每天早晨我都感觉是这样。每个人的价值不一样,我自己的想法就是,我不能脱离现场,我脱离现场就觉得自己太飘忽,没有价值。再说,一个女同志,不会像男同志的发展空间那样大,这个我承认,女同志在工厂里的发展空间不会太大。你想,鞍钢毕竟还是男领导多,女领导少,这是符合客观规律的。我未来的发展定位也就到这样的程度,我还是觉得应该走专业型路线,我要用我最后的这些能力,把这个团队带好,最终让大家在技术上发展。这条路我现在已经走了快二十年了,还有三分之一的职业生涯。就像跑步一样,这么多人谁能跑到终点?一定是坚强而有毅力的人,否则你是跑不到终点的。现在这个过程就是我带领大家跑,有的人掉队了,有的人跟上了,跟上的这些人可能会成为未来的引领者,就是这样的。我觉得一代一代鞍钢人就是这样的,我也不是独立成长的,我也是有人带着我、指导我的。我也有师傅,以前有人说"我认你当徒弟吧",咱就"师傅"叫着,口头的,但是我真把他当师傅,真觉得我有什么问题都可以依赖他。我觉得,师傅就像我的一堵墙,我有什么想法就在前面去做,如果有解决不了的问题我想靠一靠,我真就有这么一堵墙。我希望我也能成为别人的墙,当然,也有别人当我的墙,这就是鞍钢一代一代的传承。一代一代的老人带着新人往前走,新人再带着更新的人往前走,长江后浪推前浪嘛。当年鞍钢支援全国钢厂,现在全国钢厂老一辈的退休人员还是之前鞍钢的,子女、老家是鞍山的,很多都是。就像之前说的,技术、人力、设备、资源,真的是鞍钢老大的付出。现在,我们得与时俱进,目前这种技术的发展当然是竞争的筹码,但是想自己保护自己,你就得有原创技术。我始终觉得自己要有原创技术,还要引入技术,比如高等院校、科技部门给你带来的技术。这种技术是行业发展的,你有,我有,他有,我们不比别人差,但我们要做的原创技术跟别人比就要有差异,要比别人做得好,要鼓励原创,也要有这种引进,不能单方面的,单向是不好使的。

三、 在鞍钢的大熔炉中成长

我们鞍钢当时有一个特殊的环境条件,就是三峡工程建设。具体的背景是三峡工程左岸的这个钢板,它有一个发电机水轮机组的叶片,后面不是有一个壳吗,安全壳。这个壳的钢板,当时是日本加工的,国家开启了三峡工程之后,国内还没有这个生产技术,等于就是空白。它左岸的这个钢板,当时是大概 12 000 吨,完全是进口的,而且价格非常高,10 000 块钱一吨。后来,由于中日关系有一段时间很紧张,日本就不报价了,这就相当于我们没有任何办法,全球也没有办法再去采购,没有原料,这个工程就停滞了。国家找到鞍钢,说要快速研发这个产品,因为在当时的情况下,鞍钢可能在中厚板这块做得还是不错的。那时候我正好到了技术室,大概三个月之后,就赶到了这么一个时期,领导就安排我负责这个产品,我们就相当于参与到了研发团队当中。我们鞍钢组建了一个研发团队,我就作为中厚板厂的一个负责人,当然,还有我们技术中心的负责人,还有公司职能管理部门的相关人员,经过四个月左右的时间完成了研发。应该说 12 000 吨的钢板,每一张钢板的生产,我都参与、跟踪了。因为生产它很难,它的规格比较复杂,厚度也很大,而且强度级别也高,我们在当时的情况下,是不具备批量生产条件的。从板型、表面,然后内部质量还有性能来看,其实它当时在生产上是一个非常难的产品。这个过程,我觉得对我们是一个最大的锻炼。

我当时感觉不到工作累,也没有疲惫感。因为我们这个钢比较难轧,对水、温度等要求很多,而且北方温度也不是很高,所以我们经常是在中、夜班生产,必须选择这个时间生产,才能让那个水温降下来,才能满足生产的客观条件。我们从这到灵山是很远的,我一个女同志半夜自己打车就去现场。我告诉调度师、排计划的人员,不管几点,你要在生产之前两个小时给我打电话,然后我就从家里去现场。我们大概用了八个月的时间,从研发到生产,后续就完成了供货。我们的装备条件也不是特别好,现场的控冷、关键设备、控冷的精控也不是特别高,能力也不是特别足,很难满足所有产品的生产要求。最关键的问题就是,我们当时没有板型控制的这个设备。现在这些设备都已经有了,因为这十年的发展,都已经形成标配了。当时我们没有那个板型控制的对角机,轧完之后,由于轧制工艺的特殊性,就要求特别低的温度控轧来保证钢铁综合的高强度、高韧性。在这种情况下,钢板板型就会像搓衣板一样,一遇到这种钢板,有一种方法就是从后面压平,但是压平效果不好,我们就在现场不断找方法,试验各种方案。最后,我们在工艺上做了一个很大的突破,在工序上逆转,就是我们原来经过轧制之后,要经过控冷再矫直。我们后来经过轧制之后,先进行矫直,到最后一个工序,再返回来控冷,我们就用这种方式进行了一个突破,就是依靠这么多年的工作经验。我觉得技术是一个很难的问题,是会带来很多困扰的瓶颈问题,但是如果说当你达到一定程度,并且把这个技术瓶颈打开之后,这个门就打开了。当时就是这种情况,整个钢板的板型就解决了,后续供货也特别顺利。反正很多想法、方案,都要在现场去实施。这就必须要跟踪,要是不跟踪的话,光是通过什么理论,没有实践支持,我觉得完全是空谈。理论是你最开始的基础,实践是你解决问题唯一的途径,有了实践之后,再用理论来结合,才能在技术上提升。也是因为干了这些产品,领导挺信任我,就让我一直管这个新产品工作,时间大概是2006年。2004—2006年期间,我主要就是在中厚板厂管这些新产品。

从2006年开始,鞍钢启动了鲅鱼圈项目。当时我们还没有做到从一个点到一个面的转换,那时候我就参与这个项目了。因为我这人就觉得要去做一些我认为有意义的事,我觉得老过那种安逸的、一成不变的生活可能没什么价值。作为工艺组的一个参与人员,也是那一段工作让我感觉到自己有飞快的进步,因为从原来一个小产品的研发到全厂工艺流程的设计,是完全不一样的。因为考虑的要素很多,包括产品的结构、产品大概的范围,还有工厂的整个布置、工艺流程、设计,这些都要综合考虑,我觉得那段时间我把全厂所有的工业设计过程都经历了。到现在为止，我们鲅鱼圈的整个现场的工艺，任何一个装备的参数，包括能力，我都很清楚。我们是厚板产线，厚板产线的所有过程，我也都很清楚。这些东西就像存储到你的记忆里似的，就好像在数据库里，可以随时拿、随时用，就是这种感觉。

当时鞍钢要有"四个转变"，其中有一个是从内陆向沿海的转变，这大概是在2006年。那时候鞍钢在鲅鱼圈选择了最合适的一个位置，这个厂区当时是一片海，后期旁边有山。鞍钢做了很大的举措，就是把那个山削平，愚公移山一般去填海，就这样我们把厂房建起来了。当时鲅鱼圈是"五米五"工程，就是我们这个产线，以它为核心去申请的国家配套项目。我们这个生产线是世界上最大的中厚板生产线，全球一共就5个，国内1个，日本2个，韩国1个，德国1个。剩下的5米产线，像宝钢、南钢、湘钢、沙钢，都是5米级的，它不是5.5米级的。我们这个生产线是最宽的。因为我们中厚板的这个产品特点，很少用普通民品，我们都是专用材，所以国家要求在国内建一个最具竞争力的中厚板产线。在整个产线投资上，包括现在我们设备的配置，都是最先进的。我们所有的设备，包括软件、硬件，都选择了世界上最顶级的技术和供应单位。现在我们的产品在行业内、国际上都是引领的，无论是产品的质量还是精度都是引领的。我们这个中厚板的用途、产品分类就是造船，管线就是石油、天然气管线。自我们产线建立之后，国家的重大工程项目当中，鞍钢基本上占50%以上。然后就是输送，像中国和俄罗斯通的这个管线，现在一共有三条线了，这种超宽、厚壁、大口径的管型钢，我们基本占了50%以上。在我们国家的沪通大桥、港珠澳大桥中，我们占比已达到了60%以上。在质量要求方面，国家的重大工程项目要求都是在一个平台上的，不是说随便的小钢厂拿产品就能去供应，这个供应企业一定要有稳定的能力，而且要有良好的信誉，因为这要招标的。当然还有很多，我们有十二大产品系列，有400多个牌号，目前为止是这样的。我曾经做过一次评价，在中厚板的行业里头，我们的覆盖率要在98%以上，按牌号、规格，我们从最薄的到最厚的都覆盖。我们的产品特点是什么呢？超薄、超宽、特厚、高强，基本上这个产线可以将所有产品都覆盖了。大概是在2008年，我们的厚板部开始正式投产,我作为主任工程师一直负责现场的产品研发和工艺,后期又担任了技术质量室主任,目前是首席工程师。这么多年,我负责的都是产品研发、科研创新、技术管理、质量改进,这些和我对自己的职业设定是吻合的。

李新玲获得中国钢结构协会科学技术奖

李新玲获评中国金属学会冶金先进青年科技工作者

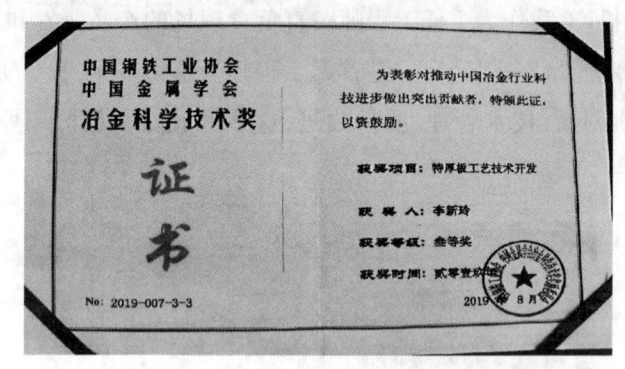

李新玲获得中国钢铁工业协会中国金属学会冶金科学技术奖

在鞍钢的"四个转变"过程当中,我作为现场的主要技术负责人,重点是将实际的工作和鞍钢在国家重点工程中的一些承接项目相结合,进行组织、研发和技术创新,因为我们整个的技术研发团队还是以产销研结合这种形式来推进的。在我们接到鞍钢的任务和国家的研发工作要求的时候,我们会组织相关专业技术人员,对整个技术标准进行确认识别,进行方案设计。应该说,在这个生产过程当中,要用科学的方法和手段予以实施。同时,应该说,大家在个人工作态度和激情上都是非常高涨的,要在短期内快速完成研发任务,满足我们工程和国家的进度要求。我们在现场一旦有这种研发要求的时候,就不能太多考虑个人感觉。在前年研发中俄管线钢的时候,基本上是"十一"整个假期我们都在现场,24小时随叫随到,如果出现任何工艺问题,就要立即做出改进方案进行调整。应该说,在现场工作就是要亲临现场,遇到问题要及时做出反应和判断。刚才也说到,我们也有经验不足的时候,我也曾经在现场遇到过一些钢板有问题的状况。比如,有一次,由于我个人没有确认好安全的情况,自己的手也在管道上触发了小的伤害。由于我当时的这么一个经历,在后续的组织人员再到现场作业、跟踪的时候,我都会重点强调要确认现场环境。另外一个,在个人付出上必须有带领作用。因为我觉得,只有团队负责人到现场组织大家去做,大家才能非常有序地工作。现在,我的工作时间基本上也都是每天在12小时以上,早上6点多从家走,晚上7点多能到家,就是这么一个状态。那时候更是,如果我们要有研发任务的话,那就是随时得在现场。我们有的技术人员连续48小时在现场都是很正常的,因为现场的生产情况是一直在变化的。

　　鞍钢是共和国钢铁工业的长子,老大都没有占便宜的,都是吃亏的。这就让我想起来鞍钢的精神,拼搏、创新、求实、奉献。记得刚来的时候,我参加过工会组织的知识竞赛,我是第一名。当时我们有一个员工手册,企业发展所有的精神理念,还有"七必须",都在那里面。拼搏、奉献、求实、创新,你说这词总结得多好!你就知道无论是做人还是做事,这就是指导你的格言、理念。其实这个东西是日积月累、潜移默化的。鞍钢对我的影响还是挺大的,因为我们从学校毕业的时候还是空白,什么都没有注入我们。如果说你到那样的一个环境,比如你去了一个私企,那你追求更多的是一种效益,可能这种理念就会注入你了。鞍钢给我注入的就是担当,有什么事别怕,该做的事情要去做,你要奉献,你要求真,环境的影响太重要了。

四、"钢铁女侠"背后的生活世界

　　我们这个组有十多个人,但是除我之外没有女同事,因为工厂里本来女生就少,而且像我这样一直从事技术管理工作的可能更少,这两个方面叠加在一起就形成了这种人员性别结构。我觉得,作为一个管理者,有时候也要忽视自己的性别。可能女性有女性的特点,比如相对来说比较委婉,要是见到问题,有的时候她不会直接说,但是也会很细致。我这个人就是很细致,而且我很敏感,我对所有的工艺环境、条件参数都很敏感。我有很好的察觉,大家觉得可能这个事情没问题,但是我觉得这个事情马上就会引发问题,可能因为我是 A 型血,我觉得 A 型血人比较细致,比较适合做科研工作。另外,在团队带领上,你觉得你做的这个事情对,或者你比别人经验丰富,你还要有一个坚持的态度,不要被别人左右。当然,大家公开讨论是正常的,但如果说你要是做什么事情都优柔寡断的话,你想做的事情就很容易做不成。当然了,也不能太武断,还是要有一个客观的态度和准确判断的能力。可能我做工作时间长了,大家也觉得团队成员之间都比较信任,这样也利于团队发展。另外一个,我觉得个人工作上是一方面,生活上我也挺关心大家的。对待大家的一些小问题,我觉得还是要人性化处理,工作不光要那么高强度,刚性中还要有柔性,这就是女性工作者的一个优势吧,要有刚性,有理性,还要有柔性,要综合地来对待工作。

工科的男女比例大概在3∶1,基本是这个水平。女生毕业之后很难从事工厂工作,即使从事工厂工作了,也有很多转到行政领域。我觉得要有点作为,另外这也是留给自己和家人的一个回顾。你看,我孩子9岁了,上小学,我昨天晚上7点钟才回家,孩子还在等我。我家里的证书有三盒,我随便抽了一盒想今天带过来,今天早上我拿的时候一看,太多了,我又拿掉一些。我昨天从单位拿这个证书回家之后,给孩子的触动也挺大,我女儿就特别高兴。我不是说为了高兴,我是希望她也有这种正能量的触发,也有荣誉感。昨天我给她讲了三个问题,我说:"通过你的努力,你也能获得认可。"其实这也是我做人的态度,就是遇到什么问题不要去指责和抱怨,你要去认真分析这个问题到底是怎么产生的,然后去想办法解决,而不能说我就是推脱,这不利于问题解决。我从事十多年现场技术管理,如果我要有那种推脱态度,就什么都干不成。

我就是每天都在琢磨这件事怎么做会更好一些。我昨天先把孩子安顿完了,又开始加班到晚上11点半,因为我有很多工作白天干不完,那我就得晚上回家做。那天我算了一下,我一天24小时中,睡觉的时间大概在4个半小时到5个小时,前天就是4个半小时。不觉得累是假的,肯定是觉得累,但是要老觉得工作干不完,就只能牺牲自己。我会给很多事情排一个顺序,比如什么是必须要做的,什么是最重要的,只能把我自己放在最后。我休息的时间就只能是这样的。跟闺密聚会是没有时间的,我现在买衣服的时间都没有,上街的时间也没有。我所有的物品都是网购的,我办完会员之后,买一堆东西,之后我选择,不合适的我再退回去,因为会员都是给免费退换的。比如,买鞋我能买十双,再退九双。因为我没有时间去商场试,我也来不及让商家一双一双给我邮,所以我一次性买十双,退九双,就只能是这种处理方法。剩下的娱乐,那就更没有时间了。需要出席的重要场合我得参加,其他不重要的事情我就一律不参加。比如说,客户过来之后,你是必须要去接待的,你不能说人家客户来了,你不去请人吃饭。这种情况是我必须要出席的,剩下的时间就是有取舍,因为人不可能说有那么多精力,不可能啥都能做,没有十全十美的。但是我也有身体健康问题,因为这种高强度工作会导致我身体状态不好。去年有一段时间,我觉得自己身体状态太不好了,我就放空一段时间,三个月左右,也很有效果;但是现在又不行了,没有时间去调整。

我还有一个哥哥,他在外地,自己做一些生意。我父母跟我在一起,因为父母岁数大了,身体也不好,我们就觉得应该互相依靠。我工作比较忙,孩子有时候真是管不了,接送都管不了,我回家的任务就是辅导孩子学习,然后做一些思想教育和心理上的辅导,因为孩子的压力是很大的。父母身体不好,都70多岁了,我们也就互相照顾,我妈也经常吃药,这不,我今天早上来得早,就上药店买了一堆药。我父母给我的都是正能量,他们虽然身体不好,但是还会全力帮我照顾家里,我也觉得很感动。我虽然是一个技术人员,但是我也是别人的妈妈、别人的孩子。我也经常跟他们说,我是爱与被爱的,我能爱我的孩子,爱我的父母。我父母对我的爱是无条件的,每天早上4点多钟我爸都起来给我做饭,因为我6点就要走,还得带饭。我现在减肥之后不上食堂吃饭,我得带我自己能吃的东西,每天早上都是如此。所以,人不是都像女汉子一样,也都有软弱的地方。父母给我的都是一种关爱,是一种正能量,我获得了一些成果、一些收获,他们也很骄傲。我觉得我做了一个正确的事情,父母也感觉很骄傲,他们也认为对我的付出是正确的。我们对孩子的影响也是这样的,这就相当于形成了一种良性循环。我觉得人活着就应该这样,家庭要和谐,做事情要认真。我们在孩子上学的时候跟父母住,到周六、周天了,我们就回家住,没有必要绑在一起,毕竟父母也觉得生活习惯和我们不一样。我父母以前跟我们在一起住了一段时间,我就要求他们每天下午2—3点必须出去溜达,这对身体好。我对家人、对父母当然是要无条件地照顾,因为这是生我、养我的人。我对孩子的教育就是学习是一方面,更多的是关注她做人的态度、看待事情的态度。人这一辈子,不可能永远活在一种独立的状态中,一定会遇到各种问题,那个时候不要灰心,也不要去抱怨,要有个健康心理,不管遇到什么事,再困难、再困、再累,翻过一篇儿、睡过一个觉就好了。

  我的家庭环境就是这样,小时候就觉得应该认真做事、诚信对人。我父母从来不给别人造成麻烦,我这人也是,尽量不给别人造成麻烦,能自己解决的事都独立解决。我觉得可能就是因为我融入鞍钢的这个环境里,我做的事情和想法就完全符合国企的传承——无私、奉献、拼搏、创业。

钟翔飞
一家三代的故事就是一部鞍钢史

亲 历 者：钟翔飞
访 谈 人：于之伟
访谈助理：彭圣钦
访谈时间：2020年10月24日上午9:00—12:00
访谈地点：鞍钢党校
访谈整理：彭圣钦

亲历者简介：钟翔飞，男，祖籍山东，1955年生于鞍山。1972年初中毕业后下乡，1975年返城进入鞍钢燃气厂成为熟练工，1983年任燃气厂办公室主任，1985年调入鞍钢党委调研室工作。1993年离开鞍钢党办筹建实业公司，2002年回到鞍钢报社工作，直至2005年退休。

钟翔飞（右）接受访谈

一、日伪时期的翻砂"大师"

鞍钢历史的特殊性，决定了它既是自己又不是自己。尤其在那个特定的历史时期，它其实是新中国历史的一个缩影，并且是非常重要、非常真实的一个缩影。我始终坚持认为应该从全党的工作重心转移说起，而这场转折的第一步要从鞍钢讲起。从工业建设来讲，新中国工业化的第一步也是从这里迈出的，所以它就不同于一般的企业了。研究鞍钢那段历史，就是要把它放到那个大的历史背景下来看待。

这座钢铁厂在国内出现，是那个时代、那个状态下，中国步入现代化的一个发端。之前中国也有钢铁，有铁厂、小钢厂，但是那都属于近代，而鞍钢是中国步入现代化的一个重要的甚至可以说是唯一的标志。

这座钢铁厂的出现改变了很多人的命运，其中就包括我的家庭。我的祖籍是山东，传说中好像是兄弟四人来到东北——这是我听说的，因为太久远了。到东北以后，这四个人就分开了。又经过了几代，到了我的太爷爷，房无一间，地无一垄，就给老钟家有钱的人看坟。我太爷爷的子女又多，其中有我的大爷和爷爷，还有几个姑奶奶。这么一大家子在那就过不下去了，正好鞍山这边有工业，我的大爷和爷爷20多岁就来鞍山了。

当年这个地方叫鞍山制铁所，我爷爷就在那学了翻砂，当了翻砂工。我听说我爷爷虽然没有文化，但脑袋非常好使。翻砂的不会看图纸就做不了木型，做不了木型就做不了砂型。但他能看明白图纸，于是我大爷和爷爷就在这扎下了根。曾经他们一度去过本溪，因为他们手艺越来越高，就对鞍山的待遇不满意了，鞍山这边的待遇好像不如本溪。但是他们在本溪没待几年又回来了，那时鞍山制铁所已经是昭和制钢所了——鞍山制铁所1933年就变成昭和制钢所了——昭和制钢所成立以后不就需要生产钢了吗？钢生产出来后需要下道工序进行加工，但昭和制钢所本身不直接加工，这样就引来了很多日本企业去建卫星厂。当时就出现了围绕钢和铁的深加工企业，其中就有久保田铸管株式会社专门负责生产铸管，正适合我爷爷和大爷，后来他们就到了那里。

我爷爷和大爷在久保田扎下根以后,是那里的"大师",拿的待遇最高,日本人都得尊重他们,并且那个厂大部分工人都是他们的徒弟。所以后来时"文革"就出现了那么一句话,把老钟家当作反面教材:"铸管叫什么呢?久保田叫什么呢?——钟家大院,老刘家一半。"老刘家在久保田也有不少人,老刘家和老钟家联姻,当时在那是很有势力的。

虽然我大爷和爷爷在久保田是"大师",但一大家子人的生活仅仅靠他们还是不行——十好几口人嘛。所以我的父亲13岁就到久保田做童工了。总的来说,我记忆里父亲从来没跟我说过他在那里受过气,这和那个环境有关系,我爷爷在那里说一不二,连日本人都尊重他,所以我父亲当童工就没经历过一般人所讲的苦难童年。

1945年,日本人投降以后,共产党来了一趟。我父亲见过共产党的部队,但也就是一转眼就走了。我二伯父还说,八路军跟他讲过话:"我们今天走了,等我们,我们还会回来的。"1946年的时候国民党进来了,那阵久保田处于非正常生产状态,工厂不开工,而工人是以工厂为生的,所以生活就相对困难了。这段时间,这几个孩子,就是我父亲他们这些人,从市场上倒点菜和烟卷卖给日本人,日本人那阵还没都撤。一家人都得干活来维持生活。我老叔曾经跟我讲过,我爷爷最困难的时候,常吃的东西是把那个豆饼在炉子上烤,我吃过,非常香!

1969年1月钟翔飞(三排右一)与鞍山市钢城小学文艺队全体男生合影

二、鞍钢的第一批共产党员

困难持续了 20 多个月，鞍山解放，之后国民党就撤了，但是当时全国还处在战争状态，主要的城市还被国民党控制着。鞍山这个地方属于通向海洋的必经之路，比如你要是从沈阳去营口、大连，从陆上来讲你必须要经过鞍山，它是一个交通要道。国民党在辽阳太子河的一岸，我们控制另一岸，但是我们的野战部队基本不在这里，因为准备辽沈战役，要打大仗，只有少量的部队在这里，相对于对岸国民党部队的实力悬殊。但是，对岸的国民党不知道鞍山这个地方的虚实，所以很长时间，我们这边其实是在演"空城计"，国民党不敢过来。

共产党来了之后首先就是要组织工人们护厂，于是就招了相当一部分工人当护厂队队员。我大爷、爷爷、几个伯父还有我爸，都是护厂队队员。那年辽南地区遇到大灾，城里没有粮食了，就从外地调了一批粮食给护厂队队员，最初是给一斤苞米，后来增加到三斤，但是那个要维持一大家人生活肯定是不够的。那个时候，因为他们白天和晚上轮班护厂，所以闲下来的时候就做一点小买卖。听我父亲说，他们主要就是卖烟卷。

护厂队队员也是要选的，我看记载，好像是招 1500 人，但有三四千人报名。后来在久保田抓阄，谁抓上了谁护厂。但也有一定的条件，比如说起码要年轻力壮、对工厂忠诚，品行得差不多吧。共产党来了以后，要了解这个工厂的核心骨干是谁，我的爷爷、大爷，他们在原来的久保田德高望重，共产党一定得依靠他们。所以就算 1000 个人里只招 100 个，那我家也肯定是没有问题的。

后来形势逐渐稳定下来了，到了 1948 年 11 月 2 日，也就是辽沈战役结束，这个城市就相对稳定了，共产党就开始研究复工。复工面临的最大难题是没有器材和备件，因为苏联人把器材和备件作为战利品拉走了一大部分，小的器材和备件又被市民说偷也好，说抢也好，说拿也好，也弄到家里去了。当年来接收的共产党干部走访工人，发现了工人家里有器材和备件，就开始研究怎么收回来。一种意见是：不算你偷，但是你在工厂拿的，就应该收缴。

但是收缴面临一个大问题：全市大部分工人家里都有器材和设备，收缴的话涉及的范围太大。收缴这个方式不可行，怎么办呢？赎买也是一个办法，但是又面临一个问题：拿不出那么多钱赎买，是不是？还有按道理也说不通，因为你本来就是从工厂里拿走的，现在我又出钱把你这个器材和备件买回来。后来，有人出了一个好主意——献交。但是献交也有问题：你动员他献交，他不交，你怎么办？共产党又有招，把献交和招工结合起来，谁献交得多、献交得积极，就招收谁入厂。那些东西放在家里又卖不出去，又不顶饭吃，要想有饭吃，就得入工厂。这招真灵！布告一发出去，市民们、失业工人们积极响应，甚至敲锣打鼓、肩扛车拉，热热闹闹，据说还唱着歌谣。我那时还没出生，这些都是老一辈的人讲给我的。当年我伯父看见过，在大白楼门前，钢研所的道路两边堆满了各种各样的器材。另外，老孟泰不就是那阵出名的吗？苏联人在拆卸我们设备的时候：工人也看不惯，咱们这么辛苦，最后叫人家说拉走就拉走了？苏联人是雇中国人帮他们拆卸，所以在这个过程当中，有一些工人常常把那些好的东西比如电机，给藏起来。还有大一点的备件工人就给推河沟里去，所以在长春也有一些散落的器材和备件。老孟泰就回收这些器材和备件，然后重新清洗、修复，这不就出现一个"孟泰仓库"？如果说这批献交的器材、备件可以解决工厂的全部问题，那是扯淡，因为设备主体都被拉走了，但是这批器材和备件一定会起到相当大的作用。

1949年7月，党组织正式在工人群众当中开放，市委决定要迅速在产业工人里面发展2000名党员。因为那个时候共产党派到这里的干部也才一二百人，用这一二百人去领导几十个工厂，一个工厂就只能派一两个共产党员，是不是？所以要依靠工人，依靠优秀的产业工人。就是在那个时候，我的爷爷、大爷、大伯父、二伯父和我父亲，都加入了中国共产党。也可以说，我们老钟家这一大家子，这些人成了这座城市的第一批共产党员。他们那个时候觉悟有多高？当时共产党就在工人里物色，这个人不错，跟他谈谈，给他宣讲共产主义，他接受，咱就培养，就在很短时间内迅速发展了党员。之后就开始办党员培训班，进行系统教育。我父亲被送进了培训班去学习，之后就把我父亲调到了公司机关，就是大白楼的人民防控指挥部，也叫人防处,到那里做机关协理员,就是机关支部书记。那是 1950 年,他也就 19 岁。

那个时代的工人,当然包括我父亲、我爷爷,那热情之高、干劲之大,在于他们不再为外国人打工,共产党来了又那么尊重他们。我始终认为那种朴素的阶级感情,一旦被点燃起来,就会产生无穷无尽的力量!

三、永远敢为人先的父亲

我父亲在机关干了几年以后,又回到铸管厂,当制造车间的支部书记。那阵人都不愿意往机关跑,还是愿意跟工人在一起。当时我的二伯父是铸管厂的党委副书记,可见那个时期在工人中提拔干部的力度有多大。

管理车间一定要有各种办法。我父亲这个人虽然文化程度不高,但是脑袋好使,总是有新招。1956—1957 年,他就开始在铸管厂搞车间的经济核算。在那之前没有经济核算,反正干活记不记成本无所谓,把活干了就行。经济核算,就是进材料、出材料、用材料都得算账,不像过去那么大手大脚。原来用一件材料,我可以领两件材料出来,那件没用的材料可能就扔了。现在就不行了,通过经济核算把这个工厂的消耗管得更精细了。那阵钢铁厂总体上已经在搞大核算了,但小核算还没有,比如说车间核算、班组核算还没有,这是一步一步往下深入的,只有班组也进行了经济核算,企业整体的经济核算才算真正建立了基础。

我父亲搞这个经济核算的经验,很快就得到了公司的重视。马宾非常重视这件事,他经常到我父亲那个车间去,并且告诉秘书:"以后钟启安(亲历者父亲)需要出去办事用车,我的车给他用。"我二伯父那时候都是铸管厂的党委副书记了,他说:"当时咱们都特别羡慕你爸,公司经理把自己的车让给他用。"当时铸管厂的工会主席是魏秉奎,也是我父亲的师兄弟。我父亲 1960 年从那被调出去后,魏秉奎接替了我父亲当制造车间党委书记。之后王鹤寿搞"三个第一流""四朵大红花",铸管厂成了典型。魏秉奎那个车间也成了典型,他那阵是书记,就被鞍钢树立为典型了。

我父亲成长得很早,并且从铸管厂被调出去后又受到重用。那年鞍钢建立了一个中央煤气发送站,我父亲被调到那去做总支书记。之后他就一直在那个厂,叫燃气厂。我父亲那个人,你无论让他在哪个岗位干,他一定都会干出色!1978年以后,大量的知青返城,就业成了大问题,像燃气厂至少有上千名职工的子女不能就业。我父亲就得把他们组织起来呀,让他们有活干、有饭吃,不能总靠父母啊。所以鞍钢就决定要办一个厂来安置这些人,厂里思来想去:"还是叫钟启安去吧,他有这个能力。"我父亲就把这上千名青年组织了起来,成立了一个鞍钢附属企业——第二管道工程公司。

这个厂子办得非常红火,但是这些青年里面至少有一半是女性,那么多女性在一个工厂里不好处理。我父亲就琢磨搞一个什么样的产业能把这些女青年们组织起来,让她们有活干。1983年兴起养鸭热,深圳一个老板不知怎么就找到我父亲,说深圳那边出了一种鸭子,名叫狄高鸭①。他们就合作办了个养鸭场,我父亲从他那里一下子进了10万只鸭子。但是可能南方鸭子不适合在北方养,鸭子没少死,蛋也没多下。这时候我父亲就被人盯上了,怀疑他和那个老板有勾结——那个老板还是香港的,这里面是不是有利益关联?

纪委就开始查他。我父亲之前去了一次深圳,那会儿彩电刚兴起,老百姓家没有,那阵我家还是9英寸的黑白电视。我父亲从深圳带回来一台日立彩电,是18英寸还是20英寸我不记得了,反正挺大的。这台彩电大概是4000块钱,在鞍山这边好像5000块钱都买不下来。他唯一带回来这么一个东西,纪委就查这台彩电,多亏当时他买这台电视时有收据。实际上,我父亲为了办这个养鸭场,把他多年的积蓄——包括我的钱——8000块钱投入进去了。所以我父亲那个心结啊——"我这么毫无私心,为了孩子们、为了工厂去做了这件事,即使亏损,即使决策错误,也不至于这么查我吧?不至于为了一台彩电,派两批人坐着飞机去深圳查吧?"我父亲一气之下不干了,办了退休手续。

我父亲能干到什么程度?就是谁有事了都得找他。那时候改革开放刚

---

① 又叫鹅仔鸭,原产澳大利亚,1981年被引入我国,其特点是生长快、体形大、肉质鲜嫩、无鸭腥味、品质优良、肥而不腻、含脂率低、生长周期短、经济效益高。

刚开始,台安县那阵不是发展乡镇企业吗?台安县县长、县委书记就找我父亲帮忙办工厂。他就跟新疆建立起联系,把新疆的一个润滑油倒到这来卖。他手里没有钱,县政府就给抵押20万元,叫他做这个买卖,做得风生水起。

他脑袋活到什么程度?有段时间开始有自由市场了,他就在证券公司、银行门前卖国库券,从铁西买来债券到铁东来卖,这一天就能挣个冰箱钱。

四、从知青点点长到卸油工人

我1972年从鞍山一中毕业,那阵一中正处于混乱的时候,不过老师水准高,所以那三年的学习对我来讲还是受益的。1972年我毕业,准备下乡。我们一中对口的下乡点是海城感王,感王有一个于官村,于官大队是全国的典型知青点。我们毕业的时候决定抽五名毕业生到于官大队,其中有我。我的班主任老师还特意来我家将这件事告诉我父亲。去全国的典型知青点,某种意义上应该是好事,但老人可能想的不一样,你去了先进典型单位可能就回不来了,因为你要做典型,那阵开始要"扎根农村闹革命"了,所以意味着你可能回不来了。当时正赶上我父亲的一个老同志从"五七"大队下放回来看望我父亲,他们一合计说:"你不能下感王,不能下于官,干脆这样吧,下我下放那个地方。"就这么突然一个变化,我就去了海城县温香公社。

去了农村我才深有感触,和同学们不在一起,显得多么孤独,和另一帮不认识的青年们在一起,大家有多么歧视你、嫉妒你,因为你是通过关系来的。那时候我才意识到一种苦恼,哎呀,后悔当初没有跟着同学走,一天天热热闹闹多好,这都没人搭理我,所有人都用另一种眼光在看我。

同时跟我下到一个小队里的一个人叫李长顺,现在这个人在加拿大。可以说只要有招工我随时可以回城,因为我有关系。李长顺知道要想回城的话那肯定比不过我,于是对我就有了对立情绪,从他的一举一动、眼神中也都可以感得到。不过,有一次我们回市里,他领我去了一趟他家里,我现在还深深地记得,他母亲坐在床上,那个鼻咽癌啊,癌都长出来了,都烂了。我心里非常非常难受。我们下乡不到第二年,城里抽一批工人回城,我主动让给了他,所以后来几十年,他跟我都特别特别友好,每年从加拿大回来一定是先来看我。这里面讲的是一个做人的道理,最起码要有同情心。有些时候人与人之间的确应该能够做到与世无争——该争的有时候是要争,但不该争的你一定要放弃。什么比友谊更重要啊?没有,天下没有比友谊更重要的了!

一般下乡你只要表现得差不多,两年或最多三年就可以被抽调回城,因为每年至少要招两次工,学生要招兵,但我多次放弃了。这个期间大队一再重用我,1974年以后青年就集中住在一起,一个大队的知青集中在一起就有百八十人。我当过伙食长,后来又当知青点点长。1975年底,我在那里入了党。后来,管知青大队的陈主任就跟我透露了一个事,说决定把我留下来做大队党支部副书记。这阵我发毛了,说心里话,我没有那么高的境界。我一想:这可咋整?我都没打算在农村搞对象,怎么出现这么个事?我就说我不行,我没有这个打算,咱不说假话。最后大队对我还是挺够意思的,临时决定让我回城。

回城干什么?当年我们鞍钢报社重新组建,决定从海城的下乡知青当中抽几名到报社去做记者。回了城,到了工厂,我父亲希望我一定要到基层去,先了解基层,不要先去那些条件比较好的单位,还是应该让我能够熟悉工厂。公司劳资处处长又和他是老同志,跟我父亲商量了一下,就把我安排到我父亲所在的那个厂子了。当时那个厂子的党委书记还是军代表,就对我父亲说:"你儿子想干什么都行,只要你说。"我父亲那阵是检修车间的党委书记,那个车间都是技工,我完全可以去当技工,但是我没去。因为我感到:我如果去当技工了,那就把另一个学技术的人给挡住了,那他不就当不了技工了吗?我说我就不学技术了,让爱学技术的人到技术岗位上去。我还有一个很重要的想法,就是我有自己的方向,我认为我来这里是熟悉基层的,总有一天我一定是不在这里的,所以我就选择当熟练工。我们有供油车间,我就在供油车间卸油罐车,那玩意又脏又累,当然工资也高,这和工作环境有关系,另外还有津贴,津贴也高。我是熟练工,挣40块5角,那阵技工的工资就18块5角,所以我选择当熟练工。当然一方面也的确是为了家庭,因为我是老大,想多挣点钱来补助家庭,减轻一下父母的负担。

我在农村干了三年,每年都挣 300 多块钱,有的知青不挣钱,还得倒贴钱,我实际上三年挣了 1000 多块钱。我上班以后第一个月的工资是一分不少地给了我父亲,一直到我 1980 年 12 月结婚的那一个月,我都把工资给我父亲。所以我父亲对我特别特别好,当然老人不能经常夸自己儿女,但是我能感觉出来。比如说我没想要手表,他特意领我到铁西联营商店三楼,也没说要给我买表,就领我溜达,到那个柜台,给我买了一块欧米茄手表,436 元还是多少……当年可能就没有比那个表更贵的了,梅花①那时候都在它之后。还有一件事,那阵自行车时髦,上海的凤凰和永久这两个牌子的自行车在这边是买不到的。我父亲他们厂里有当年从上海调来的一个知识分子,家在上海,给我从上海捎回来一台二八式永久牌自行车。所以父亲对我不用去表达,他给我做这么两件事,我就明白了。

1974 年钟翔飞(后排右一)与知青点的下乡知青

---

① 瑞士梅花表(Titoni),于 1919 年由史洛普家族在瑞士格林肯建厂创立。

五、笔杆子的成材之路

如果说我的表达能力强、写作能力强,我还是承认有点天赋的。为什么呢?我三年级的时候开始写作文,我的作文每次都在课堂上被老师拿来念。我还记得那一年学雷锋,我写了一首歌谣,我现在都记不住了,这个歌谣第二天就被登在学校二层楼的黑板报上。进了鞍山一中,我很长时间都是语文课代表。写作上下功夫是肯定的,因为内容为王,不掌握更多知识,你的表现手法再高也不行。不过可以这么说,在学生生涯中,尽管我还是个初中生,但我就已经把写作基本技巧全部掌握了,甚至在某种程度上不是老师教的。像写一篇记叙文怎么开头、怎么抓人眼球,里面就可以有多种多样的处理方式。

1977年鞍钢恢复党校,办了一个"虎子班",在全国选33个人,还要经过考试。我报了名,结果党校没通知我。为什么没通知我?这中间有个插曲。1977年,"四人帮"倒台以后第二年,开始在全国范围内"揭批查",查谁和"四人帮"有联系。1975年大地震,毛远新和魏秉奎到鞍钢来慰问、视察。他们坐轿车到燃气厂门口的时候,魏秉奎说:"我有一个老同志(指亲历者父亲)在这,我们下车看一看。"这俩大领导就下来了。我父亲那阵有病正在家休息,他们就没见着,但既成的事实已经有了——两个"四人帮"的重要干将来看过钟启安。尽管没看着,但那燃气厂可抓了一件大事来"揭批查",铺天盖地的大字报……你说这个时候我要上党校,他们能让我去吗?

那年我22岁,我能有啥动作?党校都没通知我。由于党校副校长和我爸是老同志,我爸就找到他说这个事。党校副校长说:"让他来。"别人都笔试,我就一个口试,校长跟你谈一谈,看你小伙怎么样。我通过了面试,党校就决定让我参加这个"虎子班",33个人,受训七个月。七个月以后,党校决定把我留下做教员,就去燃气厂协商调我。结果燃气厂不同意,说:"我们培养的人怎么能给你党校?"燃气厂硬要我回来,最后我又回到了原来的车间继续当工人。但是说实在的,我这手是不用干活的手,因为车间也需要各种搞文字工作的,支部书记还拿我当个宝,我一直在给他当助手。

1982年,我遇到了对我有知遇之恩的贵人,这人叫张景荣,去年去世,是抗美援朝的老兵,他当时是我们燃气厂的党委副书记兼政治部主任。他被调走之前在党委常委会上,坚持要把我调上来。那年正好是党的十二大胜利闭幕,那阵各个单位都得搞宣讲,宣传党的十二大精神。我做了一场报告,全厂的党员都参加,俱乐部里人满满的。我从下午1点讲到4点半,可以说我做了一场精彩的报告,历史上从没有过!我能看得出来没有一个人打瞌睡,听到有趣的地方还哈哈大笑。这场报告做完散会的时候,燃气厂的党委书记跟我并排走,说:"你在燃气厂待不住喽。"那年我27周岁,可以说因为一场报告就在那个厂里红起来了。当时厂党委副书记还跟我开玩笑:"你小子别翘尾巴。"

　　1983年我们率先改革,要提拔年轻干部。厂办公室缺个秘书,厂长也特别喜欢我,就把我调过去做厂办秘书、厂办主任。办公室主任是几十个科长里边的第一大科长,所以我28岁就当了燃气厂第一大科长,算很年轻了。

1984年时任鞍钢燃气厂办公室主任的钟翔飞在管道施工工地上

　　1985年初,我被调到公司党委调研室。我们党委调研室是什么性质呢?一个性质就是下面各厂的情况由我们来负责收集,所以我哪个厂都可以随便去。去哪个厂,哪个厂的党委书记、厂长都得接待我,因为他们需要通过我把他们的情况介绍给领导。所以所有的厂我都要去,我有权找党委书记谈,也可以找车间主任谈,还可以找班组长谈。还有一个性质就是负责给领导写讲话报告。这样,我们调研室里十几个人就被分成了两个组:一个是综合组,就是负责给领导写讲话报告的;另一个是调研组,就是下去收集情况的。这么一说你大概就知道了,综合组比较重要,因为你文笔得好,我去了就进了综合组。

在综合组,我直接面对大领导,那真是大领导,水平真是高!那时党委书记是张羽,是新华社下来的。人家说要写一个报告,出的那个思路的水平就特别特别高。我们当时的副书记叫石树林,是鞍钢的大笔杆子。他给你讲话,你只要做记录,就是一篇完整的文章,高手!绝对高手!我在他们身边受益匪浅。

我真不知道这个石书记怎么注意到了我。1989年我们和领导一起到二一九公园游园,当时的党委副书记石树林和刘惠德以及后来的党委副书记闻宝满都跟我们在一起游园。在二一九公园中湖的小桥上,石书记就搂着我脖子:"翔飞,来,咱俩合一个影。"那么多人啊!我都感到惊讶,怎么还叫得这么亲切?当时应该就是领导注意到了我。我俩照完了之后,别人都争着抢着跟石书记照相。照了好几张相,唉呀!最后发现没有给相机装胶卷,白照了。

我在那段时间做了一件出彩的事。有一次鞍钢党委召开季度党委书记会议,这个会议一般都是开一个下午。那天礼拜四开会,礼拜三的上午张羽和石树林把我找去,说:"明天下午要开个会,你得给写个报告。"张书记就眯个眼睛靠在沙发上:"我看这样,有这几件事,一二三四五……"石书记在旁边又做点补充,不过总的来说很简单,听完了以后我就赶紧回家去写。我从中午坐到第二天早晨,15 000字的报告,全部是手写的。我写完了就派人来分头抄,我那字又是特别潦草,四个人抄都抄了整整一上午。那边书记等着要呢,石书记负责审。石书记基本没有做什么大改动,下午张羽就按照我写的这个报告念了。这是对我职业生涯影响非常非常大的一件事,我用一宿时间写了这么长一个报告,而且是独立写成的,因为过去我们写报告都要几个人合作,后来石书记对我就特别特别重视。

我去了一年以后,调研室解体,原先负责调研的人就被归到党委办公室了。党办为了留住我,特意为我成立了一个调研组,那时按照编制来讲那个岗位没有处级岗,公司党委又特意为我增加了一个副处级岗,所以我就成为副处级了。我清清楚楚地记得石书记特意找我谈话:"翔飞,你是我们这么多年来,调研的这些人里最优秀的一个。"所以那一段时间,石书记去任何一个单位,一定带我去。

后来我们离退休的人越来越多,1993年要组建一个公司发挥余热,我就筹建这个实业公司去了,从此离开了党办。从此以后我就没落了,"下海"又差点"淹死"。我这人怎么能做得了买卖呢?我低不下头,账做不了假,又舍不出脸给人送礼。所以2002年我又回到了鞍钢,去了报社,一直到退休。

可能很少有干部像我有这种遭遇,不过我认为真正的人生是应该经得住挫折、教训的,没经历过困难、挫折和坎坷的人生是不完整的人生。恰恰是这样的人生激励着我不断地做事,并且一定要把事做精彩!

这就是我。

1987年钟翔飞(右一)与鞍钢党委调研室全体同志在鞍钢大白楼前

孙 涛
栉风沐雨书鞍钢血脉

亲 历 者：孙 涛
访 谈 人：陶 宇
访谈助理：刘奎麟
访谈时间：2020年10月21日上午9:00—12:00
访谈地点：鞍钢党校
访谈整理：刘奎麟

亲历者简介：孙涛，男，1959年生于沈阳。退休前任鞍山钢铁党委宣传部副部长、鞍钢博物馆馆长。19岁赴鞍山入伍，加入基建工程兵一支队一团一连，担任文书工作。1983年，基建工程兵一支队一团一连转制为鞍钢建设公司。1987年，参加鞍钢法律顾问培训班，1989年调至鞍钢机关，先后供职于司法处、企管司法部、宣传部、鞍钢博物馆，2019年退休。

孙涛（中）接受访谈

一、生于耕读之家

我的名字叫孙涛,波涛的"涛"。我的籍贯是大连庄河,1959年出生在沈阳,因为我父亲在沈阳矿山机械厂工作。我是在3岁那年,也就是1962年回的庄河老家,在庄河待到13岁,然后到本溪。当时是因为我父母都到本溪去了,我就随着一起过去了。我19岁离开本溪就在鞍山了,后来就一直在鞍山成家、立业、生子,大体上就是这么一个过程。

我父母其实都是庄河人。后来父亲在辽沈战役胜利、沈阳解放之后,也就是1948年12月,随着土改工作队去接收沈阳的工厂。那个时候不是还有很多人来接收鞍钢的工厂吗,我父亲他也是到沈阳来接收工厂,他们都属于辽南一地委。他们刚开始接收的是沈阳第五机床厂,后来还包括中捷友谊厂的前身,我父亲最早就属于中捷友谊厂。1953年,鞍钢"三大工程"建成,沈阳矿山机械厂复工,当时有40个人去复工,我父亲就是那40个人之一。

关于我家的兄弟姐妹呢,我家有四个孩子,有两个姐姐一个哥哥,我是老小。我父亲还是一个画家,他画中国画。在庄河县画史上,我父亲也占有一席地位,他的绘画在庄河很有名气。最近他们在编一个《辽海百年翰墨》,我父亲也是其中之一。所以,我现在写点字、画点画,也是受我父亲的影响。

我家祖上也就是一个温饱之家,算不上什么富裕的家庭,也没有什么特别有文化的人,但是他们对文化都有所特长。在我的印象当中,我父亲那辈会乐器的,就是我小叔。我小叔是一个中学语文老师,他又会二胡,又会京胡,还会其他好几种胡,也会伴奏。我父亲会画画;我二大爷会篆刻,他篆刻比较厉害;我大爷在政府工作,他的学问比较高,他念书比我父亲和我二大爷都多,当时在伪满洲国那个基层政府里担任一个职员。实际上,我爷爷他没有念过书,他不会写字,但他认字,是属于自学的。总的来说,我家属于耕读之家,一边种地,一边读书。

我是在庄河上的学,农村小学,我们那个时候也没有什么学前教育。我小的时候很多时间都是在放猪,放生产队里的猪。当时,我跟着大人一起放猪,一个大人带一个小孩,就这么一起放猪。我去放猪是挣工分的,那时候一天给大人10分,当时给我两三分。我五六岁那时候,从5月份到10月份,放了半年的猪。我放半年的猪,就可以把我这一年的口粮钱挣回来,因为到农村领口粮是需要花钱的。到8岁,我应该去上学了,但是我妈让我9岁再上学,让我再放一年猪,再挣一点钱。后来我得了一种传染病,当时我们那有个很严重的传染病,大连就来了一些医疗队到庄河。毛主席告诉城市里的医生都要到农村去,当时我们那儿就来了一个小洪大夫,我记得很清楚,姓洪,一个女孩。小洪大夫可能也是20多岁的年龄,来了之后就给我看病,还给我开了点药,她就跟我妈说:"这个小孩是你们家的啊?怎么不上学呢?"我妈说:"明年再让他上学。"小洪大夫就给我妈狠狠地训了一通,她说:"该上学了你还让他放猪?你不让他上学?应该马上让他上学!"正好那个时候是春天,我就去上学了,要不然我可能就要9岁再上学了。

我所有的文化认识其实都来源于我父亲。我父亲有一箱子线装书,就是那种铜版的线装书。我当时看到的是《西厢记》《三国演义》这两本小说,还有《红色月刊》《东方杂志》《芥子园画谱》。小的时候,我没事就翻这些书,我对文化的认识基本上就是从这几本书开始的。后来我上学认字了,就开始能认识这些书、这些字,也琢磨中国佛教、印度的艺术和中国艺术有什么区别、西方艺术和中国艺术有什么区别等问题。我上学的时候,最开始学习的是30天读"日、月、水、火"。上了半年,放假了再开学,就是"文化大革命"时候定的课本。其实,当时没有别的书,我父亲记忆力好,他就把农村过去包东西的那些草纸,给裁成16开这么大,然后凭借记忆用毛笔写"四书",还有《唐诗三百首》这些,他基本上就是全篇记的。后来我发现,他一个字都没有错,他写的这些唐诗,我现在记得很清楚,能有这么厚一本子吧,不到一百首,能有个几十首吧,我们就天天背。当时基本上就是这么一个情况吧。简单说,虽然我的人生起点在农村,但是文化起点还是很高的。

我中学毕业之后,"文化大革命"结束,我的学生时代正好处于这十年当中。恢复高考之后,我没有考上,因为我在农村,没有复习资料,准备得很仓促。我第一次是1977年考的,1977年12月份,我们知道要高考,大体上就复习了一个半月,充其量两个月。实际上当时高考考得很简单,后来我又翻开那个题看,是很简单的。但是它当时对我们来说就是很难,要按照现在学生的水平,初中生都能考上大学。但是,当时也没有课本,就是着急,人越着急就越慌乱,就没有考上大学,我就自愿当兵去了。

二、行伍从军征

先简单梳理一下我整个的职业履历。我 1978 年入伍,属于行伍出身。我当的兵种和鞍钢很有渊源,这个是后来研究鞍钢文化才知道的。我当的是基建工程兵,第一支队,第一团,第一营,第一连。我先是在部队当基层文书,后来被调到团宣传部,是这么样的一个过程。那个时候是这样的,宣传部叫宣传股,团的股上面还有政治处,当时部队是"司、政、后"三大机关,也就是司令部、政治处、后勤处,团里时兴这样叫。基建工程兵第一团也是鞍钢的老鞍建公司,他们有一部分人去建设湘潭钢铁厂。一九六几年他们在湘潭钢铁厂,之后变成基建工程兵第一支队。还有一部分人去支援酒泉建设,钟老师事前可能也跟你们讲了,就像计明达、王文他们带领这伙人到酒泉去建设酒钢,那一部分人的基建队伍改成基建工程兵第二支队。所以说,我虽然当兵,但也是和鞍钢渊源很深。1983 年,基建工程兵又改成企业,就是"兵改工"了,基建工程兵第一支队就改成鞍钢建设公司,我就到鞍钢工作,后来被调到鞍钢机关工作,再之后到鞍钢宣传部工作。2000 年,当时国务院有一个政策叫"债转股",鞍钢成立了新钢铁公司,就把钢铁主业重组了。那时候,鞍钢有矿山公司、建设公司、修建公司、基建总公司等,除了以上那些公司之外,剩下的是冶金工厂,有烧结厂、炼铁厂、炼钢厂、轧钢厂,当时的做法是,把除了新轧钢工厂之外的六个单位组织联合成立了新钢铁公司。我就从鞍钢集团到新钢铁公司,那时候还不叫鞍钢集团,就是鞍钢大公司,然后到新钢铁公司。后来,新钢铁公司和新轧钢公司它俩整合到一起,叫鞍钢股份,我又到鞍钢股份公司。再后来攀钢和鞍钢重组以后,成立了鞍钢集团和鞍山钢铁公司,我就在鞍山钢铁公司这个地方进入宣传部,当时是做宣传部的副部长。再后来博物馆建成，我就兼任博物馆的馆长，应该算博物馆的首任馆长。我的职业历程大体上就是这样，很简单，主要就是围绕鞍钢转，应该说一生都在鞍钢工作。我当基建工程兵的时候，也是给鞍钢建厂房，当时矿山的三车厂等都是我们部队建的，主要就是围绕鞍钢服务，这也是我与鞍钢的不解之缘。

从我入伍说起，1977年之前，青年当中优秀的、有才华的人很多都是部队里头，写文章的、琴棋书画好的全在部队里。1977年恢复高考以后，这些好的苗子逐渐都进大学了。我是1977年参加的高考，实际是属于1978年入伍，就是我入伍那一年，部队里还有很多人才，那时候要找一个人写点什么东西、画点什么东西，在部队随便都能找到。比如说军事这方面，你说队列好的，打枪准的，身体素质好的，等等；你说文化这边，什么琴棋书画方面的，找点人很容易。我1978年入伍，在我之后的1979年来的也可以，也还有一些人才；到1980年以后，部队人才的数量明显下降。我在团里需要找一个广播员，要做的工作就是每天放广播、放号，因为我们那时候都有起床号、吃饭的号、休息的号、开会的号，都是号，这就需要有一个广播员来放，但当时找一个广播员都很困难。可以说，1980年以后部队人员的素质，比之前明显就差一些。

后来我在鞍钢组织培训，邀请一个大学的博导来讲课，他说军旅文化对企业有很大的影响，很多老总都是从部队里出来的。事后我跟他们聊，我说我不太同意他这个观点，我认为，军旅文化固然有影响，但是主要不是军旅文化对他的影响以及对这个企业的影响，而是因为当时优秀的人才都在部队里，他们本身素质就好。虽然那个时候大学没有招生，他们没机会在大学里，但是他们到部队里了，后来他们又去搞企业，照样还是社会的精英、骨干。所以说，实际上是那个时

部队时期的孙涛

候所有的人才，他们最好的出路都是去部队，其次才是到工厂，再其次是下

乡等等。我觉得当兵最大的好处是能够进行一种吃苦的历练,这个我感觉是很重要的;生活的自立,我觉得都还在其次。我觉得当兵能够有一种严格的历练,这个对人以后只有好处。人都需要受苦,就是现在有的人老讲自由,比如:我要自由,这是我自己的事,找对象是我自己的事……实际上,这些事没有一件是你自己的事,每一件事都和你的父母、家庭连在一起。我们在部队就是要被约束,被别人管,就是要尝到那个滋味,这样对我们以后是有好处的。我当了五年兵,我觉得这个体验还是很好的。我们基建工程兵能攻能战,我们那时候训练也很严格,不是说不训练,但是不像野战部队那样天天训练。我们主要干的是施工,也有一定的时间去打靶,也很辛苦。后来部队的情况我不太了解,那时候部队还是很温暖的,虽然很严格,但班长、排长包括连长等,对战士很关怀,老大哥对新战士都挺好。

还有一个非常有意思的事——深圳建设,深圳的建设是我们营参与的。如果不是因为我被调到团里,我现在就不在这了,就在深圳了。我所在的那个营,基建工程兵第一支队第一团第一营,是最先到深圳去的,整个营就从鞍山走的。当时,他们就从鞍山火车站出发,坐大闷罐车到深圳去的,然后到深圳搞建设。他们走的时候,我们都去送他们。最早的时候,深圳那个清淤——下水道、老臭水沟,都是我们部队去挑开做,什么三天一层楼,什么经贸大厦,都是我们部队建的。1981年,那个时候鞍山还有抢军帽的。老百姓喜欢这军帽,有的就抢,军装他不敢抢,但是他能把你的军帽抢跑了。我们政委就说:"老百姓为什么要抢我们的军帽?还不是因为喜欢我们的军帽。再一个,这是和子弟兵亲切。国民党的军帽他敢不敢抢?你们千万不要跟老百姓有冲突。"徐政委很有水平,他就教导我们说:"被抢一个补一个,被抢两个补两个,到头来要是谁的军帽被抢了,马上到后勤处去报备,给你们补发,千万不要跟老百姓起冲突。"我们宣传股的股长到深圳去了,他是第二三波的时候才去的。他们是坐大闷罐车去的,两个多礼拜才到深圳。深圳的气候和我们这边不一样,当时我们这边是冬天,但是深圳热。到深圳以后,他就把那个帽子摘下来,放到那个火车站的小瓷柱上了。第二天早上他一瞅,说:"我帽子哪儿去了?"一想起来,扔火车站去了。帽子没有了这不就麻烦了？他就走回火车站。他一看，帽子完完整整放在那，没有人要，我们这边都疯抢，但是他们深圳差一些。

之后那些人就留在深圳了，后来他们有去搞旅游的，有进政府机关的，所以深圳政府机关有很多人都是我们的战友。因为深圳当时就是个小渔村，一个党员都找不着，一个有文化的都没有。他们当地人不怎么念书，都是从香港走私一点小手表、小收录机什么的，主要挣这些钱。所以当时深圳组建政府的时候，那几大班子，市委、市政府、人大、政协，领导干部都是国家调剂的，里面的工作人员中，大部分是我们部队的。部队的人一方面是有文化，一方面是党员，有很多都进入了他们市政府的核心部门。后来我们很多人到深圳去以后，都不敢打招呼，一招呼大伙儿轮流请客，俩礼拜你都走不了。他们老阔气了，不敢惹，惹他们以后我们就感觉到很失落，当时有点心理不平衡。鞍山公安局那个秘书，他原来是公安协会的秘书长，他就是我的战友，在宣传部的时候和我一个办公室。一九九几年，他到深圳去了一下，就跟战友们打了一个招呼。这帮战友就出来请他，本来排好了要请一个礼拜，他吃了两顿就跑了，说："我走了，我到广州了，我回去了。"他不敢在深圳打电话，回来他说："不行，他们太有钱了，我们太穷了。不行，感觉这饭吃得虽然好，但是也不得劲儿。"我们那个时候在这吃饭就十块八块，20块钱吃一顿饭就挺多了，到深圳那就得二三百块钱。我们有一个战友，刚开始去深圳的时候，一起去的那三五个人说"我们中午吃一点饭吧"，吃完饭以后结账要300块钱，傻了。他们划拉到一起也不到100块钱，赶紧派人回去取钱。那个时候你说吃一顿饭花300块钱，都赶上现在30 000块钱那种感觉了，太可怕了。

三、 放下钢枪赴鞍钢

后来兵改工，集体转业，部队在本溪的就进本钢了，在鞍山的就进鞍钢了，我就到鞍钢了。从鞍钢建设公司到鞍钢司法处，然后到鞍钢企管司法部，后来又到这个宣传部，我就一直在宣传口。

我是1989年到的鞍钢机关。1987年,鞍钢搞了一个法律顾问培训班,我在那学习了将近一年,差不多得有七八个月吧。那个时候党风很正,机关选人也不是什么托人弄饯①的。那个时代,得益于我们党风很正,当时从班里选五个人到司法处去工作,就把我选上了,从此我就进鞍钢机关去了。我那个时候基本都是熬夜工作,就是等于上了船但是下不来,不是说你乐意干,而是工作推着你在那干。80年代末90年代初,全国组织召开部分城市依法治厂工作会议介绍经验。党委副书记,也就是孟泰的女婿介绍我们去。那时候鞍山到北京没有车票,没有始发车,至少得提前一个礼拜订票。那天下午4点多钟咱们那个老处长李华忠,也就是李华栋的哥哥,他就下来说:"小孙,今天上趟北京,上司法部,要写个材料,你去找一下司法部副部长郭德治,把鞍钢的情况介绍一下。"我当时是个小干事,我说:"李处长,我就是一个小干事,你让我上司法部向副部长汇报鞍钢依法治厂的工作?"李处长说:"你一定得告诉他,你跟他秘书先说,你一定要跟他说。"我说:"这个任务我可完不成,你去还差不多,让李总去那可能更好。"他又说:"你必须得去。"去的话也行,但是还有一个最重要的事。我说:"上哪买票?"当时是将近4点,大约3点半,可能晚上8点多钟就开车。"哎呀,是啊,没有车票!"当时除非市长、市委书记等这样的人能整到票。李处长说:"咱们局长都整不着票,要不你就站着去得了!"

买票的时候坐票没有了,卧铺更没有了,那是我头一次站着去北京,我头一次体验到站着是什么滋味,我以前也不知道。我当时还瘦,身体不怎么好,8点多钟上了车以后,没到锦州就给我站瘫了,我心里说这可麻烦了。当时有个民工也背个大包,把包放在过道边上,他坐在那个大包上对我说:"大哥,我看你是不是挺累的?"我说:"可不是,那还用说吗?"他说:"你坐我这包。"我说:"你怎么办?"他说:"我去溜达溜达,咱俩换着坐。"我就坐在大包上,觉得所有的座都没有那个大包舒服。好不容易坐到北京,天还没怎么太亮,那时候司法部在郊区,我又折腾了很久才到。就是不由分说,让你干什么就干什么,你也别解释,你也别犹豫。

---

① 方言,意思是为达到某种目的,千方百计托人情、走门路。

孙涛就职于鞍钢司法处时期

1989年,全国搞了一次法律知识竞赛,当时这个竞赛是司法部《管理世界》杂志社举办的,司法部什么的都参加了,是个很正规的竞赛。全国有五个二等奖、两个一等奖,我是五个二等奖中的一个。拿完司法部的奖之后在人民大会堂开的会、吃的饭,当时吃的也是冷餐、自助餐,还得了一个名为"燕舞"牌的收录机。那时候一个"燕舞"牌收录机就值2000块钱,当时一个月工资也就200多块钱,我那个时候到没到200块钱都很难说,反正那个收录机差不多相当于一年工资。后来,我又搞了一个国资委的课题,是关于鞍钢的创新文化研究,这个获得了国资委一等奖,中央的企业一等奖,我是执

孙涛荣获1996—2000年辽宁省普法依法治理先进工作者证书

笔人，这就是以后的事了。

四、让博物馆把历史文化具象化

鞍钢博物馆在2013年6月份奠基，2014年12月26日开馆，2018年5月由原来鞍钢集团展览馆更名为鞍钢集团博物馆。2018年5月份，鞍钢博物馆晋级为国家二级博物馆。鞍钢集团博物馆是利用工业遗产、依照工业遗产建设的，是建设在工业遗产里的一座博物馆，这也是它的一大特色。这个博物馆是用1953年老二烧的厂房开厂的。为什么把博物馆的选址在老二烧的厂房？有这样几个考虑：第一个，这个地方做不了其他更大规模的产线；第二个，它在鞍钢的最南端，靠近市区，便于把它打开向社会开放。

为什么鞍钢需要建一个博物馆？我觉得它有重要的意义和价值。博物馆建设有一个什么问题在里面呢？我觉得就是历史文化不能概念化，不能只是写在纸上，写在纸上的那些东西缺乏说服力，必须看得见摸得着，必须让大伙儿看见。我们原来都知道钢铁摇篮，我从到鞍钢开始就一直听这句话，但是我对这句话的认识也是模糊的，后来一说都感觉变成套话了。博物馆建成了以后，感觉就完全不一样了。所以，我感觉不能够把它概念化，必须要看得见摸得着，能够让人切身感受到。也只有秉承这样的一个精神，才能够在博物馆对中小学生进行理念上的教育。博物馆建成和开放以后，很多人看到都感到很振奋，还有国家部委的一些领导来，都说"我们到鞍钢是来朝圣的"。

像"三大工程"，那是我们"一五"期间156项工程当中的第一项，我们工业化的道路就是从这儿开始的。那时候，全国往这儿调干部、调工人、调转业兵、调大学生，调各方人才，调物资，调第三产业等，一切都集中到鞍钢来支持复工。所以说，那时候是全国支持建设鞍钢。在这之前，鞍山还不能构成一个城市的规模，它就是一个大的镇，是因为鞍钢"三大工程"的建设，鞍山才这样拔地而起。这是我们共产党集中力量办大事的第一次实践，集中力量办大事是我党的一个优势，那么它第一次实践就是在鞍钢，就是建"三

孙涛组织开展工作会议

大工程",国家调来500多名高级干部,几万名工人、农民、大学生、专业学者、第三产业者,形成了一个钢铁支撑,以后就把鞍钢的道路实践在社会主义建设当中普及了。大庆就是在大庆油田的基础上形成了一个石油支撑,包括后来的汽车支撑、航天支撑等等,这些都是在荒无人烟的基础上建成的。这也是我们鞍钢博物馆需要告诉这个世界、告诉世人的。

再一个,我觉得博物馆建成这五年,是整个鞍钢历史文化研究的高潮期,是历史上对鞍钢文化研究最热的一段时期。鞍钢道路的历史,就是我们国家钢铁工业的缩影,甚至可以说是我国工业化道路的缩影。鞍钢博物馆的建立,它最大的意义在哪儿?鞍钢博物馆收藏了我们中国近现代、当代的工业故事,收藏了中国共产党人为工业中国而奋斗的初心与创业故事。我们的博物馆应该是什么呢?我们的博物馆应该是中国工业化道路的一座纪念碑,它也应该收藏、寄托我们共产党人、无数优秀中国工人为工业化奋斗的这种灵魂——高尚的灵魂。这会让我们对我党领导工业化建设的韬略、智慧、大手笔、铁手腕都有新的认识——我们共产党不是只会搞革命,搞建设也是无比高超的。我们为什么能够在一个只能种高粱的废墟上,在不到一年的时间,就全面恢复生产?是因为我们共产党团结各方面力量,集中所有的力量来搞生产,所以鞍钢才能够在不到一年的时间里,在只能够种高粱的废墟上实现全面复工。这个过程很不容易,当时的高炉不是被炸塌了,就是在里面凝结了铁水,铁水凝到高炉里面怎么把它熔化出来?怎么让高炉起死回生?平炉都是废墟一片,很艰难!所以这是一个很了不起的事!

同时,博物馆建成以后,工业遗产的保护也引起了人们前所未有的重视。你看我们现在鞍钢边上的铁路,到博物馆去不是要过一个桥洞子吗?过一个桥洞子进鞍钢博物馆,上面就有一条火车道,那是中长铁路,过去叫南满铁路。南满铁路是一个工业遗产,鞍钢就是和南满铁路无缝衔接的一个企业。当时日本人为什么把它建到鞍钢这块呢?除了有资源之外,主要是靠近南满铁路。鞍钢东边就是南满铁路,鞍钢的厂区跟它是紧挨着的,鞍钢和南满铁路的结合绝对是世界级的工业遗产。近代以来,工业的形态在鞍钢都有遗存,并且保持得都很完好,1916年以来都没被破坏,新中国成立以后一些大项目的原址也没有被拆除。比如说在鞍钢的"三大工程"原址上,"三大工程"的设备可以不断更新,但是它这个原址一般情况下是不动的,因为新中国工业化起点的一个见证就在这个地方,它很重要。还有雷锋工作过的遗迹,这个地方就是一架大龙门吊,是苏联援助中国的,原来有六架龙门吊,其他四架都在其他单位,都没有了,现在唯一保存好的就是咱这的两架。

五、家底摸清才能说明历史

对于企业博物馆来讲,鞍钢是最具规模的企业博物馆之一。在建这个馆的过程当中,我们刚开始没有经验,或者说经验不多,后来我们到全国各地考察,对鞍钢历史文化开展研究、梳理,尽量做到少走弯路。建博物馆的过程中,一个最重要的东西就是要从"物"出发,博物馆的灵魂是"物",要看你有什么文物。"物"是所有博物馆的起点,整个博物馆的大纲、展示思路都要围绕"物",围绕你有什么文物,所以文物是第一位的。后来鞍钢成立了文物收集小组,专门在全国各地收集文物,这个是最重要的。我们在文物的基础上编写大纲，在进行空间设计之后，这一系列建馆工作才能够完善。

我建博物馆的经验就是，首先要把你的家底摸清，知道你能够说明历史的印记在哪里、老照片在哪里、老物件在哪里。还有，就是老照片的辨识，照片只有被辨识出是谁、是什么时间以及纪念了什么事情才好使，要不然就没有任何意义。所以，这个工作量很大，我们集中了一些老同志，包括"五百罗汉"的后代、老员工的后代来辨识当时的照片。我们当时对1万多张照片进行反复的辨识，这也是一个工作量很大、很难的事，挖掘文物背后的故事，并且还要把它写出来，这是很重要的。

我们走访鞍钢支援过的一些企业时，也深受启发。鞍钢一共走出去125 700多人，这么多人去支援全国各地，但是我看到这个数就只感受到空洞。我们到武钢的时候，因为武钢也是鞍钢支援建设的，我们遇到了一位支援武钢的老工人——鞍钢的张国文。他应该是50年代末60年代初去支援武钢的建设，当时他是抱着他1岁的女儿和他爱人一起到武钢去的，他们到武钢的时候就在武汉长江大桥的桥头照了张合影。等到2013年夏天，我们在武钢见到张国文的时候，他的女儿正好退休，55岁。所以说，张国文一家半个世纪都留在了异地他乡支援武钢建设，这个"钢铁摇篮"的故事就让我感觉到很立体、很生动。鞍钢原来有一句话，叫"献了青春献终身，献了终身献子孙"。我能感受到张国文老人的世纪大梦，感受到他们这种无怨无悔的情怀。

孙涛任鞍钢博物馆馆长时进行学术研讨

为了建博物馆，我们还到酒钢去了解情况、调研、收集文物、进行文化研究。在酒泉的夜市，我看到很多年轻人在那吃烧烤、聊天，说的全是鞍山话，我们就以为可能是鞍山人去出差。结果和他们一聊天才知道，他们全是鞍钢支援酒泉的那些工人的后代，他们在异地他乡还操着鞍山话生活、工作。因为鞍钢工人支援全国各地，鞍山的口音遍布当地，所以在中国冶金行业，在中国整个工业领域，人们把分布在全国各地的鞍山口音叫作"中国的钢铁

鞍钢博物馆初创时孙涛（左七）与工作人员合影

语言"。"中国的钢铁语言"遍布在戈壁荒滩、蒙古草原、湘江之畔、长江之侧、乌蒙山区。全国各地有钢厂的地方就有鞍钢人，有鞍钢人的地方就说鞍钢话，"中国的钢铁语言"在讲述着中国工业化的创业道路，讲述着实现工业民族复兴梦想的历程。在这个过程当中，鞍钢人的付出不计其数。在乌蒙山区建水钢，我们鞍钢的老副经理陶惕成同志，就倒在了水钢的工地上。当陶惕成同志高大的身躯倒在水钢工地上的时候，我觉得整个乌蒙山区都要为之颤抖，这就是中国工人阶级的高尚情怀。他们和奔赴朝鲜战场上的那些战士是一样的，和我们这次抗疫战争的逆行者是一样的，这就是我们中华民族优秀的传统和精神的体现，这种传统和精神在博物馆里头变得具象了、生动了、有说服力了，这是我的切身感受。

所以，部委的各级领导来了之后有一种朝圣的心态，我觉得这是有道理的。我说说我自己的感受，井冈山、延安是中国革命的圣地，我们"工业化道路的井冈山"在鞍钢。鞍钢是中国工业化道路的起点，是中国工业化的第一个基地，鞍钢是一个红色的基地，它不单单是一个生产企业，它还是我们红色工业化的一个圣地，我觉得这个说法是不过分的。我在博物馆当馆长的时候是很敬业的，我不定期就看一下它的浏览簿。我记得一个三年级的小女孩留言道："我今天来看鞍钢博物馆，我感觉很震撼，下次我要带我爸我妈来看这个博物馆。"我感觉，她的这种评价就是对我工作的认可。

赵金海
初代鞍钢报人*

亲 历 者：赵金海
访 谈 人：于之伟
访谈助理：彭圣钦
访谈时间：2020年10月20日下午2:00—4:30
访谈地点：赵金海家中
访谈整理：彭圣钦

亲历者简介：赵金海，1930年生，上海人。1952年毕业于复旦大学企业管理系，被分配到鞍钢基建设备处工作。1959年鞍钢报社、《鞍钢报》相继成立，成为初创班组的一员，先后当过编辑、记者等。1971年被分配到鞍山日报社总编室工作，1975年任鞍钢报社"革委会"副主任，1980年重回企业管理职位，任鞍钢中型厂副厂长、鞍钢驻上海办事处副主任等职，1990年退休后常年义务帮助报社审稿。

赵金海（右二）接受访谈

---

* 本文以现场访谈实录为主体，辅以发表于复旦大学管理学院网站的《我的"厂长梦"》和发表于《鞍钢日报》微信公众号的《〈鞍钢日报〉的诞生和成长》两篇有关赵金海先生的访谈文章，均为赵金海本人口述，分别由魏寅、王颖整理，特此致谢。

一、从复旦到鞍钢：我有一个"厂长梦"

我出生在上海的杨树浦，6岁上学，但没过多久就遇上了1937年爆发的"八一三"事变①，于是全家迁往闸北区的天目路。那时天目路有一所小有名气的民办学校叫中华中小学，我从头开始在这所学校学习，一直读到初中一年级。1945年抗战胜利后，我转学到市北中学，并一直读到高中毕业。从小学到高中这段时期，国家基本上一直处于战乱状态。日本侵占上海后，我们还被迫学了一个学期的日语，当时一些爱国的老师告诉我们："和尚念经一样，跟着念就好了，其他什么也别管。"学了不到一个学期的日语后，我们又继续学英语。尽管外界环境一直动荡不安，但在这样的战乱年代里，我们仍能持续学习，实在不容易。

高中毕业时，各地大学都来上海招生，我们几个同学商定分头报考。由于我是家中长子，父母不希望我去外地读书，只允许我考上海的大学，不让我考清华、北大。那时候清华、北大还没有现在那么有名，上海的交大、复旦比较有声望，所以我报考了复旦大学。我记得很清楚，7月份公布录取名单时，《解放日报》上有一整版是复旦大学录取学生的名单，当看到自己的名字时，激动得好一阵子说不出话来！在那个年代，社会对商学并不重视，而工科比较受追捧。但是我的父亲开皮鞋作坊，我姨舅是银行高层管理人员，他们都希望我从事商业，我也愿意学习财经。所以我毫不犹豫地报考了复旦大学的企业管理系，它隶属于财经学院，后来改名为工商管理系。当时复旦企业管理系的目标是培养厂长，重点发展方向是上海的机械和纺织两个支柱产业。按照当时的观念，成为厂长将是一件了不起的事情。受到家庭环境的影响，我从小就有着这样的"厂长梦"。

刚入学的时候，我觉得一切都很新鲜。那时的校园非常小，主要有相辉堂、子彬院、校史馆等建筑。校门上还有著名政治家、书法家于右任题写的校名，我现在还保存着当时老校门的照片。我清楚地记得，1949年10月1

---

① 1937年8月13日，日本帝国主义继7月7日卢沟桥事变后向上海发动了侵略，伺机扩大战场，揭开了淞沪会战的序幕，同时也标志着日本全面侵华战争的进一步升级。

日新中国成立的那天,陈毅市长发表了一次公开讲话,学校还组织大家去人民广场参加庆祝活动。

过去读书和现在真的有很大的差别。那时候,我们每天上午和下午各上两节课,所以上课的压力没有现在的孩子那样大。没课的时候,我就喜欢去图书馆和阅览室。当时图书馆里主要收藏的是苏联文献,还有一些英文书报。我上过的课程主要包括企业管理、初级会计、高级会计、成本会计,甚至还有专门教速算的课程。总的来说,这些课程注重实用性,大部分都是微观层面的内容。当然,由于当时实行计划经济,不可避免地存在一些狭隘之处。不过,我们当年读书的机会真的很珍贵。我还和李岚清是同班同学,1992年,李岚清拿出他出书的300万元稿费,捐赠给复旦大学工商管理学院校友会。从那起,每逢重大节日,这笔钱就作为奖金,奖励给在工商管理领域有成就的校友们。

1952年全国展开了大规模的基础建设,对大学生人才有了大量需求。我们这届本来应该在1953年毕业,但为了响应国家号召,我们提前一年毕业。当时我们的课程基本上都修完了,学校说,提前毕业就算是参与了社会实践。我们企业管理系1950—1953年四届学生一共有140多人一起毕业。毕业的时候,每个人都得到了一本纪念册,上面有校长和部分老师的题词,还有每位毕业生的照片,我一直保存至今。大部分同学毕业后都去了东北从事重工业工作。我从小在上海长大,其实不太愿意去东北,但那时候不能自由选择就业,必须服从分配。东北主要有两个大单位,一个是长春一汽,另一个就是鞍钢。我想了一下,一汽在长春,离家更远一些,而且鞍钢的名气比较大,所以我选择了鞍钢。我们企业管理系过来了十多个人,我到鞍山是1952年9月份,那时候鞍钢已经有点规模了。1948年鞍山解放时,鞍钢只有几个高炉能够生产,规模还不是很大。到了1952年,展开了大规模的基础建设,鞍钢新建了七号高炉、大型轧钢厂和无缝钢管厂,那时候被称为"三大工程"。由于我没有技术方面的特长,因此被分配到了鞍钢基建设备处的处长室当秘书。

刚毕业的时候,我每个月能拿到40多块钱,那时候已经算是高工资了。

然而，1955年我父亲去世了，母亲一个人带着弟弟妹妹生活，情况一下子变得非常困难，所以我当时省吃俭用，每个月拿出一半的钱寄回去补贴家用。虽然我非常想家，也希望能回去帮助母亲照顾弟弟妹妹，但是从东北回家要花几十块钱，所以我无法经常回去看望他们。直到弟弟妹妹长大毕业找到工作后，我的负担才减轻了一些，我们一起资助年幼的弟弟完成了大学学业。所以每次回上海，弟弟们都对我非常尊重，儒家所谓的"悌"在我们家得到了很好的体现。

那个年代大学生很受重视，所以同学们都非常积极，总觉得要将学到的东西应用到实际工作中，取得一番成就。在复旦大学，我从初级管理一直系统学习到银行管理，这使得我在工作中得心应手，无论是总账还是资产负债表，我都能看明白。

正在工作的赵金海

二、误打误撞"弃商从文"：《鞍钢报》的诞生

1959年6月，鞍钢成立党委，当时全国正在开展"大跃进"，于是鞍钢决定成立一个报社，将鞍钢的情况宣传出去。当时鞍钢没有专门从事新闻工作的人，像我们这样的人实际上并不是写稿子的，因为我是当秘书的嘛。有

时候我会接待《辽宁日报》和《人民日报》的记者,向他们提供一些情况,所以后来新闻界对我还有些印象。就这样,我糊里糊涂地就被选中去了报社。

当时我和我爱人已经决定在1959年10月之前去上海旅行结婚。我们俩都是上海人,我爱人已经从齐齐哈尔的建华机械厂来到鞍山。我们本来都准备回上海了,结果当时的党委书记袁振下达了一个紧急命令,凡是已经确定调到报社的人,一个也不能请假,必须在9月23日之前报到。在我被调到报社之前,基建设备处的领导知道了这个消息,但并没有马上告诉我。他们瞒着我说:"因为'大跃进'需要,你回不去上海了。既然你要结婚,我们就在鞍山帮你办了吧。"那时候领导比较通情达理,于是帮助我们提前在9月22日办好了婚礼。但是在鞍山我们没有房子,我的介绍人就把他家的一间房子腾出来,大约20平方米,我和我爱人就住在那里。住进去后,我并不知道需要申请房子。结果我们结完婚,到鞍钢报社报到后,领导允许我们俩回上海一趟。等我们从上海回来,领导告诉我说房子已经为我办好了——我自己都不知道!于是我们就从领导的家里搬出来自己住,那时候三家共用一个厨房,但是有煤气和暖气,已经足够满足我们的需要了。

那时候报社没有专门的办公大楼,鞍山建国路是条摩电道①,摩电道旁边是临时搭建的摊位,摆满了各种各样的货物。摩电道西边有一排小房子,是鞍钢印刷厂,由行政处管理。领导可能考虑到报社未来需要印刷报纸,所以先建起了印刷厂。当时的报社印刷厂是一个小空房,下面是纸库,报社就建在纸库楼上,总共有四个房间,三四十平方米,相当简陋,走在地板上都摇摇晃晃的。

袁振同志一直对报社非常关心。他下令在1959年10月1日出版创刊号,定名为《鞍钢报》,初步计划每周出两期,待条件成熟后再改为日报。应报社的邀请,他亲自书写了《鞍钢报》的报头,并题写了"全党动手,办好《鞍钢报》"的字样,还为创刊号写了一篇署名文章。1959年9月27日,《鞍钢报》的试刊号送到领导和职工手中,大家第一次看到自己企业的报纸,从上到下都感到非常高兴。10月1日,《鞍钢报》第1期诞生了!我记得《发刊

---

① 摩电也叫有轨电车,曾是中国百姓出行的主要交通工具之一,摩电道指配合有轨电车行驶的轨道。

词》大致是这样写的:"《鞍钢报》是鞍钢党委的机关报,也是鞍钢广大职工群众的报纸。它应该以通俗易懂的方式宣传马克思列宁主义、毛泽东思想;系统地进行社会主义和共产主义教育;不断宣传党的总路线和各项方针政策;及时反映鞍钢生产的良好形势和英雄事迹,传播先进经验,推动鞍钢生产的持续发展。"

鞍钢报社成立初期,我们从各个单位抽调了十几个人,几乎没有人学过新闻,我勉强算是文化程度比较高的。所以我和孙纪宁两个人一到报社就被分为编辑,当时只有两个编辑。我对编辑工作一窍不通,那时候对我们来说编辑工作是相当神秘的,确实也很难。首先要画出版样,一个个小圆圈,我们不知道每个圆圈代表什么意思。一版报纸有6000多字,我们不知道怎么分成几篇文章,也不知道如何排版,就连总编辑也没有亲自排过报纸。于是袁振派来了宣传部部长董奥林直接管理报社,他几乎每天晚上都会来报社看望我们,给我们买茶叶,与我们交谈,鼓励我们。我们一边实践,一边学习新闻写作和排版。幸好大家对工作充满热情,都希望能把报纸办成领导和职工喜爱的报纸。通过大家不懈的努力,不久我们这些"半路出家"的编辑和采编人员渐渐成熟起来了。

那时候我们也能吃苦,我和孙纪宁两个编辑白天编写稿子,晚上校对完稿后,就跟着下到印刷车间里。我们和两个印刷的老师傅一起工作,他们也没有排过版,没有出过报纸。他们先要捡字,捡完后拿出方块来倒腾,从第1版开始倒腾,一直倒腾到第4版。由于我们字数估计不准确,我记得大概一版有6000字,怎么算也算不准,所以排到最后可能会多出来。多出来的内容比较容易处理,删掉一些就行,所以他们叫我"快刀手"。如果字数不够的话就麻烦了,晚上也没有资料可以凑,只能准备一些照片来填充,或者不停地添加文字,直到版面排满为止。师傅们在捡字的时候,我们两个编辑就靠在床凳上稍微休息一会儿。每天一般从晚上八九点钟工作到凌晨5点钟,才能印出第一张报纸,然后我们两个编辑和排版工人才能回家。所以那个时候我们白天编稿时常常打起瞌睡,稿子上到处都是红色圈圈……哈哈哈,总算熬过来了!

鞍钢报社成立后,所有关于"大跃进"的情况都由《鞍钢报》提供,工作人员也越来越多,到"文化大革命"时达到最高峰。那时我有一份名单,上面有78个人。1960年,毛主席批准了一份名为"鞍钢宪法"的文件,但我们不能公开报道,只能在内部宣传。由于报社有纪律,《人民日报》不报,新华社不报,报社自己也不能报道。因此,我们就编印了一本名为《鞍钢宪法》的小册子,将毛主席批示的报告印出来,发送给各个单位,各个单位内部组织学习和讨论,报社则反映他们的讨论情况,但只在内部刊物上登载。当时我们写稿件时,不能直接提及"鞍钢宪法",而是侧面宣传"鞍钢宪法"的内容,报道"两参一改三结合",以及鞍钢的成就和劳动模范等——直到1962年才能公开报道。

《鞍钢日报》创刊五周年合影

三、从《鞍钢报》到《鞍钢日报》:曲折中的前进

袁振书记和其他领导非常重视和支持报社工作,他们对报社人员的生活和工作非常关心。公司副经理陶惕成经常向报社介绍情况、撰写社论或修改重要文章,还经常亲自来报社探望我们的编辑和采编人员。1960年12月下旬,时任鞍钢党委书记颜志敏甚至亲自来到报社座谈,提出将鞍钢打造成一流企业,让《鞍钢报》成为一流的企业报。我还记得有一次,我去颜志敏书记家审稿,他非常热情,让我坐下并为我端茶,然后认真阅读稿件。在修

改过程中，他会耐心地告诉我为什么要做出改动，并征求我的意见。审稿结束后，他还与我闲聊，鼓励我们提高政策水平，研究新闻业务，创新工作思路，只有这样才能让领导满意，让职工和职工家属喜欢阅读报纸，并为兄弟企业提供素材。在领导的关怀和指导下，报纸的编辑和采编人员都充满了信心，大家齐心协力地投入到报纸工作中，《鞍钢报》赢得了读者的赞誉，石景山钢铁公司主办的《石钢报》等兄弟报社也多次来鞍钢交流经验。

1962年2月，赵明同志调任报社副总编辑，他非常注重培养编辑和采编人员的业务能力，经常组织全体人员研究新闻业务，开展研讨活动，不断总结办好企业报的经验和特色。与此同时，在征得鞍钢公司党委同意后，从1963年5月20日起《鞍钢报》每周出版三期，1964年4月1日改为日报。袁振书记重新题写了《鞍钢日报》的报头，后来董必武同志应邀为《鞍钢日报》题写了报头，一直沿用到"文化大革命"初期停刊。

1964年4月24日，中央决定由王鹤寿同志担任鞍山市委第一书记兼鞍钢党委书记。实际上，在这个决定公布之前，王鹤寿同志已经以冶金部部长的身份在鞍钢进行了蹲点工作。2月27日，他在东山宾馆的迎宾馆小会议厅召开了新闻界座谈会，鞍山日报社和鞍钢报社的编委及以上干部参加，那也是我第一次与王鹤寿同志对话。我记得在会议前，他对每位与会成员的姓名和籍贯都非常感兴趣，不时插入一些家常话题，与大家愉快互动，气氛十分和谐。当他问到我时，他用上海话笑着说："噢，侬是上海人！"

在会议上，王鹤寿同志要求大家先谈谈情况和问题。鞍山日报社苑金标、王佩珠等人都表示他们不能及时看到鞍钢党委的文件，更难以参加重要会议。王鹤寿同志立即吩咐工作人员记录下来并解决这个问题。在座谈中，他希望两家报社能够分工合作，鞍钢报社要虚心向鞍山市报社学习，并且要超越市报，市报要像老大哥一样带领好钢报。同时，两家报纸都要发挥各自的特色。他鼓励我们成为鞍钢新闻的权威，使《人民日报》和新华社从我们这里获取线索，约稿并转载我们的报道。他说，办好这两张报纸的原则是坚决贯彻党中央的方针政策，总结地方和企业的经验，反映广大干部、工人及其家属的创造劳动和精神风貌，推动形势的发展。

《鞍钢报》改为每日出版后，新闻报道更加注重及时性和准确性。公司要求我们成为全国企业报的领军者，并要求鞍钢的重要会议和领导讲话在第二天就要报道出来。那个时候，王鹤寿同志经常在迎宾馆召开干部会议。他的讲话很少有讲稿，而且我们也没有录音机，这给记者和编辑带来了压力。每次开会我们都得派出三五个人前去，会议期间需要拟写稿件，会后立即根据速记整理讲话记录，并修改新闻稿。编委和总编们会第一时间审稿，工厂那边也会进行字数核对和样式排版，一刻都不能耽搁。即使这样，稿件送到王鹤寿同志手上时，最早也得在晚上9点了。然而无论多晚，王鹤寿同志总是会等待我们。有时他与工作人员或服务人员打球，有时欣赏文娱节目，有时睡觉，但只要听说我们去审稿，都会热情接待。在审阅过程中，他还会向送审的记者和编辑解释修改的理由。

　　那个时候，报社的总编辑是陈宝盛同志。在逐渐接触中，他已经与王鹤寿办公室的凌华倬、张羽、高银堂、程喜昌、陈秉权等同志建立了工作友谊。上传下达工作非常及时，也能确保《鞍钢日报》始终坚持正确的新闻导向，充分发挥鞍钢党委机关报的作用。

　　我还记得有一天，办公室传来了一份当天的《鞍钢日报》，上下两端和报缝的空白处密密麻麻地写满了王鹤寿同志的读后感和意见。那段时间，我们经常听到、看到他的指示和要求。根据他的要求，我们加强了正反两面典型报道，开展了"两面镜子"①大讨论，增加了改革的版面。在工作中，我们努力端正文风，推动鞍钢克服"老大思想"，将"坚持文明生产，争创品种、质量世界第一流，生产工艺世界第一流，主要技术经济指标世界第一流"的宣传做好，并将"红矿浮选实收率超美国，高炉高压低消耗创世界水平，双床平炉炼低合金钢要创世界水平，轧钢要进行大规模工艺革命"等四项创世界水平的"四朵大红花"传递给读者。

　　就在王鹤寿同志领导我们大干快上的时候，由于遇到了特殊历史时期，1967年6月8日，《鞍钢日报》被迫停刊。1968年11月5日，鞍山日报社、鞍钢日报社以及鞍山电视台合署办公，人员也进行了分流。我们鞍钢日报社的一

---

① 指先进典型和反面典型。

部分编辑和记者合并到鞍山日报社,另一部分则被分配到七岭子干校劳动,而我就属于后者。直到1971年5月,我才被调到鞍山日报社总编室工作。

　　1975年12月,鞍钢党委决定恢复成立鞍钢报社。母志盛、阎福君、闵希来、汪锦白和我被任命为报社"革命委员会"和党的核心小组成员,我担任"革委会"副主任兼编辑室主任职务,当时"革委会"副主任相当于副总编。至此,除了总编,我曾担任过报社的各个职位,从记者、编辑到组版,都有所接触。1976年1月1日,报纸复刊,初名《鞍钢战报》,每周三出版;同年7月1日,恢复为《鞍钢报》。我记得排版工人金德喜捐出了他珍藏的董必武同志题写的报头,拿去其中一个"日"字就成了新的报头。此后,我们又陆续出版了周四刊、周五刊和周六刊。1984年5月4日,我们还创办了《青年周刊》,它在当时具有相当大的影响力,主要关注社会新闻,深受读者喜爱。1986年1月1日,《鞍钢日报》正式恢复,并完整采用了董必武同志题写的报头。①

　　后来,袁振和王鹤寿同志虽然离开鞍钢已有很多年,但他们仍然怀念着鞍钢日报社。1989年10月1日是《鞍钢日报》创刊30周年,当时王鹤寿同志担任中共中央纪律检查委员会第二书记,他特地为钢报题词。他写道:"《鞍钢日报》作为企业报办得是很好的,希望《鞍钢日报》既要宣传科学技术及生产先进经验,同时必须大力进行政治思想宣传工作和宣传劳模事迹。"

赵金海(二排左三)与同事在鞍钢报社大楼前

---

① 现在《鞍钢日报》报头采用的是周恩来总理的手迹。

四、回归老本行：走上企业管理岗位

从1980年开始，我离开了报社，选择回到我的企业管理岗位上。对我个人而言，这是一个正确的决定，因为我本来就是从事企业管理的，国家也需要这方面的人才，所以我重新回到了鞍钢中型厂，担任副厂长的职务。但是现在回顾过去，我也有所损失。前几年，新闻界评选"老新闻工作者"，我在报社工作了整整61年，本来有资格入选，但是因为从1980年以后我离开了报社，所以不符合资格。如果以创刊时间为标准，我可以被认为是资深人员，但是以连续从事报社工作的时间来看，我就不够资格了——我们鞍钢报社没有一个人被评选上。我们有一张报社成立50周年的照片，我仔细看了一下，照片里没有一个1959年进入报社的人了，现在还活着的只剩下我一个，其他的都离世了，他们的寿命都不太长。另外，我决定回到管理岗位也有点私心，因为这样我就有机会调到宝钢了。1956年我听说要调我去酒钢，但后来不知道怎么回事没有调我，我就留在了鞍钢。那时候开始了"鞍钢支援全国"的计划，我们复旦企业管理系派来鞍钢的十多个人中，只有两个人留下了，另一个比我大2岁，后来也先离开了。其他同学陆续都被调走了，去了包钢、武钢、酒钢，几乎所有大型钢铁厂都有我们的同学。那时候宝钢还没有成立，如果有宝钢，我当时可能就报名调到宝钢了。最后他们运气好，到武钢、酒钢转了一圈，大部分后来回到了上海，回到了宝钢。

1980年，宝钢在全国范围内招聘了几百人，他们也来到鞍钢招聘，我也报名了。当时宝钢的一位干部甚至来到我家访问我，询问我的意见。我说我愿意去宝钢，但是宝钢规定只能带一个孩子，而我有两个孩子——我的女儿是1961年出生的，儿子是1963年出生的——我说我不能抛弃一个孩子留在鞍钢，如果要调动，我两个孩子都要带走。所以在填表的时候，我相当固执，表格上只能填一个名字，但我把儿子和女儿的名字都写上了。后来有人告诉我，之所以不调我去宝钢，不是因为我有两个孩子，而是因为我超过了年龄限制，宝钢规定超过50岁的人不再欢迎。那年我正好50岁，而且我生日在正月，到了1980年8月份，我已经过了50岁好几个月了，所以没有调动成功。

  1983年后,鞍钢的现代化管理逐步发展起来。到了1986年,鞍钢已经基本建立了一套完整的管理体系。我一直怀揣着小时候的"厂长梦",在每个岗位上都尽职尽责,努力将所学所思应用于企业管理实践中。《鞍钢日报》也越办越好,2002年7月9日实现了30多年前的梦想,改成了对开大报,彩色印刷。尤其是近年来,报纸的版式和内容越来越接近大报水准。虽然我已经90多岁了,但我仍然非常关注这份报纸,每天阅读《鞍钢日报》已成为我必不可少的日常课程。

易秀珍
我和雷锋在鞍钢的日子

亲 历 者：易秀珍
访 谈 人：吴晓萍
访谈助理：谢景慧
访谈时间：2020年10月20日上午9:00—12:00、21日上午9:00—12:00
访谈地点：鞍山党校
访谈整理：谢景慧

亲历者简介：易秀珍，女，1941年生于湖南长沙，雷锋的老乡、工友、好朋友。1958年参加鞍钢招工，与雷锋被编入同一小组，后被分配到三炼焦车间做调火工，雷锋被分配到洗煤车间当推土机手。1959年8月，雷锋和易秀珍先后到弓长岭参加焦化厂新建工作。1961年，由于焦化厂停产，易秀珍被下放，后在弓长岭农场做临时工。自1965年起，在鞍山一个公社办的企业里做车工技术员，直到退休。

易秀珍（中）接受访谈

一、大义辍学赴鞍钢,泪洒车站遇雷锋

1941 年,我出生于湖南省长沙市长沙县一个农村家庭,初中毕业后我考上了长沙市的一个高中,但是家里条件太困难,三个妹妹和一个弟弟都要上学,我是老大,如果我继续上学,弟弟妹妹就得有休学的,我想我也 17 岁了,还是应该有点老大的担当,所以在读了一个月后,我下定决心找工作,不能为了我念书让弟弟妹妹都没有书念,所以我趁着学校"十一"放假,把东西收拾收拾就回家了。到家以后听邻居说公社有通知,鞍钢招工人,听到这消息我可乐坏了,正好有机会出去。但是因为我还是学生,如果在长沙我被招上工了,有可能学校还得把我找回去,所以我就自己跑到公社去。那两个招工的一看我还像个小孩,很幼稚,才 17 岁的一个学生,但我没告诉他们我是学生,他问:"你会写字吗?"那时候当工人必须得有点文化,特别是女孩子,起码得会写信,我点头了。他说:"那好,你自己登记吧。"就是登记花名册,把姓名、住址这些个人信息全都写上。我字写得还可以,他一看,"你有文化,收下你了",什么也没说,还没体检,他就收下我了。

1968 年,易秀珍(二排右三)与家人合影

但我一直瞒着父母,临走前的两天我瞒不住了,因为学校已经开学了,家里问我为什么还不回去上学,我就跟爸爸妈妈交代,说学我不能上了。当

时我二妹妹已经不读书留在家里了,第一家里需要干活的,第二念书也不容易,那个时候读书要伙食费、住宿费,虽然不多,但是要从家里拿钱。我说:"我不能给家庭带来太大的负担,我要出去工作。"我爸说:"你去哪儿找工作?"我说:"我已经找好了,准备要走了。"我爸爸听我已经找好了工作要走了,说:"你实在要走家里也留不住你。"我爸爸就把家里的一头猪卖了,说给我买几套新衣服。

离开家那天,我弟弟妹妹背着书包去上学的时候,我的眼泪哗哗直流,我不知道自己什么时候能回来,就哗哗地哭。我们是1958年11月12号晚上9点15分的火车,我妈妈送我到车站了也舍不得我走,心里不好过,我的眼泪还是不断地流。妈妈一直说虽然我在家里是老大,但年龄还小,到外面可不容易了。我还是哭,在我哭的时候就有一个人走过来,劝我妈和我,说:"大娘,你女儿劝你走你就回去吧,天也要黑了,也晚了。我们这些人都是到东北去的,一路上会互相照顾。"他走过来说话,我都不敢瞅他,就听他说,小女孩之前一直在学校读书,出来还是挺害羞的。我妈妈一听:"啊,这些人都是到东北去的,都是年轻人,会互相照顾。""互相照顾"这一句话让我妈妈安了心,也就放心地走了。但是瞅着妈妈的背影,我心里还是在流泪。到了晚上6点,鞍钢招工的就点名了,看谁来谁没来,来的才能给他发车票,还有30块钱。那时车站小,人又多,所以点名的时候就分组,谁谁谁是哪个组,组长来了点到谁的名谁就上那站着去,点到我的名我也上那站着,一看这个人就是刚才跟我妈妈说话的那个人,他站在那里了,我也就站在那里了。招工的人把30块钱、车票发到组长那,组长按名单再分配到我们每一个人手里。因为有的人就算手续都办好了也有不来的,怕他们不来又把这钱和车票领走,所以都得有一个组长专门看着我们这些人。我一看这回车票也到手了,钱也发了,是雷打不动要走了,但是心里想,也没有一个认识的人,我得看住刚才那个对我妈妈说话的人。我害怕自己走丢了,害怕找不到自己人,后来检票铃声响了,点名的时候就叫名字,也叫到我们组长的名字,我才知道他叫雷锋。

二、一路向北，武汉、北京留记忆

检票铃声一响，我这心里可不是滋味了，背起那个小背包，虽然没有什么太贵重的东西，也就几件现穿的衣服，但是心里沉重得很。铃声一响，就好像要过这个关了，我心里怦怦怦直跳啊，眼泪又哗哗地淌下来，还要看着别人，跟在别人的后面。我们这个组里有两个比我岁数大一点的女同志，她们上车后就知道找座位坐下，我还傻呆呆往那一站，她们知道我们是一个组的，就把我拽过去让我坐下，把我那点东西也安排好了。我一看这组长还没上来，这个小男孩还没上来。为什么他没有上来？他在看有谁还没上的，人到没到齐，这是第一个；第二个，还有其他人上车，他得帮着别人，结果火车快开了，他才上车。这火车一开，不光是我，所有来的这些人一个个心情都不好受，我就不用提了，就趴在茶几上又呜呜地哭起来。第一次坐火车按理说应该感到稀奇，但是我也没有心情看这一切，就是趴在茶几上哭，自己多多少少有点文化，考虑的事就多，老合计能不能回来、什么时候能回来。后来坐我边上的杨必华就说："小老乡别哭了，我们互相唠唠嗑心情就好一点了。"我也听不进去，继续哭。第二次她又拍我，说，"小老乡别哭了，你一哭我们都会哭啊"，听了这个我就忍住不哭了。

我们大家互相介绍，就报姓名、年龄、家乡，简单说几句。首先说的是杨必华，她说她是望城铜官人，是望城一中毕业的，我一听，有个知音。还有一个女生叫张月棋，她说她没有文化，从小就跟妈妈学绣花，在绣花厂做了五年绣花工，所以有一些社会经验。最后轮到我了，我就说："我叫易秀珍，湖南长沙人，是长沙二中毕业的。"我说因为家里姊妹多、经济困难，自己想要到鞍钢当工人，不能让弟弟妹妹休学而我自己念书，说完眼泪又哗哗地流，还是舍不得离开学校吧。说完了他们就说不能再趴着了，得起来坐着振作精神。这个时候雷锋在干啥呢？他去照看别人了，看都找到座位没，帮大家放行李，我们这组20多人，雷锋是组长。

杨必华认识雷锋，他俩都是望城的，就给雷锋占了座，因为我们是一个小组的，座位号都挨着。那个火车都是大帮坐，一个座位三个人，我在杨必华的左边,雷锋在右边,张月棋坐我对面。后来雷锋把他的座位让给了一个老汉,他去门边坐着去了,一直到人家走了他才回来,这个老汉坐了好几站才下车。雷锋回来我都不知道,因为我又是哭又是忙活,心里既不安还困,我就趴在茶几上带睡不睡的,就是在听着,东北人有一句方言是"听下巴颏","听下巴颏"就是听人家唠嗑,我就是听人家唠嗑,当时我不像现在叽叽叭叭地,那时候很不爱说话,还像一个学生似的。我就听杨必华对雷锋说:"你不叫雷正兴吗?你为什么改名了?改得好,改得好,这个名字很好。"因为杨必华有文化,他的"锋"就是"打冲锋"的"锋",她接着说:"你这是准备去打冲锋。"他们唠嗑我就听着,雷锋他个矮,但他爱运动,会打球,也挺好文艺的,他们互相之间有交往,就唠来望城怎么打球。后来雷锋把他的箱子从架子上拿下来,准备看书,我毕竟也不认识、不熟悉他,就还是装着在那趴着,就听杨必华说:"一箱子书真不少,还有个口琴,你会吹口琴吗?"雷锋说:"会,也会一点。"杨必华是初中毕业,跟雷锋还认识,所以一直是他俩唠嗑看书,看的是《钢铁是怎样炼成的》和《可爱的中国》,讲解书上的一些内容,我就是听。《钢铁是怎样炼成的》我读书时在图书馆看到过,我想着要看这本书可不简单,起码是一个有文化的人。我心里就画了一个问号:这个小伙究竟是干什么的?为什么他有这些书?为什么他会吹口琴?所以从那个时候开始我对这个小伙有了一个印象,就是认为他很时尚,那个时候能看书、能吹口琴是了不起的。

我们晚上9点15分在长沙上火车,第二天早上才到武汉,到武汉倒车要等大概六七个小时。我们一共八个人就到了武汉长江大桥,往那一站,一看祖国的江河太大了,心情太好了,以前是在书本上学的,现在亲眼看到了,看到长江这个宽啊,好高兴的。这时候雷锋说:"你们看,这武汉长江大桥多美,上面一层公路桥是钢铁,中间一层火车道也是钢铁,最下一层是轮船。"长江大桥是三行,三面运行的,那时候全是钢铁结构,雷锋说这些钢铁也不知道是不是从鞍钢出来的。我这时候插了第一句话,因为要去鞍钢多少得有点了解,我说:"听说鞍钢是全国最大的钢厂,肯定是鞍钢的。"我们一边走一边说,都感到很高兴,一行人走走停停,走到桥头看到有照相的人,那时候照相的还很少,那就只有一个,4毛钱一张,谁愿意照谁就照。雷锋说做个纪念,大家就照了相,在雷锋的影响下我也照了,但是都是个人照,没有集体照,一方面那时候谁也不认识谁,第二个当时很少有集体照,没有这种意识,想着能有个个人照就不错了。

我们那天照完相中午饭都没吃,一直玩着看着,下午大家要去商店买点这买点那,手里有几个钱喽,也想买点必须用的东西,都说东北冬天冷,我就想买一个围脖,就挑了一个红的四方围巾。这个时候雷锋在干吗呢?他跑到卖书的亭子那里看书去了,那时候没有书店,大部分都是书摊,一个一个摊位,也有卖书的亭子。我一想他们在车上都读书,自己也想看,但和他们不是特别熟也不好借,就想着自己也买一本。但是雷锋在那站着,我不好意思过去,趁他招呼别人的时候我就过去看书了。后来他看见我在那看书,就过来帮我挑了一本薄薄的书。当时杨必华看雷锋那个牙刷很破了,就给雷锋买了一个牙刷,雷锋说:"你买这干吗?我这还有。"杨必华说:"你这个牙刷太旧太破了。"那时候牙刷大概1毛多钱一支。就这样,我们那天过得很充实,下午5点多又上火车了。

第二站到北京,大站就是北京,小站我们也不管,谁爱下谁下。但雷锋管,他在车站帮着这些列车员接送旅客,不像我们什么也不管,就在那一坐。鞍钢那时候在车站给我们订的盒饭,上了车吃完饭以后,我就看买的那本书,看完以后又趴在桌上了,这次可不像在家又哭又喊的了,这回的心情比较高兴,因为要往北京去了,心里想北京是什么样子的。一路上雷锋在车上忙忙碌碌的,我们也很少跟他有交流,但是快要到北京的时候,雷锋就问:"我们要到北京了,你们又准备上哪儿?"我们也不知道要上哪儿,杨必华就问:"那你要上哪里?"雷锋说:"我最想要去的地方是天安门。"我一想天安门也好,你们要走我还是跟着你们,就这样火车还没进站,大家都站起来准备下车。

下车到北京,感觉北京好大的,我从一个小农村到了武汉,这又到了北京,那可了不得,心里感觉特别高兴。那时候没有到天安门的车,但是车站离天安门很近,可以走着去。那时候走路不叫走路,说"坐11路汽车",就是湖南的土话,两条腿就是"11 路"。我们说:"走吧,我们'坐 11 路汽车'到天安门去。"我就跟着他们到了天安门,好大的天安门,以前在书上看到过,但也不知道天安门这么宏伟。在北京天安门我们又玩了大半天,每人都照了一张相,也是在雷锋的带领下。雷锋照了两张相,一张手提一个小篮子,还照了一张骑着摩托车的。他很爱照相,那时候照相大家都不舍得花钱,雷锋别的舍不得花钱,买书、照相他绝对舍得。上车后这心情更不一样了,这一路走来看到了祖国江河,又看到了首都北京天安门,感觉祖国可真了不起,很伟大,到鞍钢的心情也更加迫切了。

易秀珍在天安门前拍照为念

三、和雷锋一起在鞍钢化工总厂的日子

我们 1958 年 11 月 15 日中午到的鞍山,鞍钢派来一个大客车接我们,然后就点名,哪个小组去哪里,我们这个组就被分到了鞍钢化工总厂。到了化工宿舍以后,就给我们分配房间,招的工人情况早就传过来了,有多少人,有几个女的,怎么安排房间,到的时候都安排好了。宿舍是三层红楼,一个房间四个人,我和杨必华、张月棋等四个湖南老乡在一间。到下午的时候,食堂就来人了,因为晚上要吃饭,食堂来人统一给我们换饭票,就拿个食堂专用的印刷的东西,给我们换饭票,不是手里有提前发的 30 块钱吗,饭票上印的是几两几两,菜票只有价格,没有两数。那食堂叫和平餐厅,人特别多,一到早上人多的时候,我们就想返回去了,因为队排得太厉害了,6 点开始卖饭,8 点上班,大家都是早上这个点吃饭,都要上班,所以基本都要排队。第二天,化工总厂的领导就来了,领着我们这些新工人去学习,来了先点名,然后到宿舍门口集合,去听人讲课。第一个是安全课,给我们讲要怎么学习技

术,还要向老工人学习,给我们讲老工人,那时候讲谁呢?讲孟泰,给我们讲鞍钢的厂史,让我们了解鞍钢,让我们在鞍钢好好工作,向这些老工人学习。上午讲课,下午就领着我们去参观炼铁厂、无缝钢管厂这些地方,让我们看一看熟悉熟悉,要懂规矩,能碰的不能碰的、该去的不该去的都要知道。学完到最后一天就考试,看学得怎么样,考试我们基本都能答,但有个别的题也写不上来。

分配工种的时候一方面看我们答的卷子,看考试的文化水平,另外还讲政治条件,看家庭出身与政治面貌。雷锋因为在家开过拖拉机,又是团员,就被分配到洗煤车间去开推土机了。像我有点文化,就被分到三炼焦车间当调火工,就是怎样调节高炉煤气、焦炉煤气。我最高兴的是我不倒班,因为我是白天班。宿舍的她们听到雷锋的工种都很羡慕,他开上推土机了,那时候开推土机、拖拉机、汽车,大家都认为是一流的。白天工作的时间我看不到雷锋,只有下班时间我们才能见到面,特别是吃饭的时候,我们都能见着面。这个时候我和雷锋已经很熟悉了,因为这一路走来我们经过这些事,也看到雷锋是比较实在、可靠的一个人。我们空闲时间经常在一起,经常坐在一个桌上吃饭,有一天雷锋跟我讲推土机怎么怎么大,我心想哪一天我也要偷偷去看看。那时候一般不允许随便调动工作时间,所以有一天下班换完衣服后我就去了大煤厂,那煤像山似的,左一堆,右一堆,到煤厂里根本找不到雷锋,每个人都是一个样子,各自都穿个大胶鞋,戴着棉帽子,都穿一样的工作服,工作服都是戴围脖的,白毛巾围在衣服里头,防止焦粉跑到衣服里头扎人。人从推土机里出来你都不认识他,就眼珠子和牙齿是白的,特别夏天刮点儿风,脸上落点煤灰,像黑包公一样。我一看这煤厂子这么大,雷锋就在露天作业,大龙门吊,好大好大的啊,而且无论外面下着小雪还是大雪,晚上下多大的雨、刮多大的风都是一样,都得去工作,因为我上班都在工作室里,所以我觉得雷锋的工作太累了,真的很不容易。

但是雷锋工作干得非常好,他的师傅说:"我带了这么多徒弟,唯有雷锋是最小的,但是属他学得好,学得也快。"本来跟师傅签订了一年的学习合同,但雷锋只用了四个月就学会了单独操作,而且他不但会操作,还会修。

那些师傅都很认同他,一方面,他尊重师傅,爱学能学,不懂就问;另一方面,他思想比人家先进,每天能坚持早去晚走,收拾收拾卫生,把现场清理好,做好一切准备工作,所以雷锋对工作特别上进、尽心、敬业。一般机器坏了,都得请个专门维修的师傅来修,因为用的机器是苏联的,苏联那时候把他们那些旧东西都甩到我们中国来,所以经常出事故。雷锋一想:我开推土机要出事了,白天能找师傅修,晚上怎么办呢?所以他就自己学着修。

鞍钢对我们这些工人是比较关心的,我们来的时候家里穷得都好几个人盖一床破被子,很穷,厂里一看我们这些人,被子、厚衣服什么的都没有,就给我们这些新工人每人发了一床被子、一个棉袄和一双棉鞋。但那时候我们吃得很不好,基本都是玉米面窝窝头,而且当时玉米面窝窝头特别粗糙,还有点儿剌嗓子,不像现在玉米面招人爱。那时候细粮特别少,是定量的,大米、白面每人每月只有4斤。我们吃饭经常跟雷锋在一起,都一样的时间点吃饭、上班,就都往一个桌上凑。雷锋会在食堂买大米饭,但是他从来舍不得自己吃,他用手这么包着,带给我们这几个湖南来的女孩子吃。他说:"我吃什么都行,反正习惯了。"雷锋在吃这方面很关心我们这些老乡,特别是我,他总拿我当个小妹妹似的,所以他都把这些细粮给我们吃。

在鞍钢的第一个春节,就是1958年的春节,厂里给我们发了改善券,就能吃点好的,有鱼、有肉还有好点儿的菜之类的,但只能打一份,初一这一天能改善下伙食。那年大年三十那天我是白天班,下班后洗完澡收拾收拾,到宿舍天都黑了,一看离家近的东北人都走了,我心里就不是滋味了,就呜呜地哭起来,就想起家来了。杨必华和张月棋她们都是倒班的,只有我是白天班,在宿舍哭够了我就捂个大被睡觉了。第二天雷锋知道了,一早上他就来了,我一听雷锋敲门喊我,哎哟,忽地又哭了,就好像我见到了自己的一个亲人一样,就是这样的感觉。雷锋站在门口说,"你这样哭也不吃饭,过完春节你还怎么上班?你得赶紧起来吃饭了",就苦口婆心地跟我说让我起来。其实他已经把饭都打来了,他说:"你要不起来,我也不走,我也不放到桌子上,放在桌子上凉了,你也不会吃。"好吧,我起来了,他把饭放到那了,我把饭吃了一点,但是没吃多少,再好吃我也吃不下去。所以从这个时候开始,我对雷锋的印象就更加深刻了,为什么呢?因为雷锋这么体贴我们,真正地做到了关心我们,特别是拿我当一个妹妹来看待,来照顾我。我心里觉得这个人很不错,很可靠的一个人,他对我的关心又增进了我们之间的友谊。

业余时间我和宿舍的三个姐妹会一起参加一些活动,跳舞比较多,雷锋和我们在一起的时间相对少一点,因为他有自己的安排,比如批改卷子、看书、学习、买书等等,那时候雷锋还当语文老师①,所以跟我们一起跳舞的次数不是很多。那时候鞍钢有一个职工俱乐部,离我们宿舍很近,就隔一条马路,一到星期天我们就去。鞍钢条件确实好,周天不用自己洗工作服,单位有洗工作服的部门,大胶鞋破了也有人修,所以到礼拜天我们就没有啥事做了,就可以看看书、跳跳舞,我们看书的时间少一些,可能占三分之一,但雷锋看书花的时间多些,得有三分之二,我们女孩子跳舞更多一些。鞍钢职工俱乐部二楼有一个舞厅,当时在鞍山来说是高级舞厅了,跳舞要1毛钱;化工俱乐部也有舞厅,免费的。但是我们都来鞍钢俱乐部,因为这里的乐队水平要好很多,还有一些苏联专家来跳。我们也动员雷锋跟我们一起去跳舞,他说:"我看没有必要,我们年轻人应该多看点书,多学习。"那我就说了:"你反对跳舞啊?"他说:"那倒不是,也可以跳,不能过。"有一天我们去跳舞,看着他在前面走,我们以为他也想去跳舞呢,结果雷锋是去图书室,鞍钢俱乐部那个大楼里一楼有图书室,二楼是舞厅。我们说:"雷锋,走,跟我们一起去跳舞。"雷锋嗯嗯啊啊地答应了,把车票也买了,但乐队一开始,雷锋就跑了,跑到一楼看书去了。我们对他老有意见了,说:"好不容易答应跟我们来跳舞,怎么又钻到图书室去了?"杨必华跟雷锋是老乡,说话就比较直,她说:"今天我跳舞的心情都没有了,非等到雷锋回来,好好说他一顿。"我跟张月棋:"对,你就说他吧,'批评'他吧。"雷锋看书回来后杨必华就说:"你答应跟我们跳舞,舞票也给你买了,为什么又钻到图书室去了?你反对我们跳舞还是对我们跳舞的有看法?"我们就开始"批评"他,雷锋说:"我也不反对跳舞,文艺也应该有,但是我们应该把时间花在学习上,不能浪费宝贵的时间,时间一去不回头,我们应该多学习。"哎呀,我们嘴不服,但心里服。

---

① 1959年,鞍钢化工总厂开办职工业余文化补习班,雷锋在补习班担任兼职语文老师。

有一天我们又找雷锋去跳舞,这回他去了,好不容易给他拽去了。雷锋爱穿蓝色的衣服,那天他穿着一件蓝布的旧衣服,一条蓝裤子,那裤子洗得都掉色了,膝盖上补了一个补丁,那补丁还是他补的,我跟张月棋坐着就笑了。跳的时候主要是杨必华跟雷锋跳,他俩挺熟悉,我跟张月棋两个人谁请也不去,两个女生跳,女孩子嘛,那时候还是比较保守的。杨必华很时尚,大家都叫她美女,长得很漂亮,个子也比我高,比我苗条,眉眼也好看,梳个大辫,感觉很有气质。她和张月棋两个长得都挺好的,因为张月棋在家绣过四年花儿,她有钱,穿得也好,我将就巴巴地看起来也行。雷锋那就不行了,穿得不好,所以他在那跳舞时,我们看着雷锋穿的那一身衣服,我就说:"姐……"我喊张姐,她们都是我的姐,我说:"张姐,你看雷锋穿得这么土气不说,裤子上还带着补丁,洗得都发白了,来这个场所也不换一件衣服。"张月棋:"可不是,但他也没有什么换的,换也是一套旧衣服。"我说:"那你去'批评'他。"张月棋说:"你没长嘴啊,你为什么就不能'批评'他?"我说:"你不是姐姐吗?"她说:"你不是和雷锋挺好吗,你们不也是好朋友吗,你为什么不能说呢?"我说:"还是你说吧,要不我们还是等到哪一天找雷锋谈一谈,让他买一套好一点的衣服。"买单时我们看着雷锋,从面貌上看很阳光帅气的,雷锋长的是笑面,不笑也像笑,总是笑眯眯的,很好看的,一笑还有两个酒窝。

有天我下班,正好在路上碰上雷锋,他也下班。我实在憋不住了,我说:"雷锋,你说你,我们说话也不管用,你挣的钱比我们还多,你就不能有件像样的衣服?"因为雷锋有夜班费,所以工资比我们多。我说:"你看你衣服洗得倒是挺干净,但总是那一套,到正式场所,照个相或者跳个舞,你就不会换件衣服?你买一套穿得时间长一点的,还穿得出手的,好一点的衣服。"他说:"那买什么好呢?"我说:"皮夹克是最好的,一年能穿三个季度,只有夏天不能穿,这是最好的东西。料子裤那更不用提了,像样儿,到哪儿都能穿。再买一双鞋,别一年四季走哪儿都是一双胶鞋,还破了,有的地方还洗得发白。"雷锋一想也是,我说:"你还没有负担,不像我挣的钱过几个月还得给家寄去,我弟弟还上学呢,我省吃俭用,自己买点穿的,剩下的就都得给家里寄去。"我还有家,不像雷锋。所以雷锋就买了一个栗子色的皮夹克、蓝色料子裤和一双皮鞋,皮夹克 30 多块钱,料子裤 29 块钱,皮鞋 17 块钱。哎呀,穿上好漂亮,好帅气,看他照片照得就很神气。

四、在弓长岭焦化厂的艰苦岁月

后来,鞍钢生产任务很重,焦炭供应不上,就在弓长岭建了一个焦化厂。鞍钢第一次调了 40 多人过去,大部分都是年轻人。雷锋是第一批报名去的,走的时候他送了一个日记本给我,日记本上写着"船,乘风破浪才能前进;人,克服困难才能前行"。就因为雷锋这两句话,随后相差不到半个月,我也申请去了弓长岭,想着自己是共青团员,也应该锻炼自己。因为我有点儿文化,到了弓长岭就在总务部工作,主要发劳保品、保健品之类的,工人什么时候来领劳保品,什么时候来领福利,我写好通知,贴到办公室的门上,通知大伙什么时候来领,今天是哪一个车间来领,明天又是哪一个车间来领,就是那样。

在弓长岭焦化厂搞建设是很困难的,新建的厂子什么都是白手起家,那时候没有什么楼房,我们去了没有地方住,就住在农民搬走后剩下的动迁房,把人家农民的火炕都拆了,改成板儿炕,在上面摆个草垫,农民家的一个三间草房要住我们 20 多个女孩子,洗脸的盆啊、鞋啊,就摆在那板儿炕的底下,我们南方人装衣服的箱子就吊在床头。赶上下雨天到食堂或者干什么事都不能穿鲜艳的鞋,泥一脚水一脚一会儿就湿透了。早上还没有洗脸水,要洗脸怎么办呢?就头一天晚上把水打来,放在板儿炕下面,冬天早上起来的时候盆里的水都冻成了冰碴子,那洗脸的手巾,南方人不都把手巾蘸湿洗脸吗?那手巾都能冻硬。所以,那时候条件非常艰苦。为什么会有雷锋光脚和泥的故事?你们可能听过这些故事。光个脚和泥干什么呀?因为要盖房子,盖我们住的宿舍,但当时水泥很珍贵,不能用在盖房子上,要用在建焦炉上。所以当时盖房子用黄土加上那个草,割点儿草来,切这么长(比画),一段一段地拌在一起,但无论用耙子也好,用锹也好,都是拌不动的,草和泥怎么能拌得开呢？雷锋一看，没有办法，就把鞋子拖了光个脚拌，穿水鞋都不好使，踩到泥里会拔不出来，那时天气冷，草里还有小棍子，就把脚划得一道一道的，那真是苦啊。

厂子刚成立时，食堂是用东北人的炕席一样的东西圈起来的，职工露天吃饭，后来盖了食堂，就好一点儿了，不过也没有暖气，就是一个大炉子，没有煤的时候就在山上砍树枝，架在炉子里烧，但吃水的问题比较头大，没有水食堂怎么做饭？于是我们就到附近生产队打的井里挑水。青年工人们组成了一个青年突击队，一共20多人，主要搞基建以及解决一些难题，雷锋是队长。突击队一担一担地把水挑回来，给食堂端到大缸里用，一担水挑回来只能剩大半担，洒啊。后来雷锋就想了一个办法，他会动脑筋，就想办法在食堂后面打井。那时候打井不像现在都自动化，都是人工挖，上面挖得地盘儿挺大，到下面越挖越小，东北人身材比较高大，我们南方人长得灵巧一点，打到最深的时候，只有雷锋能下去，所以他白天工作，下班了就去打井，腰上拴个绳子慢慢地被人送到下面，一点点挖，每天都是下班就去打井。现在有的人不理解这个工作，没有到艰苦地方干过活的人，他不知道这个困难劲儿。为什么说雷锋打手电筒在被里看书？一点不假，怕影响别人休息。雷锋每个晚上基本都学习，一个屋睡那么多人，他学习怕影响工人睡觉，就把灯扯到床头一点，用报纸盖上、挡上一点，那也不行，可能报纸都有烤焦的时候。

当时其他工人也很辛苦，有的就想打退堂鼓，有的说宁可回去种地也不愿意来这里，冬天没有暖气，那山沟里好冷的，还没有洗澡的地方，喝热水都要排很长时间队，就一个地方坐水①。搞基建就是有这些困难，吃住都不行，所以在这种情况下怎么办呢？工人就得把房子马上盖起来，把焦炉子马上盖起来，计划是1960年"五一"要投产，雷锋就跟我们党委书记商量，党委书记就说做忆苦思甜报告，以忆苦思甜报告把工人心围拢起来，一股心，能干活，所以雷锋就做了一场忆苦思甜报告。报告地点在我们吃饭的食堂，没有一把椅子，都是大板条，这么宽的板子（比画）钉四条腿。听忆苦思甜报告的

---

① 东北方言，意为烧水。

时候工人都坐在地上,雷锋为了让工人能够有积极性,就说我们现在怎么苦也比过去旧社会强。听报告的人百分之百都哭了,特别是女同志哭得很厉害,为什么呢?雷锋讲到他妈妈去世,妈妈怎么上吊,他怎么抱着她妈妈的腿,喊"妈妈",他这一喊"妈妈",全厂女同志都哭了。他说,"妈妈,你怎么就不要我了,走了呢?我再也不要吃的了,不说我饿了",讲到这时候全场人都哭了。雷锋还讲到他爸爸去世,他爸爸去世时雷锋才5岁,他妈妈领着三个儿子,他们家不到三年死了四口人,就是因为生活的折磨,爸爸妈妈、哥哥弟弟都死了,只剩下雷锋一个人。他只好自己一家一家地要饭,那时候都穷,也帮不了,所以雷锋要饭也不想连累左右邻居,要饭都离远一点要,在这样的情况下雷锋活过来了。雷锋为什么工作干得这么好?因为他吃过很多很多的苦,受了很多很多的罪,死里逃生出来的。所以,在他心里就产生了爱党、爱毛主席的感情,他说:"没有共产党,没有毛主席我能有今天吗?我可能早就死了。"我们都是一样的,如果再不解放,我可能也就去当童养媳了。忆苦思甜报告对工人的教育启发特别大,影响力也特别大。雷锋为什么当了突击队队长?人无头不走,鸟无头不飞,要有人领着干对不对?他早上六七点起来,起码得有好几个人跟着去一起干,雷锋最苦最累的时候,就是在这里。

自那一次忆苦思甜报告以后,我对雷锋有了另一种特别的看法,因为我也是旧社会生的,我也是穷苦的孩子,但是我没想到雷锋那么苦,对他来说太不公平了,我对雷锋更增加了一种同情心,想着自己也得有行动。每一天到食堂,我说:"雷锋,你去买饭,我买菜。"这样我就尽量买好一点的菜,不能老让雷锋吃那么不好的菜,我就以这样的行动来表示对雷锋的同情。

雷锋抢救水泥的事情是这样的,那天别人都睡觉了,他在调度室里看书。这调度室负责调动全厂的生产,调材料、调设备、调砖、调人都在内,他是三班倒,工作时间是不能睡觉的,所以他就在调度室里看书。这个时候调度员说:"突然之间起了风、来了云,是不是要下雨了?"白天进了什么,调度室黑板上都有记载,那天工地进了7000多袋水泥,别人也不知道有雨,只卸了一半,还有没卸完的。而且这些水泥是高编号,建焦炉用的,是特殊的水泥,那是国家的财产。雷锋一听,马上把书合上跑回宿舍,他的房间住了不到20个人,雷锋动员宿舍的人都去盖水泥。那时候没有塑料布,用什么盖?就到工地上捡草垫子把水泥盖上,雷锋一看还是不行,他就脱下自己的棉袄,那都11月份了,天气很冷了。他看还是不行,又回到宿舍抱出自己的被子,盖到水泥上。被子对我们来说多么珍贵,住宿舍的人唯一的家产就是一床被子,所以雷锋抱着自己唯一的一床被子去抢救水泥,这说明了什么呢?雷锋的思想境界太高,特别高,其他人都想不到把自己的被子盖到水泥上。第二天大家都去看,我们团支部书记也领着人去,让他们学习雷锋他们是怎么抢救水泥的,看到草垫子、草袋子、油毡纸,还有雷锋的一床被子,大家都很感动。一看到雷锋的被子,我心里也特别感动。团支部书记就说:"小易,今天给你一天假,你就洗被子,把这床被子裁了。"还有一个于技术员,也是鞍钢化工厂调去的,她属于基建组,管焦化厂焦炉设计的,我们都是一个团支部。我们书记说:"你们俩今天替雷锋洗被子,把这个被子裁了,洗了,想办法把它烤干。"也没有暖气,上哪儿烤?就有唯一一个烧水的炉子,我说:"于技术员,你的任务比我重,你去干你的吧,这个被子我自己洗了算了。"

雷锋知道领导让我洗被子,而我还没吃早饭,他就去食堂买了两个火烧送过来。我正想拿着水桶去挑水洗被子,雷锋说:"你把这两个火烧吃了,我去挑水。"就这么他挑完水,他说:"我洗吧。"我说:"还是我洗吧,今天指定得是我洗被子。"我就把这个被子洗了。到做被子的时候就难了,因为棉絮让雨水一浇再盖在水泥上,你想一想:这个被子怎么能干?干了这个被子又是什么样子?后来,我出于对雷锋的同情心,他像我哥哥一样,我像他小妹一样,我就把自己的棉絮换给他了,还怕他知道,所以到晚上我把我的被子送到了他宿舍。雷锋也有些怀疑,他说:"这被子怎么这么快就干了,还能这么好?"我说:"这被子我给你烤干了,在外面连烤带晒的,然后打一打就给你做上了。"我就走了,到最后雷锋都不相信。等到了第二天还是第三天,雷锋自己上我宿舍去看被子,去看我的被子说明他这人心细,最后他还是发现了,但是他也接受了。他想要是把被子退给我了,我还不愿意,还怕影响别人,就这么回事,后来雷锋当兵走的时候,他又把这床被子给我抱回来了。

1960年，鞍钢焦化厂职工合影（前排右六为易秀珍）

抢救水泥是 11 月的事情，12 月 3 日做的征兵动员，四五日的时候他就跟我说他想去参军。雷锋说他从小就有这个愿望，在小学念书的时候、抗美援朝的时候，都想过自己一定要去当兵，要保卫祖国。我看他下定决心了，就算亲妹妹也劝不回来，我说："那你就去吧。"雷锋走的时候把被子给我抱回来了，还把他所有带不走的书和还能穿的劳作服，都包在被子里给我送过来了。他当着大伙儿面说："小易啊，你替我保管，三年以后我还能用上。"但是万万没有想到，雷锋再也没有回来。过后他也告诉我："小易，这山沟里太冷了，你也别再盖我那床硬邦邦的被子了，还是盖你自己的被子吧。"雷锋参军还有一个理由，他想见自己的恩人毛主席，雷锋懂得感恩，他也用自己的实际行动来做。想着如果当上劳模了，当上英雄了，就能见到恩人毛主席，他有这种心理。所以，他这一系列的工作，一系列的干活，都是有目标、有想法、有追求的，他就是这样的人，所以他做得这么好。而且这种心理他从小就有，那个时候他才 10 岁，县委书记知道有这么一个孤儿，说一定要送他上学，雷锋就对县委书记说："我没有爸爸妈妈了，你送我上学，就像我的父亲一样。"还有老师让写自己最想说的一句话，雷锋就写："我要感谢毛主席，没有毛主席，我一个孤儿能活下来吗，能上学吗？"所以，他这种感恩心理是自然而然就有的。

雷锋想去当兵，我们焦化厂不舍得放他，但是还得让他报名起带头作用。工厂好多人不想去当兵,为什么?工厂一个月给工人开40多块钱,到部队才补助6块钱,工资差异就这么大。在工厂我们是八小时工作制,在部队没休息,甚至比工厂都要苦,所以雷锋得起带头作用。体检的时候他险些通不过,他就告诉体检的人,说今年自己才19岁,以后还会长,23岁还窜一窜呢,他就用种种方法说服招兵的人。雷锋当兵,我也很舍不得,这么好的小老乡走了,心里肯定舍不得。欢送那天是1960年的1月2日,下着雪,脚冻得像猫咬的似的,雷锋他们站在卡车前面,卡车上站了一车的人,我们站在卡车的后面。我想要上前跟他说两句话都不行,第一个不好意思,第二个我也挤不过去,就在那老老实实地站着。我们单位去当兵的一共三个人,一个东北人、两个湖南人,另一个湖南的姓叶,都是老乡,跟雷锋一起到了鞍钢化工厂,又到焦化厂,然后一起去当兵的。就这样,雷锋去当兵了。

五、 我的艰难辗转与婚姻家庭

我们1959年到的弓长岭焦化厂,雷锋1960年去当的兵,我继续在那里待了五年。想回鞍钢也不容易,弓长岭其实也属于鞍钢,我们也是鞍钢的工人,只是弓长岭的条件很艰苦。你要走,还有好多人也要走,还有的甚至都想不干,直接回农村了,我就自然而然地一直待在那里了。

后来生产不到一年遇到自然灾害了,弓长岭涨大水,1960年的7月6—8日,弓长岭山区下了三天的雨,焦炉里都是水,我们宿舍里的鞋、盆啊都漂起来了。弓长岭唯一的一条交通要道,铁路、桥都被冲垮了。1960—1962年,那是最困难的三年,因为原材料进不来了,山沟里交通也不方便,焦化厂被迫停产,工人就被精简下放了,大门上贴着通知,1957年以后来的女孩子全部下放,哪儿来的回哪儿去,你在哪能找到落脚的地方,你就到哪里去。不单是我们焦化厂停产了,就是弓长岭的炼铁厂也停产了,这几个单位停产下放了很多人。精简下放也好,单位下马也好,我都没有告诉雷锋,因为他那时候在部队很先进,干得也特别好,到处做忆苦思甜报告,我不愿这些事给他增加负担。再说他在部队是个兵,也解决不了我的问题。

我一个女孩子没有人找啊，就跑回宿舍哭，不怕你们笑话，那个时候我都不想活了。那是我最难最难的时候，我才21岁，找谁说心里话啊，离家远不能与父母商量，当时我要来父母都不同意，现在我怎么回去？我到学校都没办法见那些高中、初中的同学，都没脸回去，就像自己来这里犯了什么错误似的，当时我就是那个心理状态，压力太大了，那时候真是没少哭，我的眼泪都哭干了。

但是我还是坚强，看过那么多书，我不能随便这样就不活了。后来干什么呢？我到了弓长岭矿山农场去当临时工。后来遇到一个以前的同事，他来做弓长岭焦化厂的收尾工作，看我这样，就说我需要一个落脚的地方，要给我介绍一个对象，就是我现在这个老伴，是鞍钢医院的。我是1961年被下放的，1962年春节就跟他结婚了，结婚以后，生活还可以，但也得自己找工作，还得自力更生，还得为了弟弟、妹妹去找活干。后来我又干了临时工，因为我会打算盘，会写几个字，就在一个厂做预算，一直做到1965年。医院给他分了一套房子，两家共用一个厨房，厕所在外面，打水也在外面，我就从弓长岭回到了鞍山。到了鞍山，又要自己找工作，后来我就到了一个公社办的企业，以前做的都是动动笔杆子的工作，后来我觉得有技术有用，就用了几个月把车间的电焊、车工学会了。公社后来扩大，我又到了区办企业，企业一天一天地壮大，我就在这里干了20多年。我老伴对我挺好的，很体贴我，后来他在市医院脑出血，1993年春节前去世的，已经20多年了。

从1995年开始，每年我都坚持给雷锋扫墓，去年疫情期间都没间断，戴着口罩，儿媳妇陪我去的。我退休以后也一直在宣传雷锋精神，我的客厅里放的都是关于雷锋的书、报道、画像等等，还到全国各地、各类学校里去传播雷锋精神。一方面，雷锋是我在鞍钢最可靠的朋友，独自一个人跑那么远，没有家人在身边，在鞍钢我和雷锋就像亲人一样，他对我像对待妹妹一样；另一方面，雷锋的助人精神、对朋友的关心帮助对我个人也产生了很大的影响。工作的时候，雷锋就在我身边，时时刻刻都在做榜样，他在学习上的勤奋刻苦、对工作的无私热爱等等对我个人都产生了影响。而且，前面也讲了，在我困苦、沮丧的时候，都是他在帮助我。最后，雷锋精神是我们这个社会所需要的,它是正能量。雷锋一个命那么苦的孩子,都能够活得这么积极、乐观、有价值,是值得所有人学习的。所以,我觉得我有义务去宣传更加鲜活的雷锋,去传播雷锋精神,我把它当成余生非常重要的一件事情去做。

李万鹏
时代洪流中三代人的传承与变迁

亲 历 者：李万鹏
访 谈 人：陶　宇
访谈助理：刘奎麟
访谈时间：2020 年 10 月 21 日下午 2:00—5:00
访谈地点：鞍钢党校
访谈整理：陶　宇

亲历者简介：李万鹏，作家李云德之子，1959 年 4 月生于鞍山。"文革"后期上山下乡，1978 年考入鞍山师范学院中文系，毕业后在鞍山中学教书。1983 年供职于鞍钢经理办调研室，其间结婚生子。1989 年担任信托投资公司办公室主任，曾参与鞍钢在海南的投资经营。1995 年回到鞍山，任鞍钢承包公司副经理。1996 年后，任黑山县副县长、鞍山市政协文史委主任等职。

李万鹏（中）接受访谈

一、犹记《一筐鸡蛋》：父亲文学之路的开启

我爸是1929年2月14日生的，那天是农历正月十四。① 咱老家是辽宁岫岩哨子河乡。咱家我太爷那辈儿是从山东那边闯关东过来的，他们过来走了走，觉得这地方挺好，就在这地方安家了。我太爷哥俩，每个人生了五个儿子，女儿不算，就在这安家了。我爷爷那辈其实就是贫农，但是我爷爷娶了一个挺有钱的大户——我奶这边，这里面就涉及我父亲从小的爱好问题。我奶的一个弟弟，我叫他"舅爷"，他家里什么都有，特别是有不少书。我爸出生之后，我奶就比较注重教育，注重上学，包括我舅爷都说孩子不能在家种地，得上学。我父亲就开始从小学一年一年地上学，一直上到高小，那时候从农村能上到高小就相当不错了。这期间呢，我舅爷特别喜欢我爸，因为我爸小时候特别聪明，我孙子就有点像我爸，看什么东西基本上过目不忘，一两遍就全能记住，过去这些古书，什么《三国志》《大八义》《小八义》这些唱本儿，包括《西厢记》，我爸就愿意看那种书。但是我父亲有个缺点，他干农活不行，干农活得灵巧的，摆弄马什么的得会用那个巧劲儿，我爸就不行，他就不是干活的人儿。1947年的时候，我爸正在地里干活，正好赶上解放军招兵，我爸锄头一撂就走了，当兵去了。我爸想：我不会干地里活，我就当兵去。当时也没有什么革命教育，他就当兵去了。有意思的是，他把他这两个长辈，把我四爷、我老爷也给带走了，他们年龄差不多大，彼此之间也就差个一两岁。这里还有个插曲，我奶奶说孩子得出去闯一闯，我太奶不同意。我太奶三寸金莲，小脚儿，她就上那块去找。我爸说回去合计合计，回去之后又继续当兵了。

因为在连队里属于有文化的人，我爸当兵之后就老替人写信，一两年的工夫就被提为班长，当文书了。他当兵挺有意思，他没打过仗，要说他放过枪没，他放过，但放过一枪等于没放，那属于练习。我爸当了一年多兵，那时候组织上就预感到解放战争要胜利了，要培养后备人才，认为他有文化、学

---

① 李云德，男(1929—2022)，中共党员，辽宁鞍山人。1952年进鞍山钢铁公司工作，1954年开始文学创作。代表作长篇小说《沸腾的群山》在全国产生强烈影响。

习好，就给他送到中央军委测绘学校学习去了。1948年的时候，他就到了中央军委测绘学校，在这个学校里的同学后来有的是国家测绘局局长，像是后来在省测绘局里面的领导全都是他同学，他们都属于老前辈。这个中央军委测绘学校现在还有，我爸在那学了两年多，1950年末进鞍钢。他们那个班有一半儿同学来到鞍钢，另一半儿到西安，当时一共来了16个人，这些人我都认识。我爸当兵之后，他没打过仗，为啥没打过仗？他到鞍钢复矿来了。转业到鞍山之后，他先到的鞍钢地质公司，那时候鞍钢地质公司没归市里。他过来当技术员、工程师，后来当勘探队队长，那时候他已经走遍整个辽南营口搞测绘，这些地方都走过。

到了1955年，他搞测绘搞勘探，也爱好写点东西。有一次，他在一个大娘家住宿，临走时大娘给他送了一筐鸡蛋，他挺感动，就写了一个东西，大家就说"你这玩意挺好，投稿吧，看能不能发表"，他就投给了《辽宁日报》。他也没合计能发表啊，结果有一天，咱家来了一个编辑叫赵玉秀，梳着大辫，她说："你那个东西写得挺好，我来准备给你发表，帮你改一改，咱一起研究研究。"这就是他1955年的处女作《一筐鸡蛋》，这里面曾经有过好几个题目，叫过《深山借宿》，其实都是《一筐鸡蛋》这篇小说。这里就是鞍山市文联主席给我爸写的一个东西，你看，他是这样写的："生活的第一课不是高尚，而是用当时的一枚鸡蛋焐热的。"其实我爸就是从一枚鸡蛋开始创作的，就这么回事，他的创作是从1955年开始的，然后觉得挺好，他就一发而不可收拾。当时，除了第一部短篇小说集《生活的第一课》，他又出了一部中短篇小说集《林中火光》，之后又陆续发表了很多短篇小说。

我爸呢，他写到一定程度的时候，感到文化有限，就开始去学习了。当时，草明是二级作家，被毛主席在延安文艺座谈会上接见过。草明老师到鞍山之后举办了一个业余文学创作学习班，我爸就上那个班学习去。当时，我爸也是优秀分子，发表作品最多了。我跟草明老师的女儿也一直有联系，她的女儿欧阳代娜老师是十五中的老师，教过我大姐、二姐，没教过我，但是跟我关系最好。欧阳代娜人家是跟她爸她妈一起从延安出来的，在婴儿院长大的，是全国著名教师、全国优秀教师，语文教得相当好，今年89岁。欧阳代娜她大女儿田海蓝也很优秀,也是教授,她主编了《百年草明评传》;她二女儿欧阳燕妮,今年66岁了,也是老师。去年的时候顺德来了一帮人,专门寻找工业文化题材遗迹,他们先看了草明家。顺德是草明的老家,他们顺德搞得挺好,给草明建了一个博物馆。草明老师办学习班以后,鞍钢又请了一些专家,包括苏联的作家,又进行了一些培训。

我爸书看得少,尤其是一些国外名著,他净看中国的《三侠五义》《三国演义》,其实,光看这个不够,还得看托尔斯泰的《复活》《安娜·卡列尼娜》这些东西。一般来说,你看500本书,才能写一部长篇小说,要不然根本就写不出来,当然,看1000本书更好。其间,我爸有两三年都没写东西,就看书,看到后来憋了好几年。1963年,我爸写了第一部长篇小说《鹰之歌》。这本书就是写地质勘探生活的,我认为写得相当好,文笔非常清晰。后来这本书的出版有点受影响,里面的角色人物需要"高大全"什么的,因为这个,我爸也有一些遗憾之处。

二、再忆《沸腾的群山》:父亲的过往轶事与晚年创作

在《鹰之歌》写完之后,他酝酿了一年,又写了一年,1964年写成《沸腾的群山》,这本书1965年在人民文艺出版社出版发行。当时,这本书出了一个精装本和一个简装本,印数也挺大,简装本出了10万册,精装本是2万册。当时这边精装本卖3块钱一本,都是有价格的。我爸写《沸腾的群山》那时候,其实咱家条件非常不好。咱家那时候在铁西,全家人生活在一起,就只有一间房,16平方米。那时候是啥概念呢?咱家那个房子属于单身住宅,苏联人盖的,一户三个房间,住着三户人家,共用一个厨房、一个厕所。那时候我爸就是宣传部的一个科长,他白天上班,晚上写作。那时候,我还总骑在他脖子上,但是家里怎么闹也不耽误他写作,还得说他脾气好啊。他下了班,晚上就写作,还不贪夜,不像有的作家熬夜写,身体都熬完了,他不那样,他到10点钟肯定完事,一天写四五千字,但星期六、星期天多写点。他写第二部时产量就大了,一天写15 000字左右。他第一部稿费得了9000多元,

要是早两年，1962 年或者 1963 年初那就更多了，就得 20 万元，后期少了。咱家是鞍山最早的万元户，当时 9000 块钱能买三个北京四合院。咱家我妈没有工作，加上孩子一共七口人，我爸工资倒挺高，一个月 129 块，属于十五级干部，那也不够条件给安排大一点的房子。后来这个《沸腾的群山》出名了，才给换的房，换成了三间房。

李云德在新华书店签售《沸腾的群山》

《沸腾的群山》被各出版社多次再版

"文革"的时候，书店里没下架的书只有《沸腾的群山》，还有反映农村生活的《艳阳天》，以及反映军队生活甚至海岛生活的书。经过北京汽车车辆厂文学创作工作领导小组评议，只有这三本书没有下架。当时，北京汽车车辆厂文学创作领导小组代表中央"文革"小组来选定哪本书可以上架，要求工业题材选一个，因为我爸背景好，属于工人作家，他又是鞍钢工人，没啥事，也没有参与什么斗争，所以就选了《沸腾的群山》。农业题材选的是《艳阳天》，除此之外还有一个，就这仨可以上架。《沸腾的群山》再版之后，一次性印了300万册，后来各省又开始印，你看我现在这些有四五种版本，有浙江出版社的、辽宁出版社的，当时印了不少。后来，我爸又写了一本《地质春秋》，是人民出版社出的。后来他又写了《沸腾的群山》第二部、第三部，又创作了7部长篇小说。刚才我说的《地质春秋》《特殊案件》《银锁链传奇》，反正我们家所有版本都有，包括《追踪》《探宝记》，还有《在平凡的日子里》。我爸一共写了7部长篇小说、20多部中篇小说，一共2000万字，目录、索引都有。其实我爸他不是专职作家，后来让他当鞍山市文联主席他不干，我爸说："不行，我得写作，我不能当一把手。"但是他有个啥好处呢，就是在文联他做牵头主席。

"文革"的时候，组织让我爸下乡去，就是去"五七"干校。那时候，咱家已经都跟着我爸一起准备下乡了，咱家也给分地了，煤都买好了，麻绳什么的都准备好了，要打包一起走了。后来有一次巧遇，有个军代表来这边做报告，就说啥写不明白讲稿了。他们就说，"你找这个作家李云德，他会写，写得好，肯定行"，他们就找我爸写。我爸也不知道怎么写讲稿，他就弄点词儿啥的，开头什么"雄关漫道真如铁"啥的，然后再往下写。军代表上台一讲，效果很好，很出彩，第二天就不让我爸下乡了，说："你别下乡了，你给我写讲稿。"所以，我爸没下乡，就这么回事。时间长了，军代表这人要回部队，军代表说"不行，你这人还得劳动改造"，就让我爸到齐达山厂矿创作。当时，二三十人在那一块儿弄。劳动改造结束之后，我爸才到市里文化局，我这里都有照片，就是我爸当时和工人在一起的照片。之后他就继续创作，1974年写了《沸腾的群山》第二部。这期间又排了话剧，而且是在全国演出的，也有评剧、电影，电影是张丽雯主演的，大导演谢铁骊给导的，谢铁骊是北影厂原厂长，那是相当有名的。完了还有连环画，连环画已经再版第四版了。他这本书现在已经再版了11次，最近一次再版是在新中国成立70周年，人民出版社叫"送成本"，这个成本我今天没拿来，现在买不到了，估计还得翻印。

1989年，那时候我爸也老了，写不了那些东西了。你没仔细看，这几部长篇小说当中，第一部挺好，第二部特别薄，第一部30章，第二部20多章，第三部也挺好。第二部当中，出版单位就把那些生活的事删了。生活的事怎么就删除了呢？我就不理解，我爸也不理解。那时候我爸都多大了？都70来岁了，他也创作一些短篇小说，中篇小说也写了不少，什么《天贵春喜》《纪委书记》，还有什么其他的，他都写了不少，这个都有记载。其实，很多作家都是在第一部代表作中把自己所有的生活积累写进去了，再创作就创作不出来了，很多作家后面的创作其实也都不如前几部，或者说就是前面作品的延续，但是都没超过早期的作品。我爸的作品也是，也受他的生活积累所限，也受到环境的影响。就像我刚才说的，他把所有的生活积累都已经反映在第一部和第二部里面了，后期再怎么写也没有什么超越。

这么多年看我爸写作，我跟你讲，我爸创作小说的习惯是先打提纲，他的提纲非常翔实，他的手稿我这里都有。比如说写30万字的长篇小说，他就会有10万字的提纲，包括人物构架。比如说50个人物当中，谁跟谁的关系，什么父子之间关系怎么样，这些在提纲中都体现得非常详细，然后他写的时候就顺了，包括第一部写什么、第二部写什么、第三部写什么，开头写什么、后边写什么。写小说就像讲评书似的，一环扣一环，就这么回事。我后来大了也学文，他也跟我探讨这么写行不行这些问题。后来有些作品是我给他誊写的，他那个时候的创作太难了，草稿写一遍，比如说提纲写一遍10万字，草稿写一遍上30万字，誊写一遍就30万字，然后再改一遍又30万字，来来回回就100多万字，尤其是第二遍、第三遍的时候，咱们就能帮上忙了。我那时候十四五岁，包括我同学都帮忙。我那个同学原来是审计部的部长，后来当副部长了，我俩关系是最好的。当时都是他们帮我抄的，一人分100页、几百页或者一沓那么写。后来我爸也问我意见，因为毕竟他文化水平有限，有时候，比如他写场景，该展开的时候他就展不开。有的人一个场景可以写好几万字，非常细腻，他就展不开，但是他知道这块应该展开，他展不开的时候我就帮他展开。我这也不是参与创作，就是属于提建议。我爸说人家编辑也是这么个意见，让尽可能地展开。再一个，我爸有一个优点,他们都挺佩服我爸他们这些老作家的,就是在长篇小说的写作中啊,我爸在编故事方面是天才。你看,有的人文学评论写得挺好,但短篇小说写不了。写作也需要有天赋,一般人整不了。你看,莫言老师的作品,有些故事编得多奇特,这不是谁都能写的。我爸的故事架构能力超强,他要是经过专业培训的话,特别是专门学习的话会更厉害。他有编故事的能力,再有文字表达能力,那就更好了。他编故事的能力,我觉得那就是天赋,而且他书里的人名他起得比谁都好听。

三、文学源于生活:对父亲创作生涯与鞍山文化群体的认识

鞍山这个情况你们可能不知道,可以说,当时全国最优秀的人都到鞍钢了,所以,像我孩子在一中,在这成长,文化基因都特别好;现在不行了,很多人才都流失了。那时候,我同学全是高工中的高工,属于二级教授,受国家保护的。后来他们都给调走了,包括鞍钢"六大员",都是中国科学院院士,那时候叫学部委员,有些都是世界闻名的。像我们师范学院中文系,我们那时候的老师都是从教育部来的,相当厉害,全是二级教师以上,规格相当高,学术能力太强了,有的后来给调走了,有的给调到上海复旦大学,还有的给调到南京大学去了。你看全国座谈会,包括作家支援鞍钢,这几个人都是参加过延安文艺座谈会讲话的:舒群厂长,延安鲁艺文学系主任,级别多高;公木,《中国人民解放军军歌》词作者;罗丹,大连日报社社长、总编辑;草明是二级作家,文学创作二级相当于副省级,一级相当于正省级,甚至比正省级工资还高,当时是那么定的级。于敏在鞍钢待了26年,于敏是干吗的?后来大众金鸡百花奖的创始人之一。你看当时鞍钢的人到底有多狠!中国第一部电影《桥》是人家写的,他也是编剧,《赵一曼》都是他写的。于敏当时是延安鲁艺的导演,舒群是文学系主任,舒群也是二级的。最近,我给博物馆淘了几本书,舒群的《这一代人》我都找到了。我爸那个《沸腾的群山》精装本找到了,他们说哪天给我点钱,我说给不给钱无所谓,我是自己有爱好,有工

资见着就淘,通过孔夫子旧书网淘呗,我手里各版本都全了。前年,鞍山博物馆举办了我爸的创作60周年文献展,又进行巡展,这些书稿资料全在我手里,给界定的是三级文物。文学评论家傅汝新给的一个评论,说这属于中国工业题材的典型作品,是中国后现代主义的红色经典作品。

其实一个作家的创作过程中只有一个代表作,创作了一本书也好,写了100本书也罢,也只有一本代表作,别人也都一样。我爸最具代表性的作品就是第一部,别的都不行。他后面的作品虽然有所延续,但是都没超过第一部,受环境所限,也受他的生活积累所限。我刚才说过,很多作家都已经把所有的生活积累反映在第一部和第二部里面了,后期再怎么努力也没有什么新的超越。你像欧阳山写《三家巷》,这是他的原始的东西,别人干一辈子也写不出来这个。草明的《原动力》,是因为她小时候熟悉缫丝工,这是写她的生活,她一生的很多东西全都写在这个里头了。其实画画也一样,学书法也一样,演员也一样,演员他演一辈子戏就一两部代表作。你像浩然,《艳阳天》写完之后,后来他当了文化部部长,但《艳阳天》是写得最好的,后面很多作品也难以超过《艳阳天》。

李云德(中)在家人陪伴下参加鞍钢博物馆为其举办的创作60周年文献展

李云德在矿山体验生活并征求矿工及业余作者的意见

除了写作，我爸在别的方面就有点三心二意了，工作不是那么太上心。他一开始属于业余创作，"文化大革命"以后他就给调市里了，类似于半专业写作，同时也有职务，担任文化局副局长、文联副主席。他从来没在单位里写过东西，他不习惯。在家里，孩子再吵再闹，也没耽误事儿，他非常专注。我爸和我有时候聊创作，有时候聊生活。在创作方面，比如别人写的作品，或者谁出书给他一本，他就跟我谈一谈这里面写的什么样的人，或者把这些人写得比较深刻还是不深刻，哪些地方比较好，哪些人物差点劲儿，就基本上能想到的这些事，别的他就不说了。我爸现在都已经93岁了，刚住院俩月，他都已经糊涂了，就认识我和我姐。他现在稍微能清醒一点，嘟囔嘟囔着就想编故事，别人听不懂，但是我能听懂，他还是在自己生活、创作的空间里边。我爸现在跟我姐住，他出院之后行动有点不方便，家里就雇了一个保姆，就是保姆还有我姐在这陪着他。我爸下地得拄拐，去年11月份摔了一下，肋骨骨折了，康复出院之后，肺内有炎症，有缩水，又住院半年，今年8月初才出来，之后回家养了养。我爸他身体各项指标都正常，没有高血压，没有糖尿病，然后心脏什么的都正常，所以他抵抗力特别强。他已经活这么多年了，那些老专员没有一个活过他的。我爸他绝对是一个纯粹的人。他有时候喝点酒，我有点像我爸一样爱喝点小酒，现在没事也整一口。他也不出去喝，就在家喝点儿，他不喝酒的时候话不多，喝点酒话就多一点儿，平常不喝的话就从来没话儿。

这部《沸腾的群山》，在中国当代文学史上具有相当的地位。"文革"之后有几部比较出名的小说，有几个文学评论家也进行过评价，比如傅汝新评价《沸腾的群山》应该是中国工业题材的典型作品，也是中国后现代主义的红色经典作品。写鞍钢、写工业经典作品的作者中，有几个大作家到鞍钢写过，但是有一些呢还是缺少生活气息，不够丰满。现在的工业文学我觉得断代了，他们那代的辉煌已经有三四十年都没有被超越，甚至还落后了。现在很多创作者的生活底蕴、创作环境，包括自身素质，跟我爸那个年代的作家没法比。"文革"之后鞍山的作家，包括鞍钢的作家，缺少那种在规格高一点的出版社出版的作品。辽宁省作协成立了一个文史馆，当时征求我的意见，因为我也是文史委主任。我就说,比如说辽宁文化名人,尤其是文学名人,第一个条件得是在人民文艺出版社出过书,获得过一级奖,得有一个档次。前年,市委想评一个鞍山市文学创作奖,评来评去没评出来。获一等奖的作品那必须得是人民出版社出的,自费的不算,然后卖出去几万册的,那样才算有影响。

四、文化是改变命运的关键:我的高考记忆

我今年62岁,1959年4月份生人,汉族。其实我应该是满族,因为我母亲、我奶都是满族,我父亲是汉族,但是后来就改了,随父亲了。我是中共党员,1978年恢复高考的时候,我考到咱们鞍山师范学院中文系。我退休之前是鞍山市政协文史委主任,什么工业遗产保护的工作,都是我参与的,而且我是领导小组副组长,我主要就做这些事。我在任这五年就致力于这个事情了,我原来在一中做教育,后到的文史委。

我家我俩姐俩妹,一共五个孩子,我是中间的。咱家我父亲从1952年开始创作,他当兵之后到中央军委,之后转业到鞍钢,到了鞍钢之后,他一开始当技术员,后来搞写作,他就这爱好。先有老大,后有老二,再有我,就是隔两年一个。我父亲他什么都不干,连袜子都不洗,一天就是上班,回来就写作。我从生下来就是由大姐、二姐带着,长大之后我就跟一个楼门的、跟我同岁的七八个孩子天天在一块玩,那时候都像散养似的,就这么个情况。我大妹从医了。我二姐现在写了好几本书,其实她也不是职业作家。我爸就说:"我不希望孩子写得多精彩,但是希望都能写得愉快。"我爸就是心态特别好,很平和,他就是一个特别纯粹的人。我这几个姐妹们的孩子都不在鞍钢,大妹家的孩子在海南,是学医的,在海南成立了一个诊所。

"文化大革命"那年上学,我们没学过一篇古文,那时候同学们都没学过,但是我看过,因为咱家书多。可能那时候很多人都是这样,咱们这届是1959年生人,50年代那时候刚生下来就挨饿,1966年上学,赶上"文化大革命",然后1977年毕业,就这个情况。我纯靠自学,没事在家看点书什么的,

咱家书也多。我是下乡知青,下乡一年多。那时候都得下乡,我俩姐都下乡了,我也下了。我下乡到盘锦,在农村参加的高考,属于以知青身份高考的。我边干活边看书,就是这么造成近视眼的。那时候下乡,必须挣足工分才允许你考大学,要不然不允许考,人回来不行,得在那劳动挣工分,还得学习。天天晚上没有电,只能点蜡烛学习,眼睛就不行了。

  我 1977 年参加高考时差了 1 分,1978 年考上了。1977 年的高考在冬天,那年我数学考了 2 分。1978 年高考在夏天,差了半年,我考了 4 分,做了一个因式分解就不会做了,有一个证明等腰三角形的题,说啥也证明不出来。但是我历史、地理好,文科好,一下就能把总分给掰过来。我的历史、地理可能在当时班级里是第一,84 分,这就把总分给掰过来了,这就行了。我爸那时候也顾不上我,自己写作忙得都顾不上,就是高考时候作文给我押了题,还真押正了。他说,"我给你出个作文题,叫'在沸腾的日子里'",还真押中了,真就是"在沸腾的日子里",题目都一样。咱之前写过《在沸腾的日子里》,所以肯定就得了高分。当时我选了个角度,改革开放之后,书店也开放了,到书店买书的人也多了,就写了这个场景。我是学中文的,其实我喜欢历史,但是当时鞍山师范还没有历史系,学英语就更不会了,只能学这个。中文呢,我不用特意去学,听课的时候,老师不用讲,咱就知道怎么回事,讲孟良崮战役,咱看过《红日》,咱就知道怎么回事,历史背景都知道。老师说的东西我知道得很详细,包括历史年代这些事,包括北京的大都城怎么回事。我们这届学生有比我大的,最大的比我大 14 岁呢。咱们班当时有 39 个同学,三分之二是结婚的,9 个是党员,最大的官是公社副书记,那是很特殊的。当时还有学生给老师上课的,这学生他原来是咱重点高中的老师,考上大学了,工农兵学员当大学老师,这大学老师他都不好意思了,他也学不过咱们。

五、 文化也是我面对生活的底气:我的事业轨迹

  我大学毕业之后被分配当老师,就是师范学院毕业之后当的教师,在四

十七中,就在对面这块。其实,当时我可以到机关,但是咱头一届也没想到机关,咱也没走后门什么的。后来,我寻思锻炼锻炼,寻思当老师看看行不行,一看还行,当时真缺这方面的人才。后来,鞍山市一个市长的老伴,也是老革命,在科协当主席,说什么都让我去,说"你帮咱编刊物吧"。那刊物是《鞍山科技报》,是正宗的出版刊物,除了科普之外,还给初中生、高中生出题,那时候卖好几十万份。当时咱真缺人,一共六个人,我去了之后,算我七个人。我在那干了三年之后,鞍钢日报社要我,因为我发表的东西比较多,再一个,我当时反正也算是挺知名的,而且学文的也就那几个人,互相都认识。刚才在走廊看到好几个来做口述的,我看都认识、都熟悉。其实我应该在鞍钢干到退休,后来受"蛊惑"上市里去干了一段时间,但在地方干也挺好玩。

1983年,我本来应该被调到鞍钢报社,结果到鞍钢报社后,人事处要成立鞍钢经理办调研室,给领导写材料,就又给我留到鞍钢经理办了。在鞍山结婚也挺有意思,我是在毕业之后结的婚。一开始我也没想搞对象,想学习来着。我在鞍山市的夜校念了五年英语,用的是北京外国语学院的六本英语教材,我都学了一遍,但是现在都就饭吃了。到27岁的时候,我的一个中学老师,他后来到师范学院当主任,那时候我总上他家。他说:"我给你介绍对象。"我说:"谁?"他说也是他学生,学数学的,比我小两年,我说"行",就这么成了。结婚后一直都挺好,孩子也挺好,什么都挺好。我到经理办干到1989年,那时候就被提职了,受到重用。鞍钢和工商银行成立了一个经钢信息和投资公司,我到那当办公室主任,29岁就被提职了。我没有啥作品,我的作品全是研究,属于理论上的文章。我先出了本书,叫作《比较文学概论》,东北出版社出的,是为了晋职称,我29岁晋升高级职称,应该说很快啊,最后被提副处了。后来整顿经商机构,不允许企业和银行穿一条裤子,咱经钢公司老实,东北企业都老实,就解体了。人家宝钢的宝信信托还留着呢。

有一段时间,我从经钢公司出来之后,上海南干了一段。当时鞍钢跟冶金部合作办了一个流程领域高级管理研修班,我在这学习了一年,就在这个楼。当时请的厉以宁他们在这讲过课,然后在新加坡还培训了半年。毕业之后,单位向我征求志愿,我就要求去远的地方,上海南了,他们都上的工商公司。我上海南干了两年多又回来了,因为当时经钢公司解散了。我在海南干了两年多,当海南办事处主任、房地产公司经理。那时候挺复杂,但咱这人老实。举个例子,咱们鞍钢投资最多,投资5亿元,在海南建了四个厂子。1990—1991年,咱们还有关系,经钢公司的董事长是原来省工商银行的副行长,后来是海南工商银行的行长,人家就说,"你建厂子这东西来钱不快,你搞房地产咱给你贷款,贷多少款都行",是这么回事。咱们哪敢贷款,咱们都干实体。后来从海南回来我才上的鞍钢承包公司,老领导我都接待过,有这么一段儿。咱就继续做好本职工作,咱老老实实没有什么事。我就又回到鞍钢,单位给我安排当鞍钢承包公司副经理,那时候叫大企业支援小企业,国营企业支援民营企业。我在承包公司干了几年,干到1996年也算年轻干部,以后就到辽宁黑山当副县长,黑山阻击战就发生在那块,在那干了四年。头两年相当于扶贫,后来相当于常务副县长,本来应该留省里或者是被分配到锦州那一带,但是因为我爱人身体不好,我就回来了。我爱人是鞍山市重点高中八中的团委书记,后来到团省委当领导去了。我回来之后到这里,先在法治委,后来到文史委,就是这么过来的。

我2019年4月份退休,退休金一个月8000多块。有的离休的还14 000多元呢,我认识一个原来三野的党委书记,许杰,抗日的,一个月27 000元。退休之后有找过我的,但是咱有个正经活儿,政协制度一直没编完。我在职的时候一直在编政协制度,还没编完,从1955年到现在,120万字,现在差不多快编完了,我就是帮着给写写,帮着往里串一串相关资料。我现在主要就是查资料,互相串一串。鞍钢搞专业的多,我昨天刚从山西回来,我同学在那个化工厂本来是领导,后来被返聘到山西焦化厂当厂长去了。我还有一个同学到中建特钢当董事长,年薪70万元,你看,退休比不退休挣的还多,他原来是攀钢的常务副总,退休之前年薪才30万元。我没有被返聘,我属于无偿服务,我工资挺多,因为我被提职早,工龄长,43年了,超过40年工龄的就我一个人。

六、我的骄傲：青出于蓝而胜于蓝的儿子

我家里有一个儿子，他在北京，也跟你们同龄，但他干得可能比你们还好。他是博士后，在国务院发展研究中心，刚晋升为研究员，今年34岁，行政级别是副处。我爸就希望孙子将来能出头，他有孙子照片呢，精神、挺帅。

我这孩子小时候，也挺让人操心的。我儿子个子高，一米九，上学那时候也爱玩，爱打篮球。高一时打篮球胳膊还摔了，住院就住了52天；后来学习紧了，就不打了。他还挺立事，当了一中学生会主席，高中就入党了。那时候，我儿子还是他们学校报社总编，那个报纸一期文章出80多篇，比《鞍钢日报》都多。我儿子应该被保送到北京的中国人民大学，但他不愿意去，他说不行，他要上北京交通大学学物流，这就考到那，一路就是北交大本科生、硕士生、博士生，之后又到美国留学，回来又做的博士后，后来在中国改革设计研究院。我儿子高考最后那两个月我也陪着，陪到下半夜，压力挺大。他平时学习在快班，成绩属于中间，但是最后的高考成绩在他们班是第一。最后那两个月复习冲刺，他高考600多分，那时候600多分就很高了。他第一份工作是在交通部物流研究中心，后来国务院发展研究中心找他，就想找个学物流的，他是三年前去的。前段时间他上上海和领导出差考察，领导说让他提意见，不能讲优点，而且意见必须中肯。我这儿子活得挺累，天天早上五六点钟就得上单位去，晚上干活着急就得熬夜。他一年出好几本书，今年出了三本，有一本是在人民出版社出版的。他还在那跟我吹牛呢，"你的书是人民文学出版社出的，我那书是人民出版社出的"，人民出版社属于出版社级别最高的，是副部级单位，其他都是省级单位。他那书好像叫《平台经济》，还没出版呢，估计挺好。

我儿媳妇也挺能耐，她是中央人民广播电台《中国之声》的总编。她原来是央视中文频道总编，后来被调到后台去了。孩子们8月份领我们老两口去的西藏，我原来还没往那边去过。我孙子都上幼儿园了，财政部的幼儿园，可好了。在北京，论小孩教育这方面，第一是西城区，第二是东城区，朝阳区排第三，第四是海淀区，东、西城区最厉害，尤其西城区，我孙子在东城区。

田 力
书写鞍钢脉动的工人诗人

亲 历 者：田 力
访 谈 人：田 蓉
访谈助理：胡文博
访谈时间：2020年10月23日下午2:00—5:30、24日上午9:30—11:00
访谈地点：鞍钢党校、铁东区人民政府
访谈整理：胡文博

亲历者简介：田力，1962年生于辽宁鞍山，爷爷和父亲均为鞍钢工人。1982年通过招工考试到鞍钢工作，被分到鞍钢技术质量监督处，为第二炼钢厂质量检查员，一直工作到退休。工人诗人，30年间写了上千首诗，出过诗集，拍过纪录片，还曾被央视《新闻联播》作为工人诗人典型进行报道。

田力（右）接受访谈

一、初入鞍钢

我1962年生,20岁的时候,通过招工考试到鞍钢工作。新中国成立初期,国家百废待兴。鞍钢早期建设缺工人,招了大批工人,好多是从农村招的。他们手里头没有技术,就是出个人力,这是1956—1958年工人入厂的情况。但是到80年代初,我20岁的时候,我们鞍钢是一个什么状况呢?他们那批人已经在工厂工作了30年,也面临着退休。这时候咱们鞍钢面临着承上启下的问题,如果再不招人就青黄不接的状况,需要大批的新工人来顶替老工人。就是在这个时期,鞍钢举办了大型的招工考试。我上班的时候,鞍钢一下子录取了几千人,那报名的人是真多,报名当中的好大比例,都是鞍钢这些工人的子女,因为他们的父亲或者母亲都在这个工厂里工作。我是通过文化考试进来的,记得当时就是考语文和数学这两门,两门满分200分,我好像是考了140多分。

我上学的时候高考非常费劲,我们那个时候的高考比独木桥还独木桥,那太费劲了,一个学校也考不上五六个。1977年恢复高考,我1980年考过,特别难。其实我学习啊还算可以,当时有个叫法是"大学漏",就是说高考没考上,给"漏"下来的这批人。他们在鞍钢招工的时候就吃香,因为他们大学没有考上,中专也没有考上,但是他们的文化水平还是可以的。

之后这几千人按照成绩分,我被分到鞍钢技术质量监督处,属于比较好的单位。到了工厂以后,才知道不是那么回事,它是一个小组一个小组的,我们都被分到小组各单位去驻点,驻到二炼钢。当时鞍钢分三个炼钢厂,一炼钢、二炼钢、三炼钢;还有一初轧、二初轧、半连轧、轧钢厂、炼钢厂。我就被分配到第二炼钢厂,到那做质量检查员。哎呀,一去之后,这下可好,所有人都是一样的,混在一堆了,那就看不出来张三李四了,什么他是质量检查员,他是抓安全的,就都混在一堆了,一看都是工人。但是我具体做的是由钢水浇铸成钢锭的那个过程,我同时也做质量检查,比如钢中含有碳、锰、磷、硫什么元素啊,我们有标准来看它合格还是不合格。

我还记着最开始我们都考完试之后,我先是被分到质量监督处,再被分到二炼钢,那都有名单,像高考录取似的,谁谁谁被分到哪。我们被分到二炼钢的都在这一堆站着,被分到一炼钢的在那一堆站着,然后等着。后来,来了位师傅,穿着一套防热服,骑着一辆很旧的自行车,还戴着那种老式的、用柳条编的安全帽,那师傅骑着自行车到这儿说,"是二炼钢的跟着李师傅走",我们就跟他走。我们都骑自行车,那位李师傅就领着我们在工厂小道上转来转去,转到第二炼钢厂。第二炼钢厂是鞍钢一个很深处的工厂,它不是在边上,它炼钢嘛,其他的什么化工、燃气、氧气都围绕着炼钢,然后转来转去从水塔底下,转到了安全方面。各方面教育之后就分师傅,这个是你师傅,这个是他师傅,然后谁带谁,谁是谁徒弟,等等。

1982年鞍钢技术质量监督处炼钢班全体学员毕业留念(后排右二为田力)

当时我20岁,我感觉那个老工人啊,他们看着新工人一个是好奇,一个是特别欢迎,因为他们面临着退休。其实从深处讲,他们也是审视一下,看看自己手里这些活儿由谁来接班,自己放不放心交给他,从那眼神里头能隐隐地看到这样。但是工人嘛,他就是干活的,可以手黑脚黑,嘴挺笨,但从眼神里头他能流露出来。我们这批工人中,被分到二炼钢的好像是二十几个,我们都被编到班里头,甲、乙、丙、丁班。我被分到丁班,"丁班啊,现在回去吧,晚上来上夜班"。

我当时挺高兴的,就回去了。我回去之后等到半夜,但睡不着觉,兴奋!等到半夜9点,不行,太早,10点了,有点早,10点半,我想着说出门吧。于是,我骑着自行车就出门了,但进了鞍钢就迷路了。白天去的时候师傅给领进去了,左拐右拐的,但那时天是亮的。晚上夜班的时候只有靠路灯,找不着啊,因为鞍钢太大了。当时我们说是40里钢城,面积太大了。我就有点迷路了,找啊找啊找不着,后来可算是遇到一个跟我一起被分去的。我们俩共同摸索,说是要丢一起丢,后来我们终于找到了。半夜了,班长分给我们更衣箱,完事之后我们脱了衣服,换上发给我们的工作服,就是白色的防热服,不是那种薄的,外面是厚帆布,很粗的厚帆布,一套都是。鞋也是帆布的大头鞋,绝缘的。防热服这个里子里面是一层呢子,其实加一层呢子那不更热吗!但它呢子有一种什么功能呢,它不爱燃烧。就是说钢花、钢水啥喷溅到身上,它能给外头帆布点燃,但是那呢子一般烧不透,所以也起到一种保护作用。

我头一个班就是上的夜班。到工厂里边第一个感觉就是,我看这工人咋都一样的,分不清楚。这个是李师傅,那个是王师傅,瞅着都是那样黑乎乎的,都戴一样的柳条帽,都穿那样,分不清谁是谁啊。那梯子特别陡峭,道也是特别逼仄、特别窄,我们不敢走啊。师傅领着,师傅说"走走走",我们不敢走啊,得看着地啊。当时二炼钢是平炉生产,平炉叫作马丁炉,现在是转炉了。一到加氧吹氧的时候,或者加材料的时候,声音就非常大,轰!我们就害怕。然后一看,这么大的厂房,粉尘也多,而且掉的那种铁皮是非常亮的,因为有铁水,铁水混铁炉,给铁水混完之后的加工过程中,四周都飞起来特别亮的那种东西。那种碎铁皮,迎着灯光一看,那样的小颗粒特别亮,没有灯光就看不见,有灯光就能看见。我一看,这以后也就在这干活了,我们都像大厂房下的一个黑麻雀似的,这是我上班的第一天。

鞍山是一个以工业立市的城市,没有鞍钢的话好多东西都不行,所以大家都愿意以鞍钢作为自己的选择方向。我们从小在工厂子弟小学,恢复高考以后能考上大学的就考出去了,没有考上的就属于天经地义一般,一步一步地从小学、中学然后到鞍钢工作,就是这样一条思路,那时候都是这样。

二、我是"钢三代"

在我家里头,到我已经是"钢三代"了,我爷爷在鞍钢的矿渣厂。炼钢其实就是炼渣,渣子好了,钢才能好。完事这个渣子呢就不要了,排出去到矿渣山上给翻出去。鞍钢有个专门的厂子叫作矿渣厂,我爷爷就在鞍钢矿渣厂,他1976年退休。我父亲当时在半连轧,就是轧钢厂。然后到我这是做炼钢。

当时我父亲那辈人,他们那个时候的工人跟后来的工人是不一样的,他们心里头是有荣誉感的。他们正当年那时候,5块钱的人民币上面,那就是炼钢工人拿着钢钳,背面是煤矿挖煤的;2块钱的人民币上面是车床工人开车床;1块钱的人民币上面是那个女拖拉机手嘛——都是工业建设的。人民币上印的都是工人的形象,所以说在他们那一代人心里,作为一名工人也是特别荣耀的。他们有这个感觉,我们1982年去了之后,也是有这个感觉。我跟父亲没什么交流,男孩子跟父亲一般交流都少。但是印象最深的是我父亲每个月开饷那天。他那天下班回来,在装饭盒那黑兜子里,能给我们几个人带回来栗羊羹,栗羊羹就是像山楂糕似的那种食品。那天他就能带回来栗羊羹,工厂的事他也不跟我们提。

当时像我们这个年龄的人,20多岁,从小心里头就感觉长大之后就得到鞍钢上班,理所当然、天经地义,没有什么其他的选择,除非个别的考上大学了或者选飞行员被选走了、当兵了,但那样的人很少。我是通过考试进来的,按当时来说还算是比较幸运的。还有一些人,特别是女同学,招她们的岗位少,她们就只能到附近的单位就业。我们当时有个词叫"待业",她们就是到附近的单位编外待业,她们到工厂上班也给开工资,但是不在编,所以叫"待业"。

我是"钢三代",当时人普遍的想法都是工作环境不好。我们感觉工作环境就应该这样,就好比我父亲在乡下种了300亩地,孩子长大了之后接着种,我们就是上工厂,就应该是这样。我从小住在工人住宅区,听说烧结厂这一片楼区都是工厂区。家属、子女都在工厂区,条件也不是太好,都是两家共用或者三家共用一个厨房,几家共用一个厕所,都是那样的。那种玉石板的房子,非常不隔音,谁家吵架了,听得真真切切。房子有14平方米的,还有小屋好像是12平方米,16平方米的那就是大屋了。我们最大的屋是16.3平方米,一家人几代人住,不是一个人,一个人的都住到鞍钢宿舍。当时鞍钢有好多宿舍,什么26舍、18舍、16舍。我们对面叫三冶俱乐部,它已经消失了。我们师傅那辈人,他们都是从农村被招来的,他们的妻子、孩子在乡下种地。他们一个人到鞍钢工作,就全在宿舍,每年有一次探亲假。如果近一点,火车方便一点的,他们再请一天假,这样一个月可能回家一趟;要不然就回不去。一年一次探亲假,舍不得呀,攒着呀,到农忙收庄稼的时候回家,舍不得休息。

下班以后,我们也可以穿着工作服,就是那种薄的,确实也挺好的。你穿工作服,骑自行车回来了,人家都知道这是鞍钢工人,自不自豪是一方面。我们工作的时候20岁,工作一段时间之后,也就是二十二三岁了,就开始处女朋友了嘛。我们可以在相亲的时候穿着工作服,那种薄的,那就觉得很牛。那等于现在穿一个什么品牌的,倒不能说爱马仕啥的,但也是可以穿得出手的。现在不行了,打工的都穿迷彩服了,我们这工作服不太穿得出去。我们当时的工作服,洗得发白,相亲时可以穿工作服去,腰板是可以很硬的。你穿上这套衣服就不用过多介绍了,你出门了,你一坐,大家就知道你的身份了。所以说,我们相亲的时候,搞对象、介绍朋友,那都可以穿得出手,在当时还是可以的。

我处的朋友就是原配,不是半道的,就是她一个人。我是通过另一个师傅给介绍的,师傅说对方是我们家那个邻居,挺好,都是老邻居,知根知底,要是有想法,就看一看。见了一面得给人回话啊,我就说可以处一处。双方反馈都可以处一处,那就处一处。转过年第二年,说条件都行了,1986年就结婚。当时结婚特别简单,我是骑着自行车娶的新娘。我其他的工友和朋友,他们也是骑着自行车结婚,后座架上带着嫁妆。1986年,当时结婚时兴的是一个自行车车队,新郎驮着新娘,还有的是新郎和新娘每人骑一辆自行车,其他的亲朋好友在边上护卫,他们后座架上带的是嫁妆,比如说被子啊,红色的洗脸盆啊，上面写着"年年有余"，还有什么枕头啊，就是那一套。1987年转过年，又过了一年多，我儿子就出生了。很遗憾啊，我儿子没有成为"钢四代"。其实从我心里来讲，我愿意他到鞍钢工作，但是鞍钢这些年很挑剔啊，不是每个人都可以来了。鞍钢很挑剔的，现在进来好像也得是硕士学位吧。我儿子现在在上海浦东打工，他学的是汽车营销，后来不行了，汽车卖不出去。都说北京有钱人多，买汽车的多。后来他们的同学上北京去打工，说北京也卖不出去车。后来我儿子就改行了，现在在浦东德邦物流。这不今年情况特殊，什么活也没有了，哎哟我天，也挣不着钱。之后说是做外卖小哥，可苦了。他回鞍山更挣不着钱，鞍山没有机会，在鞍山，外卖小哥一个月加劲跑、拼命跑的话能挣到6000元。

田力全家照（前排右一为田力）

三、流水线倒班的工作日常

我在二炼钢干过铸锭，就是浇筑钢水的岗位，后来又干到平炉工人。刚才提到，女工人为啥招得少？比我早的时候，我们二炼钢的十六号炉啊，叫三八炉，工人全是女的。说是妇女也能顶半边天，妇女也能炼钢，她们那个炉上的工人都是女同志，所以叫三八炉。等我上班的时候她们已经不在那了,随着年龄大了,她们后来就结婚生孩子,被调到附属单位去了,什么管劳动保护品啊,什么后勤科啊,就被调到那去了。我在平炉、铸锭平炉、整模岗位都干过。整模、模具修整之后我再脱模,钢水注到模子里,凝固之后还得给脱下来,这就像吃饭似的,那个碗得拿下来,再盛新的饭。脱模我也干了十多年,后来有连铸了,我就又到连铸岗位。连铸就是连续铸钢,当时算是一个新技术,就是它能从钢水直接变成钢坯。炼钢厂几乎主要的车间、环节我都干过,附属单位没干过。

田力工作照

我刚入厂的时候,鞍钢有一句话叫"挣多少工资,四零拐四"。"四零拐四"这个词老一点的人都知道,就是每个月工资40块7毛4分,属于二级工的待遇,我进工厂就是二级工。如果你学技术呢,比如学车工、学钳工,那得做三年学徒工,这三年每个月才挣19块,这是学徒工。我们炼钢工就是"四零拐四",一个月40块7毛4分,大部分都挣这么多钱。那时候好多年工资也不调整啊,而且这一大批人,集体都是挣这么多钱。我们再往上一点的人一个月挣51块,二级比三级差10块钱,哎呦,当时那10块钱,那是大票、大票!51块再往上一级就是60块,不是65块啊,是60块,再往上一级就是70多块了。

我们每天都开会,上午8点上班,7点半必须得开个班前会,每天都得开,很考验人的。流水线就是这样,每天做100个纽扣、1万个纽扣,每天就是这一套重复的工序,哪有诗意啊?但是就得挖掘诗意。我们没有吃饭时间,都是抽空吃饭。如果这边没有活,暂时轻松,我们就到食堂吃饭去。如果这边活还没有完事呢,就派一个人用木头钉的那个筐,去食堂把饭盒都拎回来,然后大家在工作台上吃饭。我们上午8点上班,下午4点下班,做满八个小时,倒班,下午4点另一个班就来接了,接到半夜12点,半夜12点到第二天上午8点又一个班来接,永远是这样的。倒班工人也挺苦的,挺不容易。

过年他不在家,甚至有的工人连续几个春节都在单位,都回不了家,元宵节也不在家,或者是中秋节都不在家。工人也是普通人,他的心态就发生变化了,他也着急啊,人家鞭炮都响了,他还在这儿干活呢。往往年岁大一点的师傅就稳住架了,年轻的工人他心里毛啊,他着急啊。那个时候不能都乱了,谁都想回家团圆,但是不能都团圆。

四、 诗人眼中的钢铁女工

鞍钢女工人非常不容易,虽然很多事情不是发生在我本人身上,但是我是知道的。男的、女的结婚了,两个人都是工人,结婚之后生了小孩。小孩小啊,父亲就是男工人,鞍钢大部分工人都要倒班,半夜12点下班。小孩母亲得半夜12点去接他班,她从家里不能12点出来啊,她得提前,得11点出来接班。小孩父亲下班了,得洗完澡之后才能到家,这个空当怎么办?有的老一辈父母不在身边照顾,孩子就得一个人在家。这种情况经常有,所以说工人不容易。

在大工业的环境下,不需要性别,男女都得去干,因为活儿就摆在那。但她毕竟是女性啊,她一定会比我们男工人心细,她也肯定喜欢花花草草,肯定比我们能多认几朵花。但是她一旦不注意花花草草了,她跟我们就都是一样的了,都很不容易。我们自始至终,就是此时此刻也是,都得有女工人。鞍钢这块也注重专门培养女工人,因为工厂现场噪声太大,轰隆轰隆的,男性嗓音传播得不行,女性声音发尖,遇见危害情况,她的声音是很尖的。调度室还有主控室,都配备女性,女性用那话筒喊话,整个厂房都能听到。如果你小时候在乡下,比如看电影、听广播啥的就会感觉到,女性的声音传播得远。她说话,大家一听就能注意到。但如果一个老队长说下午4点开会,大家都不会太注意的。女性声音在重工业里面有特殊的作用,她就是适合啊!那你说部队打仗为啥话务员、通讯班都是女性,那男性不可以吗?传递情报、传递上面指令的都得是女性,包括卫生员都得是女性。因为普遍地讲,女性的手处理伤员,与男性还是不一样的,感觉是不一样的。

我们一定不能认为女工人是跟我们一样的,不能认为她是男工人。在心理上,她永远是女人,虽然男女工人穿的都是肥肥大大的,但还是有区别,我们会把她当成女工人。现在常常说女工人很不容易,但是女工人心里也有一种自豪感,因为她是工人,她干几十年退休之后,牙也掉了,头发也发白了,她依然保持女工人那样的状态,聚到一起了她依然戴着那个女工帽。

我们头些年有一位三八炉的炉长,那非常有故事,哎呀,她是个铁姑娘。我们鞍钢也有一位女工人,头些年好像她自己还写了一篇东西,像是自传那样的,写的都是非常真实的故事。比如,我们这女工人自己工作了之后,开工资了,她挣钱了,她永远独立,就有资本了。不参加工作,只是当家庭妇女那不行,她的想法体现不了,只是传统的相夫教子那不行,回家了被丈夫欺负了她没有办法,只有自个哭,她经济独立了之后就可以有自己的想法。

五、 诗歌创作:《留在工厂的指纹》

我20岁上班以后,对那种工厂的场景确实很想描述一下。但是我在文学创作方面也确实感觉到力不从心,于是下班之后,我就到鞍山图书馆学习,虽然也挺困的。我对诗歌这种形式感兴趣,而且觉得它特别适合我们这种工人。诗歌一会儿就写完了,不像写长篇小说,得连续好长时间,思路都得陷进去。写诗歌需要很短的时间,或者是工余就可以,只要有想法就能先用草稿初步记录下来,这种形式不需要大量的时间,特别适合我这种倒班工人。我到市图书馆办个图书证,把当时能借到的有关诗歌的书籍挨个借回来。借完之后,我拿回来看,看人家的东西提高一下自己。我记得我第一首诗就是在小本上默默地、悄悄地写下来的。我印象特别深,因为它是我第一首诗歌,写的是职工夜校。当时我们下班之后,为了给工人搞培训,鞍钢就组织了职工夜校,有的是技术班,有的是文化班,下班之后职工就到夜校里头去,我写的就是职工夜校。当时写的诗歌当然也不好了,就是白话,好像就是说,教室的灯光多么明亮,我渴求知识的眼睛怎么样,就是那样的,很简单的。

我们鞍钢有个鞍钢报社，上面有副刊。我心里斗争了几次，终于咬着牙，下了决心把作品装信封寄去了。寄去之后，我心里也挺忐忑的，过了好像半个月，报社也没有给我发通知。我们单位班组里面有《鞍钢日报》，当时就这么大小（比画），居然在最后面给发表了。哎哟我天，这家伙，这兴奋的，那不亚于上《人民文学》了。后来又过了十多天吧，稿费来了，3块钱！哎哟我天，特别特别兴奋！第一次拿3块钱稿费就是邮局的汇款单，我特别兴奋。这就是我第一次发表的作品，处女作，在我们鞍钢企业的报纸上。随后自己有动力了，下班没事就写，没事就看，买书，花钱。我记得我们鞍钢有六个厂门，和平桥那个厂门下面有一个小书店，我下班骑自行车就到那个书店里逛逛，买或不买都去逛逛，翻一翻书。逐渐逐渐地，我就自己回家在本上写。

我跟其他作者不一样，我写完之后愿意在现场给身边班组的工人读一下，或者让他们看一下，因为我觉得这样区别于在书斋里面创作，我认为工人也需要有一种诗意的东西。身边工友一看，"哎呀，老田你这写得挺臭"，我就说那个挺臭，我改改；或者我给他讲一讲这么回事，不是写得太臭；或者他们认为我这首写得离我们的生活太远了，这个不对！但是也有时候他们说"你这个写出了我们想说但没说出来的东西，太到位了"，我就特别欣慰。我常常把诗歌念给同事们听，有的时候他们困得不行了，说"你去一边去，我不听了"；也有的时候赶上他们心情好，一听，"这还挺好，这个你写得挺真实"。有的时候写完一首诗，我按捺不住，高兴就读，是一种情绪的释放。我从上班第二年开始写诗，到2017年退休，我的工龄是36年多一点。之后我出了一本集子，叫《留在工厂的指纹》，里面选的都是以工厂和工人为背景的诗歌，也是我心里头埋了这么多年的诗结成的一本集子。

我刚才坐车来，那辆车后边贴了个"若有战，召必回"。这是一个复员的老军人开的车，说是如果有战争，召必回。他年岁很大了，如果上战场的话可能他不可以了，但是他能表现出这种心态。我就想了，这工人也是的，单位有什么技术问题、难题，如果工厂需要也是召必回，就是一种情怀吧。我们鞍山有一座小山，上面有个亭子，我们给它起个名字叫凉亭山。我父亲退休之后，好多退休的老工人总是到那山上锻炼，爬到最高的山顶上，在那坐着唠家常，谈一些张师傅、李师傅的，谁身上这块伤疤是咋来的，腿上这块怎么受的伤。站在那个山顶上，他们往这边看就能看见工厂，我认为这里头有工人的情怀。也可能工人嘴都很笨，他们不会说特别高档的话，但是他们用行动，他们就默默地在山上一坐，一坐就坐半天，因为在那个地方能看见工厂。他们虽然看不清具体是哪间厂房，但是他们能看着工厂，在挺远的地方，那个烟囱冒出来烟。这对一个干一辈子活的工人来说，心里头也算是一种安慰。我也写过这方面的诗歌，比如我写：从三街口、九街口、六街口，无论从哪个街口，只要你偶尔一抬头，就会隐隐看见高炉的一部分，也可能你看见高炉的左边，也可能你看见高炉的右边。我写工人诗歌，其实也就是表达一种情怀。比如我现在退休了，我使用的一直是工厂发给我的裤带，它是贴身的，非常结实耐用。工厂里边的一个物件你贴身用着，心里头就有底儿。

工业题材的诗歌创作难度更大，如果是农村题材的，或者是自然风光、旅游方面的，虽然也难，但是相对于工业题材还是容易一些。因为写大自然，比如说你写月亮，写二十四节气，写立春、谷雨、小满啊，本身就有诗意，高粱怎么起伏，稻田怎么插秧，一看就是诗情画意的。再比如你写风景，黄山的松树、张家界那景色什么的，特别适合。但是具体回到工业上，工业它是硬的，诗歌呢恰恰是柔软一些的。诗嘛，诗意在人的心尖上，轻轻一拨它就颤动，那样的东西才是诗，它得是能让人家心头颤动的。但是工业咋动啊？每天都是，今天测零件干了50件，明天又测出来60件，比昨天超产了10件，它能带来效益，但是它是硬的，它的诗意在哪儿呀？有的时候场景也挺漂亮，夜幕降临，下点小雨，厂房有起伏有曲线，劳动工人王铁牛抡大锤打钢，钢花飞溅。你写一首诗可以呀，你只能写一次啊，第二天你还写啥呀？没了，所以这个会更困难。

我个人感觉，首先无可争议的是，工人也是普通人，工人心里也有柔软的地方，不完全都是硬邦邦的，也需要温情，也需要柔软，你得找个契合点。这样写工厂，写鞍钢，写工业的诗歌，就有挖掘，有写头！要不就总是一味表现今天超产了，老张高兴了，心花怒放了，你不能总那样啊。那样的诗歌我们前代人已经写完了,我不能再重复了。而且我们鞍钢,企业转制头几年特别不景气,经过了冰封期,生产效益确实也不好,我们工人工资都给减掉百分之二三十了,都是这样的。再一个,工业题材的诗歌,情感必须真,情感一旦假了,这诗歌就不成了。诗歌必须得碰到读者的心尖,如果你就在那轻飘飘挠一下,那不行,读者转身就忘了。你要是给他划个口子,有伤了,甚至留有疤痕,他就会记住。

后来我给我父亲写了一首诗。我父亲退休以后,身体不好,坐轮椅。我们工作也很忙,他头发也长,得推他去路边店剪头,给老头剪头那种嘛,也不用吹、烫什么的,5块钱,便宜。在推他去的路上,我就有点感慨,你看诗意随时就来了。往往有的时候,诗意就出现在特别不经意、特别不适合的那种环境下。上班的时候,有的时候有点想法了,我就停下自行车,在自行车的鞍座上,马上就写,要不灵感就没了。后来我父亲在那个路边店,人家给他剪头,我在边上陪他坐着。我就写了一首诗歌,我说这个还行,有感觉,真情实感,还可以,最起码我感动了。头些年提口号说,鞍钢老工业基地,鞍钢是共和国钢铁工业的长子。这是口号提法,当然它也是事实。但是具体到我们每个人身上呢,我们个人怎么把握呀?我说,我推我爹,我们家五个孩子,我是老大,我还有两个弟弟两个妹妹,都在鞍钢工作。鞍钢是共和国钢铁工业的长子,而我呢,就是这个小老头的长子,推他去剪头,推他呢,我天经地义、应该应分。大意就是这样的一首诗歌。我想表现的就是,他本身就是鞍钢的一个退休工人;作为我个人来说,鞍钢太大了,我一个人推不动它;我只能推鞍钢里头一个退休的人,推我的父亲。我是他的长子,我推着他;而就整个鞍钢来说,就是要大家共同来推。我就是表达这么一种情怀。

我个人觉得诗歌不可以安慰什么东西,如果也有人喜欢文字,他只是能看到我的描述;如果我不描述,他看到的就是另一样的。所以说,我只是愿意更多呈现和描述,不加注解,只记录我看到的。我觉得这也是一种基因,是可以传承下来的。鞍钢具备这种基因,也不用刻意培养,肯定会有人站出来为这个厂子留下记忆,记录下他看到的。从传承上来讲,当时草明从延安过来之后举办了工人学习班,培养工人作家,这当然是积极的、非常好的事。

在新中国成立初期那个环境下，这也是非常必要的。我倒是觉得肯定会有人站出来写。工厂就是干活的地方，就是出效益的地方，我愿意用诗歌这种文体描述我眼睛看到的真实。我比较喜欢文学，技术上我不是特别拔尖的能手，我就是普普通通的，就是这样。我认为做一个工人挺好的，就是在工厂上班，回来养家糊口，工厂就是这么个地方。我对这份工作和我身边的环境有感觉了，我就描述它，把它记录下来，就是这样的。

六、 文学讲习班：感受鞍钢的心跳

我们鞍钢工会也有职工文化，不定期举办文学讲习班，就是创作方面的讲习班。有的时候请某某专家来给讲一讲《红楼梦》人物关系啊，或者是讲旧体诗词，就是讲一些基本的旧体诗词，讲讲平平仄仄这些带有普及性质的知识。工会也邀请我来给讲一堂现代诗歌课，特别是以工厂为背景的诗歌写作。既然是给工友讲课，我说这我不拒绝，不讲条件。我们的听课对象，都是各个单位平时比较热爱创作的年轻工人。我讲的内容也都是强调，首先你得以工厂为背景，如果是以花花草草为背景的诗歌写作我不讲，那样的其他好多地方都可以查到，以工厂为背景的这种诗歌写作是不多的。

我主要讲的啥呢？我说你在鞍钢工作，你是鞍钢的一个工人，你就要自己长自己的骨气。文学得靠你自己的心去体会，用你自己的手去写。你白天干活累得尽是油，用肥皂洗三遍都洗不干净，用这双手去写东西。这和中国作家协会派驻来采风或者来下沉的人写作是不一样的，一定是不一样的！虽然他们文笔好，掌握的词汇多，但感受和你是不一样的。你只有通过亲自劳动，你出了汗了、挨了累了、工资被扣了，你的心才能疼，你才能知道应该怎么写，对你身边这些工具啊，工厂啊，包括工人啊，你才知道怎么去对待它们，怎么去表现它们，怎么去热爱它们，甚至有的时候怎么去怨恨它们。怨恨其实也是热爱的一种表现吧！就比如我妈她从来不说我好，都是骂我，说我不行，所以说，怨恨也是一种深层次的爱。那些大作家名望是大，他们说到鞍钢来看看，看着这钢花飞舞、铁水奔流的，挺激动人心，但是不是长期的,往往下个月就走了,就到拖拉机厂去了,就到煤矿去了,就做别的事去了。而我们这些文学创作者本身就是工人,像我这样的一辈子,甚至几代人都在这。所以说,你表现的东西跟那些浮光掠影是不一样的,因为你那是长久的。所以我讲课的时候就提到这块,你作为一个鞍钢工人还热爱写作,你一定要写鞍钢,不要去写泰山、黄山、华山,写什么海边、什么枫叶。那样的风景,好多人排着队、挤在那里等着写。而且我们老祖宗非常厉害,这样的题材他们基本都写到极致了,分不得你一杯羹啊。但是你写鞍钢,写鞍钢就是写中国工业,就是写中国最深层的故事,不是表面的,不是唬人的。

我常对作者提出来,我说,我们鞍钢不仅仅是一片挺大的地方,说在那个土地上盖点厂房、安装点设备。鞍钢有深层的东西,它是有心跳的。就是说我们想写,想表现,就得找这种心跳,它在哪呀?这个可以个人理解,每个工人都有自己的心跳,大家汇在一起,汇成一股强大的力量,那是一个工厂的心跳。

草明50年代从延安来到鞍钢之后,那时候没有地方汇聚,她就把那些一线工人汇聚到家里头,说她家客厅在这,鼓励大家,让大家相互交流创作。草明鼓励这些工人作家说,你就写身边的事物,就写工厂,写中国工业题材的。当时提倡中国工业,新中国刚刚成立,百业待兴,恢复生产搞建设,是那样的建设环境。但是现在逐渐发展了,科技条件也上来了,文学样式应该有一些转变,表现的方式也有一些转变,但是我们的宗旨不能变。

我也感觉到,文学,包括诗歌写作被边缘化了,甚至被某些人说是不正常的。写诗歌,它被甩到边缘的边缘再边缘。但依然有人干这件事,他倔强啊,他强眼子[①]啊,他依然在写。文学也不会因为不被提倡就断了,那是不能的。如果谁都不去重视文学的话,有些人坚持一段时间就会放弃了。但如果有工会组织或者其他人热心帮助,把他们聚拢到一起,大家围个火堆取暖,他们就会不一样。文学是需要交流的,其实就是制造一个平台。在出产品、有效益、挣着钱的时候,文化这块也不能瘸腿啊。一个没有文化的企业,再大也是有缺点的,所以说企业也着急,也是愿意,我们不仅出钢材,还得出

---

① 指执着而倔强。

文学创作的人才,而且还要传承。从新中国成立初期草明就这么做了,不能说把接力棒传到我们的时候我们就不做了,这是一种传承,一代一代的。

文学与生产的关系是有一种暗道的,是千丝万缕的,不是那么明显地说文学对生产起到促进作用,或者是生产好了文学作品就写得好了,不是这样的。我个人认为,鞍钢这么大个企业,都说是共和国钢铁工业的长子,应该有恰当的文学作品与它相匹配。正因为现在不匹配,大家才应该再努力,一定要有一部文学作品与它匹配呀!现在我们表现工厂的、工业的好多作品都浮皮潦草,根本就配不上它。

外面来的人零零散散说到鞍钢采风半天,完事之后回去了就说,哎呀炉火飞舞,什么什么高歌,不是那样的,完全不是那样的!我刚才讲,工厂是有心跳的,你搭上它的脉去感受,它是有心跳的。这个榔头把,摸时间长了那手印都沾上去了,长年使唤,颜色都不一样了。就像有人搓核桃似的,你搓得年头多了,那颜色就不一样了。所以说,得有一部文学作品配得上它呀!这么大的企业,哎哟你看我们这鞍山周边的矿山,挖个大坑,挖那么多矿石出来,用火车呼隆呼隆地运。我们炼铁,加工之后,运到炼铁厂炼成铁水,其实工人很累,多不容易啊!它不是那么简单的,一个是要有技术含量,一个是工人非常辛苦。对于每个工人来说,这就像是咱自个家的家底似的,手里头有技艺,你得珍惜,靠这吃饭我就愿意它好,我盼着它好,我觉得这就是热爱,不用说别的,你自己家里头的东西,不能祸害它,不能糟蹋了。

七、书写楷模精神

在鞍钢,孟泰是一个真正过得硬、留得住的劳模,是可以经得住考验的。写诗歌加进去孟泰精神,对于工业题材来说也是很必要的。就比如说大庆有铁人精神、205钻井队,那是融为一体的,这不是完全不着边的口号。有孟泰,鞍钢人心里有底儿!我们那个公园原来叫立山公园,现在叫孟泰公园,在那个山底下,给孟泰的雕像弄得老高,竖在公园门口。有不少都是老工人呐,晚上上那儿跳广场舞、踢毽或者是遛弯,他们愿意围着孟泰的雕像转一转,他们不把孟泰拔那么高,他们以为这就是他们班组的一个师傅——孟师傅,有血有肉。他们聊起来的时候,那一代人说到他就像聊起身边的一个师傅那样。我会按照我的想法尽量还原真实,最好是跟工人心心相通的。孟泰确实让鞍钢人心里有底儿,做了不少事,他就是一种精神。

我们宣传鞍钢公司的劳模、鞍山市的劳模、省里边的劳模,今年好像还有全国的劳模,只是级别不一。我身边也有劳模啊,都是一起干活的。我身边接触的都是普通的工人。有一些指标考核,他们完成得当然好了,确实是没有什么毛病可挑剔。工人都挺好的,大部分没有被评上劳模的人,他们都是很好的,是这样。

50年代,跟孟泰同龄的工人,他们心目中的劳模是孟泰,一定是说"这是我孟师傅""这是孟大哥"。他不能说哎呀这是全国劳模,这就是他身边的孟师傅、干活的带头大哥。70年代那一代工人啊,他们年岁就小一点了,他们心目中的孟泰是啥样的?是全国劳模,在他们心里头那就是孟叔叔,哈哈哈,变成叔叔了。你比如现在是2020年了,去年2019年,这几年鞍钢也招了不少新工人入厂,新老交替嘛!他们来了之后,单位会给他们做企业文化教育,说我们曾经有孟泰,有全国劳模,这是我们引以为骄傲的。但是他们在感性上说:孟泰是啥样的?是一个什么样的人?是一个慈祥的人呐,还是一个很严肃、不爱笑的人呐?他们心里头的孟泰,跟孟泰当时身边那些工人看到的孟泰是不一样的,人家看见的直接就是真人。所以说,我就组织这些作者,到"孟泰仓库"去看一看,看看年青一代的工人心里头的孟泰是什么样的。你们用诗歌的形式给表现出来,是什么感受就写什么感受,不用硬说报纸上的东西。我们组织去完之后,就写成了《孟泰的工厂》这本书。后来人说这本书有点太单调了、太简陋了,又印了一本厚一点的书,加了一些内容,现在看起来也很简陋。但是我说没事,我们都是工人出身,我们在工厂也找过铁管子、铁棍子席地而坐,我们不怕简陋,只要我们的情感是真的就行。

我个人觉得,我愿意用诗歌这种形式尽量把现代年轻工人的感受拉近一点,几百年之后的人会更陌生,感觉那是件很遥远的事情。我愿意用诗歌这种方式让这个过程慢一些,让我们靠孟泰近一些。我的想法是这样的,也这样做了,但愿能够实现。我也特别愿意看年轻一点的人加入鞍钢业余文学创作的队伍里头,他们对于文学创作来说是一种新鲜血液,这是非常好的事情,我也愿意给他们找一些渠道。

八、鞍钢工人的光荣与阵痛

我爷是1976年退休的,当时是60岁。他以前是开汽车、公交车啥的,再往前我就不知道了。我爷退休的时候,工厂对待工人特别好呀!退休光荣啊!单位给做这么大的大红花(比画),还得吹喇叭,敲锣打鼓。工会用那个大汽车,解放牌汽车,给光荣退休的工人送到家,那光荣啊!后来我爷去世之后,我整理他那些老照片啥的,发现我爷1976年退休的时候,他们那些退休的工人在厂子门口照的照片,我说:"哎,这也太好了!"我们家人都是普普通通的工人啊,不是车间主任,也不是管理层,我们都是第一线的,就是自己用手来劳动的,真正的产业工人、劳动者。我爷1976年退休,当时我十四五岁,我记得在马路上欢送退休工人的汽车都放着高音喇叭音乐。那个汽车放着高音喇叭在马路上开,退休工人一排一排都坐在车上,到谁家了给谁接一接,最后,工会把礼品也都给人家送去。到我们家的时候,我记的那个乐曲正好放的是《青松岭》的一段插曲,那歌曲叫《沿着社会主义大道奔前方》,那是一首老歌。

我父亲1993年退休,90年代初的话,当时工厂已经开始要准备改制了。到我父亲退休的时候,就已经不往家送退休工人了,退休就退休吧。但他好歹还没有赶上90年代末,还算是顺利退休的。那个时期我赶上了,它给我留下了那种阵痛、那种波动,还有工人心里头含着的那种不安、焦躁,又是恐慌,又还有希望,就是这种很难割舍的关系。因为一个人在一个地方工作、生活久了,虽然工厂不景气了,你说我就跟它断了吧,还有点不舍;要是在这继续干吧,这养活孩子、供孩子上学都费劲啊,这生活也不行啊。一想到这些,工人们这心里头就矛盾。你说一下子舍了,哪怕到市场做点啥的,还能挣的比这工资多一点,但是还是不舍。干了这么多年,就像两口子似的,过

1976年田力的爷爷（前排右四）退休时合照

着过着他突然手不行了、腿不行了，什么活儿也不能干了，你也不能说就跟他断了吧，有这种情感在，不舍。

工人跟工厂的情感是千丝万缕的，特别是我师傅。我师傅姓侯，营口乡下的，他是1958年来的。炼钢厂的工人脾气都不太好，特别是手里有点技术的，六级工、七级工了，最后别人处理不了的技术问题，他能处理得了，大拿嘛。哎呀，有的时候我们干活确实非常累，条件也不好，艰苦、危险，说死人就死人，腿掉了的情况都有，我都是亲眼看着的。有的时候，人嘛都会情绪波动，或者是不开心了，都会对工具摔摔打打的，或者遇到不公平的事，会骂骂咧咧的。但是临退休了，日子越来越近了，哎，不骂了，他心里头有那种很复杂的情感，他可能给那工具都擦得干干净净的。其实我觉得，这个情感是真实的。

到我这辈的时候，没退休就得先办居家了，就是你先居家休息吧，可以等着退休。企业效益不好的时候，有个口号叫"减员增效"，员是减了，效增没增那我们工人也不知道。工厂大量需要一线操作工人的时候，招收了大量用双手干活、干简单劳动的工人。随着技术升级，现在从计算机再到电子化、数字化，特别先进，不需要那么多人了。但是这么些人，他们从年轻的时候起青春就都在这里头，都奉献出去了，他们还没有老到走不动，他们还没有离开工厂呢，这个时候设备先进了，不需要他们了，这样做对这些人是很不公平的。

头些年鞍钢也确实遇到困难,中国工业大振荡,我们个人掌控不了。那时候说鞍钢都这么不好了,工资都开2000多块一个月了,你咋还在这干呢?但是你还是在这干。你是不是心里面想着奉献呐,是那样吗?这是一种情怀和情感,它好的时候,你在这;它不好的时候,你同样得在这。咱不能说不仁不义,人家不好了你就离开那,那不符合中国人的传统。咱鞍山人呐,这属于东北,往早些年说都是闯关东过来的。闯关东过来之后,炼钢炼铁成立个这么个大工厂——鞍钢,你得好好弄啊,你弄不好,弄得不景气,闯关东的咋回老家呀?那无颜面对江东父老啊!所以,我感觉这就是普通工人对企业的热爱!

郭代义
平凡岗位中的豁达人生

亲 历 者：郭代义
访 谈 人：王东美
访谈助理：高玉炜
访谈时间：2020年10月21日上午9:00—12:00
访谈地点：鞍钢党校
访谈整理：高玉炜

亲历者简介：郭代义，男，1971年生，辽宁海城人，中共党员。1988年考入鞍钢技校，毕业后被分配到化工总厂北配煤车间，负责生产运输及配煤工作，后担任设备检修工。在工作中发扬雷锋精神，自愿为职工修理自行车，并到养老院、学校和社区等地进行社会服务。曾获"辽宁省岗位学雷锋学郭明义标兵""鞍山好人最美人物"等称号。

郭代义（中）接受访谈

一、学习雷锋好榜样

我家在海城的一个小镇，父亲是鞍钢人，听父亲说他是16岁入厂，1956年那时候正是鞍钢的发展期，需要一些人力，于是父亲通过企业扩招进厂。那时候家里穷，爷爷是"右派"，没有工作，1951年全国中医师认证①的时候，爷爷还是百名认证中医师之一，父亲当年如果不入厂就跟我爷爷学医了。我1988年考到鞍钢技校，1991年毕业入厂的时候，被分配到现在的鞍钢炼焦总厂化工总厂北配煤车间乙班，于是我也成为鞍钢的一分子。一开始我在炼焦总厂从事生产运输，又做机修工作，入厂那时候机修还比较时髦，其实也就是当检修工人，搞机械设备维护，包括维护检修吊车、翻斗机、皮带等等。我们当时有两台吊车，都是20年代的产品，一直运行到五六年前才停，这两台吊车是1945年抗战胜利后，苏联老大哥援助咱们国家的，也是半买半送的性质。我们实行三班倒，机修工人负责机械设备维护，再加一些生产管理人员，就这样组成了一个机构。我们这个系统主要是为炼铁服务的，包括选煤、分配、粉碎、配煤和炼焦等。当时厂里职工有很多，我在北配煤车间对炼焦负责，从外部采购的原煤首先通过铁路运到配煤车间，再通过翻车机进行卸装，卸装之后通过皮带运输到自动化煤厂进行沉淀脱水，经过简单处理后再重新运输到皮带上进行配煤、粉碎，最后到煤塔给炼焦供煤，我们的系统就是这样一个过程。当时实行车间一体化管理，早上公司把信息传达到总厂，总厂再传达到车间，都有早会。我在配煤岗位工作了三年，那时候对配煤工、粉碎工要求是比较高的，得是党员，一般人不让去，因为岗位重要，当年雷锋就在北配煤车间工作过。我在三班轮岗制度下干了三年，就到检修部门了。鞍钢以前是一体化，车间里各种功能混合；后期就分化了，分成生产协力、设备协力等等，我就被分到了设备协力。

说起雷锋，我们这一代人，所谓长在红旗下，是听着雷锋故事长大的。那时候我们影视资讯不像现在这么发达，小学上学时听的歌也是歌颂雷锋

---

① 1951年5月1日，卫生部公布了《中医师暂行条例》，作为新中国第一份中医师管理条例，确定了中医师的资格、职责与义务，以保障及管理中医师执业，提高科学的卫生医药技术水平。

的,因此爱国主义情怀深深印在我们心中。我们现在还有雷锋班,在岗位上做得好的职工可以获得"雷锋号""先锋号"这样的荣誉,实际上是对雷锋精神的传承和延续。从我上班开始,每个月车间都有评比,主要分两大方面。第一,从技术水平上进行评比,比如说我是皮带工,我的岗位设备维护得好,包括后期的整洁情况好,不给下面的工序留困难,工作质量达到了,便有机会获得荣誉。每个月车间下来负责人员进行考评,给每条皮带、每个人、每个岗位打分,如果机器没有漏油、光洁度高,现场杂物少,那你得分自然高。第二,从道德层面进行评比,道德评比标准就是看是否延续了雷锋精神。学雷锋做好事,在我们厂里有几种方式,一种是立足岗位学雷锋,延续雷锋精神,比如说创新、多干、吃苦耐劳,把本职工作做好。再一种是社会上的学雷锋,比如工段组织人员上敬老院、学校、社区等场所进行服务。我自入职后就那样,上白班早上早点来,到单位先给同事们的自行车打气,制作一些简单的工具,买点气管、气门芯提供修理服务。交班会我就不开了,做好事一个多小时,7点半到8点半左右,职工都入厂了,我就回去正常上班。下班后等岗位运行、卫生清扫都完事了,我再出去义务服务一个多小时,因为自行车维修率比较高,经常出现气门芯坏了或链子缺油、掉链子等简单的毛病。这是在岗位上学雷锋。还有利用下夜班后学雷锋的,早晨7点半到8点下夜班,工作班提前联系好敬老院,组织人员做点事、出点力,比如摘个菜、包个饺子、给老人收拾厨房等等,干一些力所能及的活。现在都叫志愿者,我们就是志愿者的前身。

学雷锋都是身边的事,没有什么高大上的事。比如有一回,那是几年前的一个秋天,当时我当工长,早上走得早,5点半左右就出门了,正好过路口,雨后路滑,有个老人跌倒了没起来,当时红灯还过不去,我就等着过红灯,心里寻思:帮不帮?我挺纠结,因为报道特别多,有人做了好事,老人却说"是你给我撞倒的"。我不像单身的人顾虑少点,上有老人,下有孩子,有妻子有家庭,一旦被讹这事不好解释,费用比较高。我心里怎么想?那时期是最痛苦的时候,很难受,你说我帮不帮?最后还是帮吧。我说:"大爷你怎么样?清不清醒?不行叫救护车。"他说:"不用,恢复一会就行。"我给他扶到路边,问他微信、电话,叫他家人来。后来我一琢磨,我人还是比较好、比较厚道的,做好事还得继续下去,是不是?这个是比较纠结的一次,但是这种事很少。当时一些报道咱也看过,做好事不被理解,有人说坏人变老了,但我觉得咱们国家人还是向善的。小时候我爷爷老给我念什么《朱子家训》那些东西,"黎明即起,洒扫庭除"。等到后来受学校的教育,就植入骨子里了,我觉得做好事也没有什么,也挺开心,谁有困难就帮一把,给他让个座,有困难你扶他一把、帮他一把那不很正常吗?这样我觉得社会就会和谐了。现在人们的想法跟以前不一样了,现在你瞅我、我瞅你都来气,那社会一天都啥样,你堵不堵心?

从我自己的经历来讲,也有不被人理解的时候,但是这种情况很少。比如有人说:"二虎子,一天没事你管那干啥,自己管好自己得了。"也有这种氛围在里面,就有那种鄙视的眼光,好像就显你能耐,多少有点这样。现在坐车我就养成习惯,我就不坐座了。有时候干活比较累,坐一会吧,过一会有老人、小孩还得给人让座。后来我就坚持,尽量自己不坐座,但有时候也去坐座,因为啥?有的时候高峰期,有的人真不让座,其实也正常,因为每个人都有每个人的权利,我坐车买票,有座我就坐,让你是正常,不让你也是正常,有的人说"我就不给你让座,我就坐着",你能说他不对吗,因为你不知道人家的具体状态。所以看待不给让座的行为,我就说,也不能强迫每个人,因为每个人都有自己的想法,咱是希望人都做好事,但你不能要求人人都做好事,不能违背人的意愿,这是我个人的理解。

郭代义被评为 2016 年度"鞍山好人·身边好人"

在鞍山这个地方,学雷锋的氛围比较浓。因为血脉也好,教育也好,又是雷锋的第二故乡,确实有这种传统。不光是鞍钢的职工,就连普通的市民也是。比如我做这些事情后,会跟我爱人、跟孩子唠这些事情,每个家庭都在进行这个传递,我影响他们,或者他们也影响我。鞍钢有时候组织献血,那咱们就献,如果是能力范围之内的。有时候我就跟孩子学①哪里有献血车。有一回孩子问:"这是什么?"我说:"这是献血车。"他问我:"爸爸,你献过血吗?"我说:"我献过。"他问:"献血你痛不痛?献血完了感觉怎么样?"我就回答,顺口也跟他说,献血其实说为他人也好,自己用也好,就是与人方便,与己方便。从自身讲,有一天我也可能有需要用血的时候,那我也是受益者,你现在可能不受益,但你将来肯定受益,或者说你不是受益者,但是这种行为对后代也是一种传承,那我就献血。雷锋精神不是刻意的,是很自然的东西,随手就做了。古书也讲了,不能以善小而不为,不能以恶小而为之,就是这个道理。有时候会有顾虑,但做都做了,也没有什么后悔的,要被讹了,你遇到不善良的人,那也没办法。所以,我顾忌完了还是会做,可能因此受点影响,但那会儿没遇到被讹,也就没有那些事了。如果说做类似道德绑架的事,那就没有意义了,不接地气。其实雷锋他也应该有这种想法,我认为谁都可能有这样的想法,但是你还是应该尽量去做一些力所能及的平凡的小事,这样你也会挺快乐,就像雷锋所说,这比碌碌无为要强,顺手的事你就帮了,顺手就形成了习惯,没有高大上的想法。

二、 入党是一种荣耀

我 2008 年入的党。从 1992 年开始,我就递交入党申请书了,那时候老不好入了,申请的人特别多,身边一些还有几年就退休的人也都在申请,都认为入党是一种荣耀,车间每年就一两名工人能入党,很难被批。我对入党还是挺向往的,也有点追求、有点信仰。咱们车间入党的氛围比较浓厚,别

---

① 方言,意为讲。

人看到就问:"小郭还没入党呐?"我臊眉耷眼不吱声。劳动工人有那种传统,我那阵接触的人包括刘师傅、王师傅都是那样,天天见面,一见面就问:"小郭怎么还没入党?得努力了啊。"

我认为理想的共产党员得有作为,在工作当中有胆有识,带头人也好,表率也好,先锋模范也好,出了事你得往上上,尽可能多出点力,岗位上你自己的事处理得比别人好,不出问题,业务精,水平高,还得有责任心。比如说,我当配煤工的时候,煤里面的杂物比较多,咱就要把杂物捡下去,比如煤矸石、木头块、铁器、雷管这些你都得拿出来,进行巡检。如果我只是一名普通的工人,会认为不捡这些跟我也没关系,因为对焦炭的影响是微量的,但是如果多了也会影响产品质量,影响到下道工序,而一道影响一道,最后结果就不好,那么你这个岗位出了任何问题,结果肯定都不会是最好的。但如果说我是党员,我就有意识地想多干点,我的班要完成多少吨,要是运行到我这道工序把杂物都处理好了,下道工序就方便了。那就得一直在那坐着,两条皮带两个人,你瞅那面,我瞅这面,大晚上不睡觉,那是真难熬。但就要这种功效,下半夜谁不困谁就先瞅着,困的人就小眯一会,跟和你合作的师傅打个招呼说:"我先眯一会,你先瞅着。"那你就得瞅着,那时候总检查杂物,一检查就一天一宿,有时候一宿都能收三吨杂物,后来就给奖励了,一吨5块钱,一天能检不少,所以更有劲头。那时候没有摄像机,也没有人监督你,全凭你自觉,靠的是党员得起表率作用的干劲。

有的时候赶上了夜班或者需要加班,也有一些人不愿意去。像我们有一次检修的时候,风机就坏了,我们三天两宿没回家,最后实在顶不住了就下去眯一会,休息三四个小时,人的体能都到极限了。有一天一个老版的翻车机坏了,咱们就抢修,还不好排查,因为火车道长,这面是风机,咱就在道路边上铺点草什么的休息,外面得零下20多摄氏度,条件比较艰苦,东北和南方不一样,一年四季比较分明,冬天比较长,10月份就开始寒了,一直到过年①4月份。当时我记得是一二月份最冷的时候,来的是洗精煤,在火车上就冻了,得到解冻库进行暖化,翻车。这个环境你就得克服。我觉得,雷锋

---

① 指第二年。

精神就是钉子精神,干一行爱一行;再一个就是助人为乐,人幸福我幸福,你开心我开心;还有奉献精神,无论是公职内的还是公职外的事都得去做。我觉得它也是一种文化的传承,雷锋也是受苦长大的,解放之后国家让他念书、工作,雷锋有那种回报国家的精神、爱国情怀,我不会说什么,但是差不多是这个意思。如果让我评价自己,我觉得我是一个很普通的人。我从心里去做这些事,并不是想表现什么,可能年轻的时候有追求、有想法,但现在很平淡。

郭代义在鞍钢第二次党代会上

三、面对危险冲锋在前

工作当中也会遇到很危险的情况,我经历过的最危险的一件事情是在一次检修中,领导说高炉煤气泄漏,我先是到现场看了,然后回去取防护面具,我戴着"猪嘴"上到管道上方,那个平台得有十多米高。当时我拿的报警器,对着风口的泄露点进行测量,那种情况在很短时间内就容易发生爆炸,就非常难处理。当时我还是带病作业,但我必须得处理,正在我处理的时候,我们一个同志上来了,他可能也不熟悉还着急,就把"猪嘴"碰了一下,我就突然之间感觉窒息，不知道什么原因就没有空气了，置换不了，心里非常慌。因为我不能直接呼吸，高炉煤气泄漏相当危险，达到一定指标后再吸一点人就废了，就算能被抢救过来这辈子基本也是植物人。我当时所在的那个平台距地面十多米，如果呼吸不了那就跳也得跳下去，不跳怎么办？腿骨折也得跳，实在不行就得那么跳了。那怎么办？冬天刮北风，它这个喷口冲南，我就站在上风口，把面具摘下来一看，是一个部件卡住了，变形了，用余光瞅一瞅马上给弄上了。这件事情让我非常后怕，因为对现场并没有考虑那么细，而在抢险当中，危险随时存在，需要做好最基本的安全防护和呼救措施，要不很容易突发事故。所以我在之后类似的工作当中，会想得细一点，保证作业人员的安全。

那回我跟师兄一起干活，拆吊车的钢绳，往下放的时候只能采取从上面往下扔钢绳的方式把上头的卡具卸掉。我们正唠嗑呢，我感觉有钢绳荡过来了，我就喊我师兄说："师兄快躲！"我这一猫腰，师兄一抬头就躲过去了，那时候真是命大，钢绳再长一点气管就会被打折，人就废了。在现场有时候都得把脑袋掖在裤腰带上，因为你不知道今天你干完活明天还能不能回来。现在有很多时候我一想到这些事都后怕，但那时候才二三十岁，说实话现在让我干我都不敢了。咱们产业工人就是这样的，有时候电器一合闸就放炮了，你还在排查的时候别人就放炮，人就被崩了。我有一个初中同学就是，那是大年初四，他说："大哥，今年过年上我家吃饭，喝点酒。"他当时上夜班，我去他家等着，等一会也没来人，正常他8点半就到家了，但9点半还没来人。我刚想说"这人咋还不回来，有事了？"，就听来车了，进来一个人问："这家是姓宋不？"我说："什么意思？"他说："你是他什么人？"我说："同学。""他家属呢？"我说："在屋里。"他们见到我不说话，见到他妈就说："你可挺住。"他妈说："那完了。"他因为推闸放炮把脸崩了，被送医院的时候都哭了，说："哥，我这还没结婚呢。"我说："不只你没结婚，我也没结婚。"当时他说眼睛看不着了，两个月之后才处理好，伤疤全没有，还溜光水滑的，我说："你这是因祸得福。"

现在我在处理一些问题时，不像年轻的时候胆子那么大，现在我干啥都

2020年郭代义荣获"鞍钢楷模"荣誉称号

害怕,可能经历得越多,积累得越多,考虑得就会越长远。比如说什么事解决不到位,安全措施不到位,会给生产造成什么影响,我都要提前想好、安排好,以防这样的事情发生,现在我都跟他们讲很多。但是生产中往往很多东西不是理想化的状态,比如说物的状态、人的状态你都无法完全控制,可能就会出现问题。你身体不好走路,或者溜号了就刮一下,咱们有多少同志角膜刮坏的,腰椎摔伤的,高空坠落的,都有。所以我当班长也好,还是现在当段长也好,管人的时候,就是胆子越来越小,越来越细致,在单位多考虑安全这一块。有些事情你想象不到,因为它是运动的,你不知道下一秒会出现什么后果,但你得把最坏的结果想到,还得督促他们去安全生产。人家长那么大,如果因为跟你干活,不管是你领他干活,还是他参与干活,如果人没了,你啥感受?所以就很重视安全这一块。

四、企业改制:生活还得向前看

到了2009年,鞍钢搞机构改革,当时跟外部对标,为了鞍钢股份的上市,原先很多部门需要被剥离。我们当时属于生产部门,后来生产部门单独归生产,成为主体鞍钢股份,把一些附属部门进行剥离了,这也是鞍钢改革的阵痛吧。企业得改制,我们就得减员,强制性减员。当时鞍钢股份是10万人,目标是减到4万人,没减到,就变成6万人。我们工资也因此受到一些影响,以前工资一样高,分出来之后股份公司这一块收入就比咱们多个500—800元,那个年代500—800元就相当于现在两三千块钱,那怎么不受影响?所以当时思想波动都比较大,有一些情绪和想法。这就像父亲开饭店分家似的,比如说,哥三个,老大是厨师,老大你留下吧,这家给你了,老二怎么办呢?端盘子吧。那老三你干啥?你去买菜去,职位没有了,家不是你的了。会有那种心态,心里有情绪也很正常,所有改革都是一部分人受益,一部分人受影响,就看你站在哪个立场看这个问题。我当时心情也低落,怎么不低落呢?是人就会有这种想法。但没有什么好的解决方法,就这样也熬过来了。我现在放松了,这玩意迷信地说就像命似的,这没办法,你不面对,你不生存啊?你就不干了?其实过段时间就过去了,这玩意塞翁失马,焉知非福。后期咱们协力处理得还比较好,因为咱们是盈利单位,比主体单位收入还高呢,他们主体单位心态就又变化了。所以说改革有阵痛,谁都有可能遇到这种事儿,今天这个样,明天那个样,谁也不敢说,就这个意思。俗话怎么说呢,常想一二,别想八九,八九都不如意。

我身边很多人都有抱怨,后来我就不怎么跟他们走了,会影响我一辈子,真的。在这种逆境当中,得靠我自己去认识这个问题;很多人纠结这个东西,那你负能量就太大了,我不敢跟你交往了,不敢跟你接触了,太累了。你说的话、办的事,老钻牛角尖,转不回来,那心多累啊,本来活着就累,你还这么做,你每天都不开心,那怎么能行?说一句东北话叫"二",因为你合计也是这样,不合计也是这样。我经常跟他们说:"你今天开心也是一天,不开心还是一天,你为啥不开心?你要有能力转变这个现状的话,你就有资格可以不做这个工作。"你就自谋职业去,或者你就调个岗去,都可以。鞍钢也给你一些晋升的机会,比如说我考级,提高自身业务能力,还是怎么样也好;但如果你就成天抱怨,抱怨生活一点意思都没有,那你就不会快乐的。你如果把你自己整好了,你就会很快乐,要不你每一天都会抱怨。你得阳光,阴天也好,下雨也好,但太阳总会出来的,对不对?你不能老生活在压力下。我不知道他们怎么想的，因为我就是我，我不跟他们一样，那种心态我不想接受，也受不了。他一抱怨，你老难受了，不开心，因为他做什么事总是带着怨气，永远处理不好。不如坦荡一些，向前看一些，然后这事情可能就好处理了。很多人说"我不干了"，或者是糊弄地干活，其实糊弄的是你自己，世界给你一扇门也给你一扇窗，给你的门封上但给你的窗是开着的，或者窗户关上但门是开着的，不可能就一条死胡同，你说那命得多背，不能是那样的。每个人都得把握自己的机会，你自己不把握就没办法了。直面人生，笑对人生，你心态就好了，要不然心态不好。有时候我也很难受，那就得自我调解，不要抱怨，越抱怨就越难逃离那个心态。我爷爷就与世无争，怎么被划为"右派"都不吱声，抗美援朝的时候当过兵，救护过伤员，1948年解放鞍山他也帮过忙。我爷爷可能就是这样，他对物质追求特别淡化，随遇而安。什么事情都要拿得起放得下，老爷们就是老爷们，大度一些，开朗一些，助人为乐，不能太悲观，生活充满希望。我觉得就是向前看，不管好与坏，你就往前走。

郭代义接受访谈

我曾经听 Beyond 的歌曲，再一个就听理查德的。黄家驹跟我是一代人，听了他那个歌曲，你也不知道粤语唱的是什么，但是你会与他产生共鸣，要不然黄家驹为什么能成为偶像，一直到现在都是呢？他的词曲真的挺有意义的,《光辉岁月》,他那些歌曲你现在想,真的,经典就是经典。你想象一下他的经历,你再查一查他的背景,你就想这人真了不得,要不然怎么会是巨星?还有迈克尔·杰克逊也是,他为什么能成为巨星?他是黑人,他做的那些善事不是作秀,而是相信白人跟黑人之间不需要那种界限,他追求正义,反对战争,他的行为就鼓励人们忘记仇恨。现在这生活这么好,可我们新中国是白手起家,以前你有啥?从纯农业国家到现在种类齐全,国家多厉害!两弹一星,打完朝鲜战争、越南战争,我们国家的地位就提高了,那时候生活条件跟现在不一样,房子也不一样,最困难的时期挺过去了,现在就奋起直追发达国家。咱小时候说的汽车、洋房,现在都有了,彩电、冰箱都有了,过去那阵有自行车就了不得了,但现在你看,总体来说咱们国家还是相当好、相当稳定的。你现在半夜出去喝杯酒没有危险,上外国你敢吗?下午6点多钟商店就关门了,你敢出去?对不对?老百姓生活得多好,要啥有啥。但你改革了,就有阵痛,第一个,风气有可能不好了;第二个,环境不好,现在国家也在奋起直追发达国家,践行"绿水青山就是金山银山"的理念。老百姓的生活越来越好,你还有啥不满意的?就像这次疫情似的,国家投入那么多,你在外国敢出去?一切都在向好的方向发展。我觉得我这代人很幸福,虽然说保险可能不到位,教育有点不到位,但还是做到了,虽然不是那么全面、那么理想,但现在生活真的越来越好了,衣食住行都能体现到,最重要的一点就是稳定,打仗是老百姓遭罪,所以稳定比啥都重要,就算是苦点,也还是稳定好。

其他参访亲历者简介
(以姓氏拼音为序)

因篇幅所限,以下49位参加访谈的亲历者的口述史料未能刊印,但我们同样对他们深怀敬意。

艾忠诚,男,1966年生,辽宁锦州人。1990年西安交通大学铸造专业毕业后被分配到鞍钢轧辊厂(现为鞍钢轧辊有限公司)。1995年由鞍钢组织进入大连理工大学读硕士研究生,1998年毕业后返回轧辊厂,负责新产品研发工作。现为鞍钢轧辊有限公司产品研发与质量控制中心部门负责人。

毕野平,男,1979年生,辽宁鞍山人。1993年参军,四年之后转业到鞍钢,1998年正式入职,后一直在硫铵岗位坚守至今。由于受到雷锋精神的影响,毕野平在工作之余,长期从事公益活动,其组织成立的公益团队主要教授急救知识,具有一定的社会影响。

车千里,男,1968年生,辽宁鞍山人。从鞍钢机械制造公司技工学校毕业后,先是选择留校工作,随后进入炼钢厂做工人,后被调至团委报社做了四年记者。2013年6月任鞍钢博物馆副馆长,参与博物馆的筹建工作。2016年任鞍钢博物馆馆长。

陈世谊,男,1973年生,辽宁鞍山人。1993年从鞍钢机械制造公司技工学校毕业后进入灵山机械厂,数控车工,有"神刀手"之誉,曾荣获鞍钢工匠、鞍山市劳动模范、辽宁省劳动模范、中央企业技术能手、中央企业优秀共产党员等荣誉称号。现为重型作业区新跨 C 班班长。

陈义庆,男,1971年生,辽宁鞍山人。1991年考入北京科技大学腐蚀与防护专业,1995年毕业后被分配到鞍钢钢研所工作。2002年回到北京科技大学,攻读腐蚀专业硕士研究生,2005年毕业后又回到鞍钢,继续在钢研所工作至今。陈义庆热心参加公益事业,被同事称为"小郭明义"。2016年获得首届"鞍钢楷模"提名奖。

陈永,女,1971年生,辽宁鞍山人。1994年东北大学安全工程专业毕业后,进入鞍钢烧结总厂安全部工作。1996年进入总厂团委,任烧结总厂团委副书记。2000年任炼铁厂团委副书记。2006年进入炼铁总厂职工文化中心,任孟泰纪念馆馆长。2014年后任鞍钢博物馆管理部部长。

成强,男,1964年生,辽宁鞍山人。1982年通过招工考试进入鞍钢,被分配到冷轧厂电气车间,担任点检工人。1989年进入厂机关劳资科从事人力资源管理工作。1999年调任鞍钢新轧钢股份有限公司培训中心任主任。企业内部优化合并后,在鞍山钢铁集团公司人力资源部继续从事培训工作。

程连贵,男,1962年生,辽宁鞍山人。1982年高中毕业后进入鞍钢技术质量监督处检查站当检察员,后于辽宁广播电视大学物质管理专业脱产学习,毕业后进入鞍钢机关工程科工作,1999年获得正高级经济师职称,最后在鞍钢股份质检计量中心退休。现任鞍山市中心血站无偿献血志愿服务队队长,郭明义献血旗帜传承人,曾荣获2012—2013年度全国无偿献血奉献奖银奖、2014—2015年度全国无偿献血奉献奖金奖、2016—2017年度全国无偿献血奉献奖金奖,以及第二届"鞍钢楷模"提名奖等多项嘉奖。

崔庆文,男,1971年生,祖籍吉林,朝鲜族。1993年鞍钢机械制造公司技工学校毕业后进入鞍钢厚板厂工作,负责设备维护和生产工作。2019年获评鞍钢集团"崇德向善楷模"。

戴若丁,男,1963年生于武汉,籍贯辽宁丹东,首席工程师。1982年考入华东地质学院(现为东华理工大学),1986年毕业后留校任教。1989年调入鞍钢矿山设计院,从事工程设计工作。1993年晋升为工程师,2000年晋升为高级工程师,2014年晋升为首席工程师。

高德库,男,1964年生,辽宁鞍山人。1982年3月通过社会招工进入鞍钢炼铁厂,担任炉前工,其间分别担任过炉前助手、负责人、组长、班长等职务,1992年当选鞍钢市劳动模范后,被鞍钢工会送至辽宁工业学院学习三年。1996年回厂后任技师,后晋升为主管技师以及炼铁厂总技师,2019年10月退休。

谷松,男,1984年生,辽宁鞍山人。由于家庭经济较为困难,小学二年级时几近辍学,后在鞍山市交警冯志国的资助下完成了学业。2007年辽宁石油化工大学毕业后,到鞍钢设备检修协力中心工作。2008年,自愿从鞍钢本部调到鞍钢鲅鱼圈分公司。2011年至今,在鞍钢鲅鱼圈分公司热轧部,从事精轧机械巡检工作。受到爱心人士冯志国的影响,谷松积极参加各种爱心公益事业。2010年,发起了鞍钢鲅鱼圈分公司设备检修协力中心郭明义爱心分队。2017年,在鞍钢鲅鱼圈分公司热轧部,成立了谷松爱心公益团队。2010年被评为营口市鲅鱼圈区十大杰出青年,2016年获评首届"鞍钢楷模",2017年被评为"辽宁好人"。

郭晓宏,女,1966年生,辽宁鞍山人,满族。1988年沈阳工业大学金属材料专业毕业后被分配到鞍钢研究院,先在金相室从事钢铁材料组织机理研究工作,后于1999年进入产品所从事产品研发,2011年开始主持课题组项目。曾获得鞍钢劳动模范、鞍山市十大杰出科技工作者、鞍山市特等劳动模范、辽宁省劳动模范、辽宁省优秀科技工作者、全国"五一"劳动奖章等多项荣誉。现为鞍钢集团钢铁研究院钢铁产品研究所热轧带钢产品研究室主任,鞍钢二级专家。

韩德玉,男,1940年生,辽宁营口人。1958年进入鞍钢灵山机械厂当铆工学徒。1969年调到齐大山选矿厂铆焊班。1991年调到厂工会,担任安全劳动委员,直至退休。在齐大山选矿厂工作期间,韩德玉曾担任破碎车间铆焊班班长八年。1986年,其带领的班组被鞍钢命名为"学孟泰先锋班",荣立集体一等功。同年,该班组还被全国总工会和国家经贸委命名为全国先进班组,荣获全国"五一"劳动奖章。韩德玉曾获1983年鞍山市劳动模范和1987年辽宁省劳动模范。

韩树茂,男,1949年生。辽宁海城人。父亲为抗美援朝老兵,1953年负伤归国后被分配到鞍钢炼铁厂工作,之后全家搬迁到鞍山。1965年,韩树茂考入鞍钢机械制造公司技工学校轧钢专业。1968年前往齐大山矿山参加劳动,1969年重新回到鞍钢工作,被分配到鞍钢大型厂,在机械车间当铆工。1984年被提拔为车间副主任,2004年退休。

郝振芳,男,1956年生,辽宁营口人。1979年以"以老换少"的方式来到鞍钢东鞍山烧结厂,被誉为技改专家。在工作中坚持"三预一精"法,多次获得各级劳动模范表彰,2009年获评辽宁省劳动模范,2011年退休。

黄金利,男,1950年生,辽宁朝阳人。1965年参军,1969年12月部队第一次大裁军,被分配到鞍钢运输部机车车辆厂六连做钳工,负责保养维修运输车辆。1973年入党,1981年任车间党支部书记。1983—1985年在东北工学院(现为东北大学)干部专修班进行脱产学习。毕业后被提拔为副厂长,分管厂里1000多辆车的日常运行和安全管理工作。2003—2005年任鞍钢铁路运输设备制造公司工会主席,2005年退休。

黄献东，男，1971年生于宁夏。父母均为鞍钢人，为响应国家支援三线建设号召，父母于20世纪60年代从鞍山前往宁夏支援石嘴山钢铁厂建设。黄献东于1987年返回鞍山，后考入鞍钢机械制造公司技工学校，毕业后留校任团委书记。曾先后在鞍钢机械制造公司技工学校、鞍山钢铁学校、鞍山高等职业技术学院、鞍钢职工大学、鞍钢日报社、鞍钢集团驻北京办公室工作。后又回到鞍钢日报社工作，担任摄影记者至今。

蒋慎言，男，1940年生，江苏无锡人，教授级高级工程师。1964年毕业于北京师范大学，同年在鞍钢参加工作，1964—1966年在鞍钢夜校任教员，后历任鞍钢第三炼钢厂电子站站长、鞍钢第三炼钢厂副厂长、鞍钢自动化公司经理等职位。2000年被评为全国劳动模范。

金百刚，男，1980年生，辽宁鞍山人。1998年考入沈阳师范大学热能工程与动力机械专业。博士研究生阶段转为钢铁冶金专业，2008年毕业后进入鞍钢博士后工作站，2008年9月鲅鱼圈分公司开工后主动申请到鲅鱼圈分公司。2014年12月获得全国冶金青年创新创意大赛特等奖，同年被评为教授级高级工程师。2015年成立金百刚创新工作室，后被评为辽宁省劳模创新工作室。2019年被评为鞍钢股份鲅鱼圈分公司首席工程师。

靳益民，男，1963年生，内蒙古呼和浩特人。1981年考入大连理工大学工业自动化专业。1985年考入哈尔滨工业大学企业管理专业（鞍钢委培）读硕士研究生，1985年毕业后进入鞍钢经济研究所。1993年调入鞍钢经理办公室从事调研工作。1996年调入新组建的筹备组，参与鞍钢筹备上市工作。1997年鞍钢股份公司成立后一直担任董事会秘书。2019年调入鞍钢企业管理部担任专职总监事。

李超，男，1970年生，辽宁鞍山人。1989年鞍钢机械制造公司技工学校毕业后进入鞍钢冷轧厂，1997年被选拔为第一批点检员，历任点检长、副作业长、作业长等职位。曾荣获国家科技进步奖二等奖等多项科技发明奖,获评鞍山市劳动模范、辽宁省"五一"劳动奖章、中央企业道德模范、当代发明家、全国"五一"劳动奖章、全国优秀共产党员、全国时代楷模、全国劳模等荣誉。现为鞍钢首席技师。

李杰,男,1979年生,辽宁鞍山人,鞍钢拔河队队长。1998年高中毕业后加入鞍钢田径队,2006年转入鞍钢拔河队,2014年开始从事对外宣传工作。

谷冬梅,女,1974年生,辽宁鞍山人,鞍钢拔河队助理教练。1989年进入辽宁省体育技术学院体工队,1993年全运会后退役,1994年经特招进入鞍钢。2006年转到鞍钢拔河队。2008年参加全国拔河锦标赛,获得全国冠军。2010年代表中国赴意大利参加世界拔河锦标赛,赢得了中国第一块拔河项目的金牌。

李金平,男,1954年生,辽宁鞍山人。1972年下乡,1975年回城后入读鞍钢机械制造公司技工学校,同年开始写矿山题材作品。1978年开始在鞍钢日报社工作。1983年在《人民日报》上刊登诗歌《刷墙》,后陆续出版《蓦然回首》《爱的驿站》《涛声依旧》等诗集、散文集,2014年退休。

李晏家,男,1954年生,辽宁鞍山人。1971年中学毕业后下乡,1975年被抽调进入鞍钢炼焦总长(原为化工总厂)201车间,担任钳工。1989年开始担任班长。1995年成为高级技工。曾连续十年获评鞍钢先进工作者,1994年被评为鞍钢劳动模范、鞍山市劳动模范,1995年被评为鞍山市特等劳动模范,1996年被评为辽宁省劳动模范,2000年被评为全国劳动模范,2001年获得全国优秀共产党员荣誉称号。

林学斌,男,1964年生,辽宁鞍山人。1983年以"以老换少"的方式入厂,从事电工工作,其间被选拔到鞍钢机械制造公司技工学校学习两年。

1986年7月从鞍钢机械制造公司技工学校毕业后,到机电车间从事电气调试工作。2000年由于鞍钢体制上的变化,成为一名电气点检员。2001年12月入党。先后获得鞍钢劳动模范、鞍山市劳动模范、辽宁省有杰出贡献高技能人才、全国技术能手、全国"五一"劳动奖章、全国劳动模范等荣誉。

刘杰,男,1966年生,辽宁鞍山人。1985年考入哈尔滨工业大学工业管理工程专业(鞍钢代培),1989年毕业后被分配到鞍钢机械制造公司灵山机械厂。1993年调到鞍钢集团总部,从事标准化工作。教授级高级经济师,现任攀钢集团有限公司党委常委、副总经理。

龙春满,男,1930年生,辽宁鞍山人,鞍钢原总工程师。高中毕业后考入鞍山工业专科学校机械系(先后更名为东北工学院、东北大学),1950年由于国家建设需要提前毕业,分配到北钢读硕士研究生,一年后调到鞍钢当见习技术人员,曾在"三大改造"时期跟随苏联专家学习。1956年调入大型厂车间任副主任,后历任生产科副科长、设计院院长,直到退休。

龙强,男,1962年生,辽宁鞍山人。1982年考入沈阳师范学院中文系,毕业后被分配到鞍钢日报社,曾任《鞍钢日报》记者、编辑、副总编主任,鞍钢集团党委宣传部部长等职务。现为鞍钢集团董事会秘书、办公室主任。

栾贵才,男,1939年生,辽宁鞍山人。1959年考入辽宁大学哲学系,1960年加入中国共产党,1964年毕业时恰逢中共中央组织部发文从全国选调大学生培养,成为全国选调的60名大学生之一。1964年被派往山西搞"四清"运动,下放至西北张公社南湖落大队蹲点,1966年分配到孝义县筹建七二五厂。1970年调回鞍山市"革命委员会"办事组。1981年进入鞍钢党校教授哲学直至退休。

罗跃辉,男,1968年生,辽宁鞍山人。从鞍山高级职业中学毕业后,先进入鞍山自行车厂工作，后于1988年进入鞍钢氧气厂（现为能源管控中心）工作，负责氧气、氮气等高纯气体的生产。

马学成，男，1951年生，辽宁海城人。1966年初中毕业，1968年下乡到海城腾鳌公社，1970年进入鞍钢给水厂工程队做力工。1975年鞍钢组建党委，1976年被选拔进入鞍钢党委政治部干部处任干事，后历任干部处处长、政治部副部长、组织人事部部长等职务，2010年退休。

石树林，男，1936年生，辽宁沈阳人，鞍山钢铁厂党委原副书记。1956年鞍钢机械制造公司技工学校毕业后，留在鞍钢电讯车间当技术员，1964年被提拔为车间副主任。1965年底调到市委当秘书。1973年担任鞍钢机关秘书处副处长。1986年担任党委副书记，1996年底退休。

孙思刚，男，1968年生，辽宁鞍山人。1985年入伍，1990年复员到鞍钢汽车运输有限公司。初入汽车公司时驾驶通勤客车，负责鞍钢员工的上下班接送。1998年由驾驶客车转为驾驶货车，主要运输炼钢矿石、废料等。2002年开始担任作业长，负责车次的调配、运输对接等工作，在此岗位上一直坚守至今。

田宇，男，1974年生，辽宁鞍山人。1990年初中毕业后考入鞍钢机械制造公司技工学校，两年后进入鞍钢实习，1993年转为正式职工，从事轧机工作至今。曾获得中央企业技术能手、全国技术能手、首批"鞍钢工匠"、首席技师、中央企业优秀共产党员、中央企业劳动模范等荣誉称号，享受国务院政府特殊津贴。现为鞍钢股份中厚板事业部鞍山中厚板厂4300生产作业区轧机主操纵员。

王永文，男，1967年生，辽宁鞍山人。1985年参军，1989年退伍后分到鞍钢技术质量监督处任质检员。1994年调到鞍钢建设公司，参加了鞍钢的很多改造、扩建和新建工程。2001年调到鞍钢汽车公司,任现场调度员至今。2019年2月,获得由国家交通运输部、公安部、中华全国总工会联合颁发的"最美货车司机"荣誉称号。

吴宛南,女,1920年生于江苏南京。父亲吴冠周是黄埔军校第三期至第五期的教官,参加过辛亥革命与长沙保卫战。吴宛南1951—1955年就读于北京师范大学幼儿教育专业,毕业后分配到济南幼儿师范学校教书,半年后调到济南市教育局负责全市的幼教工作。丈夫北京工业大学(现为北京科技大学)毕业后分配到鞍钢工作。为了家庭,吴宛南于1960年从济南调到鞍钢福利处幼儿科,1983年退休。

吴振国,男,1961年生,吉林省吉林市人。1979年考入东北工学院(现为东北大学)钢铁冶金专业,1983年毕业后分配到鞍钢设计院从事设计工作。曾获得国家优秀设计银奖、冶金行业优秀设计一等奖、辽宁省科技进步三等奖等奖项。先后获得鞍钢劳动模范、辽宁省劳动模范、全国劳动模范等荣誉称号。

谢自森,男,1945年生,辽宁鞍山人。1965年考入吉林大学中文系,1970年回鞍山到《鞍山日报》当记者。1983年鞍钢调整基层领导班子,调至鞍钢日报社担任副总编辑,2005年退休。

徐俊峰,男,1965年生,吉林九台人。1986年沈阳黄金专科学校(1988年升格为沈阳黄金学院,1995年并入东北大学)毕业后分配到鞍钢,主要从事选矿工作。1990年调到齐大山选矿厂做技术员,1996年晋升为工程师助理,后又晋升为工程师,在此岗位上一直坚守至今。

杨彬,男,1969年生于青海,祖籍山东德州。1976年跟随父亲换防到鞍山,后在鞍山上学。1985年初中毕业后进入鞍山市铁东区职业技术学院学习烹饪，1988年进入鞍钢，分配到福利处。2000年进入生活协力中心（现为现代城市服务公司）工作至今，目前为鞍钢食堂主管。

尤娜，女，1981年生，辽宁鞍山人。由于母亲所在岗位是雷锋工作过的地方，因此尤娜从小就受到雷锋精神的耳濡目染。1999年鞍钢机械制造公司技工学校毕业后进入鞍钢，在鞍钢化工总厂建设的雷锋博物馆担任讲解员，2001年晋升为馆长。

张凤歧，男，1963年生，辽宁鞍山人。1980年中学毕业，待业一年后于1982年入伍，1987年复员到鞍钢矿山，进入破碎车间，担任设备维修工。2004年进入厂容处，负责绿化、洒水、修建、安全维护等工作，现为矿业公司生产服务中心绿化队队长。

张琪，女，1963年生于北京，1973年随父亲到鞍山生活。1980年考入辽宁大学历史系，1984年毕业，1986年进入鞍钢史志办工作，历任《鞍钢年鉴》编辑部副主任、鞍钢宣传部理论教育处处长等职位。

张毓春，男，1953年生，辽宁鞍山人。1969年初中毕业后进入鞍钢做学徒工，1974年转为正式职工，从事电铲相关工作。先后做过养路工、皮带工、矿山门卫、更夫等，2019年退休。张毓春在1979年便开始收集与鞍钢相关的报纸与历史资料，收藏内容丰富，堪称鞍钢"活的档案馆"。

智春山，男，1951年生，辽宁鞍山人，鞍钢"五百罗汉"智育民之子。1968年到辽宁海城下乡，1970年回城后分配到鞍钢中型板材厂当电工。1974年到东北工学院（现为东北大学）机械冶金系专业学习，1977年毕业后分配到鞍钢第一初轧厂。1992年调入初轧厂附属三产公司任总经理。1995年调入鞍钢二级子公司附企公司任工程处处长，从事管理工作，2011年退休。

周宏秋,女,1966年生,辽宁海城人。1989年辽宁省艺术幼儿师范学校大专班毕业后分配到鞍钢幼儿园,先后在鞍钢六所幼儿园工作,历任教师、副园长、园长等职。现为鞍钢幼教中心副经理,主抓幼儿园日常运营工作。

周以纯,男,1953年生,山东兖州人。1968年初中毕业后下乡,1969年进入鞍钢工作,历任鞍钢团委办公室副主任,鞍钢工会宣传部干事、文联秘书长、副主席、宣传部副部长等职。辽宁传记文学学会、辽宁省作协理事,鞍山市作协副主席,中国作家协会会员,是鞍钢培养出来的第一位一级作家。

后　记

在我们最初拟订新中国工业建设口述史采集计划之时，鞍山钢铁公司就处在十分重要的标志性地位。尽管因为先前有过带学生去洛阳两家企业——第一拖拉机厂（一拖集团）和洛阳矿山机器厂（中信重工）——实习的基础，我们于2019年新年伊始便轻车熟路直奔洛阳，开启了新中国工业建设口述史研究，但在整个新中国工业建设口述史采集计划之中，鞍山钢铁公司始终处在核心的位置。这不仅是因为在新中国工业建设伊始，重工业尤其是钢铁工业就处在中国工业化的中心，在20世纪50年代苏联援建的156项大中型工业建设项目中，鞍钢位列榜首[①]，而且因为鞍钢是中国共产党掌管的第一个大型工业企业，真正掌控和抗战后恢复开工的时间都在新中国成立之前，其后又对整个新中国的钢铁工业建设做出了无与伦比的贡献。

正因此，2020年，在新冠疫情四起之时，南京大学当代中国研究院依旧联手吉林大学社会学系、黑龙江省社会科学院社会学研究所，共同组建了新中国工业建设口述史鞍钢-大庆联合访谈团队，厉马秣兵、枕戈待旦。9月27日，我与黄菡教授、陆远博士飞往腾鳌机场，抵达鞍山，与随后抵达的田毅鹏、芦恒教授汇合，第二天与鞍钢党委宣传部谢玉先部长商定鞍钢的口述史采集方案；随后继续北上，与从长春和哈尔滨两地赶来的邴正教授和王爱丽研究员共聚大庆，商定大庆油田的口述史采集方案。返回各校20天后，10月19日，在疫情稍歇的间隙，又是东北严寒逼近的当口，联合访谈团队决定从南京、长春等地兵分两路：一支由周晓虹、田毅鹏带队前往鞍山钢铁公司；一支由邴正、王爱丽带队前往大庆油田。回想起随后两年疫情的猖獗，当时

[①] 20世纪50年代苏联援建的156项大中型工业建设项目，分三批签订协议：1950—1952年在毛泽东1949年12月出访莫斯科时商定的基础上，中苏签订了50项，其中鞍钢被列为榜首；1953年签订了91项；1954年签订了15项。实际上，因为中苏关系破裂、具体施工增减等因素，实际施工的项目不足156项，但1955年后作为宣传标志和统一说法，156项不再更改。

如果不当机立断,估计至今也难完成这两家在新中国工业建设史上大名鼎鼎的企业的口述史采集。

现在,当我们撰写《为工业中国而斗争:鞍山钢铁公司口述实录(1948—2020)》的后记,邝正、王爱丽两教授撰写《我为祖国献石油:大庆油田口述实录(1960—2020)》的后记,以及稍前周海燕、吴晓萍两教授撰写《战备时期的工业建设:三线建设口述实录(1964—1980)》的后记时,我们有一个共同的心愿:这三部六卷口述史著作能够早日出版,如果能够赶在2023年10月8日——大庆油田的杰出代表"铁人"王进喜(1923—1970)百年诞辰之前出版,我们就去大庆油田,去"铁人"王进喜当年开采原油的井架上举行新书发布会,这是我们对以王进喜为代表的新中国工业建设的一代亲历者和劳动者最好的怀念。如同我们在2022年8月16日,在焦裕禄(1922—1964)百年诞辰那一天,拿着洋溢着油墨清香的《工人阶级劳动传统的形成:洛阳矿山机器厂口述实录(1953—2019)》和《农业机械化的中国想象:第一拖拉机厂口述实录(1953—2019)》两部口述史著作,在焦裕禄担任过车间主任的洛阳矿山机器厂(中信重工)一精工车间门外和焦裕禄办公室门口举行新书发布会一样。尽管王进喜、焦裕禄无法参加我们的口述史采集,但他们的伟大精神却已融入无数劳动者的集体记忆之中。

鞍山钢铁公司亲历者口述史能够顺利完成,首先要感谢锦州市委常委、统战部部长于鹏女士。正是借助于鹏部长的热情推荐,我们才能够顺利与时任鞍山钢铁集团公司党委常委、宣传部部长(现任攀钢党委常委、纪委书记)谢玉先先生结识,并获得谢部长的鼎力支持。谢玉先部长在鞍钢任职期间,兼任企业文化部部长,对鞍钢的历史以及企业精神在企业发展中的魂魄作用了然于胸,因此他给了我们出乎预料的帮助——除了按我们的想法安排亲历者访谈,将鞍钢集团党校三号楼整整一层空出作为我们的访谈场所,他最了不起的创意是:由鞍钢集团出面,从北京邀请回了1946年国民政府资源委员会派往鞍钢的六大协理(简称"六大员")的2位后代,以及中国共产党1948—1954年间派往鞍钢的500位地县级以上干部(俗称"五百罗汉")的8位后代,这10位特殊的亲历者加上依旧住在鞍山的"五百罗汉"的几位后代（如作家草明之女欧阳代娜、曾扬清之子曾纪滨、智育民之子智春山），为我们提供了研究集体记忆的代际传承的最佳案例。我深信，鞍钢所体现的恢宏的中国工业化的历史叙事，是包括政治宣传在内的国家叙事、家庭或代际传承、亲历者口述或曰个体记忆三者相互构嵌的产物。

2020年10月19日，我们便带领主要由南京大学和吉林大学师生组成的口述史联合访谈团队奔赴鞍山，其中包括周晓虹、田毅鹏、吴晓萍、吴愈晓、于之伟、王庆明、田蓉、陶宇、薛文龙、王东美、陈勇、杨海龙、贾舒等教师，胡文博、刘凤文竹、常江潇、王余意、张航瑞、彭圣钦、高玉炜、谢景慧、张震、夏可恒、刘奎麟、张超楠、陈程等博士和硕士研究生，以及参加2021—2022年全国大学生"挑战杯"竞赛的南京大学口述史访谈团队的几位本科生。在接下来的日子里，我们先后访问了鞍山钢铁公司不同历史时期的亲历者及其后代共计108人（104组）。这108位被访者，除了10位大名鼎鼎的"六大员"和"五百罗汉"的子弟外，还包括2位闻名遐迩的全国劳动模范的后代（孟泰之女孟庆珍、王崇伦之子王晋杰）、与雷锋一起从湖南来支援鞍钢建设的工友易秀珍、鞍钢著名的"铁姑娘"由秀华，以及包括"新时代的雷锋"郭明义、中国工程院院士邵安林在内的鞍钢不同时期的管理者、建设者和亲历者。在口述史采集期间，我们与鞍钢人结下了深厚的友谊，这种友谊一直延续到今天。就在几天前，我们还收到了曾纪滨、智春山协助同属"五百罗汉"子弟的海军上校李博生（1946—2021）主编的上、下两卷《台町故事》，讲述了他们的父辈自20世纪40年代末开始为新中国钢铁工业所做的无私奉献，也描画出了台町大院子弟"阳光灿烂的日子"。

感谢时任鞍钢集团公司党委副书记栗宝卿、集团党委宣传部部长谢玉先、鞍钢日报社总编辑（现任鞍钢集团党委宣传部部长）聂振勇、鞍山钢铁厂党委宣传部部长聂洪林、鞍钢博物馆原馆长孙涛、鞍钢博物馆馆长车千里和文物保护部部长胡家川、鞍钢党委宣传部工作人员秦永春和赵艳，以及鞍钢厂史专家钟翔飞、《鞍钢日报》记者王颖、鞍钢工人作家王帅诸君，在南京大学-吉林大学口述史联合访谈团队访问鞍钢期间给予的巨大支持。除了帮助我们联系亲历者(其中许多是已经退休甚至耄耋之年或鲐背之年的老人)、安排访谈场地、馈赠各类鞍钢历史文献,还陪同我们参观了鞍钢博物馆、行政大楼(大白楼)、炼钢高炉及台町大院……他们周到详尽的安排为我们完整地呈现鞍钢的历史提供了可能。

在我们完成鞍钢108位亲历者的104份口述访谈后,大多数参加访谈的教授、副教授和全体博士和硕士研究生,都参与了口述史料的整理工作。能够想象的是,尽管有过《农业机械化的中国想象:第一拖拉机厂口述实录(1953—2019)》《工人阶级劳动传统的形成:洛阳矿山机器厂口述实录(1953—2019)》和《战备时期的工业建设:三线建设口述实录(1964—1980)》等新中国工业建设口述史的整理经验,这依旧是一项需要耐心、细致和投入的庞杂工作,在此我们应该感谢所有的老师和同学为此付出的努力。

在口述文稿的整理过程中,自2020年12月28日起,每一位鞍钢建设亲历者的访谈助理就多次向所有老师和同学介绍过自己经手的个案,经联合访谈团队多次讨论,最后确定26份个案选入《为工业中国而斗争:鞍山钢铁公司口述实录(1948—2020)》上卷,28份个案选入《为工业中国而斗争:鞍山钢铁公司口述实录(1948—2020)》下卷,同时将其余49份个案以附录的方式刊列于下卷(也收入当代中国研究院的口述历史档案),其中包括被访亲历者的姓名与个人简历,以示对历史的尊重和亲历者的感怀。

与以往相同,对入选个案的整理与改写工作,基本的原则依旧是按主题调整口述文本的顺序,可以根据实际内容删减、调整叙事的顺序、增加上下文之间的连接词,但不增添与亲历者的经历、行动、态度与评价相关的任何文字。《为工业中国而斗争:鞍山钢铁公司口述实录(1948—2020)》上卷由周晓虹、于之伟、田蓉担任主编,并最终由周晓虹完成文本的文字修订、细节确认、历史核实和照片插入;《为工业中国而斗争:鞍山钢铁公司口述实录(1948—2020)》下卷由田毅鹏、王庆明、陶宇担任主编,并最终由田毅鹏完成文本的文字修订、细节确认、历史核实和照片插入。胡文博和刘凤文竹两位博士研究生分别协助主编周晓虹和田毅鹏教授完成了整理工作。

最后，需要提及并感谢的是，在完成本次口述史研究之后，鞍钢博物馆依旧对本项研究给予了巨大的后继支持。尤其是全面反映鞍钢历史沿革的插图，均由鞍钢博物馆无偿提供，特此鸣谢。

周晓虹　田毅鹏

2023 年 6 月 30 日

图书在版编目(CIP)数据

为工业中国而斗争:鞍山钢铁公司口述实录:1948—2020 / 周晓虹,田毅鹏主编. —北京:商务印书馆,2024
(新中国工业建设口述史)
ISBN 978-7-100-23418-4

Ⅰ.①为⋯ Ⅱ.①周⋯②田⋯ Ⅲ.①钢铁工业-工厂史-中国- 1948-2020 Ⅳ.① F426.31

中国版本图书馆 CIP 数据核字(2024)第 042956 号

权利保留,侵权必究。

新中国工业建设口述史
为工业中国而斗争
鞍山钢铁公司口述实录(1948—2020)
周晓虹 田毅鹏 主编

商 务 印 书 馆 出 版
(北京王府井大街36号 邮政编码100710)
商 务 印 书 馆 发 行
南京鸿图印务有限公司印刷
ISBN 978-7-100-23418-4

2024年6月第1版　　　　开本 720×1000 1/16
2024年6月第1次印刷　　印张 57¼　插页 8
定价:258.00元